1/84 49,70

W0316347

ANDREAS KRAUS

GESCHICHTE BAYERNS

ANDREAS KRAUS

Geschichte Bayerns

Von den Anfängen bis zur Gegenwart

VERLAG C. H. BECK MÜNCHEN

CIP-Kurztitelaufnahme der Deutschen Bibliothek

Kraus, Andreas:
Geschichte Bayerns : von d. Anfängen bis zur Gegenwart / Andreas Kraus. – München : Beck, 1983.
ISBN 3 406 09398 1

ISBN 3 406 09398 1

Umschlagentwurf: Bruno Schachtner, Dachau (unter Verwendung eines Ausschnitts der Abbildung ‚Böhmisch-Bayerisches Grenzvisier von 1514'. Bayerisches Hauptstaatsarchiv, Plansammlung 1427)
Foto: Werner Neumeister, München
© C. H. Beck'sche Verlagsbuchhandlung (Oscar Beck), München 1983
Satz und Druck: Georg Appl, Wemding
Printed in Germany

Inhalt

Geleitwort

Als ich vor langen Jahren den Plan zu einem Handbuch der bayerischen Geschichte aufgriff, dachte ich daran, diesem Werk, das von Gelehrten verfaßt werden und vornehmlich für Studierende und die Fachwelt bestimmt sein sollte, später auch eine bayerische Geschichte für breitere Kreise folgen zu lassen, ungeachtet des seinerzeit von mir angeregten Buches von Benno Hubensteiner, eines Werkes „außer der Reihe“, von persönlicher Prägung und unvermindertem Wert bis heute (6. Auflage 1977). Allein, das Handbuch abzuschließen, kostete viel mehr Zeit und Kraft, als ich ursprünglich ahnte, und so habe ich die zweite Aufgabe, die ich mir selbst früher stellte, jüngeren Kräften überlassen. Ich bin dessen gewiß, daß diese Aufgabe mit dem vorliegenden Band in meinem Sinn gelöst worden ist, und gebe dem Band viele gute Wünsche mit auf seinem Weg durch die Zeit.

München, Weihnachten 1982 *Max Spindler*

Vorwort

Nach dem Handbuch der bayerischen Geschichte Max Spindlers noch einmal eine Geschichte Bayerns zu schreiben, hätte der Verfasser nie gewagt, wäre ihm nicht wiederholt Ermutigung gerade von seinem Lehrer, dem Herausgeber des Handbuchs, zugekommen. Es gab dafür neben persönlichen auch manche sachliche Gründe. Die strenge Form des Handbuchs, das Forschungsergebnisse bietet und die knappe Form bevorzugt, Erzählung und weitausholende Darstellung aber seiner Natur nach vermeidet, mag Leser abschrecken, die zwar nach umfassender Unterrichtung verlangen, sich mit gelehrter Auseinandersetzung aber nicht belasten wollen. Daß der vorliegende Versuch, Geschichtserzählung und historische Analyse zu verbinden, in allen wesentlichen Teilen auf dem Handbuch Max Spindlers fußt, ist dem Kenner der bayerischen geschichtswissenschaftlichen Literatur unschwer einsichtig; wer einst die Vorlesungen Max Spindlers gehört hat, wird darüber hinaus Gedanken, vielleicht sogar Formulierungen finden, die ihm vertraut sind. Dieses große Erbe verpflichtet zu Dank.

Dieses Erbe, so hoffe ich, sollte auch spürbar werden in der vorliegenden Gesamtschau der bayerischen Geschichte, in deren Mitte notwendigerweise der Staat steht als jener Rahmen, der bis heute „Bayerisch Land und Volk" umspannt und Kontinuität und innere Ordnung, Entfaltung großer schöpferischer Kultur und Behauptung der eigenen Art ermöglicht hat. Wie immer man diese Auffassung benennen mag – „Staatsideologie" im Sinne von Staatsvergötzung ist sie sicher nicht. Es ist auch keinesfalls damit gemeint, daß der Staat nicht Aufgabe aller Bürger sei. Daß Staat und Gesellschaft einander feindlich gegenüberstehen müßten, ist eine ungeheuerliche Häresie unserer Tage, die vor allem der Gesellschaft selbst, die sich ja diesen Staat geschaffen hat und deren Exponenten ihn tragen, nur schaden kann.

Geschichte sollte auch dartun, wie schwierig und mühsam der Weg zur gegenwärtigen staatlichen Ordnung war; es sollte vor allem deutlich werden, daß es sich lohnt, diese Ordnung zu bewahren, zu festigen, an ihr weiterzubauen. Die Geschichte stellt, so verstanden, der Gegenwart und der Zukunft ihre wichtigste Aufgabe.

Andreas Kraus

Der Stamm der Bayern

Als jüngster der großen Germanenstämme der Völkerwanderungszeit trat der Stamm der Bayern ins Licht der Geschichte, um die Mitte des 6. Jahrhunderts, als alle anderen schon zwei und mehr Jahrhunderte einer wechselreichen Wanderzeit hinter sich hatten – die Franken, die Sachsen, die Alemannen, die Langobarden und Burgunder –, oder schon untergegangen waren – wie die Vandalen –, oder vor ihrem gewaltigen Endkampf standen, wie die Ostgoten. Der Geschichtsschreiber der Goten war es auch, dem wir die erste Erwähnung des neuen Stammes danken. Um 551/52 schrieb der Ostgote Jordanes in seiner Gotengeschichte (De origine actibusque Getarum): „nam regio illa Suavorum ab oriente Baibaros habet, ab occidente Francos, a meridie Burgundzones, a septentrione Thuringos ..." Das Land der Schwaben grenzte damals also im Osten an das der Bayern, im Westen an die Franken, im Süden an die Burgunder, im Norden an die Thüringer. Hier stehen die Bayern in einer Reihe mit den benachbarten Stämmen, von ihnen durch Name und Wohnsitz deutlich unterscheidbar, an Art und Bedeutung gleich, ein Germanenstamm unter seinesgleichen. Wenig später, im Reisegedicht des Venantius Fortunatus, der um 565 eine Wallfahrt zum Grab des hl. Martin zu Tours gemacht hatte und die Rückreise nach seiner italienischen Heimat beschrieb, wird das Land der Bayern noch näher charakterisiert: „Von Augsburg aus, wo du die Gebeine der heiligen Märtyrerin Afra verehren wirst, ziehe weiter gegen die Alpen, dort, wo die Sitze der Breonen liegen, wenn der Weg frei ist und der Bayer dir nicht entgegentritt."

Das ist alles, was wir von diesem Stamm wissen, der damals also bereits zwischen dem Lech und dem Austritt des Inns aus dem Gebirge das Land beherrscht. Von den anderen Stämmen erfahren wir durch die Stammessage oder mehr oder weniger zahlreiche Aussagen spätantiker Historiker manches über Herkunft und Frühgeschichte, wir kennen ihre Könige und Fürsten, die Frühgeschichte der Bayern aber bildet bis heute ein Rätsel.

Der wichtigste Anhaltspunkt für eine Lösung ist der Name. Schon seit langem hat man angenommen, daß die Zusammensetzung Bai-vari(i), bei Venantius Fortunatus bereits mit dem Zwischenvokal o, Männer aus Baia bedeutet, wo immer dieses Baia auch aufgesucht wurde. Am überzeugendsten war bei diesen Erklärungsversuchen die Herleitung aus Böhmen, wobei angenommen wurde, daß bei der Übernahme des antiken Boiohemum durch die Germanen aus dem keltischen oi germanisches ai geworden, in der Zusammensetzung also Baiaheim zu Baia verschliffen worden sei. Daß solche Herkunftsnamen in großer Zahl bei den Germanen zu finden sind, zeigte 1969 Foerste, der auf die Amsivarier verweist, die an der Ems sitzen, die Angrivarier, genannt nach ihrer Siedlung auf dem Anger, die Ripuarier, die Franken, die am Rheinufer saßen. Die Bruktuarier sind die Angehörigen des Nachfolgestammes der aus Cäsar bekannten Brukterer. Als Parallele für die Bajuwarii angezogen werden könnte auch der Stamm, oder alemannische Stammessplitter, der Raetobari, der im Ries saß, das seinen Namen von Raetia hat. Foerste führt in diesem Zusammenhang auch die Bezeichnung für die Bewohner bestimmter Städte an, z. B. Römer (Romwåre), sie spricht die Herkunft aus Rom an. Alle anderen Zusammensetzungen mit -warii sind singulär, etwa solche, die auf einen kultischen Mittelpunkt deuten, mögen sie auch die ältesten Beispiele darstellen.

Solange Überlegungen dieser Art durch keine weiteren Quellen gestützt waren, bemächtigte sich des Themas wildeste Kombinationslust, wir dürfen die Ergebnisse hier beiseite lassen. Mit dem Siegeszug der Vor- und Frühgeschichte in den letzten Jahrzehnten jedoch wird unser Problem geradezu in eine neue Dimension gehoben. J. Werner hat 1962 die gesicherten Nachweise zusammengefaßt; sie gelten, durch neue Funde nur bestätigt, bis heute. Durch die zahllosen Grabfunde in Bayern und Österreich wie in Böhmen aus dem frühen 6. bis ins 9. Jahrhundert läßt sich der eindeutige Nachweis führen, daß in Bayern, Oberösterreich, um Salzburg wie in Böhmen Menschengruppen siedelten, die wie die Germanenstämme westlich und östlich des Rheins bis zu den Langobarden und Gepiden an Donau und Theiß ihre Toten in Reihengräbern bestatteten, d. h. in Ansammlungen von orientierten, also nach Osten ausgerichteten Gräbern, die in Reihen angeordnet sind; den Toten werden Schmuck, Waffen und andere Totengaben ins Grab gelegt, Keramik etwa und Münzen. Übereinstimmung in den Formen von Schmuck, Waffen, Tracht und Keramik in den Gräbern von Mitteldeutschland, dem Raum an der Elbe, über Thüringen und Böhmen bis ins Marchfeld beweisen eine enge kulturelle Zusammengehörigkeit der germanischen Siedlergruppen in diesen Räumen und heben sie deutlich ab von den Gepiden an der Theiß und den Alemannen und Franken im Westen, sie beruhen wohl auf einer gemeinsamen elbgermanischen Wurzel der jüngeren Kaiserzeit und auf fortdauernder Verkehrsgemeinschaft auch in der Folgezeit. Die Fundkonzentration in Mitteldeutschland gehört den Thüringern an, die Reihengräberfunde in Mähren, im nördlichen Niederösterreich und in Westungarn rühren von den Langobarden her, die dort saßen, bis etwa 530 nördlich der Donau, dann südlich; nach der Jahrhundertmitte brechen die westungarischen Gräberfelder plötzlich ab, das entspricht der Abwanderung der Langobarden 568 nach Italien. Der langobardische Siedlungsraum in Mähren und Niederösterreich ist durch die unwirtlichen, erst im Mittelalter erschlossenen böhmisch-mährischen Höhen von der böhmischen Reihengräbergruppe getrennt, die um die Elbe konzentriert ist. Auch hier weist der Fundstoff in der Masse auf die Zeit vor 530 hin, entspricht also der norddanubischen Stufe bei den Langobarden. Eine sehr schwach vertretene Stufe ist bis nach der Jahrhundertmitte nachweisbar, man muß also annehmen, daß eine frühe, sehr kräftige und eine spätere schwache Abwanderung von Trägern dieser Reihengräberkultur stattfand. Zur gleichen Zeit setzt im heutigen Bayern die hier bis dahin weitgehend fehlende Reihengräberkultur ein. Werner nimmt an, daß mit dem Übergang der in Mähren sitzenden Langobarden über die Donau um dieselbe Zeit auch im böhmischen Kessel die erste Abwanderung erfolgte und nur eine unbedeutende Restbevölkerung bis 568 blieb, die sich dann vielleicht den Langobarden anschloß. Man könnte auch annehmen, daß sie nur den Abzug der Langobarden zum Anlaß nahm, jener Gruppe zu folgen, die schon um oder vor 530 aus Böhmen abgezogen war, nicht mit den Langobarden, sondern auf eigenen Wegen.

Wenn man nun erfährt, daß die Grabinventare in den ältesten kontinuierlich belegten Gräberfeldern vor allem Material östlicher Herkunft bergen, bei einem Zeitansatz um und nach 500, ist der Schluß zwingend, daß die Gruppen, die aus Böhmen abgewandert sind, jetzt in Bayern auftreten. Walter Sage, der Ausgräber des größten bayerischen Reihengräberfeldes, jenes zu Erding, das etwa 2400 Gräber umfaßt, hat seit 1973 in mehreren vorläufigen Fundberichten seine Ergebnisse publiziert. Nach anfänglichem Widerspruch gegen eine mögliche Einwanderung größerer germanischer Gruppen – ein Widerspruch, der sich nicht aus seinem Material belegen ließ, sondern von historischen Einwänden diktiert war – kommt 1978 auch er zu der Auffassung, daß sich „die alte wissenschaftliche Deutung des Baiernnamens als der von ‚Leuten aus Böhmen' in dem Sinne zu bestätigen" scheine, „daß zumindest eine, vielleicht auch mehrere für die Neubesiedlung des Sempttals entscheidende Gruppen tatsächlich aus dem weiten thüringisch-böhmisch-nordösterreichischen Raum zugewandert sind." Das ist nichts anderes als die Feststellung J. Werners von 1962, die also erneut erhärtet wird.

Die zeitliche Fixierung des Wandervorgangs wird bei Werner allerdings nicht durch die Funde diktiert – auf das Jahrzehnt genau lassen sich Grabbeigaben kaum je datieren –, sondern durch Überlegungen, die von den großen historischen Umwälzungen der Epoche ausgehen. Eine davon ist der Übergang der Langobarden über die Donau um 530, die zweite der Untergang des Thüringerreiches 531. Beide Einschnitte bieten sich auch für die Besitzergreifung Raetiens und Noricums durch Germanen aus Böhmen an, die Initiative dazu müßte dann von den Franken ausgegangen sein, die für ihre Expansion nach Thüringen und in die oberitalienische Tiefebene zur Absicherung ihrer Flanken eine ihnen freundlich gesonnene Bevölkerung südlich der Donau und nördlich der Alpen brauchten. Eine Generation zuvor stand jedoch der Ostgotenkönig Theoderich ähnlichen Notwendigkeiten gegenüber. Er hatte die Alemannen nach ihrer Niederlage gegen die Franken in Schutz genommen und war mit den Herulern verbündet, die dann 507/08 den Langobarden im Kampf um Pannonien unterlagen. Es wäre also denkbar, daß er als Ersatz für die geschlagenen Heruler damals den Germanen aus Böhmen Raetien, das einem gotischen Statthalter unterstand, und Teile Noricums als neue Wohnsitze zuwies. Die Grabfunde zu Erding und Aubing stützen eine solche Annahme, das Gräberfeld scheint seit etwa 500 durchgehend belegt worden zu sein, die Masse der Gräber aber setzt offenbar erst einige Jahrzehnte später ein – das wäre der Zeitpunkt, zu dem man mit dem Ableben jener Generation rechnen muß, welche die Einwanderung getragen hat. Funde aus früherer Zeit an mehreren Stellen nördlich der Donau machen außerdem wahrscheinlich, daß kleinere oder größere Gruppen von Germanen schon bald nach 400 am Rand des Römerreiches siedlungsmäßig Fuß gefaßt haben.

Die überaus zahlreichen Grabfunde der letzten Jahrzehnte in ganz Bayern gehören jedoch in ihrer Masse ins hohe und späte 6. Jahrhundert, das könnte bedeuten, daß eine weitere Einwanderungswelle anzusetzen ist, wie wir das auch bei Sachsen und Alemannen kennen und wie das auch der Fundsituation in Böhmen entspricht, wo die letzten Reihengräber erst nach der Mitte des 6. Jahrhunderts aussetzen. Mit dieser Beobachtung wird gleichzeitig das Problem der Stammesbildung angesprochen, das im Grunde für alle Großstämme der Wanderzeit existiert, aber bei den Bajuwaren besondere Schwierigkeiten bietet. Daß um 550 der Stamm als politische Einheit bereits existierte, wird von Jordanes bezeugt, daß er eine ethnische Einheit war, läßt sich weder dem Namen noch den von vielfältigen kulturellen Einflüssen zeugenden Grabbeigaben entnehmen; erst im späten 6. Jahrhundert bildet sich ein spezifisch bayerisches Trachtgebiet aus. Daß die Männer aus Böhmen, wie man früher annahm, zur Hauptsache dem einst so mächtigen Stamm der Markomannen angehörten, wird jetzt abgelehnt, seit man weiß, daß die Markomannen um 450 aus der Geschichte verschwinden, damals bereits nicht mehr in Böhmen, sondern an der mittleren Donau ansässig. Die Germanen in Böhmen kamen, wie sich vor allem aus ihrer Keramik schließen läßt, aus jenem Raum an der mittleren Elbe, in dem einst auch Semnonen und Sueben saßen, die dann den Großstamm der Alemannen bildeten; zahlreiche Splitter anderer Stämme mögen noch in Böhmen dazu gestoßen sein, Skiren, Heruler, Rugier, Donausueben, Thüringer. Sicher ist jedenfalls, daß die „Männer aus Böhmen" das Kernvolk des neuen Stammes gebildet haben, den „Traditionsträger", wie W. Schlesinger sagt.

Wie sich freilich dem Namen entnehmen läßt, der ja in dieser Gestalt kaum vom neuformierten Stamm selbst gewählt worden war, sondern ein Herkunftsname ist, also vermutlich den Ankömmlingen von Germanen gegeben wurde, die bereits im Land saßen, an der Donau, vielleicht in Regensburg und Passau, sicher um Straubing, oder die seine Nachbarn waren, ist auch mit einer starken germanischen Vorbevölkerung in Bayern zu rechnen, auf jeden Fall mit jenen alemannischen Bevölkerungsgruppen, die in einem breiten Streifen östlich des Lechs auch sprachlich bis heute nachzuweisen sind. Ohne Frage wies das Alpenvorland aber auch noch mehr oder weniger beträchtliche Reste der romanisierten keltischen Vorbevölkerung auf. In den vier Jahrhunderten, die man unter der La Tène-Zeit zusammenfaßt, nach dem wichtigsten Fundort mit keltischem Kulturgut, ist auch im Land zwischen Lech und Wienerwald, in der heutigen Oberpfalz und in Böhmen ein kraftvoller Ausläufer dieser keltischen Hochkultur anzutreffen; die Namen kennen wir noch, die sich die Träger dieser Kultur selbst gaben. Nördlich der Donau kann man Boier nachweisen, die dann in langfristiger Schwerpunktverlagerung ein großes Reich in Böhmen aufbauten, das erst Marbod mit seinen Markomannen nach der Schlacht im Teutoburger Wald zerstörte; die Reste der Boier zogen daraufhin ab an das Donauknie bei

Waitzen, wo Plinius die „Deserta Bojorum" lokalisiert, die weiteren Schicksale der Boier werden nirgends mehr überliefert, in das südliche Bayern sind sie nie gelangt. Südlich der Donau kennen wir die Vindeliker mit zahlreichen Teilstämmen, östlich des Inns das Königreich der Noriker, das zur Zeit der Züge der Kimbern und Teutonen ein Bündnis mit den Römern einging. Große keltische Oppida in unserem Raum finden wir bei Manching, auf dem Michelsberg bei Kelheim, bei Fentbach an der Mangfall. Sie sind deshalb in jener Gestalt erhalten, die ihnen die Kelten gaben, weil sie zerstört wurden, von den Römern oder schon vor dem Römereinfall, und unter den Römern nicht mehr als Siedlung dienten, wie viele andere an der Donau, westlich des Lechs oder in den norischen Alpen. Hunderte von sogenannten Viereckschanzen, keltische Kultstätten, sind Zeugen für die dichte keltische Siedlung in Bayern; sie beschränkte sich nicht auf die Flußtäler mit ihren Lößterrassen oder den fruchtbaren Schotterebenen, sondern stoßen auch ins Moränengebiet vor.

Im Jahre 15 v. Chr. ließ Augustus Raetien erobern, auch Noricum wurde dem römischen Reich eingegliedert, das Land wurde mit Straßen und militärischen Stützpunkten überzogen, auch zahlreiche zivile Siedlungen entstanden. Die Bevölkerung wurde romanisiert; inwieweit dabei die vindelikischen Stämme das tragende Substrat bildeten, können wir nicht sagen. Sicher ist der Bericht des Cassius Dio übertrieben, der meldet, daß der größte Teil der Jungmannschaft, soweit sie nicht bei den Kämpfen umkam, fortgeführt worden sei, sicherlich als Hilfstruppen auf ferne Kriegsschauplätze, doch darf man ihn auch nicht zu leicht nehmen. Wie H. J. Kellner feststellt, bricht der keltische Fundstoff der Stufe La Tène D 1 im Voralpenland jetzt ab. Spuren der folgenden Stufen sind äußerst spärlich, dafür treten in der Folgezeit Veteranen aus dem ganzen Reich als Einwohner der den Lagern zugeordneten Zivilsiedlungen auf, wie überall im Imperium Romanum.

Es sind diese Romanen, die keltisches Kulturgut an die Bajuwaren weitergegeben haben, vor allem die Namen zahlreicher Flüsse: Isar, Inn, Regen, Sempt, Abens, Amper, Lech, Laaber, um nur einige zu nennen. Wie weit auch Ortsnamen, die sich in Raetien und Noricum über die Spätantike in die Bayernzeit hinüber gerettet haben, noch keltisch sind oder ältere Vorformen spiegeln, ist von Fall zu Fall einzeln zu klären, wie etwa bei Kallmünz (Oberpfalz); sicher sind wir bei Radasbona, das noch in der Vita Haimrhammi des Bischofs Arbeo von Freising als Name für Regensburg erscheint, bei Partenkirchen (Parthanum) und bei zahlreichen Tiroler Ortsnamen; hier könnten auch noch illyrische Namen durchschlagen. In Tirol ist romanische Bevölkerung auch in den Tälern, die später überwiegend bayerisch besiedelt wurden, noch im frühen 9. Jahrhundert nachzuweisen, auch um Salzburg und in den Tälern südlich davon zeugen zur gleichen Zeit urkundliche Nennungen von romanischen Bauern und Grundherren von starker Bevölkerungskontinuität. In Noricum, sowohl Ufernoricum wie in Binnennoricum, den beiden Provinzen, in welche die Römer das einstige Königreich Noricum einteilten, überdauerte im Gebirge die spätantike Kultur bis noch gegen 600, erst unter dem Ansturm der Alpenslawen brach sie zusammen, jetzt aber so gründlich, daß mit den Städten auch die antiken Namen verschwanden. An der Donau überdauerte mehr, Lorch etwa, das antike Lauriacum, oder Wels (Ovilava); auch Wien (Vindobona), schon in Pannonien gelegen, bewahrte ebenfalls seinen antiken Namen.

Was an romanischen Ortsnamen im heutigen Bayern noch bis zur Gegenwart nachzuweisen ist, geht aber meist direkt auf die Römer zurück, wie Passau (Batavis); auch Regensburg ist nur die Übersetzung von castra Regina, das Castell am Regen. Für Salzburg blieb der antike Name Iuvavum nur in gelehrter Überlieferung erhalten; die Annahme einer dichten Bevölkerungskontinuität wird damit doch erheblichen Zweifeln unterworfen. Auch Dörfer tragen noch vereinzelt romanische Namen, vor allem im Raum um Salzburg (Kuchel, Vigaun u. a.), im Flachland auch Kastellorte; längst bekannt war Künzing (Quintana), neuerdings weist W.-A. v. Reitzenstein auf Oberstimm hin, wo zur Zeit des Kaisers Claudius ein Castell errichtet wurde; er führt die älteste bezeugte Form „Stinno" (1086) auf Stenianum zurück, wie er auch für Peiß bei München ein Bitianum erschließt. Wieweit die sogenannten Walchenorte, von denen E. Schwarz eine große Zahl in Bayern namhaft macht, unmittelbar auf Orte zurückgehen, die schon in der ausgehenden Römerzeit bestanden haben, müßte noch genauer untersucht werden; bei vielen liegt die Vermutung nahe, daß sie spätere Gründungen sind, möglicherweise Sammelpunkte, in denen sich die zurückweichende romanische Bevölkerung konzentrierte, oder die auf die Initiative romanischer Grundherren zurückgehen, von denen wir noch um 800 hören. Auf jeden Fall sind die Namen der Walchen-Orte germanischen Ursprungs, sind also jünger als die bayerische Landnahme.

Daß neben den Städten wie Regensburg, das sich mit Mauern und Türmen in die neue Zeit hinüberretten konnte, und vielleicht auch Passau und Salzburg die Mehrzahl der ländlichen Siedlungen die Wanderzeit nicht überdauert haben, müssen wir aus dem archäologischen Befund schließen. Um 400 brechen die romanischen Friedhöfe ab, vorher schon löst sich das Leben auf den Gutshöfen auf, die wir in den ersten drei Jahrhunderten in großer Zahl finden, dann nicht mehr, nach den Verwüstungen des 4. Jahrhunderts, wie die Brandspuren im ganzen Land zeigen. Bald nach 400 bricht die römische Herrschaft südlich der Donau und östlich des Inns gänzlich zusammen. Schon im 4. Jahrhundert waren die Römer der Germanenflut, die von allen Seiten herandrängte, nur mehr dadurch Herr geworden, daß sie schließlich ihnen selbst den Schutz weiter Teile des Landes anvertraut haben; 401 zog Stilicho, der Magister Militum des Kaisers Honorius, zum Schutz Italiens vor dem Westgotenkönig Alarich alle Truppen, auch germanische Hilfstruppen, von der Donaugrenze ab, 405 durchzog der Gote Radagais mit seinen zahllosen Scharen zweimal ganz Rätien, 451 Attila mit seinen Hunnen, immer wieder wogte die Germanenwanderung aus allen Stämmen durch dieses Land, Thüringer und Alemannen kamen bis vor Passau, ja bis vor Teurnia im Drautal. „Unter diesen gewaltigen Völkerbewegungen", so stellt H. J. Kellner fest, „fanden in Raetien die letzten Reste organisierter römischer Verwaltung und planmäßiger Grenzverteidigung ihr Ende."

Sicher erlosch nicht alles Leben, soviel beweisen schon die vorgermanischen Namen, die weitergegeben wurden, auch die Personen romanischer Herkunft – wie man aus ihren Namen ersieht –, die in Salzburger, Freisinger und Passauer Geschichtsquellen des 8. Jahrhunderts auftreten, bestätigen diesen Sachverhalt. Prägende Kraft besaßen diese Reste der Träger der spätantiken Kultur in unserem Raum aber nicht mehr, sonst hätte gerade im Bereich der religiösen Überlieferung, wo Kontinuität und Beharrung gemeinhin am stärksten angesetzt werden, ihre Wirkung ungleich größer sein müssen. In Augsburg bewahrte man das Andenken der unter Diocletian hingerichteten hl. Afra, in Lorch ehrte man den hl. Florian, der zur gleichen Zeit den Martertod erlitt, die heiligen Bischöfe Valentin und Maximilian werden wenigstens nicht vergessen. Wenn in Regensburg ein spätantiker Friedhof offenbar weiter belegt wird, so muß man dabei aber auch festhalten, daß es sich um Reihengräber handelt, die mitten im christlichen Friedhof gerade nicht auf eine Fortführung des Kults hindeuten, im Gegenteil, und ob die Georgskirche an Stelle einer christlichen Begräbniskirche „fuori le mura" steht, ist bis jetzt noch nicht bewiesen. Ebenso ist nicht beweisbar die Fortdauer des monastischen Lebens in Salzburg; es leuchtet freilich ein, daß die große Zahl romanischer Namen unter den Mönchen von St. Peter noch im 8. Jahrhundert kein Zufall sein kann, doch genügt zur Erklärung die Annahme, daß sich das Christentum bei den Romanen im Gebirge und am Gebirgsrand, in welcher Form auch immer, tatsächlich durchgehend halten konnte, der heilige Rupert also unter den Romanen im Salzburger Raum die ersten Mönche für seine Klostergründung gefunden hat.

Die Intensität, gleichzeitig aber auch die Gefährdung des antiken Christentums im Donauraum beleuchtet am eindringlichsten die Vita Severini, die einzige namhafte Quelle, die vom Ende der Römerherrschaft im antiken Noricum berichtet; die Verhältnisse in Raetien werden dabei nur gestreift. Alle Spekulationen über Herkunft und Werdegang des Heiligen lassen wir am besten auf sich beruhen, es genügt zu wissen, daß an die Stelle der völlig versagenden staatlichen und militärischen Stellen die geistliche Autorität des Mönches Severin trat, der landauf, landab vom Alpenrand bis zur Donau als Bußprediger wie als Organisator für Lebensmittelversorgung und militärische Abwehr der Germaneneinfälle erscheint, der aber auch den Germanenfürsten als unbeugsamer Sprecher der bedrängten Bevölkerung entgegentrat. Noch erscheint hier die kirchliche Organisation intakt, ein Bischofssitz wird sichtbar in Lorch, in Ufernoricum, einer in Binnennoricum, in Teurnia, und zahlreiche Kirchen, wie in Künzing wohl in der Regel aus Holz, gab es im Land. Als Kirche überdauert hat, so scheint es, St. Severin in Boiodurum, auf der östlichen Innseite zu Passau, auch in Lorch scheint ein antiker Kirchenbau der heutigen Kirche am Rand des Römerkastells vorangegangen zu sein. In Binnennoricum kennen wir 595 noch Bischöfe, aber gerade aus der Vita Severini wissen wir, daß Odoakar 480 den Provinzbewohnern den Befehl gab, das Land zu räumen, und Eugippius erzählt, wie selbst der Leib des Heiligen die weite Wanderung nach Italien mitmachte, um im Kloster Lucullaneum bei Neapel bestattet zu werden. In Ufernoricum haben, bis auf Lorch und Wels, tatsächlich nicht einmal die Namen der römischen Siedlungen überdauert, geschweige denn Kirchen und die kirchliche Organisation.

Nach der Eroberung Galliens durch die Franken trat der König generell in die Rechte des Kaisers ein; wo römischer Staatsbesitz war, legte also der König seine Hand darauf. Diese Form der „Fiskalsukzession" wurde von H. Dachs in zwei großen Aufsätzen auch für die bajuwarische Landnahme behauptet, und ohne Frage bringt er dafür zahlreiche beherzigenswerte Argumente. K. Reindel wendet aber mit Recht ein, daß der fortschreitende Zusammenbruch der staatlichen Ordnung im Verlauf des 4. und 5. Jahrhunderts einen solchen geregelten Übergang der Herrschaft von einer staatlichen Autorität zu einer neuen geradezu ausschließt. Für einzelne Kastelle kann aber Dachs einen solchen Übergang doch nachweisen, hier liegt, sofern sie unzerstört in germanische Hände fielen, eine solche hoheitliche Inanspruchnahme auch nahe. Wenn wir ferner herzogliche Grundherrschaft in späterer Zeit mit Vorliebe dort finden, wo noch Romanen nachzuweisen sind, liegt ebenfalls der Übergang romanischer Kolonen an den Herzog nahe, von Bauern also, die auf Staatsgrund saßen – beziehungsweise schollenpflichtig waren – und deren Abgaben an den Fiskus gingen, an die Kasse des Kaisers. Die Tatsache, daß es daneben auch noch romanische Grundherren gab, Romani Possessores, einen Ursus vir spectabilis, einen Marcellus vir Illuster, Träger also von Titeln spätantiker höchster Ämter, die Genealogia Albina, in Tirol den Quarti, der neun Höfe an Innichen schenkt, scheint diese Annahme zu unterstreichen, daß die spätantike Agrarordnung teilweise noch in Geltung war, als die Bayern kamen. Ein historisches Gesetz wird man aber daraus nicht machen dürfen, die Formen der neuen Ordnung erwuchsen aus einer völlig anderen Tradition als der antiken.

So siedeln die neuen Bewohner, das spricht am eindringlichsten gegen die Annahme dichter bevölkerungsmäßiger Kontinuität, nicht an den Römerstraßen, sondern neben ihnen, zwischen ihnen, sie wählen die bereits bebaute Flur, meiden aber die zerfallenen römischen Gebäude. Die Namen der Orte, die sie gründen, knüpfen nicht an ältere Gegebenheiten an, an lokale Traditionen oder an vorbayerische Namen, sondern tragen den Namen einer Person; sie sind im eigentlichen Sinn überhaupt keine Ortsnamen, sondern bezeichnen die Gemeinschaft von Leuten, die zu dieser Person gehören, der Name Sentilingun also die Leute des Sentilo. Diese ing-Orte sind die ältesten; vorwiegend Bajuwaren und Alemannen benennen ihre Siedlungen mit solchen Namen, die einen Personenverband bezeichnen, nicht das Heim einer Gruppe von Menschen, wie man das von Ortsnamen auf -heim annehmen darf, die im Bayerischen weit weniger vorkommen, aber auch zusammengesetzt sind mit Personennamen. Die ältesten Bildungen dieser Art sind mit Personennamen zusammengesetzt, die wir schon in den Urkunden des 8. Jahrhunderts nicht mehr vorfinden; ing-Orte gibt es aber auch noch in der Ausbauzeit des späten 8. und frühen 9. Jahrhunderts, die letzten entstehen wohl im 10. Jahrhundert, im Nordgau.

Die ältesten ing-Orte, in deren Flur nicht selten Reihengräber gefunden wurden und die in der Regel auch Pfarrorte sind, liegen ebenfalls in den Siedlungsräumen, die wir schon seit der mittleren Steinzeit kennen, im fruchtbaren Donautal, in den Nieder- und Hochterrassen der Nebenflüsse der Donau, der Altmühl, der Weißen und Schwarzen, Großen und Kleinen Laaber, von Paar, Ilm, Sempt, Isar, Inn, Naab und Regen. Weiter als bis zur Seengrenze, d. h. bis zum südlichen Ende der großen Seen, vom Ammersee bis zum Chiemsee, steigen diese ing-Orte jedoch nicht bergan; die dichte Waldregion verwehrt in der ältesten Bajuwarenzeit weiteres Vordringen, auch wenn die Paßstraßen nach Tirol offen gewesen sein dürften – doch Siedlungen waren hier spärlich; wie die Ortsnamen aussagen, waren sie besetzt von Romanen.

Die Ausbreitung der ing-Orte der frühesten Stufe kennzeichnet auch die Grenzen der Siedlung des Stammes. Nach Westen zu war die politische Grenze, ungeachtet nachweisbarer alemannischer Siedlung bis wenigstens an den Ammersee, wohl schon in der ältesten Zeit der Lech, wie man aus Venantius Fortunatus und der Tatsache eines eigenen Augstgaues östlich wie westlich des Flusses entnehmen kann. Vermutlich geht die Festlegung dieser Grenze auf einen hoheitlichen Akt jener Autorität zurück, die beiden betroffenen Stämmen in den kritischen Jahren um 500 ihre Gebiete zuwies, des Königs der Ostgoten. Er hatte die Alemannen nach ihrer Niederlage gegen die Franken bei Zülpich in Raetien aufgenommen, er hat möglicherweise östlich davon die Bajuwaren angesiedelt; ausgeschlossen werden kann freilich auch ein fränkischer Eingriff nicht, nachdem der Verzweiflungskampf der Ostgoten in Italien seit 535 jede Behauptungsmöglichkeit der Einflußsphäre nördlich der Alpen illusorisch gemacht hatte. So zuverlässig wie über die Lechgrenze scheint die Aussage des Venantius Fortunatus auch über die Südgrenze zu sein; den Weg über die Alpen rät er dort zu nehmen, wo der Inn „in reißendem Wirbel sich einherwälzt" und wo die Wohnsitze der Breonen angrenzen. Erst im Verlauf des späten 6. Jahrhunderts dringen die Bayern allmählich bis zum Brenner vor, den sie um 600 erreichen, im Tal der Etsch sind sie frühestens 680 bezeugt, anläßlich eines Zusammenstoßes eines bayerischen Grafen mit dem langobardischen Herzog von Trient. In Tirol halten sich die Bayern an die Haupttäler, die ältesten Ortsnamen sind aber auch hier romanisch bzw. vorrömisch, selbst ing-Orte wie Sterzing und Flaurling (von Florinus) dürften auf romanische Personennamen zurückgehen. In den Nebentälern wird bekanntlich bis zur Gegenwart noch vielfach ladinisch gesprochen. Ob der den Alpen nördlich vorgelagerte bayerische Sundergau den südlichen Grenzgau bezeichnen soll, wie der Sundgau im Elsaß und wie eine Benediktbeurer Interpretation um 1050 meint, oder ob damit ein Sondercharakter festgehalten werden soll, ist noch umstritten, tatsächlich aber läuft hier um 565 der Grenzsaum durch.

Im Norden und Nordwesten wird die älteste Siedlungsgrenze durch den unwirtlichen Waldgürtel gebildet, der sich von der Donau bei Neuburg über den Jura bis an die Mündung der Pegnitz in die Rednitz hinzieht und dann nach Osten läuft, um dort Anschluß an den Böhmerwald und Oberpfälzer Wald zu finden. Nur im Regental und im Chamer Becken, in der Amberger Bucht und im

Altmühltal bis Eichstätt, hier besonders dicht, gibt es ing-Orte; im späten 7. Jahrhundert erst, wie die Reihengräber in Lauterhofen, um Neumarkt, Altdorf und Hersbruck zeigen, dringt die Siedlung in das dem Jura vorgelagerte Hügelland und darüber hinaus vor. Der älteste Nordgau, wie man aus der Entstehung der Eichstätter Bistumsgrenzen schließen muß, umfaßte nur den durch die Orte Ingolstadt, Fürth, Lauterhofen begrenzten Raum, erst im Verlauf des 9. und 10. Jahrhunderts, nicht zuletzt wohl durch die kolonisatorische Tätigkeit der Grafen aus dem Hause Schweinfurt, füllte sich das Gebiet zwischen Donau und Fichtelgebirge mit Siedlern, erstmals 1061 erscheint die Bezeichnung „Nordgau" auch für das Land an der Eger.

Diese Expansion erfolgte friedlich, durch Siedlung, an der übrigens auch Slawen beteiligt waren, vermutlich, wie Endres zeigen kann, ins Land gerufen als Rodungsbauern. Die Ostgrenze dagegen war vielfach bedroht, umgekehrt wurde sie erweitert durch immer neue Kämpfe mit Slawen und Awaren. Über die Verhältnisse östlich der Enns kann für die älteste Zeit Zuverlässiges nicht gesagt werden; auszuschließen ist natürlich nicht, daß sich Reste der Rugier oder Heruler am Donauknie bei Korneuburg oder am Wienerwald auch nach ihren Niederlagen vor und nach 500 halten konnten, doch Siedler lassen sich nicht nachweisen, und die ing-Orte in diesem Raum sind erst später bezeugt. Die Reihengräberfunde setzen in dichter Anordnung zwischen Enns und Traun ein, und auch hier erst im frühen 7. Jahrhundert, wir haben also hier nicht das älteste Siedlungsgebiet der Bajuwaren anzunehmen, sondern Ausbauland. Östlich davon liegt eine Mischsiedelzone, in der Bajuwaren und Slawen nebeneinander sitzen und die weder in die bayerische noch in die mit dem 7. Jahrhundert einsetzende awarische Herrschaftsbildung einbezogen war. Die bajuwarische Siedlungsgrenze bis herein ins späte 8. Jahrhundert verlief vom östlichen Pustertal über die Hohen Tauern und Radstadt das Ennstal entlang zur Donau, ausgeweitet wird sie im Zusammenhang mit politischen Vorgängen, die noch zu erörtern sind.

Das Herzogtum der Agilolfinger

Das politische Schicksal des jungen Stammes wurde in hohem Maße bestimmt durch seine Lage. Nach Osten zu war der Raum trotz vielfacher natürlicher Hindernisse weithin offen, lud ein zur Expansion und zur Siedlung; von Zeit zu Zeit jedoch verdichtete sich auch die Gegenwirkung, die sich nicht selten aus der Weite des Landes östlich des Wienerwaldes speiste; Slawen und Awaren, später dann die Ungarn, bedeuteten auch ernsthafte Gefährdung. Im Westen saß der offenbar seit Beginn der politischen Existenz Bayerns befreundete, durch gemeinsame elbgermanische Abstammung eng verwandte Stamm der Alemannen, doch er war nicht stark genug, sich gegen die Franken zu behaupten, er konnte nach dem Tode des Ostgotenkönigs Theoderich nicht einmal den Druck wesentlich mildern, der von den gewalttätigen Merowingern ausging. König Theudebert I., der von 534 bis 548 regierte, nützte die Bedrängnis der Ostgoten durch die Byzantiner aus, um beide Stämme zu unterwerfen, die von Theoderich in gotischen Schutz genommenen Alemannen und die – vermutlich – von ihm nach Bayern geholten Männer aus Böhmen. Der byzantinische Historiker Agathias nämlich berichtet zum Jahre 536, Theudebert habe „die Alemannen und gewisse andere benachbarte Stämme“ unterworfen, der König selbst rühmt sich in einem Brief an Kaiser Justinian, seine Herrschaft erstrecke sich „über die Donau und die Grenze Pannoniens bis zu den Küsten des Ozeans“.

Das ist spätestens 548 der Fall, wahrscheinlich schon früher. Daß Theudebert die Bayern erst in das eben eroberte Land geholt habe, ist wenig wahrscheinlich, wenn man Agathias wörtlich nimmt; es wird unterworfen. Wenig später wird der Name des ersten Herzogs genannt, der für die Bayern bezeugt ist, Garibald. Um ihn und seine Herkunft ist bis zur Gegenwart die wissenschaftliche Diskussion in vollem Gang. Die Aussagen der Quellen, das erlaubt die verschiedenartige Interpretation, sind nicht völlig eindeutig. Ein Herzog Garibald wird erstmals für 550 genannt, doch erstmals für 570, genaugenommen, erfahren wir von seiner Stellung als Fürst der Bayern. Paulus Diaconus, der Geschichtsschreiber der Langobarden am Hofe Karls des Großen, berichtet zu 570 von Ewin, dem Herzog von Trient, daß er eine Tochter „Garibaldi Bajoariorum regis“ zur Gemahlin genommen habe. Es dürfte jedoch kein Zweifel bestehen, daß der Herzog Garibald von 550 und der Bayernkönig von 570 identisch sind, wir wissen von keinem anderen Herzog Garibald. Von ihm nun berichtet Gregor von Tours, der fränkische Geschichtsschreiber des 6. Jahrhunderts, daß er vom Frankenkönig Chlothar, der die Gemahlin seines Bruders, die langobardische Königstochter Waldetrada, zur Ehe genommen hatte und daraufhin von der Geistlichkeit gerügt worden war, Waldetrada zur Gemahlin erhalten habe. Denselben Vorgang berichtet auch Paulus Diaconus, wörtlich heißt es hier: Er gab sie

„uni ex suis", der Garibald hieß, zur Ehe. Nun schreibt Paulus Diaconus zwei Jahrhunderte nach Gregor, er hat den Namen des Frankenkönigs nicht richtig, der Sachverhalt ist auch sonst nicht getroffen, die Worte fehlen in seiner Vorlage, der Origo gentis Langobardorum; soll man hier die Aussage „uni ex suis" tatsächlich pressen? Das Possessivpronomen kann grammatikalisch richtig nur bezogen sein auf den König, es kann dabei heißen „einem seiner Leute", einem seiner Antrustionen, Leuten aus seiner Gefolgschaft, oder auch einem seiner Großen, Beamten irgendwelcher Kategorie; möglich wäre auch, daß damit ein Verwandtschaftsverhältnis gemeint sei. In jedem Falle müßte man Garibald für einen Franken halten. Wäre nicht eine weitere Aussage zum gleichen Sachverhalt, könnte man aber eine Deutung auch offen lassen. In der Chronik des Fredegar aus dem 7. Jahrhundert wird nämlich von der Heirat Theodelindes berichtet, der Tochter Garibalds, mit dem Langobardenkönig Authari, hier findet sich der Zusatz „ex genere Francorum". Alle Deutungsversuche kommen an dieser Aussage nicht vorbei, so gute Gründe sonst für eine burgundische oder auch eine langobardische Abstammung Garibalds geltend gemacht werden. Hier müßte wohl auch noch plausibel gemacht werden, warum Paulus Diaconus ihn nicht als Landsmann bezeichnet hat, wenn nicht zu 550, dann doch zu 570.

Die Vermutung, daß die siegreichen Franken unter Theudebert einen der ihren zum Herzog im neu unterworfenen Land gemacht haben, hat das meiste für sich; dagegen spricht nicht die Politik des neuen Machthabers, der mit dem Versuch, sich unabhängig vom König zu machen, nur einer guten fränkischen Tradition folgt, wie sie beim Slawenkönig Samo im 7. Jahrhundert oder dem Herzog im Würzburg des frühen 8. Jahrhunderts ebenfalls zu beobachten ist; auch bei den Merowingern selbst und später bei den Karolingern kämpfen nicht selten die Brüder gegeneinander. Auch die Stellung, die der Herzog der Bayern einnimmt, spricht eher dafür als dagegen. Was im Gesetzbuch der Bayern über den Herzog ausgesagt wird, trifft unmittelbar zu nur für die Mitte des 8. Jahrhunderts, von älteren Fassungen können wir nur die Existenz vermuten. Hier heißt es vom Herzog, daß er immer aus dem Geschlecht der Agilolfinger war und sein soll. Daß Garibald aus diesem Geschlecht stammte, vermuten wir an sich nur aufgrund dieser Stelle und aufgrund der Namengebung, doch ist die Vermutung unabweisbar. Das bedeutet die Erblichkeit des Herzogtums; diese Tatsache widerspricht jener Deutung des agilolfingischen Herzogtums als „Amtsherzogtum", wie sie immer wieder begegnet. Andererseits lautet die Begründung für das Erbrecht der Agilolfinger: „Denn so haben es die Könige, unsere Vorgänger, ihnen gewährt: Daß sie den, der aus ihrem Geschlecht dem König treu war und klug war, zum Herzog einsetzten, damit er jenes Volk regiere." An der nächsten für den Herzog bedeutsamen Stelle lesen wir, daß ihn der König in jenem Land eingesetzt oder sich das Volk ihn erwählt habe, oder daß der König die Herrschaft, falls es zur Auflehnung der Söhne des Herzogs gegen ihn gekommen sein sollte, geben könne, wem er sie geben wolle, auch lesen wir, daß der König oder der Herzog einen Heerzug anordnen können oder daß sowohl der König wie der Herzog Befehl geben können zur Tötung eines Mannes. Schließlich heißt es vor allem, daß der König den Herzog, den er in jenem Land dazu gemacht hat, bei böswilliger Mißachtung seiner Anordnungen wieder seiner Würde entsetzen kann. So einleuchtend es auch ist, diese Bestimmungen in Beziehung zu setzen zur bayerischen Niederlage von 743 oder gar den letztgenannten Artikel als Einschub nach 788 zu deklarieren, die politische Wirklichkeit schon des ausgehenden 6. Jahrhunderts scheint diesen Sätzen in der Lex Bajuwariorum nicht zu widersprechen. Zu 590 berichtet Paulus Diaconus, daß Tassilo vom Frankenkönig Childebert als König der Bayern eingesetzt worden sei, für das Jahr zuvor erzählt er, König Garibald sei durch die Ankunft der Franken in Bedrängnis geraten; aus der Einsetzung Tassilos läßt sich die Absetzung Garibalds nicht zwingend folgern, aber vermuten, doch es genügt für die Kennzeichnung des Verhältnisses bereits das erstere. Auch einige spätere Vorkommnisse bestätigen den Eindruck ebenfalls, daß die fränkische Oberhoheit nicht nur dem Anspruch nach bestand, freilich mußte sie auch politisch immer wieder erst durchgesetzt werden.

Was war das dann für ein Herzog, den Paulus Diaconus Rex nennt? Sicherlich gehörte er nicht in die Reihe jener Duces, die als fränkische Provinzialstatthalter in Gallien nachzuweisen sind, diese stehen noch in der Tradition der römischen Ämterlaufbahn und können noch lange Zeit, auch unter den Franken noch, als echte Beamte angesprochen werden. W. Schlesinger setzt die Stammesherzöge rechts des Rheins mit den germanischen Heerkönigen gleich, deren Rang und Würde eben durch die Abkunft von einem königlichen Geschlecht bestimmt wurde, nicht durch ein Amt. Als Heerkönig tritt der Bayernherzog in der Lex Bajuwariorum auch in erster Linie in Erscheinung, das ist das Gesetzbuch, das in verschiedenen Stufen seit vielleicht der Mitte des 6. Jahrhunderts entstanden sein dürfte, von dem wir aber nur die Redaktion aus der Zeit Herzog Odilos besitzen, aus der Zeit um etwa 740. Er bietet das Heer auf und übt auf dem Heerzug die absolute Befehlsgewalt aus, als unumschränkter Richter über Leben und Tod. Solche Befugnisse besitzt er sonst nur an seinem Hof, im Frieden ist seine Gerichtshoheit eng begrenzt, eben durch das Gesetz, das auch ihn bindet. Allerdings richten die zuständigen Richter nur dank der Autorität, die ihnen der Rückhalt am Herzog verleiht: wo Graf und Richter nicht genug Macht besitzen, um einen der Großen des Landes zur Rechenschaft zu ziehen, ist der Herzog aufgerufen, das Recht durchzusetzen. Er selbst genießt den höchsten Rechtsschutz; wer einen Anschlag auf sein Leben auch nur plant, hat bereits sein Leben und sein Gut verwirkt, freilich nicht ohne ordentlichen Prozeß. Das Wergeld des Herzogs beträgt 900 solidi, das der Familie der Agilolfinger 640, nochmal so viel wie jenes des Hochadels.

Die königsgleiche Stellung des Herzogs läßt sich im übrigen weniger dem geschriebenen Recht entnehmen als der politischen Wirksamkeit. Sie freilich ist nicht zu allen Zeiten gleich ungebunden: Immer ist es die Schwäche der fränkischen Herren, die größere Selbständigkeit des Bayernherzogs zur Folge hat, die Möglichkeit, Bündnisse zu schließen oder in die Verhältnisse jenseits der Grenzen einzugreifen. Herzog Theodo vermag sogar sein Land zu teilen, wie das sonst die Merowinger selbst taten. Königsgleich wird die Verfügungsgewalt des Herzogs schließlich auch, als der Ausbau der Kirche in Bayern einsetzt.

Die faktische Macht des Herzogs war nach außen begrenzt durch die jeweils von den augenblicklichen politischen Verhältnissen abhängende Macht der Franken, nach innen war sie begrenzt durch das Herrschaftsrecht des Adels, nicht minder dann, seit der Mitte des 8. Jahrhunderts, auch durch den wachsenden Einfluß der Kirche – wobei gleichzeitig die außerordentlich reiche Ausstattung der Kirche mit Grundbesitz durch den Herzog seinen eigenen Besitz empfindlich beschnitt. Man sollte aber nicht vergessen, daß der Herzog durch das alleinige Verfügungsrecht über die Terra inculta, das ungenutzte Land, ein nahezu unerschöpfliches Reservoir für neue Machtkonzentrationen besaß. Grundbesitz bedeutet Macht; der Herzog besaß sicher Hoheitsrechte, die er unabhängig von jenen Machtmitteln wahrnehmen konnte, die ihm die Verfügung über Grund und Boden und die daraufsitzenden Leute verlieh, aber es kam auch darauf an, daß sie durchgesetzt werden konnten. Das in der Lex Bajuwariorum angesprochene Problem, das sich für das Verhältnis des Grafen zu mächtigen Adeligen stellte, daß er nämlich unter Umständen das Recht ihnen gegenüber nicht durchsetzen konnte, so daß es der Herzog tun mußte, konnte sich auch für den Herzog stellen. Grundbesitz befähigte den Herzog, Vasallen zu gewinnen, die zu Diensten verpflichtet waren, die über die allgemeine Dingpflicht und die Pflicht, dem Landesaufgebot zu folgen, hinausgingen. Auf den vom Herzog abhängigen Gütern saßen ferner vielfach „exercitales", wie die Urkunden sie nennen; sie allein dürften mit jener Schicht zu identifizieren sein, die Dannenbauer für das Frankenreich als Träger der königlichen Expansion betrachtet, insofern sie zu unbeschränktem Kriegsdienst verpflichtet waren, da sie auf Gütern saßen, die ihnen vom König zu eben diesem Zweck verliehen worden waren. Der Herzog verfügte auch über abhängige Leute, die offenbar eine bessere Rechtsstellung genossen als die sonstigen Eigenleute, die Adalschalken; sie hatten, wie Schenkungen zeigen, bisweilen ihrerseits Knechte und Grundbesitz. Die Hauptmasse dieser dem Herzog unmittelbar zugeordneten Eigenleute bestand in abhängigen Bauern, die bald fiscalini, bisweilen auch coloni, im Südosten Bayerns auch Barschalken hießen. Wohl nicht zu unrecht werden in diesen Barschalken – der Name ist immer noch umstritten, es gibt für die Deutung „zinsender Knecht" wie „freier Knecht" jeweils gute Gründe – die Nachkommen von ehemaligen Kolonen auf römischem Grundbesitz in Raetien und Noricum vermutet, die, eben in dieser Eigenschaft, in die Abhängigkeit vom Herzog getreten waren und ihm Dienste und Abgaben schuldeten, ohne aber ihre persönliche Freiheit zu verlieren.

Reichen Grundbesitz und unfreie Knechte besaß auch der Adel, der in der Lex Bajuwariorum allein auf fünf „genealogiae" beschränkt wird, fünf Geschlechter nämlich, die durch das doppelte Wergeld aus den Freien herausgehoben erscheinen und die als die ersten nach den Agilolfingern bezeichnet werden. Der Adel nahm also teil an der Herrschaft über Land und Leute, und zwar kraft eigenen Rechts, durch Geburt, nicht durch herzogliche Verleihung. Das gilt jedoch ohne Einschränkung nur für die Genealogiae, die unzweifelhaft Geburtsadel darstellen. Wie sich aber den Synodalbeschlüssen wie den Urkunden des 8. Jahrhunderts entnehmen läßt, muß es daneben auch eine Schicht gegeben haben, die ebenfalls mit reichem Besitz an Land und Leuten ausgestattet war und deren Vertreter zuweilen „nobiles" genannt werden, bisweilen aber auch nur mit ihren Namen erscheinen. Sicher ist es nicht in jedem Falle möglich, sie von den Mitgliedern der fünf Genealogiae zu unterscheiden, doch ist ihre Zahl zu groß, als daß sie unbesehen hier eingereiht werden könnten. Analog zu den alemannischen Verhältnissen, wo wir ebenfalls zahlreiche „nobiles" nachweisen können, scheinen wir auch in der bayerischen Gesetzgebung mit einer Entwicklung rechnen zu müssen, die unter fränkischem Einfluß auf eine rechtliche Nivellierung abzielte, deren Tendenz einem Kapitulare Karls des Großen zu entnehmen ist, wo es heißt, es gebe (in rechtlicher Hinsicht) nur Freie und Unfreie. In dem älteren Pactus Alamannorum, das berechtigt zu unserer Schlußfolgerung, gab es neben der hochadeligen Schicht der primi Alamanni und den liberi noch die mediocres oder mediani mit einem Wergeld, das dazwischen lag. In der in die zwanziger Jahre des 8. Jahrhunderts zu datierenden Lex Alamannorum, die sehr viele Parallelen mit der Lex Bajuwariorum aufweist, ist die Zwischenschicht verschwunden, wohl aber immer noch in der Wirklichkeit greifbar.

Welche Legitimation dieser erst nach 800 voll greifbare Adel besaß, wissen wir nicht; daß die Angehörigen der „genealogiae" aber kein Amtsadel waren, wie neuerdings behauptet wird, sondern Geburtsadel, sagt schon der Name. Man geht sicher nicht fehl, dafür spricht auch die geringe Zahl dieser Geschlechter, wenn man sie auf Kleinkönige der Wanderzeit zurückführt; Alemannen wie Franken kannten solche Reges und Reguli in größerer Zahl, von den alemannischen Kleinkönigen erfahren wir anläßlich des Berichts über die Schlacht bei Straßburg 357 ihre Zahl, dreizehn, wie ihre Namen; sie mögen unter den „primi Alamanni" aufgegangen sein. Von den fünf vornehmsten Adelsgeschlechtern der Bajuwaren wissen wir nur wenig, Angehörige der Drozza, Aniona und Hachilinga, wie drei von ihnen heißen, kennen wir überhaupt nicht, auch nicht ihre regionale Zuordnung, während für Fagana und Huosi, die beiden anderen Genealogiae, einige gesicherte Aussagen möglich sind. Die Fagana hatten ihren Besitzschwerpunkt zwischen mittlerer Isar und Isen, die Huosi um Amper, Glonn und oberer Ilm, bei reichem Streubesitz weit übers Land hin. Die Angehörigen der reichen und mächtigen Sippen, welche die großen Klöster am Alpenrand, Tegernsee und Benediktbeuern, daneben Schliersee, Schäftlarn, Ilmmünster und andere gegründet und ausgestattet haben, unbesehen als Huosi zu bezeichnen, wie das nicht nur in populärwissenschaftlicher Literatur geschieht, ist zum wenigsten fragwürdig. Ebenso ist es falsch, von einer geographischen Zweiteilung Bayerns in einen vom Adel beherrschten Westen und in einen herzoglichen Osten zu sprechen. Die dafür ins Feld geführten Gründe überzeugen nicht: die ausschließliche Existenz von Adelsklöstern im Westen, bei gleichzeitigem Fehlen von Gaubezeichnungen, damit herzoglichen Verwaltungseinheiten, und das Fehlen von mächtigem Adel im Osten. Dieser Adel zwischen Inn und Traun ist durchaus greifbar, und ein Augstgau östlich des Lechs ist noch vor 800 bezeugt. Die herzogliche Beteiligung schließlich, von der die Gründungslegenden berichten, an den weit im Westen gelegenen Klöstern Polling, Wessobrunn und Thierhaupten läßt sich nicht widerlegen, die Präsenz des Herzogs wird bei Wessobrunn auch durch Schenkungen belegt. Potentiell stellte dieser Adel jedoch ohne Frage, das liegt begründet in der Struktur mittelalterlicher Herrschaft überhaupt, die bedeutendste Konkurrenz für die herzogliche Gewalt dar, daraus konnten sich Spannungen jedweder Art ergeben, bis zum förmlichen Abfall.

Der Adel, der nicht zu dieser führenden Schicht gehörte, ist weder mit seiner Entstehung zu fassen noch mit seiner ältesten Funktion, überhaupt kennen wir nur die lateinische Benennung „nobiles", die auch wörtlich gemeint sein kann, eben Vornehmheit und Bekanntheit bedeuten mag, keinen rechtlich abgeschlossenen Geburtsstand. Diese Schicht mag die Grundbesitzer mit weniger weit verstreuten Gütern umfaßt haben, die außerdem im Besitz herzoglicher Lehen erscheinen, also wohl auch ihrer Aufgebotspflicht mit Pferd und Panzer nachkommen konnten, auch die öffentlichen Ämter dürften sie versehen haben; aus Besitz, Kriegsdienst und Amt beziehen sie also ihre Legitimation, die noch in der Karolingerzeit die Grundlage auch für eine rechtliche Abschließung zu einem Stand geworden zu sein scheint.

Wie weit dieser Adel bereits Grundherrschaften – um einen rechtlichen Begriff aus dem späten Mittelalter auf die Frühzeit zu übertragen – ausgebildet hat, muß offenbleiben, in den Quellen wird das nicht ersichtlich. Die Schenkungen sprechen von Mansi oder Huben, auch mancipia, unfreie Knechte, werden verschenkt, aber nur sehr selten wird eine „Villa" genannt, die man vielleicht bereits als organisierten Güterkomplex auffassen darf, wie es bei herzoglichen Schenkungen in der Regel anzunehmen ist, mit Mansen, die zu einem Verwaltungszentrum gehören. Immerhin gibt es vor, noch mehr nach 800 Schenkungen von solchem Umfang, daß man annehmen muß, es sei das ganze Dorf verschenkt worden. H. Dachs schließt aus den dabei beobachteten Zusammenhängen zwischen Dorfnamen und den Namen von adeligen Tradenten, die ganze Dörfer verschenkten, auf Vorgänge bei der Ursiedlung, besonders der Gründung der ing-Orte, und nimmt Adelsherrschaft als die älteste Rechtsform bei den Bajuwaren als die Regel; die ing-Orte seien gebildet mit den Namen nicht des Sippenältesten, sondern des Dorfherrn. Er stützt sich dabei auf die überzeugenden Beweise, die J. Sturm für die Ausbaudörfer im Waldland an der mittleren Isar vorlegen kann, doch gelten sie nur für das ausgehende 8. und frühe 9. Jahrhundert. Die Verhältnisse, die Dachs beschreibt, reichen ebenfalls nicht in frühere Zeit zurück, auch sie werden nur aus Urkunden der gleichen Zeit abgelesen, die von ihm gebrachten Namen werden zur Zeit der Beurkundung noch getragen, gehören also nicht zur ältesten Schicht; aber auch die Besitzverhältnisse in Dörfern, deren Namen in die älteste Zeit zurückweisen, können für die Herrschaftsform der Landnahmezeit nichts aussagen.

Daß germanische Siedlungen dieser Zeit bereits grundherrlich organisiert waren, ist ausgeschlossen, die Entstehung der Grundherrschaft bei den Germanen ist ohne Einfluß der spätantiken Verhältnisse nicht denkbar. Alle Spekulationen der vergangenen Jahrzehnte über die angebliche urgermanische Adelsherrschaft beruhen auf einseitiger Interpretation späterer Nachrichten über die Stellung der Freien, die nun in der Tat seit Möser bereits Gegenstand nie ablassenden Streits ist. Das hängt in erster Linie zusammen mit der Quellenlage; in den Volksrechten ist naturgemäß nur die geltende Rechtsordnung niedergelegt, nicht auch die Sozialordnung. Sie ist hier nur indirekt erschließbar, auch aus den Urkunden des 8. Jahrhunderts läßt sie sich nur mit großer Behutsamkeit ablesen, ganz abgesehen davon, daß wir damit ja wieder nur sehr späte Verhältnisse erfassen können. Sicher ist jedenfalls, seit den Forschungen von H. Krause und J. Schmitt, daß unter dem Begriff „liber" in der Lex Bajuwariorum alle Personengruppen vom Hochadel bis zum Barschalken verborgen sein können; maßgebend für die Kennzeichnung ist der formale Begriff der rechtlichen Freiheit, der nicht besagt, daß man keinem Herrn untertan ist, sondern daß man keinem Herrn gehört, d.h. Kopfzins zahlt, ungemessene Dienste schuldet, mit seiner Person verschenkt und verkauft werden kann. Differenzierter erscheint die soziale Stellung der Freien in den kirchlichen Urkunden des 8./9. Jahrhunderts, wo sich in der Regel der Adel, besonders durch größeren Reichtum, von den freien Bauern bereits deutlich unterscheiden läßt. Es gibt Freie, die fast mit dem Adel konkurrieren können, es gibt aber auch Freie, die sich zur Arbeit als Knecht verdingen; es gibt freie Bauern in vielfach gestufter Abhängigkeit, die so weit geht, daß es scheint, als würden sie mitsamt dem Hof, den sie bebauen, verschenkt, doch verschenkt werden dabei, wie an einigen Stellen deutlich wird, nur die von ihnen geschuldeten Dienste und Abgaben. Daß aus solcher zunächst rein dinglicher Abhängigkeit noch im 9. Jahrhundert auch rechtlich ein neues Verhältnis entsteht, das wohl auch die Stellung der davon betroffenen Bauern im Ding mindert, muß man annehmen; die Minderfreien der Karolingerzeit erwachsen nicht nur aus der freiwilligen Ergebung in den Schutz der Kirche, um der drückenden militärischen Dienstpflicht zu entgehen, oder infolge der Bedrückung durch Adel und Grafen, ihre Stellung könnte auch durch Angleichung an eine schon vorher unfreie Schicht bäuerlicher Hintersassen, der servi als Inhaber von Höfen, gemindert worden sein. Dienste und Abgaben schulden freie Bauern für die Bodenleihe durch Herzog, König, Adel oder Kirche, es bilden sich wohl auch schon Schutzverhältnisse, die zur Abhängigkeit führen. Kein Zeugnis gibt es in Bayern für sog. Herzogsfreie, die analog zu den von Theodor Mayer postulierten Königsfreien ihre Freiheit dem Herzog verdanken und deshalb in steter Bindung zu ihm stehen, die so weit geht, daß er sie auch verschenken kann; mit dem Königsschutz verlieren sie dann auch ihre Freiheit. In Bayern zeigt sich im Gegenteil, daß die Bindung von Freien an den Herzog entweder vasallitischer Natur ist oder konkrete Dienste und Abgaben betrifft; in unmittelbarem Schutz des Herzogs stehen die Adalschalken, echte Unfreie also. Es ist keinesfalls angängig, in Bayern von den Quellen des 8. und 9. Jahrhunderts zurückzuschließen auf die Verhältnisse der Wanderzeit und der Zeit der Stammes- und Staatsbildung.

So zeigt sich schließlich, daß es unmöglich ist, Zahlenverhältnisse für freie Bauern in sozialer Unabhängigkeit, im Sinn der Vollfreien oder Gemeinfreien, wie ihn die klassische Rechtsgeschichte kennt, sowohl für die Frühzeit wie für jene Epoche zu benennen, in der unsere Quellen voll einsetzen; nur daß es sie gegeben hat, und zwar noch im 8. und 9. Jahrhundert, geht aus den Schenkungen solcher Bauern an die Kirche mit Sicherheit hervor, auch das Kapitulare Karls des Großen von 807, das die Pflicht zur Heerfahrt regelt, rechnet mit Freibauern, die eine bis fünf Huben besitzen, also keine Grundherren sind.

Wie schon bei den Feststellungen über die Freien deutlich wurde, war die Sozialstruktur im agilolfingischen Bayern, jedenfalls im 8. Jahrhundert, bereits außerordentlich differenziert. Dem Adel und den Vollfreien steht eine breite Schicht von sozial Abhängigen gegenüber, die zum Teil die rechtliche Freiheit besitzen, aber zu Diensten und Abgaben verpflichtet sind, einschließlich Kriegsdienst und Kurierdienst wie bei den „exercitales" und den Barschalken. Sie sind aber ohne Frage in Wirklichkeit minderfrei; die Tatsache, daß ihre Dienste und Abgaben verschenkt werden können, bedeutet natürlich, daß sie den Herrn wechseln, ohne gefragt zu werden. Neben ihnen gab es dann eine Schicht, die ihnen in ihrer sozialen Stellung gleich war, aber rechtlich eine Stufe tiefer stand, die Freigelassenen. Sie blieben weiterhin, ob vom Herzog oder von der Kirche freigelassen, in der Munt, in der Schutzherrschaft ihres Herrn. Beide Gruppen waren, sofern sie Höfe bewirtschafteten, die einem Herrn gehörten, zu Diensten verpflichtet, die dem Herrenhof galten, in der Regel Mithilfe auf dem Fronhof bei der Frühjahrsbestellung und bei der Ernte, dazu meist auch zur Abgabe von Getreide, von 10 bis 15 Scheffel, bisweilen auch von Schweinen, schließlich wird auch von Kurierdiensten berichtet. Barschalken und „exercitales" leisteten auch Kriegsdienst. Das Wergeld der Freigelassenen, das an den Herrn fiel, betrug 40 Schilling, ein Viertel des Wergelds der Freien.

Die niedrigste Schicht, die Knechte, lateinisch servi oder mancipia, waren zwar rechtlich den Sachen gleichgestellt, aber die ursprünglich auch bei den Germanen herrschende Sklaverei, die einen noch im 8. Jahrhundert faßbaren Sklavenhandel mit sich brachte, wird zu dieser Zeit bereits allmählich umgewandelt in die Rechtsform der Leibeigenschaft. Das hängt zusammen vor allem mit dem Landesausbau; die Anlage von neuen Siedlungen oder die Ausweitung der alten Dorfflur, das Werk der Grundherrschaft, erfordert Arbeitskräfte. Freie Bauern und servi bebauen so nicht selten nebeneinander Höfe, die zum selben Fronhof zinsen, ihre Rechtsstellung gleicht sich dadurch in weitem Maße an. Allerdings sind die Dienste der leibeigenen Bauern, die ungemessen waren, so lange sie als Knechte oder als Haussklaven dienten, erheblich ausgedehnter als jene der freien Kolonen; sie leisten in der Regel immer noch drei Tage die Woche Frondienste auf dem Herrenhof. Dieser Aufstieg der Unfreien, der sich in Angleichung an die Rechtsstellung der abhängigen, wenngleich persönlich freien Bauern vollzieht, ist bedingt durch den gleichzeitigen Abstieg dieser Schicht, die als politisch und rechtlich mitbestimmende Kraft in der Öffentlichkeit seit dem 9. Jahrhundert nicht mehr faßbar wird. In der Agilolfingerzeit selbst ist dieser Prozeß jedoch, obschon bereits als im Gang befindlich anzunehmen, in den Quellen nicht nachweisbar.

Nicht zuverlässig zu bestimmen ist die Rolle der Kirche im Verlauf dieses Prozesses. Durch reiche Schenkungen von Land und Leuten einerseits, durch Landleihe andererseits werden Bischofskirchen und Klöster noch im Verlauf des 8. Jahrhunderts zu bedeutenden Grundbesitzern im Land, durch konzentrierte Verwaltung entwickeln sie Wirtschaftsformen, die wohl auch für Adel und Fürsten beispielhaft wurden. Das genaue Ausmaß steht jedoch nicht annähernd fest, da die späteren Angaben über die frühen Schenkungen etwa an Tegernsee und Benediktbeuern maßlos übertrieben sind, und ob der Kirchenbesitz bereits im 8. Jahrhundert schon allgemein, also nicht nur innerhalb der tradierten Villenkomplexe, grundherrlich organisiert war, läßt sich aus den Quellen nicht ablesen. Sicher ist aber, daß es vor allem der Einfluß der Kirche war, der die Hebung der rechtlichen Stellung der mancipia, der Sklaven durchgesetzt hat: der Sklave bleibt nicht länger Ware, seine Würde als Person wird bestimmend für den sozialen Aufstiegsprozeß, der freilich an den wirtschaftlichen Gegebenheiten seine Grenze findet.

Die Kirche als Organisationsform bildet sich im Herzogtum der Agilolfinger wahrscheinlich in mehreren Stufen aus, die wir nicht scharf fassen können: Nur die Christianisierung als langfristiger Vorgang ist genauer bekannt. Am Anfang steht wahrscheinlich der Herzogshof; wenn Garibald ein Franke aus der Umgebung Chlodwigs war, dürfte er bereits katholisch gewesen sein, sicher war es seine Tochter Theodelinde, die 589 den Langobardenkönig Authari heiratete und die arianischen Langobarden im Zusammenwirken mit Papst Gregor dem Großen dem Katholizismus zuführte. Auch die im Land zurückgebliebenen Romanen dürften christlich gewesen sein. Daß der Stamm indessen, zumindest in seiner Mehrheit, noch lange Zeit heidnisch war, muß man nach den Lebensbeschreibungen der Missionare, die in Bayern wirkten, annehmen. Arianer mag es unter ihnen vielleicht gegeben haben, wie bisweilen auch angenommen wird, doch sind die möglichen Zeugnisse dafür sehr vage und vieldeutig. Sicher ist, daß die Bajuwaren als Stamm erst durch jahrzehntelange systematische Missionstätigkeit, die sich in mehreren Stufen vollzog, zum Christentum bekehrt wurden, zu einer kirchlichen Organisation gelangten sie dann nochmal ein halbes Jahrhundert später. Schon bald nach 600 wird Bayern von der missionarischen Bewegung erfaßt, die von den Iroschotten ausgeht und die in Alemannien ihre ersten großen Erfolge hatte. Der hl. Columban, der nach Spannungen mit den Merowingern nach Bobbio in Oberitalien ausgewichen und dort mit der Langobardenkönigin Theodelinde bekannt geworden war, sandte seinen Schüler Eustasius, den Abt von Luxeuil, in das Land südlich der Donau, wo er angeblich mit großem Erfolg predigte und taufte. Seine Nachfolger Agilus – dessen von Zöllner angenommene Verwandtschaft mit den Agilolfingern wenig überzeugend ist – und Agrestius scheinen aber gescheitert zu sein, und ob Marinus und Annianus, die am Irschenberg zur Ehre der Altäre kamen, dieser Missionswelle zuzurechnen sind, muß offenbleiben. Insgesamt jedenfalls war ihr Wirken in Bayern wenig von Dauer, auch wenn wir jetzt durch glückliche Ausgrabungen bereits von Kirchen aus jener Zeit wissen, in Staubing bei Weltenburg etwa, zu Aschheim oder in Epolding-Mühltal. Auch die Tradition, welche die Gründung Weltenburgs in die erste irische Missionsbewegung einordnet, ist nicht ohne weiteres von der Hand zu weisen. Keinesfalls aber stand die Missionstätigkeit der Columbanschüler unter fränkischer Initiative oder war politisch bedingt; der stürmische Glaubenseifer dieser Missionare steht außer Zweifel, ebenso die Distanz, die Columban zu den Frankenkönigen einnahm. So eng in anderer Hinsicht Kirche und Herrschaft im Mittelalter wohl auch zusammenhängen mochten, so wäre es ein Anachronismus, diese Beziehungen schon in die Frühzeit zu verlegen, gar in den Missionierungszusammenhang, der kaum Würden und Ehren, viel eher Verfolgung, auf jeden Fall Mühsal und Beschwerden als Lohn verhieß.

Auch im Zusammenhang mit der Missionierung durch die fränkischen Wanderbischöfe Emmeram, Rupert und Korbinian wäre die Annahme jeder anderen als der rein missionarischen Absicht abwegig, vollzog sie sich doch, abgesehen vom Fehlen von Zeugnissen für eine politische Tendenz, auf Veranlassung, jedenfalls im Zusammenwirken mit jenem Herzog Theodo, dessen politische Unabhängigkeit von den Franken unbestritten ist. Der erste dieser fränkischen Glaubensboten war Emmeram, dessen Vita Bischof Arbeo von Freising um 765 geschrieben hat. Gegen Ende des 7. Jahrhunderts – mehr läßt sich nicht sagen – kam Emmeram, der aus Poitiers stammte, mit dem Vorsatz, die Awaren zu bekehren, nach Regensburg, Herzog Theodo aber konnte ihn dazu bewegen, den Bayern zu predigen. Nach kraftvollem Wirken wird er vom Herzogssohn Landpert als angeblicher Verführer von dessen Schwester in Kleinhelfendorf, auf dem Weg nach Rom, grausam gemartert, der Leichnam wird unter erstaunlichen Wunderzeichen nach Regensburg zurückgebracht und bei dem vom Heiligen gegründeten Kloster bestattet. Unklar und absonderlich ist hier vieles. Unsicher ist auch der Zeitansatz. Auch für die Ankunft des Wormser Bischofs Rupert war er lange Zeit umstritten. Heute nimmt man sie für 696 an, eben unter Herzog Theodo, der ihn ehrenvoll empfing und ihm Salzburg schenkte. Spekulationen, die seine Tätigkeit in Bayern mit einer austrasischen „Adelsopposition" am Mittelrhein gegen die Arnulfinger in Zusammenhang bringen wollen, sind wenig stichhaltig. Wie Emmeram in Regensburg, so gründete auch Rupert in Salzburg ein Kloster als Zentrum für die Seelsorgetätigkeit im Umkreis, die wichtigste Voraussetzung für die Dauer seines Werkes.

Noch zu Lebzeiten Theodos kam auch der hl. Korbinian nach Bayern, er wählte als Wirkungsort Freising, die Residenz des Herzogssohnes Grimoald; als er den Herzog selbst wegen seiner Ehe mit der Witwe seines Bruders zur Rechenschaft zog, mußte er nach Mais bei Meran fliehen, erst nach dem Tode Grimoalds konnte er wieder zurückkehren, starb jedoch bald darauf. Erst Bischof Arbeo, sein Biograph, ließ 765 den Leichnam des Heiligen nach Freising überführen. Sein Bischofskloster scheint Korbinian zu Weihenstephan errichtet zu haben, nicht auf dem Domberg.

Im Gegensatz zu den flüchtigen Ergebnissen der irischen Mission zeitigte die Tätigkeit dieser fränkischen Bischöfe in Bayern bereits dauerhafte Wirkung, die Voraussetzung dafür war die in den Domklöstern besorgte Heranbildung eines einheimischen Klerus, von dem wohl jetzt auch Seelsorgskirchen auf dem Land errichtet werden; am Herzogshof von Regensburg gab es, wie aus der Lebensbeschreibung des hl. Erhard zu erschließen ist, um 700 bereits eine Art Hofbischof. Eine irgendwie faßbare kirchliche Organisation, die das ganze Land überzogen hätte, haben wir jedoch unter Herzog Theodo noch nicht, erst am Ende seines Lebens versuchte er sie mit Hilfe Roms; der Plan scheiterte aber wohl an den politischen Wirren der Folgezeit.

Das politische Schicksal des Stammes Bayern zwischen Franken und Langobarden

Das Schicksal Garibalds, des ersten bayerischen Herzogs, von dem wir wissen, ist symptomatisch für die etwa zweieinhalb Jahrhunderte dauernde Herrschaft der Agilolfinger in Bayern. Eingesetzt von den Franken, nach Jahrzehnten wohl weitgehender selbständiger Herrschaft zu Fall gekommen durch den Versuch, die Spannungen zwischen Franken und Langobarden, deren König sein Schwiegersohn war, auszunützen zur Erringung der völligen Unabhängigkeit, wie man annehmen darf – recht viel mehr wissen wir über ihn nicht. Die Tendenz wie das Ergebnis dieser ersten Herzogsherrschaft blieben konstant bis zum letzten Herzog aus diesem Haus. Nur episodenhaften Charakter scheint daneben die Behauptung der Grenze gegen die Awaren und das Ringen mit den Alpenslawen um die Beherrschung des Drautals und der Straße über die Tauern zu haben, doch auf Dauer gesehen war dieser Schauplatz agilolfingischer Politik der wichtigere; die bayerische Besiedlung der Alpen und ihres Vorlandes, eingeleitet noch unter dem letzten Agilolfingerherzog, hat bis zur Gegenwart diesen Raum geprägt.

Schon Tassilo I., vermutlich der Sohn Garibalds, wird mit dem Problem konfrontiert, das die aus dem Osten vordringenden Slawen darstellen. Sie haben nach 590 das bis dahin immer noch der spätantiken Kultur zugehörige Drautal überrannt, im Pustertal stoßen die damals über den Brenner vorgedrungenen Bayern mit ihnen zusammen, Niederlagen und Siege wechseln, auch unter Garibald II., dem Sohn Tassilos I. Es gelingt nur, das Pustertal zu behaupten, östlich davon setzen sich die Slawen fest, und unter dem Franken Samo, der als Kaufmann oder als Unterhändler – „negotians" sagen die Quellen – zu den Slawen gekommen war und sich zum Beherrscher eines slawischen Großreichs aufgeschwungen hatte, bleibt bis gegen 660 der Zustand unverändert. Auch dem kraftvollen Merowingerkönig Dagobert I. gelang die Zerschlagung des Slawenreiches nicht, obgleich er 630/31 gegen sie gezogen war. Ob dabei auch ein bayerisches Aufgebot beteiligt war, ist nicht klarzustellen, doch dauert die Verfügungsgewalt der Franken über Bayern unter ihm an; 630/31, zur Zeit des Krieges mit Samo, werden auf Befehl Dagoberts Tausende von bulgarischen Flüchtlingen, die auf bayerischem Boden Zuflucht gesucht haben, ermordet – ein schreckliches Zeichen bedingungsloser Hörigkeit.

Die Schwäche und Uneinigkeit der Nachfolger Dagoberts, aber auch die politische Anlehnung an das Langobardenreich in Oberitalien erlaubten den Nachfolgern Garibalds II., deren Namen wir nicht kennen, ungleich mehr Bewegungsfreiheit als bisher. Von den fränkischen Unternehmungen gegen die Stämme östlich des Rheins, darunter auch gegen die Bayern, berichten die Metzer Annalen, ohne ein Ergebnis zu nennen; die königsgleiche Herrschaft Theodos, die in dieser Zeit begonnen haben muß, spricht nicht für einen durchschlagenden fränkischen Erfolg. Die Agilolfinger beginnen, im Gegenteil, jetzt ihrerseits im Langobardenreich einzugreifen. Schon 680, als nach Paulus Diaconus ein unglückliches Gefecht zwischen dem bayerischen Grafen von Bozen und dem Herzog von Trient stattfand, scheint es um ein bayerisches Eingreifen in die seit 661 nicht zur Ruhe gekommenen Thronstreitigkeiten im Langobardenreich zu Gunsten der Nachkommen der Theodelinde zu gehen. 711/12 gelang dem vertriebenen Langobardenkönig Ansprand mit Hilfe des bayerischen Herzogssohnes Theodebert die Rückeroberung des Thrones gegen die Partei, die von den Franken unterstützt wurde, sein Sohn und Nachfolger Liutprand heiratete Gundrut, die Tochter Theodeberts. Diese außenpolitische Absicherung der Selbständigkeit des Herzogtums scheint Theodo zu noch größeren Plänen ermutigt zu haben, er reiste 715 nach Rom und erwirkte die Zustimmung des Papstes Gregor II. zur Schaffung einer eigenen bayerischen Landeskirche mit mehreren Bischöfen und einem Metropoliten. Die Anweisung des Papstes an den Bischof Martinianus und seine Gefährten von 716 wurde aber infolge des baldigen Todes Theodos oder infolge uns unbekannter Umstände nicht ausgeführt, eine große Möglichkeit, der fränkischen Herrschaft auf Dauer zu entwachsen, war zu spät ergriffen worden.

Theodo selbst war es dann auch, der – auch das ein Zeichen seiner Unabhängigkeit – durch die Teilung des Herzogtums unter seine Söhne den folgenden Niedergang einleitete. Von den vier Teilherzogtümern, deren Zentren wohl in den späteren Bischofssitzen zu suchen sind, überdauerten zwei seinen Tod (717). Herzog Grimoald scheint jedoch Hucbert, den Sohn seines Bruders Theodebert, aus dem Herzogtum verdrängt zu haben, da ihn Arbeo „dux totius gentis" nennt. In die darauf zurückzuführenden Kämpfe griff 725 der fränkische Hausmeier Karl Martell ein, doch war 728 ein zweites Eingreifen erforderlich; im Zusammenhang damit wurde Grimoald ermordet, Hucbert wurde von Karl Martell als Herzog anerkannt, sicher nicht ohne den Versuch festerer Bindung an die Franken. 736 starb Hucbert, ohne daß die fränkischen und langobardischen Quellen, auf die wir vor allem angewiesen sind, mehr von ihm berichten. Die Abkunft seines Nachfolgers Odilo können wir nicht sicher bestimmen; er war vielleicht ein Sohn des nur im Salzburger Verbrüderungsbuch genannten Tassilo II., eines Sohnes Theodos, keinesfalls gehört er einer jüngst in Kombination von Quellen des 9. und Humanistenfabeln des 15. Jahrhunderts konstruierten alemannischen Linie der Agilolfinger an. Er nützte die erlahmende Kraft Karl Martells aus, um noch einmal in die Bahnen Herzog Theodos zurückzulenken. Dauernden Erfolg hatte er dabei mit der Errichtung der vier bayerischen Bistümer, die in Zukunft der kirchlichen Organisation in Bayern feste Formen gaben. Es ist dabei müßig, Erwägungen über eine politische Entfremdung zwischen dem Papst, also auch Bonifatius, und dem fränkischen Hausmeier Karl Martell anzustellen, zumal die Neuordnung nicht soweit ging, daß eine eigene

Kirchenprovinz Bayern gebildet wurde. Der ganze Vorgang gehört eindeutig in den politisch völlig wertfreien Bereich der Seelsorge. 739 legte Bonifatius, der päpstliche Legat für Germanien, eingeladen vom Herzog selbst und mit seiner ausdrücklichen Zustimmung, auf Weisung des Papstes Gregor III. die Zentren für neue Bistümer fest, die in Bayern errichtet werden sollten, Regensburg, Salzburg und Freising, und weihte die neuen Bischöfe; in Passau saß bereits Bischof Vivilo, den der Papst selbst geweiht hatte. Fraglich ist, ob die Bemerkung des Papstes in seinem Brief an Bonifatius zutrifft, daß ganz Bayern jetzt in vier Diözesen eingeteilt worden sei. Ein Bischofssitz war auch bereits seit der ausgehenden Antike Säben bei Brixen; die Einbeziehung in die bayerische Kirche ist aber erst für die Zeit Tassilos III. nachweisbar. Auch im Westen Bayerns ist mit älteren Regelungen zu rechnen. Die Diözese Augsburg, die wohl unter Dagobert I. (623–638) auf spätantiker Grundlage neu errichtet worden war, reichte über den Lech bis weit nach Osten; direkt faßbar wird uns allerdings nur ein Bistum Neuburg mit zwei Zentren, Neuburg an der Donau und der Insel Staffelsee. Bischöfe, die dafür namhaft gemacht werden können, sind wahrscheinlich Wiggo (Wikterp), der in die Zeit des hl. Bonifatius gehört, Manno, der 770 an der Synode zu Dingolfing teilnahm, und Sintpert, der auf Geheiß Karls des Großen zwischen 801 und 807 das Bistum Neuburg-Staffelsee mit Augsburg vereinigte. Es ist nicht möglich, irgend eine politische Konstellation mit der Gründung dieses Bistums zuverlässig in Verbindung zu bringen; auch über sein Alter läßt sich nichts aussagen. Es ist aber zu vermuten, daß es sich damit ebenso verhält wie mit Säben und Passau, d.h. daß der 738 von Gregor III. angeschriebene Bischof Wiggo eben deshalb im Bericht Willibalds, des Biographen des hl. Bonifatius, nicht genannt wird, weil er, wie der ebenfalls unerwähnte Vivilo, bereits ordnungsgemäß geweiht war, das Bistum also längst existierte.

Herzog Odilo war jedoch beteiligt bei den Anfängen eines neuen Bistums, nämlich Eichstätt. 740 weilten Bonifatius und der Angelsachse Willibald zusammen am Herzogshof Lintach bei Odilo, sicherlich um die Erlaubnis Odilos einzuholen für die geplante Gründung. Von dort gingen sie zu Suidger, einem im Nordgau begüterten Adeligen, der ihnen die regio Eichstätt zur Errichtung eines Klosters schenkte. Ein Jahr später wurde Willibald zum Bischof geweiht, wahrscheinlich von Erfurt, doch konnte er sich dort nicht halten und kehrte nach Eichstätt zurück. 745 wohl wurde im Zusammenhang mit den politischen Ereignissen dem zu Eichstätt residierenden Bischof aus Teilen der Diözesen Augsburg und Regensburg ein eigenes Bistum zugewiesen, das wohl auch eine eindeutige politische Funktion hatte, als Gegengewicht gegen die agilolfingische Landeskirche.

Man kann nicht sagen, daß Herzog Odilo sie schon systematisch ausgebaut und den Klerus dadurch fest an sich gebunden hätte. Wir wissen von wenigen Schenkungen an Salzburg und Freising, zu vermuten sind Schenkungen an Regensburg, Gründungen von bedeutenden Klöstern fehlen, ausgenommen Niederaltaich und Mondsee; Chammünster kommt an St. Emmeram in Regensburg, damit ist eine große eigenständige Entwicklung nicht möglich. Daß freilich die politischen Wirkungen kirchlicher Entscheidungen auch dem Bayernherzog bewußt waren, darf man annehmen. Als 742 Bonifatius im Auftrag Karlmanns daran ging, die fränkische Reichskirche östlich des Rheins auszubauen und organisatorisch zusammenzufassen, scheint Odilo den Papst dazu bestimmt zu haben, für Bayern einen eigenen päpstlichen Legaten zu ernennen, jedenfalls weilte ein Sergius 743 in dieser Eigenschaft in Bayern, als es erneut zum Zusammenstoß mit den Franken gekommen war.

Die unmittelbare Veranlassung für den Feldzug Pippins und Karlmanns, der Söhne Karl Martells, gegen Alemannen und Bayern ist nicht bekannt, Fredegar berichtet nur von einer Rebellion Odilos, der kurz vorher Hiltrud geheiratet hatte, die Schwester der beiden Hausmeier, die nach Bayern geflohen war. Daß größere Zusammenhänge anzunehmen sind, zeigt die noch 743 erfolgte Einsetzung des Merowingers Childerich III.; seit 737 hatte Karl Martell ohne König regiert, möglicherweise war deshalb die Rechtmäßigkeit der fränkischen Oberhoheit rechts des Rheins angefochten worden. An der Koalition gegen die Hausmeier beteiligten sich auch Aquitanien und Alemannien, auf bayerischer Seite kämpften außerdem sächsische und slawische Kontingente. Trotzdem unterlag Odilo, im Friedensschluß scheint er den Nordgau an die Franken abgetreten zu haben, der damals nur das Gebiet etwa zwischen Neuburg an der Donau und Fürth, Ingolstadt und Altdorf umfaßt hat; Ingolstadt scheint eine Neugründung als fränkischer Königshof zu sein, Lauterhofen, bisher bayerischer Vorposten gegen die Franken an Rednitz und Regnitz, erhält die gleiche Funktion. Wenig später werden der Nordgau vom Bistum Regensburg und das Sualafeld von Augsburg getrennt und bilden die neue Diözese Eichstätt, die stets bei der Metropole Mainz bleibt, nie zu Salzburg kommt.

748 starb Herzog Odilo, die Nachfolge trat sein siebenjähriger Sohn Tassilo an, die Vormundschaft führte seine Mutter Hiltrud, die Schwester Pippins. Noch im gleichen Jahr bemächtigte sich der Halbbruder Hiltruds, Grifo, der Sohn Karl Martells und der Agilolfingerin Swanahild, die Karl Martell 725 aus Bayern mitgenommen und zu seiner Gemahlin gemacht hatte, seines jungen Neffen und regierte selbst in Bayern, um von hier aus seinen Halbbrüdern die Herrschaft im ganzen Reich streitig zu machen. Er fand tatsächlich auch in Bayern Unterstützung, floh aber dann außer Landes, als Pippin erneut mit einem starken Heer heranrückte.

754 starb Hiltrud, Pippin übernahm jetzt auch die Vormundschaft über seinen Neffen Tassilo, der offenbar die nächsten Jahre am Hofe Pippins oder im Feldlager zubrachte; wer Bayern regierte, wissen wir nicht. 757 zu Compiègne schwor Tassilo dem Frankenkönig einen Eid, der vielfach als Lehenseid gedeutet wurde, in dem Classen aber einen bloßen Treueid sieht, wie er Freunden und Verbündeten geleistet wird, der aber nicht die Pflichten eines Lehensmannes begründet hat. Gleichzeitig wurde Tassilo für mündig erklärt. Wenige Jahre später, 763, verließ er eigenmächtig im aquitanischen Feldzug das Heer der Franken und schwur zornig, seinen Onkel nie wieder sehen zu wollen. Sein Selbstgefühl gestattete es nicht, wie ein Vasall behandelt zu werden.

Der Augenblick für den Versuch, sich der fränkischen Oberhoheit zu entziehen, war gut gewählt. Der Krieg mit Aquitanien dauerte noch Jahre, Pippin war bis zu seinem Tode 768 nicht mehr in der Lage, Bayern unter die fränkische Herrschaft zurückzuzwingen. Als er kurz vor seinem Tode sein Reich teilte, blieb das Land Bayern unerwähnt. Von jetzt an regierte der bayerische Herzog, wie es seine Vorfahren getan hatten, in uneingeschränkter Selbständigkeit, unabhängig nach außen wie nach innen. Er nannte sich „vir inluster", wie sich auch die Merowinger nannten, kirchliche Quellen bezeichnen ihn als „princeps", wie die Hausmeier bezeichnet wurden. Seine Urkunden datierte er nach den eigenen Herrscherjahren, wie es die Könige der Franken taten. In den Quellen wird seine Herrschaft bezeichnet mit dem Wort für Königsherrschaft, „regnare", das Herzogtum heißt „regnum". Seine Herrschaft war tatsächlich königsgleich. Ein Schatten mochte auf dieses Hochgefühl der ersten Jahre fallen, es gab bayerische Adelige, die trotz der entschiedenen Haltung ihres Herzogs auch nach 763 deutliche Sympathien für Pippin bekundeten; ein Poapo, der zur Stifterfamilie von Scharnitz-Schlehdorf gehört und nach dem vielleicht das Poapintal benannt ist, ein Teil des Oberinntals, in dem er Besitz hatte, datierte 765 anläßlich einer Schenkung für Freising nur nach den Königsjahren Pippins, einige andere nennen neben ihrem Herzog auch den Frankenkönig, wieder andere schicken ihre Söhne ins Frankenreich zur Erziehung. Wie stark diese Gruppe war, muß offenbleiben; daß sich Pippin, als er Vormund Tassilos war, im Herzogtum seines Neffen Freunde geschaffen hatte, geht aus vielen Anzeichen hervor, Adelige als fränkische Lehensträger weiß man im Raum von Auxerre, es mögen mehr gewesen sein. Andere Zeichen adeliger Opposition gegen den Herzog treten jedoch in der ersten Phase der Regierungszeit Tassilos nicht in Erscheinung.

Der Herzog war dafür wohl auch zu mächtig. Das traditionelle Bündnis mit den Langobarden, deren Bündniswert freilich infolge ihrer Niederlage gegen Pippin stark gesunken war, lebte wieder auf und wurde bekräftigt durch die Heirat Tassilos mit Liutbirg, der Tochter des Königs Desiderius. Da 768 auch Karl, der Sohn und einer der Nachfolger Pippins, ein Ehebündnis mit den Langobarden geschlossen hatte, um seinen Bruder Karlmann, der den Süden des Reiches erhalten hatte, politisch auszumanövrieren, schien die bayerische Position durchaus abgesichert. 772 stand Tassilo auf dem Höhepunkt seiner Machtentfaltung. Er hatte damals die Karantanen besiegt, die nach dem Tode ihres mit den Bayern verbündeten Herzogs sich überall im Land gegen die bayerischen Missionare erhoben hatten, im gleichen Jahr war er in Rom in eine Art geistliche Verwandtschaft mit Papst Hadrian I. eingetreten, der den Herzogssohn Theodo taufte und salbte, wie 770 den Sohn Karlmanns, 781 den Sohn Karls des Großen.

Wie weit damit eine päpstliche Anerkennung der Stellung des Bayernherzogs verbunden war, mag offen bleiben, sie hatte später jedenfalls, unter gewandelten Umständen, keine Bedeutung mehr. Für den Augenblick war der Bayernherzog für den Papst sicher ein gewichtiger Partner, nicht nur als Schwiegersohn des

Langobardenkönigs und möglicher Vermittler zu diesem, sondern auch als Herr der bayerischen Landeskirche. Innerhalb des fränkischen Einflußbereichs hat allein Bayern ein selbständiges Kirchenwesen besessen. Allein die bayerischen Bischöfe versammelten sich zu eigenen Synoden, und nur der bayerische Herzog besaß neben dem Frankenkönig die Autorität zur Einberufung solcher Synoden. Sie wurden beschickt vom hohen Klerus und vom bayerischen Adel und dienten der Gesetzgebung in Kirche und Staat in gleicher Weise. Von drei dieser Synoden sind die Beschlüsse erhalten, sie behandeln Kirchenzucht, Schutz der Witwen und Waisen wie die Gerechtigkeitspflege allgemein, Kirchenzehnten und Schenkungen an die Kirche, die Ständeordnung, auf zwei Synoden werden die Klöster und ihr Verhältnis zu den Bischöfen behandelt, es wurde das Aufsichtsrecht der Bischöfe festgehalten und das Verbot der ordentlichen Seelsorge für Mönche eingeschärft.

Diese Regelung, die erstmals neu zu Aschheim, also ca. 750 begegnet, zeigt, daß die Bischöfe die zahlreichen Klostergründungen und ihre reiche Ausstattung durch die Herzöge als problematisch zu empfinden begannen, sie versuchten, die Entwicklung unter Kontrolle zu bekommen, und zwar mit Erfolg. In diesen Jahrzehnten traten erstmals auch reiche Adelige als Gründer auf, für Schäftlarn, Scharnitz-Schlehdorf, Schliersee, nach später Bezeugung auch für Benediktbeuern, Tegernsee und Ilmmünster; die Ausstattung von Benediktbeuern und Tegernsee war kaum geringer als jene für das herzogliche Niederaltaich, das in Bayern als das reichste Kloster galt. Herzogliche Mitwirkung ist aber selbst für Benediktbeuern bezeugt, wie denn die Zustimmung des Herzogs zu solchen Gründungen unerläßlich gewesen sein dürfte, da sie in den zeitgenössischen Urkunden stets erwähnt wird. Bei all diesen Gründungen ist der Gründungszweck eindeutig, dient nicht der Machtsteigerung des Gründergeschlechts, wie man bisweilen liest, sondern rein religiösen Zwecken; in der Regel treten die Stifter selbst in das Kloster ein. Fast immer ist auch die Mitwirkung der Bischöfe bezeugt; Schäftlarn wird sogar von einem Bischof gegründet. Auch der Herzog schenkt den Grundbesitz, der für das Kloster Innichen im Pustertal bestimmt ist, dem Freisinger Bischof, und bei seiner bedeutendsten Gründung, der zu Kremsmüster 777, nehmen fast alle Bischöfe seines Landes Anteil. Dieses Kloster hat, ebenso wie Innichen, einen Sonderauftrag, die Unterstützung der Slawenmission, gleichzeitig wird Kremsmüster auch ein Rodungsauftrag zuteil; für den Herzog wichtig ist neben der religiösen Bestimmung auch die Bedeutung der Klöster für den Landesausbau. Unter diesem Aspekt wird man auch die Herzogsgründungen an der Westgrenze Bayerns sehen müssen, in den Wäldern am Lech, zu Wessobrunn und Thierhaupten. Auch das später so blühende Polling wird unter die Tassilogründungen zu zählen sein, da hier die älteste Überlieferung der Tassilolegende niedergeschrieben wurde. Zahlreiche weitere Gründungen dieser Jahrzehnte blieben daneben ohne größere Bedeutung für die zukünftige Entwicklung oder verschwanden überhaupt bald wieder aus der Geschichte, selbst im Zeitalter ihrer Gründung wissen wir von ihnen oft nur den Namen. Aber auch sie waren als Kulturzentren von Bedeutung, in hohem Maße jedoch vor allem die großen Klöster und die Domklöster in den Bischofsstädten, die mit ihren Anfängen tief im 8. Jahrhundert wurzeln.

Bayern gehört sicherlich bis ins hohe Mittelalter hinein nicht zu den Ausgangslandschaften für große geistige Bewegungen aller Art, aber es hat an ihnen doch stets intensiv teilgenommen, es hat sich auch der Phase jener Aneignung des geistigen Guts der Antike und des Christentums, die im Merowingerreich schon im 6., bei den Angelsachsen im 7. Jahrhundert einsetzte, seit dem frühen 8. Jahrhundert mit bewundernswerter Intensität und Vitalität eingefügt. Bayern stand in diesem Prozeß nicht nur unter fränkischem Einfluß, die Spuren der Angelsachsenmission sind hier nicht wesentlich geringer, und die politischen Verbindungen zu den Langobarden haben noch bis in die Zeit der fränkischen Suprematie um die Mitte des 8. Jahrhunderts auch einen reichen Strom geistiger, vor allem literarischer Anregungen aus Oberitalien, ja sogar aus dem langobardischen Machtgebiet südlich Roms nach Bayern gelenkt. Lange vor der sogenannten Karolingischen Renaissance mit ihrer Erneuerung der Schrift, der systematischen Aufnahme des Väterstudiums und auch der antiken Literatur hat im Frankenreich wie in Bayern ein intensives Bemühen um die Grundlagen der theologischen Bildung eingesetzt, an allen Zentren des kirchlichen Lebens in Bayern zeigt sich dieser Prozeß spätestens um die Mitte des 8. Jahrhunderts. Den weitesten geistigen Horizont findet man in der vorkarolingischen Zeit in Salzburg. Das hängt zusammen mit der bedeutenden Schreibschule, die wir dort finden; in dieser Schreibschule entstand das Evangeliar des Angelsachsen Cuthbert, vielleicht auch der Codex Millenarius, den Kremsmünster aufbewahrt, beides Werke mit erlesenen Miniaturen. Wahrscheinlich ist auch der sogenannte Tassilo-Kelch von Kremsmünster ein Erzeugnis Salzburger Kunstfertigkeit, noch vor 777. Ohne dieses bereits sehr rege künstlerische und geistige Leben seiner Umwelt hätte sich wohl auch die bedeutsamste Gestalt Salzburgs in dieser Epoche nicht so eindrucksvoll entfaltet, der irische Abtbischof Virgil, der vierte Nachfolger des hl. Rupert. Pippin hatte ihn einst an seinen Hof gezogen und um die Mitte des Jahrhunderts nach Salzburg empfohlen. Alkuin, der geistliche Berater Karls des Großen, hat mit großer Achtung von ihm gesprochen, der Freisinger Bischof Arbeo hat ihn begeistert gerühmt. Nur der hl. Bonifatius war sein Feind. Das hängt wahrscheinlich zusammen mit der irischen Abkunft Virgils, dann mit seiner selbständigen, von Bonifatius betont unabhängigen Amtsführung, schließlich auch mit dem allzu weiten geistigen Horizont, den der hochgebildete Ire besaß. Vielleicht stammt von ihm, der die Kühnheit besaß, von Antipoden zu reden, jene Kosmographie, die unter dem Namen Aethicus Ister zu seiner Zeit niedergeschrieben wurde, die Beschreibung der Welt in einer Darstellung voll literarischer Reminiszenzen und phantastischer Erfindungen, Wahrheit und Lüge stets dicht beieinander, ein Werk voller Einfalt, oder, wie H. Löwe annimmt, voller Ironie. Sicher ist sein Werk der große Salzburger Dom von 767 bis 774. Er war dreischiffig, mit Mauern aus behauenen Steinquadern, das Mittelschiff überhöht, wie bei den spätantiken Basiliken zu Ravenna, Rom oder Mailand, mit Atrium und Apsis, bei einer Gesamtlänge von 66 Metern und einer Breite von 33 Metern der größte Kirchenbau nördlich der Alpen, das bayerische Gegenstück zu den fränkischen Königskirchen Saint-Denis und Lorsch. Neben diesem gewaltigen Bauwerk können sich noch der dreischiffige Dom zu Freising, der 765 bereits bestand, oder die 783 von Bischof Sintpert erbaute Pfeilerbasilika von St. Emmeram behaupten, vielleicht noch der Dom zu Eichstätt, der die Form eines griechischen Kreuzes besaß, doch alle anderen Kirchen, von denen wir wissen, St. Severin zu Passau, St. Martin zu Linz, die Kapelle zu Altötting, waren in ihren Ausmaßen und in ihrer Formgebung recht bescheiden.

Das Salzburger Zentrum hat zweifellos eindrucksvoll und bestimmend nach außen gewirkt, die Slawenmission war ganz das Werk Salzburgs, aber die geistige Energie, die gleichzeitig in Freising lebendig war, wird man kaum geringer veranschlagen. Auch hier ist eine Gestalt repräsentativ, Bischof Arbeo. Er war der erste Geschichtsschreiber aus bayerischem Stamm, seine Jugend verbrachte er in Mais bei Meran, wie es scheint, seine Bildungsgeschichte steht deutlich unter oberitalienischem Einfluß. Doch ist es nicht mehr die Sprache der antiken Rhetorenschulen, die Arbeo, vielleicht aus der Domschule von Trient, mit nach Norden bringt, sondern die Sprache einer Übergangsepoche, die das klassische Latein nicht mehr beherrscht, aber schon nach neuen Formen sucht. Das ist bezeichnend für die beiden Lebensbeschreibungen, die wir von Arbeo haben, die Vita Haimhrammi und die Vita Corbiniani, in denen er in höchst eigenwilliger Verwendung der antiken Topoi seine literarische Absicht erreicht, die Erbauung seiner Leser durch das Gemälde christlicher Heiligenleben in einer Zeit voll erschreckender Widerstände und finsterer Drohung.

Eigenständiges literarisches Leben hat es in diesem Jahrzehnt vor dem Übergang des bayerischen Herzogtums an die Franken nur noch in Eichstätt gegeben, das zum bayerischen Nordgau gehörte; die Nonne Hugeburg beschrieb hier das Wirken ihrer Verwandten, der Hl. Willibald und Wunibald, ärmer an stilistischer Kunst als Arbeo. Als Geschichtswerke sind ihre Viten aber gerade deshalb zuverlässiger, weil die Verfasserin zurückhaltender war in ihren lehrhaften und erbaulichen Tendenzen. Vom geistigen Leben der sonstigen Zentren literarischer Kultur in Bayern haben wir nur noch indirekt Zeugnisse, die Codices, die hier geschrieben wurden. Besonders die Schreibschule von St. Emmeram in Regensburg hatte einen hohen Namen, doch sind Skriptorien auch bezeugt in Benediktbeuern, Tegernsee und Mondsee, auch von der Bildungsarbeit in Niederaltaich haben sich Spuren erhalten. In Kremsmünster soll damals ein Geschichtswerk entstanden sein, das in seiner Epoche singulär wäre, die Lebensbeschreibung Herzog Tassilos. Die Auszüge, die Aventin daraus gemacht haben will, verraten indessen nicht viel; im Grunde muß man bei ihrer Dürftigkeit eher annehmen, daß es diesen Geschichtsschreiber Cranz oder Craentius nie gegeben hat, denn von dem gewaltigen Thema der Tragödie seines Helden, des Herzogs, der nach stolzem Aufstieg so steil gestürzt ist, hat sich kein überzeugender Ansatz erhalten.

Diese Tragödie begann 771, mit dem Tode Karlmanns, des Bruders Karls des Großen, der jetzt, obwohl die Söhne seines Bruders noch lebten, sein Herrschaftsgebiet übernahm, mit ihm auch die Gegnerschaft zu den Langobarden, seine langobardische Gemahlin verstieß und sich, noch 772, in Rom vom Papst zum Patricius Romanorum ernennen ließ. Im Jahr darauf begann der Feldzug gegen die Langobarden, der 774 damit endete, daß Karl der Große sich selbst die Eiserne Krone aufs Haupt setzte und fortan als König der Franken und Langobarden urkundete. Der bayerische Herzog, der keinen Finger gerührt hatte, um seinem Schwiegervater Desiderius zu helfen, war jetzt isoliert und um jede außenpolitische Bewegungsfreiheit gebracht. Seine Unabhängigkeit hing in Wirklichkeit nur noch von den Dispositionen des Frankenkönigs ab, dem es im Augenblick offenbar wichtiger war, Sarazenen und Sachsen zu bekämpfen als sich Bayerns zu bemächtigen, das ohnedies hilflos war. Das wurde 781 sehr deutlich, als es Karl dem Großen gelang, auch den Papst zur Frontstellung gegen den Bayernherzog zu bewegen; eine gemeinsame Gesandtschaft Hadrians I. und des Frankenkönigs erinnerte Tassilo an die Eide von Compiègne, und als der König den Herzog zur Teilnahme am Hoftag von Worms im gleichen Jahr aufforderte, gehorchte Tassilo, erneuerte den Eid und stellte zwölf Geiseln. Die nächsten Jahre vergingen nicht ohne Spannungen, wir hören von Kämpfen an der bayerischen Südgrenze mit fränkischen Befehlshabern, und es scheint, als habe Tassilo gesehen, daß sich der Ring um ihn zu schließen begann; 787 bat er den Papst um Vermittlung, doch Hadrian lehnte ab, erinnerte ihn an seinen Eid und drohte bei Eidbruch mit dem Bann. Wie es scheint, war damit vor allem eine lähmende Wirkung auf die bayerischen Gefolgsleute Tassilos verbunden, jedenfalls mußte er, als er einer neuerlichen Vorladung des Königs nach Worms nicht gefolgt und Karl mit drei Heeren konzentrisch herangerückt war, auf dem Lechfeld kampflos kapitulieren. Er übergab dem Sieger einen Stab als Zeichen für das Herzogtum, als Lehen erhielt er es noch einmal zurück – ohne daß recht verständlich wäre, warum der Herzog nicht schon jetzt abgesetzt wurde. Im Jahr darauf nämlich, 788, als er mit seiner Familie einer Vorladung nach Ingelheim gefolgt war, stellte ihn der König unter Anklage; verurteilt wurde er allerdings nicht auf Grund der Vorwürfe, die man zunächst gegen ihn erhob – Bündnis mit den Awaren und schlechte Behandlung der Vasallen des Königs – sondern wegen eines Vergehens, das 25 Jahre zurücklag, der Entfernung aus dem Feldlager Pippins 763; der Vorgang wurde jetzt als Bruch des Lehenseides gedeutet und Tassilo zum Tode verurteilt, schließlich aber begnadigt und mitsamt der Familie ins Kloster gesteckt. Damit war die Dynastie der Agilolfinger beseitigt, ihre Anhänger in Bayern wurden ebenfalls verbannt, das Land fiel als Provinz an die Karolinger.

Mit dem Justizmord an Tassilo, der fallen mußte, weil Karl der Große niemanden in seinem Umkreis dulden konnte, wie Classen sagt, der „seine Herrschaft auf eigenes Recht und eigene Überlieferung gründete“, war eine welthistorische Entscheidung säkularen Ausmaßes verbunden. Daß sie auch für Bayern positiv war, wird man schwerlich leugnen können; in der Tat hat nicht die Ungerechtigkeit des Vorgehens, sondern die Wirkung der Einbindung Bayerns ins Frankenreich die Beurteilung des Ereignisses von 788 in der bayerischen Historiographie bis zur Zeit der Aufklärung bestimmt. Ans Herzogtum der Agilolfinger, vor allem an den Glanz der Tassilo-Zeit, knüpfte das bayerische Selbstverständnis erst wieder mit Lorenz von Westenrieder an, in einer Zeit, die nicht zufällig auf das Ende des Alten Reiches zusteuerte.

Bayern unter den Karolingern

Die bayerischen Historiker seit Andreas von Regensburg verehrten im fränkischen Eroberer Karl dem Großen den Kaiser und Vorkämpfer der Christenheit, aber auch den König von Bayern, dessen Geburt mit der Reismühle bei Gauting verbunden wurde und den die Sage im Untersberg auf einstige machtvolle Wiederkehr harren läßt. Ausschlaggebend für diese Einschätzung war dabei zweifellos der siegreiche Abschluß der Awarenkriege, der dem Stamm die Pforte in den weiten Osten öffnete, und die Tatsache, daß der Frankenkönig 788 das Herzogtum nicht zerschlug, sondern seinem Reich als geschlossene Provinz unter einem eigenen Statthalter angliederte. „Praefectus Baivariae" wurde der Schwager des Kaisers, der Alemanne Gerold; die Aufgabe, die ihm gestellt war, wurde einmal für seinen Nachfolger Audulf, einen Franken aus dem Taubergau, in einer Freisinger Urkunde für 819 folgendermaßen präzisiert: „Dieser Provinz machtvoll und ehrenhaft Gesetze zu geben, sie zu lenken und zu regieren." Audulf hat tatsächlich auch Provinzialversammlungen abgehalten, er hat das Heer angeführt und als missus regis Gericht gehalten. Bayern blieb also ein eigenes Land. Verstärkt wurde diese Stellung noch durch die Erhebung des Bistums Salzburg 798 zum Erzbistum, Bayern erhielt also auch eine eigene Metropole, die Landeseinheit war jetzt auch kirchenrechtlich unterbaut. Schließlich wird unter den späteren Karolingern Bayern Königsland, erhält damit eine Stellung, die es auf eigentümliche Weise heraushebt aus den übrigen Provinzen, eben deshalb, wie K. Reindel meint, weil es seine Sonderstellung nie ganz eingebüßt hat.

Als Karl der Große 788 nach Regensburg kam, da sagt der Chronist von ihm, „er hat über die Grenzen und Grenzlande der Bayern verfügt, wie sie sicher sein könnten gegen die Awaren." Wie für andere Reichsteile, so wurde also auch für Bayern das karolingische Markensystem errichtet; dem eigentlichen Stammland, dem besiedelten Gebiet, wurde eine Zone vorgegliedert, die unter eigenen Befehlshabern stand, seit 800 kennen wir ihre Namen. Die Mark, die dem Grenzgrafen – confinii comes – anvertraut war, dürfen wir sicher gleichsetzen mit dem neu eroberten Land östlich der Enns bis hin zum Wiener Wald, das den zurückweichenden Awaren abgenommen worden war. Unmittelbar 788 hatte die abschließende Auseinandersetzung mit ihnen begonnen; wahrscheinlich hatten die Awaren Einspruch erhoben gegen die Einbeziehung des herrenlosen Landes östlich der Enns in die fränkische Herrschaftsordnung, doch ihre Gesandten kehrten 790 vom Wormser Reichstag ohne Ergebnis heim, Karl der Große aber setzte noch im gleichen Jahr ein gewaltiges Aufgebot in Bewegung, das von drei Seiten gegen das Awarenland anrückte. Diese Zangenoperation scheiterte allerdings, die Awaren gingen zurück und stellten sich nicht mehr zum Kampf. Die grandiosen Vorbereitungen für einen neuen Feldzug, u. a. mit dem

Versuch eines Kanals zwischen Donau und Main zur leichteren Versorgung des um Regensburg konzentrierten Heeres, wurden durch einen Sachsenaufstand durchkreuzt, es kam 795 nur zu einem begrenzten Vorstoß, der zur Eroberung des sog. Rings zwischen Donau und Theiß führte, der Hauptbefestigung der Awaren, und zur Huldigung der awarischen Großen, doch hatte dieser Erfolg keinen Bestand. Eine Empörung machte 796 alles wieder zunichte; ein Vorstoß 797 führte zur erneuten Huldigung, trotzdem gingen die Kämpfe weiter, in deren Verlauf 799 auch Gerold fiel, der Präfekt Bayerns. Erst seit 803 ebbten die Kämpfe ab, seit 805 baten die Awaren ihrerseits um Schutz gegen die herandrängenden Slawen, nach 826 werden die Awaren nicht mehr genannt.

Um diese Zeit verfestigte sich das Markensystem durch engere Bindung auch Karantaniens an Bayern. Schon bisher hatte es zwar unter bayerischer Oberhoheit gestanden, aber unter eigenen Herzögen, doch jetzt wurde unter Ausnutzung eines Aufstandes der größte Teil, das heutige Kärnten, ganz zu Bayern geschlagen und unterstand fortan bayerischen Grafen, der südliche Teil kam zu Friaul. Unter einheimischen Herzögen blieb ein vorgelagerter slawischer Tributärstaat, der wohl bis an den Plattensee und nach Kroatien reichte; nach dem Tode des Herzogs Kozel 875 fiel auch dieses Gebiet an das Reich. Auch Böhmen, das in der Agilolfingerzeit stets in ungestörtem Verhältnis zu Bayern stand, wurde in heftigen Kämpfen 805 und 806 zur Unterwerfung unter die fränkische Hoheit gezwungen, 817 jedenfalls verfügte Ludwig der Fromme bei seiner Reichsteilung bereits über Böhmen. Mähren dagegen konnte seine Selbständigkeit behaupten.

Das eroberte Land war Besitz des Königs, dieser gab es aus an Adel und Kirche. Reich bedacht wurden die Bistümer Salzburg, Passau und Regensburg, die Klöster St. Emmeram, Niederaltaich, vor allem Kremsmünster und Mondsee. Eine mächtige Position erlangten auch die späteren Grafen von Ebersberg, aber auch andere Grafen, wie die Wilhelminer oder die Aribonen. Kirche und Adel wurden damit zum Träger der bayerischen Ostkolonisation, die jetzt in energischem Ansatz vorangetrieben wurde, bis zum Wiener Wald und bis tief in die Täler der Ostalpen hinein. Der Kolonisationsvorgang war anders als später im deutschen Nordosten, es war keine Unternehmerkolonisation, sie war grundherrlich organisiert. Auf Zinsland wurden Bauern angesiedelt, die dann mit den Slawen, die im Hügelland zwischen Enns und Wiener Wald, in der Steiermark und in Kärnten sitzengeblieben waren, zu einer einzigen Schicht zusammenwuchsen. Wichtigste Voraussetzung für diesen Prozeß der ethnischen Eingliederung der Alpenslawen war dabei die von Salzburg ausgehende Missionierung.

Auch bisher schon hatten die bayerischen kirchlichen Zentren an der Ostgrenze die Slawenmission als ihre bedeutsamste Aufgabe betrachtet. Die Agilolfinger hatten als Missionszentren die Klöster Kremsmünster und Innichen gestiftet, nach 788 nahmen sich des Missionsauftrags vor allem die Bistümer an. Im Vordergrund stand dabei Salzburg, dessen Diözesangebiet vom Chiemsee bis nach Unterpannonien reichte; 796 wurde durch den König Pippin von Italien auch das Land zwischen Raab, Donau und Drau zur Diözese Salzburg geschlagen, missioniert wurde jetzt nicht von neu gegründeten Klöstern aus, sondern die organisatorische Grundlage bildeten die Pfarreien. Auch die Diözese Passau hatte an der Slawenmission reichen Anteil, obgleich ihre große Zeit erst im 10. Jahrhundert kam, mit der Ungarnmission. 805, nach dem Ende der Awarenkriege, wurde die Bistumsgrenze durch Karl den Großen vorgerückt bis an die Raab, auch Mähren war einbezogen in den Missionsauftrag Passaus. Das Missionsland, das Regensburg zu betreuen hatte, war Böhmen. Seit dem Vorstoß von 805/806 arbeiteten dort bayerische Missionare intensiv und erfolgreich. Bereits um die Jahrhundertmitte war das Land, ungeachtet späterer Rückschläge, im wesentlichen für das Christentum gewonnen. Vierzehn böhmische Fürsten ließen sich 845 feierlich in Regensburg taufen, Böhmen gehörte seither zur Diözese Regensburg, der hl. Emmeram war der erste Patron Böhmens, bis er von Wenzeslaus verdrängt wurde.

Die Eingliederung Bayerns ins Karolingerreich eröffnete auch dem karolingischen Bildungsgut breiteste Aufnahme in Bayern. Die Bildungsbewegung, die der Kaiser durch vielfältige Initiative in Gang setzte, wurde hauptsächlich getragen von Geistlichen, auch wenn nicht selten Laien in ihr führend hervortraten. Trotzdem war die karolingische Kultur keine ausschließlich kirchlich-geistliche, sondern sie knüpfte auf allen Wissensgebieten wie in der Dichtung, der Kunst und der Schrift unmittelbar an die Antike an, und zwar nicht nur an die christliche Spätantike, sondern auch an die Literatur des augusteischen Zeitalters. Ein neuer Sinn für Maß und Form, wie H. Löwe sagt, überwand die Formlosigkeit der ausgehenden Merowingerzeit. Die Schrift knüpft in der Majuskel an die antike Kapitale an, in der Minuskel an eine spätantike Form von bestechender Schönheit und Klarheit. Die Sprache greift unmittelbar auf Vorbilder der klassischen Latinität zurück, und der gleiche Wille zur Gewinnung neuer, verbindlicher Normen unter Zurückgreifen auf das, was in der Vergangenheit bedeutend und ehrwürdig war, macht sich auch geltend im Kirchenrecht, in der Liturgie wie in der gesamten kirchlichen Ordnung.

Auch Bayern steht deutlich im Bildungsstrom, der vom Hofe Karls des Großen ausgeht, aber ebenso deutlich ist die heimische Grundlage zu spüren, die ungebrochene literarisch-geistige Tradition, die vor allem in den großen Klöstern am Alpenrand bis hin nach Kremsmünster weit in die Agilolfingerzeit zurückreicht. Unmittelbarer ist der Zusammenhang mit der Karolingischen Renaissance in Regensburg und Salzburg, spürbar ist er auch noch in Freising. In Salzburg folgt auf den irisch gebildeten Virgil mit seinem weitgespannten, fast universal anmutenden Interessenkreis der von fränkischem Einfluß geprägte Arn, ein Bayer, der aber im Frankenreich studiert hatte und sich unter die Schüler Alkuins rechnen durfte. Er war zwar vor allem ein Mann des tätigen Lebens, Missionar, Politiker, eingespannt in die großräumige Diplomatie Karls des Großen und immer wieder als missus regis beansprucht. Er hat aber doch jenes Echo geweckt, durch welches eine Zeit auf kraftvolle Führung gern zu antworten pflegt. In Salzburg entstand ein breiter historiographischer Ansatz, den wir im einzelnen nicht mehr fassen können, sondern nur als Grundlage späterer Werke zu erschließen vermögen, die ältesten Salzburger Annalen oder eine Vita Hrudperti, die eingegangen ist in die uns überlieferte spätere Form. Unversehrt aus der Zeit der großen Salzburger Slawenmission, aus dem späten 8. Jahrhundert, stammt die Conversio Bagoariorum et Carantanorum, die Erzählung von der Missionierung Kärntens durch die Bayern, welche A. Lhotsky ein Glanzstück der rühmlichen Salzburger Geschichtsschreibung nennt.

Ein weiteres Zentrum, das nicht nur reiche Schreibtätigkeit kennt, sondern auch historiographische Neigungen, wurde unter dem Bischof Ermenrich, dem ehemaligen Abt von Ellwangen, das zweite Grenzbistum im Osten, Passau. Ermenrich hatte in Fulda, auf der Reichenau und in St. Gallen studiert, die ganze Tradition also des ostfränkischen gebildeten Mönchtums verpflanzte er nach Passau. Von ihm selbst stammt die Lebensbeschreibung des hl. Sola, des Angelsachsen, der die Zelle Solnhofen gegründet hat, und eine Lebensbeschreibung Hariolfs, des Gründers von Ellwangen. Regensburg zeichnete sich in anderer Hinsicht aus. Eigentümlicherweise entstand hier keine eigene Geschichtsschreibung. An der Domschule oder in St. Emmeram wirkten keine berühmten Lehrer, doch war das Skriptorium zu St. Emmeram schon damals außerordentlich fruchtbar und genoß hohes Ansehen. In Regensburg wurde außerdem, intensiver als sonst in Bayern, die Bemühung um die Eindeutschung des christlichen Glaubensgutes spürbar. Neben einer Reihe von Gebeten, die noch erhalten sind, ist vor allem das in einem Codex Ludwigs des Deutschen eingebundene Muspilli zu nennen, das große althochdeutsche Denkmal christlicher Stabreimdichtung, das Gedicht vom Ende der Heilsgeschichte, von Tod und Weltgericht. Das Jüngste Gericht und der germanische Mythos von der Götterdämmerung mit dem Zusammensturz der Weltesche werden hier in grandioser dichterischer Kraft zu einem neuen Gemälde verschmolzen. In Regensburg entstand auch die bayerische Paraphrasierung des Psalms 138, eine freie Übersetzung und Umformung der Vorlage, in Rhythmus und Reim abhängig vom Vorbild des großen Ostfranken Otfried von Weißenburg.

Eine Abschrift der Evangelienharmonie Otfrieds kennen wir aus Freising. Hier ist gleichzeitig ein Petruslied entstanden, das in der Form, vor allem in der Verwendung des Endreims, kaum weniger gekonnt ist als die Dichtung Otfrieds. Die großartigste Dichtung aber des deutschen 9. Jahrhunderts war wohl das Wessobrunner Gebet, ein Hymnus von der Größe und Herrlichkeit der Erschaffung der Erde. Besonders die einleitenden Verse sind von eindrucksvoller Kraft: „Nicht war die Erde mit Baum und Berg, nicht der Himmel mit Sonne und Mond, nicht war das Weltmeer. Vor all dem war doch schon der eine allmächtige Gott."

Auf allen Gebieten haben wir, das ist zuzugeben, immer noch Anfänge vor uns, aber es sind Anfänge, die bereits einen großen Zug aufweisen, reich an Möglichkeiten fruchtbarer Entfaltung, die kommenden Jahrhunderte sollten das zeigen. Karl der Große hatte die künftigen Möglichkeiten vorbereitet, den Grund zur Vollendung haben seine Nachkommen gelegt, unter denen Bayern als geschlossenes Herrschaftsgebiet eine der Keimzellen des neuen Reiches wurde. Diese Entwicklung setzt ein bereits mit den ersten Verfügungen Karls des Großen über sein Reich. 806 schon teilte der Kaiser das Frankenreich unter seine drei Söhne Karl, Pippin und Ludwig; Karl, dem Erben der Kaiserkrone, war der Hauptteil der fränkischen Stammlande zugedacht. Bayern, aber ohne den Nordgau, und ein Teil Schwabens sollte zum italienischen Königreich Pippins geschlagen werden, doch die ältesten Söhne starben vor dem Vater, 814 erbte Ludwig der Fromme allein. Er teilte das Reich tatsächlich, aber jetzt wurde Bayern, wie Italien und Aquitanien, als geschlossenes Herrschaftsgebiet aus den anderen Ländern herausgehoben. Es erhielt erstmals die für seine Zukunft bestimmende Rolle als Regnum, als Teilreich, das aber immer noch auf ein größeres Ganzes bezogen bleibt. Der älteste Sohn Lothar erhielt Bayern, seine beiden Brüder Aquitanien und Italien. Sicher ist Lothar nicht König der Bayern, er ist König, weil er Karolinger ist, der Königstitel haftet nicht am Land, sondern an der Person, trotzdem bleibt der Begriff Regnum auch für die Zukunft. Auch das staatliche Selbstbewußtsein in Bayern ist in diesen Jahren spürbar erstarkt. In den Freisinger Urkunden wird Lothar als König bezeichnet, sie werden datiert nach den bayerischen Königsjahren des Kaisersohnes. Noch verstärkt wurde diese Sonderstellung, als im Jahre 817 der älteste Sohn Lothar durch Ludwig zum Mitkaiser erhoben wurde und zum Ausgleich die jüngeren Söhne zu Königen gemacht und mit eigenen Herrschaftsgebieten ausgestattet wurden. Bayern fiel bei dieser Teilung an den gleichnamigen Sohn Ludwigs des Frommen, den man später Ludwig den Deutschen genannt hat. Mit ihm erhielt das Land jenen Herrscher, der auf Jahrzehnte hinaus seine Geschicke bestimmen sollte.

Ludwig trat seine Herrschaft in Bayern 825 wirklich an, größere Unabhängigkeit brachte ihm aber erst das Jahr 830, ein Vorgang, der sich sofort in der Sprache der Urkunden niederschlägt. „Ludovicus divina largiente gratia rex Baioariorum“, beginnt eine Freisinger Urkunde von 830. Auch die päpstliche Kanzlei und das byzantinische Zeremonienbuch nahmen diesen Titel in ihr Formular auf: die internationale Anerkennung des Regnum Bavariae. Ludwig selbst legte diesen Titel freilich ab, als er nach der Herrschaft im gesamten Karolingischen Ostreich griff, der Francia Orientalis. Das geschah im Verlauf eines Prozesses, der sich gerade im Frankenreich in jedem Jahrhundert einmal wiederholt hatte und der schon bisher immer wieder dazu geführt hatte, daß die unerträgliche Machtzusammenballung ihre Furchtbarkeit für eine oder mehrere Generationen wieder einbüßte. Der rasche Verfall im 9. Jahrhundert wurde vor allem herbeigeführt durch die Schwäche des Kaisers und den Neid seiner Söhne. Als 829 Alemannien an Karl den Kahlen übertragen wurde, den Sohn Ludwigs aus zweiter Ehe, und als dadurch der Besitz Lothars zerrissen wurde, kam es zur ersten Erhebung. 830 verbündeten sich Lothar und Pippin, Ludwig der Deutsche dagegen schlug sich auf die Seite seines Vaters, zog auch Pippin auf seine Seite, so daß Lothar gezwungen wurde, einzulenken. Er stimmte 831 einer neuen Reichsteilung zu, in welcher Ludwig dem Deutschen das gesamte rechtsrheinische Germanien zugesprochen wurde, ausgenommen Alemannien. Lothar blieb auf Italien beschränkt. In dieser Situation versöhnte er sich wieder mit seinem

Vater, trat sogar, was Ludwig der Deutsche vermieden hatte, für eine Beteiligung Karls des Kahlen am Erbe ein. Die Empörung Pippins und Ludwigs scheiterte, nur in Bayern konnte sich Ludwig noch behaupten, weil hier der Adel, anders als sonst im Reich, auf seiner Seite stand, nicht auf der des Kaisers. Bayern bleibt seine Basis auch im nächsten Jahrzehnt; 832/33 steht er auf der Seite Lothars und Pippins und ist beteiligt an der Absetzung seines Vaters, sein Anteil ist wieder die Francia Orientalis. 834 befreit er den Kaiser und beschränkt Lothar wieder auf Italien, nimmt aber 837, als Karl der Kahle das Land von der Weser bis zur Seine erhalten soll, wieder mit Lothar Verbindung auf, worauf der Kaiser nach neuerlicher Versöhnung mit Lothar ihn wieder allein auf Bayern beschränkt.

Der Tod Ludwigs des Frommen 840 wie seines Sohnes Pippin ändert die Situation grundlegend. Der Versuch Lothars, das ganze Erbe an sich zu bringen, führt Ludwig auf die Seite seines Stiefbruders, in der furchtbaren Schlacht von Fontenoy 841 brachten sie Lothar zum Verzicht; 843 wurde im Vertrag von Verdun die erste Grundlage für die neuen europäischen Staaten gelegt. Das Frankenreich wurde, ohne daß Lothar einen Anspruch auf Oberherrschaft behaupten konnte, geteilt, die Teilreiche wurden unabhängig. Ludwig erhielt das Land rechts des Rheins, dazu die linksrheinischen Gaue Worms, Speyer und Mainz. Das Teilungsprinzip von 843 hatte nichts zu tun mit irgendwelchen völkischen Gesichtspunkten, es ging um klare Grenzen und um die Nutzung möglichst zahlreicher Königshöfe. Aus diesem Grund vor allem hatte Lothar zu Italien die Provence, Burgund und den anschließenden Landstreifen links des Rheins über Aachen bis zum Meer gefordert; dieser Streifen enthielt die Kaiserstädte Rom und Aachen, vor allem die Hauptmasse des karolingischen Königsgutes mitsamt dem Stammgut der Karolinger um die Argonnen. Den Westen, das spätere Frankreich, erhielt Karl der Kahle.

Ludwig der Deutsche hatte jetzt als Herr der Francia Orientalis eine ungleich größere Aufgabe vor sich, als sie Bayern allein hätte bieten können. Bayern selbst spielte in diesem neuen Großreich seit 843 keine führende Rolle mehr, doch blieb es weiterhin Königsland. Ludwig nannte sich zwar nicht mehr „rex Baioariorum", seine Urkunden datierte er nach seinen Herrscherjahren „in orientali Francia", aber er residierte doch auch in diesen Jahren großenteils in Regensburg; vor allem haben die Ereignisse an der bayerischen Ostgrenze seine zukünftige Politik im wesentlichen bestimmt. Nur 855 und 870 hat noch einmal der karolingische Anspruch für kurze Zeit die zielstrebige Ostorientierung gestört, als es nach dem Tode Lothars darum ging, seinen Söhnen das Erbe zu sichern, damit aber auch die Pufferzone zwischen dem West- und Ost-Frankenreich zu erhalten, und als Ludwig nach dem Tode Lothars II. gegen Karl den Kahlen die Teilung des Regnum Lotharii erzwang.

Im Osten ging es weniger um eine aktuelle Bedrohung der Grenze, die durch das Markensystem hinreichend gesichert schien, als um die Verhinderung einer slawischen Großmachtbildung mit dem Zentrum Mähren, die auf die slawischen Tributärstaaten in Pannonien und Karantanien übergreifen konnte, denn das bedeutete eine echte Gefährdung. Mähren war, im Gegensatz zu Böhmen, nie in strenge Abhängigkeit vom Frankenreich zu zwingen gewesen, seit der Jahrhundertmitte gelang es politischen Führergestalten wie Rastizlav oder seit 869 seinem Neffen Swatopluk, auch die formale Oberhoheit des Königs abzuschütteln, zeitweise auch Böhmen anzugliedern und schließlich noch Pannonien zu gewinnen. Der Kampf war deshalb besonders erschwert, weil der neuernannte Graf der Marca Orientalis, die jetzt erstmals genannt wurde, der Königssohn Karlmann, 858 mit Rastislav Frieden schloß und sich zusammen mit seinem Schwiegervater Ernst, dem Statthalter des Königs in Bayern, gegen Ludwig empörte. Welthistorische Perspektiven erhielt die mährische Politik dieser Jahre durch den Versuch des Herzogs Rastizlav, Mähren aus dem westlichen Missionssystem zu lösen und kirchlich an Byzanz anzuschließen, ein Versuch, den Swatopluk, trotz päpstlicher Unterstützung für den vom byzantinischen Kaiser empfohlenen Erzbischof Methodius, 874 abbrach, um Mähren wieder für die bayerische Mission zu öffnen. Der Preis dafür war, wie es scheint, die Errichtung einer eigenen mährischen Kirchenprovinz mit einem Erzbischof und drei Bischöfen, aber unter kirchlichem Anschluß an den Westen. Die kirchliche Selbständigkeit aber bedeutete zugleich die politische.

Hatte Ludwig der Deutsche diese Entwicklung auch nicht verhindern können, so war für Bayern mit der stets bedrohlichen Lage selbst bereits ein in hohem Maße einigendes Element gegeben; die Ostpolitik dieser Jahrzehnte war nicht so sehr Sache des Reichs als Sache des bayerischen Stammes, wie denn Regensburg stets der Vorort des Reiches blieb, wenn Züge nach dem Osten zur Beratung standen. Die größte Bedeutung jedoch für die Festigung des bayerischen Eigenlebens und die Ausbildung des Selbstbewußtseins des Teilreiches Bayern besaß die Reichsteilung von 865. Ludwig der Deutsche hatte drei Söhne, Karlmann, Ludwig, Karl den Dicken. Daß er seinem ältesten Sohn Karlmann Bayern übergab, spricht für das Gewicht, das dieses Regnum jetzt bereits im ostfränkischen Reich besaß. „Rex Bawariorum" nannte sich Karlmann schon 876, mit dem Tode Ludwigs des Deutschen. Er war auch insofern besonders mit Bayern verbunden, als er bisher schon als Statthalter seines Vaters den Osten Bayerns beherrscht hatte, auch stammte seine Frau aus dem bayerischen Adel. Seine Politik war durchaus von Bayern und seinen geographischen Notwendigkeiten bestimmt. Schon mit der Ostpolitik hatten die Karolinger ein Erbe der Agilolfinger übernommen, expansiv waren aber die Agilolfinger zeitweilig auch nach Süden gewesen. Die Teilungen der späten Karolingerzeit hatten hier eine neue Grenze geschaffen, alte Spannungen und alte Ziele lebten wieder auf, als mit dem Tode Ludwigs II., der 875 als König von Italien wie Inhaber des Kaisertitels gestorben war, die Gebirgsgrenze wieder in Bewegung geriet. Immer schon war es ein bayerisches Anliegen gewesen, von Süden her gesichert zu sein, ein Anliegen, das jetzt gefährdet war, da Karl der Kahle sogleich nach Italien eilte, um seinem Bruder beim Griff nach der Kaiserkrone zuvorzukommen. Ludwig der Deutsche selbst war bereits todkrank, sein jüngster Sohn unterlag als Führer eines schwäbischen Aufgebots, erst als Ludwig der Deutsche selbst Frankreich bedrohte und Karlmann in Italien einrückte, war Karl der Kahle zum Einlenken bereit. Er schloß mit Karlmann einen Vertrag, der beide Parteien verpflichtete, Italien wieder zu räumen, doch als Karlmann sich tatsächlich zurückzog, eilte Karl der Kahle weiter nach Rom, um dort die Kaiserkrone in Empfang zu nehmen.

Dieser Vertragsbruch, dessen direkte Folge die Hegemonie des Westreichs über den Osten sein mußte, veranlaßte die Söhne Ludwigs des Deutschen zu gemeinsamem Vorgehen gegen ihren Onkel. Das Ergebnis war die Eroberung Lothringens durch Ludwig d. J., Karlmann aber zog über die Alpen und ließ sich in Pavia 877 von den lombardischen Großen als ihrem König huldigen. Damit war, wie K. Reindel feststellt, eine Entwicklung angebahnt, die zu einem politischen Gebilde führen konnte, das nichts mehr zu tun gehabt hätte mit dem ostfränkischen oder dem späteren Deutschen Reich. Der frühe Tod Karlmanns jedoch, der aus Italien schwerkrank zurückgekehrt war, zerbrach dieses Gebilde wieder, und als 882 auch sein Bruder Ludwig starb, der Karlmann in der Herrschaft über Bayern nachgefolgt war, gebot der dritte Sohn Ludwigs des Deutschen, Karl der Dicke, wieder über das gesamte Ostfrankenreich, seit 885 auch noch über den Westen. Arnulf, der Sohn Karlmanns aus einer nicht kirchlich legitimierten Verbindung, war beschränkt auf die Herrschaft im Gebirgsland Kärnten. Im engeren Bayern amtierte als Statthalter des Königs Engildeo, den die Fuldaer Annalen „marchensis Baioariorum" nennen. Da in der „Marca Orientali", unabhängig von Engildeo, wie es scheint, der Markgraf Arbo regierte, war die Einheit Bayerns ernstlich in Gefahr; die Marken begannen, sich vom Mutterland zu entfernen. Diese Tendenz wurde noch einmal gebannt, als 887 Karl der Dicke, schon längere Zeit ernstlich krank, von den Großen des Reiches zu Tribur abgesetzt worden war und Arnulf von Kärnten ihm als Herr der Francia Orientalis nachfolgte. Die Wahl durch die Fürsten war bestimmt durch das Geblütsrecht, war aber auch bereits Zeichen eines gefestigten Sonderbewußtseins im künftigen Deutschen Reich; Arnulf war der letzte männliche Karolinger in der Francia Orientalis. Er bot aber auch die Gewähr, anders als Karl der Dicke, mit dem Druck an den Grenzen fertig zu werden; besonders sein Versagen gegenüber den Normannen war Karl zum Vorwurf gemacht worden. Seine Entschlossenheit bewies Arnulf noch 887; mit einer stattlichen Schar von Bayern und Slawen, wie die Annales Fuldenses berichten, war er nach Tribur gezogen, bereit, so muß man annehmen, seinen Anspruch auch im Gottesgericht des Thronkampfes durchzusetzen.

Mit Arnulfs Thronbesteigung trat Bayern innerhalb des Reiches wieder in jene Stellung zurück, die es in den letzten Jahren eingebüßt hatte, als das Land, auf dessen Kräften die königliche Macht vornehmlich beruhte, das Land also, das sich als Königsland betrachten durfte, als „arx regni", wie es später von Franken heißen sollte. Arnulf ist allen Versuchungen, das alte Karolingerreich zu erneuern, das ganze Erbe Karls des Dicken anzutreten, ausgewichen, er begnügte sich mit der Anerkennung seiner Lehenshoheit, doch allen Aufgaben, die ihm 887 zugewachsen waren, konnte er nicht ausweichen. 891 schlug er die

Normannen bei Löwen und verleidete ihnen fortan weitere Einfälle in sein Reich. Im Jahr 894 trat er auch den Weg über die Alpen an, brachte die italienische Krone an sich und zog, einem Hilferuf des Papstes Formosus folgend, nach Rom, erstürmte im Februar 896 die Stadt und empfing die Kaiserkrone. Das Ergebnis war von kurzer Dauer. Als der Kaiser, vom Schlag gerührt, den Feldzug nach Spoleto abbrach, dem Machtzentrum seines italienischen Gegenspielers Wido, um die Heimkehr anzutreten, entlud sich der leidenschaftliche Haß der Römer gegen den landfremden Kaiser in einem gräßlichen Schauspiel. Sie rissen den Leichnam des Papstes, der Arnulf gekrönt hatte, aus dem Grab und saßen über ihm zu Gericht, dann verbrannten sie ihn und streuten die Asche in den Tiber.

Für Bayern bedeutsam war die Ostpolitik Arnulfs, die indessen wenig glücklicher war als die seines Großvaters. Nach wie vor hielt man im Ostfrankenreich an der karolingischen Auffassung vom Grenzschutz im Osten fest, mit der in eigener Herrschaft befindlichen Mark und den vorgelagerten Tributärstaaten, doch war das unvereinbar mit der durch Swatopluk betriebenen slawischen Einigungspolitik, die ohne Zweifel auf die Errichtung eines Großreiches abzielte. Nach einer Periode scheinbaren Friedens, die bekräftigt wurde durch die Erhebung des Bayern Wiching zum Bischof von Neutra, zum Hofbischof des Herzogs, und durch den 884 von Swatopluk geleisteten Lehenseid, wurde Wiching 892 vertrieben. Arnulf machte ihn zum Bischof von Passau und zu seinem Kanzler und zog noch im gleichen Jahr gegen Swatopluk ins Feld, jedoch weitgehend erfolglos. Erst der Tod Swatopluks 894 und die Uneinigkeit seiner Söhne führten zum Zerfall des Mährerreiches, auch Böhmen trat wieder unter die Oberhoheit Arnulfs, 901 kam es zum endgültigen Frieden.

Damals war der Kaiser bereits gestorben, sein Grab fand er in der Kirche des hl. Emmeram zu Regensburg, der Stadt, die ihn am häufigsten in ihren Mauern sah und wo er sich eine eigene Pfalz erbaut hatte. Sein Sohn Ludwig, mit dem Beinamen das Kind, wurde einhellig von den Großen der Stämme zu Forchheim zu seinem Nachfolger gewählt, nur anfangs noch war seine Residenz in Regensburg. Die tatsächliche Regierung des Reiches lag in den Händen des Erzbischofs Hatto von Mainz, des Bischofs Salomon von Konstanz und des Erzbischofs Thietmar von Salzburg, eines Aribonen. Die Vielfalt der Interessen, die sich zur Zeit der Regentschaft geltend machten, lähmte jede einheitliche Politik. Das Vorwiegen der geistlichen Gewalt am Hofe des Königs konnte nicht verhindern, daß die weltlichen Großen, die auf ihre Stammlande zurückgeworfen waren, sich eben dort um so stärkere Positionen aufbauten. Dazu kam, daß das Königtum, vertreten durch ein Kind, nicht in der Lage war, die an den Grenzen heftiger denn je anbrandenden Gefahren zu bändigen. Das Ergebnis war der Zerfall des karolingischen Ostreichs in einzelne Herrschaftskörper, so wie sie durch das Jahrhundert karolingischer Herrschaft hindurch ihre Zusammengehörigkeit behauptet hatten. 911 starb Ludwig das Kind, der letzte Karolinger im Ostfrankenreich, ohne selbst zur Herrschaft gekommen zu sein. Daß auch Ludwig das Kind in Regensburg begraben ist, wird neuerdings mit guten Gründen bezweifelt. Mit ihm endet die Herrschaft der Karolinger auch in Bayern; es beginnt eine völlig neue Epoche.

Die Herrschaft der Karolinger in Bayern war schon lange nicht mehr als Fremdherrschaft empfunden worden. Die Karolinger hatten sich mit dem einheimischen Adel verschwägert, sie hatten die Anliegen ihres Herrschaftsgebietes zu den ihren gemacht. Unter Ludwig dem Deutschen, noch mehr unter Arnulf, war Bayern das Kernland des Reiches geworden. Auch als die Reichspolitik den König über Bayern hinausgeführt hatte, war die Einheit des Stammesgebietes gewahrt geblieben durch königliche Beauftragte, die dem Ganzen vorstanden, dem Rang nach Grafen, aber schon damals in einer Stellung, die vereinzelt bereits vor 911, seit dem Tode des Königs allgemein mit dem Titel „dux“ bezeichnet wurde.

Das Herzogtum der Luitpoldinger

Der Nachfolger Kaiser Arnulfs war ein Kind, und es wurde König in einer Zeit des Umbruchs, die auch stärkeren Herrschern zu schaffen gemacht hätte. Italien wurde von Wirren erschüttert. Das Westfrankenreich begann sich nach dem Tode Karls des Dicken in einzelne Königreiche aufzulösen. Die Normanneneinfälle steigerten sich bis zur Eroberung einer ganzen Provinz. Das Ostfrankenreich litt vor allem unter den unablässigen Streifzügen der Ungarn; bis ins Elsaß, nach Thüringen, nach Friaul stießen sie vor, fast immer zogen sie dabei durch Bayern. Der König war nicht in der Lage, das Reich zu schützen, die Stämme mußten sich selbst helfen. Die Schwäche der Zentralgewalt, die Erfordernisse regionaler Selbsthilfe, aber auch der Machtwille der Großen bildeten die Voraussetzungen für die Entstehung neuer Organisationsformen im Reich, ein Verfassungswandel bahnte sich an. Die Entwicklung lief über Jahrzehnte hinweg und dauerte in den einzelnen Gebieten des Ostfrankenreiches unterschiedlich lang, aber in der kurzen Regierungszeit Ludwigs des Kindes beschleunigte sie sich überall. Zum Abschluß kam sie in Sachsen und Bayern, auch in Franken gelang es dem Geschlecht der Konradiner, sich in blutiger Fehde gegen die Babenberger durchzusetzen und die Führung am Main und am Mittelrhein wie in Hessen zu übernehmen. In Sachsen war es das Geschlecht der Ludolfinger, dem in Ostfalen und Engern, gestützt auf reichen Grundbesitz, der Adel Gefolgschaft leistete, in Bayern folgte auf Markgraf Luitpold, der 907 in der Schlacht bei Preßburg mitsamt dem ganzen Aufgebot, dem Großteil der adeligen Vasallen, gefallen war, sein Sohn Arnulf. 908 schon, wenn die Datierung dieser Urkunde richtig ist, nannte er sich „divina favente gratia dux Baiovariorum necnon adiacentium regionum“ („Von Gottes Gnaden Herzog der Bayern und der angrenzenden Gebiete“). Die Reichskanzlei nannte ihn nach wie vor „comes“, Graf. Die Ausbildung der neuen Herrschaftsformen vollzog sich unabhängig von der Reichsgewalt, in Schwaben schon damals gegen sie; das war der Gleichmäßigkeit der Entwicklung sicher nicht günstig, verhindern konnte auch der Widerstand der Bischöfe von Konstanz oder von Mainz, der wichtigsten Ratgeber des Königs, die Entstehung einer völlig neuen Ordnung des Reiches nicht. Aus dem militärischen Amt des „dux“, des Anführers großer Truppenkörper, das es auch unter den Karolingern von Fall zu Fall gegeben hatte, entwickelte sich – auf Grundlagen freilich, die von diesem Amt unabhängig waren oder doch nur indirekt damit zusammenhängen, weit verstreutem Grundbesitz, der Herrschaftsgewalt über zahlreiche Vasallen, auf der amtlichen Befehlsgewalt in einer Reihe von Grafschaften – das neue Amt des jüngeren Stammesherzogtums, wie man es mit Recht genannt hat. Daß, außer in Bayern, zunächst nirgends der ganze Stamm unter dieser neuen Herrschaftsform erfaßt worden war, besagt über die Berechtigung dieser Benennung wenig; der Anspruch bestand schon in jenen Jahren des Umbruchs, als die Stämme selbst, in ihren führenden Teilen, dem Adel, sich die neue Herrschaftsform gegeben hatten. Die Entwicklungstendenz war zwingend und führte in wenigen Jahren zum Abschluß, schon die ersten Könige nach den Karolingern erkannten das Ergebnis an und benützten es für den Ausbau ihrer eigenen, der Königsherrschaft.

Daß in Bayern der Übergang zum jüngeren Stammesherzogtum so reibungslos und mit solch vollkommenem Erfolg vor sich ging, lag ohne Frage daran, daß auch unter den Karolingern die Einheit des Stammes und des Stammesgebietes im wesentlichen gewahrt geblieben war. Wiederholt war Bayern sogar ein eigenes Königreich gewesen; auch unter starken Gesamtkönigen, wie Ludwig dem Deutschen und Arnulf, war es von eigenen Statthaltern regiert worden, die über den sonstigen Grafen standen, die Identität also des Stammes war seit der Agilolfingerzeit ungebrochen. Sicher ist freilich, daß der neue Herzog sich an Machtfülle nicht mit den Agilolfingern messen konnte. Die Großen des Landes hatten ihn gewählt, wie sich aus späteren Zeugnissen erschließen läßt, er war also ihresgleichen. Das ehemals agilolfingische Herzogsgut, jetzt karolingisches Königsgut im Land stand ihm nicht zur Verfügung, sondern diente nach wie vor dem Unterhalt des Königs, und die Kirche war nach wie vor Reichskirche, unterstand nicht dem Herzog, auch wenn er, wie die Agilolfinger, Synoden einberief und ihnen vorstand. Die Grafen vor allem, so muß man annehmen, waren auch weiterhin Beamte des Königs. Allerdings wissen wir aus dem Bericht über die Schlacht bei Mühldorf 955, daß mehrere bayerische Grafen gegen den ihnen verhaßten Herzog aus dem Hause des Königs auf der Walstatt blieben. Dieses Ereignis zeigt wohl auch, daß die bayerischen Grafen der ersten Hälfte des 10. Jahrhunderts, so wie sie ja auch Arnulf zu ihrem Herzog gewählt hatten, ungeachtet ihrer Verbindlichkeiten gegen den König zum Hause Arnulfs hielten. Daß der erste Herzog bereits das Recht gehabt habe, sie bei Pflichtverletzung auch abzusetzen, wie aus dem Ranshofener Gesetz vom Ende des Jahrhunderts hervorgeht, ist wenig wahrscheinlich; wenn man die ungleich stärkere Stellung der Herzöge aus jener Linie betrachtet, die Heinrich, der Bruder Ottos des Großen, begründet hat, darf man nie vergessen, daß es eben das Geschlecht des Königs war, das jetzt in Bayern herrschte, und daß es nur natürlich war, wenn es Königsrechte beanspruchte und auch erhielt.

Man darf auch nicht aus jenem Recht, in Bayern Bischöfe einzusetzen, das Herzog Arnulf von König Heinrich 921 zugestanden erhielt, die Folgerung ziehen, er habe es von Anfang an beansprucht und ausgeübt. 916 stellen sich die bayerischen Bischöfe gegen ihn, sie halten zum König, wie auch die schwäbischen. Als Motiv wird man, wie in Schwaben, nichts anderes annehmen dürfen als die in der Zeit ständiger Machtkämpfe natürliche Gegnerschaft der dem König am nächsten stehenden Großen des Landes gegeneinander. Auch für die sogenannten Säkularisationen des Herzogs, das Zeichen also vollkommener Herrschaft über die Kirche, läßt sich den zeitgenössischen Quellen kaum ein Anhaltspunkt entnehmen. Das erste Zeugnis für eine generelle Wegnahme des

Kirchenguts stammt vom Biographen des Bischofs Ulrich von Augsburg, eines entschiedenen Gegners von Arnulfs gleichnamigem Sohn, des Pfalzgrafen Arnulf, und es gehört ins Schwarz-Weiß-Schema der Hagiographie. Keinesfalls trifft zu, was über die Beraubung der großen Klöster später behauptet wurde. Eine Tegernseer Urkunde aus der gleichen Zeit, von 979, ausgestellt von Otto II., erbeten vom damaligen Herzog von Bayern, einem Gegner der Luitpoldinger, beredet zwar in wortreichen Wendungen die Drangsale des Klosters in der Vergangenheit, erwähnt aber mit keinem Wort als ihren Urheber Herzog Arnulf. Noch um 1050 erscheint in der Überlieferung von Benediktbeuern als Bedränger des Klosters und Räuber von Klostergut nur der benachbarte Adel, nicht der Herzog, und Niederaltaich verehrte Arnulf sogar als seinen Wohltäter. Die Klagen über Arnulf den Bösen kommen erst später, sie sind zumeist Topoi, gehören in die absichtsvolle Schematik der Reformliteratur, die Zeitgenossen kennen den Herzog nur als den ruhmreichen Sieger über die Ungarn und damit auch Beschützer der Kirchen.

Darin lag, zunächst jedenfalls, die stärkste Legitimation der neuen Stammesführung. Arnulf befreite das Land von der Ungarnnot. In mehreren Kämpfen Sieger, schloß er schließlich mit den Ungarn einen Vertrag, der Bayern aus ihren Raubzügen aussparte. Die letzte dieser Schlachten hatte 913 stattgefunden; zusammen mit den Brüdern seiner Mutter, den Anführern des schwäbischen Aufgebots Erchanger und Berthold, hatte er eine Streifschar der Ungarn bei Ötting abgefangen und vernichtet, seither mieden sie das Land. Nicht der König also, sondern die Führer der Stämme hatten dem Süden des Reiches den Frieden gebracht.

Das bedeutete eine schwere Hypothek für den neuen König, der das nicht vermocht hatte, so wenig wie Ludwig das Kind. 911 war er gestorben, der letzte seines Geschlechts. Damit war die Karolingerherrschaft im Ostfrankenreich zu Ende, kein legitimer Nachfolger stand zur Verfügung, ein neuer Anfang mußte gemacht werden. Er kam von den Stämmen. Franken, Sachsen, Schwaben und Bayern, so liest man in den Annalen aus Schwaben, kamen im fränkischen Forchheim zusammen und wählten den Frankenherzog Konrad zu ihrem König. Mit der Wahl eines Königs hatte man die Einheit des Ostfrankenreiches gewahrt, mit der Wahl eines Franken und Verwandten der Karolinger die Tradition, so gut es ging, weitergeführt.

Als Wahlreich war es freilich etwas Neues; das Reich war nicht mehr verfügbares Gut einer Familie, die Krone war zum Symbol für ein Amt geworden, gleichzeitig wurde aber auch durch die Wahl deutlich, daß der König durch freien Entschluß der Stämme herausgehoben war aus der Zahl der übrigen Stammesführer, nicht durch Geblütsrecht, wie seine Vorgänger. Er war in der gleichen Lage wie einst Pippin, wie jener suchte er in der kirchlichen Weihe und Salbung die so unerläßliche höhere Legitimation seiner neuen Würde. Als „Christus Domini", als Gesalbten des Herrn, entzog ihn dann auch die Synode von Hohenaltheim 916 jedem Anspruch der Herzöge, den König als primus inter pares wie ihresgleichen zu behandeln. Gleichzeitig verurteilten die dort versammelten Bischöfe, unter ihnen wohl auch die bayerischen, den schwäbischen Herzog Erchanger, der 915 vom schwäbischen Adel zu dieser Würde erhoben worden war, und Herzog Arnulf von Bayern wegen ihres Ungehorsams gegen die königliche Gewalt.

Die genauen Umstände sind weder bezüglich der Erhebung der schwäbischen Herzöge noch Herzog Arnulfs bekannt. Zunächst strebte der König ein gutes Verhältnis an, er heiratete die Mutter Arnulfs, die Schwester der Schwabenherzöge Erchanger und Berthold. Aber bald war das Verhältnis unheilbar gestört, sei es wegen der fortgesetzten Übergriffe Erchangers und Bertholds gegen die schwäbische Kirche, sei es wegen zu weit gehender Ansprüche des Königs selbst, der in die Reichsauffassung der Karolinger zurückzulenken beabsichtigte. Da auch Arnulf von Bayern in die Kämpfe einbezogen wurde, ist letzteres anzunehmen. Der Kampf ging also wohl um die Selbstbehauptung der Stämme in einem Reich, das eben durch sie erst zustande gekommen war. Im ersten Stadium des Kampfes setzte sich der König durch; Erchanger und Berthold ließ er hinrichten, Arnulf von Bayern mußte zu den Ungarn fliehen. Der erfolgreiche Widerstand in Sachsen schaffte aber auch Bayern Luft, Arnulf konnte zurückkehren, bei einem neuerlichen Angriff auf Regensburg empfing der König 918 die tödliche Wunde.

Die Stämme also hatten sich schließlich behauptet – war damit ihr eben vollzogener Zusammenschluß schon wieder gefährdet? Die Vorgänge der Jahre 919 bis 921 lassen diese Deutung sehr wohl zu. Die Stämme treten jetzt nicht mehr geschlossen auf, als es um die Wahl eines Nachfolgers für Konrad geht. Den Ausschlag gibt freilich, daß sich wenigstens Franken und Sachsen einigen, und zwar auf den Sachsenherzog Heinrich, der Konrad bis zuletzt getrotzt hatte. Schwaben, das jetzt in Markgraf Burchard einen neuen Herzog hatte, stand abseits, die Bayern und ein Teil Frankens wählten Arnulf zum König. Die späteren Geschichtsschreiber sehen in ihm einen Gegenkönig zu Heinrich, die Salzburger Annalen des 10. Jahrhunderts, die aber nur in einer Abschrift aus dem frühen 12. Jahrhundert erhalten sind, sprechen von einer Wahl zum Herrscher „in regno Teutonicorum". Dieser Ausdruck ist bis in das ausgehende 11. Jahrhundert singulär, die zeitgenössischen Annalen sprechen durchwegs von der Francia Orientalis. Außerdem, hätte Arnulf nach der Krone des Reiches gestrebt, hätte er ebenfalls in den Thronkampf eintreten müssen, wie das der Sachsenherzog Heinrich tat; Arnulf sah aber untätig zu, als noch 919 der König gegen Schwaben zog und den Herzog zur Anerkennung seiner Herrschaft bewegen konnte. Arnulf begnügte sich damit, sein eigenes Regnum, Bayern, zu verteidigen, Heinrich mußte zunächst den Rückzug antreten. 921 versuchte er erneut, auch Bayern wieder in das Reich von 912 zurückzuführen, und es gelang ihm, in einer Unterredung mit Arnulf vor den Mauern Regensburgs die Bedingungen festzulegen, unter denen Arnulf sein bayerisches Sonderkönigtum, das wohl die Tradition des karolingischen Teilreiches weiterführen sollte, preisgab und sein Herzogtum dem König wieder unterordnete. Die Wendungen bei Liutprand von Cremona und Widukind von Korvey, „miles regis" und „amicus regis", lassen verschiedene Deutungen des zukünftigen Verhältnisses zu, von einer bloß formellen Anerkennung der königlichen Oberhoheit bis zu einem festen Lehensverhältnis. Entscheidend sind aber die Hoheitsrechte, die Arnulf alle blieben; selbst das Recht der Einsetzung der Bischöfe, damit die Herrschaft über die Kirche, gestand ihm Heinrich zu. Das Königsgut in Bayern scheint Arnulf aber auch in Zukunft nicht angetastet zu haben, wenigstens sind keine diesbezüglichen Verfügungen von ihm bekannt, nur in Regensburg schaltete er als der alleinige Stadtherr. Wer in Zukunft Grafen ernannte, wissen wir nicht, wir können nur der allgemeinen Geschichte dieser Zeit entnehmen, daß Arnulf in seiner auswärtigen Politik außerordentliche Selbständigkeit zeigte. Seinen Einfluß auf Böhmen mußte er zwar, wie der gemeinsame Feldzug dorthin 929 zeigt, mit Heinrich I. teilen, doch mit den Ungarn schloß Arnulf 927 selbständig Frieden, 933/34 bemühte er sich für seinen Sohn Eberhard um die Gewinnung der langobardischen Königskrone. Er ist zwar dabei gescheitert, aber nichts zeigt deutlicher, wie er in seiner Politik dem Könige gleich verfuhr, geleitet von Traditionen, die über die Gegenwart hinaus tief in die karolingische Vergangenheit Bayerns zurückwiesen. Freilich, wer sich solchen Traditionen anschloß, mußte eines Tages aus dem gegenwärtigen Reich heraustreten, das seine ideale Gestalt immer noch nicht gefunden hatte.

Das war wohl auch Heinrich I. klar, von dem aus den letzten Jahren ebenfalls Pläne für einen Romzug berichtet werden und der wohl auch seine Weigerung von 919, die kirchliche Weihe zu empfangen, nur als Distanzierung von Konrad I. gelten lassen wollte, nicht als Verzicht auf Zusammenarbeit mit der Reichskirche. Der Erwerb der Heiligen Lanze, dem Herrschaftssymbol, das die Herrschaft über Burgund und über Italien gleichzeitig versinnbildlichte, weist in dieselbe Richtung; vielleicht hatte er, wie Beumann vermutet, erkannt, daß nur die Herrschaft über Burgund und Italien auch das entstehende Deutsche Reich zu verklammern in der Lage sein würde. Sicher ist jedenfalls, schon Heinrich I. stand, am Ende seiner Herrschaft, als er auch noch die Ungarn besiegt hatte, der karolingischen Reichsidee anders gegenüber als zu Beginn. Sein Sohn Otto machte sie sich völlig zu eigen. Zum König designiert von seinem Vater, nahm er die Zustimmung der Großen zu seiner Herrschaft in Form einer Huldigung entgegen, keinesfalls in echter Wahl; er ergriff die Herrschaft des Reiches, indem er sich zu Aachen auf den Thron Karls des Großen setzte, die Herzöge der Stämme leisteten ihm Dienste als Kämmerer, Marschall, Truchseß und Mundschenk, auch Arnulf von Bayern. Das war sicher das Ergebnis langer Verhandlungen, die zweifellos für Bayern die Bestätigung der alten Abmachungen gebracht hatten, wahrscheinlich auch die Zustimmung des Königs zur selbständigen Regelung der Nachfolge in Bayern. Tatsächlich starb Herzog Arnulf bereits 937, ein Jahr nach der Aachener Krönung des neuen Königs; jetzt mußte sich zeigen, ob das Verhältnis Bayerns zum Reich, der Herzöge überhaupt zum König, unter Heinrich I. auf tragfähige allgemeine Grundlagen gestellt war oder ob es nur von der persönlichen Einstellung der Beteiligten abhing.

Von der Absetzung Eberhards, des ältesten Sohnes Arnulfs, den sein Vater designiert hatte und der noch 937 Herzog geworden war, erfahren wir aus den Quellen nur die Tatsache, nicht die Gründe. Sie erfolgte noch 938, zur gleichen Zeit, als in Sachsen ebenfalls Unruhen ausgebrochen waren und der Frankenherzog Eberhard es ablehnte, vor dem Gericht des Königs zu erscheinen. Es liegt nahe, beides zu verbinden; hier wie dort scheint es dem König um die strenge Unterordnung der Herzöge unter die königliche Gewalt gegangen zu sein, in Bayern wahrscheinlich um Verzicht auf eigene Außenpolitik und auf die Kirchenhoheit des Herzogs. Diese Schlußfolgerung ergibt sich aus den Beschränkungen, die dem neuen Herzog auferlegt waren, Berthold, dem Bruder Arnulfs.

Berthold war vom König eingesetzt, nicht mehr vom Stamm gewählt; und seinen Vorgänger hatte der König abgesetzt. Trotzdem war der Herzog etwas anderes als einst die Beamten des römischen Staates gewesen waren; der Gegensatz Amtsherzog – Stammesherzog, den man früher gern bemühte, trifft die Sache jedenfalls nicht ganz, da beim Herzog immer auch Adelsherrschaft eigenen Rechts vorausgesetzt werden muß, da vor allem das immer stärker auch auf die öffentlichen Gewalten übergreifende Lehenswesen das Herzogsamt nicht ausgespart hatte. Ein Lehen ist aber etwas anderes als ein beliebig verfügbares Amt. Sicher aber war es Otto I. gelungen, durch diesen Eingriff von 938 das bayerische Herzogtum zuverlässig in sein Herrschaftssystem einzuordnen, das trotz aller Reminiszenzen etwas Neues wurde, anders als das Karolingerreich, das keine Unteilbarkeit kannte, aber auch keine Teilung der Herrschaft mit Herzögen, die in eigenem Namen Recht sprechen und den Heerbann aufbieten. Auch Otto I. konnte das Rad der Geschichte nicht mehr zurückdrehen.

Bayern blieb also Herzogtum, Berthold wirkte im Rahmen seiner Aufgaben durchaus selbständig, etwa im Kampf gegen die Ungarn; auch beteiligte er sich nicht an den Kämpfen des Königs mit Franken und Lothringen. Herzog nach Stammesrecht war er freilich nicht mehr, der König griff durch die Ernennung der Bischöfe nachdrücklich in das innere Leben des Stammes ein, er verfügte über das Königsgut in Bayern, und der Herzog hatte keine Möglichkeit, selbst auf seine Nachfolge Einfluß zu nehmen. So ernannte Otto I., als Herzog Berthold 948 gestorben war, weder dessen Sohn Heinrich noch einen der Söhne Arnulfs zum Herzog von Bayern, sondern seinen eigenen Bruder Heinrich.

Bayern als Reichsland

War Herzog Berthold, wenn schon vom König ernannt, doch noch ein Luitpoldinger gewesen, so war Heinrich nicht einmal mehr Angehöriger des Stammes, dem er vorstehen sollte. Er hatte allerdings Judith geheiratet, die Tochter Herzog Arnulfs, doch zunächst hatte das keinerlei Einfluß auf die Loyalität des bayerischen Adels; der neue Herzog, und mit ihm der König, wurden vom Stamm entschieden abgelehnt. Daran änderten auch die Entschädigung des Luitpoldingers Arnulf mit der Würde eines Pfalzgrafen und das Angebot Ottos I. an den bayerischen Stamm nichts, sich an der Herrschaft über das neu gewonnene Königreich Italien zu beteiligen. Die Markgrafschaften Verona und Friaul wurden 952 dem Herzog von Bayern unterstellt; tatsächlich faßten in der Folgezeit bayerische Große in Friaul Fuß, für den Augenblick bewirkte diese Geste aber wenig. Auch daß sich der König in Bayern, außer 948, nicht sehen ließ, trug nicht dazu bei, sein Ansehen im Land zu festigen. Als 953 der große Aufstand des Königssohnes Liudolf, Herzogs von Schwaben, und Konrads von Lothringen, des Schwiegersohnes Ottos, ausbrach, verschloß der bayerische Adel unter der Führung des Pfalzgrafen Arnulf dem eigenen Herzog die Stadt Regensburg und kämpfte gegen den Bischof von Augsburg, den Bundesgenossen des Königs. Erst nach zweimaliger monatelanger Belagerung war es Otto I. möglich, Regensburg zu erobern, wobei Pfalzgraf Arnulf fiel. Die Entscheidung brachte eine Schlacht bei Mühldorf, in welcher eine Reihe von bayerischen Grafen den Tod fand; Erzbischof Herold von Salzburg wurde abgesetzt und geblendet. Aber daß der König in Zukunft auch in Bayern respektiert wurde, war vielleicht doch mehr als diesem Strafgericht seinem Sieg über die Ungarn 955 und dem Glanz der Kaiserkrone zu danken, die er 962 erwarb. Auch erleichterte der Umstand die Versöhnung mit seiner Dynastie, daß Herzog Heinrich bereits 955 starb und für seinen unmündigen Sohn Heinrich, der später den Beinamen „der Zänker" erhielt, die Herzoginwitwe Judith die Regentschaft führte, die Tochter Herzog Arnulfs.

Die Tatsache, daß ein Herzog aus dem Hause des Königs in Bayern herrschte, hat auf die Stellung dieses Herzogs ohne Zweifel sehr stark zurückgewirkt. Zwar hat Otto I. das Königsgut in Bayern mit Nachdruck für sich reklamiert, wovon wohl schon die Einsetzung eines Pfalzgrafen in Bayern zeugt, wie vor allem die in einigen Urkunden deutlich gewordene Revindikationspolitik, doch gibt es in diesem Zusammenhang bemerkenswerte Phänomene. Über das Königsgut verfügt auch in Zukunft der König, doch die Schenkung von 959 an St. Emmeram trägt den merkwürdigen Zusatz, daß bei Mißbrauch der geschenkte Besitz, der Komplex Vogtareuth, an die Herzogswitwe Judith und ihren Sohn, also nicht wieder an den König, fallen solle. Fast möchte man deshalb an eine vizekönigliche Stellung des bayerischen Herzogs denken, die auch dadurch unterstrichen wird, daß in einem Herzogsgesetz vom Ende des Jahrhunderts, das in der Pfalz Ranshofen erlassen wurde, für den Herzog die Aufsicht über die Amtsführung der Grafen und das Recht in Anspruch genommen wird, sie notfalls auch abzusetzen. Als Vasallen des Herzogs erscheinen die bayerischen Grafen auch bei Thietmar von Merseburg.

Wie weit der Herzog damals auch an der Nutznießung des Königsgutes beteiligt war, wissen wir nicht, ebensowenig, wie weit Schenkungen daraus an ihn gingen. Wir wissen jedoch, daß ein beträchtlicher Teil der Schenkungen Heinrichs des Heiligen an Bamberg „ex paterna hereditate" erfolgte, also aus Besitz seines Vaters, aus Herzogsgut. Aus dem Erbe der Luitpoldinger, die 989 mit Herzog Heinrich von Kärnten in direkter Linie ausstarben, war vielleicht der reiche Kärntner Besitz an Heinrich gekommen, wo die Luitpoldinger von altersher begütert waren; allerdings war in Kärnten auch immer noch Reichsgut, wie Schenkungen Ottos III. zeigen. Auch die Schenkungen Heinrichs II. an der Donau dürften eher aus ehemaligem Königsgut als aus ursprünglichem Herzogsgut stammen. Wer vollends Regensburg beherrschte, ist nicht mit Sicherheit zu klären. Aus der Vita Wolfkangi Otlohs von St. Emmeram ergibt sich die Herrschaft Heinrichs des Zänkers über die Regensburger Reichsstifte, und die Tatsache, daß der Burggraf Burchard Schwager des Herzogs werden konnte, obwohl er nicht der vornehmsten Herkunft war, wie Widukind von Korvey feststellt, spricht dafür, daß er in einem besonderen Treueverhältnis zum Herzog gestanden haben dürfte, der Herzog also Herr der Stadt war.

Ohne Zweifel hatte der bayerische Herzog damals eine weit stärkere Stellung als später, doch sie hatte auch ihre Gefahren. Im Zusammenwirken mit seinen luitpoldingischen Verwandten scheint Heinrich der Zänker große Pläne für eine dominierende Stellung seiner Familie in Süddeutschland entwickelt zu haben; 973 setzte er zusammen mit Herzog Burchard von Schwaben die Wahl seines Vetters Heinrich zum Bischof von Augsburg durch, seine Schwester Hedwig war mit Herzog Burchard III. von Schwaben verheiratet, sein Onkel Burchard, Burggraf von Regensburg, war Markgraf der Ostmark geworden. Der neue König Otto II. scheint eine solche Machtzusammenballung mit Argwohn betrachtet zu haben, denn als Burchard von Schwaben noch 973 starb, wurde Otto, der Sohn Liudolfs von Schwaben, der Neffe des Königs, Herzog von Schwaben. Ob das der Grund für den ersten Aufstandsversuch Heinrichs des Zänkers war, wissen wir nicht, jedenfalls kam er 974 wegen einer Verschwörung mit den Herzögen von Böhmen und Polen in Haft, 975 zog Otto II. gegen die Böhmen. 976 gelang Heinrich die Flucht aus Ingelheim, es kam zu Kämpfen, Otto II. eroberte Regensburg, der Herzog floh nach Böhmen. Jetzt wurde er abgesetzt, das Herzogtum Bayern erhielt Otto, der Herzog von Schwaben, Kärnten wurde abgetrennt und als eigenes Herzogtum an Heinrich, den Sohn des 948 verstorbenen Herzogs Berthold verliehen, an einen Luitpoldinger also. Im gleichen Jahr erscheint auch der erste Babenberger Markgraf in Österreich, Luitpold. Ob Markgraf Burchard gestorben war, ob er an der Verschwörung Heinrichs des

Zänkers beteiligt und deshalb abgesetzt worden war, wissen wir nicht. Die Betrauung der Babenberger, die gleichzeitig mehrere Grafschaften in Ostfranken und die Grafschaft im Nordgau sowie im östlichen Donaugau innehatten, mit der seit 955 ständig an Ausdehnung wachsenden Markgrafschaft Österreich bedeutete eine solche Machtsteigerung, daß sie schon damals faktisch aus dem Herzogtum heraustraten, es gleichzeitig von zwei Seiten umklammernd. Wenn das schon 973 geschehen ist, was durch die spärlichen Zeugnisse, die wir haben, nicht ausgeschlossen werden kann, dann war in der Tat ein verständlicher Grund für den Aufstand Heinrichs des Zänkers gegeben, dann war es nicht bloß ein persönlicher Machtkampf innerhalb der regierenden Linie, sondern betraf wirklich das Land.

Diese Vermutung wird erhärtet durch die Teilnahme auch des neuen Herzogs von Kärnten an diesem Aufstand. 977 finden wir ihn zusammen mit Heinrich dem Zänker in Passau, das vom König belagert und zerstört wurde. 978 unterwarfen sich beide, Kärnten kam jetzt an Otto, den Sohn Konrads des Roten von Lothringen; damit besaßen die Söhne der Empörer von 953 alle süddeutschen Herzogtümer, während Heinrich, der Sohn des damaligen Verbündeten Ottos des Großen, in der Verbannung war. Otto, Herzog von Schwaben und Bayern, starb allerdings schon 982, Otto II. ein Jahr später und wie dieser an den Strapazen, die auf die Niederlage von Cotrone folgten. Auf dem Reichstag von Verona, wo Otto II. die Wahl seines Sohnes zum Nachfolger erreicht hatte, wurde als neuer Herzog von Bayern Heinrich von Kärnten bestimmt, damit war das Haus Markgraf Luitpolds noch einmal zur Herrschaft gelangt.

Der Thronwechsel von 983 eröffnete jedoch auch Heinrich dem Zänker neue Möglichkeiten; sein Kampf, wenn er jemals andere Absichten hatte, wird jetzt zum reinen dynastischen Erbfolgestreit. Heinrich bemächtigte sich des jungen Königs und versuchte, selbst die Krone zu erlangen. Dieser Versuch scheiterte jedoch am Widerstand der geistlichen und weltlichen Großen, jetzt gab Heinrich den König an Theophanu zurück, die Witwe Ottos II., gleichzeitig griff er aber in Bayern erneut nach der Herzogswürde und setzte sich nach kurzen Kämpfen durch. 985 verzichtete der Luitpoldinger Heinrich auf Bayern, das wieder an Heinrich den Zänker gelangte, er selbst erhielt abermals Kärnten. 989 starb er kinderlos, der letzte Luitpoldinger, von dem wir den genealogischen Zusammenhang mit Sicherheit nachweisen können. Kärnten wurde jetzt noch einmal mit Bayern vereinigt.

Wie wenig das bedeutete, zeigt sich schon wenige Jahre später. 995 starb Heinrich der Zänker, ohne noch einmal den Versuch zu einer über Bayern hinausgreifenden Politik zu machen; er hatte Mühe, das Herzogtum zu konsolidieren, wie die Ranshofener Gesetze zeigen, die auch die Bestrafung unbotmäßiger Grafen vorsahen. Wenn es ihm allerdings gelang, das regnum Bavariae wieder zu einem festen politischen Körper zusammenzuschließen, gab es im Reich niemanden, der es an Macht mit ihm aufnehmen konnte. Aber schon er mußte zusehen, wie der Markgraf der Ostmark von sich aus aufbrach zur Eroberung des Landes Österreich, das bis zum Ende des Jahrhunderts tatsächlich in seinen Besitz kam, und sein Sohn schließlich mußte Kärnten wieder an die Familie des Herzogs von Worms zurückgeben.

Das geschah im Zusammenhang des Thronkampfes von 1002. Als Otto III. im Alter von 22 Jahren starb, war der Bayernherzog Heinrich, der Sohn Heinrichs des Zänkers, der letzte Nachkomme König Heinrichs I. in direkter Linie und erhob deshalb Anspruch auf die deutsche Krone. Er setzte sich, unterstützt vor allem von Erzbischof Willigis von Mainz, nach Kämpfen mit Herzog Hermann von Schwaben nicht ohne Mühe durch; der Verzicht auf das Herzogtum Kärnten war der Preis für die Zurückhaltung Ottos von Worms, der 995 Kärnten wieder hatte aufgeben müssen, aber als Enkel Ottos I. ebenfalls Anspruch auf die Krone hätte geltend machen können. Für Bayern bedeutete der Aufstieg seines Herzogs zur Würde des Königs darüber hinaus, daß es jetzt mehr als je die Last des Ganzen mitzutragen hatte; nicht bayerische Ziele bestimmten in Zukunft den Einsatz der Kräfte des Herzogtums, sondern Notwendigkeiten der Reichspolitik in Italien wie an der Elbe, Notwendigkeiten auch, die den inneren Machtausgleich im Reich betrafen, wie die Rückgabe Kärntens oder auch die Förderung der Babenberger in der Ostmark. In Sachsen vollends, wo Heinrich trotz seiner Abstammung und seiner Erziehung in Hildesheim als Bayer betrachtet wurde, bedurfte es großer Zugeständnisse, um die Huldigung des Stammes zu erreichen. Die Zustimmung der Sachsen, in deren Land auch das umfangreichste Königsgut lag, bedeutete dann allerdings für den neuen König die Gewinnung einer Machtbasis, die stärker war als jene, die einst die Ottonen besessen hatten. Die Tatsache, daß das deutsche Königtum von Heinrich II. bis Heinrich III. den stärksten Machtinhalt besaß, hatte nicht zuletzt ihren Grund auch in dieser sicheren Verankerung im Reich selbst.

Heinrich II. war nach seinem Charakter und seinen geistigen Anlagen grundverschieden von seinem Vorgänger, der sich niemals hätte bescheiden können mit der engen Begrenzung auf das deutsche Königtum; gerade das aber war, zunächst wenigstens, das Programm Heinrichs II., die „renovatio regni Francorum", wie es eine Bullenumschrift ausdrückt. Heinrich war ungleich nüchterner als Otto III., der auch äußerst abhängig von Erfolg und Niederlage gewesen war, bald deprimiert, bald zum Höchsten entschlossen, während Heinrich auch bei Fehlschlägen nicht zu entmutigen war, hartnäckig im Festhalten seiner Ziele, als Regent eine nahezu moderne Erscheinung mit Sinn für Verwaltung und Organisation, und dabei doch auch nicht ohne kämpferische Kraft und ohne strategisches Geschick.

Ein volles Leben lang hatte er beides zu beweisen, in Kriegszügen, die kaum je zur Ruhe kamen und nie zu vollem Erfolg führten, in denen es Heinrich aber doch auch immer gelang, entscheidende Einbußen zu vermeiden. Direkt betroffen war dabei Bayern selten, doch standen die bayerischen Interessen den Ereignissen nie fern, auch die Rückwirkungen waren stets bedeutsam, vor allem hatte sehr oft Bayern die Hauptlast der Kämpfe zu tragen.

Unmittelbar von Interesse für das bayerische Herzogtum war das Verhältnis des Reiches zu den Ungarn. Seit 955 hatten sie ihre Vorstöße nach dem Westen im wesentlichen eingestellt; nicht nur die Ausbildung eines starken deutschen Königtums, sondern auch die Festigung der slawischen Nachbarn ringsum hatten es ihnen nahe gelegt, seßhaft zu werden und die fremden Grenzen zu respektieren. Ungarn erschloß sich auch der christlichen Mission, bis sich schließlich der König selbst taufen ließ und den Namen Stephan annahm, nach dem Patron des Bistums Passau, des Trägers der Mission. Das Jahr 1001 bezeichnet einen Höhepunkt der frühesten Geschichte des ungarischen Staates. Wahrscheinlich in diesem Jahr ging Stephan auch die folgenreiche verwandtschaftliche Beziehung mit dem bayerischen Herzogshaus ein. Er heiratete Gisela, die Schwester Herzog Heinrichs. Dieser Schritt hatte eine ähnliche Bedeutung wie die Heirat des russischen Großfürsten Wladimir mit einer byzantinischen Kaiserstochter. Die unmittelbare Folge war sein Übertritt zum Christentum in der byzantinischen Form und die Erhebung der christlichen Lehre zur herrschenden Religion in seinem Reich. Damit war der oströmischen Kultur, ihrem Recht und ihrer Staatsform, ihrer sozialen Struktur und ihrer Kirchenverfassung ein für allemal der bestimmende Einfluß auf das von Kiew aus beherrschte Ostslawentum geöffnet und die tiefe kulturelle Trennung vom Westen besiegelt. Ungarn dagegen ist unter Führung Stephans des Heiligen und unter dem Einfluß Giselas auf die Seite des Abendlandes getreten. Noch im Jahr 1001 erhielt Stephan von Papst Silvester II. die Königskrone übersandt, Stephan errichtete auch eine Reihe von Bistümern, Metropolitansitz wurde Gran. So war der Südosten befriedet, im Gegensatz zum Nordosten.

Aufs stärkste berührt wurden die bayerischen Interessen auch von der Lage in Italien, auch wenn durch Otto I. die direkte Einflußnahme des bayerischen Stammes abgeschnitten worden war. In Pavia war drei Wochen nach dem Tode Ottos III. der Markgraf Arduin von Ivrea zum König gekrönt worden; das war eine Herausforderung, die Heinrich auch dann nicht unbeantwortet lassen konnte, wenn er das Schwergewicht seiner Herrschaft nicht mehr nach Italien zu verlegen gedachte wie Otto III. Schon hatte sich die Anschauung festgesetzt, daß es sich bei der Krone Italiens um einen Annex zur deutschen Königskrone handle, der Verlust an Autorität, der mit dem Verlust der italienischen Königskrone verbunden war, hätte verhängnisvoll zurückgewirkt auf Deutschland. Nach einem mißglückten Versuch Ottos von Kärnten gelang es 1004 Heinrich selbst, Pavia einzunehmen, an einen Romzug konnte er jedoch in diesen Jahren noch nicht denken, die Lage im Nordosten beanspruchte seine volle Aufmerksamkeit. So dauerte es bis 1014, bis es Heinrich möglich war, zum Empfang der Kaiserkrone nach Rom zu ziehen, zu einer Zeit, die gebieterisch nach einer ordnenden Hand im Zentrum der Christenheit rief, sollte das Papsttum nicht wieder zur Beute des römischen Stadtadels werden. Der letzte Italienzug, zu dem sich Heinrich gezwungen sah, galt der Bedrohung Unteritaliens durch byzantinische Aktivitäten, doch glückte ihm hier 1021 kein durchschlagender Erfolg.

Auch seine Ostpolitik entbehrte der abschließenden Ergebnisse, doch gelang ihm 1004 wenigstens die Zerschlagung des Großreiches Boleslav Chrobrys, das Polen und Böhmen umfaßte und das damit auch Bayern unmittelbar betraf.

Die Feldzüge der nächsten Jahre gingen vor allem um die Lausitz, die 1007 verlorengegangen war; mehr als der Status quo war hier jedoch nicht zu erreichen.

Eine Bedrohung Bayerns bedeutete diese Konstellation nur zu Beginn der Regierungszeit Heinrichs, damals war sie aber umso größer, als mit Boleslav auch Markgraf Heinrich von Schweinfurt verbündet war, der mächtigste Fürst in Ostfranken und auf dem Nordgau. Er hatte 1002, offenbar dazu ermutigt durch Heinrich II. selbst, vergeblich Anspruch auf die bayerische Herzogswürde erhoben; im Zusammenhang mit dem Ausgreifen Boleslav Chrobrys auf Böhmen hatte er sich gegen den König erhoben, und nur die atemberaubende Schnelligkeit, mit der dieser im Sommer 1003 die Burgen des Schweinfurters eroberte und den Markgrafen aus dem Land vertrieb, hatte ein unmittelbares Zusammenwirken des Schweinfurters mit den Polen und Böhmen auf bayerischem Boden verhindern können.

Die Absetzung Heinrichs von Schweinfurt brachte, wie es scheint, eine neue Entwicklung im Nordgau und am oberen Main wie an der Regnitz, die für das Königtum Heinrichs und für Bayern besonders bedeutsam geworden ist. Im Nordgau, der allem Anschein nach bisher, trotz seiner außerordentlichen Ausdehnung vom oberen Altmühltal und der Rednitzfurche bis nach Eger und ins obere Regental, nur von einem Grafen beherrscht worden war, finden wir in Zukunft zwei, und der alte Königsgutsbezirk von Bamberg, den Otto II. an Heinrich den Zänker geschenkt hatte, wird Mittelpunkt eines neuen Bistums, das der König aufs reichste mit Königsgut am Main und an der Regnitz, im Nordgau, an der Donau um die Isarmündung, im Rottal, am Attersee und in Kärnten ausstattete. Der Zusammenhang mit der Absetzung Heinrichs von Schweinfurt ist schwerlich Zufall, er hat jedenfalls immer wieder zu der Frage nach dem Zweck dieser Neugründung geführt, die Heinrich II. trotz erheblicher Widerstände der unmittelbar betroffenen Bischöfe von Würzburg und Eichstätt durchsetzte und in deren Bischofskirche er auch mitsamt seiner Gemahlin seine letzte Ruhestätte fand. Mit politischen Motiven allein läßt sich die großzügige Ausstattung nicht erklären, auch wenn in Zukunft die Position Bambergs in Ostfranken und im Nordgau so stark sein sollte, besonders nach der Verleihung von Grafschaftsrechten an den Bischof, daß die wieder in den Besitz ihrer Güter eingesetzten Schweinfurter nie mehr ihre einstige Rolle zu spielen vermochten. Als einziges Motiv gab der König selbst die bisher vernachlässigte Missionierung der Main- und Regnitzslawen an, ein religiöses Motiv also, doch auch damit wird die außerordentlich umfangreiche Ausstattung nicht verständlich. Der Zusammenhang erhellt aus dem Grundverhältnis Heinrichs II. zur Reichskirche. Wenn man vom Ottonischen System spricht, dann darf man nicht vergessen, daß nicht Otto I. oder Otto III. es vollendet haben, sondern erst Heinrich II. Die Kirche hat bekanntlich Heinrich heilig gesprochen, 1146 unter Eugen III., und schon frühzeitig haben sich um die Gestalt des Kaisers Legenden gerankt. Seine kinderlose Ehe und seine Kränklichkeit haben hier manche Anknüpfungspunkte geboten. Die geistlichen Geschichtsschreiber feiern ihn als Wahrer des Friedens, als Förderer des Wohls der Kirche und der Erhöhung der Religion, und in der Tat kam er, erzogen von Godehard von Niederaltaich, dem späteren Bischof von Hildesheim, dem Ideal des christlichen Herrschers sehr nahe, die Kirche hatte ihm sehr viel zu verdanken. Aber indem Heinrich II. die Kirche reich bedachte, steigerte er auch unaufhörlich die Anforderungen; auf den Bischöfen und Reichsäbten lasteten schwer die Abgaben und Pflichten des Reichs- und Hofdienstes. Sie hatten dem König Truppen zu stellen und ihn mit seinem Gefolge aufzunehmen und zu bewirten, wenn er auf seinen vielen Reisen und Heerfahrten Herberge brauchte. Diese Ausstattung der Bischöfe geschah systematisch. Um selbst von Verwaltungsaufgaben entlastet zu sein, hat er die bereits bestehenden kirchlichen Organisationsformen auf diese Weise in seine Dienste gezogen. Er hat also die Reichskirche außerordentlich gefördert, er hat sie aber auch beherrscht wie wohl keiner seiner Vorgänger und Nachfolger. Er hat Synoden einberufen und auf ihnen den Vorsitz geführt, er hat auf die Beschlüsse Einfluß genommen, sogar auf solche, die den kirchlichen Ritus betrafen, er hat vor allem selbständig, ja selbstherrlich über die Besetzung der Bischofsstühle verfügt. Etwa 50 Bischöfe hat er während seiner Regierungszeit ernannt, bei dem raschen Wechsel im deutschen Episkopat und der konsequenten Haltung des Königs waren deshalb die Bischofsstühle sehr bald durchweg mit ergebenen Dienern des Königs besetzt. Auf diesem Hintergrund seiner allgemeinen Kirchenpolitik ist auch die Kritik Riezlers an der Vergabe des bayerischen Herzogsguts und des Königsguts durch Heinrich II. zu beurteilen. Viel ist in der Tat nicht mehr übrig geblieben, am meisten noch im Nordgau, doch für das Königtum war dieser reiche Besitz keineswegs verloren, wie Riezler meint, jedenfalls nicht für das nächste Jahrhundert. Überall, wohin er kam, fand der König ein dichtes Netz von Stützpunkten vor, die dem Reichsdienst zugeordnet waren und die durch die zuverlässige Besorgung von kirchlicher Seite voll nutzbar gemacht werden konnten.

Verloren war aber das unter Heinrich dem Zänker noch vorhandene Herzogsgut für den bayerischen Herzog, der die Dienste der Kirche nicht voll in Anspruch nehmen konnte. Für Bayern hat die Regierungszeit Heinrichs II. nicht nur eine Erhöhung der herzoglichen Würde bedeutet oder auch einen hohen Anteil des bayerischen Adels und der bayerischen Kirche am Glanz des Königtums – die Reichskirche von Sachsen bis nach Italien sah nie mehr bayerische Kleriker in den höchsten Stellen als damals, sogar auf den Erzstühlen von Mainz, Köln, Trier, Magdeburg und Aquileja. Das Herzogtum selbst aber verfiel als Institution für ein volles Jahrhundert. Zunächst hat Heinrich II. das Amt des Herzogs nicht weiter verliehen, 1004 dann belehnte er einen Bruder seiner Frau, den Grafen Heinrich von Lützelburg, der sich bereits 1008 gegen ihn empörte, sei es nun wegen der Ausstattung Bambergs mit bayerischem Herzogsgut, sei es auch wegen der königlichen Bistumspolitik im Westen des Reiches, die auf das Haus Lützelburg zu wenig Rücksicht nahm. Heinrich von Lützelburg wurde abgesetzt, das Herzogtum behielt der König bis 1017 wieder selbst, bis 1026 regierte dann wieder Heinrich von Lützelburg, ohne daß wir von seinen Taten etwas berichten könnten. Die Geschichte schweigt von ihm, alles Licht fällt auf den Kaiser.

Er hat sein Programm wirklich wahr gemacht, die „renovatio regni Francorum" ist ihm geglückt, die Begründung einer neuen königlichen Machtstellung in Deutschland selbst. Das Land jedoch, von dem er ausgegangen war, lief zuletzt Gefahr, so wie es seine politische Eigenständigkeit einbüßte, auch sein Selbstbewußtsein zu verlieren. Bamberg, nicht Regensburg, das bisher diesen Rang behauptet hatte, wurde zum bevorzugten Sitz des Königs, er schenkte an Bamberg sogar die einstige Pfalzkirche zu Regensburg, die Alte Kapelle, und der Königsbesitz in der Stadt ging größtenteils an die bayerischen Bischöfe und Äbte. In St. Emmeram empfand man den Verlust des einstigen Ranges der Stadt besonders tief, hier begann man schon wenige Jahre nach dem Tod des Kaisers, sich wieder auf die glorreiche Vergangenheit des Klosters zu besinnen, auf den großen Heiligen, St. Emmeram, und auf die Verehrung, die Kaiser Arnulf einst dem Heiligen und seiner Ruhestätte erwiesen hatte.

Unter den Nachfolgern Heinrichs II., den Saliern Konrad II. und seinem Sohn Heinrich III., wurde die Stellung der Herzöge insgesamt nicht stärker. Schon im Wahlbericht Wipos werden sie erst nach den Äbten genannt, und selbst wenn man das als eine Geste auffaßt, die nur dem Vorrang des Geistlichen vor dem Weltlichen Rechnung trägt, so ist doch die ausschlaggebende Rolle der rheinischen Erzbischöfe unverkennbar. Der König selbst stellte sich von Anfang an in eine Tradition, die von karolingischen Reminiszenzen bestimmt war; kein deutscher König hat mit solcher Vollmacht über die Herzogtümer verfügt wie das Konrad II. und Heinrich III. tun, nicht anders als Grafschaften werden sie eingezogen, wieder vergeben oder einbehalten, ihre Funktionen, nämlich Führung des Stammesaufgebots, Kontrolle der Grafen, Gericht über die Großen des Landes, werden wahrgenommen in willkürlicher Beauftragung, das Herzogsamt erscheint geradezu überflüssig. In der Tat nahm der König selbst 1027, nach dem Tode Heinrichs von Lützelburg, das Herzogtum Bayern in eigene Verfügung, indem er es seinem elfjährigen Sohn Heinrich verlieh; 1038, nach dem Tode des Herzogs Hermann von Schwaben, zog er auch dieses Herzogtum ein. 1039 also, nach dem Tode Konrads II., ist damit der neue deutsche König zugleich Herzog der Franken, Herzog in Schwaben und in Bayern. Das war eine Machtbasis, die seit der Errichtung des Deutschen Reiches, seit 912, kein deutscher König besessen hatte. 1042 jedoch gab Herzog Heinrich das Herzogtum wieder aus der Hand, vermutlich aus Gründen, die nichts mit Bayern, sondern mit reichspolitischen Zielen im Moselraum zu tun haben; Herzog wird wieder ein Heinrich von Lützelburg, der Neffe der Kaiserin Kunigunde, der in Bayern überhaupt nicht in Erscheinung tritt und 1047 bereits stirbt. 1049 ernennt Heinrich III. dann zum Herzog von Bayern Konrad von Zütphen aus dem Hause der Pfalzgrafen von Lothringen, nach dessen Absetzung 1050, wegen unrechtmäßiger Fehde, erscheint 1053 als Herzog der unmündige Sohn des Kaisers, der spätere Heinrich IV., wieder also ist das Herzogtum dem Kaiser selbst zugeordnet. Daß dann 1054 bereits der zweitgeborene Königssohn Konrad nachfolgte, nach seinem Tod 1055 die Gemahlin des Kaisers, Agnes, das zeigt doch, wie tief das Amt des Herzogs bereits abgesunken war. Es wurde in der Tat nur noch nebenbei verwaltet, lange Zeit durch Bischof Gebhard von Eichstätt, der für Heinrich und Konrad die Regentschaft führte und die wichtigste Persönlichkeit im kaiserlichen Rat darstellte. Er wurde dann 1055 als Viktor II. von Heinrich III. zum Papst erhoben. Aber auch wenn, wie die wenigen Jahre um 1050, wirklich ein eigener Herzog von Bayern existierte, war er nichts anderes mehr als der Anführer der königlichen Vasallen in Bayern, ein militärischer Befehlshaber also, der nicht mehr aus eigenem Recht amtete, sondern nur noch in königlichem Auftrag. Bayern wurde damit zu einer wirklichen Reichsprovinz, daran vermochte, vorerst wenigstens, auch das Lehensrecht nichts zu ändern, das an sich die stufenweise Teilhabe an der königlichen Gewalt postulierte, mit strenger Unterordnung auch der Lehensträger im Land. Doch wie das Beispiel des Herzogs Ernst von Schwaben zeigt, waren auch sie mit dem König unmittelbar verbunden, der Herzog war in der Tat überflüssig. Das erwies sich auch, nachdem 1061 Graf Otto von Nordheim als Herzog von Bayern eingesetzt worden war; er hat nicht Bayern, wo er keinen Fußbreit Bodens besaß, als seine Machtbasis angesehen, sondern weiterhin seine Grafschaften in Sachsen, wo er zu den mächtigsten Fürsten gehörte. Abgesetzt wurde er auch nicht wegen seiner Politik in Bayern – von einer solchen verlautet aus den Quellen nicht das geringste –, sondern wegen seiner Rolle in der Reichsregierung. Hier war es ihm in wenigen Jahren gelungen, zur maßgeblichen Persönlichkeit im Umkreis des Königs aufzusteigen, so daß der Eindruck entstehen mochte, er, nicht der König regiere das Reich. Auch unmittelbare Herrschaftsinteressen des Königs wie Ottos von Nordheim waren im Spiel, denn die Absetzung – unter ausgesprochen fadenscheinigen Vorwänden – erfolgte zu einem Zeitpunkt, 1070, als es Heinrich IV. um die Beherrschung Sachsens ging, Otto aber war einer der mächtigsten sächsischen Grafen.

Der Zusammenhang, in den damit auch die Geschichte Bayerns einmündet, ist universal, er gehört in den Bereich der einschneidendsten Wandlungen des deutschen Mittelalters. In Sachsen ging es seit 1070 um den Ausbau und die straffe Nutzung des Reichsguts, das noch aus der Zeit der Ottonen stammte. In dem Maße, in welchem der Verzicht des Königs auf die Dienste seiner unmittelbaren Lehensträger, der Herzöge, vor allem auf die ihnen eigentlich obliegende Kontrolle der Grafen und königlichen Vasallen, seine Einflußmöglichkeiten in den Herzogtümern beschnitt, bedurfte er anderer Stützen seiner Herrschaft, solcher, die an Ort und Stelle waren, und sie mußten Macht besitzen. Hochadelige Lehensträger, die neben ihren Ämtern und Lehen oft reichen Eigenbesitz hatten, neigten dazu, alle ihre Besitzungen als Ausfluß ihrer adeligen Stellung zu betrachten und ihre Ämter und Lehen nur zur Mehrung der eigenen Macht, nicht zur Erfüllung ihrer Verpflichtungen gegenüber dem Reich zu benützen. Da aber in einer Epoche reiner Naturalwirtschaft nur Grundbesitz Macht verleiht, war der König gehalten, sich besonders um jenen Besitz zu bemühen, der der Krone noch geblieben war, wollte er nicht ausschließlich auf die Dienstleistungen der Reichskirche angewiesen sein, an die einst die Masse des Königsgutes geschenkt worden war. Schon Konrad II. hatte deshalb begonnen, das restliche Königsgut wieder straff zusammenzufassen, auch zurückzufordern, wo es entfremdet worden war; 1027 hatten die Grafen und Richter Bayerns zu Regensburg eidlich ihr Wissen über ehemaliges Königsgut zu bekunden. Auf die Sicherung und zuverlässige Nutzung des Königsguts vor allem für die Ausstattung der unerläßlichen gepanzerten Verfügungstruppen kam es also an. Seit Konrad II. bediente sich, nach dem Vorbild der Reichskirche, auch der König unfreier Dienstleute, sog. Ministerialen, für Verwaltung und Hofdienst, bald auch für den Waffendienst. Die Vorzüge der Benutzung von Ministerialen als Verwaltungsbeamte ergeben sich aus dieser ihrer Unfreiheit. Sie sind zunächst nur beschränkt rechtsfähig, d.h. sie unterstehen der vollen Muntgewalt ihres Herrn, können also niemals Herrschaft kraft eigenen Rechts ausüben. Bei der bisherigen Gepflogenheit, zur Erlangung militärischer und administrativer Dienste Land zu Lehen auszugeben, war ja stets die Tatsache am mißlichsten gewesen, daß der Lehensmann dem Adel entstammte und damit fähig war, Herrschaft über Land und Leute auch neben seinem Lehen auszuüben, so daß sich schon in der Karolingerzeit eine Verschmelzung von Amt, Lehen und Besitz ergeben hatte, ein Prozeß, der nie zur Ruhe kam und der schließlich dann im 12. Jahrhundert auch auf die höchsten Reichsämter übergriff. Bei jeder Vergabe von Lehensgut war also damit zu rechnen, daß über kurz oder lang die Pflichten, die sich aus der Annahme des Lehens ergaben, vergessen wurden und nur schwer erzwingbar waren. Bei der Einsetzung von Ministerialen hingegen war, zunächst wenigstens, die Gefahr nicht gegeben, daß der zu verwaltende Komplex, eine Burg oder ein Gutsbezirk, dem Lehensherrn entfremdet wurde.

Heinrich IV. nun hielt es für nötig, die Sicherung des Reichsgutes am Harz durch zahlreiche gewaltige Burgen vorzunehmen und dort unfreie Ministerialen aus Franken und Schwaben als Wahrer der königlichen Interessen gegenüber dem sächsischen Hochadel und den sächsischen Bauern hinzusetzen, schon das gab Grund zur Erregung; die Rückforderung entfremdeten oder angeblich entfremdeten Königsgutes, die Erzwingung von Diensten beim Burgenbau von der Bevölkerung führte schließlich zur Empörung.

Bayern wurde von der Reichslandpolitik der Salier nicht mit derselben Wucht getroffen wie Sachsen. Auch hier hatte Heinrich II. noch Reichsgut zurückgehalten, als er Bamberg ausstattete; es war konzentriert vor allem um Neumarkt, Altdorf und Pegnitz, hier baute um 1040 Heinrich III. eine Burg, die jetzt zum erstenmal genannt wird, Nürnberg, sie wurde zum Zentrum des ganzen Bezirkes, verwaltet und gesichert durch Ministerialen. Tatsächlich blieb dieser Komplex am längsten in Bayern der königlichen Verfügung erhalten. Schwierigkeiten mit dem umliegenden Adel gab es hier nicht, der Reichsgutscharakter dieser Besitzungen war seit altersher nie verwischt worden. Im östlichen Teil des Nordgaues traf Heinrich III. dagegen eine andere Verfügung. Dort machte er, ebenfalls um 1040, die Reichsburgen Cham und Nabburg zu Mittelpunkten zweier Markgrafschaften, jeweils mit ausgedehnten Forsten als ausbaufähigem

Umland oder Vorland, wie das noch kaum besiedelte Land an der Eger. Die Markgrafschaft Nabburg vereinigte er mit der Grafschaft der Schweinfurter im mittleren Nordgau, um Amberg, die Markgrafschaft Cham verlieh er – wenn sie nicht dort schon vorher Rechte besaßen – einem Zweig der Sighardinger, die die Grafschaft am mittleren Inn besaßen. Auch der Ostmark legte er weitere Marken vor, die Neumark und die böhmische Mark, die jedoch bald an die Babenberger fielen, ihre eigentliche Aufgabe also nur kurze Zeit erfüllten. Eine der älteren Marken kam in diesen Jahren, wie es scheint, neu zu Bayern, die Karantanische Mark, 1035, als Herzog Adalbero von Kärnten aus dem Hause der Eppensteiner abgesetzt wurde; damals erhielt Arnold von Lambach diese Mark, die in Zukunft, da die auf ihn folgenden Otakare um Steyr im Traungau begütert waren, die Steiermark heißen sollte. Warum der Kaiser nicht auch in den neu gegründeten Marken Ministerialen als Burghüter und Wächter an den gefährdeten Grenzen einsetzte, ist nicht bekannt. Offenbar wollte er den bayerischen Hochadel nicht vergrämen, sondern zur Zusammenarbeit gewinnen, außerdem war es einfacher, die großen Organisationsaufgaben, die mit dem Aufbau einer Mark verbunden waren, nicht in eigener Regie durchzuführen. Vielleicht ging es auch, da der Grenzschutz in diesen Jahren tatsächlich ein dringendes Erfordernis war, um die Möglichkeit, rasch die königlichen Vasallen und die Freien im gesamten Grenzraum aufzubieten, das aber konnte nur ein Amtsträger mit gräflichem Rang. Die Herzogtümer also hatten die salischen Kaiser eingezogen, wenn sie dazu die Möglichkeit besaßen. Markgrafschaften schufen sie zum Teil neu, auch wenn sie dazu, wie auf dem Nordgau, Königsgut als Ausstattung geben mußten. Noch war also der König selbst nicht auf den Gedanken gekommen, wie später Barbarossa, auch erledigte Grafschaften nicht wieder zu besetzen, sondern zum unmittelbaren Königsgut zu schlagen.

Ohne Frage war bei diesem Verfahren die jetzt wieder sehr gespannte Lage an den östlichen Grenzen ausschlaggebend gewesen. Mochte durch den immer deutlicher spürbaren königlichen Zentralismus auch für Bayern immer weniger Raum für die Entfaltung eigenständiger Entwicklungstendenzen bleiben, so war damit aber auch ein erhöhtes Interesse des Reiches für die Ereignisse an den bayerischen Grenzen verbunden. Die Rolle Bayerns in diesem Zusammenhang wird auch dadurch unterstrichen, daß bei allen Zügen nach dem Osten Regensburg, der „Vorort des Reiches in Bayern“ (H. Heimpel), Versammlungsort der Reichsversammlungen war, die dem Zug vorausgingen. Böhmen und Polen traten dabei jetzt wieder zurück, nur 1039 bis 1041 gab es Schwierigkeiten, als Herzog Bretislav I. sich, in Umkehrung der früheren Tendenzen, auch Polen unterwerfen wollte, aber von Heinrich III. daran gehindert wurde. Auch die Kämpfe mit Ungarn, die sich von 1027 bis 1063 hinzogen, entsprangen meist der Notwendigkeit, ordnend in Ungarn einzugreifen, wo die Thronstreitigkeiten nicht abrissen. Seltener war die Abwehr ungarischer Einfälle in die Ostmark oder nach Kärnten. Nach dem Sieg Heinrichs III. 1044 bei Menfö wurde an March, Leitha und Lafniz die Grenze festgelegt, die dann auf Dauer galt.

So hatte die Herrschaft Heinrichs III. schließlich weithin zur Ruhe an den

Grenzen geführt, in Bayern war auch in diesen Jahrzehnten wie in den Anfängen Heinrichs IV. Friede im Innern, die Voraussetzung für die erste kulturelle Hochblüte des Landes. Ob die direkte Einwirkung der Ungarnnot, wie das aus der Hagiographie und aus der klösterlichen Annalistik hervorzugehen scheint, an dem geistigen und monastischen Niedergang im deutschen Süden seit dem Ausgang der Karolingerzeit die Hauptschuld trägt, oder ob es nicht ein allgemeiner Strukturwandel war, der die geistlichen Zentren zu Opfern der politischen Lokalgewalten werden ließ, läßt sich nicht bündig entscheiden. Die Tatsache, daß Bayern verhältnismäßig kurz unter ungarischen Angriffen zu leiden hatte, daß die Streifscharen unmöglich so zahlreich gewesen sein können, daß sie auch die entlegensten Klöster fanden – wie die Legenden es wollen –, spricht aber eher dafür, daß wir es hier mit einem literarischen Kunstgriff zu tun haben, der sog. Katastrophentheorie, die es erlaubt, eine allgemeine Erscheinung auf eine einzige plausible Ursache zurückzuführen. Die geistige Verödung des Landes im 10. Jahrhundert ist jedoch sicher. Ebenso steht fest, daß gegen Ende des Jahrhunderts ein neuer Aufschwung einsetzt, und daß er mit jener religiösen Erneuerungsbewegung zusammenhängt, die man lange Zeit mit Cluny, in jüngerer Zeit als einer ersten Stufe mit der Gorzer Klosterreform in Verbindung bringt, darf ebenfalls als sicher gelten. Der gesamte geistige Hintergrund ist aber mit dem Hinweis auf die Ausstrahlung eines einzigen, dazu in Lothringen liegenden Klosters wohl nicht erfaßt. Eher, so scheint mir, ist das eigentlich Bezeichnende die Tatsache, daß ein Kaiser wie Otto III. vertrauten Umgang mit Missionären, mit Mönchen, mit Einsiedlern pflegt, daß Heinrich II. eine geistliche Erziehung erhält und daß er seine Regierungszeit hindurch eng zusammenarbeitet mit Bischöfen und Äbten und dafür sorgt, daß die Diözesen tüchtige Bischöfe, die Klöster hervorragende Äbte erhalten. Das ist mit dieser „Reform" allein nicht zu erklären, das ist mehr: Über ganz Europa hin geht wie eine große Welle, um die Jahrtausendwende besonders deutlich, eine religiöse Erneuerungsbewegung allgemeiner Art, nicht allein eine rein monastische. Die Anziehungskraft eines religiösen Mittelpunktes, und sei er von der Kraft Clunys und Gorzes, ist einfach wirkungslos, wenn sie nicht auf gleichgerichtete Strömungen trifft.

In Bayern sind vor allem die Impulse, die von Regensburg ausgehen, wirksam im Sinn einer solchen Erneuerung. Die Persönlichkeit, auf die dabei alles Licht fällt, ist Bischof Wolfgang. Von ihm wissen wir, welche Initiativen er auf geistigem Gebiet entfaltete, wie er die Studien intensivierte und auf die ihm unterstellten Klöster Einfluß nahm. Folgenschwer war die Freigabe des Herzogtums Böhmen, das bis 973 zur Diözese Regensburg gehört hatte; seit der Errichtung eines eigenen Bistums Prag war das Christentum keine Religion mehr, die von den verhaßten Deutschen gebracht wurde, sie wurde jetzt zur Sache der Böhmen selbst. Bischof Wolfgang hat auch das Kloster St. Emmeram vom Domstift getrennt und ihm eine eigene Ausstattung und einen eigenen Abt zugewiesen. Der erste Abt war Ramwold von St. Maximin in Trier, das schon um die Jahrhundertmitte von der Gorzer Reform erfaßt worden war. Ramwold war eine ehrfurchtgebietende Erscheinung und hat offenbar weithin großes Ansehen genossen, denn von allen Seiten bat man sein Kloster um die Entsendung von Mönchen zum Ausbau der eigenen Klosterschulen oder als Äbte. Außerordentlich bedeutsam war die Emmeramer Schreibschule dieser Zeit, etwa 80 Bücher wurden damals geschrieben, darunter das herrliche Sakramentar, das im Auftrag Heinrichs II. für Bamberg geschaffen wurde, und das Evangelistar, das die Äbtissin Uta von Niedermünster in Auftrag gab. Von Ramwold selbst stammt eine Abschrift der Homilien-Sammlung des Paulus Diaconus. In der Vorrede bekennt er sich zur Wissenschaft schlechthin, auf welcher die Wahrheit beruhe; das ist ein Bekenntnis, das wir in der cluniazensischen Richtung vergebens suchen würden.

Kaum ein Kloster im näheren und weiteren Umkreis, so wird in der Forschung festgehalten, blieb von der Ausstrahlung St. Emmerams unberührt. Ähnliches kann man auch von Niederaltaich sagen, das durch den Abt Godehard zu einer neuen Blüte geführt wurde. Godehard war auch fast zwei Jahrzehnte Abt von Tegernsee, ehe er wieder nach Niederaltaich zurückkehrte, seine Schüler wurden, zum größten Teil auf Befehl Heinrichs II., als Äbte an zahlreiche weitverstreute Klöster berufen, bis nach Montecassino. Während des 11. Jahrhunderts hat St. Emmeram 19 Äbte gestellt, Niederaltaich sieben.

Diese drei Stätten, an denen die religiöse Erneuerung am spürbarsten in Erscheinung trat, waren auch Zentren einer neu erwachten literarischen Aktivität. Am Anfang steht in St. Emmeram eine Art historischer Rückbesinnung auf die einstige Größe des Klosters, die dem hl. Emmeram verdankt wird. Sie beginnt mit dem Preisgedicht des Abtes Hartwig, um 1030 beschrieb dann Arnold von St. Emmeram das Wirken wie das wunderbare Nachleben des hl. Emmeram. Dadurch, daß er die Wunder am Grab des Heiligen einbettet in die jeweilige historische Wirklichkeit, sind seine Bücher auch voll reicher Nachrichten über Könige, Fürsten, Bischöfe und Äbte. Eigentlich historischer Sinn, der Sinn für die Verankerung des menschlichen Wirkens in der Zeit und im Raum, ist noch nicht zu spüren, der Übergang von rein geistlicher Schau der Welt zur Respektierung auch des Profanen dauert noch an. Auch dem Mitbruder Arnolds, dem berühmten Otloh, der zu seiner Zeit, um die Mitte des 11. Jahrhunderts, die bedeutendste Erscheinung als geistlicher Schriftsteller in Deutschland ist, ging es in seinen zahlreichen hagiographischen Schriften nie um die bloße Wiedererweckung der Vergangenheit, sondern um die asketische und religiöse Wirkung der Exempla der Heiligen. Im Zentrum seines Werkes steht, das ist für seine Zeit bezeichnend, die seelische Ergreifung des Mitmenschen, die auf seine Bekehrung abzielt. Diesem Thema sind alle Arbeiten unterzuordnen, wenngleich immer wieder der Schriftsteller durchbricht, der sich an keine schematischen Grenzen hält und im „liber visionum" oder in seinem Buch „De temptationibus cujusdam monachi" in ganz ungewöhnlicher Selbstbespiegelung die Schilderung seiner eigenen seelischen Leiden gibt oder seine eigenen Erlebnisse beschreibt, wie in einer Heiligenvita das eigene Leben darstellt. In eigentümlichem Verhältnis dazu steht seine Mitwirkung bei den bekannten Emmeramer Urkundenfälschungen dieser Zeit und seine Erfindung der Translation des hl. Dionysius von Paris, des Patrons Frankreichs, nach St. Emmeram. Dieser Literaturgattung gehört auch die Translatio Sanctae Anastasiae des Mönches Gottschalk von Benediktbeuern an, der in seinen Geschichtswerken die ältesten Quellen zur Geschichte seines Klosters verwertete, aber auch weitgehend verfälschte. Das große, der Epoche in seiner Monumentalität gemäße Geschichtswerk stammt von Niederaltaich, es ist ein Werk lebendiger Erzählkunst und entschiedener geistiger Selbständigkeit, aber nicht dazu bestimmt, die Ereignisse zu deuten, wie spätere Werke in Deutschland, gleichzeitige in Italien und Frankreich; die Altaicher Annalen wollen nur festhalten, was geschieht. Der Maßstab, der an die handelnden Personen angelegt wird, ist rein moralisch, und es ist die hohe Würde des Trägers der Kaiserkrone, der das Interesse des Autors gilt; das Reich, nicht Bayern ist der Gegenstand seiner Sorge.

Die Hagiographen und Historiker schrieben lateinisch, aber auch das Erwachen einer deutschen Literatur von hohem Rang fällt in diese Epoche. Abt Williram von Ebersberg, der aus Fulda gekommen war, hat in einem großartigen Versuch, seine Bildung in den Dienst der geistlichen Unterweisung der Laienwelt zu stellen, das Hohe Lied lateinisch und deutsch erläutert, in Anknüpfung an die Karolingerzeit und gleichzeitig als Vorbereitung der neuen Epoche der deutschen Literatur. Sie kündet sich aber bereits in einem völlig eigenständigen Werk von außerordentlichem Rang an, dem „Ruodlieb", der in Tegernsee entstand. Lebendig und mit einer Anschaulichkeit, die in der Zeit nicht ihresgleichen hat, erzählt der Dichter die Erlebnisse eines fahrenden Ritters im Dienst eines fremden Königs, voller Natürlichkeit und in kraftvoller Bildhaftigkeit. Die Vorstellungswelt ritterlichen Lebens, das eben jetzt in seinen Anfängen steht, hat hier bereits ihre erste ideale Form gefunden.

Noch war um diese Zeit die mittelalterliche Welt, wenngleich nicht ohne Spannungen, in sich beruhigt und gefestigt, sie stand aber, in Bayern nicht anders als sonst, unmittelbar vor der entscheidenden Wende, die durch die Erschütterung des sog. Investiturstreits bewirkt wurde. Nach diesem Streit wird alles anders sein, im Staat wie in der Kirche, im Verhältnis der beiden universalen Gewalten zueinander wie im Verhältnis der Kräfte auf der mittleren und unteren Ebene, die bisher den mittelalterlichen Staat, jene völlig undefinierbare Größe, in einem nie ganz ausgewogenen Gleichgewicht getragen hatten. Die Risse, die jetzt zutage traten, sind nicht erst jetzt entstanden; König und Herzog, Reich und Stamm, Herzog und Adel, Adel und Kirche, sie waren nie in jenem dynamischen Prozeß, der zur Bildung des Reiches geführt hatte, an fester Stelle einzuordnen gewesen, stets ging die Entwicklung auf und ab. Nie jedoch war alles dem Zusammenbruch so nahe wie jetzt, um 1070.

Die Wende des Mittelalters: Investiturstreit – Welfen und Staufer

Die Macht des deutschen Königtums beruhte noch in der Zeit der Salier weitgehend auf der Macht über die Kirche, die Beherrschung der Kirche aber gründete sich auf das Eigenkirchenrecht, das Recht des Kirchengründers auf die Einsetzung des kirchlichen Amtsträgers und die Kontrolle über seine Amtsführung, im Falle des Königs sein Recht, die ersten verantwortlichen Stellen im Reich, die Bischofsstühle, mit Männern zu besetzen, von denen er keine Auflehnung zu befürchten brauchte. Jeder Angriff auf dieses Recht oder auf seinen sichtbarsten Ausdruck, die Investitur durch den König, die Amtseinsetzung mittels der kirchlichen Symbole Ring und Stab, war dank der Einbeziehung der Bischöfe in das mittelalterliche Herrschaftssystem zugleich ein Angriff auf die Grundlagen der Reichsverfassung. Der König mußte um sein Recht kämpfen. Die Kirche dagegen konnte diese umfassende Verfügungsgewalt eines Laien über die wichtigsten kirchlichen Ämter nicht mehr hinnehmen, als sie einmal zum Bewußtsein ihres eigenen Werts und ihrer eigenen Aufgabe gekommen war, in der Reformdiskussion des hohen 11. Jahrhunderts, die in vielem wieder zum kirchlichen Recht der Epoche vor dem Einbruch germanischer Anschauungen in das kirchliche Denken zurücklenkte. Wenn beide Rechtsauffassungen schroff gegeneinander gestellt wurden, wenn die Prinzipien, auf denen sie beruhten, unversöhnt, uneingeschränkt und mit rigoroser Konsequenz gegeneinander standen, war ein tödlicher Konflikt unvermeidbar.

Unter Papst Gregor VII. wurden die Ideen von der „libertas ecclesiae" vom Reformschlagwort zum politischen Programm, und als die Fastensynode im Lateran 1075 in aller Schärfe die Laieninvestitur verboten hatte, war die Kirche endgültig festgelegt, die Fronten waren aufgerissen. Der Konflikt brach aus wegen der eigenmächtigen Einsetzung des Mailänder Erzbischofs durch Heinrich IV. noch im gleichen Jahr; auf der Reichssynode in Worms im Januar 1076 ging der König dann einen Schritt weiter und versuchte, einer möglichen Maßregelung durch den Papst zuvorzukommen und ihn seinerseits abzusetzen. Er hat seine Macht damit heillos überschätzt. Schuld daran waren sein Unverständnis der zeitbeherrschenden Ideen wie die Erbitterung der deutschen Bischöfe über den herrischen Papst. Als Gregor VII. aber den Brief des deutschen Königs während der römischen Fastensynode von 1076 mit der feierlichen Bannung des Königs beantwortete und die Untertanen des Reiches vom Treueeid entband, fand er Gefolgschaft, nicht der König.

Die Ursachen für diesen radikalen Umschwung der Verhältnisse seit 1046, als Heinrich III. zu Sutri drei Päpste absetzen konnte, waren freilich nicht nur sachlicher Art, sie lagen nicht nur bei den Verhältnissen selbst, beim Wandel der

Stellung des Papstes, beim Erstarken des Reformgedankens, sondern sie waren auch, wenn nicht zumeist, begründet in der Persönlichkeit Heinrichs IV., der ein ganzes Leben hindurch nie zur inneren Harmonie gelangte, nur sehr spät zur Anerkennung der Realitäten. Die Hauptursache für die Ablehnung Heinrichs IV. durch seine Zeitgenossen waren jedoch nicht seine unbestreitbaren moralischen Mängel, sondern seine Politik, der sachliche Gehalt seiner Politik, nicht seine Methode. Es geht dabei in erster Linie um den Versuch des Königs, durch seine Reichslandpolitik, die mit Hilfe zahlreicher Ministerialen durchgeführt wurde, eine neue Grundlage für direkte königliche Herrschaft zu schaffen, auf Kosten der regionalen Gewalten. Man darf aber auch den entgegengesetzten Versuch der Herzöge nicht übersehen, mit ähnlichen Mitteln ihre Herrschaft ebenfalls zur Landesherrschaft auszubauen, der wieder den Widerstand des Adels erregte. Der erste Zusammenstoß erfolgte in Sachsen, wo Heinrich IV. auf alter ottonisch-salischer Grundlage eine bedrohliche Expansion durchführte. Den Aufstand, der 1073 ausgebrochen war, leitete Otto von Nordheim, der 1070 abgesetzte Herzog von Bayern. Die Bewegung war so umfassend, daß 1074 der König im Frieden von Gerstungen gezwungen wurde, in die Schleifung seiner Burgen am Harz zu willigen. Für Heinrich war es ein Waffenstillstand, den er dazu benützte, seine Gegner zu entzweien. Als ihm dann die bei der Schleifung der Harzburg vorgefallene Schändung der Schloßkapelle und der Gräber einen geeigneten Vorwand lieferte, erklärte er den Frieden für gebrochen, sammelte ein Heer gegen die Sachsen und schlug sie 1075 an der Unstrut so entscheidend, daß sie sich bedingungslos unterwerfen mußten. Heinrich IV. hatte dabei die Hilfe auch der süddeutschen Herzöge zur Verfügung. Rudolf von Rheinfelden, der Herzog von Schwaben, und Herzog Welf von Bayern hatten ihm ihre Kontingente zugeführt aus Furcht, ihre Lehen zu verlieren. Einen solchen Sieg des Königs hatten sie aber nicht erwartet. Die Rücksichtslosigkeit, mit welcher Heinrich IV. sächsisches Land an sich brachte, bedrohte auch sie. Diese Furcht vor dem König und seiner wachsenden Macht war eine der Wurzeln für die Ereignisse von 1077. Diese Macht wurde noch dadurch gesteigert, daß die Rivalen der Herzöge im Land, die Bischöfe wie die Grafen, seit langem allein vom König abhängig waren und, in der Mehrzahl wenigstens, in ihm auch ihre Stütze sahen. Durch die um die gleiche Zeit erhobene Forderung Heinrichs IV. nach der königlichen Bannleihe auch an die Vögte der Reichskirche war zudem ein neues unmittelbares Bindeglied zwischen dem König und den Grafen, die die Mehrzahl der Vögte stellten, geschaffen. Wie auch immer früher die Stellung der Grafen gewesen sein mochte, in Schwaben und Bayern, wo bis 1060 das Herzogtum Jahrzehnte hindurch in der Hand des Königs gewesen war, gab es so gut wie keine Gemeinsamkeit mehr mit den neuen Herzögen.

Die zweite Wurzel darf man aber keinesfalls ignorieren. Seit der Jahrhundertmitte war Rom zu solcher Geltung emporgestiegen, daß sein Bannfluch überall ins Ohr drang. Besonders für die deutschen Fürsten war der auf den König gefallene Bann nicht nur Vorwand für eine Empörung, die ihnen auch ohne diesen

Bann nahelag, sondern mehr; er zwang sie zu Maßnahmen gegen den König, die allein schon im Interesse ihrer eigenen Herrschaft unerläßlich waren. So trafen schwerwiegende religiöse, noch schwerer wiegende politische Motivreihen 1076 zusammen und führten eine radikale Wendung der Dinge herbei. Die Fürsten gingen daran, aus der Monarchie eine Adelsherrschaft zu machen, und sie haben tatsächlich Erfolg gehabt.

Unter der Führung der Herzöge von Bayern und Schwaben, die sich mit der sächsischen Opposition zusammenschlossen, kam es in Tribur zum Beschluß, den König zur Verantwortung zu ziehen. Die maßgeblichen Fürsten hatten wohl nicht die Absicht, dem gebannten und durch den Papst abgesetzten König die Rückkehr auf den Thron zu ermöglichen. Es scheint aber, daß die Mehrheit der Versammlung unschlüssig war und Heinrich tatsächlich die Möglichkeit geben wollte, sich vom Bann zu reinigen und damit wieder in seine Rechte einzutreten. Das war der Sinn der Tagung zu Tribur im Oktober 1076, auf welcher die Fürsten erklärten, Heinrich IV. nicht mehr als König anzuerkennen, wenn er sich nicht binnen Jahr und Tag von der Exkommunikation befreit hätte. Sie sandten außerdem eine Gesandtschaft nach Rom und forderten den Papst auf, selbst nach Deutschland zu kommen und hier den Streit zwischen ihnen und dem König zu schlichten. Für diese Entscheidung wurde ein Tag im Februar 1077 zu Augsburg anberaumt. Heinrich selbst, der gegenüber von Tribur mit einem Heer bereit stand, das von Stunde zu Stunde an Mannschaft verlor, hat diesen Beschluß dadurch gefördert, daß er sich bereit erklärte, die geforderte Buße zu tun. Was Heinrich IV. dabei tatsächlich erreicht hat, war die Möglichkeit zum Gang nach Canossa. Auf der Burg der Mathilde von Tuszien gelang es ihm, zum Papst vorzudringen, der bereits auf dem Weg nach Augsburg war, und den Papst durch Leistung der geforderten Buße zur Lösung vom Bann zu zwingen. Damit war dem Spruch von Tribur Genüge getan, Heinrich war wieder fähig, die Würde des Königs zu bekleiden.

Was immer dieser Schritt auch bedeuten mag – K. Jordan drückt es am überzeugendsten aus –, wenn jetzt jemand den König noch stürzen wollte, war damit ihm der Zwang zum Angriff und damit zum Unrecht zugeschoben. Obwohl der Schiedsspruch des Papstes noch nicht erfolgt war, verlor die deutsche Fürstenopposition jetzt die Geduld und erhob bereits im März 1077, zwei Monate nach Canossa, zu Forchheim Herzog Rudolf von Schwaben zum deutschen König; das war ein erster Versuch zur Realisierung des freien Wahlrechts der Fürsten, wie Schlesinger feststellt. Wie stark trotz Canossa die Position des Papstes war, zeigt die Tatsache, daß sich jetzt beide Könige um die päpstliche Anerkennung bemühten. Drei Jahre lang wahrte Gregor VII. Neutralität, 1080 jedoch verhängte er erneut über Heinrich IV. Bann und Absetzung und prophezeite seinen sicheren Untergang. Jetzt war aber offenbar der Papst selbst im Unrecht. Der Bann von 1080 war in seiner Wirkung ungleich schwächer als jener von 1077. Heinrich IV. war es jedenfalls möglich, auf zwei Synoden 1080 dem Papst den Gehorsam aufkündigen und zu Brixen Wibert von Ravenna zum Gegenpapst wählen zu lassen. Das Reich war jetzt, anders als 1076, in zwei etwa gleich starke Parteien zerrissen. Der Kampf der beiden Könige war deshalb so langwierig und furchtbar; er hat das ganze Reich in anhaltende Unruhe gestürzt und nie wiedergutzumachende Schäden verursacht.

Jede regionale Betrachtung muß bei diesem Thema der universalen gegenüber zurücktreten, andererseits zeigen sich gerade im konkreten Raum, in den Herzogtümern nämlich, die langfristigen Konsequenzen der großen Ereignisse; es kommt zu einer inneren Umgestaltung des ganzen Reiches, die das geistige Leben nicht weniger betraf wie die kirchliche Organisation und die Verfassung. In dem Krieg, der mit der Wahl Rudolfs von Rheinfelden 1077 ausbrach, hat vor allem Bayern eine entscheidende Rolle gespielt; der Herzog als Gegner des Königs brachte es nicht fertig, den Dynastenadel auf seine Seite zu ziehen, die Hilfe aber der bayerischen Grafen und Markgrafen brachte für den König die Rettung, ihre Ministerialen schlugen seine Schlachten, in Regensburg lag lange Zeit sein Aktionszentrum. Die Stellungnahme dieser bayerischen Dynasten vor allem, die nahezu geschlossen auf der Seite des Königs standen, ist der deutlichste Beweis dafür, daß der Kampf nicht so sehr um die Stellung von Papst und Kaiser in der Christenheit geführt wurde, sondern daß es ein Ringen um adelige Unabhängigkeit im Reich war. Es standen die Herzöge gegen den König, die Dynasten gegen die Herzöge.

Daß dieser Aspekt nicht allein bestimmend war, ist bei der Komplexität des Geschehens, das ganz Europa umspannt, an sich selbstverständlich; auch nicht aus einer rein regionalen Sicht lassen sich jene Motive ausklammern, die mit den religiösen oder kirchlichen Gegebenheiten zu tun haben. Eigentümlich ist dabei, daß die am Kampf beteiligten Grafenhäuser in Bayern damals wie später fast ohne Ausnahme ihre Klöster gründen, obwohl sie doch Gegner des Papstes zu sein scheinen, bei ihnen scheiden religiöse Motive für ihre Parteinahme also wohl aus. Anders ist es mit den bedeutendsten bayerischen Bischöfen, Gebhard von Salzburg und Altmann von Passau. Auch Adalbero von Würzburg darf hier genannt werden, da er aus einem bayerischen Grafengeschlecht stammte. Diese Bischöfe, hervorgegangen aus der königlichen Kapelle und lange Jahre Mitglieder der kaiserlichen Kanzlei, zu Bischöfen erhoben durch Heinrich III. oder Heinrich IV., standen bis 1075/76 uneingeschränkt auf der Seite des Königs. Den Ausschlag für ihre Abkehr von Heinrich IV. gab vor allem der Vorgang zu Worms. Ungeachtet ihrer Vergangenheit waren sie überzeugt von der Notwendigkeit einer Neuordnung des Verhältnisses von Sacerdotium und Imperium wie einer innerkirchlichen Reform, besonders Altmann tat sich dabei hervor. Schon 1074 hatte er dem Passauer Klerus in einer Predigt im Dom von Passau die strenge Einhaltung des Zölibats eingeschärft, mit Mühe konnte er daraufhin vom anwesenden Adel dem aufgebrachten Klerus entrissen werden. Keinesfalls ist es diesen Bischöfen bei ihrem Widerstand gegen den König um politische Vorteile gegangen; alle drei haben ihr Bistum verloren und sind in der Verbannung gestorben.

Rein religiöser Natur waren schließlich auch die Motive, die hinter den zahlreichen Klostergründungen zu suchen sind, die in Bayern jetzt einsetzen. Eigentümlich ist, daß auch die von Altmann in Passau oder Gebhard von Salzburg gegründeten Klöster, oder die von ihnen beeinflußten Gründungen, ausnahmslos nicht der rigorosen Reformrichtung angehörten, der von Cluny oder von Hirsau. Im ersten Stadium des Investiturstreits hat also Hirsau, wenigstens in Bayern, keinen Einfluß zu verzeichnen. Diese Einflußnahme wirkt sich erst um die Jahrhundertwende und später aus. Trotzdem wird man annehmen müssen, daß auch schon nach 1077 die Klöster nicht nur einen geistig-geistlichen Einfluß ausstrahlten, sondern gerade weil sie gezwungen waren, allein schon aus seelsorglichen Gesichtspunkten, Stellung zu beziehen, auch einen ausgesprochen politischen. Die Klöster, die jetzt seit etwa 1070 neu in Erscheinung treten, sind nicht mehr gestiftet vom König oder von den großen Landesfürsten, sondern sind Stiftungen der Dynasten oder auch von einzelnen Bischöfen, wobei auch hier sehr häufig das väterliche Erbgut die Grundlage der Stiftung bildete und nicht das Kirchengut. Diese Klöster stellen ausnahmslos Begräbnisstätten für den Stifteradel dar, große Legate an diese Klöster sind mit dieser Auflage des Totengedenkens verbunden, und es handelt sich stets um Klöster jener Orden, die in gewandelter, reformierter Form auftreten, wie seit 1070 die Augustinerchorherren, einige Jahrzehnte später die Benediktiner, oder die als Neustiftungen anzusehen sind, wie die Zisterzienser und Prämonstratenser um die Wende zum 12. Jahrhundert. Was all diesen Orden gemeinsam war, ist als innerster Reformpunkt der Libertas-Gedanke, das Anliegen, frei zu sein vom weltlichen Einfluß, es ging um freie Abtwahl und freie Vogtwahl oder gar um Freiheit von der Vogtei überhaupt.

Auf die ersten Klostergründungen in diesem Zeitraum, die wir auf die Häupter der Reformpartei in Bayern zurückführen dürfen, Admont, Lambach und Göttweig, trifft allerdings keiner dieser Programmpunkte zu, die Klöster sind bischöfliche Eigenklöster, den Abt setzt der Bischof ein, wir hören nichts von Vogteikämpfen. Sie gehören der Jung-Gorzer Richtung an, wie Hallinger sie nennt, bei der es sich nicht um eine politische Bewegung handelt, sondern um eine, die sich allein um die asketische Erneuerung des Mönchtums bemüht. Das ist ganz deutlich auch der Fall bei jener neuen Erscheinung, die durch Altmann von Passau erstmals nach Deutschland gebracht wird, die neue Regel der Chorherrn. Noch vor 1073 gründete er in Passau das Stift St. Nikola, wenig später wandelte er St. Florian und St. Pölten in ein Chorherrnstift um, das die sog. Regel des hl. Augustinus beobachtet, und er ist maßgeblich beteiligt bei der Gründung des Augustinerchorherrnstifts Rottenbuch 1074, das dann zum Mittelpunkt einer neuen Gründungswelle wird. Die Ausstattung stammte von Herzog Welf I., das zeigt immerhin soviel, daß der Herzog der geistigen Welt Altmanns von Passau nahestand, für sie Verständnis besaß und für sie auch Opfer gebracht hat. In den Einflußbereich Rottenbuchs, das bis Aachen, Halle oder Halberstadt ausstrahlt, gehörten vor allem die bayerischen Dynastengründungen, ausgenommen die Benediktinerklöster, wie Kastl in der Oberpfalz, eine Stiftung der Grafenfamilien auf dem Nordgau, oder die Stiftung der Grafen von Scheyern in Fischbachau, die dann 1119 nach mehrfacher Verlegung schließlich ihren Platz an der Stelle der Stammburg des Geschlechts findet. Durch den Investiturstreit ist diese Welle von Klostergründungen nicht etwa zum Erliegen gebracht worden, sondern sie wächst im Verlauf dieses Ringens an und steigert sich nach dem Wormser Konkordat, nach 1122, zu einer bisher ungekannten Intensität. In einem einzigen Jahr, 1133, entsteht in Bayern und Österreich mehr als ein halbes Dutzend Klöster. Die aktivste Reformgruppe, die von Hirsau beeinflußten Klöster, faßte 1109 mit der Stiftung des Bischofs Otto von Bamberg zu Prüfening auch in Bayern Fuß, von hier aus wurden dann andere Bamberger Stiftungen erfaßt, Asbach, Münchsmünster, Biburg und Admont, von Admont aus eine ganze Gruppe, darunter St. Emmeram; von Kastl aus, das 1103 in den Hirsauer Einfluß geriet, greift dann das Hirsauer Formular über auf Reichenbach und Niederaltaich. Daß nach 1100 der Hirsauer Einfluß so reiche Erfolge zeitigte, läßt darauf schließen, daß auch der bayerische Adel, von dem die Gründungen der Folgezeit zumeist ausgingen, für Einflüsse der Hirsauer Reform jetzt ebenfalls empfänglich gewesen sein dürfte. Spürbare politische Initiative scheinen jedoch, Kastl vielleicht ausgenommen, diese Klöster nicht entwickelt zu haben; es gibt jedenfalls kein Zeugnis dafür. Partei genommen hat nur der Adel.

Am folgenschwersten war naturgemäß die Stellungnahme des Herzogs. Seit 1070, seit der Absetzung Ottos von Nordheim, war das Welf I. Mit seinem Geschlecht kam erstmals wieder seit 1024 eine Dynastie in den Besitz der bayerischen Herzogswürde, nicht mehr nur einzelne Persönlichkeiten von kurzfristiger Wirksamkeit. Die Aushöhlung der Herzogtümer war im letzten Viertel des 11. Jahrhunderts schon sehr weit fortgeschritten, nicht zuletzt durch die Reichslandpolitik der Salier. In der Bewegung gegen diese Politik spielte nun Herzog Welf eine zentrale Rolle. Sein Versuch, den Investiturstreit zum Aufbau einer echten Herzogsherrschaft über das ihm zugefallene Land auszunützen, war keinesfalls ohne Aussichten; wenn je ein Geschlecht die Möglichkeit hatte, das alte Stammesherzogtum wieder mit Inhalt zu erfüllen, dann das Geschlecht der Welfen, das von 1070 bis 1180, einhundertzehn Jahre lang also, mit geringen Unterbrechungen die Herzogswürde in Bayern innehatte. Daß letzten Endes das Ergebnis der welfischen Politik nicht den ursprünglichen Zielen entsprach, hängt mit vielen Faktoren zusammen; der wichtigste war ohne Zweifel die Verlagerung des Schwerpunktes unter Heinrich dem Stolzen von Bayern nach Sachsen. Diese Schwerpunktverlagerung hängt freilich auch von einer Beschränkung der Ausgangsposition ab, über welche die Welfen nie hinausgekommen sind. Sie besaßen in Bayern eine zu schmale Basis. Wie weit ein solcher Nachteil durch zielstrebige Politik ausgeglichen werden konnte, zeigt dann ein Jahrhundert später das Beispiel der Wittelsbacher. Aber die Welfen haben in Bayern eine solche Politik nicht nötig gehabt, da sich in Sachsen weit größere Möglichkeiten eröffneten. So ist letzten Endes die Welfenherrschaft für die Konsolidierung des Herzogtums in Bayern doch nicht so fruchtbar geworden, wie es zu ihrem Beginn scheinen mochte.

Nicht zuletzt war an diesem Ergebnis aber auch beteiligt die unüberwindliche Konkurrenz des deutschen Königtums. Wieder sind die Welfen, wie schon so oft in ihrer Geschichte, an diesem Eckstein zu Fall gekommen, ihre Geschichte gehört deshalb zu den spannendsten Schicksalen eines europäischen Fürstenhauses. Die Welfen haben schon sehr früh die Geschichtsschreiber fasziniert; aus ihrem Geschlecht stammen die Gemahlin Ludwigs des Frommen und die Gemahlin Ludwigs des Deutschen. Welfen waren auch die Könige von Burgund, deren Erbe dann Konrad II. aufnahm, der ebenfalls mit den Welfen verwandt war. Ursprünglich fränkischer Abstammung, hatten die Welfen schon im 8. Jahrhundert im Dienst der Karolinger eine bedeutende Stellung in Oberschwaben, um Ravensburg und Weingarten, errungen, doch erst im 10. Jahrhundert treten sie wieder hervor, offenbar nach langdauernder königlicher Ungnade, und fassen jetzt Fuß auch am Lechrain, vermutlich unter Konrad I. Das wichtige Zentrum des östlichen Augstgaus, Mering, kam um 1030 durch die Heirat Welfs II. mit Imiza, der Nichte der Kaiserin Kunigunde, an die Welfen. Diese Heirat leitete den neuerlichen Aufstieg des Geschlechts ein, Welf III. wird bereits Herzog von Kärnten. 1055 starb er kinderlos, jetzt holte seine Mutter Imiza ihren Enkel Welf, den Sohn ihrer Tochter Kuniza und des Markgrafen Azzo von Este, als Erben der Hausgüter zurück aus Italien, er wird 1070 Herzog von Bayern.

Für eine Beherrschung Bayerns war nun freilich der Welfenbesitz am Lechrain als Basis nicht annähernd ausreichend, die Welfen konnten mit den mächtigen Grafengeschlechtern im Herzogtum, die in diesen Jahrzehnten hervortreten, nicht konkurrieren, den Andechsern, den Aribonen, den Diepoldingern oder auch den Grafen von Scheyern. Daran änderte auch der tatkräftige Landesausbau am Lech nichts; 1073 wurde das Chorherrnstift Rottenbuch gegründet, vom nahen Peiting aus wurde die Rodung in die Wälder des Ammergaus vorgetrieben, Altenstadt bei Schongau, direkt an der Via Claudia gelegen, wird ein weiteres Zentrum, noch heute erinnert die Basilika zu Altenstadt an diese Epoche. Kirchenvogteien runden diesen Herrschaftsraum ab, die Vogtei über das neubesiedelte Kloster Altomünster und die Vogtei über Kloster Füssen, dazu kommen Teile des Ebersberger Erbes. Die Bemühungen schließlich um die Augsburger Kirchenlehen am Lech dürften bei der Abkehr vom König 1077 keine unwesentliche Rolle gespielt haben.

Im Konflikt Heinrichs IV. mit den Sachsen hielt sich der Herzog zunächst vorsichtig zurück, erst als deutlich wurde, daß der König die Oberhand gewinnen würde, trat er, um nicht seine Lehen zu verlieren, auf seine Seite, doch am entscheidenden Angriff auf Sachsen nahm er nicht mehr teil, wie Riezler meint, aus Furcht, der König könne zu mächtig werden. Als jedoch jetzt Otto von Nordheim die Sachsen dazu brachte, sich mit dem König zu versöhnen, war die Stellung Welfs als Herzog in Bayern unmittelbar bedroht. Ob auch kirchliche Gesichtspunkte eine Rolle gespielt haben, muß offenbleiben, immerhin hat Welf das Reformkloster Rottenbuch gestiftet. Der offene Kampf brach jedoch nicht nach Tribur aus, sondern erst mit der Wahl des Gegenkönigs, die trotz Canossa erfolgte, ohne päpstliche Aufforderung also.

Das hat der Partei Rudolfs von Rheinfelden erheblich geschadet, auch Herzog Welf wurde alsbald ausgeschaltet. Heinrich IV., der nach Canossa sofort die Initiative ergriff, setzte auf dem Reichstag zu Ulm im Mai 1077 die Herzöge von Bayern, Schwaben und Kärnten ab, entsetzte sie ihrer Lehen und tat sie in die Acht, das Herzogtum Bayern behielt er in eigenem Besitz. Widerstand von seiten der Welfen war völlig aussichtslos, denn der gesamte bayerische Adel wandte sich gegen den eigenen Herzog, die Aribonen, Pfalzgraf Kuno, der Graf im Rottgau, die Burggrafen von Regensburg, die Grafen von Lechsgemünd und von Dießen; nur Heinrich von Hildrizhausen, der Schwiegersohn des 1057 gestorbenen Markgrafen Otto von Schweinfurt und Herzog von Schwaben, hielt zu Rudolf von Rheinfelden und verlor deshalb die Markgrafschaft Nabburg an Graf Diepold von Giengen, den Bruder des Markgrafen Rapoto von Cham. So hielten also die bayerischen Grafen zum König, das ist gewissermaßen das Spiegelbild der Haltung, welche die Herzöge eingenommen hatten; auch ein bayerischer Fürst von herzoggleicher Stellung schlug sich auf ihre Seite, der Markgraf Leopold von Österreich. Die Herzöge versuchten dabei, sich des Druckes der königlichen Macht zu entledigen, die Parteinahme der Grafen wieder galt nicht so sehr dem König, sondern war in erster Linie gerichtet gegen die Herzöge, die versuchten, so wie der König die Herrschaftsbereiche der Herzöge, ihrerseits den Herrschaftsbereich der Grafen einzuengen, sie aus Kirchenlehen und Vogteien zu verdrängen und ein herzogliches Territorium aufzubauen. Auf der Seite des Königs standen, nicht zuletzt aus denselben Gründen, auch die Bischöfe. Unmittelbarer Gegner Herzog Welfs war dabei der Bischof von Augsburg, der 1078 vom König den großen Welfenkomplex um Mering erhielt.

Wenn es Heinrich IV. auch nicht gelang, den Welfen entscheidend zu besiegen, so schaltete er ihn, trotz seiner Niederlage bei Mellrichstadt 1078, im Herzogtum völlig aus, vor allem durch das Bündnis mit dem Grafen Friedrich von Staufen; durch die Hand seiner Tochter nahm er ihn in den Kreis jener Geschlechter auf, die Anspruch hatten auf die königliche Würde, wenn das Reich erledigt war. Durch seine Erhebung zum Herzog von Schwaben stellte er in Süddeutschland das Gleichgewicht wieder her, auch wenn jetzt ein Teil der schwäbischen Grafen sich gegen den neuen Herzog und damit gegen den König wandte. An diesem Grundverhältnis änderten selbst die Niederlagen Heinrichs IV. 1080 und die neuerliche Verhängung des Bannes über ihn nichts, im Gegenteil, der Tod Rudolfs von Rheinfelden in der Schlacht an der Elster im Oktober 1080 eröffnete dem König die Möglichkeit, die Entscheidung im gesamten Ringen dort zu erzwingen, wo seiner Ansicht nach das Zentrum des Widerstandes lag, nämlich in Rom. Gregor VII. mußte die Stadt verlassen, Heinrich IV. ließ sich vom Gegenpapst zum Kaiser krönen. In Deutschland aber kämpften die Gegner des Königs, statt die von Heinrich IV. vertriebenen Bischöfe wieder in ihre Sitze zurückzuführen oder die Partei des Königs gänzlich zu zerschlagen, nur um einzelne Positionen, um Land und Herrschaft jeweils für sich. Der auf Betreiben Herzog Welfs zum neuen Gegenkönig gewählte Graf Heinrich von Salm war völlig bedeutungslos. Der Kampf aller gegen alle steigerte die Unruhen schließlich bis zum Chaos.

Herzog Welf gelang es dabei nur nach wiederholten vergeblichen Anläufen, 1084 Augsburg zu erobern, zu plündern und niederzubrennen und den vom König eingesetzten Bischof in Gefangenschaft abzuführen, mehr hat er nicht erreicht; die Mitte des Herzogtums, Regensburg, blieb ihm nach wie vor verschlossen. Als 1084 Heinrich IV. aus Italien zurückkehrte, wurde Welf sogar aus seinen Besitzungen am Lech verdrängt, auch Markgraf Leopold von Österreich mußte sich unterwerfen, der Kleinkrieg der Dynasten gegeneinander, selbst solcher der gleichen Parteirichtung, ging aber unablässig weiter. Die Geschichtsschreiber des vergangenen Jahrhunderts, fixiert durch die große Alternative Kaiser und Papst, haben diese heillose Zerrissenheit beklagt als einen Ausfluß der religiösen Parteileidenschaft, in Wirklichkeit ging es fast ausnahmslos darum, einander das Erbe streitig zu machen und die Kämpfe um die Krone auszunützen zur eigenen Bereicherung.

Das hervorragendste Beispiel für diese Haltung bietet wieder Herzog Welf. Heinrich IV. konnte zwar seine Stellung behaupten, trotz einer neuen Niederlage, er konnte aber nicht verhindern, daß Welf 1088 erneut Augsburg eroberte und den königlichen Bischof durch einen gregorianischen ersetzte, und er konnte vor allem nicht verhindern, daß mit Welf die deutsche Opposition erstmals erfolgversprechend auch über die Alpen griff. Papst Urban II., der Nachfolger Gregors VII., vermittelte eine Ehe zwischen der vierzigjährigen Mathilde von Tuszien, der Herrin Mittelitaliens, und dem siebzehnjährigen gleichnamigen Sohn Herzog Welfs. Zusammen mit dem Güterkomplex der italienischen Verwandten der Welfen um Parma, Modena und Ferrara stellte Tuszien mit seinen zahlreichen Burgen und Ministerialen einen Machtkomplex in Mittelitalien dar, der es dem deutschen König verwehren würde, sich künftig wieder zum Herrn Italiens zu machen. Das war der Gedankengang des Papstes, die Welfen dachten nur an Besitz und Macht und an die zukünftigen Aussichten ihres Hauses. Als dann auch noch Konrad, der Sohn Heinrichs IV., von ihm abfiel und sich zu Monza die italienische Königskrone aufs Haupt setzte, blieb Heinrich IV. nichts mehr übrig, als beim einzigen Verbündeten, den er in diesem Raum noch besaß, dem Herzog von Kärnten, Zuflucht zu suchen. Sieben Jahre später zog Heinrich IV. die Konsequenzen aus der Konstellation, die ihn lahmgelegt hatte. Als sich 1095 herausstellte, daß Mathilde von Tuszien nicht daran dachte, ihr Erbe dem Welfen zu überlassen, sondern daß sie es schon längst dem Heiligen Stuhl vermacht hatte, lösten die Welfen die nie vollzogene Ehe und versöhnten sich mit Heinrich IV. Dieser aber belehnte Herzog Welf wieder mit dem Herzogtum Bayern, in Anwesenheit eines großen Teiles der bayerischen Dynasten. 1098 setzte Herzog Welf auch durch, daß sein Sohn Welf V. die Zusicherung der Nachfolge in Bayern erhielt. Es war das gleiche Jahr, in dem auch in Schwaben Friede geschlossen wurde, ein Friede, der dem Herzogtum der Zähringer und dem Besitz der Welfen in Schwaben die Unabhängigkeit vom schwäbischen Herzog einbrachte, das Herzogtum also zerriß. Bayern dagegen konnte seine staatsrechtliche Integrität damals noch bewahren, freilich um den Preis, daß der Herzog im Osten des Herzogtums, in den Marken, vor allem im Erzstift Salzburg, das immer noch von den heftigsten Kämpfen durchtobt wurde, darauf verzichtete, seine Autorität geltend zu machen.

Nach dem Tode Welfs I., der 1101 zu Zypern, auf der Heimreise von einer Pilgerfahrt ins Heilige Land gestorben war, ging das Herzogtum Bayern ohne Schwierigkeiten an seinen Sohn Welf (V.) über.

Die Regierungszeit Welfs II. jedoch blieb trotzdem ohne Bedeutung für die Neubegründung der herzoglichen Stellung in Bayern. Das hing nicht nur mit seinen persönlichen Neigungen zusammen, die mehr dem höfischen Glanz seiner Residenz galten als dem Erwerb von Macht, sondern auch mit der Erstarkung der königlichen Autorität unter Heinrich V. Obwohl er durch einen Aufstand gegen seinen Vater, bei dem die Grafen des bayerischen Nordgaus eine wichtige Rolle spielten, zur Regierung gekommen war, war Bayern nicht mehr die Stütze des Reiches wie unter Heinrich IV. Der Herzog und bayerische Grafen nahmen am Romzug des Königs teil. Den langjährigen Kämpfen in Thüringen und Sachsen, am Rhein und in Salzburg blieb der Herzog jedoch fern. Diese Zurückhaltung war gegenseitig. Als Welf II. 1120 starb, stellte der Kaiser das Erbrecht der Familie nicht in Frage, auf den kinderlosen Herzog folgte sein Bruder Heinrich mit dem Beinamen „der Schwarze".

Die Ausbildung einer Dynastie mit allen ihren Konsequenzen wurde also immer wahrscheinlicher, doch gerade unter Heinrich dem Schwarzen setzte jene Wendung ein, die letzten Endes zum Zusammenbruch der welfischen Stellung in Bayern führen sollte, gerade dadurch, daß sie übermächtig wurde. An Heinrich den Schwarzen fiel 1106, nach dem Tode seines Schwiegervaters, Herzog Magnus' von Sachsen, ein großer Teil seines Erbes; 1125, im Zusammenhang mit der Neuwahl des deutschen Königs, kam noch einmal die Aussicht auf einen gewaltigen Güterkomplex dazu, die Welfen waren in Kürze das mächtigste Geschlecht auch in Sachsen. Da in Bayern die territoriale Basis immer noch sehr schmal war, verlagerte sich von selbst auch das politische Schwergewicht des Hauses nach Sachsen, der Gewinn der sächsischen Herzogswürde war die natürliche Folge, Bayern aber wurde Nebenland. Den Preis für den Aufstieg des Herzogshauses hatte es aber trotzdem mitzutragen.

1125 hatte Herzog Heinrich der Schwarze bei der Wahl des Sachsenherzogs Lothar von Supplinburg zum deutschen König den Ausschlag gegeben; der Preis war die eheliche Verbindung seines Sohnes Heinrich mit Lothars einziger Tochter Gertrud, der reichsten Erbin Sachsens. Der unterlegene Gegenkandidat war Herzog Friedrich von Schwaben, der Schwiegersohn des Welfen. Noch im gleichen Jahr verlangte der neue König vom Stauferherzog, der als Erbe Heinrichs V. auch offenbares Reichsgut in Besitz genommen hatte, die Rückgabe dieser Besitzungen ans Reich. Friedrich weigerte sich und verfiel der Acht; der jetzt ausbrechende Krieg mußte über die Krone des Reiches entscheiden. Die Parteinahme war also vor allem für die Welfen, die jetzt dem König am nächsten standen, unausweichlich. Es scheint, daß der Gedanke an die kommende Auseinandersetzung mit seinem Schwiegersohn Friedrich von Staufen den Bayernherzog so tief bewegte, daß er sich ihr durch den Eintritt in das Kloster entzog, im Jahr darauf, 1126, ist er bereits gestorben.

Sein Sohn und Nachfolger Heinrich der Stolze konnte sich dem Kampf nicht entziehen, er wurde zur wichtigsten Stütze seines Schwiegervaters in einem Krieg, der nahezu die gesamte Regierungszeit Lothars von Supplinburg andauerte und der dann nach dem Tode des Königs mit umgekehrtem Vorzeichen jahrzehntelang weitergeführt wurde und der schließlich auch noch die Parteinamen abgab für jene Auseinandersetzungen, die noch Jahrhunderte später in Italien zwischen den Päpsten und ihren Gegnern, Ghibellinen und Guelfen, andauerten. Dieser Krieg war es auch, der die Konsolidierung der herzoglichen Gewalt in Bayern, die unter den Welfen beträchtliche Fortschritte gemacht hatte, wieder völlig zunichte werden ließ. Die Kämpfe in Bayern, die ebenfalls bis 1135 andauerten, hatten wieder, wie schon während des Investiturstreits, mit der großen Auseinandersetzung im Reich wenig zu tun, es ging im wesentlichen um die Herrschaft in Regensburg, der Hauptstadt Bayerns, das 1126 dem Herzog gehuldigt und Steuern bezahlt hatte, aber mit seinen zahlreichen Immunitätsbezirken auch der Herrschaft des Domvogts Friedrich von Bogen unterstand. Der Versuch des Herzogs, den Domvogt zu verdrängen, mißlang, da ein großer Teil des bayerischen Adels gegen ihn Partei ergriff, während er mit seiner Hauptmacht in Schwaben und Franken gebunden war. Hatte sich damals gezeigt, daß Heinrich der Stolze in Bayern wenig Freunde besaß, so stellte sich auf dem Italienzug von 1136 bis 1138, auf dem er an der Seite seines Schwiegervaters teilnahm, heraus, daß er auch unter den Gregorianern in Italien wie im Reich auf schärfsten Widerstand stieß. Während Lothar III. bei Zusammenstößen mit kirchlichen Ansprüchen zur Nachgiebigkeit neigte, betonte Heinrich, als wäre er selbst schon König, schroff die königlichen Rechte, gleichgültig, ob es sich bei seinen Partnern um deutsche Bischöfe, um Kardinäle oder um den Papst selbst handelte. Damit verscherzte er sich die Hilfe der Kirche. Dadurch aber, daß er rücksichtslos nach allen Vorteilen griff, die sich ihm in seiner Stellung als Schwiegersohn des Königs boten, machte er sich auch in den Laienfürsten unversöhnliche Feinde. Sein Hauptgewinn war die Markgrafschaft Tuszien, die als Lehen an den Herzog von Bayern kam. Als Lothar von Supplinburg 1137 auf dem Heimweg von Italien starb, hinterließ er ihm zwar das Herzogtum Sachsen und die reichen Güter seines Hauses in Ostfalen, aber die ihm ebenfalls überlassenen Reichsinsignien konnten die Fürsten in ihrer Wahl nicht binden. Der Welfe, der, wie er selbst sagte, von Meer zu Meer gebot, von der Nordsee bis Sizilien, besaß eine so außerordentliche Macht, daß er allen Fürsten als König zu übermächtig schien. So erlag Heinrich der Stolze dem gleichen Bündnis, in welchem sein Großvater einst eine so große Rolle gespielt hatte, dem Bündnis der Kirche und der großen Laienfürsten. Zu Koblenz wählte eine Versammlung geistlicher und weltlicher Fürsten in Anwesenheit eines päpstlichen Legaten Konrad von Hohenstaufen zum König, der schon Lothar III. als Gegenkönig gegenübergetreten war. Auf einem Tag zu Regensburg übergab Heinrich der Stolze die Reichsinsignien, als aber Konrad III. den Verzicht auf eines der beiden großen Reichslehen verlangte, Bayern oder Sachsen, weigerte sich der Welfe und wurde seiner beiden Herzogtümer entsetzt, Bayern erhielt Markgraf Leopold von Österreich. Es war nicht zu erwarten, daß der Herzog dieses Urteil hinnehmen würde, wieder kam es zum Kampf.

Seinen Erfahrungen in den Jahren seit 1130 entsprechend, stellte sich Heinrich der Stolze auf Widerstand in Bayern überhaupt nicht erst ein. Er gab Bayern kampflos preis, in Sachsen behauptete er sich aber mit umso größerem Erfolg. Markgraf Albrecht der Bär, den Konrad III. mit dem Herzogtum belehnt hatte, war nicht in der Lage, sich durchzusetzen. In Bayern dagegen schien es, als sollte sich eine neue Entwicklung anbahnen. Zwar war die Machtbasis der Babenberger exzentrisch, weit im Osten, aber es war durchaus denkbar, daß es ihnen gelang, auf Grund ihrer Herzogswürde auch im Westen ein neues Herzogsland aufzubauen. Damit wäre das alte Stammesgebiet noch einmal zusammengeschlossen, die auseinanderstrebenden Teile wären noch einmal verklammert worden. Tatsächlich gelang es dem Babenberger, die Huldigung der bayerischen Großen zu erlangen, auch Regensburg unterwarf sich nach anfänglichem Widerstand, so daß er, als Heinrich der Stolze 1139 nach kurzer Krankheit gestorben war, in ruhigem Besitz Bayerns schien. Der Kampf um Bayern begann jedoch erst jetzt, getragen von Welf VI., dem Bruder Heinrichs des Stolzen, dem Erben der süddeutschen Besitzungen des Hauses. In jahrelangen Kämpfen, die auch durch die Heirat der Witwe Heinrichs des Stolzen mit dem Babenberger Heinrich und durch den Verzicht Heinrichs des Löwen, seines Neffen, auf Bayern nicht beendet wurden, machte er erst Herzog Leopold, dann dessen Bruder Heinrich mit dem Beinamen Jasomirgott das Herzogtum streitig, verbündet mit Ungarn und Sizilien, in Bayern selbst freilich ohne nennenswerten Anhang; nur die Grafen von Valley und Dachau, Nebenlinien der Wittelsbacher, um 1145 offenbar auch die Grafen von Wolfratshausen, standen gelegentlich auf seiner Seite. Welf gelang es dabei jedoch nur, seine eigene Position am Lech zu behaupten, die Babenberger waren nicht zu gefährden. Der Kreuzzug von 1147, an dem der König, Welf VI. und Heinrich Jasomirgott teilnahmen, stellte nur eine kurze Zäsur in diesem Ringen dar, entschieden wurde es 1150 nach einer Niederlage des Welfen bei Flochberg in Schwaben durch Vermittlung Friedrichs von Hohenstaufen; Welf verzichtete jetzt auf Bayern.

Den Umschwung, der sich 1152 abzeichnete, hat Konrad III. selbst noch vorbereitet. Er hatte 1143 Heinrich dem Löwen Sachsen zurückgegeben und damit die Möglichkeit, entscheidenden Einfluß auf die Königswahl zu nehmen. 1152 machte der Welfe davon mit allem Nachdruck Gebrauch. Er hatte bereits 1147 wieder Anspruch auf das Herzogtum Bayern erhoben, 1150 erneut; die reibungslos erfolgte Wahl Friedrich Barbarossas zum deutschen König 1152 hat zweifellos ihren Preis gehabt. Im gleichen Jahr wird Welf VI. mit der Markgrafschaft Tuszien, dem Herzogtum Spoleto und Sardinien belehnt, wird also Herzog und Reichsfürst, gleichzeitig beginnen die Verhandlungen mit Herzog Heinrich Jasomirgott wegen eines Verzichts auf Bayern. Es ging Barbarossa sicher nicht nur um seine Wahl, sondern auch um den definitiven Ausgleich zwischen den verfeindeten und doch so eng verwandten großen Familien, es ging ihm um Frieden im Reich. Das zeigen seine Bemühungen um den Frieden in Sachsen und seine Großzügigkeit bei der Befriedung der Zähringer. Den Streit um das Herzogtum Bayern zu schlichten war freilich schwieriger, da hier Rechte im Spiel waren, über die der König nicht mehr verfügen konnte. Er glaubte aber für seine Politik der Wiederherstellung der Reichsrechte in Italien auf die Unterstützung des mächtigen Welfen nicht verzichten zu können, aber auch die Babenberger hatten an Macht und Einfluß in den letzten Jahrzehnten außerordentlich gewonnen. Ein Ergebnis konnte also sinnvollerweise nur durch freiwilligen Verzicht des Babenbergers zustandekommen, die Verhandlungen darüber dauerten bis 1156 und liefen über viele Stationen. Barbarossa schreckte dabei auch vor Einschüchterungsversuchen gegenüber Heinrich Jasomirgott nicht zurück, zumal vor allem die Hilfe Heinrichs des Löwen den Romzug von 1155 so erfolgreich hatte werden lassen. Schon 1154 hatte der Staufer dem Bayernherzog das Herzogtum wieder entziehen lassen, im Herbst 1155 übertrug er es zu Regensburg Heinrich dem Löwen, aber erst 1156 gab der Babenberger nach. Jetzt hatte man eine Lösung gefunden, die den Ansprüchen beider gerecht wurde. Für die bayerische und deutsche Geschichte bedeutete sie gleichzeitig eine der folgenschwersten Veränderungen.

Auf dem Regensburger Reichstag im September 1156, der auf den Fluren von Barbing, dicht vor der Stadt, abgehalten wurde, um allen Komplikationen bezüglich der Stadtherrschaft in Regensburg aus dem Weg zu gehen, verzichtete Heinrich Jasomirgott auf das Herzogtum Bayern; die Markgrafschaft Österreich wurde von Bayern gelöst und ihrerseits zum Herzogtum erhoben, der neue Herzog wurde mit ungewöhnlichen Privilegien ausgestattet, der Erblichkeit auch in weiblicher Linie wie dem Recht, bei kinderlosem Tod das Erbe selbst zu vergeben, der Befreiung von Reichsdiensten, ausgenommen den Besuch von Hoftagen in Bayern und Ableistung von Heerfahrten in der Nachbarschaft Österreichs, schließlich wurde die Ausübung jeder Gerichtsbarkeit im Herzogtum an die Zustimmung des Herzogs gebunden, was wohl heißt, daß die Einsetzung von Grafen und Vögten im neuen Herzogtum Sache des Herzogs war, nicht des Königs. Diese Interpretation ergibt sich aus dem Vergleich mit anderen Privilegien ähnlichen Charakters, jenem für den Bischof von Würzburg von 1168 oder dann dem „Statutum in favorem principum“, das unmittelbar auf diesem fußt. Insofern gehört dieses „Privilegium minus“ – das so genannt wird im Gegensatz zum „Majus“, einer Fälschung des Herzogs Rudolf IV. von etwa 1364 – unmittelbar in die Entwicklungsgeschichte der deutschen Territorien, deren wichtigste Tendenz der Ausschluß fremder Gewalten aus dem eigenen Besitz darstellt.

Daß die Entfremdung der Ostmark vom Herzogtum Bayern schon seit dem späten 10. Jahrhundert immer spürbarer wurde und daß die definitive Trennung ein notwendiges Ergebnis dieses Prozesses war, ändert nichts an den schwerwiegenden Folgen für beide Teile. Ob den Babenbergern hätte gelingen können, was den Wittelsbachern gelang, nämlich aus Bayern ein Territorialherzogtum neuerer Art zu machen, läßt sich nicht beantworten, vielleicht hätte auch die unterschiedliche Interessenlage im Osten wie im Westen des großen Herzogtums diese Entwicklung in beiden Teilen empfindlich gestört. Ebenso läßt sich aber denken, daß sich die kräftezehrenden Konflikte schon des nächsten Jahrhunderts hätten vermeiden lassen, zu schweigen von dem schicksalsschweren Dualismus im Süden Deutschlands, der Bayern und Österreich bis zum Ende des Alten Reiches fast stets als Todfeinde sah.

In den Augen der Zeitgenossen wie der Nachwelt erweckte das machtvolle Auftreten Heinrichs des Löwen, des neuen Herzogs von Bayern, den Eindruck bestimmender Herrschaft, in Wirklichkeit hat er Bayern weithin sich selbst überlassen. Siebenmal weilte er, jedesmal nur kurze Zeit, insgesamt in Bayern, sein Stellvertreter, der Pfalzgraf, besaß nicht die Autorität, im Herzogtum den Landfrieden auch durchzusetzen, ganz abgesehen davon, daß der Landfrieden, den Barbarossa zu Beginn seiner Herrschaft erließ, als Friedenswahrer nur Grafen und Vögte nennt, jene Gewalthaber also, die den Frieden in erster Linie störten. In der Tat war, nicht zuletzt durch den Investiturstreit, die Macht der Grafen und jener Edelfreien, die als Inhaber großer Vogteien grafenähnlichen Rang besaßen und sich auch noch im 12. Jahrhundert Grafen nannten, wie die Herren von Abensberg oder die Vögte von Mögling, die Falkensteiner und Moosburger, so weit gewachsen, daß sie nur noch durch die Furcht vor den jeweiligen territorialen Konkurrenten in Schranken gehalten wurden, nicht mehr durch eine übergeordnete Autorität. Zwar trat Heinrich der Löwe wiederholt als Schiedsrichter bei Streitigkeiten zwischen den Großen des Landes, den Grafen, Bischöfen und Äbten, in Erscheinung, doch ging es dabei nie um Fragen von allgemeiner Tragweite. In voller Autorität als „Judex Provinciae", wie ihn die Reichersberger Annalen einmal nennen, finden wir ihn selten. Nur einmal schritt er gegen einen Grafen ein, 1159 gegen die beiden Tiroler Grafen von Eppan, die einen päpstlichen Legaten überfallen hatten; selbst bei dem unbedeutenden Edelfreien Hartmann von Stein, der das Kloster Reichersberg wegen eines Streits um Erbgut mit Fehde überzogen hatte, ließ er sich fast zwei Jahrzehnte Zeit, ehe er sein Richteramt ausübte, und in den Kirchenstreit um Salzburg griff er überhaupt nicht ein. Es war sicher schwierig, hier Gerechtigkeit zu wahren. Erzbischof Eberhard schon hatte sich geweigert, nach 1159, nach der Wahl Alexanders III. zum Papst, sich der kaiserlichen Festlegung auf den Gegenpapst, Viktor IV., anzuschließen, sein Nachfolger Konrad, der Bruder Heinrichs von Österreich und des Bischofs Otto von Freising, erkannte ebenfalls Alexander III. an, obgleich auf dem Reichstag zu Würzburg 1165 das ganze Reich, allen voran Heinrich der Löwe, geschworen hatte, diesen niemals anzuerkennen. Jetzt wurden dem Erzbischof alle Lehen aberkannt, sein Nachfolger Adalbert, Sohn des Böhmenkönigs Wladislav, kam 1171 sogar in die Acht, die Versuche der umliegenden Adeligen, sich der Salzburger Besitzungen zu bemächtigen, stürzten das Land in jahrzehntelange Wirren. Der Pfalzgraf von Bayern, der in Vertretung des Herzogs die Acht vollstrecken und den vom Kaiser ernannten neuen Erzbischof durchsetzen sollte, hatte, wie es scheint, größeres Interesse daran, ebenfalls an der Beute beteiligt zu werden, als den Frieden zu erzwingen.

Auch Heinrich dem Löwen lag, wenn er schon in Bayern tätig wurde, in erster Linie daran, seine eigene Machtgrundlage zu erweitern; dabei schreckte er keinesfalls selbst vor grober Verletzung des Landfriedens zurück. Er war offenbar der Ansicht, nur ihm als Herzog stehe die Zollhoheit im Lande zu – die doch ein Regal, ein Königsrecht war –, jedenfalls ließ er 1158 Brücke und Markt zu Föhring, die dem Bischof von Freising gehörten, zerstören und verlegte sie nach München, die damit verbundene Zollstätte übernahm er ebenfalls. Der Kaiser, dessen Urteil der Freisinger Bischof angerufen hatte, nahm diese Eigenmächtigkeit hin, gab aber dem Bischof ebenfalls recht, insofern er verfügte, daß dieser mit einem Drittel an den Erträgen beteiligt werden müsse. Eine Stadtanlage, in den Ausmaßen der gleichzeitigen Welfengründungen in Sachsen, läßt sich zur Zeit Heinrichs des Löwen in München noch nicht feststellen, immerhin bereits der Bau einer Mauer und der Kirche zu St. Peter. Gründer von München wurde der Herzog nur, insofern er die Voraussetzungen für die kommende Entwicklung schuf. Ihm ging es in erster Linie um den Zoll, das zeigt sein Vorgehen in ähnlichem Zusammenhang gegen den Bischof von Regensburg und dessen Burg Donaustauf, die den Donauhandel nach Osten kontrollierte. Hier kam es 1161 zu heftigen Kämpfen, die erst durch Vermittlung des Erzbischofs von Salzburg beendet wurden, der Herzog setzte sich wohl nicht durch.

Die großartige Stellung, die sich für den bayerischen Herzog in der staatsrechtlichen Theorie darbietet, durch die Landtage, zu welchen er Bischöfe, Äbte und Grafen berief, durch seine Gerichtshoheit, durch die lehensrechtlichen Befugnisse, die er besaß, schien in Wirklichkeit wenig verlockend, gemessen vor allem an den Möglichkeiten Sachsens und seiner östlichen Vorlande. So hat Heinrich der Löwe nach diesem mißglückten Versuch, dem Land seinen Willen aufzuzwingen, offenbar bald wieder resigniert. Die herzoglichen Rechte waren aber auch in Bayern ausbaufähig, vor allem das Lehensrecht war bei behutsamer, gleichzeitig zielstrebiger Anwendung ein durchaus wirkungsvolles Instrument. 1164 starb Gebhard von Burghausen, seitdem besaßen die bayerischen Herzöge, wie Hermann von Niederaltaich schreibt, die dortige Burg. Heinrich der Löwe übernahm also Burg, Grafenrechte und Zoll in Burghausen, alle anderen Besitzungen des Grafen überließ der Herzog, der selbst mit dem Verstorbenen nahe verwandt war, den übrigen Verwandten; etwaigen Schwierigkeiten mit den bayerischen Dynasten wich er damit aus. Der Zoll von Burghausen sollte später der einträglichste in ganz Bayern sein, seine Bedeutung rührte von der hier durchgehenden Salzstraße nach Passau. 1169 nun erhielt der Herzog die Möglichkeit, sich auch in den Besitz einer zentralen Stellung im Salzhandel zu setzen, als der Hallgraf Gebhard ins Chorherrnstift Reichersberg eintrat; die Grafschaftsrechte in Reichenhall und die Zollstätte beiderseits der Reichenhaller Brücke übernahm der Herzog jetzt selbst, obwohl Gebhard noch einen Bruder besaß. In beiden Fällen, so scheint es, machte der Herzog von einem Recht Gebrauch, das er in Sachsen bereits wiederholt angewandt hatte und das zur gleichen Zeit Friedrich Barbarossa in seinem Herzogtum Schwaben anwandte, das Heimfallsrecht. Daß der Lehensherr über ein heimgefallenes Lehen neu verfügen kann, ergibt sich aus der Natur des Lehens, das ja stets im Obereigentum des Lehensherrn bleibt. Die salische Königslandpolitik wie die wiederholte Übernahme der Herzogtümer, von Kronlehen also, in die königliche Verfügung, hatten offenbar jene Auffassung entstehen lassen, die auch in den Grafschaften, die doch Ämter waren, in erster Linie verfügbare Herrschaften sah; nur wenn sie nicht wieder ausgetan, sondern durch Ministerialen verwaltet wurden, waren sie dem Lehensherrn wirklich von Nutzen, so wurden sie also jetzt eingezogen und zum unmittelbaren Hausgut des Fürsten geschlagen. Ob die bayerischen Grafschaften dabei ursprünglich vom Herzog zu Lehen gingen oder vom König, besagte zu diesem Zeitpunkt nichts mehr. Die Vorgänge von 1156 auf dem Feld von Barbing zeigen, daß die Grafschaften jetzt, wie es auch der Logik der Lehenspyramide entsprach, als dem Herzogtum zugeordnete Lehen betrachtet wurden. 1156 gibt Heinrich Jasomirgott die sieben Fahnen für das Herzogtum Bayern an den Kaiser zurück, dann folgt die Belehnung des neuen Herzogs, der dann seinerseits zwei Fahnen an den Kaiser zurückgeben muß, damit sie als Symbole des neuen Herzogtums Österreich dem Babenberger übergeben werden können. Der Herzog also ist deutlich der Lehensherr des Markgrafen. Dieser Auffassung entsprach auch die Unterordnung der Grafschaften im Privileg von 1168 für den Bischof von Würzburg und Herzog von Franken unter den Bischof. Ein Recht, das heimgefallene Lehen nicht wieder auszugeben, war damit allerdings nicht verbunden, erst aus dem „Statutum in favorem principum" 1231/32 kann man ein solches auch für Grafschaften herauslesen; erst der Sachsenspiegel hält den sog. Leihezwang, den mit der Lehenspyramide sich notwendig ergebenden Zwang, ein Lehen wieder auszugeben, ausdrücklich fest. Für die Epoche Heinrichs des Löwen kann man eine Anwendung dieses Heimfallsrechts des Herzogs in Bayern nur zweimal feststellen, nach 1180 aber wurde es zu jenem Recht, das überhaupt erst den Aufbau des neuen Herzogtums ermöglicht hat. Nun war freilich auch die Ausgangsbasis der Wittelsbacher ungleich breiter als jene des Welfen. Heinrich der Löwe besaß sehr wenig Eigengüter am Lechrain, die Masse gehörte seinem Onkel, Herzog Welf VI., der auch die Vogtei über die Klöster Steingaden, Rottenbuch, Altomünster und Füssen ausübte. Schon wegen der Gemengelage mit dem Besitz seines Onkels ließ sich jener Heinrichs des Löwen nicht in ein geschlossenes Territorium verwandeln, auch nicht durch die Einbeziehung der Vogteien über Wessobrunn und Polling, die Heinrich dem Löwen 1155 und 1161 anvertraut wurden. An Herzogsgut war ebenfalls nur noch verschwindend wenig vorhanden, um Regensburg, im Salzkammergut, nur der Komplex um das Chorherrnstift Ranshofen am Inn war nicht unbeträchtlich, zusammen mit der Verfügung über die Vogtei erlaubte er den Unterhalt einer größeren Zahl von Ministerialen. Entlegene Herrschaftsbereiche stellten auch die Vogteien über die Klöster Wilten bei Innsbruck und Innichen im Pustertal dar. So sah es in der Tat so aus, als habe der letzte Welfenherzog in Bayern wenig Aussichten besessen, den Aufbau eines Territoriums und damit die Voraussetzung für die wirkliche Beherrschung seines Herzogtums zu schaffen. Wenn man jedoch die strategische Bedeutung all dieser einzelnen Positionen ins Auge faßt, wird doch ein großräumiges System erkennbar, das durchaus die Beherrschung des Landes erlaubte. Es sind die entscheidenden Verkehrslinien, an denen die Ministerialen des Welfen saßen, an der Via Claudia, die von Augsburg den Lech entlang zu den Pässen nach Italien führte, an der Brennerstraße, an Salzach und Inn; mit Reichenhall, München und dem Übergang der Straße über den Lech zu Landsberg, wo er um 1160 eine Burg erbaute, beherrschte der Herzog auch die große Salzstraße nach dem Westen. Für die nächste Generation war damit schon unter Heinrich dem Löwen eine Ausgangsposition bereitgestellt, die keinesfalls ungünstiger war als jene der Wittelsbacher.

Der Sturz des Löwen erst hat dazu geführt, daß sich all diese Ansätze als unwirksam erwiesen. Dieser Sturz wurde von Bayern aus weder gefördert noch hat jemand versucht, ihn zu verhindern; das Land blieb völlig unbeteiligt. Der Welfe hat also, das zeigt diese Reaktion 1180, in Bayern keinerlei Echo zu wecken verstanden, weder positiv noch negativ. Kein Denkmal, wie die aufs großzügigste angelegte Stadt Braunschweig mit dem Blasius-Dom und der Burg Dankwarderode hält in Bayern sein Andenken wach, nur selten begeisterte der Anblick majestätischer Prachtentfaltung, wie sein Zug 1172 ins Heilige Land, seine bayerischen Untertanen. Vollends der Adel stand ihm kühl gegenüber, die mächtigen Andechser, die Markgrafen von Cham und Vohburg, die Grafen von Bogen, von Ortenburg und von Falkenstein; die Grafen von Plain und von Peilstein, die an Salzach und Saalach saßen und deren Besitzungen sich tief ins Salzburgische und in die Steiermark erstreckten, erscheinen schon damals mehr als Lehensleute der Babenberger als des Bayernherzogs. Vollends die Markgrafen der Steiermark sind seit 1155 nie mehr auf einem bayerischen Hoftag des Königs oder auf einem Landtag des Herzogs zu finden. Eine Ausnahme scheinen die Burggrafen von Regensburg zu bilden, die öfter als andere in der Umgebung des Herzogs auftreten, und die Wittelsbacher, vor allem Otto von Wittelsbach, der bayerische Pfalzgraf, der Stellvertreter des Herzogs wie der Vertrauensmann des Königs im Herzogtum. Aber gerade er sollte dann das Erbe des Welfen in Bayern antreten.

Wenn auch den Sturz Heinrichs des Löwen vor allem seine Verweigerung der Waffenhilfe für den Kaiser in der entscheidenden Phase des Krieges in Italien vor der Schlacht bei Legnano 1176 und seine Übergriffe gegen die sächsischen Grafen und Bischöfe herbeigeführt haben, so ist doch sicher auch ein Ursachenkomplex dabei nicht auszuschließen, der Bayern unmittelbar betrifft, die Territorialpolitik Barbarossas. In Schwaben wie in Franken und Bayern griff er unaufhaltsam um sich; zu den staufischen Besitzungen um Eger und Nürnberg gewann er 1171 die Anwartschaft auf die Bamberger Kirchenlehen des Grafen Gebhard von Sulzbach, des Bamberger Vogts auf dem Nordgau, und um 1176 erwarb er schließlich um eine hohe Summe auch die Anwartschaft auf das Erbe Welfs VI., seines Onkels, dessen Sohn 1167 in Rom geblieben war, wie jener des

Grafen von Sulzbach oder auch der letzte Nachkomme Konrads III. Jetzt beherrschte Barbarossa nicht nur das Herzogtum Schwaben, sondern umklammerte auch Bayern von Norden und Westen her, die Verbindung zwischen Bayern und Sachsen war völlig durchtrennt. Freilich, schlagartig herbeigeführt wurde die entscheidende Wendung in der Politik des Welfen nicht, sie hat sich 1176 nur in aller Öffentlichkeit dokumentiert. Die Verweigerung der Lehenshilfe in Oberitalien war nicht der Anfang der Spannungen, sondern der Beginn des letzten Aktes, der Übergang zum Konflikt. Daß die welfische und die staufische Politik auseinanderstreben mußten, lag bereits in ihrer ganzen Anlage begründet. Heinrich der Löwe hatte in den Jahren, da ihm der Kaiser den Rücken freigehalten hatte, im Norden Deutschlands ein solches Reich aufgebaut, daß er längst dem Machtbereich des Kaisers zu entwachsen drohte. Seine königsgleiche Stellung war aller Welt längst vor 1176 deutlich geworden.

Das bayerische Herzogtum war Heinrich dem Löwen dabei nicht Aufgabe, sondern nur Mittel. Das hat man in Bayern auch sehr wohl gespürt. Einen starken Herzog hätte der Adel aber auch nicht mehr ertragen, das zeigte sich unter den Nachfolgern, wo die Kämpfe lange Jahre nicht abrissen. So hat Heinrich der Löwe mit seinem weitgehenden Verzicht auf aktive Politik in Bayern auch wieder nur rational gehandelt, hat seine Kräfte zusammengehalten und auf jenen Schauplatz konzentriert, auf dem er die Zukunft seines Hauses sah, in Sachsen und im Land östlich der Elbe. Mögen dort auch seine größeren Pläne gescheitert sein, das Territorium, das er um Braunschweig und Lüneburg begründete, überdauerte doch 700 Jahre. Er ist nur wieder zurückgetreten in die Reihe der übrigen Fürsten, der Zähringer, der Askanier oder der Babenberger. Nur die Verbindung von Sachsen und Bayern hatte ihn so gewaltig gemacht, daß Barbarossa in ihm eine Gefahr für die Einheit des Reiches sehen mochte. Insofern hatte auch damals, unter Heinrich dem Löwen, das Herzogtum Bayern eine Bedeutung, die es nie wieder erlangen konnte.

Die Kultur der Stauferzeit in Bayern

Die gewaltigen inneren Spannungen der Reformzeit hatten vor allem in Frankreich und Italien die Schöpferkraft der größten Geister des Abendlandes entbunden, die Scholastik entstand mit ihrer säkularen Betonung der Vernunft als das von Gott gegebene natürliche Licht zur Erhellung auch der Glaubenswahrheiten, in Italien knüpfte die Schule von Bologna an das römische Recht an, um auch für die Kirche ein dauerhaftes rechtliches Gefüge zu finden, in Chartres ersteht die erste gotische Kathedrale. Auch in Deutschland schlägt die große Bewegung des Jahrhunderts hohe Wogen, in ganz besonderem Maße in Bayern, denn dort hatte die religiöse Inbrunst der Epoche mit der Gründung zahlreicher Klöster am kräftigsten in die Breite gewirkt, kraftvoller sogar noch als im benachbarten Alemannien, wo von Hirsau doch die wichtigsten Anstöße ausgegangen waren. Aber der bedeutendste Mönch von Hirsau war ebenfalls ein Bayer, Abt Wilhelm, der von St. Emmeram gekommen war. Die bayerische Kultur des frühen 12. Jahrhunderts war die Zeit der Vorbereitung und des Aufstiegs zu einem Gipfel europäischer Kultur, auch wenn die bayerische Bewegung bis zum späten 12. Jahrhundert ihrem Charakter nach zurückgewandt war zu den Ideen des Reformzeitalters. Wenn die Kunst dieser Epoche die Romanik war, ebenfalls eine Kunstrichtung, die noch in der Salierzeit wurzelte, wenn also der bayerischen Kultur nicht die Zukunft gehörte, so stellt sie doch die großartige Manifestation einer abgelaufenen Epoche dar, den Höhepunkt einer Weltkultur, welche mit jedem anderen Kulturkreis voll und ganz konkurrenzfähig ist.

Es ist müßig, nach den tieferen Gründen für eine solche Entwicklung zu fragen. Wir können eine Reihe von einzelnen Faktoren namhaft machen, die Bewegtheit der Epoche, welche das Land Bayern weit öffnete für Einflüsse aus Süd- und Westeuropa, welche den bayerischen Adel und den hohen Klerus immer wieder hinausführte über die engen Grenzen des Landes bis hin nach Jerusalem, wir können die Entfaltung des Fernhandels anführen oder auch den gewaltigen politischen Aufschwung zur Zeit Lothars von Supplinburg, vor allem unter Barbarossa. Aber was war hier Ursache, was Wirkung? Das gleiche Problem stellt sich, wenn wir hinweisen auf die zahlreichen neugegründeten Klöster. Waren sie Voraussetzung für die Neuentwicklung oder waren sie nicht vielmehr die Folge der großartigen religiösen Begeisterung des vorausgegangenen Zeitalters? Wenn wir auf die Beantwortung all dieser Fragen verzichten, so stellen wir doch fest, daß nach wie vor die Kultur Bayerns eine rein geistliche Kultur ist, bis sich um die Mitte des 12. Jahrhunderts dieses Verhältnis zu ändern beginnt, bis auf einem einzigen Gebiet eine ganz neue Entwicklung einsetzt. Aber auch dann wird der Wurzelboden dieser geistlichen Kultur nicht verlassen.

Wie die Kirche, die bayerischen Domkirchen, die weit über das Land hin verstreuten Klöster die Träger der Gesamtkultur waren, so waren die imposantesten Zeugnisse dieser Kultur auch die zahlreichen Münster, welche landauf, landab, von St. Zeno in Reichenhall bis Waldsassen, jetzt entstanden. Ein Zeichen großer Kunst wie großer schöpferischer Kultur überhaupt ist die Verschmelzung von fremden Anregungen und eigenem Gedankengut zu einem Neuen, das wieder den Ausgangspunkt zu weiterer Entwicklung bildet. Auch diese im eigentlichen Sinn schöpferische Komponente finden wir in der bayerischen Baukunst dieser Zeit. Nicht nur die außerordentlich hohe Zahl erlesener Kunstwerke überrascht in dieser Epoche, sondern auch die Fähigkeit, die man bei den bayerischen Architekten der Epoche findet, die Vorbilder, vor allem solche aus Oberitalien, weiterzuentwickeln zu einem eigenen Stil, den man das altbayerische Schema genannt hat, weil es vor allem in diesem Raum beherrschend in Erscheinung tritt, von Steingaden bis an die Salzach und herein in das Land nördlich der Donau, wo vor allem Reichenbach am Regen ein Musterbeispiel dieses altbayerischen Schemas darstellt. Eindrucksvoll ist hier die breite, wuchtige Anlage, die Geschlossenheit und Homogenität der Wände, die den Raum zu einem Ganzen zusammenschließen und dabei doch durch die betont hervorgehobenen Pfeiler bewegt gliedern. Zentrum und Höhepunkt dieser Stilentwicklung liegt in Regensburg; vor allem in St. Jakob gipfelt diese Entwicklung. Normannische Einzelformen, lombardische Steinmetzausführung, aber auch lokale Eigenheiten, die sich besonders im Grundriß äußern, sind zusammengeschmolzen zu einer architektonischen Einheit mit eindrucksvollen Proportionen im Langhaus und überraschender Originalität im wuchtigen Westquerschiff und der Empore. Die Wucht und die Majestät von St. Jakob werden in der Pfeilerbasilika von Prüfening oder in dem nahen Biburg oder auch in der Gründung der Grafen von Bogen zu Windberg nicht erreicht, aber auch Prüfening ist in der Baugeschichte wichtig durch den dort geglückten Versuch einer Verschmelzung des Hirsauer Typs mit dem bayerischen Schema. Über alle verwandten Kirchen hinaus wird Prüfening aber gehoben durch seine außerordentlich lebendigen Fresken. In diesem Zusammenhang ist auch die Allerheiligenkapelle am Domkreuzgang zu Regensburg zu nennen, deren Vorbild das Baptisterium von Mariano bei Como sein dürfte, das also aus einer ganz anderen geistigen Welt stammt als die großen Basiliken, die ihre Entsprechungen in Domkirchen oder in den Münstern der großen Reformzentren haben. Beides fließt zusammen beim gewaltigen Dom zu Salzburg, den 1181 der Erzbischof Konrad von Wittelsbach bauen ließ. Salzburg war der Ausgangspunkt für jene Freskenmalerei, die wir zu Prüfening oder in der Allerheiligenkapelle zu Regensburg sehen können. Fresken Salzburger Stilrichtung strahlen aus von Salzburg bis nach Hocheppan über dem Zusammenfluß von Eisack und Etsch, bis herauf nach Prüfening und tief hinein ins Gebirge in Kärnten. Die byzantinischen Vorbilder dieser Salzburger Freskomalerei sind noch spürbar, aber die stärkere Bewegtheit, die körperliche Fülle dieser Fresken der Hochromanik werden erzeugt von einer gespannten Dynamik, die der byzantinischen Kunst fremd war. Sie ist abendländisch, wie denn der Salzburger Dom geradezu als Zeugnis der Einheit abendländischer Baukunst betrachtet werden darf, in welcher alles verschmolzen wird zu neuer Ganzheit.

Diesem schematischen Überblick über die Kunstentwicklung in Bayern bis zum Höhepunkt der Stauferzeit, ein Überblick, der die entscheidenden Akzente der Darlegung von Wilhelm Messerer im Handbuch der bayerischen Geschichte Max Spindlers verdankt, kann ebenfalls nur ein gedrängter Überblick über die Wissenschaftsentwicklung in Bayern an die Seite gestellt werden. Schon die rein quantitative Aufzählung der Leistungen aller Dom- und Klosterschulen im bayerischen Bereich würde unseren Rahmen sprengen, bei der außerordentlichen Lebendigkeit des jetzt einsetzenden Wissenschaftsbetriebes, bei dem Reichtum an Schulen, den das Land jetzt aufzuweisen hatte, und dem Wachstum der Bibliotheken, unter denen immer noch Tegernsee und St. Emmeram den ersten Rang einnahmen. Wir beschränken uns auf die größten Erscheinungen, auf jene, welche die Stellung Bayerns in der gesamten Wissenschaftsentwicklung der Zeit zu markieren in der Lage sind. Die rätselhafteste Erscheinung der Zeit in Bayern stellt wohl jener Honorius Augustodunensis dar, von dem wir nicht einmal mit Sicherheit wissen, woher er kommt, sondern nur, daß er Benediktinermönch war und in den ersten Jahrzehnten des 12. Jahrhunderts in Regensburg lebte und arbeitete. Man hat seinen Beinamen von Canterbury abgeleitet, von der Stadt des hl. Augustinus, jenes Missionars, der unter Gregor dem Großen England missioniert hat. Dort war der hl. Honorius auch Patron der Domkirche. Außerdem kennen wir Briefe, die Honorius nach Canterbury schrieb und von dort erhielt. Es ist nicht anzunehmen, daß diese Beziehungen zufällig waren, doch warum Honorius England verließ, um nach Regensburg zu gehen, läßt sich nicht einmal erschließen. Er entfaltete dort eine literarische Tätigkeit, die selbst in diesem geistig regen Jahrhundert ihresgleichen sucht. Es gab kein Teilgebiet der damaligen Theologie, das Honorius nicht bearbeitet hätte. Er war freilich nicht von der Tiefe eines Anselm von Canterbury, seine Absichten waren weniger auf Erkenntnis als auf Verkündigung der Wahrheit, auf Mitteilung, auf Belehrung gerichtet. Es fehlt ihm aber besonders in seinem Hauptwerk „De imagine mundi" nicht an geheimnisvoller Tiefe, die von Mystik und Symbolismus gespeist ist, auch wenn die wichtigsten Züge seines Werkes schon von scholastischem Denken beeinflußt erscheinen.

Die Scholastik, das war Unruhe, Aufbruch in unbekanntes Neuland, Verwirrung der Geister, Bedrängnis der ruhigen Selbstgewißheit des Glaubens durch Fragen, durch Zweifel, durch die ersten Ansätze von Kritik. Die zerstörerische Kraft der Vernunft hatte bereits Bernhard von Clairvaux erschrocken empfunden, und er hatte den Kampf gegen Abälard aufgenommen, der zu Paris die neue Kunst des Zergliederns und kritischen Fragens lehrte. Aber wenn Bernhard von Clairvaux auch Königen und Päpsten sein Gesetz vorschreiben konnte, auch wenn er die größte moralische Autorität des Abendlandes darstellte, in dieser Frage ging die Zeit über ihn hinweg, zum Sieg gelangte die Scholastik, nicht die mystische Glaubenstiefe des großen Zisterzienserabtes. Er war deshalb nicht weniger groß, auch wenn er nach großartigem Kampf unterlegen ist. Die gleiche

Größe, wenigstens in diesem Betracht, dürfen wir wohl auch dem größten bayerischen Gelehrten unserer Zeit zusprechen, dem Propst Gerhoh von Reichersberg, der in Polling bei Weilheim geboren ist, der in Regensburg, gefördert durch Bischof Konrad I., um 1130 seine ersten Werke schrieb und der, damals Vorsteher des Augustinerchorherrnstifts Reichersberg, eingriff in die große Erneuerung des Ringens zwischen Papst und Kaiser zur Zeit Barbarossas. Er war ein außerordentlich tief angelegter Denker, doch sein Denken war nicht gerichtet, wie bei den Scholastikern, auf die Zergliederung der Wahrheit, sondern auf ihre Deutung, auf ihre Einordnung in den großen Sinnzusammenhang, auf die Ausschöpfung des symbolischen Gehalts der heiligen Bücher und auch auf die Erfahrung der Entsprechung dieser Symbole in Welt und Geschichte. Gerhoh hatte in Hildesheim studiert, hatte aber auch den großen Symbolisten Rupert von Deutz kennengelernt, war bekannt mit den Ansichten Abaelards und seines Freundes Gilbertus Porretanus, aber von seiner ganzen Art her war ihm eine Haltung fremd, der die Ehrfurcht fehlte, der es um Einsichten zu gehen schien, die nicht den tiefen Grund des Seins betraf, sondern nur Ausflüsse einer tiefer gelagerten Wirklichkeit, und welche vor allem keine Antwort wußte auf die drängendste Frage der Zeit, nämlich die nach der Möglichkeit neuer Einheit in der Zerrissenheit der Gegenwart. So hat er gegen Abaelard gekämpft, auch gegen Gilbert und seine Schule, und er hat sich berufen auf Bernhard von Clairvaux, auf Hildegard von Bingen, auf Rupert von Deutz. Er hat sich in seinem Ringen um die Wiederherstellung der Einheit der Christenheit wie Bernhard von Clairvaux an Kaiser und Päpste gewandt und er hat, wie gesagt, mit allen seinen Werken, unter denen wohl das Buch „De aedificio Dei", das in Regensburg entstanden ist, das bedeutendste darstellt, immer wieder versucht, den geistlich-weltlichen Dualismus zu überwinden. In großartiger Einseitigkeit, der Einseitigkeit des Propheten, forderte er zu diesem Zweck die radikale Verchristlichung der Welt, er forderte zu diesem Zweck aber auch die Rückkehr der Kirche zum absoluten Ideal. Alle, die es angeht, ruft er also auf, ganz aus dem Geist noch der Hochzeit der Reformbewegung, alle ihre Kraft einzusetzen zur Erneuerung der Kirche, damit die Kirche werde, wie sie sein soll. Er hat also bei aller Konkretheit seiner Forderungen nach einem Kampf gegen Simonie, Schisma und Häresie das Reformprogramm der gregorianischen Zeit überhöht durch eine universale Schau von der rechten Ordnung aller Dinge. Diese Großartigkeit seiner Konzeption hat ihn berühmt gemacht, auch wenn er gescheitert ist, gescheitert mit seiner Politik, gescheitert aber auch in seinem vergeblichen Kampf gegen die Scholastik.

Gerhoh von Reichersberg hat in seiner großartigen Einseitigkeit nicht gesehen, welche geistige Kraft der zergliedernden Vernunft innewohnt, welch unvergleichliches Werkzeug sie auch darstellt für die Erkenntnis all jener Dinge, die auch ihm so wichtig waren. Deshalb, aber noch aus vielen anderen Gründen hat man schon immer den Bischof Otto von Freising als den größten Geist seiner Zeit nicht nur in Bayern, sondern im ganzen Reich eingeschätzt, und unter den Geschichtsschreibern des Mittelalters nimmt er überhaupt unbestritten den ersten Rang ein. Otto war der Sohn jenes Markgrafen von Österreich, der 1105 durch die Hand der Kaiserstochter Agnes für den Anschluß an Heinrich V. gewonnen wurde, und der damit aufstieg in die erste Reihe der deutschen Fürsten. Er war damit auch der Stiefbruder König Konrads von Hohenstaufen und er war der Onkel Barbarossas, er war also nicht ein beliebiges Glied der Reichskirche, fernab von den großen Ereignissen in sein Bistum verbannt, sondern er hatte Verbindung zu allen großen politischen Mächten im Reich, er hat die Ereignisse selbst mitgestaltet und hat sie deshalb auch tiefer durchschaut als alle Geschichtsschreiber, die eine solche Nähe zu den führenden Gestalten nicht aufweisen konnten. Aber nicht der Gehalt an aktuellen Nachrichten macht seine Werke so wertvoll, sondern die große Schau der Geschichte, in seiner Chronik von den zwei Reichen und in seinem Buch über die Taten Friedrichs I. Alle großen Bewegungen seiner Zeit haben in diesem reichen Geist einen Widerhall gefunden. Er kannte die Scholastik – er hatte in Paris studiert –, er hat sie bejaht, er hat Methode und geistige Haltung der Scholastik übernommen, er hat sich aber nicht an sie verloren. Neben der Analyse findet sich in seinem Werk auch die große mystische Schau des Symbolismus. Auch Rupert von Deutz war ihm Führer, denn der Historiker lebt nicht nur von der Zergliederung der Wirklichkeit, sondern er lebt auch von der großen Schau des Zusammenhangs der Ereignisse. Er bedarf auch des tiefen Gefühls für den rechten Ort der Dinge, für ihre Wertung und für ihr Gewicht. So ist nicht nur Gerhoh von Reichersberg typisch für die geistige Haltung des bayerischen Stammes, nicht nur das trotzige Beharren auf den Ordnungen der Vergangenheit, sondern auch das umsichtige Verschmelzen von Altem und Neuem ist ein beherrschender Zug in diesem Stamm, der die Tradition so hoch hält, daß er vielen als rückständig erscheint. Otto von Freising kannte die „Civitas Dei" des heiligen Augustinus, es ging ihm darum, wie Johannes Spörl einmal sagt, in einer visionären Schau des wahren Imperium Christianum den Weg zu zeigen, wie sich die „Civitas Dei" auf Erden verwirklicht, anders also als bei Augustinus, für den die Verwirklichung erst in der Transzendenz möglich ist, der also den Ablauf der Weltgeschichte hintergründig, symbolisch sieht. Otto von Freising war aber gleichzeitig ein echter Historiker, der nicht nur, wie Gerhoh von Reichersberg, Geschichte deutet, sondern zu allererst Geschichte erzählt, lebendig, bewegt, mit weitem Blick für Ereignisse, Personen und politische Mächte, und bei aller persönlichen Verflechtung in die Geschichte der Zeit mit erstaunlicher innerer Unabhängigkeit. Wie die mittelalterlichen Geschichtsschreiber vor und nach ihm, hat auch er seine Vorlagen, aber er benützt sie mit Nüchternheit und nahezu kritischer Selbständigkeit. Was ihn über alle hebt, ist die klare Formung des Gedankens, der anschauliche, aber auch stets geschliffene Ausdruck, und über alle formalen Vorzüge hinaus die erschütternde innere Ergriffenheit vom großen Gang der Dinge. Es ist hier nicht der Ort, weiter auszuholen zu einer Gesamtwürdigung dieses größten Geistes seiner Zeit aus dem bayerischen Stamm. Otto von Freising gehört der Weltgeschichte an, die er als einer der größten Geschichtsschreiber auch dargestellt hat. Freilich, auch Otto von Freising hat vergebens versucht, noch einmal einen Weg zu finden zurück zur alten Einheit der einen Ecclesia, er hat versucht, zur Harmonie aller Dinge und Wesen zu gelangen, aber er hat selbst gespürt, daß dafür wenig Hoffnung bestand. In seinem letzten Werk, der Geschichte der Herrschaft Friedrichs I., hat er trotzdem diese seine Hoffnung über die Skepsis gestellt.

Diese Offenheit für die Welt ist bereits ganz und gar das Signum der kommenden Epoche, der großen Zeit des Reiches unter den Staufern. Im ganzen Reich strebt die kulturelle Entwicklung jetzt jenem Höhepunkt zu, der in Bayern schon einige Jahrzehnte zuvor erreicht worden war, der aber das ganze Jahrhundert hindurch anhielt, charakterisiert durch geniale Persönlichkeiten von einer Fülle, wie sonst niemals mehr in der bayerischen Geschichte. Auf den großen Gelehrten Gerhoh von Reichersberg, auf den genialen Geschichtsschreiber folgen die großen Dichter, die sich dann um 1200 zusammenfinden wie nur noch ein halbes Jahrtausend später in der deutschen Klassik. Ein solcher Höhepunkt wird nicht im ersten Anlauf erreicht. Die Entwicklungsgeschichte der deutschen Dichtung, der Dichtung auch in Bayern, setzt, nachdem der erste Höhepunkt unter den Karolingern wieder abgeklungen war, ein um die Mitte des 11. Jahrhunderts. Die gesteigerte Erregbarkeit zur Zeit des Investiturstreits, der Kreuzzüge, die geistigen Auseinandersetzungen, die zu einem völlig neuen Denkstil führten, äußerten sich auch in einem Neubeginn der Dichtung, und schon bald, nach ersten Versuchen religiöser Verskunst, kommt es noch in der ersten Hälfte des 12. Jahrhunderts zu den großen Epen; ob sie in Regensburg entstehen, durch einen Kanoniker an der alten Kapelle, den Pfaffen Konrad, wie man glauben will, bleibe dahingestellt. An der Kaiserchronik hat ein Pfaffe Konrad wenigstens beträchtlichen Anteil, das Rolandslied ist ganz sein Werk. Die Kaiserchronik feiert die Übertragung des Imperium Christianum von den Römern über die Franken auf die Deutschen und preist die großen Gestalten in der Geschichte dieses Reiches. Es ist ein Werk, das unberührt erscheint vom schweren, düsteren Ernst Gerhohs von Reichersberg, das in seinem gläubigen Vertrauen in die Harmonie der Welt die große Epoche der deutschen Dichtung nicht weniger vorbereitet als durch sein Streben nach hoher formaler Kunst. Noch steht um diese Zeit die deutsche Dichtung im Schatten der französischen. Das wird besonders deutlich beim Rolandslied, das der Pfaffe Konrad einem Werk des Chrestiens de Troyes nachgebildet hat. Er hat freilich die gefällige, elegante Vorlage nicht erreicht, er ist auch in der Durchformung des ganzen Werkes seinem Vorbild nicht gleichgekommen, aber er hat wenigstens versucht, den Gehalt des Werkes zu vertiefen. Er hat aus Roland, dem Kämpfer für die Ehre Frankreichs, den Helden eines Kreuzzuges gemacht, eine Wendung, die in der Zeit alles überwältigender Kreuzzugsbegeisterung natürlich war, die das Werk aber doch über die bloße sklavische Nachahmung hinaushebt.

Diese früheste Stufe der deutschen Epik ist in Bayern selbst nicht weiterentwickelt worden. Hier kehrt, das ist eigentümlich und bisher noch nicht erklärt, die poetische Neigung sehr bald wieder zurück zur altererbten lateinischen Sprache. In Tegernsee, wo ein Jahrhundert zuvor der Ruodlieb gedichtet wurde, als Schilderung der Erlebnisse eines fahrenden Ritters, so etwas wie ein Vorläufer des Parzival, entstehen in rascher Folge um die Mitte des 12. Jahrhunderts die Quirinalia des Metellus, die dichterische Lebensbeschreibung des Märtyrers Quirinus, ein Werk, das in außerordentlicher Kenntnis der lateinischen Literatur, vor allem eines Horaz und Virgil, den lateinischen Vers zu einem ebenso geschmeidigen Werkzeug des Dichters werden läßt wie die deutsche Sprache es um die gleiche Zeit wurde, entsteht der „Ludus de Antichristo", das großartigste lateinische Drama des Mittelalters, ein Werk von großer dichterischer Kraft, anschaulich, einprägsam, mit erschütternder Erlebnisfähigkeit gestaltet. Es handelt vom Endkaiser, der sich die universale Monarchie erkämpft und dann seine Krone dem Pantokrator weiht, sich also demütig dem Erlösungsplan unterordnet, und es handelt vom Antichrist, der diesen Kaiser niederkämpft, Volk um Volk unterwirft, bis ihm die ganze Welt huldigend zu Füßen liegt, der aber zum Schluß doch in Sturz und Vernichtung endet, während das Reich Christi triumphiert. Eigentümlich ist die Diskrepanz zu den Werken Gerhohs von Reichersberg, der am Ende seines Lebens, im Anblick des Schismas von 1159 und seiner Folgen gerade den Kaiser selbst in die Nähe des Antichrist rückt und in hoffnungsloser Verzweiflung Staat und Kirche der Herrschaft der Avaritia anheimgegeben sieht, die keine menschliche Größe besiegen kann, sondern erst das Jüngste Gericht in schrecklicher Strenge beendet. Dichterische Gestaltung ist aus dieser pessimistischen Schau der Dinge schlecht möglich.

Die dichterische Begabung des bayerischen Stammes hat nach diesem Höhepunkt um die Mitte des 12. Jahrhunderts erst wieder um 1200 ein großes Werk hervorgebracht, eines der größten Werke der deutschen Literatur überhaupt, das Nibelungenlied. Es ist entstanden im Umkreis des bischöflichen Hofs zu Passau, wie die Analyse der Sprache und des Inhalts nahelegt, aber es wurzelt zugleich in archaischen Tiefen. Das Nibelungenlied ist ein Zeugnis dafür, wie gerade in Bayern die alte deutsche Heldendichtung sich Jahrhunderte hindurch erhalten hat, ohne daß wir sagen könnten, auf welche Weise. Plötzlich tritt eine Neugestaltung des alten Stoffes wieder ans Licht, und es wäre erstaunlich, wenn nicht der gewaltige Stoff der urtümlichen Sage vom Dichter als Herausforderung betrachtet worden wäre. Er hat diese Herausforderung angenommen und er hat sie bestanden. Es ist ihm gelungen, die heroische Grundkonzeption ungeschmälert zu bewahren und doch höfische Darstellungsformen und die höfische Empfindungs- und Vorstellungswelt, jene Welt, in der er selbst lebte und die allein seinen Lesern und Hörern angemessen erscheinen mochte, der Größe des Stoffes gemäß zu gestalten. Die veredelnde Wirkung der Minne, die Züge von Menschlichkeit und Großmut, die durch Rüdiger von Pöchlarn und Dietrich von Bern in den zweiten Teil der Dichtung hineingetragen werden, sind das Wichtigste, was der Dichter dem großen Stoff hinzufügt. Sein eigentliches Werk ist aber die neue Fügung des Liedes zum Ganzen und die Sprache, die sowohl die Anmut der Minne wie den Zorn des Streites und die düstere Tragik des Unterganges auszudrücken weiß.

Die deutsche Sprache, wie sie auch in Bayern mitgeformt wurde, ist jetzt auf der Höhe des Mittelalters bereits ein Werkzeug von hoher Vollkommenheit, die auch die Wiedergabe der feinsten seelischen Regungen, tiefer lyrischer Empfindung erlaubt. Auch die Lyrik, die sich ebenso wie die epische Dichtung an französische Vorbilder anlehnte, an den provençalischen Minnesang, findet am Hof Wolfgers von Passau aufmerksame Pflege. Ein weiterer Mittelpunkt der neuen Lieddichtung ist der Hof der Babenberger, wo wir Reinmar finden, in seiner Schule dann Walter von der Vogelweide, den größten deutschen Lyriker. Wir können nicht mit Sicherheit sagen, woher er stammt, ob aus Südtirol oder aus Österreich. Er war aber bayerischer Abkunft, wie seine Sprache zeigt. Im Raum des heutigen Bayern aufgewachsen und berühmt geworden ist dann Neidhart von Reuenthal, den Ludwig I., der Kelheimer, an seinen Hof zog. Seine unmittelbare Natürlichkeit, seine kraftvolle, sinnenfällige Sprache hat seiner Art zu dichten eine lange Nachwirkung beschieden. Wie Walter von der Vogelweide hat er ebenfalls die Natur hereingenommen ins Liebeslied, er läßt sie geradezu mitwirken bei der Erzeugung der Stimmung. Für die Fortentwicklung der politischen Spruchdichtung aber, die Walter auf den Höhepunkt geführt hat, war die Zeit nicht mehr günstig, das Reich hatte seine Faszination verloren. Auch für den größten Dichter aus bayerischem Stamm, den größten Dichter des deutschen Mittelalters überhaupt, Wolfram von Eschenbach, war das Reich nicht mehr wie für Walter das Heiligtum, um das sein Lied kreist, das Trauer, Zorn und „hohen Muet“ weckt. Er hat in seinem Parzival ein größeres Thema ergriffen, das Ritterleben zwischen Welt und Gott, wie Hans Fischer es formuliert, er hat die abenteuerliche Vorlage Chréstiens von Troyes umgestaltet zu einem Epos, das an die höchsten Probleme irdischer Wanderschaft rührt, und er hat schließlich daraus die vollkommene Gestaltung der Ideale seiner Zeit gemacht. Er hat im Parzival, dem Ritter des Grals, eine Gestalt geschaffen, in welcher die dem vorausgegangenen Jahrhundert verlorengegangene Einheit wiedererweckt wurde, die Einheit zwischen Welt und Gott, zwischen Rittertum und Christentum, denn Wolfram zeigt im Parzival, daß der ritterliche Geist, der Geist also seiner Zeit, der christliche Geist in Vollendung sei, daß die sittliche Vollendung des Menschen gegeben sei mit der Vollendung christlicher Ritterschaft. Er hat damit nicht einen einzigen Stand herausgehoben, sondern hat damit umgekehrt diesen einen Stand fest verbunden mit den Idealen seiner Zeit. Rittertum ist nicht nur Minnedienst, sondern Dienst an allen, die verlassen und bedrängt sind. Der Stolz des Ritters ist nicht Hochmut, sondern Treue; Demut und Selbstverleugnung allein führen zum Gral, zum höchsten irdischen Heiligtum, dem Abbild des himmlischen.

So gedrängt dieser Überblick auch ausfallen mußte, es wird klar geworden sein, daß der Ausgang des 12. und der Beginn des 13. Jahrhunderts die größte Kulturblüte des bayerischen Stammes anzeigen. Freilich steht meist dem Höhepunkt der Abstieg nahe, das gilt aber für jede klassische Epoche. Wie sehr dabei Geist und Geschichte auseinander gerieten, ist wohl im einzelnen schwer auszumachen, aber schon dem flüchtigen Beobachter wird deutlich, daß nach den ersten Jahrzehnten des 13. Jahrhunderts hier wie dort der hohe Rang der vorausgegangenen Zeit nicht mehr zu behaupten war, daß eine neue Epoche anbricht.

Die Grundlegung des Landes Bayern: Das Herzogtum der Wittelsbacher

Am 16. September 1180 belehnte Kaiser Friedrich I. Barbarossa zu Altenburg, im damaligen Reichsland Pleißen, den bayerischen Pfalzgrafen Otto von Wittelsbach an Stelle des abgesetzten Heinrich des Löwen mit dem Herzogtum Bayern. Warum die Belehnung so spät erfolgte, wissen wir nicht, vermutlich waren die schwierigen Verhandlungen über die Neugestaltung der Verhältnisse im deutschen Südosten noch nicht abgeschlossen. Im April des Jahres bereits war auf dem Reichstag zu Gelnhausen über Sachsen verfügt worden; der westliche Teil jenes Gebietes, das den Namen Sachsen trug und das auch Heinrich der Löwe nicht gänzlich mit seiner Herzogsherrschaft hatte durchdringen können, war als neues Herzogtum Westfalen dem Kölner Erzbischof übertragen worden, Ostsachsen hatte mit dem Titel eines Herzogs von Sachsen der hartnäckige Gegner des Welfen Bernhard von Anhalt aus dem Hause der Askanier erhalten. Auf einem Reichstag in Regensburg im Juni war auch auf bayerischem Boden die im Januar in Würzburg vollzogene Absetzung noch einmal feierlich verkündet und von den anwesenden Großen Bayerns bestätigt worden. Einen neuen Herzog erhielt das Land jedoch noch nicht, obwohl schlecht ein anderer Kandidat denkbar war als der Pfalzgraf des Landes, der bisher schon stets sowohl als Vertreter des Königs gegenüber dem Herzog wie als Stellvertreter des Herzogs im Gericht und bei der Wahrung des Landfriedens in Erscheinung getreten war. Er genoß, als enger Vertrauter Barbarossas, dessen Politik er unter großem persönlichen Einsatz seit 1152 stets mitgetragen hatte, höchstes Ansehen im Reich, aber auch als Pfalzgraf von Bayern; er war der letzte, der mit diesem Rang außerhalb Bayerns Beachtung fand.

Auch im Spätherbst 1180 waren jedoch, wie es scheint, die aufgetretenen Schwierigkeiten noch nicht ausgeräumt. Am 23. November hielt Herzog Otto, wie es dem Herkommen entsprach, seinen ersten Landtag in Regensburg, dem Vorort Bayerns. Dieser erste Landtag war bestimmt für die Huldigung der Großen des Landes, der Bischöfe, Markgrafen, Grafen und Herren an den neuen Herzog. Diese Huldigung bedeutete die Anerkennung der herzoglichen Oberhoheit. Sie war bisher auch von keinem der Herren, die zum Lande Bayern gehörten, verweigert worden, doch jetzt, so berichtet der Chronist des niederösterreichischen Zisterzienserstifts Zwettl, weigerten sich die Grafen und einige der freien Herren, dem Herzog zu huldigen. So war es sicher kein Zufall, daß wir außer dem Burggrafen Friedrich von Regensburg und Graf Heinrich von Frontenhausen keinen Grafen kennen, der bei diesem Landtag zugegen war. Auch wenn sich in dieser Hinsicht in den nächsten Jahren die Lage wieder gebessert hat, so war doch mit den mächtigsten dieser Grafen des Landes in Zukunft nicht mehr zu rechnen, schon beim Amtsantritt des neuen Herzogs trat also die Herzogsherrschaft in eine Krise, die leicht tödlich werden konnte.

Der Kaiser, der offenbar ganz bewußt die Situation von 1180 zu einer Zerschlagung der großen Machtkomplexe im Reich ausnützte, tat nichts, um die Krise zu mildern, im Gegenteil; jetzt, 1180, wurde die seit der Erhebung Österreichs zum Herzogtum zielstrebig ins Auge gefaßte Loslösung der Steiermark von Bayern durch den Kaiser in aller Form bestätigt. „Otakar von Steir hat den Namen Markgraf in die Würde eines Herzogs umgewandelt, und von dem Kaiser empfangen", so stellt der Chronist von Zwettl im Anschluß an seinen Bericht über die Huldigungsverweigerung der bayerischen Grafen fest. Nachdem noch 1176 Heinrich der Löwe in Enns, im Gebiet der Grafschaft an der Traun, als Wahrer des Landfriedens hatte in Erscheinung treten können, wird in Zukunft auch diese Grafschaft Otakars zum Herzogtum Steiermark gerechnet, obwohl sie nie zur Mark gehört hatte, und geht 1192 mitsamt dem Herzogtum in den Besitz der Babenberger über, entsprechend dem Testament Otakars und dessen Bestätigung durch den Kaiser. Ein amtlicher Eingriff des Kaisers, so scheint es, erhob im Verlauf des Jahres 1180 auch den Grafen Berthold IV. von Andechs zum Herzog und entzog ihn damit, zweifelsohne auch seine Besitzungen, der Hoheit des bayerischen Herzogs. Vermutlich war das eine der Voraussetzungen für das Stillhalten dieses mächtigsten bayerischen Grafenhauses, als die Wittelsbacher dem Kreis der Grafen entwuchsen. Anders läßt sich die Tatsache nicht deuten, daß Herzog Konrad von Meranien, Graf von Dachau, aus dem Hause Wittelsbach, noch lebte, als Berthold sein Nachfolger wurde; er wurde also gewissermaßen aus der Erbmasse des Gesamthauses Wittelsbach für den Aufstieg der konkurrierenden Familie entschädigt. Es kann keinem Zweifel unterliegen, daß der Herzog von Meranien als Reichsfürst vom bayerischen Herzogtum eximiert war, er war nicht mehr verpflichtet zur Hoffahrt und zum Besuch der herzoglichen Landtage, der Herzog konnte keinen Rechtsfall im Herrschaftsgebiet der Meranier an sich ziehen. Herzog Berthold stand in den Zeugenreihen der Kaiserurkunden stets unter den Reichsfürsten, einmal sogar vor dem Herzog von Bayern. Die bayerischen Grafschaften Andechs, Wolfratshausen und Formbach mit den Burgen Neuburg und Schärding, die Heinrich, der Sohn Bertholds zusammen mit der Markgrafschaft Istrien erhalten hatte, gehörten aber weiterhin zum Herzogtum. So stand er als bayerischer Graf dem Herzog nicht anders gegenüber als die übrigen Grafen, mit all den rechtlichen Konsequenzen aus dieser Stellung. Das muß freilich nicht heißen, daß der Zustand von 1180 unveränderlich war; als 1228 Heinrich von Istrien starb und Otto VII. von Meranien sich mit Hilfe des deutschen Königs das Erbe seines Bruders erkämpfte, war durchaus die gleiche Entwicklung möglich wie mit dem Traungau, der durch seine Bindung an die Person eines Reichsfürsten schließlich Bestandteil der Steiermark wurde und dem Herzogtum für immer entfremdet blieb. Das Argument Fickers, daß das Herzogtum Meranien kein echtes Reichsfürstentum war, sondern nur das Herrschaftsgebiet eines Reichsfürsten, weil es 1248 wieder in seine ursprünglichen Bestandteile zerfiel, berücksichtigt weder die Wirkung der Zeit noch die Entwicklungsmöglichkeiten, die mit dem Besitz der nicht vom Herzog, sondern vom Bischof von Brixen lehenrührigen Grafschaften Norital und Pustertal gegeben waren. Zusammen mit der Vogtei über die Reichsklöster Tegernsee und Benediktbeuern und den bayerischen Grafschaften bildeten sie einen machtvollen Kern, dem es an Anziehungskraft nicht fehlte. Es war sehr wohl möglich, das zeigen die Vorgänge von 1233, daß unter bestimmten politischen Konstellationen der Süden des Herzogtums völlig verloren ging, nicht nur Tirol, sondern auch weite Landstriche nördlich der Alpen.

Wie auch immer die staatsrechtliche Situation um 1180 gewesen sein mag, auch wenn die Grafschaften Andechs und Wolfratshausen noch zum Verband des Herzogtums rechneten, so war doch ihre praktische Abhängigkeit durch die Verbindung mit einem selbständigen Fürstentum ohne jeden Belang. Noch lokkerer war das Band, das den nach Westen anschließenden Grenzstreifen am Lech mit dem Herzogtum verband, den Lechrain. 1180 gehörte er noch zum Herrschaftsgebiet des Herzogs Welf VI., der als Herzog von Spoleto in den Urkunden stets unter den Reichsfürsten genannt wird; von einer Exemtion seiner schwäbischen und bayerischen Besitzungen von den jeweiligen Herzögen ist zwar nichts bekannt, ebenso wenig zeigen die Quellen aber auch Zeichen irgendwelcher Abhängigkeit. Vollends seit der Herzog die Anwartschaft auf sein Erbe an seinen Neffen Barbarossa verkauft hatte, ist von Beziehungen zum Herzogtum Bayern im Welfenbesitz am Lechrain nichts mehr zu bemerken, statt dessen häufen sich Hoheitsakte des schwäbischen Herzogs, des Barbarossasohnes Friedrich. 1191 schließlich, nach dem Tode Welfs VI., fiel der gesamte Herrschaftsbereich Welfs VI. an die Staufer und verschmolz mit ihren übrigen Besitzungen zu einer neuen Einheit; zusammen mit dem Herzogtum Schwaben wurde auch das bayerische Gebiet am Lech dem Reich inkorporiert, das Prämonstratenserstift Steingaden und das Augustinerchorherrnstift Rottenbuch wurden Reichsstifte.

Wie die Randgebiete im Osten und Westen, so war auch der nördliche Grenzbereich, der Nordgau, um 1180 in Gefahr, dem Herzogtum größtenteils entfremdet zu werden. Als 1188 Graf Gebhard von Sulzbach starb, wurde jener Vertrag von 1174 wirksam, der die Bamberger Kirchenlehen der Sulzbacher an den staufischen Besitz um Eger und Nürnberg anschloß. Der Großteil des Nordgaues war damit ebenfalls in der Hand des Kaisers. Das gesamte Ergebnis der staufischen Territorialpolitik in Bayern war die Umklammerung des Herzogtums von Westen und Norden her, eine strategische Situation, die militärischen Widerstand gegen die staufischen Könige so gut wie aussichtslos machte.

Im Osten, Westen und Norden war damit der Wirkungsbereich des neuen Herzogs empfindlich begrenzt, im Süden war der Entfremdungsprozeß sogar schon weiter fortgeschritten. Der Bischof von Brixen, dessen Zugehörigkeit zum Lande Bayern noch ein Jahrhundert später von herzoglicher Seite aus mit Nachdruck festgestellt wurde, war zuletzt 1161 seiner Pflicht zur Hoffahrt nach Regensburg nachgekommen, die Grafen von Tirol, Eppan, Moreit-Greiffenstein, welche Vasallen der Bischöfe von Trient und Brixen waren, nicht des bayerischen Herzogs, sind weder auf Reichstagen in Bayern noch auf Landtagen je nachzuweisen. Seit 1170 etwa war dann das Haus Andechs im Besitz der Grafschaften im Norital und im Pustertal, gleichzeitig war ein Andechser Bischof von Brixen; ob noch einmal je der bayerische Herzog, wie 1157 Heinrich der Löwe, seine Hoheit im Land im Gebirge zur Geltung bringen konnte, war wohl schon 1180 sehr zweifelhaft.

Nicht nur der Bischof von Brixen, sondern auch die übrigen Bischöfe Bayerns versuchten in den nächsten Jahrzehnten, sich der herzoglichen Hoheit zu entziehen. Die Randlage der bischöflichen Besitzungen von Salzburg, Passau und Eichstätt tat ein übriges, das Erstarken der zentrifugalen Kräfte zu beschleunigen. Diese Kräfte waren aber bald spürbar auch tief im Kernraum des Herzogtums, nicht nur an den Rändern, wo etwa im Südosten die Grafen von Peilstein und Plain schon seit der Mitte des 12. Jahrhunderts in näherer Verbindung zum Herzog von Österreich und zum Markgrafen der Steiermark standen als zum Herzog von Bayern. Es mußte schon dem ersten Herzog aus dem Hause Wittelsbach klar sein, daß der Zerfall des Herzogtums unaufhaltsam fortschreiten würde, wenn es nicht gelang, Mittel dagegen zu finden, daß auf jeden Fall die Einheit des Landes aufs äußerste gefährdet war. Welchen Wert schon die Zeitgenossen auf diese Einheit legten, zeigt die Begründung im Testament des letzten Herzogs der Steiermark, Otakars VII., für die Übereignung seiner Herrschaft an die Babenberger: „Damit sein Land, das sich eng an das Unsere anschließt, unter der Wirkung einer einzigen Friedenswahrung wie der gerechten Herrschaft eines einzigen Fürsten für beide um so leichter gelenkt werden könne.“ Es ging also nicht nur um Herrschaft, um Ausdehnung des persönlichen oder auch amtlichen Machtbereichs, die klar gefaßte Aufgabe des Herrschers war die Wahrung des Friedens und Durchsetzung der Gerechtigkeit, dafür bedurfte es der einheitlichen Amtsgewalt hin über das Land.

In der Tat war eben das die historische Leistung der ersten Herzöge aus dem Hause Wittelsbach, daß sie dem Verfall des Landes Einhalt geboten und daß es ihnen gelang, in zielstrebiger Bemühung durch Generationen hin einen Staat zu schaffen, der als Garant der Rechtsordnung und des inneren Friedens durch Jahrhunderte hin in seiner Bedeutung nicht überschätzt werden kann. Um alle positiven Wirkungen in einem Zusammenhang zu verdichten, sei nur hingewiesen auf den großen Bauernkrieg von 1525; daß er Bayern verschonte, war kein Zufall, sondern der Ausfluß jener Ordnung, die durch einen kraftvollen Staat garantiert wurde. Diese Leistung der Wittelsbacher war sicher nicht einmalig, die Staatsbildung als Ergebnis der Territorienbildung ist eine allgemeine Erscheinung der Epoche, doch der darauf hinführende Prozeß vollzog sich in Bayern sowohl mit besonderer Intensität als auch mit beispielhaftem Erfolg.

Die Welfen hatten zwar trotz aller Wechselfälle eine Dynastie zu gründen vermocht, die über ein Jahrhundert hin die herzogliche Würde in Bayern innehatte, doch Bayern wirklich zu beherrschen war ihnen nie gelungen, auch Heinrich dem Löwen nicht. Die Einheit des Landes allerdings hatte Heinrich der Löwe behauptet, unter Verlust freilich der Ostmark, und die herzogliche Stellung hatte er wenigstens im Anspruch ungeschmälert an den Nachfolger weitergegeben. Das Land Bayern war immer noch eine Einheit in höherem Sinne als dem der bloßen Besitzrechte und Machtansprüche, als Geltungsbereich des bayerischen Volksrechts und der Landfriedenshoheit des Herzogs, als die räumliche Entsprechung jener Ganzheit aus Fürst, Adel, Kirche und Volk, die Gesamtheit der Freien, die in Erscheinung tritt in den Landtagen und die eben nur als Ganzheit die politischen Entscheidungen beschließt, als Personenverband, aber einem Gebiet zugeordnet, in dem dieser Verband allein zu vollem Recht wirksam werden kann. Es umfaßte noch immer alle Herrschaftsgebiete des Adels und der Kirche, so weit sie nicht förmlich aus dem Land ausgegliedert waren, entsprechend war die Bezeichnung, die für diese Einheit gebraucht wurde. 1242 versteht der Chronist von Reichersberg unter „terra nostra" Bayern in seiner alten Ausdehnung, bis 1244 verwendet man diesen Ausdruck, wo man den hohen Adel des ganzen bayerischen Rechtsgebietes meint. „Omnis Bavaria" oder „Tota Bojaria" kann man ebenso lesen, beim Erzbischof zu Salzburg oder in Äußerungen Unbekannter, wie auch der Herzog selbst sich nennt „Totius Bavariae dux". 1183 noch klingt die alte Vorstellung vom Land als der Einheit gleichen Rechts an, in der Formel „legalis consuetudo terrae Bavariae", und König Rudolf I. spricht von den Bischöfen von Bamberg bis Brixen als zu dem „Land ze Bairn" gehörig. Dieser bis zum Jahrhundertausgang festgehaltenen Auffassung vom Lande Bayern als umfassender Einheit entsprach lange Zeit auch der herzogliche Anspruch auf amtliche Überordnung über dieses Land. Es blieb auch nicht beim bloßen Programm. Wie Heinrich der Löwe, so haben auch noch Otto I. und Ludwig I. die „prerogativa ac exzellencia Bavaricae dignitatis" in ihrer Herrschertätigkeit in vollem Umfang zu Geltung gebracht, „sichtbarer Ausdruck der Einheit des Herzogtums und der Macht seines Trägers" (P. Schmid) waren vor allem die Landtage, die der Herzog berief. An die 17 solcher Versammlungen bis 1255 sind bekannt, die zum Teil in zentralen Orten oder solchen, die es bald werden sollten, stattfanden, zu Regensburg, Straubing, Landshut oder München, zum Teil aber auch auf Kirchengrund. Obwohl der Herzog dazu berief, waren diese Landtage keine Stätte ausschließlicher herzoglicher Willenskundgebung, sondern sie dienten der Repräsentation des Landes und der Willensäußerung seiner Vertreter, des hohen Adels und der Bischöfe. Bischöfe, Grafen und Edelfreie also folgten dem Gebot des Herzogs, es fehlten nur die Bischöfe von Brixen und Augsburg. Unter den Grafen werden der Markgraf von Hohenburg, die Grafen von Ortenburg, Lebenau, Kirchberg, Dornberg, Rodeneck und der Landgraf von Leuchtenberg erwähnt, der Graf von Bogen, auch Burggraf Friedrich zu Regensburg oder Graf Heinrich von Frontenhausen, vor allem viele der Edelfreien, zunehmend auch mächtige Ministerialen. Es ging auch stets um Angelegenheiten des Landes, um Fragen der Sicherung der Grenzen wie 1241, als die Mongolen bis Schlesien und Ungarn vorgedrungen waren, um Besitzstreitigkeiten, meist zwischen der Kirche und einzelnen Dynasten, um Streitfragen zwischen Bischöfen und ihren Lehensleuten, Klöstern und ihren Vögten. Der Herzog erfüllte auf diese Weise seine Aufgabe, den Frieden zu wahren und das Recht zu schützen, vor allem wuchs dem Herzog Autorität über das ganze Land zu, wenn er durch Verkündigung eines Landfriedens als die einzig zentrale Instanz in Erscheinung trat.

Zur gleichen Zeit erlosch allerdings mehr und mehr die richterliche Tätigkeit des Herzogs im alten Sinn, damit verloren aber auch die alten Landtage ihre Berechtigung, sie werden in der Tat immer seltener, seit 1240 änderte sich auch ihr Charakter. Dieser Landtag von 1240 zu Straubing kam nur noch deshalb zustande, weil der Erzbischof von Salzburg dorthin zu einer Versammlung der Bischöfe eingeladen hatte; dem bloßen Gebot des Herzogs blieb jetzt, in einer Zeit, wo durch den neu aufgeflammten Streit zwischen Kaiser und Papst alle Autorität ins Wanken geraten war, keine Geltung mehr. 1256 fand dann überhaupt die letzte Versammlung statt, zu der der Herzog, jetzt nur noch jener von Niederbayern, die Großen seines Landes zusammengerufen hatte. Freilich war damals die Zahl der Grafen bereits so zusammengeschmolzen, daß der Rest keine politische Bedeutung mehr hatte, die Edelfreien waren weitgehend in Abhängigkeit zum Herzog geraten, die Bischöfe dagegen traten jetzt endgültig aus dem Verband des Landes heraus. Das Land Bayern selbst schmolz seither mehr und mehr zusammen zur „terra ducis", zum Land des Herzogs allein.

Diese Entwicklung hatte also auch die Tatsache nicht zu verhindern vermocht, daß der Herzog 1244 und 1255 noch einmal als Initiator eines allgemeinen Landfriedens für Bayern und als Garant der Einhaltung dieses Friedens das ganze Land vertrat. Auch gegenüber den Besitzungen der Bischöfe hatte der Herzog noch einmal das Recht durchsetzen können, den Frieden auf den öffentlichen Straßen mit bewaffneter Hand zu schützen, er hatte also weit über sein engeres Herrschaftsgebiet hinaus sein Recht zur Geltung gebracht, allein legitime Gewalt zum Schutz des Friedens zu üben. Die Durchsetzung freilich seiner herrschaftlichen Gewalt im Lande wurde nicht schon durch die Verkündigung des Landfriedens bewirkt, der Friede selbst mußte erst durchgesetzt werden, dazu aber war jene Macht die unerläßliche Voraussetzung, die der Herzog im Lande geltend machen konnte. Schon damals war diese Macht begrenzt durch die wachsende Gebietshoheit der Bischöfe; sie traten auch bei diesem Landfrieden wie bei späteren nicht als bloße Befehlsempfänger des Herzogs in Erscheinung, sondern als gleichberechtigte Partner. Den Landfrieden von 1281 vollends verkündete wieder, wie immer in den Zeiten starker Königsherrschaft, Rudolf I. selbst; auch wenn darin Bayern im Umfang von 1180 noch einmal als „Land", als einheitliches Rechts- und Friedensgebiet bezeichnet wurde, so faßte hier doch nur der König eine Reichsprovinz zusammen; es war nicht mehr jenes Herrschaftsgebiet gemeint, das dem Herzog unterstand; das Land und das Herzogtum waren längst keine Einheit mehr.

Die staatsrechtliche Entwicklung des Herzogtums Bayern verläuft also seit 1180 grob gezeichnet in zwei Phasen, deren erste sich als grundsätzliches Festhalten an der Rechtsstellung des Stammesherzogs darstellt, mit ausdrücklicher Betonung der Einheit des Landes, der Prärogative des Herzogs einschließlich seiner Landfriedenshoheit. Ungeachtet der fortschreitenden Aushöhlung dieser

Rechtsstellung insgesamt wie einzelner Rechte bleibt dieser Anspruch bestehen bis zur Mitte des 13. Jahrhunderts und bestimmt, vor allem was den Anspruch des Herzogs auf Lehenshoheit über alle Lehensträger im Land angeht, auch das Vorgehen im einzelnen, bis das Ziel erreicht ist, nicht die Wiederherstellung des Herzogtums in der Gestalt von 1180, sondern die Schaffung eines neuen Herzogtums, das in mancher Hinsicht weniger war als das Herzogtum Heinrichs des Löwen, in vieler Hinsicht mehr, auf jeden Fall anders, das Herzogtum als geschlossenes Territorium.

Das Ziel der Entwicklung, die sich fast ein Jahrhundert hinzieht, ohne dabei übrigens den Idealzustand je zu erreichen, ist also die Konstituierung einer neuen Herrschaftsform, der Landesherrschaft. Auch bisher bildete, wie das nicht anders sein kann, das Land die räumliche Umgrenzung für Herrschaftsausübung aller Art; den reinen „Personenverbandsstaat" gibt es nur in Zeiten wie der Völkerwanderung oder der Mongolenzüge. Aber Theodor Mayer hat doch recht, wenn er für die Epoche bis ins hohe 12. Jahrhundert die persönlichen Bindungen der Herzöge an den König, der Dienstmannen an ihre Herren, der Vasallen an Graf, Herzog und König höher veranschlagt als die Verpflichtungen, die aus der Nutznießung verliehener Güter erwachsen, und der Rechte, die den Eigentümer an sein Land binden, wie auch das Recht überhaupt an einen Personenverband gebunden ist, an den Stamm, nicht an das Land. Noch im Verlauf des hohen Mittelalters jedoch ändert sich dieser Zustand, das Land entspricht durch den Zerfall der großen Herzogtümer nicht mehr dem Siedlungsgebiet des Stammes, die Stammeszugehörigkeit wird geradezu ersetzt durch die Landeszugehörigkeit, die geschichtsbildende Kraft, die das bewirkt, ist das Landesfürstentum, das Ergebnis ist der institutionelle Flächenstaat. Jetzt werden die kleineren Einheiten, die sich nach Zerschlagung der großen Herzogtümer gebildet hatten, mit gleichmäßig gestalteten Institutionen überzogen, sie werden durchdrungen mit jenen Machtmitteln, die den Beherrschern der größeren Einheit fehlten, da ihnen eine jahrhundertelange Tradition außerhalb der eigenen, vom Familienerbe gebildeten Adelsherrschaft die direkte Herrschaftsausübung verwehrt hatte. Die Ordnung des Reiches war der allgemeinen Übereinkunft nach vom Lehensrecht bestimmt; in stufenförmiger Abfolge waren die Herrschaftsrechte der Herzöge, Grafen und Edlen vom König als Lehen ausgegangen, und wenn sie auch im Namen des Königs ausgeübt werden mochten, so wurden sie in Wirklichkeit eben doch nicht nach seinem Befehl ausgeübt. Die neben den Lehen in den großen Familien weitergegebenen eigenständigen Herrschaftsrechte über Land und Leute hatten in diesem System, der im Sachsenspiegel festgehaltenen Lehenspyramide, keinen Platz; sie aber bildeten das eigentliche Substrat der Landesherrschaft. Adelige Herrschaft über Land und Leute war mehr als bloße Amtsgewalt, wie Graf oder Vogt sie ausübten. Wenn beide sich verschmolzen, weil der mächtigste Grundherr gleichzeitig Graf und Vogt war, wenn es gelang, fremde Herrschaftsrechte aus einem Raum auszuschließen, übergeordnete Herrschaftsträger abzuschütteln, dann, kann man sagen, war der Prozeß der Territorialisierung in Gang gekommen. Diese Ableitung der Herrschaftsrechte von der Verfügungsgewalt über das Land, nicht mehr allein über Personen, wird selbstverständlich nicht in einer Art systematischer Gesetzgebungsarbeit gewonnen, sondern ist das Ergebnis einer langen Entwicklung. Das Herzogtum der Wittelsbacher stellt dabei bereits in den ersten Jahrzehnten des 13. Jahrhunderts die reifste Erscheinung dieser neuen Bildung dar.

Die unmittelbare Ausgangsbasis für den Aufbau eines mächtigen Territoriums war für das Haus Wittelsbach nicht entfernt so umfassend wie für die Welfen; allein aus dem Hausbesitz ein Herzogtum zu schaffen, wie 1235 Braunschweig-Lüneburg, war hier nicht möglich. Die Bildung eines Territoriums, d.h. die Vereinigung aller Hoheitsrechte eines Raumes in einer Hand, der Ausschluß aller anderen politischen Kräfte setzte aber ein gewisses Maß an Macht voraus, es mußte auch in dieser Epoche, die nur Machtschwerpunkte und Besitzmittelpunkte kannte, keine geschlossenen Herrschaften über weite Räume hin, ein Kraftzentrum vorhanden sein, das gewissermaßen ein Schwerefeld bilden konnte, nach dem sich alles im Umkreis ausrichtete. Bei den Wittelsbachern als Gesamthaus war das, als 1180 das Amt des bayerischen Herzogs an einen Angehörigen ihrer Familie kam, umfangreicher Hausbesitz entlang den Tälern von Paar, Ilm und Abens, von Aichach und Dachau bis Kelheim, dann östlich der Isar vom Rand des Ebersberger Forstes nach Norden bis vor Moosburg, nach Südosten ins Mangfalltal, schließlich der Hügelraum nördlich des Starnberger Sees. Im Nordgau gehörten seit Beginn des 12. Jahrhunderts verstreute Reichslehen um Creußen zum Besitz des Hauses, vor allem das Erbe der Lengenfelder, um die Burg Lengenfeld im Naabtal und das Vilstal bis vor Amberg. Dieser Hausbesitz schließt auch die Vogteigüter von zehn Klöstern ein, der Hausklöster Scheyern, Indersdorf und Ensdorf, dann der Gründungen des 1045 ausgestorbenen Geschlechts der Ebersberger, Ebersberg und Geisenfeld, auch Kühbach bei Aichach stand unter ihrer Vogtei; die Vogteien über das kleine Chorherrenstift Bernried und über das Prämonstratenserkloster Schäftlarn verwaltete die Dachauer Linie. Eine Art Zubehör zur Hochstiftsvogtei über Freising – deren Erwerbung wohl den Grund gelegt hat zum Aufstieg des Hauses – bildete die Vogtei über das Benediktinerkloster Weihenstephan und das Prämonstratenserstift Neustift bei Freising. Zusammen mit der Vogtei über die Besitzungen des Augsburger Reichsstifts St. Ulrich und Afra östlich des Lech und jener des Reichsstifts Obermünster in Regensburg gewährleistete der Gesamtbesitz des Hauses die Beherrschung des Nordwestens von Bayern südlich der Donau; in der Mitte, zwischen München und Landshut, war die wittelsbachische Position ebenfalls sehr stark, doch dann war das Territorium im wesentlichen zu Ende. Gesichert wurde es durch die Burgen Wittelsbach, Wartenberg und Kelheim im Besitz der Hauptlinie, Dachau mit der Herrschaft Valley im Besitz der beiden Nebenlinien, die nach ihren Hauptsitzen benannt wurden.

Seit 1180 standen darüber hinaus einige weitere Stützpunkte zur Verfügung, das Herzogsgut, das von alters her zum Herzogsamt gehörte und von dem noch einige wenige Besitzungen um Regensburg geblieben waren, dann das Reichsgut um Ranshofen und Braunau, das als Lehen an den Herzog ausgetan war, wohl auch Herzogenhall im heutigen Oberösterreich. Seit Heinrich dem Stolzen war der Herzog auch mit der Grafschaft im Unterinntal belehnt, die dem Bischof von Regensburg gehörte, und Heinrich der Löwe hatte Burg und Grafschaft Burghausen und die Hallgrafschaft an das Herzogtum gebracht, damit waren feste Positionen auch am Lauf von Salzach und Inn in der Hand des Herzogs. Auch die Wahrscheinlichkeit, daß München und Landsberg über 1180 hinaus im Besitz des Herzogtums geblieben sind, ist sehr groß, wie denn alsbald in seinem Besitz auch die vordem welfischen Klostervogteien Polling und Wessobrunn erscheinen. Diesem festen, einem geschlossenen Territorium schon sehr nahe kommenden Block von Gütern und Hoheitsrechten über Land und Leute fügten nun im Verlauf des nächsten Jahrhunderts die Herzöge aus dem Hause Wittelsbach Neuerwerbungen in großer Zahl an, bis um 1270 das neue Land Bayern Gestalt gewonnen hatte.

Otto I. war Herzog geworden zu einem Zeitpunkt, da die Entwicklung noch völlig im Fluß war. Er war noch Herzog mit voller richterlicher Gewalt, wie seine Vorgänger; Bischöfe und Grafen suchten seinen Hof, das Gefüge seiner Herrschaft schien nach außen hin durchaus stabil zu sein. Aber längst hatte auch das Herzogtum Bayern durch die territorialpolitischen Bestrebungen der Dynasten, vor allem aber des Königs seinen inneren Zusammenhang verloren. Zur gleichen Zeit war das Ansehen des Kaisers im Reich, ja in Europa, in einem solchen Maß gestiegen, daß er auch, selbst wenn der Herzog ihm einen solchen Machtzuwachs auf dem Boden des alten bayerischen Herzogtums hätte streitig machen wollen, für ihn völlig unangreifbar war. Aber selbst weniger mächtige Dynasten entzogen sich zunächst jedem herzoglichen Zugriff. Nicht anders, als es die Wittelsbacher selbst lange vor 1180 bereits getan hatten, waren alle die zahlreichen Grafen im Lande daran, aus ihren Grundherrschaften, Vogteien, Gerichtsrechten, Geleitsrechten und Lehen Territorien zu bilden und fremde Hoheitsträger aus ihnen zu verdrängen.

Zu einer eigentlichen Bewährungsprobe für den neuen Herzog ist es nicht mehr gekommen, da er schon 1183 auf der Burg Barbarossas zu Pfullendorf starb, als er vom Reichstag zu Konstanz heimritt, der den Frieden mit den lombardischen Städten besiegelte. Sein Grab liegt in Scheyern, zwei Söhne des Kaisers nahmen an seinem Begräbnis teil. Er hinterließ, neben sieben Töchtern, einen einzigen Sohn, Ludwig, der bei seinem Tode zehn Jahre alt war, noch unfähig zu selbständigem Handeln; die Vormundschaft lag in den Händen der Herzogswitwe Agnes, Tochter des Grafen Ludwig von Looz, und des Kardinals Konrad von Wittelsbach, der 1183 das Erzbistum Salzburg wieder mit Mainz vertauschte, das er 1165 hatte räumen müssen. Von 1187 an zählte Ludwig seine Regierungsjahre als Herzog, 1192 empfing er die Schwertleite; in den langen Jahren der Vormundschaft war es nur möglich, notdürftig zu behaupten, was von Otto I. an herzoglichen Prärogativen noch übernommen worden war und was er an unmittelbaren Herrschaftsrechten weitergegeben hatte. So schien es zunächst, als würde der Konzentrationsprozeß der Epoche, wie er sich besonders auffallend im Bannkreis der staufischen Territorialpolitik und bei den Babenbergern abspielte, Bayern völlig aussparen; abgesehen von kleineren Erwerbungen gelang es dem Herzog in diesen Jahren nur einmal, sich in diesen Prozeß einzuschalten, nämlich beim Tode des Landgrafen Heinrich von Riedenburg 1189/90, der zur Linie der Burggrafen von Regensburg gehörte. Aber er erhielt nur Riedenburg, nicht die weit wichtigere Burggrafschaft, die offenbar der Kaiser selbst 1185 als heimgefallenes Lehen an sich gezogen hatte. Barbarossa scheint auch mit den hochstiftischen Lehen des Burggrafen belehnt worden zu sein, damit war fürs erste der Herzog aus dem Raum um Regensburg, dem Herzen des Herzogtums, völlig verdrängt.

Der Ansatz zur Wende hing zusammen mit dem Tode des Kaisers und seines Sohnes Friedrich von Schwaben, die beide auf dem Kreuzzug von 1189 geblieben waren, und mit der Erschütterung der kaiserlichen Autorität, die zu Beginn der Herrschaft Heinrichs VI. im ganzen Reich spürbar wurde. Das zeigte sich schon in dem Kampf um Regensburg, der noch 1196 ausbrach, aber erst neun Jahre später beendet wurde. 1196 war der Landgraf Otto I. von Stefling kinderlos gestorben, als nächster Verwandter nahm Herzog Ludwig die Allodien in Besitz, als Herzog zog er die Landgrafschaft ein, gab sie aber noch im selben Jahr als bayerisches Lehen an den Grafen von Leuchtenberg weiter. Zum Konflikt kam es wegen der Lehen, welche der verstorbene Landgraf vom Bischof von Regensburg hatte und auf welche jetzt der Herzog ebenfalls seine Hand legte, während der Bischof sie als heimgefallene Lehen einzuziehen gedachte. Als 1197 auch der Kaiser starb, sah der Herzog schließlich auch die Gelegenheit gekommen, noch einmal die Frage der Regensburger Stadtherrschaft neu aufzuwerfen. Ohne Frage war es die Doppelwahl von 1198, welche Philipp von Schwaben so weit vom Herzog von Bayern abhängig machte, daß er auf die seit 1185 nachweisbare königliche Stadtherrschaft in Regensburg verzichtete und das herzogliche Heimfallsrecht an der Regensburger Burggrafschaft anerkannte. Die Stadtherrschaft strebte aber auch der Bischof an, auch scheint er die mit der Burg Donaustauf verbundenen Geleitsrechte und Zollrechte, um die schon Heinrich der Löwe 1161 gekämpft hatte, wieder in Anspruch genommen zu haben, während ihm der Herzog all das streitig machte. Es kam zu einer Fehde. Die Kämpfe zogen sich, da keine kaiserliche Autorität zur Stelle war, um den Frieden wieder herzustellen, Jahre hin, erst 1205, nach dem Tode Bischof Konrads III., kam es unter seinem Nachfolger Konrad IV. von Frontenhausen zum Friedensschluß. Er war dem Inhalt nach ein regelrechter Vertrag zwischen zwei gleichberechtigten Partnern, der Form nach eine Willenserklärung des Bischofs – ein entscheidender Einbruch in die Prärogative des Herzogs. Der Sache nach war allerdings zur Hauptsache er der Sieger. Er trat voll in den hochstiftischen Lehensbesitz des Landgrafen ein; ausdrücklich erwähnt wurden die Lehen des Landgrafen „in montanis", die Grafschaft im Unterinntal mit Kufstein, Rattenberg und Kitzbühel. Hatte der Herzog in diesem einen Streitpunkt im wesentlichen alle seine Forderungen durchgesetzt, ungeachtet der Tatsache, daß er einen Rechtsanspruch auf die hochstiftischen Lehen überhaupt nicht besaß und

1220 selbst der Kaiser, in der Confoederatio cum principibus ecclesiasticis, auf die Aneignung erledigter Kirchenlehen verzichtete, so mußte er in der Frage der Stadtherrschaft über Regensburg wie in Bezug auf Geleitsrechte, Zoll und Münze den Bischof voll beteiligen. Geteilt werden sollten auch die Stadtsteuer, das wichtigste Kennzeichen also der Stadtherrschaft, die Bußgelder und Gerichtsrechte, gemeinsam sollten beide Stadtherrn den Markt ansagen und beaufsichtigen, gemeinsam war ihnen die Sorge für den Landfrieden und den Frieden in der Stadt. Da die hier getroffenen Bestimmungen über die Stadtgrenzen hinausreichten, hatte zwar auch der Herzog Hoheitsrechte preisgegeben, aber er hatte doch auch hier mehr gewonnen, als er zuvor gehabt hatte.

Ohne Zweifel waren jetzt zumindest kräftige Ansätze geschaffen worden, die es eines Tages ermöglichen konnten, Regensburg wieder zur Hauptstadt des Herzogtums werden zu lassen, die es einst gewesen war. Doch die vereinzelten Versuche des Herzogs, die Entwicklung in dieser Richtung voranzutreiben, scheiterten an der Gegenwehr des Bischofs, auch das neu erstarkte Königtum ließ keinen weiteren Ausbau der herzoglichen Stellung in der Stadt mehr zu. Der Erfolg des Herzogs von 1205 wird deshalb gern unterschätzt, er trat freilich auch zurück gegenüber anderen Erfolgen dieser Zeit, von denen, wie jenem von 1212, schließlich sogar die welthistorische Stellung des Hauses Wittelsbach bestimmt wurde.

Der Aufstieg des Herzogtums seit den kritischen Jahren nach 1190 schien geradezu unaufhaltsam. In einer sonst nirgends zu beobachtenden Häufigkeit starb seither, infolge des großen Aderlasses der Kreuzzüge und Italienzüge ein Dynastengeschlecht nach dem anderen aus, aber auch weil die Frömmigkeitsbewegung des 12. Jahrhunderts, wohl auch die Sorge um die Erhaltung der familiären Machtstellung zum Eintritt auch zahlreicher Dynastensöhne in den geistlichen Stand geführt hatte. Schlechthin unerklärlich sind dabei die biologischen Bedingtheiten, denn selbst Geschlechter, von denen drei Söhne, wie die Pabonen, zwei, wie die Andechser, in die letzte Generation eingetreten waren, blieben kinderlos. Jetzt, seit der Machtprobe von 1197/99, seit dem königlichen Machtverfall durch die Doppelwahl, war keine Opposition gegen den Herzog mehr von entscheidendem Gewicht; den Heimfall etwa des Erbes der Markgrafen von Cham-Vohburg, deren Hauptlinie 1204 ausstarb, machte ihm niemand mehr streitig. „Marchia nostra apud Chambe", so nennt noch 1204 Herzog Ludwig seine neue Erwerbung, die Vohburg a. d. D. umfaßte, als Kern das Herrschaftsgebiet um Cham, Miltach und Eschlkam mit zahlreichen Burgen und Ministerialen und der Vogtei über das Hauskloster der Diepoldinger, Reichenbach am Regen. Schon mit der Inbesitznahme des Erbes der Landgrafen von Stefling hatte der Herzog über die Donau ausgegriffen und seine Burgen Lengenfeld und Kallmünz im Naabtal an das Regental angeschlossen, jetzt beherrschte er es ganz, bis zur böhmischen Grenze, und damit die uralte Völkerstraße durch das Chamer Becken.

Einen neuen tiefgreifenden Einschnitt nicht nur in der Geschichte des Reiches, sondern auch Bayerns bedeutete dann die Ermordung König Philipps zu

Bamberg durch Pfalzgraf Otto von Wittelsbach, den Vetter des Herzogs. Schon Philipp von Schwaben hatte zunächst versucht, Friedrich, dem Sohne Heinrichs VI., das deutsche Königtum als sein Erbe zu erhalten, jetzt mußten diese Ansprüche des jungen Staufers erneut aufleben. Wollte Otto IV., bisher Gegenkönig gegen Philipp von Schwaben und bis 1207 vom Papst Innozenz III. für den rechten König gehalten, jetzt allgemeine Anerkennung finden, bedurfte er mächtiger Verbündeter, vor allem also des Herzogs von Bayern. Der Bündnispreis war hoch. Der König aus dem Hause der Welfen verzichtete auf die Rückforderung der 1180 von Otto I. usurpierten Allodien Heinrichs des Löwen und versprach ihm zum welfischen Anteil an Mering auch noch jenen, der aus dem Besitz der Staufer durch seine Heirat mit Beatrix, der Tochter Philipps von Schwaben, an ihn gekommen war. Außerdem erkannte er die Erblichkeit der Herzogswürde im Hause Wittelsbach an. Für den unmittelbaren Machtzuwachs von Bedeutung war aber die Übertragung der Reichslehen der Mörder Philipps von Schwaben an den Herzog. Da der Mord am Hofe des Bamberger Bischofs Ekbert geschehen war, war er, aber auch sein Bruder Heinrich, Markgraf von Istrien, als Mithelfer verdächtigt und auf dem Reichstag von Frankfurt ohne weitere Beweise in die Acht getan worden. An den Herzog fielen also Allodien wie Reichslehen seines Vetters, des Pfalzgrafen Otto, darunter die Stammburg Wittelsbach, die zerstört wurde, dann die Reichslehen Heinrichs von Istrien aus dem Hause Andechs, nämlich Istrien, dann Neuburg und Schärding am Inn; von Burg und Grafschaft Wolfratshausen, um das die Kämpfe der Folgezeit gehen, ist dabei nicht die Rede. Nicht die Rede ist auch von der Grafschaft Andechs. Dennoch versuchte Herzog Ludwig auch den Andechser Besitz am Lechrain, über den ebenfalls Heinrich verfügte, seinem Territorium hinzuzuschlagen, jedenfalls setzte er dort bereits einen Beamten ein.

Istrien und Krain gelang es jedoch nicht zu erwerben; auf dem Augsburger Reichstag 1209 wurde die Markgrafschaft dem Patriarchen von Aquileja zugesprochen. Auch in den Tiroler Grafschaften der Andechser, die vom Bischof von Brixen zu Lehen gingen, vermochte der Herzog nur vorübergehend Fuß zu fassen, vollends die Rehabilitation des Bischofs Ekbert von Bamberg 1211 und Heinrichs von Istrien 1220 machte diesen ersten Versuch des Herzogs, sich des mächtigsten weltlichen Gegenspielers im Herzogtum zu entledigen, wieder zunichte.

Unter dem Druck, der vom Wiederaufleben der staufischen Ansprüche auf die Krone ausging, schloß Otto IV. 1211 mit Herzog Ludwig ein förmliches Bündnis. Auf dem Nürnberger Reichstag wenig später, zu Pfingsten 1212, wurde dieses Bündnis durch eine folgenschwere Familienverbindung besiegelt. Pfalzgraf Heinrich, der Bruder Ottos IV., verlobte seine Tochter Agnes mit Otto, dem Sohn Ludwigs des Kelheimers; diese Verbindung sollte dann zum Erwerb der Rheinischen Pfalz durch das Haus Wittelsbach führen, die erhoffte Garantie für die Treue des Bayernherzogs gegenüber dem welfischen Kaiser brachte sie nicht. Noch 1212 brach das Bündnissystem des welfischen Kaisers im deutschen Süden völlig zusammen, auch Ludwig der Kelheimer ging alsbald zum Staufer Friedrich II. über, das Erbe der Pfalzgrafen wurde ihm auch vom neuen Herrscher garantiert; damit war in Zukunft der Bayernherzog der vornehmste Laienfürst, auf seine enge Mitarbeit legte der neue König größten Wert. Auch der Bayernherzog sicherte umgekehrt seine Pläne durch die Teilhabe an der Gunst des Königs ab. Er nahm 1215 auf dem Hoftag von Andernach das Kreuz, zusammen mit Friedrich II., Otto von Meranien und Bischof Ulrich von Passau. 1220 nahm er zu St. Peter in Rom an der Kaiserkrönung teil, 1221 gab ihm der Kaiser den Befehl über das deutsche Kreuzheer, das von Tarent aus nach Ägypten segelte, aber vor Damiette, nicht zuletzt durch den allzu stürmischen Eifer des päpstlichen Legaten, unrühmlich scheiterte.

Ludwig der Kelheimer gehörte also, das zeigt der Verlauf dieser Jahre, zum engsten Vertrautenkreis des Kaisers, das bedeutete für seine bayerische Politik ein hohes Maß an Bewegungsfreiheit, auch wenn bei einzelnen Erwerbungen, etwa der Grafschaft Velburg 1217, von direkter kaiserlicher Unterstützung nichts bekannt ist. Sicher aber war der Sieg des Herzogs im Ringen mit Erzbischof Eberhard von Salzburg um Reichenhall wie um das Erbe des Grafen Friedrich von Peilstein nicht möglich ohne die wohlwollende Neutralität des Königs.

Schon im ausgehenden 12. Jahrhundert, kaum erholt von dem schrecklichen Salzburger Kirchenstreit zur Zeit des Schismas, hatte sich auch das Erzstift Salzburg dem großen Zug des Jahrhunderts angeschlossen. Schon Erzbischof Adalbert hatte eine Territorialpolitik eingeleitet, der Gewalttätigkeit keineswegs fremd war, wie die 1196 befohlene Zerstörung Reichenhalls zeigt. Sein bedeutender Nachfolger Eberhard II. nahm jede Gelegenheit wahr, das Erzstift zu konsolidieren, seinen Besitz abzurunden und durch Burgen zu sichern. Auch das Salzburger Erzstift befand sich mitten im Entstehungsprozeß eines modernen Territoriums, das unter Ausnutzung aller Rechtstitel zusammenwuchs und die Tendenz zeigte, feste Grenzen anzunehmen und alle fremden Gewalten innerhalb dieser Grenzen zu beseitigen. Als nun 1218 Graf Friedrich von Peilstein, der Hauptvogt der Salzburger Kirche, als der Letzte seines Geschlechts starb, zog der Erzbischof die Vogtei als ein heimgefallenes Lehen ein. Der wichtigste Komplex im gesamten Peilsteiner Erbe war dabei die Vogtei „ze Halle", die gesichert war durch mehrere Burgen. In Reichenhall nun stießen auch die Interessen des Erzbischofs mit jenen des Herzogs am heftigsten aufeinander. Der Erzbischof war einer der größten Grundherren in der Stadt und Besitzer zahlreicher Salzpfannen, er hatte bedeutenden Anteil an der Stadtherrschaft. Der Herzog dagegen war, nachdem 1169 die Hallgrafschaft an Heinrich d. L. gefallen war, Hallgraf, damit Richter außerhalb des Immunitätsbezirks, er verfügte ebenfalls über Salzpfannen und nahm seit 1200 in steigendem Maße seine Rechte wahr. Nach 1200 war die latente Spannung in offene Kriegshandlungen übergegangen und schließlich in die Kämpfe um Regensburg eingemündet, die Entscheidung im Kampf um Reichenhall stand noch aus. 1218 nun war eine völlig neue Rechtslage entstanden. Nahm der Erzbischof sein Recht als Lehensherr auf Heimfall der erledigten Lehen seines Vogtes in Anspruch, wie es scheint, so war der Herzog als Lehensherr der Grafschaft erstmals in der Position, ebenfalls umfassende Ansprüche geltend zu machen. Das bessere Recht war ohne Frage auf der Seite des Herzogs, denn wenn sich auch die Betrachtung der Vogtei als nutzbares Lehen seit der Mitte wohl des 12. Jahrhunderts durchgesetzt hatte, so war doch bisher diese Betrachtungsweise nie auf die Güter und Burgen des Vogtes selbst ausgedehnt worden. Im wesentlichen setzte sich dann doch der Herzog durch, nachdem er die salzburgische Hallburg zerstört und auf dem Gruttenstein über Reichenhall seine eigene Burg angelegt hatte, Reichenhall also beherrschte. Aus dieser Position heraus konnte der Herzog einen Vertrag schließen, der zwar dem Erzbischof die Hallburg beließ und die Hälfte der Münze in Reichenhall, aber dem Herzog blieb die volle Stadtherrschaft in Reichenhall. Außerdem sollte, so wurde verfügt, der Herzog die Hinterlassenschaft des Grafen von Peilstein behalten, die Burgen also, die das Reichenhaller Umland beherrschten.

Wie fest sich der Herzog jetzt im Sattel fühlte, zeigt der Versuch, weit in die Salzburger Interessensphäre hineinzustoßen, indem er auch die Peilsteiner Allodien im Tal um Gastein von der Witwe Friedrichs von Peilstein käuflich erwarb. Daß sie nicht zu halten sein würden, war damals noch nicht mit Sicherheit auszumachen; noch dachte keine der beiden Mächte daran, eine Art Demarkationslinie zwischen ihren Interessengebieten anzuerkennen, wie es sich dann später als notwendig erwies.

Die letzten Erwerbungen Ludwigs des Kelheimers um 1228, die Grafschaft Dornberg bei Mühldorf, das Erbe der Grafen von Kirchberg und jener von Mögling wie ein Teil des Erbes der Grafen von Frontenhausen fallen in jene Phase seines Lebens und Wirkens, die ihn scheinbar auf dem Gipfel seines Erfolges sah, als Vormund des deutschen Königs, des Kaisersohns Heinrich, und als Verweser des Reiches. In Wirklichkeit bedeutete das Jahr 1226, das ihn als Nachfolger des ermordeten Erzbischofs Engelbert von Köln so hoch erhoben hatte, die entscheidende Peripetie. Der junge König, noch nicht volljährig, widerstrebte in allem dem sicher nicht völlig uneigennützigen Vormund, sondern nahm selbst die Politik seines Urgroßvaters in Deutschland wieder auf, aber mit weit härteren Mitteln und ohne jene Elastizität, mit der Barbarossa einst Widerständen zu begegnen und seine Ziele im Reich wie in Italien in ein harmonisches Verhältnis zu bringen wußte. Der Versuch aber, staufische Territorialpolitik zu machen, ging auf Kosten aller Fürsten im weiten Umkreis, am empfindlichsten mußte Bayern davon betroffen werden, war es doch schon zur Hälfte vom staufischen Territorium umklammert. Von Anfang an, so formuliert es Spindler, lag so in der Regentschaft Ludwigs „ein Keim des Abfalls".

Der 1228 eingetretene Bruch hängt wohl kaum mit der Reichspolitik zusammen, wie Riezler annimmt, der den Verdächtigungen des Abtes Konrad von St. Gallen vollen Glauben schenkt, sondern mit den immer stärker divergierenden Interessen der beiderseitigen Territorialpolitik. Es gibt bis jetzt kein Indiz dafür, daß Ludwig der Kelheimer, wie ihm der Abt von St. Gallen an Weihnachten 1228 zu Hagenau vorwarf, sich vom gebannten Kaiser abgewandt und auf die Seite des Papstes geschlagen hätte. Er konnte dabei nur verlieren, wie sich ja alsbald zeigte. Die Zeittafel des Jahres 1228 scheint deutlich zu machen, worum es wirklich ging. Noch vor 1228 hatte der rehabilitierte Markgraf Heinrich von Istrien seine Grafschaften und Burgen wieder zurückerhalten, an Pfingsten 1228 nahm er zusammen mit seinem Bruder, Herzog Otto von Meranien, den Herzögen von Österreich und Kärnten und König Heinrich an der Schwertleite Ottos von Wittelsbach, des Sohnes Ludwigs des Kelheimers, zu Straubing teil, und noch im August entzog Bischof Ekbert von Bamberg, der Bruder der beiden Andechser, Graf Albert von Bogen die von ihm usurpierten Bamberger Lehen an der Donau und übertrug sie dem Herzog von Bayern. Um diese Zeit war aber Heinrich von Istrien bereits gestorben, der noch im Juni oder Juli Zeuge bei einer Urkunde König Heinrichs für Mainz gewesen war. Noch im Juli 1228 ergriff Otto von Meranien Besitz vom Erbe seines Bruders und nannte sich „marchio Istrie". Wie es aufgrund der Kämpfe des folgenden Jahres zu erschließen ist, beanspruchte aber jetzt Ludwig I., der noch nicht einmal die Allodien des Markgrafen alle zurückgegeben hatte, die Grafschaften Heinrichs als heimgefallene Lehen. Der König aber kam noch 1229 seinem Verwandten Otto von Meranien zu Hilfe und zwang Ludwig I. zum Verzicht auf das Erbe Heinrichs von Wolfratshausen. Der König scheint auch den Ausschlag gegeben zu haben bei dem für Bayern ungünstigen Ausgang des Ringens um die Ostgrenze des Herzogtums. Noch im Juli und August 1228 hatte Herzog Ludwig, sicher um Salzburg ruhig zu halten und einen Zweifrontenkrieg zu vermeiden, zum ersten Mal eine Grenzlinie zwischen Bayern und Salzburg akzeptiert. Noch im Juli hatte er das Gasteiner Tal an den Erzbischof verpfändet, im August hatte er einer Regelung zugestimmt, die den Pinzgau, der bayerisches Lehen war, der Lehenshoheit des Erzbischofs von Salzburg unterwarf. Als Äquivalent erhielt der Herzog damals einige Salzburger Güter, die er zur Ausstattung des neu gegründeten Stifts Altötting verwenden sollte. Dann starb aber im Frühjahr Graf Bernhard von Lebenau, als letzter seines Geschlechts. Die Burg lag am Salzachknie nördlich von Laufen, die Grafschaftsrechte reichten bis Tittmoning, die Burg beherrschte die Salzach wie die Uferstraße, auch war eine Maut auf der Salzach damit verbunden. Offenbar ist es aber dem Erzbischof gelungen, entweder in den Friedensschluß von 1229 miteinbezogen zu werden oder den Herzog unter Ausnützung seiner Zwangslage zu nötigen, auch auf die Grafschaftsrechte zu verzichten, wie aus dem Vertrag von 1254 hervorgeht und wie die Anlage der Burg Tittmoning 1234 und die Gründung der Stadt 1242 durch den Erzbischof schließen lassen.

Auch die erstaunlichen Erfolge, die Ludwig der Kelheimer gegenüber dem Bischof von Freising davongetragen hatte, der selbst bereit war, dem Herzog seine Bischofsstadt zu überlassen, wurden jetzt wieder rückgängig gemacht, und während das Privileg Philipps von Schwaben von 1207 die Stadtherrschaft in Regensburg zwischen Herzog und Bischof geteilt hatte, erließ 1230 Friedrich II. eine neue, umfangreiche Stadtrechtsurkunde, als Stadtherren erscheinen jetzt nur mehr der König und der Bischof. Seither entglitt die Stadt dem Herzog endgültig, allerdings konnte auch der Bischof die Stadtherrschaft nicht lange behaupten, die Rivalität zwischen Herzog und Bischof nutzte Friedrich II. ohne Bedenken aus, um sich die Bürger zu verpflichten, denen dann die Zukunft gehören sollte.

Sich gegen den Kaiser zu stellen – ob nun Ludwig der Kelheimer schon 1228 Verbindung mit dem Papst aufgenommen hat oder nicht, die nachfolgenden Ereignisse zwangen ihn in diese Frontstellung – bedeutete um diese Zeit noch Gefährdung im höchsten Maß. Auch der Kirchenbann hatte die Stellung Friedrichs II. nicht zu erschüttern vermocht, mit dem Friedensschluß von San Germano 1230, der auch Ludwig den Kelheimer an der Seite des Kaisers sah, stand er vollends auf der Höhe seiner Macht. Keinesfalls konnte ihm der Herzog von Bayern gefährlich werden, auch wenn die Rheinische Pfalzgrafschaft ebenfalls zum Hause Wittelsbach gehörte.

Umso unverständlicher ist die Mordtat vom Herbst 1231 auf der Brücke von Kelheim. Ein unbekannter, fremdländisch gekleideter Mann hatte den Herzog erdolcht, der Mörder wurde auf der Stelle erschlagen, der Anstifter der Mordtat blieb der Welt bis heute verborgen. Schon die Zeitgenossen aber hielten weithin den Kaiser für den Schuldigen, von dessen Beziehungen zum „Alten vom Berge" und den Assassinen, einer mohammedanischen Sekte im Libanon, schon damals dunkle Gerüchte umgingen, die sich tatsächlich bestätigen lassen. Wer die ungeheuere Rachsucht Friedrichs II. kennt, der auch den eigenen Sohn gnadenlos im Kerker verkommen ließ, um von den grausamen Strafen zu schweigen, die er für Empörer bereithielt, wird auch Otto II., dem Sohn des Ermordeten, seinen Verdacht nicht verdenken. Tragisch für Ludwig den Kelheimer war es, daß er mitten in jenem Prozeß abtreten mußte, der das neue Herzogtum schaffen sollte, das neue Land Bayern.

Herzog Otto II.: Zwischen Kaiser und Papst (1231–1252)

Das Erbe, das Otto, der Sohn Ludwigs des Kelheimers, übernahm, war groß, ja gewaltig, ungeachtet aller darauf liegenden Belastungen. Beide Fürstentümer, die Otto geerbt hatte, waren noch ausbaufähig, der Preis allerdings war unablässiger Kampf; es gab kein Jahr in den zwei Jahrzehnten der Regierungszeit des dritten Herzogs aus dem Hause Wittelsbach, in dem einmal für längere Zeit Frieden geherrscht hätte. Die ausschlaggebende Ursache für diesen Zustand war die zunehmende Schwäche des Kaisers in den Jahren nach dem Frieden von San Germano. Er mußte alle Machtmittel, über die er verfügte, in Italien konzentrieren, in Deutschland ging es ihm bald nur mehr darum, daß ihm selbst keine neuen Feinde erwuchsen, der Kampf aller gegen alle aber garantierte ihm einen Gleichgewichtszustand, der keinem seiner fürstlichen Konkurrenten erlaubte, sich ernsthafte Hoffnung zu machen, an seine Stelle zu treten. Seinen Plänen in Italien opferte er auch den Ausbau der eigenen, der staufischen Hausmacht. Das erste deutliche Signal dafür, daß er mit der expansiven Politik seines Sohnes und

Stellvertreters im Reich nicht einverstanden war, war das Statutum in favorem principum, das Heinrich 1231 erlassen mußte, um die Beschwerden der Fürsten über die königliche Stadtpolitik zu dämpfen, und das der Kaiser 1232 in Cividale bestätigte; dieses Privileg sanktionierte gewissermaßen die fürstliche Territorialpolitik. Es gewährte den Fürsten, den „Domini terrae", nahezu alle Regalien, sicherte ihre Territorien vor königlichen Eingriffen und ermächtigte sie gleichzeitig dazu, den Inhabern des nächsttieferen Heerschildes, den Grafen, den Ausbau eigener Territorien zu verleiden. Nur die geistlichen Fürsten, deren Herrschaftsgebiete die verlockendste Beute darstellten, waren ihrerseits schon seit einem Jahrzehnt durch die Confoederatio cum principibus ecclesiasticis (1220) gesichert vor laikalem Zugriff, auch vor dem Kaiser, und doch wieder enger seinem Schutz unterstellt als je zuvor. Diese grundsätzliche Bereitschaft des Kaisers, das Reich den Fürsten zu überlassen, teilte indessen sein Sohn nicht; er sah mit Recht keine Veranlassung dazu, hatte er doch eben mühelos den mächtigen Herzog von Bayern besiegt, besaß kraftvolle Verbündete in den Babenbergern, den Andechsern und im Erzbischof von Salzburg und herrschte nach wie vor über ein großartig ausgebautes Territorium, das vom Elsaß bis Böhmen und zum Lech, vom St. Gotthard bis nahe an den Main reichte und in Süddeutschland keinen gleichwertigen Gegner hatte. Dazu bewies der junge König auch Entschlußfähigkeit und militärisches Können; was ihm fehlte, waren Geduld und Einfühlungsvermögen. Er störte immer wieder die Pläne seines Vaters. 1232 verwarnte ihn der Kaiser und nahm ihm das Versprechen ab, in Zukunft seine Politik nicht mehr zu durchkreuzen, doch 1233 kam es schon wieder zum Konflikt; 1235 setzte ihn der Kaiser ab. Die letzten Gründe sind unbekannt, doch war es ohne Zweifel nur dieser Eingriff Friedrichs II., der den bayerischen Herzog aus seiner schwersten Bedrängnis gerettet hat und ihm den weiteren Ausbau des Landes ermöglichte. Gegen alle konnte sich Bayern behaupten, nur nicht gegen den direkten Zugriff der staufischen Macht.

Wir wissen nicht, was Otto II. bewog, im Frühjahr 1233 in Oberösterreich einzufallen und es mit Feuer und Schwert zu verwüsten; am wahrscheinlichsten ist die Vermutung Spindlers, daß es sich um einen Versuch gehandelt hat, die Andechser und den mit ihnen verschwägerten unruhigen Babenberger Friedrich den Streitbaren, der seit 1230 Herzog war, nicht zu einer gemeinsamen Aktion kommen zu lassen. Noch im Sommer 1233 jedoch sammelte König Heinrich ein starkes Heer und zog gegen Bayern, unterwarf den Herzog und zwang ihn dazu, seinen Sohn Ludwig als Geisel zu stellen. Da der Kaiser seinen Sohn alsbald, mit schwerem Tadel, anwies, Ludwig wieder herauszugeben, haben wir keinerlei Anhaltspunkte, um welche konkreten Ziele es Heinrich gegangen sein könnte.

Als der Kaiser nach langer Abwesenheit 1235 wieder nach Deutschland kam und auf einem Reichstag in Regensburg den Treuschwur zahlreicher Fürsten entgegennahm, die sich damit von seinem Sohn Heinrich distanzierten, kam es auch zur Versöhnung zwischen Kaiser und Herzog, welche seine feierliche Erklärung, am Tode Ludwigs des Kelheimers unschuldig zu sein, besiegelte. Es war offenbar der Kaiser, der den Herzog umwarb, das allein schon stärkte seine Position ganz erheblich; ein für allemal aber war mit der Entscheidung von 1235 der Druck beseitigt, den die staufische Umklammerung auf Bayern ausübte. Selbst als der Herzog später wieder in die Reihe der Gegner des Kaisers trat, war es nie mehr wie 1229 oder 1233, daß die Ritterheere aus den staufischen Territorien in Bayern einfielen, stets war der Druck nur indirekt, ging aus von Gegnern des Herzogs und Verbündeten des Kaisers, nie mehr von diesem selbst.

Das war das Ergebnis der Entscheidung Friedrichs II. für sein Reich im Süden. Auch als sich ihm 1236 jene große Möglichkeit eröffnete, welche Rudolf von Habsburg fast ein halbes Jahrhundert später so entschlossen ausnützen und die seinem Haus für Jahrhunderte die Vormacht in Deutschland, ja in Europa eintragen sollte, griff er nicht selbst ein, sondern übertrug seine Aufgabe der Friedenswahrung anderen, Fürsten, die selbst interessiert waren und die deshalb zuletzt sich doch wieder gegen ihn wandten oder ihn im Stich ließen. 1236 war Friedrich der Streitbare von Österreich, der Schwager König Heinrichs und sein Verbündeter, zu Augsburg in die Acht getan worden, nachdem er dreimal vergeblich zur Verantwortung vorgeladen worden war. Die Durchführung der Reichsacht wurde Herzog Otto von Bayern übertragen, der mit Hilfe der Bischöfe von Passau und Bamberg und des Markgrafen von Brandenburg 1237 Wien eroberte. Auf einem Hoftag zu Wien im Februar 1237 ließ der Kaiser seinen neunjährigen Sohn Konrad zum Deutschen König wählen, Wien wurde dem Reich zugeschlagen, Österreich und die Steiermark zog der Kaiser als heimgefallene Lehen ein. Ansprüche, die Otto II. auf den einst bayerischen Traungau erhob, wurden, so scheint es, überhaupt nicht zur Kenntnis genommen.

So selbstherrlich hätte der Kaiser bestenfalls verfahren können, wenn er den Sieg selbst erfochten hätte und nun mit starker Macht bereit gestanden wäre, das Errungene auch zu behaupten. Während aber Friedrich der Streitbare unbezwungen im festen Wiener-Neustadt auf seine Stunde wartete, ging der Kaiser wieder eilends nach Italien. Sein glänzender Sieg bei Cortenuova im gleichen Jahr machte ihn nicht geneigter, auf seine Verbündeten Rücksicht zu nehmen, und so schlossen diese, nicht gewillt, nur für den Vorteil des Kaisers zu kämpfen, mit Friedrich von Österreich erst Frieden, dann ein Bündnis gegen den Kaiser, der sie so enttäuscht hatte, und drohten ihn abzusetzen. Als aber Bayern, Böhmen und die Bischöfe von Passau, Regensburg und Freising hinreichend kompromittiert waren, verständigte sich 1239 Friedrich auch mit dem Kaiser und war so am Ende stärker als vorher, 1245 versprach ihm Friedrich II. die Erhebung zum Königreich.

Die Enttäuschung über den Entgang Österreichs hatte Herzog Otto II. noch einmal auf die Seite der Gegner des Kaisers getrieben, nicht weniger der Versuch der bayerischen Bischöfe, mit Hilfe des Kaisers ihre Besitzungen vor dem Zugriff des Herzogs zu schützen und ihrerseits geschlossene Territorien aufzubauen. Den Schutz des Herzogs vor dem Bannstrahl der Bischöfe übernahm der Passauer Archidiakon Albert Behaim als päpstlicher Legat, der nach der neuerlichen Verhängung des Banns über Friedrich II. 1239 auch dessen Anhänger, die bayerischen Bischöfe, bannte. Auch der Kampf um Andechs und Wolfratshausen entbrannte 1240 erneut, die inneren Auseinandersetzungen im Land trieben dem Endkampf zu.

Daß jetzt, in diesem Jahrzehnt, die Entscheidung über die Zukunft des Herzogtums Bayern fallen mußte, war dem Herzog sicherlich klar. Wenn er die bedeutendsten Konkurrenten im Land betrachtete, die Grafen von Bogen oder von Andechs, wenn er sah, daß hier wie dort die Aussicht auf Fortpflanzung des Geschlechts immer geringer wurde, konnte er nicht anders als höchst alarmiert sein. Wahrscheinlich war es aber auch die Österreichpolitik des Kaisers, die den bayerischen Herzog zum Einlenken brachte, die Bemühung des Kaisers um die Hand der Babenbergerin Margarete, mit der die Hoffnung auf das Babenberger Erbe verbunden war, während gleichzeitig der Kaiser für seinen Sohn Konrad um Elisabeth, die Tochter Ottos II. warb. Dazu trat der Böhmenkönig auf die Seite des Kaisers, König Konrad drohte mit einem Einfall in Bayern, 1241 stürmten die Mongolen durch ganz Rußland und Polen und schlugen Herzog Heinrich von Schlesien bei Liegnitz – all das wirkte auf Otto II. ein und legte eine Neuorientierung seiner Politik nahe. Noch 1241 kam das Bündnis mit Friedrich II. zum Abschluß. Wie sich schon durch die Erfolge von 1218/19 und durch die Mißerfolge von 1228/29 gezeigt hatte, brauchte der Herzog den Kaiser vor allem, wenn er die Möglichkeiten ausnützen wollte, die sich im Land selbst boten.

1242 wurde das Erbe der Grafen von Bogen frei, Erbe war, als Stiefbruder des letzten Grafen von Bogen, aber auch als sein Lehensherr, der Herzog. 1242 fielen der weite Donaugau zwischen der Isar und der Großen Laaber und das Ausbauland nördlich der Donau bis hinauf zum Hohenbogen, mit Viechtach als Zentrum, an den Herzog, dazu die Vogtei über die Hausklöster der Bogener, Oberaltaich und Windberg, über Metten, über die Bamberger Eigenklöster Prüfening bei Regensburg und Niederaltaich, das reichste bayerische Kloster, schließlich wurden auch die Bamberger wie Passauer Kirchenlehen frei. Der Herzog nahm auch sie in Besitz, doch versuchten sowohl der Bischof von Bamberg wie der von Passau, diese Lehen selbst einzuziehen, und nahmen den Kampf mit dem Herzog auf. Von seiten des Kaisers aber ist kein Versuch zu erkennen, alte Verbündete im Herzogtum vor dem Herzog zu schützen, seit 1242 die Erzbischöfe von Köln und Mainz darangingen, sich um einen Kandidaten für die Neuwahl des deutschen Königs zu bemühen. Vollends seit 1246 Landgraf Heinrich Raspe von Thüringen zum König gewählt worden war, erschien die Bindung des Pfalzgrafen bei Rhein und Herzogs von Bayern an seine Person dem Kaiser wichtiger als jede alte Dankesschuld.

Als erster bekam das Herzog Otto von Meranien zu spüren. Bereits im Frühjahr 1243 erneuerte Otto II., so muß man annehmen, seine alten Ansprüche auf Heimfall der 1228 erledigten Grafschaft Wolfratshausen und eroberte die Burg. Drei Jahre später zerbrach auch das Bündnis der Andechser mit Österreich, als Herzog Friedrich der Streitbare sich von seiner Gemahlin Agnes trennte, der

Schwester Ottos von Meranien. So von seinen wichtigsten Verbündeten im Stich gelassen, schlug sich der Andechser noch 1246 auf die Seite des Papstes und des deutschen Gegenkönigs, während im gleichen Jahr Otto II. durch die Vermählung seiner Tochter Elisabeth mit Konrad IV., dem Sohn des Kaisers, Friedrich II. noch fester an sich band. Das Ergebnis war die Zerschlagung des Herzogtums Meranien; noch ehe Otto VIII. am 19. Juni 1248 starb, war sein Besitz in Bayern verloren.

Der Gewinn, den der Herzog von Bayern durch das Andechser Erbe davontrug, kann nicht hoch genug veranschlagt werden. Zwar sind die Gütermassen, die 1242 aus dem Bogener Erbe an den Herzog fielen, sicher umfangreicher gewesen, da der Kaiser die großen Vogteien der Andechser, jene über die Reichsklöster Tegernsee und Benediktbeuern, jetzt an sich zog. Mit dem Auseinanderfallen des Reichsfürstentums Meranien 1248 war aber vor allem die Gefahr gebannt, daß die bayerischen Grafschaften Andechs und Wolfratshausen Anschluß fanden, zusammen mit den Vogteigebieten Tegernsee und Benediktbeuern, an den Andechser Besitz in Tirol, so daß sich im Lauf der Zeit ein zweites Herzogtum mitten im Kernland Bayerns gebildet hätte. Die Umkehrung dieses Verhältnisses gelang freilich auch nicht; es war Otto II. 1248 nicht möglich, die Grafschaften im Norital und Pustertal, die als Brixener Lehen im Besitz der Andechser gewesen waren, an das Herzogtum zu ziehen, sie fielen an die Grafen von Tirol.

In den Sturz der Andechser wurden auch einige ihrer Verbündeten verwikkelt. 1243/44 starb Graf Siboto von Falkenstein; seine Teilnahme am Kampf der Andechser gegen den Herzog, von dem er zahlreiche Lehen hatte, scheint den Anlaß zum Eingreifen gegen seine Erben gebildet zu haben, den unmündigen Sohn Sibotos und seinen Bruder Kuno. Vergebens hatte Kuno seinen Besitz 1245 der Freisinger Kirche übereignet und gegen lebenslängliche Nutznießung zurückerhalten, der Herzog zog alles an sich, vermutlich als wegen Felonie heimgefallenes Lehen. Damit hatte er ein wichtiges Zwischenglied zwischen seiner eigenen Grafschaft im Unterinntal, um Kufstein, und seinen Stützpunkten am Inn gewonnen. Das zweite, nicht weniger wichtige Zwischenglied war die Grafschaft Wasserburg. Auch sie zog damals der Herzog ein, aus dem gleichen Grund und unter ähnlichen Umständen. Zusammen mit der Vogtei über die Hausklöster der Wasserburger, Attel, Altenhohenau und Rott am Inn, beherrschte die Grafschaft Wasserburg das Inntal an einem entscheidenden Punkt, wo es die Salzstraße von Reichenhall nach Landshut und München kreuzte.

Unangefochten war aber die Herrschaft über die Innstraße auch damals noch nicht. So hatte am Erbe der Wasserburger auch der Pfalzgraf Rapoto aus dem Hause der Ortenburger beteiligt werden müssen, dessen Besitzschwerpunkt Kraiburg war und dem auch die Burg Marquartstein gehörte. Ein Jahr später, 1248, starb Rapoto, ohne Söhne zu hinterlassen, der Herzog zog nach dem Heimfallsrecht die Pfalzgrafschaft und die erledigte Grafschaft im Chiemgau ein, besetzte die Burgen und übernahm die Vogteien über die Klöster Baumburg und Frauenchiemsee. Der Bruder Rapotos, Heinrich von Ortenburg, der schon 1241 vom Herzog schwer gedemütigt worden war, als er mit seinen Brüdern bei Erbstreitigkeiten zur Fehde gegriffen hatte, wurde nicht beteiligt, nur die Bischöfe von Passau und Bamberg wie der Erzbischof von Salzburg weigerten sich, die Inbesitznahme der Ortenburger Lehen durch den Herzog hinzunehmen. Mit Bamberg schloß Otto II. noch 1252 einen Vertrag, der die Vogteiverhältnisse regelte und dem Herzog die Nachfolge der Bogener, der Andechser und der Ortenburger zugestand, doch Salzburg und Passau nahmen den Kampf auf, zum Friedensschluß kam es erst nach dem Tod des Herzogs. Diese und andere Streitigkeiten hatten jetzt zurückzutreten, es ging um Österreich.

Herzog Friedrich der Streitbare war 1246 im Kampf gegen die Ungarn gefallen, seine Ehe war kinderlos, so nahm der Kaiser Österreich als heimgefallenes Lehen ans Reich, zu Reichsverwesern ernannte er Herzog Otto II. von Bayern und Herzog Meinhard von Kärnten. Bis 1250 hütete sich jedoch Otto II., in den jetzt ausbrechenden Kämpfen um den Besitz des Landes Partei zu ergreifen, erst nach dem Tode des Kaisers wurde auch er aktiv. Noch im Spätherbst 1250 rückte Ludwig, der älteste Sohn des Herzogs, auf Linz und bestimmte die Ministerialen des Landes zur Anerkennung der bayerischen Herrschaft, das Land ob der Enns war wieder bayerisch. Gescheitert ist das Unternehmen an dem Bündnis, das jetzt der mächtigste Anwärter auf die Herrschaft in Österreich, König Ottokar von Böhmen, mit den bayerischen Bischöfen schloß, auch ein zweiter Versuch 1253 ging nicht besser aus. Wenig später, am 29. November 1253, starb Otto II. zu Landshut eines plötzlichen Todes. Er hatte bereits sein Erbe zu einem wirklichen Herzogtum gemacht, das von innen durch keine ebenbürtige Macht mehr bedroht war und, solange das Bündnis mit den Staufern andauerte, auch nicht von außen. Die größeren Ziele, die ihm die Gunst der Stunde selbst gewiesen hatte, zu erreichen, Österreich wieder an das Mutterland anzuschließen, war ihm versagt geblieben, der Hindernisse waren es zu viele. Und vielleicht hätte eine solche Machtkonzentration doch auch nur die innere Konsolidierung gestört.

Ludwig der Strenge – Heinrich von Niederbayern

Auf Otto II. folgten als Herzöge beide Söhne mit gleichem Recht, Ludwig, eben fünfundzwanzig Jahre alt, bereits bewährt als Kriegsmann, und der noch nicht ganz achtzehnjährige Heinrich. An Tatkraft und Zielstrebigkeit war nur Ludwig seinem Vater ähnlich, doch hatte er außerdem jenen wittelsbachischen Jähzorn geerbt, der seinerzeit Pfalzgraf Otto und König Philipp zum Verhängnis geworden war; am 18. Januar 1256 ließ er seine Gemahlin Maria von Brabant auf den Verdacht der Untreue hin enthaupten, zur Sühne stiftete er wenige Jahre später das Zisterzienserkloster Fürstenfeld. Der Beiname „der Strenge“, den ihm die Nachwelt wegen dieses Bluturteils gab, trifft wohl nicht ganz den Sachverhalt. In seiner Politik war er jedoch, trotz der Neigung, im Zorn die Kontrolle über seine Handlungen zu verlieren, von nüchterner Klarheit, bei allem leidenschaftlichen Machtstreben bewahrte er stets Maß in seinen politischen Zielen, die jetzt einsetzende Konsolidierung des Erreichten scheint vor allem sein Verdienst. Es hätte nahegelegen, die Möglichkeiten schrankenlos auszunützen, die 1254 nach dem Tode Konrads IV., seines Schwagers, die zwei Jahrzehnte währende kaiserlose Zeit bot; Meinhard von Tirol war da weit unbedenklicher. Maßlose Expansion verbot sich für die beiden Wittelsbacher aber auch, weil sie schon 1255 ihr Erbe teilten. Ob man mit Riezler von einem Verstoß gegen das Reichsrecht sprechen kann, mag dahingestellt bleiben; sicher war das strenge Lehensrecht, wie es die Herzöge selbst anzuwenden beliebt hatten, wenn es in ihrem Interesse lag, gegen die Teilung eines Reichsfürstentums, aber wenn ein solches Fürstentum ständig wachsen konnte, ohne sein Wesen zu verlieren, dann konnte man es auch verkleinern oder teilen. Der Prozeß der Territorienbildung war also auch umkehrbar. Die Folgen waren für die Politik der wittelsbachischen Herzöge ohne Frage äußerst nachteilig, zumal die Teilungen der späteren Zeit noch ungleich weiter gingen als jene von 1255.

Ludwig II. nahm für sich die Pfalzgrafschaft bei Rhein in Anspruch, das vornehmste weltliche Reichsfürstentum. Da es aber als Territorium noch längst nicht fertig war und sich an Einkünften mit dem Herzogtum nicht messen konnte, wurde dieses geteilt. Die Trennungslinie verlief etwa von Kelheim über Moosburg und Erding nach Kraiburg und Rosenheim; den östlichen Teil, Niederbayern, erhielt Heinrich, den westlichen Teil Ludwig, dazu auch die Grafschaft vor dem Gebirge mit Kufstein und Kitzbühel, ferner den wittelsbachischen Anteil am Nordgau und die Herzogsrechte in Regensburg. Diese Teilung bedeutete, daß Oberbayern weithin zu einem Nebenland der Rheinischen Pfalz herabsank und daß die politische Gedankenwelt des Pfalzgrafen über die Ziele und den Einsatz der Mittel bestimmte. Die Einheitlichkeit der Aktionen war selbst unter günstigen Umständen nie so zwingend, daß die Zweiteilung für Bayern nicht von Nachteil gewesen wäre. Ludwig wuchs in die große Reichspolitik hinein, auf sie bezog er auch nicht selten die Maßstäbe seiner Territorialpolitik, Heinrich aber blieb die harte, ja erbarmungslose Auseinandersetzung mit den politischen Mächten im nächsten Umkreis Bayerns, die ihrerseits das Fehlen einer kraftvollen Zentralgewalt ohne jeden Rückhalt bis zuletzt ausnützten. Dabei war Heinrich sicher die schwächere Gestalt von beiden; die Sprunghaftigkeit in der Wahl seiner Ziele, der mangelnde Nachdruck in ihrer Verfolgung war gewiß auch den außerordentlichen Widerständen zuzuschreiben, doch daß er im Osten so gut wie nichts erreichte, trotz vielfältiger Möglichkeiten, lag doch auch daran, daß er bei keiner Unternehmung durchhielt. Am nachhaltigsten aber zerstörte die Divergenz der Ziele beider Herzöge jede Basis zu erfolgreicher Politik nach außen, während sie gleichzeitig die zentrifugalen Kräfte ermutigte, vor allem Salzburg.

Zur Zeit des Übergangs des Herzogtums auf ihn und seinen Bruder weilte Heinrich immer noch bei seinem Schwiegervater, dem Ungarnkönig Bela, und versuchte, ohne Erfolg, die Steiermark für sein Haus zu gewinnen, während

Ludwig schon mit seinen ersten Handlungen deutlich machte, daß er daran war, eine neue Epoche einzuleiten. Noch im Dezember 1253, wenige Wochen nach dem Tod seines Vaters, schloß Ludwig einen Vertrag mit Bischof Albert von Regensburg, der beide zur Restitution aller Güter und Rechte und zur Wiedergutmachung der zugefügten Schäden verpflichtete. Von der Stadt Regensburg, dem wichtigsten Streitgegenstand der früheren Jahre, war mit keinem Wort mehr die Rede, sie war seit 1245, seit der Gewährung der Selbstverwaltung durch den Kaiser, für beide verloren und machte in Zukunft ihre eigene Politik. Dieser Friedensschluß brachte dem Herzog erstmals keine besonderen Vorteile mehr, entscheidend für Herzog Ludwig war die Sicherung des status quo, denn damit war der Ausbau eines eigenen Territoriums durch den Bischof bereits unterbunden; auch brachte der Friedensschluß die Beendigung des bischöflichen Bündnisses mit König Ottokar von Böhmen und die Aufhebung des Interdikts, beides unerläßliche Voraussetzungen für die Bewegungsfreiheit des Herzogs in der Reichspolitik.

Noch bedeutsamer war der Friedensschluß mit dem Erzbischof von Salzburg im folgenden Jahr. Im letzten Lebensjahr Erzbischof Eberhards II., der bis zuletzt zum Stauferkaiser hielt, war es durch den Übergang des Herzogs zu Friedrich II. wieder zu einer Annäherung gekommen. Zeichen dafür war die Belehnung des Herzogs mit der Vogtei über Herrenchiemsee 1245. Inzwischen waren weitere Vogteien und Kirchenlehen angefallen, 1249 starb auch die Hauptlinie der Grafen von Plain aus, all diese Gebietsfragen mußten entschieden werden. Zu solchen Spannungen traten die Gegensätze, die sich aus den beiderseitigen Interessen nach dem Aussterben der Babenberger ergaben. Auch mit Salzburg schloß deshalb Herzog Ludwig zu Erharting bei Mühldorf 1254 einen Vertrag, der die Differenzen beilegen und den Druck an der Ostgrenze mildern sollte. Dieser Vertrag basierte auf jenem von 1229, ging aber einen Schritt weiter und zog eine scharfe Grenze der beiderseitigen Herrschaftsrechte, die ohne jede Rücksicht auf etwaige Lehenshoheit des Herzogs an der Alz verlief, also erheblichen Verzicht bedeutete; die Grafschaftsrechte östlich der Alz mußten an den Erzbischof abgetreten werden. Dafür erhielt er seinerseits Salzburger Lehen westlich des Flusses.

Schon der Vertrag von 1254 war also aus der Erkenntnis erwachsen, daß es beiden Parteien nicht möglich war, die Territorienbildung ungemessen fortzusetzen. Salzburg hatte sich dabei nicht in allem behaupten können, es war nicht gelungen, alle Grundherrschaften in das entstehende Territorium einzubeziehen, andererseits hatte es sogar im Grenzgebiet zwischen Alz und Salzach, dann an der südwestlichen Peripherie, im Pinzgau, bayerische Grafschaften dem Herzogtum zu entfremden verstanden, es war zweifellos ein echter Ausgleich erfolgt. Das Prinzip, das dabei maßgebend war, wurde dann 1275 im zweiten Vertrag von Erharting formuliert. Er beendete jene Feindseligkeiten, die im Gefolge des Salzburger Bistumsstreites wie des Kampfes um die Steiermark und Österreich entstanden waren, die aber wohl auch einen letzten Versuch Bayerns darstellten, alle Salzburger Besitzungen westlich der Alzgrenze gänzlich ans

Herzogtum zu bringen. Der Herzog gab alle entfremdeten Güter zurück, bestätigte die früheren Verträge, den Verzicht auf die Güter des Grafen von Plain begründete er mit ihrer Lage „extra limites nostros", außerhalb seines Landes also. Das war der entscheidende Gesichtspunkt. Hüben wie drüben hatte sich jetzt ein neues Land gebildet, das für alle Zukunft Bestand hatte. Das Chorherrenstift Berchtesgaden war ebenfalls im Stande, im Schatten Salzburgs die Unabhängigkeit von Bayern zu behaupten.

Das Beispiel Salzburgs hatte gezeigt, wie es auch hätte kommen können; aus Grundherrschaften, Forstschenkungen, Klostervogteien, Lehen aller Art, zuletzt ganzen Grafschaften hatte sich ein geschlossenes Territorium gebildet, das zu den ansehnlichsten des deutschen Südens gehörte, herausgeschnitten aus dem großen Lande Bayern, aber jetzt durchaus imstande, es mit dem Restherzogtum aufzunehmen, das aus dem Territorialisierungsprozeß hervorgegangen war. So leicht konnte das Beispiel Salzburgs freilich nicht Schule machen. Die Gunst seiner Randlage und damit die Möglichkeit ständiger Anlehnung an starke auswärtige Mächte besaß nur noch Passau, doch fehlte hier der weithin geschlossene Grundbesitz unmittelbar um die Bischofsstadt herum. Die Hauptmasse der Passauer Güter lag in Österreich und war der dortigen Landesherrschaft bereits seit langem unterworfen. Angelehnt an das weite Stiftsland nördlich der Stadt, das tief in den Wald hineinreichte, konnte sich freilich aus dem verstreuten Besitz auch donauaufwärts, an beiden Ufern, bei geschickter Politik und unter Ausnützung außenpolitischer Bedrängnis noch ein beträchtlicher Machtkomplex aufbauen lassen. Die Bischöfe versuchten das zwar in wechselvollen Kämpfen, verbündet mit Ottokar von Böhmen, doch dessen Bindung in Österreich und der Steiermark machte dann auch hier den Weg frei zu einer friedlichen Lösung. Den Vertrag von 1262 schloß Herzog Heinrich von Niederbayern, er bedeutete im wesentlichen den Verzicht des Bischofs auf den Ausbau eines Territoriums westlich der Stadt. Alle strittigen Lehen aus dem Besitz der Ortenburger und Bogener blieben im Besitz des Herzogs. Dieser Vertrag von 1262 war, im Gegensatz zu den Verträgen mit Salzburg, kein Zeichen des Friedens, sondern der Unterwerfung; Passau war für alle Zeit um jede Entwicklungsmöglichkeit gebracht.

Noch wichtiger war für das junge Herzogtum die Beherrschung der geographischen Mitte, des Raumes um München und Freising. Mit dem Bischof von Freising war der Streit um Vogteirechte und Lehen nie mehr abgerissen, Freising war ebenfalls bis zum Bündnis mit Ottokar gegangen, doch dann brach auch hier der Widerstand zusammen. Erstmals 1261 gestand Bischof Konrad Herzog Ludwig den Besitz einzelner Freisinger Lehen zu, eine Reihe von punktuellen Vergleichen in den nächsten Jahren folgte; in jedem Fall verzichtete der Bischof. Damit war die Gefahr gebannt, daß sich auf den Freisinger Grundherrschaften ein Territorium bilden würde, das geradezu die Mitte des Herzogtums eingenommen hätte. Erst jetzt war im Grunde die Territorienbildung abgeschlossen, als auch hier die Freisinger Enklave auf einen schmalen Streifen zwischen Föhring und Freising zusammengeschmolzen war, der politisch völlig bedeutungslos blieb. Daran konnte auch die spätere Erwerbung der Grafschaft Werdenfels nichts mehr ändern.

Der herzogliche Sieg im Kampf um die Hoheit über den Grundbesitz der Kirche im Zentrum des Herzogtums – auch die zahlreichen Klostervogteien aus dem Nachlaß der ausgestorbenen Geschlechter gehörten dazu – war die eigentliche Entscheidung über die zukünftige Form des Herzogtums. Nur durch die Beseitigung der unzähligen kirchlichen Immunitäten, d.h. durch ihre Einbindung in das Territorium in Form der Vogtei oder auf dem Lehensweg war es möglich, dieses Territorium wirklich zu schließen, zu einem einzigen Hoheitsgebiet zu machen, in dem allein dem Herzog die Rechte des Landesherrn zustanden. Weniger von Bedeutung waren die noch verbliebenen hochadeligen Herrschaften der Grafen von Ortenburg, Abensberg und Hals, des Landgrafen von Leuchtenberg etwa; ihre Abhängigkeit vom Herzog war so eng, daß man sie in der Folgezeit ohnedies meist in herzoglichen Diensten findet. Vollends die vielen edelfreien Geschlechter, die noch vorhanden waren, sanken entweder zu herzoglichen Ministerialen herab oder waren doch, als herzogliche Vasallen, kaum besser gestellt. Zu einem Massenanfall hochadeligen Gutes wie vor 1250 kam es allerdings in dieser Phase nicht mehr, aller Zuwachs aus diesem Bereich vollzog sich jetzt, ausgenommen den Besitz der Markgrafen von Hohenburg 1254, in einem bis heute nicht völlig durchsichtigen Vorgang, nur mehr durch Kauf; am wichtigsten war dabei 1281 die Erwerbung der Güter der Grafen von Moosburg.

Mit dem Erbe der Lengenfelder um Kallmünz und Burglengenfeld, mit dem Regental und der Markgrafschaft Cham war jetzt durch den Erwerb von Nabburg aus dem Erbe der Hohenburger das Herzogtum der Wittelsbacher auch nördlich der Donau bereits vor 1268 fest verankert, ebenbürtig dem staufischen Territorium dort. Der Anfall des Stauferererbes in diesem Jahr bildete dann „den krönenden Abschluß" (Lieberich) beim Ausbau des neuen Landes Bayern. Diese Erwerbung war nun nicht mehr das Ergebnis planenden Geistes, obwohl sie mehr als alles bisher dazu geeignet war, das Erreichte abzurunden wie zu befestigen; es war das Ergebnis einer Tragödie. Konradin, der Sohn König Konrads IV. und der Wittelsbacherin Elisabeth, war mit dem Hause Bayern aufs engste verbunden, er war auf den Burgen seines Onkels aufgewachsen. Auch nach 1258, als seine Mutter Meinhard II. von Tirol geheiratet hatte, hatten sich ihre Brüder für den Neffen weiterhin verantwortlich gefühlt und mitgewirkt, seine Erhebung zum Herzog von Schwaben zu erreichen, schließlich trugen sie auch die Hauptlast der Rüstungen gegen Karl von Anjou, der zum König jenes Reiches gekrönt worden war, das Konradin als sein Erbe betrachtete.

Schon 1263 hatte Konradin, noch nicht mündig, seinen Onkel Ludwig in einem ersten Testament zum Erben all seiner Besitzungen eingesetzt; 1266, nach dem Beschluß zum Zug nach Italien auf dem Hoftag von Augsburg, setzten die Verschreibungen ein, auf Grund derer die Herzöge dem jungen Neffen jene Summen überließen, die er für seine Rüstungen brauchte. Sie betrafen die Burgen und Vogteien auf dem Nordgau und die Stadt Donauwörth, die staufischen

Besitzungen am Lechrain, die Vogtei über die Stadt Augsburg und über das Kloster Füssen wie die Burg Schwabegg nahe Schwabmünchen.

Es gibt kein Anzeichen dafür, daß die bayerischen Herzöge am schrecklichen Ausgang des Unternehmens irgendwelche Schuld träfe, sie waren nur nicht in der Lage, Konradin aufzuhalten. Daß Bayern durch das Ende des staufischen Hauses außerordentlich gewonnen hat, ist aber unstreitig. Der ganze Ring, den Friedrich I. einst um West- und Nordbayern gelegt hatte, vom Welfengut am Lechrain über das staufische Hausgut um Donauwörth und Höchstädt bis zu den bambergischen Lehen und dem Sulzbacher Erbe auf dem Nordgau fiel alles an Bayern; 1269 bestätigte der Bischof von Bamberg, 1274 König Rudolf von Habsburg die Erwerbung. Nicht behauptet werden konnte das ehemalige salische Königsgut um Nürnberg und das Reichsland um Eger, das schon Ende 1265 Ottokar von Böhmen besetzt hatte. Beim Reich blieb auch die Vogtei der Welfengründungen Rottenbuch und Steingaden, und Bischof Hartmann von Augsburg aus dem Hause der Grafen von Dillingen weigerte sich, die Augsburger Hochstiftsvogtei, die Straßvogtei beiderseits der Straße ins Gebirge und die Füssener Vogtei an jemand anderen zu verleihen als den König. Der darüber ausgebrochene Kampf endete mit einem Vergleich, der dem Herzog nichts beließ als die Schwabegger Vogtburg, einige Gebietssplitter und verschiedene Vogteiabgaben. Der Vorstoß über den Lech im Bereich des Augsburger Hochstifts war abgewehrt, aber der Lech als Grenze wieder erreicht, der Nordgau geschlossen beim Herzogtum. Die Bildung des Landes Bayern war vollendet.

Das Ergebnis, weniger der Vorgang, war revolutionär; mit alten Mitteln, Krieg und Ausschöpfung aller Rechte, auch solcher des alten Stammesherzogtums, war etwas Neues geschaffen worden, ein Territorium mit landesfürstlicher Oberhoheit, nicht eine Neuauflage des alten Stammesherzogtums. Die wenigen Versuche, das Rad der Geschichte vor 1156 zurückzudrehen, scheiterten ausnahmslos, Österreich war Ottokar nicht mehr zu nehmen, die Gewinnung der Steiermark, die durch Ausnützung des Salzburger Kirchenstreits 1256 in greifbare Nähe gerückt schien, scheiterte an der Uneinigkeit der Brüder, an der zweideutigen Haltung König Belas IV. von Ungarn, des Schwiegervaters Heinrichs von Niederbayern, aber auch an der Politik Ottokars von Böhmen. Auch gelang es nicht, die Bildung des Landes Tirol zu verhindern, die spätere Umklammerung durch Habsburg geht auf die Entscheidungen dieser Jahre zurück.

Das Ergebnis der Wittelsbacher Politik seit 1180 war trotzdem imponierend; der Auflösungsprozeß, der in weiten Teilen des Reiches unaufhaltsam schien, war in Bayern wirkungsvoll überwunden, das Land war zu einer neuen Einheit zusammengewachsen, die in der Hand eines starken Fürsten den Frieden verbürgte, die Rechtfertigung eines solchen Zusammenschlusses vieler Teile zu einem Ganzen. Das Land wurde zum Staat, durchorganisiert in einer vorbildlichen Ämterverfassung, geschützt durch Burgen und Städte, die wirtschaftliche und kulturelle Leistungsfähigkeit Bayerns in der nächsten Epoche hat ihre Voraussetzungen in diesen staatlichen Verhältnissen.

Das Land und seine Ordnung

Das Land Bayern, das seit der Mitte des 13. Jahrhunderts weithin mit dem Herzogtum der Wittelsbacher zusammenfiel, war zunächst weder rechtlich noch organisatorisch ein einheitliches Gebilde, es mußte erst dazu werden. Es war entstanden aus den Grundherrschaften, Vogteien und Grafschaften, welche die Wittelsbacher 1180 in den Territorialisierungsprozeß eingebracht hatten, dazu kamen dann im Verlauf des nächsten Jahrhunderts zahlreiche Besitzungen ausgestorbener Dynastenfamilien, die ihrerseits wieder eine Zusammenfassung der verschiedensten Rechtstitel darstellten und jeweils auf ganz verschiedenen Organisationsstufen standen. Zusammen mit Geleitsrechten und Zöllen sowie anderen Regalien machten sie die eigentliche Herzogsherrschaft neuerer Art aus, wie sie in der Gelnhäuser Urkunde zum Ausdruck kommt, oder, wie man später sagen sollte, die Landeshoheit.

Der Übergang der Herrschaft im Land an einen einzigen Hoheitsträger, den Herzog, das Ausscheiden der Grafen und Vögte, die bisher im Land die hohe Gerichtsbarkeit ausgeübt hatten – soweit sie nicht, wie Andechser und Staufer, bereits ihre Ausübung an beamtete Richter delegiert hatten –, bedeutete das Ende einer Verfassungsepoche, die bis zur Merowingerzeit zurückreichte. Auch wenn das Amt des Grafen schon längst zu einem Herrschaftsrecht geworden war und die alten Amtsbezirke durch kirchliche und adelige Immunitäten heillos aufgesplittert waren, so war die Grafschaft wie die Vogtei über Immunitätsbezirke doch auch in dieser Form geeignet, jene Verwaltungs- und Gerichtsfunktionen zu tragen, die für Aufrechterhaltung von Recht und Ordnung im Land unerläßlich waren. An ihre Stelle konnten jetzt aber neue Gebilde treten, welche die verwirrenden Grenzen zwischen den alten Einheiten aufhoben. An die Stelle der Grafen und Vögte, die der Herzog beerbt hatte, mußten neue Amtsträger treten. Das Lehenswesen hatte zur unüberschaubaren Vielheit der Herrschaften geführt. Wenn die Einheit der Herrschaft weiterhin aufrecht erhalten werden sollte, mußte ein Weg gefunden werden, der die Übertragung von amtlichen Aufgaben ohne gleichzeitige Lehensbindung ermöglichte; selbst die Ministerialen waren inzwischen zu Lehensleuten geworden, ihre Amtslehen waren bereits dabei, in ihr Eigentum überzugehen, sie übten schon geraume Zeit Herrschaft in eigenem Namen aus. Kraft der ihnen zustehenden Banngewalt gingen die Herzöge jetzt daran, die Gerichtsorganisation zu verändern, Gerichte neu zu errichten, alte aufzuheben, Exemtionen von Niedergerichten zuzulassen, vor allem für Klostergerichte; nur das Blutgericht gaben sie nicht mehr aus der Hand. Die entscheidende Neuerung war die Einsetzung beamteter, d.h. durch feste Einnahmen, nicht durch Güter entlohnter und auch wieder absetzbarer Richter. Die wichtigste Voraussetzung für diese Neuerung war der allgemeine Übergang von der Naturalwirtschaft zur Geldwirtschaft im Lauf des 12. und frühen 13. Jahrhunderts. Das ausschlaggebende Vorbild für die Einführung des Berufsbeamtentums auch nördlich der Alpen scheint die normannische Staatsverwaltung in Süditalien gewesen zu sein, die ihrerseits wieder auf der byzantinischen Ämterorganisation aufbaute. So haben wir einen „baiulus ducis“ schon unter Welf VI., das Wort stammt aus der normannischen Ämtersprache. Ob dieser „baiulus“ der Welfen aber bereits ein echter Beamter war, läßt sich nicht entscheiden. Die Wittelsbacher jedenfalls haben von Anfang an die neugebildeten Ämter nicht mehr als Lehen ausgetan, sondern haben für ihre Verwaltung Beamte angestellt. Sie wurden für ihre Dienste regelmäßig entlohnt, unterlagen der Rechenschaftspflicht vor übergeordneten Beamten und konnten bei Mißbrauch abgesetzt werden, vor allem vererbten sie das Amt nicht weiter. Selbstverständlich stand nicht schon am Anfang eine differenzierte Ämterausbildung. Der judex, der Landrichter, hatte in der Regel sämtliche staatlichen Rechte in seiner Hand, nur bei größeren Amtsbezirken stand neben dem Landrichter auch der Landpfleger, der die Verwaltung und das Landesaufgebot unter sich hatte. Dem Richter zugeteilt waren Schergen, ursprünglich militärische Beamte, im 14. Jahrhundert aber nur noch Gerichtsbeamte. Dem Pfleger zugeordnet waren Amtsleute, welche die Abgaben einzuheben hatten, die Grunddienste und Zehnten, die Zölle und Mauten. Der Landrichter war der Nachfolger des Grafen mit all seinen Befugnissen. Er war der Richter über das Land und über Gut und Eigen, sorgte für die Einhaltung des Landfriedens und zog die Untertanen zu Reis und Scharwerk heran, zum Kriegsdienst mit der Waffe oder zu Hand- und Spanndiensten. Die niedere Gerichtsbarkeit übte er nur in den unmittelbaren Grundherrschaften des Landesherrn aus, über klösterliche Untertanen, die der herzoglichen Vogtei unterstanden oder über verstreute Untertanen adeliger Herren – die wohl schon vor der Privilegierung durch die Herzöge zu Beginn des 14. Jahrhunderts über ihre geschlossenen Herrschaftsbezirke diese Gerichtsrechte selbst wahrnahmen, wenngleich nicht ohne vielfache Reibereien mit den Landrichtern. Zwischen den Außenbehörden und dem Herzog stand eine Mittelbehörde, der Vizthum, der vicedominus. 1204 begegnet der erste wittelsbachische Vizthum, er war zuständig für das ganze Herzogtum, erst 1225 wurde es in vier Vizthumämter geteilt. Der Vizthum hatte den Herzog in allen Amtsgeschäften zu vertreten, soweit es Gericht und Verwaltung anging, er hatte also die Berufungsfälle zu entscheiden und war Gerichtsstand für den Adel, der vom Landgericht eximiert war. Er selbst unterstand wieder der Aufsicht durch die Kanzlei, die nicht nur die Urkunden, herzogliche Entscheidungen also offizieller Art, auszufertigen, sondern auch zusammen mit dem Hofmeister und zwei Räten die Rechnungen zu prüfen hatte. Diese gleichmäßige Handhabung des Rechts, die Heranziehung der Untertanen zu Diensten hin über das ganze Land, verschaffte dem Willen des Landesfürsten Achtung und Gehorsam und erzeugte das Bewußtsein einer einheitlichen Führung und übergeordneten Herrschaft. Das Beamtentum war die wichtigste Voraussetzung dafür, daß sich der herzogliche Anspruch auf Landeshoheit, auf die ausschließliche Herrschaft über das Land, auch durchsetzte.

Organisiert war dieses Land Bayern jetzt nicht mehr in Grafschaften, sondern in Ämter. Die Frage nach dem ursprünglichen Charakter dieser Ämter ist nicht generell zu entscheiden. Schon die Grafschaften des 12. Jahrhunderts sind ja keine scharf erfaßbaren Einheiten mehr, schon hier ist die gräfliche Herrschaft in der Regel mit Vogteien, Lehen und Kirchenlehen zu einer unauflöslichen Einheit verschmolzen, auch haben bisweilen schon die Dynasten ihre Grafschaften in Ämter eingeteilt. So kann man weder von einer ausschließlichen Ableitung von den alten Grafschaften sprechen noch von einer allgemeinen Herkunft aus den Vogteien der Zeit vor der wittelsbachischen Herrschaft. Grafschaften mit ihren grundherrschaftlichen Komplexen, Vogteien, aber auch Burgen mit ihren Bezirken, besonders im Nordgau, stellen ihre Vorformen dar. Der Kern dieser Ämter aber bleibt, wie M. Spindler festhält, in jedem Fall das Gericht; auch wenn im ersten Wittelsbacher Urbar – wie es dem Zweck dieser Aufzeichnung des fürstlichen Grundbesitzes auch entsprach – zur Hauptsache Urbarsämter genannt werden, so erscheinen sie doch später ausnahmslos als Landgerichte, während umgekehrt nicht alle Landgerichte zugleich Kastenämter waren.

Die räumliche Neuorganisation des 13. Jahrhunderts bildete das wirksamste Mittel zur Begründung eines einheitlichen Staates. Die verschiedenartigsten räumlichen Einheiten, die bisher ein Eigendasein geführt hatten, wurden mit Gebieten zusammengeworfen, von denen sie vielleicht durch Jahrhunderte herrschaftlich getrennt waren. Infolge der unterschiedslosen Einbeziehung aller Gebietsteile schließlich, gleichgültig, welcher Herkunft sie waren, traten die Rechtstitel, auf denen sie beruhten, allmählich in den Hintergrund, alter und neuer Besitz wird gleichmäßig behandelt, das Land selbst wird zur Rechts- und Verwaltungseinheit, eine neue Einheit mit einem neuen Gemeinschaftsbewußtsein.

Der Landesausbau durch Ämter brachte auch den Ausbau neuer Mittelpunkte mit sich. Sie bestanden jetzt nicht mehr, wie früher, ausschließlich aus Burgen, sondern wiesen erstmals den Charakter von Städten auf. Bis herein ins späte 12. Jahrhundert war die einzige Stadt innerhalb des Herzogtums, neben den Bischofsstädten, Regensburg gewesen, und selbst diese Stadt war nicht unumstritten im Besitz des Herzogs, sondern mußte mit dem Bischof geteilt werden und ging schließlich völlig verloren. München, die Gründung Heinrichs des Löwen scheint allerdings um 1170 bereits eine Mauer gehabt zu haben; Markt und Mauer sind die wichtigsten Charakteristika einer hochmittelalterlichen Stadt, das Stadtrecht kommt erst im 14. Jahrhundert generell dazu. Die Stadt als Verwaltungsmittelpunkt erfüllte ihre Aufgabe weit besser als eine einfache Burg, sie konnte umfangreiche Ämter beherbergen, der Markt erschloß das Umland, die damit verbundenen Zölle bedurften zu ihrer Einhebung keiner weiteren Organisation, sondern waren dem Pfleger oder dem Landrichter und seinen Beamten ohne weitere Mühe verfügbar. Vor allem aber hatte die Stadt zu ihrer Verteidigung keine Ritter mit ihren Knechten nötig, die durch Lehen belohnt werden wollten, sondern hatte in den Bürgern selbst bereits ihren wichtigsten Schutz. So haben wir bereits unter den ersten Wittelsbachern mit Sicherheit elf neue städtische Gemeinwesen. Am Anfang solcher Städte stand manchmal eine alte Burg als Herrschaftsmittelpunkt wie bei Kelheim, das sich dank seiner günstigen Lage sehr rasch zur Stadt entwickelt hat. Schon 1227 hören wir von „cives". Hier wird die bereits existierende Siedlung Verwaltungsmittelpunkt, wie auch der alte Königshof zu Ingolstadt, der unter Otto II. Burg und städtische Befestigung erhalten hat. Aus wilder Wurzel, d.h. auf jungfräulichem Boden, wenngleich in der Regel neben alten Siedlungen, sind dann die planmäßig angelegten Städte Ludwigs des Kelheimers entstanden, an erster Stelle 1204 Landshut. Burg und Stadt sind hier gleichzeitig angelegt worden, zur Sicherung des Übergangs über die Isar wie zur Erschließung des Umlandes. Die Gunst der Lage an wichtigen Straßen ließ Landshut bereits unter Otto II. zur Residenzstadt werden. Ähnlich entstanden Straubing, Neuötting, Erding und Weilheim, alles planmäßige Gründungen durch Ludwig den Kelheimer oder Otto II., zur Sicherung von Straßen wie zur Aufnahme von Verwaltungsmittelpunkten, Urbarämtern wie Landgerichten. Übernahme und Ausbau älterer Mittelpunkte liegt vor u.a. bei Reichenhall, Burghausen, Burglengenfeld, Cham, Deggendorf und Dingolfing, die beide von den Bogenern bzw. vom Bischof von Regensburg übernommen wurden, bei Vilshofen, das den Ortenburgern abgenommen wurde, bei Wasserburg, das der Mittelpunkt der Grafschaft Wasserburg war, oder bei Wolfratshausen, der Burg der Andechser. Andere Mittelpunkte von Landgerichten sind später wieder zurückgefallen in nahezu dörfliche Siedlungen wie Wartenberg, die beliebteste Residenz Ottos von Wittelsbach, oder Mering, wie Kallmünz oder Kranzberg, bescheidene Siedlungen im Schutz der Burg ohne städtischen Charakter, ohne Mauer und Markt.

Diese Beobachtung vor allem zeigt, daß die Anlehnung an Burgen nicht immer zu sinnvoller Gliederung des Landes geführt hat. Wichtigste Voraussetzung für die Entfaltung von neuen Siedlungen war doch das Verhältnis zu den Straßen, die Offenheit für den Handel. Im 13. Jahrhundert lag Bayern, abgesehen von Regensburg, aber immer noch im Schatten der großen Handelsmächte der Zeit. Die großen Handelsstraßen führten um das Territorium herum, sie ziehen den Lech abwärts, sie ziehen die Donau abwärts, und damit aus dem Herzogtum hinaus. Die große Zeit der bayerischen Städte beginnt also erst zwei Jahrhunderte später.

Auch in Bayern – wenngleich hier die große Gründungswelle gegenüber den Territorien der Zähringer, Staufer und Welfen in Oberschwaben und Ostsachsen um einiges verspätet erscheint – stehen die Anfänge der Stadtkultur noch ganz im Zeichen altertümlicher Verfassungsstrukturen. Erst im Verlauf der Entwicklung werden die moderneren Züge bestimmend, die an sich mit dem Gesamtphänomen bereits gegeben waren. Stadtgründungen sind Hoheitsakte, sie erfolgen durch die Fürsten, seltener durch Grafen (die das Recht dazu usurpiert haben), die Gründung selbst bleibt unter der Hoheit des Stadtherrn, selbst wenn der Herzog als Stadtgründer nicht gleichzeitig Grundherr ist, wie etwa bei Straubing oder Ingolstadt. Die Stadtbewohner genießen zunächst keinesfalls bereits das Privileg der persönlichen Freiheit, sondern bleiben in dem Stand, in dem sie geboren sind, oder in den sie infolge besonderer Umstände aufzusteigen vermögen, auch für Freie als Stadtbewohner tritt anfangs eine Minderung der

Freiheit ein durch die Abhängigkeit vom Stadtherrn. Wenn dieser gleichzeitig Grundherr ist, fallen die Stadtbewohner sogar noch unter das Hofrecht, wie die Angehörigen eines Gutsbezirks. Die wirtschaftlichen Gegebenheiten bringen jedoch noch im 13. Jahrhundert entscheidende Lockerungen der ursprünglichen Bindungen, sehr oft werden bereits mit dem Gründungsakt jene Privilegien als Anreiz zur Ansiedlung in der Stadt gewährt, die dann im Verlauf der Entwicklung die Stadt im besonderen auszeichnen werden. Der Grundsatz „Stadtluft macht frei" steht jedenfalls nicht am Anfang. Selbst die Regensburger Bürger werden erstmals 1207 im Privileg Philipps von Schwaben von den letzten Zeichen der Abhängigkeit vom Stadtherrn befreit, der Vermögenshaftung für den Herrn und von den Resten des Spolienrechts; sie dürfen fortan nicht mehr für Schulden der Stadtherrn gepfändet werden und erhalten das Recht, frei durch Testament über ihren Nachlaß zu verfügen. Regensburg hat um diese Zeit allerdings auch die ersten Organe bürgerlicher Selbstverwaltung, die den übrigen bayerischen Städten erst das späte 13. oder frühe 14. Jahrhundert bringt.

Die Stadtgründungen erfolgen im Zuge einer allgemeinen Entwicklung am Ausgang des hohen Mittelalters, die das Reichsgebiet später ergriff als Süd- und Westeuropa, die aber mit dem hier anzutreffenden wirtschaftlichen und sozialen Wandel aufs engste zusammenhängen, der deutlich erkennbaren Bevölkerungsvermehrung und dem Übergang von der Naturalwirtschaft zur Geldwirtschaft und dem damit verbundenen Aufschwung von Gewerbe und Handel. Auch in Bayern regen die gesteigerten Bedürfnisse kaufkräftiger Schichten die bisher allein im grundherrlichen Zusammenhang tätigen Handwerker an, ihre Produktion auszuweiten und die Produkte zu verbessern; sie strömen in die Städte und werden selbständig, ihre rechtliche Situation paßt sich den neuen Gegebenheiten an.

Die kirchlichen Grundherrn vor allem haben gegen die ganze Landstriche erfassende Gründungswelle aus gutem Grund Protest eingelegt, in erster Linie gegen die königliche Stadtpolitik, denn es waren vor allem geistliche Grunduntertanen und Eigenleute, die sich die neuen Möglichkeiten zunutze machten. Trotz der 1220 in der „Confoederatio cum principibus ecclesiasticis" erfolgten Zusicherungen Friedrichs II. ließ sich die Entwicklung nicht aufhalten; auch die ländliche Verfassungsentwicklung unterlag einem radikalen Wandel. Es blieb den Grundherren nichts übrig, als der allgemeinen Tendenz mit Modifikationen der persönlichen Abhängigkeit zu begegnen, die sich an die wirtschaftlichen Möglichkeiten anpaßten und doch dem Anspruch der Grund- und Leibherren ihrerseits ebenfalls gerecht wurden. Der Übergang zur Geldwirtschaft war dafür die wichtigste Voraussetzung, er ermöglichte die Ablösung von Dienstverpflichtungen durch Zinszahlung, die Umwandlung also persönlicher Dienste in eine Rente.

Dieser Vorgang lag im Interesse beider Gruppen, er war ebenfalls durch die allgemeinen Voraussetzungen bedingt, nicht zuletzt von dem Bedürfnis nach Geldeinkünften auf der Seite der Herren, ihren Ansprüchen an einen gehobenen Lebensstil. Die Agrarverfassung war seit der Karolingerzeit vorherrschend geprägt durch das Villikationssystem, jedenfalls bei den größeren Grundherrschaften, beim König, der Kirche und den großen Dynasten. Dieses Wirtschaftssystem war konzentriert auf die Villa, den herrschaftlichen Gutskomplex, der sich zusammensetzte aus dem Herrenhof mit dem Salland, das der unmittelbaren Bearbeitung durch den Herrn bzw. seinen Beauftragten, den Villicus, den Maier, vorbehaltene Land, und einer Reihe von abhängigen Höfen. Die Eigenwirtschaft erfolgte mit unfreien Eigenleuten, die zu ungemessener täglicher Dienstleistung verpflichtet waren, als Knechte oder Handwerker. Unfreie konnten auch angesetzt werden als Coloni, als Bauern auf den zur Villa gehörenden Höfen; auch sie waren zur Arbeit für den Grundherrn verpflichtet, zu sog. Frondiensten, in der Regel bei Aussaat, bei der Ernte und zum Dreschen; daneben hatten sie von ihren Erträgnissen Abgaben zu leisten, bis zur Hälfte etwa der Getreideernte. Aus Mangel an Eigenleuten, besonders wenn das Anbaugebiet durch Rodung gewonnen wurde, aber auch als Folge bereits der ursprünglichen Siedlungsverhältnisse – es gibt immer noch die Barschalken, in denen mit gutem Grund die ehemaligen romanischen Colonen vermutet werden – saßen auf solchen Höfen auch persönlich freie Bauern; diese waren nur zu Abgaben von der Ernte verpflichtet. Die unfreien Eigenleute, die zum Hofverband gehörten, unterstanden den Herren auch rechtlich, sie bildeten eine eigene Gerichtsgemeinde, die im Bauding zusammentrat, den Vorsitz führte der Herr, die Gerichtsgemeinde bestand aus den Eigenleuten. Dieses Bauding war nur zuständig für Hofrechtsfragen. Diese Verhältnisse waren, in entsprechender Abwandlung, auch bei kleineren Komplexen anzutreffen, die diesem Schema sonst nicht ganz entsprachen.

Die hochmittelalterliche Bevölkerungsvermehrung, die im 12. Jahrhundert bereits deutlich spürbar wird, führte nun zu lebhaftem Fortgang des inneren Landesausbaus und zur kolonisatorischen Erschließung des Landes östlich der Elbe, verbunden damit waren neue Formen der Freiheit. Das läßt sich feststellen, auch ohne daß man den Grundsatz der „Rodungsfreiheit" dogmatisch behandelt. Die Vorzüge der Geldwirtschaft stellten eine zusätzliche Verlockung dar, die strenge Agrarverfassung zu lockern, indem die Grundherren das Salland nicht mehr selbst bewirtschafteten, sondern es aufteilten und ihre Eigenleute als Coloni auf die so entstandenen neuen Anwesen setzten. Damit waren die immer teurer werdenden Frondienste überflüssig, sie konnten außerdem rentabel gemacht werden, indem sie in Geldabgaben umgewandelt wurden. Das Villikationssystem löste sich also auf und ging über in die Rentengrundherrschaft des späten Mittelalters. Der Übergang ist bereits sehr deutlich ausgeprägt im Bamberger Hofrecht von ca. 1170; er zieht sich aber bis ins späte 13. und frühe 14. Jahrhundert hin, begleitet vor allem bei kirchlichen Grundherrschaften von einer neuen Organisationsform, der Ämterverfassung. Die Gesamtherrschaft wird dabei in Ämter eingeteilt, denen ein procurator oder praepositus bzw. Propst vorsteht; dieser Beamte hat in der Regel auch die niedere Gerichtsbarkeit über die ihm unterstehenden Bauern und kontrolliert die Abgaben, unterstützt dabei von einem Nachfahren des alten villicus oder Maier bzw. in Niederbayern einem officialis, einem bäuerlichen Amtmann. Auch Naturalabgaben wurden zum Teil in Geldzinse umgewandelt, ein zusätzlicher Anreiz zur Steigerung der Getreideproduktion, die ebenfalls für diese Epoche festgestellt werden kann.

Das wichtigste allgemeine Ergebnis liegt im weitgehenden Verschwinden des überflüssig gewordenen Standes der unfreien Hofknechte, sie gehen auf im Bauerntum, d.h., ihre Rechtsstellung gleicht sich vielfach jener der persönlich freien, wenngleich zu Abgaben an den Grundherrn verpflichteten Bauern an. In der Regel ist ihre engere Bindung an den Grundherrn nur in einigen zusätzlichen Abgaben und in der Verpflichtung zu jetzt gemessenen Frondiensten zu erkennen, auch zahlen sie einen Kopfzins. Ein Teil von ihnen zieht wohl auch in die Stadt, entweder ohne zu fragen und ohne den Willen, die dem Herren schuldigen Verpflichtungen zu wahren – daher rühren vor allem die Klagen gegen die Stadtgründungen –, ein Teil aber wird von ihren Herren auch freigegeben. Es häufen sich gerade im ausgehenden 12. Jahrhundert die Freilassungen; sie erfolgen in der Regel durch Freikauf – das Bamberger Hofrecht kennt dafür den relativ mäßigen Betrag von einem halben Talent, 120 Denaren bei Männern – das ist der Preis für zwei Speckschweine –, außerdem schuldet der Freigelassene, der ja weiterhin unter dem Schutz seines Herrn steht, einen Zins; dieser bewegt sich von 5 bis 30 Denaren, die Höhe des Betrages dürfte mit dem Nutzen zusammenhängen, der dem Herrn mit der Freigabe des Eigenmannes, mit dem Verzicht auf die tägliche ungemessene Arbeitsleistung, entgeht.

Ein Teil dieser sog. Zensualen besteht aber auch aus Freien, die sich aus den verschiedensten Gründen in den Schutz eines Herrn begeben und dafür Zins schuldig sind, meist den Zins von fünf Denaren. Diese Zensualen stellen also eine völlig neue Schicht dar, die mit ihrer relativen Freiheit die Rechtsstellung des gesamten Bauernstandes heben. Hauptträger der bürgerlichen Freiheit können sie deshalb nicht sein, weil sie trotz des Schutzes durch das Stadtrecht weiterhin ihrem Herrn verpflichtet bleiben, wie viele Stadtrechtsurkunden zeigen. Die bäuerlichen Standes- und Besitzrechte verbessern sich also auch bei ehemaligen Unfreien, die bisher nicht das Recht hatten, die Scholle zu verlassen und die jederzeit absetzbar oder auf Neubrüchen ansetzbar waren. Die Abhängigkeit wird weithin zu einer dinglichen, d.h. die Abgaben und Leistungen haften am Besitz, nicht an der Person. Auch auf die jederzeit mögliche Abstiftung, wie sie mit dem schlechtesten Leihrecht, der Freistift verbunden ist, wird immer mehr verzichtet, schon weil der Landesausbau das Verhältnis vom Angebot bäuerlicher Siedler und der Nachfrage nach ihnen ungünstig beeinflußt. So kommt etwa bei der großen Rodungsbewegung des Klosters Niederaltaich, die den Nordwald jenseits der Donau erschließt, von Anfang an die Besitzleihe nur mehr in Form des Erbrechts vor, das auch im Rodungsland Berchtesgaden, in Tirol und Salzburg zumeist anzutreffen ist. Die Rückwirkung auf das Altsiedelland ist deutlich spürbar, auch wenn sich die Erbzinsleihe durchaus nicht allgemein durchsetzt. Aber bereits die Verleihung zu Leibrecht auf Lebenszeit des Bearbeiters ist wesentlich günstiger als die Freistift, auch wenn bei jedem Besitzwechsel eine Abgabe bezahlt werden muß. Die bisher so scharfe Zäsur zwischen den unfreien und abhängigen Bauern und den wenigen freien Bauern, die es in Bayern immer noch gab, wird also allmählich weniger ausgeprägt, wenngleich sie bis zur Bauernbefreiung nie völlig verschwindet. Aus welchen Schichten diese freien Bauern des Hochmittelalters kommen, ist nicht immer sicher. Es gibt viele Zeugnisse vom Absinken ärmerer Edelfreier in den Bauernstand, wobei die Freiheit und der Besitz von Eigen unangetastet bleiben. Dann haben wir in Bayern das sog. Salmannseigen, das auf herzoglicher Verleihung beruht, wobei für die Übertragung bei Besitzwechsel ein Salmann eingeschaltet wird. Eine Besonderheit ist auch das Beutellehen, ein ursprünglich ritterliches, dann an Bauern zu persönlichem Recht weiterverliehenes Gut oder Besitz kleinerer Ritter und Edelknechte, die wieder in den Stand der Bauern abgesunken sind. Sie waren völlig frei von Diensten und Abgaben.

Die Höhe der bäuerlichen Abgaben in allgemeiner Aussage festzuhalten, ist für das hohe, auch das späte Mittelalter nicht möglich, so wenig es möglich ist, allgemeine Werte für die Größen der Anwesen und Höfe zu bestimmen. Es scheint aber, als zeichne sich in der Epoche des Landesausbaus und der Städtegründungen ein allgemeiner Aufschwung auch der bäuerlichen Lage ab, ein Aufschwung, der freilich vor einer letzten Schranke haltmachte. Aus der grundherrlichen Gerichtsbarkeit der Kirche sind die Bauern bis 1803, aus der adeligen Gerichtsbarkeit bis 1848 nicht freigekommen. Daß die edelfreien Grundherrn über ihre Eigenleute, aber auch über freie Gefolgsleute Gerichtsrechte niederen Ranges ausüben konnten, wissen wir schon aus der Urkunde Kaiser Arnulfs für seinen edlen Vasallen Heimo; das Verhältnis geht ohne Frage zurück auf die adelige Hausherrschaft. Die niedere Gerichtsbarkeit in den Händen kirchlicher Beamter ist erst die Folge der Einschränkung der Gerichtsbarkeit der Hochstiftsvögte, die bereits aus dem Vogtweistum Heinrichs IV. von 1104 hervorgeht und die offenbar in Bayern erstmals Bischof Otto von Freising 1147 durchsetzte; im Bamberger Hofrecht von 1170 ist sie bereits fest verankert. Der procurator oder praepositus hat hier als Vorsitzender des Hofgerichts einen Bußbann von 12 Denaren, das Vogtgericht, das nur mehr einmal im Jahr im ordentlichen Ding tagt, ist beschränkt auf die Fälle, die an Haut und Haar gehen. In der ausgebildeten Ämterverfassung liegt das Niedergericht in der Regel beim Propst, einem kirchlichen Beamten, und zwar lange vor der Verleihung der diesbezüglichen Rechte durch den Landesherrn; sie stellt sich im Grunde fast durchwegs nur als Legalisierung bereits in Anspruch genommener Rechte aus der Grundherrschaft dar.

Der weithin allgemeine Übergang der Klostervogtei in Bayern an den Herzog im 12. und 13. Jahrhundert infolge des Aussterbens fast aller Dynastengeschlechter brachte dann die Unterwerfung der Bauern im Land unter die einheitliche landesherrliche Hoch- und Blutgerichtsbarkeit; damit war an einem entscheidenden Punkt der unmittelbare Zusammenhang zwischen dem Fürsten und den Bauern hergestellt und eine Grundvoraussetzung für die Ausbildung eines einheitlichen Untertanenverbandes geschaffen, die Aufgabe der nächsten Epoche.

Herzog und Land zu Beginn des späten Mittelalters: Verlust des Königswahlrechts – Ausbildung der Landstände

Die Geschichte des Deutschen Reiches im hohen Mittelalter ist gemeinhin eine Geschichte der Kaiser, selbst die Katastrophe des Investiturstreits vermochte daran nichts zu ändern. Das Reich, das war der Kaiser. Er bestimmte das Schicksal des Ganzen und hat es auch weithin noch geprägt. Die Geschichte des deutschen Spätmittelalters dagegen offenbart in steigendem Maß die Schwäche der Zentralgewalt, sie wird bisweilen durch jene geradezu charakterisiert. Seit Barbarossa und Rudolf von Habsburg ist ein entscheidender Bruch erfolgt, er ist klar sichtbar. Dieser Bruch ist nicht nur geistiger Natur, soweit etwa die Auffassung vom Königtum seit Barbarossa sich gewandelt hatte. Diese Auffassung mußte sich wandeln, weil auch die verfassungsrechtlichen und materiellen Grundlagen sich gewandelt hatten. Der König im späten Mittelalter hat nur mehr wenig in Händen, was es ihm als König ermöglicht, nachdrücklich Politik zu machen. Das reiche Königsland aus salischer Zeit war, vermehrt durch den staufischen Hausbesitz und das schwäbische Herzogsgut, zum Reichsland geworden, auf das sich noch Friedrich II. bei seiner Reichs- und Italienpolitik hatte stützen können, nach seinem Tod bereits setzte der Verfall ein. Sein Enkel Konradin verlor davon das meiste, den Hausbesitz im Nordgau und an der schwäbisch-bayerischen Grenze vermachte er den bayerischen Herzögen. Dem König blieben die Stauferstädte, große Teile Oberschwabens, das Elsaß und die Innerschweiz; sie für das Reich nutzbar zu machen, erforderte bereits den Einsatz beträchtlicher Macht, und über die geboten die unmittelbaren Nachfolger der Staufer im Königtum nicht. Erst Rudolf von Habsburg war dazu in der Lage, er vermochte auch die noch verbliebenen Königsrechte wirksam einzusetzen, die Landfriedenshoheit und die Lehenshoheit des Königs. Mit ihrer Hilfe zog er fürstliche Friedbrecher zur Rechenschaft, er zog Lehen ein und vergab sie – womit er sich zum Schein dem Leihezwang fügte – an seine Söhne, an das Haus des Königs also. Diese sog. Hausmachtpolitik wird das Wesensgesetz der spätmittelalterlichen Königsherrschaft; wer hier Erfolg hat, kann noch einmal das Reich regieren, wem dabei nichts gelingt, der muß unweigerlich scheitern.

Die Schwäche des Königtums wird vor allem bedingt durch das Wahlrecht, das seit dem Aussterben der Staufer das Geblütsrecht entscheidend zurückgedrängt hatte. Seine wichtigste Konsequenz ist der Mangel an Kontinuität; die erzielten Erfolge an den Nachfolger weiterzugeben ist nur dort gelungen, wo das Königtum in der Familie weitergegeben werden konnte. Gerade das zu verhindern, war aber nicht selten das erklärte Anliegen der Königswähler, die jetzt erstmals in genau abgrenzbarer Zahl in Erscheinung treten.

Noch in der Stauferzeit wurde das Königsamt von der Gesamtheit der geistlichen und weltlichen Fürsten vergeben, auch wenn nie alle von ihrem Recht Gebrauch machten und sich seit der Wahl Ottos I. stets ein bestimmender Vorrang der Erzbischöfe am Rhein geltend machte. Nicht zuletzt unter dem Einfluß kirchenrechtlicher Vorstellungen, die Innozenz III. bei seiner Beurteilung der Doppelwahl von 1198 mit Nachdruck auf die Königswahl übertrug, bildete sich im Verlauf des 13. Jahrhunderts ein eigenes Gremium von Königswählern heraus, die sieben Kurfürsten. Daß zu den für die Wahl maßgebenden Fürsten neben den drei rheinischen Erzbischöfen die Vertreter der vier großen Stämme gehörten, war immer unbestritten gewesen. Die Rolle der Herzöge von Sachsen, Bayern und Schwaben wird bei den Geschichtsschreibern wiederholt ausdrücklich erwähnt. Zufällige Umstände, so scheint es, ließen den Markgrafen von Brandenburg an die Stelle des Herzogs von Schwaben treten, der seit 1254 nicht mehr existiert – Konradin wurde nicht allgemein anerkannt –, und an die Stelle des Herzogs von Franken trat der Pfalzgraf bei Rhein, als Vertreter des vornehmsten Stammes der „erste Kieser an der Kür". Otto II. war beides, Herzog von Bayern und Pfalzgraf bei Rhein, doch bei der Wahl des Gegenkönigs Wilhelm von Holland, die für die Ausbildung des Kurfürstenkollegiums so wichtig war, wirkte er nicht mit. Auch die Wahl von 1257 war in diesem Zusammenhang von großer Bedeutung. Damals war das Herzogtum geteilt; bei der Wahl Richards von Cornwall übte Ludwig der Strenge das Wahlrecht des Pfalzgrafen aus, für das Herzogtum wählte sein Bruder Heinrich von Niederbayern. Damals war allerdings auch noch König Ottokar von Böhmen beteiligt, das sollte für die zukünftige Zusammensetzung des Gremiums entscheidend werden. 1273, bei der Wahl Rudolfs von Habsburg, fehlte er, auch ohne ihn waren es sieben Wähler. Es konnte also scheinen, als sei jetzt der Kreis der Kurfürsten geschlossen, doch ohne an der Wahl selbst teilzunehmen, hielt König Ottokar an seinem Anspruch fest, damit blieb, wie sich zeigen sollte, die Rechtsfrage immerhin offen.

Der Graf von Habsburg wurde unter Umständen gewählt, die keinem Fürsten mehr die Möglichkeit zu eröffnen schienen, die Krone in Ehren zu behaupten. Die Ordnung des Reiches war heillos gestört. Wilhelm von Holland, der gegen die Staufer aufgestellt worden war, hatte keinerlei Macht zu gewinnen vermocht, in einer beiläufigen Fehde am Rand des Reiches, bei den Friesen, ist er jämmerlich umgekommen. Die rheinischen Städte versuchten den ihnen so nötigen Landfrieden selbst zu wahren und gründeten einen Bund, dem bald Städte aus allen Teilen des Reiches beitraten, auch Regensburg. Das Jahr 1257 brachte dann eine Doppelwahl, keiner der beiden Könige, weder Richard von Cornwall noch Alfons von Kastilien, war in der Lage, dem Reich den Frieden zu bringen. Ohne Unterlaß wüteten lokale Streitigkeiten um Besitz und Macht. Zwischen der Wetterau und der Elbe tobte der Thüringische Erbfolgekrieg, der nach dem Tode von Landgraf Heinrich Raspe entbrannt war. Bayern, Böhmen und Ungarn kämpften um den Besitz Österreichs und der Steiermark, bis sich der Böhmenkönig durchsetzte. Auch der Zerfall des Herzogtums Schwaben bildete den Anlaß zu unablässigen Kämpfen. Endlose Fehden wüteten auch in anderen Gegenden, wo es keine starke, ganze Landschaften beherrschende Macht mehr gab, am Niederrhein und in Niedersachsen.

Als 1272 von den beiden Königen Richard von Cornwall starb, der von der Mehrheit der Kurfürsten gewählt worden war, betrachtete der Erzbischof von Mainz, Werner von Eppenstein, das Reich als vakant und setzte alles daran, ihm einen König zu geben und eine neuerliche Doppelwahl zu verhindern. Als erstes gelang es ihm, Einigkeit unter den geistlichen Kurfürsten herbeizuführen, dann gewann er für gemeinsames Vorgehen auch den mächtigsten Reichsfürsten, Ludwig den Strengen. Das war nicht leicht, denn die territorialpolitischen Differenzen zwischen ihm und den rheinischen Erzbischöfen waren beträchtlich. Auch die Loslösung vom Kirchenbann setzte der Erzbischof durch, damit war Herzog Ludwig auch in den Augen der Kirchenfürsten wieder wahlberechtigt, formal auch wählbar. Einsprüche waren zu erwarten, und erfolgten denn auch von Seiten des Königs Ottokar, der seit 1250 in unaufhaltsamem Ausgreifen Österreich, die Steiermark und schließlich, 1267, auch Kärnten und Krain gewonnen hatte. Mit seiner eigenen Wahl zum König rechnete dieser wohl kaum, auch wenn er sich bei Papst Gregor X. kurz darum bemüht zu haben scheint. Ihm lag vielmehr daran, eine Neuwahl überhaupt zu verhindern, da ihm jeder starke König seine Eroberungen streitig machen konnte, während von Alfons von Kastilien auch in Zukunft Aktivität im Reich nicht zu erwarten war.

Ludwig der Strenge scheint die Entwicklung im Osten Bayerns überhaupt nicht beachtet zu haben, so beängstigend sie doch war. Er ließ jedenfalls seinen Bruder Heinrich 1271 völlig allein bei dem Versuch, in einem Doppelangriff, der von Ungarn unterstützt war, Ottokar wieder aus Österreich zu verdrängen. Der Angriff mißlang, im Friedensschluß gelang es Ottokar, Heinrich zum Verzicht zu bewegen. Der einseitige Ausgleich mündete sogar in ein Bündnis ein, damit fand sich Bayern also mit dem böhmischen Großreich ab.

Hatte schon damit Ludwig der Strenge gezeigt, daß es ihm am Blick für zukünftige Entwicklungsmöglichkeiten in diesem Raum, die für Bayern so bedrohlich sein konnten, völlig fehlte, so verrät auch sein Verhalten in der Frage der Königswahl nur die Neigung zu taktischen Augenblickserfolgen. Der Erzbischof von Mainz hatte ihm zugesagt, sich für seine Wahl zu verwenden; das mag angesichts der keineswegs behobenen territorialen Differenzen zwischen Kurmainz und der Pfalz nicht sehr ernst gemeint gewesen sein, doch ist auch keinerlei Bemühung des Herzogs selbst um Wählerstimmen bekannt. Er ließ sich von Mainz zu einer Übereinkunft bestimmen, die auf völlige Einheitlichkeit der Stimmabgabe unter den vier rheinischen Kurfürsten abzielte, wobei eine vorausgehende interne Mehrheitsabstimmung entscheiden sollte. Die Wahlstimmen Sachsens und Brandenburgs zählten damit bereits nicht mehr, ohne daß bekannt wäre, ob die Absichten dieser Fürsten überhaupt erkundet worden waren. Über die Stimme Bayerns verfügte Ludwig zur Hälfte selbst, zur Hälfte überließ er sie seinem Bruder; die Möglichkeit, den Herzog zu wählen, bestand also, er hat aber nicht den Versuch gemacht, die dagegen sich erhebenden Widerstände zu beseitigen. Grundsätzlich hatte der Papst nur Friedrich von Thüringen, einen

Enkel Friedrichs II., als unannehmbar bezeichnet, ausdrückliche Aktionen gegen den Bayernherzog, den langjährigen Führer der staufischen Partei im Reich, sind 1273 nicht bekannt. Ohne Frage hat sich Ludwig vom Erzbischof von Mainz zur Wahl Rudolfs von Habsburg deshalb bereden lassen, weil ihm hinreichende Garantien geboten wurden, vor allem die reichsrechtliche Anerkennung der Konradinischen Schenkung, zusätzlich die Hand Mechthilds, der ältesten Tochter des Königs. Ludwig konnte damit wieder hoffen, an jene Entwicklung anzuknüpfen, die sein Haus großgemacht hatte; die enge Verbindung zum Königshaus war für ihn als Pfalzgraf bei Rhein, mit den vielen Kollisionsmöglichkeiten in dieser intimen Interessensphäre des Königtums, geradezu lebenswichtig – wenn er eben nicht selbst König war.

Daß er darauf verzichtet hatte, selbst die Krone zu tragen, bedeutete freilich nicht nur Verzicht auf positive Möglichkeiten. Die Last schien im Augenblick wohl größer als alle denkbaren Vorteile, denn kein König, der sein Amt ernst nahm, konnte der Auseinandersetzung mit dem Usurpator Ottokar aus dem Weg gehen. In der Tat nahm bereits 1274 auf dem Reichstag zu Nürnberg Rudolf von Habsburg in großem Maßstab die Rückforderung alten Reichsbesitzes vor, gleichzeitig bedrohte er den Böhmenkönig mit dem Entzug seiner Lehen, da dieser es versäumt hatte, dem neuen König zu huldigen und sich von ihm belehnen zu lassen. Das war die rechtliche Basis für die gewaltige Auseinandersetzung um die Herrschaft im Südosten des Reiches, ein Kampf, der um die Herrschaft im Reich selbst ging, da kein Gebiet um diese Zeit territorial geschlossener war, neben Bayern, als Österreich mit der Steiermark und Böhmen mit Mähren. In dieser Auseinandersetzung konnte Bayern unmöglich neutral bleiben, doch die beiden Herzöge zu gemeinsamem Handeln zu bewegen gelang erst spät, und auch dann nur für kurze Zeit. Die großen Möglichkeiten, die sich im Rahmen der kommenden Umwälzungen boten, wurden vor allem aus diesem Grund überhaupt nicht genützt.

Als das Augsburger Fürstengericht 1276 Ottokar seiner Lehen entsetzte, vermochte Rudolf von Habsburg Heinrich von Niederbayern dadurch von Ottokar zu trennen, daß er die vom Böhmenkönig angefochtene Ausübung des bayerischen Wahlrechts ausdrücklich anerkannte, auch machte er ihm Hoffnung auf das Land ob der Enns. Damit standen beide Brüder gemeinsam auf der Seite des Königs; weitere Bündnisse Rudolfs und eine reißende Abfallbewegung nach dem Einmarsch des Königs und seiner Verbündeten in Österreich führten noch 1276 zum Verzicht Ottokars auf seine Eroberungen, ein neuerlicher Versuch, sich Österreichs zu bemächtigen, endete 1278 mit seiner Niederlage gegen Rudolf von Habsburg auf dem Marchfeld und seinem Tod. Vergebens bemühten sich jetzt die beiden Wittelsbacher Herzöge um Österreich und die Steiermark; während Kärnten wenig später an Meinhard von Tirol gelangte, konnten sie nicht einmal das schon in Besitz genommene Land ob der Enns behaupten, der siegreiche König brauchte Niederbayern nicht mehr, zumal Pfalzgraf Ludwig seinem Bruder auch diesmal nicht zur Seite stand. Nach langen Verhandlungen, bei denen Heinrich von Niederbayern völlig isoliert war, konnte Rudolf von

Habsburg 1282, unter Umgehung des Leihezwangs, seine Söhne mit Österreich und der Steiermark belehnen. Da es ihm gelungen war, den einstmals staufischen Reichsbesitz in Oberschwaben, im Elsaß und in der Schweiz zum großen Teil wieder zurückzugewinnen, besaß das Haus Habsburg mit einem Schlag in Süddeutschland jetzt eine Position, welche jener der Staufer nur wenig nachstand, für Bayern auf jeden Fall aber weitaus beengender war. Zuletzt verdrängte der König durch die Entscheidung von 1289/90 für Böhmen Heinrich von Niederbayern auch noch aus dem Besitz der Kurwürde, unter Zustimmung des Pfalzgrafen und Herzogs von Oberbayern Ludwig, der damit das Herzogtum für Jahrhunderte unter die Fürstentümer zweiten Ranges verwies. Diese Entscheidung war verhängnisvoll; der Verlust an Prestige war nicht so schwerwiegend wie jener an echter politischer Macht, die geeignet war, das Land selbst zu schützen, seine Rechte zu sichern und es davor zu bewahren, von den übermächtigen Nachbarn, den Luxemburgern und den Habsburgern umklammert und politisch wie wirtschaftlich niedergehalten zu werden. Nicht wenige der späteren Konflikte, die sich in Bayern bisweilen sehr unheilvoll ausgewirkt haben, wären anders vielleicht vermieden worden.

Schon in der nächsten Generation zeigten sich die Folgen des Rangverlustes, den Niederbayern hatte hinnehmen müssen. Es wurde zu einem Fürstentum, das von allen Nachbarn ringsum nur noch gelegentlich als Bündnispartner benutzt wurde, aber zu eigener politischer Bestimmung bis zum Aussterben der Linie Heinrichs von Niederbayern 1340 nie mehr gelangte, nicht zuletzt infolge der Teilungen der nächsten Jahre. Selbst der Gewinn der ungarischen Königskrone 1305 durch Otto, den Sohn Heinrichs von Niederbayern und einer Tochter des Ungarnkönigs Bela, blieb ein Zwischenspiel, das nur die Ohnmacht des Herzogtums offenbarte. Aber nach dem Tode Ludwigs des Strengen 1294 geriet auch die bisher so erfolgreiche Politik der betonten Königsnähe des Pfalzgrafen und Herzogs von Oberbayern in eine schwere Krise, die leicht hätte zur Katastrophe führen können. Schon Ludwig der Strenge hatte diese Entwicklung eingeleitet. Als es ihm nach dem Tode Rudolfs von Habsburg 1291 nicht gelungen war, die Wahl Albrechts von Österreich durchzusetzen, hatte er ebenfalls die Partei Adolfs von Nassau ergriffen, des vom Erzbischof von Mainz gewissermaßen auf Widerruf (Grundmann) angestellten Königs. Die 1294 geschlossene Ehe seines Sohnes Rudolf mit der Tochter des neuen Königs hatte noch er angeregt, auch hatte er nach langen Verhandlungen die Anerkennung der Konradinischen Schenkung durch Adolf erlangt. Das Bündnis mit Adolf von Nassau, in das auch Otto von Niederbayern einbezogen wurde, hatte dann zur Folge, daß 1298 auf dem Felde von Göllheim mit dem König auch die Bayernherzöge geschlagen wurden. In den nächsten Jahren geriet vor allem Oberbayern in weitgehende Abhängigkeit vom neuen König Albrecht von Habsburg; sie wurde noch verstärkt, nachdem Pfalzgraf Rudolf 1300 vergebens versucht hatte, im Zusammenwirken mit den übrigen rheinischen Kurfürsten auch den Sieger von Göllheim abzusetzen. Albrecht I. besiegte aber in raschem Feldzug die gegen ihn gerichtete Koalition, Bayern wurde das gesamte Konradinische Erbe abgesprochen, und Rudolf wurde von seinem Onkel Albrecht gezwungen, auch seinen jüngeren Bruder Ludwig an der Regierung zu beteiligen. Erst als 1308 Albrecht I. starb, ermordet von einem seiner Neffen, endete der unerträgliche Druck, mit dem Habsburg den bayerischen Nachbarn niedergehalten hatte.

Die unablässige Reihe von Mißerfolgen seit 1298 hatte nicht nur Folgen, welche die Stellung der Fürsten im Reich betrafen, sie wirkte auch auf die Machtverhältnisse im Land selbst zurück. Dem Herzog standen zwar jetzt nicht mehr, wie noch lange Jahrzehnte nach 1180, weitgehend gleichberechtigte, auf jeden Fall ständisch ebenbürtige Dynasten gegenüber, doch die zahllosen Ministerialen der großen Familien, die ihren unmittelbaren Herrn verloren hatten, traten jetzt an ihre Stelle. Sie übten zwar nur abgeleitete Herrschaft aus, aber eben doch Herrschaft. Die persönlichen Bindungen an die Herrn, die sie einst großgemacht hatten, waren bei den Ministerialen der Bogener, Andechser, Falkensteiner und wie sie alle hießen, jetzt weggefallen, neue Formen waren noch nicht gefunden. Wie gefährlich ein solch unentschiedener Zustand sein konnte, hatte sich im benachbarten Österreich und in der Steiermark gezeigt. Schon 1186, in der Georgenberger Handfeste, die den Anfall der Steiermark an Österreich regelte, waren die steirischen Ministerialen als geschlossene Gruppe in Erscheinung getreten. Sie hatten durchgesetzt, daß ihnen beim Übergang an die Herrschaft der Babenberger die Rechtsstellung von Reichsministerialen zugebilligt wurde, daß sie also in Zukunft keinen persönlichen Herrn mehr haben, sondern dem Land selbst dienen sollten. In den Wirren seit 1245 war ihre Macht unablässig gewachsen, sie waren es im Grunde gewesen, die die Herrschaft im Land vergeben hatten, und noch im letzten Jahrzehnt des 13. Jahrhunderts hatten sie Herzog Albrecht von Habsburg erhebliche Schwierigkeiten gemacht, als dieser versuchte, sie wieder als Dienstleute zu behandeln. Sie waren inzwischen Herren geworden. Die Burgen, auf denen sie saßen, mochten immerhin dem Landesherrn gehören; die Tatsache, daß aus dem Dienst inzwischen ein erbliches Lehen geworden war, wirkte sich in fortwährender Qualitätssteigerung der Besitzrechte aus, die Gerichtsrechte, die sie im Namen der Grafen und Fürsten ausübten, erschienen in Kürze als solche, die ihnen von Geburt zustanden. Wer versuchen wollte, ihnen diese Positionen wieder streitig zu machen, konnte nur scheitern, denn die bewaffnete Macht im Land stellten nur sie dar, es gab niemanden, auf den sich der Fürst sonst hätte stützen können. Gerade deshalb war es so wichtig, diese Kräfte im Land der fürstlichen Kontrolle zu unterwerfen und sie in irgendeiner Form in das Land einzubinden. Wenn es nicht mit Gewalt ging, dann mußte ein anderer Weg gefunden werden. In Bayern wurde dieser Weg tatsächlich gefunden, ein Weg, der beispielhaft geworden ist für die gesamte Verfassungsentwicklung in Deutschland. Nach dem bayerischen Beispiel wurde in Zukunft im gesamten deutschen Reichsgebiet das Verhältnis zwischen Fürst und Land geregelt. Das Dokument, in welchem diese Regelung zusammengefaßt ist, die sog. Ottonische Handfeste von 1311, gehört deshalb zu den verfassungsgeschichtlichen Fundamentalzeugnissen der deutschen Geschichte.

Der aktuelle Zusammenhang mit der erfolglosen fürstlichen Außenpolitik ist offenkundig. Das ungarische Abenteuer und der darauf folgende Krieg mit Österreich hatten die Finanzen des niederbayerischen Herzogs aufs äußerste erschöpft, so daß sich Otto III. 1311 gezwungen sah, eine allgemeine Notsteuer auszuschreiben, und zwar von außerordentlicher Höhe. Von jedem Scheffel Getreide sollte an den Fürsten der gleiche Betrag abgeführt werden, den der Grundherr erhielt, auch das Vieh, das sonst nicht unter die Abgabepflicht fiel, wurde besteuert. Unmittelbar betroffen von dieser Steuer waren also nur die Bauern, zumal adelige und geistliche Grundherrn für ihre Eigenwirtschaft nicht in Anspruch genommen werden sollten. Trotzdem, so scheint es, erhoben sie Widerspruch, und der Herzog trug dem auch Rechnung. Als Entgegenkommen für die ihm gewährte Hilfe versprach der Herzog den adeligen Grundherrn, er wolle „von allen den gerichten sten", er versprach ihnen also die ungehinderte Ausübung der niederen Gerichtsbarkeit, unter ausdrücklicher Ausnahme der Fälle, „die zu dem tod ziehent", Diebstahl, Totschlag, Vergewaltigung und Straßenraub, und des Gerichts über Eigen. Außerdem gestand er den Herren das Recht zu, gemeinsam über die Einhaltung dieses Vertrags zu wachen, das Einigungsrecht also, und notfalls sich auch gegen ihn, den Herzog, zur Wehr zu setzen. Einen ähnlichen Vorgang mit ähnlicher Wirkung haben wir 1302 auch in Oberbayern; zu Schnaitbach bei Aichach trat auch hier der Adel dem Herzog geschlossen gegenüber, bewilligte eine Viehsteuer und ließ sich vom Herzog die Einmaligkeit des Vorgangs bestätigen wie sein Recht auf Widerstand bei herzoglicher Rechtsverletzung. Umfassender ist also der Rechtsgehalt der Ottonischen Handfeste, die Grundfragen des Verhältnisses Land und Fürst werden hier deutlicher.

Dieses Dokument ist noch bei Riezler und Doeberl als Zeugnis für die Preisgabe staatlicher Fundamentalrechte betrachtet worden, der herzoglichen Gerichts- und Steuerhoheit. Diese Auffassung ist ein Nachklang der herzoglichen Auffassung von 1311; als „Gnade", als Privileg verstand der Herzog selbst dieses Zugeständnis, so wurde es auch in der Folgezeit immer betrachtet, mit der unausgesprochenen Ergänzung, daß es deshalb auch wieder zurückgenommen werden könne. In Wirklichkeit handelte es sich dabei nicht um die Verleihung eines neuen Rechts, sondern, wie aus Artikel 13 der Handfeste selbst hervorgeht, nur um die Bestätigung eines Rechts, das bereits längst ausgeübt wurde, die Dorfgerichte und Hofmarksgerichte, geschlossene Grundherrschaften mit adeligem Niedergericht oder geistlichem Propstgericht, existierten bereits. Worauf der Herzog also verzichtete, war nur die Ausdehnung der herzoglichen Niedergerichtsbarkeit, wie sie der Landrichter über die herzoglichen Grundherrschaften ausübte, auch auf die Grundherrschaften der Kirche und des Adels, auf das ganze Land also. In dieser Hinsicht spielte sich, wie P. Fried zeigen kann, seit Jahren ein stiller Kleinkrieg im ganzen Herzogtum zwischen Adel und Landrichter ab, jetzt jedoch trat der Herzog den Rückzug an. Der Adel konnte zwar den Herzog nicht dazu zwingen, die eigene Rechtsauffassung zu teilen, daß nämlich die Herrschaft, da ererbt, Herrschaft auf Grund eigenen Rechts sei, das mit der Geburt verliehen wird, nicht durch Gewährung von Seiten einer übergeordneten Autorität. Was erreicht wurde, war aber die praktische Anerkennung des adeligen Gerichtsrechts.

Von besonderer Bedeutung war auch die herzogliche Anerkennung des adeligen Anspruchs, mit der Zustimmung zur Steuererhebung nicht allgemeines Recht geschaffen zu haben, sondern nur in einer Ausnahmesituation, in einem besonderen Notfall, eine einmalige Beihilfe zu gewähren. In diesem Fall war das Land freilich nach altem Herkommen zur Hilfe verpflichtet, der Fürst mußte aber seine Notlage jeweils nachweisen, damit hat er also kein Steuerrecht kraft seiner Steuerhoheit, die Grundlage ist eine andere. Er muß geltend machen, daß seine Notlage in Wahrung der Interessen des Landes entstanden ist, er muß um die Hilfe, die Steuer, bitten, so daß dafür häufig auch der Ausdruck Bede, Bitte, zu lesen ist. Der Fürst hatte also nur einen beschränkten Anspruch auf Hilfe, aber immerhin einen berechtigten Anspruch. Bestenfalls die Prüfung des Falles stand zur Diskussion – in der Folgezeit sollten sich an dieser Frage noch oft die beiderseitigen Standpunkte bis zum Konflikt gegeneinander wenden.

Entscheidend für alle Zukunft aber war vor allem, daß der Herzog 1311 den Herrschaftsinhabern im Land in feierlicher Urkunde das Recht zubilligte, dem Fürsten gegenüber das Land in seiner Gesamtheit zu vertreten. Dieses Vertretungsrecht, das durchaus nicht erst jetzt entstand, sondern auf uraltem Adelsrecht beruhte, schloß auch die Verpflichtung zu Rat und Hilfe ein, im Lehensaufgebot, mit Steuerzahlung, aber auch mit Zustimmung oder Ablehnung bei allgemeinen Landesangelegenheiten. Schon jetzt also, am Beginn der Entwicklung, finden wir bei der ständischen Vertretung des Landes, den Landständen, jene Rechte, die ihr bis zum Ende des Alten Reiches geblieben sind, das Steuerbewilligungsrecht und das Recht, bei allgemeinen Landesgesetzen gehört zu werden. Das Recht allerdings, den Fürsten zu beraten, verengte sich sehr bald schon auf einen kleinen, ausgewählten Personenkreis, ebenfalls aus dem Adel.

Nicht einbezogen erscheint 1311, wie S. Hiereth nachgewiesen hat, in die Vertretung des Landes der dritte Stand, das Bürgertum. Er wird in Bayern nie ein vollwertiges Gegengewicht gegen die beiden anderen Stände bilden, die adeligen und kirchlichen Herrschaftsinhaber, doch ohne Bedeutung war er schon infolge seiner Finanzkraft nie. Daß die Städte mit dieser Verspätung im Rahmen der Landesvertretung erscheinen, ist keinesfalls ungewöhnlich, selbst in England ist das der Fall, in Bayern sicher auch deshalb, weil die Stadtentwicklung erst im späten 13. Jahrhundert voll einsetzt. Erst jetzt entwickeln sich Landshut, dann München zu herzoglichen Residenzen, bildet sich hier wie dort die Ratsverfassung aus, erhalten die Bürger fürstliche Privilegien, die ihr Sonderrecht bestätigen. Von 1279 datiert das Landshuter Stadtrecht, in dem zwölf „rectores civitatis" genannt werden, die Mitglieder des Rats, welche die Stadt regieren und zugleich die niedere Gerichtsbarkeit ausüben. Das Blutgericht und Hochgericht ist in der Hand eines herzoglichen Richters, dem bürgerliche Schöffen zur Seite stehen. Erst 1349 wird am Stadtregiment auch die Vertreterschaft der Zünfte beteiligt, der Berufsorganisation der Handwerker. Für München läuft die Entwicklung ähnlich. 1289 wird das Ratskollegium genannt, die Stadt hat also jetzt ein Selbstverwaltungsorgan mit Stadtsiegel und Rathaus, das älteste Stadtrecht ist niedergelegt in der Handfeste Herzog Rudolfs von 1294, die dem Rat ebenfalls das Niedergericht verbürgt. 1317/18, früher als in Landshut, traten dem Inneren Rat mit ebenfalls 12 Mitgliedern ein Äußerer Rat mit 24 gegenüber und ein Ausschuß der Gesamtbürgerschaft mit 36. Freilich war der Innere Rat deshalb um so exklusiver, er bestand nur aus den reichen Handelsherrn und Grundbesitzern. 1280 erhielt München von Rudolf I. dieselben Handelsprivilegien wie Regensburg, die Stadt hat also damals bereits eine bedeutende Stellung im bayerischen Handel.

Unter den bayerischen Städten, die jetzt zu Reichtum und Einfluß gelangten, ragt dann auch Amberg hervor, das schon um die Mitte des 11. Jahrhunderts als Kaufmannssiedlung erscheint, aber erst 1294 sein Stadtrecht erhielt; es wird alsbald zur Grundlage für eine ganze Reihe von nordbayerischen Städten. In wesentlichen Zügen stimmt es mit dem Recht von München oder Landshut überein, nur die Zahl der Räte betrug nur acht bis zehn. 1310 bestätigte Ludwig der Bayer das Privileg seines Bruders, mit unwesentlichen Erweiterungen. Macht und Reichtum Ambergs und seiner Bürger beruhten vor allem auf dem Besitz der Erzgruben in der Umgebung und auf der Kontrolle des Eisenhandels. Von ganz besonderer Bedeutung sollte dann Ingolstadt als Residenzstadt des späten 14. Jahrhunderts werden, grundgelegt wurde diese Bedeutung bereits durch Ludwig den Bayern, der dieser um 1250 gegründeten Stadt 1312 sein Stadtrecht verlieh. Es war in vielen Punkten unmittelbar abhängig vom Münchner Stadtrecht, doch in einem für die allgemeine Rechtsentwicklung zentralen Zusammenhang steht das Ingolstädter Recht völlig singulär dar, es kennt bereits den im Schwabenspiegel enthaltenen Rechtssatz der Überführung eines Täters durch Tatzeugen, ein rationales Erkenntnismittel also, das den Sachverhalt berücksichtigt, nicht die bisher vorherrschenden formalen Beweismittel des gerichtlichen Zweikampfs oder der Bezeugung des guten Rufes, des Leumunds durch Eidhelfer in größerer oder geringerer Zahl. Zu diesen Hauptstädten kamen dann noch Straubing und Burghausen, Straubing als eine Gründung Herzog Ottos II. wie Ingolstadt, Burghausen als Stadt genannt schon im 12. Jahrhundert. Seine Bedeutung rührt vom Salzhandel her, der über die Salzach bzw. die an der Salzach entlang führende Straße an die Donau und in das Herz Niederbayerns und weiter nach dem Westen führte. Gründungen des späten 13. Jahrhunderts, Friedberg oder Landsberg am Lech, verdanken ihre rasch anwachsende Bedeutung ebenfalls ihrer Position im Salzhandel, das 1334 gegründete Furth im Wald liegt am wichtigen Übergang nach Böhmen – die Reihe ließe sich fortsetzen.

Es muß angenommen werden, daß alle die in diesem Zeitraum gegründeten Städte, das ist die Mehrzahl der bayerischen Städte überhaupt, wie auch die Städte der ersten Gründungswelle unter Ludwig dem Kelheimer ihr Stadtrecht mit begrenzter Selbstverwaltung besaßen, wenngleich wir sehr oft keine diesbezügliche Urkunde kennen. Gerade bei den kleineren bayerischen Landstädten waren die Urkundenverluste ungeheuer, vor allem infolge der Kriege der frühen Neuzeit. Außerdem haben wir Beispiele dafür, daß gerade die ältesten Stadtrechtsverleihungen nicht schriftlich erfolgt sind. Generell war die Stadtgemeinde, der alle Bürger mit vollem Bürgerrecht zugehörten, eine Friedens- und Rechtsgemeinschaft, Kämpfe der Bürger untereinander waren verboten, es gab unter Bürgern keine legitime Fehde, wie sie unter Adeligen möglich war. Ergänzt wurde die Verpflichtung, Frieden zu halten, durch die Verpflichtung zu gegenseitiger Hilfe. Sie schloß auch die Steuerpflicht ein, die notwendig war zum Unterhalt der Stadtmauer und wegen der Abgaben an den Stadtherrn, und sie schloß die Verpflichtung ein, die Stadtmauer auch zu besetzen, wenn die Stadt in Gefahr war. In diese Bürgergemeinde konnte nicht jeder nach Belieben eintreten, er mußte von der Gemeinde selbst aufgenommen werden, das setzte das Vermögen voraus, den Pflichten eines Bürgers nachzukommen, und die Aufnahme erfolgte nur gegen den Bürgereid, der diese Pflicht beschwor. Das Bürgerrecht war außerordentlich wertvoll. Es verpflichtete zwar den aufgenommenen Bürger zu bestimmten Dienstleistungen für die Stadt, wie Steuer und Wacht, aber es befreite ihn andererseits auch von der Hörigkeit, wenn er nicht binnen Jahr und Tag von seinem Herrn zurückgefordert wurde. Auch da, wo bei der Stadtgründung noch Freiheitsbeschränkungen der Bürger gegenüber dem Stadtherrn selbst vorlagen, verloren sie sich im Lauf des 14. Jahrhunderts. Wiederholt werden sie ausdrücklich aufgehoben, so die Einschränkung der Eheschließung, wie sie bei Leibeigenen üblich war, das Recht des Herrn auf den Nachlaß an fahrender Habe, die Einschränkung der Freizügigkeit. Auch das Pfändungsrecht gegenüber Bürgern für Schulden der Stadtherrn muß bisweilen noch im 14. Jahrhundert ausdrücklich beseitigt werden. Im allgemeinen war durch den gesamten Vorgang der Stadtrechtsverleihung schließlich eine völlig neue Rechtssphäre geschaffen worden, die es im Lande sonst nicht gab, die Stadt wurde also aus dem Landrecht herausgenommen. Im praktischen Rechtsleben bedeutete das, daß auch dann noch, als durch die Landfriedensgesetzgebung die alte Bußgerichtsbarkeit im Hochgericht zum Blutgericht wurde, in dem bestimmte Vergehen nur noch an Haut und Haar gestraft wurden, durch Körperstrafen also, im Stadtrecht immer noch als besonderes Vorrecht der Bürger Vergehen durch das Bußstrafrecht geahndet wurden. Gewährleistet wurde das durch den besonderen Gerichtsstand des Bürgers vor dem Stadtgericht unter Beiziehung von bürgerlichen Schöffen.

Von besonderem Einfluß war die Stadtentwicklung auch durch die Ausbildung eines neuen Standes innerhalb der Stadt; in Regensburg und München entwickelte sich auch ein Patriziat, das dem niederen Adel ranggleich war, seine hauptsächliche Bedeutung aber lag in der Teilnahme am Stadtregiment. Städte, die kein eigenes Patriziat ausbildeten, kannten in der Regel wenigstens die ratsfähigen Familien, die sich nach unten hin abschlossen und damit ebenfalls ständische Vorrechte beanspruchten. Nicht selten entstand das Patriziat, wie es bei Regensburg nachgewiesen ist, aus der Ministerialität, auch reiche Fernkaufleute gehörten in diese Rangstufe, ebenso Bergwerksbesitzer und Hüttenherren, die auf ihrem Land gefreite Bezirke besaßen, mit Niedergericht also, aber in der Stadt wohnten, etwa in Amberg. Handwerker sind selten und spät in das Patriziat aufgenommen worden. Sie konnten sich in der Führungsspitze großer Städte nur behaupten, wenn sie ebenfalls zu Reichtum kamen, denn Voraussetzung für die Übernahme ehrenamtlicher Führungsstellen war, daß man unbegrenzt Zeit zur Verfügung hatte.

Daß Bayern keine Städtelandschaft geworden ist, wie Franken und Schwaben, hängt nicht, wie Riezler noch glaubte, mit der besonderen Stammeseigenart zusammen, sondern mit der Gesamtstruktur des Landes. Stadtkultur entsteht mit bestimmten Bedürfnissen, stillt diese Bedürfnisse und erzeugt neue. In Bayern war das Bedürfnis nach Städten sehr gering. Die Masse der Bevölkerung fand mehr als ausreichendes Auskommen in der Agrarwirtschaft, es war also nicht notwendig, sich in Städten zusammenzufinden und den Reichtum, den der Boden ohnedies hergab, durch Handel und Gewerbe zu suchen. Erst die Bevölkerungsvermehrung im 15. Jahrhundert beendete dieses Verhältnis, doch um diese Zeit waren die rechtlichen und politischen Voraussetzungen für eine neue Stadtgründungswelle nicht mehr günstig; die soziale Mobilität des 13. und frühen 14. Jahrhunderts kehrte nicht wieder.

Als auf den Landtag 1341 auch die bayerischen Städte ihre Vertreter sandten, um die geforderten Steuern zu bewilligen und über das Landrecht zu beschließen, das Ludwig der Bayer hatte ausarbeiten lassen, war die Ausbildung der landständischen Verfassung abgeschlossen, waren alle Stände zur Landschaft vereinigt, wie sie bis zum Ende des 18. Jahrhunderts bestehen sollte. Erst jetzt war der Verfassungsumbruch vollendet, der in der Stauferzeit eingesetzt hatte, erst jetzt war das Land konstituiert mit allen seinen Gliedern, war das Gleichgewicht ausgebildet, das in der Zeit des stürmischen Herrschaftsausbaus durch die Wittelbacher so sehr gestört schien. Wie immer in der Geschichte, war es freilich ein Gleichgewicht, das Stabilität nicht kannte, sondern es hing ab von den wechselnden Gegebenheiten, die jeweils die Epoche bestimmten. Allein das Grundverhältnis war von Dauer, das Gegenüber von Fürst und Land.

Ludwig der Bayer

Der politische Tiefpunkt, auf den das Herzogtum Bayern in den letzten Jahrzehnten des 13. Jahrhunderts unaufhaltsam zusteuerte, spiegelte sich auch auf vielerlei Feldern der geistigen Kultur, am deutlichsten aber in der Geschichtsschreibung. Die große Epoche welthistorischer Erscheinungen auf dem Gebiet der Dichtung in Bayern gehörte schon dem frühen 13. Jahrhundert an; man wird zwar nicht sofort von Niedergang sprechen dürfen, wenn einmal die Genies ausbleiben, aber der Abstand zu Wolfram von Eschenbach und Walter von der Vogelweide wird doch sehr beträchtlich, wenn man an den Ausgang des Jahrhunderts und den Beginn des neuen denkt. Albrecht von Scharffenberg, der Ludwig dem Strengen nahestand, knüpfte mit seinem „Jüngeren Titurel", der poetischen Geschichte des Geschlechts der Gralskönige, formal und inhaltlich, durch die Einarbeitung des Titurelfragments von Wolfram, zu deutlich an die große Zeit des Epos an, er war Epigone, wie schon die Hofdichter unter Herzog Otto II. Originell, wenn schon nicht Dichtung hohen Stils, war „die Jagd" Hadamars von Laber, der die Jagdallegorie in den Minnesang einführte und ihn dadurch lebendiger zu gestalten versuchte; er regte zahlreiche Nachahmer an. Einmalig aber war das tragisch-düstere Epos vom Maier Helmbrecht des Gärtners Werner, das wohl im Innviertel entstand. Es gehört zu den „großartigsten und ergreifendsten Erzählungen des deutschen Mittelalters" (H. Fischer) und ist in seiner Vergegenwärtigung der bäuerlichen Welt und ihrer Sorge um die Ordnung der Dinge von erstaunlicher geistiger Selbständigkeit.

Solche Werke entstehen nur, wenn sich immer und immer wieder die schöpferischen Kräfte eines ganzen Volkes in breiter Bewegung versuchen; die Lieddichtung, vor allem das geistliche Schauspiel, standen selten in solcher Blüte wie damals. Nur große Literatur war selten geworden. Nicht anders steht es auf dem Gebiet der Baukunst; das Land selbst öffnete sich nur zögernd den neuen Anregungen, der gotische Stil bringt zunächst kaum Schöpfungen von Gewicht, auch wenn in den Minoritenkirchen von Ingolstadt, München und Landshut deutlich altbayerische Überlieferungen durchschlagen, Altes also mit Neuem zu durchaus ansprechenden Schöpfungen verbunden wird. Große Kunst jedoch entsteht nur in Regensburg, jener Stadt, die seit der Mitte des 13. Jahrhunderts ihre eigenen Wege geht, politisch und wirtschaftlich aus dem Land hinauswächst und künstlerisch der ganzen Epoche in Bayern ein unerreichtes Vorbild bleibt. Die großartige Klarheit der Regensburger Dominikanerkirche, die Lichtfülle des Chors und die kraftvolle Pfeilerbildung des Langhauses der Minoritenkirche locken zur Nachahmung. Der Dom dagegen bleibt das einzige Werk seiner Art in Bayern, niemand wagt sich sonst noch an die Aufgabe, die französische Kathedrale auf bayerischem Boden nachzubilden. Das eben versucht man in Regensburg seit dem letzten Viertel des 13. Jahrhunderts, sicher in beengteren Verhältnissen und mit bescheideneren Mitteln, aber doch im Grundgedanken entschieden. Die Überwindung der Materie als Triumph menschlicher Baukunst schien bereits dem Regensburger Archidiakon Eberhard um 1300 erreicht, als der Hochchor und das mächtige Querhaus standen und die Langhausjoche begannen, sich aneinanderzureihen. Daß die Verkündigungsgruppe des Erminold-Meisters an den Vierungspfeilern in Bayern ihresgleichen nicht fand, nur in Paris, Reims, Straßburg und Basel, allenfalls noch in Bamberg, wußte man in Regensburg ebenfalls. Daß der Bau dann bald ins Stocken kam, daß die große Zeit Regensburgs nicht lange anhielt, als Herzöge und Bischöfe Schuldner der Regensburger Bürger waren und ihre Handelschaft bis an den fernen Bosporus ganz Europa einbezog, kennzeichnet auch hier eine neue Epoche. Zu Ende war jene Zeit, in der das große Epos vom Heidenbesieger Karl dem Großen, das bei den Schotten in Regensburg entstand, dem Selbstgefühl der Stadt als einer der vier Hauptstädte der Christenheit nach Rom, Trier und Köln, noch einmal großen historiographischen Ausdruck verliehen hatte. Das war die Zeit, in der man in ganz Europa von zwei Männern aus Regensburg sprach, wie eineinhalb Jahrhunderte zuvor von Bernhard von Clairvaux.

Als eine der ersten deutschen Städte hatte Regensburg bereits um 1230 sein Dominikanerkloster und sein Franziskanerkloster. Bei den Dominikanern lehrte einige Jahre Albertus Magnus, der größte deutsche Philosoph seiner Zeit, der mit der Einführung des Aristoteles in das abendländische Denken eine geistesgeschichtliche Wende herbeigeführt hatte. 1260 bis 1262 war er auch Bischof von Regensburg. Der zweite war ein Franziskaner, Bruder Berthold von Regensburg. Durch ganz Europa zog er predigend und lehrend, überall fand er ungeheueren Zulauf, bis zu 40000 Menschen sollen es einmal gewesen sein. Seine Wirkung ist aus seinem hinterlassenen Werk allein nicht erklärbar, so lebendig und hinreißend seine deutsche Prosa auch ist, so leidenschaftlich der Wille, die Hörer aufzurütteln und zu bekehren. Es muß vor allem an seiner Persönlichkeit gelegen haben, deren Kraft uns nicht mehr vorstellbar ist.

Wie eindrucksvoll das Wort des großen Predigers Berthold auch gewesen sein mag, ein Zeichen sicheren Selbstgefühls ist die Erregbarkeit nicht, auf die es bei seinen Zuhörern traf. In der Geschichtsschreibung wird das im letzten Viertel des 13. Jahrhunderts besonders spürbar. Nach dem Tode des Abtes Hermann von Niederaltaich, 1275, bricht die große Geschichtsschreibung in Bayern jäh ab, nur die Klosterannalistik blüht weiter, mit der aber das Werk Hermanns kaum etwas gemein hat. Sein Thema ist das Land Bayern, nicht sein eigenes Kloster, der Abt vermittelt nicht nur dürre annalistische Notizen, sondern erzählt von Königen und Päpsten und berichtet von den rühmlichen Taten der Herzöge seines Landes. Erst ein halbes Jahrhundert später hat dieses Land plötzlich wieder eine Stimme. Es besteht kein Zweifel, daß dafür in erster Linie ein einziger Mann verantwortlich ist, der dem Land neues Selbstvertrauen schenkt, der aber auch neue Kulturströme in dieses Land lenkt, der die Wirtschaft belebt, aber auch die ihm anvertraute Herrschaft zu schützen weiß. Das ist keine nachträgliche Konstruktion. Die Person des Fürsten, der dies bewirkt, ist Held und Mittelpunkt einer ganzen Reihe von Werken, die in den ersten Jahrzehnten des 14. Jahrhunderts entstehen und wieder an die große Tradition des 13. Jahrhunderts anknüpfen. Es entsteht die Chronik des Abtes Volkmar von Fürstenfeld, dann die „Chronik der Herzöge von Bayern", das „Leben Kaiser Ludwigs IV." oder die bayerische Fortsetzung der Sächsischen Weltchronik. Gedämpfter ist die Begeisterung bei Heinrich Taube von Selbach, einem Eichstätter Domherrn, der eine Papst- und Kaiserchronik schrieb, die aber deutlich Partei für den bayerischen Kaiser ergreift. Wie eindrucksvoll die Gestalt Ludwigs des Bayern im Raum des ehemaligen Stammesherzogtums und auf die bayerisch fühlende Bevölkerung gewirkt hat, zeigt das Beispiel der Annalen von Mühldorf, das in den Herrschaftsbereich des Salzburger Erzbischofs gehörte. Die Annalen beginnen 1313, der erste und einzige Eintrag handelt vom Sieg Ludwigs bei Gammelsdorf, der zweite betrifft seinen Sieg von 1322 zu Mühldorf, der dritte für 1331 rügt das Vorgehen des Erzbischofs von Salzburg wider das „Land zu Paiern".

Es hat nur wenige Jahre gedauert, vom Beginn seiner Mitregierung 1302 bis 1313, daß der junge Herzog die Aufmerksamkeit des ganzen Reiches auf sich lenkte. In dieser Zeit, auch noch nach der Landesteilung von 1310, stand er in unablässiger Spannung zu seinem älteren Bruder Rudolph, dessen Verdienste zweifellos infolge seiner Unterlegenheit dem jüngeren gegenüber nicht genug Beachtung finden. Er war es, der durch seinen Anschluß an den neugewählten König Heinrich von Luxemburg für Bayern das Konradinische Erbe wieder zurückgewann, selbst die Einbeziehung der bayerischen Städte in die antihabsburgische Politik 1313 hatte er vorbereitet, auch wenn erst Ludwig daraus Gewinn zu ziehen wußte. Lange Zeit war Ludwig, der Lieblingssohn seiner Mutter Mechthild, erzogen zu Wien am Hof seines Onkels Albrecht, blind gewesen gegen die für Bayern so gefährliche Habsburger Politik. 1313 bekam er selbst ihre Auswirkungen zu spüren. Das Ergebnis war ein vollständiger Umschwung seiner Politik, auch er schwenkte jetzt auf die antihabsburgische Linie seines Bruders, noch mehr seiner niederbayerischen Verwandten ein.

Von Niederbayern war auch der entscheidende Anstoß gekommen. Otto von Niederbayern, der 1312 starb, hatte zum Vormund seiner Söhne und seiner Neffen Ludwig von Oberbayern bestimmt, doch wie es scheint, hatte Friedrich der Schöne von Österreich versucht, ihn unter Ausnutzung des Ringens mit seinem Bruder aus der Vormundschaft zu verdrängen; jetzt schloß Ludwig Frieden mit Rudolph und trat dem Bündnis seines Bruders mit den niederbayerischen Städten Landshut und Straubing bei, das ihm allein Rückhalt gegen den österreichischen Herzog und den mit diesem verbündeten hohen niederbayerischen Adel bot. Als Friedrich in Niederbayern einrückte, kam es zum Kampf, die Österreicher wurden vernichtend geschlagen. Der Sieg Ludwigs in der Schlacht bei Gammelsdorf machte seinen Namen auf einen Schlag im ganzen Reich bekannt, und das in einem Augenblick, als wieder einmal die Krone des Reiches frei war. Im August 1313, wenige Wochen vor Gammelsdorf, war Heinrich VII.

plötzlich gestorben, sein Sohn Johann, seit 1310 König von Böhmen, war noch zu jung, um den Habsburgern als Thronkandidat entgegentreten zu können.

Was lag näher, als einen Fürsten zu wählen, der sich eben den mächtigen Habsburgern gewachsen gezeigt hatte. Um die Krone bewarb sich der eben geschlagene Friedrich der Schöne, aber auch der Bruder Ludwigs selbst, der Pfalzgraf Rudolph. Die luxemburgische Partei unter Führung des Erzbischofs Balduin von Trier, des Bruders des verstorbenen Kaisers, förderte die Wahl Ludwigs; Peter Aspelt, Erzbischof von Mainz, trat ihm bei, Köln jedoch war für Habsburg. Für Habsburg entschied sich jetzt auch Pfalzgraf Rudolph, der noch ein Jahr zuvor der erbittertste Gegner Friedrichs des Schönen gewesen war. Da die sächsische und brandenburgische Kurstimme umstritten waren, kam es zu einer Doppelwahl; beide Kandidaten erhielten je vier Stimmen, der Thronkampf mußte entscheiden.

Ludwig von Bayern war von der luxemburgischen Partei nicht nur deshalb zum König vorgeschlagen worden, weil er die Habsburger besiegt hatte, sondern vor allem deshalb, weil er als Ersatzmann für die Luxemburger infolge der schmalen territorialen Basis, auf welcher er stand, besonders geeignet schien. Durch den Vertrag von 1313 verfügte er nicht einmal mehr über jenen Teil von Oberbayern, der ihm 1310 eingeräumt worden war. Er war ein Fürst ohne Land. Hätte sich sein Bruder Rudolph bei der Königswahl auf seine Seite geschlagen, wäre Ludwig wohl kaum in der Lage gewesen, diese Ausgangsbasis zu verbessern; in Kürze jedoch verdrängte er seinen Bruder völlig aus dessen Besitz, auch aus der Pfalz, 1319 bereits starb Rudolph. Für einen erfolgreichen Thronkampf reichte aber auch die neugewonnene Position noch nicht aus. Selbst die Niederlage bei Morgarten 1315, die sich die Habsburger zuzogen, als sie die Innerschweiz trotz der königlichen Bestätigung ihrer Freiheiten unterwerfen wollten, wirkte keineswegs entscheidend, jahrelang stand der Kampf unentschieden. Erst ein Bündnis mit Böhmen und Niederbayern schuf die Voraussetzungen für den Entscheidungskampf von 1322, der vor Mühldorf mit der Gefangennahme Friedrichs des Schönen von Österreich endete.

Durch den Sieg bei Mühldorf war zwar der Thronkampf entschieden, Ludwig war aber der Rolle eines Werkzeugs der Luxemburger noch keineswegs entwachsen. Wollte aber der König nicht darauf verzichten, wirklich König zu sein, mußte er alle Möglichkeiten ausnützen, welche ihm die Krone bot, um ebenso mächtig zu werden, wie es das Haus Luxemburg durch die böhmische Königskrone oder das Haus Habsburg durch den Besitz Österreichs war. Auch er war gezwungen, ein Königsterritorium aufzubauen, und wie Rudolf von Habsburg, Adolf von Nassau und Heinrich von Luxemburg griff auch Ludwig der Bayer zu, wo die Gelegenheit sich bot. Die erste große Möglichkeit zum Ausbruch aus der Enge des bayerischen Herzogtums und zur Gewinnung einer beherrschenden Stellung im Reich bot sich bereits 1319, als Markgraf Waldemar von Brandenburg kinderlos starb. Nach Auffassung Ludwigs fiel das Lehen an das Reich zurück, doch erst nach 1322 fühlte er sich mächtig genug, dieser Auffassung auch zum Sieg zu verhelfen. 1323 belehnte er ohne Rücksicht auf alle ringsum erhobenen Ansprüche, ohne Rücksicht auch auf den drohenden Interessengegensatz zu Böhmen seinen eigenen, damals siebenjährigen Sohn Ludwig. Damit wurde Böhmen jetzt plötzlich auch im Norden von wittelsbachischem Herrschaftsgebiet umfaßt, Heiratsbündnisse mit Thüringen und Dänemark sicherten die neue Erwerbung auch von dieser Seite her, mit einem Schlag schien so der wittelsbachische König der mächtigste Fürst des Reiches. Das kann allerdings nur annehmen, wer die Bedeutung der Mark Brandenburg von der neueren Geschichte her beurteilt. Damals war sie weithin unerschlossen, städtelos, der Adel besaß das fruchtbare Ackerland, und es war den Askaniern bis dahin noch nicht gelungen, ihn der eigenen Staatsgewalt zu unterwerfen. Allerdings bot gerade der noch unerschlossene Zustand des Landes einem fähigen, energischen Fürsten die größten Möglichkeiten. Sie sind damals nicht wahrgenommen worden; wichtig war Ludwig nur die mit Brandenburg verbundene Kurwürde, seine aktuellen politischen Pläne dagegen verboten jede Konzentration auf langwierige Bemühungen um den Landesausbau in einer so entlegenen Landschaft; sie zielten in die europäische Weite, in die traditionelle Richtung deutscher Kaiserpolitik, nach Italien. Damit schuf er sich selbst jene verhängnisvolle Verstrikkung in ein Geflecht von Interessen, aus dem er nicht mehr loskommen sollte, noch dazu ohne ernsthafte Aussicht auf durchgreifenden Erfolg. Hier, so wird man sagen dürfen, begegnet Ludwig der Bayer seinem historischen Schicksal.

Es ist allerdings wenig wahrscheinlich, daß Ludwig der Bayer den Versuch unternommen hätte, in Oberitalien die alten Reichsrechte wieder zur Geltung zu bringen, die man Heinrich VII. noch zugestanden hatte und die bis auf die Zeit Ottos des Großen zurückreichten, wenn er die Verhältnisse wirklich durchschaut hätte. Er hat vermutlich mit leichtem Gewinn gerechnet, den ihm die italienischen Ghibellinen in Aussicht stellten, jene, die auch Heinrich VII. bereits zu seinem Romzug verlockt hatten. In Oberitalien jedoch stieß der von Ludwig als Reichsstatthalter ausgesandte Berthold von Neiffen auf Widerstand von Seiten einer Macht, deren politisches Gewicht dem König wohl völlig entgangen war. Man darf daran zweifeln, daß ihm die ganze Vorgeschichte der italienischen Verhältnisse vertraut war, berichten doch die meisten deutschen Geschichtsschreiber über die Beziehungen zu Italien vor 1328 überhaupt nichts. Auch Ludwig der Bayer ging noch in der entscheidenden Phase der Auseinandersetzung auf die eigentlichen Ursachen mit keinem Wort ein, wir kennen sie nur durch die römischen Quellen. Die königliche Kanzlei argumentiert nur juristisch, im juristischen Angriff wohl auch mit religiösen Argumenten, nie ist in der deutschen Publizistik eine andere Betrachtung zu finden. Erst viel später hat sich Ludwig umgestellt und versucht, auch in Italien die politischen Konstellationen zu erfassen und ihnen mit politischen Mitteln zu begegnen.

Johann XXII. sah nach der Doppelwahl in Deutschland die Stunde gekommen, die großen Entwürfe Innozenz III. und Bonifaz VIII. von einer unmittelbaren Herrschaft des Papstes in Italien zu verwirklichen und nahm, solange seiner Ansicht nach der Thron nicht rechtmäßig besetzt war, die Verwaltung aller Reichsrechte dort an sich. Widerstand gegen den päpstlichen Legaten wurde mit der Exkommunikation bestraft. Der Eingriff des deutschen Königs zog also ebenfalls ein Verfahren nach sich, das der Papst gleichzeitig auf die Prüfung der Königswahl von 1314 ausdehnte und mit der Forderung verband, bis zu einer Anerkennung der Wahl durch den Heiligen Stuhl auf die Verwaltung des Reiches zu verzichten.

So schwach begründet auch die päpstliche Anklage war, so entfaltete sie doch eine außerordentliche Wirkung. Sie war begründet einmal in den deutschen politischen Gegebenheiten, die durch die verhältnismäßig schwache machtpolitische Stellung des Königs wie durch die Stärke seiner Konkurrenten Luxemburg und Habsburg gekennzeichnet waren, wie in der Person Ludwigs selbst, der gegen den kirchlichen Bannfluch keineswegs unempfindlich war. Seine Maßnahmen zielten zunächst darauf ab, Zeit zu gewinnen, dann, den Bann überhaupt zu vermeiden, schließlich, ihn unwirksam zu machen. Diesen Absichten diente eine Reihe von juristischen Schritten in den Jahren 1323/1324. Der nächste Schritt war die Nürnberger Appellation. Ludwig wies hier die päpstlichen Anklagen zurück wie den päpstlichen Anspruch auf schiedsrichterliche Stellung und auf das Reichsvikariat bei zwiespältiger Wahl. Mit dieser Form der Verteidigung hätte er auch die öffentliche Meinung in Deutschland auf seiner Seite gehabt, doch als er den päpstlichen Vorwurf der Ketzerbegünstigung mit dem Vorwurf zurückwies, der Papst selbst stehe im Verdacht häretischer Anschauungen, hatte er sich auf einen Kampfplatz begeben, auf dem er unterliegen mußte. Auch wenn ähnliche Anklagen gegen Bonifaz VIII. einst durchaus Wirkung gezeitigt hatten, so hatten sich inzwischen doch die Voraussetzungen geändert; damals war Philip IV., König von Frankreich, der Ankläger gewesen, jetzt standen Frankreich und Neapel hinter ihrem Papst, in Deutschland war der König weitgehend allein.

Nach Ablauf der Frist sprach Johann XXII. über Ludwig die Exkommunikation aus, gegen die auch die dritte Appellation, die sogenannte Sachsenhäuser Appellation vom Mai 1324, ohne Wirkung blieb. Sie hat Zeitgenossen wie Nachwelt am meisten verwirrt durch die Übernahme der Anklagen, welche die im Armutsstreit unterlegene Gruppe der Minoriten gegen den Papst erhoben hatte, ein neuerlicher Versuch, die Jurisdiktion des Papstes als eines Häretikers generell zu bestreiten und damit aller Welt das eben ergangene Urteil als nichtig darzutun. Die Minoriten selbst, deren radikaler Flügel damals von der Inquisition verfolgt wurde, nahmen jetzt Beziehungen zu Ludwig dem Bayern auf und kamen schließlich an seinen Hof zu München. Von hier aus haben dann die Schriften vor allem des englischen Philosophen William Occam immer wieder das Verhältnis Kaiser – Papst, Staat – Kirche in Frage gestellt, damit aber den gesamten Grund des mittelalterlichen Weltverständnisses. Das macht vor allem die Bedeutung dieses Bündnisses zwischen Ludwig und den Minoriten aus. Nirgends sonst hätte Occam noch so ungehindert schreiben und lehren können. Für den Ausgang des Prozesses waren alle diese Schritte belanglos, im Juli erging das Urteil, das den König seiner Herrschaftsrechte beraubte, die Untertanen des Treueeids entband und alle, die ihm gehorchten, ebenfalls mit Bann und Interdikt belegte.

Aus diesem Bann hat sich Ludwig „der Bayer", wie ihn die kuriale Sprachregelung nannte, um jeden Titel zu vermeiden, nicht mehr befreien können. Er hat ihn persönlich tief getroffen, auch wenn er sich über ihn hinwegsetzte, und er hat seine Politik schwer belastet. Ungeachtet der mit tiefwurzelnden Emotionen beladenen Diskussion um diese Probleme muß doch festgestellt werden, daß man sie auch nicht überbewerten darf; es handelt sich beim Verhältnis zum Papst auch unter Ludwig dem Bayern nur um eine politische Konstellation unter vielen, die immer wieder in bestimmten Augenblicken in eine bestimmte Richtung Druck ausübte, aber dann auch wieder Jahre hindurch genauso unwirksam blieb wie jede andere Konstellation. Es ist freilich die dramatischste Auseinandersetzung in der Regierungszeit Ludwigs des Bayern, und es ist der letzte große Kampf zwischen Kaiser und Papst, nicht zuletzt wegen der prinzipiellen Klärung, die Ludwig gelungen ist.

Zunächst hat der Bann von 1324 im Reich kaum gewirkt, jedenfalls ist keine große politische Reaktion spürbar, keine Gegenpartei hat sich formiert, vielleicht, weil der Wittelsbacher immer noch nicht gefährlich genug erschien. Mit den Habsburgern kommt es in diesen Jahren sogar zu einem Ausgleich, nachdem Ludwig, freilich mehr der Form nach als mit wirklicher Beteiligung an der Staatsgewalt, Friedrich den Schönen als Mitregenten angenommen hatte, um den Papst ins Unrecht zu setzen. Damit schien der Weg frei zu sein für eine definitive Bereinigung der großen universalen Gegensätze, die sich auch Ludwig der Bayer nicht anders vorstellen konnte als Salier und Staufer, durch Romzug, Absetzung des Papstes als Antwort auf die eigene Absetzung, neue Wahl und Kaiserkrönung. Das war der zweite große Irrtum Ludwigs; obwohl er vollen Erfolg hatte, war durch die Aufstellung eines Gegenpapstes 1329 und die Kaiserkrönung in Rom nichts bewirkt worden, die Fronten verhärteten sich nur noch mehr. Daran war im besonderen auch die völlig aus der Tradition heraustretende Kaiserkrönung Ludwigs 1328 durch den Vertreter des Volkes von Rom beteiligt, die der Wahl des Gegenpapstes und der Krönung durch ihn vorausging. Daß der deutsche König sich darauf einließ, ist schwer verständlich; es geschah unter dem Einfluß eines erstaunlichen Buches, des „Defensor pacis" des Marsilius von Padua. Es gehört in den großen geistesgeschichtlichen Zusammenhang der Rezeption des Averrhoismus durch die abendländischen Aristoteliker, der in der großen Auseinandersetzung zwischen Staat und Kirche in Frankreich seit Bonifaz VIII. die entscheidenden geistigen Waffen lieferte. Marsilius von Padua im besonderen ging es in seinem Buch um eine neue Grundlegung des Verhältnisses Staat – Kirche auf dem Boden der natürlichen Ordnung, die allein durch die Vernunft erkennbar sei. Dabei kommt es zur Forderung nach völliger Autonomie des Staates im Rahmen seiner besonderen Zwecke; das Kriterium dafür ist das Wohl der Allgemeinheit, diese wieder wird konstituiert durch jene Wesenheit, durch welche die staatliche Gewalt überhaupt entstand, das Volk als

Vereinigung einer großen Zahl einzelner Menschen. Beim Volk liegt deshalb auch das Recht, Gesetze zu geben und die Staatsform zu bestimmen, nach der es leben will, der Herrscher steht als Teil des Ganzen unter dem Ganzen und ist an die vom Volk gegebenen Gesetze gebunden. Dem Volk steht damit auch die Wahl und Absetzung des Herrschers zu – die Krönung durch einen Vertreter des Volkes war damit philosophisch legitimiert. Ludwig der Bayer hat dieses Buch gekannt, Marsilius von Padua war 1326 zu ihm geflohen, er hat den Herrscher auch später noch beraten; besonders beeindruckt war Ludwig auch von der analogen Lehre von der Gewaltenteilung in der Kirche, die nicht im Papst, sondern im Konzil, als der Vertretung aller Gläubigen, ihr wahres Oberhaupt besitze.

Das Ergebnis des Romzuges beschränkte sich allein auf den Gewinn der Kaiserkrone, der unerläßlichen Voraussetzung für die Sicherung des Übergangs der deutschen Krone an den Sohn Ludwigs, alle anderen Augenblickserfolge in Italien überdauerten den Zug nicht. Nur mittelbar mit Italien hing die 1329 zu Pavia getroffene Vereinbarung mit den Söhnen seines Bruders Rudolph zusammen, jener Hausvertrag, der Oberbayern und die Pfalz in zwei selbständige Fürstentümer teilte, wobei zur Pfalz noch ein großer Teil des Nordgaus mit dem Zentrum Amberg geschlagen wurde. Nur noch die Kurwürde sollte, indem sie zwischen den beiden Linien wechselte, beiden gemeinsam sein. Ludwig hat bei diesem Vertrag den kleineren Teil des gemeinsamen Erbes für sich behalten, aber er hat gleichzeitig erreicht, daß ihm seine Pfälzer Neffen völlig freie Hand ließen im Hinblick auf Niederbayern, auch war damit ein Element ständiger Unruhe am Rhein beseitigt, eine der wichtigsten Voraussetzungen dafür, daß Ludwig trotz seines Scheiterns in Italien im Reich in den nächsten Jahren seine großen Erfolge erst noch erreichen sollte.

Das hing zusammen mit der nach wie vor unüberbrückbaren Kluft zwischen Habsburg und Luxemburg, noch mehr mit der unklugen Reichspolitik Johannes XXII., der nicht zugelassen hatte, daß 1328 der Luxemburger Balduin, Erzbischof von Trier, Erzbischof von Mainz wurde und daß die von ihm befohlene Neuwahl des deutschen Königs auf Johann von Böhmen falle, statt auf den König von Frankreich. Ludwig der Bayer erkannte Balduin von Trier sofort als Erzbischof von Mainz an, damit war die Luxemburger Partei wieder neutralisiert. Auch die übrigen Bischöfe des Reiches standen, in Abwehr der Überspannung des päpstlichen Zentralismus, zumeist auf der Seite des Kaisers, trotz Bann und Interdikt. In Bayern verdichtete sich diese Kirchenpolitik, wie H. Angermeier zeigen kann, geradezu zum Versuch der Schaffung einer Landeskirche. Wenn es Ludwig also gelang, in diesen Jahren seit 1330 echte Königsherrschaft im Reich aufzurichten, war ihm das vor allem möglich dank dieses Verhältnisses zur Reichskirche, aber auch dank besonders geschickter Behandlung der Reichsstädte. Das entscheidende Mittel in der Hand des Königs, das den Städten gegenüber vor allem wirksam war, war die königliche Landfriedenswahrung, die den Schutz der Straßen und Märkte einschließt, das wichtigste Bedürfnis der handeltreibenden Bürger. Die Städte waren, das hat Ludwig klar gesehen, im Grunde die einzigen Glieder des Reiches, auf deren Hilfe, vor allem auf deren Steuern sich der König tatsächlich verlassen konnte, er hat auch alles getan, um sich ihre Geneigtheit zu sichern. Dadurch, daß er nie darauf verzichtete, worauf H. Angermeier hinweist, auch regionalen Landfriedenseinungen das Gepräge der königlichen Friedensgewalt aufzudrücken, gewann in fast allen Teilen des Reiches der König als Wahrer des Landfriedens neue Autorität, selbst wenn er nur unvollkommen in der Lage war, den Frieden auch durchzusetzen. Besonders wirkungsvoll im Rahmen seiner engeren politischen Ziele war der Landfriede für Schwaben von 1330, mit seiner Erneuerung 1340, der zu einem echten Herrschaftsinstrument des Kaisers bis zum Elsaß hin wurde. Er gewährte Schutz für die Handelsinteressen der Städte, sicherte sie vor der Gefahr, in fürstliche Territorien einbezogen zu werden, die Einsetzung des Kaisersohnes Stephan als Landfriedenshauptmann öffnete Ludwig den Weg zur Beherrschung auch Schwabens. Stephan wird tatsächlich einmal von Johann von Winterthur „Dux Sueviae" genannt, Herzog von Schwaben. Ähnliche Wirkung hatte der Landfrieden von 1330 für Franken. Diese Steigerung der kaiserlichen Autorität vor allem in Süddeutschland und am Rhein, die um 1340 ihren Höhepunkt erreichte, ist Symptom und Ursache zugleich. Sie zeigt, welche Macht seit 1330 in den Händen des Kaisers vermutet wurde, wie das Vertrauen in seinen Schutz bei den im allgemeinen sehr nüchtern rechnenden Städten sich seit 1330 sichtlich steigerte. Gleichzeitig schirmte diese Gefolgschaft von Städten, Bischöfen und Reichsrittern auch seine Position gegenüber den konkurrierenden Fürsten aufs wirkungsvollste ab.

Vor diesem Hintergrund sind auch die großen politischen Aktionen in den Jahren nach dem Romzug zu sehen, die den Kaiser im Besitz unerschütterlichen Selbstbewußtseins zeigen; die überzogenen Reaktionen der früheren Jahre machen sorgfältig überlegten Zügen Platz, die dann dazu führen, daß 1338/39 der Kaiser unbestritten als Sprecher der Nation gelten kann. Das war das Ergebnis einer Reihe von vergeblichen Versuchen Ludwigs in Avignon, die Lösung vom Kirchenbann zu erreichen; als die Gesandtschaft, die er 1335 zum neuen Papst Benedikt XII. geschickt hatte, 1337 wieder mit der Forderung nach unbedingter Abdankung zurückkehrte, als der Papst also nach wie vor auf der absoluten Durchsetzung des päpstlichen Anspruchs auf Entscheidung bei strittiger Königswahl bestand und alle Angebote Ludwigs ablehnte – Angebote auf Sühne, Widerruf der Appellation, auf Distanzierung von den Minoriten, sogar auf das öffentliche Zugeständnis, daß die Kaiserkrönung ein Unrecht gewesen sei – da war deutlich geworden, daß Avignon den Frieden nicht wollte. Das hing nicht zuletzt mit der Besorgnis Benedikts XII. um die außenpolitische Sicherung des französischen Königreiches zusammen, das eben um diese Zeit aufs äußerste gefährdet war, da Eduard III. von England als Enkel Philipps des Schönen die französische Krone beanspruchte und zum Krieg rüstete. Gerade durch die Weigerung aber, den deutschen König anzuerkennen und vom Bann zu lösen, trieb er ihn auf die Seite Englands. Das Bündnis wieder mit Eduard III. hob das Prestige Ludwigs des Bayern in einem solchen Maße, daß er im Reich im Augenblick kaum auf Gegenwirkung stieß, ungeachtet des Bündnisses Böhmens mit Frankreich. Weitere günstige Umstände kamen hinzu, die dem Kaiser die Möglichkeit eröffneten, das ganze Reich in öffentlicher Kundgebung hinter sich zu bringen, und so entschloß er sich im Frühjahr 1338, in der Frage der Königswahl eine reichsrechtliche Entscheidung herbeizuführen und so gleichzeitig die prinzipielle Seite des Streits zu klären wie auch seine eigene rechtliche wie politische Position eindeutig festzulegen. Eine Vorstufe dazu, die gleichzeitig wohl die wesentlichste Ermutigung für den Kaiser bedeutete, stellt bereits das Schreiben der Reichsstädte vom Frühjahr 1338 an den Papst dar, in welchem festgehalten wurde, daß nach altem Herkommen bereits Wahl und Krönung die Rechte eines deutschen Königs verleihen wie jene eines Verwalters des römischen Reiches. Diesen Standpunkt präzisierte der Kaiser dann auf demselben Reichstag zu Frankfurt, auf welchem dieses Schreiben beschlossen wurde, durch die öffentliche Erklärung seiner Rechtgläubigkeit („Fidem catholicam") und seiner Auffassung vom Grundverhältnis der beiden Gewalten. Hier ging er unter dem Einfluß der Minoriten, vor allem Occams soweit, die „Potestas imperialis", die kaiserliche Gewalt, bereits aufgrund der Wahl für den König zu beanspruchen, ohne dabei zu bedenken, daß damit der Kaiser nur noch einer der vielen Könige des Abendlandes war. Abschließend verbot er Bann und Interdikt zu beachten, was nicht einmal Friedrich II. gewagt hatte, und drohte jedem Zuwiderhandelnden mit Entzug der Lehen und der kaiserlichen Gunst.

Die Reaktion auf diese Erklärung, so muß man annehmen, ermutigte den Kaiser, auch Fürsten und Kurfürsten zu einer Stellungnahme zu bewegen. Es ist ihm tatsächlich gelungen, hauptsächlich wohl durch den Druck, der infolge des englischen Bündnisses auf die rheinischen Kurfürsten ausging. So kamen am 15. Juli 1338 die Kurfürsten des Reiches, ausgenommen der König von Böhmen, mit dem Kaiser in Lahnstein zur Beratung zusammen und schlossen am Tag darauf am gegenüberliegenden Rheinufer zu Rhense ein Bündnis zum Schutz des Reiches. Die darüber ausgefertigte Urkunde, eine Art Weistum über die Königswahl, eine autoritative Interpretation des geltenden Reichsrechts durch die Kurfürsten, enthält ebenfalls die Feststellung, daß der zum König gewählte Fürst keiner päpstlichen Approbation bedürfe, um die Verwaltung des Imperiums zu übernehmen und den Namen des Königs zu führen. Das war mehr als eine Entscheidung in einem aktuellen Fall, das war die endgültige Trennung des Sacerdotiums und des Imperiums, damit ist jener ungeheure Konflikt, der seit Gregor VII. immer wieder wegen der Verkettung der Dinge aufgetreten war, von der reichsrechtlichen Theorie her beendet.

Der Kaiser zog aus diesem Weistum der Kurfürsten drei Wochen später auf dem Reichstag zu Frankfurt jene Folgerungen, die im berühmten Reichsgesetz „Licet juris" zum Ausdruck kommen. Die These, daß dieses Gesetz nicht rechtens gewesen sei, weil Ludwig dabei über den Wortlaut des Weistums hinausging, läßt sich nicht halten; es erfolgte kein Widerspruch dagegen, daß es mit Rat und Beistimmung der Kurfürsten und anderer Fürsten des Reiches erlassen worden sei, außerdem war bei der Wiederholung der Publikation dieses Gesetzes wenig später in Koblenz auch der König von Böhmen zugegen, der in Frankfurt gefehlt hatte, auch er stimmte also stillschweigend zu. Nur in einem Punkt muß man der Kritik folgen, rechtswirksam war es nicht, sondern es wurde von allen Beteiligten sehr schnell wieder vergessen. Ludwig wiederholte hier seine Aussagen vom Frühjahr in der Erklärung „Fidem catholicam", ging aber noch einmal einen Schritt weiter, indem er auch die kaiserliche Würde und Gewalt unmittelbar auf Gott zurückführte und damit der Wahl allein schon die Wirkung zuwies, daß der Gewählte „als König und Kaiser der Römer angesehen und benannt" werden müsse. Ihm ging es darum, auch als rechtmäßiger Kaiser, nicht nur als König zu erscheinen; mehr als ein Augenblickserfolg gelang ihm aber mit dieser Kundgebung nicht, alles war abhängig von der politischen Konstellation, deren Gunst nie wiederkehrte.

Ludwig IV. hatte diesen Höhepunkt von 1338 nicht aus eigener Kraft herbeigeführt, sondern nur geschickt die Möglichkeiten genützt, die ihm die internationalen Verwicklungen boten. Die Leistungen aus seinem Bündnis mit England war der Kaiser allerdings nicht bereit zu tätigen, so daß auch die Vorteile in kurzem wieder wegfielen. Militärische Hilfe für England hätte jedoch sowohl den Interessen des Reiches wie des Kaisers widersprochen. Frankreich war so leicht nicht zu schlagen, und wem hätte ein Sieg genützt? Solange die Nachwirkungen des Bündnisses noch anhielten, bis in das Frühjahr 1339 hinein, hielten auch noch die politischen Erfolge an, Benedikt XII. trat jetzt seinerseits an den Kaiser heran, um eine allgemeine Aussöhnung zu erreichen, die auch die Könige einschließen sollte, und Johann von Böhmen wie die Habsburger näherten sich dem Kaiser wieder, Böhmen schloß sogar ein Bündnis mit ihm, von dem nur der König von Frankreich ausgenommen war.

Wollte Böhmen damit auch unmittelbar nur einem Bündnis des Kaisers mit Polen entgegenwirken und die neuerliche Schwenkung der Habsburger auffangen, so war doch damit auch bereits das Bündnis Ludwigs mit England entschärft, wenn nicht sogar schon der Übergang zum französischen Bündnis vorbereitet. Wir kennen die Versprechungen nicht, die Ludwig Johann von Böhmen machte, jedenfalls nahm dieser an der nun beginnenden kriegerischen Auseinandersetzung zwischen England und Frankreich teil, während der Kaiser beiseite stand. Ein Jahr nach Kriegsbeginn, am 24. Januar 1341, schloß er zu Vilshofen sogar ein Freundschaftsbündnis mit dem König von Frankreich. Alle öffentlichen Verlautbarungen, welche diesen Schritt begründen sollten, sind nicht stichhaltig, sondern verhüllen nur die wirklichen Absichten des Kaisers. Sie liefen einmal auf französische Unterstützung einer Aussöhnung mit dem Papst hinaus, davon waren jedenfalls die zeitgenössischen Chronisten überzeugt. Wie ernst es ihm damit war, muß offenbleiben, denn diesmal blieben seine Angebote weit hinter jenen von 1335 zurück, die doch zurückgewiesen worden waren. Sicher ist jedenfalls, daß dieses Bündnis mit Frankreich dem Böhmenkönig jede Möglichkeit benahm, Ludwig an der Besitzergreifung Niederbayerns zu hindern, als Johann, der zehnjährige Sohn Herzog Heinrichs, am 20. Dezember

1340 gestorben war, vier Wochen vor Vilshofen, und ebenso sicher ist, daß den Luxemburgern die Hände gebunden waren, als der Kaiser jetzt auch nach Tirol griff.

Diese Erwerbung war ihm nun, daran besteht kein Zweifel, weit wichtiger als selbst die Aussöhnung mit dem Papst, die doch eine Voraussetzung für die Sicherung der Nachfolge seines Sohnes im Königtum sein mußte. Der Besitz Tirols war ihm also wichtiger als dieses Ziel, denn die mit der Besitzergreifung im November 1341 verbundenen Umstände schlossen eine Aussöhnung mit dem Papst ein für allemal aus. Auf einen Schlag zeigte sich nichts mehr von all den Gewissensängsten, die man ihm noch im Frühjahr 1341 zugedacht hatte, er griff einfach blindlings zu, auch gegen die Bedenken seines Sohnes. Schon 1330 hatte er die Erwerbung Tirols ins Auge gefaßt, und als 1335 Heinrich von Kärnten und Tirol starb, belehnte der Kaiser die Habsburger mit Kärnten und Südtirol, seinem eigenen Hause gedachte er Nordtirol zuzuwenden. Es gelang aber nicht, Margarete Maultasch, die Tochter Heinrichs von Kärnten, die mit Johann Heinrich von Luxemburg verheiratet war, aus Tirol zu verdrängen, da der Tiroler Adel für die rechtmäßige Erbin eintrat, Habsburg sich mit Kärnten begnügte und Johann von Luxemburg diese Erwerbung anerkannte, eine Wendung, die der Kaiser selbst durch seine kleinliche Haltung gegenüber Habsburg herausgefordert hatte. 1339 hatte dann der Kaiser im Bündnisvertrag mit Böhmen die Luxemburger ausdrücklich im Besitz Tirols bestätigt. Als aber Ende 1341 Margarete Maultasch mit Hilfe des Tiroler Adels ihren Gemahl mitsamt den mißliebigen Luxemburger Räten verjagte und der Adel jetzt dem Kaiser die Herrschaft über Tirol anbot, konnte Ludwig nicht widerstehen. Wenn er Margarete Maultasch nicht verdrängen und einfach einen seiner Söhne mit Tirol belehnen wollte, mußte er ein außerordentlich gewagtes Spiel in Gang setzen, er mußte einen seiner Söhne mit der Erbin Tirols verheiraten. Nach langem Widerstreben willigte der eben verwitwete Älteste, Ludwig der Brandenburger, ein. Schon am 10. Februar war die Trauung, kurz darauf folgte die Belehnung mit Tirol und Kärnten – mit dem 1335 die Habsburger belehnt worden waren.

Diese Eheschließung war ein unerhörter Eingriff in die Rechtssphäre der Kirche, die Gutachten des Marsilius von Padua und der Rat Occams, die beide die Ehe der staatlichen Sphäre zuwiesen, konnten den Kaiser nicht vor den politischen Folgen schützen. Das Ende der Versöhnungspolitik mit Avignon war dabei weniger gefährlich als die Isolierung im Kurfürstenkollegium, die sich aus der unabweislichen Ablehnung des kaiserlichen Schrittes durch die rheinischen Kurfürsten ergab. Vor allem hatten die Luxemburger jetzt den entscheidenden Vorwand für ihre immer wieder zurückgestellten Versuche, die Wittelsbacher vom Reich zu verdrängen. Im August 1343 forderte der neue Papst Clemens VI., der Taufpate Karls von Luxemburg, die Kurfürsten auf, einen neuen König zu wählen. Verhandlungen nach allen Seiten, die vom Kaiser, den Kurfürsten und von Karl von Mähren geführt wurden, zögerten den letzten Schritt noch hinaus, aber nachdem die Kurfürsten 1344 noch einmal den Anspruch des Papstes auf Approbation der Wahl und auf sein Recht, den König auch abzusetzen, zurückgewiesen hatten, schritten sie endlich 1346 zur Neuwahl. Den letzten Anstoß hatte die Besitzergreifung Hollands durch den Kaiser gebildet, als 1345 sein Schwager, Wilhelm von Holland, kinderlos gestorben war. Indem er jetzt seine Gemahlin Margarete mit Holland, Seeland und Friesland belehnte, vollendete er jene Mächtekonstellation für sein Haus, die es im Reich an die erste Stelle bringen mußte, wenn seine Söhne zusammenhalten würden. Die Königswahl Karls von Mähren, des Erben der böhmischen Krone, die in Aussicht stand, beunruhigte ihn dabei am wenigsten. Erst 1345 hatte der Kaiser, in großangelegter Bündnispolitik, Böhmen in die Knie gezwungen, und wie schwach die Position des neuen Königs trotz der Wahl durch die Mehrheit der Kurfürsten war, zeigten schon Wahl und Krönung; Frankfurt und Aachen, die rechten Orte, blieben ihm versperrt. Die Schlacht bei Crécy, in der die Franzosen eine vernichtende Niederlage durch die Engländer erlitten und Johann von Böhmen gefallen, Karl von Mähren verwundet vom Schlachtfeld geflohen war, hätte beinahe dieselbe Wirkung gehabt wie 1214 die Schlacht von Bouvines, die Otto IV. die Krone kostete. Der Kaiser konnte den Gegenkönig ganz aus dem Reich drängen, Karl erlitt überall, wo er angriff, Niederlagen, da rettete ihn der jähe Tod Ludwigs, der am 11. Oktober 1347 nahe bei dem wittelsbachischen Hauskloster Fürstenfeld auf der Bärenjagd vom Schlag gerührt wurde, etwas über 60 Jahre alt.

Wenn man es als sein Hauptziel betrachtet, seinem Haus die Nachfolge in der Kaiserwürde zu sichern, dann ist Ludwig der Bayer zweifellos gescheitert. Er hat auch in Zeiten des Triumphes nicht gewagt, den Kurfürsten die Wahl eines seiner Söhne als Römischer König vorzuschlagen, nach 1346 bestand für eine solche Wahl überhaupt keine Aussicht mehr. Paradoxerweise war es gerade sein jahrzehntelanges, unbeirrbares Eintreten für die Reichsrechte gewesen, das seine Aussöhnung mit dem Papst verhindert hatte und damit auch die Möglichkeit, von seinen Rechten als Kaiser ungehindert Gebrauch zu machen und noch zu Lebzeiten einen Nachfolger zu designieren. Es war freilich auch dazugekommen, daß er zuletzt außerordentliche Erfolge als Territorialpolitiker davongetragen hatte, die ihm ebenfalls Feinde schufen und auch seiner kaiserlichen Aufgabe der Friedenswahrung hinderlich waren. Hat er das nur in Kauf genommen, oder werden erst seine eigentlichen Ziele sichtbar, wenn man die Sorge um das Reichsrecht, die Bemühungen um den Landfrieden, den Schutz der Städte auf ihre Funktion als Mittel reduziert, seine eigene Herrschaft zu sichern, sich die Finanzquellen der Städte zunutze zu machen, Einfluß im Reich zu erringen und schließlich die 1328 ertrotzte Kaiserwürde zu behaupten, ohne die eine Dynastie nicht zu begründen war? Nimmt man das alles an, und H. Angermeier tut das, dann werden in der Tat viele seiner sonst kaum verständlichen Schachzüge einleuchten – das zeigt sich vor allem 1341 –; alle wird man sicher auch dann nicht begreifen, am wenigsten die leichtsinnigen Anfänge 1323/24, als er ohne jede Not nach Italien griff und damit sein Schicksal herausforderte. Rudolf von Habsburg hatte hier klarer gesehen.

Wenn man diese Betrachtungsweise wählt, muß man aber auch annehmen, daß es dem Kaiser nicht nur um die Anhäufung von Fürstentümern ging, mit denen er seine sieben Söhne versorgen konnte, sondern daß er auch dem inneren Ausbau seiner Länder intensive Aufmerksamkeit schenken würde. Für Oberbayern, sein väterliches Erbe, hatte er das tatsächlich auch in erstaunlichem Maß getan, obgleich er insgesamt seit 1314 wohl nicht mehr als sechs Jahre in Bayern zugebracht hat. Auf diesem Gebiet, das ist auch nie bestritten worden, erscheint er auch in jeder Hinsicht als Staatsmann, der zielstrebig, geduldig und mit Weitblick sein Territorium ausbaut, sein eigenes Land, auf welches er auch als Basis immer wieder zurückgreift. Er hat hier wohl so wenig wie in der Reichspolitik ausgesprochen neue Wege beschritten, aber doch die Tendenzen seines Jahrhunderts zusammengefaßt und abgeschlossen. Das ist vor allem zu beobachten in seiner Klosterpolitik. Den Klöstern innerhalb der Grenzen des Herzogtums gegenüber hatten die Wittelsbacher seit jeher mit immer größerem Erfolg versucht, echte Landesherrschaft zu entwickeln, d.h. die Vogteirechte an sich zu ziehen und sie umzuwandeln in Rechte, die aus der Herrschaft über das Land flossen, nicht mehr aus der zufällig erworbenen Vogtei. In diese Tendenz wurden auch die Reichsklöster einbezogen, so daß sich auf diesem Weg die Einordnung der Reichsklöster in das Territorium der Wittelsbacher ermöglichen ließ. Über Tegernsee und Benediktbeuern etwa hat Ludwig der Bayer selbst die Vogtei ausgeübt. Damit waren auch diese Reichsklöster endgültig dem Lande einverleibt. Er hat auch über das bischöfliche Eigenkloster Prüfening die Vogtei erworben und es damit aus dem Besitz der Bamberger Bischöfe herausgebrochen; ähnliche Beispiele lassen sich häufen. Diese Politik stand aber im Einklang mit den ureigensten Interessen der Klöster selbst. Der Landesherr übte ja nicht nur Herrschaft aus, sondern sorgte auch tatsächlich für den Schutz der Klöster vor Bedrückung. Schutzprivilegien sind so für wohl alle Klöster Bayerns bekannt, die Einzelprivilegien wurden dann zusammengefaßt in dem großen Schutzprivileg von 1329, das der Kaiser in Trient ausstellte. Hier wird deutlich, daß der Landesherr der einzige Bundesgenosse der Klöster gegenüber den Resten der alten Vogteiherrschaft durch den Adel war. Das zweite große Privileg für die oberbayerischen Klöster, das der Kaiser 1330 erlassen hat, macht die Tendenz besonders deutlich, die er bei seiner Privilegierung der bayerischen Klöster verfolgte. In diesem Privileg, dem sogenannten Gerichts- und Hofmarksprivileg, wird die niedere Gerichtsbarkeit im Klosterbereich den Klöstern selbst zugestanden – auch wenn die Klöster bereits im Besitz waren –, die Blutgerichtsbarkeit wird ihnen jedoch ausdrücklich abgesprochen und ausschließlich dem Herzog und seinem Vizthum vorbehalten. Damit wird nicht die Gruppe der landsässigen Klöster getroffen, d.h. jene Klöster, die ohnedies schon der Blutgerichtsbarkeit des Herzogs unterworfen waren, sondern die Gruppe der Reichsklöster, die es in Bayern noch gab. Auch ihnen wird jetzt jeder Aufstieg zur Errichtung einer eigenen reichsunmittelbaren Herrschaft abgeschnitten. So bedeutet also dieses Privileg, das die klösterlichen Grundherrschaften auf die gleiche Stufe hob wie die adeligen Herrschaften, die Einordnung auch der letzten unabhängigen Reichsstifte ins Herzogtum.

Auch als Klostergründer ist der gebannte Kaiser hervorgetreten, mit der Gründung von Ettal 1330. Zwanzig Benediktinermönche und 13 Ritter mit ihren Frauen vereinigte der Kaiser hier in einem einzigen Stift, ein sehr ungewöhnlicher Vorgang. Sicher handelte es sich bei dieser Vereinigung um die Vermählung von Ritterideal und Mönchtum, wie auch die Klosterkirche, nach Art der Spitalkirchen der Templer ein Oktogon mit kuppelartigem Abschluß, in vollkommener Rundung, dazu bestimmt erscheint, Unvereinbares zu vereinen. Aber es fehlen auch die handfesten herrschaftlichen Interessen bei dieser Gründung nicht. Die Neugründung lag an der Straße, die von Schongau herab ins Loisachtal führt und damit die sogenannte Obere mit der Unteren Straße verbindet, das sind die beiden Straßen, die von Bayern nach Italien führen, über den Reschenpaß bzw. über den Brenner. Die Mönche waren zum Unterhalt dieser Straße verpflichtet. Die Ritter hatten ebenfalls ihre Funktion, ihrem Stand entsprechend. Die Regel steht im Zusammenhang mit dem Deutschen Orden; vier der Räte Ludwigs des Bayern gehörten dem Orden an, die Stiftung zu Mergentheim, seit 1525 Zentrum des Deutschordens, geht auf Ludwig den Bayern zurück. 1340 wies er dem Meister zu Mergentheim die gleiche Stellung als Gerichtsinhaber im ganzen Bezirk zu, wie dem Meister von Ettal, verschieden ist nur die Ordenszugehörigkeit auch verheirateter Ritter. Die Gerichtsrechte, die der Ettaler Meister, unterstützt natürlich durch die übrigen Ritter, wahrzunehmen hatte, reichen in älteste Zeiten zurück, umfassen aber auch Vogteirechte und Augsburger Lehen im Raum um Murnau, die 1332 durch Kauf an den Kaiser kamen.

Am wichtigsten waren die Vogteirechte über die Klöster Steingaden, Rottenbuch und Polling, einstmals Vogteien der Welfen, Steingaden und Rottenbuch waren dann auch in den Besitz der Staufer übergegangen. So war wohl die Gründung zu Ettal unter anderem ein Mittel, alte Reichsrechte in Oberbayern zu beseitigen, wie F. Bock vermutet. Dieses Mönchs- und Ritter-Stift Ettal wurde zum Sammelpunkt wichtigster Herrschaftsrechte; der Distrikt „Ambergaue“, dessen Mittelpunkt Ettal war, reichte bis Peiting, die Vogteien über Steingaden, Rottenbuch, Polling und Habach waren ihm angeschlossen, eine der bedeutendsten Fernstraßen des ganzen süddeutschen Raumes durchzog ihn. Trotzdem leuchtet nicht ein, daß es dazu eines Klosters bedurfte. Die religiösen Beweggründe des Kaisers darf man also auch nicht außer Betracht lassen; es war das Zeitalter der großen Mystiker, unter welchen Margarete Ebner von Maria-Medingen dem Kaiser besonders nahestand.

Von größter Bedeutung, in seiner Wirkung kaum abzuschätzen, war schließlich die Gesetzgebungstätigkeit Ludwigs für sein Land. Das Oberbayerische Landrecht, das von 1336 bis 1346 ausgearbeitet wurde, war eine der wichtigsten Voraussetzungen für die Betonung der Eigenständigkeit des Landes; das Landrecht setzt das Recht in diesem Land ab gegen anderes, unter Umständen auch gegen das übergeordnete Recht des Kaisers. Das aktuelle Bedürfnis allein jedoch war schon so stark, daß es weitere Motive nicht mehr brauchte. Das Land bedurfte des sicheren Rechtsschutzes, für den der Fürst selbst zu garantieren hatte. Ludwig der Bayer gehört zu den ersten Fürsten des Reiches, die in ihrem Territorium das geltende Recht schriftlich zusammenfassen ließen. Wesentlich für das Landrecht neuerer Art ist die Verschmelzung aller Rechtsordnungen, die überliefert sind, zu einem einheitlichen Ganzen, das die Prozeßordnung regelt, den Landfrieden sichert, nicht nur durch Androhung von Strafen, sondern auch durch vorbeugende Maßnahmen, wie sie in späterer Zeit der Polizeiordnung zugerechnet werden. So war das Oberbayerische Landrecht Ludwigs des Bayern inhaltlich wohl das erste in Deutschland, das alle wesentlichen Bausteine einer staatlichen Rechtsordnung enthält, und ist deshalb auch vorbildlich geworden für die Weiterbildung des Territorialrechts anderer Länder. Die spezifischen Quellen werden im Rechtsbuch selbst genannt, es handelt sich um eine Sammlung von Rechtsweistümern aus allen Gerichten, Städten und Märkten; es wurde das geltende Recht erkundet und vereinheitlicht, eingeflossen sind die älteren Stadtrechte und das Rechtsbuch Ruprechts von Freising, eines sogenannten Fürsprech, eines Anwalts. Diese Rechtsgrundsätze gingen nicht so sehr zurück auf den Schwabenspiegel oder gar auf die Lex Baiuvariorum, sondern auf die Landfriedensordnungen des 13. Jahrhunderts, und so stellt die Regelung des Landfriedens wohl den wichtigsten Aspekt des gesamten Rechtsbuches dar. Die Friedensgerichtsbarkeit wird jetzt endgültig in die Hände der ordentlichen Gerichte gelegt, damit endet für Bayern, wie H. Angermeier feststellt, der Landfrieden älterer Art, welcher immer nur Ausnahmeregelung war. Der Friede wird jetzt ein Dauerfriede im Land, den auch der Adel hinzunehmen hat, abgeschlossen wird das Land damit auch gegen jeden Einfluß der Reichsgewalt in Landfriedenssachen, die richterliche Gewalt des Herzogs erscheint als eine völlig unabhängige. Freilich wird jetzt auch das große bayerische Friedensgebiet, das noch 1282 den ganzen Raum des alten Stammesherzogtums umfaßt hatte, einschließlich also aller später reichsfreien Gebiete, als Rechtseinheit zerschlagen. Nicht übertragen wurde das Landrecht auch auf Niederbayern, obwohl es schon 1340 zum Herrschaftsgebiet Ludwigs des Bayern gekommen war; der Kaiser hatte damals bei der Huldigung der Stände ausdrücklich schwören müssen, das Land bei seinen Rechtsgewohnheiten zu belassen. In den drei Landgerichten vor dem Gebirge, Kufstein, Rattenberg und Kitzbühel, die bis 1506 zu Bayern gehört hatten, galt das Oberbayerische Landrecht dafür bis zum Beginn des 19. Jahrhunderts. Nicht vergessen werden darf auch die bis zuletzt spürbare Sorge des Kaisers, der für die Städte im Reich in ungewöhnlichem Maße Verständnis besaß, auch für seine bayerischen Städte; wenige der bedeutenderen Städte im Land blieben ohne ein fürstliches Privileg, das ihren Bedürfnissen und besonderen Verhältnissen gerecht zu werden versucht. Besonders beispielhaft ist seine Förderung der Residenzstadt München. Wie H. Koller zeigt, stellt München innerhalb Deutschlands die erste eigentliche feste Residenz dar, man kann geradezu von München als dem Typ der spätmittelalterlichen Residenzstadt sprechen. Entscheidend ist dafür nicht so sehr der Bau einer Stadtburg für den Herzog, das gibt es auch früher schon, sondern er verbringt auch tatsächlich in München mehr Zeit als an irgendeinem anderen Ort, vor allem bemüht er sich um die Stadtentwicklung in außerordentlichem Maß. Den Beginn dieser Bemühungen macht die Bestätigung der Rechte der Stadt München 1315, die er in seiner Eigenschaft als König vornahm; München wurde gewissermaßen an Rang den Reichsstädten gleichgestellt. Weitere Privilegien vom gleichen Tag schützen den Marktfrieden zu München und den Münchner Fernhandel; eine ganze Reihe von Münchner Kaufleuten läßt sich damals in Frankfurt und Lyon nachweisen. Spätere Privilegien, die Zollfreiheit für Münchner Kaufleute in Nürnberg oder Mainz gewähren, ergänzen diesen Schutz, wieder andere garantieren Münchens Vorherrschaft im bayerischen Salzhandel. Infolge dieser Vergünstigungen ist München damals außerordentlich gewachsen und hat den Mauerring vom Isartor zum Sendlinger Tor und Karlstor damals bereits ausgefüllt. Freilich, der Herzog hatte seinerseits Anteil am Gewinn der Bürger, das Interesse an der Ausweitung ihrer Handelskapazität war also keinesfalls uneigennützig. Insgesamt wird man wohl sagen müssen, daß der Kaiser, hätte er sich um den Landesausbau nicht nur beiläufig, sondern mit Nachdruck angenommen, vielleicht noch ungleich Größeres hätte erreichen können. Sein Amt als Kaiser brachte es nun einmal mit sich, daß er nicht mehr einem Land gehörte, sondern dem ganzen Reich.

So hatte auch die Geschichtsschreibung von Anfang an geurteilt, von seinen Zeitgenossen angefangen bis zur Gegenwart. Man wird ihn nicht unter die Großen der Weltgeschichte einreihen dürfen, auch wenn er Ungewöhnliches geleistet hat, und neben der großartigen, herrischen Gestalt des letzten Stauferkaisers nimmt er sich wie ein Epigone aus, der noch dazu im Schatten des größten seiner Vorgänger, seines Großvaters Rudolf von Habsburg, und seines glücklicheren Nachfolgers, Karls IV., steht, der von jenem Feld geerntet hat, das Ludwig der Bayer bestellt hatte. Man darf ihn aber nicht an seinem Schicksal messen, sondern nur daran, wie er dieses Schicksal gemeistert hat. Auch er hat, trotz allen Tadels, bei den Geschichtsschreibern seiner Epoche Begeisterung zu wekken verstanden, auch bei solchen, die seiner Politik ablehnend gegenüberstanden. Freilich haben ihn wenige verstanden, weil sie nicht so dachten wie er, dem List, Täuschung der Gegner, Bruch von Versprechungen, Ausnutzung jeder feindlichen Schwäche ständig benützte Mittel der Politik waren. Wenn man das ebenfalls sieht, bleibt wenig von dem Glanz und von der Wärme, die sein Bild bei den Zeitgenossen stets besaß. Es bleibt nicht mehr viel von dem Edelmut, der ihm nachgerühmt wurde, aber es bleibt auch wenig von jenem Bild, das gemeinhin sein Andenken bestimmt, von jenem schwankenden, zwiespältigen, kleinmütigen, nur durch das Glück und die Uneinigkeit seiner Feinde in seiner Stellung zu haltenden Ersatzkönig. Daß ihn gerade Kurfürst Maximilian I., der größte unter seinen Nachkommen, so sehr geschätzt hat, war kein Irrtum, das war berechtigt.

Das dreigeteilte Herzogtum (1347–1450)

Mit dem Tode Ludwigs IV. beginnt in der Reichspolitik keine neue Epoche, denn Karl IV. hat mit neuen Methoden und mit gesteigertem Erfolg im Grunde nur die alte Hausmachtpolitik fortgeführt. Eine neue Epoche setzt indessen für das Herzogtum Bayern ein, nicht deshalb, weil grundsätzlich und planvoll neue Entwicklungszüge herbeigeführt worden wären, sondern weil im Gegenteil die in der Teilung von 1255 sichtbar gewordene Auffassung vom Herzogtum als Besitz der Dynastie trotz aller Warnungen Ludwigs des Bayern an seine Söhne erst jetzt voll zum Ziele kam. Die neuen Teilungen bedingten eine noch größere Schwächung des Gesamthauses Wittelsbach wie des Herzogtums Bayern. Den Gewinn daraus zogen zuerst das Haus Luxemburg, dann Habsburg. Verhängnisvoll auch für die Geschichte des Reiches war die dabei sich ergebende Konsequenz der Machtkonzentration jeweils an der Peripherie, des Machtverfalls im Inneren, wo doch ein fester Kern allein dem Ganzen Zusammenhalt hätte geben können.

Daß es Ludwig dem Bayern nicht gelungen war, seinem Haus die Königskrone zu erhalten, mußte noch nicht den alsbaldigen Sturz in die Bedeutungslosigkeit nach sich ziehen, dazu war das Gesamthaus 1347 noch viel zu mächtig, weit mächtiger als Habsburg, das doch bald wieder an die erste Stelle im Reich rükken sollte. Es verfügte über das vereinigte Ober- und Niederbayern, zu dem noch Tirol gehörte, Holland mit Seeland und das Kurfürstentum Brandenburg, die Pfälzer Linie war mit der bayerischen verbündet, ins Gewicht fiel vor allem die Pfälzer Kurstimme. So waren die Pläne, Karl IV. ebenso einen Gegenkönig entgegenzustellen, wie es das Haus Luxemburg einst getan hatte, zunächst keineswegs hoffnungslos; daß sich allerdings nur ein unbedeutender thüringischer Graf, Günther von Schwarzburg, 1349 als Kandidat gewinnen ließ, konnte nur zum Mißerfolg führen. So war es für Karl IV. nicht schwer, das Reich hinter sich zu bringen, zumal die Wittelsbacher auf die Gegnerschaft Habsburgs gegen Luxemburg vergebens gehofft hatten. Unter stärksten Druck setzte der neue König seine Gegner vor allem dadurch, daß er Brandenburg dem Zugriff aller Nachbarn und Verwandten der Askanier preisgab, die Ludwig der Bayer 1323 übergangen hatte; selbst vor der Belehnung des falschen Woldemar schreckte er dabei nicht zurück. Ludwig der Brandenburger meisterte zwar für den Augenblick alle Bedrängnisse, aber als Karl IV. 1349 Anna von der Pfalz heiratete und damit in die Front der Wittelsbacher einbrach, und als Günther von Schwarzburg bei Eltville geschlagen wurde, waren die Söhne Ludwigs des Bayern zu dem Vertrag bereit, der den Thronkampf beendete. Als Gegenleistung erkannte Karl IV. den Wittelsbacher Besitzstand an; wie wenig endgültig dieser Vertrag sein sollte, zeigte sich bald. Der Gegensatz war noch längst nicht bereinigt.

Karl IV. befand sich dabei von vornherein in der günstigeren Position. Er konnte in jeder Phase der Auseinandersetzung die Rechte des Königtums einsetzen, und er hatte allein zu entscheiden, während auf der Gegenseite sechs Wittelsbacher standen, die jeweils ihren Anteil am Erbe Ludwigs des Bayern beanspruchten. Bereits 1334 hatte der Kaiser seine Söhne zu gesamter Hand belehnt, damit hatten alle Anteil am Lehen, und die Mahnung des Kaisers, alles ungeteilt zu lassen, war juristisch nicht mehr von Belang. Kaum war der Thronkampf zu Ende, einigten sich tatsächlich die beiden ältesten Söhne Ludwigs, die gesamten wittelsbachischen Lande zu teilen, wieder ging die Teilung mitten durch Bayern, Ober- und Niederbayern bildeten jeweils die Kernmasse, mit der ein Familienteil von je drei Brüdern abgefunden wurde. Auch von den übrigen Besitzungen wurden zwei Teile gebildet, die zum jeweiligen Anteil an dem geteilten Herzogtum Bayern geschlagen wurden. Zu Oberbayern, dem Anteil Ludwigs des Brandenburgers, wurden die beiden Fürstentümer geschlagen, mit welchen Ludwig ohnedies belehnt worden war, die Mark Brandenburg und die Grafschaft Tirol; die beiden Brüder Ludwig der Römer und Otto wurden 1350/51 mit der Mark Brandenburg abgefunden. Zum niederbayerischen Landesteil kamen die wittelsbachischen Besitzungen in den Niederlanden; 1351 verlangten die hier residierenden Herzöge Albrecht und Wilhelm dazu noch einen Teil von Niederbayern, sie erhielten das Straubinger Ländchen. In Landshut regierte der zweitälteste Sohn Ludwigs des Bayern, Stephan. Damit standen sich jetzt in Bayern wieder drei Herzogtümer gegenüber, eine vierte Partei in den beiden Inhabern der Mark Brandenburg. Das allein genügte bereits, Differenzen zu wekken und Parteiungen zu begünstigen. Daß Karl IV. die Möglichkeiten, die sich ihm dabei boten, nicht ausnützen sollte, war nicht zu erwarten.

Die wichtigsten Erfolge erzielte er dabei auf dem Nordgau und in der Mark Brandenburg. Bei seiner Heirat mit Anna von der Pfalz, 1349, wurden als Pfand für die Mitgift, die auf 6000 Mark Silber festgelegt war, die Burgen und Märkte um Hersbruck und Sulzbach an Karl IV. übereignet, sie beherrschten die Reichsstraße zwischen Nürnberg und Eger. Das war der Beginn des böhmischen Ausgreifens nördlich der Donau, durch Kauf und politischen Druck kam in den nächsten Jahren Stück um Stück hinzu, bis schließlich nahezu lückenlos das böhmische Territorium bis vor Nürnberg reichte. Nach dem Romzug Karls IV., 1355, setzte systematischer Druck auch auf die Donaulinie ein, als Burg und Amt Donaustauf erworben wurden; 1357 versuchte Karl IV. sogar, wenngleich vergeblich, das ganze Straubinger Land an sich zu bringen. Die bayerischen Wittelsbacher haben diesem Arrondierungsprozeß nördlich der Donau nicht nur deshalb tatenlos zugesehen, weil es sich nicht um ihren Besitz drehte, sondern vielmehr deshalb, weil sie an einer für sie weit wichtigeren Front gebunden waren. Es ging um Tirol. Drei Komplexe wirkten zusammen, die den Verlust dieses wichtigen Paßlandes herbeiführten, die traditionelle Familienzwietracht der Wittelsbacher, die unversöhnliche Feindschaft der Luxemburger, schließlich die Unbedenklichkeit, mit welcher Rudolf IV. von Habsburg im entscheidenden Augenblick zugegriffen hat. Meinhard, der Sohn Ludwigs des Brandenburgers und der Margarete Maultasch, war nach dem Tode seines Vaters 1361 durch eine Reihe von Umständen unter die politische Verfügungsgewalt seines Onkels Stephan von Niederbayern geraten, der auch die Mutter Meinhards völlig ausschaltete. Kurze Zeit später starb der junge Herzog bereits, Stephan trat sofort das erledigte oberbayerische Erbe an, ohne sich um die besser begründeten Ansprüche der beiden Markgrafen von Brandenburg zu kümmern. Tirol jedoch übergab Margarete Maultasch ihrem Vetter Rudolf IV., der wie sie ein Enkel Meinhards von Kärnten war – und sie tat das, ohne dazu befugt zu sein, denn Tirol war ja Reichslehen. Freilich war 1342 Tirol mit der Hand der Tochter des letzten Inhabers weitergegeben worden, es durchkreuzten sich hier verschiedene Rechtsauffassungen. Daß dabei auch zwei gefälschte Urkunden eine Rolle spielten, ist juristisch völlig belanglos, die rechtliche Sicherung erfolgte dadurch, daß Karl IV. dem Übergang Tirols an Habsburg zustimmte, die Huldigung der Tiroler Stände und das militärische Versagen Stephans von Niederbayern machten den Vorgang endgültig. Das Übergewicht der Habsburger über die Wittelsbacher war von jetzt an entschieden. Bayern war abgeschnürt und umklammert; wenn sich das im Mittelalter nicht mehr spürbar auswirkte, so nur deshalb, weil auch die Habsburger nach dem Tode Rudolfs darangingen, ihre Länder zu teilen.

Unmittelbar mit dem Kampf um Tirol hing auch der Verlust Brandenburgs zusammen. Karl IV. hatte es verstanden, die augenblickliche Erregung der beiden Markgrafen über das rücksichtslose Vorgehen ihres Stiefbruders Stephan zu ihrer restlosen Bindung an seine Politik auszunützen, den ausbedungenen Preis, die Hilfe zur Erwerbung Oberbayerns, hat er jedoch nicht bezahlt. Ihm kam es nur darauf an, die Erwerbung der Mark Brandenburg für sein Haus abzusichern. Unter Ausnutzung aller Umstände, ohne daß einer der Brüder zu Hilfe gekommen wäre, zwang er Otto von Brandenburg, der inzwischen sein Schwiegersohn geworden war, 1373 im Vertrag von Fürstenwalde gegen eine Abfindung von 300000 Gulden zum Verzicht auf Brandenburg mit der Kurwürde. Die Tatsache, daß Otto als Pfand für einen Teil dieser Summe den westlichen Teil von Neuböhmen erhielt, die westliche Oberpfalz also, mildert die Schwere dieses Verlustes. Sie bedeutete den Beginn von Böhmens Rückzug aus der Oberpfalz.

Nach dem Friedensschluß von Fürstenwalde war Karl IV. bereit, mit dem Hause Wittelsbach endgültig Frieden zu schließen, es war auf der ganzen Linie geschlagen, zumal auch noch die Goldene Bulle von 1356, eines der wichtigsten Reichsgrundgesetze, die Regelung des Hausvertrages von Pavia ignorierte und die Kurwürde ausschließlich an die Pfalzgrafschaft band. Ein Zeichen für die völlige Aussöhnung war die Verleihung der Reichslandvogteien in Oberschwaben und im Elsaß an Stephan von Niederbayern; das war gleichzeitig der Preis für die Zustimmung der Wittelsbacher zur Wahl des Kaisersohnes Wenzel zum Römischen König. Damit hatte Karl IV. erreicht, was Ludwig IV. versagt geblieben war, er hatte eine Dynastie gegründet, welcher die Krone, so schien es zunächst, niemand mehr streitig machen konnte.

Zwei Jahre nach dieser Aussöhnung mit dem einstigen Gegner starb Stephan II. von Niederbayern, der zweitälteste Sohn Ludwigs des Bayern. Auch er war daran beteiligt, daß der Abbau der historischen Stellung des Hauses Wittelsbach in weniger als drei Jahrzehnten möglich geworden war. Auch er hatte, anstatt die einzelnen Glieder des Hauses zusammenzufassen und zu führen und damit die Kräfte des Ganzen zu koordinieren und gleichzeitig, eben dadurch, auch das Wohl der einzelnen Teile zu sichern, nie auf das Gleichgewicht in diesem großen wittelsbachischen Hausmachtsystem geschaut, sondern nur auf seinen eigenen Vorteil. Immerhin hat er 1363 wenigstens den Kern des Herzogtums wieder zur Einheit zusammenzufassen vermocht.

1373 hat Karl IV. Frieden mit den Wittelsbachern geschlossen, da er von ihnen nichts mehr zu befürchten hatte. Der Tod Stephans II. 1375 mußte allen Erwartungen nach die Macht des Hauses Bayern erneut schwächen. Stephan hinterließ drei Söhne, damit schien eine Teilung des eben wieder vereinigten Herzogtums Bayern unvermeidlich. Stephan II. hatte seine Söhne jedoch dringend ermahnt, das Land nicht zu teilen, die Landstände waren eindringlich für die Einheit des Landes eingetreten, und so faßten die drei Söhne Stephans tatsächlich noch 1375 den Beschluß, das Territorium in seiner neu gewonnenen politischen Einheit zu erhalten, so daß für die nächsten 15 Jahre Bayern wieder sein volles politisches Gewicht in die Waagschale werfen konnte. Das war umso wichtiger, als nach dem Tode Karls IV. 1378 der Streit der Brüder begann, auch das Haus Luxemburg zu lähmen. Der weite Raum zwischen der Donau und der Ostsee, vom Obermain bis Schlesien, den die Luxemburger beherrschten, war von Karl IV. schon aufgeteilt worden unter seinen ältesten Sohn Wenzel, seinen zweiten Sohn Sigmund, der bereits 1372 mit der Erbin Ludwigs von Ungarn und Polen vermählt worden war und der die Mark Brandenburg erhalten sollte, und den dritten Sohn Karl, dem die Lausitz und ein Teil der schlesischen Herzogtümer zugedacht waren. Mähren hatten bereits die Neffen des Kaisers erhalten. Der Streit zwischen diesen luxemburgischen Teilfürstentümern hielt die nächsten Jahrzehnte an.

Wenzel, der noch zu Lebzeiten seines Vaters zum Römischen König gewählt worden war, besaß nicht die Fähigkeit, mit den großen Problemen seiner Zeit fertig zu werden, das Ergebnis war, daß andere Fürsten versuchten, an seine Stelle zu treten oder von ihrem Pflichtenkreis her dazu gedrängt wurden. Das Große Schisma, das 1378 ausgebrochen war und dessen Beilegung Sache des Schutzherrn der Kirche, des Kaisers war, sollte noch nahezu vierzig Jahre dauern und die Christenheit in zwei, dann drei Parteien auseinanderreißen. Da Wenzel keinen Weg wußte, den Streit zu lösen, ergriff Pfalzgraf Ruprecht zusammen mit den übrigen rheinischen Kurfürsten die Initiative und drängte damit die Autorität des Königs zurück. Nicht anders war es in einer Frage, die nicht ganz Europa, sondern nur das Reich anging. Hier traten die bayerischen Wittelsbacher führend hervor. Schon Karl IV. war zu Ende seines Lebens der großen Aufgabe eines Ausgleichs zwischen den Fürsten und den Städten hilflos gegenübergestanden, zuletzt genügte auch die königliche Bemühung um Aufrechterhaltung des Landfriedens nicht mehr, es kam zum Krieg zwischen dem 1376 gebildeten Schwäbischen Städtebund und Graf Eberhard von Württemberg. Der Graf und König Wenzel, der ihm zu Hilfe gekommen war, wurden geschlagen, die Städte verweigerten Wenzel die Huldigung, nur die Vermittlung der bayerischen Herzöge führte 1377 zum Frieden von Rothenburg, einem Kompromiß, der den Städten die Zusicherung brachte, daß sie künftig nicht mehr an einen Fürsten verpfändet werden sollten, während sie ihrerseits jetzt zur Huldigung bereit waren. Diese Einmischung der bayerischen Fürsten in Schwaben war nicht willkürlich erfolgt, sie waren als Inhaber der schwäbischen Reichsvogtei für die Wahrung des Landfriedens in diesem Raum zuständig, vom Bodensee bis zum Neckar und zur Wörnitz. 1379 jedoch entzog König Wenzel den Wittelsbachern die Vogtei wieder und übertrug sie den Habsburgern, vermutlich um beide Häuser gegeneinander auszuspielen, doch verzichteten diese zunächst, so daß Wenzel nicht an sein Ziel kam. Die größte Leistung der bayerischen Herzöge in diesem Zusammenhang war das große Landfriedensbündnis mit der Pfalz, Baden und 32 schwäbischen Reichsstädten, das dann 1382 die Habsburger fortsetzten, als die Reichslandvogtei auf Herzog Leopold übergegangen war. Die großen Ansätze also zur politischen Durchdringung Oberschwabens blieben nur Episode; eine letzte Möglichkeit, in Süddeutschland das Gleichgewicht zwischen Habsburg und Wittelsbach aufrecht zu erhalten, konnte nicht behauptet werden.

Die Gesamtpolitik der bayerischen Herzöge in diesem Zusammenhang war allerdings auch wenig weitschauend. Anstatt die Führung der Städte beizubehalten, und damit dem König mit bedeutender, weit über das eigene Territorium hinausreichender Macht entgegenzutreten, schlossen sie sich 1383 dem Landfriedensbündnis des Königs und der Fürsten an, das der Vereinigung des Schwäbischen mit einem neugebildeten Rheinischen Städtebund entgegengesetzt wurde. Kleinliche Streitigkeiten mit Regensburg, einem Mitglied dieses Bundes, um die Judensteuer hatten zu dieser Parteinahme geführt. So standen sie 1388 auf der falschen Seite, als es zum großen Städtekrieg kam, der möglich geworden war, weil jetzt plötzlich und ohne erkennbares Motiv König Wenzel auf die Seite der Städte trat; offenbar hatte er gesehen, wo die größere Kraft lag. Ausgelöst wurde der Krieg durch Bayern, dadurch daß Herzog Friedrich den Erzbischof von Salzburg, einen Verbündeten der Städte, 1387 wegen lokaler Streitigkeiten gefangennahm. Dieser Krieg endete erstmals mit dem Sieg der Fürsten, nur Bayern gelang gegen Regensburg kein Erfolg. Immerhin wurde der König gezwungen, im Reichslandfrieden von Eger 1389 wieder die Partei der Fürsten zu ergreifen; die Städte behaupteten zwar ihre Unabhängigkeit, mußten aber den Bund auflösen, ein Ausgleich der Interessen kam nicht zustande. Völlig gescheitert war nur der König, der durch seinen wiederholten Parteiwechsel bei allen seine Autorität verloren hatte.

Es war den bayerischen Wittelsbachern in diesen Jahren zwar gelungen, ihre Stellung zu behaupten, doch die Möglichkeit, eine größere politische Konzeption zu verwirklichen, hatten sie wohl nicht gesehen, auf jeden Fall nicht ergriffen. Bald nach dem Friedensschluß mit den Städten verfielen auch die Voraussetzungen dafür. Nach einer gemeinsamen Regierung von fast 20 Jahren kam es zu einer neuen Teilung des Herzogtums, zur verhängnisvollsten überhaupt. Die Grundlage bildete die Grenzziehung der beiden Teilungen von 1255 und 1349. Das um Straubing verkleinerte Niederbayern erhielt Herzog Friedrich, der dieses Gebiet auch bisher schon verwaltet hatte. Stephan III. mit dem Beinamen „der Kneißel", wegen seiner Prachtliebe, erhielt den Nordwesten von Oberbayern, d.h. das Gebiet am unteren Lech und an der unteren Paar von Friedberg und Altomünster bis Ingolstadt und Monheim nördlich der Donau, dazu die Erwerbungen aus dem Staufischen Erbe in Höchstädt und Lauingen, aber auch im Südosten die Ämter Rattenberg, Kufstein und Kitzbühel mit den dortigen Bergwerken. Herzog Johann erhielt den größeren Teil, das städtearme Land zwischen Lech und Inn südlich der Linie Augsburg – Ebersberg, dazu einen Teil des alten wittelsbachischen Stammgutes von Scheyern bis an die Donau, ferner die alte Landgrafschaft der Pabonen, Stefling – Riedenburg. Hauptstädte blieben München und Landshut, als dritte kam Ingolstadt dazu, dessen große Zeit jetzt beginnen sollte.

Die umständliche Grenzziehung von 1392, die vorwiegend nach wirtschaftlichen Gesichtspunkten erfolgt war, mußte allein schon Quelle ständiger Streitigkeiten sein, dazu kam, daß gerade der Ausgang des 14. Jahrhunderts die spannungsreichste Zeit über ganz Europa brachte. So verquickte sich das kleinliche Gezänke um Besitz und Rechte immer wieder mit den großen europäischen Schicksalsfragen, in denen Partei zu ergreifen den bayerischen Herzögen schon deshalb nicht erspart werden konnte, weil sie zum Teil auch durch Heiratsbündnisse gebunden waren. Die Tochter Stephans III. von Ingolstadt, Elisabeth, die berühmte Isabeau de Bavière, hatte König Karl VI. von Frankreich geheiratet, Stephan selbst und sein Bruder Friedrich waren mit Töchtern des Herzogs von Mailand verheiratet.

Die Spannungen zwischen den Brüdern, dann ihren Söhnen, steigerten sich wiederholt bis zu blutigen Fehden. Besonders Stephan III. von Ingolstadt und sein Sohn Ludwig der Gebartete, die den Verlust Münchens nie verschmerzen konnten, versuchten immer wieder, ihre Neffen und Vettern aus ihrer Herrschaft zu verdrängen. Der erste Versuch erfolgte 1397 unter Ausnützung der großen Krise des Münchner Stadtregiments, als die Zünfte darangingen, die Alleinherrschaft der Patrizier zu brechen. Während die Münchner Herzöge sich infolge der Unruhen aus der Stadt zurückzogen und sich in der Neuen Veste eine sichere Zuflucht gegen ihre eigenen Untertanen schufen, ja sogar den siegreichen Zünften die Bestätigung der städtischen Freiheiten verweigerten und die Huldigung der Bürgerschaft mit Gewalt zu erzwingen suchten, verbündeten sich die Ingolstädter Herzöge mit den Aufrührern und entrissen ihren Verwandten damit die Hauptstadt. Das Schreckensregiment und die Mißwirtschaft der Zunftmeister nötigte allerdings jetzt auch Stephan III., seinem Bündnis abzusagen, so daß München wieder unterworfen werden konnte. Das Verfassungsgrundgesetz von 1403 öffnete dann die Teilnahme am Stadtregiment jedermann, der Haus und Hof in der Stadt besaß und wenigstens ein halbes Pfund Münchner Pfennige Stadtsteuer bezahlte. Diese Regelung galt bis herein ins 19. Jahrhundert. Von jetzt an vertrat die Versammlung der gesamten Bürgerschaft, die Gemeinde, die eigenen Interessen wie jene der Gesamtheit gegenüber den beiden Ratsgremien, dem Inneren Rat mit 12 und dem Äußeren Rat mit 24 Mitgliedern. Damit war im Grundsätzlichen wenigstens die Spannung zwischen den Patriziern und den Handwerkern beseitigt; in der praktischen Handhabung des Regiments änderte sich allerdings wenig, da auch in Zukunft die Teilhabe an der Regierung, die ja ehrenamtlich war, die Verfügung über die eigene Zeit, damit einen gewissen Reichtum voraussetzte. So übten nach wie vor der Innere Rat und der von ihm gewählte Bürgermeister die Stadtgewalt aus.

Diese Kämpfe fielen in eine Zeit, da es gerade auf den Zusammenhalt des Gesamthauses Wittelsbach angekommen wäre. 1400 erfolgte noch einmal der Versuch, das Königtum wieder an die Mitte des Reiches zu binden, indem die Kurfürsten den unfähigen Wenzel absetzten und einen der ihren, Pfalzgraf Ruprecht III., zum König wählten. Stephan III. von Ingolstadt spielte schon in der Vorgeschichte dieser Wahl eine Rolle, vor allem waren es er und sein Sohn Ludwig, denen die Aufgabe zufiel, den wittelsbachischen König zu unterstützen bei der Erledigung jener Aufgaben, vor denen Wenzel versagt hatte und die Ruprecht nun lösen sollte, die Beseitigung des Schismas und die Wiederherstellung der Reichsrechte in Mailand. Durch ihre Verbindungen zu Frankreich und Mailand waren sie dafür besonders prädestiniert, doch während Stephan III. immerhin ernsthaft um die Mitwirkung Frankreichs an der Lösung der Kirchenfrage bemüht war, scheint sein Sohn Ludwig in Frankreich nur seinen persönlichen Aufstieg im Auge gehabt zu haben, und in Italien erreichten die Ingolstädter wie auch Ruprecht selbst überhaupt nichts. Bis 1415 blieb Ludwig in Frankreich, nicht ohne in dem von Wirren geschüttelten Land selbst um sein Leben bangen zu müssen, dann kehrte er als französischer Konzilsgesandter wieder zurück, seine französische Gemahlin blieb in Frankreich. Für Bayern bedeutete das Jahrzehnt, das Ludwig der Gebartete in Frankreich verbracht hatte, ein Jahrzehnt des Friedens, die universalen Aufgaben freilich, die den Fürsten ihres Hauses gestellt waren, nahm trotzdem keiner wahr. Das Scheitern des Königtums Ruprechts hat seit 1405 niemand mehr hintanzuhalten versucht, keinerlei Bemühung um Fortführung des wittelsbachischen Königtums nach dem Tode Ruprechts, 1410, werden sichtbar. Daß mit der Wahl des Ungarnkönigs Sigmund, des zweiten Sohnes Karls IV., zum deutschen König der Schwerpunkt des Reiches noch weiter als bisher nach dem Osten wanderte, nahm man in München wie in Landshut gelassen hin. Einen großen Vorzug, der für die Reichsgeschichte von kaum zu überschätzender Bedeutung wurde, hatte diese Wahl allerdings. Die Niederlage Sigmunds durch die Türken bei Nikopolis 1396 hatte eine Gefahr deutlich werden lassen, die nicht nur Ungarn bedrohte, sondern das ganze Reich, ja Europa. So wurde die Türkenfrage zu einem Thema, das der gesamten Reichspolitik wieder die längst verlorene Einheit zurückgab; der König erhielt so wieder einen Auftrag, hinter dem das ganze Reich stand, die Türkenfrage war es auch, in Verbindung mit dem Aufstand der Hussiten im eigenen Land, in Böhmen, die ihn geradezu zwang, die Kirchenfrage endgültig zu lösen. Es gelang ihm, die päpstlichen Legaten zur Wahl der deutschen Stadt Konstanz als Konzilsort zu bewegen, und es gelang ihm, Frankreich und England zur Teilnahme am Konzil zu bringen. Damit war die Anziehungskraft des Konstanzer Konzils so groß, daß es in kurzer Zeit ganz Europa in seinen Bann zog.

Ungeachtet der offiziellen Stellung Ludwigs von Ingolstadt als Konzilsgesandter der französischen Krone spielte Bayern in Konstanz keine Rolle, nicht zuletzt dank des neu auflebenden Streits der bayerischen Wittelsbacher. Ludwig der Gebartete fühlte sich durch die Grenzziehung von 1392 benachteiligt; erst hatte er versucht, der Münchner Linie ihr Land abzunehmen, nach seiner Rückkehr aus Frankreich hielt er sich an Landshut, Verhandlungsergebnisse seines Vaters wie eingeholte Schiedssprüche ignorierte er, wie er auch innerhalb seines eigenen Herzogtums Klöstern und Städten ihre Rechte verweigerte; er erhob maßlose Steuerforderungen oder ließ Boten feindlicher Fürsten bisweilen Ohren und Zunge abschneiden. Nach seiner Rückkehr aus Frankreich sah er sich einem Bündnis gegenüber, das von München über Landshut bis Nürnberg und Heidelberg reichte. Er hatte es dabei in München mit den Herzögen Ernst und Wilhelm zu tun, die in gemeinsamer Regierung ein seltenes Beispiel brüderlicher Eintracht boten. In Landshut war auf Herzog Friedrich dessen Sohn Heinrich gefolgt, mit Ludwig verwandt nicht nur von Seiten des Vaters, sondern auch mütterlicherseits; beide waren Enkel des Herzogs Barnabò Visconti von Mailand. Während Ludwig maßlos und von stürmischer Leidenschaft war, unbeherrscht und ohne jede Anlage zu berechnender Politik, groß nur in seinem Kunstsinn und Mäzenatentum – Ingolstadt verdankt ihm die wesentlichsten Vorzüge seines heutigen Stadtbildes –, war Heinrich von kalter Berechnung, er verstand es, mit seinen Einkünften sparsam umzugehen und sie wirkungsvoll zu steigern. Das Land blühte dabei trotzdem auf, da er den Frieden sicherte, die Städte förderte, nicht ohne notfalls auch mit Gewalt den ihm gerecht erscheinenden Anteil von ihrem Reichtum zu fordern. Als 1408 die Landshuter Bürger sich über die Höhe neu eingeführter Steuern beklagten, ließ er zunächst den Rat verhaften, und als der Widerstand auch dadurch nicht zu brechen war, begann ein Köpfen und Brennen, ein Würgen und Schlagen, daß den Zeitgenossen der Atem stockte. Ein Jahrhundert vor Cesare Borgia hätte er bereits einem Machiavelli als Beispiel erbarmungsloser Staatsräson dienen können.

Es stießen also zwei einander würdige Gegner aufeinander, und schon bei ihrem ersten Zusammentreffen in Konstanz entlud sich der gegenseitige Haß in einem fürchterlichen Zwischenfall. Ludwig, der seinen Streit um das bayerische Erbe vor das Hofgericht des Königs gebracht hatte und 1417 dabei unterlegen war, nannte daraufhin seinen Landshuter Vetter in aller Öffentlichkeit den Sohn eines Kochs, einen Bastard, worauf ihn dieser noch am gleichen Tag aus dem Hinterhalt überfiel und auf den Tod verwundet liegen ließ. Dieser Friedensbruch fand keine Sühne, der Kaiser wagte nicht, Heinrich zur Rechenschaft zu ziehen. Ludwig aber, nach langem Krankenlager genesen, forderte nun 1420 alle seine Feinde zugleich heraus. 1422 endlich griff der Kaiser ein und erließ ein strenges Friedensgebot, trotzdem warf sich Ludwig noch einmal auf Oberbayern, wobei er bei Alling von Herzog Ernst gestellt und geschlagen wurde. Der König zwang ihn jetzt, für zwei Jahre außer Landes zu gehen und unterstellte Ingolstadt einem königlichen Landeshauptmann, zu Ende waren die Unruhen damit aber noch lange nicht. Bis zur letzten, selbstzerstörerischen Konsequenz hielt Ludwig der Gebartete an seinem überkommenen Ideal ritterlicher Ehre und an dem neuen Ideal fürstlicher Souveränität fest (Th. Straub), die entsetzlichen Leiden, die sein Starrsinn dabei über ganz Bayern brachte, übersah er völlig.

Nach wenigen Jahren schon ging der Streit weiter. Als 1425 Johann von Straubing inmitten seines Kampfes um Holland starb, ohne Nachkommen zu hinterlassen, als also das Straubinger Ländchen herrenlos wurde, erhob Ludwig sofort Anspruch auf das ganze Land. Heinrich von Niederbayern wollte eine gleichmäßige Teilung unter den drei Linien, die Münchner Herzöge behaupteten, zwei Linien zu vertreten, verlangten also zwei von vier Teilen. Es kam trotzdem nicht zum Krieg, da der Kaiser selbst eingriff, um den Frieden zu sichern, den er brauchte, wenn er in Böhmen der Hussiten Herr werden wollte, die nach der Hinrichtung des Prager Theologen Johann Hus zu Konstanz die Herrschaft der Deutschen in Böhmen abgeschüttelt hatten. Drei Jahre wurde verhandelt. Im Preßburger Spruch von 1429 dann erfolgte die Teilung nach den Vorstellungen der Münchner Herzöge, so daß sie jetzt auch in Niederbayern Fuß faßten, in einem breiten Streifen von Kelheim bis Deggendorf entlang der Donau und tief hinein in den Wald bis an die böhmische Grenze bei Furth. Der Landshuter Zuwachs umfaßte den Ostteil des Landes, ausgenommen das Amt Schärding, die Ämter Dingolfing und Kirchberg, die mitsamt Waldmünchen an Ingoldstadt kamen. Da in Holland und Seeland die weibliche Erbfolge galt, blieb diese Erwerbung Ludwigs des Bayern bei der Teilung unberücksichtigt; die letzte Wittelsbacherin in Holland, Jakobäa, verlor noch zu Lebzeiten Land und Herrschaft an das aufstrebende Burgund.

Ludwig von Ingolstadt wagte es nicht, dem kaiserlichen Spruch zu trotzen, auch 1434 unterwarf er sich noch einmal, als er wegen fortwährender Bedrükkung der Klöster seines Landes in den Kirchenbann kam und der Kaiser selbst heranzog, um die auf den Bann folgende Reichsacht zu vollstrecken. Erst 1438 kam es zu der Katastrophe, die von Anfang an diesem gewalttätigen Leben als Abschluß bestimmt war. Das Werkzeug für den endgültigen Sturz des größten Unruhestifters seiner Zeit im Reich war der eigene Sohn Ludwig der Jüngere, der sich zugunsten eines der zahlreichen unehelichen Söhne seines Vaters zurückgesetzt fühlte und außerdem sehen mußte, wie durch die Politik seines Vaters sein Erbe mehr und mehr zusammenschmolz und auch der Rest in steter Gefahr schwebte. Als der Vater dann auch die Heirat des Sohnes mit Margarete von Brandenburg, der Tochter also eines Feindes von 1420, verhindern wollte, schloß dieser mit den alten Gegnern Ingolstadts ein förmliches Bündnis, sagte seinem Vater Fehde an und nahm ihn schließlich gefangen. Zwei Jahre später starb er selbst, doch Ludwig der Gebartete kam trotzdem nicht frei; Albrecht Achilles von Brandenburg verkaufte ihn um 100000 Gulden an Heinrich von Landshut, der ihn trotz der Intervention des Königs von Frankreich, der deutschen Kurfürsten und zahlreicher Fürsten bis zu seinem Tode 1447 im Kerker gefangenhielt. Anschließend zog er, ohne in München auch nur anzufragen, das gesamte Ingolstädter Erbe an sich. Der König, Friedrich III., der auch vorher nicht eingeschritten war, bestätigte diesen Rechtsbruch, als Albrecht III. von München den Klageweg beschritt. Nach dem Tode Heinrichs von Niederbayern erkannte dieser dann 1450 im Erdinger Vertrag die vollzogenen Tatsachen ebenfalls an und einigte sich mit dem Nachfolger Heinrichs gegen eine geringfügige Abfindung.

So ungeheuerlich diese Vorgänge auch waren, für die Geschichte Bayerns war das Ergebnis eindeutig positiv. Nicht nur die Fürsten waren einander ein halbes Jahrhundert hindurch stets feindlich gegenübergetreten, auch die Landesteile selbst hatten bereits begonnen, sich als eigentümliche, voneinander wesensmäßig gesonderte Größen zu empfinden, obgleich wenigstens die Herzogtümer Ingolstadt und München noch eine gemeinsame Verwaltungsstruktur und ein gemeinsames Landrecht besaßen. Niederbayern ging auch hier seit langem seine eigenen Wege, selbst die spätere Vereinigung konnte diese Entwicklung nicht mehr rückgängig machen. Vollends die niederbayerische Landschaft behauptete lange ihren eigenen Rang; die Heftigkeit der Kämpfe 1504 rührt nicht zuletzt davon her, daß die Ritterschaft des Unterlandes hier gewissermaßen die Unabhängigkeit ihres Landes verteidigte. Jetzt begann ein rückläufiger Prozeß, aber nicht aus einer Neubesinnung heraus, sondern einfach weil der dynastische Zufall, das Aussterben einer Linie, dazu den Weg gewiesen hatte. Bis das Staatsdenken selbst sich änderte, sollte noch einmal ein halbes Jahrhundert vergehen.

Der Ausgang des Mittelalters – Wende einer Epoche

Die Zeit vom Tode Ludwigs des Bayern bis 1450, ein ganzes Jahrhundert, ist ein Zeitraum von einzigartiger Geschlossenheit. Das Thema dieser Epoche ist der Zerfall eines Herrschaftsgebietes, das das der Habsburger übertraf, das dem der Luxemburger gleich war, das bei Geduld und staatsmännischer Führung dem Lande selbst Frieden und Gedeihen schenken konnte, eine Klammer für das Deutsche Reich, die den Norden und Süden vom äußersten Osten bis zum äußersten Westen zusammenschloß, ein Gebiet also, das, zusammen mit der Pfalz, das Reich, wie es der Traum Karls IV. gewesen war, zu einer Monarchie des Königs hätte umwandeln können. In Ludwig dem Bayern stritten noch der dynastische Gedanke und der aufkommende Sinn für Staat und Gemeinwohl, aber wenn wir sehen, daß etwa in Frankreich, wo sich ein Staatsgedanke schon im 13. Jahrhundert sehr deutlich auszubilden begonnen hatte, Gedankengut aus dem römischen Rechtsdenken über formale Geltung kaum hinauskommt, dann wird man sich nicht wundern, daß östlich des Rheins das alte germanische Recht des Adels auf Herrschaft und die Anschauung der Identität von Herrschaft und Besitz bestimmend bleibt.

Im Deutschen Reich verändern sich die geistesgeschichtlichen Voraussetzungen der Herrschaftsformen erst unter dem Einfluß der Rezeption des römischen Rechts, die voll erst im 15. Jahrhundert spürbar wird. Die Fürsten bedienen sich jetzt der geschulten Juristen, um Ansprüche und Rechte, nach außen wie gegenüber Adel und Untertanen, durchzusetzen; der italienische Humanismus greift vor allem auf diese Weise auch über die Alpen und wandelt das deutsche, nicht zuletzt das bayerische Staatsdenken in jeder Hinsicht um. Der Wurzelboden, auf dem diese neue, von der mittelalterlichen freilich lange Zeit kaum unterscheidbare Kultur erwächst, ist die außerordentliche Wirtschaftsblüte im hohen und späten 15. Jahrhundert. Auch in Bayern ist sie festzustellen; noch heute sichtbares Zeugnis sind die gewaltigen Hallenkirchen des 15. Jahrhunderts in Landshut, Ingolstadt, Straubing und Braunau, um die Frühphase zu nennen, oder in München, das um Jahrzehnte hinterherkam, oder auch die Kirchen kleineren, aber noch immer imposanten Ausmaßes, wie in Erding, Eggenfelden, Pfarrkirchen oder Dingolfing. Daß sich die bayerische Backsteingotik mit ihren hohen, lichtdurchfluteten Gewölben und weiten Räumen gerade in dieser Zeit so eindrucksvoll entfaltet, ist kein Zufall, so wenig wie der Beiname der Landshuter Herzöge im 15. Jahrhundert, die man die Reichen Herzöge nannte, von Heinrich XVI. von Landshut bis zu seinem Enkel Georg, der 1503 starb und dessen Schatz zu Burghausen das Ziel aller ritterlichen Abenteurer im Reich war. Der Beiname ist kein bayerisches Erzeugnis, die Zeitgenossen nannten sie so, und sie waren tatsächlich reich, mit ihnen konnte kaum ein Fürst konkurrieren. In einer Wirtschaftsphase, die noch im Vorfeld des Frühkapitalismus steckte, war es durchaus nicht verwunderlich, daß ein Land wie das der Herzöge von Niederbayern solchen Reichtum zur Verfügung stellte. Das ging einmal auf die Erträgnisse des Landes selbst zurück: Getreide von den herzoglichen Kammergütern, die etwa ein Viertel des bebauten Landes umfaßten, Salz von den Salzpfannen zu Reichenhall, die seit der Wende des hohen Mittelalters in zunehmendem Maße in den ausschließlichen Besitz des Herzogs übergingen, bis 1509 die Entwicklung des herzoglichen Salzmonopols abgeschlossen war, und die Silberbergwerke von Kitzbühel und Rattenberg. Noch längst nicht erklärt ist damit die Entfaltung des bürgerlichen Reichtums in den kleinen Landstädten Niederbayerns oder in der Residenzstadt Landshut, die sich heute noch in der gleichen eindrucksvollen Würde präsentiert wie im ausgehenden 15. Jahrhundert. Zum Teil hängt der Reichtum des Bürgers auch mit den eben umrissenen Gegebenheiten zusammen. So gehört der Salzhandel zu den wichtigsten Faktoren; doch hatten davon München und Landsberg am Lech größeren Vorteil als Landshut oder Ingolstadt. Das wichtigste verkehrspolitische Kennzeichen des niederbayerischen Herzogtums dagegen ist die ausschließliche Verfügung über die Innstraße, die bequemste Verbindung von Innsbruck nach dem Norden, und Tirol wiederum war bedeutsam als Verbindungsglied zu Italien. Hier aber wurden die begehrtesten Waren angeboten, wie umgekehrt Getreide und Vieh, von den Gewerbeerzeugnissen Loden und Leinen, die im Gebirge und jenseits des Gebirges benötigt wurden, aus Bayern kamen. Der bayerische Handel mit Italien, der aber nicht als Großhandel und Fernhandel organisiert war, gehörte, wie die Zollregister Tirols zeigen, in freilich bescheidenem Maße durchaus zu den Quellen des Landesreichtums. Imponierenden Reichtum kann man allerdings durch den Handel mit unveredelten Waren, wie es Getreide oder Salz darstellen, oder mit groben Massenwaren nicht anhäufen. Wir kennen, abgesehen von Münchner Firmen des 14. Jahrhunderts und des beginnenden 15. Jahrhunderts, keine Kaufhäuser von herausragender Bedeutung. Der Reichtum verteilte sich auf viele. Das war auch ein Ergebnis der Handelspolitik der Herzöge, denen, wie die Verteilung der Niederlagsrechte hin über das ganze Land zeigt, offenbar mehr daran lag, daß reger Verkehr an den Zollstätten herrschte, als daß durch Konzentration des Handels in einzelnen Städten sich wenige, leicht verletzliche Mittelpunkte bildeten, wie in Schwaben und Franken. Regensburg war um diese Zeit der Transithandel bereits entglitten, er lief an Regensburg vorbei, über Augsburg oder Wien. Der Verlauf der Straßen aus Italien war daran nicht wenig beteiligt; Albrecht IV. versuchte hier durch den Bau der Kesselbergstraße einzugreifen, welche München unmittelbar mit Mittenwald verband, doch blieb nach wie vor Augsburg, nicht München, das ausschlaggebende Zentrum für den Italienhandel nördlich der Alpen. In Bayern herrschte der Tauschhandel auf kurze Entfernungen vor; er eben, der so krisensicher war wie der Fernhandel zu keiner Zeit sein konnte, erzeugte jene maßvolle Handelsblüte, die besonders den Landesherrn begünstigte. Allein der Zoll zu

Burghausen erreichte bisweilen ein volles Drittel seiner Gesamteinkünfte im Jahr.

Voraussetzungen solcher Art bedingen freilich noch nicht zwangsläufig auch eine neue geistige Haltung; wenn wir darunter vollends den Humanismus des 16. oder den Frühhumanismus des hohen 15. Jahrhunderts verstehen, suchen wir unter den Bürgern und unter den Fürsten Bayerns vergebens auch nur nach Spuren, unter den Bürgern wohl auch deshalb nicht, weil der ganz große Reichtum fehlte, der Muße erlaubt und damit auch Beschäftigung mit einer geistigen Welt, die mit dem bloßen materiellen Nutzen nichts mehr zu tun hat. Die Fürsten indessen waren auf vielerlei Weise mit einzelnen Gedankenkreisen aus dem Bereich der humanistischen Geistigkeit bekannt geworden, wenigstens waren sie mit der Bedeutung des neuen Rechtsdenkens vertraut, auch wenn sie über die Wichtigkeit und Nützlichkeit des römischen Rechts als Machtinstrument hinaus das Grundsätzliche daran nicht erfaßt haben mögen, Albrecht IV. vielleicht ausgenommen, der den Humanismus in Italien ja selbst kennengelernt hat. So stehen diese Fürsten bereits in einer Phase des Übergangs, in der sich umwälzende Neuerungen vorbereiten, ohne daß es den handelnden und entscheidenden Gestalten überhaupt bewußt wird.

Als Gestalt des Übergangs erscheint bereits Albrecht III. von München, der Sohn jenes Herzogs Ernst, der gegen Ludwig den Gebarteten wie gegen Heinrich von Niederbayern den Rang Oberbayerns zusammen mit seinem Bruder Wilhelm III. durch den Erwerb des Straubinger Herzogtums behauptete und der durch die gnadenlose Beseitigung der Augsburger Baderstochter Agnes Bernauer, der heimlich angetrauten Gemahlin seines Sohnes, auch das Fortleben seiner Linie gesichert hat. Albrecht III. war ganz ohne diese Härte. Er hat 1438 auf die Krone Böhmens verzichtet, welche ihm die böhmischen Stände zugedacht hatten, denn das hätte Kampf mit Albrecht von Österreich bedeutet, dem Schwiegersohn Kaiser Sigmunds, sicher auch Kampf mit den unversöhnlichen Hussiten. Er hat 1447 auch auf die Austragung des Streits mit Heinrich von Landshut um das Ingolstädter Erbe verzichtet, obgleich er im Recht war. Er hat wohl nicht nur aus Schwäche verzichtet, denn zur gleichen Zeit hat er im Bayerischen Wald die Raubburgen, deren Besitzer nicht von den Gewohnheiten einer rechtlosen Epoche lassen konnten, eine um die andere ausgehoben und zerstört, der Wahrung des Landfriedens galt seine Hauptsorge. Die Zusammenarbeit mit Nikolaus von Kues, dem größten deutschen Gelehrten seiner Zeit, der als päpstlicher Legat die bayerischen Klöster reformierte, zeigt schließlich, daß er auch Verständnis besaß für die großen Anliegen der Reformzeit, die geistiger und religiöser Natur zugleich waren, insofern die Intensivierung der Wissenschaftspflege gedacht war als zentrales Mittel zur Hebung auch der klösterlichen Disziplin. Der neue innere Aufschwung des Landes, der aus dieser Klosterreform resultierte, wird damit auch zu einem Teil sein Verdienst. Alle diese Züge machen aus ihm eine Gestalt des Übergangs. Albrecht III. gehört nicht mehr zu jener Epoche, deren faszinierendster Repräsentant Ludwig der Gebartete war, der für sein Land, für seine Untertanen nie das geringste Gefühl aufbrachte, der seine Herrschaftsrechte auskostete bis zur Selbstvernichtung und der selbst in den Werken seiner Frömmigkeit die überwältigende Zurschaustellung seiner Macht nicht missen konnte.

Die Epoche des Übergangs zieht sich noch ein halbes Jahrhundert hin. Sie wird beherrscht von zwei Gestalten, der Ludwigs des Reichen von Landshut und Albrechts IV. von München. Ludwig der Reiche, der Sohn Heinrichs des Reichen, stellt, in gewisser Verkürzung gesagt, den Abschluß des Mittelalters dar als der letzte Repräsentant jener fürstlichen Großzügigkeit, welche in der Herrschaft zu allererst das Mittel zur Selbsterhöhung erblickt, wenngleich die Selbstverständlichkeit seiner Herrschaftsausübung verbunden war mit Sinn für Maß und Gerechtigkeit. Auch verwehrte ihm seine ritterliche Lebensführung nicht das Verständnis für den Wert gelehrter Bildung. Er war es, der 1472 Bayern mit der Universität Ingolstadt seinen künftigen geistigen Mittelpunkt schenkte. Das war wohl weniger das Verdienst des Herzogs als seines ersten Beraters, des Heidelberger Juristen Dr. Martin Mayr. Er gehörte zum sogenannten ersten Nürnberger Humanistenkreis um Gregor Heimburg, den leidenschaftlichen Gegenspieler der Kurie in der großen Auseinandersetzung um die Gravamina Nationis Germanicae, die Beschwerden der deutschen Fürsten, Städte und des Klerus über die finanzellen Ansprüche Roms. Die Tatsache, daß der Herzog ihn als Berater wählte, kennzeichnet den Charakter seiner Regierungsweise nicht weniger als jene andere, daß er bedrückt war von der Not und dem Elend, die sein Krieg mit Albrecht Achilles zur Folge hatte.

Die Politik des Landshuter Herzogtums trägt unverkennbar die Prägung des Humanisten, sie zeichnete sich, jedenfalls seit 1459, durch geistvolle Ideen aus, die nicht nur die Zeitgenossen überraschten und ungewöhnlich nicht nur für Deutschland waren. Vor 1459, dem Jahr des Dienstantritts Mayrs in Landshut, war die umfassende Bündnispolitik des Herzogs, die den ganzen süddeutschen Raum umschloß, in jeder Hinsicht herkömmlich, sie diente der Sicherung des Erworbenen und der Aufrechterhaltung des Landfriedens, doch wurde schon damals die außenpolitische Grundlage für die ganze Epoche gelegt. Das wichtigste dieser Bündnisse war jenes mit Herzog Albrecht III., der im Erdinger Vertrag von 1450 seine Ansprüche auf das Ingolstädter Erbe aufgegeben hatte. Dem 1451 mit ihm geschlossenen Landfriedensbündnis traten Friedrich von der Pfalz und Pfalzgraf Otto bei, der die Pfälzer Nebenlande nördlich der Donau innehatte, so daß erstmals seit dem Tode Ludwigs des Bayern die Wittelsbacher wieder zu einer geschlossenen politischen Partei vereinigt waren. Dieses Bündnis stellte bis zum Ausgang des Jahrhunderts die Stabilitätsachse des gesamten politischen Systems im deutschen Süden dar. Die Ausstrahlung dieses Systems war so beträchtlich, daß sich auch die Ritterschaft in Schwaben und an der Donau, dazu eine ganze Reihe schwäbischer Reichsstädte, in Schutz und Schirm des Herzogs von Landshut begaben. 1455 trat Sigmund von Tirol dazu, 1457 Ladislaus, König von Böhmen und Ungarn und Erzherzog von Österreich, der Sohn König Albrechts II. Das Bündnis mit der Pfalz bedeutete freilich für Bayern nicht nur Gewinn, denn die ausgreifende Politik des Kurfürsten Friedrich, der in einem rechtlich nicht allgemein anerkannten Vorgang, der sog. Arrogation, die Kurwürde an Stelle seines noch unmündigen Neffen Philipp übernommen hatte, belastete auch das Verhältnis Ludwigs des Reichen zum Kaiser und zu Fürsten wie Albrecht Achilles von Ansbach, der Friedrich dem Siegreichen an großen Plänen nicht nachstand. In den Gegensatz dieser beiden aktivsten süddeutschen Fürsten ihrer Zeit wurde auch Ludwig der Reiche einbezogen, ohne vorerst die Tragweite ihrer Entwürfe zu durchschauen. So konnte es geschehen, daß er trotz der sich verdichtenden Spannung 1458 Albrecht Achilles die Möglichkeit bot zu dem Versuch, die wittelsbachische Partei aus den Angeln zu heben. Das geschah im Krieg um Donauwörth, das einst zum Konradinischen Erbe gehört hatte und zu Bayern gekommen, von Karl IV. aber wieder dem Reich zugeschlagen worden war. Ludwig der Reiche griff trotz kaiserlichen Verbots an, damit stellte er sich außerhalb des Reichsrechts, die Exekution gegen Bayern übernahm Albrecht Achilles. Zunächst hat er versucht, den Herzog zu erpressen, ihn zur Anerkennung seines Anspruchs auf Gerichtshoheit im gesamten süddeutschen Raum für sein Nürnberger Landgericht zu bewegen. Das war aber jenes Recht, das ein Fürst unter keinen Umständen entbehren konnte, wenn er auf der Hoheit über sein Land bestand. Ludwig der Reiche lehnte trotz seiner politisch mißlichen Lage ab, Albrecht Achilles aber übernahm im kaiserlichen Auftrag die Exekution der Reichsacht gegen den Herzog von Bayern, um damit auch den Pfalzgrafen zu treffen, vor allem, um die schon greifbar nahe Hegemonie in Franken, die ihm vom Papst bestätigte Zuständigkeit seines Landgerichts auch für die Hochstifte Würzburg und Bamberg mit dem Titel eines Herzogs von Franken durchzusetzen. Alle diese Pläne scheiterten an Herzog Ludwig. Nach ersten politischen Rückschlägen, die ihn unter anderem wieder zur Preisgabe Donauwörths zwangen, vermittelte Martin Mayr 1459 jenes Bündnis mit dem Böhmenkönig Georg Podiebrad, das für Bayern auf einen Schlag das militärische und politische Gleichgewicht wieder herstellte, für Böhmen aber neue und unerhörte Aussichten eröffnete. Seit den Prager Kompaktaten von 1433 hatte Böhmen zwar auf die wilden Angriffe nach allen Seiten hin verzichtet, wie in den Jahrzehnten der Hussitenkriege, doch hatte es sich 1458 nach dem Tode des Sohnes Albrechts II., Ladislaus Posthumus, in der Person des einstigen Reichsverwesers Georg Podiebrad selbst einen König gegeben, außerdem weigerte sich das neu geeinte Böhmen immer noch, sich durch Preisgabe des Laienkelchs wieder voll in die abendländische Kirche einzufügen. Es war dadurch in eine radikale politische Isolierung geraten, die jetzt durch das Bündnis mit Bayern erstmals wieder durchbrochen wurde. Die Aussichten, die Martin Mayr in den Bündnisbedingungen dem König eröffnete, wurden in Prag vielleicht nicht völlig ernst genommen, schmeichelten aber doch. Mayr hatte sein altes Projekt der Reichsreform, der Aufhebung des Dualismus von Kaiser und Reich durch Bestellung eines Stellvertreters des Kaisers im Reich, nach der letzten Niederlage durch Albrecht Achilles von Brandenburg nicht aufgegeben. Er suchte immer noch nach jenem starken Fürsten, der an Stelle des schwachen Kaisers das Reich wieder einen könne, statt des Pfälzers schlug er jetzt den Böhmenkönig vor. Möglichkeiten zur politischen Verwirklichung solcher Pläne wurden nicht genannt. Was Bayern dabei auf lange Sicht gewinnen konnte, wurde ebenso wenig erörtert. Selbst für den Augenblick sah es vielmehr so aus, als würden dabei die spezifisch bayerischen Ziele nur zu Mitteln in diesem größeren Plan degradiert. So lange der Kanzler dadurch den Herzog von Landshut zu kraftvollem Handeln begeistern konnte, ließen sich beide politische Kreise verbinden, ohne die bayerischen Interessen selbst zu gefährden, doch lag bei Mayr stets die Gefahr nahe, die Reform zum Selbstzweck zu erheben und sich damit ins Utopische zu verlieren.

Zunächst galt es jedoch, überhaupt erst einmal die bloße Existenz zu sichern. Im März 1460 brachen die Feinde des Pfälzers gegen Friedrich den Siegreichen los, Herzog Ludwig trat entsprechend seinem Bündnis ebenfalls in den Krieg ein, der für Albrecht Achilles in kurzer Zeit so bedrohlich aussah, daß er sich im Juni 1460 dazu entschloß, Frieden zu schließen und in der Frage des Nürnberger Landgerichts endlich nachzugeben. Zwei Wochen später schlug der Pfalzgraf seine Gegner ebenfalls entscheidend, damit schien der Friede besiegelt.

Die Aktivierung der Bündnispolitik Bayerns, die Martin Mayr jetzt unternahm und die auf die allgemeine Anerkennung des Königtums Podiebrads im Reich zielte, aber auch die Bindung Bayerns an Erzherzog Albrecht, den Bruder Kaiser Friedrichs III., nach sich zog, führte jetzt zu neuen Verwicklungen, als beide Habsburger Brüder sich feindlich gegeneinander stellten. Durch Entsendung von Hilfstruppen gab der Landshuter Herzog dem Kaiser Anlaß, zum Reichskrieg gegen ihn aufzurufen, damit ging die Initiative erneut an Albrecht Achilles über. Als Reichshauptmann führte er den Reichskrieg gegen Bayern an. Wieder bildete sich aber auch mit Böhmen und den Bischöfen von Würzburg und Bamberg ein bedrohliches Bündnis gegen ihn, das er jetzt in entscheidender Schlacht zu sprengen suchte. Bei Giengen, nördlich der bayerischen Besitzungen um Lauingen, stießen die beiden Heere aufeinander, der Herzog siegte. Als wenige Tage später auch Friedrich der Siegreiche erneut überlegen blieb, bei Seckenheim, waren die Gegner bereit, einzulenken. Es kam zum Waffenstillstand, ein Jahr später, 1463, zum Friedensschluß von Prag.

Der Verhandlungsort zeigt deutlich, wo die entscheidende Gestalt in diesem Ringen saß. Allerdings hatte der Friedensschluß, den er herbeigeführt hatte, die Position Podiebrads nicht gestärkt, sondern entscheidend geschwächt, man war in Zukunft nicht mehr auf ihn angewiesen, auch nicht der Papst Pius II., für dessen Kreuzzugspläne der Krieg in Süddeutschland eines der größten Hindernisse bedeutet hatte. Um den Frieden, den er eben herbeigeführt hatte, allgemein zu machen und dadurch den Papst auf Dauer mit seinem Königtum zu versöhnen, trat jetzt Georg Podiebrad, beraten von Martin Mayr, mit einem grandiosen Plan zu einem ewigen Frieden hervor. Führer der universalen europäischen Friedenseinung sollte der König von Frankreich werden. Dieser Plan hatte nur so weit Erfolg, als Pius II. noch immer keine Schritte gegen den Böhmenkönig unternahm, in den Reichreformentwürfen der kommenden Zeit trat Podiebrad jedoch wieder völlig zurück, in den Vordergrund rückte Martin Mayr die wittelsbachischen Fürsten, als Kanzler schlug er sich selbst vor.

Daß diese Pläne auch von der Mehrzahl der Fürsten angenommen werden würden, war eigentlich nicht zu erwarten, und so hat man Martin Mayr den Vorwurf eines phantastischen Pläneschmieds gemacht, aber es liegt näher anzunehmen, daß seine diplomatische Aktivität nichts anderes bezweckte, als Unruhe in die Reihen der politischen Gegner zu tragen und Ansatzpunkte zu schaffen für neue Bündnisgruppierungen, die jetzt in eine ganz andere Richtung liefen. Vor allem der endgültige Bruch zwischen dem Böhmenkönig und Rom 1466, der auf den Tod Pius' II. folgte, schuf eine völlig neue Lage. Es kam zur Umkehr der Bündnisse, Ludwig der Reiche ließ den Böhmenkönig fallen und tauschte dafür den Kaiser selbst ein. 1468 fanden in Landshut die Verhandlungen statt, welche die Versöhnung zwischen Friedrich III. und dem Herzog brachten.

Das bedeutete allerdings den Verzicht Bayerns auf die Führung in Schwaben, die sich durch die großen Landfriedensbündnisse von 1463/65 angebahnt hatte; wahrscheinlich war der damit auf den Kaiser ausgeübte Druck der eigentliche Anlaß zur Umkehr der Bündnisse gewesen. Eine Weile schien es sogar, als würde jetzt Ludwig der Reiche jene Stellung als Haupt der kaiserlichen Partei einnehmen, die einst Albrecht Achilles innegehabt hatte. Den Höhepunkt der Übereinstimmung zwischen Landshut und Wien stellte die Landshuter Hochzeit von 1475 dar, an welcher der Kaiser persönlich teilnahm.

Das Endergebnis der energischen Tätigkeit Martin Mayrs, in welcher sich Geist und Politik auf so originelle Weise verbunden hatten, war ein außerordentlich gesteigertes Ansehen des bayerischen Fürstentums und seines Kanzlers, aber dauerhafter politischer Gewinn war nicht mehr damit verbunden. Es gelang den Landshuter Bemühungen nicht einmal, die Erklärung der Reichsacht gegen Friedrich von der Pfalz im gleichen Jahr 1475 zu verhindern und den Rang als wichtigster Verbündeter des Kaisers zu behaupten. Trotz aller Bedrängnis von Osten her ist Friedrich III. gerade in diesen Jahren über seine enge territoriale Basis hinausgewachsen. 1475, mit dem Erfolg von Neuß über Karl den Kühnen, gewinnt er erstmals Ansehen im Reich, zwingt Burgund zum Zurückweichen und legt gleichzeitig die Grundlagen zum Aufstieg Habsburgs zur Weltmacht. Ludwig der Reiche kannte solche Aspekte nicht, für ihn ging es um seine Ehre, um die Behauptung von Recht und Frieden; die großen Friedenspläne Martin Mayrs waren für seinen Herzog nicht Vorwand für seine Einkreisungspolitik gegenüber dem Kaiser, der Friede war ihm tatsächlich Selbstzweck. Wie weit das ein Ergebnis humanistischen Denkens war, wie weit Realpolitik, wie weit Sache des Temperaments, muß offenbleiben. Renaissancepolitik war es jedenfalls nicht, was er trieb. Auch Martin Mayr hat für sein Bündnissystem als Ziel nicht Expansion angestrebt, sondern Sicherheit. Eine solche Haltung war, wenn man will, mehr mittelalterlich als neuzeitlich, wie denn auch sein Patriotismus nicht nach Art eines Wimpheling oder eines Aventin auf Kaiserherrlichkeit und nationale Größe zielte, sondern in der Thematik der „Reformatio imperatoris Sigismundi" blieb, der großen Reformschrift des 15. Jahrhunderts, der es um die

Wiederherstellung der rechten Ordnung im Reich ging, als Voraussetzung für Frieden und Gedeihen. So wird man auch Martin Mayr, der als humanistischer Orator einen großen Namen besaß, dessen politische Mittel vor allem groß angelegte Denkschriften waren, zu jenen Staatsmännern auf der Schwelle zwischen den Zeiten rechnen wie etwa auch Albrecht Achilles, der gleichzeitig nach dem Ruhm eines untadeligen Ritters strebte und nach schrankenloser Ausdehnung seiner Macht.

Macht als ausschließliches Thema der Politik ist auch in der nächsten Generation noch nicht selbstverständlich, doch wird hier erstmals fürstliche Herrschaft nicht mehr als Gegebenheit betrachtet, sondern es wird über ihr Wesen und ihren Umfang reflektiert. Grundlage dafür sind Begriffe aus der Sphäre des römischen Kaiserrechts. Für die praktische Politik bedeutet das, daß sich die Frage nach dem grundsätzlichen Verhältnis des Fürsten zum Land von einer neuen Sicht aus stellte, nicht mehr nach dem Herkommen, sondern nach einer umfassenden Theorie der staatlichen Gewalt. Daß die Auseinandersetzung zwischen Albrecht IV. und den adeligen Landsassen nicht der zufällige Zusammenprall eines machtbewußten Herrn und aufsässiger Adliger war, sondern, wie das gleichzeitige Ringen Ludwigs XI. von Frankreich, der Austrag von grundlegenden Differenzen, ist zahlreichen Äußerungen des Herzogs selbst zu entnehmen. Albrecht IV., der zunächst für den geistlichen Stand bestimmt war und an den Nikolaus von Kues als seinen Nachfolger als Bischof von Brixen dachte, stand der geistigen Welt der Humanisten von allen bayerischen Fürsten seines Jahrhunderts am nächsten, auch wenn er in der Wissenschaft nicht so tief verankert war, wie aus der Ehrung geschlossen werden könnte, die ihm Nikolaus von Kues zuteil werden ließ. Dieser macht in seinem Büchlein „De ludo globis" den vierzehnjährigen Bayernprinzen zu seinem Partner in einem tiefschürfenden Dialog; daß es gerade Albrecht war und nicht seine älteren Brüder, die der Macht doch weit näherstanden und damit für Komplimente lohnendere Objekte abgegeben hätten, darf man dabei nicht ignorieren. Der scharfsinnige Geist des jungen Prinzen, der 1460 in Rom weilte und dort dem Kardinal begegnete, war wohl damals schon erkennbar. Das ist auch gemeint mit dem Beinamen „der Weise", der den gewitzten, den scharfsinnigen, in allen wichtigen Dingen erfahrenen und wissenden Mann bedeutet, wie zeitgenössischen Äußerungen zu entnehmen ist. Seine hervorstechendste Eigenschaft aber war ein ausgeprägter Machtsinn, der ihn schon mit sechzehn Jahren dazu brachte, mit seinem älteren Bruder Sigmund um die Herrschaft zu ringen und der ihm den Sieg in die Hand gab, noch ehe er volljährig war. Er setzte nach dem Tod seines ältesten Bruders Johann mit Hilfe der Landschaft 1465 seinen Anspruch auf Mitregierung durch, nach zwei Jahren bereits verzichtete Sigmund ganz, der aus den Schulden nicht herausgekommen war. Bereits im Übergabevertrag 1467 wurde ausdrücklich die Unteilbarkeit des Landes festgestellt; das war nicht nur die Sicherung der persönlichen Ansprüche Herzog Albrechts gegenüber seinen beiden jüngeren Brüdern, sondern auch des staatlichen Charakters des Herzogtums.

Die wichtigsten Folgerungen aus seiner Kampfansage gegen jede privatrechtlich-patrimoniale Auffassung staatlicher Herrschaft betrafen die eigenen Brüder Wolfgang und Christoph, die mit strenger Konsequenz von der eigentlichen staatlichen Macht ferngehalten wurden. Nur an einem Teil der Einkünfte wurden sie beteiligt; Christoph wurde von Albrecht IV. sogar zeitweilig eingekerkert. Mit eben derselben Strenge schritt Albrecht IV. auch gegen den selbstherrlichen Adel vor allem im Straubinger Landesteil ein. Abgesehen von der entscheidenden Krise auf dem Höhepunkt seiner Regierungszeit war das Land fest in seiner Hand, und auch diese Krise von 1488/92 hat er gemeistert, weil nur ein geringer Teil des Adels dem Herzog entgegenzutreten wagte. Eine der bedeutendsten Voraussetzungen für diese Unabhängigkeit dem ständischen Adel gegenüber war die außerordentliche Finanzkraft des Herzogs, der bei weitem nicht über die reichen Einkünfte verfügte wie sein niederbayerischer Vetter, aber ihm dank des systematischen Verwaltungsaufbaus und der zielstrebigen Erschließung aller denkbaren Einkünfte, neben Vermeidung unnötiger Ausgaben, wenig nachstand. Das Finanzwesen zur Grundlage der Herrschaft zu machen ist für einen Fürsten des 15. Jahrhunderts, jedenfalls in Deutschland, ein sehr erstaunlicher Schritt. In Italien war das schon alte Tradition, in Deutschland dagegen hat man ritterliche Gestalten wie Albrecht Achilles, Friedrich den Siegreichen von der Pfalz, wie Ludwig den Reichen oder auch wie Kaiser Maximilian I. vorgezogen. Albrecht IV. wurde als unritterlicher Mensch, der auf keinem Turnier zu finden sei, als Federfuchser verspottet. Der Adel hatte kein Verständnis für eine Herrschaftsform, die vom Fürsten die tägliche Arbeit mit Rechnungen und Akten verlangte, die ständige Kontrolle der hohen und höchsten Beamten und vor allem den rationellsten Einsatz der finanziellen Mittel.

In dieser Hinsicht war ihm Georg der Reiche von Landshut ohne Frage ebenbürtig, in entschiedener Ausschöpfung aller Möglichkeiten, die fürstlichen Einkünfte zu steigern, vielleicht sogar überlegen; die planvoll von ihm ins Werk gesetzten Verwaltungsreformen sind unlängst von W. Ziegler detailliert erforscht worden. Nicht weniger bedeutend war er als energischer Wahrer seiner fürstlichen Stellung gegenüber der gleichen Gruppe wie Albrecht IV., den adeligen Landherren. Allerdings hat Albrecht IV., der lange Zeit mit ihm verbündet war und in den wichtigsten Etappen seiner großräumigen Hegemoniepolitik mit ihm zusammenarbeitete, zu spät erfahren, daß diesem Landshuter Herzog der Staat nichts bedeutete, daß ihm die Verpflichtung gegenüber einem größeren Ganzen fremd war, sondern daß er das Land wie den Besitz einer Familie einschätzte und schließlich auch entsprechend handelte.

Das für die allgemeine Geschichte wichtigste Thema der Regierungszeit Albrechts IV. und Georgs des Reichen ist der große Plan des Münchner Herzogs zu einem völligen Umsturz der Machtverhältnisse im Süden Deutschlands und damit im Reich – denn noch war der Schwerpunkt des Reiches in Süddeutschland. Es hatte sich gezeigt, daß angesichts der Isolierung Böhmens, angesichts der dreigeteilten Habsburger Fürstentümer selbst das geteilte Bayern sich Achtung erringen konnte, ein geeintes mußte unweigerlich das stärkste Machtpotential zwischen Rhein und Ungarn darstellen. 1479, nach dem Tode Ludwigs des Reichen, schien für Albrecht der Augenblick gekommen, mit seinen Plänen hervorzutreten, die, wie er selbst einmal bekannte, auf die Wiederherstellung des alten Herzogtums Bayern abzielten, mit jenen Grenzen, die es im hohen Mittelalter einst besessen hatte. Ansatzpunkte für eine expansive Politik in Richtung auf dieses doch geradezu utopische Ziel hin gab es seit 1478, als Sigmund von Tirol die erste Anleihe bei ihm aufnahm. Zehn Jahre später erreichte die Höhe der gegenseitigen Verschreibungen bereits eine Million Gulden, eine so ungeheuere Summe, daß niemand daran denken konnte, sie jemals einzulösen. Das bedeutete, daß beim Tode Sigmunds Tirol, die Markgrafschaft Burgau und die habsburgischen Vorlande in Oberschwaben und im Elsaß an den Inhaber dieser Verschreibung, die Herzöge von Bayern, übergehen würden. Sigmund brauchte ständig Geld für Kriege, für Bauten, für seine glanzvollen Feste. Da er kinderlos war, hatte er nicht die Absicht, seinen Erben etwas zu hinterlassen, besonders nicht seinem Vetter Friedrich III., mit dem er Zeit seines Lebens in Unfrieden lebte. Auch Georg von Landshut beteiligte sich an dem Unternehmen, so daß zum erstenmal wieder seit einem Jahrhundert die ganze Macht des Herzogtums Bayern auf einen einzigen Punkt konzentriert war. 1487 schien der Erfolg auf der ganzen Linie gesichert, als Sigmund bereits den Befehl zur Huldigung an die bayerischen Herzöge gab. Damit schien ein Fürstentum gewonnen, das vom Inn bis zum Rhein reichte, welches das Oberelsaß umspannte, den Sundgau, den Breisgau, den Schwarzwald, die Landvogtei Schwaben und die Markgrafschaft Burgau, ferner die Anwartschaft auf Tirol, d.h. auf die Verfügung über die wichtigsten Alpenpässe und über das reiche Etschtal. Zur gleichen Zeit hatte der Kaiser Wien und nahezu ganz Niederösterreich an den König von Ungarn verloren und 1488 war Maximilian, der Sohn Friedrichs III., in den Niederlanden in der größten Bedrängnis, als er versuchte, das Erbe seiner Gemahlin Maria von Burgund zu übernehmen. Habsburg, das nach dem Tode Karls des Kühnen von Burgund daran gegangen war, sich eine europäische Machtstellung aufzubauen, war also jetzt in größter Gefahr, selbst die Grundlagen der heimischen Herrschaft zu verlieren.

Daß sich der Kaiser einer solchen Gefahr nicht kampflos beugen würde, hatte er schon wiederholt bewiesen. Gerade in Zeiten äußerster Bedrängnis hatte Friedrich III. immer wieder ein erstaunliches Maß an Energie aufgebracht, nie hatte er vor allem Kronrechte und Ansprüche seines Hauses preisgegeben, auch wenn er oft lange zuwartete. Auch jetzt verstand er es, jenen Augenblick zu ergreifen, der ihm den radikalen Umsturz der Verhältnisse erlaubte. Den Anlaß dazu gab, wie das bei einer fortgesetzten Steigerung der Erfolge gerne geschieht, der siegreiche Gegner selbst. Als Albrecht IV. 1486 die Reichsstadt Regensburg dem Herzogtum einverleibte, hatte er sich eindeutig gegen das Reichsrecht vergangen und war damit der Gerechtigkeit des Kaisers ausgeliefert; wenn der Kaiser genug Macht ins Feld führen konnte, war der Herzog verloren.

Das Angebot, Regensburg zu Bayern zu schlagen, war von der verarmten Reichsstadt selbst ausgegangen; Albrecht IV. soll der Stadt in Aussicht gestellt haben, dort in Zukunft zu residieren. Das päpstliche Privileg für die Stiftung einer Universität war bereits ausgestellt, als 1486 die Reichsstadt dem bayerischen Herzog huldigte. Doch wartete der Kaiser zu, da noch Verhandlungen zwischen ihm und dem Herzog über dessen Heirat mit der einzigen Tochter des Kaisers im Gang waren, aber als Albrecht IV. die Bedingungen des Vaters ablehnte, vor allem die Forderung nach ersatzloser Rückgabe der Verschreibungen auf Tirol und der vorderen Lande, d. h. nach einem Verzicht auf den politischen Preis der Bemühungen eines ganzen Jahrzehnts, und statt dessen die Tochter Friedrichs III. ohne seine Zustimmung zu Innsbruck heiratete, da war das Maß voll. Schon im August 1487, nicht ohne Mithilfe Maximilians von Habsburg, gelang es den Tiroler Ständen, ihren Fürsten von seinen Räten zu isolieren und selbst die Regierung zu übernehmen. Durch die Ausschreibung neuer Steuern wie durch Aufnahme von Krediten bei den Fuggern war es möglich, jene Beträge aufzubringen, die notwendig waren, um die bayerischen Forderungen zu begleichen, damit waren die Verpfändungen und Verschreibungen in Tirol hinfällig, auch die Markgrafschaft Burgau brachte selbst die Pfandsumme von fünfzigtausend Gulden auf. In den Habsburger Vorlanden war die Erregung nicht geringer als in Tirol, als die bayerischen Beamten das Land in Pflicht nahmen, die Erregung griff über auf den Bund schwäbischer Fürsten und Städte, der sich 1485 gegen drohende Vorkehrungen der Eidgenossen gebildet hatte, seine entscheidende Wendung gegen Bayern erhielt er 1487 durch den Beitritt des Kaisers. Den Rechtsvorwand zum Eingreifen erhielt dieser Schwäbische Bund durch das bayerische Vorgehen gegen Regensburg. 1489 noch gelang es, die beiden bayerischen Herzöge von einander zu trennen. Georg der Reiche erkaufte seinen Frieden mit dem Kaiser, so daß Albrecht IV. allein stand, als der Kaiser über ihn die Reichsacht verhängte und dem Schwäbischen Bund die Exekution übertrug. Angesichts der Übermacht unterwarf sich Albrecht IV. 1492 dem Schiedsspruch Maximilians zu Augsburg, er gab Regensburg zurück und verzichtete auf die Verschreibungen Sigmunds von Tirol; als Pfand für die Mitgift seiner Gemahlin durfte er die Grafschaft Abensberg behalten, die 1485 ledig geworden war und die er damals eingezogen hatte. Das war also der einzige Gewinn, der aus dem großartigen politischen Spiel dieser Jahre geblieben war. Der Preis, den Albrecht IV. zu zahlen bereit gewesen war, hatte sich schließlich doch als zu niedrig erwiesen. Um Geld war das große süddeutsche Reich der Wittelsbacher, das dicht vor der Verwirklichung stand, doch nicht zu gründen gewesen. Ob ein Erfolg freilich wirklich eine machtpolitische Stärkung bedeutet hätte und nicht vielmehr eine Quelle unendlicher Schwierigkeiten mit der Schweiz, mit Burgund, mit den schwäbischen Städten und mit Württemberg, vor allem mit Habsburg, mag man offenlassen.

Es wäre ungerecht, einen Mann, den schon seine Zeitgenossen für ungewöhnlich klug gehalten haben, nur auf dem Hintergrund solcher gescheiterter Hoffnungen und gefährlicher Pläne zu sehen. Er hat nicht nur diese Hoffnungen, anders als Karl der Kühne von Burgund, der mit selbstmörderischer Halsstarrigkeit an ihnen festhielt, nie weiter getrieben als bis zur nächsten erreichbaren Stufe, er hat vor allem in einer für die künftige bayerische Geschichte entscheidenden Frage vollen Erfolg gehabt, in der Frage der bayerischen Einheit. Dieser Erfolg war nicht nur dem Glück zu danken, dem zufälligen Aussterben der Landshuter Linie, sondern nicht weniger der Hartnäckigkeit, mit der er sein Ziel verfolgte, und der politischen Klugheit, mit der er seine Verträge schloß und auch den erforderlichen Preis einkalkulierte. 1485 hatten Georg der Reiche und Albrecht IV. einander das Versprechen gegeben, bei söhnelosem Tod jeweils den anderen zum Erben des Landes einzusetzen. Georg der Reiche jedoch hielt sich an diese Linie nicht, sondern bestimmte in seinem Testament von 1496 als Erben seiner Herrschaft seine Tochter Elisabeth und ihren Gemahl Ruprecht, den Sohn des Kurfürsten Philipp von der Pfalz. Dieses Testament verstieß auch gegen die alten Teilungsverträge, es verstieß auch gegen das Reichsrecht, da Bayern ein Mannlehen war und nur in männlicher Linie weitervererbt werden konnte. Trotzdem befand sich Ruprecht von der Pfalz beim Tode seines Schwiegervaters 1503 vor allem deshalb in einer aussichtsreichen Position, weil er kurz zuvor zum Statthalter des Herzogs ernannt worden war und der Herzog ihm die Burgen des Landes und den Schatz in Burghausen ausgeliefert und schließlich den Ständen befohlen hatte, ihm zu huldigen, ihn also als ihren Herzog anzuerkennen.

In dieser bedenklichen Lage, das hatte die bayerische Geschichte des vergangenen Jahrhunderts wiederholt gezeigt, genügte nicht entfernt das Recht allein. Jetzt erwies es sich als vorteilhaft, daß Albrecht IV. nach seiner schweren Niederlage von 1492 sich nicht in den Schmollwinkel verkrochen hatte, sondern nach wie vor seinem Schwager Maximilian in seinen Kämpfen in den Niederlanden oder in Ungarn zur Seite gestanden war und daß Maximilian auch in der Reichspolitik auf seine Unterstützung rechnen konnte – freilich nicht uneingeschränkt und ohne bezeichnende Winkelzüge, wie H. Angermeier für die Vorgeschichte des Reformreichstags von 1495 nachweisen kann. In der Frage des Landshuter Erbes war eine günstige Entscheidung ohne den Kaiser oder gar gegen den Kaiser unmöglich. Von Maximilian war allerdings nicht zu erwarten, daß er in einem Augenblick, wo das Haus Wittelsbach Aussicht hatte, die auf ständige Teilungen zurückzuführende lang anhaltende Schwäche endlich zu überwinden, uneigennützige Hilfe gewähren würde. Er forderte als Kompensation – die Begründung war allerdings nicht politisch, sondern juristisch – „merkliches Interesse und Anspruch“ auf Teile der Erbschaft. Unter dieser Voraussetzung ließ er die bayerischen Landstände wissen, daß eine Huldigung für Ruprecht von der Pfalz gegen das Reichsrecht sei, Albrecht IV. versprach er die Einsetzung in das niederbayerische Erbe.

Der Krieg um das Erbe war dennoch nicht zu vermeiden, da der Pfalzgraf die wichtigsten Burgen und Städte im Land besetzen konnte. Auch der niederbayerische Adel stand auf seiner Seite, vor allem böhmische Söldner strebten in Scharen heran. Die pfälzische Hilfe allerdings fiel kaum ins Gewicht. Der Schwäbische Bund war vertraglich zur Hilfe für Bayern gezwungen, damit war eine direkte Einwirkung des Pfälzers auf den bayerischen Krieg ausgeschlossen. Die Hoffnung aber, durch pfälzischen Druck auf die habsburgischen Besitzungen am Rhein und in Burgund den Kaiser von einem Eingreifen in Bayern abzuhalten, erwies sich sehr rasch als illusorisch. Die Pfalz allein war zu einer erfolgreichen Offensive nicht in der Lage. Das Bündnis mit Frankreich aber, auf welches Kurfürst Philipp seine Hoffnung gesetzt hatte, wurde durch den Vertrag von Blois vom September 1504 hinfällig. In diesem Vertrag ließ sich Ludwig XII. durch Aussichten in Italien von den deutschen Verhältnissen ablenken. Die damit gewonnene Handlungsfreiheit nützte Maximilian I. in einem meisterhaften Feldzug aus, in welchem er die Pfalz ausschaltete, um sich dann zusammen mit den Truppen Albrechts gegen Niederbayern zu wenden. Zu einem raschen Ende kam es nur deshalb nicht, weil Maximilian nach dem gemeinsamen Sieg bei Wenzenbach über die Böhmen plötzlich den Grundplan des ganzen Feldzuges änderte. Er wandte sich jetzt gegen Süden, um sein „Interesse" in Besitz zu nehmen, die Ämter Kitzbühel, Rattenberg und Kufstein; das ging nicht ohne Widerstand ab, so daß die pfälzische Partei noch einmal Zeit fand, sich neu zu formieren. Das erforderte einen neuen verlustreichen Feldzug über das ganze östliche Niederbayern hin, bis es endlich zum Waffenstillstand kam, in welchem die letzte Entscheidung dem königlichen Schiedsspruch übertragen wurde. Jetzt waren beide Parteien bereit zur Annahme jenes Kompromisses, den der Kaiser bereits vor dem Krieg vorgeschlagen hatte. Das Ergebnis der Verhandlungen war die Errichtung eines neuen Fürstentums, der sog. Jungpfalz, welche die Donaustädte aus dem Konradinischen Erbe umfaßte, dann das Gebiet um Neuburg a. d. Donau und schließlich die ehemals Ingolstädter Besitzungen im Nordgau um Sulzbach, Lengenfeld, Weiden, Schwandorf und Regenstauf. Verloren ging für Bayern auch Heidenheim, das als Preis für die württembergische Hilfe abgetreten werden mußte, sowie die Ämter Lauf, Hersbruck und Altdorf, die Nürnberg für seine Hilfe erhalten hatte. Maximilian nahm das ausbedungene „Interesse" in Besitz, die Ämter Kufstein, Rattenberg, Kitzbühel und das Zillertal; was für ihn aber weit stärker ins Gewicht fiel, war der politische Erfolg, den er durch seine Siege davongetragen hatte. Er hatte die pfälzische Opposition niedergeworfen, hatte Bayern von sich abhängig gemacht und damit erst jene königliche Stellung erlangt, die er trotz der späteren Mißerfolge in Italien und gegenüber Frankreich nicht wieder einbüßte.

Was auch an Abtretungen notwendig geworden war, um den Preis des Krieges gesichert zu wissen, so war doch dieser Preis in seiner Bedeutung für Bayern kaum zu überschätzen. Was die Teilungen bisher an Unheil über Bayern gebracht hatten, sollte in Zukunft aufhören. Beendet waren auch die wirtschaftlichen Differenzen zwischen Ober- und Niederbayern, die dazu geführt hatten, daß man Handelsstraßen verlegen mußte, daß Zollstätten errichtet wurden, nur um dem Nachbarn zu schaden. Daß es trotzdem nicht dazu gekommen ist, daß das nunmehr geschaffene einheitliche Wirtschaftsgebiet Bayern einen Aufschwung erlebte, der die Handelsblüte des 15. Jahrhunderts noch übertroffen hätte, liegt an Voraussetzungen allgemeiner Art, die ganz Europa auf eine neue Stufe seiner Entwicklung führten. Schon begann die Entdeckung der neuen Welt sich auszuwirken, die Handelsstraßen verlagerten sich und strebten den

Hafenstädten zu, die Anschluß an das Weltmeer hatten. Italien verlor seine führende Stellung, damit verlor auch der Handel über die Alpen immer mehr an Bedeutung. So blieb als entscheidender Gewinn der politische Vorteil, den die Einigung Bayerns unter einem einzigen Fürsten mit sich brachte, es war nicht mehr möglich, die Teile gegeneinander auszuspielen.

Aber auch die hegemoniale Stellung, die Bayern als geschlossenes Herzogtum vor einem halben Jahrhundert in Süddeutschland noch mit Sicherheit eingenommen hätte, war jetzt trotz dieses Erfolges von 1505 nicht mehr zu erreichen. In kurzer Zeit hatte das Kaiserhaus wieder alle habsburgischen Besitzungen an sich zu ziehen vermocht, dann war noch Burgund dazugekommen, und schon griff der Sohn Maximilians, Philipp der Schöne, dessen Gemahlin Spanien geerbt hatte, mit seinen Schiffen über den Ozean hinaus in die neue Welt. Diesem Habsburg gegenüber, das jetzt im Begriff war, eine Weltmacht zu werden, erscheint auch das wiedervereinigte Bayern ohne jedes eigene Gewicht, lästig vielleicht als Pfahl im Fleisch, als Nachbar, der nicht so leicht zu beseitigen ist, aber zu eigener Politik so gut wie unfähig, ein bloßer Trabant Habsburgs, wie sich 1504 deutlich gezeigt hatte.

Albrecht IV. hat das vielleicht nicht mehr gesehen, denn er ist 1508, kurze Zeit nach dem errungenen Erfolg, bereits gestorben, nicht ohne daß er vorher noch mit allem Nachdruck die neu gewonnene Stufe staatlichen Denkens für alle Zukunft gesichert hätte. Im sog. Primogeniturgesetz von 1506, das von den Landständen beschworen wurde, setzte er die Unteilbarkeit des neugeeinten Bayern fest. Dieses Gesetz hat tatsächlich den staatlichen Bestand des Herzogtums gesichert. Der feste Kern blieb erhalten, auch gegen den Widerstand der Söhne Albrechts des Weisen, und besonders das Land hat dies dem Herzog stets gedankt.

Reformbewegung und Humanismus

Wie schon zur Zeit Ludwigs des Bayern, so hat auch jetzt wieder die Empfindung, von einer starken Persönlichkeit geführt zu werden, im Lande ein kräftiges Echo erweckt. Der Aufschwung der Geschichtsschreibung in der zweiten Hälfte des 15. Jahrhunderts war nicht in erster Linie ein Ergebnis der humanistischen Bildungsbewegung, sondern ist zurückzuführen auf das gesteigerte Selbstbewußtsein, das mit der tatkräftigen Regierung Ludwigs des Reichen und der großen Stellung Albrechts IV. in der Politik seiner Zeit zusammenhängt. Eigentümlich ist freilich, daß weder der Geschichtsschreiber Ludwigs, der ritterliche Hofmeister des Herzogs, Hans Ebran von Wildenberg, noch der Geschichtsschreiber des Münchner Herzogs, der Hofmaler und Dichter Ulrich Füetrer, vom Humanismus überhaupt beeinflußt erscheinen. Bei Ludwig dem Reichen mag das noch verständlich sein, wollte er selbst doch nichts sein als der erste Ritter seines Landes. Aber daß auch am Hofe Albrechts IV., der nachhaltig vom Staatsgedanken des römischen Rechts beeinflußt war, der in Italien die humanistische und juristische Bildung der Epoche kennengelernt hatte, kein Zentrum des Humanismus in Bayern gesucht werden kann, ist doch verwunderlich. Der einzige humanistische Geschichtsschreiber, der sich mit der Geschichte des ganzen Landes befaßte, oder die beiden Geschichtsschreiber, die in humanistischer Weise den Krieg von 1504 behandelt haben, lebten fern vom Hof, als Äbte in Klöstern am Rand des Herzogtums, wie Marius von Aldersbach oder Angelus Rumpler von Formbach, oder als Pfarrer in Landshut wie Veit Arnpeck. Was Albrecht IV. an neuen Gedanken auszeichnet, gehört also wohl kaum in den engeren Kreis humanistischen Denkens, sondern steht in einer europäischen Tradition, die sich aus sehr alten Wurzeln nährt, zurückreicht ins hohe Mittelalter und jetzt vielleicht nur eine indirekte Frucht des Humanismus ist oder vielmehr der engen Berührung mit Gedankenkreisen südlich der Alpen und ihren Auswirkungen. Die Welt, in welcher Albrecht IV. sich bewegte, war also neuzeitlich nur, soweit es den Staat und seine Organisation anging, aber sein Geschichtsschreiber war gleichzeitig Verfasser von mittelalterlichen Ritterromanen. Die Kirche, an der er mitbaute, war die gotische Frauenkirche in München, und das unvergleichliche Juwel spätgotischer Kunst, die Schloßkirche von Blutenburg, entstand im Auftrag seines Bruders Sigmund.

Höfisch war der Humanismus in Bayern also nicht, er war keine zentral beeinflußte Bewegung, die gesteuert gewesen wäre von einer überragenden Persönlichkeit, wie man das etwa von der Aufklärungsbewegung vielfach sagen kann. In diesem Sinn war Bayern im ausgehenden 15. Jahrhundert noch längst keine einheitliche Bildungslandschaft. Auch in Bayern war der Staat noch nicht in dem Sinne Kulturstaat, daß er die Erziehung der Untertanen als seine Aufgabe erfaßt hätte, wie es dann zur Zeit des Spätabsolutismus geschieht. Die Gründung von Universitäten zielt jedoch bereits zum Teil in eine solche Richtung, auch wenn sie nur die beschränkte Aufgabe der Ausbildung von Juristen, Medizinern und Klerikern haben, von Ständen also, die für die Erfüllung öffentlicher Aufgaben einer besonderen Bildung bedürfen. Die Einrichtung von Artistenfakultäten an den Universitäten des 15. Jahrhunderts jedoch bedeutet bereits eine Erweiterung dieser ursprünglich engen Grenzen, denn im Bildungsprogramm des Humanismus wird die Begegnung mit dem klassischen Altertum insofern zum Selbstzweck, als sie keine unmittelbare Berufsausbildung anstrebt, sondern der Bildung der Persönlichkeit im weitesten Sinne dient. Martin Mayr hat über diese Zweckbestimmung in seiner Eröffnungsrede der Ingolstädter Universität 1472 auch ausdrücklich gesprochen.

Um 1470 also hat humanistisches Denken in Bayern so entschieden Fuß gefaßt, daß der Fürst eine Universität gründet und sein Kanzler ihr eine Aufgabe zuweist, die bereits über die bloße Ausbildung von Staatsdienern hinausgeht. Daß sich diese Universität bald zu einem Zentrum der neuen Bewegung entwikkeln würde, war unter solchen Voraussetzungen nur natürlich. Aber nicht erst die Gründung der Universität Ingolstadt hat das humanistische Denken in Bayern heimisch gemacht, sondern die lebendige Aneignung solchen Denkens im Land setzte schon bald nach der Jahrhundertmitte ein, nicht anders als im übrigen Deutschland, freilich nicht in den politischen Zentren und ohne große propagandistische Ausstrahlung. Der Zusammenhang mit der Benediktinerreform in Bayern, die schon in der ersten Hälfte des 15. Jahrhunderts kraftvoll um sich griff, bedeutet eine weitere Einschränkung, obwohl einer der wichtigsten Programmpunkte der Reform die Pflege der Wissenschaft betraf. Wissenschaft ist aber noch nicht Humanismus, auch kann man von einem Mönch, sofern er Mönch sein will, keinesfalls jene Art von humanistischer Weltauffassung erwarten, wie man sie von Konrad Celtis oder Jakob Locher kennt. Monastische Wissenschaft wird immer mit Theologie zusammenhängen, aber es gibt auch eine spezifisch humanistische Theologie. Überhaupt darf man keine scharfe Grenzlinie zwischen den Zeitaltern erwarten, sondern nur eine Folge von unmerklichen Übergängen, wie es nun überhaupt nicht so sehr auf die Einordnung in ein chronologisch-typologisches Schema ankommt, sondern auf Erkenntnis der geistigen Strömungen an sich, der Energie und Aufrichtigkeit der geistigen Auseinandersetzung, der Kraft und Wirksamkeit der Ausstrahlung, der Fähigkeit, geistiges Leben zu wecken, Begeisterung auszuströmen, hinzuführen zu großen Gedanken und sie umzusetzen in lebendigen Ertrag. Gerade das aber war das Anliegen der großen Reformbewegung, die bald nach 1400 die österreichischen und bayerischen Benediktinerklöster ergriff und nicht wenige davon zu blühenden Zentren geistigen Lebens werden ließ.

Besonders wirksam war bei diesem Vorgang der Einfluß der Universität Wien, Hunderte von Mönchen haben dort studiert, direkt von Wien aus kam der Anstoß zur gleichen geistigen Wandlung wie in Melk auch nach Tegernsee. Schon die erste bedeutende Gestalt dort, Petrus von Rosenheim, Teilnehmer am Baseler Konzil, der unmittelbar in Italien den italienischen Humanismus kennengelernt hatte, schrieb ein Carmen de morte und ein Gedicht, in dem er im Stil von Vergil das fruchtbare Land, den fischreichen See und die milde Luft von Tegernsee preist. In erster Linie war er freilich Mönch und Theologe, die treibende Kraft der Melker Reform in Bayern, bemüht um die Förderung der Klosterzucht wie der Erneuerung des monastischen Geistes und der Wissenschaft. Wie eng jedoch die Wissenschaftsbegeisterung der Reformzeit und die Aufnahmebereitschaft für humanistische Anregungen zusammenhingen, zeigt die kontinuierliche Entfaltung der Tegernseer Bibliothek wie der dortigen Schreibschule, die ohne jeden Einschnitt in die Hochblüte des Humanismus überleitet. Vor allem auf Hieronymus, Augustinus und Chrysostomus erstreckt sich die Abschreibetätigkeit in Tegernsee, auf Kirchenväter also, die in der humanistischen Theologie eine so zentrale Rolle spielen, besonders bei Erasmus von Rotterdam. Ein zweites großes Feld stellt die neuplatonische Theologie des Dionysius Areopagita dar, deren Einfluß im gesamten europäischen Frühhumanismus zu spüren ist. Als Nikolaus von Kues 1452 nach Tegernsee kam, fand er dort Mönche, die durchaus mit ihm diskutieren konnten. Bernhard von Waging, der größte Geist Tegernsees im 15. Jahrhundert, stand jahrelang in gelehrter Korrespondenz mit dem Kardinal, der ihm auch unvollendete Werke vorlegte und um Rat und Kritik bat. Sein „Laudatorium doctae ignorantiae“, seine Lobschrift auf das berühmte Werk des Cusanus, erwiderte dieser 1460 mit der Widmung seines Büchleins „De visione Dei", er fühlte sich von Bernhard von Waging verstanden. Ihren großen Höhepunkt erreichte die Tegernseer Humanistentradition dann mit Wolfgang Seidel, der alle Wissenschaften seiner Zeit beherrschte und glanzvolle Gedichte schuf, besondere Bedeutung besaß er aber als Hofprediger unter Herzog Wilhelm IV. und durch seinen Fürstenspiegel, der die Erziehung Albrechts V. beeinflußt hat.

Wie die Verbreitung seiner Werke zeigt, hat der Tegernseer Prior Bernhard von Waging durch ganz Bayern und Österreich auch auf andere Klöster gewirkt, nicht weniger durch die Entsendung von Mönchen, die als Äbte oder Bibliothekare nach Wessobrunn gingen, nach Oberaltaich, Benediktbeuern, Scheyern; Handschriften aus Tegernsee werden zur Abschrift ausgeliehen, von Tegernsee aus verbreitet sich der wissenschaftliche Geist der Melker Reform, damit die Frühphase des Klosterhumanismus, über ganz Bayern. Erkennbar ist eine solche direkte Abhängigkeit von Tegernsee auch beim Reichskloster St. Emmeram in Regensburg, das, wie sich aus einer Analyse der Bibliothek zeigt, tiefer vom Geist des Humanismus erfaßt war, als sich aus der literarischen Produktion der Mönche allein ablesen läßt. Die rege Abschreibetätigkeit dort erfaßte vor allem die Schriften des Dionysius Areopagita, und nach der Erfindung des Buchdrucks setzte vollends ein systematischer Ausbau der Bibliothek ein, mit vollständigen Ausgaben der lateinischen Klassiker, mit zahlreichen Werken italienischer und deutscher Humanisten, mit den großen Quelleneditionen der Zeit. Besonderer Nachdruck wurde auf Bibelausgaben und Ausgaben der Kirchenväter gelegt. Der Abt Erasmus Münzer war Aventin, dem Geschichtsschreiber Bayerns, eng verbunden und stand mit Celtis in Briefwechsel, Christophorus Hoffmann aus Rothenburg o.d. Tauber, der sich selbst den Humanistennamen Ostrofrancus zulegte, verfaßte Hymnen und Geschichtswerke in humanistisch beeinflußtem Latein, seine Predigten sind voll von Zitaten aus antiken Autoren.

Eingang gefunden hat die humanistische Bewegung in Bayern auch in lockeren persönlichen Zirkeln, auch hier gingen zunächst die Anstöße von Wien aus, aber weniger von der Universität, sondern vom Kreis um Enea Silvio Piccolomini, dem späteren Papst Pius II., der seit 1443 als kaiserlicher Sekretär dort weilte. Zu seinem Freundeskreis gehörten die Bischöfe von Freising, Chiemsee, Passau und Eichstätt. Ein großer Bücherliebhaber unter seinen Freunden war der Regensburger Domherr Dr. Johannes Tröster, der Autor des Büchleins „De remedio amoris". Dr. Paulus Wann aus Kemnath, ein Passauer Domherr, der in Wien studiert hatte, ragt durch seine scharfe Kritik am Hexenwahn seiner Zeit heraus aus dem Kreis der übrigen Humanisten. Johannes Staindl ist bekannt als Geschichtsschreiber Passaus. Zu Zentren der humanistischen Bewegung mit weitem Einflußbereich entwickelten sich aber auch die Residenzen der bayerischen Fürstbischöfe nicht, ausgenommen Eichstätt unter Gabriel von Eyb; sein Geschichtsschreiber Kilian Leib von Rebdorf gehört zu den größten bayerischen Historikern im ersten Drittel des 16. Jahrhunderts.

Erst im 16. Jahrhundert wurde auch München nachhaltig vom Geist des Humanismus berührt, es entstand dort eine Poetenschule, in der nicht nur Latein gelehrt wurde, sondern deren Leiter seine Schüler auch einführen sollte in Geist und Form der Antike. Einer der Rektoren gab Cicero und Vergil heraus. Simon Schaidenreißer, der sich den Humanistennamen Minervius zulegte, übersetzte erstmals den Homer ins Deutsche, Martinus Balticus war ein feinfühliger Lyriker und sprachgewaltiger Dramatiker; seine Werke wurden in München, später in Ulm, wohin er 1559 wegen seines Bekenntnisses zur Reformation hatte auswandern müssen, häufig aufgeführt. Er war der letzte der großen Münchner Poeten, dann ging die Erziehung der Münchner Jugend an die Jesuiten über.

Alle geistigen Kraftströme der Epoche kamen aber nicht in der Hauptstadt zusammen, um sich dann wieder auf das ganze Land zu verteilen, sondern an der Universität Ingolstadt. Bereits die Gründungsgeschichte gehört in den Zusammenhang des Frühhumanismus, wenig später trat auch der erste Poet in Ingolstadt auf, damit der erste offizielle Vertreter der neuen Wissenschaftsrichtung, ein Mediziner und keinesfalls ein großer Humanist, so wenig wie seine ersten Nachfolger.

Die Glanzzeit des Ingolstädter Humanismus begann 1491 mit der Berufung von Konrad Celtis; die kurze Zeit, die er hier weilte, setzte den Sieg des Humanismus in Ingolstadt durch. Sein fesselnder Vortrag, die rücksichtslose Art, mit welcher er gegen alles, was ihm verstaubt und verknöchert erschien, anging, aber auch seine große Fähigkeit, den Geist der lateinischen Dichtung zu erfassen wie vielleicht kein zweiter Humanist in Deutschland, machten ihn zum gefeierten Lehrer; seine Gedichte, vollkommen in der Form, geistvoll im Inhalt, begründeten seinen Ruhm als deutscher „Archihumanista", zu Nürnberg hatte ihn noch Friedrich III. mit dem Dichterlorbeer gekrönt. Bei aller pädagogischen Leidenschaft, die in dem großen Plan gipfelte, der deutschen Nation durch vollkommene Anverwandlung des antiken Geistes die gleiche Größe zu schenken wie den Alten, war Celtis doch nur ein fruchtbarer Anreger, der Anstöße gab, Begeisterung erweckte, aber selbst nicht hinführen konnte ins Gelobte Land. Dazu war er zu unstet, zu wenig konsequent, dazu blieb er zu selten länger an einem Ort. Auch in Ingolstadt überwarf er sich nach kurzer Zeit mit jedermann und ging nach Regensburg, dann nach Wien. Sein Nachfolger war Jakob Locher, ein leidenschaftlicher Humanist mit großem Schülerkreis, ein begabter Dichter und großer Philologe. Mit ihm kam die zweite humanistische Glanzzeit für Ingolstadt. Jetzt erwuchs auch hier jene fruchtbare Verbindung von Humanismus und Naturwissenschaft, die wir schon bei Nikolaus von Kues bewundern oder die in Nürnbergs großer Zeit so bemerkenswert ist. Bedeutend als Mathematiker war Johann Stabius, der bald nach Wien berufen wurde, Andreas Stiborius ging nach Tübingen. Der Münchner Nikolaus Kratzer war seit 1521 berühmt als Astronom in Oxford.

Die große Wirkung des Ingolstädter Erziehungsprogramms läßt sich vor allem an zwei bedeutenden Beispielen nachweisen, am Celtis-Schüler Jakob Ziegler aus Landau an der Isar und an Johannes Thurmair aus Abensberg, genannt Aventinus. Ziegler war Mathematiker, Astronom und Theologe, eine Verbindung, die von Celtis wegzuführen scheint, aber gerade Celtis war es gewesen, der ihn zu Plato und Pythagoras hingeführt hatte. Auch Einflüsse des Erasmus von Rotterdam wirkten auf ihn ein, die in seinen Kommentaren zu Plinius und Ptolemaios zum Ausdruck kommen; später übertrug er die astronomisch-geographische Methode auf die Quellen der Theologie, die Heiligen Schriften, und veröffentlichte eine Beschreibung der biblischen Länder. Mit Hilfe also der antiken Autoritäten wie der Kirchenväter deutete er die Bibel, ein durch und durch humanistisches Verfahren. Er ist wohl nur deshalb so wenig bekannt geworden, weil er es mit keiner der streitenden Religionsparteien hielt, sondern mit dem erasmischen Ideal der Toleranz. Auch Aventin, der größte bayerische Humanist, Celtis-Schüler wie Ziegler, lehnte zeit seines Lebens das Theologengezänk ab, aber er war nicht Theologe wie Ziegler, sondern Historiker, als Geschichtsschreiber Bayerns von solchem Rang, daß man ihn nicht ignorieren konnte. Bis weit ins 18. Jahrhundert hinein beherrschte sein Werk das bayerische Geschichtsbild, nur noch von Tschudi, dem Geschichtsschreiber der Schweiz, kann man ähnliches sagen. Aventin steht allerdings bereits in einer großen historiographischen Tradition, die man nicht vergessen darf, wenn man seine Leistung beurteilen will. Andreas von Regensburg, Augustiner-Chorherr zu St. Mang in Stadtamhof, schreibt um 1430 eine bayerische Geschichte, die bereits auf den besten Quellen beruht, ein Werk von außerordentlicher Gründlichkeit, reich an Nachrichten, bedeutsam durch die Weite des Blicks. Er ist beispielhaft geworden für die weitere Entwicklung der bayerischen Geschichtsschreibung durch seine Methode, die eine unerhörte Arbeitskraft voraussetzt, und durch die große Schau der Geschichte, die noch von der mittelalterlichen Weltchronistik lebte und die Geschichte noch verankert sah in Zusammenhängen von universaler Weite. Am Ende des Jahrhunderts steht Veit Arnpeck, der erste humanistische Geschichtsschreiber Bayerns, er wird der eigentliche Vorläufer Aventins. Formal und inhaltlich steht seine bayerische Geschichte bereits unter dem Einfluß der Werke des Enea Silvio, er kennt die „Germania" des Tacitus, aber von einer Gestaltung des Geschichtsablaufs im Geist und im Formgefühl eines Livius ist nichts zu spüren, auch seine Methode ist noch immer die Kompilation der Quellen, ohne kritische Untersuchung oder auch ohne prüfende Auswahl. Der Held der Geschichte jedoch, das hat das Werk Arnpecks so einflußreich gemacht, ist das Land Bayern, das erstmals er von den bayerischen Historikern als geschichtliche Einheit erlebt in den Jahren des Zusammenwirkens von München und Landshut vor 1490.

Zu jenen der bayerischen Historiker, für welche die antiken Autoren nicht mehr, wie für Arnpeck, einfach literarische Stilmittel bereitstellen, sondern bereits geistige Vorbilder bedeuten, gehören die Äbte Wolfgang Marius von Aldersbach und Angelus Rumpler von Formbach. Wertvoll sind die Aldersbacher Annalen von Marius, die bereits echte Forschungsarbeit darstellen, doch sein Gedicht vom bayerischen Krieg war durch die metrische Form wenig geeignet zum Ausdruck individueller und genauer lokaler Züge, die Zeitgenossen schätzten am meisten seine Horaz nachempfundenen Oden. Echter Humanist war auch Rumpler, neben Aventin der sprachgewaltigste in Bayern, als Historiker von großer Originalität, ohne Vorbild in der einheimischen Tradition. Berühmt wurde er nicht durch seine Geschichte des Benediktinerklosters Formbach, die ein Zeugnis für die große methodische Sorgfalt ist, mit welcher Rumpler die Aufgabe des Historikers zu erfüllen suchte, berühmt wurde er durch sein Buch über den Bayerischen Erbfolgekrieg. Der große literarische Rang dieses Werkes, das in bestechendem Latein abgefaßt ist, das an vielen Stellen bezaubert durch die Erzählfreude des Autors, beruht vor allem auf allein seinem Werk eigenen Vorzügen. Er bemühte sich bewußt und spürbar um Unparteilichkeit, strebte mit großer Energie nach Einsicht in glaubwürdige Quellen, Berichte von Augenzeugen und amtliche Akten, und bei der plastischen Durchzeichnung der Charaktere der handelnden Personen ließ er sich von Sallust führen, dem großen Schöpfer eindrucksvoller Charakterstudien. Schwach ist freilich die pragmatische Verknüpfung der Handlung, bestürzend hilflos ist sein Verhältnis zur Politik, aber das gilt für alle Geschichtsschreiber seiner Zeit, sie sind nicht Politiker, sondern Moralisten. Rumplers große Beschreibung des idealen Fürsten atmet in allem das Gegenteil von der Auffassung Machiavellis: Durch strenge Bindung an die Gerechtigkeit, durch Frömmigkeit und Milde, durch Wahrung des rechten Maßes wird ein Fürst groß. Und wie Sallust sieht er in Avaritia und Cupiditas, in Neid und Gier, die letzten Ursachen für die Tragödie der Gegenwart. Daß sich Rumpler in seiner Erschütterung durch das gegenwärtige Geschehen an ein literarisches Vorbild aus der Antike erinnert, zeigt wohl am deutlichsten, wie tief ihn der humanistische Geist bereits geformt hatte. Auch der Blick für Land und Volk als für den eigentlichen Helden der Geschichte ist Rumpler nicht von selbst gekommen, sondern der Anregung zu verdanken, die man Enea Silvio entnehmen konnte, dem großen italienischen Humanisten, und seiner „Germania“. Dieser Blick ist aber auch Erbe der bayerischen historiographischen Tradition. In ihr steht auch das Geschichtswerk Aventins.

Nach fast zehn Jahren der Tätigkeit als Erzieher bei den Söhnen Albrechts IV. wurde Aventin 1517 zum bayerischen Historiographen ernannt mit dem Auftrag, eine Geschichte der bayerischen Herzöge zu schreiben; 1521 bereits hatte er seine „Annales ducum Boiariae“ abgeschlossen. Ein Jahr später faßte er den Plan, diese Jahrbücher der bayerischen Herzöge in die deutsche Sprache zu übertragen, 1533 war das Werk fertig, das ihn als einen der größten Meister auch der deutschen Sprache auswies. Ein Jahr später ist er zu Regensburg gestorben, die letzten Jahre seines Lebens waren umdüstert durch häusliche Sorgen, durch die Unsicherheit über seine weiteren Pläne, und nicht zuletzt bedrängte ihn auch seine eigene Stellung zur religiösen Frage. Trotz dieser Spannungen hat er seine „Chronik“ abzuschließen vermocht. Seine „Annales“ waren ein geradezu vollkommenes Werk des deutschen Humanismus. Die Sprache, in der sie geschrieben sind, ein kraftvolles, elegantes Latein, geschult gleichermaßen an Livius, Tacitus und Sallust, gehört zur besten lateinischen Prosa im ganzen Bereich des Humanismus. Aventin nannte sein Werk „Annales“, so hießen auch die mittelalterlichen Jahrbücher, doch nicht sie waren sein Vorbild, sondern die „Annales" des Tacitus. Seine Erzählung faßt Zusammengehöriges zusammen, verkürzt die Ereignisse, wohl auch den Zusammenhang, um Spannung zu erreichen und in den Abfluß der Erzählung Steigerung und Höhepunkte hineinbringen zu können. Und daß Aventin dem Stoffreichtum, der Möglichkeit, erzählen zu können, nicht selten seinen kritischen Standpunkt geopfert hat, daß er sich tragen ließ von den Zeugnissen, die seinen heimlichsten Wünschen entgegenkamen, das hat er nicht nur gemein mit der spätmittelalterlichen Annalistik, sondern mit keinem geringeren als Livius. Auch die erfundenen Reden, die ihm eine strengere Zeit ankreidet, sind legalisiert durch die antike Tradition von Thukydides bis zu Tacitus und durch die einhellige Übung der Humanisten, für welche gerade die Gelegenheit, große Reden zu erfinden, den stärksten Anreiz zur Übernahme des historiographischen Amtes bot. In all diesen Bezügen war Aventin also nicht eine Ausnahme, sondern ganz und gar Kind seiner Zeit.

Eine Ausnahme stellt Aventin dagegen mit den Vorzügen seines Werkes dar. Kein Historiker hat bis dahin eine so unglaubliche Fülle von Geschichtsquellen zusammengebracht wie Aventin, darin unterstützt von der Anweisung der Herzöge an die bayerischen Städte und Klöster, alle alten Chroniken und Urkunden auszuliefern. Originell aber war er auch in der Auswertung dieser Quellen. Im mittelalterlichen Teil hat er grundsätzlich die besten Quellen verwendet, er hat vor allem die Quellen, das ist entscheidend, nicht mehr auf mittelalterliche Weise einfach ausgeschrieben, sondern zueinander in Beziehung gesetzt, ausgesondert, was nicht in die Überlieferung paßte, aber auch ganze Zeugnisreihen ignoriert, wenn sie den ältesten Zeugnissen widersprachen. Für die so umstrittene Problematik der Geschichte Herzog Arnulfs fand er dadurch eine Lösung, die erst im 18. Jahrhundert wieder erreicht wurde, selbst Giesebrecht, der große Historiker des vergangenen Jahrhunderts, steht bei der methodischen Behandlung dieses Themas einem Aventin nach. Die kritische Methode der Schule der Monumenta darf man freilich bei ihm noch nicht suchen, das wäre Anachronismus.

Wer an ein Geschichtswerk früherer Epochen die kritische Sonde anzulegen beabsichtigt, muß zu allererst wissen, was die innersten Antriebe des Geschichtsschreibers denn waren. Aventin hat seinen Standpunkt in dieser Frage oftmals dargelegt, immer wieder vergleicht er seine Aufgabe mit der des antiken Vates, des Sehers, der dazu berufen ist, der eigenen Zeit den Spiegel der Selbsterkenntnis vorzuhalten und ihr am Beispiel vergangener Epochen zu zeigen, wie das rechte Leben beschaffen sei, was zu tun sei, um die Übel der Zeit zu heilen. Die Geschichte soll hinführen zum Dienst in der Gemeinschaft. Das ist die humanistische Auffassung von der Geschichte, wie sie gleichzeitig jene Ciceros ist, nur äußerte sie sich bei Aventin nie so gemessen wie bei den Alten, sondern oft in unglaublicher polemischer Leidenschaft. Besonders den Verfall in der Kirche geißelte er in schonungsloser Schärfe, und so hat man sich immer wieder gewundert, daß er nicht zur neuen Lehre übergetreten ist. Nun liegen seine Angriffe bereits vor 1520, d.h. vor den großen Schriften Luthers, auch haben sie einen völlig anderen Charakter, sie sind nichts anderes als Ausläufer der großen Reformbewegung des 15. Jahrhunderts. Das Hauptanliegen Aventins war, wie das des Erasmus, die sittliche Umkehr, ein moralisches Anliegen also, nicht ein dogmatisches wie für Luther. Aventin suchte das Heil nicht durch den Glauben, sondern durch die Werke, durch Buße. Sein biblisches Christentum, das bezeugt ist, war nicht das der Reformatoren, sondern das des Erasmus. Die Trennung der Christenheit, die sich immer deutlicher abzeichnete, war ihm furchtbar. So ist Aventin schließlich nach Regensburg gekommen, das um diese Zeit noch zwischen den Konfessionen stand, das war wohl der ihm gemäße Platz.

Die Idealform des Humanismus, d.h. jene Lebenshaltung, die sich der Antike vorbehaltlos zuwendet, um aus ihr Normen für die Gestaltung des eigenen Lebens zu schöpfen, war Aventin, obwohl er Schüler von Celtis war, so fremd wie allen Vertretern des Humanismus in Bayern und den meisten in Deutschland. Der religiöse Ernst, der ehrliche Wille zur Reform, zur Rückkehr zu jener Vergangenheit, in der alles einmal heil gewesen war, macht diese Humanisten so anziehend, doch war das auch ihre größte Schwäche; die Reformation als religiöse Bewegung voll umstürzender Wucht riß sie alle in ihren Strudel, vom Humanismus bleibt zuletzt nur noch die äußere sprachliche Form und die Ausbildung neuer pädagogischer Institutionen, eine neue Epoche geht über den großen Ansatz zu einer Weltgestaltung aus dem Geist der Wissenschaft wieder hinweg, auch in Bayern.

Die Herausforderung der Neuzeit: Fürstengewalt und Stände, Herzog und Kaiser im Zeitalter der Reformation (1508–1579)

Der Beginn der Neuzeit kündigte sich in Bayern nur durch einen Teil der bewegenden Elemente an, die in Europa und im Reich dominierend werden sollten und damit jene Wende herbeiführten, welche die Zeitalter so radikal voneinander schied, daß man die Grenze um 1500 einfach nicht leugnen kann, auch wenn spätere Einschnitte nicht weniger bis auf die Wurzeln der abendländischen Welt durchgreifen. Von jenen Faktoren, welche in Europa eine neue Epoche heraufführen sollten, haben die Entdeckungen in der Neuen Welt und ihre Konsequenzen Bayern nur mittelbar betroffen, insofern andere Handelsstraßen wichtiger wurden als jene über die Alpen, doch stellte sich das erst nach einem langen Entwicklungsprozeß heraus, der noch in die Anfänge des Dreißigjährigen Krieges hineinreicht.

Von ungleich größerer Bedeutung für Bayern waren die Folgen der Reformation; sie waren einerseits ebenfalls nur von indirekter Wirkung, da es den Herzögen gelang, das Einströmen der neuen religiösen Formen weithin zu unterbinden, um so wirksamer war der Angriff, den der bayerische Staatsmann Leonhard von Eck unter Ausnützung auch der Religionsirrungen auf die Vormachtstellung des Hauses Habsburg richtete. Sie betrafen das Herzogtum aber auch unmittelbar, insofern sie einen Entwicklungskreis durchschnitten, der in vieler Hinsicht mit dem Humanismus zusammenhing, den neuen Denkformen und dem neuen Denkinhalt, der ebenfalls als ein konstituierendes Element der Neuzeit gilt. Unter dem Einfluß jenes Staatsdenkens, das aus der Vorstellungswelt des römischen Rechts gespeist wird, treten weithin in ganz Europa die Fürsten an, um die letzten Reste der mittelalterlich-genossenschaftlichen Auffassung vom Staat als einer Stufenordnung autogener Rechte zu beseitigen und alle Glieder des Staates in die Stellung von Untertanen herabzudrücken, die nur durch abgestuften Anteil an der Staatsgewalt, je nach Verdienst und Würde, besonders ausgezeichnet sind, diese Auszeichnung aber empfangen haben vom alleinigen Inhaber der staatlichen Gewalt, dem Fürsten. Die Träger der entgegengesetzten Auffassung sind die adeligen Stände. Indem nun dieser Gegensatz in Bayern zeitweise auch zu einem Gegensatz des religiösen Bekenntnisses wird, erhält er eine völlig neue Dimension, das Werk also der Reformation. Damit erfassen die besonderen neuzeitlichen Gegebenheiten schon zu Beginn des 16. Jahrhunderts, voll dann in seiner Mitte, auch das Herzogtum Bayern.

Unmittelbar nach dem Tode Albrechts IV. enthielten die bayerischen Verhältnisse noch nichts von jener Brisanz, die sie durch das Zusammenfallen all der entscheidenden Strömungen des Jahrhunderts auf dem Höhepunkt der Entwicklung gewinnen sollten. Bemerkbar machte sich vorerst nur das seit dem Bayerischen Krieg unaufhaltsam wachsende Gewicht Habsburgs, das der Weltmacht zustrebte, und die gleichzeitig in Erscheinung tretende neue Schwächeperiode des Hauses Bayern, die, wie schon so oft, aus rein persönlich-dynastischen Gegebenheiten resultierte. Die Folge davon war, daß die Abhängigkeit des Herzogtums von Habsburg wie die Teilhabe des Adels an der Staatsgewalt nie so stark war wie in den Jahren nach dem Tode Albrechts IV., zu einer Zeit also, zu welcher es nach außen hin scheinen mochte, daß dieses Herzogtum auf dem Höhepunkt seiner Macht angelangt war.

Beim Tode Albrechts IV. waren seine drei Söhne noch minderjährig, der älteste, Wilhelm, der das Herzogtum erben sollte, war 15 Jahre alt und stand deshalb noch drei Jahre unter der Vormundschaft seines Onkels Wolfgang und von sechs Vertretern des Adels als Vertretern des Landes. Kaum war nun der jüngere Sohn Ludwig in der Lage, seinen Willen zu formulieren, da machte er deutlich, daß er mit dem Primogeniturgesetz nicht einverstanden sei. Der nun ausbrechende Streit der Brüder hat es allen natürlichen Gegenspielern der Fürsten im Innern und von außen ermöglicht, die jeweils eigenen Ziele auf Kosten der fürstlichen Autorität in bisher nie dagewesenem Ausmaß durchzusetzen.

Der empfindlichste Einbruch in die fürstliche Machtstellung erfolgte dabei von Seiten einer Institution, die gerade während der Regierungszeit Albrechts IV. in ihrem Einfluß systematisch beschnitten worden war: der Landstände oder der Landschaft; das ist die genossenschaftlich zusammengeschlossene, ständisch gegliederte Schicht der Inhaber von Herrschaft im Land, die dem Fürsten gegenübersteht und die auf den vom Fürsten einberufenen Landtagen ihre Rechte wahrnahm, nämlich Mitwirkungsrechte in der Gesetzgebung und das Steuerbewilligungsrecht. Vereinigt waren in ihr die drei Stände, der Adel, die Prälaten, d.h. die Vorstände der Klöster der Benediktiner, Augustinerchorherrn, Prämonstratenser und Zisterzienser, und die Vertreter der Bürger. Voraussetzung für das Recht, in der Landschaft vertreten zu sein, war für Adel und Prälaten die Herrschaft über Land und Leute. Das Steuerbewilligungsrecht der Stände beruhte also auf ihrem Herrschaftsrecht, weitergehende Rechte, wie das Recht, in wichtigen Landesangelegenheiten gehört zu werden, also im Rat des Fürsten zugegen zu sein, wie das Recht zum Erlaß von Landesgesetzen waren ihnen zu Zeiten zugestanden, dann wieder verweigert worden, sie waren in den Herrschafts- und Gerichtsrechten nicht ohne weiteres eingeschlossen, durch die Privilegien von 1302 und 1311 waren ihnen aber nur diese garantiert. Jetzt schien es nun an der Zeit, die weitergehenden Forderungen wieder hervorzuholen.

Die erste Demonstration der Macht der Stände, unter denen die Vertreter des Adels zahlenmäßig wie in ihrer Entschlossenheit, die besondere Lage der Fürsten rücksichtslos auszunützen, dominierten, erfolgte bereits 1508, auf dem ersten Landtag des neugeeinten Landes Bayern. Da der Regent, Herzog Wolfgang, ähnlich wie sein ältester Bruder Sigmund ohne Interesse für Macht und Herrschaft war, fiel das Schwergewicht von selbst den Ständen zu, die jetzt durchsetzten, daß die Fürsten erst dann das Recht haben sollten, die Huldigung des Landes zu fordern, wenn sie ihrerseits die Rechte der Stände anerkannt hatten. Die volle Übernahme der Macht sollte dann der Landtag von 1514 bringen. Damals war Wilhelm IV. bereits seit drei Jahren volljährig, aber seine Regierungszeit war eine einzige Mißwirtschaft, wenn man den spärlichen Zeugnissen glauben darf. Ähnlich wie einst Herzog Sigmund vermochte er seine Ausgaben nicht mit den Einnahmen in Übereinstimmung zu bringen, er brauchte also neue Steuern – der zu allen Zeiten entscheidende Ansatzpunkt für die Forderungen der Stände. Der überwältigende Sieg der Stände auf dem Landtag von 1514 wurde allerdings begünstigt durch den Streit der Brüder, der jetzt in voller Schärfe ausbrach. Auch Ludwig war jetzt volljährig, er verlangte nicht nur die fürstliche Titulatur, sondern auch ein Drittel des Landes oder wenigstens das Recht zu selbständiger Mitregierung. Diese Forderung wurde unterstützt durch seine Mutter Kunigunde, ihr Bruder, Kaiser Maximilian I., vollends arbeitete darauf hin, daß Bayern wieder geteilt würde, die Stände aber, die bisher immer, wenn sie gefragt worden waren, für die Landeseinheit gewesen waren und die auch das Primogeniturgesetz mitbeschworen hatten, traten ebenfalls auf die Seite Ludwigs. Sie setzten die Mitregierung Ludwigs durch, aber auch ihre eigene Mitregierung, bis zur Vollendung des 24. Lebensjahres Wilhelms IV., vor allem setzten sie ihr Ernennungsrecht für die herzoglichen Beamten durch. Das hatte die sofortige Entlassung jener Räte zur Folge, die als Gegner der ständischen Mitregierung galten, darunter war auch ein junger, humanistisch gebildeter Adeliger, Leonhard von Eck, der später für lange Jahrzehnte die Geschicke Bayerns bestimmen sollte.

Der Sprecher der Stände war Dietrich von Plieningen, eine eigentümliche Erscheinung schon deshalb, weil er als Angehöriger eines ritterlichen Geschlechts die juristische Doktorwürde erworben hatte, ein Rang, der damals in Deutschland zu den höchsten staatlichen Stellungen berechtigte. Ihm gehörte die Burg Schaubeck bei Ludwigsburg, einige Jahre war er nach Studien in Italien kurfürstlicher Rat zu Heidelberg gewesen; dort hatte er dem Humanistenkreis um den Kanzler Dalberg angehört und zeichnete sich durch eine Reihe nicht unbedeutender Veröffentlichungen aus, vor allem Übersetzungen; dann war er in die Dienste Albrechts IV. übergetreten und war bayerischer Landsasse geworden. Im Landtag von 1514 erhob er seine Stimme für die gerechte Behandlung der jüngeren Herzöge, trat aber gleichzeitig auch scharf gegen den kaiserlichen Vorschlag einer Landesteilung auf, er hielt also an der Einheit des Staates fest, sie sollte aber garantiert werden nicht durch den Fürsten, der nicht Herr, sondern Diener des Landes sei, sondern durch die Landschaft, die das Land selbst vertrat. Die Gedankengänge, die sich an diese Ausgangsforderung anschlossen und die Dietrich von Plieningen auf einer vielbeachteten Rede vor dem Landtag entwickelte, sind in die staatsrechtliche Diskussion des späten 16. Jahrhunderts eingegangen, da sie für die zukünftige Entwicklung hochbedeutsam waren; im Augenblick verstand man wohl wenig, was er meinte. Auch er, als Humanist und Jurist, betrachtete den Staat als eine allumfassende Einheit, die alle Stände einschließlich des Fürsten auf die gemeinsame Aufgabe der Sicherung des Gemeinwohls hinordnet, so daß alle Gegensätze in diesem Gemeinwohl aufgehen; im Zeitalter des Absolutismus wird der Fürst den Anspruch erheben, als einzige Instanz darüber zu entscheiden, was dieses Gemeinwohl jeweils sei, in den Anfängen des Ständestaats erhebt diesen Anspruch der Sprecher der Landschaft. Das Ergebnis des Ringens der nächsten Jahrzehnte wird dann darin bestehen, daß sich die Ansprüche des Fürsten wie der Stände in der Mitte begegnen, daß sie sich ausgleichen und beide die Überordnung des Gemeinwohls – das nun in einer gemeinsamen Definition gefunden werden muß – über die Einzelinteressen anerkennen.

In dem Augenblick, in dem eine solche einmütige Auflehnung ständischer Vertreter gegen einen Fürsten sichtbar wurde, waren nun, das hat auch Maximilian I. gesehen, alle Fürsten bedroht, er erhob gegen das Adelsregiment in Bayern Einspruch und drohte der Landschaft mit der kaiserlichen Acht. Angesichts der Uneinigkeit im Herzogshaus ignorierten die Stände jedoch den Einspruch Wilhelms IV. wie des Kaisers. Schon gingen sie, um die Rechte der jüngeren Herzogssöhne zu schützen, daran, einen Feldhauptmann zu werben und das adelige Aufgebot bereitzustellen, während Wilhelm IV. nicht einmal mehr die eigene, von den Ständen bestellte Regierung kontrollierte. Der Umschwung ging gleichzeitig vom Herzog wie vom Kaiser aus. Wilhelm IV. verließ München und berief nach Burghausen die unter dem Druck der Stände entlassenen Räte wieder, auch erließ er selbst ein Aufgebot an seine Lehensleute und nahm Werbungen vor, so daß ein Bruderkrieg unmittelbar vor dem Ausbruch zu stehen schien. Der Kaiser wieder berief die beiden Brüder zu einem Sühnetag nach Innsbruck. Auf der Heimreise, unter dem Eindruck der zwiespältigen und keinesfalls uneigennützigen Vorschläge des Kaisers, einigten sich die beiden und beschlossen, Bayern gemeinschaftlich zu regieren, aber mit getrennter Verwaltung, Wilhelm mit der Residenz München, Ludwig zu Landshut mit einem Drittel der Einkünfte. Das Herzogtum sollte also ein Land bleiben, wie auch die Vertretung des Landes ungeteilt blieb. Ein Schlichtungsausschuß sollte für die Schlichtung etwaiger Streitigkeiten sorgen, so daß Hoffnung bestand, daß diese Regelung von Dauer sein würde. Sie war es in der Tat. Für Landshut bedeutete dies, daß noch einmal der Glanz einer Residenz auf die Stadt fiel; das erste Renaissancepalais nördlich der Alpen baute Ludwig, beraten und unterstützt von seinem Vetter, dem Herzog von Mantua, den Sohn der Margarete von Bayern, der Schwester Albrechts IV. Für die Zukunft des Landes entscheidend war, daß der nächste Landtag der Übereinkunft der Brüder seine Zustimmung erteilte und die Herzöge den Ständen ihre Freiheiten bestätigten, aber nur im Umfang der Landesfreiheit von 1508, so daß die Stände auf die Errungenschaften von 1514 verzichten mußten. Damit war das Gleichgewicht zwischen Land und Fürst wiederhergestellt, allein aber bei einem Gleichgewicht der Gewalten wird der Ständestaat legitim.

Das außenpolitische Grundverhältnis zu Habsburg hatte sich durch diese Übereinkunft der Brüder nicht geändert, obgleich sie mit deutlicher Wendung gegen den Kaiser erfolgt war. Die Herzöge hatten sogar ein Übereinkommen getroffen, daß sie alles daransetzen würden, die an Maximilian verlorengegangenen Gebiete wieder zurückzugewinnen, doch angesichts der politischen Wirklichkeit waren alle derartigen Absichten ohne Bedeutung. Man darf sie jedoch nicht außer Betracht lassen, wenn man die Politik Bayerns im nächsten halben Jahrhundert verstehen will. Der Antagonismus zu Habsburg war eines der Grundgesetze dieser Epoche; der Staatsmann, der diesem Gesetz Rechnung zu tragen hatte, war der neue Berater Herzog Wilhelms, Leonhard von Eck. Er gehörte bereits zu jener Generation von gelehrten Räten, die zu Ingolstadt gebildet worden waren, auch er war Humanist, wie Dietrich von Plieningen. Trotz seiner ritterlichen Herkunft stellte er sich aber, im Gegensatz zu diesem, ganz auf die Seite der aufsteigenden fürstlichen Macht, damit gehörte ihm die Zukunft, während der große Auftritt Dietrichs von Plieningen 1514 gleichzeitig seine letzte bedeutende Rolle in der Politik gewesen ist. Leonhard von Eck war aber auch an anderen Problemkreisen interessiert als Plieningen, er beschäftigte sich vor allem mit den auswärtigen Verhältnissen. Diese steuerte er in außerordentlich behutsamen Wendungen; von einer Feindschaft zu Habsburg, wie die beiden Herzöge sie empfanden, war jahrelang nicht das geringste zu spüren. Bayern setzte wiederholt die Verlängerung des Schwäbischen Bundes durch, der Habsburgs Vorherrschaft garantierte, und 1519 vollstreckte Herzog Wilhelm als Bundesfeldherr des Schwäbischen Bundes die Acht gegen Ulrich von Württemberg, der seinen eigenen Stallmeister ermordet hatte. Das war aber bereits die erste Station für die Abkehr Bayerns von der Unterstützung Habsburgs. Ulrich von Württemberg war verheiratet mit Sabine von Bayern. Herzog Wilhelm hatte damit gerechnet, daß sein Neffe, der Sohn des vertriebenen Herzogs, zum Nachfolger eingesetzt würde, der Kaiser dagegen übernahm das Land selbst. Bayerische Gegenwirkungen waren freilich im Augenblick nicht möglich. Die Wahl Karls V., des Enkels Maximilians I., erfolgte ohne jede Eingriffsmöglichkeit durch Bayern, erst das universale Ereignis der Reformation mit ihren politischen Folgen schenkte dem kleinen Herzogtum auch angesichts der Weltmacht Habsburg wieder bescheidene Bewegungsmöglichkeiten.

Die Geschichte der Reformation spart Bayern gemeinhin völlig aus, nicht ganz zu Unrecht, denn die Reformation selbst hat Bayern ebenfalls weithin ausgespart. Die Folge war nicht, daß Bayern weniger deutsch als das übrige Deutschland war, oder was immer an absurden Thesen in der älteren Literatur zu finden ist. Das Ergebnis war aber die politische Spaltung des Reiches, denn ohne den Widerstand Bayerns wäre auch Österreich gefallen, der letzte große Fürstenstaat, der Luther ablehnte. Dieser Vorgang ging aber auf eine rein religiöse Entscheidung der Herzöge zurück, auch wenn Leonhard von Eck gewichtige politische Argumente dafür beisteuerte. Abwegig ist die Erklärung Riezlers, der den schwerfälligen Volkscharakter für die Verweigerung der Gefolgschaft für Luther verantwortlich macht; in Österreich, der Steiermark, in Südtirol und in der Oberpfalz hat der gleiche Volksstamm sehr wohl weitgehend die Entscheidung für die Reformation getroffen. Es war also in Wirklichkeit der Wille der Herzöge, der die bayerische Entwicklung bestimmte, ihre Motive kann man nur erschließen; was Wilhelm IV. selbst dazu aussagt, deutet ausschließlich in den religiösen Bereich. Auf die großen Errungenschaften der Reformation für den weiteren Ausbau der fürstlichen Herrschaft glaubte er verzichten zu können, denn in Bayern war die fürstliche Aufsicht über die Kirche, in besonderem Maße über die Klöster, seit langem schon in einer bewundernswerten Vollkommenheit ausgebildet; die päpstlichen Genehmigungen für Dezimationen, die Einhebung des Kreuzzugzehnten, hatten den Fürsten die Steuerkraft der kirchlichen Grundherrschaften bereits seit langem verfügbar gemacht, weitergehende Wünsche aber, wie die Herrschaft über die Gewissen der Untertanen, waren noch nicht geweckt. Nur die Bischöfe, die ja selbst Fürsten waren, hatten dem Herzog bisher die volle Herrschaft über die Kirche im Land streitig gemacht. Die Versuchung jedoch, auch die bayerischen Fürstbistümer zu säkularisieren, oder auch sich der Reichtümer der bayerischen Klöster zu bemächtigen, wird in den Erwägungen des fürstlichen Rates überhaupt nicht erörtert.

Daß die allgemeinen geistesgeschichtlichen und sozialgeschichtlichen Voraussetzungen in Bayern nicht wesentlich anders lagen als in jenen Gebieten des Reiches, die sich der Reformation angeschlossen haben, ist längst bekannt; bestenfalls die geringere Städtezahl im Herzogtum spielt eine Rolle. Auch in Bayern waren die Schäden, die mit der allgemeinen Verfassung der Kirche in Deutschland zusammenhingen, nicht gering; sie rührten vor allem von ihrem Charakter als Adelskirche her. Der reiche Grundbesitz lockte die nachgeborenen Söhne des Adels in die Domherrenstellen. Die fürstliche Stellung, welche die deutsche Reichskirche gewonnen hatte, bildete einen unwiderstehlichen Anreiz für die Träger der politischen Macht, sich der führenden Stellen zu bemächtigen. Nicht die Seelsorge, sondern Politik war dann auch die Hauptbeschäftigung solcher Bischöfe, die Konsequenz war fehlende Kontrolle des niederen Klerus, der ohnedies noch schlecht ausgebildet und schlecht bezahlt war, damit waren immer wieder Exzesse vielfältigster Art unausbleiblich. Am meisten wurde freilich geklagt über das kirchliche Abgabenwesen. Besonders hoch waren die Taxen, die bei Neubesetzung der Bischofsstühle an die Kurie zu zahlen waren; 1450 zum Beispiel hatte Passau 5 000 Gulden zu zahlen, Freising etwa zur selben Zeit 4 000, das Kloster Ebersberg 300. Diese Abgaben wurden natürlich alsbald wieder umgelegt auf den Diözesanklerus und die Gläubigen. Daneben gab es die zahlreichen Abgaben an die einzelnen Kirchen: Zehnten, Taxen, Stolgebühren. Fürsten und städtische Obrigkeiten nahmen vor allem Anstoß an den Privilegien der Kirche, der Steuerfreiheit und dem besonderen Gerichtsstand vor einem rein geistlichen Gericht. Da die in den Städten gelegenen Klöster in der Regel auch die Braugerechtigkeit besaßen und dank der Steuerfreiheit billiger produzieren konnten als die städtischen Brauereien, ging hier der Streit nie aus.

Was das allgemeine Bild von der Verderbnis der Kirche in Bayern angeht, ist es sicher heillos übertrieben, wie detaillierte Untersuchungen einzelner Klöster zeigen, bei den Prälatenorden wie bei Dominikanern und Franziskanern, die ebenfalls im ausgehenden 15. Jahrhundert von einer großen Reformbewegung ergriffen worden waren. An diesen Übertreibungen sind aber, wie immer in Zeiten der Reform, gerade jene Stimmen schuld, denen es um die Besserung der Zustände geht. Die bedeutendste dieser Stimmen ist wohl die des Bischofs Berthold von Chiemsee, der in seinem Buch „Onus ecclesiae", das diktiert war von brennender Sorge um die Kirche, ein göttliches Strafgericht wegen der Sünden und Nachlässigkeiten, wegen der Schläfrigkeit der Oberen und der Verblendung der Gläubigen vorhersagte und das gegenwärtige Bild entsprechend düster zeichnete. Es gibt auch gegenteilige Stimmen, vor allem haben wir keine genauen Zahlen. Solche gibt es erst für die Jahre nach der Jahrhundertmitte, damals aber waren die Zustände weit schlimmer als vor der Reformation. Riezler macht bei seiner Schilderung der Zeitumstände aber keinerlei Unterschied zwischen diesen beiden Epochen, sein Bild ist also falsch. Während er etwa für die ganze Epoche in Bayern religiöse Lauheit feststellen zu können glaubt, finden wir in Wirklichkeit eine außerordentlich intensive Steigerung des religiösen Lebens um 1500. Die längst üblichen Frömmigkeitsübungen, die sogenannte Werksheiligkeit, wurden damals in einer Weise auf die Höhe getrieben, die rational nicht mehr erklärbar ist, die man nur noch deuten kann als verursacht von tiefer Seelenangst und von einer Unruhe und Unsicherheit, die sich nicht genug tun konnte an äußeren Leistungen: Meßstipendien, Ablässen, Wallfahrten und Bruderschaften. Damals wurden Andechs und Altötting zu den großen Zentren der Wallfahrtsbewegung in Bayern, Zeichen geradezu von Massenhysterie zeigten sich bei der 1519 entstandenen Wallfahrt zur Schönen Maria von Regensburg.

Diese Voraussetzungen waren allgemeiner Art, sie waren in Bayern nicht anders als im übrigen Reich, es wäre deshalb sehr verwunderlich gewesen, wenn man nicht auch hier die Stimme Luthers gehört hätte, und man hat sie gehört. Abt Marius von Aldersbach registrierte bereits 1520 die gewaltige Erschütterung, die vom Wort Luthers ausgegangen sei. Domherren, Äbte, sogar ein Weihbischof gehörten zu den Anhängern Luthers bereits in den ersten Jahren, wie denn der Klerus überhaupt am anfälligsten war, weil er naturgemäß unter den Vorschriften der alten Kirche am meisten litt. Vor allem waren es der Zölibat und der immer mehr anschwellende Haß gegen die Geistlichkeit im Volk, welche unsicher machten und zum Übergang ins Lager der neuen Lehre bewegten. Es läßt sich allerdings in den ersten Jahren nach 1520 nicht feststellen, wie tief der bayerische Klerus von der Lehre Luthers erfaßt war, da sich keine institutionellen Folgen aus dem jeweils persönlichen Bekenntnis ergaben. 1522 setzte jedoch bereits die staatliche Unterdrückung mit solcher Energie ein, daß nur sehr mutige oder sehr unkluge Männer sich zu einem öffentlichen Bekenntnis aufraffen konnten. Besonders anfällig waren die Klöster, unter ihnen die Bettelorden. Der Konvent der Augustinereremiten in München, der in besonders engen Beziehungen zu Wittenberg stand, konnte nur durch den Zuzug von Mönchen aus Italien seine Existenz über die Reformationszeit hinwegretten; der zu Regensburg, wie auch die Konvente der Dominikaner und Franziskaner dort, fristete jahrelang nur mehr ein kümmerliches Dasein. Auch bei den Prälatenklöstern, die insgesamt weniger Schwierigkeiten hatten, wird von zahlreichen Austritten einzelner Mönche berichtet; Biburg und Ebersberg haben sich geradezu selbst aufgelöst, andere wieder verloren kein einziges Mitglied. Auch bei jenen Klöstern, die personell und disziplinär verfielen, kann man von einer direkten Zuwendung zur Reformation nicht sprechen, religiöse Kraft ging von ihnen keineswegs aus.

In Bayern sind überhaupt Gestalten von Format, wie so vielfach anderswo, als Verkünder der Lehre Luthers nirgends hervorgetreten, das hat sich wohl am meisten ausgewirkt. So war die Reformationsbewegung, die einen großen Teil der bayerischen Städte erfaßt hat, schon aus diesem Grunde ohne großen Nachdruck. Sie kam zustande, wo der eine oder andere der Pfarrer mit Schriften Luthers bekannt wurde, sich ihnen zuneigte, besonders dort, wo reger Handel und Verkehr herrschte, in Städten also, die an den großen Straßen lagen. Ergriffen waren von der Neuerung auch Kaufleute und Handwerker, die weit herumkamen, häufig auch Gastwirte. In München gehörten zu den Anhängern Luthers Angehörige der vornehmsten Familien. In Landshut und in München wurden auch Schriften Luthers nachgedruckt. Von bäuerlicher Gefolgschaft hören wir in den ersten Jahren, in welchen die Reformation noch ungebrochene, spontane Volksbewegung war, so gut wie nichts. Erst nach 1525, als sich auch in Bayern der Einfluß der Wiedertäufer stark bemerkbar machte, scheint die Bewegung auch auf die Bauern übergegriffen zu haben, wie sich jetzt überhaupt, in der zweiten Phase der Reformation, trotz Verfolgung so etwas wie eine Bewegung feststellen läßt.

Von einer Gemeindebildung aber ist auch in bayerischen Städten nichts zu spüren; immer dreht es sich um einzelne Anhänger, die bekannt werden, ausgenommen in Wasserburg, dem bedeutendsten Stapelplatz zwischen Passau und Tirol. Hier gab der Rat selbst 1525 die Anweisung an die von ihm eingesetzten Kooperatoren, das reine Evangelium zu predigen. Auch die Stadt Straubing hatte versucht, in aller Form den Protestantismus einzuführen. Die herzoglichen Unterdrückungsmaßnahmen, die in einer Reihe von Fällen bis zur Verhängung des Todesurteils führten, oft zur Einkerkerung oder Verbannung, zerschlugen bereits seit 1522 hier wie überall jeden Versuch, aus Gruppen von Sympathisanten Zellen für größere institutionelle Zusammenschlüsse zu bilden, mit besonderer Härte dann seit 1525, seit dem Bauernkrieg. Das geschah, als sich in München und anderswo Gruppen von Wiedertäufern bemerkbar machten, die von einzelnen durchreisenden Predigern, darunter auch dem bedeutendsten Führer der oberdeutschen Täufer, Hans Denk, zusammengeführt worden waren. Insgesamt 16 Täufer wurden 1527/28 in München verbrannt, enthauptet oder ertränkt, meist Handwerker, auch zwei vom niederen Adel. Blutig unterdrückt wurde die Bewegung auch in Landshut, Aibling und Burghausen. Mit der rücksichtslosen Durchführung des Täuferedikts von 1526 war, wie es scheint, die Lebenskraft der neugläubigen Bewegung in Bayern fürs erste gebrochen. Auch die erfolgreiche Gemeindebildung in der Reichsstadt Regensburg wirkte nicht auf das Herzogtum zurück, im Gegenteil, die 1525 bereits vom Rat vollkommen durchgeführte Übernahme der Herrschaft über alle Klöster und Kirchen der Stadt, einschließlich des Domstifts und der Reichsstifte, mußte 1526 auf Druck Bayerns und des Kaisers wieder rückgängig gemacht werden. Die Bewegung in Regensburg kam seither ins Stocken.

Es ist oft gefragt worden, warum ausgerechnet die bayerischen Herzöge, die doch zu den natürlichen Feinden des Hauses Habsburg zählten, zusammen mit den Habsburgern eine so hartnäckige Gegnerschaft gegen die Reformation durchgehalten haben. Wer so fragt, unterstellt auch allen Fürsten, die sich zur Reformation bekannten, automatisch nur politische Gründe, das sollte man aber nicht. Die Reformation war eine religiöse Bewegung, davon muß man in beiden Fällen ausgehen. Auch die bayerischen Herzöge hatten ihre Gravamina gegenüber Rom, sie wünschten die Aufhebung der Annaten, der rigorosen Abgaben im ersten Jahr der Übernahme eines Bistums, sie waren ungehalten über die Anwendung geistlicher Strafen für weltliche Zwecke wie über die Immunität der Geistlichkeit. So haben sie zunächst das Auftreten Luthers nicht abgelehnt, 1521 aber rügte Herzog Wilhelm bereits „offenbare Irrtümer bezüglich des Glaubens" bei Luther; sie waren nicht bereit, die Kirche zerschlagen zu lassen. Unsinnig sind die alten und wieder bei G. Strauss vorgetragenen Argumente, die Herzöge hätten die Willfährigkeit der Kurie für die Zuwendung fetter Pfründen an ihren jüngsten Bruder Ernst benötigt, der Kleriker werden mußte, und sie hätten mit Hilfe Roms ihre Rechte gegenüber den bayerischen Klöstern erweitern wollen. Durch Anschluß an die Reformation wären ihnen diese Klöster gänzlich in die Hände gefallen, und auch die Hochstifte konnten, wie die norddeutschen Beispiele zeigen, durch völlige Säkularisierung im Laufe der Zeit ganz an das eigene Territorium angeschlossen werden. Eine ganze Reihe von uralten Problemen waren gegen Rom ungleich leichter zu lösen als mit Rom, und den Kaiser brauchte man 1521 bis 1525 wahrlich nicht zu fürchten, er hatte mit seinen eigenen Schwierigkeiten genug zu tun.

Es gibt keine andere Erklärung als die bei Doeberl, daß die Herzöge aus religiösen Gründen so gehandelt haben, der Mangel an theologischer Bildung bei ihnen spricht eher dafür, als dagegen; gerade weil sie für Theologie keinen Sinn hatten, konnten sie um so unbeschwerter am Glauben festhalten. Die Anerkennung der Tatsache, daß Erwägungen religiöser Art bestimmend waren, schließt die andere nicht aus, daß man einerseits die Gelegenheit zur Verschärfung des landesherrlichen Kirchenregiments ungescheut ausnutzte, daß man aber auch bedachte, welch erschütternde Wirkungen auf die soziale Ordnung der Bruch mit der alten Kirche nach sich ziehen mußte. Besonders 1525 trat dieser Gesichtspunkt in den Vordergrund.

Die ersten Schritte gegen eine Ausbreitung der neuen Lehre in Bayern wurden eingeleitet unmittelbar nach dem Erlaß des kaiserlichen Edikts gegen Luther auf dem Reichstag zu Worms 1521. Jetzt zögerten die Herzöge auch nicht mehr, sich mit dem Ingolstädter Theologen Johannes Eck zu verbinden, dessen Geschäftigkeit im Zusammenhang mit Luther und dessen allzu große Selbständigkeit in München früher immer argwöhnisch beobachtet worden waren. In Bayern spielt sich jetzt der gleiche Vorgang ab wie in Sachsen, in Brandenburg, in Greifswald oder in Rostock, daß sich die ältere Generation der deutschen Fürsten in diesen unruhigen Jahren Rat holt bei den Autoritäten an der eigenen Landesuniversität und daß die Haltung dieser Universitäten weitgehend auch die Haltung der Fürsten bestimmt. Johannes Eck, eigentlich Johann Mair aus Egg a.d. Günz, war nun zweifellos die stärkste Gestalt an der Universität Ingolstadt. Er war insofern Humanist, als er zu den Bahnbrechern einer positiven Theologie gehörte, d.h. den Versuch machte, zu den echten Glaubensquellen zurückzukehren, zu den Kirchenvätern und der Heiligen Schrift. Ohne Zweifel gehörte er dank zahlreicher hervorragender Werke zu den führenden deutschen Theologen. In die Gegnerschaft zu Luther ist er ohne sein eigenes Zutun hineingedrängt worden, als ihn Bischof Gabriel von Eyb von Eichstätt um eine Stellungnahme zu den 95 Thesen Luthers bat und er als Verfasser durch die Indiskretion eines Augsburger Domherrn bekannt geworden war. Die daraus folgende Polemik führte zur Leipziger Disputation zwischen Eck und Karlstadt, in welche dann auch Luther eingriff und in der Eck, wie bekannt ist, Luther so lange provozierte, bis er den katholischen Kirchenbegriff in Frage stellte. Seit Leipzig kämpfte er dann erbarmungslos gegen Luther, ohne ihm irgendeine Rückzugslinie offenzulassen, er war es dann auch, der keine Ruhe gab, bis der römische Prozeß gegen Luther eingeleitet wurde. Zusammen mit Kardinal Aleander erhielt er dann schließlich auch den Auftrag, die Publikation der Bulle „Exsurge Domine“ durchzuführen, jener Bulle, durch die Luther die Exkommunikation angedroht worden war und durch deren öffentliche Verbrennung er sich endgültig von Rom lossagte.

Es wäre nun falsch, in Eck nur einen geschäftigen Intriganten zu sehen, der eine günstige Gelegenheit ausgenützt hat, um sich in den Vordergrund zu spielen und berühmt zu werden. Es ging ihm, wie seine politische Tätigkeit, aber auch seine Schriften in den folgenden Jahren zeigen, nicht nur um den kirchenpolitischen Sieg seiner Sache, sondern um eine echte Reform der Kirche und damit schließlich auch um die Vorbereitung zur Rückkehr der abgetrennten Glieder. Seiner formalen Gewandtheit und der Fülle seines Wissens entsprach aber nicht, wie E. Iserloh feststellt, die religiöse und theologische Tiefe, damit war er aber kein vollwertiger Gegenspieler Luthers. So ging von Bayern keine neue Theologie aus, zudem war Eck bei aller Gelehrsamkeit und bei aller Klugheit kein Führer der Nation. Doch daß Bayern im angestammten Glauben verharrte, ist zu einem nicht unbeträchtlichen Teil wohl auch sein Werk gewesen.

Ob es der Einfluß Ecks war oder ob die Herzöge schon vor der Verbindung mit der Universität den Entschluß gefaßt hatten, selbständig gegen die Reformation vorzugehen, läßt sich nach den vorhandenen Quellen nicht bestimmen. Jedenfalls erging noch am 5. März 1522 das erste bayerische Religionsmandat. Auf der Grundlage des Wormser Edikts und des kirchlichen Prozesses, unter Hinweis auf die einzelnen Punkte der Lehre Luthers, die von der Tradition abwichen, wurde ihre Verbreitung verboten, die herzoglichen Beamten wurden angewiesen, die Anhänger Luthers zu verhaften. Gleichzeitig wurde aber auch beschlossen, im Zusammenwirken mit den bayerischen Bischöfen der Reformation auch dadurch den Boden zu entziehen, daß man endlich daran ging, die begründeten Beschwerden gegen kirchliche Mißstände aus der Welt zu schaffen. Der dafür angesetzte Reformkonvent zu Mühldorf im Mai 1522 faßte als erste Maßnahme eine allgemeine Visitation ins Auge, vor allem wurde die schärfste Handhabung der kirchlichen Disziplin angeordnet.

Die Durchführung der Beschlüsse von seiten der Bischöfe entbehrte indessen des erforderlichen Eifers – nicht wenige hätten erst einmal bei sich selbst anfangen müssen, nicht einmal die Verkündigung der Bannbulle gegen Luther hatten die meisten gewagt. So zeichnete sich schon im zweiten bayerischen Religionsmandat vom Oktober 1524 der Entschluß der Herzöge deutlich ab, notfalls auch allein vorzugehen. Es wurden staatliche Kommissionen zur Überwachung der Glaubensverkündigung und Disziplin beim Klerus eingesetzt, für den Buchdruck wurde eine ausdrückliche herzogliche Erlaubnis zur Voraussetzung gemacht, verboten wurde jede Änderung der kirchlichen Gebräuche und der Liturgie, nicht zuletzt auch der Besuch der Universität Wittenberg. Die Herzöge griffen also jetzt bereits in die geistliche Kirchenaufsicht ein, noch ehe dann die Reise Ecks nach Rom 1524 ein päpstliches Privileg für die Herzöge von Bayern brachte, das einem von ihnen zusammengesetzten und einberufenen geistlichen Gericht erlaubte, auch gegen den Klerus einzuschreiten, wenn die Bischöfe sich als nachlässig erweisen würden. Ein zweites Privileg erbrachte die Erlaubnis für die weltliche Gewalt zu einer umfassenden Visitation der bayerischen Klöster. Damit war auch in Bayern ein guter Teil jener Vollmachten in die Hände der staatlichen Gewalt gelegt, die sich die neugläubigen Fürsten und Städte selbst angeeignet hatten. Die Ausnahmesituation der Reformation wirkte sich also auch im katholischen Teil des Reiches in einer Steigerung der fürstlichen Hoheit gegenüber der Kirche aus. Bisweilen wird diese Kirchenhoheit, auch in Bayern, geradezu zum System ausgebaut; in Bayern geschah das allerdings auf dem Wege eines Privilegs, alles war also widerrufbar.

So wenig zunächst echte Zusammenarbeit mit den bayerischen Bischöfen auf rein kirchlichem Gebiet zu erzielen gewesen war, so wenig ergaben auch die Absprachen für ein gemeinsames Vorgehen auf dem Felde der Politik. Auf dem Regensburger Konvent im Mai 1524 war zwar ein Bund zwischen den bayerischen Herzögen, Erzherzog Ferdinand von Österreich und zwölf süddeutschen Bischöfen zustande gekommen, dessen Zweck die Durchführung des Wormser Edikts gegen Luther und gegenseitige Hilfeleistung war; doch blieben praktische Wirkungen aus. Die Bischöfe fürchteten bei einer Unterordnung unter eine führende politische Macht um ihre eigenen Rechte und hielten sich im Ernstfall zurück, Österreich aber geriet alsbald, im großen Bauernkrieg von 1525, in eine schwere Krise.

Der Bauernkrieg ist für Bayern Episode geblieben und kann deshalb mit seinen allgemeinen und lokalen Voraussetzungen übergangen werden. Man wird aber feststellen müssen, daß diese Tatsache allein schon für das Herzogtum Bayern außerordentlich bezeichnend ist. Die Ursache dafür ist sowohl in den allgemeinen Verhältnissen in Bayern zu suchen, vor allem dem kraftvollen Bauernschutz durch eine starke fürstliche Gewalt, ebenso wie in den aktuellen Maßnahmen gegen die reformatorische Lehre, auch wenn die religiöse Komponente der Aufstandsbewegung nicht überbewertet werden soll, wie das der Ingolstädter Theologe Eck getan hat. Ohne Einfluß auf die Lage Bayerns konnte die Erhebung schon deshalb nicht bleiben, weil sich die Unruheherde rings um Bayern befanden, im Allgäu, um Ulm, in Oberschwaben bis zum Hegau, am Oberrhein und im Thurgau, in Tirol und Salzburg, in Teilen Österreichs und der Steiermark, im Fränkischen von Eichstätt bis Würzburg. Rings um Bayern also geriet die Welt ins Wanken. An zwei Stellen brandete die Bewegung unmittelbar an die bayerischen Grenzen an, im Gebiet des Fürstbischofs von Eichstätt und am Lech. Hier suchten Allgäuer Haufen Anschluß an bayerische Bauern, dort die Plünderer des Klosters Plankstetten. Die aufgerufenen Bauern selbst verweigerten ihre Gefolgschaft, die Herzöge ließen aber auch ihrerseits die Grenzen bewachen. Die Pfleger erhielten Anweisung zu erhöhter Aufmerksamkeit; wo sich lokale Erregung zeigte, griff man sofort ein, scheute sich aber auch nicht, so sicher war man der Masse der bayerischen Bauern, in einer ganzen Reihe von Gerichten den Grenzschutz durch reine Bauernaufgebote zu verstärken. Das Beispiel hatten die Bauern am Peißenberg gesetzt, die in spontanem Entschluß gegen ihre plündernden Standesgenossen westlich des Lechs die Waffen ergriffen und sich zum Landesaufgebot formiert hatten.

Bayern blieb alles Unheil erspart, das die Bauernschaft zu Schwaben und Franken in so ungeheuerlichem Ausmaß heimgesucht hat. Am grauenvollen Ausgang der Tragödie waren auch die bayerischen Fürsten beteiligt, da Herzog Ludwig Hauptmann des Schwäbischen Bundes war, der die Erhebung schließlich blutig unterdrückte.

Das war allerdings auch die einzige Erkenntnis, die man dem Gang der Ereignisse von 1525 allgemein entnahm, daß man nämlich mit strenger Unterdrükkung jeden Aufruhrs am weitesten komme. Andere Folgerungen, die sich aus der Vorgeschichte des Aufruhrs ergeben hätten, zog man nirgends, die soziale und politische Lage der Bauern blieb unverändert, auch in Bayern. Leonhard v. Eck, der wichtigste politische Berater Herzog Wilhelms, ein Mann von außerordentlichem Scharfsinn und umfassender Sachkenntnis, gewandt in den Geschäften, beeindruckend durch seine Ausdauer in der Verfolgung seiner Ziele, durch Nüchternheit in der Einschätzung der Lage, zog seine Folgerungen vor allem in einer zweiten Hinsicht. Der Bauernkrieg hatte die Anfälligkeit und Schwäche der Habsburger Herrschaft in Tirol, der Steiermark und Österreich aufgedeckt, sie vertrug sich schlecht mit dem Habsburger Hegemonieanspruch im Süden Deutschlands, der nicht zuletzt auf Kosten Bayerns ging. Erzherzog Ferdinand von Österreich, dem 1522 sein Bruder, Kaiser Karl V., die ausschließliche Herrschaft in den Habsburger Erblanden übertragen hatte, während sich der Kaiser vom Habsburger Besitz im Reich nur die Niederlande und Burgund vorbehielt, hatte diesbezügliche Ansprüche zwar keinesfalls herrisch vorgetragen, aber er hielt hartnäckig an ihnen fest; Württemberg herauszugeben, lehnte auch er ab. Zusätzlich belastete das Verhältnis Bayerns zu Habsburg der Karl V. unterstellte Versuch, das Reich in eine kaiserliche Monarchie umzuwandeln, die Fürsten gewissermaßen in die Rolle von Statthaltern oder gar von spanischen Granden herabzudrücken. Es gab für solche Befürchtungen sicherlich Anlaß. Den beiden bayerischen Herzögen etwa machte Karl V. 1521 allen Ernstes das Angebot, für ein Gehalt von 5 000 Gulden jährlich in seine Dienste zu treten. Es hätte aber für eine Neuorientierung der bayerischen Außenpolitik der besonderen Gegebenheiten der Epoche Karls V. nicht bedurft, bereits der überkommene Gegensatz zu Habsburg, dann die Erfahrungen seit 1504 legten die Tendenz nahe, aufkommende Schwächen des großen Rivalen unnachsichtig auszunützen, weniger zu eigenem Gewinn als zur Verhinderung weiteren Ausgreifens.

Eine seit Jahren aktuelle Befürchtung betraf die Absicht Ferdinands von Österreich, als Stellvertreter des Kaisers im Reich und als sein präsumptiver Nachfolger in der Kaiserwürde zum Römischen König gewählt zu werden, die Krone also im Hause Habsburg erblich zu machen. Gesteigert wurde diese Sorge dann 1526 durch das Ereignis von Mohacs, den Tod des Königs Ludwig von Ungarn und Böhmen, der im Kampf gegen die Türken gefallen war. Da er keine Kinder hinterließ, war nach dem Erbvertrag von 1515 sein Schwager Ferdinand von Habsburg der Erbe seiner Königreiche. Auch wenn Ungarn nach dieser vernichtenden Niederlage zum größten Teil in türkischer Hand war und für den Augenblick mehr Belastung als Machtzuwachs bedeutete, so mochte sich das doch in naher Zukunft ändern. Vor allem bedeutete das völlig ungefährdete Böhmen im Besitz eines Habsburgers die fast restlose Umklammerung des wittelsbachischen Herzogtums. Um eine weitere Ausdehnung des habsburgischen Einflusses zu verhindern, sah sich Bayern jetzt nach Verbündeten um. Leonhard v. Eck nahm Verbindung auf zu Johann Zapolya, dem Fürsten von Siebenbürgen, und zu Papst Clemens VII., der nach der französischen Niederlage zu Pavia 1525 und dem Frieden von Madrid 1526 der Liga von Cognac beigetreten war, die das Ziel hatte, den siegreichen Kaiser wieder aus Italien zu vertreiben. Der Versuch, die Macht des Kaisers im Reich zu beschneiden, Habsburg den Griff nach der erblichen Monarchie streitig zu machen, war durchaus nicht hoffnungslos, war doch auf dem Reichstag von 1526 bereits eine starke Minorität in Opposition zum Kaiser getreten, und auf dem Reichstag von 1529 hatte sich gar offener Protest erhoben. Allerdings war mit der Einnahme Roms 1527 der Krieg in Italien entschieden, war Frankreich auf dem Weg zum Friedensschluß von Cambrai, so daß jetzt der Kaiser in der stärkeren Position war, ungeachtet des türkischen Vormarschs auf Wien. Die Wahl Ferdinands I. zum Römischen König war nicht mehr aufzuhalten, sie trieb den Gegensatz zwischen Bayern und Habsburg in die Krise hinein.

Noch im Jahr der Wahl Ferdinands I. zum Römischen König, 1531, schlossen die bayerischen Herzöge mit den protestantischen Reichsständen, die sich zu Schmalkalden zur Verteidigung ihrer religiösen und politischen Unabhängigkeit zusammengetan hatten, das Bündnis von Saalfelden. Den Anknüpfungspunkt bildete der Protest des Kurfürsten von Sachsen gegen die Wahl Ferdinands, der

Widerstand gegen die ungesetzliche Königswahl – bisher hatte man jeweils nur den Sohn des Kaisers zum Römischen König gewählt, nie den Bruder – war auch die Begründung für das Bündnis. In das Bündnis gedachte man auch auswärtige Fürsten aufzunehmen; zu ernsthaften Abmachungen kam es dabei mit Frankreich. Der Drang, sich der Habsburger Gefahr zu erwehren, führte Bayern jetzt jener Macht in die Arme, die dem Aufstieg der Habsburger von Anfang an am tatkräftigsten entgegengetreten war und die sich jetzt durch die Vereinigung Spaniens mit dem Reich schlechterdings in ihrer Existenz bedroht sah. Der Gegensatz, der sich im Reich zwischen den neugläubigen Fürsten und dem Kaiser in der Frage der Religion aufgetan hatte, bot zum ersten Mal Aussicht auf die Möglichkeit, auch innerhalb des Reiches Bundesgenossen gegen den Kaiser zu finden. Daß auch Bayern, ungeachtet der erst noch auf dem Augsburger Reichstag von 1530 bewiesenen hartnäckigen Ablehnung der Lehre Luthers, jetzt mit seiner Bündnispolitik in die gleiche Richtung zielte, zeigt, wie bedrohlich man hier die Macht des Kaisers empfand. Daß Leonhard v. Eck dabei die eine Konstante seiner Politik seit 1522, den Widerstand gegen die Ausbreitung der Reformation, zugunsten der zweiten opferte, zugunsten der Eindämmung der Habsburger Expansion, bedeutete eine schwere Hypothek für die Zukunft. Ohne das Auseinandertreten der beiden noch katholisch gebliebenen Fürstenstaaten im deutschen Süden in dieser Frage wäre die Entwicklung wohl anders verlaufen. Allerdings lag auch dem Kaiser im Augenblick mehr an politischen Erfolgen als an der Erfüllung seiner Aufgabe als Schutzherr der Kirche.

Der bayerisch-französische Allianzvertrag, der im Mai 1532 im Kloster Scheyern geschlossen wurde und der auch Sachsen und Hessen einbezog, zeigte, daß man in Bayern sehr wohl einen Weg wußte, der Opposition gegen Habsburg Nachdruck zu verleihen; zu mehr kam es im Augenblick nicht, die Ziele der drei beteiligten Parteien fielen doch zu sehr auseinander. Den protestantischen Verbündeten, die ja von Habsburg nicht unmittelbar bedroht waren, ging es nur um die Freistellung der Religion, ein Ziel also, das wieder Bayern nicht voll unterstützen konnte, Frankreich vollends wollte nur die Bindung feindlicher Truppen durch seine deutschen Verbündeten erreichen. So brachte bereits der Nürnberger Anstand 1532, der gegen die Zusicherung militärischer Hilfe gegen die Türken einen begrenzten Religionsfrieden gewährte, den ersten Riß in dieses Bündnis. Das gleichzeitige Werben Habsburgs um Bayern war aber erst nach dem Umschwung von 1534 von Erfolg begleitet.

Dieser Umschwung wäre ohne die politische Haltung Bayerns nicht möglich gewesen. 1534 lief der Schwäbische Bund aus, unter französischem Einfluß widersetzte sich Bayern einer Verlängerung; das gab den Ausschlag für den Zerfall des Bundes. Die unmittelbare Folge war der Kriegszug Philipps von Hessen – des bedeutendsten Vorkämpfers der Reformation unter den deutschen Fürsten – gegen Württemberg mit dem Ziel, den wegen Mordes und Landfriedensbruchs vertriebenen Herzog Ulrich wieder in sein Herzogtum einzusetzen. Der siegreiche Landgraf schloß mit Ferdinand von Österreich alsbald Frieden. Gegen die Anerkennung der neuen Herrschaftsverhältnisse in Württemberg erkannten die Schmalkaldener jetzt das Königtum Ferdinands an, Bayern aber hatte mit seiner gesamten Politik Schiffbruch erlitten, in der Verteidigung der Reichsverfassung und der fürstlichen Libertät, in seiner Territorialpolitik mit dem Ziel einer Eindämmung der habsburgischen Expansion, aber auch mit seiner Religionspolitik. Wieder war ein mächtiger Reichsstand für die Reformation gewonnen worden.

Bayern blieb nichts übrig als die Rückkehr zum alten Verhältnis gegenüber Habsburg, bei dem ohne eigenen Einsatz wie auch ohne eigene aktive Politik vorsichtige Zurückhaltung und mürrische Neutralität die bestimmenden Züge wurden. Das neue Verhältnis wurde besiegelt in den sog. Linzer Konferenzen vom September 1534, die gegen geringe Zugeständnisse auch die bayerische Anerkennung Ferdinands als Römischer König brachten. Trotz dieses Vertrages rissen, da in Wahrheit kein echter Ausgleich der Interessen erfolgt war, auch in Zukunft die Verbindungen zu den Schmalkaldenern nicht ab, die Doppelpoligkeit der Interessen gab dabei der bayerischen Politik einen eigentümlich widerspruchsvollen Charakter. Er war nicht zuletzt begründet in der Befürchtung Leonhard v. Ecks, auch der Kaiser könne tun, was vorher Bayern getan hatte, nämlich sich mit den Schmalkaldenern zu vergleichen und dann der bayerischen Selbständigkeit ein Ende zu machen. So war diese Politik in ihren Zielen keineswegs unwahr; dem Herzog war es sowohl ernst mit der Wahrung des katholischen Prinzips, aber ebenso ernst war es ihm mit der Wahrung des politischen Interesses gegen Österreich. Die Folgen aber dieser in ihren Grundlagen gegensätzlichen Politik bedingten auch höchst gegensätzliche Mittel, und da jeder Erfolg auf der einen Seite Erfolge auf der anderen wieder aufhob, wurde schließlich die Gesamtpolitik höchst fragwürdig.

Im Zeichen solcher Fragwürdigkeit steht die bayerische Politik vor allem seit 1534, als offene Widersetzlichkeit gegen Habsburg nicht mehr möglich war. Nach außen hin findet man Bayern stets in der Gefolgschaft Habsburgs, bei den Schmalkaldenern aber rechnete man infolge vieldeutiger Zusicherungen im Ernstfall ebenfalls mit Bayern. Beide Parteien schätzten das Risiko eines Krieges um so geringer ein, je sicherer ihnen die bayerische Hilfe schien. Die bayerische Haltung vor dem Kriegsausbruch war also von außerordentlicher Bedeutung. Die unaufhaltsamen protestantischen Erfolge einerseits, besonders der geglückte Überfall auf Braunschweig 1542, der eigene Erfolg 1544 über Frankreich andererseits bestärkten den Kaiser in seiner schon oft erwogenen Absicht, in Deutschland die militärische Entscheidung zu suchen, die dann wieder das 1545 endlich einberufene Konzil in seiner Autorität so stärken sollte, daß die Christenheit wieder zur Einheit zurückfand.

Bei einer kriegerischen Auseinandersetzung im Reich hatte Bayern als einziger noch katholischer Fürstenstaat von Bedeutung neben der politischen auch eine strategische Schlüsselstellung. Hier mußte sich der militärische Aufmarsch vollziehen, wenn Österreich und Tirol die Basis sein sollten, und wenn der Kaiser von den Niederlanden aus operieren wollte, war wichtig, daß die Südflanke abgeschirmt war und Württemberg und die oberdeutschen Reichsstädte in

Schach gehalten wurden. An aktiver Hilfe lag dem Kaiser nichts, da auch Bayern erst hätte Truppen anwerben müssen; das konnte der Kaiser selbst besorgen, ohne daß er dann den Oberbefehl teilen mußte. So gingen die Verhandlungen in Regensburg, die 1546 geführt wurden, nicht um den Beitritt Bayerns zum Krieg, sondern nur um die Unterstützung des Kaisers, einmal durch eine Finanzhilfe, dann durch die Gewährung des Durchmarschrechts, schließlich durch die Versorgung der Armee mit Verpflegung und Geschütz. Welch großen Wert der Kaiser auf die Abmachung mit Bayern legte, zeigt der in Aussicht gestellte Preis: die Zusicherung der pfälzischen Kurwürde für Bayern und die Einverleibung des Pfalz-Neuburger Territoriums. Folgenschwerer war der mit dem Bündnis gekoppelte Ehevertrag zwischen Anna, der Tochter Ferdinands I., und Albrecht, dem Sohn Wilhelms IV. In diesem Vertrag hatte Anna zwar einen Erbverzicht auf Österreich und seine Nebenländer auszusprechen, doch behielt sie sich für den Fall des Aussterbens der männlichen Linie ausdrücklich vor, daß sie und ihre Nachkommen erben sollten „was sie von Rechts wegen billig erben mögen". 1740 sollte dieser Vertrag noch eine gewichtige Rolle spielen.

Der Vertrag von 1546 wurde von beiden Seiten als ein Erfolg betrachtet, größer war jedoch wohl der Erfolg Habsburgs; wieder einmal zog es den widerstrebenden Nachbarn hinter sich her. Da Wilhelm IV. und Leonhard von Eck bereits vier Jahre nach dem Abschluß dieses Vertrages starben, war er weit über den Augenblick hinaus von Bedeutung. Er bestimmte bis 1670, ungeachtet einiger Schwankungen, das Grundverhältnis der beiden Häuser. Damit soll nicht gesagt sein, daß nach dem Sieg des Kaisers, bei dem die bayerische Hilfe der kaiserlichen Strategie sehr zustatten kam, anläßlich der politischen und kirchenpolitischen Folgerungen, die der Kaiser zog, nicht alsbald wieder neue Spannungen zwischen Bayern und Habsburg aufgebrochen wären. Bayerische Maßnahmen, etwa auf dem Augsburger Reichstag von 1548, wo Wilhelm IV. für eine kompromißlose Haltung in der Religionsfrage war, während der Kaiser im sogenannten Interim beträchtliche Zugeständnisse gemacht hatte, konnten jetzt allerdings nur noch den Charakter von Störaktionen haben, denn jede Basis für eine selbständige bayerische Politik zwischen den Parteien war jetzt zerstört. Das hätte Leonhard von Eck nur um den Preis direkter Hilfe für die Schmalkaldener, wenn überhaupt, verhindern können. Er hat das doch nicht gewagt. Und als 1552 noch einmal die Möglichkeit zu eigener Entscheidung kam, war die Politik des Herzogtums in anderen Händen.

Am 17. März 1550, als Karl V. immer noch auf dem Höhepunkt seiner Macht stand und jeder Versuch, ihm entgegenzutreten, hoffnungslos gewesen wäre, ist Leonhard von Eck gestorben, zehn Tage nach seinem Herzog. Er hatte in seiner auswärtigen Politik nicht mehr erreicht, als daß er vielleicht viele Dinge verhindert hat, eigene Ziele waren nie durchzusetzen gewesen, bestenfalls war es ab und zu gelungen, Pläne des Kaisers zu durchkreuzen. Wenn man aber bedenkt, wie mächtig die Strömungen waren, denen es sich entgegenzustemmen galt, und wie nachhaltig dann doch der Erfolg seiner Politik des Hemmens, des Zurückstauens war, auch auf dem Gebiet der Religionspolitik, dann wird man doch nicht mit leichter Hand darüber hinwegehen. Die Universalmonarchie, vor der man immer gewarnt hatte, war zwar weithin nur Schreckgespenst, auch Karl V. war zu sehr Realist, um Unmögliches zu wagen, aber daß auch die Entwicklung in dieser Richtung unterbunden wurde, war nicht zuletzt Verdienst Leonhard von Ecks. In seinem Schatten steht, nicht völlig unverdient, Herzog Wilhelm IV., aber daß er die Politik Ecks voll und ganz vertrat, war kein Ergebnis seiner Willensschwäche, sondern der Einsicht, daß sein Ratgeber ihm an politischer Klugheit überlegen war. Daß ihn der Reichsvizekanzler Matthias Held für den beredtesten unter den deutschen Fürsten hielt, zeigt immerhin, daß er keinesfalls unbedeutend war. An wahrer historischer Größe hat es ihm aber ebenso gefehlt wie seinem ersten Diener. Nie gewahrt man, daß der volle Einsatz gewagt wird, daß auch unerläßliche Konsequenzen aus den großen Prinzipien gezogen werden. Immer versucht Leonhard von Eck, alle Ziele gleichzeitig zu decken, keines erreicht er dabei voll. Damit kommt zwar Bayern nach außen wie nach innen ungefährdet über ein Zeitalter ungeheurer Umwälzungen hinweg, aber groß, im Guten wie im Bösen, wie etwa Moritz von Sachsen, waren weder der Herzog noch sein Ratgeber.

Bayern in der Mitte des Konfessionellen Zeitalters (1550–1600): Vorbereitung der Wende

Das Erbe, das Wilhelms Sohn Albrecht V. 1550 übernahm, war im Grunde unerfreulich nur im Hinblick auf die äußerst beengte außenpolitische Lage, doch gerade dieser Aspekt bekümmerte den jungen Herzog am wenigsten, er war in dieser Hinsicht ohne jeden Ehrgeiz. Auch eine zweite nicht behobene Belastung, die sich bald sehr bedenklich auswirken sollte, nahm Albrecht bei seinem Regierungsantritt noch durchaus nicht ernst; sie betraf die kirchliche Lage des Herzogtums. Wilhelm IV. hatte zwar in keinem Punkt seine Stellungnahme von 1522/24 revidiert, aber er hatte auch nicht durchsetzen können, daß auf die Unterdrückungsmaßnahmen dieser Jahre ein umfassendes positives kirchliches Reformprogramm gefolgt wäre. Er nahm die Lethargie der Bischöfe in Zukunft hin; auch wenn er 1548 noch einmal ein Religionsmandat erließ und alle früheren Vorschriften erneuerte, so war das doch angesichts des Auftriebs, den die Abfallbewegung von der alten Kirche durch die Kompromisse der Interimslösung von Augsburg 1548 erhalten hatte, nicht mehr ausreichend. Auch in den bayerischen Städten gärte es jetzt, der Adel meldete Ansprüche an, die Universität Ingolstadt, die zu Lebzeiten des Johannes Eck ein Zentrum des katholischen Widerstands gebildet hatte, besaß nach seinem Tode keinerlei Bedeutung mehr. Es gibt kein Anzeichen dafür, daß Albrecht V. für solche Zustände zunächst ein Auge gehabt hätte.

Die langjährige Unentschiedenheit des jungen Herzogs lag nicht nur an Voraussetzungen persönlicher Art, sondern auch an der seit 1548 ständig abnehmenden inneren Spannung zwischen den beiden Konfessionen; bis 1560 etwa flachten die Unterschiede so sehr ab, daß auch in Bayern und in Österreich, von Schlesien bis nach Kärnten, in Brandenburg und am Rhein vielfach nicht mehr festgestellt werden kann, zu welcher der Konfessionen nun die eine oder andere Pfarrei gehörte. So weit wie sein Vetter Maximilian II. hatte sich Albrecht V. sicher nicht von der alten Kirche entfernt, doch seine Räte waren der Eindeutigkeit seiner Stellung keinesfalls mehr sicher, ein Teil stand selbst auf der Seite der Neuerer. Einig waren sie sich in Bezug auf den jungen Herzog nur in ihrer Sorge, Albrecht könne durch seine finanzielle Großzügigkeit Künstlern und Musikern gegenüber den Staatshaushalt in Gefahr bringen; ein geharnischtes Gutachten der Räte zu dieser Frage bewirkte jedoch nicht viel.

Die eigentliche Gefahr in diesem Zusammenhang schien den Räten in der steigenden Abhängigkeit von den Landständen zu liegen, welche die Steuern bewilligen mußten und die damit auch die Möglichkeit besaßen, ihrerseits Forderungen zu erheben. Das war jenes Thema, das jahrelang nicht zur Ruhe kommen sollte und sich dann, in Verbindung mit dem großen Thema der Kirchenfrage, als Generalthema der bayerischen Geschichte im dritten Viertel des 16. Jahrhunderts erweisen sollte. Nicht die auswärtige Politik also stellt die entscheidende Problematik dieser Epoche dar, sondern die innere, aber auch der mit der Lösung dieser Probleme verbundene Aufstieg zur Vormacht der Gegenreformation im Reich.

Die außenpolitische Lage Bayerns verbot aber 1550 auch an sich jedwede ausgreifende Planung; solange der Kaiser durch sein Bündnis mit Moritz von Sachsen gesichert war, solange er mit seinem Bruder Ferdinand einig war, beherrschte er das Reich völlig. 1551 regelte Karl V. seine Nachfolge; da er seinem Sohn Philipp nicht nur die spanische Krone zugedacht hatte, sondern auch die Nachfolge Ferdinands I. im Reich, war die bisherige Eintracht zwischen beiden Brüdern allerdings in Gefahr, auch die Reichsfürsten waren über die Eigenmächtigkeit verdrossen, mit der der Kaiser über die Rechte der Kurfürsten verfügte. Zu aktivem Zugreifen entschloß sich jedoch nur Moritz von Sachsen, der als wichtigster Verbündeter des Kaisers im Schmalkaldischen Krieg an Stelle seines Verwandten Johann die sächsische Kurwürde erhalten hatte und jetzt daran dachte, durch eine radikale Schwenkung seinen Gewinn auch von der unterlegenen Partei garantieren zu lassen. Der von ihm zustande gebrachte Fürstenbund verpflichtete sich Frankreich, dem das Reichsvikariat über die Grenzbistümer Metz, Toul, Verdun und Cambrai versprochen wurde, und schlug 1552 gegen Karl V. los. Der Kaiser hatte seine Truppen entlassen, Ferdinand I. war in Siebenbürgen und Ungarn selbst so bedroht, daß er nicht zu Hilfe eilen konnte, selbst wenn er, was nicht sicher ist, gewollt hätte, und Bayern war an einer Rettung des Kaisers nicht interessiert und hielt sich neutral, als Moritz von Sachsen bis Innsbruck durchstieß und den Kaiser zur Flucht zwang.

Noch vor diesem Vorstoß war allerdings Moritz von Sachsen in Verhandlungen mit Ferdinand I. eingetreten und hatte sich zum Ausgleich bereit erklärt; eine wichtige Rolle spielte dabei auch Albrecht V., im Zusammenwirken mit seinem Cousin Christoph von Württemberg. Die Fürstenversammlung zu Passau brachte als wesentlichste Bestimmungen des Vertrags zwischen dem Fürstenbund und Ferdinand I. den Verzicht des Königs auf die weitere Durchführung des Augsburger Interims, den Verzicht auf die katholischerseits geforderte Restitution der säkularisierten Kirchengüter und einen Stillstand bis zum nächsten Reichstag.

Hatte schon dieser Passauer Vertrag gezeigt, daß der Kaiser dem Reich nichts mehr bedeutete, so drängten ihn die folgenden Ereignisse förmlich aus dem Reich hinaus. Das hing zusammen mit seinem militärischen Versagen vor Metz, noch mehr mit dem Versagen seiner Bündnispolitik im Reich. Ausgerechnet den Markgrafen Albrecht Alkibiades von Brandenburg-Kulmbach, der dem Fürstenbund angehört hatte und der unter Ausnützung der allgemeinen Unruhen plündernd und sengend über Franken hergefallen war und den Fürstbischof von Bamberg seiner Länder beraubt hatte, wählte der Kaiser als seinen Bundesgenossen gegen Frankreich, als er mit dem Versuch einer Wiederaufrichtung des Schwäbischen Bundes gescheitert war. Die Fürsten aber, die diesem Bund einst angehört hatten, die Pfalz, Württemberg, Bayern, dazu der Herzog von Jülich und die Kurerzbischöfe von Mainz und Trier, schlossen ihrerseits zu Heidelberg einen Bund, ohne den Kaiser einzuladen. Gerichtet war dieses interkonfessionelle Landfriedensbündnis gegen den Markgrafen Albrecht Alkibiades und gegen die Sukzession Philipps II. im Reich. Als dann auch noch Ferdinand I. diesem Heidelberger Bund beitrat, war deutlich geworden, daß die Führung im Reich bereits jetzt, 1553, an die jüngere Linie des Hauses Habsburg übergegangen war.

Den Abschluß dieser Entwicklung bildete der Augsburger Reichstag von 1555 mit dem Immerwährenden Religionsfrieden. Schon bei der Ausschreibung hatte der Kaiser seinem Bruder die Leitung zugedacht, aber nicht mehr, wie bisher, als seinem Vertreter, sondern in voller Selbständigkeit. Ferdinand I. holte zur Vorbereitung einer gemeinsamen Stellungnahme der katholischen Stände ein Gutachten auch aus München ein, das angesichts der allgemeinen Lage keine andere Lösung wußte als weitgehende Tolerierung des augenblicklichen Zustandes, die Umwandlung also der vorläufigen Passauer Abmachung zu einer definitiven Regelung. Ähnliche Ansichten trugen auch die rheinischen Erzbischöfe vor, eindeutig bestimmend war also im katholischen Lager völlige Resignation. Damit war das Ergebnis des Reichstages entschieden, zumal auch die protestantischen Fürsten unter Führung Sachsens als Ziel den Immerwährenden Religionsfrieden ins Auge faßten. Die Stände selbst arbeiteten den Entwurf aus, der die bisherige religiöse und die damit verbundene machtpolitische Entwicklung im Reich sanktionieren sollte. Im Verlauf der Verhandlungen gelang es dann Ferdinand I. noch, den völligen Verfall der katholischen Stellung im Reich dadurch aufzuhalten, daß er das sogenannte Reservatum Ecclesiasticum durchsetzte, den Geistlichen Vorbehalt. Im Falle eines Übertritts eines geistlichen Fürsten zur neuen Lehre sollte keinesfalls, wie sonst, der Fürst über den Glauben der Untertanen bestimmen dürfen, sondern der Fürst selbst mußte seine Stelle räumen, der Besitz der Kirche durfte nicht geschmälert werden. In den Reichstagsabschied wurde diese Bestimmung jedoch nicht eingefügt, sie wurde aber von Sachsen und anderen protestierenden Ständen hingenommen, um den Frieden nicht überhaupt zu gefährden. Er brachte schließlich die Freistellung der Augsburger Konfession für die Reichsstände, wobei den andersgläubigen Untertanen das Recht auf Auswanderung zugesichert wurde. Ausgenommen waren jene Reichsstädte, die seit dem Interim paritätisch waren, hier war der status quo bestimmend. Der Augsburger Religionsfrieden vom 25. September 1555 war die Konsequenz aus den vielen Reichstagsabschieden seit 1526. Er stellte den endgültigen Verzicht auf die Einheit des Bekenntnisses im Reich dar, die Spaltung der Christenheit war jetzt auch reichsrechtlich besiegelt. Für Karl V. bedeutete dieser Abschluß seines jahrzehntelangen Ringens den letzten Anstoß zum Verzicht auf die Last der Regierung. Seinem Sohn Philipp übertrug er noch 1555 die Niederlande, im Januar 1556 Spanien und alle Nebenländer, wenig später verzichtete er zugunsten seines Bruders Ferdinand auch auf die Krone des Reiches.

Für den Herzog von Bayern ist keine besondere Reaktion auf den Augsburger Religionsfrieden bekannt. Er war einverstanden mit dem Ergebnis, lief doch die Politik, die er seit 1551 verfolgte, mit logischer Konsequenz auf dieses Ende hinaus. Die Freistellung des religiösen Bekenntnisses für die Fürsten war nicht nur ein Akt religiöser Toleranz, sie war gleichzeitig der Sieg der fürstlichen Libertät über den Kaiser. So hatte sich schließlich jene Politik durchgesetzt, die seit der Mitte der zwanziger Jahre auch von den bayerischen Fürsten mitgetragen worden war. Sie hatte sich durchgesetzt gegen jene zweite Komponente der bayerischen Politik unter Wilhelm IV., die von religiösen Motiven bestimmt war. Albrecht V. war also doch um vieles weiter gegangen, als sein Vater je zu gehen bereit gewesen war. Damit war aber nur für das Reich eine endgültige Entscheidung getroffen, nicht für Bayern.

Während der Augsburger Verhandlungen hatte der bayerische Herzog die Bemühungen seines Schwiegervaters Ferdinand I. um die Durchsetzung des Geistlichen Vorbehalts voll unterstützt. Vor allem stand er hinter ihm bei der Abwehr aller Versuche des sächsischen Kurfürsten und seiner Freunde, die allgemeine Freistellung der Augsburger Konfession im Reich durchzusetzen, also auch für die Untertanen der Reichsstände. Das war der Punkt, an dem Albrecht V. nicht nachzugeben entschlossen war, wobei offenbleiben mag, ob ihn dabei eine religiöse Überzeugung bestimmte oder der unbedingte Wille, seine fürstliche Hoheit durch niemanden durchbrechen zu lassen.

Es ist sicher, daß in den ersten Jahren seiner Regierung auch Albrecht V. die weitgehend allgemeine Unsicherheit teilte, die auch vor geistlichen Fürsten nicht haltmachte und die nicht zuletzt darauf zurückzuführen war, daß trotz des Konzilbeginns die Direktionslosigkeit an der hierarchischen Spitze wieder ähnliche Formen angenommen hatte wie 1520. Diese Haltung des Fürsten ermutigte das Land. Es kam gerade in diesen ersten Jahren nach seinem Regierungsantritt zu einer Entwicklung, die immer eindeutiger auf eine Entscheidung zusteuerte, die der Herzog nicht mehr billigen konnte, wenn er 1555 nicht nur einer Laune gefolgt war. Die sich immer deutlicher abzeichnende Verbindung der religiösen mit der ständischen Frage, die so eng war, daß beide schließlich durch dasselbe Verfahren gelöst wurden, macht diese innere Entwicklung unter Albrecht V. beispielhaft für die Epoche; für Bayern wurden jetzt Grundlagen gelegt für Jahrhunderte.

Wie Johannes Eck in seinem Gutachten zu den kaiserlichen Ausgleichsplänen vorausgesagt hatte, setzte noch 1548 alsbald auch in bisher katholisch gebliebenen Gegenden eine Bewegung ein, die den Laienkelch und die Priesterehe forderte, beides Konzessionen des Kaisers an die Protestanten, mit denen er allmählich wieder zur Einheit zurücklenken wollte. Schon Karl V. und seine Berater hatten diese Konzessionen 1548 für dogmatisch unbedenklich gehalten, trotzdem hatte er die Ausdehnung dieser Erlaubnis auf die Katholiken gegen den Widerstand Bayerns nicht durchsetzen können. Nach Passau dagegen und vollends nach der reichsrechtlichen Anerkennung der Augsburger Konfession 1555 brachen auch bei den Katholiken in Bayern und Österreich alle Dämme.

Mochten dabei auch strenge institutionelle Formen noch fehlen, so muß man doch Laienkelch und Priesterehe bereits als Zeichen der Zugehörigkeit zur Confessio Augustana werten, zumal die Spendung des Laienkelchs meist begleitet wurde vom Absingen der Choräle Luthers. Gerade im dogmatisch so unscharf abgesteckten Feld um 1550 mußten äußere Zeichen eine umso größere Rolle spielen, als das Bekenntnis anders oft nicht mehr zu unterscheiden war.

Wie schon bei der evangelischen Bewegung der zwanziger Jahre waren auch jetzt Zentren die größeren Städte, vor allem München und Straubing. Besondere Umstände begünstigten den großen Erfolg der Kelchbewegung auch im Innviertel. In München sympathisierte der Rat selbst mit dem Luthertum, 1556 verlangte er offiziell die Kommunion unter beiden Gestalten, 1557 präsentierte er für Hl. Geist bereits einen Protestanten als Pfarrer. Damit war allerdings auch der Wendepunkt erreicht. Das Jahr 1558 brachte die große Visitation im Herzogtum Bayern, damit den Übergang vom Kurs der weitgehenden Toleranz zur Bekämpfung der Kelchbewegung. Es war also nicht erst die sogenannte Adelsverschwörung von 1563, die den Umschwung brachte, sondern die konfessionspolitische Wende setzt früher ein und hat wohl auch ein breiteres Ursachenfeld, als Riezler meint.

Anders als in den ersten Jahren der Reformation äußerten sich ihre Sympathisanten jetzt, nach der Niederlage des Kaisers und nach der Vertagung des Konzils, in aller Öffentlichkeit, vor dem bedeutendsten Forum des Landes, auf dem Landtag selbst. Obwohl aber die Stellung des Herzogs dabei von vorneherein sehr schwach war, weil er zur Tilgung der angelaufenen Schulden auf die Geneigtheit des Landtags angewiesen war, konnte er sich 1553 auf dem Landtag zu Landshut noch einmal behaupten. Seine Forderung nach einer Steuer von 200000 Gulden, dreimal so viel wie 1552, stieß naturgemäß auf Kritik, sie richtete sich auch gegen den Klerus. Als Mittel gegen den kirchlichen Verfall wurden die Lehre des reinen Evangeliums gefordert, die Priesterehe und das Abendmahl unter beiden Gestalten. Die Abstellung von Mißbräuchen stellte der Herzog in Aussicht, jede Änderung in der Lehre und Disziplin dagegen lehnte er für den Augenblick ab, doch vertröstete er auf eine künftige Synode oder einen künftigen Reichstag. Auf diese vagen Versprechungen hin bewilligte der Landtag die verlangte Steuer. Dem Erzbischof von Salzburg gegenüber, der auf energische Maßnahmen drängte, plädierte der Herzog für Milde und Abwarten und lehnte den Kampf ab, Besserung erwartete er nur von einer Reform des Klerus. In Verhandlungen mit Ferdinand I., anschließend auch in einer Gesandtschaft an den neugewählten Papst trat der Herzog sogar selbst für die Gewährung der Priesterehe und des Laienkelchs ein, der Konzessionen also des Interims. Damals lehnte der Papst allerdings rundweg ab, so daß der Herzog den Forderungen des nächsten Landtags gegenüber mit leeren Händen dastand.

Dieser Landtag von 1556 war notwendig geworden, weil die Schwester Albrechts V. vor ihrer Verheiratung stand und die Stände nach altem Herkommen verpflichtet waren, das Heiratsgut zu bewilligen. Die Gegenrechnung, die vor allem der Adel jetzt mit kategorischem Nachdruck präsentierte, betraf wieder die Gewährung des Laienkelchs wie die Anstellung gottesfürchtiger Priester, die durch ein ehrbares Leben und durch die reine Lehre der Bibel ausgezeichnet seien. Das war eine sehr deutliche Forderung, die nicht nur die Priesterehe einschloß, sondern auch eine Umschreibung für die Lehre der Augsburger Konfession darstellte. Jetzt lenkte der Herzog insoweit ein, als er zwar keine Zugeständnisse machte, die in der Frage der Religion neue Normen schaffen konnten, aber das Versprechen gab, daß keinerlei Strafverfolgung für Untertanen zu befürchten sei, welche das Abendmahl unter beiderlei Gestalten begehrten. Gleichzeitig versicherte er erneut, sich bei der kirchlichen Obrigkeit für eine Legalisierung der Kelchpraxis verwenden zu wollen. Die Verhandlungen mit den Bischöfen verliefen jedoch ergebnislos.

Der Herzog hatte zwar sein Wort gehalten, aber schon damals fühlte er sich durch die Stände erpreßt. Adelige, die unter beiden Gestalten kommunizierten, wollte er schon damals nicht mehr bei Hof sehen, und 1558 ordnete er die große Visitation des ganzen Landes an. Das hängt wohl auch zusammen mit der Ernennung des Juristen Simon Eck, des Stiefbruders des Johannes Eck, zum bayerischen Kanzler – wobei wir nicht wissen, ob der neue Kurs auf Eck zurückgeht, oder nicht vielmehr die Berufung Ecks auf den vorausgegangenen Entschluß des Herzogs zu einem Kurswechsel. H. Busley bringt diese Berufung nicht ohne Berechtigung in Zusammenhang mit dem beleidigenden Gutachten der Räte von 1556/57, das den Herzog zu sparsamerer Wirtschaft aufforderte und ihm die Entlassung seiner Musikkapelle und des großen Orlando di Lasso nahelegte, das aber auch gleichzeitig auf die Forderungen der Stände verwies und herzogliches Entgegenkommen dringend anriet. Gerade das nun war nicht der Kurs, den der Herzog jetzt einschlug, das kann kaum Zufall sein.

Die Visitation von 1558 bedeutete bereits die Anwendung neuer Formen obrigkeitlichen Vorgehens gegen kirchlich verdächtige Laien und Kleriker. Noch im gleichen Jahr wurden acht Geistliche ins Gefängnis geworfen und zum Widerruf gezwungen. Der Prälat von Osterhofen erhielt Landesverweis. Der Münchner Rat wurde energisch gemahnt, gegen Mißbräuche bei der Gewährung des Laienkelchs einzuschreiten, es kam zur Ausweisung Münchner Geistlicher und des Leiters des Gymnasiums poeticum, des Humanisten Martinus Balticus. Für das sog. Auslaufen, für den Besuch protestantischer Predigten außerhalb des herzoglichen Territoriums, in Augsburg oder in der Grafschaft Haag, wurden Strafen bis zu 100 Gulden eingetrieben.

Die Krise im Land hielt trotzdem an, besonders der Adel zeigte sich widerspenstig, und so erneuerte der Herzog noch einmal seine Bitte um Gewährung des Laienkelchs, diesmal unmittelbar vor dem Konzil, das dann die Gewährung dem Papst anheimstellte. Damit wurde 1562 noch einmal eine Gesandtschaft nach Rom notwendig, die das Anliegen von 1556 wieder aufnahm. Das war die Ausgangsposition für den Landtag von 1563. Schon 1557, auf dem Landtag zu Landshut, hatte der Herzog Schulden in Höhe von 812000 Gulden bekennen müssen, allein der Zinsendienst verschlang mehr als ein Drittel der Einkünfte.

Die Stände hatten, nicht ohne heftige Beschwerden, die Schulden übernommen, der Preis dafür war der große Freiheitsbrief von 1557, der dem Adel jetzt auch die niedere Gerichtsbarkeit über die sogenannten einschichtigen Güter zugestand, über Güter, die nicht innerhalb der geschlossenen Hofmarken lagen und die deshalb bisher dem Landgericht unterstanden hatten. In der Religionsfrage war es ebenfalls zu Klagen und zur Wiederaufnahme alter Forderungen gekommen, der Herzog hatte aber nur zugesagt, sich für eine Abstellung der Beschwerden zu verwenden. 1563 nun, nach vielfachen Vertröstungen, Aufschüben und beschwichtigenden Auskünften, kam es zur Entladung der aufgestauten Spannungen.

In seiner Propositio, der Forderung, die er dem Landtag zugeleitet hatte, mußte der Herzog erneut eine Schuldenlast von 500000 Gulden zugeben, obgleich von der alten Schuld noch 300000 Gulden offenstanden. Daraufhin traten die Stände in ihrer Antwort zum allgemeinen Angriff auf die Religionspolitik des Herzogs an. Sie verlangten den uneingeschränkten Vollzug der herzoglichen Erklärung von 1556, in der auf Strafverfolgung verzichtet worden war, verlangten die Besetzung der Pfarreien mit Geistlichen, die auf dem Boden der herzoglichen Deklaration stünden, also den Laienkelch zu gewähren bereit waren, sie forderten die Zulassung der Priesterehe, schließlich den Gebrauch der deutschen Sprache bei der Spendung der Taufe und bei der Eheschließung. Diese Forderungen wurden von einer Mehrheit vorgetragen, die sich aus dem Bürgertum und dem Großteil des Adels zusammensetzte. 43 Mitglieder des Adels gingen aber einen Schritt weiter, sie verlangten in aller Form die Freistellung der Augsburger Konfession, wie sie durch eine besondere Zusicherung König Ferdinands, die Declaratio Ferdinandea, 1555 zu Augsburg für den Adel in den hochstiftischen Territorien ausdrücklich zugesichert worden war. Die gemeinsamen Forderungen der Stände nahm der Herzog mit der Zusicherung entgegen, wie bisher schon, daß er sich nämlich um ihre Gewährung beim Papst bemühen werde, das Verlangen des Adels dagegen lehnte er nachdrücklich ab.

Trotz der Verschlechterung seiner Stellung hatte der Herzog also weiterhin seinen Standpunkt behauptet, der Adel aber, der um diese Zeit in weiten Teilen Europas zum Angriff auf den Fürstenstaat antrat, war jetzt auch in Bayern nicht mehr gewillt, sich widerstandslos zu fügen. Der Führer des Adels in dieser Frage war Graf Joachim von Ortenburg, zur Führungsgruppe gehörten auch Wolfdietrich von Maxlrain, der Inhaber der reichsunmittelbaren Herrschaft Hohenwaldeck, und Pankraz von Freyberg, den der Herzog wegen seiner protestantischen Neigungen aus seinem Amt als Hofmarschall entlassen hatte. Noch während des Landtags kam es zu regelmäßigen Zusammenkünften, dabei fielen harte Worte, Freyberg schlug sogar einen gemeinsamen Schwur vor. Das alles wurde dem Herzog hinterbracht; besonders Anspielungen des Grafen von Ortenburg auf die Rolle der Hugenotten in Frankreich alarmierten den Herzog aufs höchste, nicht weniger das aktuelle Beispiel Wilhelms von Grumbach, der im Oktober 1563 Würzburg eroberte und den Bischof gefangensetzte, der dabei sein Leben verlor. Als nun noch im gleichen Jahr der Graf von Ortenburg in seinem reichsunmittelbaren Territorium die Reformation einführte und den Maxlrainer aufforderte, es ihm nachzutun, erzwang der Herzog 1564 die Öffnung der Burgen, ließ die Prediger des Landes verweisen und nahm die Grafschaft in bayerische Verwaltung. Ähnlich ging er auch gegen Maxlrain vor. Den Höhepunkt der gesamten herzoglichen Aktionen gegen die auftrumpfenden Adeligen bildete die Auffindung des Briefwechsels des Grafen mit seinen Freunden; hier glaubte man Beweise für eine regelrechte Adelsverschwörung gefunden zu haben. Der Herzog setzte jetzt einen außerordentlichen Gerichtshof ein, die Verdächtigen wurden in den Kerker geworfen und wochenlang verhört, doch ausgesprochener Hochverrat war nicht nachzuweisen. Trotzdem zwang der Herzog die Mitglieder der sogenannten Adelsverschwörung zu kniefälliger Abbitte, zum Verzicht auf Rache und die Beschreitung des Rechtsweges und schüchterte sie dadurch so ein, daß sie in Zukunft keinen Versuch mehr machten, sich gegen den Herzog aufzubäumen. Der Widerstand sowohl gegen die herzogliche Kirchenpolitik wie auch gegen die steigende Härte in der Durchsetzung der finanziellen Forderungen war damit gleichzeitig gebrochen.

Das wurde sehr deutlich auf dem nächsten Landtag, der 1566 in München stattfand. Die Stände wagten es zwar, dem Herzog Vorhaltungen wegen der Höhe der neu hinzugekommenen Schulden zu machen, aber sie übernahmen die Schulden jetzt, ohne irgendwelche Gegenforderungen zu erheben. Ähnlich verlief der Landtag von 1570, auf dem die Stände, wenngleich unter Protest, eine neue Schuld von 300000 Gulden übernahmen. Ein Jahr später schon versuchte der Herzog, die Landschaft überhaupt auszuschalten, indem er für die Bewilligung einer neuen Steuer nur mehr den Landtagsausschuß anging, sechzehn Verordnete der Landschaft, die in der Zeit zwischen den Landtagen die Interessen der Stände wahrnahmen. Der Herzog kam zwar mit seinem Ansinnen nicht zum Ziel, aber es ist bezeichnend für die Selbstsicherheit, der sich Albrecht V. seit 1563 hingeben konnte, daß er es wagte, allen Ernstes den Ständen einen solchen Verzicht auf ihr wichtigstes Recht zuzumuten.

Der Herzog mußte also 1572 wieder einen Landtag nach Landshut einberufen; wieder erlangte er ohne Gegenwehr die Übernahme der neu aufgelaufenen Schulden von 515000 Gulden – der führende Stand, der Adel, hatte offenbar vor dem harten Willen des Fürsten kapituliert. Wenige Jahre später, 1577, baten die Stände den Fürsten freiwillig, sie bis auf weiteres nicht mehr zu Landtagen einzuberufen, gleichzeitig erklärten sie sich bereit, was sie 1571 noch abgelehnt hatten, den Landschaftsausschuß für die nächsten zwölf Jahre zu ermächtigen, von sich aus neue Steuern zu bewilligen. Es war den Ständen einfach zu beschwerlich geworden, ein Recht zu behaupten, das jetzt zu einer Pflicht geworden war, die man nicht mehr verweigern konnte. Sicher kam auch die Einsicht hinzu, daß es tatsächlich Aufgaben waren, die der Fürst mit Hilfe ihrer Steuern für die Allgemeinheit übernehmen mußte, und daß das Land sich deshalb der Hilfe nicht entziehen durfte. Daß mit dieser Selbstbeschränkung von 1577 das Gleichgewicht zwischen Fürst und Ständen zu Ende ging und der Aufstieg der fürstlichen Macht zur ersten Stufe des Absolutismus einsetzen würde, haben die

Stände zweifellos nicht gesehen, allein das aktuelle Mißverhältnis zwischen den Lasten und den spärlichen Rechten scheint sie bewegt zu haben.

Der Herzog hatte also den Widerstand der Stände, so bedrohlich er sich 1563 auch noch ansah, in wenigen Jahren völlig gebrochen, auf politischem Gebiet noch deutlicher als in der Frage der Religion. Von jetzt an verfuhr Albrecht V. mit immer geringerer Zurückhaltung, bis er 1571 den Laienkelch in aller Strenge verbot, obwohl er 1564 durch päpstliches Breve ausdrücklich zugestanden worden war. Vorausgegangen waren Visitationen und regelrechte Religionsverhöre; wer sich zur Lehre Luthers bekannte, wurde des Landes verwiesen. In München waren es insgesamt fünfzehn Familien, darunter auch drei Mitglieder des Äußeren Rates. Ähnlich war es in Wasserburg, in Landshut und in Straubing.

Diese Maßnahmen wurden ergänzt durch die Aufstellung eines Index verbotener Bücher und durch die Gründung eines Geistlichen Ratskollegiums, das mit Strafbefugnis gegenüber dem Klerus ausgestattet war und das den Klerus wie die Schulen zu kontrollieren hatte. Mit solchen prohibitiven Maßnahmen allein war freilich die wichtigste Aufgabe, die der Reform des Klerus wie der religiösen Erziehung des Volkes nicht zu erfüllen. Eine solche Aufgabe überstieg überhaupt, so darf man wohl sagen, die Kräfte des Landes. Seit dem Tode Ecks war Ingolstadt zu völliger Bedeutungslosigkeit herabgesunken. Die bayerischen Bischöfe, unter ihnen auch Ernst, der Onkel Albrechts V., hatten sich nie zu durchgreifenden Reformmaßnahmen aufzuraffen gewußt, doch bei ihnen anzusetzen war dem Herzog unmöglich, sie waren Fürsten wie er; Hoffnung zu einer Erneuerung mußte also von außen kommen. Sie knüpfte sich an jene Erneuerungsbewegung innerhalb der katholischen Kirche selbst, deren stärkste Triebkraft in dem neuen Orden zu finden war, den Ignatius von Loyola 1540 gegründet hatte. Noch im gleichen Jahr hatte sich Wilhelm IV. um Angehörige dieses Ordens bemüht, 1548 war der Versuch vergeblich erneuert worden. Erst 1556 kamen dann die Jesuiten wirklich nach Ingolstadt, um alsbald die Erneuerung der Universität mit außerordentlichem Erfolg in die Hand zu nehmen. Durch die hervorragenden Professoren, die bereits in den ersten Jahren die theologischen Lehrstühle besetzten, Petrus de Soto, H. Torres, Gregor von Valencia, die Begründer einer neuen, humanistisch und scholastisch fundierten Dogmatik und Moraltheologie, erlangte Ingolstadt alsbald die Stellung der führenden katholischen Universität im Reich und wurde zusammen mit Dillingen, wo ebenfalls die Jesuiten die Führung übernahmen, zum Mittelpunkt der kirchlichen Reform in Deutschland. Besonderen Anteil hatte daran vor allem Petrus Canisius, lange Zeit Ordensprovinzial für Deutschland. 1559 berief Albrecht V. den Orden auch nach München. Von beiden Zentren aus setzte die große Erziehungsarbeit des Jesuitenordens ein, die mehr als alles andere dazu beitrug, den Klerus und damit die katholische Kirche in Bayern wieder zu erneuern.

Die Öffnung Ingolstadts und Münchens für den Jesuitenorden noch vor 1560 läßt die These Lojewskis doch sehr fragwürdig erscheinen, der die Verschärfung des religionspolitischen Kurses in Bayern in unmittelbaren Zusammenhang bringt mit den Plänen Albrechts V. zu einer umfassenden Versorgung seines

Sohnes Ernst mit geistlichen Fürstentümern. Bei dieser These stimmt nichts, am wenigsten die Chronologie. Umgekehrt wird man freilich zugeben müssen, daß Albrecht V., als 1565 seine Versuche einsetzten, seinen Sohn mit guten Pfründen zu versorgen, mit seinen Verdiensten um die Kirche nicht hinter dem Berg hielt. In Rom machte man schließlich gute Miene zum bösen Spiel, obgleich eben das Konzil von Trient Pfründenhäufungen verboten hatte. Was man weder in München, wo diese Konzilsbestimmung vielleicht noch gar nicht so recht zum Bewußtsein gekommen war, noch in Rom wissen konnte, waren die entscheidenden zukünftigen Folgen dieser römischen Nachsicht. Das Familieninteresse war vielleicht das stärkste Motiv für kirchenpolitische Aktivitäten in der seit den sechziger Jahren einsetzenden Gegenreformation, der aktiven politischen, bald auch militärischen Eindämmung weiteren Ausgreifens der Reformation.

Nur im Hinblick auf diese spätere Entwicklung, in der allerdings Ernst eine zentrale Rolle spielen sollte, sind die ersten Erfolge bayerischer Bistumspolitik unter Albrecht V. von Interesse. Sie setzen 1566 ein mit der Übertragung der Administration des Hochstifts Freising, 1573 folgte Hildesheim, damit verbreiterte sich die Basis für den Kampf um Köln erheblich, der schon 1571 eingesetzt hatte, noch unter Albrecht V., und der über die Zukunft des Katholizismus in Deutschland entscheiden sollte.

Die schärfste Kritik an dieser Politisierung der Kirche erhob sich innerhalb der Kirche selbst, doch, worauf H. Lutz mit Recht hinweist, hatte das Reformideal des Konzils von Trient das Monopol des deutschen Adels auf die Bischofsstühle im Reich nicht zu brechen vermocht, als Teil der Adelsherrschaft unterliegt damit aber auch die Reichskirche dem Gesetz des politischen Machtkampfes. In diesem Zusammenhang muß man sehr deutlich sehen, daß die Konzentration zahlreicher Hochstifte in der Hand eines Mannes – 1583 sollte Ernst fünf Bistümer innehaben – auch für die Reichskirche selbst eine Steigerung der politischen Macht bedeutete. Gerade die Vielzahl der Bischöfe mit ihren vielen Einzelinteressen hatten eine geschlossene Aktion bisher verhindert. Das Anwachsen der Widerstandsfähigkeit der katholischen Partei im Reich hing zusammen mit solchen Wendungen.

Was aber auch später aus den Ansätzen seit 1571 wurde, Albrecht V. selbst hat keinesfalls die Gegenreformation eingeleitet, den Versuch zur gewaltsamen Wiederherstellung der katholischen Position im Reich. In seiner auswärtigen Politik verfolgte er mit dem Beitritt zum Heidelberger Bund bis zuletzt die Linie von 1552. Auch der 1556 gegründete Landsberger Bund zwischen Bayern, Österreich, Salzburg und der Reichsstadt Augsburg war interkonfessionell, 1558 trat auch die Reichsstadt Nürnberg bei, zusammen mit den fränkischen Bischöfen. Seine Basis war der Religionsfriede von 1555, die Behauptung bestenfalls des Status quo, und er war nichts anderes als eine Fortsetzung der alten großen Landfriedenseinungen. Von offensiven Zielen kann keine Rede sein, allerdings versuchte Albrecht V. seit 1569, auch die Aufnahme der spanischen Niederlande durchzusetzen, um die katholische Partei zu stärken. Er scheiterte aber an der Gegenwirkung des Kaisers und des Erzbischofs von Mainz, die beide größten Wert auf die Erhaltung des religiösen Friedens legten, der eben durch das konfessionelle Gleichgewicht im Landsberger Bund am besten gesichert schien. Auch sonst ist Albrecht V. seinem Schwager, Kaiser Maximilian II., wiederholt entgegengetreten, wo dieser zu Zugeständnissen bereit war, auf dem Augsburger Reichstag 1566 oder gar in den Erblanden selbst, anläßlich der großen Religionsassecuration von 1571, welche praktisch die Freistellung der Augsburger Konfession in Österreich bedeutete. Er setzte sich zwar hier nicht durch, aber die im gleichen Jahr beschlossene Ehe zwischen seiner Tochter Maria und dem Bruder Kaiser Maximilians, Erzherzog Karl von der Steiermark, bedeutete den Beginn des fürstlichen Widerstandes gegen die religiösen Forderungen des Adels und der Städte in der Steiermark. Der Sohn aus dieser Ehe, Ferdinand II., sollte dann auch in Österreich die Gegenreformation anführen.

Mit Albrecht V., der 1579 gestorben ist, endet die Reformationsgeschichte in Bayern. Daß in so kurzer Zeit jeder Widerstand ausgeschaltet werden konnte, zeigt, daß die Neigung zur Reformation nicht sehr tief saß, das Volk selbst stand keinesfalls begeistert hinter ihr. Die große Unzufriedenheit im Land, die immer wieder zum Ausdruck kommt, galt vor allem den Mißständen in Disziplin und Glaubensverkündigung. Als der entscheidende Ansatz zu ihrer Behebung unter Albrecht V. gefunden worden war, mit der Berufung der Jesuiten und ihrer energischen Erziehungsarbeit, lösten sich die übrigen Probleme von selbst. Im Innern des Herzogtums gab es in den kommenden Jahrhunderten keine Schwierigkeiten von jener Art mehr, die um die Mitte des 16. Jahrhunderts so bedrängend schienen. Das erlaubte die Sammlung der Kräfte für Ziele, die sich jetzt in steigendem Maße außerhalb des eigenen Territoriums anboten. Das ausgehende 16. Jahrhundert, mit seinen weithin ungeklärten Verhältnissen, der Schwäche der Reichsgewalt, dem Auseinanderfall der Anhänger der Reformation unter den Fürsten im Reich in zwei Parteien, bot außerordentliche Möglichkeiten zu energischem, zielbewußtem Ausgreifen. Daß gerade Wilhelm V. ein solches Beispiel setzen konnte, verrät allerdings mehr über den konturlosen politisch-geistigen Zustand Deutschlands im ausgehenden 16. Jahrhundert als alle Analysen.

Der Charakter dieses Herzogs, den schon die Zeitgenossen Wilhelm den Frommen genannt haben, ist mit keiner prägnanten Formel zu erfassen, er war keine Persönlichkeit aus einem Guß, wie man das von seinem Vater Albrecht V. sagen könnte oder auch von seinem Sohn Maximilian. Die Spannungen, welchen er unterworfen war, ja der Zwiespalt, der sich bei schärferem Zusehen darbietet, das alles war kaum zu meistern, und Wilhelm V. hat schließlich auch die Flucht vor sich selbst angetreten, als er mit fünfundvierzig Jahren die Regierung aus der Hand gab. Es war nicht so, daß der junge, ungebärdige Herzog sich nach gewissen Erlebnissen bekehrt habe und dann ganz anders geworden sei; so verschieden war er nicht von seinem Zeitalter, welches ja die gleiche Spannung durchzieht – zwischen innen und außen, zwischen Idee und Form. Wie tief Wilhelm V. auch nach seiner „Bekehrung“ von der machtpolitischen Sendung seiner Dynastie überzeugt war, wie sehr er dem Glanz höfischer Repräsentation verhaftet war, zeigt ein Blick gerade auf das frömmste Bauwerk, das er angeregt und durchgeführt hat, die Michaelskirche in München. 1583, als der Sieg in Köln entschieden war, ließ Wilhelm V. eine Kirche in Angriff nehmen, wie sie seit der ausgehenden Gotik in Bayern so gewaltig nicht mehr geplant worden ist, die Kirche der Jesuiten, die seit 1559 auch in München ihre Niederlassung hatten. Wie beim Escorial Philipps II. waren hier Kloster und Residenz vereinigt. Schon das bezeichnet symbolhaft die Thematik der ganzen Regierungszeit des Herzogs. Geradezu als politisches Testament jedoch läßt sich die Gestaltung der Fassade von St. Michael deuten. Sie wird von zwei Gestalten beherrscht, vom Erzengel Michael, der den Satan niederkämpft, das Giebelfeld aber beherrscht Wilhelm V. selbst, als Patron und Gründer dieser einen Kirche, als Patron schließlich der Kirche schlechthin. Er steht nicht allein, sondern mit ihm hält die ganze Dynastie Nachtwache in der Front der Kirche, fünfzehn Fürsten seines Hauses, Herzöge, Könige und Kaiser. Neben der unbedingten Verpflichtung gegenüber Glaube und Kirche wird also auch die selbstverständliche Überzeugung von der Berufung der eigenen Dynastie zu Glanz und Größe in St. Michael sichtbar.

Beide Komponenten zusammen bestimmten auch die Politik des Herzogs. Die Grundlage für die Rekatholisierung Bayerns hatte bereits Albrecht V. gelegt, Wilhelm V. setzte den Abschluß durch. Dabei gelang es ihm, die rechtlichen Grundlagen, welche die staatlichen Eingriffe in die kirchliche Disziplin und Glaubensverkündigung legalisiert hatten, im Konkordat von 1583 mit den bayerischen Bischöfen noch einmal auszuweiten, nur die Konstituierung eines bayerischen Landesbistums glückte ihm nicht. Nach wie vor sträubten sich die bayerischen Bischöfe gegen die Machtfülle des Fürsten im kirchlichen Bereich, nach wie vor aber kamen alle Erfolge im Kampf gegen die Reformation von ihm. Bei der Grafschaft Ortenburg war ein Erfolg ausgeschlossen, sie war reichsunmittelbar und mußte auf Befehl des Kaisers nach der Besetzung von 1564 wieder geräumt werden. Dagegen war die Reichsfreiheit der Herrschaft Hohenwaldeck, die Wolfdietrich von Maxlrain innehatte, keinesfalls unumstritten. Ein Vergleich hatte zwar dem Maxlrainer die Ausübung aller Hoheitsrechte zugestanden, aber unter der ausdrücklichen Bedingung, daß keine Glaubensneuerung Eingang fände. Als Wolfdietrich trotzdem den protestantischen Gottesdienst in Miesbach duldete, war schon Albrecht V. eingeschritten. Mit vollem Ernst ging aber erst Wilhelm V. an die Rekatholisierung Hohenwaldecks. 1582 kündigte er den Vergleich, den sein Vater geschlossen hatte, besetzte die Herrschaft und vertrieb Protestanten und Wiedertäufer, einen Täuferprediger ließ er hinrichten. Nachdem Haag schon 1566 an den Herzog gefallen war, war jetzt, außer Ortenburg, die letzte protestantische Enklave im Herzogtum beseitigt.

Der Rang Wilhelms V. in der deutschen Geschichte hängt aber mit jenem entscheidenden Eingriff von 1583 zusammen, der erstmals ein Ende der protestantischen Expansion im Reich bedeutete, den Griff nach Köln. Man wird Wilhelm V. nicht Unrecht tun, wenn man die Ansicht vertritt, daß er ohne die unmittelbare Verflechtung des dynastischen Interesses mit den Anliegen der sich neu formierenden katholischen Partei im Reich kaum zu jenem Wagnis geschritten wäre, das im bewaffneten Eingreifen in einem doch von Bayern sehr entfernten Teil des Reiches lag. Der unmittelbare Anlaß wie die Entwicklung der ganzen Kölner Frage führte aber zu diesem Entschluß mit Notwendigkeit hin, Wilhelm V. konnte nur auf alle bisherigen Erfolge verzichten oder diesen risikoreichen Schritt tun. Der Erfolg gab ihm recht, für nahezu zwei Jahrhunderte, bis 1761, war mit dem bayerischen Eingreifen in Köln 1583 eine bayerische Secundogenitur in Köln geschaffen, waren nachgeborene Wittelsbacher als Kurfürsten und Erzbischöfe von Köln mehr oder weniger getreue Adlaten der bayerischen Politik. Noch mehr aber bedeutete der Erfolg von Köln für die Durchsetzung des Geistlichen Vorbehalts wie für die Stärkung des gegenreformatorischen Selbstverständnisses in den Bistümern am Rhein und am Main, und schließlich war auch, was für die Haltung Habsburgs von Bedeutung war, der Rhein in seinem Mittelteil durch eine breite Barriere in der Hand katholischer Fürsten getrennt vom calvinistischen Holland, so daß für das spanische Vorgehen gegen die nördlichen Niederlande die Gefahr einer Flankenbedrohung beseitigt war. Vor allem dieser letzte Gesichtspunkt war für die bayerischen Berechnungen von Bedeutung. Ohne Übereinstimmung mit den Interessen Spaniens hätte man sich in München wohl kaum entschlossen, sowohl die Bewerbung um Köln zu wagen, als auch dann in der Krise standzuhalten.

Die Bemühungen, Ernst von Wittelsbach zum Kurhut von Köln zu verhelfen, gingen schon sehr weit zurück, zweimal war er bereits gescheitert, beide Male, da weder der Kaiser, dem an einer Stärkung Bayerns wenig lag, noch der Papst sich für ihn verwendeten. Nun aber hatte sich 1580 bereits, als Gregor XIII. die Wahl des Kölner Domvikars Gebhard Truchseß von Waldburg zum Erzbischof bestätigt hatte, dieser zu dem Entschluß durchgerungen, sein Verhältnis zur Gräfin Agnes von Mansfeld zu legalisieren und protestantisch zu werden, um sie heiraten zu können. An der ursprünglichen Absicht, dabei wie sein Vorgänger auf das Erzstift zu verzichten, hielt er nicht lange fest, die Behauptung des Kurfürstentums aber trotz seines Übertritts zum Protestantismus bedeutete einen klaren Verstoß gegen den Geistlichen Vorbehalt. Damit konnte der unterlegene Gegenkandidat Ernst von Bayern plötzlich mit allen Vorteilen rechnen.

Im Jahre 1582 formierten sich zum ersten Mal die katholischen Stände zum Gegenangriff, als auf dem Augsburger Reichstag Bayern, Salzburg und Mainz die Zurückweisung des protestantischen Administrators des Erzbistums Magdeburg durchgesetzt hatten, eines Mitglieds des Hauses Brandenburg. Der Administrator des Erzbistums wurde damit nicht als Reichsfürst anerkannt, die Möglichkeit, die bisher häufig genutzt worden war, daß ein bereits protestantisch gewordenes Domkapitel statt eines Bischofs nur einen Bistumsadministrator wählte, war aber in Zukunft bedroht, das war jedoch die aussichtsreichste Chance der protestantischen Expansion im Reich. Dieser Erfolg war um so überraschender gekommen, als sich inzwischen auch die Gegenseite nach jahrzehntelangen theologischen Streitigkeiten endlich auf ein gemeinsames Bekenntnis, die sogenannte Konkordienformel, festgelegt hatte. Eine der wichtigsten Voraussetzungen dafür war der Übergang der Pfalz zum Luthertum nach dem Tode Friedrichs III. 1576, der den Calvinismus eingeführt hatte. Nur Johann Casimir, der Bruder des neuen Kurfürsten, blieb beim Calvinismus und blieb damit auch die Seele der bisherigen pfälzischen Bewegungspartei, die auch 1582 noch einmal die allgemeine Freistellung der Religion im Reich gefordert hatte, aber vor allem an Sachsen, der protestantischen Vormacht im Reich, gescheitert war.

In der Krise, in die die Kölner Frage sehr bald nach dem Entschluß des Kurfürsten, zu heiraten, geriet, war Bayern trotz des gesteigerten Selbstbewußtseins der katholischen Reichsstände allein. Um so wichtiger war Bayern damit für Gregor XIII., der den kirchlichen Prozeß gegen den Erzbischof eingeleitet hatte und eine politische Gegenaktion in Gang brachte, die sich vor allem auf Spanien stützte. Als sicher war, nicht zuletzt dank der Initiative einer starken Partei im Kölner Erzstift selbst, sowie der Tätigkeit des päpstlichen Nuntius und ausgedehnter bayerischer Bemühungen, daß Ernst von Bayern zum neuen Erzbischof von Köln gewählt würde, war man in München auch zu den äußersten Maßnahmen entschlossen. Der Landsberger Bund versagte sich zwar, aber die bayerischen Werbungen, die durch die Bewilligung der bayerischen Stände in Höhe von 700000 Gulden möglich geworden waren, genügten, um zusammen mit spanischen Truppen Johann Casimir von der Pfalz, den einzigen Bundesgenossen des Truchseß, aus dem Feld zu schlagen und in Kürze das Erzstift zu unterwerfen. Das protestantische Deutschland hatte im wesentlichen untätig zugesehen, für die kommende Entwicklung war diese Erkenntnis von ganz besonderer Bedeutung.

Die Wittelsbacher Bistumspolitik hatte ihren ersten großen Erfolg also der besonderen Konstellation im Reich zu danken, die den Papst auf Gedeih und Verderb an den bayerischen Herzog gebunden hatte; Wilhelm V. nützte diese Situation ohne jede Zurückhaltung aus. Schon 1580 hatte, im ersten Stadium der Kölner Krise, Ernst von Bayern zu Freising und Hildesheim auch noch Lüttich erhalten, später kam noch Münster dazu. Als seine eigenen Söhne in die Jahre kamen, warb Wilhelm V. auch für sie, für Philipp und Ferdinand, unermüdlich um Wählerstimmen im ganzen Reich. Philipp wurde 1595 Bischof von Regensburg, 1596 Kardinal. Versuche, ihm auch Freising, Würzburg und Paderborn zu gewinnen, schlugen fehl. 1598 bereits starb er. Das Wittelsbacher Erbe ging also über auf Ferdinand, den jüngsten Sohn Wilhelms V., der 1590 vergeblich für Passau angeboten wurde, wo er, wie auch 1598, am Widerstand Habsburgs scheiterte. Beide Male hatte sich auch der Papst für den Kandidaten der Habsburger entschieden; den Verlust Passaus an Habsburg empfand man in München als eine so schwere Niederlage, daß jahrelang die Stelle eines diplomatischen Vertreters des Herzogs in Rom aus Protest unbesetzt blieb. Von Dauer dagegen war der Erfolg von Köln. 1595 wurde Ferdinand von seinem Onkel Ernst als Koadjutor angenommen und folgte ihm dann auch in der Mehrzahl seiner Bistümer nach. Ferdinand war es dann aber auch, der in Köln wie in den andern Bistümern die Rekatholisierung mit Energie und Erfolg durchgeführt hat.

Der Kölner Erfolg war groß und weitreichend, aber er war doch auch sehr teuer erkauft. Die bayerischen Finanzen waren durch den Kölner Krieg so heillos zerrüttet, daß Bayern in den nächsten beiden Jahrzehnten nur mehr geringe politische Bewegungsfreiheit besaß; im Straßburger Bischofsstreit wagte Wilhelm V. nicht einzugreifen, obwohl das Domstift einen seiner Söhne als Koadjutor mit dem Recht der Nachfolge gewünscht hatte, und alle Bemühungen, die um eine Ausweitung des Landsberger Bundes kreisten – sie gingen unter anderem aus vom päpstlichen Nuntius –, scheiterten nicht zuletzt an der finanziellen Ohnmacht des Herzogs. 1587 stellte Wilhelm V. selbst seine Beiträge zur Bundeskasse ein, ein Eingeständnis, daß Bayern finanziell vor dem Zusammenbruch stand. Eine solche Vormacht bot aber keine Gewähr hinreichenden Schutzes. Nach und nach schieden auch die letzten Bundesglieder aus, 1598 löste sich der Bund auf.

Die Rolle als Vormacht der Gegenreformation in Deutschland war also Bayern unter der Regierung Wilhelms V. zu guter Letzt doch wieder entglitten, ein Ergebnis vor allem der völligen Zerrüttung der Finanzen, welcher Wilhelm V. nicht mehr zu begegnen wußte. Er war aber groß genug, die einzig angemessene Konsequenz zu ziehen, nämlich die Herrschaft, der er im letzten doch nicht gewachsen war, freiwillig aus der Hand zu geben. Am 4. Februar 1598 wurden die Untertanen Wilhelms V. von ihrem Treueid auf den Herzog entbunden. Damit trat jene Huldigung in Kraft, die schon 1594 Maximilian geleistet worden war, dem Sohne Wilhelms V. Der Grund für die Abdankung des Herzogs war die unerträglich gewordene Schuldenlast, die allerdings nicht das Ergebnis maßloser Verschwendungssucht gewesen war, sondern das Ergebnis völliger Unfähigkeit, eine Wirklichkeit zu begreifen, die sich in strengen Zahlen ausdrückte. 4,8 Millionen Gulden betrug 1593 die Gesamtverschuldung, 3,2 Millionen davon hatte die Landschaft zur Tilgung übernommen, in kurzer Zeit waren wieder 1,4 Millionen dazugekommen. 20 Jahre lang, so stellte die von Wilhelm V. eingesetzte Reformkommission fest, waren die Einkünfte von ca. 300 000 Gulden jährlich um 200 000 Gulden überschritten worden, die erste Forderung betraf also notwendigerweise den Ausgleich von Einnahmen und Ausgaben. Das war Wilhelm V. beim besten Willen unmöglich, er hielt bei seinem eigenen Reformprogramm nicht durch. Ende 1593 sah er dann ein, daß etwas Grundlegendes geschehen müsse, und er ließ auf dem Landtag zu Landshut die Stände für seinen Sohn Maximilian, der seit 1591 seine glänzende Eignung für die Übernahme schwierigster Verwaltungsaufgaben unter Beweis gestellt hatte, die Eventualhuldigung leisten. Er wollte offenbar mit Hilfe seines Sohnes einen neuen Anlauf zur finanziellen Neuordnung machen.

Die Stände sahen in dieser Geste ein Zeichen des guten Willens ihres Herzogs. Sie übernahmen weitere 1½ Millionen herzoglicher Schulden und bewilligten für die nächsten 10 Jahre die herkömmliche Steuer, machten aber gleichzeitig klar, daß sie keine neuen Schulden mehr übernehmen würden. Unter dieser Hypothek trat 1595 Maximilian unter der Oberaufsicht seines Vaters die innere Administration Bayerns an. Aber Wilhelm griff ständig ein. Die Beamten versuchten, Vater und Sohn gegeneinander auszuspielen, es war eher schlimmer geworden, allein 1597 erreichten die Schulden wieder nahezu 1 Million, der Staatsbankrott drohte. Als dann die Hofkammerräte und die Reformkommission mit immer dringenderen Mahnungen an den Herzog herantraten, zuletzt mit der direkten Aufforderung, abzudanken, gab Wilhelm V. auf. Erst in der Rückschau einer von Tendenzen bestimmten Historiographie wurde dieser Schritt umstilisiert zu einem heroischen Akt barocker Frömmigkeit. In Wirklichkeit war nur deutlich geworden, daß jetzt eine neue Ära fürstlicher Herrschaft angebrochen war, die ihre Bedingungen nicht mehr dem humanistischen Fürstenspiegel entnahm, sondern den Gesetzen einer neuen Wissenschaft. Der Finanzstaat, die Vorstufe des Absolutismus, löste jenes Zwischenglied zwischen dem mittelalterlichen und neuzeitlichen Staat ab, der als Ständestaat nur ein Zwitter sein konnte, unfruchtbar und keiner Aufgabe der Zeit gewachsen.

Bayern unter Kurfürst Maximilian I. (1598–1651)

Anlagen und Erziehung, nicht weniger die Umstände einer in Verwirrung geratenen Zeit haben sich verbunden, um aus dem bayerischen Herzog Maximilian jenen Fürsten zu machen, der von allen Wittelsbachern seit Ludwig dem Bayern und außer Ludwig dem Bayern am tiefsten in die europäische Geschichte eingegriffen hat. Er gehörte zu jener neuen Fürstengeneration um 1600, die auf ihren Beruf mit allem Ernst vorbereitet wurde, oft durch ein mehrjähriges Universitätsstudium, durchwegs unter dem Einfluß des Späthumanismus mit der ihn beherrschenden stoischen Grundströmung. Die Alternative in der Erziehung zwischen „enger und geistloser Dressur", wie Riezler und Stieve meinen, durch die Jesuiten – denen die Erziehung Maximilians anvertraut war – und protestantischer Freiheit und schöpferischer Weite gibt es um diese Zeit nicht, die Erziehungseinrichtungen beider Konfessionen haben miteinander viel mehr gemeinsam als mit Einrichtungen der gleichen Konfession ein Jahrhundert später. Hier wie dort herrscht strengste dogmatische Bindung, die formale Bildung ist hier wie dort jene des Humanismus, derselbe Tugendkanon ist vorbildlich: constantia, sapientia, justitia, fortitudo und temperantia, die Zentralwerte der stoischen Tugendlehre, dominieren in der Vorstellungswelt eines Moritz von Oranien wie in der Lektüre des künftigen Herzogs von Bayern. Heroisches Pflichtgefühl ist die Grundhaltung dieser Epoche, Maximilian, Gustav Adolf, Ferdinand II., Richelieu oder Cromwell sind hier keine Gegensätze, sie sind alle durch die Schule des Neustoizismus gegangen.

Dreieinhalb Jahre hat Maximilian in Ingolstadt studiert, die Erziehung der Jesuiten hat den jungen Fürsten entscheidend geformt, Erziehung zur Beherrschung der eigenen Kraft wie zum bedingungslosen Einsatz dieser Kraft für das religiöse Ideal.

Wie weit nun diese Komponente der Erziehung des künftigen bayerischen Herzogs mit jener anderen vereinbar war, die das Studium der Geschichte, des Staatsrechts, der Befestigungslehre darstellte und die zum Ergebnis die Ausbildung eines rationalen Verständnisses des Staates und seiner Bedingungen, Unterordnung der individuellen Wünsche und Bedürfnisse unter jene des Staates, und zwar des diesseitigen Wohles des Staates wie der jenseitigen Bestimmung der Staatsbürger, haben sollte, das konnte sich erst herausstellen, wenn die ersten Krisen das geschlossene, von realen Bedrängnissen unberührte, ideale Bild dieser Jahre bedrohten.

1598, kurz nach seiner Heirat mit Elisabeth Renate von Lothringen, seiner Cousine, trat Maximilian I. die Regierung des Herzogtums Bayern an, dessen Einwohnerzahl damals bei etwa 1 Million gelegen haben mag. Das Land hatte 34 Städte, 93 Märkte, 4700 Dörfer, 4130 Einöden, 104 Stifte und Klöster,

593 adelige Landsassen. Zu mehr als 80% war Bayern Agrarstaat, Volkskraft und Nationaleinkommen beruhten auf der Landwirtschaft. 1162 Höfe, das sind 4%, waren freies Eigen, die Masse der Bauern war grunduntertänig, zu unterschiedlichem Besitzrecht – Erbrecht, Leibrecht oder Freistift – und zu mannigfaltig differenzierten wirtschaftlichen Bedingungen lebten sie unter den verschiedenen Grundherren. Etwas mehr als 45% der abhängigen Bauern – 1660 werden es 52% sein – waren Untertanen kirchlicher Grundherren, etwa ⅓ saß auf adeligen Herrschaften, etwa 20% zahlten ihre Abgaben an den Fürsten. Die unmittelbaren Einkünfte aus den Domänen, der fürstlichen Grundherrschaft, waren lange Zeit die wichtigsten des Herzogs gewesen; besonders die Abgaben an Getreide bildeten einst die Grundlagen des Reichtums der niederbayerischen Herzöge. Die landesfürstlichen Grundherrschaftsbezirke waren organisiert in Kastenämtern und machten zusammen das sogenannte Kammergut aus; sie erbrachten im letzten Drittel des 16. Jahrhunderts Einkünfte von etwa 100000 Gulden in bar und Getreide, das, je nach der Marktlage, 40000 bis 50000 Gulden einbrachte, insgesamt also etwa 150000 Gulden. Das Salzmonopol, das seit der Zeit Wilhelms IV. in herzoglicher Hand war, wobei sowohl die Produktion wie der Vertrieb von herzoglichen Beamten vorgenommen wurde, und das neben Getreide der wichtigste Exportartikel des Landes war, erbrachte 1605 einen Reingewinn von 70000 Gulden, bis 1610 stieg er auf 150000 Gulden. An unmittelbaren Einkünften standen also dem bayerischen Herzog um 1600 etwa 220000, um 1610 300000 Gulden zur Verfügung, die Staatsausgaben betrugen aber schon ein halbes Jahrhundert zuvor mehr als 300000. Schon seit der Mitte des 16. Jahrhunderts war deshalb von den Landständen eine jährliche „Kammergutsaufbesserung" von 100000 Gulden bewilligt worden, dann bis zu 300000, eine regelmäßige Steuer also. Außerdem wurden von Zeit zu Zeit die fürstlichen Schulden von der Landschaft übernommen, so daß der Herzog mit Hilfe von Krediten jederzeit außerordentliche Ausgaben finanzieren konnte, in der Hoffnung, daß der nächste Landtag dieses Vorgehen legalisieren würde. Aufschläge, eine indirekte Steuer auf Wein und Bier, dann ausgedehnt auch auf andere Handelswaren, 1593 sogar auf das Salz, brachten einen jährlichen Ertrag von 370000 Gulden, wenig bedeutend waren die Einkünfte aus den Zöllen, die 1610/20 um 100000 Gulden lagen. Damit ist die reale Grundlage für jede Politik, die um 1600 möglich war, umrissen.

Aus den Anfängen Maximilians haben wir kein ausgesprochenes Regierungsprogramm, wohl aber aus der Spätzeit. In seinem politischen Testament, wie man sagen darf, den „monita paterna", den Ermahnungen des Vaters an seinen Sohn Ferdinand Maria, entwickelte er in Kürze die wesentlichen Grundsätze, an die er sich gehalten hat. Der Kern seiner Ausführungen betrifft die Staatsfinanzen als Grundlage der fürstlichen Macht und Unabhängigkeit, das entscheidende Rezept zielt nicht so sehr auf Steigerung der Einnahmen als auf Umsicht bei den Ausgaben, sparen also; auch rät Maximilian bereits dazu, für den Vorteil der Untertanen zu sorgen, den Handel zu beleben, den Fleiß anzuregen, das sei die einträglichste und gleichzeitig unverfänglichste Art und Weise für den Fürsten, selbst reich zu werden. Maximilian steht also, auch wenn die praktische Durchführung dieser Grundsätze keineswegs konsequent und wenig erfolgreich war, bereits in den Anfängen der merkantilen Wirtschaftspolitik. Er war vor allem, wie eben dieses politische Testament, noch mehr aber die politische Praxis zeigt, der erste deutsche Vertreter des Frühabsolutismus.

Das alleinige Kriterium für den beginnenden Absolutismus ist das Verhältnis zwischen Fürst und Landständen. Das Steuerbewilligungsrecht der Stände ermöglicht es, dem Fürsten Forderungen zu stellen; 1514 waren sie bis zur vollendeten Mitregierung gegangen. Ein Fürst von dem unerhörten Selbstgefühl Maximilians, das sich nur mit seiner religiösen Auffassung von seiner Auserwähltheit als Fürst von Gottesgnaden erklären läßt, mußte eine solche Bedrohung seiner Stellung unerträglich finden. Er war aber auch aus historischen Gründen und aus staatsphilosophischen Erwägungen der Ansicht, daß die Rechte, wie sie die Landstände gewonnen hatten, Mißbrauch seien, erlangt nur in Form von Privilegien, also einem widerruflichen fürstlichen Gnadenakt. So zählte er auch den Anspruch auf Steuern und Aufschläge zu den ursprünglichen landesherrlichen Hoheitsrechten. Er hielt sich also für befugt, „in extraordinari Notfällen" aus „landesfürstlicher Superiorität" ohne Zustimmung der Stände von seinen Rechten Gebrauch zu machen, und er hat es auch getan.

So sehr die Kritik am Absolutismus an sich berechtigt ist, so notwendig war doch der fürstliche Absolutismus als Übergangsstufe vom Ständestaat mit seiner feudalen Interessenvertretung zum modernen Staat als dem Hüter des allen gemeinsamen Rechts, als Wahrer von Frieden und Ordnung, als Gewährleistung der Sicherheit und des Wohls aller. Die stete Opposition der Stände zu den Plänen der Fürsten lähmte zu leicht die Entfaltung großzügiger Initiative, vor allem in der Kulturpflege; der oft kleine Zuschnitt der Fürsten des 16. und 17. Jahrhunderts hängt auch mit solchen Gegebenheiten zusammen. Andererseits bedeutet allein schon die Existenz der Stände ein Hindernis gegenüber totaler fürstlicher Willkür. Das Gleichgewicht im Staat war in Gefahr, wenn die Stände als einzige Vertretung des Landes gegenüber dem Fürsten jeden Einfluß verloren. Die große geschichtliche Aufgabe beider Institutionen verlangte also die Wahrung der Existenz beider; in der Tat kam es auch zumeist in ausgeprägt absolutistischen Fürstenstaaten kaum je zur völligen Abschaffung der Stände, nur zur Zurückdrängung ihres Einflusses, vielleicht sogar bis zur Bedeutungslosigkeit, aber nicht zur Aufhebung ihrer Existenz. Auch dann wird man bereits von Absolutismus sprechen, wenn die unmittelbare Verbindung von Steuerbewilligung und Mitspracherecht der Landstände beseitigt ist, d. h. wenn der Fürst seine Steuern erhält, ohne mit Forderungen der Stände konfrontiert zu werden.

Das war das Ziel Maximilians, wie er wiederholt erklärt hat, und er hat es auch in wenigen Jahren erreicht. Daß dies Maximilian I. gelang, trotz der hohen Schulden, die er von seinem Vater übernommen hatte, war eine außergewöhnliche staatsmännische Leistung, möglich nur durch seine hohen finanzpolitischen Fähigkeiten, die ihm erlaubten, mit den bewilligten Mitteln auch auszukommen. Bestimmte konkrete Gegebenheiten, besonders die außenpolitische Bedrohung der Jahre vor dem Krieg, kamen ihm dabei zu Hilfe, aber auch die Mentalität der Landschaft selbst. Ein großer Teil des landständischen Adels befand sich in so gedrückten Lebensverhältnissen, daß er die Kosten des Landtagsbesuchs als eine Last empfand. Dazu machte sich auch der Überdruß an langwierigen parlamentarischen Beratungen geltend, vor allem wenn die Regierung trotz allen Widerspruchs zuletzt doch immer wieder ihren Willen durchsetzte. Die Prälaten wiederum, die durch die Reformation aus ihrem Besitz vertrieben worden waren, waren dankbar, daß sie im katholischen Bayern den Schutz des Landesfürsten erhielten. Die Bürger dagegen standen von jeher völlig im Schatten der beiden ersten Stände, unter Maximilian I. vollends lastete die Hand des Fürsten schwer auf ihnen. So hatten die Landstände schon 1577 gebeten, nicht mehr einberufen zu werden, 1583 fehlte mehr als ein Drittel, 1593 ebenso. Diese geringe Neigung der Landstände, ihre Rechte wahrzunehmen, nutzte Maximilian I. rücksichtslos aus, sein Ziel war, überhaupt ohne Landschaft auszukommen und nur mehr mit dem Landschaftsausschuß, den Verordneten der Landschaft, zu verhandeln.

Das war nur möglich, wenn die erforderlichen Steuern nicht für ein oder zwei Jahre, sondern, wie 1577 oder 1593, für einen längeren Zeitraum bewilligt wurden. 1605 bereits, im ersten von ihm einberufenen Landtag, erzielte der Herzog unter dem Eindruck der sich steigernden politischen Spannung im Reich den entscheidenden Durchbruch. Als Adel und Prälaten zunächst seine Forderungen zurückwiesen, bedrohte er die Grundherren an ihrem empfindlichsten Punkt, im Verhältnis zu ihren Hintersassen. Durch die in Aussicht gestellte allgemeine Überprüfung der rechtlichen und finanziellen Lage der Bauernschaft erzwang der Herzog die Bewilligung der Kosten für die Rüstung von 500 000 Gulden und die Tilgung der Schulden in Höhe von 1 Million. Entscheidend war, daß die Steuern, die Kammergutsaufbesserung und die Ständeanlagen von je 100 000 Gulden auf 6 Jahre bewilligt wurden. In der Zeit zwischen den Landtagen hatte es der Fürst nur noch mit dem Landschaftsausschuß zu tun, der gleichzeitig auch die Landschaftskasse verwaltete. 1612 dann, auf dem letzten Landtag, den er einberief, ging Maximilian noch einen Schritt weiter. Er forderte und erhielt für die nächsten 9 Jahre Landsteuern, Anlage und Aufschlag, vor allem setzte er durch, daß die Landschaftsverordneten das Recht erhielten, bei offenbarer Landesnot, wenn kein Landtag gehalten werden könne, von den Geldern der Landschaft bis zu 200 000 Gulden zusätzlich herauszugeben. Damit war er in seinen finanziellen Möglichkeiten ungleich beweglicher als bisher, und als er 1620 in offener Durchbrechung der gesetzlichen Schranken die Verordneten dazu brachte, ihre Vollmachten zu überschreiten und eine neue Steuer und neue Aufschläge zu bewilligen, war der Absolutismus etabliert.

Sicher war es vor allem der Krieg mit seinen Umständen, der den kontinuierlichen Ausbau der fürstlichen Alleinherrschaft begünstigte; aber die unerläßliche Voraussetzung dafür, daß alle Gelegenheiten, die sich in diesen Jahren boten, auch ausgenutzt werden konnten, war die durchgreifende Neuordnung des gesamten Finanzwesens, ja der gesamten Staatsverwaltung schon vor dem Krieg und die unablässige Kontrolle der Beamten durch den Fürsten selbst. Einschneidende Änderungen hat Maximilian im Grunde gar nicht vorgenommen, er hat vor allem die wirkungsvollen Ergebnisse der bisherigen Reformen verstärkt und intensiviert. Waren schon bisher die bürgerlichen Juristen, die für ihren Dienst ausgebildet waren, in immer stärkerem Ausmaß an die Stelle adeliger Räte getreten, so dominierten sie jetzt, in der Hofkammer nicht anders als im Hofrat, dem obersten Gerichtshof, oder dem Geheimen Rat, dem Instrument, mit welchem der Herzog die auswärtige Politik leitete. Unablässige Kontrolle, notfalls strenge Strafen, das war das Geheimnis der Verwaltungsreform Maximilians, neben der strengen Bindung auch der Unterbeamten an den Fürsten durch Ernennung nicht von Seiten der Außenbehörden, wie bisher, sondern durch die Zentrale, und neben einer einheitlichen Gehaltsregelung, die dem Überwuchern des Sportelwesens einen Riegel vorschob. Der Erlaß des Landrechts von 1616 diente ebenfalls der Übersichtlichkeit und wirksamen Kontrolle, er formte aus Ober- und Niederbayern ein einheitliches Rechtsgebiet und beendete die Herrschaft des ungeschriebenen Rechts in Niederbayern mit all seinen Unsicherheiten.

Dank der wirksamen Kontrolle der Einkünfte, der strengsten Prüfung der Ausgaben, gelang es Maximilian I. bis zuletzt, den Staatshaushalt im Gleichgewicht zu halten, ungeachtet der militärischen Ansprüche während des Krieges, der den Finanzbedarf in geradezu schwindelnde Höhen schraubte. 1596 betrug der Etat 461953 Gulden an Einnahmen, dem 410000 Gulden an Ausgaben gegenüberstanden; 1650, zu Ende der Regierungszeit Maximilians I., betrugen die Einnahmen 1632812 Gulden, die Ausgaben 1377462 Gulden. Der Etat war also im Verlauf der Regierungszeit des Fürsten auf das Dreifache gestiegen. Den Hauptanteil an Ausgaben nahm der Militäretat ein; angesichts eines Krieges von 30 Jahren verständlich.

Man wird nicht sagen können, daß Maximilian diesen Krieg gewissermaßen systematisch vorbereitet habe. Die Aufstellung eines stehenden Heeres aus Berufssoldaten, einer Truppe, die ständig zur Verfügung stand, gehörte zwar auch zum System des Absolutismus, auch hat Maximilian I. in Bayern damit als erster begonnen, aber doch ausschließlich durch außenpolitische Notwendigkeiten dazu gedrängt und erst, als der Krieg unvermeidlich schien. Er hätte sich lieber mit dem alten Verteidigungssystem begnügt, das seit dem 15. Jahrhundert in Bayern eingeführt war. Neben dem adeligen Lehensaufgebot war auch jeder Bürger und Bauer dienstpflichtig, sie hatten im Falle eines feindlichen Angriffs auszurücken und sich, in Landfahnen organisiert, dem Feind entgegenzustellen. Zu einem systematischen Einsatz dieser Landfahnen war es jedoch noch nie gekommen, es fehlte auch an der Bewaffnung, daran und an der fehlenden Ausbildung änderten auch alle Verordnungen Maximilians nichts. Auch ließen sich die Landfahnen nicht in die reguläre Truppe eingliedern, sie blieben also trotz ihrer Zahl von 14000 Mann bedeutungslos, selbst neben einem gut geschulten Heer von Söldnern. Ein solches wurde in Bayern erstmals 1610 auf Dauer angeworben, unter den Offizieren waren besonders Wallonen und Lothringer, die damals in scharfem Gegensatz zu Frankreich standen, und dann auch Italiener, die im Militärwesen nach wie vor führend waren. Die Bayern jedoch, Adelige wie Bauern und Bürger, waren kaum zum Eintritt in die Armee zu bewegen. 1610 betrug das Heer 15 000 Mann zu Fuß, 5 000 Reiter, 1620 bereits 24 000 bzw. 5 500 Mann, diese Zahl blieb, doch wurde in Zukunft die Reiterei auf 11 000 Mann erhöht, eine wichtige, für die vielgerühmte Schlagkraft der bayerischen Armee ausschlaggebende Veränderung.

Dieses Heer, das im Reich keinen gleichwertigen Gegner hatte, war aufgebaut für eine Politik, die im großen Maßstab plante, spätestens seit 1610 weit über den unmittelbaren bayerischen Interessenkreis hinaus. Der zeitliche Zusammenhang ist kein Zufall, in diesem Jahr tritt der Streit um Jülich, Cleve und Berg in die Krise, die Religionsparteien formieren sich zu militärischen Bündnissen, der Krieg scheint unmittelbar bevorzustehen. Maximilian I. aber spielte jetzt bereits, aber in weit betonterer Weise als einst der Vater, die erste Rolle auf katholischer Seite, Bayern steht im Zentrum der gesamten Entwicklung.

Der bayerische Herzog hat wegen dieser seiner Rolle in einer der unheilvollsten Epochen der deutschen Geschichte viel Kritik erfahren. Ohne Frage hat er seine Fehler gemacht, und es wäre nicht angebracht, seine Politik außerhalb des Spannungsfeldes jeder Politik überhaupt anzusiedeln, dem Spannungsfeld zwischen Ethos und Macht. Er kannte, wenn man schon seinen natürlichen Machtsinn nicht als den dominierenden Faktor ansehen will, Giovanni Botero mit seinem Versuch einer Verchristlichung der Lehre von der die Politik allein bestimmenden Staatsräson, wie sie völlig unverhüllt Machiavelli entwickelt hat. Er kannte auch Justus Lipsius, der, aus Tacitus vor allem, Grundsätze für politisches Handeln abgeleitet hatte, die an Härte und Bestimmtheit Machiavelli wenig nachstanden. Das oberste Gesetz seines Handelns betraf in erster Linie den eigenen Fürstenstaat, dann noch das Reich, soweit das vieler Auslegungen fähige Reichsrecht dem Fürsten unmißverständliche Pflichten auferlegte. Das ist überhaupt der fundamentale Unterschied zur Interessenlehre Machiavellis, der kein Recht kannte und nur eine Pflicht des Fürsten, sich an der Macht zu erhalten; das Recht respektierte Maximilian absolut.

So stand er auch in Bezug auf die entscheidenden Probleme seiner Regierungszeit, die den Zwiespalt der Konfessionen betrafen, uneingeschränkt auf dem Boden des Augsburger Religionsfriedens, ungeachtet der Vorschriften des Kirchenrechts, das von jedem katholischen Fürsten aktiven Kampf gegen häretische Fürsten verlangte. Er war aber gleichzeitig nicht bereit, Verletzungen dieses Friedens von der anderen Seite hinzunehmen; am Geistlichen Vorbehalt vor allem hielt er entschieden fest. Daß sich auch in dieser Hinsicht Konflikte zwischen den Interessen des bayerischen Fürsten und denen seiner Religionspartei ergaben, war beim unglücklichen Verlauf des Krieges unausbleiblich, doch daß er dabei nicht bis zum völligen Untergang Bayerns auf der Durchführung des Restitutionsedikts beharrte, wird man nicht im Ernst als Kriterium für seine Prinzipientreue betrachten wollen. Seine Aufgabe war unlösbar – hätte er deshalb keinen Versuch machen sollen? Und seinen eigentlichen Erfolg ignoriert man weithin; daß die Konfessionsbewegung im Reich zur Ruhe kam, damit die Quelle der Zwietracht eines ganzen Jahrhunderts, war zur Hauptsache seinem Widerstand zu danken, doch wird das heute noch jede Partei anders sehen.

Der Augsburger Religionsfriede, das lag vor allem an der damals zurückgestellten Entscheidung über die Anerkennung der dritten Religionspartei im Reich, aber auch an der Entschlossenheit der Lutheraner, den Geistlichen Vorbehalt nicht anzuerkennen, war nicht viel mehr als ein Waffenstillstand, den die überlegene Partei nur akzeptierte, solange sie dabei im Vorteil war. Mit dem Eingreifen Bayerns, 1583, änderte sich das bisherige Verhältnis auf einen Schlag, der Vormarsch der Protestanten im Reich drohte zum Stillstand zu kommen. An diesem Ergebnis war auch die Haltung Sachsens nicht unbeteiligt. Der Kurfürst war das Haupt der protestantischen Fürstengruppe auf dem Reichstag; interne Schwierigkeiten mit Sympathisanten Calvins in Sachsen selbst brachten den Kurfürsten in Gegensatz zur calvinistischen Pfalz, gleichzeitig zur Anlehnung an den Kaiser, diese wieder lähmte die außenpolitische Aktivität, so daß Gefahr bestand, daß auch von protestantischer Seite der Status quo, das Prinzip des Friedens von Augsburg, hingenommen wurde. Damit war nicht zuletzt eine Anerkennung des Calvinismus als gleichberechtigte Konfession im Reich ausgeschlossen, und so wird noch im Anschluß an den Kölner Krieg, in dem die Pfalz unterlegen war, von dieser Seite aus die Offensive erneut aufgenommen, in enger Zusammenarbeit mit Frankreich, dem es darauf ankam, den spanischen Druck am Niederrhein zu beseitigen. Die pfälzische Methode war dabei das indirekte Vorgehen, bedingt durch die grundsätzliche Schwäche des Calvinismus im Reich. Die Angriffe richteten sich direkt gegen keinen Reichsstand, sondern allein gegen die Reichsverfassung und das Funktionieren der Reichsorgane – ein ausnehmend gefährliches Ziel, das schließlich auch weitgehend erreicht wurde. 1588 bereits hatte die Pfalz die Visitationskommission für das Reichskammergericht lahmgelegt, das Berufungsorgan, an welches die strittigen Fälle gingen. Der Grund dafür war die Verweigerung von Sitz und Stimme für den protestantischen Administrator des Erzbistums Magdeburg in dieser Kommission, der entsprechend dem Geistlichen Vorbehalt nicht als Fürst anerkannt wurde. 1600 dann machte die Pfalz die vom Reichstag eingesetzte Ersatzinstitution unwirksam, indem der pfälzische Vertreter zusammen mit denen von Kurbrandenburg und Braunschweig-Wolfenbüttel den Deputationstag verließ, der den sog. Vierkloster-Streit entscheiden sollte. Damit brach die Reichsjustiz zusammen. Der Rechtsweg blieb in Zukunft verschlossen, strittige Fragen konnten nur noch auf dem Weg des politischen oder militärischen Machtentscheids gelöst werden. Zuletzt versuchte die Pfalz dann sogar, das Majoritätsprinzip des Reichstags aufzuheben, zunächst, 1603, in Bezug auf die Zahlung der Reichssteuern, 1608 dann bei der Behandlung religiöser Fragen – damit war die Ausgangssituation für den kommenden Krieg erreicht. Gelungen war das, weil durch das bayerische Vorgehen 1607 sich alle protestantischen Reichsstände bedroht fühlten und sich zusammenschlossen, jetzt unter der Führung der Pfalz.

Der Vorgang selbst ist juristisch eindeutig. Nachdem Maximilian 1604 schon in Kaufbeuren durchgesetzt hatte, daß sich die Stadt den Konsequenzen aus der 1555 festgestellten reichsstädtischen religionspolitischen Parität fügte, griff er in Donauwörth, wo der Rat nicht gewillt war, trotz mehrerer kaiserlicher Mandate kampflos nachzugeben, schließlich auch mit Truppenmacht ein. In beiden Fällen hielt er sich streng an die Reichsverfassung, schritt nur ein auf Befehl des Kaisers – wenn auch außerhalb des eigenen Reichskreises. In beiden Fällen war der Erfolg vollständig. Als die bayerischen Regimenter vor Donauwörth rückten und in Vollstreckung der Reichsacht die Stadt besetzten, und als Maximilian sich weigerte, ohne Erstattung der Exekutionskosten, die er auf 225 000 Gulden angesetzt hatte, die Stadt wieder zu räumen und sie der bayerischen Verwaltung unterstellte, hatte er aber die Toleranzmarke überschritten. Zahlreiche Reichsstände waren in Prozesse wegen Bruchs des Religionsfriedens verwickelt und fürchteten nun das gleiche Schicksal wie Donauwörth. Diese Furcht überbrückte schließlich sogar die Kluft zwischen den lutherischen Reichsständen und der calvinistischen Pfalz und führte zu jener Einigung, die Friedrich IV. von der Pfalz und Christian von Anhalt, einer der tatkräftigsten Räte des Kurfürsten, unermüdlich anstrebten. Selbst Kursachsen schwenkte jetzt auf die Pfälzer Linie ein. So stand in der Donauwörther Frage plötzlich die Front der Protestanten den Katholiken geschlossen gegenüber, zum ersten Mal wieder seit den Reichstagen unter Karl V.

Der Reichstag von 1608 war einberufen worden, weil der Kaiser Hilfe gegen die Türken brauchte, diese Hilfe machten die protestantischen Fürsten unter Führung Sachsens von einer generellen Abhilfe der protestantischen Beschwerden abhängig, die Katholiken wieder forderten die Rückgabe der säkularisierten Bistümer. Jetzt verließen die Pfälzer mit ihrem Anhang den Reichstag, damit war das wichtigste Organ des Reiches ebenfalls gelähmt. Das letzte Ergebnis war, daß angesichts der Unversöhnlichkeit der Gegensätze das Reich in zwei einander schroff gegenüberstehende Parteien auseinandertrat, Parteien, die jetzt, im Gegensatz zur bisherigen politisch-juristischen Auseinandersetzung, auch den Kampf mit den Waffen als ultima ratio ins Auge faßten.

Die erste Voraussetzung dazu war der Ausbau der Bündnissysteme. Die protestantische Partei, die sich durch Donauwörth herausgefordert fühlte, ging dabei voran. Am 14. Mai 1608 schlossen zu Ahausen die Kurpfalz, Württemberg, Pfalz-Neuburg, Baden, Ansbach und Brandenburg-Kulmbach die „Union zur Verteidigung des evangelischen Glaubens", die bis 1610 durch den Beitritt von Brandenburg, Hessen-Kassel, Zweibrücken, Anhalt und einer Reihe von oberdeutschen Reichsstädten, darunter Nürnberg, Ulm und Straßburg, zu bedrohlicher Macht anwuchs. Diese Union war auf 10 Jahre befristet und hatte, wie die Bundesakte sagte, zum Zweck, Rechtswidrigkeiten und Gewalttaten abzuwehren, darunter aber auch jede Anwendung der Reichsgewalt, soweit sie die Religion bedrohe. Die Antwort auf die Union war die Bildung der Katholischen Liga am 10. Juli 1609 zu München. Auch sie war so wenig wie die Union eine spontane Bildung und hatte eine lange Vorgeschichte wie diese, Bündnisbestrebungen seit 1603, die zum Teil von Bayern, zum Teil vom Kurfürsten von Köln ausgegangen waren, aber beim Kaiser keine Zustimmung gefunden hatten. Jetzt war man entschlossen, auch ohne den Kaiser zu handeln. In einem ersten Stadium traten die Bischöfe von Würzburg, Konstanz, Augsburg und Regensburg bei. Der Erzherzog Leopold als Bischof von Passau und Straßburg, die Bischöfe von Freising und Eichstätt und der Erzbischof von Salzburg, der als Mitdirektor des bayerischen Reichskreises und wegen der Konkurrenzkämpfe im Salzhandel in steter Rivalität zum bayerischen Herzog stand, hielten sich fern. Als Bundesoberst mit unumschränkter Gewalt im Krieg wurde Maximilian I. bestellt. Die Mitglieder verpflichteten sich zu einem festen Beitrag, der aufgrund der Reichsmatrikel festgelegt wurde. Er sollte ausreichen für den Unterhalt eines Heeres von 15 000 Mann zu Fuß und 5 000 Reitern. Da die Union auf 10 Jahre geschlossen worden war, sollte auch die Liga bis 1618 dauern.

Die Liga, wie sie am 10. Juli 1609 zustandegekommen war, hatte mit ihrer Gründung bereits die Möglichkeit geschaffen, das Gleichgewicht in Oberdeutschland aufrechtzuerhalten. Zu einer das ganze Reich umfassenden Politik war sie erst in der Lage, als es Maximilians Bruder, Kurfürst Ferdinand von Köln, im August gelang, auch die übrigen rheinischen Erzbischöfe zu gewinnen. Die dazu erforderliche Konzession war die Bestellung des Erzbischofs von Mainz als Mitdirektor in der politischen Leitung. Der Kaiser wurde zum Beitritt nicht eingeladen. Obwohl der Bündniszweck in beiden Fällen rein defensiv gehalten war, bedeutete die Konfrontation allein schon die äußerste Gefährdung des Friedens, es bedurfte bloß noch des allgemeinen Anlasses. Dieser schien gekommen, als der konfessionelle Gegensatz plötzlich auch in der 1609 aufgetretenen Frage des Jülicher Erbes bestimmend wurde. Als Erben kamen in Frage der Kurfürst von Brandenburg und der Pfalzgraf von Neuburg, beide waren protestantisch. Da jedoch auch Sachsen Anspruch erhob, schaltete sich der Kaiser ein, bestärkt von Spanien, und ernannte Erzherzog Leopold zum Administrator des Landes. Damit war die Jülicher Frage bereits zu einem Problem der europäischen Politik geworden, Frankreich und Holland fühlten sich herausgefordert. Schon rüstete Heinrich IV. von Frankreich und verbündete sich mit der Union, als er am 14. Mai 1610 zu Paris ermordet wurde. Damit war noch einmal ein Krieg verhindert worden, den auch Maximilian I. nicht zu führen bereit gewesen wäre. Es kam nach langen Verhandlungen, in denen sich jetzt auch der Kaiser für den mittlerweile katholisch gewordenen Pfalzgrafen einsetzte, zum Vertrag von Xanten 1614 mit der Teilung des Landes; das Herzogtum Jülich-Berg erhielt der Pfalzgraf, das Herzogtum Cleve mit den Grafschaften Mark und Ravensberg der Kurfürst von Brandenburg.

Der Krieg war verhindert worden, weil Frankreich plötzlich ohne Führung gewesen war, und weil Maximilian von Bayern nicht bereit war, Macht einzusetzen, wo es weder für die Liga noch für Bayern ein Ergebnis versprach. Der Aufmarsch von 1610 konnte sich aber unter veränderten Umständen jederzeit wiederholen, solange die der Parteiung zugrundeliegende Spannung nicht beseitigt war. Jede neue Veränderung des bestehenden Zustandes bedeutete deshalb eine neue Bedrohung des Friedens im Reich.

Der Dreißigjährige Krieg

Am nachhaltigsten mußte sich vor allem eine Änderung an der Reichsspitze auswirken. 1612 war Rudolf II. gestorben. Nachfolger wurde sein Bruder Matthias, der bereits seit Anfang des Jahrhunderts bemüht war, beraten von Bischof Klesl von Wien, Direktor des österreichischen Geheimen Rats, an die Stelle seines Bruders zu treten. 1608 schon war es ihm unter Ausnutzung der Wirren in Ungarn gelungen, Rudolf aus Österreich zu verdrängen; die Hilfe der ober- und niederösterreichischen Stände bei diesem Staatsstreich mußte erkauft werden mit der Freigabe der Religion auf den Besitzungen des Adels und in den landesfürstlichen Städten. Die Rückwirkung dieses Vertrages auf Böhmen, im sogenannten Majestätsbrief vom 9. Juli 1609, gehört zu den wichtigsten Ursachen des Dreißigjährigen Krieges. Ermuntert durch seine Erfolge in Österreich, die durch weitgehende Kapitulation vor den Ständen erreicht worden waren, strebte Klesl seit 1612 auch in der Reichspolitik die Wiederherstellung der kaiserlichen Macht durch die Verständigung mit den Protestanten an. Das wichtigste Hindernis bei dieser Absicht schien ihm die Liga. Obwohl aber seine Kompositionspolitik scheiterte, jene Politik, die unter Umgehung der reichsrechtlich dafür zuständigen Institutionen durch Schiedsverfahren die strittigen Fragen bereinigen wollte, obwohl 1613 der Regensburger Reichstag in Unfrieden auseinanderging, insofern sich die protestantische Partei unter Protest dem Reichsabschied mit der Türkenhilfe für den Kaiser widersetzte, ruhte Klesl nicht eher, als bis er unter Ausnutzung der Rivalität zwischen Mainz und Bayern die Liga gesprengt hatte. Seit dem Regensburger Liga-Tag, 1613, dessen Beschlüsse völlig unter dem Einfluß Klesls standen, zog sich Maximilian I. praktisch von der Liga zurück, das ausdrückliche Bündnisverbot des Kaisers von 1617 konnte das Ende der alten Liga nur noch besiegeln. Maximilian I. gab sich allerdings nicht geschlagen; schon 1614 hatte er mit Augsburg, Bamberg, Würzburg und Eichstätt ein neues, engeres Bündnis geschlossen, das wieder zur ersten Phase der Liga zurücklenkte, dieses Bündnis bestand 1617 im geheimen weiter, es bildete, allein unter Führung Maximilians und damit ohne jene Belastung, die bisher nur zu Reibereien geführt hatte, jene Basis, von der aus es dann 1619 zur Erneuerung der Liga kam, unter ausdrücklichem Verzicht Habsburgs auf Beitritt und Direktorium.

Das war das Ergebnis der Verbindung der Union, die sich 1617 keineswegs aufgelöst hatte, mit der ständisch-protestantischen Opposition in Österreich und Böhmen gegen Ferdinand von Innerösterreich als Nachfolger des kinderlosen Kaisers. Ferdinand hatte in der Steiermark und in Kärnten mit kompromißloser Konsequenz die Gegenreformation durchgeführt, es war zu erwarten, daß er in Österreich und Böhmen Ähnliches versuchen würde. Zur Erleichterung des Übergangs wurde die Nachfolge in Böhmen noch zu Lebzeiten des Kaisers geregelt; ohne ernsthaften Widerstand stimmten auch die Stände zu, so wurde noch 1617 Erzherzog Ferdinand als König von Böhmen „angenommen“

und gekrönt, obwohl schon 1614 Matthias Thurn berichten konnte, daß Böhmen zur Vertreibung der Habsburger entschlossen sei. Es bedurfte aber doch größerer Mühe, als Graf Thurn vorausgesehen hatte. Erst 1618 war es ihm möglich, seine Freunde zum entscheidenden Schritt mitzureißen. Den Anlaß bildete die Zerstörung der neuerrichteten protestantischen Kirche in Klostergrab, die widerrechtlich auf kirchlichem Grund erbaut worden war, unter Berufung auf den Majestätsbrief von 1610, der dem Adel und den königlichen Städten freie Religionsausübung und die Errichtung von Kirchen und Schulen auf königlichen Gütern gestattet hatte. Thurn berief nun den ebenfalls im Majestätsbrief genehmigten Ausschuß der Stände, die sogenannten Defensoren, ein, und nach einem vergeblichen Protest an den Kaiser kam es zu jener unwiderruflichen Gewalttat, dem Prager Fenstersturz, der eine Welt in Brand steckte.

Die Stände Böhmens konstituierten sich jetzt als Landtag, setzten eine ständische Regierung ein und hoben ein Heer von 4000 Mann aus, Graf Thurn hatte den militärischen Oberbefehl. Im Oktober 1618 beschloß die Union, die Sache in Böhmen zu unterstützen, Christian von Anhalt gelang es dabei, die Zusicherung der böhmischen Krone für seinen Kurfürsten zu erlangen. Auf der Gegenseite ließen Ferdinand von der Steiermark und Maximilian von Tirol Kardinal Klesl verhaften, der für Nachgeben in Böhmen war, und erreichten beim Kaiser die Einleitung von Gegenmaßnahmen. Es gelang, trotz der Bedrängnis in Ungarn durch die Türken, wenigstens Südböhmen zu halten. So war die Lage, als im März 1619 Kaiser Matthias starb. Entscheidend mußte es sein, ob es Erzherzog Ferdinand gelingen würde, der bereits König von Böhmen und Ungarn war, die Nachfolge seines Onkels auch als Kaiser anzutreten. Als Gegenkandidat kam im Grunde bestenfalls Maximilian von Bayern in Frage, doch obwohl ihm Friedrich von der Pfalz die Stimme der drei protestantischen Kurfürsten zusicherte – während Köln ohnedies in Händen der Wittelsbacher war –, lehnte dieser schroff ab. Er wollte weder von seinen Wählern abhängig werden noch in einer Stunde, in der Habsburg vor einer geschichtlichen Wende stand, die katholische Partei tödlich schwächen. Im Gegenteil, als sich auch in Ober- und Niederösterreich die Stände weigerten, Erzherzog Ferdinand zu huldigen, und sich selbst als Landesverweser erklärten, bot er erstmals die Hilfe Bayerns und der Liga an. Dazu war er vor allem deshalb in der Lage, weil sich unter dem Druck der Ereignisse noch im Frühjahr 1619 die gesamte Liga neu formiert hatte; diesmal trat sogar Salzburg bei.

Während sich nun die deutschen Kurfürsten und der gewählte König von Böhmen nach Frankfurt zur Kaiserwahl begaben, schickten sich die evangelischen Stände der böhmischen und österreichischen Länder an, auf einem Generalkonvent zu Prag das Werk der Revolution zu vollenden und die Schöpfung eines böhmisch-österreichischen Bundesstaates zu versuchen. Es gelang nicht ganz, doch kam es wenigstens zu einer engen politischen und militärischen Verbindung. So abgesichert wählten im August 1619 die Böhmen Friedrich V. von der Pfalz zu ihrem König. Christian von Anhalt gelang es, auch die Zustimmung der Union zu erreichen, so daß Ende September der Pfalzgraf die Krone annehmen konnte. Das Spiel Christians von Anhalt und des Grafen Thurn war also gelungen.

Die Union hatte sich jetzt eindeutig in den böhmischen Aufstand eingemengt, damit war auch die Liga gebunden, die ohnedies die Eroberung Böhmens und Ober- wie Niederösterreichs durch den Protestantismus nicht hinnehmen konnte. Die Vernichtung des Hauses Habsburg bedeutete, daß Bayern der einzige Staat von Gewicht in Deutschland gewesen wäre, der noch geschlossen dem alten Glauben anhing. Wie oft hatte man in Bayern die Stunde herbeigesehnt, in der das übermächtige Habsburg am Boden liegen würde, in der Wittelsbach an die Stelle Habsburgs treten könnte. Nie war diese Stunde so nahe gewesen wie jetzt, doch um den Katholizismus im Reich zu retten, mußte Maximilian Habsburg retten. Aber er wollte nicht nur den Katholizismus retten, sondern auch Habsburg, denn mit Habsburg rettete er zugleich das Reich; ihm war klar, daß niemand mehr dieses Reich zusammenhalten konnte als Habsburg.

Mochte dem bayerischen Herzog in diesem Augenblick auch der Gedanke fernliegen, die Habsburger im Stich zu lassen, so bedeutete dies nicht, daß er dabei nicht auch spezifisch bayerische Interessen verfolgen konnte. Lange vor dem entscheidenden Vertrag mit Ferdinand hatte er bereits Verhandlungen mit Spanien angeknüpft, deren Ziel ein spanischer Angriff auf die Rheinpfalz war, er war also in der Flanke bereits gedeckt, als er am 8. Oktober 1619 mit Ferdinand II. den entscheidenden Münchner Vertrag schloß, der die Wende in der Entwicklung der habsburgischen Tragödie bringen sollte. Maximilian versprach als bayerischer Herzog und als Haupt der Liga volle Truppenhilfe, gegen vollen Ersatz für die entstehenden Kriegsschäden und Kriegskosten. Als Pfand dafür wurden die von Maximilian etwa zurückeroberten habsburgischen Lande bestimmt. Die wichtigste Zusage machte der Kaiser nur mündlich. Er versprach dem Herzog die Übertragung der pfälzischen Kurwürde und die Überlassung jener Gebiete, die der Herzog von Friedrich V. erobern würde.

Zur gleichen Zeit, als die Liga Hilfe auch gegen Böhmen versprach, erklärte die Versammlung der Union zu Nürnberg, daß sie Friedrich V. nur zur Behauptung der pfälzischen Lande Hilfe schuldig sei, die Koalition gegen den böhmischen König konnte sich also in Ruhe formieren. Als dann schließlich im März 1620 auch Sachsen, gegen Überlassung der Lausitz, auf die Seite der kaiserlichen Partei trat, war der Ring geschlossen. Als nun die Union auf ihrer Versammlung zu Ulm im Juli 1620, unter dem Eindruck des spanischen Aufmarsches am Rhein und konfrontiert mit einem bayerischen Ultimatum, mit Maximilian vertraglich vereinbarte, im Reich nicht die Waffen gegen die Liga zu erheben, hatte Maximilian den Rücken frei, der Angriff auf Österreich und Böhmen war damit abgesichert, bei der Stärke des Ligaheeres, 30000 Mann, war der Erfolg unausbleiblich. Zuerst wurden die Stände Oberösterreichs in Linz zur Huldigung gezwungen, gleichzeitig unterwarf die Armee des Kaisers Niederösterreich, dann wandten sich beide Armeen nach Böhmen. Unter der Führung des Feldherrn der Liga, Graf Tserclaes v. Tilly, wurde am 8. November

1620 am Weißen Berg vor Prag der Böhmenkönig geschlagen. Wenige Tage später huldigten auch die böhmischen Stände.

Die welthistorische Bedeutung dieser Schlacht betraf nicht allein Böhmen, sie brachte den Umsturz der politischen Verhältnisse in Europa. Erstmals seit dem Tode Karls V. war dem unablässigen Abstieg des Hauses Habsburg wieder Einhalt geboten. Die kaiserliche Stellung war nicht mehr bedroht, sie konnte nur noch wachsen, und Ferdinand II. versäumte keine Zeit. Böhmen und Niederösterreich wurden mit äußerster Strenge wieder zum Gehorsam gebracht, die Macht der Stände wurde gebrochen, ihre Niederlage bedeutete den Sieg des Absolutismus wie der Gegenreformation auch in Böhmen und Österreich. Oberösterreich dagegen war, entsprechend dem Münchner Vertrag, in bayerischem Pfandbesitz. Da die kaiserlichen Finanzen es nicht gestatteten, dem Herzog die Kriegskosten zu ersetzen, entschloß man sich jetzt in Wien, Maximilian den Tausch gegen die Oberpfalz anzubieten, die außerdem erst noch erobert werden mußte. Dem Herzog selbst lag noch mehr am Herzen die Übertragung der pfälzischen Kurwürde. Rechtliche Voraussetzung für beides war die Verhängung der Reichsacht über den pfälzischen Kurfürsten, den aus Böhmen vertriebenen „Winterkönig". Sie erfolgte noch im Januar 1621. Die von verschiedenen Historikern gegen diesen kaiserlichen Schritt vorgetragenen rechtlichen Bedenken sind, wie schon M. Ritter gezeigt hat, gegenstandslos, es entsprach dem Herkommen; auch gestand der Reichsabschied von 1559 bei offenkundigem Landfriedensbruch dem Kaiser die sofortige Ächtung ausdrücklich zu. Eine andere Frage ist die nach der politischen Zweckmäßigkeit. Daß der Krieg jetzt weitergehen mußte, läßt sich nicht leugnen, manche Wirkung, besonders auf die europäischen Mächte, war sicher auch falsch berechnet. Aber zum einen bewirkte die Reichsacht gegen das Haupt der Union ihren alsbaldigen Zerfall; noch im Mai löste sie sich auf. Außerdem verlor die pfälzische Partei mit ihrem Territorium auch ihren realen Mittelpunkt, wenn sie sich für neue Angriffe zu sammeln gedachte, das war aber wahrscheinlicher als das Gegenteil, war doch Friedrich V. noch nach der Niederlage nicht einmal auf Böhmen zu verzichten bereit gewesen, nach der Acht nur unter unannehmbaren Bedingungen. Andererseits wurde die Absetzung eines Fürsten von den anderen Fürsten nicht gern hingenommen, selbst wenn es sich um einen Mörder, wie Ulrich von Württemberg, oder um einen Bigamisten, wie Philipp von Hessen, gehandelt hat. Auch bloße Annektionen einzelner Teile stießen im allgemeinen auf Widerstand, denn sie nährten das Gefühl der Unsicherheit gegenüber einer Autorität, die unablässig danach strebte, sich über die Fürsten zu erheben. Nicht nur Sachsen, auch der Kurfürst von Mainz machten deshalb erhebliche Schwierigkeiten. Am schwersten zu erreichen aber war die Anerkennung der neuen Verhältnisse durch Europa.

Möglichkeiten zur Einmischung der Mächte eröffnete die Uneinigkeit zwischen Maximilian und dem Kaiser über die Modalitäten der Entschädigung und der Kurübertragung. Aus verschiedenen Motiven waren beide für einen Aufschub, zumal auch die letzte militärische Entscheidung noch ausstand. So erhielt

England, dessen König der Schwiegervater Friedrichs V. war, Zeit, in diplomatische Aktionen einzutreten, die überraschenderweise bei Spanien ansetzten, dem wichtigsten Verbündeten des Kaisers und auch der Liga. So wie die Notwendigkeit für Spanien, sich den Landweg vom spanischen Mailand durch das Veltlin, das sich eben gegen die protestantischen Graubündner erhoben hatte, über den Oberrhein und die Pfalz nach den Niederlanden zu sichern, Rücksichten auf den Kaiser und Maximilian anriet, so erforderte die Sicherung des Seeweges nach den Niederlanden Frieden mit England. Aus diesen einander widersprechenden Gesichtspunkten erklärt sich das fortwährende Lavieren der spanischen Politik in der Pfalzfrage in den folgenden Jahren. Der Kaiser wieder zögerte unter dem Eindruck der spanischen Weigerung, der Kurübertragung zuzustimmen. Zu bedenken war auch die Haltung Frankreichs. Hier empfand man den Einmarsch der Spanier in die Pfalz als unmittelbare Bedrohung, bedrohlich fand man auch die spanische Festsetzung im Veltlin, da die Schweiz bisher stets als Interessensphäre Frankreichs angesehen worden war. Doch mehr noch als Spanien befand sich Frankreich in einem Dilemma. Eine direkte Aktion am Rhein verbot sich im Augenblick durch einen neu ausgebrochenen Hugenotten-Aufstand und durch Bindung französischer Truppen im Veltlin. Im Reich aber bedurfte man, wenn man auf lange Sicht Einfluß nehmen wollte, mächtiger Verbündeter gegen Habsburg, Bayern aber war im Augenblick der mächtigste Reichsstand. So erhielt der französische Resident in Wien Anweisung, alles Erdenkliche zu Gunsten Bayerns zu tun – eine Politik, die sich noch bezahlt machen sollte.

Den entscheidenden Ausschlag aber gab die Stellungnahme des Hl. Stuhls, jener Autorität, auf die Ferdinand II. am meisten hielt, die aber auch am machtvollsten unter den Verbündeten des Kaisers um diese Zeit in Erscheinung trat. Die Subsidien Gregors XV. waren für die kaiserliche Kriegsführung unentbehrlich. Als deshalb der Papst, der in der Ächtung des Pfalzgrafen die einzigartige Möglichkeit sah, durch die Übertragung der pfälzischen Kur an Maximilian von Bayern der katholischen Partei im Reich wieder das Übergewicht zu sichern, mit größtem Nachdruck beim Kaiser auf diesen Vorgang hinwirkte, gab Ferdinand II. Ende August 1621 nach und erteilte Maximilian in Wien, vorerst noch im geheimen, die Investitur mit der pfälzischen Kurwürde. Wenig später wurde die Oberpfalz erobert, der Angriff der Liga auf die Rheinpfalz brachte dann 1622 die militärische Entscheidung. Nach zwei schweren Niederlagen seiner Truppen löste der Kurfürst von der Pfalz seine Armee auf und suchte Zuflucht in Holland. Die rechtsrheinische Pfalz wurde unter bayerische Verwaltung genommen, die kostbare Heidelberger Bibliothek wurde 1623 nach Rom gebracht, als Geschenk an den Papst. In der linksrheinischen Pfalz standen die Spanier.

Dieser Erfolg blieb nicht ohne Auswirkung auf die Kurfrage, auch Spanien widersetzte sich nicht mehr. Bündnisverhandlungen Bayerns mit Frankreich übten noch 1622 einen zusätzlichen Druck aus; so erfolgte am 25. Februar 1623 in Regensburg die feierliche, öffentliche Investitur Maximilians mit der Kurwürde, ein Ziel, das er bereits seit Jahrzehnten verfolgt hatte und für das die besten Historiker und Juristen Bayerns mit Geschichtswerken und Gutachten an die Öffentlichkeit getreten waren, mit dem Beweis vor allem, daß die Kurwürde Bayern zu unrecht geraubt worden war und nur altes Unrecht wiedergutgemacht werde. So hatte der bayerische Herzog die neue Würde England und dem mächtigen Spanien abgetrotzt, aber die Verteidigung der Kur hielt ihn in Atem bis fast an sein Lebensende, sie wurde damit, wie D. Albrecht sie nennt, der richtungsweisende Kompaß seiner auswärtigen Politik.

Die Konstellation von 1621/22, also vor der Entscheidung über die Kurwürde, blieb aber nicht nur deshalb bestimmend für die auswärtige Politik des bayerischen Kurfürsten, die spanischen wie die bayerischen Interessen durchkreuzten sich auch aus allgemeinen strategischen Gründen ständig. Spanien kannte nach wie vor nur einen empfindlichen Punkt, die Niederlande, jede anderweitige Bindung des einzig möglichen spanischen Verbündeten im Reich, des Kaisers, konnte die spanischen Nachschublinien am Rhein entblößen und damit den Erfolg gegen die Niederlande gefährden, während Bayern und die Liga gerade den niederländischen Krieg mit seinen Rückwirkungen auf England und Frankreich, nicht zu Unrecht, für die größte Gefährdung des Friedens auch im Reich hielten.

In Spanien übernahm zu dieser Zeit die Leitung der Politik Graf Olivares, in Frankreich Kardinal Richelieu. Das große Duell der beiden Staatsmänner sollte Europa zwei Jahrzehnte in Atem halten. Als erstes scheiterten die spanisch-englischen Verhandlungen. Sofort nahm Richelieu den abgerissenen Faden auf und kam seinerseits zum Abschluß eines Heiratsbündnisses. Der englische Thronfolger heiratete die Schwester des französischen Königs, Frankreich gewann damit seine außenpolitische Bewegungsfreiheit zurück. Der erste Vorstoß in Richtung auf eine Trennung Bayerns von Habsburg scheiterte zwar, doch ging trotzdem der Austausch von Gesandten weiter, zukünftiges Zusammenwirken war also keinesfalls ausgeschlossen. Maximilian hielt sich diese Verbindung auch dann noch offen, als Anfang 1625 englische Bemühungen, Dänemark, Schweden und die deutschen Protestanten gegen Kaiser und Liga zusammenzuschließen, zum Abschluß eines Bündnisses mit Dänemark führen sollten, während gleichzeitig Frankreich sich des Veltlins bemächtigte, das durch päpstliche Truppen besetzt und damit neutralisiert worden war. Von jetzt an begann die Initiative dem Kaiser wie der Liga zu entgleiten, sie vermochten in Zukunft nur noch zu reagieren, die unablässigen Vorstöße von der Peripherie her waren offensiv nicht mehr zu meistern.

Noch war freilich 1625 die Entwicklung von ihrem Höhepunkt mit dem anschließenden Umschlag äußerlich weit entfernt. König Christian von Dänemark, der im Juni 1625 den Vormarsch längs der Weser antrat, um die Bedrohung des niedersächsischen Kreises durch die Truppen Tillys abzuwehren, blieb militärisch vorerst noch allein, da dieses Eingreifen auf deutschem Boden von England wie von Frankreich nicht als entscheidende Aktion gedacht war, nur zur Bindung der Kräfte diente, zur Ablenkung vom eigentlichen Kriegsschauplatz. Dazu kam der infolge des Hugenottenkrieges wieder aufgebrochene Gegensatz zwischen Frankreich und England, und dadurch erhielten der Kaiser und die Liga noch einmal freie Hand. Sie nützten die ihnen gebotenen Möglichkeiten zur raschen Niederzwingung Dänemarks, wobei Maximilian jetzt auch vor einem Bündnis mit Spanien nicht mehr zurückschreckte, sofern nicht die Liga gegen die Niederlande eingesetzt werden sollte. Verhängnisvoll in diesem Zusammenhang aber war schon die spanische Forderung nach Kontrolle über die Ostsee, die schließlich zum vergeblichen Griff nach Stralsund und zum ersten erfolgreichen Eingreifen Schwedens führte.

Die großen Erfolge der Jahre 1626/27 waren vor allem möglich geworden, weil der Kaiser, nicht zuletzt auf Drängen Maximilians hin, endlich auch eine starke Armee aufgestellt hatte. Bei der ständigen habsburgischen Finanznot sollte sie wenig kosten, und so nahm Ferdinand II. das Angebot eines böhmischen Adeligen an, der durch anrüchige Spekulationen, aber auch durch außerordentliches Talent für Organisation und Verwaltung zu bedeutendem Reichtum gekommen war. Dieser Adelige, Albrecht v. Wallenstein, warb auf eigene Rechnung eine Armee, die bis 1626 die Stärke der Ligatruppen erreichte, und erhielt den Oberbefehl über alle kaiserlichen Truppen. Damit war der Kaiser in kurzem von der Liga unabhängig. Für den bayerischen Kurfürsten begann jetzt eine neue politische Phase, der Kampf mit dem konfessionellen Gegner im Reich wurde ergänzt durch ein Ringen um die Erhaltung des bisherigen Einflusses in der eigenen Partei. Nach dem Frieden von Lübeck, vom 22. Mai 1629, in welchem der König von Dänemark auf die Führung im niedersächsischen Kreis verzichten und auch jene fünf Bistümer räumen mußte, die sein Sohn als Administrator oder Koadjutor besaß, Bremen, Magdeburg, Verden, Osnabrück und Halberstadt, war der Kaiser auf dem Höhepunkt seiner Macht, in erster Linie dank der Armee, die Wallenstein aufgebaut hatte. Der Dank des Kaisers bestand in der Erhebung seines Feldherrn zum Herzog von Mecklenburg, ohne daß er dabei das Reich eingeschaltet hätte. Anlaß zu Mißtrauen gaben nicht nur die ständig steigende Macht des neuen Herzogs, der seine Armee nach und nach auf 100000 Mann brachte, sondern auch seine Selbstherrlichkeit in ihrer Führung und sogar bei der Festlegung von Kriegszielen, schließlich auch Äußerungen, die sich direkt gegen die Reichsfürsten allgemein richteten. Als sich dann auch noch ein neuer Kriegsschauplatz auftat, in Oberitalien nämlich, der für die Lösung der Probleme des Reiches nur eine Belastung darstellte, war Maximilian entschlossen, gegen die ganze jüngste Entwicklung mit Energie anzusteuern. Damit kam erstmals ein Bruch in die Gesamtpolitik der katholischen Partei im Reich, der umso verhängnisvoller war, als gleichzeitig unter dem Eindruck des Sieges über Dänemark die eigenen politischen Möglichkeiten völlig überschätzt wurden.

Die Besitzergreifung Mantuas durch den Kaiser 1628 war der entscheidende strategische Fehler in dieser Phase des Krieges; sie war in Wien nur gedacht als Nebenaktion, was sie in der Tat auch war, gemessen an den Interessen, die sonst auf dem Spiel standen. Richelieu gelang es jedoch, hier anzusetzen, um die

Machtverhältnisse im Reich wieder völlig in Frage zu stellen. Ihm gelang es, den Papst und mit dessen Hilfe auch Bayern in seine Politik einzubeziehen, das Ergebnis war der Sturz Wallensteins und damit die Wehrlosmachung des Kaisers; hier also ist die Wende des Krieges anzusetzen. Die Frage der Nachfolge in Mantua, als Ende 1627 Vincenzo II. Gonzaga gestorben war, wurde von keiner Seite als bloße Rechtsfrage betrachtet; es ging vor allem dem Papst wie Frankreich darum, ein neuerliches Anwachsen der spanischen Macht in Italien zu verhindern. Als der Kaiser die Verwaltung an sich zog, griff Richelieu ebenfalls ein, der Papst aber vermittelte bei jenen Bündnisverhandlungen zwischen Frankreich und Bayern, die für Maximilian die Möglichkeit bedeuteten, auf den Kaiser Druck auszuüben in zwei Richtungen, zur Herbeiführung des Friedens in Italien und zur Entlassung Wallensteins, damit zur Preisgabe der eigenen Übermacht. Die kurialen Überlegungen bei dieser Vermittlungsaktion trafen also auch vitale bayerische Interessen. Sie täuschten sich nur in der Erwartung, Richelieu würde auf ein Bündnis mit protestantischen Mächten verzichten, wenn er ein Bündnis mit Bayern haben könnte. Sie täuschten sich auch darin, daß sie davon ausgingen, eine Schwächung des Kaisers bedeute keinesfalls eine Schwächung der gesamten katholischen Partei, wenn dabei wieder Bayern in den Vordergrund gerückt würde; um 1630 aber waren die Dimensionen längst über jenes Maß hinausgewachsen, das Bayern noch aus eigener Kraft beherrschen konnte.

Seit 1626 waren die Beziehungen zwischen Bayern und Frankreich nicht mehr abgerissen, Bündnisvorschläge Richelieus hatte Maximilian bisher allerdings stets abgewiesen, da sie nur für Frankreich Vorteile gefordert hatten, für Bayern nur Belastung bedeutet hätten. Jetzt bestand Aussicht, daß Frankreich auch auf bayerische Bedingungen einging, da es belastet war durch den Krieg um La Rochelle wie durch den Krieg um Mantua und deshalb Bayern brauchte. So steigerten sich die französischen Angebote, zumal nach dem Frieden von Lübeck, bis zur Garantie der Kurwürde und zu französischer Unterstützung im Falle eines Angriffs auf Bayern. Auch wenn der bayerische Kurfürst trotzdem zum definitiven Abschluß immer noch nicht bereit war, bedeutete allein die Fortführung der Verhandlungen bereits jene Stärkung der bayerischen Position, die dann 1630, auf dem Kurfürstentag zu Regensburg, den Kaiser zur Kapitulation bewog.

Dieser Tag zu Regensburg war nicht nur belastet mit dem unnötigen Konflikt um Mantua, sondern auch mit dem einschneidendsten kaiserlichen Eingriff in das Reichsrecht seit 1555, dem Restitutionsedikt. Noch vor dem endgültigen Friedensschluß mit Dänemark hatte der Kaiser am 6. März 1629 ein Reichsgesetz erlassen, das die Streitfragen über die Auslegung des Augsburger Religionsfriedens entscheiden sollte. Dabei wurde der Geistliche Vorbehalt, den die Protestanten 1555 nicht anerkannt hatten, ausdrücklich als Teil des Religionsfriedens bezeichnet, jede Entfremdung von Kirchengut seit 1552 galt damit als unrechtmäßig, und der Kaiser erklärte, daß er die Restitution des unrechtmäßig besessenen Kirchenguts an die Kirche erzwingen wolle. Kaiserliche Kommissäre waren zugleich Ankläger und Richter. Das Edikt betraf ca. 500 Klöster und Stifte, am meisten fielen ins Gewicht die Bistümer, die Dänemark 1629 geräumt hatte, dazu eine Reihe weiterer norddeutscher Stifte. Die politische Wirkung war deshalb so schwerwiegend, weil die norddeutschen Reichsstände, vor allem Kurbrandenburg und Kursachsen, mit den säkularisierten Bistümern eine kräftige Arrondierungspolitik betrieben hatten. Zwar hatten sie sich auf dem Kurfürstentag von Mühlhausen 1627, der auch die Aufnahme Bayerns ins Kurfürstenkollegium gebracht hatte, grundsätzlich mit einer allgemeinen gesetzlichen Regelung der zahllosen Streitfälle durch den Kaiser einverstanden erklärt, doch die Durchführung mit all ihren Härten, lokalen Unzuträglichkeiten, wohl auch Ungerechtigkeiten hatten sie nicht vorhergesehen, vor allem glaubten sie sich ihrer eigenen Stellung so sicher, daß sie für sich selbst nichts befürchteten. Alarmiert auch durch die Bestimmungen des Friedens von Lübeck, standen auch sie in Regensburg in scharfer Opposition zum Kaiser.

Das hätte nun den bayerischen Kurfürsten warnen müssen, zumal er an der Entstehung des Restitutionsedikts, unter voller Erkenntnis der Gefahren, die damit verbunden waren, beträchtlichen Anteil genommen und auf dem Ligatag zu Heidelberg 1629 dem Kaiser Hilfe bei der Durchführung des Edikts zugesagt hatte. Ihm war aber zu diesem Zeitpunkt die Gemeinsamkeit mit den protestantischen Kurfürsten offenbar wichtiger als der Erfolg des Restitutionsedikts, jedenfalls war es nur die Zusammenarbeit mit ihnen, die den Kaiser auf die Knie zwang. Als Sprecher der Kurfürsten setzte Maximilian von Bayern, ohne jedes eigene Entgegenkommen, etwa in der Frage der Königswahl, die Absetzung Wallensteins durch und die Reduzierung des kaiserlichen Heeres wie seine Unterstellung unter das Oberkommando Tillys, gleichzeitig versprach der Kaiser, keinen neuen Krieg anders als mit Rat der Kurfürsten zu beginnen. Damit war der Kaiser im Grunde noch in tiefere Abhängigkeit von der Liga geraten als zu Beginn des Krieges.

Ohne Frage war die Einigkeit unter den katholischen Fürsten, welche der Kaiser durch seine Nachgiebigkeit ebenfalls gefördert hatte, in dieser Stunde sehr wichtig, obgleich man sich nicht ohne Recht fragen mag, ob diese Einheit, nur unter einem anderen Oberkommandierenden, durch ein imponierendes kaiserliches Heer nicht ebenfalls gewahrt worden wäre. Sicher hätte es diese Einigkeit noch unterstrichen, wenn man dem Kaiser wenigstens in einer seiner Forderungen entgegengekommen wäre, in einem Punkt vor allem, in welchem auf die Dauer Widerstand ohnedies sinnlos war, in der Frage der Königswahl. In den Augen Maximilians war die Verschiebung der Königswahl als Druckmittel zu benützen, das den Kaiser veranlassen sollte, den Friedensschluß in Oberitalien zu beschleunigen, um alle der katholischen Partei verfügbaren Kräfte konzentriert gegen die sich immer deutlicher abzeichnende schwedische Drohung einsetzen zu können. Das Ergebnis war, wie in solchen Fällen immer, daß der Kaiser in Oberitalien alles aufgab und nichts dafür gewann. Obwohl in der besseren militärischen Position, einigte sich der Kaiser auf Drängen der Kurfürsten und unter der Voraussetzung eines umfassenden Friedens mit Frankreich, gleichzeitig gab er in Italien den Befehl zur Waffenruhe. Das französische Heer gewann daraufhin Zeit zur Erholung und Neuformierung, Richelieu aber berief sich darauf, daß sein Unterhändler keine Vollmacht für einen Generalfrieden erhalten habe, und erkannte den Friedensschluß nicht an.

Es war auch Maximilian von Bayern nicht möglich, der sicher wenig planvollen Politik des Kaisers ein tiefer durchdachtes außenpolitisches Konzept entgegenzustellen; am wenigsten überzeugend aber war zweifellos die Richtung, die er jetzt, trotz dieser Enttäuschung, in seiner Frankreich-Politik weiterhin beibehielt. Man darf zwar bei der Beurteilung der Überlegungen der Jahre 1630/31 nicht davon ausgehen, was man im Spätherbst 1631 wußte, sondern muß die Kräfteverhältnisse vom Frühjahr 1631 beachten, wo etwa 100000 Mann unter Tilly einem schwedischen Landungscorps von nicht mehr als 13000 Mann gegenüberstanden, und man muß wissen, daß dieses schwedische Heer unter dem gleichen Befehlshaber einige Jahre zuvor gegen Dänemark weithin unentschieden, gegen Polen ohne überzeugende Erfolge gekämpft hatte. Gegenüber den sieggewohnten Truppen Tillys schienen sie also in jeder Hinsicht unterlegen. Maximilian hat diese schwedische Drohung trotzdem ernstgenommen, aber ob er die richtige Antwort darauf gewählt hat, darf man doch sehr bezweifeln.

Wie auch immer man die Ziele des Schwedenkönigs Gustav Adolf bei seiner Landung an der pommerschen Ostseeküste einschätzen mag, für Richelieu war allein die Tatsache wichtig, daß dem Kaiser ein neuer Feind erwachsen war, der ihn von einer Unterstützung für Spanien abhalten konnte. Das scheint Maximilian von Bayern nicht bedacht zu haben, sonst hätte er kaum wenige Monate nach dem schwedisch-französischen Bündnisvertrag von Bärwalde im Januar 1631 auch seinerseits die jahrelang verweigerte Unterschrift unter den Bündnisvertrag mit Frankreich gesetzt, am 8. Mai 1631. Es hätte alarmieren müssen, daß dieser Vertragstext der erste von den vielen französischen Angeboten seit 1626 war, der scheinbar nur den bayerischen Interessen diente, ein Vertrag, der gegenseitige Hilfe bei Angriffen Dritter, mit französischer Garantie der bayerischen Kurwürde vorsah; Kaiser und Reich waren von den Verpflichtungen des Vertrags ausdrücklich ausgenommen. Worum es Richelieu dabei ging, war weniger, Bayern und die Liga von den Angriffshandlungen Gustav Adolfs auszunehmen, wodurch der kommende Krieg, der Schwedische Krieg in Deutschland, seinen Charakter als Glaubenskrieg völlig verloren hätte; immerhin konnte er Rom gegenüber durch seine Verbindung mit dem katholischen Bayern sein Bündnis mit protestantischen Fürsten rechtfertigen. Worum es ihm aber in erster Linie ging, war zweifellos die ungeheure Versuchung, die dieser Vertrag für Bayern darstellte und der Maximilian auch beinahe erlegen wäre, im Schutze der französischen Garantie den Kaiser in diesem Krieg allein zu lassen.

Zunächst war Maximilian mit den übrigen katholischen Kurfürsten durch sein in Regensburg abgegebenes Versprechen unverzüglicher Hilfe bei einem schwedischen Angriff auf das Reich in aller Form gebunden, es hing nicht mehr von Gustav Adolf ab, ob er die Truppen der Liga als Feinde behandeln wollte oder nicht. Der französische Versuch, die Liga zu neutralisieren, war damit von vorneherein hinfällig, ein paralleler Versuch, Schweden zur Neutralität gegenüber der Liga zu bewegen, schlug ebenfalls fehl, und vollends nach den ersten großen schwedischen Erfolgen war es Richelieu selbst, der die Initiative verlor und nicht mehr in der Lage war, über die Kriegsziele seines Verbündeten mitzubestimmen. Verbunden war damit allerdings auch für das Reich ein nicht unwesentlicher Vorteil, der nicht zuletzt dem Vertrag von Fontainebleau, dem Vertrag Bayerns mit Frankreich zu danken war; aktives Eingreifen Frankreichs in Deutschland war auf unbestimmte Zeit nicht mehr sinnvoll.

Die erstaunlichen Erfolge des schwedischen Sommerfeldzugs 1631 waren zu einem guten Teil auch der Strategie Tillys zu danken, der zunächst das Restitutionsedikt durchzuführen hatte und sich dabei vor Magdeburg festbiß, während er dem schwedischen Vormarsch nichts entgegensetzte, so lange der König noch schwach war. Der Angriff auf Magdeburg, dem ein sächsisch-brandenburgischer Versuch vorausgegangen war, den Kaiser zur Einstellung der Exekution des Edikts überhaupt zu bewegen, trieb schließlich Sachsen ins feindliche Lager. Damit war der Schwedenkönig den Truppen Tillys überlegen, er griff ihn am 17. September bei Breitenfeld an und schlug ihn vernichtend. Militärisch wie politisch begann damit ein neues Zeitalter. Die Schlacht bei Breitenfeld hatte Tilly in der altbewährten spanischen Taktik durchgekämpft, mit gewaltigen, festgefügten Blöcken, den sog. Tercios, deren Sturmlauf unwiderstehlich war, die aber bei einem artilleristisch überlegenen, beweglichen und gutgeführten Gegner leicht ins Leere stoßen und dann, unfähig, rasch zu schwenken, unter dem Geschoßhagel der Artillerie von der Flanke und vom Rücken her aufgerieben werden konnten. Durchgesetzt hat sich bei Breitenfeld die größere Beweglichkeit der schwedischen Infanterie, der Angriffsgeist ihrer Reiterei, nicht zuletzt die überlegene Artillerie; das zweckmäßig koordinierte Zusammenwirken aller Waffengattungen erlaubte jeweils am entscheidenden Punkt mit überlegener Feuer- und Stoßkraft aufzutreten. Erst als auch die Gegner die schwedisch-niederländische Taktik übernahmen, wurden sie wieder gleichwertig.

Die politischen Folgen der Schlacht waren ungleich nachhaltiger, sie haben Europa verändert. Der Kaiser und die Liga waren ohne Feldarmee. Deutschland lag dem Schwedenkönig zu Füßen. Es ist eine alte Streitfrage, was Gustav Adolf nach diesem Sieg mit seinen Eroberungen, überhaupt mit dem ganzen Reich, beabsichtigt hat; sicher ist, daß er vom Zentrum Frankfurt aus im Winter 1631/32 nach allen Seiten hin Fäden zog, die für dauernde Bindung bestimmt waren, nicht nur für Bündnisse auf Kriegszeit. Er war sich zweifellos auch der dabei zu gewärtigenden Schwierigkeiten bewußt, wenngleich er seinem Verbündeten, dem König von Frankreich gegenüber, jeden Versuch eines Eingriffs in die schwedische Reichspolitik entschieden zurückwies. Auch ein Versuch Richelieus, der damit seine große Konzeption der Zusammenarbeit mit den deutschen Mittelmächten gegen den Kaiser retten wollte, Bayern vor einem schwedischen Angriff zu bewahren, scheiterte angesichts der souveränen Position, die Gustav Adolf jetzt gewonnen hatte. Auch Frankreich war also jetzt die Initiative entrissen. Sie durch Zusammenarbeit mit Bayern und der Liga wieder gewinnen zu wollen, hätte freilich den Verzicht auf die Eindämmung der Habsburger Übermacht bedeutet, das aber war langfristig gesehen das wichtigste Anliegen der französischen Außenpolitik. Bayern zu opfern war also für den Augenblick unerläßlich, Richelieu tat es nicht ohne einen letzten Versuch, die bayerische Neutralität zu erreichen. Gustav Adolf verlangte jedoch fast völlige Entwaffnung, auch war er nicht bereit, das Gebiet der Liga zu verschonen, so daß Maximilian, so schwer getroffen sein Heer auch war, die Versuchung, sich aus dem Krieg davonzustehlen, ausschlug und sich zu weiterem Kampf bereitstellte. Bei Rain am Lech erzwang Gustav Adolf 1632 den Übergang über den Lech, Tilly wurde dabei schwer verwundet und starb im festen Ingolstadt, wohin sich die Reste des bayerischen Heeres zurückgezogen hatten, den Schweden das ganze Kurfürstentum preisgebend.

Die Schrecken des Schwedenkrieges sind unzählige Male beschrieben worden, sie setzten allerdings 1632 noch nicht voll ein, Gustav Adolf war noch imstande, in seinem Heer Disziplin zu halten. Hohe Brandschatzungen erhob aber auch er, so in München 300000 Taler, die dafür bürgenden Geiseln sind größtenteils in Gefangenschaft gestorben. Der militärische Erfolg der Besetzung und Ausplünderung Bayerns war allerdings gering, das Land konnte unmöglich gehalten werden, solange Böhmen in der Hand des Kaisers war. Hier aber sammelte Wallenstein erneut ein imponierendes Heer, jetzt mit ungleich größeren Vollmachten ausgestattet als vor seiner Entlassung. Das Zusammenwirken mit dem Heer der Liga zwang dann noch im August den Schwedenkönig, Bayern zu räumen, vor Nürnberg rannte er sich an den Schanzen des bayerisch-kaiserlichen Heeres fest und entzog sich mit Mühe einer vernichtenden Niederlage. Im November dann, als er Wallenstein nach Sachsen folgte, um Mitteldeutschland zu decken, fiel er zu Lützen in einer Schlacht, die deutlich das neugewonnene Gleichgewicht der Kräfte dokumentierte. Der Tod des Königs bedeutete das Ende der großen Pläne von einem protestantischen Kaisertum oder auch nur vom corpus evangelicorum unter schwedischer Führung. In Zukunft werden die schwedischen Ziele bescheidener, konzentrieren sich vor allem auf territoriale Gewinne, die Reichspolitik wird bloße Bündnispolitik, der Selbstbehauptungswille der deutschen Protestanten wird ausgenützt für die Sicherung der schwedischen Ostsee-Hegemonie.

Als Wallenstein nach Lützen in die Winterquartiere ging, war die Lage wieder hergestellt, und es kann kaum einen Zweifel geben, daß das Jahr 1633 die Entscheidung hätte bringen müssen. Wallenstein hat sich aber das ganze Jahr hindurch geweigert, zum Kampf anzutreten, auch als Bernhard von Weimar erneut an der Spitze der schwedisch-protestantischen Armee in Bayern einfiel, das von Wallenstein nicht gedeckte Regensburg nahm und von hier aus nach Württemberg und Oberschwaben ausfiel, vor allem aber Bayern selbst aufs grausamste brandschatzte. Nördlich des Chiemsees und am Inn kam es dabei zu einem regelrechten Bauernaufstand, vor allem gegen die Bedrückung durch die eigenen Soldaten, aber auch gegen die wachsende Steuerlast, die trotz der Kriegsnot das Doppelte betrug wie in Friedenszeiten. An der Donau, am Regen und im Bayerischen Wald erhoben sich die Bauern aber auch gegen die Schweden und brachten ihnen schwere Verluste bei. Wallenstein aber verhandelte in der Zwischenzeit, gedeckt durch eine kaiserliche Vollmacht für die Einleitung von Friedensverhandlungen, mit Sachsen, suchte Fühlung mit Schweden, vor allem gewährte er böhmischen Exulanten Einfluß auf seine Pläne, die, wie Pekař wahrscheinlich machen konnte, auch seine eigene Erhebung zum König von Böhmen nicht ausschlossen. Der Verdacht des Hochverrats war ohne Zweifel begründet, doch daß Ferdinand II. nicht den Mut zu einem ordentlichen Prozeß fand, sondern Wallenstein in die Acht tat und ihn damit 1634 seinen Mördern auslieferte, wird seinen Namen immer belasten. Der bayerische Kurfürst war am Untergang Wallensteins nur insoweit beteiligt, als er seit 1633 unablässig gegen dessen Kriegführung Beschwerde erhob und sein neu erwachtes Mißtrauen keineswegs verbarg.

Die neue Wende des Krieges brachte 1634 das Zusammenwirken der kaiserlichen Armee unter Gallas mit einem spanischen Korps, das über Tirol ins Reich kam. Die Schweden, die sich bei Nördlingen zur Schlacht stellten, wurden vernichtend geschlagen und an den Rhein zurückgeworfen, wo eine französische Armee eingriff und Bernhard von Weimar vor den nachsetzenden Bayern und Kaiserlichen rettete. Trotz dieser Ankündigung eines neuen Umschwungs war Sachsen jetzt bereit zum Frieden. Der Friede von Prag, 1635, war von allen Beteiligten dazu gedacht, das Reich von fremden Truppen zu befreien, die wichtigste Voraussetzung dafür war die Herstellung des innerdeutschen Friedens, die Erneuerung also des Religionsfriedens. Zur grundsätzlichen Preisgabe des Restitutionsedikts konnte sich der Kaiser zwar nicht entschließen, doch bedeutete die Aussetzung der Durchführung auf 40 Jahre bereits den praktischen Verzicht, der es Sachsen erlaubte, jetzt wieder auf die Seite des Kaisers zu treten. Beide Religionsparteien verzichteten ferner auf ihre Sonderbündnisse, auf die Liga und die in Heidelberg unter Initiative Oxenstiernas, des schwedischen Kanzlers, 1633 wieder erstandene Union, die Fürsten verzichteten darüber hinaus auf das jus armorum, auf das Recht selbständiger Aushebung und Kriegführung, und beschlossen, ihre Truppen unter den Oberbefehl des Kaisers zu stellen. Daß auch Maximilian von Bayern sich diesen Bedingungen fügte, die ihm zumuteten, auf die Führung des katholischen Deutschland zu verzichten und wieder in die Reihe der übrigen Kurfürsten zurückzutreten, war zurückzuführen auf die erschreckenden Katastrophen der letzten Jahre, die dringender als alle anderen Ziele die Notwendigkeit erscheinen ließen, die Schweden aus dem Land zu drängen. Außerdem brachte Prag erstmals die reichsrechtliche Garantie der bayerischen Kurwürde und des Erwerbs der Oberpfalz.

Dieser Friedensschluß im Reich, dem außer Hessen alle Reichsfürsten beigetreten waren, führte nicht zum erhofften Ziel, da Frankreich jetzt in aller Form an der Seite Schwedens in den Krieg eintrat. Schon 1631 hatten französische Truppen die Festungen des Trierer Kurfürsten, Ehrenbreitstein bei Koblenz und Philippsburg bei Speyer, besetzt. 1633 war im Bündnisvertrag mit Schweden erstmals Hilfe auch gegen Bayern zugesagt worden, der Bündnisvertrag von

Compiègne 1635 band Schweden und Frankreich enger aneinander als je. Die auf der Gegenseite unerläßliche Konsequenz war daher die Erneuerung der engen Zusammenarbeit zwischen der Armee des Kaisers und jener Bayerns und der einstigen Liga, jetzt auch gegen Frankreich. Das strategische Ziel, die Ausschaltung der französischen Armee, wurde aber trotz erfolgreicher Angriffe vor allem des bayerischen Reitergenerals Jan van Werth tief nach Frankreich hinein 1636/37 nicht erreicht, nicht zuletzt wegen der allzu vorsichtigen Operationen des kaiserlichen Oberbefehlshabers Gallas. Den Schweden gegenüber begnügte sich eine dritte Armee, die unter sächsischem Oberbefehl stand, mit bloßer Observationstätigkeit. Trotzdem stand 1637 der Kaiser erneut auf der Höhe seiner Macht; das kommt zum Ausdruck auch im reichsgeschichtlich wichtigsten Vorgang des Jahres, der Wahl Ferdinands III. zum deutschen König auf dem Regensburger Kurfürstentag von 1636/37.

Der Kaiser, der bereits wenige Monate später starb, erreichte sein Ziel, die Wahl seines Sohnes zum Nachfolger, vor allem dank der bayerischen Hilfe. Maximilian dagegen setzte als Basis für die auf Initiative Englands, vor allem aber des Papstes in Gang gekommenen Bemühungen um einen allgemeinen Frieden die Bestimmungen des Prager Friedens durch, damit auch die reichsrechtliche Sicherung der bayerischen Kurwürde. Als Gewicht gegen die Stärkung der kaiserlichen Autorität durch das Ergebnis des Kurfürstentages versuchte er, dem Kaiser die Mitwirkung der Kurfürsten beim Friedensschluß aufzudrängen, ein folgenschwerer Beschluß, der in der nächsten Phase der Vorverhandlungen zum Westfälischen Frieden auf alle Fürsten ausgedehnt wurde und den Zerfall des Reiches bedeuten konnte.

Das war keinesfalls die Absicht des bayerischen Kurfürsten gewesen, der sich um diese Zeit mehr als je bewußt war, wie sehr Bayern in diesem Stadium des Krieges auf den Kaiser angewiesen war. Das Jahr 1637 brachte trotz erneuter großer Anstrengungen keine Entscheidung, 1638 setzte die rückläufige Bewegung ein, die Kontrolle über den Oberrhein fiel an die Franzosen, die Schweden unter Banér nahmen ebenfalls die Offensive auf und stießen zeitweise bis Prag und Regensburg vor. In der Folgezeit kamen die Armeen des Kaisers und Bayerns trotz glänzender Einzelerfolge des bayerischen Generals Mercy bis zum Kriegsende aus der Defensive nicht mehr heraus. Damit traten wieder die diplomatischen Aktionen in den Vordergrund, das Ziel war der allgemeine Friede.

Seit der päpstlichen Friedensinitiative von 1636 waren die Verhandlungen allmählich in Gang gekommen, aber erst 1641 hatte man sich auf die Modalitäten geeinigt; Kongreßorte wurden Münster und Osnabrück, als Teilnehmer setzten Schweden und Frankreich auch ihre Verbündeten unter den deutschen Reichsständen durch, der Beginn des Kongresses wurde auf März 1642 festgesetzt. Daß er bis 1648 dauern sollte, hing nicht zuletzt vom wechselnden Kriegsglück ab; 1642 war noch keine Partei so geschwächt, daß sie nicht gehofft hätte, durch neue Schlachtenerfolge ein besseres Verhandlungsergebnis erzwingen zu können.

Von kaum geringerem Einfluß auf den langsamen Gang der Verhandlungen waren aber auch die Gegensätze innerhalb der katholischen Partei selbst. Am geringsten wogen dabei die noch offenen konfessionspolitischen Fragen. Für Unnachgiebigkeit in der Frage des Geistlichen Vorbehalts, damit des Restitutionsedikts und der Amnestie jener Reichsstände, die dem Prager Frieden nicht beigetreten waren und deshalb das säkularisierte Kirchengut hatten restituieren müssen, war seit 1641 nur mehr eine dritte Gruppe, deren Sprecher der Bischof von Osnabrück und Regensburg war, Wilhelm von Wartenberg, der Angehörige einer wittelsbachischen Nebenlinie. Nachdem der Kaiser bereits vorausgegangen war, trat selbst Maximilian von Bayern jetzt für umfassende Zugeständnisse in all diesen Fragen ein, ungeachtet des offiziellen Protests des päpstlichen Nuntius Mattei, der ihn beschuldigte, kirchliche Rechte zu opfern, nur um seine eigenen Gewinne, die Kurwürde und die Oberpfalz, retten zu können. Beide Vorwürfe waren gleich töricht; das Restitutionsedikt und damit die säkularisierten Kirchengüter hatte man bereits im Prager Frieden geopfert, es ging nur noch um die Aufhebung der zeitlichen Begrenzung dieses Verzichts auf 40 Jahre, die Prager Bestimmung, mit der man das Grundsätzliche der Entscheidung umgangen hatte. Außerdem hatte niemand stärker die Wichtigkeit der bayerischen Kurwürde für die Stellung des Katholizismus im Reich betont als einst Gregor XV., und die Rekatholisierung der Oberpfalz war längst unter sehr harten Formen abgeschlossen; sie rückgängig zu machen hätte auch für die Kirche einen schweren Schlag bedeutet. Daß die Argumente Matteis, denen sich dann auch der päpstliche Nuntius für den Friedenskongreß, Chigi, anschloß, bis heute von Parteigängern auch der Gegenseite wiederholt werden, ändert nichts daran, daß die in Frage kommenden Bistümer und Stifte militärisch bereits verloren waren, während Maximilian nach wie vor im Besitz der Kurwürde und der Oberpfalz war, also nur den Status quo zu verteidigen hatte.

Dieser Gesichtspunkt sollte auch maßgebend sein für die Beurteilung des zweiten, weit gewichtigeren Gegensatzes innerhalb der katholischen Partei, der zwischen Maximilian und dem Kaiser aufgetreten war. Er betraf Grundprobleme der gesamten politischen und militärischen Strategie. Einig waren sich beide darin, daß man den Forderungen der Schweden nach Abtretung Pommerns und Zahlung der gewünschten Kriegskostenentschädigung stattgeben müsse; das stand im Grunde schon fest seit 1639, auch der Kurfürstentag in Nürnberg 1640 und der Regensburger Reichstag von 1641 hatten diese Auffassung bestätigt. Maximilian fürchtete jedoch, der Kaiser könnte nach dem Abschluß mit Schweden Spanien zuliebe den Krieg fortsetzen, und da bisher schon Bayern die Hauptlast des Kampfes gegen Frankreich getragen hatte, würde das auch in Zukunft so sein, wobei aber Bayern keinerlei eigene Interessen zu verteidigen hatte, im Gegenteil, stets hatte Richelieu Bayerns Erwerbungen garantiert. So hatte zwar die bayerische Armee alle französischen Angriffe abgewiesen und 1644 sogar noch einmal die Offensive am Oberrhein aufgenommen, aber ohne nachhaltige kaiserliche Unterstützung und deshalb ohne durchschlagenden Erfolg – wobei doch der Kaiser selbst an der Rückgewinnung des Elsaß hätte interessiert sein müssen –, doch waren gleichzeitig die bayerischen Sonderverhandlungen mit Richelieu, dann mit seinem Nachfolger Mazarin, nicht abgerissen. Sie zielten auf die Erneuerung der französischen Garantie für die bayerischen Erwerbungen ab, notfalls auf einen Waffenstillstand auch ohne den Kaiser, in der Hoffnung, Frankreich schließlich auch von Schweden zu trennen. Der von Maximilian großzügig konzedierte Preis war die bayerische Bestätigung der französischen Eroberungen, vor allem also der habsburgischen Besitzungen im Elsaß. Daß durch solche Zugeständnisse des wichtigsten Verbündeten des Kaisers die französische Geneigtheit, aus dem Krieg auszuscheiden, nicht zunahm, sondern im Gegenteil Mazarin sah, daß er dem alten Ziel der französischen Diplomatie, der Trennung Bayerns vom Kaiser, jetzt bereits sehr nahe war, scheint man in München nicht bedacht zu haben. Es dauerte jedenfalls bis Herbst 1646, bis auch Ferdinand III. den französischen Forderungen zustimmte. Durch die bayerischen Vorleistungen war Habsburg nichts anderes mehr möglich, als auf das Elsaß – das zurückzuerobern der Kaiser sich aber nie ernstlich bemüht hatte – zu verzichten.

Nicht verzögert wurde der Abschluß des Friedens durch die bayerische Haltung in der Pfalzfrage, wie Dickmann behauptet. Bereits 1642 hatte Maximilian die Rheinpfalz endgültig preisgegeben, und als 1643 Schweden die volle Restitution der Pfalz einschließlich der Oberpfalz forderte, erklärte er sich auch dazu bereit, unter der Voraussetzung freilich, daß ihm entsprechend dem Münchner Vertrag die Kosten der ersten Kriegsjahre bewilligt oder das seinerzeit zugesprochene Pfand, Österreich ob der Enns, wieder ausgeliefert werde – beides war vom Kaiser nicht zu erwarten, das Zugeständnis war also sicher nicht ernst gemeint. Die Kurfrage wieder war längst dadurch entschärft worden, daß man für die Pfalz eine eigene, achte Kur zu errichten angeregt hatte. 1646 wurde es beschlossen, Frankreich und die Pfalz waren einverstanden, im März 1647, nach langen Vorverhandlungen, stimmten auch alle Reichsstände zu, damit war entschieden, daß Maximilian die Kurwürde behaupten konnte, jenen Erfolg, den er unter allen Umständen zu behaupten entschlossen war.

Gescheitert sind die Verhandlungen, die 1646 mit einem allgemeinen Waffenstillstand in die letzte Phase überleiten sollten, nicht an der Pfalzfrage, sondern an der Weigerung der Schweden, ohne Garantie ihrer Gebietsforderungen die Waffen niederzulegen. Die schwedische Weigerung, den Waffenstillstand mit dem Kaiser abzuschließen, verpflichtete auch Frankreich; damit stand der bayerische Kurfürst vor der Frage, ob er noch einmal, ohne daß eigene politische Ziele damit gedeckt würden, allein aus Rücksicht auf den Kaiser sein eigenes Land dem Feind preisgeben sollte, wie das 1646 geschehen war, wobei Erzherzog Leopold, der kaiserliche Oberbefehlshaber, völlig versagt hatte. Als es im Frühjahr 1647 dem französischen Gesandten gelang, auch Schweden zur Zustimmung zu einem Sonderwaffenstillstand mit Bayern zu bewegen, entschloß sich der bayerische Kurfürst zur Annahme des Angebots, das auch Kurköln einschloß. Diese Entscheidung ist ihm immer wieder verargt worden, ungeachtet der Tatsache, daß Brandenburg bereits 1641, Sachsen und Trier 1645 ihren

Waffenstillstand geschlossen hatten. Auch Bayern war am Ende, der Kurfürst war nicht mehr in der Lage zu umfassenden neuen Rüstungen, entgegen seinen finanzpolitischen Grundsätzen hatte er seit Jahren nur noch von Schulden gelebt, zuletzt konnte er nicht einmal mehr die Zinsen für die aufgenommenen Gelder bezahlen. Unter diesen Umständen den Krieg gegen eine Großmacht wie Frankreich fortzuführen, war nicht mehr zu verlangen. Eine andere Frage war, ob mit diesem Waffenstillstand mehr zu gewinnen war als ein bloßer Aufschub und ob ein solches Ergebnis den Gegensatz zum Kaiser lohnte, der jetzt unweigerlich wieder aufbrach. Er nahm alsbald bedrohliche Formen an; am meisten kränkte den Kurfürsten der Versuch Wiens, ihm mit Hilfe des bayerischen Generals Jan van Werth die immer noch 20000 Mann starke eigene Armee zu entfremden. Das konnte leicht dazu führen, daß Bayern völlig in die Arme Frankreichs getrieben würde. Tatsächlich war Mazarin noch im Mai zu einem Bündnis bereit, das nur daran scheiterte, daß sich der Kurfürst auch jetzt noch seine Pflichten gegen Kaiser und Reich vorbehielt, während Frankreich ohne Schweden keine bindenden Versprechungen für den endgültigen Friedensschluß abzugeben bereit war. Daß er jetzt von Frankreich im Stich gelassen, vom Kaiser angefeindet wurde, war das schließliche Ergebnis. Zuletzt wurde sogar die bereits entschiedene pfälzische Frage im Zusammenspiel zwischen Schweden und dem Kaiser noch einmal aufgerollt, allerdings, das hätte Oxenstierna voraussehen können, trieb er damit nur den Kurfürsten wieder in das Bündnis mit dem Kaiser zurück. Nach Ablauf des Waffenstillstands schloß Maximilian einen neuen Vertrag mit Ferdinand III., der noch einmal die kaiserliche Garantie für die Kurwürde und die Oberpfalz enthielt.

Damit trat auch Bayern in das letzte Kriegsjahr mit dem vollen Risiko ein, noch einmal Kriegsschauplatz zu werden, nach der Niederlage des kaiserlichen Oberbefehlshabers Melander bei Zusmarshausen im Mai wurde das Land erneut bis zum Inn von feindlichen Truppen überschwemmt und ein letztes Mal gebrandschatzt, es war endgültig reif für den Frieden. Als auch der Kaiser jede Hoffnung aufgab, das Kriegsglück noch einmal zu wenden, kam es am 24. Oktober 1648 in Münster und Osnabrück endlich zum Abschluß.

Der Westfälische Friede wurde durch die Stabilisierung der Konfessionsgrenze zur wichtigsten Zäsur in der neueren deutschen Geschichte; der Religionsfriede erhielt jetzt wirklich Dauer. Auf der Basis des Jahres 1624 als Normaljahr wurden die Grenzen gezogen, d.h. alle Verschiebungen, die durch das Restitutionsedikt erfolgt waren, wurden hinfällig, während die Rekatholisierung Böhmens und Oberösterreichs anerkannt wurde, ebenso die der Oberpfalz, obwohl sie erst 1626 erfolgt war. Damit war aber gleichzeitig das 1555 schon festgelegte Recht des Landesherrn, die Konfession seiner Untertanen zu bestimmen (cuius regio, eius religio), eingeschränkt; der Konfessionswechsel des Landesherrn – die Kurfürsten von Sachsen und von der Pfalz wurden noch im Laufe des 17. Jahrhunderts katholisch – hatte in Zukunft für die Untertanen keine verpflichtenden Folgen mehr. Von Bedeutung war noch die Ersetzung der kaiserlichen Gerichtsbarkeit in Religionssachen durch ein paritätisches Schiedsgericht und der Zwang zu gütlicher Einigung der Religionsparteien auf dem Reichstag. Die reichsrechtliche Anerkennung auch des Calvinismus entschärfte das religiöse Klima ebenfalls.

Eine kaum weniger wichtige Folge des Kriegsausgangs war dann die weitere Festigung der „Deutschen Libertät", die verhängnisvolle Ausweitung der fürstlichen Landeshoheit auf das Bündnisrecht und das Recht zu selbständiger Kriegführung; daß Kaiser und Reich selbst dabei ausgenommen waren, besagte im Konfliktfall wenig. Dem Kaiser blieb die Lehenshoheit, das Reichshofgericht und das Recht, den Reichstag einzuberufen und ihm vorzustehen, der Reichstag selbst besaß das uneingeschränkte Gesetzgebungsrecht. Für Kriegserklärung und den Abschluß von Friedensverträgen und Bündnissen im Namen des Reiches bedurfte der Kaiser in Zukunft der Zustimmung des Reichstags. An dieser Entwicklung war auch Bayern maßgeblich beteiligt; das Gleichgewicht der Kräfte im Reich, sein neues Grundgesetz, das seit der Reformation in unaufhaltsamem Vormarsch gewesen war, gehörte auch zu den Idealen des bayerischen Kurfürsten.

Maximilian I. betrachtete sich trotzdem nicht als Sieger, auch nicht aufgrund der Tatsache, daß er als einziger deutscher Fürst aus dem Krieg mit terrioritalem und machtpolitischem Gewinn hervorgegangen war, während Österreich das Elsaß eingebüßt hatte, Brandenburg das rechtmäßige Erbe Pommern mit Schweden teilen mußte und als Entschädigung Halberstadt und die Anwartschaft auf Magdeburg erhielt. Daß der Kaiser gezwungen war, der Säkularisierung dieser Bistümer zuzustimmen, auch der Säkularisierung des Erzbistums Bremen und des Bistums Verden, die ebenfalls an Schweden fielen, bedrückte auch den bayerischen Kurfürsten, nicht weniger die Hinnahme aller anderen Bestimmungen, die über die Regelung von 1555 weit hinausgingen. Er hatte nur die eine Genugtuung, daß vor allem er es war, der dem solange unaufhaltsamen Vordringen des Protestantismus im Reich ein Ende gesetzt hatte. Der Status quo als reichsrechtlich verankertes Prinzip in konfessionellen Fragen war in erster Linie sein Werk.

Maximilian von Bayern fühlte sich auch deshalb nicht als Sieger, weil er zu gut wußte, was dieser Krieg sein Land gekostet hatte. Die Feststellung Steinbergs, daß alle Angaben über die grauenvollen Bevölkerungsverluste Deutschlands in diesem Krieg reine Propaganda seien, ignoriert alles, was wir an Quellen kennen. Daß er dabei auch behauptet, Niederbayern sei vom Krieg überhaupt kaum betroffen worden, zeigt am besten, wie wenig kompetent er ist. Bayern gehört in der Tat zu den am meisten betroffenen Gebieten im Reich, exakte Angaben über die Höhe der Bevölkerungsverluste sind allerdings nicht möglich, Schätzungen reichen bis zu 50%, das ist der Wert, der auch für Brandenburg angegeben wird, für Württemberg oder die Pfalz liegen die Angaben noch höher. Es gibt einige feste Zahlen; 1606 gab es im Herzogtum Bayern, ohne die Oberpfalz also, 30565 Bauernhöfe, bearbeitet von 118000 Familien, 1760, einschließlich der Oberpfalz, waren es nur mehr 29807 Höfe und 115000 Familien, eineinhalb Jahrhunderte nach dem Krieg waren also die Verluste noch nicht völlig wettgemacht. Für ein Ergebnis eines bloßen Rationalisierungsvorganges, der uns unbekannt geblieben wäre, d.h. der Zusammenlegung kleinerer, unrentabler Höfe, oder einer Abwanderungsbewegung vom Land in die Stadt erscheint der Zahlenunterschied einfach zu kraß, auch widersprechen andere Fakten. Amberg z.B., für das genaue Zahlen vorliegen, ging von ca. 4700 Einwohnern 1630 bis 1648 auf 3300 zurück, wobei die Abwanderung der etwas mehr als 200 protestantisch gebliebenen Bürger mit ihren Angehörigen zu berücksichtigen ist, allerdings auch Zuzug vom Land. 1783 war der Bevölkerungsstand mit 4463 noch unter jenem von 1630. Die Oberpfalz, für die wir die Musterungsakten haben, verlor mehr als die Hälfte der musterungspflichtigen Mannschaft. Augsburg büßte mehr als die Hälfte seiner Bewohner ein; wenn der Abt von Andechs recht hat, sogar mehr als ⅔, so viel wie Landsberg. Für München haben wir vor allem Statistiken über die Zahl der Gewerbetreibenden; fast alle Gewerbe gingen um die Hälfte und mehr zurück. Nach dem Krieg fielen die Preise für landwirtschaftliche Güter auf ⅓ bis ¼ des Vorkriegswerts; ein Bauernhof war bereits für 20–50 Gulden zu kaufen, das spricht für ein horrendes Überangebot an leerstehenden Höfen. Daß sich die wirtschaftlichen Verhältnisse im allgemeinen bereits vor dem Krieg zusehends verschlechterten, ist überhaupt kein Gegenbeweis, bestenfalls die Relationen können sich verschieben.

Maximilian I. hat sicher auch das Seinige zu diesem Ausgang beigetragen, und er hat, als er 1651 im Alter von 79 Jahren verstarb, voll Bedauern auf die Leiden und Schrecken zurückgeblickt, die Not und das Elend, die der Krieg über sein Land gebracht hatte, aber er hat gleichzeitig auch erklärt, keinen seiner großen Entschlüsse zu bereuen. Er hatte nicht das Bewußtsein, 1619, an dem Wendepunkt der Epoche, falsch gehandelt zu haben. Wenn wir sein Handeln an seinen Prinzipien messen, so werden wir zugeben müssen, daß sein subjektives Bewußtsein richtig war.

Seine Bedeutung für die bayerische Geschichte ist schwer auf eine einzige Formel zu bringen, zu sehr spielen hier auch Gesichtspunkte der allgemeinen Geschichte herein. Als Haupt der Liga hat er größere Wirkung erzielt, als sie je ein bayerischer Herrscher, gestützt allein auf Bayern, hätte erzielen können, aber es war eben doch Bayern, das die Last des Bündnisses in erster Linie trug, und nur das Vertrauen auf die Leistungskraft Bayerns hielt es zusammen. Großmachtpolitik, wie in den ersten Kriegsjahren, war aber trotzdem nur möglich, weil damals noch keine wirkliche europäische Großmacht in die Verhältnisse eingegriffen hatte. Als Frankreich sich anschickte, europäische Politik zu machen, als Habsburg wieder zu sich selbst gefunden hatte, als Schweden auf den Plan trat, war die große Rolle Bayerns ausgespielt; aufgrund seiner natürlichen Bedingungen war Bayern nicht geeignet, Großmacht zu sein. Das hat Maximilian wohl auch nie für erstrebenswert gehalten. Sein Ziel war ein leistungsfähiger, dem Willen des Fürsten unbedingt verfügbarer Staat; die Staatsreform Maximilians gehört auch in die Entstehungsgeschichte des Absolutismus im Reich. Seinem Nachfolger konnte er nur dieses Erbe weitergeben; daß kein bayerischer

Fürst der Folgezeit mehr seine Größe erlangen sollte, lag aber nicht nur an äußeren Gegebenheiten, der Geist der Epoche selbst, für den um 1600 das stoische Ideal des Heroismus maßgebend gewesen war, wandelte sich radikal, das Zeitalter des Barock erwuchs aus Gegebenheiten, die neuer Klärung bedürfen.

Bayerische Kultur im Zeitalter Maximilians I.

Wenn man vom Zeitalter Ludwigs XIV. spricht, und Voltaire hat diese Bezeichnung schon wenige Jahrzehnte nach dem Tod des Königs für den Titel eines seiner Bücher benutzt, dann meint man nicht nur die Zeit der ungeheuren militärischen Kraftentfaltung Frankreichs, man meint die Epoche als Ganzes, auch und gerade die geistige Kultur. Die Verbindung des königlichen Namens aber mit der Kultur eines ganzen Zeitalters bedeutet nicht einfach eine Datierungshilfe, bedeutet nicht so sehr die Angabe eines ungefähren zeitlichen Rahmens, sondern drückt aus, was für das Wesen des absoluten Fürstenstaates in Zukunft die Regel sein wird: Vom Fürsten, vom Hof gehen so entscheidende Impulse hinaus in das Land, daß ihre Wirkung geradezu die Einheit der Epoche demonstriert. Sicher lassen sich dabei längst nicht alle leitenden Tendenzen auf diesen einen Mittelpunkt zurückführen, aber der Eindruck trügt auch nicht einfach, daß alle Kraftströme, die das Land zu durchpulsen scheinen, in irgendeiner Form doch mit dem Zentrum zusammenhängen.

Nun läßt sich Bayern zur Zeit Maximilians I. mit dem Frankreich Ludwigs XIV. nicht in exakten Vergleich setzen, an Gemeinsamkeiten fehlt es aber doch nicht. Es besteht Einigkeit darüber, daß Maximilian in Bayern den Übergang zum Absolutismus eingeleitet hat, und solange sein Hof noch Glanz ausstrahlte, strahlte er aus auf das ganze Land, sein Wille weckte Kräfte bis in die entferntesten Teile. Aber sowenig wie man die Entfaltung der französischen Kulturblüte in der zweiten Hälfte des 17. Jahrhunderts allein mit der Gestalt Ludwigs XIV. verbinden kann, sowenig wie ihre Grundlagen denkbar sind ohne das Wirken eines Richelieu und Mazarin, so wenig bestimmt allein das Wollen des einen, wenngleich bedeutendsten der bayerischen Fürsten den Charakter der ganzen Epoche. Er ist aber doch in höherem Maße ihr Repräsentant als sein Vater und sein Großvater; seine Initiative war nicht nur auf dem Gebiete der Kunst, sondern auch auf jenem der Dichtung und Wissenschaft von bestimmendem Einfluß, das ganze Zeitalter trägt sein Signum.

Maximilian I. steht aber bereits in einer Tradition von außerordentlich prägender Kraft. Das Selbstbewußtsein der Dynastie, überhöht zu einem Sendungsbewußtsein, wie es allen großen Gestalten der Epoche eignete, Gustav Adolf, Richelieu oder Cromwell, findet seinen klassischen Ausdruck in der Fassade der Michaelskirche in München, deren Bau Wilhelm V. nach seinem Sieg in Köln begann. Wie dazu bestimmt, die gesamte Regierungszeit Wilhelms V. zu deuten, als „Patronus et Fundator" der Kirche, steht dieses Programm von St. Michael an ihrem Ende. Der bayerische Ausgriff auf Köln 1583 kann als Beginn der Gegenreformation betrachtet werden, jener Folge politisch-militärischer Aktionen, die mit dem Restitutionsedikt ihren Höhe- und Wendepunkt erfuhr und die darauf abzielte, den seit 1555 verlorengegangenen kirchlichen Besitz im Reich wieder zurückzugewinnen. So hat man auch die Kirche von St. Michael die „Manifestation des Siegeswillens der Alten Kirche" genannt (H. Schindler), sicher ist sie aber ein großartiges Zeugnis des wiedererstarkten Selbstbewußtseins der katholischen Kirche. Denkmal einer Wende ist sie aber auch in einem viel unmittelbareren Sinn; seit dem 15. Jahrhundert ist sie wieder, wie Benker feststellt, der erste monumentale Kirchenbau in Bayern, die große Kunst wendet sich jetzt, nach der Erschütterung des katholischen Selbstverständnisses durch die Reformation, wieder der Gestaltung religiöser Anliegen zu, ein gänzlich neuer Anfang also wird jetzt gemacht.

Das gilt in gleicher Weise auch für die rein künstlerische Gestaltung, auch in dieser Hinsicht ist St. Michael epochemachend. Die Bauform, das mächtige Tonnengewölbe mit seiner Spannweite von zwanzig Metern, getragen von tiefen Randpfeilern, zielt auf den gewaltigen Einheitsraum, der dem Bedürfnis nach großartigem Gepränge im Gottesdienst der neuen Epoche entspricht. Daß dabei jene Schöpfung gelang, die „vollständig erfüllte Raumgestaltung", die zur „Initiativwirkung für die barocke Baukunst" führte, wie Hubala betont, lag an den Proportionen, der Gewölbe- wie der Raumgliederung, dem „Zusammenwirken von Baugestalt und Lichtsituation" – es entstand, wenn auch ungleich geringer in den Ausmaßen wie beschränkter in der Wirkung, eines jener stilbildenden Werke wie die Hagia Sophia, Chartres oder St. Peter. Die Münchner Architektur hatte damit zu europäischem Rang gefunden (Hubala).

Diese Leistung kam freilich nicht von ungefähr und war auch nicht allein Anregungen aus Rom zu danken, der Jesuitenkirche Il Gesù etwa. Die Verankerung in der heimischen Überlieferung darf nicht geringer angeschlagen werden. Friedrich Sustris, der den Bau vollendete, der Baumeister und Maler schon des jungen Prinzen, schließt sich in der Bauidee bewußt an Formen an, die in München schon zur Zeit Albrechts V. auftreten, freilich in der höfischen Architektur. Wilhelm V. hatte ebenfalls zunächst die Bautradition des Vaters fortgeführt, hatte als neuvermählter Prinz die ihm zugewiesene Residenz auf der düsteren Burg Trausnitz über Landshut zu einem Juwel der neuen, heiteren Kunst des Manierismus umgestaltet, mit dem eleganten Arkadenhof und der leichten Freitreppe, der Narrentreppe mit den heute noch bezaubernden burlesken Szenen, die schwer zu dem Bild des späten Fürsten passen wollen, mit den Deckengemälden von Friedrich Sustris im Prunkraum, die vor Jahren ein Brand zerstört hat. Als er Herzog geworden war, hat er dann das Werk seines Vaters, der damit begonnen hatte, die neue Veste zur Residenz auszubauen, unmittelbar fortgesetzt. Der von Friedrich Sustris gestaltete Grottenhof, die Arkaden und der von Hubert Gerhard geschaffene Perseusbrunnen fügen sich vollkommen der Richtung ein, die Albrecht V. mit dem Bau des Antiquariums kaum mehr als ein Jahrzehnt zuvor eingeschlagen hatte. Dieser Bau, der erste bedeutende Museumsbau des Nordens, bestimmt für die fürstliche Antikensammlung, war der

Einzug des italienischen Formgefühls auch in München; in seiner so beeindruckenden Gestalt, mit dem weiten Tonnengewölbe jedoch, war er nicht weniger ein Werk einheimischer Künstler, vor allem des Baumeisters Wilhelm Egkl. In St. Michael lebt auch etwas vom Geist dieses Bauwerks, so wie Formensprache und grundsätzlicher Baugedanke der Jesuitenkirche selbst wieder zurückwirkten auf das ganze Land. Die Jesuitenkirche in Landshut oder die Pfarrkirche in Weilheim, die Hofkirche in Neuburg an der Donau und die Klosterkirche zu Oberaltaich sind die ersten Bauten, die in der Nachfolge St. Michaels entstehen.

Auch die Künstler, die jetzt in München, in Bayern wirkten, reichten von einer Generation zur anderen hinüber; das Antiquarium hatte noch Friedrich Sustris ausgemalt, neben ihm Hans Thonauer, von dem die Folge der Stadt- und Marktansichten stammt, ein unschätzbares historisches Zeugnis, und J. Melchior Bocksberger, der Sohn des Altdorfer-Schülers Hans Bocksberger, der neben dem anderen Altdorfer-Schüler Hans Müelich für Albrecht V. seine bedeutendsten Arbeiten schuf. Hans Müelichs Werk war der letzte Abglanz der Donau-Schule. Wer seinen farbenglühenden Altar in der Liebfrauenkirche zu Ingolstadt kennt, oder seine Miniaturen der Ratsherren und Professoren der Stadt, rückt ihn im ersten Augenblick wohl eher in die Zeit seines Meisters als in den Umkreis des Herzogs, der fast gleich alt war. J. Melchior Bocksberger dagegen, dessen Vater die Fresken der Landshuter Stadtresidenz des Herzogs Ludwig und die Schloßkapelle zu Neuburg gestaltet hatte, Werke, mit denen er Giulio Romano und Correggio nacheiferte, war nur eine halbe Generation jünger als Müelich, aber er gehörte bereits ganz seiner Zeit. Der Rittersaal auf der Trausnitz mit den schwungvollen Figuralszenen ist sein Werk, an der Ausmalung des Antiquariums ist er beteiligt, bis Augsburg und Regensburg riefen ihn seine Auftraggeber. In St. Michael malte der Bocksberger-Schüler Christoph Schwarz, der „deutsche Apelles"; Tizian, den er noch kennengelernt hatte, Paolo Veronese und Tintoretto waren seine Vorbilder. Sein Hauptwerk ist der Engelssturz auf dem Hochaltar von St. Michael, kraftvoll in der Komposition, in der Meisterung der Lichtgebung wie im großen Schwung der Bewegung schon barock. Für Kremsmünster schuf er ein ebenso grandioses Jüngstes Gericht. In St. Michael war auch der spätere Hofmaler Rudolphs II., Hans von Aachen, tätig, der Schwiegersohn Orlando di Lassos, ebenfalls ein Meister des Hell-Dunkel. Christoph Schwarz und Hans von Aachen waren nicht über die Regierungszeit Wilhelms V. hinaus in München tätig, nur ein Maler, von dem einige Deckengemälde in der Residenz aus der Zeit Wilhelms V. stammen, setzte seine Laufbahn unter Maximilian I. fort, jetzt als der einzige große Vertreter noch des Münchner Manierismus unter den Malern, Peter de Witte, genannt Candid. Die Himmelfahrt Mariens in der Münchner Frauenkirche und das Hochaltarblatt im Freisinger Dom lassen verstehen, warum Maximilian diesen Meister der großen Komposition, der harmonischen Zuordnung der Farben zueinander, den Gestalter der Eleganz gemessener Bewegung so ausnehmend schätzte. Die Fresken in der Residenz, vor allem die Entwürfe zu den Teppichfolgen, die von

Brüsseler Teppichwirkern vollendet ausgeführt wurden, sind die besonderen Aufträge, die Maximilian ihm erteilte.

Eine großartige künstlerische Tradition war in München in diesen Jahrzehnten im Wachsen, die sich aus heimischen Voraussetzungen ebenso speiste wie aus dem Beitrag besonders der Niederländer, denen damals im Reich unbestritten die Führung zugefallen war. Das war auf dem Gebiet der Plastik nicht anders als auf dem der Malerei. Es gab, dafür müßten die Voraussetzungen wohl noch genauer geklärt werden, eine außerordentlich fruchtbare Bildschnitzerschule in Weilheim, die auch auf das nahe Schongau ausstrahlte. Der Schongauer Hans Reichel, der vor allem in Augsburg wirkte, gestaltete in der Art des Giovanni da Bologna das Kreuz von St. Ulrich und Afra wie den heiligen Michael auf dem Zeughaus zu Augsburg. Von ihm stammt auch die heilige Magdalena in St. Michael in München. Zu den ganz Großen zählt aber Georg Petel aus Weilheim, der „deutsche Michelangelo", wie man ihn bisweilen genannt hat. In Rom, Genua und Antwerpen hat er sich Anregungen geholt, Augsburg wurde die Stätte seines Schaffens. Dort findet sich auch heute noch die Mehrzahl seiner Werke. Elfenbeinschnitzereien lieferte er auch an den Hof Wilhelms V., eine seiner größten Schöpfungen ist die heilige Magdalena unter dem Kreuz in Niedermünster zu Regensburg, unübertroffen in der Eleganz der Linienführung, nicht weniger in der Gestaltung tiefer seelischer Regungen. Aus Weilheim kamen auch der Elfenbeinschnitzer Christoph Angermair und die bedeutenden Altarbauer und Bildschnitzer Hans Degler, der kurz nach der Jahrhundertwende die Schnitzaltäre von St. Ulrich und Afra verfertigt hatte, voll zupackender, noch an die Gotik der Leinbergerzeit erinnernder Kraft, und Bartholomäus Steinle, der wenig später den Hochaltar von Stams im Oberinntal geschnitzt hat, ein Werk von großer Monumentalität, bei aller Fülle und Bewegtheit geradezu streng. Von ihm stammen auch der Gnadenstuhl von Wessobrunn und die Schnitzreliefs auf dem Hohenpeißenberg. Auch Melchior Bendl ist diesem Kreis zuzusprechen. Der bedeutendste Angehörige dieser Schule dürfte aber Philipp Dirr gewesen sein, der in Freising tätig war und dort den barocken Hochaltar und andere Altäre wie die Plastiken dieser Zeit geschaffen hat, die elegantesten und zugleich bewegtesten Schöpfungen ihrer Art in Bayern; für die Münchner Hofkapelle schnitzte er die Verkündigungsgruppe, die durch ihre Lieblichkeit bezaubert. Nicht für den Hof tätig waren die kaum weniger bedeutenden Brüder Zürn aus Waldsee, die in der Gegend an Inn und Salzach wirkten.

Nur einen aus der Weilheimer Schule, den vielseitigsten von allen, übernahm indessen Maximilian I. für sein großes künstlerisches Programm, Hans Krumper. Er war schon früh nach München gekommen und hatte die Tochter von Sustris geheiratet, bei Hubert Gerhard aus Herzogenbusch hatte er gelernt, dem größten aus der Reihe der Künstler, die Wilhelm V. nach München gezogen hatte, durch den München zu einem der wichtigsten europäischen Zentren der Bronzeplastik geworden war. Für Augsburg schuf Gerhard den unvergleichlichen Augustusbrunnen, für St. Michael den Erzengel, der die Fassade beherrscht. Maximilian I. beauftragte ihn mit der Gestaltung der Brunnen in der

Residenz, die Löwen am Eingang zur Residenz von der Stadtseite her sind von ihm, die Diana auf dem Hofgartentempel, die Muttergottes auf der Mariensäule. Höchste Formbeherrschung, edle Linienführung, vollendete Harmonie in den Proportionen, das waren die Vorzüge des Niederländers, die ihm bis zuletzt bei Maximilian den ersten Rang sicherten. Krumper kam darin seinem Meister sicher nicht gleich, aber indem er seine Schöpfungen, die Büste Maximilians in der Residenz, die Herzogsstandbilder und die Wächterfiguren in der Frauenkirche, vor allem die Patrona Bavariae über dem Residenzportal realistischer, körperhafter gestaltete und ihren individuellen Ausdruck nicht manieristisch ins Unirdische auflöste, wuchs er doch auch über seinen Lehrer hinaus, die kommende Stilepoche des Barock konnte ihn schon zu ihren Meistern zählen. Bestenfalls das Grabmal des Wittelsbacher Kardinals Philipp im Regensburger Dom mag man gänzlich in die Nachfolge Gerhards stellen.

Krumper wird zum meistbeschäftigten Künstler Maximilians vor allem durch seine Vielseitigkeit, war er doch auch als Baumeister nicht ohne Originalität, wie seine Umgestaltung der Pollinger Stiftskirche zeigt. Maximilian beteiligte ihn auch an der Planung zu seinem einzigen großen Bauwerk, der Residenz. 1600 begann dieser Bau, der sich bis 1618 hinzog und nach und nach den ganzen Raum bis zur Residenzstraße ausfüllte, mit der großartigen Fassade, großartig trotz ihrer Schlichtheit, allein durch Maß und Proportionen beeindruckend, nicht zuletzt freilich auch durch die Portale mit den Löwen Hubert Gerhards und dem Meisterwerk Krumpers, der Patrona Bavariae. Bezeichnend für Maximilian ist die Tatsache, daß die Residenz das einzige große Bauwerk blieb, das er in Auftrag gab, bezeichnend ist noch mehr, daß sie die größte Residenz des Reiches in seinem Zeitalter war. Kaisertreppe und Kaisersaal mit den Abbildungen der kaiserlichen Ahnherren seines Hauses, ebenfalls das Kaisergrab in der Frauenkirche unterstreichen den Anspruch nachdrücklich, der hier zum Ausdruck kommt.

Der Fürst, dessen großer Kunstsinn nicht weniger durch seine Begeisterung für Rubens wie durch die kein Opfer scheuende Sammelleidenschaft für Werke Dürers dokumentiert wird, kennt demnach kein absichtsloses Interesse an der Kunst an sich, sie steht, wie alles andere, was er ins Werk setzt, voll im Dienst seiner größten Leidenschaft, der für den Staat.

Staat und Dynastie sind ihm dabei so völlig eins wie sonst nur auf dem Höhepunkt der Entwicklung des fürstlichen Absolutismus. Wenn der Fürst also sein eigenes Haus so sehr in den Mittelpunkt rückte, dann deshalb, weil die Dynastie den Staat verkörperte, der Staat aber, das war Gerechtigkeit, Wohlfahrt, Sicherheit und Frieden. Eine kaum weniger bedeutsame Rolle als die Kunst spielte in diesem Zusammenhang für Maximilian von Bayern die Geschichtsschreibung. Die vielfältigen neuen Staatsaufgaben erforderten jetzt, anders als im Mittelalter, die innere Zustimmung der Untertanen, ihre bereitwillige Mitarbeit in Kirche und Verwaltung, vor allem, da ja die Stände das Steuerbewilligungsrecht nach wie vor besaßen, willfährige Geneigtheit auch in finanzieller Hinsicht. Es gab keine Presse, Flugschriften wirkten nur für den Augenblick, Erziehungsarbeit auf Dauer aber bedurfte des geeigneten Ansatzpunktes. Die kirchliche Verkündigung allein genügte nicht, zumal es auch darauf ankam, den Klerus selbst innerlich zu gewinnen. Klerus und Beamtenschaft nun, Stände also, die durch ihre Bildung zur Lektüre befähigt und geneigt waren, galt es, mit dem nötigen Lesestoff auch zu versorgen – dieser Aufgabe nimmt sich der Staat jetzt tatsächlich an. Auf Interesse seit wenigstens dem Zeitalter des Humanismus konnten vor allem Geschichtswerke rechnen, nicht nur, weil man dabei die Vergangenheit des eigenen Volkes und Landes erfahren konnte, sondern weil die Taten und Leiden der geschichtlichen Helden einfach Neugierde und Teilnahme weckten. Lebendig und anschaulich erzählt, dient die Geschichte also als Ersatz für den Roman. Noch im Zeitalter des Humanismus entsteht die Einrichtung des Hofhistoriographen, des geradezu beamteten Geschichtsschreibers, der die Taten und Leistungen des Fürsten und seiner Vorfahren preist und dessen Werke in fürstlichem Auftrag auch in die Öffentlichkeit gelangen. Geschichtsschreibung dient also als Mittel fürstlicher Propaganda.

Die Geschichte war indessen längst auf dem Weg, eine Wissenschaft zu werden, unterwarf sich also nicht ohne Schwierigkeiten den Vorstellungen des Fürsten. Das größte Geschichtswerk, das Maximilian angeregt hat, die „Annales Boicae Gentis" des Jesuiten Johannes Vervaux, ein Werk noch weitgehend aus humanistischem Geist, löste das Problem am elegantesten, der historischen Wahrheit nicht weniger zu dienen als dem fürstlichen Ruhm. Vervaux war Beichtvater Maximilians seit 1627 und Diplomat, enger Mitarbeiter also, wenn auch um einiges jünger als der Fürst. Daß sein Werk erst 1662 erschien, sechs Jahre nach seinem eigenen Tod, zehn Jahre nach dem Tod des Fürsten, hat Gründe, die sowohl mit dem Werk wie mit dem Autor zusammenhängen. Er war Jesuit, unterstand also der Zensur seiner Oberen, in seinem zeitgeschichtlichen Teil stand aber vieles zu lesen, was den Kaiser verstimmen konnte, den Ärger hätte man sich in Rom gern erspart. Trotzdem hat schließlich die Witwe Maximilians, Maria Anna, die Tante des Kaisers, den Druck durchgesetzt, allerdings unter dem Namen des bayerischen Kanzlers Johann Adlzreiter – damit konnten die politischen Folgen der Veröffentlichung nicht dem Orden angelastet werden. Vervaux hat also ein typisches Werk der Hofhistoriographie verfaßt; in jenem Teil vor allem, der die jüngste Vergangenheit behandelte, herrscht durchaus die bayerische Staatsraison vor. Die Politik Maximilians, die gesehen wird unter dem Motto „Idea Boni Principatus" – das Ideal fürstlicher Herrschaft – ist so dargestellt, wie Maximilian selbst sie gesehen haben wollte. Das muß nicht unbedingt gegen Vervaux sprechen, hat doch wenig später Samuel von Pufendorf diese Art der Geschichtsschreibung als die einzig legitime hingestellt und hat damit für seine Zeit Beifall gefunden. Wie streng Maximilian selbst an dieser Grundforderung festhielt, die an den Historiographen zu richten war, zeigt die Tatsache, daß er zwei Werke, die er in Auftrag gegeben hatte und die den böhmischen Feldzug wie den Zug nach Donauwörth behandelten, nach ihrer Fertigstellung in das Archiv verbannte. Trotz meisterhafter Gestaltung besonders des zweiten Themas, dessen Autor der berühmte Dichter Jakob Balde war, ein Münchner Jesuit, war der Kurfürst mit ihrem propagandistischen Ergebnis nicht zufrieden.

Die Vervaux gestellte Aufgabe war freilich ungleich schwieriger. Es war die Gestaltung eines ersten umfassenden, in klarer Form gestalteten Bildes Maximilians von Bayern als Abschluß eines Geschichtswerks, das die Geschichte Bayerns von Anfang an behandeln sollte. Originell war Vervaux dabei nur in der Darstellung der inneren Politik Maximilians, dort nämlich, wo er versuchte, eine neue Dimension zu erschließen, indem er auch Staatsaufbau und Staatsverwaltung behandelte. Die Leitlinien lieferte ihm dabei das Werk des Jesuiten Adam Contzen, seines Vorgängers als Beichtvater des Fürsten, der 1620 in seinem Buch „Politicorum libri decem" in Konkurrenz zu Justus Lipsius, ja sogar zu Jean Bodin trat, um eine umfassende Staatstheorie zu liefern; Vervaux versuchte gewissermaßen, die Theorie anhand der Wirklichkeit zu überprüfen. Dem hohen Anspruch entsprachen allerdings die zur Verfügung stehenden Erkenntnismittel nur unvollkommen, einen neuen historiographischen Typ hat also Vervaux nicht begründet.

Das war auch wohl kaum im ersten Ansatz möglich; Vervaux hat seine historischen Studien nur in beiläufiger Lektüre absolviert, er hat nicht ein Leben der Forschung in sein Werk eingebracht. Die beiden ersten Hauptteile seiner bayerischen Geschichte sind deshalb auch völlig ohne originalen Ertrag, Vervaux folgt hier bis in die einzelnen Wendungen und Urteile hinein seinen Vorgängern, nur stilistische Modifikationen und Schattierungen in der Bewertung heben ihn von diesen ab. Auch wenn das Geschichtsbild des nächsten Jahrhunderts in Bayern von der Darstellung Vervaux' bestimmt wurde, so war es in Wirklichkeit das Bild eines Welser und eines Andreas Brunner. Auch sie arbeiteten im Auftrag Maximilians. Der Augsburger Stadtpfleger Marcus Welser, einer der berühmtesten Kenner der Spätantike in Deutschland, Autor einer Geschichte der Stadt Augsburg, legte 1602 auch ein Werk zur Geschichte Bayerns vor, das bis zum Beginn der karolingischen Herrschaft in Bayern reichte und Aventin an Kritik und damit auch an Präzision weit überragte. Die Fortführung übernahm der Jesuit Brunner, dessen „Annales virtutis et fortunae Boiorum" 1626 bis 1637 erschienen. Wie schon der Titel zeigt, entfernt sich Brunner, dessen methodisches Vorbild Welser war, bereits vom Formideal des Späthumanismus, erste üppige Wucherungen blühen auf, wenn auch Grundhaltung und Wertvorstellungen immer noch unmittelbar auf humanistische Vorformen zurückgeführt werden können. Besonders die neustoische Komponente in der Tugendlehre und in der Charakterzeichnung fällt auf. Für die allgemeine Entwicklung der Historiographie von Bedeutung ist aber die absolute Quellentreue in beiden Darstellungen, ein Zug, der bereits von der naturwissenschaftlichen Entwicklung der Epoche beeinflußt ist – Welser kannte Galilei, Christoph Scheiner verdankt ihm die Publikation seiner Entdeckungen. Die Quellen bedeuten für Welser gewissermaßen das Oberservationsmaterial, das Urteil geht in keinem Fall über die Werte hinaus, die mit diesem Material gegeben sind. Begeisternd ist ein Geschichtswerk von solch nüchternem Charakter nicht, aber die Entwicklung der historischen Forschung, nicht nur in Deutschland, wurde trotzdem von Welser aufs stärkste beeinflußt. Die Werke von Welser, Brunner und Vervaux hat ein halbes Jahrhundert später Leibniz aufs wärmste gewürdigt, sein Urteil hebt sie aus der deutschen Historiographie der gesamten Epoche mit Recht heraus.

Weniger beachtet hat man später die Erzeugnisse, die im Zusammenhang mit staatsrechtlichen und politischen Kontroversen entstanden, obwohl sie die allgemeine Entwicklung kaum weniger klar beleuchten. In Auseinandersetzung mit dem kurpfälzischen Rat und Hofhistoriographen Marquard Freher hat der Archivar Maximilians, Christoph Gewold aus Amberg, 1611 den bayerischen Anspruch auf die Kurwürde aus der Entstehungsgeschichte des Kurfürstenkollegiums zu erweisen versucht. Seine Beweisführung, obgleich das eigentliche historiographische Problem durch juristisches Raisonnement verdeckt wird, hat Maximilian überzeugt, er wußte sich mit seiner Politik in Zukunft im Recht. Die historische Methode gewann durch diese Kontroverse für den Augenblick nichts, doch gerade unter Maximilian entsteht auch eine geradezu klassische historisch-politische Kontroverse, klassisch deshalb, weil aus den polemischen Notwendigkeiten ein wesentlicher Fortschritt methodischer Art erzwungen wurde. Es ging dabei um die Ehre Ludwigs des Bayern, des kaiserlichen Vorfahren Maximilians, die der Fortsetzer des Baronius, der polnische Dominikaner Abraham Bzovius, geradezu in den Schmutz gezogen hatte. Für den bayerischen Herzog war das nicht ohne Belang, mit seinem Ahnen war er selbst beleidigt; so wie er in den Augen der Zeitgenossen teilnahm am Ruhm seines Geschlechts, traf ihn auch die Schande. Die Gegenschrift des Münchner Jesuiten Jakob Keller bewirkte durch ihre quellensichere Beweisführung, daß Rom Bzovius tatsächlich zum Widerruf zwang.

Gewold war von Maximilian deshalb wiederholt mit der historiographischen Vertretung fürstlicher Interessen beauftragt worden, weil er der gelehrteste Historiker war, den der Herzog zur Verfügung hatte, vor allem aber, weil er auch die wichtigste Quelle für die Zeit Ludwigs des Bayern ediert hatte, die Chronik Heinrichs von Rebdorf. Eine ganze Reihe von Quellenschriften hat Gewold daneben noch herausgebracht; das war die notwendige Ergänzung zu den quellennahen Darstellungen eines Welser oder Brunner, Ausfluß des Wissenschaftsideals der Zeit wie sie. Neben Gewold ragen als Herausgeber von historischen Quellen noch der Ingolstädter Jurist Heinrich Canisius hervor und der Dogmatiker Jakob Gretser. Gretser faßte sogar den kühnen Plan einer vollständigen Sammlung der Quellen zur bayerischen Geschichte, ein Vorläufer Muratoris, der diesen Plan für Italien ein Jahrhundert später verwirklichen konnte.

Es war sicher das unmittelbare Interesse des Fürsten, das dem Aufschwung der historischen Wissenschaft in Bayern in der ersten Hälfte des 17. Jahrhunderts so förderlich war. Die große geistige Bewegung indessen, die dem Zeitalter selbst seine welthistorische Bedeutung verleiht, führte von der Naturphilosophie der ausgehenden Renaissance zur Naturwissenschaft der Barockzeit. Daß Bayern von dieser Bewegung nicht voll erfaßt wurde, liegt an vielen Voraussetzungen, sicher auch daran, daß Maximilian I. dafür, im Gegensatz zum bedeutendsten Staatsmann Frankreichs eine Generation später, Colbert, kein Verständnis besaß. Aber mit dieser Haltung stand er in Deutschland nicht allein. Das Zeitalter der ersten großen Begeisterung für die Naturwissenschaft hat in Deutschland viel bemerkenswerten Eifer erzeugt, aber geniale Entdeckungen, welche der Öffentlichkeit den Wert der neuen Wissenschaft eindringlich klargemacht hätten, finden wir nur bei dem Astronomen Kepler und dem Physiker Otto von Guerikke. Es gab wenige geniale Naturforscher in den ersten Jahrzehnten des beginnenden Barock, es gab aber doch eine ganze Reihe herausragender schöpferischer Gestalten, besonders auf Gebieten, welche der praktischen Bewältigung der Natur zugeordnet waren, auf dem Gebiet der Mathematik und der Anwendung der mathematischen Erkenntnisse, schließlich noch in der Medizin.

Abgesehen von den Stadtärzten zu Augsburg und Nürnberg waren die Träger wissenschaftlicher Naturforschung im Süden Deutschlands um diese Zeit ausnahmslos Lehrer an Universitäten, für Bayern ist das Verhältnis ähnlich. Hier ist neben dem Mediziner an der Universität Ingolstadt, Ignaz Thiermair aus München, der medizinische Beobachtungen und anatomische Tafeln veröffentlicht hat, und Philipp Menzel, der 1573 zu Ingolstadt ein Herbarium anlegte, nur noch das Kollegium der Münchner Stadtärzte zu nennen, unter denen von größerer Bedeutung nur Malachias Geiger war, der die zu München während des Dreißigjährigen Krieges wiederholt aufgetretene Pest medizinisch beschrieben hat. Die Medizin war aber nicht geeignet, die Naturforschung an sich zu revolutionieren, da sie ihrer Natur nach bezogen ist auf die Praxis, so daß trotz der jetzt sehr eng gewordenen Verbindung der Medizin mit naturwissenschaftlichen Absichten die entscheidenden methodischen Fortschritte ausgegangen waren von anderen Gebieten dieser Wissenschaft. In der ersten Reihe stand dabei die Astronomie, die nun als Wissenschaft tatsächlich zweckfrei war. Es ist anzunehmen, daß in dieser Eigenschaft die wichtigste Voraussetzung für die Entstehung neuerer Gedankengebäude bestand. Es waren keine unmittelbaren Interessen damit verbunden, welche das Denken zu leicht in vorgegebene Richtungen lenken. Auch Bayern besaß einen in dieser Epoche berühmten Forscher, den Ingolstädter Jesuiten Christoph Scheiner, der auch in die erste Reihe der damaligen Physiker gehört. In seinem Buch „Oculus" von 1619 legte er seine Anschauungen über die Linsennatur des menschlichen Auges dar und machte damit die Entstehung des Bildes im Auge begreiflich, als erster wies er nach, daß im Auge verkehrte Bilder erzeugt werden, die durch den Sehnerv ins Gehirn übertragen und dort wieder zurechtgerückt werden. Auch praktische Erfindungen stammen von ihm, so der Storchenschnabel, ein Zeichengerät, das maßstabgerechtes Verkleinern und Vergrößern erlaubt, oder der Heliotrop, der indirekte Sonnenbeobachtung ermöglicht. Dieses Gerät entwickelte er, um seine berühmteste Entdeckung auswerten zu können, die Entdeckung der Sonnenflecken 1611, die ihn in einen Prioritätsstreit mit Galilei verwickelte. In seinem Buch „Rosa Ursina", das zu den klassischen Werken der Astronomie gehört, publizierte er 1630 seine Beobachtungen, mit denen er, eine Leistung von allgemeiner Bedeutung, den Nachweis führte, daß die Sonne sich ebenfalls um eine Achse dreht; Scheiner war sogar in der Lage, die Rotationszeit der Sonne genau zu berechnen sowie die Lage ihres Äquators festzulegen. Das war im Grunde die Bestätigung der Auffassung des Kopernikus, doch so weit wagte Scheiner nicht zu gehen. Diese Feststellung kennzeichnet auch die Grenze, die ihm doch gesetzt war. Auch sein Schüler und Nachfolger in Ingolstadt, Johann Baptist Cysat, war als Astronom nicht bedeutend durch die Aufstellung neuer allgemeiner Prinzipien, sondern nur durch die Präzision seiner Beobachtungen und durch ihre exakte mathematische Auswertung. Neben Cysat wirkte noch P. Johann Lanz als Mathematiker in Ingolstadt, dessen Lehrbücher, darunter die „Elementa Euclidis" von 1617 noch Leibniz benutzt hat.

Dieser kurze Blick auf die Naturwissenschaft an der Ingolstädter Universität zeigt, daß ihre wenigen Vertreter durchaus auf der Höhe der Zeit standen. Festzuhalten ist jedoch, daß diese Epoche über das Ende des Dreißigjährigen Krieges nicht hinausreicht. Während vor dieser Zäsur immerhin vier Namen von Rang angeführt werden können, darunter einer von europäischer Bedeutung, ist in der zweiten Jahrhunderthälfte nicht nur der Anschluß an die europäische Entwicklung völlig verlorengegangen, auch die eigene wissenschaftliche Tradition Ingolstadts wird von niemandem mehr aufrechterhalten. Es hängt nicht so sehr zusammen mit der konfessionellen Abschnürung Bayerns in dieser Epoche, die unter Maximilian keinesfalls ins Gewicht fiel, wie der Briefwechsel der Münchner Jesuiten mit calvinistischen Gelehrten aus den Niederlanden beweist, sie hängt zusammen vielmehr mit dem Krieg und seinen verheerenden Folgen. Enger freilich als die Verbindung zum protestantischen Norden war der Anschluß Bayerns an Italien, auch die Verbindung zu Frankreich bahnte sich bereits an. Italien aber hatte bis zur Mitte des 17. Jahrhunderts unbestritten die geistige Führung in Europa. Mit römischen Gelehrtenkreisen stand zum Beispiel der bayerische Kanzler unter Wilhelm V. und Landschaftskanzler unter Maximilian I., Johann Georg Herwarth von Hohenburg in Korrespondenz, dessen Interessen der Chronologie galten, der Bestimmung also der Weltzeiten, der ein europäischer Fachmann für Hieroglyphen war und der in seinen „Tabulae arithmeticae" von 1610 ein mathematisches Hilfsmittel geschaffen hatte, das bereits nach dem Prinzip der Logarithmen aufgebaut war. Herwarth gehörte auch zu den Korrespondenten Keplers. Mit Kepler in enger Beziehung stand auch der Bruder des Münchner Hofmarschalls, Maximilian Graf von Kurz, der Jesuit Albert Kurz, der Kepler bei der Herausgabe der Rudolphinischen Tafeln unterstützte. Auch dieses fruchtbare Interesse, das am Münchner Hof für Naturwissenschaft um diese Zeit festzustellen ist, endet noch während der Ära Maximilians. Die Erscheinung ist also allgemein.

Der Rückgang des naturwissenschaftlichen Interesses an sich kann nun freilich nicht allein abhängen von dem Wandel der äußeren Umstände, auch wenn durch den Bevölkerungsschwund die Zahl der Begabungen geringer wurde. Auch wenn die Folgen des Krieges zu größerer Anspannung aller Kräfte im Dienst der praktischen Bewältigung der unmittelbaren Aufgaben zwang, so kann doch nur das Schwinden der anfänglichen Naturbegeisterung das nahezu vollständige Aufhören der Naturforschung in Bayern erklären. Die großartige Naturmystik nun, die sich im Werk Giordano Brunos äußerte oder auch in vielen Sätzen noch bei Kepler, begegnet im Laufe des 17. Jahrhunderts immer seltener, bis schließlich die enthusiastische Beschäftigung mit den Geheimnissen der Natur beschränkt bleibt auf Holland und England. Erst von dort kehrt sie wieder zurück nach Frankreich und Deutschland, unter dem Einfluß vor allem von Isaac Newton. So ist also an der besonderen Entwicklung in Bayern die europäische Entwicklung selbst in hohem Maße beteiligt, die Entwicklung vor allem in der europäischen Philosophie. Im wesentlichen stellt sie sich dar als Rückkehr zum scholastischen Dogmatismus. Die Naturphilosophie wird dabei nicht unmittelbar verdrängt, sie wird vielmehr umgewandelt, zum Teil sogar mit Hilfe der Mathematik und ihrer Gesetze, das heißt die Philosophie geht ein Bündnis ein mit dem mathematischen Geist und der aristotelischen Logik, die beide einander ja vom Ursprung her aufs engste verwandt sind; wie auch immer die Logik des Aristoteles dabei inhaltlich verändert wird, die aristotelische Denkweise an sich wird jetzt zur herrschenden. In Bayern sind es die unmittelbaren Jünger der Scholastik, die jetzt in Philosophie und Theologie beherrschend werden, die großen Vertreter der spanischen Neuscholastik, ausnahmslos Jesuiten. An der Universität des Landes, zu Ingolstadt, wird ihre Auffassung für zwei Jahrhunderte allein bestimmend.

Das hängt zusammen mit der dominierenden Stellung der Theologie schlechthin in einem Zeitalter, das von theologischen Streitfragen in einem Maße erregt werden konnte wie kein anderes zuvor oder später. Die zweite Hälfte des 16. und 17. Jahrhundert wird so in ganz Europa die Zeit der größten Entfaltung der Theologie als Wissenschaft, die Grundlagen noch der modernen Theologie wurden damals gelegt. Kaum zu überschätzende Anstöße für die Ausbildung der Exegese als eigene Wissenschaft begegnen schon bei den Humanisten, erneut bei Luther; die historische Theologie wie die Dogmengeschichte, angeregt durch die polemisch-kritischen Ansätze bei den Magdeburger Centuriatoren, werden in Italien und Frankreich zur Wissenschaft mit eigener Methode entwickelt; vor allem das Studium der Kirchenväter und der frühen Konzilien führt zu wesentlichen neuen Einsichten. Unter dem Einfluß des römischen Rechts, das besonders die Humanisten an den unmittelbaren Quellen zu studieren lehrten, erwuchs eine grundlegend neue Form der Moraltheologie, die sich juristischer Denkkategorien bediente, vor allem blühte unter diesen theoretischen Einflüssen, nicht weniger beeinflußt aber auch durch die praktischen Notwendigkeiten der kirchlichen Selbstbehauptung, die Wissenschaft vom Kirchenrecht auf. Daß das Schwergewicht lange Zeit, bei beiden Konfessionen, auf Polemik und Kontroverse lag, die damals geradezu als eigene theologische Fächer galten, hat freilich die Entwicklung der Theologie zur Wissenschaft nicht gefördert, es war indes nur natürlich.

Auf das Konzil von Trient folgte nicht einfach eine Restauration der vorreformatorischen Theologie, über deren Schwächen man sich inzwischen doch klargeworden war, auch in Ingolstadt war es notwendig, nach dem Verfall der dortigen theologischen Schule einen neuen Grund zu legen. Maßgebend war dabei Gregor von Valencia, der auf katholischer Seite überhaupt auf die theologische Gesamtentwicklung außerordentlichen Einfluß ausübte. Er hat als erster die doppelte Aufgabe erkannt, die sich aus Reformation und Humanismus für die Theologie ergab, die Begründung eines neuen theologischen Systems, das der Spekulation, der Ableitung der Lehrsätze aus allgemeinen Prämissen, und der positiven Theologie, ihrer Begründung aus den Glaubensquellen, der Bibel und den Vätern, gleichen Raum gewährte. Damit hat er den Grund für die theologische Entwicklung des nächsten Jahrhunderts gelegt. Sein Werk bot Ansatzpunkte zu einer doppelten Entwicklung, die seine Schüler Adam Tanner und Jakob Gretser dann auch weiterführten. Gretsers Anliegen war vor allem die Apologetik, als Methode wählte er die historische, er ging zurück auf die ältesten Quellen, Kirchenväter, Konzilsentscheidungen, päpstliche Dekrete; einen großen Teil dieser Quellen hat er erstmals ediert. Wenn man die Wendung zur positiven Theologie, wie das die Geschichtsschreiber der theologischen Entwicklung allgemein tun, für die große Leistung des 17. und 18. Jahrhunderts hält, muß man Gretser unter die bedeutendsten Bahnbrecher der neuzeitlichen Theologie überhaupt rechnen. Auch dieser Ansatz ist übrigens in Bayern im 17. Jahrhundert nicht mehr weitergeführt worden, erst ein volles Jahrhundert nach dem Tode Gretsers, der 1625 starb, knüpfte Eusebius Amort aus Polling wieder an Gretser an, beeinflußt aber vor allem von Italien und Frankreich.

In Bayern, wie überhaupt in Deutschland, gehörte die unmittelbare Zukunft der theologischen Richtung, die Adam Tanner, der andere große Schüler Gregors, aufgenommen und weitergeführt hatte, der scholastischen. Tanner gilt als der einzig wahrhaft große scholastische Theologe deutscher Abstammung; von überregionaler Bedeutung ist er auch dadurch, daß er, wie sein größerer Würzburger Mitbruder Friedrich von Spee, Stellung bezog gegen die Hexenverfolgung. Er setzte sich damit nicht durch, auch das mag symptomatisch sein für die erste Hälfte des 17. Jahrhunderts in Deutschland, daß es diesen beiden Männern nicht gelang, Gehör zu finden, bei keiner der Konfessionen. Das war die gleiche Zeit, die in Deutschland das Ende der Ketzerverfolgung brachte, und zwar nicht nur praktisch, erzwungen durch den Ausgang des Dreißigjährigen Krieges, sondern auch durch die Grundlegung einer neuen Rechtsauffassung.

Daran war auch die Kanonistik nicht unbeteiligt. Ihre Bedeutung für die Epoche der Glaubenskämpfe liegt auf der Hand. Die Behauptung von Rechtspositionen ist besonders in Krisenzeiten wichtig, die zukünftigen Möglichkeiten können davon abhängen. Nicht selten erfolgen praktische juristische Schritte dabei in einem politischen Schwerefeld, in welchem der Zwiespalt zwischen Norm und Wirklichkeit unüberwindbar erscheint, denn der grundsätzliche Anspruch der Kanonistik besteht in der absoluten Gültigkeit ihrer Rechtsnormen, an ihnen festzuhalten ist unter allen Umständen geboten. Ausgerechnet bayerische Kanonisten nun haben diesen Absolutheitsanspruch ignoriert und damit unter dem Druck der politischen Wirklichkeit die Relativierung des Kirchenrechts eingeleitet.

Auch in Ingolstadt war im 17. Jahrhundert die Kanonistik auf dem Weg, zur beherrschenden kirchlichen Wissenschaft zu werden, die dortigen Kanonisten errangen noch in diesem Jahrhundert die führende Stellung in Deutschland und Ansehen weit über seine Grenzen hinaus. Die führende Persönlichkeit zu Beginn des 17. Jahrhunderts war Paul Laymann. Er vertrat Moraltheologie und Kanonistik, was bedeutet, daß jene juristisch behandelt, diese aber unter Aspekten gesehen wird, die über das positive Recht hinausreichen und auch die allgemeinen rechtsphilosophischen Grundlagen umfassen. Laymann, das scheint mir seine Bedeutung vor allem auszumachen, hat die wichtigste Rolle gespielt bei der Lösung des entscheidenden Problems, das dem deutschen Kirchenrecht gestellt war, nämlich die Vereinbarung von Norm und Wirklichkeit auf dem Gebiet des Ketzerrechts, das ja für die Beziehungen zu den Protestanten die verbindliche Norm setzte.

In seinem Werk von 1629, „Pacis compositio inter principes et ordines imperii Romani", das eine Interpretation des Augsburger Religionsfriedens im katholischen Sinn sein will, deutet er den Augsburger Religionsfrieden nicht als Reichsgesetz, sondern als Vertrag, der den Normen des Ius gentium unterliegt. Als solcher darf er auch dann nicht verletzt werden, wenn der Papst etwa von seiner Verbindlichkeit befreit, denn über das Ius gentium hat auch er keine Gewalt – eine außerordentliche Behauptung für einen katholischen Kanonisten. Dadurch, daß Laymann das Problem in den Geltungsbereich des Ius gentium hinüberspielt, gewinnt er zweierlei, er kann grundsätzlich an der Geltung der kirchenrechtlichen Norm festhalten, da er den Vertrag ein Ausnahmerecht begründen läßt, das auf der necessitas (Notwendigkeit) basiert, und er gewinnt auch gegenüber der zu vermutenden römischen Intransigenz eine Rechtsbasis, die sich behaupten läßt und die praktische Toleranz ermöglicht. Die großen bayerischen Kanonisten der nächsten Epoche schlossen sich größtenteils diesem Standpunkt an.

Eine große Epoche ist nicht denkbar ohne große literarische Kultur. Im Bayern der Maximilianszeit konzentriert sich alle Energie auf die Historiographie und die Theologie, das hängt zusammen mit den Interessen des Fürsten wie mit den großen Tendenzen der Zeit selbst. Auf dem Gebiet der Geschichtsschreibung finden wir auch bedeutende literarische Gestaltungskraft, vor allem Andreas Brunner und Johann Vervaux waren Meister der lateinischen Sprache. Geschichtsschreibung gehörte damals auch an sich weniger in den Bereich der Wissenschaft als eben zur Literatur, mit demselben Auftrag, zu unterhalten, zu belehren, zu erziehen. Im Bereich der Theologie kam dieser Auftrag vor allem dem Prediger zu, der zu keiner Zeit größere Bedeutung besaß als damals, in einer Zeit unablässiger Auseinandersetzungen zwischen den Konfessionen, in einer Zeit brennenden Glaubenseifers, in einer Zeit, in der die Bekehrung von Tausenden möglich schien und, im Falle eines Franz Xaver, wohl auch möglich wurde. Auch Bayern hatte seinen großen Prediger, den Jesuiten Jeremias Drexel, der aus Augsburg stammte; 1638, im Jahr der Errichtung der Mariensäule zu München, starb er dort als Hofprediger. Seine Predigten sind gesammelt, in

170 000 Exemplaren sollen sie damals Verbreitung gefunden haben, in alle möglichen Sprachen wurden sie übersetzt, ihre Wirkung ist nicht abschätzbar. Seine Sprachgewalt wurde von keinem anderen erreicht, so viele auch noch neben ihm standen, darunter der Prediger und Dichter Prokop von Templin oder der Chorherr August Grieninger aus Rottenbuch, der durch seine bilderreiche, kraftvolle Sprache heute noch anspricht.

Große Literatur war aber, wie in ganz Deutschland, so auch in Bayern damals sehr selten. Die Lieder des Johann Khuen, der 1634 Benefiziat zu St. Peter in München wurde, wird man trotz ihrer Innigkeit und Gefühlstiefe, selbst ihres Formenreichtums wegen nicht dazurechnen, auch nicht die Lieder des Jesuiten Albert Kurz, die er in seiner „Harpffen Davids" (1659) vereinigte. Der volksliedhaft schlichte Ton Khuens hat seinem Werk jedoch weitere Verbreitung gesichert, die Anregungen, die von seinen Liedern ausgingen, sind noch im 18. Jahrhundert zu spüren.

Keinen Nachfolger in Bayern fanden die Großen dieser Zeit, Ägidius Albertinus aus Deventer, Sekretär Wilhelms V. und Hofbibliothekar, ein volkstümlicher Erbauungsschriftsteller, bedeutend vor allem als Vermittler der Literatur Spaniens aus dieser seiner größten Epoche, und der Dramatiker Jakob Bidermann aus Ehingen, der etwa ein Jahrzehnt am Münchner Jesuitenkolleg wirkte und hier auch sein berühmtes Schauspiel „Xenodoxus" schuf, das Spiel von der Vergeblichkeit irdischen Ruhms und irdischer Macht und von der Eitelkeit einer Wissenschaft ohne Glaube, Demut und Liebe. Im „Philemon" wagt er sich an das große Thema Calderons, ein platonisches Thema, mit der Umkehrung aller existenziellen Begriffe, Traum und Leben, Schein und Sein. Auch Bidermann war ein Lyriker voll feiner Empfindung, doch auf diesem Feld steht er gänzlich im Schatten seines berühmten Mitbruders Jakob Balde, der nun ohne Frage der Weltliteratur zugehört. Balde war Elsässer, aber mit der Geschichte Bayerns, wo er mehr als vierzig Jahre lebte, aufs engste verbunden: 1651 hielt er die Totenrede auf den Kurfürsten. Benno Hubensteiner verdanken wir die einprägsamste Interpretation des dichterischen Werkes dieses großen Lyrikers. Durch die lateinische Sprachgestalt seiner Verse wird der Zugang nicht jedermann leicht, auch damals wird es das nicht gewesen sein, aber sicher leichter als heute; seine „Carmina lyrica", seine „Silvae" und die „Urania victrix" waren weit verbreitet. Er schuf nicht Lieder wie Khuen, Gryphius oder Friedrich von Spee, bei allem Ernst und aller Tiefe doch auch wieder leicht und eingängig, sondern Oden im Versmaß des Horaz, schwer und voll dunkler Sprachgewalt, in Bildern und Gedankenfolgen, die wie gehämmertes Erz anmuten. Antik ist sein Anspruch, als Dichter wie ein Seher der Vorzeit angehört zu werden („Haec dico vates"). Auch wenn er sich an den Fürsten wendet, wird sein Gedicht kein panegyrischer Erguß, sondern Aufruf, Mahnung, ja Forderung:

„Dolore fortis saepe tremi potest Quandoque flecti: non tamen opprimi"	Auch den Tapferen mag der Schmerz bisweilen bedrücken, ja beugen, nie wird er ihn besiegen

Die stoische Antwort ans Schicksal, die er auch dem Fürsten nahelegt, wenn er auch ihn auf seine Grenzen hinweist, sein Maß, ist das eine große Thema seiner Dichtung, barock und antik zugleich, das „Grunderlebnis der großen vanitas“ (B. Hubensteiner), der Vergeblichkeit alles Irdischen. Die Hoffnung ist das andere, sie ist verkörpert im Bild der Jungfrau, deren Dichter er sein will, die er in seinen „klassischen Zeilen“ auf die Münchner Mariensäule 1638 anruft: „Semper intersis populo benigne“ (sei immer zugegen gnädig deinem Volke).

Balde sollte der Geschichtsschreiber Maximilians werden, doch sein Werk gelang nicht so wie der Fürst es wollte, es wurde vor allem kein Werk fürstlicher Propaganda daraus. Auch als Dichter konnte Balde, wie D. Breuer gezeigt hat, nicht für diese Rolle gewonnen werden; er wollte nicht mit leeren Händen dastehen, wenn der Triumph verrauscht, der Kreis des Schicksals geschlossen war. Das Zeitalter Maximilians hat deshalb vielleicht keinen besseren Sprecher gefunden als den Dichter, der auch in der Niederlage noch den Anruf zu stolzer Selbstbehauptung hört:

„Si modo vulnera	Wenn sie nur ihre Wunden schweigend ertragen,
ferant silentes, seque duris	und nicht davor zittern, sich dem harten Geschick
Non metuant aperire fatis“	zu stellen

Diese Verse schreibt Balde 1641, das nahe Ende der großen Epoche Bayerns vor Augen – ein würdiger Ausklang.

Fürst und Land im Zeitalter des Absolutismus

Die Stimme Bayerns wurde selten so nachdrücklich zu Gehör gebracht wie in jenem Zeitalter, das 1648 endet, nicht mit dem Tode des Kurfürsten also, sondern mit jenem Friedensschluß, um dessen Herbeiführung er sich seit Jahren so verzweifelt bemüht hatte – ungeachtet der Gewißheit, daß dann seine große Rolle als Stütze des Kaiserhauses wie des Katholizismus im Reiche ihr Ende finden würde. Die Tatsache, daß es der Wandel der europäischen Verhältnisse durch den Westfälischen Frieden und die Kräfte, die ihn erzwungen hatten, nicht also der Abgang einer der größten Persönlichkeiten der bayerischen Geschichte war, die das Gewicht Bayerns so entscheidend veränderten, bedeutet aber nicht, daß es in Zukunft auf das Verantwortungsbewußtsein und die Einsicht des Fürsten nicht mehr ankommen würde. Schon wenn er sich eingestand, ohne sich gleichzeitig jedem fremden Anspruch zu beugen, daß es vermessen war, noch einmal für das kleine Bayern im Chor der europäischen Mächte eine führende Stimme zu beanspruchen, war seine Aufgabe nicht mehr unlösbar, nämlich die Wunden des Krieges zu heilen und seinem Land nach dem verheerendsten aller Kriege den Frieden auf Dauer zu sichern und so vor allem der Wohlfahrt seiner Untertanen zu dienen. Das in der Tat versuchte der neue Kurfürst, in einer Politik, die immer noch der Tradition verpflichtet war, die Maximilian I. begründet hatte, und deren Grundgesetz die Einhaltung der Mitte zwischen den großen Mächten war, zwischen Österreich und Frankreich, um keiner unterworfen zu sein.

Der neue Kurfürst Ferdinand Maria wurde 1636 als Sohn Maximilians I. und seiner Nichte Maria Anna, Tochter Ferdinands II. geboren. Sein Vater war damals bereits 53 Jahre alt, und der harte, unduldsame Grundzug im Wesen Maximilians ist um diese Zeit bereits so dominierend hervorgetreten, daß der Sohn wenig väterliche Zärtlichkeit mehr gespürt hat. Er stand stets dem strengen, fordernden Fürsten gegenüber. Auch seine Mutter war eine Persönlichkeit von starkem Selbstgefühl; wie die Jahre ihrer Regentschaft zeigen, wo sie den jungen Fürsten von jeder Teilnahme an den politischen Entscheidungen ausschloß, war auch sie nicht fähig, behutsam zu führen und schlummernde Kräfte zu wekken. Auch sie war gewohnt zu befehlen und, auch im engsten Kreis, zu herrschen. Es ist kein Wunder, daß es deshalb Ferdinand Maria vor allem an Selbstvertrauen fehlte und an jenem Schwung, den man dem Zeitalter für angemessen halten mag. Allerdings ist es verfehlt, ihn als Schwächling zu bezeichnen, wie es das 19. Jahrhundert getan hat, allen voran Riezler. Dieses Urteil basiert nicht auf der Analyse seiner Politik oder der Interpretation seiner Maßnahmen im einzelnen, sondern ist bedingt vom Generalurteil über diesen Fürsten, der so wenig dem Ideal der Wilhelminischen Zeit entsprach; er war kein Eroberer, sondern ganz bewußt und entschieden ein Fürst des Friedens. Er hat sich selbst als solchen bezeichnet und ist auch in den Elogen, die ihm nach seinem Tod gewidmet wurden, als „Princeps Pacis" bezeichnet worden. Er hat tatsächlich Bayern eine Epoche von 30 Jahren des Friedens geschenkt. Das war eine Leistung, gerade für jenes Zeitalter, das durch die sich ständig steigernden Aktionen Ludwigs XIV., aber auch durch den österreichischen Willen, die Entscheidung von 1648 zu revidieren, aus den Konflikten nicht herauskam. Ferdinand Maria war also kein Kriegsheld und entsprach damit nicht jenem Fürstenideal, das seit 1871 zum Bestandteil der deutschen Historiographie gehörte. Außerdem war er verbündet mit Frankreich, das als Feind des Reiches und Verderber der deutschen Nation galt. Auch das hat entscheidend dazu beigetragen, daß sein Bild so völlig verzerrt wurde.

Wenn man freilich den jungen Fürsten an seinem Vater mißt, dann wird doch klar, daß er vor einem solchen Maßstab nicht bestehen kann. Er hat nicht wie sein Vater selbst die ganze Verwaltung überblickt, das Ergebnis ständiger harter Aktenstudien, ständiger mißtrauischer Kontrolle, damit war aber Ferdinand Maria nicht, wie sein Vater, in der Lage, die Beamtenschaft souverän zu beherrschen, er war von ihr in weitem Ausmaß abhängig. Allerdings war er nicht so sehr abhängig, wie man bisweilen lesen kann; er hat sich zwar die Akten zubereiten lassen, hat die Berichte seiner Gesandten nicht kontinuierlich gelesen, sondern gab sich vielleicht mit Zusammenfassungen zufrieden, und in der inneren Politik war er völlig vom Vortrag seiner Räte abhängig. Aber hier wie dort, sowohl in der innern Politik wie in der auswärtigen, hat er alle wesentlichen Entscheidungen selbst getroffen, und es waren Entscheidungen darunter, die Kraft gefordert haben und Mut zum Risiko.

Am längsten haftete der Vorwurf an ihm, er habe in jeder wichtigen Frage seiner Gemahlin nachgegeben. Er war verheiratet mit Henriette Adelheid aus dem Hause Savoyen. Sie war die Tochter des Herzogs Viktor Amadeus und eine Enkelin Heinrichs IV. von Frankreich. Noch während des Dreißigjährigen Krieges, in der kurzen Phase der engen Verbindung mit Frankreich, 1647, hatte Mazarin die Heirat angeregt, um dieser Konstellation Dauer zu verleihen. 1652 kam sie zustande. Die Absicht Maximilians I. war von der Mazarins allerdings sehr verschieden, er wünschte die Loslösung Savoyens aus dem engen Bündnis mit Frankreich und seine Versöhnung mit Spanien, damit hätte Savoyen dieselben Möglichkeiten erhalten wie Bayern, zwischen Frankreich und Habsburg zu lavieren. Ein Zusammenwirken mit Savoyen über die Alpen hinweg hätte die Aussichten für eine solche Politik der dritten Kraft zweifellos verstärkt. Auf lange Sicht hat sich freilich die Absicht Mazarins durchgesetzt. Die Frage ist nur, ob das zusammenhing mit der Heirat oder ob nicht die politischen Voraussetzungen allein schon eine solche Wendung zu Frankreich hin herbeigeführt haben. Der Beginn der bayerisch-französischen Korrespondenz, wie man damals die Vorstufe für eine Allianz nannte, wird in der Regel in Zusammenhang gebracht mit Henriette Adelheid. Richtig daran ist, daß die sich damit bietenden Anknüpfungspunkte von der französischen Diplomatie zielstrebig ausgenützt wurden. Henriette Adelheid war von ihrer Mutter ursprünglich als Braut Ludwigs XIV. in Aussicht genommen worden. Nach wie vor hegte sie für ihn, den „größten König des Weltalls", wie sie ihn nannte, größte Ergebenheit. Gleichzeitig war sie Habsburg gegenüber von einer starken Abneigung beherrscht, die sowohl persönlich bedingt war, insofern ihre Schwiegermutter Maria Anna in der Zeit der Regentschaft ihr keinerlei Bewegungsfreiheit politischer und gesellschaftlicher Art zugestand, als auch von der savoyischen Familientradition, die in Habsburg den Hauptgegner für den Ausdehnungsdrang Savoyens erblickte. Hinzu kam auch, daß für ihren eigenen Aufstieg in Wien die größten Hindernisse zu erwarten waren. Ihr Ehrgeiz richtete sich ganz unverhohlen auf den Gewinn der Kaiserkrone.

Ihr Einfluß auf die Politik war aber wesentlich geringer, als immer behauptet wird. Das Gebiet, auf dem sie sich durchsetzte, war allein das der höfischen Repräsentanz. München wurde zur glanzvollsten Hofhaltung im Reich in diesen Jahren. Die italienische Oper feierte vor allem in München ihre großen Triumphe, Nymphenburg entstand, das dem Schloß ihrer Mutter in Aglie, in der Nähe von Turin, nachgebildet ist. Mit dem Bau der Theatinerkirche, deren Vorbild der majestätische Kuppelbau von St. Andrea della Valle zu Rom ist, setzte sich für die nächsten Jahrzehnte im Süden Deutschlands der reine italienische Barock auch im Kirchenbau durch. Der Dom von Salzburg oder die Klosterkirche von Waldsassen, der Dom von Passau folgen als nächste Muster dieses Stils. Es ist keine Frage, daß die Impulse, auch solche geistiger Art, die mit Henriette Adelheid und ihrer Umgebung aus Italien nach München gelangten, außerordentlich fruchtbar weitergewirkt haben.

In der Politik dominierte jedoch der Kanzler Kaspar von Schmid. Zwar haben unter Ferdinand Maria auch die beiden Obersthofmeister eine beträchtliche politische Rolle gespielt, Graf Maximilian von Kurz, der Bruder des kaiserlichen Vizekanzlers, der zur Zeit der Vormundschaft unter der Regentschaft von Maria Anna den österreichfreundlichen Kurs der bayerischen Regierung bestimmte, und dann sein Nachfolger Hermann Egon von Fürstenberg, der seit 1662 die Wendung zu Frankreich hin vorbereitete. 1662 gelangte auch Kaspar von Schmid an den Schalthebel der Politik. Er war der Sohn eines kurfürstlichen Beamten in Schwandorf, der bereits zu einigem Besitz gekommen war, die Hofmarken, welche der Vater erwerben konnte, bildeten die Basis für den Aufstieg in die Schicht des niederen Adels. Seine Bildung erwarb Schmid am Jesuitengymnasium in München und auf der Universität in Ingolstadt. In seiner Stellung als Vizekanzler beherrschte er die ganze bayerische Innen- und Außenpolitik, nicht zuletzt durch seine Zusammenarbeit auch mit dem Obersthofmeister, Hermann Egon von Fürstenberg.

Schmid war ein hervorragender Jurist. Seine Gesetzeskodifikationen haben ihm einen Namen in der deutschen Rechtsgeschichte verschafft. Er gilt unter den praktischen Rechtsschöpfern des 17. Jahrhunderts als die bedeutendste Gestalt. Für die bayerische Geschichte von besonderem Einfluß war er aber durch das von ihm entwickelte System, das schon die Zeitgenossen mit diesem Namen bezeichnet haben. Die Bezeichnung selbst wie die Tatsache, daß Außenpolitik nach einer in Prinzipien allgemeiner Art verankerten systematisch erarbeiteten Überzeugung getrieben wird, kennzeichnet die Politik Schmids als echten Ausfluß des 17. Jahrhunderts. Das umfassende System ist die Sehnsucht der Mathematiker und Philosophen, der Juristen wie der Historiker. Mit Richelieu wird es auch eingeführt in die Politik, doch wäre es unzulässig, Kaspar von Schmid mit Richelieu zu vergleichen. Riezler nennt ihn den bedeutendsten bayerischen Staatsmann nach Leonhard von Eck, in der Tat war er ein lebendiger, scharfer Geist, energisch und selbstbewußt, von staunenswerter Arbeitskraft, aber er war kein Genie. Sein System war einseitig außenpolitisch, und auch hier war der Grundgedanke nicht wie bei Richelieu von allgemeiner Gültigkeit, sondern er war abhängig von besonderen Umständen, die leicht wechseln konnten. Diese Umstände hingen zum Teil zusammen mit der Frage der dynastischen Erbfolge, ein Gebiet, in dem der Zufall Alleinherrscher war. Nicht bedacht waren ferner die Möglichkeiten zu aktiver Politik, welche sich im Zusammenwirken mit den deutschen Mittelstaaten ergeben mochten, die großen Chancen also zu einer Politik des Dritten Deutschland, das große bayerische Thema des 19. Jahrhunderts, und schließlich war Kaspar von Schmid ein Mann des Rechts und nicht der Macht. Das war seine größte Schwäche, wenn es galt, sich in einer Welt zu behaupten, welche immer unverhüllter der Idee der schrankenlosen Staatsraison zuneigte.

Wenn nun diese Machtpolitik zum Signum des Jahrhunderts gehört, so ist der bayerische Kurfürst zweifellos kein typischer Vertreter des Jahrhunderts. Er stellt durch sein maßvolles politisches Handeln sicher eine Ausnahme dar. Auf große machtpolitische Ziele verzichtete er allerdings nicht. Die Möglichkeiten für sein Haus, welche die denkbare Übernahme des Habsburger Erbes geboten hätte, waren ihm durchaus bewußt, und lange Zeit stand seine gesamte Außenpolitik unter dem Einfluß jener Erwartung, die 1657, nach dem Tode Ferdinands III. und nach dem baldigen Tod seines Erstgeborenen, so plötzlich entstanden war. Ferdinand Maria hat diese Erwartungen aber niemals zum beherrschenden Mittelpunkt seiner Politik gemacht. Er setzte nie alles auf eine Karte, und konnte deshalb auch jeden Rückschlag, der notwendigerweise mit diesen dynastischen Plänen verbunden war, durch eine elastische Politik mühelos abfangen. Bei einem abschließenden Urteil ist nur eines zu bedenken: Ferdinand Maria ist mit 43 Jahren bereits gestorben, in einem Alter also, in welchem der Mensch erst zu seiner vollen Reife findet. Weitere 20 oder 30 Jahre der Regierung, wie sie seinem Vater vergönnt waren, hätten Bayern wohl undenkbar viel erspart. Das System Kaspar von Schmids, das Ferdinand Maria zu seinem eigenen gemacht hatte, war auch in einer zweiten Hinsicht weder genial noch originell, es führte sowohl in der inneren wie in der äußeren Politik im wesentlichen doch nur die großen Pläne zu Ende, die Maximilian I. bereits entworfen und im Ansatz auch zu realisieren versucht hat. In allen Bereichen wurden dabei für Bayern Entscheidungen von säkularer Bedeutung getroffen, die Durchsetzung der Staatsform des fürstlichen Absolutismus und das Bündnis mit Frankreich, dessen Folgewirkungen bis zu Napoleon reichen.

Als 1654 Ferdinand Maria selbst die Regierung übernahm, hatte Bayern nicht ganz eine Million Einwohner – 1770 waren es 1 147 000 –, das war so viel, wie Brandenburg 1688, oder eine Million weniger als Preußen 1740, vor dem Erwerb Schlesiens, besaß, damit war es größer als Sachsen, Hannover oder Württemberg, die dem Umfang und der politischen Bedeutung nach auf Bayern folgten. Das Reich dürfte 1650 etwa 10 Millionen Einwohner gehabt haben, 1740 18 Millionen. Frankreich wies zur gleichen Zeit 24 Millionen auf, 1740 16 Millionen – eine rückläufige Bewegung, die den Zeitgenossen schon Rätsel aufgab. Das Kurfürstentum war in Rentämter gegliedert, an Rang wie der Bevölkerungszahl nach am größten war das Rentamt München mit 388 000 Einwohnern, das sich in etwa mit dem heutigen Oberbayern deckt. Davon hatte die Stadt München zusammen mit der Vorstadt Au allein 39 000 Einwohner. Das war immer noch weniger als die nächsten Großstädte im Umkreis, Augsburg und Nürnberg, besaßen, aber mehr als zur gleichen Zeit Berlin Einwohner hatte, dort waren es 1688 20 000, 1740 freilich bereits 90 000. Auf München folgten in der Größe das Rentamt Landshut mit 246 000 Einwohnern, dann das Rentamt Burghausen mit 180 000, das Rentamt Straubing mit 168 000 Einwohnern. Zu Burghausen gehörte damals auch noch das 1778 an Österreich abgetretene Innviertel mit nochmals 100 000 Einwohnern. Der kleinste Bezirk war, nicht räumlich, wohl aber der Bevölkerungszahl nach, die Oberpfalz mit 165 000 Einwohnern. Das Rentamt München hatte auch die meisten Städte aufzuweisen, 16 Städte, dazu 25 Märkte, 24,3% der Einwohner lebten hier. Allerdings war ein großer Teil der Bürger, vor allem in den Märkten, noch der bäuerlichen Bevölkerung zuzurechnen. Das Rentamt Landshut wies nur 6 Städte auf und 26 Märkte. Hier lebten 16,5% der Bevölkerung, genauso wie im Rentamt Straubing, das 10 Städte und 21 Märkte hatte. Das Rentamt Burghausen war in seiner Struktur am weitesten agrarisch. Hier lebten nur 11,8% der Einwohner in Städten und Märkten. Das Rentamt wies 5 Städte und 12 Märkte auf. Traunstein mit 2 500 Einwohnern war hier die volkreichste Stadt, halb so volkreich wie etwa Straubing, ein Drittel so volkreich wie Landshut. Insgesamt umfaßt die bürgerliche Bevölkerung im alten Herzogtum Bayern, ohne die Oberpfalz also, 18,8%. Der absolut dominierende agrarische Charakter des Landes steht demnach außer Frage. 115 000 bäuerliche Familien wies das Kurfürstentum insgesamt auf. Etwa 96% dieser Bauern waren abhängig von irgendwelchen Grundherren, entweder dem Kurfürsten oder der Kirche oder dem Adel. Etwa 25% des Grundbesitzes stand unter dem Obereigentum des Adels, der weithin im Lande die niedere Gerichtsbarkeit ausübte und das ganze Land im Namen des Kurfürsten regierte.

Von den 41 Mitgliedern der Hofkammer, der Obersten Finanzbehörde also, die doch erhebliche Sachkenntnisse von ihren Mitgliedern verlangte, waren 24 vom Adel, von den 14 Mitgliedern des Revisionsrates gehörten 9 dem Adel zu, von den zwölf Mitgliedern des Geheimen Rates acht, von den 37 Räten des Hofrates kamen 27 aus dem Adel. Von den 13 Räten im Kommerzkollegium, das ebenfalls eine sehr anspruchsvolle Bildung voraussetzte, waren 9 adelig. Der

Hofkriegsrat bestand nur aus Mitgliedern des Adels, so daß man sagen kann, daß in den Kollegien der Zentralbehörden im 18. Jahrhundert etwa 65% von adeligen Mitgliedern eingenommen wurden. Vollends das flache Land wurde fast ausnahmslos von adeligen Pflegern und Richtern regiert. Der Adel selbst war dem Landrichter entzogen, der adelige Gerichtsstand war das Hofgericht, das unmittelbar an der Stelle des Herzogs richtete. Ein weiteres sehr eifersüchtig gehütetes Recht war jenes der adeligen Steuerfreiheit. Für sich persönlich und von seinen unmittelbar bewirtschafteten Gütern war der Adel nicht verpflichtet, Steuern zu zahlen. Im Verlauf des 17. Jahrhunderts hatte sich allerdings das Gewohnheitsrecht des donum gratuitum herausgebildet, das ein nicht geschuldetes freiwilliges Geschenk war, die sogenannte Standsteuer, an welcher auch der Adel beteiligt wurde.

Seit dem frühen 16. Jahrhundert begegnen allerdings immer häufiger nobilitierte Doktores, promovierte bürgerliche Juristen, bis dann die Nobilitierung von verdienten bürgerlichen, juristisch gebildeten Mitgliedern des Geheimen Rates die Regel wurde. Dieser Briefadel, in welchen seit dem Dreißigjährigen Krieg auch zahlreiche verdiente Offiziere aufgenommen wurden, konnte auch Hofmarken übernehmen, auch erscheinen seine Angehörigen unter den adeligen Pflegern und Landrichtern. Aber der alte Adel weigerte sich stets, die Mitglieder dieses neuen Adels für seinesgleichen zu halten. Die Edelmannsfreiheit wurde ihm bis ans Ende des alten Reiches verweigert, d.h. das Recht, adelige Güter zu Adelsrecht zu besitzen, mit dem Recht der Gerichtsbarkeit innerhalb des Hofes selbst und über die einschichtigen Güter. Verbunden war damit aber auch die Zulassung zu dem Hofadel, für die man für die niederen Ränge mindestens vier, für die höheren Ränge mindestens acht adelige Ahnen nachweisen mußte. Volle Edelmannsfreiheit hatten bis zum Ende des 18. Jahrhunderts nur 258 Familien, während im Besitz von Hofmarken etwa 600 waren. Der Dreißigjährige Krieg scheint eine ganze Reihe von Familien ruiniert zu haben, auch müssen viele Geschlechter ausgestorben sein, jedenfalls sank von 1600 bis 1696 die Zahl der landsässigen Adelsfamilien im Herzogtum Bayern von 593 auf 278, in der Oberpfalz von 178 auf 35, allein 100 Adelsgüter gingen in den Besitz der Kirche über. Die Landtafel von 1557 weist 1407 adelige Hofmarken aus, die von 1770 936. Wenn also zu Ende des 18. Jahrhunderts 5249 Adelige genannt werden, so ist anzunehmen, daß die weitaus überwiegende Mehrheit dem sogenannten Neuadel angehört; genauer erforscht ist dieser Zusammenhang jedoch nicht. Generell kann man aber sicher sagen, daß sich hinter diesen Zahlenverhältnissen ein unerhörter Aufstieg des Bürgertums verbirgt, das in einem weit höheren Maße an der Herrschaft im Lande teilhatte, auch auf dem Weg über die Nobilitierung, als sich bei oberflächlichem Urteil aufgrund der adeligen Namen allein erschließen läßt.

Genauer unterrichtet sind wir naturgemäß über den zweiten großen Herrschaftsträger im Land, die Prälatenklöster, die Klöster also der alten Orden, der Benediktiner, Augustinerchorherren, Zisterzienser und Prämonstratenser. 83 Klöster und Stifte, deren Prälaten auch in der Landschaft vertreten waren, gab es 1738 in Bayern. Voraussetzung für die Zugehörigkeit zur Landschaft war, wie beim landständischen Adel, der Besitz einer Grundherrschaft, im wesentlichen waren diese Prälatenklöster auch mit der niederen Gerichtsbarkeit ausgestattet, das Ergebnis einer historischen Entwicklung, die zurückreicht bis in älteste Zeiten und ihren Abschluß fand mit dem großen Hofmarkenprivileg Ludwigs des Bayern 1329 und den Ergänzungen von 1330. Tegernsee und Benediktbeuern, die bis dahin Reichsklöster gewesen waren, retteten aus dieser Zeit einige Vorrechte, beide waren vom Landgericht eximiert, Benediktbeuern erhielt 1785 sogar den Blutbann. Damit erhielt der Gerichtsbezirk des Klosters den gleichen Charakter wie die Herrschaften der bayerischen Grafen, oder wie das Landgericht selbst.

1648 besaß der Prälatenstand etwa 50% der bayerischen Bauerngüter, 1760 waren es bereits etwa 56%. Diese zusätzlichen 6% waren hinzugekommen durch Ankauf verganteter Adelsgüter. Selbst Sprecher des Adels gaben jedoch zu, daß diese finanzielle Überlegenheit des kirchlichen Grundbesitzes nicht nur von der Spendenfreudigkeit des katholischen Volkes herrührte, sondern in viel höherem Maße von der rationellen Wirtschaftsführung, die bei den bayerischen Klöstern herkömmlich war. Was noch weniger nach außen drang als die sorgsame Kalkulation in allen Wirtschaftsbereichen war das karge Leben der Mönche, für das es viele Zeugnisse gibt. Die außerordentliche Prunkentfaltung im Kirchen- und Klosterbau des frühen und hohen 18. Jahrhunderts war erkauft durch strengen Verzicht im täglichen Leben.

Was an den adeligen Beschwerden der Epoche vor allem nicht zum Ausdruck kommt, ist die Tatsache, daß die reichen Prälaten auch am kräftigsten zur Ader gelassen wurden. Trotz kirchlicher Immunität, der grundsätzlichen Steuerfreiheit der Kirche, zahlten die Prälaten bereits den höchsten Beitrag zur Standsteuer, ganz allein von der Kirche gefordert wurden die sogenannten Dezimationen. Das ist eine außerordentliche Belastung, die zusätzlich zu den übrigen Belastungen hinzutrat. Der Ursprung dieser Dezimationen geht zurück ins Mittelalter. Die kirchliche Steuerfreiheit wurde von Seiten des Papstes grundsätzlich nur aufgehoben zugunsten landesherrlicher Kreuzzugssteuern, für die jedesmal die ausdrückliche Zustimmung des Papstes erforderlich war. Diese Kreuzzugszehnten wurden besonders häufig erhoben im 15. Jahrhundert, als die Türken Konstantinopel erobert hatten und ihren Druck auf das Abendland verstärkten. 1683 nun, mit dem Türkenzug vor Wien, war erneut der Anlaß für eine Türkensteuer gegeben. Innozenz XI. erteilte dem bayerischen Kurfürsten die Erlaubnis zur Einhebung von 300000 Gulden, 1690 wurde diese Erlaubnis wiederholt. Zur reinen Dezimation wurde dann, ohne daß die Türkengefahr noch dafür hätte ins Feld geführt werden können, die steuerliche Belastung des Klerus um die Mitte des 18. Jahrhunderts. Die päpstlichen Bewilligungen folgten einander so häufig, daß die Dezimation geradezu zur ständigen Einrichtung wurde, sie leitete unmittelbar über zur Säkularisation von 1803.

Wenn im Ständestaat davon gesprochen werden kann, daß die beiden ersten Stände, der Adel und der Prälatenstand, sich mit dem Fürsten die Macht im

Lande teilten, so gilt das zwar am wenigsten für den Prälatenstand, doch auch er hatte Teil an den Rechten der Landschaft, die bis zum ausgehenden 16. Jahrhundert immer wieder mit dem Fürsten um den maßgebenden Einfluß im Land gerungen hatte. Dieses Zeitalter des Ständestaates war in ganz Deutschland zu Ende gegangen spätestens während des Dreißigjährigen Krieges oder wenig danach, in Bayern schon vorher. Es wird abgelöst vom Zeitalter des Absolutismus.

Absolutismus bedeutet nicht, wie das noch selbst in der Biographie Max Emanuels von L. Hüttl zu lesen ist, schrankenlose fürstliche Herrschaft, bedeutet auch nicht, wie Bodin es formuliert hat, die Unabhängigkeit des Fürsten vom Gesetz, das er selbst erläßt, sondern nur in mehr oder weniger großem Umfang seine Befreiung von der Mitregierung der Landstände, vor allem des Adels. In Bayern erfolgte sie stufenweise; zu Beginn des 16. Jahrhunderts wird der Anspruch des Adels, der sich zeitweise sogar durchsetzen konnte, auf Bestellung der fürstlichen Räte ein für allemal zurückgewiesen, um die Mitte des Jahrhunderts setzt der Fürst gegenüber Adel und Städten sein Jus reformandi durch, das Recht, über die Konfession zu bestimmen, gleichzeitig engt er das Mitwirkungsrecht der Landstände bei der Gesetzgebung ein auf die fundamentalen Landesgesetze, zuletzt, unter Maximilian I., gelingt es auch, das Steuerbewilligungsrecht der Landstände dadurch auszuhöhlen, daß ihnen langfristige Zusagen abgenötigt werden und für besondere Notfälle dem Landtagsausschuß das Recht eingeräumt wird, in eigener Zuständigkeit eine Steuer zu bewilligen. Durch den Reichstagsabschied von 1654 wurde außerdem festgelegt, daß für die Reichs- und Kreisumlagen die Stände gehalten seien, die notwendigen Summen zu bewilligen. Damit wird eine weitgehende – nie vollständige – finanzielle Unabhängigkeit des Fürsten erreicht, abgeschlossen wird die Entwicklung, wenn die Landstände – der Adel, die grundbesitzende Geistlichkeit und die Vertreter der Städte – auch noch um ihr Versammlungsrecht gebracht werden. Das war möglich, weil die Stände nicht das Recht besaßen, sich selbst zu versammeln, sondern vom Fürsten berufen werden mußten. Die Ausschaltung der Stände als organisierte Körperschaft ist das eigentliche Geheimnis des Absolutismus.

Schon unter Kurfürst Maximilian I. begann die fürstliche Herrschaft jene Gestalt anzunehmen, die mit diesem Begriff bezeichnet wird, er strebte bewußt gerade die Ausschaltung der Stände an. Dadurch jedoch, daß 1669 die Landstände zum letzten Mal einberufen wurden, stellt erst dieses Jahr den Abschluß der Entwicklung dar. Beabsichtigt war allerdings damals nicht, einen solchen epochalen Schlußstein zu setzen, Ferdinand Maria hatte, im Gegenteil, zunächst überhaupt nicht mehr die Absicht gehabt, die Landstände noch einmal einzuberufen. Sein Vater Maximilian hatte ihn in seinem politischen Testament ausdrücklich davor gewarnt, den Ständen durch die Einberufung des Landtags die Möglichkeit zu geben, Druck auszuüben. Statt dessen versuchte er lange Zeit, seine Einkünfte durch neue Aufschläge auf Fleisch und Bier und durch eine Erhöhung der Zölle und Mauten beim Import von Luxuswaren zu steigern. Erst 1667 war der Ausschuß bereit, der Forderung des Kanzlers nach einer neuen Steuer wenigstens zu einem Teil nachzukommen. Die Bewilligung jedoch der ganzen Summe von 374000 Gulden, welche zwei Drittel der Gesamtkosten für die durch den Türkenkrieg notwendig gewordene Heereserhöhung ausgemacht hätte, wollte der Ausschuß aber nicht auf sich nehmen, sondern er forderte die Einberufung des gesamten Landtages. Tatsächlich entschloß sich jetzt der Kurfürst, dem Verlangen des Ausschusses nachzugeben. Die Gründe dafür kennen wir nicht. Möglicherweise hoffte Kaspar von Schmid gerade 1669 ohne große Mühe an sein eigentliches Ziel zu kommen, nämlich die Ermächtigung des Landtagsausschusses durch den gesamten Landtag für die Bewilligung kontinuierlicher Steuern zu erreichen und damit in Zukunft gänzlich ohne Landtag auszukommen.

Dieser letzte bayerische Landtag von 1669 hat die Erwartungen des Kanzlers in vollem Umfang erfüllt. Stimmberechtigt waren 567 Angehörige des Adels, des Prälatenstandes und Abgeordnete der Bürgerschaft. Nur 317 sind erschienen, ein deutliches Zeichen dafür, daß nahezu der Hälfte der stimmberechtigten Mitglieder des Landtages die Angelegenheiten des eigenen Standes wie des gesamten Kurfürstentums gleichgültig waren. Mit dieser Gleichgültigkeit konnte der Kanzler aber rechnen, wenn er versuchte in Zukunft ohne Landschaft auszukommen. Die Stände wieder hatten die Absicht, die Bewilligung neuer Steuern an die Gewährung ihrer Forderung nach Mitwirkung bei der Gesetzgebung zu knüpfen. Durchgesetzt hat sich der Kanzler. Die Entscheidung, so scheint es, brachte seine Taktik, die beiden wichtigsten Stände gegeneinander auszuspielen, den Adel gegen die Prälaten, und innerhalb der stärksten Gruppe, des Adels, wieder die Inhaber der Edelmannsfreiheit gegen den neuen Adel, den Briefadel. Forderungen des Briefadels wies der alte Adel zurück. Er war auch nicht gewillt, in die Ausschüsse neuadelige Vertreter zu wählen. Diese Spannungen nützte der Kanzler aus, um sich schließlich bewilligen zu lassen, wessen er bedurfte, nämlich eine Erhöhung der Kammergutsaufbesserung auf 150000 Gulden, dann einen Beitrag der Landschaft zur herzoglichen Schuldentilgung in Höhe von 370000 Gulden, die Übernahme der Kosten für die Armee und die Auslagen für Gesandtschaften und die Mitwirkung bei der Reichsjustiz von noch einmal 100000 Gulden. Damit war die Finanzkrise im wesentlichen beseitigt. Vollends die Übernahme eines Teils der fürstlichen Schulden in Höhe von 1,3 Millionen Gulden entlasteten den Staatshaushalt beträchtlich. Am Ziel war der Kanzler allerdings erst, als der Landtag sich vertagte und in seiner Instruktion für die Verordneten des kleinen Ausschusses dieser Verordnung weitgehend neue Rechte einräumte. Sie sollten wie schon 1612 das Recht erhalten, dem Kurfürsten bis zu 200000 Gulden zu gewähren, wenn auf Grund einer Notlage kein Landtag einberufen werden könne. Sollte diese Summe nicht genügen, so konnte sie noch einmal erhöht werden, wobei vorausgesetzt wurde, daß die Genehmigung des Landtages bei einem künftigen allgemeinen Landtag nachträglich eingeholt werden sollte.

Durch diese Ermächtigung war es jetzt möglich, die Einberufung eines neuen Landtages nach Belieben hinauszuschieben. Die Landschaftsverordnung war vom Gesamtlandtag praktisch unabhängig geworden. Der Kurfürst war nicht mehr darauf angewiesen, bei neuer drückender Schuldenlast einen allgemeinen Landtag auszuschreiben, er brauchte nur noch mit dem Ausschuß zu verhandeln, dem jährlich im Januar die fürstlichen Forderungen zugeleitet wurden, und zwar jetzt schriftlich. Etwaiger Widerspruch wurde vor dem Kurfürsten verhandelt. Oft wurde auch ohne Verhandlung einfach darauf bestanden, daß die fürstlichen Forderungen bewilligt wurden, wobei in der Regel periculum in mora vorgeschützt wurde und davon ausgegangen wurde, daß die Einkünfte für die Schuldentilgung und Schuldenverzinsung als ein für allemal bewilligt gelten sollten. Über die Bewilligung der herkömmlichen Steuer hinaus und über ihre gelegentliche Erhöhung nahm die Regierung in Zukunft auch neue von der Landschaft unabhängige Einkünfte in Anspruch, ohne sich dabei um den Widerspruch der Verordnung zu kümmern.

In Zukunft war es auch nur noch die Landschaftsverordnung, welche dem Fürsten gegenüber die Huldigung des gesamten Landes vornahm, während das früher jeweils bei dem ersten Gesamt-Landtag geschehen war. Damit war jetzt das Land nur noch vertreten durch eine Gruppe von sechzehn Verordneten, die nicht mehr in der Lage waren, sich wirklich über die Absichten ihrer Standesgenossen zu informieren, die aber auch nicht in der Lage waren, dem Druck, der vom Hof ausging, aber auch den Verlockungen, welche die fürstliche Gnade darstellte, so zu widerstehen, wie das der gesamte Landtag oft genug bewiesen hatte. Freilich ist es nicht selten auch in Zukunft zu ständischem Widerstand gegen fürstliche Steuerforderungen gekommen. Auch die Privilegien der Stände sind stets mit Nachdruck verteidigt worden, besonders die ständische Steuerverwaltung. Auch Konflikte blieben nicht aus, aber daß in Finanzfragen die Regierung allein bestimmt hätte und die ständische Opposition in Zukunft gänzlich ausgeschaltet worden wäre, dazu kam es überhaupt nie. Im wesentlichen aber war doch erreicht, was Kaspar von Schmid in einer Denkschrift als Ziel feststellte, daß nämlich allein die plenitudo potestatis, die Alleingewalt des Fürsten, über Gesetzgebung, Verwaltung und Politik bestimmte. Das aber macht das Wesen des Absolutismus aus.

Die Ausschaltung der Landstände war indessen nicht nur von Gewinn. Die bewilligten Steuern waren dem Ausgabenstand von 1669 angemessen, doch gerade die Durchsetzung des Absolutismus brachte eine außerordentliche Vermehrung der Staatsaufgaben und damit auch der öffentlichen Ausgaben mit sich. Eine angemessene Erhöhung der herkömmlichen Steuern war jedoch nicht möglich, da das Recht der Steuerbewilligung dem Landtagsausschuß nur in begrenztem Maße eingeräumt worden war, dafür war der Gesamtlandtag rechtlich zuständig. Es war also notwendig, andere Einnahmequellen zu erschließen, die unabhängig von ständischer Bewilligung dem Fürsten erreichbar waren. Dies und nichts anderes ist die Hauptantriebskraft für jene Wirtschaftspolitik, die mit dem Wesen des Absolutismus untrennbar verbunden ist, die Wirtschaftspolitik des Merkantilistischen Zeitalters. Auch sie hatte in den Grundzügen bereits Maximilian I. entwikkelt. In noch höherem Maße freilich war sein Sohn Ferdinand Maria von den wirtschaftspolitischen Vorstellungen der Epoche eines Colbert gefangen.

Wirtschaftspolitik im Zeitalter des Merkantilismus und Kameralismus

Im Merkantilismus geht es im allgemeinen in erster Linie darum, die eigene Zahlungsbilanz positiv zu gestalten, d.h. Edelmetall einzuführen, aber die Ausführung von Edelmetall zu verhindern, d.h. also billige Rohstoffe im eigenen Land auszunützen zur Produktion von Waren, die jenseits der Grenzen teuer verkauft werden können, und gleichzeitig den Import teurer ausländischer Fabrikate zu unterbinden. Diese Produktionspolitik wird durch eine gleichlaufende Zollpolitik unterstützt, welche ausländische Importe sowohl zum Schutz der eigenen Produktion wie zur Verhinderung des Geldabflusses sehr hohen Einfuhrzöllen unterwirft und die eigenen Exporte mit vielfältigen Subventionsmaßnahmen konkurrenzfähig zu machen sucht. Ein ausgeklügeltes System von Anordnungen und Verboten, von Privilegien und Abnahmeverträgen rundet dieses System ab, das zunächst sehr naiv anmutet, da ja der ausländische Handelspartner von den gleichen Bestrebungen geleitet ist und damit theoretisch eine Warenbewegung überhaupt nicht mehr möglich ist. Wo allerdings die wirtschaftlichen Gesetze allein oder zur Hauptsache die Entwicklung bestimmen, läuft auch dieses staatliche Engagement doch auf eine Förderung der Gesamtwirtschaft hinaus; insgesamt, jedenfalls in großen Wirtschaftsräumen, wie in Frankreich oder England, kann es sogar zu einer außerordentlichen Steigerung des Sozialprodukts führen.

In Bayern waren die Voraussetzungen nicht in jenem Maß gegeben wie in Frankreich, trotzdem hat Ferdinand Maria bei seinen wirtschaftspolitischen Absichten in erster Linie an den Ausbau von Manufakturen gedacht, da diese am geeignetsten erschienen, der merkantilistischen Grundabsicht zu entsprechen, die eigenen Rohstoffe zu veredeln und dadurch hohe Gewinne ins Land zu ziehen. Bestärkt wurde Ferdinand Maria in dieser in der Zeit liegenden Gesamttendenz durch den Mainzer Mediziner und Kameralisten Johann Joachim Becher, der nur wenige Jahre in München weilte, aber dessen Anregungen, so kann man sagen, im großen und ganzen die Wirtschaftspolitik bestimmt haben bis tief hinein ins nächste Jahrhundert. Becher war gleichzeitig Chemiker und Mineraloge; er beschäftigte sich mit durchaus ernst zu nehmenden chemischen Untersuchungen in dem Labor, das ihm in München eingerichtet wurde, doch scheint, daß bei dieser großzügigen Geste von Seiten des Kurfürsten auch die Hoffnung eine Rolle spielte, dieses Genie aus Mainz könne vielleicht doch, was Becher selbst nicht ausschloß, irgendwann einmal zu dem ersehnten Ziel kommen, das aller Welt um diese Zeit vorschwebte, nämlich aus Erde Gold zu machen, Becher war also auch ein Alchimist. Das hat seinem Ruf später sehr geschadet und auch seine wirtschaftlichen Projekte selbst da, wo sie auf anerkannten Grundsätzen der Epoche basierten, sowohl den nüchtern gebliebenen Zeitgenossen wie vor allem der Nachwelt verdächtig gemacht. Dabei übersieht man leicht, wieviel zukunftweisende Gedanken doch auch in seinem Buch von 1668 steckten, das den Titel trägt, „Politischer Diskurs von den eigentlichen Ursachen des Auf- und Abnehmens der Städte, Länder und Republiken". Bis 1754 erlebte es fünf Auflagen, es stellt eine der wesentlichsten geistigen Grundlagen des deutschen Kameralismus dar, wie Schiera zeigte. Schiera kommt zu dem Ergebnis, daß der Merkantilismus in Deutschland in höherem Maße als in Holland oder in England unmittelbar den fiskalischen Interessen des Staates diente, und er kann sich zurecht darauf berufen, daß diese Verbindung auch in der Bezeichnung zum Ausdruck kommt, welche der Wissenschaft von der Staatswirtschaft und den Staatsfinanzen gegeben wurde, nämlich Kameralismus. Schon diese Verbindung von Staatswirtschaft und Staatsfinanzen im Kameralismus unterstreicht deutlich die hauptsächlich fiskalischen Tendenzen der fürstlichen Bemühungen, der eigenen Camera, der eigenen Finanzkammer, mit Hilfe der Wirtschaft aufzuhelfen. Auch Becher macht hier keine Ausnahme. Sein Ziel bei allen seinen Vorschlägen war nicht nur die Entwicklung der Wirtschaft an sich, sondern die Stärkung der Staatsgewalt, und alle seine Vorschläge, die er vor allem in München bis zu einem System der Gewerbepolitik ausbaute, liefen darauf hinaus, bares Geld in die fürstliche Kasse zu locken, wobei er nicht abgeneigt war, seinen eigenen Anteil an diesem Geldzufluß sehr hoch zu bemessen. Die theoretischen Vorschläge, die Becher in München entwickelte, greifen in die gesamte Wirtschaft ein; das Ziel dieser Maßnahmen war die Anregung zur Gründung eigener Manufakturen im bayerischen Kurfürstentum, das sind Gewerbebetriebe, die unabhängig waren von den einengenden Produktionsvorschriften der Zünfte, sie waren deshalb in der Lage, Fertigungstechniken zu übernehmen, welche durch teilweise Mechanisierung die Produktion von Massengütern ermöglichte.

Es ist keine Frage, daß von solchen Manufakturen sämtliche Anregungen zur Verbesserung der Produktionsverfahren ausgingen. Die Arbeitsteilung, die in ihnen eingeführt wurde, kürzte den Produktionsvorgang erheblich ab; dadurch war es möglich, ein wesentliches Ziel der fiskalischen Wirtschaftspolitik zu erreichen, nämlich die Steigerung der Produktion und damit die Sicherung der damit verbundenen Gewinne in kurzer Zeit. Das war ein wesentliches Anliegen der fast ausnahmslos auf kurzfristige Geldbeschaffung angewiesenen, weil total verschuldeten Fürsten der Zeit. Becher selbst hat vor allem die Münchner Seidenmanufaktur angeregt, die 1665 in zwei Betrieben zustande kam, in der Au und am Anger, und organisiert war in Form einer Aktiengesellschaft. Sie besaß das Monopol für Seide in ganz Bayern. Nur diese Aktiengesellschaft durfte Seide importieren oder selbst produzieren. Es ist aber nur sehr selten, unter außerordentlich günstigen Wetterbedingungen gelungen, einheimische Seide zu gewinnen, insgesamt war die Manufaktur ein hoffnungsloser Zuschußbetrieb, der etwa 50000 Gulden im Jahr verschlang, trotz der Verpflichtung französischer Arbeitskräfte aus Lyon. Wenige Jahre nach der Gründung war der Bankrott bereits unvermeidlich. Ob man in erster Linie Becher dieses Fiasko anlasten darf, wird aus den Zusammenhängen nicht völlig klar. Wahrscheinlicher ist es jedoch, daß Becher dieses Projekt deshalb anregte, weil Seide zu jenen Waren gehörte, deren Besitz vor allem für einen Hof von Bedeutung war. Schon Maximilian I.

hatte eine Gobelinmanufaktur in München eingerichtet, um unabhängig zu werden von der Brüsseler Manufaktur. Seide gehörte zum höfischen Glanz. So war diese Seidenmanufaktur auch ein Lieblingsprojekt der Kurfürstin selbst. In Turin, woher sie stammte, waren freilich andere Voraussetzungen gegeben, das Klima läßt sich nicht übertragen.

Becher dachte an sich nicht so sehr in einzelnen Projekten, als in einem systembedingten gesamtwirtschaftlichen Zusammenhang. Was ihm mehr am Herzen lag als diese eine Manufaktur, war die breite Basis für Manufakturgründungen aller Art, für welche er auch an die Beschaffung von Arbeitskräften dachte, durch Verbot von Bettel und die Gründung eines Arbeitshauses. Zur Beschaffung wieder der im ganzen Land benötigten Rohstoffe wollte er eine zentrale Warenniederlage einrichten, die von einer bayerischen Handelskompanie unter staatlicher Beteiligung alle in- und ausländischen Rohstoffe beschaffen und weiterleiten und umgekehrt die Fertigprodukte in Verlag nehmen und exportieren sollte. Das war ein typisches merkantilistisches Projekt, das besonders hart gegen die Interessen der heimischen Gewerbetreibenden und Kaufleute verstieß. Der Kanzler Kaspar von Schmid hatte es deshalb von Anfang an scharf zurückgewiesen. Ihm war klarer als Becher, daß die auch ihm notwendig erscheinende wirtschaftliche Entfaltung Bayerns nur möglich war, wenn das gesamte Land, und zwar freiwillig, mitmachte. Ein solches Argument hat auch Becher nicht zurückgewiesen; daß man ihm aber nur bei sehr wenigen seiner Vorschläge folgte, denen die Zukunft gehörte, etwa der Errichtung einer Landesbank, hing sicherlich damit zusammen, daß er seine ganze leidenschaftliche Überredungskunst an Projekte verschwendete, die Kaspar von Schmid schlicht als Narretei bezeichnete, nämlich die Gründung von Kolonien. Auch sehr realistisch denkende Fürsten erlagen der Faszination, welche von dem Gedanken an ein überseeisches Wunderreich von paradiesischer Fruchtbarkeit ausging; das zeigt das Beispiel des Brandenburger Kurfürsten Friedrich Wilhelm I., der auch seine überseeische Handelskompanie gründete und seine Kolonie Friedrichsburg in Guinea. Gescheitert ist aber der von Becher geforderte und vom Kurfürsten nicht von vorneherein zurückgewiesene Plan einer überseeischen Gründung Bayerns am Profitstreben der Holländer und Franzosen, die nur an ausländischen Geldgebern und Kolonisten interessiert waren, aber nicht daran dachten, Bayern auch am Gewinn teilnehmen zu lassen. Beide behielten sich auch bei einer bayerischen Kolonie ihr Handelsmonopol vor. Gerade das aber wollte Becher durch eine eigene Gründung umgehen. Wie hartnäckig er an diesen Plänen festhielt, zeigt, daß er 1669, als er in Bayern schon ausgespielt hatte, zusammen mit einem Privatmann eine Art Privatkolonie gründen wollte, wofür freilich die Mittel nicht ausreichten. Was man auch immer gegen die Vorschläge Bechers unter dem Eindruck der späteren Wirtschaftsentwicklung einwenden mag, für die Epoche, die am Beginn der eigentlichen Staatswirtschaft stand, waren viele dieser Anregungen von Bedeutung, auch wenn es nicht zweckmäßig gewesen wäre, Becher selbst zum Vollstrecker all dieser Pläne zu machen.

Für das praktische Detail war Becher nicht geschaffen. Außerdem wußte er zu genau Bescheid in der Kunst des Goldmachens, weniger im Laboratorium als mit Hilfe der höfischen Bezugsquellen. Er ist schließlich in München wie in Wien daran gescheitert, daß er auf diesem Gebiet kein Maß kannte. Als er 1666 versuchte, sowohl in Wien wie in München aus den gleichen Projekten Geld für sich herauszuschlagen, war sein Einfluß zu Ende. Mit solchen Entgleisungen hat Becher auch die fruchtbare Wirkung seiner brauchbaren Ideen beeinträchtigt. Auch andere Projektisten haben in München die Unternehmungslust erheblich gedämpft, indem sie die eingegangenen Gelder zum Teil in ihre eigenen Taschen abzweigten. Aber auch das Mißtrauen gegen Leute dieses Schlages, von dem besonders Kaspar von Schmid beseelt war, hat die Verlockungen auf die Dauer nicht auszuschalten vermocht. Immer wieder kam es dann zu Enttäuschungen, unter welchen besonders das Fiasko des Kommerzkollegiums gegen Ende des Jahrhunderts herausragt. Noch stärker nämlich als Ferdinand Maria, der im großen und ganzen doch eine maßvolle Natur war und sich auf allzu kühne Experimente nicht einließ, war Max Emanuel fasziniert von den großen Möglichkeiten einer erfolgreichen Merkantilpolitik. Auf die Anregung eines Unternehmers hin, des Pächters des staatlichen Tabakmonopols Johann Senser, richtete Max Emanuel 1688/89 das bereits früher einmal unter Maximilian I. bestehende Kommerzkollegium wieder ein, eine Art Ausschuß des Hofrats. Es hatte die Aufsicht über sämtliche Manufakturen des Landes, sein Schwergewicht lag auf dem Wollgewerbe, das besondere staatliche Förderung genoß. Senser nun machte den Vorschlag, allen in- und ausländischen Kaufleuten die Einfuhr ausländischer Tuche strengstens zu verbieten. Obwohl dadurch ein allgemeiner Wirtschaftskrieg heraufbeschworen werden konnte, ließ sich Max Emanuel auf solch einen Vorschlag ein, da Senser ihm klar machte, welche Gewinnmöglichkeiten damit verbunden sein würden. Nach Ausschaltung sämtlicher Konkurrenten mußte der Gesamttuchhandel über eine privilegierte Tuchmanufaktur und Tuchhandelskompanie laufen, deren Direktor Senser war. 1690 bereits mußte unter dem massiven Druck der einheimischen Tuchhändler das Einfuhrverbot wesentlich gelockert werden, 1699 wurde Senser, dessen Berechnungen sich ausnahmslos als Fehlschläge erwiesen hatten, endlich gestürzt, in seinen Sturz verstrickt war dann auch das Kommerzkollegium.

Im allgemeinen ruhte jedoch die bayerische Manufakturpolitik auf durchaus gesunden Grundlagen. Auch das an sich gescheiterte Projekt von 1679, die kurfürstliche Tuch-Wollzeug-Fabrik in der Au bei München, war mit Zweigwerken in Braunau, Ingolstadt und Amberg der bedeutendste Unternehmer der Epoche überhaupt in Bayern und war von Anfang an durchaus lebensfähig. Zugrunde gerichtet wurde es durch Kurfürst und Regierung selbst, und zwar gerade, nachdem es die schwerste Zeit, die Zeit des Spanischen Erbfolgekrieges, wieder überwunden hatte. 1682 bis 1696 hatte diese Manufaktur eine ausgesprochene Blütezeit, die vor allem auf Heeresaufträge in Höhe von 3,7 Millionen zurückging und zusammenhing mit dem Produktionsmonopol dieser Tuchfabrik. Sie produzierte nur für das Heer und für den Export, wobei der Export außerdem noch subventioniert war durch Wegfall aller Aufschläge und Zölle. Ein solcher Monopolbetrieb ist natürlich gegenüber der Konkurrenz außerordentlich begünstigt. Zugrunde ging er in erster Linie deshalb, weil die kurfürstliche Kammer eines Tages die Produkte der Manufaktur nicht mehr abnahm, aber nicht wegen der hohen Preise, sondern weil die kurfürstliche Kasse schon Millionen von Schulden bei dieser Fabrik hatte und sich deshalb nach Erzeugern umsah, bei denen sie noch Kredit besaß. Das war die größte Gefahr bei den staatlich gelenkten und staatlich gegründeten Manufakturen, daß nicht wirtschaftliche Gesichtspunkte bei der Führung dieser Betriebe maßgebend waren, sondern Prestigegründe, private Versorgungsinteressen der maßgebenden Beamten, daß sich in der Regel niemand verantwortlich fühlte, vor allem, daß die leitenden Kräfte nicht ausgewählt wurden nach ihren fachlichen Fähigkeiten, sondern nach der Gunst des Hofes.

Erfolgreich gearbeitet haben staatliche Manufakturen, welche auf ein brennendes Interesse der Käuferschaft stießen, das waren die Tabakmanufakturen. Die größten Erfolge der Manufakturpolitik waren aber nicht mit solchen staatlichen Gründungen verbunden, sondern mit privaten Gründungen, die begünstigt waren durch die lokalen Umstände wie durch aussichtsreiche Märkte. Für den Realisten Kaspar von Schmid, der auch großen Einfluß auf den Kurfürsten in wirtschaftlichen Fragen besaß, lag das eigentliche Feld der staatlichen Gewerbepolitik in der Förderung des bereits vorhandenen heimischen Gewerbes und in der Erweiterung der Absatzmärkte. Besonders das Tuch- und Lodengewerbe, das in Ober- und Niederbayern vor dem Dreißigjährigen Krieg eine außerordentliche Blüte besessen hatte und trotz der Katastrophen der Jahre 1632/34 immer noch den stärksten Gewerbezweig darstellte, sowie die Leinenindustrie der Oberpfalz wurden im Interesse der bayerischen Handelsbilanz gefördert. Es wurde die Ausweitung der Schafzucht angeregt, zur Erweiterung der Rohstoffbasis; zur Sicherung des heimischen Absatzes war an strenge Verbote von Luxusartikeln aus dem Ausland gedacht. Es ist deutlich, daß auch Kaspar von Schmid das Reservoir der merkantilistischen Wirtschaftspolitik nicht um neue Mittel bereichert hat.

Er hat auch nicht verschmäht, die gängigen Mittel anzuwenden, darunter vor allem Ausfuhrverbote, sobald ein Artikel oder Produkt im Land selten wurde, und er hat die Zielsetzung der Gesamtpolitik, nämlich durch Erhöhung der Produktion auch hohe Steuereinkünfte zu erlangen, an sich nicht abgelehnt, er versuchte nur, eine gesündere Basis für diese Gesamtpolitik zu finden. In allem ist freilich der Maßstab kleiner, den er anwendet. Die Manufakturen errichtete man nur auf Sektoren, wo keine Konkurrenz zu den Zünften entstehen konnte. Man konzessionierte also nicht etwa Großbäckereien, welche die bestehenden Bäcker hätten ruinieren können, sondern Manufakturen zur Gobelinproduktion, zur Tuchproduktion, zur Herstellung von Sohlenleder. Auch auf dem Sektor der Glasherstellung, wo besonders im Bayerischen Wald schon seit dem 15. Jahrhundert zahlreiche Einzelbetriebe existierten, ohne daß aber eine zünftische Organisation geschaffen worden wäre, entstanden neue Manufakturen, so 1705 eine ganze Reihe von ihnen im Quellgebiet der Naab bis hinüber nach Erbendorf. Für diesen Gewerbezweig setzte überhaupt im 18. Jahrhundert ein außerordentlicher Konjunkturaufschwung ein, mit erstaunlicher Produktionsausweitung, ohne daß aber dabei irgendwelche staatliche Initiative maßgebend gewesen wäre. Auf diesem Gewerbesektor war auch kein staatlicher Zollschutz notwendig, da der Markt selber ein immer höheres Angebot anregte. Die Glaswaren aus dem Bayerischen Wald stellten den fruchtbarsten Exportartikel der bayerischen Gewerbeproduktion dar.

Sie beherrschten ganz Süddeutschland und wurden exportiert bis nach Holland, Skandinavien, Italien, in den Orient und bis nach Amerika. Einen besonderen Aufschwung nahm das Spiegelglas, das in der Oberpfalz hergestellt wurde und das durch Produktionsverbesserungen unter französischem Einfluß international konkurrenzfähig geworden war. In der Oberpfalz gab es auch die einzigen in jeder Hinsicht blühenden Woll- und Baumwollmanufakturen in Bayern, nämlich in Weiden. Ein ausgesprochenes Großgewerbe entstand ebenfalls ohne fürstliche Protektion in der Oberpfalz, und zwar zu Freystadt und zu Allersberg, in engem Zusammenhang mit Nürnberg, das den Markt organisierte. In Freystadt hatte 1572 ein französischer Fabrikant, der mit Nürnberg in enger Beziehung stand, einen Betrieb eröffnet, in welchem sogenannte Leonische Drähte hergestellt wurden, fein ausgezogene spinnbare Edelmetalldrähte, die zu Posamentierwaren benutzt wurden, zu Borten, zu Tressen, Hutschnüren und Fransen, und die in jener Zeit des Kleiderluxus sehr gefragt waren. Leonisch hießen sie vermutlich, weil man ihre Herkunft aus Lyon damit ausdrücken wollte. Noch im 17. Jahrhundert entstanden in Freystadt zehn bis zwölf Betriebe, im ausgehenden 17. Jahrhundert griff die Produktion auf Allersberg über, wo sie dann vor allem im frühen 18. Jahrhundert in ganz großem Maßstab anlief. Der Nürnberger Gilardi hat allein für seinen Betrieb für 700000 Gulden Kupfer als Ausgangsstoff für die Herstellung von versilberten und vergoldeten Drähten eingeführt. Das ist der höchste Einzelposten im gesamten Importvolumen an Kupfer für Bayern und beträgt mehr als alle übrigen Posten zusammen. Ebenfalls ein begehrter Exportartikel waren die Schmelztiegel, die an der Donau unterhalb Passau entstanden mit dem Zentrum Obernzell, wo allein 24 solcher Betriebe existierten. Auch hier reichte der Export bis in die neue Welt; dank der reichen Graphitvorkommen in diesem Raum war der neue Gewerbezweig nahezu konkurrenzlos.

Bei günstigen Voraussetzungen war es also auch im Bayern des 17. und 18. Jahrhunderts durchaus möglich, blühende Manufakturen aufzubauen, die Glasproduktion und die Produktion von Schmelztiegeln im Bayerischen Wald gingen dabei von einer besonders günstigen Rohstofflage aus. Sowohl das Grundmaterial wie das Fertigungsmaterial, in diesem Fall Holz, standen in reichem Maß zur Verfügung. Aber die Tuchproduktion in Weiden wie die Produktion von Schmuckdrähten in Allersberg und Freystadt entfaltete sich auch ohne solche Voraussetzungen, und was das erstaunlichste war, ohne den staatlichen Schutz, der sonst für die Manufakturen des merkantilen Zeitalters als unerläßlich galt.

Es liegt nun auf der Hand, daß es dann doch wohl im übrigen Bayern an wesentlichen Voraussetzungen gefehlt haben muß. Vor allem war die Handelspolitik außerordentlich kurzsichtig. Selbst da, wo bei der Gründung von Manufakturen an Energie und Umsicht oder auch am Einsatz von Geldmitteln nicht gespart wurde, hat man sich um die Organisierung des Absatzes in der Regel nicht gekümmert, obwohl Becher darauf großen Wert gelegt hat. Das Ergebnis war, daß von den Neugründungen, die von kurfürstlichen Privilegien lebten, weil ihnen der eigentliche wirtschaftliche Lebensgrund weitgehend fehlte, die Mehrzahl schon nach wenigen Jahren wieder in Konkurs ging. Insgesamt gelangte das Manufakturwesen in Bayern trotz weitgehender staatlicher Förderung, trotz teilweise ausgesprochener Anstrengungen, in eineinhalb Jahrhunderten nicht über 70 Betriebe hinaus, die durchschnittlich etwa 20 Arbeiter beschäftigten und einen Kapitalwert von je 8 000 Gulden darstellten. Die Münchner Tuchfabrik in der Au allerdings beschäftigte mit den Nebenbetrieben zeitweise bis zu tausend Arbeiter und hatte zeitweise einen Jahresertrag von 100 000 Gulden aufzuweisen, aber insgesamt stellten die Manufakturen einen Beitrag zum Sozialprodukt dar, der unter einem Prozent lag. Dabei ist noch zu bedenken, daß es sich bei den zahlreichen Privilegien dieser Manufakturen um indirekte Subventionen handelte, die in die Preis-Kostenrechnung nicht eingebracht wurden und damit volkswirtschaftlich ebenfalls negativ zu Buch schlugen.

Auch der Schutz vor der inländischen Konkurrenz durch Produktionsmonopole und direkte wie indirekte Abnahmegarantien haben in dieser Richtung gewirkt. Der fehlende Konkurrenzdruck hat gerade eine der Absichten bei der Einführung von Manufakturen verhindert, die technische Verbesserung der Produktionsbedingungen. Die Schutzmaßnahmen wieder gegen die ausländische Konkurrenz, Schutzzölle, Präventivzölle, oder Importverbote und Importrestriktionen riefen auf der Gegenseite ähnliche Maßnahmen hervor, so daß auch ein weiteres Ziel nicht erreicht wurde, nämlich der Absatz der eigenen Produktion im Ausland und damit die Erzielung jenes hauptsächlich angestrebten Effekts, Edelmetalle auf Kosten des Auslandes einzuführen. Da auch die Qualität der einheimischen Produktion, abgesehen von den Erzeugnissen der oberpfälzischen Gewerbe und der Glaswaren aus dem Bayerischen Wald, unter der Qualität der englischen und französischen Angebote lag, war an Wettbewerb in großem Maßstab ohnedies nicht zu denken. Die Triebkräfte zur Entstehung von Manufakturen waren, wie Slawinger betont, in erster Linie der höfische Luxus und die militärischen Bedürfnisse des Fürsten; es gelang nicht, eine erfolgreiche Luxusindustrie in Bayern aufzubauen, dazu fehlte es an allem, am garantierten Mindestabsatz, an ausreichender Kapitalgrundlage, aber auch an geeigneten Arbeitern und Unternehmern, und für den Breitenkonsum hat man von seiten des Hofes zu wenig getan. Dieser erste Versuch einer staatlichen Planwirtschaft in Bayern ist also gescheitert, aus Gründen, die mit dem Wesen einer solchen Planwirtschaft aufs engste zusammenhängen.

Nicht leicht erklärt werden kann jedoch, daß auch auf dem Sektor des handwerklichen Gewerbes im großen und ganzen bis zum Ausgang des 17. Jahrhunderts ein ständiger Rückgang zu verzeichnen ist, wie Schremmer sehr deutlich zeigt. Einen entscheidenden Einschnitt stellt jedoch die Katastrophe des Dreißigjährigen Krieges dar. In München war die Zahl der Gewerbe im Jahre 1618 mit annähernd 1700 um etwa 700 höher als 1649, wo sie um 1000 lag. Sie ist aber trotz der Friedensjahre in der zweiten Hälfte des 17. Jahrhunderts, sogar noch in der zweiten Hälfte des 18. Jahrhunderts, bis 1802, nur angestiegen bis auf etwa 1400, lag also immer noch um mehr als 300 unter dem Stand von 1618. Die Ursachen dafür sind, wie gesagt, nicht mit Sicherheit auszumachen, sie können an der Engherzigkeit der Zünfte liegen, wahrscheinlich jedoch trägt die Hauptschuld daran der mangelnde Anreiz des Marktes. Bei den Tuchmachermeistern, die von 1688 mit 399 Meistern in Bayern bis 1782 zurückgingen auf 99, von 100% also auf 25, lassen sich wenigstens allgemeine Ursachen benennen, von denen die wichtigsten der Wandel des Geschmacks und die rückständige Produktionstechnik der bayerischen Tuchmacher gewesen sein dürften. Die groben Tuche und vor allem die Lodenstoffe, die vor dem Dreißigjährigen Krieg den bayerischen Markt beherrschten, waren später nicht mehr gefragt. Das französische Tuch hat trotz aller Importbeschränkungen auch den bayerischen Markt erobert, nur ist nicht verständlich, warum sich die Produktionsgewohnheiten nicht geändert haben. Es scheint, daß selbst die bäuerliche Bevölkerung es sich leisten konnte, sich wenigstens für die Festtage mit feinen ausländischen Stoffen einzudecken. Davon zeugen auch die kostbaren Trachten, die wir aus vielfältigen Abbildungen des 18. Jahrhunderts noch kennen.

Ausschlaggebend für den Erfolg des Systems war natürlich jener Sektor, von welchem das Merkantilsystem seinen Namen ableitet, der Handel. Wie schon betont, kam es dem ganzen System weniger auf die Produktion an als auf das Ergebnis dieser Produktion, die hohen Gewinne, und hier nicht so sehr auf die Gewinne der Produzenten und Kaufleute, da der Staat keine Vermögens- und Einkommensteuer kannte, sondern auf jene Gewinne, die bei der Warenbewegung über die Grenzen erzielt wurden. Damit ist von vornherein der ganze Umriß dieses Systems erschließbar. Nicht von Interesse für den Staat war der Binnenhandel, vor allem der Kleinhandel, da hier wenig Mauten und Zölle anfielen. Aber auch das Import- und Exportzollwesen im großen war nicht in ein geschlossenes System zu bringen, sondern war ein Flickwerk.

Ständig wurden die Zollsätze variiert, wenn neue Manufakturen geschützt werden sollten, wenn man vor ausländischem Druck wieder zurückweichen mußte oder wenn es galt, höhere Zolleinnahmen zu erlangen. Die Zölle selber, die an 120 Haupt- und 324 Nebenzollämtern erhoben wurden, waren durch kein allgemeingültiges Zollreglement festgelegt. Eine zuständige und verantwortliche Zentralstelle für das Zollwesen gab es im gesamten Kurfürstentum nicht, erstmals 1722 wurde eine für das ganze Land verbindliche Landaufschlag- oder Taxinstruktion erlassen, deren zwei Haupttendenzen aber, nämlich einerseits Zollschutz zur Gewerbeförderung, andererseits fiskalische Abschöpfung des Handelsgewinnes bei ein- und ausgehenden Waren einander nach wie vor weitgehend beeinträchtigen. Der unerläßliche Warenimport, der benötigt wurde für die heimische Wirtschaft, da Rohstoffe nicht in genügendem Umfang vorhanden waren, betraf vor allem Eisen und Kupfer und umfaßte etwa die Höhe von einer Million Gulden, das waren etwa 20%. Weitere 20% betrafen Genußmittel, wie Tabak, Wein und Kolonialwaren.

Der Rest umfaßte Textilien, Lederwaren und reine Luxuswaren. Insgesamt betrug um die Mitte des 18. Jahrhundert das Gesamtvolumen des Imports an die 5 Millionen Gulden. Zusammen mit dem Export, der ebenso hoch lag, gingen dabei nahezu eine halbe Million Gulden an Mautgeldern und Akzisen ein. Das waren Zahlungen, die anfielen, wenn beim Import, Export und Transithandel Waren die Territoriengrenze überschritten. Akzise war der Aufschlag auf den Verkaufspreis, der vom Händler getragen werden mußte, der die Ware zum Verkauf brachte. Besonders interessiert war der Kurfürst an einem starken Transithandel, da hiervon die eigene Wirtschaft negativ überhaupt nicht berührt wurde, die eigenen Manufakturen und Gewerbetreibenden also keine Konkurrenz zu fürchten hatten, sondern nur Zölle anfielen, und außerdem das einheimische Speditionsgewerbe und Gastgewerbe zusätzlichen Nutzen hatte. Man veranschlagt ihn auf 500000 bis 600000 Gulden, während die Zölle auf 250000 Gulden kamen. Diese Beträge machen etwa die Hälfte der Erträgnisse aus, die beim gesamten Import- und Exporthandel anfielen, obwohl das Transitvolumen nur 5% vom gesamten Außenhandel beträgt. Es ist verständlich, daß deshalb gerade diesem Handelszweig besondere Aufmerksamkeit gewidmet wurde und daß sich Bayern bemühte, den Fernhandel über das eigene Territorium zu lenken.

Diesem Bestreben standen jedoch große Schwierigkeiten entgegen, die bedingt waren in der gesamteuropäischen Situation. Das große Ringen der Seemächte mit Österreich, das am Ausbau einer Handelsstraße von Triest nach Ostende interessiert war, führte bekanntlich 1731 zum Verzicht Österreichs auf diese Möglichkeiten, davon unmittelbar betroffen war auch Bayern.

Nach dem bisher Gesagten scheint die bayerische Handelspolitik, wenn nicht die gesamte bayerische Wirtschaft, in einem so desolaten Zustand gewesen zu sein, daß Bayern eigentlich ein Land von Bettlern hätte sein müssen und der bayerische Kurfürst, wie das seine Vorfahren eineinhalb Jahrhunderte vorher einmal erwogen hatten, zum Geldverdienen hätte ins Ausland gehen müssen. Nun ist freilich dieser Eindruck nur eine Art literarischer Effekt, d.h. er wird erzeugt von den lautstarken Stimmen der Projektemacher, der Kameralisten und sogar der kurfürstlichen Wirtschaftsräte, deren Spielraum angesichts der gesamten Wirtschaftsstruktur in Bayern sehr begrenzt war. Sie konnten ihre Initiative nur in einem schmalen Sektor entfalten, hielten aber diesen Sektor, wie das so gern geschieht, für das Wichtigste auf dem gesamten wirtschaftlichen Feld. In Wirklichkeit betrug der Anteil der Manufakturen am gesamten Sozialprodukt nicht einmal ein Prozent; die gewerbliche Produktion kam für den Export nicht in Betracht und fiel damit für die Handelsbilanz völlig aus. Sie wird auch angesichts des Verhältnisses der bürgerlichen zur bäuerlichen Bevölkerung von 16–18% zu 82–84% nicht sehr beachtlich gewesen sein, wie denn dieses Zahlenverhältnis schon die Annahme nahelegt, daß der weit überwiegende Teil des bayerischen Sozialprodukts in jenen Erzeugnissen bestand, die auf dem Agrarsektor anfallen, also in Getreide und Fleisch. Tatsächlich waren Fleisch, Getreide und Salz jene Produkte, die den Exporthandel völlig beherrschten. Ganz Süddeutschland bis zum Rhein und zum Main, die Schweiz, Tirol, Salzburg und sogar Teile von Innerösterreich lebten vom bayerischen Getreide. Die Tatsache, daß die bayerische Handelsbilanz bis auf wenige Ausnahmen stets ausgeglichen war und sogar einen kleinen Überschuß aufwies, war diesen Agrarexporten zu danken. Zwar umfaßt dieser Export nur 6% des produzierten Getreides, an die 200000 Scheffel, da aber ein Scheffel Weizen auf circa 10 Gulden kam, ein Preis, der natürlich auch häufig wechselte, umfaßte also allein der Getreideexport an die 2 Millionen Gulden, das ist nahezu die Hälfte des gesamten Exports. Das wichtigste Zentrum für den Getreidehandel war München selbst, weil dort Getreide im Wert von 2 Millionen Gulden umgesetzt wurde, dann folgte Erding mit nahezu 700000 Gulden, Landsberg am Lech mit 500000, Aichach mit etwa 250000, erst dann kamen die Schrannen an der Donau. Gegenüber diesen Zahlen verlieren dann doch die ständig registrierten Klagen über die schlimme Lage auf dem ländlichen Markt an Gewicht, Klagen, die nicht so sehr von den Bauern selber stammen als vom Adel, der von den Abgaben der Bauern lebte und vielleicht auch über seine Verhältnisse gelebt hat, wie bürgerliche Kritiker des Adels im 18. Jahrhundert nicht müde werden zu konstatieren. Tatsächlich hat sich die Landwirtschaft nicht nur in Bayern, sondern in ganz Mitteleuropa im Verlauf des späten 18. Jahrhunderts von der außerordentlichen Depression des frühen und mittleren 17. Jahrhunderts wieder erholt. Im großen und ganzen hat sich das frühere Produktionsvolumen seit den siebziger Jahren des 17. Jahrhunderts wieder herstellen lassen, d. h. die verödeten Höfe wurden in diesen Jahren wieder besetzt. Das bedeutete für Bayern bei achtzig bis neunzig Prozent agrarischer Bevölkerung, daß schon bald nach dem Dreißigjährigen Krieg der wichtigste Exportgegenstand wieder voll zur Verfügung stand. Bis 1700 ist dann auch das Preisgefüge wieder im wesentlichen in ein Gleichgewicht zwischen Agrar- und Gewerbeerzeugnissen gekommen, auch wenn das Niveau von 1600 nicht mehr erreicht wurde. Daran war nicht irgendeine Förderung durch fürstliche Maßnahmen schuld, sie beschränkten sich in Bayern vor Max III. Joseph auf ein Kulturmandat von 1722/23, das die Urbarmachung des Erdinger Moses anregte, aber nicht durchsetzte. Entscheidend war der Weltmarkt, der wieder auf die Getreideproduktion angewiesen war, da die Bevölkerungszahlen wieder langsam anstiegen. Ein Zusammenhang also mit merkantilistischen Maßnahmen scheidet aus. Es waren rein wirtschaftsimmanente Bewegungen, welche auf diesem Sektor der bayerischen Wirtschaft zugute kamen. Nur auf diesem Felde erntete also, wenn man so sagen will, der bayerische Fiskus, ohne daß er auch gesät hätte.

Anders war es mit dem zweiten großen Exportgegenstand Bayerns, mit dem Salz. Hier lagen schon unter Maximilian I. die Einnahmen über 250000 Gulden, allerdings betrugen die Ausgaben für Produktion und Spedition sowie die Spesen für den Absatz jenseits der Grenzen fast 200000 Gulden, so daß der Reingewinn mit 50000 Gulden im bayerischen Staatshaushalt kein überragendes Gewicht besaß. Da aber der Fiskus seit 1509 das alleinige Produktionsmonopol, seit 1587 auch das Handelsmonopol für Salz besaß, kam jede Produktionsverbesserung, jede Erweiterung des Absatzmarktes unmittelbar dem Fiskus zugute, so daß sich auf diesem Gebiete jede Investition an Geld und Ideen sehr rasch in finanzielle Erträge umsetzen ließ. Tatsächlich gelang es unter Ferdinand Maria bei gleichbleibenden Ausgaben die Einnahmen auf das Doppelte zu steigern, so daß 1679 der Reingewinn statt 50000 nahezu 300000 Gulden ausmachte. Dieser Erfolg hing zusammen mit einer Steigerung der Produktion, noch mehr aber mit besonderen handelspolitischen Maßnahmen, so daß gerade der Salzhandel, den Schremmer besonders intensiv erforscht hat, das Musterbeispiel merkantilistischer Handelspolitik in Bayern schlechthin darstellt. Insoweit sie erfolgreich war, basierte sie vor allem auf den Salzverträgen. Die wichtigsten Abmachungen waren jene mit Salzburg von 1594 und 1611, durch welche Bayern verpflichtet war, den größten Teil der Salzburger Produktion an Salz abzunehmen. Dieses Halleiner Salz, das über Salzach und Inn und Donau transportiert wurde, betrachtete man lange Zeit als eine schwere Belastung, da man bereits beim Absatz des Reichenhaller Salzes auf Konkurrenz aus Tirol und Österreich stieß, am Rhein auch auf Konkurrenz aus Frankreich und Burgund. Doch bedeutete gerade das billigere Halleiner Salz, das zu einem Festpreis abgenommen werden mußte, im späten 17. Jahrhundert den wichtigsten Ansatzpunkt für die jetzt hereinfließenden großen Exportgewinne. Die Voraussetzungen allerdings waren, daß der Markt für Salz entsprechend ausgeweitet werden konnte. Hier, auf diesem Gebiet, standen bereits jahrhundertealte bayerische Erfahrungen zur Verfügung. Schon Ludwig der Bayer hat eine ganz ausgeprägte Handelspolitik mit Salz betrieben. Auf diesem Gebiet war die bayerische Wirtschaftspolitik auch außerordentlich erfolgreich. Im Inland war der Salzhandel leicht zu organisieren, es gab entlang der Salzstraße herzogliche Salzämter, von denen aus der Absatz erfolgte. Im Ausland hatte man Salzagenten, die für den Absatz sorgten, oder, wie in Regensburg und Memmingen, den beiden großen Zentren für den bayerischen Salzhandel außerhalb Bayerns, Salzkontrahenten, die vertraglich zum Absatz großer Mengen zu einem festen Preis verpflichtet und deshalb daran interessiert waren, ihren Markt auszuweiten, da der erzielte Gewinn ausschließlich ihnen zugute kam. Der Salzkontrahent in Regensburg, Friedrich Dittmer, hat jährlich etwa ein Achtel bis ein Siebtel der bayerischen Gesamtproduktion abgenommen. Zuletzt verkaufte er allein 75% des Halleiner Salzes, das auf dem Wasserweg nach Regensburg kam und dort verteilt wurde, über die Oberpfalz nach Ansbach und Bayreuth, über Ingolstadt und Donauwörth an die fränkischen und schwäbischen Reichsstädte nördlich der Donau. Den Salzhandel in Oberschwaben beherrschte in ähnlichem Maße der Memminger Salzkontrahent Ruffini. Nur das Gesamtvolumen war niedriger, da sich in den Salzhandel mit Oberschwaben auch die beiden Reichsstädte Lindau und Buchhorn am Bodensee teilten, nachdem es gelungen war, als Absatzmarkt für das bayerische

Salz auch die Schweiz zu gewinnen. Nur den Salzkrieg um Böhmen, der schon ins 15. Jahrhundert zurückreicht, hat Bayern verloren. Österreich sperrte zugunsten des Absatzes des eigenen, zu Hallstatt gewonnenen Salzes die böhmischen Grenzen für den bayerischen Salzimport; auch der Waldmünchener Vertrag von 1657, welcher der Kaiserwahl vorausging und der Erleichterungen im Salzhandel mit Böhmen versprach, änderte an dem Zustand nichts, da Österreich seine Zusagen nicht einlöste.

Durch Rationalisierungsmaßnahmen auf dem Transportsektor war gegen Ende des 18. Jahrhunderts noch einmal eine Zunahme der Einnahmen zu verzeichnen, so daß gegen Ende jenes Zeitraums, der unter dem Zeichen der merkantilistischen Handelspolitik steht, der Gewinn aus dem Salzhandel sich gegenüber 1650 auf das Sechsfache gesteigert hatte, von 72 000 Gulden im Jahr auf 475 000 Gulden. Dieser Betrag entspricht den Einnahmen an Zöllen aus dem Import- und Exporthandel um die Mitte des 18. Jahrhunderts und war fast noch einmal so hoch wie der Betrag, der beim Transithandel durch Bayern einging. Damit ist die Bedeutung, welche das Salz für Bayern besaß, am deutlichsten gekennzeichnet. Es wog nahezu so viel wie die Erträgnisse des Fiskus aus der gesamten merkantilistisch orientierten Zollpolitik, deren Künstlichkeit durch ein solches Ergebnis nachdrücklich unterstrichen wird. Gleichzeitig wird auch der beengte Spielraum sichtbar, den der absolutistische Fürst in finanzieller Hinsicht immer haben sollte.

Die finanzielle Lage des Kurfürstentums

Wenn wir jetzt den bayerischen Staatshaushalt untersuchen, so ist dabei festzuhalten, daß es sich zunächst um Einkünfte und Ausgaben in Friedenszeiten handelt und daß die Militärausgaben nur zum Teil aus dem ordentlichen Staatshaushalt bestritten wurden, sondern in der Hauptsache von Subsidien. Von 1679 bis 1745 war der ordentliche Staatshaushalt im Grunde stets und ausnahmslos fiktiv, da die stets wachsenden Schulden der Hofkammer jahrzehntelang einfach ignoriert wurden und weder Zinsen noch Amortisation im Staatshaushalt erschienen. Man trug also den Schuldenberg vor sich her, bis eines Tages, damit der Staatskredit nicht völlig zusammenbrechen sollte, mit der Schuldentilgung begonnen werden mußte. Dieses sogenannte Schuldentilgungswerk muß also außerhalb des Rahmens, der mit dem Staatshaushalt gewöhnlich gezogen ist, behandelt werden.

Die staatlichen Ausgaben verraten, wie der Staat seine eigene Rolle empfand, hier werden die dominierenden Züge festgelegt. Es sind die Ausgaben für den Hof und die Beamtenschaft, die an der Spitze stehen, für Repräsentation und Verwaltung, sie dienen also der Stabilisierung des Regimes selbst, in der Selbstdarstellung des Fürsten auf der einen, in der Beischaffung der Mittel dafür auf der anderen Seite. Daneben besaß die Verwaltung auch echte staatliche Qualität. Rechtspflege und Polizei, Gesundheitswesen, Gewerbeordnung, Sicherheit der Straßen gehörten ebenfalls zu den staatlichen Aufgaben und wurden wahrgenommen und finanziert. Darüber hinaus hat der Staat in der ersten Phase des Absolutismus noch nicht gegriffen, das wird dann erst ein Ergebnis der zweiten Phase sein, die man am besten immer noch mit dem freilich sehr weit interpretierbaren Begriff des Aufgeklärten Absolutismus bezeichnen mag. Wenn man aber tiefer in die Finanzverwaltung des Absolutismus Einblick nimmt, wie in die Einnahme- und Ausgabegruppen, die Schmelzle zusammengestellt hat, so wird darüber hinaus der absolutistische Staat an sich erst voll begreifbar.

Nirgends sonst als auf dem Gebiet des Staatshaushalts und der Wirtschaft erscheint so deutlich der unüberbrückbare Gegensatz zwischen dem rationalen Anspruch der Theorie und der Wirklichkeit, die geformt ist durch das Gewicht der Tradition, durch die unüberwindlichen Ansprüche der herrschaftlichen Teilhaber an der Macht, aber auch durch die fürstliche Gleichgültigkeit für die Grundlagen der staatlichen Macht und vor allem dadurch, daß Max Emanuel und Karl Albrecht sich am Schein dieser Macht orientierten. Die Finanzverwaltung wies selbst im 18. Jahrhundert immer noch die entscheidenden Züge des 15. Jahrhunderts auf, die auch im 16. Jahrhundert nur unzulänglich reformiert wurden; sie war immer noch organisiert nicht nach rationalen Gesichtspunkten, vielmehr bestimmte die historische Entwicklung der einzelnen Einnahmegruppen auch die Verwaltungsform. Zuständig für das gesamte Finanzwesen war die Hofkammer mit dem Hofkammerpräsidenten und den Hofkammerräten. Ihrer Kontrolle unterstanden die Rentmeister, die Vorstände der Mittelbehörden, die ihrerseits wieder Pfleger und Landrichter, Mautner und Zöllner zu kontrollieren hatten. Dieser Zuständigkeit in Finanzfragen hätte nun auch die Zuständigkeit einer einzigen Rechnungsstelle entsprochen, aus der dann die Zahlungen wieder, zentral geleitet, an die Gläubiger erfolgt wären, doch gab es nicht eine zentrale Kasse, sondern deren zwei. Neben der Hofzahlamtskasse, welche der Hofkammer unterstand, gab es seit Max Emanuel die Kriegszahlamtskasse, die dem Hofkriegsrat unterstand. Die Ämter, deren Einkünfte von vornherein dem Heer und seinen Bedürfnissen zugewiesen waren, lieferten ihre Einkünfte nicht zunächst bei der Hofkammer ab, so daß dort ein genauer Überblick über die allgemeinen Einkünfte wie auch über die allgemeinen Bedürfnisse zu erlangen gewesen wäre, sondern sie lieferten direkt an die Kriegszahlamtskasse. Damit war aber die Erstellung eines Gesamtbudgets, welches den gesamten Staatshaushalt umfaßt hätte, unmöglich. Die einzelnen Kassen waren souverän im Einnahme- wie Ausgabewesen, auch wenn generell Auszahlungen nur auf Hofkammeranweisungen erfolgen sollten. Das Ressortdenken war aber stets stärker als eine solche Anordnung. Doch unter Max Emanuel kam zu diesem bisher ohnedies komplizierten Kassenwesen eine dritte Kasse hinzu, die Schuldenwerkskasse, die ebenfalls besondere Einkünfte aus besonderen Einnahmequellen hatte. Weitere Kassen waren schon in früherer Zeit angelegt für die Scharwerksgelder, mit dem Aufkommen des Manufakturwesens gab es auch Kassen für die Manufakturakzise. Die Finanzverwaltung war also ein ausgesprochenes Chaos, das sich auch durch die Reform von 1726 nicht mehr beseitigen ließ. Jetzt wurde für alle

Einkünfte und Ausgaben eine Generalkasse eingerichtet, die durch ein Direktorium von drei Mitgliedern geleitet wurde. Um diese Zeit war der Staat aber schon so verschuldet, daß dieser erste Versuch zur Rationalisierung des Kassenwesens sowie des Finanzwesens überhaupt keine umwälzenden Folgen mehr hatte.

Das Hofzahlamt hatte um 1700 einen Etat von etwa 1,3 Millionen Gulden, der bis zur Mitte des 18. Jahrhunderts auf 2 Millionen, bis zum Ende auf 2,5 Millionen anstieg. Die wichtigsten Ausgaben des Hofzahlamtes waren die für den Hof selbst. Für die Hofhaltung, d.h. für die Bedürfnisse der kurfürstlichen Familie wie der etwa 1400 Hofbediensteten, für die Bauten, für die Reisen wie für die Feste, die Oper und die Hofbibliothek wurden 1701 750000 Gulden ausgegeben, ein Etatposten, der bis 1760 etwa gleichgeblieben ist. Für das Selbstverständnis des Fürsten bezeichnend ist das Verhältnis der Gehälter der obersten Hofbeamten zu jenen der Minister, die ja in der Regel aus der Hofbeamtenschaft hervorgingen. So erhielt der Obersthofmeister als Hofbeamter ein Jahresgehalt von 6000 Gulden, in seiner Eigenschaft als Geheimer Rat dazu noch, je nach Dienstalter, 900 bis 2500 Gulden. Der Kanzler, sofern er nicht Konferenzminister war, die es erst seit 1726 gab, kam mit Zulagen und seinen Anteilen an den Gerichtsgefällen von etwa 1000 Gulden nur auf etwa 3000 Gulden im Jahr, der Präsident des Hofrates, der einst der wichtigste Minister gewesen war, auf 1400 Gulden. Weit niedriger lagen natürlich die Einkünfte der Beamten auf der mittleren und unteren Verwaltungsebene; Durchschnittswerte von 500 Gulden und 150 Gulden sind allerdings nur auf dem Hintergrund der weit umfangreicheren Naturaleinkünfte und Anteile an Gerichtsgefällen und sonstigen Einkünften zu sehen, deren Höhe überhaupt nicht genau ausgemacht werden kann. Das unvergleichliche Übergewicht des Hofes und seiner Beamtenschaft zeigt sich aber doch in allgemeinen Zahlen verhältnismäßig sehr deutlich; trotz der weitaus höheren Zahl an Verwaltungsbeamten im ganzen Land gegenüber den Hofbeamten nahmen wegen der geringeren Gehälter die Ausgaben für die Beamtenbesoldung im Etat des Hofzahlamtes um 1701 nur etwa 300000 Gulden ein. Andere Ausgaben, etwa für Beträge, die an das Reich abzuführen waren, fielen kaum ins Gewicht.

Das Hofkriegszahlamt hatte eine ungleich wechselvollere Ausgabengestaltung, da die Kriegsjahre Steigerungen mit sich brachten, die in den Etat überhaupt nicht eingefügt werden konnten. 1701 betrug der Gesamtetat des Hofkriegszahlamtes 3,3 Millionen Gulden. Das war aber bereits jenes Jahr, in welchem Max Emanuel mit Nachdruck auf den Spanischen Erbfolgekrieg rüstete und in dem auch schon die ersten Zahlungsanweisungen aus Frankreich für die Erweiterung der bayerischen Armee eingelaufen waren. Zwei Jahre vorher betrug der Etat 840000 Gulden. Zusammen mit Rückständen aus den vorhergegangenen Kriegsjahren von 400000 Gulden waren das 1,2 Millionen Gulden, man kann also sagen, daß um 1700 die Ausgaben für Hof und Beamtenschaft und die Ausgaben für das Heer einander etwa die Waage hielten. So blieb es auch nach dem Spanischen Erbfolgekrieg.

Dieser Bedarf an Mitteln, der also für das Hofzahlamt um 1700 bei 1,3 Millionen, für das Kriegszahlamt bei 1,2 Millionen lag, insgesamt also in Friedenszeiten etwa 2,5 Millionen ausmachte und im Laufe des Jahrhunderts bis auf 3,5 Millionen anstieg, mußte gedeckt werden durch die dem Fürsten zur Verfügung stehenden Einnahmen. Wie heute gliedern sich diese Einnahmen in eine Vielzahl von Einzelposten auf. Im Unterschied zu heute sind diese Einnahmen aber völlig verschiedener historisch bedingter Herkunft und haben dadurch innerhalb der staatsrechtlichen Fundierung der jeweiligen Einnahmen einen völlig anderen Charakter. Der Staat des Ancien Régime wird finanziert aus zwei von einander völlig verschiedenen Einkommensgruppen, solchen, die privatrechtlichen Charakter tragen – ein Ausdruck, der allerdings nicht völlig zutrifft, man sollte vielleicht sagen, daß sie sich einem solchen privatrechtlichen Charakter nur außerordentlich nähern und daß man im 18. Jahrhundert die uneingeschränkte Verfügungsgewalt des Fürsten über diese Einnahmen in ihrem Eigentumscharakter begründet sah –, und dann einer zweiten Gruppe, die öffentlichrechtlichen Charakter hat. Hier tritt das Land selbst als Geldgeber auf und finanziert einen Teil der Staatsausgaben, jenen Teil nämlich, den es als Interessengebiet der Allgemeinheit betrachtet. Aber auch von diesem Teil des Einkommens, der öffentlich-rechtlichen Charakter hat, ist nur ein Teil unmittelbar abhängig von der Zustimmung des Landes, jener andere Teil, der Aufschläge und Zölle umfaßt und von der Bewilligung der Landschaft weitgehend unabhängig ist, bedeutet das eigentliche Zielfeld der Merkantilpolitik. Hier allein war, unabhängig von der Bewilligung durch die Landschaft, unabhängig natürlich nicht von der Begrenzung der natürlichen Gegebenheiten, eine Steigerung der Einkünfte möglich, und damit eine Steigerung der fürstlichen Macht.

Die Basis aller fürstlichen Einnahmen seit dem frühen und hohen Mittelalter bildeten die Einkünfte aus dem fürstlichen Grundbesitz. Der größte Posten war dabei jener der sogenannten Kastenamtsgefälle. Die Einnahmen aus dem Verkauf des Getreides, das der Fürst aufgrund seiner Stellung als Grundherr abhängiger Bauern geliefert erhielt, betrugen zusammen mit den Laudemien, den Besitzwechselabgaben, je nach Ernte und Getreidepreis 250000 bis 270000 Gulden. In den gleichen Rechtsbereich gehören die Scharwerksgelder, die seit 1665 eingehoben wurden. Bis dahin hatte der Kurfürst die Dienste seiner Untertanen beansprucht, jetzt wurden sie mit Geld abgelöst. Dabei gingen 1701 bis zu 16000 Gulden ein. Als dann auch die Jagdscharwerk abgelöst wurde, stieg dieser Posten auf 80- bis 90000 Gulden an. Die Einnahmen aus den Gerichtsgefällen fielen nicht ins Gewicht, da sie sich mit den Gehältern und Sporteln der Beamten leicht aufrechnen ließen, wohl aber die Einkünfte aus dem Weißbiermonopol. Maximilian I. hatte damit begonnen, das bis 1567 überhaupt verbotene, nur in Degenberg, einem staatsrechtlich unabhängigen Bereich produzierte Weißbier selbst herzustellen. Im Verlauf des 17. Jahrhunderts wurden in 23 Städten kurfürstliche Brauhäuser errichtet. Die Gewinne daraus betrugen 1701 fast 300000 Gulden und bewegten sich auch später in dieser Höhe. Noch einträglicher war das Salzmonopol.

Von gleichem Gewicht für die Einkünfte der Hofkammer wie Kastenamt, Weißbiermonopol und Salzmonopol waren dann die Zölle, allerdings erst seit der Intensivierung der Zollabschöpfung durch die merkantilistische Handelspolitik. 1599 hatten die Zolleinnahmen insgesamt über 100000 Gulden betragen. Um die Mitte des 18. Jahrhunderts erbrachten sie Einnahmen in der Höhe von 350000 Gulden. Nach Abzug der Beträge für die Instandsetzung der Wege und Brücken von etwa 90000 Gulden blieben an die 240000 Gulden Reinertrag übrig. In der zweiten Hälfte des 18. Jahrhunderts gelang es durch Rationalisierungsmaßnahmen, aber auch durch Erhöhung der Zollsätze, diese Beträge noch auf etwa 500000 Gulden zu steigern. Weniger ins Gewicht fielen die sonstigen Einkünfte, doch aus den kurfürstlichen Wäldern konnte ebenfalls ein Durchschnittsbetrag von 40- bis 50000 Gulden erwirtschaftet werden. Eigens abgeführt wurden die Beträge, die in den Kastenämtern, Mautämtern und Städten der Oberpfalz anfielen, sie kamen auf etwa 200000 Gulden im Jahr. Insgesamt also waren um 1701 die kurfürstlichen Einnahmen aus den Kammergütern auf etwa 1,3 Millionen im Jahr anzuschlagen. Das war der Betrag, den das Hofzahlamt ausgab; jene Millionen Gulden, die für ein normales Friedensjahr für Ausgaben des Kriegszahlamtes anzusetzen waren, wurden also aus der Summe der von der Landschaft unabhängigen Einnahmen nicht gedeckt. Im ganzen entsprach der Etat damit der grundlegenden Forderung der Landschaft seit Jahrhunderten, den Bedarf des Kurfürsten, des Hofes und der kurfürstlichen Verwaltung aus den Einnahmen des Kammergutes zu decken. Die von der Landschaft seit dem 17. Jahrhundert regelmäßig bewilligte Kammergutsbesserung bewegte sich auch in der Regel in jener Größenordnung, die zur Abgleichung des Haushaltes erforderlich war, also um 50000 bis 100000 Gulden.

Die Ausgaben für das Heer waren also durch die regelmäßigen Einkünfte des Kurfürsten unmöglich zu decken. Sie waren zu einem Teil, dem Reichstagsbeschluß von 1654 entsprechend, ohne weitere Verhandlungen auf die Landschaft abwälzbar. Aber die bayerische Armee unter Max Emanuel ging weit über den Anschlag der Reichsmatrikel hinaus, der allein durch diesen Beschluß gedeckt war, und auch hinaus über die Garnisons- und die Instandhaltungskosten der Landesfestungen. Außerdem war eine Armee politisch erst dann von Gewicht, wenn sie gut ausgebildet und zweckmäßig organisiert war, sie konnte also nicht im Kriegsfall rasch zusammengewürfelt werden. Die von Verbündeten wie dem Kaiser und Frankreich in Aussicht gestellten Subsidien aber waren in Friedenszeiten im allgemeinen nicht in die Rechnung einzusetzen. Wenn der Fürst also zusätzliche Mittel benötigte, bedurfte er der Steuern, die Steuern aber bewilligte die Landschaft. So war also der bayerische Kurfürst im Grunde zu einem nicht unbeträchtlichen Teil für seine Machtpolitik auf die Mitwirkung der Landstände angewiesen. Die Landsteuern, die im großen und ganzen eine Höhe von etwa 5% des geschätzten Einkommens erreichten, wurden seit 1669 nicht mehr vom Landtag, sondern von der Landschaftsverordnung bewilligt, die eingehobenen Steuergelder wurden von der Landschaft selbst verwaltet, dem Fürsten wurde der angeforderte Bedarf aus der Landschaftskasse zugewiesen. Insgesamt brachte die Landsteuer im Simplum, dem einfachen Satz, circa 270000 Gulden im Jahr ein. 1728 betrug die angestrebte Steuersumme, die für den Etatausgleich notwendig war, 724000 Gulden, das waren 2½ Simpla Landsteuer und 1½ Simpla Standsteuer. In der zweiten Hälfte des 18. Jahrhunderts betrug das Ordinarium allerdings bereits vier Simpla, das war also etwas mehr als eine Million Gulden. Das bedeutet, daß um diese Zeit bereits 30% des gesamten Finanzbedarfs des Kurfürstentums Bayern unmittelbar vom gemeinen Mann als Steuer bestritten wurden. Die Aufschläge und Zölle, die ja ebenfalls vom gemeinen Volk getragen wurden, sind hier nicht mitgerechnet, und sie betrugen 1790 noch einmal über eine Million Gulden. Wenn man davon ausgeht, daß die Hälfte der Steuern nicht beliebig variiert werden konnte, weil sie der Bewilligung durch die Landstände unterlag, und daß es deshalb auch nicht möglich war, neue Steuerformen einzuführen, waren also auf dem Steuersektor den Einkünften der Fürsten ebenfalls unbedingte Grenzen gesetzt. Einen gewissen Spielraum boten nur noch die sogenannten „Aufschläge". Sie wurden sowohl an der Grenze wie auf dem Markt erhoben und hatten ihren Ursprung in den Abgaben von Wein und anderen Getränken, welche bereits in den mittelalterlichen Städten eingehoben wurden und nach deren Vorbild dann im Herzogtum Bayern zu Beginn des 16. Jahrhunderts das ganze Land mit dieser neuen Abgabenform belegt wurde. Für Bier oder Wein war der dritte Pfennig zu bezahlen, der Aufschlag betrug also 33%. Er wurde 1565 durch kaiserliches Privileg verdoppelt, 1568 bereits vervierfacht, später noch zweimal verdoppelt. Für Bier kamen so im Durchschnitt an die 400000 Gulden, für Wein 40000 Gulden an Aufschlägen herein. Mit dem Fleischaufschlag auf geschlachtetes Vieh von etwa 50000 Gulden betrugen also die Aufschläge insgesamt 500000 bis 600000 Gulden, das waren etwa 15% des gesamten Staatsbedarfs. Steuern, Zölle und Aufschläge zusammen ergaben also je nach der Höhe der Bewilligung noch einmal eine Million Gulden an Einnahmen.

Damit war auch der Ausgabenrest von einer Million in normalen Jahren gedeckt. Der ordentliche Haushalt war also durchaus ausgeglichen, er hätte sich in der Höhe von zwei, später drei Millionen Gulden bewegt. Aus dem Gleichgewicht kam der Haushalt aber durch die Kriege Max Emanuels und seines Sohnes Karl Albrecht, so daß die in diesen Jahren angehäuften Schulden das ganze 18. Jahrhundert hindurch jede geordnete Finanzwirtschaft unmöglich machten. Unter Ferdinand Maria war noch ein unbestimmter Rest des einst von Maximilian gesammelten Staatsschatzes vorhanden, gegen Ende seiner Regierungszeit wogen die Einkünfte nicht nur die Ausgaben auf, sondern überstiegen sie sogar um eine halbe Million Gulden. Ferdinand Maria hat so, wie eine Stimme des 18. Jahrhunderts beteuert, sein Land in blühendem Zustand hinterlassen, unter Max Emanuel begann der Niedergang. Für das Kriegszahlamt stand während seiner Regierungszeit der runde Betrag von einer Million Gulden zur Verfügung, allein Verpflegung und Sold für ein Kavallerieregiment betrugen 60000 Gulden pro Jahr, für ein Infanterieregiment 80000, das waren bei der Truppenstärke, die Max Emanuel unter Waffen hielt, bereits 1,5 Millionen. Die vom Kaiser für seine Hilfe im Türkenkrieg versprochenen Subsidien betrugen 100000 Gulden im Jahr, reichten also nicht einmal für ein Infanterieregiment und für ein Kavallerieregiment, abgesehen davon, daß sie manchmal überhaupt nicht bezahlt wurden, da der Kaiser beständig Schulden hatte. Das Ergebnis der Türkenkriege wie dann vor allem der Statthalterschaft in den Niederlanden war ein ständiges Anwachsen der Schulden. Allein für seine wirtschaftlichen Projekte in den Niederlanden und in Brüssel kamen die Schulden nach Schätzung der bayerischen Landschaft auf 6 Millionen Gulden, welche Bayern zu tragen hatte. Vollends der Spanische Erbfolgekrieg ließ dann die Schulden trotz enormer französischer Subsidien unablässig wachsen. Die restlose Erschütterung des kurfürstlichen Kredits führte zu Zinsen von 12%. Das Fehlen jeglicher Kontrolle im gesamten Verwaltungsapparat ließ Millionen zusätzlich in dunkle Kanäle abfließen, so daß 1720 die Schuldenlast eine Höhe von etwa 20 Millionen erreichte – einen genauen Überblick besaß niemand mehr. Die jährliche Verzinsung betrug, obwohl nur etwa die Hälfte der Schulden überhaupt verzinst wurde, eine runde Million Gulden, das war eben jene Million, für die im Staatshaushalt keine Deckung mehr zu finden war.

Das eben gezeichnete Bild könnte vielleicht den Eindruck erwecken, als sei der bayerische Staat seit den achtziger Jahren des 17. Jahrhunderts in permanenter Auflösung begriffen, und das Hinausschieben des Staatsbankrotts sei nichts anderes gewesen als Realitätsblindheit. Anderen weit mächtigeren Staaten ging es jedoch nicht besser. Auch in Frankreich machte unter Ludwig XIV. nach 1700 der Schuldendienst etwa 43% der Gesamtausgaben aus, in Österreich betrugen 1711 die Schulden 16 Millionen Gulden, bei einem ordentlichen Etat von 14 Millionen im Jahr, 1740 100 Millionen, bei gleichbleibendem Etat. Der Schuldendienst beanspruchte wie in Bayern 25 bis 35% der Gesamtausgaben. In Österreich hatte der Absolutismus also eine ähnliche Entwicklung genommen wie in Bayern, mit dem Unterschied, daß man dort noch rücksichtsloser Schulden machte als hier, allerdings auch angesichts der gewaltigen Ausdehnung des Staates und der Vielfalt der Einkünfte besser in der Lage war, die Schulden durch Neuanleihen zu decken. Nur Preußen, das zu dieser Zeit eine besonders erfolgreiche Finanzreform durchführte, war in der Lage, 80% des Gesamtetats für das Militärwesen abzuzweigen und trotzdem ohne Schulden und ohne Subsidien auszukommen. Die eindrucksvolle Macht dieses Staates hängt mit diesen Gegebenheiten unmittelbar zusammen.

Wie sich bei unserem Überblick über die Entwicklung des bayerischen Staates im Zeitalter des Absolutismus gezeigt hat, gehört zu seinen unerläßlichen Merkmalen in erster Linie die Ausschaltung der Stände als Körperschaft mit dem Recht der Mitregierung und der willkürlichen Verfügung über die Finanzquellen des Landes. Das Steuerbewilligungsrecht der Stände bleibt grundsätzlich erhalten, gilt aber als Privileg wie die anderen Vorrechte der Stände. Entscheidend ist, daß der Fürst durchsetzen kann, daß aus der Verpflichtung des gesamten Landes auf die Wahrung des Gemeinwohls eine ständische Pflicht zum Beitrag zu den Staatsausgaben fließt und daß es gelingt, die Stände zu einer regelmäßigen Steuerzahlung zu veranlassen. Das fürstliche Übergewicht über die Stände resultiert, so könnte es die bayerische Entwicklung nahelegen, aus den zusätzlichen Einnahmen des Fürsten, aus Zöllen und Aufschlägen, die aus einer Intensivierung der Wirtschaftspolitik fließen, die orientiert ist am erhöhten Umsatz von Waren und die deshalb Merkantilpolitik heißt. Nur im Lauf der Entwicklung, verursacht durch die immer drängender werdenden wirtschaftlichen Ansprüche, wächst auch das praktische Gesetzgebungsmonopol des Fürsten, so daß zum Ausgang der ersten oder beim Übergang zur zweiten Phase des Absolutismus Theorie und Praxis einander sehr nahe kommen. In der Theorie des Absolutismus auch in Bayern ist der Fürst die Quelle der Gerichtsbarkeit. Er muß aber hinnehmen, daß der größte Teil des Landes unter der Gerichtsbarkeit des Adels und der Prälaten steht. Dieser Fürst ist ferner die Quelle aller Staatsgewalt. Er muß aber zugestehen, daß die von ihm theoretisch behauptete Finanzhoheit weitgehend in den Händen der Stände liegt. Andererseits setzt er durch, daß er selbst tatsächlich die Quelle aller Gesetze wird. Von hier aus ist es dann möglich, jedenfalls in der zweiten Hälfte des 18. Jahrhunderts, vor allem bei jener chaotischen Wende um 1800, alle Ansprüche der Theorie auch in die Wirklichkeit zu überführen. Jetzt kann wirklich durchgesetzt werden, daß der Anteil an der politischen Macht, den die Stände kraft Geburtsrecht innehatten, herabgedrückt wird zu einem Privileg, das der Fürst ihnen gewährt, so daß sie nur an seiner Macht teilhaben und in seinem Namen Gericht halten und Herrschaft ausüben. Erst jetzt ist also der Absolutismus wirklich in Theorie und Praxis geschlossen.

Es ist nicht möglich, den Staat der bayerischen Kurfürsten vor 1745 unter die hervorragenden Beispiele der neuzeitlichen Staatsentwicklung einzureihen. Er stellt aber doch einen sehr ausgeprägten Typ dar, in dem alle Grundprobleme der Epoche auf charakteristische Weise aufgeworfen erscheinen. Gelöst wurden wenige. Das liegt nicht nur an besonderen Voraussetzungen, solchen vor allem persönlicher Art – die maßgebenden Fürsten brachten seit 1679 für die Erfordernisse des Verwaltungsstaates besonders wenig Begabung mit –, es liegt auch an allgemeinen Voraussetzungen. Entscheidend für die ständige Unterbrechung erfolgversprechender Ansätze, entscheidend für den unablässigen Niedergang der Staatsfinanzen und damit für die fürstliche Unfähigkeit, Kapital in einen entwicklungsfähigen Wirtschaftskörper zu lenken, war die nie zur Ruhe kommende Bewegung im europäischen Staatensystem. Sie stellte für die bayerischen Fürsten eine stete Bedrohung dar, aber auch eine stete Herausforderung oder doch eine selten gemeisterte Verlockung.

Bayern zwischen Habsburg und Bourbon

1654 trat Ferdinand Maria selbst die Regierung an. Die europäische Lage war trotz des Westfälischen Friedens keineswegs entspannt. Im Westen dauerte der Krieg zwischen Frankreich und Spanien immer noch an. Im Nordosten brach gerade 1654 der Krieg zwischen Schweden und Polen erneut aus, der um die Ostseehäfen ging und seit mehr als einem halben Jahrhundert nur durch Intervalle unterbrochen worden war, die nicht mehr als einen Waffenstillstand brachten, keinen echten Frieden mit Bereinigung der Gegensätze. Wollte der Kaiser den Westfälischen Frieden revidieren, bot ein Eingreifen in diese Kriege vielfältige Möglichkeiten. Während der vormundschaftlichen Regierung, die unter der Leitung seiner Mutter Maria Anna, der Tochter Ferdinands II., stand, hatte sich Bayern gänzlich an Habsburg angeschlossen, die Gefahr also, in jeden Konflikt verwickelt zu werden, in den Habsburg einbezogen wurde, war damit sehr groß. Wenn der junge Kurfürst, wozu ihn der Zustand des Landes gebieterisch drängte, in erster Linie den friedlichen Wiederaufbau Bayerns im Auge hatte, mußte er ohne Frage diese allzu enge Bindung an den Kaiser wenigstens lockern. Eine Trennung indessen kam schon deshalb nicht in Betracht, weil Bayern den Kaiser immer noch brauchte, um die Ansprüche der Pfalz auf den Vorrang der Pfälzer Kurwürde vor der bayerischen abzuwehren und damit die Forderung nach Ausübung des Reichsvikariats, die Wahrung der Reichsrechte nach dem Tode des Kaisers. Auch war Ferdinand Maria klar, daß eine Politik gegen den Kaiser die Sicherheit Bayerns aufs äußerste gefährden mußte. Nur auf sie aber kam es ihm an.

Diese Grundtendenz beherrschte die bayerische Politik bis zum Tode Ferdinand Marias 1679, sie führte zuweilen zu reichsrechtlich nicht unbedenklichen Schritten. Erfolg kann man ihr aber nicht absprechen, der Friede, den Bayern brauchte, war ihr Ergebnis. Daß der Kurfürst bereit war, dafür auch einen hohen Preis zu bezahlen, zeigte er bereits bei der ersten Gelegenheit, die ihn zu einem großen Entschluß zwang, die Kaiserwahl von 1658. Seit 1654, seit der älteste Sohn Ferdinands III., der zum Römischen König gewählte Ferdinand IV., gestorben war, bemühte sich Kardinal Mazarin um den Aufbau einer antihabsburgischen Partei unter den Kurfürsten; der von Frankreich in Aussicht genommene Kandidat für die Kaiserwürde war der bayerische Kurfürst. Alle Mittel indessen, die Mazarin im Rahmen des Wahlkampfes ins Reich fließen ließ, insgesamt drei Millionen Livres, waren wirkungslos, da Ferdinand Maria sich zu dem gefährlichen Spiel nicht hergab. Er lehnte zwar das österreichische Werben um ein Bündnis mit dem Kaiser ab, er lehnte aber auch das Angebot der Kaiserwürde ab, als Ferdinand III. 1657 gestorben war. Was ihn zu seiner Haltung bewog, wissen wir aus einem Brief an seinen Onkel, den Erzbischof von Köln, und aus dem Protokoll des Geheimen Rates. Ihm schienen die Kräfte Bayerns für die große Aufgabe nicht auszureichen, die Geschicke des Reiches zu bestimmen, er fürchtete die Gefahren für sein Land bei einem Thronkampf mit Habsburg, vor allem schienen ihm die Kosten und Mühen vergebens aufgewandt, solange er ohne Nachkommen war. Er verzichtete indessen nicht ohne Gegenleistung Habsburgs. Im Vertrag von Waldmünchen 1658, in welchem Ferdinand Maria dem Habsburger Leopold die bayerische Kurstimme versprach, ließ er sich sein Eintreten für das bayerische Reichsvikariat versprechen, außerdem erreichte er eine Zusage – die dann allerdings nicht eingehalten wurde –, den bayerischen Salzhandel mit Böhmen nicht zu beeinträchtigen.

Der Verzicht des bayerischen Kurfürsten hatte dem Reich ebenso wie Bayern zweifellos unabsehbare Wirren erspart. Habsburg hätte sich wohl kaum mit der Verdrängung von der Kaiserwürde abgefunden, die Bemühungen Mazarins um die Bildung einer französischen Partei im Reich waren aber so erfolgreich verlaufen, daß man für 1658 mit einem erheblichen Rückhalt für Bayern hätte rechnen können, der Thronkampf hätte sich Jahre hinziehen können, wie 1740. 1658 nämlich hatte der Mainzer Kurfürst unter der Voraussetzung, daß Frankreich – das immer noch mit Spanien im Krieg lag – den Frieden wünsche, der Kaiser aber bereit sei, das Reich in diesen Krieg zu verwickeln, mit den rheinischen Erzbischöfen und anderen Reichsständen, Katholiken wie Protestanten, eine Allianz geschlossen, den sogenannten ersten Rheinbund, der den kaiserlichen Truppen den Durchzug nach den Niederlanden verwehren sollte. Dieser rheinischen Allianz trat auch Frankreich bei, nicht aber der bayerische Kurfürst, obgleich auch er 1658/59 gegen eine Verwicklung des Reiches in den Nordischen Krieg und in den Krieg zwischen Frankreich und Spanien protestierte. Das war jene Politik, die schon Maximilian I., auch er in Anlehnung an die Tendenzen des frühen 16. Jahrhunderts, für die Bayern gemäße gehalten hatte.

Aber schon Maximilian hatte sich nicht gescheut, im Interesse der größtmöglichen Selbständigkeit der eigenen Politik auch ein Bündnis mit Frankreich zu schließen. Als seit 1662 auch Ferdinand Maria, unter dem Einfluß seines neuen politischen Beraters Kaspar von Schmid, die Beziehungen zu Frankreich immer enger werden ließ, handelte er also nur im Rahmen einer alten bayerischen Tradition. Differenzen mit dem Kaiserhaus bezüglich der Auslegung des Vertrags von Waldmünchen waren schon seit 1658 nicht mehr abgerissen, auch der Reichstag von 1622 in Regensburg – der dann zum Immerwährenden Reichstag wurde, weil er sich nicht mehr auflöste – konnte sie nicht beseitigen, die Teilnahme auch Bayerns am Türkenkrieg von 1664 erbrachte ebenfalls nur eine vorübergehende Annäherung, die Entfremdung wuchs zusehends.

Nicht darin wird man jedoch die Ursache für die 1662 einsetzende Annäherung Bayerns an Frankreich sehen dürfen, noch weniger im Drängen der franzosenfreundlichen Kurfürstin, sondern im Wandel der Grundlagen. Dem bayerischen Kurhaus war 1662 der Erbe geboren worden, während der Kaiser noch kinderlos war. Sollte das Kaiserhaus aussterben, und damit nach dem Vertrag von 1546 die bayerische Linie des Hauses Wittelsbach Anspruch auf das Erbe erheben, bedurfte es der europäischen Garantie, die ohne Frankreich nicht denkbar war. Aus ähnlichen Überlegungen hatte sich einst Maximilian I. mit Frankreich eingelassen, sie waren jetzt auch bestimmend für Kaspar von Schmid. In äußerst behutsamem Vorgehen – nachdem der erste plumpe Allianzentwurf des bayerischen Gesandten am Regensburger Reichstag, Franz v. Mayr, von Paris zurückgewiesen worden war – sorgte er dafür, daß es stets Frankreich war, das den ersten Zug tun mußte, wenn es ein Bündnis mit Bayern wollte, und daß er es war, der die Bedingungen diktieren konnte.

Daß sich Frankreich und Bayern in den nächsten Jahren langsam, aber unaufhaltsam aufeinander zubewegten, dafür sorgte die Entwicklung der europäischen Lage selbst. Sie war nicht nur bedingt durch die imperialistische Politik Ludwigs XIV., sondern auch durch die dynastischen Gegebenheiten, die eine solche Politik ermöglichten, ja sogar herausforderten.

Während Bayern begann, sich Hoffnungen auf das Habsburger Erbe in Österreich und Böhmen zu machen, faßte Ludwig XIV., der Sohn der spanischen Habsburgerin Anna, seit dem Tode Philipps IV. 1665 die Gewinnung des Erbes der Habsburger in Spanien, Italien und der Neuen Welt für sein Haus ins Auge. Diese beiderseitigen Aspirationen bildeten die Basis für die Gemeinsamkeit der bayerischen und französischen Interessen in diesen Jahren. Während aber Ludwig XIV. bereit war, für dieses Erbe jedes Risiko auf sich zu nehmen, zielte die bayerische Politik gerade auf die friedliche Sicherung solcher Aussichten ab. Gerade dieses bayerische Bedürfnis nach Frieden aber war es – das hat man in München jedoch nicht gesehen –, das Frankreich zum Krieg ermutigte, noch ehe das Bündnis mit Bayern zustandegekommen war. Im Frühjahr 1667, gedeckt durch die Rheinische Allianz und durch ein Bündnis mit Brandenburg und Sachsen wie durch die Neutralität Bayerns, gab Ludwig XIV. den Befehl zum Einmarsch in die Spanischen Niederlande, um sie schon jetzt als Teil seines künftigen Erbes in Besitz zu nehmen.

Damit war nicht nur Spanien herausgefordert, sondern auch das Reich, zu dem die Niederlande als Teil des Burgundischen Reichskreises immer noch gehörten, das aber auch politisch durch jedes weitere Anwachsen der französischen Macht bedroht war. Aus ähnlichen Überlegungen wandten sich auch die nördlichen Niederlande, die noch 1666 zusammen mit Frankreich gegen England Krieg geführt hatten, gegen die französische Expansion. Das englische Parlament zwang den König, sich mit den Niederlanden zu verständigen, selbst Schweden ließ sich von der Aussicht auf englische Subsidien zum Beitritt bewegen, diese Tripelallianz aber zwang Ludwig XIV. zum Frieden. Noch im Anschluß an den Frieden von Aachen 1668 zerfiel das französische Bündnissystem im Reich, die Bemühungen des französischen Gesandten am Reichstag zu Regensburg, Robert de Gravel, ein neues groß angelegtes Allianzsystem aufzubauen, konzentrierten sich notwendigerweise auf Bayern.

Damit stieg auch der Bündnispreis für Bayern ganz erheblich, Kaspar von Schmid kam in Kürze an sein Ziel. Bayern hatte nicht mehr als das zu versprechen, was der Kurfürst ohnedies als Kernthema seiner Politik ansah, nämlich die

Aufrechterhaltung seiner Neutralität und Hilfe zur Verhinderung eines Reichskrieges gegen Frankreich, falls es wegen des spanischen Erbes zum Krieg kommen sollte. Gleichzeitig war Frankreich bereit, selbst etwas zu bieten. Es stellte Subsidien in Höhe von 400000 Gulden in Aussicht, die für ein Heer von 3000 Reitern und 6000 Mann Infanterie bestimmt waren, vor allem erkannte Ludwig XIV. die bayerischen Ansprüche auf das Habsburger Erbe an und versprach französische Hilfe zu seiner Erlangung. Eine Heiratsabsprache zwischen den beiden Höfen besiegelte die Allianz. Bitter empfand der Kurfürst nur einen Zusatzartikel, der Ludwig XIV. bayerische Hilfe für die Erlangung der Kaiserwürde in Aussicht stellte. In jeder anderen Hinsicht glaubte er das Bündnis, das am 17. Februar 1670 geschlossen wurde, als voll vereinbar mit den Interessen seines Hauses. Welche unheilvollen Träume er damit in Sohn und Enkel geweckt hat, war ihm, dessen Hauptziel die Erhaltung des Friedens war, wohl kaum bewußt.

In seinem eigentlichen Inhalt blieb dieser Vertrag ohne Konsequenzen. Das unmittelbare Ziel, die Sicherung des Habsburger Erbes, wurde schon acht Jahre später hinfällig, als Leopold I. der Erbe geboren wurde. Nur die französischen Absichten wurden erreicht; Bayern wurde im Holländischen Krieg von 1672 bis 1678 zum Kristallisationskern für die Bildung einer Neutralitätspartei im Reich.

Dem allgemeinen Frieden hat Bayern mit dieser Politik sicherlich nicht gedient, doch hätte eine andere Haltung des Kurfürsten ebenfalls wenig bewirkt; Ludwig XIV. ließ sich ja auch durch das Bündnis Brandenburgs mit Holland und durch den Kriegseintritt Österreichs nicht von seinem Angriff auf Holland abhalten. Die Neutralitätspolitik Ferdinand Marias wurde aber dadurch auch alles andere als eine Sicherheitspolitik. Bayern war schon nicht imstande gewesen, österreichische Truppendurchzüge durch die Oberpfalz zu verhindern, es war auch nicht imstande, nach dem Abschluß der Haager Allianz zwischen Holland, Spanien und dem Kaiser 1674 die Reichskriegserklärung an Frankreich zu verhindern, damit war es im Reich gefährlich isoliert. Eindeutig im Unrecht war der Kurfürst, als er sich auch noch weigerte, sein Reichskontingent gegen Frankreich zu stellen, sondern auf seiner Politik der Neutralität beharrte. Daß er damit schließlich doch Erfolg hatte, war nicht ein Ergebnis der eigenen Stärke, sondern Frucht des militärischen Gleichgewichts am Rhein, das 1675 mit dem Abzug der brandenburgischen Armee eingetreten war, als Schweden Brandenburg den Krieg erklärt hatte. Der Kaiser stand jetzt allein, so war er 1678 bereit, dem Drängen Bayerns und Sachsens nachzugeben und mit Ludwig XIV. Frieden zu schließen. Der Wunsch Ferdinand Marias jedoch, als Vermittler des Friedens in die Geschichte einzugehen, wurde nicht erfüllt; der französische König zog die Vollmacht zu Sonderverhandlungen mit dem Kaiser in München wieder zurück, als, eben unter dem Druck dieser Drohung, Holland und Spanien zum Frieden bereit waren. Jetzt war der Kaiser isoliert, im Februar 1679 schloß auch er zu Nymwegen Frieden, eine bayerische Vermittlung wurde im Friedensvertrag nicht erwähnt.

1679 ist Ferdinand Maria gestorben, im Alter von wenig mehr als vierzig Jahren. Er hatte für Bayern nicht mehr erreicht, als daß er ihm drei Jahrzehnte des Friedens geschenkt hatte, aber war das nicht genug? Vorwürfe gegen ihn, er habe durch sein Bündnis mit Ludwig XIV. die nationale Sache verraten, darf man jetzt wohl als überholt betrachten, denn eine solche nationale Sache gab es damals, vor 1680, noch nicht; auch den Kaiser leiteten nicht die Interessen des Reiches, sondern die Habsburgs, wenn es auch dem österreichischen Staatsmann Lisola, der Seele der antifranzösischen Koalition, einem Burgunder, damals bereits um die Eindämmung der französischen Bestrebungen einer Hegemonie in Europa ging, um eine Aufgabe also, die das einzelstaatliche Interesse überstieg. Lisola stellte aber eine Ausnahme dar. Noch waren aber die Konturen dieser Politik Ludwigs XIV. zu unscharf, als daß man sie in München mit Sicherheit hätte erkennen können. Es ist wohl der einzige Vorwurf, den man dem bayerischen Kurfürsten mit Recht machen konnte: er nahm in Kauf, daß Frankreich immer mächtiger und damit für Europa immer gefährlicher wurde. Eines Tages mußte von dieser Gefahr doch auch Bayern betroffen sein.

Sein Sohn und Nachfolger, der 1662 geborene Max Emanuel, hat, so scheint es, diesen Sachverhalt sehr bald erkannt, doch darf bei der Beurteilung des politischen Stellungswechsels von 1680 nicht übersehen werden, daß sich auch die Voraussetzungen für das System Kaspar von Schmids gewandelt hatten. 1678 war dem Kaiser ein Sohn geboren worden, das Wunschbild von der Beerbung der Habsburger war damit vorläufig illusorisch geworden. Was konnte Frankreich jetzt wirklich bieten – diese Frage zu beantworten, wird auch Kaspar von Schmid 1680 schwer geworden sein, als der neue Kurfürst, nach der kurzen Vormundschaftsregierung seines Onkels Maximilian Philipp, die Regierung antrat. Die Reunionen schließlich, die Annexion aller Herrschaften im Elsaß, die 1648 nicht zu Frankreich gekommen waren, darunter auch die Reichsstadt Straßburg, bewogen Max Emanuel, Verhandlungen über eine Erneuerung des Bündnisses von 1670 abzulehnen, die Zeit der engen Verbindung zu Frankreich war zu Ende.

Die völlige Umkehr des bisherigen Verhältnisses war dennoch nicht die unmittelbare Folge dieser Trennung, zu einem Krieg gegen Ludwig XIV. war auch Max Emanuel noch nicht bereit. Es bedurfte noch zweijähriger Bemühungen des österreichischen Gesandten zu München, Fürst Lobkowitz, und auch des Kaisers selbst, bis Max Emanuel ganz auf die Seite des Kaisers trat. Am 26. Januar 1683 schloß er mit ihm eine Defensivallianz gegen Frankreich und gegen die Türkei, dabei verpflichtete er sich, gegen jährliche Subsidien von 250000 Gulden im Frieden, 450000 Gulden im Krieg 8000 Mann zu stellen; außerdem übernahm er mit 15000 Mann die Deckung gegen einen französischen Angriff auf Vorderösterreich und Tirol. Die letzte Bekräftigung der Schwenkung stellte die Entlassung des Kanzlers Kaspar von Schmid am Tage nach dem Abschluß des Vertrages dar. Sein System schien endgültig zertrümmert zu sein.

Das junge Bündnis hatte sich in Kürze zu bewähren. Im Mai 1683, nach Ablauf des Waffenstillstandes von 1664, brach der Großvezier Kara Mustafa mit rund 200000 Mann von Belgrad auf, der Stoß zielte auf Wien. Neben dem

Hilfskorps des Polenkönigs Johann Sobieski war das der Bayern mit etwas über 11000 Mann das stärkste. Bei der Schlacht am Kahlenberg, die zur Befreiung der eingeschlossenen Hauptstadt Österreichs führte, zeichneten sich die bayerischen Truppen besonders aus, der wuchtige Angriff der österreichischen und bayerischen Kavallerie ins Zentrum der Türken brachte die Entscheidung. Das bayerische Hilfskorps war auch an der Verfolgung der fliehenden Türken beteiligt, die mit der Eroberung Grans endete, des Schlüssels zu Ungarn.

Während der Kaiser noch zwischen einer entscheidungssuchenden Offensive gegen die türkischen Stellungen in Ungarn und der Vertreibung der Franzosen aus dem Elsaß schwankte, drängte Max Emanuel darauf, die günstige Gelegenheit im Osten auszunutzen und die türkische Gefahr ein für alle Mal zu beseitigen. Nicht zuletzt seine Stellungnahme gab dann tatsächlich den Ausschlag für den Reichstagsbeschluß von 1684 für einen zwanzigjährigen Waffenstillstand mit Frankreich, der die Reunionen zwar nicht legalisierte, aber praktisch anerkannte. Damit war der Rücken frei, der Kaiser, gedrängt auch von Papst Innozenz XI., der zu diesem Ziel seine „Heilige Liga" gründete, nahm den Feldzug gegen Ungarn wieder auf. Die Befreiung Ungarns von den Türken zu erreichen mißlang jedoch, noch war der Türke zu stark.

Max Emanuel war mit den größten Hoffnungen in den Feldzug gegangen. Er hatte sein Heer auf 18000 Mann verstärkt, den Türkenkrieg betrachtete er schon jetzt als sein ureigenes Anliegen, obwohl er noch kein selbständiges Kommando erhalten hatte, wie er schon nach der Schlacht am Kahlenberg gefordert hatte. Aber der Augenblick, in dem er als kaiserlicher Oberbefehlshaber den Sieg über die Türken würde erringen können, schien nicht mehr fern, war ihm doch noch 1684 die Aussicht auf die Hand der Kaiserstochter Maria Antonie eröffnet worden. Im April 1685 wurde der Ehevertrag unterzeichnet, der eine Mitgift von 100000 Gulden und ein Erbrecht der Nachkommen der Kurfürstin auf Österreich beim Aussterben der männlichen Linie des Hauses Habsburg vorsah. Auf die spanische Krone mußte Maria Antonie allerdings ausdrücklich verzichten, obgleich sie die legitime Erbin war – als Tochter Margarete Theresias, der Tochter Philipps IV. von Spanien –, wenn ihr Onkel Karl II. ohne Nachkommen sterben sollte. Nur die spanischen Niederlande sollten im Erbfall auf sie und ihre Nachkommen übergehen, außerdem versprach der Kaiser, sich für die Abtretung dieser Provinz noch zu Lebzeiten Karls II. einzusetzen. Ganz und gar unbillig war der abschließende Geheimartikel, in dem Max Emanuel versprechen mußte, alle Länder, die ihm aus dem spanischen Erbe angeboten würden, für sich und seine Erben abzulehnen, sowie dem Kaiser und seinen Erben bei dem Erlangen derselben behiflich zu sein.

Max Emanuel hat, so scheint es, gegen den Inhalt dieses Vertrages nicht angekämpft, sondern war für den Augenblick voll und ganz damit zufrieden, als Schwiegersohn des Kaisers eine nicht unerhebliche Steigerung seiner persönlichen Bedeutung gewonnen zu haben, die in vieler Hinsicht wirksam werden konnte. Zunächst setzte er durch, daß er, eben 24 Jahre alt, endlich ein selbständiges Kommando gegen die Türken bekam; er führte es so, daß sich die Augen ganz Europas auf ihn hefteten. Im Feldzug von 1686, der endlich die Einnahme von Ofen brachte, war die dominierende Gestalt auf kaiserlicher Seite noch der Sieger vom Kahlenberg, Prinz Karl von Lothringen, 1687 jedoch errang Max Emanuel, ohne daß die Hauptmacht noch zum Eingreifen kam, zusammen mit seinem Vetter Ludwig von Baden den glänzenden Sieg am Berge Harsán, der dem Kaiser ganz Ungarn zu Füßen legte und die Befreiung Siebenbürgens und Slawoniens vom türkischen Joch ermöglichte. Der bayerische Kurfürst hatte Habsburg wieder zur europäischen Großmacht geführt.

Seinen dauernden Ruhm, auch bei den Türken, für die er der „blaue König" war, begründete der Feldzug 1687/88, der Max Emanuel als alleinigen Oberbefehlshaber sah. Die Erstürmung Belgrads 1688, bei der er sich selbst ins feindliche Feuer warf, um den stockenden Angriff wieder nach vorn zu reißen, war der krönende Abschluß des Türkenkrieges, dann nahm der Kurfürst Abschied von einem Kriegsschauplatz, der ihm den höchsten Ruhm, Bayern aber unersetzliche Verluste an erprobten Mannschaften, und, wie der Kurfürst selbst in Rechnung stellte, etwa 10 Millionen Gulden an Kriegskosten gebracht hatte.

Der neugewonnene Ruhm war freilich gleichzeitig ein gewichtiges politisches Kapital, das besonders in Frankreich und Spanien bei geschicktem Einsatz zur Geltung gebracht werden konnte. Tatsächlich warb bereits 1688 Ludwig XIV. mit glänzenden Versprechungen um ein neues Bündnis mit Bayern, und in Madrid, wo sich die Aussichten auf eine baldige Erledigung des spanischen Erbes immer deutlicher abzeichneten, begann man ebenfalls mit dem Sieger von Belgrad zu rechnen, dessen Gemahlin dort von vielen als die einzige legitime Erbin angesehen wurde. Ohne mächtige Verbündete war freilich der Widerstand Frankreichs zu stark, dessen König ebenfalls eine Tochter Philipps IV. geheiratet hatte, noch mehr jener der deutschen Linie des Hauses Habsburg. Ein überraschendes Ereignis europäischen, ja welthistorischen Ausmaßes brachte jene entscheidende Umwälzung in der Konstellation der europäischen Mächte, die für einen solchen Übergang des Hauses Bayern auf den spanischen Thron die günstigsten Voraussetzungen schuf. Das war die sogenannte „Glorious Revolution" in England, die Vertreibung des katholischen Stuartkönigs Jakob II. und die Erhebung seines Schwiegersohnes Wilhelm von Oranien zum englischen König, 1688, im Jahr der Eroberung Belgrads, im gleichen Jahr, in dem auch ein neuer Krieg mit Frankreich ausbrach, der sogenannte Pfälzische Krieg, den die Franzosen nach der Augsburger Allianz nennen.

Nach dem Aussterben der Linie Pfalz-Simmern, 1685, war Philipp Wilhelm von Pfalz-Neuburg Kurfürst geworden, Ludwig XIV. aber erhob für seine Schwägerin Lieselotte, die Schwester des verstorbenen Kurfürsten, Ansprüche. Die Antwort Europas war das 1686 zu Augsburg geschlossene Bündnis des Kaisers, Spaniens, Schwedens, Bayerns und der süddeutschen Reichskreise. Noch hielt sich deshalb Ludwig XIV. zurück, als aber 1688, nach dem Tode des Kölner Erzbischofs Maximilian Heinrich von Bayern nicht der Kandidat des französischen Königs, Wilhelm Egon von Fürstenberg, der Straßburger Bischof, sondern Joseph Clemens von Bayern, der Bruder Max Emanuels, Erzbischof wurde, gab der König Befehl zum Einmarsch in Köln und in der Pfalz; ein neuer europäischer Krieg war damit ausgebrochen. Noch im Oktober 1688 verbündeten sich unter Führung Brandenburgs die wichtigsten norddeutschen Fürsten zum Schutz Hollands; noch zögerte die Augsburger Allianz, damit auch Bayern, als Wilhelm von Oranien, der neue König Englands und gleichzeitig Statthalter der Niederlande, in den Krieg eintrat, um der permanenten Expansion Frankreichs ein Ende zu setzen.

Erst nach Abschluß der Großen Haager Allianz trat auch Max Emanuel in den Krieg ein; sein langes Zögern, das auch durch französische Versprechungen bedingt war, diente vor allem dazu, den Bündnispreis zu sichern, die Statthalterschaft über die spanischen Niederlande auf Lebenszeit. Das war der wichtigste Punkt des Allianzvertrages vom Mai 1689, doch es dauerte noch zwei Jahre und bedurfte der Intervention auch Wilhelms von Oranien, bis Spanien in die Ernennung Max Emanuels zum General-Statthalter und Generalkapitän der Niederlande einwilligte. Fürstliche Inhaber dieser Stellung – deutsche Habsburger bekleideten sie oft – standen nach altem Herkommen weit über dem Rang eines bloßen Vizekönigs. Da die Niederlande immer noch eines der reichsten Länder Europas waren, schien damit dem bayerischen Kurfürsten ein neuer glänzender Wirkungskreis eröffnet. Daß er schließlich weithin nur Enttäuschungen erlebte, hing zusammen nicht nur mit dem Kriege, der sich vor allem in den Niederlanden abspielte, sondern auch mit dem Unverständnis des neuen Statthalters für die sozialen und wirtschaftlichen Gegebenheiten des Landes und mit seiner mangelnden Konsequenz und Ausdauer in dem Reformwerk, für das er sich zunächst hatte begeistern lassen. Es kam schließlich sogar zu einer Adelsrevolte. Dabei hatte Max Emanuel das Land nicht etwa ausgesaugt, sondern noch Millionen, angeblich sechs, in die Hofhaltung und in die Entwicklung seiner merkantilistischen Projekte gesteckt.

Bis hinein ins neue Jahrhundert weilte der bayerische Kurfürst in den Niederlanden, festgehalten auch durch einen Krieg, der sich jahrelang ohne Entscheidung hinzog. Für Max Emanuel brachten die Niederlagen bei Steenkerken und Neerwinden 1692 und 1693, in denen er unter Wilhelm von Oranien jeweils einen Flügel der Armee befehligte, nur die Bestätigung seiner Fähigkeiten, keinen neuen Ruhm, und sein selbständiges Kommando am Oberrhein nutzte er überhaupt zu keinerlei aufsehenerregenden Aktionen. Dazu war vielleicht sein Korps zu schwach, doch spielte sicher auch eine Rolle, daß er in geheimen Verbindungen mit Ludwig XIV. stand, der versprochen hatte, ihm den souveränen Besitz der Niederlande zu verschaffen. Im Frieden von Ryswick 1697 war davon jedoch nicht mehr die Rede, da Spanien wie der Kaiser einen solchen Vorschlag, der auf die Teilung des spanischen Erbes hinausgelaufen wäre, entschieden ablehnten. Seit ihm aber 1692 der lang ersehnte Erbe geboren war, Joseph Ferdinand, hoffte Max Emanuel nicht mehr nur auf einen Teil aus dem spanischen Erbe, sondern auf das ganze.

Wittelsbach und Habsburg – Der Austrag eines säkularen Gegensatzes (1700–1745)

Schon 1688 hatte Max Emanuel einmal erklärt, er gedenke nicht als Sieger heimzukehren und sich auch dann noch mit dem zufriedenzugeben, was er bereits besitze. 1692 dann beauftragte er seinen Vizekanzler mit der Abfassung eines Gutachtens über die Rechte seiner Gemahlin auf Spanien, der Glanz der Krone begann ihn zu blenden. Nach der Geburt seines Sohnes – die der Mutter das Leben kostete – war der Gedanke daran nicht mehr nur ein bloßer Traum, denn nach dem Testament Philipps IV. war allein seine Gemahlin erbberechtigt, erst für den Fall, daß sie kinderlos sterben sollte, galt das Erbrecht Leopolds I. Den Erbverzicht des Heiratskontrakts von 1685 erkannte Spanien nicht an.

Max Emanuel hatte sich zum Bündnis mit Habsburg entschlossen, da er sich davon am meisten Gewinn versprochen hatte, nicht aus Patriotismus oder aus Sympathie für das eng verwandte Kaiserhaus. Es gibt Zeugnisse genug, die deutlich machen, daß er, im Gegenteil, das Haus Habsburg nach wie vor als den eigentlichen Widersacher seines Hauses betrachtete, der unverdient so hoch gestiegen sei und der den Aufstieg Wittelsbachs zu gleicher Höhe niemals kampflos zulassen werde. Der Gegensatz zwischen Habsburg und Wittelsbach, der genährt war von den sachlichen Gegensätzen, die durch die jeweiligen Notwendigkeiten bayerischer und österreichischer Politik gegeben waren, war also durch die Zusammenarbeit der letzten zwanzig Jahre in keiner Weise behoben worden, die beiderseitigen Hoffnungen auf das spanische Erbe ließen ihn jetzt wieder in voller Schärfe hervortreten.

Daß dieser uralte Gegensatz, der bis auf Rudolf von Habsburg zurückgeht, mit den politischen Grundbedingungen vielleicht sogar bis in die Karolingerzeit, jetzt zu einem europäischen Problem wurde, war eine Folge der Verkettung von absichtsvollen Handlungen, großräumigen politischen und wirtschaftlichen Tendenzen, aber auch kaum glaublicher Zufälle, die um 1700 die Geschichte Europas kennzeichnen sollten. Zunächst war Bayern am meisten begünstigt, da die sich immer wieder kreuzenden Interessen der Großmächte schließlich auf eine Lösung hindrängten, die das europäische Gleichgewicht am wenigsten beeinträchtigen würde. Zwar hatten sich, in einem Geheimartikel des Vertrages zur Großen Allianz, 1689, die Seemächte Holland und England nur gegen die bourbonische Nachfolge auf den spanischen Thron und zur Unterstützung der habsburgischen Ansprüche bekannt, doch in Madrid wurde seit 1694 eine dritte Partei immer stärker, welche für den bayerischen Kurprinzen eintrat. Eine solche Kandidatur schien schließlich auch die glücklichste Lösung des Gesamtproblems, denn auch eine Wiederkehr des Reiches Karls V. war für die Seemächte nicht eben erwünscht, und als sich auch Ludwig XIV., um die Habsburger Nachfolge in Spanien auszuschalten, zu einem französischen Verzicht durchrang, wurde im Teilungsvertrag von 1698 zwischen Wilhelm III. von England, Ludwig XIV. und den Generalstaaten die Hauptmasse des Erbes dem bayerischen Kurprinzen zugedacht. Ein Enkel Ludwigs XIV. sollte Neapel und Sizilien erhalten, der zweite Sohn des Kaisers, Karl, das Herzogtum Mailand. Als der spanische Widerstand gegen eine Teilung nicht gebrochen werden konnte, erkannten die Seemächte sogar das Testament Karls II. vom November 1698 an, in dem Joseph Ferdinand zum Universalerben bestimmt wurde. Selbst der Kaiser und Ludwig XIV. schienen sich zu fügen, doch kein halbes Jahr später starb der Kurprinz, der Traum Max Emanuels von einem wittelsbachischen Weltreich war zu Ende.

Die Lösung der Vernunft, der Ausgleich zwischen den Mächten, war jetzt wieder aufs äußerste in Frage gestellt. Die Entscheidung des spanischen Königs und des Staatsrats, als neuen Universalerben den Enkel Ludwigs XIV. einzusetzen, da Frankreich allein eine Teilung des spanischen Reiches zu verhindern mächtig genug sein würde, machte sie vollends unmöglich. Als Karl II. am 1. November 1700 starb, zerriß Ludwig XIV. den neuen Teilungsvertrag vom Juni 1699, nahm das Testament an und ließ seinen Enkel, den Sohn der Wittelsbacherin Maria Anna Christine, als Philipp V. zum König von Spanien ausrufen. Der Krieg war jetzt unvermeidlich, nicht zuletzt deshalb, weil auch Leopold I. eine Teilung ablehnte und das ganze Erbe für seinen zweiten Sohn Karl forderte, im Vertrauen darauf, daß die Seemächte nichts mehr fürchteten als die Vereinigung des übermächtigen Frankreich mit dem spanischen Weltreich. Unmittelbar war Max Emanuel herausgefordert, als Ludwig XIV. in den Niederlanden einmarschieren ließ, dessen Statthalter der bayerische Kurfürst war. Widerstand war der Übermacht gegenüber nicht sinnvoll, dem rechtmäßigen König von Spanien gegenüber auch nicht berechtigt. Trotzdem war die Übergabe der Niederlande durch Max Emanuel an den Beauftragen Ludwigs XIV. bereits die erste Festlegung in dem drohenden Konflikt.

Endgültig war diese Entscheidung noch nicht, doch setzten, ungeachtet der eindringlichen Warnungen der Landschaftsverordneten, jetzt zu Brüssel bereits jene Verhandlungen ein, die unmittelbar auf das Kriegsbündnis mit Frankreich und Spanien zielten. Als erster unterzeichnete Kurfürst Joseph Clemens von Köln, der Bruder Max Emanuels, der sich zur Stellung einer Armee von 10000 Mann für den König verpflichtete, jenen König, der einst seine Erhebung auf den Kölner Erzstuhl mit Waffengewalt hatte verhindern wollen. Einen Monat später unterschrieb auch der bayerische Kurfürst. Er verpflichtete sich zunächst nur, für die Rechte Philipps V. einzutreten, dem Kaiser den Durchgang zu verwehren und gegen 30000 Taler monatlicher Subsidien ebenfalls, wie Köln, 10000 Mann zu stellen. Diese Zahl wurde bald auf 15000 erhöht, die Subsidien auf 40000. Die für Max Emanuel wichtigste Bestimmung betraf die Niederlande, die er, vorerst noch als Statthalter, behalten sollte. Außerdem versprach Ludwig XIV. alle Eroberungen, die auf Kosten Österreichs und seiner Verbündeten gemacht werden sollten; für den schlimmsten Fall schließlich garantierte er dem Kurfürsten seinen bisherigen Länderbestand.

Diese letzte Vertragsbedingung beleuchtet wohl am besten die Beurteilung der Situation durch Max Emanuel wie durch den König; der Entschluß des bayerischen Kurfürsten, sich in einem Krieg mit Österreich auf die Seite Frankreichs zu schlagen, bedeutete den Entschluß zu einem Vabanquespiel. Die ersten großen Erfolge Max Emanuels bei seinem Versuch, das Reich – im Anschluß an die klassische Politik der 60er und 70er Jahre, der Politik seines eigenen Vaters oder des Mainzer Kurfürsten – zur Neutralität zu bewegen, schienen zwar das Risiko herabzusetzen, doch nach dem Abschluß der Großen Allianz im Haag im September 1701 brach das Neutralitätssystem Stück um Stück zusammen. Im Frühjahr 1702 war Bayern völlig von Frankreich abgeschnitten. Die Position Max Emanuels war damit hoffnungslos, aber gerade durch die veränderte politische Situation wurde seine militärische Hilfe für Frankreich umso wertvoller. Ludwig XIV. erhöhte jetzt die Subsidien um 26000 Taler für weitere 10000 Mann und versprach Bayern die Rheinpfalz und Pfalz-Neuburg oder die erbliche Statthalterschaft über die Niederlande mit voller Souveränität in Geldern und Limburg, dazu die Anerkennung als König.

Die Wünsche Max Emanuels waren indessen weiter gegangen, und so wies er den Grafen Schlick, den der Kaiser jetzt zu Verhandlungen nach Schleißheim sandte, nicht rundweg ab, doch Einigung wurde nicht erreicht. Die Forderungen, die Max Emanuel stellte, waren zu hoch, er forderte die Rückgabe der ehemals bayerischen Ämter vor Tirol, Kufstein, Kitzbühel, Rattenberg mit dem Zillertal, dazu die Markgrafschaft Burgau und die Herrschaft Neuburg am Inn, schließlich, falls die Eroberung gelingen sollte, das Herzogtum Mailand. Die wichtigste Bedingung, wie die Forderung zeigt, Bayern mit Neapel und Sizilien vertauschen zu können, war seine Erhebung zum König. 1697 war der Kurfürst von Sachsen König von Polen geworden, 1701 der Markgraf von Brandenburg König in Preußen – das Gefühl der Zurücksetzung war in ihm brennender als je. Als Graf Schlick die Antwort des Kaisers brachte, der nur Mailand gegen Bayern tauschen wollte und auch die Königskrone verweigerte, brach Max Emanuel die Verhandlungen ab, wenige Tage später ratifizierte er den Vertrag mit Ludwig XIV.

Der Krieg begann im September 1702 mit dem bayerischen Überfall auf die Festung Ulm, welche die Verbindung mit Frankreich gefährden konnte, doch dann kamen die Kampfhandlungen wieder zum Stillstand. Frankreich wie Österreich versuchten sich zunächst die Herrschaft in Italien zu sichern, Bayern blieb nur Nebenkriegsschauplatz. Das änderte sich 1703, als zwei österreichische Korps gleichzeitig auf Bayern rückten; Max Emanuel gelang es, beide einzeln zu schlagen, Regensburg zu nehmen und dann nach Oberschwaben zu rükken, wo eine französische Armee unter Villars heranrückte, um zusammen mit Max Emanuel in Süddeutschland die Entscheidung zu suchen.

Ob ein Stoß auf Wien, den Max Emanuel selbst vorgeschlagen und Ludwig XIV. genehmigt hatte, diese Entscheidung gebracht hätte, muß offenbleiben, er wurde nicht gewagt, obwohl Österreich um diese Zeit von Truppen weitgehend entblößt war. Max Emanuel zog es vor, erst Tirol zu erobern, sicherlich nicht nur, um die Südflanke zu sichern, sondern auch, weil er das Land behalten wollte, da er von den berechtigten Ansprüchen seines Hauses auf Tirol überzeugt war. Der Schlag schien bereits geglückt, als sich im ganzen Land die Aufgebote der Bauern erhoben und überall die schwachen bayerischen Posten überrannten, die Pässe sperrten und den Kurfürsten von der Heimat abzuschneiden drohten. Nur schleunigster Rückzug konnte ihn noch retten. Da auch der französische Marschall Vendôme, der durch Südtirol vorstoßen sollte, jetzt umkehrte, war jede Aussicht auf einen erfolgreichen Angriff in Richtung Wien geschwunden, mehr noch, der Kurfürst hatte die militärische Initiative verloren, es war nur noch eine Frage der Zeit, wann die Angriffe von allen Seiten auf Bayern zum Erfolg führen würden.

Während sich Max Emanuel im September 1703 nach unablässigen Mißhelligkeiten von Villars trennte, dem fähigsten General, den Ludwig XIV. noch besaß, fanden sich auf der Seite des Gegners wenig später die größten Heerführer ihrer Zeit zu beispielloser Zusammenarbeit. Ihr Ziel war die Beseitigung der Drohung, die von Bayern ausging. Die Marschbewegungen in Richtung Donau wurden, auf Initiative des preußischen Königs hin, dem an einer Vernichtung der bayerischen Selbständigkeit nicht gelegen war, begleitet von nochmaligen Verhandlungen mit Max Emanuel; doch trotz seiner bedrängten Lage hielt der Kurfürst an seinen Zielen fest, der Abtretung Mailands, jetzt auch Tirols. Wien lehnte ab, bot aber immerhin die Markgrafschaft Burgau und Neuburg am Inn, doch Max Emanuel war das nicht genug.

Wenig später gelang den Alliierten die Vereinigung ihrer Streitkräfte, und als am 2. Juni Marlborough den Schellenberg bei Donauwörth nehmen konnte, der die Straße längs der Donau wie auch nach Franken beherrschte, war die Armee Max Emanuels von der Heimat abgeschitten, Bayern wurde grausam verheert, bis vor die Tore Münchens kamen feindliche Streifkorps. Die Absicht, Max Emanuel damit zur Schlacht zu zwingen, wurde in Kürze erreicht. Kaum war eine neue französische Armee, unter der Führung von Marschall Tallard, vor Augsburg zu den bayerischen Truppen gestoßen, als der Kurfürst zum Angriff drängte und schließlich auch Tallard dazu brachte, Fühlung mit den vereinigten Armeen des Prinzen Eugen und Marlboroughs zu suchen. Obwohl Tallard wußte, daß allein mit der Vermeidung der Schlacht sein Auftrag, die Bedrohung Wiens weiterhin aufrechtzuerhalten, zu erfüllen war, bot er so dem Gegner die Möglichkeit, die Entscheidung zu suchen. Bei Höchstädt, auf dem nördlichen Donauufer, zwischen Blindheim und Lutzingen kam es am 13. August 1704 zu jener blutigen Schlacht, die zu den großen Entscheidungsschlachten der Weltgeschichte gehört und mit der eine Epoche, die der Präponderanz Frankreichs, endet, und eine neue beginnt, das Zeitalter, das unter dem Zeichen der Seemächte steht und das für Europa die Herrschaft der Gleichgewichtslehre bringt, in Übersee aber die Neuverteilung der Welt ermöglicht.

Der Verlust der Schlacht war weniger Max Emanuel anzulasten, der den linken Flügel befehligte und die ihm gegenüberstehenden Österreicher und Preußen wiederholt zurückwarf, sondern der Schwäche der Aufstellung Tallards, der sich hatte überrumpeln lassen. Sein Heer war noch in Lagerordnung, die Reiterei im Zentrum, als die Alliierten bereits angriffen, mit 54000 Mann an Zahl etwa den Bayern und Franzosen gleich. Der Durchbruch Marlboroughs im Zentrum Tallards warf die französische Infanterie auf Blindheim zurück und schnürte sie dort ein, so daß die halbe Armee Tallards und der Marschall selbst in Gefangenschaft gerieten, ebensoviel, 13000 Mann, waren gefallen. Max Emanuel führte den Rest der geschlagenen Armee über den Rhein zurück. Von jetzt an war Frankreich in der Defensive.

Bayern war dem Sieger preisgegeben. Zunächst, um den zeitraubenden Kampf mit den Garnisonen in den bayerischen Städten zu vermeiden, gewährte der Kaiser der Kurfürstin, welche die Regentschaft über das Land übernommen hatte, im Vertrag von Ilbesheim großzügige Bedingungen, das Rentamt München blieb unter ihrer unmittelbaren Herrschaft. Doch noch im Frühjahr 1705 starb Leopold I., sein Sohn und Nachfolger Joseph I. befahl die Besetzung auch des Oberlands und der Residenzstadt München, die Kurprinzen fielen in die Hand der Österreicher. Gleichzeitig gab der Kaiser Befehl, das Land erbarmungslos auszubeuten, die Steuerlasten wuchsen über jedes erträgliche Maß, Winterquartiere und ständige Truppendurchzüge brachten immer wieder die schwersten Exzesse, vollends die im Herbst 1705 angeordneten Zwangsaushebungen im ganzen Kurfürstentum steigerten die allgemeine Erregung ungemessen. Es kam zu den ersten Gewalttätigkeiten, zum Teil auch gegen die eigenen Beamten, die den Österreichern allzu willfährig zur Hand gingen, Anfang Oktober wurden bei Neunburg vorm Wald achtzehn Rekruten, die zur Armee abgeführt werden sollten, auf offener Straße befreit. Im November brach im Rentamt Burghausen dann der allgemeine Aufstand aus. Die erste impulsive Empörung ging von den Bauernsöhnen aus, von Knechten, Taglöhnern und Holzarbeitern, die von den Aushebungen betroffen waren. Bald schloß sich an, wer eine Erleichterung der Steuerlasten erwartete – es ist müßig, bei diesem Motivbündel scheiden zu wollen, was patriotische Beweggründe waren, was nicht. Der Zorn auf die fremde Besatzung war jedenfalls das in allen Aktionen und bei allen Schichten, die sich der Erhebung anschlossen, am stärksten in Erscheinung fallende Motiv. Die Parole lautete: „Lieber bayerisch sterben als in des Kaisers Unfug verderben". Je mehr die wilden Aufläufe der ersten Wochen in eine geordnete Bewegung übergeleitet werden konnten, umso mehr schlossen sich auch Bürger an. Das war das Ergebnis vor allem der Tätigkeit des Mitterschreibers am Pfleggericht zu Pfarrkirchen, Sebastian Plinganser, eines leidenschaftlichen Patrioten. In kurzer Zeit standen an die 20000 Mann unter Waffen.

Zum Gegenspieler Plingansers wurde der Kastner des Rentamts Burghausen, Franz Bernhard von Prielmayr; auch er war ein Patriot, aber ihm ging es nicht um den Sieg der Bewegung, der er keinerlei Erfolgsaussichten beimaß, sondern darum, sein Land vor der sicheren Katastrophe zu bewahren. Einig waren sich beide aber darin, daß auf jeden Fall, ob zu diesem oder jenem Zweck, der Erhebung eine feste Form gegeben werden mußte. Sie wurde gefunden auf der Basis der bis ins 15. Jahrhundert zurückreichenden Landesdefensionsordnung. Nach dem Übergang Burghausens zu den Aufständischen und dem Fall Braunaus setzte Prielmayr – damit trat die Erhebung in eine neue Phase – die Einberufung eines Landesdefensionskongresses nach Braunau durch. Da von jedem Gericht des Rentamts je ein Vertreter der vier Stände kommen sollte, einer vom Adel, ein Pfarrer, ein Bürger und ein Bauer, schien es, als sollte die Volkserhebung auch in einer echten Volksvertretung ein führendes Organ erhalten. Prielmayr jedoch gelang es, die Vertretung der Bauern in der politischen Führung völlig auszuschalten und sie einem „Vorstehenden Kollegium" von sechs Adeligen zuzuspielen. Gleichzeitig versuchte er, die Anerkennung der Landesdefension als legale Institution zu erreichen, doch der Reichstag versagte sich; auch ein Versuch, durch den Erzbischof von Salzburg beim Kaiser vermitteln zu lassen, scheiterte, Prielmayr kam also ebenfalls nicht an sein Ziel. Die Katastrophe war jetzt nicht mehr aufzuhalten.

Im Oberland war es länger ruhig geblieben, die Auslösung der Erhebung erfolgte hier nicht spontan, sondern es bedurfte der Verbreitung eines gefälschten kurfürstlichen Manifests, in dem der Kurfürst angeblich selbst zum Kampf aufrief – ein eklatanter Beweis für die von Hüttl gänzlich geleugnete patriotische Komponente des Aufstands. Im Dezember bildete sich daraufhin die kurbayerische Landesdefension des Oberlandes, für Weihnachten wurden die Landfahnen nach Schäftlarn aufgeboten, um München zu befreien, nicht ganz 3000 Mann fanden sich dort ein. Am 24. Dezember brach der ungeordnete Haufen nach München auf, es kam jedoch weder zum Zusammenwirken mit einem unterländischen Aufgebot, das zu langsam heranrückte, noch mit den Gesinnungsgenossen in der Stadt, da das Unternehmen bekanntgeworden war. Bei Sendling wurden die Bauern von General Kriechbaum gestellt und bis auf den letzten Mann erschlagen. 1031 Gefallene sind aktenkundig.

Kriechbaum wandte sich jetzt Niederbayern zu, vor Aidenbach unweit Vilshofens kam es am 8. Januar zum Kampf, wieder erlagen die schlecht bewaffneten und schlecht geführten Bauern den geübten Soldaten und wurden völlig aufgerieben, die Zahl der Gefallenen ist nicht sicher bezeugt. Nach diesen Niederlagen brach der ganze Aufstand zusammen; er hatte, da es in Bayern nie zu einer zweckmäßigen Organisation des Landesaufgebots gekommen war, anders als in Tirol, im Grunde nie Aussicht auf Erfolg gehabt, militärisch sinnvoll wäre er nur gewesen, wenn der Kurfürst gleichzeitig den Versuch gemacht hätte, sein Land wieder zurückzugewinnen. Dafür gab es jedoch 1706 keinerlei Hoffnung mehr, an allen Fronten war Frankreich im Zurückweichen.

Der Umschwung der Kriegslage fand seinen spektakulären Ausdruck noch im gleichen Jahr in der Verhängung der Reichsacht über Max Emanuel und seinen Bruder Joseph Clemens, den Kurfürsten von Köln; beide wurden gleichzeitig ihrer Reichslehen für verlustig erklärt. Die Oberpfalz sollte wieder zur Pfalz geschlagen werden, Bayern gedachte Kaiser Joseph I. selbst zu behalten, ein Plan, der vor allem am Einspruch Preußens scheiterte, immerhin wurde das Innviertel bereits damals mit Österreich vereinigt. Marlborough erhielt die bayerische Herrschaft Mindelheim und wurde damit Reichsfürst.

Das Ergebnis der Kämpfe dieses Jahres rechtfertigte solche Entscheidungen völlig, die Franzosen wurden aus Italien verdrängt, und die Niederlage Max Emanuels durch Marlborough bei Ramillies führte zum Verlust auch der Niederlande, Max Emanuel war ein Fürst ohne Land. Auch bei militärischen Entscheidungen wurde er nicht mehr beigezogen, nur die Subsidien für die bayerischen Truppen erhielt er nach wie vor, verwaltete sie aber mit einer solchen Leichtfertigkeit, daß wenigstens zehn Millionen Livres einfach verschwunden sind, abgeflossen in unkontrollierbare Kanäle, erst ein großer Prozeß 1747 brachte die schlimmsten Dinge ans Licht. Von ähnlicher Unbekümmertheit um die denkbaren Folgen war er auch in seiner Politik. Obwohl ihm Ludwig XIV. seine Besitzungen garantiert und versprochen hatte, notfalls Ersatz zu schaffen, bemühte sich Max Emanuel bereits seit 1706 in geheimer Fühlungnahme mit Marlborough um eine englische Garantie für die Niederlande, vergeblich allerdings, und seit 1709, als die Friedensverhandlungen bereits angelaufen waren, schaltete er sich mit allem Nachdruck ein, bereit sogar, für die Übertragung der Niederlande oder eines gleichwertigen italienischen Fürstentums sowie die Erhebung zum König dem Bündnis gegen Frankreich beizutreten. Österreich gegenüber bot er Bayern zum Tausch an gegen Mailand, Mantua und Sardinien. Machtlos, wie er war, machte er aber damit keinen Eindruck. Der Kaiser glaubte sich nach den militärischen Erfolgen von 1708 und 1709 bereits als unangefochtener Sieger.

In dieser für Frankreich bedenklichen, für Bayern hoffnungslosen Lage wandte sich durch den Tod Josephs I. im April 1711 plötzlich das Glück. Der Anfall Spaniens an Habsburg hätte jetzt die Herrschaft Karls VI., des Bruders und Nachfolgers Josephs I., über das Deutsche Reich und zugleich über das spanische Weltreich bedeutet, die Wiederkehr also der Konstellation wie unter Karl V. Davon wollten aber auch die Seemächte nichts wissen. Ludwig XIV. spannte noch einmal alle Kräfte seines Landes an, auch Max Emanuel interessierte er durch das Angebot der souveränen Herrschaft über große Teile der Niederlande noch einmal für weitere Kriegführung auf der Seite Frankreichs. Vollends der politische Umschwung in England, der im Herbst 1711 zum Abzug der englischen Truppen vom Kriegsschauplatz führte, ließ die Chancen für einen günstigen Frieden aufs höchste steigen. Für Max Emanuel konnte das freilich nur bedeuten, daß er bestenfalls den Besitzstand von 1700 behaupten konnte, selbst das war, trotz des Einverständnisses der Seemächte, schwierig genug zu erreichen. Immer noch hoffte der Pfälzer Kurfürst auf die Rückgewinnung der Oberpfalz. Während der Verhandlungen, die in dieser Frage geführt wurden und die zum Inhalt vor allem die Entschädigung Max Emanuels bei einem solchen Verlust bzw. überhaupt den Tausch Bayerns gegen ein italienisches Fürstentum hatten, unterzeichneten Frankreich und die Seemächte 1713 den Frieden von Utrecht, der Spanien und die Kolonien an Philipp V. aus dem Hause

Bourbon, die europäischen Nebenländer an Habsburg und Savoyen gab. Erst nach langem Zögern ließ sich auch der neue Kaiser Karl VI. ebenfalls zur Unterschrift unter den Friedensvertrag bewegen, der ihm aus dem riesigen spanischen Erbe nichts einbrachte als Mailand und Neapel, Sardinien und die Niederlande, für die Zukunft mehr Belastung als Gewinn. Ein letzter Versuch Max Emanuels, Bayern gegen Sardinien und Sizilien zu vertauschen und damit endlich die Königskrone zu erlangen, stieß auf unüberwindliche Schwierigkeiten, Frankreich setzte jetzt die volle Restitution des Kurfürsten durch, die Pfalz ging leer aus.

Seine Rettung hatte Max Emanuel nur Frankreich zu verdanken, das nach wie vor für seine Politik des Gleichgewichts im Reich darauf angewiesen war, mögliche Gegner des Kaisers und eigene Verbündete möglichst stark zu wissen. Bayern also im Stich zu lassen bedeutete Verzicht auf Lenkung der deutschen Entwicklung. Aus diesem Grund konnte Ludwig XIV. auch unmöglich für die Tauschpläne Max Emanuels eintreten, so selbstverständlich derartiges in diesem Zeitalter des mechanischen Gleichgewichtsdenkens auch war. Max Emanuel hat, wie H. Glaser feststellt, jene Gesetzmäßigkeit der europäischen Politik, die sich seit den 70er Jahren immer deutlicher als beherrschend darstellte, nie durchschaut, die Gleichgewichtspolitik der Seemächte war ihm fremd, sein Fixpunkt war ausschließlich die Dynastie und ihr Rang in Europa.

Der Griff nach der Königskrone war mißglückt, doch schon trat eine weit glanzvollere Aussicht in greifbare Nähe, die Aussicht auf die Kaiserkrone und das Erbe Habsburgs, denn Karl VI., der letzte männliche Habsburger, war immer noch kinderlos. Wieder schien, wie schon 1670, das Einverständnis Frankreichs die sicherste Garantie für den Übergang des Erbes an Bayern, und so schloß noch 1714 Max Emanuel mit Ludwig XIV. zu Fontainebleau den Vertrag, der Frankreich zur Unterstützung der bayerischen Ansprüche auf Teile des österreichischen Erbes und zur Hilfe für die Erlangung der Kaiserkrone verpflichtete. Die bayerische Gegenleistung bestand, wie 1670, im wesentlichen aus diplomatischer Unterstützung Frankreichs auf dem Reichstag. Die Zerschlagung der Großmacht Österreich war so deutlich im Interesse Frankreichs, daß der König auf weitere Zusagen des Kurfürsten verzichten konnte. Eben diese Interessenlage erlaubte es Max Emanuel zur gleichen Zeit auch in Wien Annäherungsversuche zu machen, war er doch so nicht auf Gedeih und Verderb dem Kaiser ausgeliefert, wie auch umgekehrt Ludwig XIV. es sich nicht erlauben konnte, ihn ohne Schaden für seine eigenen Ziele fallen zu lassen. Was Max Emanuel freilich nicht wußte, war die Tatsache, daß Ludwig XIV. selbst um diese Zeit zu der Auffassung gekommen war, für seine Europapolitik gleichzeitig auch Österreich zu benötigen. Der Spanische Erbfolgekrieg und sein Ausgang hatten gezeigt, daß bei England in Zukunft die Schiedsrichterrolle über Europa lag, und wenn man in Paris das ändern wollte, mußte man die Seemächte auf dem Festland isolieren, vor allem also von Österreich trennen. Die Versöhnung zwischen Wien und Paris herbeizuführen, war der Auftrag, den der neue französische Gesandte in Wien 1715 erhielt. Eine Verbindung zwischen Wien und München, auf die der Gesandte als mögliche Begleiterscheinung hingewiesen wurde, sollte er freilich nicht allzu eng werden lassen, damit Bayern der Kontrolle Frankreichs nicht entgleite. Es war unter diesen Umständen nicht verwunderlich, daß die Auswirkungen sowohl des Bündnisses mit Frankreich als auch der neuerlichen Annäherung an Wien, die 1722 durch die Vermählung des Kurprinzen Karl Albrecht mit Maria Amalie, der zweiten Tochter Josephs I. besiegelt wurde, enttäuschend gering waren.

Das hing zusammen mit dem verwirrenden, an jähen Positionswechseln so reichen Spiel der Mächte in den Jahrzehnten bis 1740, in denen keinerlei Gesetzmäßigkeiten der bisherigen Politik mehr zu gelten schienen, bestenfalls eine, nämlich die Dominanz der überseeischen Interessen der Seemächte und, als Voraussetzung, die äußerliche Aufrechterhaltung des europäischen Gleichgewichts. 1718 bildeten England, Holland, Österreich und Frankreich die Quadrupelallianz zur Verhinderung einer neuen spanischen Großmachtbildung in Italien, 1722 aber, mit der Gründung einer kaiserlichen Handelskompanie zu Ostende, die von Spanien umfassende Privilegien erhielt, fühlten sich die Seemächte von Österreich herausgefordert und nahmen freundschaftliche Beziehungen zu Frankreich auf. 1724 wieder weigerte sich der Kaiser, den spanischen Infanten Carlos mit Parma zu belehnen, so daß Spanien mit Frankreich und den Seemächten gemeinsame Sache machte und die Ausschaltung der Ostende-Kompanie betrieb. Auf dem Kongreß von Cambrai 1724, bei dem es um die Erbfolge in Parma und in der Toscana ging, war damit der Kaiser isoliert, das führte 1725 zur Wiener Allianz mit Spanien, die wieder England zum Bündnis mit Frankreich bewog. Dank der Aspirationen Preußens auf die Fürstentümer Jülich und Berg, die im Besitz des Hauses Pfalz-Neuburg waren und deren Übergang beim Aussterben dieses Hauses an die nächstverwandte Linie Sulzbach Preußen als einen Verstoß gegen den Vertrag von Xanten 1614 bezeichnete, griff die Unruhe, in welche Europa durch die ständigen Bündniswechsel geraten war, auch auf das Reich über, insofern Preußen zu Herrenhausen dem Bündnis zwischen England und Frankreich beitrat.

Bayern spielte in all diesen Kombinationen zunächst keinerlei Rolle, doch die Bedrohung seiner Stellung am Niederrhein durch Preußen zwang den Kurfürsten von der Pfalz, Karl Philipp aus dem Hause Pfalz-Neuburg, sich nach Verbündeten umzusehen. Was lag näher, als jetzt endlich Anregungen aufzugreifen, die schon in die Regierungszeit Ferdinand Marias zurückreichten und die auf ein engeres Zusammengehen aller Linien des Hauses Wittelsbach abzielten? Die mit dem gegenseitigen Erbrecht begründeten Gemeinsamkeiten – ein Ergebnis des Hausvertrags von Pavia – gewannen erheblich an Gewicht mit der Erbfolge der katholischen Linie der Neuburger 1685 in der Pfalz, seit der Versöhnung Bayerns mit dem Kaiserhaus war das letzte Hindernis zwischen den Häusern beseitigt. 1724 kam es zum Abschluß der Wittelsbacher Hausunion zwischen den Kurfürsten von Bayern, der Pfalz, von Köln und von Trier, die zur gegenseitigen Förderung ihrer Hausinteressen und zur gemeinsamen Abwehr von Angriffen bestimmt war. Mit einem Heer von 30000 Mann, vor allem mit vier Kurstimmen, verfügten die verbündeten Fürsten über ein militärisches und politisches Potential, welches das Haus Wittelsbach mit einem Schlag zur dritten Macht im Reich aufsteigen ließ, neben Österreich und Preußen. Ein Jahrhundert zuvor noch wäre einer solchen Konstellation sogar die führende Stellung zugekommen. Für eine europäische Politik großen Stils war ein solches Bündnis freilich nicht fest genug gefügt, doch der Bündniswert jedes der einzelnen Mitglieder stieg beträchtlich, von allen Seiten wurden die Pfalz und Bayern umworben. Max Emanuel jedoch konnte an den Ergebnissen dieser neuen Entwicklung nicht mehr anteilnehmen; mitten in den Verhandlungen mit den Mächten begriffen, starb er am 26. Februar 1726, 63 Jahre alt, an einem Magenleiden.

Es ist selten möglich, so eindeutig über eine Epoche zu urteilen wie über jene, die 1726 abgelaufen war. 47 Jahre hatte Max Emanuel regiert, was er in diesen Jahrzehnten für Bayern getan hat, war sehr wenig, wie er denn 21 Jahre davon überhaupt nicht in seinem Stammland weilte, ein geschlossenes Jahrzehnt erst seit 1715. Es scheint aber doch, als wären unsere Maßstäbe nicht ganz der Zeit angemesssen. Es gibt keine zeitgenössische bayerische Stimme, die ihn entschieden verurteilt hätte; selbst seine Kritiker unter den Landschaftsverordneten beschränkten sich auf sachliche Ausstellungen. Auch wenn das reichlich gespendete Lob in den panegyrischen Schriften der letzten Lebensjahre des Kurfürsten schon durch die Literaturgattung bedingt ist, so mutet anderes doch auch sehr spontan an. Bayern, so scheint es, hat seinen Fürsten ungeachtet aller Leiden, die er durch seinen maßlosen Ehrgeiz über das Land gebracht hatte, sogar geliebt. Der Ruhm des Türkensiegers mag dazu das meiste beigetragen haben, vieles auch die eindrucksvolle Festlichkeit der Hofhaltung, die Großzügigkeit und Großartigkeit seiner Bauten. Was wir ihm bis heute zu danken haben, ist der Anstoß zu einer unvergleichlichen künstlerischen Blüte, die unmittelbar mit der von ihm ausgehenden Förderung der Künstler zusammenhängt wie mit jenen großen Aufträgen, die er vergeben hat, darunter das majestätische Schloß zu Schleißheim, ein Werk Effners, und die Badenburg und Pagodenburg im Nymphenburger Park, der Beginn des bayerischen Rokoko.

Obgleich Max Emanuel diese einzigartige Kunstentwicklung in Bayern eingeleitet hat, wird man ihn trotzdem nicht einen Rokokofürsten nennen können, dazu war zuviel ursprüngliche Kraft, zuviel ungebärdiger Wille in ihm. Auch hat er noch nicht, wie sein Sohn Karl Albrecht, die Form und den Schein höher eingeschätzt als die Wirklichkeit. Sowenig bereits sein Vater die mit dem fürstlichen Absolutismus verbundenen Aufgaben und Forderungen erkannt und wahrgenommen hat, Aufgaben, die nicht allein mit dem Erhalt des dynastischen Erbes zusammenhingen, sondern Land und Volk betrafen, Karl Albrecht hat diese Aufgaben in noch höherem Maße verkannt. Die Herrschaft war ihm nur noch Privatbesitz, aber selbst unter diesem Aspekt wäre noch ein gedeihliches Regieren denkbar gewesen, denn auch dieser Besitz muß verwaltet und erhalten werden. Doch nicht das war der Inhalt seiner Regierungstätigkeit, sondern die Vorbereitung auf den Antritt des Habsburger Erbes, das ihn zum Kaiser machen mußte und damit zum größten Fürsten der Christenheit. Wie sehr er in dieser

Welt des Scheines und des falschen Glanzes lebte, zeigt der Tagebucheintrag zum Tag seiner Krönung als Kaiser, in dem er festhält, daß dieser sein Krönungstag der glanzvollste gewesen sei in der ganzen Geschichte der Kaiserkrönungen. Am gleichen Tag aber rückten die Österreicher auf München. Er war ein Fürst ohne Land, auch wenn er Kaiser war. Freilich hat dieser gleiche Fürst wenige Tage später seinem Tagebuch auch andere Worte anvertraut, die die ganze Spannweite aufzeigen, in der er leben mußte. 1745 ist Karl Albrecht gestorben, 1742, als er Kaiser wurde, fühlte er sich bereits vom Tod gezeichnet. Höchstes Entzücken und hoffnungslose Resignation sind in seinem Tagebuch nur durch wenige Zeilen voneinander getrennt.

Ein Mensch von so labiler Gemütslage war kein Herrscher, wie ihn die Zeit erforderte, in der das alte Europa, das Europa des Ancien Régime in seine Agonie eintrat. Karl Albrecht hat zwar immer wieder, im Gegensatz zu seinem Vater, Ansätze gemacht zur Reform der inneren Verwaltung, zur Tilgung der Schulden. Aber Konsequenz war von ihm nicht zu erwarten, und der Mann, der fähig gewesen wäre, eine konsequente und zielstrebige Außen- wie Innenpolitik durchzuführen, der Kanzler Unertl, stieß ständig auf die überlegene Konkurrenz einflußreicher adeliger Höflinge, unter denen der Graf Törring die verhängnisvollste Rolle gespielt hat. Törring war der leitende Minister Karl Albrechts, soweit es die auswärtige Politik anging. Er hat den Kampf gegen die Pragmatische Sanktion geführt und hat das französische Bündnis intensiviert, gegen den ständigen Einspruch von Unertl, der für eine selbständige Machtpolitik innerhalb des Reiches die Mittel Bayerns nicht für ausreichend hielt und der auch seinen Zweifel daran nicht verhehlte, daß im Ernstfall französische Truppenhilfe wirksamer sein würde als 1704. Weil er die hochfliegenden Pläne seines kurfürstlichen Herrn nicht teilte, bediente man sich zwar seiner juristischen Fähigkeiten, doch die Politik bestimmte Karl Albrecht selbst, beeinflußt, vielleicht auch geführt von Törring, der nun freilich als Oberkommandierender der bayerischen Armee die Früchte seiner Politik selbst zu ernten genötigt war und den Beweis dafür erbrachte, daß dieser bayerische Staat unter Karl Albrecht in jeder Hinsicht unvorbereitet in die größte Machtprobe des frühen 18. Jahrhunderts eingetreten war. So sehr man also geneigt ist, Karl Albrecht wegen seiner Ansprüche auf das Habsburger Erbe, wegen seiner rigorosen Verfechtung dieser Ansprüche, bei der er bis zum Mittel des Krieges ging, für einen klassischen Machtpolitiker des Ancien Régime zu halten, er war es in Wirklichkeit doch nicht, er war ein Mann der Illusionen. Überzeugt von der Gerechtigkeit seines Anspruches, trat er ohne Geld und ohne Armee auf einen Schauplatz, auf welchem der Glanz der Kaiserkrone nichts bedeutete, wenn ihrem Träger die Macht fehlte.

Das politische Erbe, das der neue Kurfürst übernahm, stellte keinesfalls nur eine Belastung dar, auch wenn die Schuldenlast in Höhe von 20 Millionen Gulden, bei insgesamt 5 bis 6 Millionen regelmäßiger Einkünfte im Jahr, allen politischen Aktivitäten enge Grenzen setzte. Die Wittelsbacher Hausunion brachte erstmals wieder, seit dem 15. Jahrhundert, die ganze Macht des Hauses in der

Reichspolitik geschlossen zur Geltung; das Bündnis trug zwar nur defensiven Charakter und war, angesichts auch auseinanderstrebender Einzelinteressen, nur für begrenzte Zwecke brauchbar, aber es stellte doch gerade innerhalb dieser Zwecke eine kaum zu überschätzende Sicherung dar. Und wenn die Erlangung des Habsburger Erbes, oder eines Teiles davon, dem jungen Kurfürsten wie seinem Vater schon als das erstrebenswerteste Ziel aller Politik erschien, so war durch das Bündnis mit Frankreich auch für eine solche Zukunft der Weg geebnet. Als eines von vielen Hindernissen, mehr nicht, konnte für den Augenblick das Staatsgrundgesetz gelten, das Karl VI. 1713 erlassen hatte, die sogenannte Pragmatische Sanktion, die alle Länder Habsburgs zu einem Staatsganzen zusammenfaßte und damit alle Teilungsmöglichkeiten für die Zukunft ausschloß. Die Nachfolge in diesem Reich sollte beim Aussterben des habsburgischen Mannesstammes den Töchtern Karls VI. zufallen, erst nach deren erbenlosem Tod waren auch die Töchter Josephs I. erbberechtigt, also auch Maria Amalie, die Gemahlin Karl Albrechts. Ein solches Gesetz, das ja tief in das Reichsrecht wie in die Rechte der europäischen Dynastien eingriff, bedurfte weitgehender Abstützung durch Verträge und Garantien, dafür schien aber die europäische Lage von 1726 viel zu labil.

In der Tat galten die Besorgnisse des Kaisers zunächst den immer neu sich auftürmenden Schwierigkeiten, die aus der in Bewegung geratenen europäischen Staatenwelt erwuchsen. Besonders um den Anschluß der Wittelsbacher Hausunion an das kaiserliche Bündnissystem wurde lange gerungen, erreicht wurde er, als es gelungen war, Preußen aus dem Herrenhausener Bündnis herauszubrechen. Um nicht den Kaiser in der Frage von Jülich-Berg gegen sich zu haben, trat 1726 noch die Pfalz, um der in Aussicht gestellten Subsidien willen trat Bayern der Wiener Allianz, der Allianz des Kaisers mit Spanien, bei. Ein Jahr später wurde aber auch der Vertrag von 1714 erneuert, der Bayern französische Unterstützung im Ringen um das Habsburger Erbe versprach, ungeachtet also der Pragmatischen Sanktion.

Im Grunde hatte damit Karl Albrecht das Bündnis mit dem Kaiser bereits wieder preisgegeben, durch den Kongreß von Soissons 1728 wurde es völlig wertlos. Dieser Kongreß war zusammengetreten, um die Spannungen in Europa zu beseitigen, vor allem, um den Kaiser zu bewegen, die Ostende-Kompanie wieder aufzuheben. Bayern spielte bei diesem Kongreß, nicht zuletzt dank der kaiserlichen Diplomatie, so gut wie keine Rolle, doch wurden dabei bereits die Fäden geknüpft, die zum Frontwechsel von 1729 führten. Kardinal Fleury, dem Leiter der französischen Politik in diesen Jahren, war es noch während des Kongresses gelungen, Spanien wieder vom Kaiser zu trennen, 1729 gelang es ihm auch, im Vertrag von Marly die gesamte Wittelsbacher Hausunion in sein Neutralitätssystem einzubeziehen. Die Pfalz hatte allen Grund, dem Kaiser zu mißtrauen, hatte er doch seine Unterstützung in der Jülicher Frage sowohl dem König von Preußen wie dem Kurfürsten von der Pfalz versprochen, Bayern aber hatte mit Karl VI. überhaupt keine gemeinsamen Interessen mehr. Außerdem war der Kaiser isoliert und für den Augenblick damit ohne Macht. Ganz gewann er seine Handelsfreiheit auch nicht zurück, als er jetzt, 1731, auf eine eigene Handelspolitik verzichtete und den Seemächten die Aufhebung der Ostende-Kompanie zugestand, aber die Gegengabe, die Anerkennung der Pragmatischen Sanktion durch die Seemächte, machte Fleury deutlich, daß auch seine Stellung als Schiedsrichter Europas nicht ungefährdet war.

Zum Krieg entschloß sich Fleury, als der Plan einer Hochzeit Maria Theresias, der ältesten Tochter Karls VI. und Erbin des Habsburger Reiches, und des Herzogs Franz Stephan von Lothringen bekannt wurde. Damit drang Österreich, das den Verlust des Elsaß immer noch nicht verschmerzt hatte, wieder weit in französisches Interessengebiet vor, die Folgen schienen unabsehbar. Fleury benützte jetzt den Wunsch Spaniens und Savoyens nach einer Verdrängung Österreichs aus Italien zum Krieg gegen den Kaiser, den unmittelbaren Anlaß bot der Streit um die 1733 erledigte Krone Polens. Die Seemächte, die an der Entwicklung auf dem Festland nicht interessiert waren, solange sie ungestört, begünstigt durch großzügige Handelsverträge mit Spanien, den Welthandel völlig allein in der Hand hatten, ließen Österreich im Stich, nur das Reich trat hinter den Kaiser. Für die Mitglieder der Wittelsbacher Hausunion, Bayern, Kurpfalz und Köln, die trotz des Reichskriegs neutral blieben, entstand damit eine ernste Situation; nur die Niederlagen des Kaisers in Italien und am Rhein bewahrten sie vor den drohenden Sanktionen. Umso härter traf Bayern das Ergebnis der Auseinandersetzungen. Fleury, der alle seine Kriegsziele erreicht hatte, vor allem die Abtretung Lothringens an Stanislaus Lesczinski, den Schwiegervater Ludwigs XV., erkannte die Pragmatische Sanktion an, gab also alle Ansprüche Bayerns preis. Er tat das nicht etwa, wie Doeberl meint, weil er sich von Wittelsbach mehr erwartet hatte als bloße Neutralität – etwas anderes war im Vertrag von Marly nicht vereinbart –, sondern weil er jetzt, im Besitz der Hegemonie auf dem Festland, bereits die Auseinandersetzung mit den Seemächten um die Herrschaft auf dem Meer und in der Neuen Welt vorbereitete und weil er dazu Österreich brauchte. Er knüpfte im Wiener Präliminarfrieden von 1735 ausdrücklich an die Abmachungen von 1715 mit Österreich an und lud Wien erneut zur Zusammenarbeit ein, die unmittelbar auf Kosten Bayerns gehen mußte.

Als am 20. Oktober 1740 der Erbfall eintrat, als Karl VI. starb und seine Tochter Maria Theresia gemäß der Pragmatischen Sanktion in das Habsburger Erbe eingesetzt wurde, war man in München deshalb durchaus nicht sicher, wie man auftreten sollte. Der Kurfürst ließ zwar durch seinen Gesandten, Graf Perusa, den österreichischen Ministern und den Gesandten der Mächte anzeigen, daß er die Tochter Karls VI. nicht als Erbin anerkenne, sondern selbst Anspruch auf das gesamte Erbe erhebe, doch jeder weitere Schritt war allein abhängig von der Reaktion Europas. Sie für Bayern günstig zu beeinflussen, war Sache der juristischen Begründung der Ansprüche. Hätten nicht der Reichstag wie die europäischen Mächte einschließlich Frankreichs die Pragmatische Sanktion anerkannt, wäre die Sache Karl Albrechts keineswegs hoffnungslos gewesen. Der Geheime Ratskanzler Franz Joseph von Unertl ging in seinem Rechtsgutachten von 1732 zurück auf den Regensburger Vertrag von 1546, den Heiratskontrakt vom gleichen Jahr anläßlich der Hochzeit Albrechts V. mit der Erzherzogin Anna, der ältesten Tochter Ferdinands I., dazu zog er das Testament Ferdinands I. von 1543 und den Zusatz von 1547 bei, das sogenannte Testamentskodizill. Aus diesen Dokumenten las Unertl nach dem Aussterben des Habsburger Mannesstamms das ausschließliche Erbrecht Annas und ihrer Nachkommen heraus, der Kurfürst glaubte sich deshalb völlig im Recht. In München hatte man jedoch vom Testamentskodizill nur die Abschrift. Das Original, das der Wiener Hofkanzler Sinzendorf der Öffentlichkeit vorwies, enthielt nur ein Erbrecht Annas ‚wenn die Söhne „one Eeliche Leibs Erben" abgehen'. Auch Unertl mußte jetzt zugeben, daß ein Anspruch auf das gesamte Habsburger Erbe damit nicht zu begründen war, doch er forderte wenigstens ein Miterbrecht, das schon Kaspar von Schmid aus dem sogenannten Regredienterbrecht abgeleitet hatte, dem Rückgriff auf die Nachkommenschaft der ältesten Erbtochter eines Geschlechts – das war Anna, die Gemahlin Albrechts V. – im Augenblick der Eröffnung der weiblichen Erbfolge. Die jeweilige Forderung nach einem Erbverzicht bei der Eheschließung setzte ein solches Miterbrecht auch implizite voraus.

Die Rechtslage wurde in den nächsten Monaten in zahlreichen Streitschriften erörtert, doch nicht sie war für die Stellungnahme Europas ausschlaggebend, sondern ausschließlich Überlegungen machtpolitischer Art. Seit 1739 bereits stand Spanien, der Verbündete Frankreichs, in einem Krieg mit England um die Beherrschung Westindiens; Frankreich hatte sich bereits genötigt gesehen, Spanien dabei zu unterstützen, eine starke Partei am Hof, deren rühriger Vertreter Graf Belle-Isle war, trat entschieden für einen allgemeinen Krieg ein. Das Signal gab der Einmarsch Friedrichs II. von Preußen im Dezember 1740 in Schlesien. Jetzt versprach Fleury Karl Albrecht die Unterstützung Frankreichs für seine Wahl zum Kaiser, wenig später ermöglichte er ihm durch die Gewährung von Subsidien in Höhe von einer Million Livres den Aufbau einer Armee. Der Sieg Friedrichs II. schließlich bei Mollwitz im April 1741 führte zum vollen Sieg der Kriegspartei in Versailles, im Mai folgten die bindenden Absprachen mit Bayern, im Juni das Kriegsbündnis mit Preußen. Die Verzichtserklärung Friedrichs II. auf Jülich und Berg ermöglichte auch der Pfalz die Unterstützung Bayerns, nur Clemens August von Köln, der Bruder des Kurfürsten, verweigerte seine Hilfe.

Am wenigsten hatte also Karl Albrecht selbst zur fortwährenden Steigerung der Spannung beigetragen, die Ereignisse selbst trugen ihn voran, nicht der eigene Wille und die eigene Kraft. Im übrigen aber war die Lage für Bayern ungleich günstiger als 1702, jetzt war Österreich ohne Verbündete. Der Krieg begann am 31. Juli 1741 mit der Überrumpelung der Bischofsstadt Passau, des Tores zu Oberösterreich, im Oktober ließ sich Karl Albrecht in Linz als Erzherzog huldigen, Angebote Maria Theresias, welche die Niederlande und Oberösterreich betrafen, lehnte er ab, er wähnte sich schon als Sieger.

Die Verzögerung des geplanten Vormarsches auf Wien, dann der schließliche Abmarsch nach Prag, zur Gewinnung der Krone Böhmens und der böhmischen

Kurstimme für die Kaiserwahl, gaben jedoch Maria Theresia Zeit zum Ausbau ihrer Verteidigung. Ein Zusätzliches bewirkte der Waffenstillstand mit Preußen, damit rückte ein Sieg über Österreich in weite Ferne. Entschieden war durch die Krönung Karl Albrechts zum König von Böhmen am 8. Dezember 1741 nur der deutsche Thronstreit: im Januar 1742 erfolgte seine einstimmige Wahl zum Kaiser. Zwei Tage später jedoch rückten die Österreicher in München ein.

Der Friede von Breslau zwischen Österreich und Preußen im Juni 1742 besiegelte auch das Schicksal des wittelsbachischen Königtums in Böhmen. Prag ging verloren, und wenn auch Bayern vorübergehend wieder befreit werden konnte, war doch an die Erreichung der ursprünglichen Ziele in keiner Weise mehr zu denken. Friedensgespräche, die besonders von England angeregt worden waren, scheiterten jedoch an den zu hohen Forderungen des Kaisers. Vor allem Frankreich, das ja noch keine entscheidende Niederlage erlitten hatte, war, gerade nach dem Tod Fleurys 1742, noch längst nicht bereit, den Kampf um die Hegemonie in Europa verloren zu geben. Ein neuer Ansatz zu einer Offensive aus Bayern heraus wurde aber von Marschall Broglie nur halbherzig durchgeführt, der österreichische Gegenstoß führte erneut zur Besetzung Bayerns, schließlich zur Konvention von Niederschönenfeld vom 26. Juni 1743, in welcher der neue bayerische Oberbefehlshaber von Seckendorff die bayerische Armee neutralisierte – am gleichen Tag, an dem zu Dettingen die französische Hauptarmee entscheidend geschlagen und zum Rückzug über den Rhein gezwungen wurde.

Der Kaiser war damit ohne Armee, trotz englischer Vermittlungsbemühungen schien Maria Theresia entschlossen, Bayern zu behalten, da brachte der erneute Kriegseintritt Friedrichs II., der jetzt um seine Eroberungen in Schlesien fürchtete, noch einmal die Wende. Im Mai 1744 traten Karl VII., Preußen, die Pfalz und Hessen-Kassel zur sogenannten „Frankfurter Union" zusammen, mit dem offiziellen Bündniszweck, den Kaiser wieder in seine Rechte einzusetzen. Gleichzeitig schlossen Preußen und Frankreich ein neues Bündnis, der Krieg trat in seine zweite Phase. Die unmittelbare Wirkung des preußischen Einmarsches in Böhmen war die erneute Befreiung Bayerns. Ende Oktober zog Karl VII. wieder in München ein, doch nur, um hier zu sterben. Am 20. Januar 1745 beendete ein Herzschlag sein Leben.

Das entschiedene Eintreten der „Frankfurter Union" für den bayerischen Kaiser war nicht nur zweckbedingte Propaganda, es gab viele Stimmen, die damals hofften, eine Verlegung des Schwergewichts des Reichs „aus dem Südosten nach Altdeutschland", wie Srbik es einmal formulierte, könne es noch einmal zu neuem Leben erwecken, es könne aus einem Anhängsel Österreichs zu einer eigenständigen politischen Kraft werden. Karl VII. war nicht die Persönlichkeit, die einem solchen Anspruch hätte gerecht werden können, vollends das eindeutige französische Interesse, das hinter all den Bemühungen dieser Jahre stand, konnte ein solches Anliegen nur diskreditieren. So waren auch die Bemühungen der französischen Diplomaten, noch einmal die Wahl Franz Stephans von Lothringen zum Kaiser zu verhindern, ergebnislos, es fand sich kein Gegenkandidat. Die erfolgreichen militärischen Operationen Österreichs in den nächsten Monaten zwangen schließlich auch den Sohn und Nachfolger Karl Albrechts, Max III. Joseph, sich geschlagen zu geben. Am 22. April 1745 wurde zu Füssen der Vertrag unterzeichnet, in dem Max III. Joseph die Anerkennung der Pragmatischen Sanktion aussprach und für sich und seine Nachkommen auf alle Ansprüche auf Österreich verzichtete. Außerdem stellte er für die Wahl von Franz Stephan von Lothringen zum deutschen Kaiser die bayerische Kurstimme in Aussicht. Das Haus Wittelsbach verzichtete endgültig darauf, dem Hause Österreich den ersten Platz im Reich streitig zu machen.

Das bayerische Rokoko

Das frühe 18. Jahrhundert brachte für Bayern, nach einem halben Jahrhundert schöpferischer Pause, erneut den Beginn einer fruchtbaren Bildungsbewegung von breiter Auswirkung. Wie dieser Prozeß, der zur Entwicklung eines geschlossenen Kulturfeldes führte, vor sich ging, was alles dabei mitwirkte, ist keineswegs erforscht, doch steht das Ergebnis deutlich vor uns, auch wenn die Unterschiede zwischen den einzelnen Kulturzentren, den einzelnen Orden auffallen. Was vor allem deutlich in Erscheinung tritt, ist die immer stärkere Verdichtung des geistigen Lebens nach 1720, eine Intensivierung der wissenschaftlichen Bestrebungen in eben derselben Zeit, wo sich eine geradezu unglaubliche schöpferische Kraft im bayerischen Volk zeigt, die sich in zahllosen Kirchen, Klöstern und Schlössern von erlesener Schönheit unübersehbar äußert. Die Schöpfung dieses eigenartigen, eigenwilligen Kunststils, der sich mit Rokoko allein noch nicht hinreichend erklären läßt, ist unstreitig die bedeutendste Leistung des bayerischen Stammes überhaupt. Die bayerische Kunstgeschichte beginnt freilich nicht erst mit dem Zeitalter des Barock, das weiß jeder, der in Regensburg über die Straßen geht. Es ist also nicht gemeint, das bayerische Volk habe nie Kunstwerke von höchstem Rang hervorgebracht, wenn für das Zeitalter von 1720 bis 1750/60 für die bayerischen Baumeister, Bildhauer und Stukkateure der Anspruch erhoben wird, Kunstwerke von einzigartiger Schönheit geschaffen zu haben. Bayern bringt aber in diesen Jahrzehnten eben eine Kunstgattung hervor, wie sie in der sakralen Kunst einmalig war; es ist das kirchliche Gesamtkunstwerk, in dem alle Künste in vollendeter Harmonie zusammenwirken, um den beabsichtigten Eindruck – man könnte auch sagen, die beabsichtigte Illusion – zu erreichen. In diesem Zeitalter stellt Bayern Künstler fast für ganz Europa. Wenige Jahrzehnte zuvor jedoch ist Bayern noch selbst zur Schule gegangen, die neuzeitliche bayerische Kunstentwicklung ist nie zu denken ohne den direkten oder indirekten Einfluß Italiens.

Ein solcher Einfluß ist zwar von 1500 bis 1600 unablässig spürbar, und er hat auch in der Kunst eines Friedrich Sustris die bayerische Architektur entscheidend geprägt, aber dann führte doch der große Krieg mit seinen Folgen zum Niedergang. Große Kunst, lebendige Bautätigkeit finden wir noch in den 20er Jahren, dann kaum mehr. Erst ein halbes Jahrhundert später setzte jene Bauwelle ein, die ganz Bayern zu erneuern bestimmt war. Die Baumeister, Maler und Architekten der Jahrhundertwende und der ersten Jahrzehnte unter Maximilian I. hatten keine Schüler hinterlassen. Die Niederländer Friedrich Sustris und Hubert Gerhard und der Weilheimer Krumper standen nicht am Anfang einer großen Entwicklung, sondern am Ende einer sehr kurzen Epoche. Nach dem Großen Krieg mußte ein neuer Anfang gemacht werden, und wieder war es der italienische Einfluß, der zum Teil direkt, zum Teil wenigstens indirekt den Beginn einer neuen Kunstentwicklung befruchtet hat. Wieder steht der Bauwille des Fürsten am Anfang. Als 1662 der Thronerbe geboren war, Max Emanuel, erbaute Ferdinand Maria die Kirche des hl. Kajetan, die Theatinerkirche in München. Henriette Adelheid hatte den Orden, den sie in ihrer Heimat verehren gelernt hatte, nach München verpflanzt, auch die Baumeister waren Italiener, Agostino Barelli und Enrico Zuccalli, dessen Familie aus Graubünden stammte. Vorbild war nicht die in ähnlichem Geiste gestaltete Michaelskirche, sondern die um 1650 fertiggestellte Kuppelkirche Sant' Andrea della Valle, wieder eine Kirche aus Rom. In Rom freilich hatte Il Gesù weitergewirkt, anders als Sankt Michael in Deutschland. Andrea della Valle war eine von den vielen Kirchen in der Nachfolge von Il Gesù, die den Höhepunkt des italienischen Barock bezeichnen. Sie bietet sich dar in weiträumiger, in weit ausholender Pracht, mit schwerem Stuck, überwölbt von einer wuchtigen Kuppel, die trotz grandioser Ausmaße über dem Schiff zu schweben scheint. Michelangelo, Bernini, Borromini, Andrea del Pozzo waren die großen Meister im Kuppelbau, denen die kleineren nacheiferten; Zuccalli war nicht der kleinste unter ihnen. Sein Werk ist bereits weniger kalt, weniger pompös als Sant' Andrea della Valle, es ist bereits intimer. Die Theatinerkirche stellt aber nur den einen Brennpunkt dar, der andere ist Nymphenburg. Das Schloß, von Ferdinand Maria für seine Gemahlin erbaut, ist ebenfalls eine Kopie. Das Vorbild ist Veneria, das Lustschloß des Herzogs von Savoyen, das er für seine Gemahlin Christine, die „Madama Reale", die Tochter Heinrichs IV. von Frankreich errichten ließ. Sein Baumeister war Agostino Barelli, er stammte aus Bologna. Nicht Versailles – das wäre Pomp, grandiose, ausladende Pracht –, sondern das grazilere italienische Bauempfinden schafft Nymphenburg. Die Ausmaße sind zurückhaltender, die Gliederung ist bewegt, aber nicht pompös, Rhythmus und Schwung, nicht arrogante Majestät kennzeichnen den weiten Bogen des Hofes. Von dieser Anlage führt die Entwicklung direkt zum Schloß von Schleißheim, aber auch zu den Klöstern der Zeit, die jetzt keine Burgen mehr nachahmen, sondern das Schloß des Fürsten.

Aber auch die Klöster und ihre Kirchen, die jetzt neu erstehen oder wenigstens ihr altes Kleid barock verändern, verdanken dies zumeist Baumeistern aus dem Süden, aus Italien oder aus Graubünden. Benediktbeuern ersteht neu, Tegernsee wird durch Antonio Riva 1684 erweitert und umgebaut; Salzburg und Passau, die bedeutendsten Werke dieser Art, waren die großen Vorbilder. Ihnen nachgebildet wird Waldsassen, wie denn gerade die Oberpfalz, die freilich auch im Krieg den nachhaltigsten Schaden erlitten hatte, auch in der großen Baubewegung die ersten Impulse auffängt. Speinshart, Michelfeld, Ensdorf, sie alle werden noch im ausgehenden 17. Jahrhundert umgestaltet, neu gebaut, oder der Bau wird wenigstens begonnen. Unter den Baumeistern ragen vor allem die Dientzenhofer hervor, fünf Brüder aus Aibling, die von 1690 bis etwa 1726 in Bayern, Böhmen, Schlesien, vor allem aber in Franken, am Main und in Fulda Kirche um Kirche errichten; die Klosterkirche von Banz und der Dom von Fulda sind vielleicht die berühmtesten ihrer Werke.

Die Dientzenhofer sind die ersten bayerischen Baumeister, die aus der Schule der Zuccalli, Viscardi, Amigoni, Riva und wie sie heißen mochten, hervorgegangen waren. Um 1700 dann steht Bayern, im Blick auf den Kirchenbau, ganz auf eigenen Füßen. In der Welt des Hofes löste jetzt jedoch die französische Formensprache die italienische ab. Dieser Prozeß hatte schon eingesetzt unter Zuccalli, der 1684/85 im kurfürstlichen Auftrag zu Kunststudien in Paris geweilt hatte. Die erste Wirkung zeigte sich in den Bauten, die unter seiner Leitung in den nächsten Jahren in Schleißheim entstanden. Das große Schloß zu Schleißheim, noch von Zuccalli entworfen, aber erst nach dem Spanischen Erbfolgekrieg vollendet, ist das wichtigste Zeugnis dieser Wandlung. Im Grundtypus ist noch das italienische Vorbild spürbar, aber schon dehnt sich die Hauptfront, die Flügel greifen nicht mehr wie Arme um einen Hof, sondern treten nur geringfügig abgesetzt hervor, repräsentativ gilt jetzt die langgestreckte Fassade, die man nur aus weitem Abstand mit einem Blick überschauen kann. Aber nicht das Schloß hat Schule gemacht und als Vorbild gewirkt, es ist vielmehr der intime Stil im Inneren des Schlosses, das leichte, duftige Ornament, das jetzt vor allem Joseph Effner, ein zu Paris gebildeter Gärtnerssohn aus Dachau, französischen Vorbildern nachempfunden hat. Die höchsten Leistungen eleganter höfischer Kunst sind die beiden Bauten Effners im Garten von Nymphenburg, die Pagodenburg und die Badenburg, die in ihrer Eleganz und ihrer verspielten Leichtigkeit um 1720 das bayerische Rokoko einleiten.

Vorbild war der Stil unter dem Regenten zu Paris, das Régence. Aber die tiefsten Gedanken dieser neuen Stilrichtung sind nicht in Frankreich entstanden und auch nicht am Hof. Erst 1734 bis 1739 schuf François Cuvilliés die sogenannte Amalienburg, eine eingeschossige, mehr einem Gartenpavillon als einem Schloß ähnliche Schöpfung, die intimste höfische Hervorbringung des Rokoko. Kaum ein anderes Werk dieser Epoche bringt seine besonderen Stileigenschaften so ausschließlich und so konzentriert in höchster Qualität zur Geltung. Die Gesamtanlage mit den in unvergleichlicher Harmonie schwingenden, sich geradezu auflösenden Wänden und die aus den Wänden selbstverständlich herausfließende Ornamentik sind schlechthin vollendet, so wie das Theater, das heute noch Cuvilliés' Namen trägt. Der Stukkateur, der die Amalienburg ausgestattet hat, hieß aber Johann Baptist Zimmermann. Er war, obgleich kurfürstlicher Hofmaler, aus jener Schule hervorgegangen, ohne die auch das höfische Werk Cuvilliés' nicht denkbar gewesen wäre. Sie wird bezeichnet von anderen Namen und bestimmt von einem anderen Geist.

Die höchsten Leistungen in jeder Kunstrichtung waren bis ins vergangene Jahrhundert hinein stets Werke der sakralen Kunst. Hier entzündet sich der schöpferische Geist, so scheint es, am lebendigsten. Es würde zu weit führen, die Genesis und den ganzen Umfang der Kunst des bayerischen Rokoko vorzuführen. Man sollte aber wenigstens die Namen nennen, und es wird sich zeigen, daß nicht leicht eine Epoche der gesamten deutschen Kunstgeschichte sich an Fruchtbarkeit mit den wenigen Jahrzehnten vergleichen läßt, die von 1720 bis 1750/60 reichten. Ohne das Werk der Asam, der Zimmermann, Johann Michael

Fischers – um nur die Baumeister zu nennen, denen sich vielleicht nur noch die Gunetzrhainer oder die Schmuzer mit einigem Abstand anschließen oder Anton Kogler aus Erding, der freilich schon sehr ländlich gearbeitet hat – wäre unstreitig die Welt um viel Schönheit ärmer. Genannt werden sollten auch die Bildschnitzer Johann Baptist Straub, und der größte unter ihnen, Ignaz Günther aus Altmannstein oder Jorhan Vater und Sohn, dann die Freskomaler, die Hallertauer Christoph Thomas und Felix Anton Scheffler, dann Matthäus Günther, Johann Bergmüller, der geniale Johann Evangelist Holzer oder der Wessobrunner Hans Baader, der Lechhansl, der ihm kaum nachstand. Das eigentliche Geheimnis der bayerischen Rokokokunst verbindet sich aber mit den Namen der genialen Baumeister. Die Gebrüder Asam, Cosmas Damian und Ägid Quirin haben nicht, wie man früher sehr vereinfachend angenommen hat, nur mit leichter Hand die Decken bemalt oder mit üppiger Phantasie sich wirkungsvolle Szenerien erdacht. Wie B. Rupprecht zeigt, geht es dabei um unvergleichlich Tieferes. Die illusionäre Malerei der italienischen Vorbilder hatte den Raum selbst gesprengt, die Raumgrenzen verwischt und in den Kirchenraum einen eigenen Scheinraum hineingesetzt. Besonders Andrea Pozzo im Langhaus von San Ignazio in Rom, aber auch vor ihm Correggio oder Gaulli hatten so gearbeitet; besonders berühmt waren ihre perspektivischen Effekte. Dabei war die Scheinarchitektur die Fortsetzung der eigentlichen Architektur der Kirche. Die beiden Brüder Asam hatten in Rom von 1711 bis 1713 diese Vorbilder kennengelernt; besonders in der Oberpfalz, in Ensdorf, in Amberg, in Michelfeld hatten sie ihr neuerworbenes Rüstzeug benützt, sie hatten direkt ihr Vorbild umgesetzt, ohne es im wesentlichen zu verändern. Seit 1719 jedoch, mit dem Auftrag, die gewaltige Kirche zu Weingarten auszumalen, beginnt die eigene Leistung Cosmas Damian Asams. In Weingarten, in Weltenburg beginnt er die Architektur der Kirche und die Scheinarchitektur wieder voneinander zu trennen, besonders dann in Aldersbach 1720 wird deutlich, was er will: das Fresko existiert in einer anderen Welt. Die für die barocke Kirche charakteristische Einheit von gebautem Raum und Scheinraum wird zwar zerstört, die Illusion wird aber damit nicht aufgehoben, sondern gesteigert. Die gestaltete Welt der Kirche wird einer anderen gestalteten Wirklichkeit gegenübergestellt, die einander ergänzen und erst zusammen das Ganze bilden. Die Einheit ist nicht preisgegeben, sondern erst vollkommen. Der irdischen Kirche, dargestellt durch den konkreten Kirchenraum, wird der Himmel, der Ort der triumphierenden Kirche zugeordnet. Diesseits und Jenseits sind eins. Diese Einheit des Geschehens im Diesseits und im Jenseits, in der irdischen Gegenwart und in der Welt der Heiligen ist vielleicht am lebendigsten empfunden dort, wo nicht mehr der Maler die wesentlichen Dinge gestaltet, sondern wo die Kunst des Bildhauers und des Baumeisters den Raum beherrschen, wie in Weltenburg und in Rohr. In Weltenburg reitet der hl. Georg in Person auf einem lebensprühenden Pferd fast durch den wie eine Triumphpforte geformten Altar mitten in die Kirche hinein. In Rohr schwebt die zum Himmel auffahrende Madonna mitten im Raum, umringt von den Gestalten der sich staunend nach oben reckenden Apostel, das Vorbild, glaube ich, für die Stephansgruppe im Passauer Dom. Mit diesen beiden Kirchen ist der erste Höhepunkt in der illusionären Kunst des Rokoko erreicht. Die Einheit von Raum, Ornament und Fresko, die künstlerische Harmonie, ist in den Kirchen von Johann Michael Fischer, vor allem aber von Dominikus Zimmermann noch gesteigert, die Intensität jedoch der Illusion – das wichtigste Kennzeichen, wie Rupprecht meint, für den Rokokobau – ist nicht mehr übertroffen, auch nicht in den Kirchen, die die Brüder Asam noch anderswo gebaut oder umgestaltet haben. Zu erwähnen ist hier Einsiedeln, Braunau bei Prag, die Schlösser zu Mannheim und Bruchsal, der Dom zu Freising, St. Emmeram in Regensburg. Welch fürstlichen Rang Baumeister von der Art der Asam hatten, zeigt die Tatsache, daß sie sich ihre eigene Kirche bauen konnten. Bei ihrem Wohnhaus in München in der Sendlinger Straße steht die Kirche heute noch – ein Schmuckstück im Herzen Münchens.

Cosmas Damian, der Baumeister der Asam, hat nicht mit dem Problem des Raumes gerungen, sondern mit jenem der Illusion und der Gesamtharmonie von Raum und Ornament, von Ornament und Fresko. Der eigentliche Baumeister des Rokoko, der Architekt, dem vor allem an der Vollkommenheit des Raumes lag, war Johann Michael Fischer aus Burglengenfeld. Auch er ist, wie die Brüder Asam oder wie dann Johann Baptist Zimmermann, in München zur Ruhe gekommen, und von München aus hat er seine großen Werke geschaffen, aber nicht beeinflußt vom Hof, sondern von der Sakralkunst eines Zuccalli oder Borromini. Er führte bewußt und in höchster Intensität das barocke Streben nach dem Einheitsraum zu Ende. Vorgefundene Bedingungen lokaler oder baugeschichtlicher Art, Forderungen der Ordenstradition oder liturgische Notwendigkeiten haben zwar die jeweiligen Lösungen stark beeinflußt, aber immer hat er sich von dieser Beengtheit zu befreien versucht, nie hat er sich mit einfachen Lösungen zufrieden gegeben. Wenn er irgendwo seinem Ideal nahegekommen ist, so dürfte das gewesen sein in St. Michael in Berg am Laim in München, vor allem aber in der kleinen Abteikirche zu Rott am Inn, dem reifen Alterswerk des Meisters, in ihrer Verknüpfung von Zentralraum und Langhausbau einzigartige Lösungen des Gedankens, der Fischer sein ganzes Leben beschäftigt hat. Gewaltiger sind die Kirchen zu Zwiefalten, im Tal der Aar, einem Nebenfluß der Donau, die er 1741 gestaltet hat, oder Ottobeuren, deren Plan schon vorlag, als er den Bau übernahm, dem er aber dann seine Vollkommenheit gegeben hat. Zwiefalten und Ottobeuren sind sich nahezu gleich; Basiliken, gewaltig ausladend, mit weit gespannten Gewölben, majestätische Räume, zu groß, um in eine einzige Formel eingefaßt werden zu können. Mit dem 1732 begonnenen Klosterbau zu Dießen ist es ihm wohl gelungen, aber die Kirche erreicht nicht ganz die Ausdehnung jener von Ottobeuren – der Grundriß ist von einer Schlichtheit, die von der geistvollen, durch kühnste Überschneidungen charakterisierten Gestaltung von Rott doch abweicht. Rott ist fast zwanzig Jahre nach Ottobeuren fertig geworden, um 1760. Die ungeheuer bewegte, wie in stürmischen Wellen über den ganzen Raum hinschlagende Ornamentik duldet er dort nicht mehr, die Bewegung wird allein getragen von Elementen des Raumes, von den Wänden, von den Pilastern, den eingeschnittenen Fenstern und Gewölben. Das ist nicht Verarmung, sondern Vergeistigung. Am Ende dieser Entwicklung wird Neresheim stehen, das Werk des Egerländers Johann Balthasar Neumann, der mit dieser Kirche wohl den großartigsten Zentralbau seiner Zeit gestaltet hat. Neresheim ist kein reiner Bau des Rokoko mehr, er hat schon die Kühle der klassizistischen Lösungen, die er vorbereitet hat, fast möchte man sagen, die Intellektualität der reinen architektonischen Konstruktion.

Glutvolles Leben, geboren aus einer Ganzheit, die genialste Schöpfung des Rokoko, hat dagegen das Alterswerk des Wessobrunners Dominikus Zimmermann, die Kirche in der Wies bei Steingaden. Zimmermann hat längst nicht so viele Kirchen gebaut wie Johann Michael Fischer, von dem 32 – neben 20 Klöstern – bekannt sind. Er hat mitgearbeitet in Schussenried oder in St. Blasien, große eigene Werke sind dann die Frauenkirche zu Günzburg und die Kirche zu Steinhausen bei Biberach, die Vollendung ist die Wies. Während Fischer vor allem die architektonischen Probleme zu lösen versuchte, hat Dominikus Zimmermann die Asamsche Tradition des Gesamtkunstwerks fortgeführt und unüberbietbar gelöst. Es gibt keine Kirche, in der die Einheit und die Harmonie aller Bauelemente aus Architektur, Plastik, Ornamentik und Malerei noch einmal in solcher Vollkommenheit erreicht sind. Die – wie man fast sagen möchte – illusionären Spekulationen der beiden Brüder Asam hat er zusammen mit seinem Bruder Johann Baptist, dem Münchner Hofmaler, zu Ende gedacht. Steinhausen ist, wie Rupprecht sagt, die erste eigentliche Rokokokirche, das heißt die erste, in der sich der Betrachter nicht mehr in der Kirche selbst fühlen soll, in der der Raum geradezu aufgelöst wird, in der aber auch, wie man hinzufügen möchte, die Illusion nicht mehr unmittelbar körperlich angestrebt wird wie bei Asam in Weltenburg oder Rohr, sondern mit abstrakteren Kunstmitteln. 1730 ist die Kirche in Steinhausen ausgemalt worden, die Decke zeigt einen landschaftlichen Freiraum, der in einen Himmelsraum übergeht, so daß sich der gebaute Raum mit den Mitteln des Illusionismus nach oben hin fortsetzt in eine Landschaft; die Architektur wird dabei aufgelöst, das Fresco ist nicht mehr Dekoration: für den Betrachter ist über dem Kirchenraum tatsächlich Landschaft. Zwei völlig verschiedene Raumqualitäten, Kirchenraum und Landschaft, sind in den denkbar schärfsten Gegensatz zueinander getreten, sie sind in eine nicht mögliche Relation zueinander gesetzt, d. h. sie sind übereinander placiert. Der damit erhobene Anspruch geht weit über die Schaffung eines Einheitsraumes hinaus, er bedeutet vielmehr den Versuch, die Einheitlichkeit der Welt erlebbar zu machen. Das geschieht freilich über verschiedene Stufen von Realität wie durch wiederholte Auflösung eben dieser Realität. Die Auflösung der Realität geht in der Wieskirche soweit, daß die Kirche ohne Wallfahrer gar nicht vollständig ist, wie Rupprecht gezeigt hat. Die beiden großen Fresken im Hauptraum und im Chor weisen zusammen die wesentlichen Elemente der Ikonographie des Jüngsten Gerichts auf. Im Fresko fehlen aber die Menschen, die gerichtet werden sollen, dies sind die Wallfahrer selbst, Christus und der Erzengel Michael blicken auf sie herab. Erst die Wallfahrer vervollständigen inhaltlich das Gesamtkunstwerk. Diese Einbeziehung des Betrachters als Bestandteil des Kunstwerks bedeutet die letzte Übersteigerung.

Den ganzen anthropologischen Sinn der Phänomene auszudeuten, wäre eine Aufgabe für sich. Nur auf einen Punkt sei noch hingewiesen: Wie sehr diese Kunst damals echte Volkskunst war, zeigt vor allem die Rolle, die Wessobrunn, ein kleiner Ort im Alpenvorland damals gespielt hat. Wessobrunn selbst, das um ein nicht unbedeutendes Kloster herum entstanden ist, daneben Haid und St. Leonhard im Forst und einige Weiler und Einöden haben im Verlauf nicht ganz eines Jahrhunderts 600 Künstler in die Welt geschickt, Baumeister, Maler, Stukkateure. M. Hartig nimmt an, daß sie insgesamt bei 3500 Kirchen beteiligt waren. Sie haben in Schlesien, in Böhmen, in Dresden, in Trier stukkiert oder gemalt, die bedeutendste Rokokokirche Österreichs, Wilhering bei Linz, ist von den Wessobrunnern Üblher und Feichtmayr gestaltet; in Sanssouci, in Vierzehnheiligen, in St. Gallen, in Münsterschwarzach, überall, wo große Kunst verlangt wurde, waren Wessobrunner Stukkateure und Freskomaler am Werk, Schmuzer, Zimmermann und Baader waren die bedeutendsten. Aber nicht einmal das ist die eindrucksvollste Leistung des bayerischen Volkes in dieser Epoche; die größte, so darf man wohl sagen, manifestiert sich in den Kirchen selbst. Daß die großen Kirchen, deren Namen wir erwähnt haben, gebaut werden konnten, daß Hunderte von Dorfkirchen neu gebaut werden oder ein völlig neues Gewand erhalten konnten, ist das Werk des bayerischen Volkes. Sicher haben die Prälaten die Anregung gegeben und den Bau befohlen – und der Bau der Wieskirche kostete etwa 180000 Gulden –, doch diese Summe brachte nicht nur das Kloster Steingaden auf; in weitem Umkreis hat das Volk selbst die notwendigen Opfer gebracht und zwar nicht zwangsweise, durch Scharwerksleistung, sondern freiwillig, und so war es landauf, landab. Wo ist eine solche Erscheinung noch einmal, abgesehen vom Frankreich des 12. und 13. Jahrhunderts, in solcher Großartigkeit zu finden? Wer die Kultur des bayerischen Barock und Rokoko beurteilen will, kann an einer solchen Haltung nicht vorübergehen.

Die Aufklärung in Bayern

Wie immer man „Aufklärung“ definieren mag, nirgends in Deutschland kam es zum „Durchbruch“ dieser pädagogischen Bewegung vor 1740, nirgends setzte sie in deutlich greifbaren Anfängen und bezogen auf Gruppen, Zentren, Institutionen vor 1720 ein; nur einzelne große Gestalten ragen auch vorher schon aus dem Zeitalter heraus, das man das Zeitalter des Barock nennen mag, und lassen sich mit einzelnen Zügen und Äußerungen, nicht aber im allgemeinen, dem kommenden Zeitalter zuordnen. Und nirgends läßt sich vor 1740 jenes Hauptkennzeichen E. Winters für „Aufklärung“, die religiöse Toleranz als allgemeine Forderung, feststellen, einer Ableitung aus der Definition Kants von 1784. Eine Definition, die sich vor der Epoche der Toleranzedikte auf ein solches Merkmal stützt, ist demnach falsch.

Für Bayern träfe sie vor 1801 nur in jenem Sinne zu, daß seit Max III. Joseph auch Protestanten stillschweigend bürgerliche Tätigkeit genehmigt wurde und daß seit 1759 protestantische Gelehrte Mitglieder, ja führende Mitglieder der Bayerischen Akademie der Wissenschaften werden konnten. Das ist bereits wesentlich mehr an Toleranz, als man an den protestantischen deutschen Universitäten zu dieser Zeit erwarten konnte, es ist bereits Frucht der Aufklärung. Keinesfalls hat van Dülmen also recht, wenn er für den Eintritt Bayerns in die Aufklärungsbewegung eine Verspätung um 50 Jahre feststellt; selbst unter jenen Voraussetzungen, die E. Winter seiner Definition vorangestellt hat, wären es kaum zwei Jahrzehnte. Aber auch diese Voraussetzungen stehen einer allgemeinen, für die gesamte Bewegung gültigen Definition im Wege. Sie treffen etwa für Italien keinesfalls zu, und doch wird niemand leugnen, daß es hier, und zwar in nach wie vor bewußt kirchlichen Kreisen, eine kraftvolle pädagogische Bewegung gegeben hat, die sich selbst voll und ganz als aufgeklärt empfand. Wenn eine allgemeine Definition auch die sogenannte katholische, innerkirchliche Aufklärung umgreifen will, darf sie sich nicht auf spezifische Äußerungen festlegen, sondern nur von den allgemeinen Tendenzen ausgehen, die im Welt- und Menschenbild der Epoche zum Ausdruck kommen. Wenn wir uns dabei auf die wesentlichsten Züge beschränken, Aufklärung des Verstandes durch wissenschaftliche Erkenntnis – was Lambert etwa, ein von Kant hoch geschätzter Philosoph, Mathematiker und Astronom, als völlig geläufige und alleinige Wortverbindung benützte –, und wenn diese Aufklärung zur Tugend, diese aber, wenn man alle einzelnen Zwecke zusammenfaßt, zur sittlichen Selbstbestimmung unter Leitung der autonomen Vernunft, ja zur Selbsterlösung des Menschen führen soll, dann ist auch in Bayern der Beginn der Aufklärung als Einsetzen einer auf die Erziehung der Allgemeinheit abzielenden Bewegung bereits um 1750 festzusetzen.

Die Frühaufklärung

Noch deutlicher wird diese Zuordnung, wenn wir als Kennzeichen der Epoche den Übergang von einer weitgehend geistlichen Kultur, getragen vor allem von Mönchen, geschaffen für die Bedürfnisse der Klöster, der Kirche, des religiösen Kultes im weitesten Sinn, einschließlich Musik, Kunst und Literatur, so wie sie das barocke Bayern geprägt hat, zu einer immer mehr von profanen Zwecken bestimmten Haltung in Wissenschaft, Kunst und Literatur betrachten. Ausschlaggebend war dabei nur zum geringsten Teil der Zwang zur technischen Daseinsbewältigung, wie er mit der Einführung von Manufakturen auch in Bayern seit Ausgang des 17. Jahrhunderts verbunden war. Die Zuwendung zum Studium der Naturwissenschaften, zuerst an den bayerischen Universitäten, dann in einzelnen Klöstern, erfolgte im Zuge einer philosophischen Neubesinnung. Auch die Methode ist nicht eigentlich naturwissenschaftlich-empirisch, sondern literarisch; Vorbilder und Anregungen vor allem aus Italien und Frankreich, nicht eigene wissenschaftliche Bedürfnisse, veranlassen das Ringen um das neue Weltbild.

Die ersten Versuche, sich dem Einfluß des westeuropäischen naturwissenschaftlich bestimmten Weltbildes zu öffnen, erfolgten an der Universität Ingolstadt. Bereits 1701 begann der Jesuit Anton Kleinbrodt einen Kurs in Experimentalphysik, 1704 versuchte er in seinem Buch „Mundus elementaris", aufbauend auf Gassendi und Descartes, Experiment und Erfahrung auszuschöpfen für die Erkenntnis der Wirklichkeit. Trotzdem blieb in Ingolstadt die nächsten Jahrzehnte die peripatetische Philosophie beherrschend, die Erklärung der Welt und ihrer Erscheinungen aus unveränderlichen Begriffen, und die Ablehnung jeder Gefährdung dieses festgefügten Systems durch irgendwelche Neuerungen.

In Gang gehalten wurde die Bewegung von anderer Seite. 1722 gab der Augustinerchorherr Eusebius Amort aus Polling zusammen mit den Münchner Augustinereremiten Agnellus Kandler und Gelasius Hieber die erste wissenschaftliche Zeitschrift in Bayern heraus, den „Parnassus Boicus". Er sollte dasselbe für den deutschen Süden bedeuten, was die Leipziger „Acta Eruditorum" für den Norden, das „Journal des Sçavants" für Europa bedeuteten. Nach den Plänen Amorts sollte diese Zeitschrift sogar das Organ einer gelehrten Gesellschaft werden, doch das war um diese Zeit noch zu früh. Auch für eine weithin aufrüttelnde geistige Bewegung war das Niveau des Parnassus zu wenig bedeutend, doch seinen wichtigsten Anspruch, nicht zu unterhalten, sondern der Verbreitung wissenschaftlicher Erkenntnisse zu dienen, kam er durchaus nach. Irgendeine Wirkung läßt sich freilich nicht belegen, außer daß 1759 der Gründer der Akademie betont an die Zielsetzung des Parnassus Boicus anknüpfte ,nicht zuletzt an den ausschließlichen Gebrauch der deutschen Sprache.

Die Zeitschrift war dank einer Reihe von Mitarbeitern in der Lage, den angestrebten Zweck zu erreichen – ob freilich die Verbreitung wissenschaftlicher Ergebnisse allein schon Aufklärung ist, mag man bezweifeln; weder der durch und durch barocke Name der Zeitschrift noch ihr Inhalt verraten auch nur einige Nähe zum Rationalismus. Andererseits zeigt sich am Parnassus Boicus am deutlichsten der Übergang; die Popularisierung barocker Gelehrsamkeit ist eben nicht mehr typisch für die Selbstgenügsamkeit des Gelehrtenstandes dieser Zeit, die Übernahme einer pädagogischen Funktion, die bewußt und direkt auf die Volksbildung gerichtet ist, entspricht bereits der wichtigsten Intention des Zeitalters der Aufklärung.

1740 stellte Amort seine Zeitschrift ein, damit endeten gleichzeitig überhaupt seine Bemühungen um die Popularisierung der Wissenschaften, die ihm ohnedies wenig lagen. Pädagogische Bestrebungen in einem weiteren Sinn haben ihn allerdings stets geleitet, so wenn er 1730 in seiner „Philosophia Pollingana", dem Lehrbuch für das Pollinger Hausstudium, nach dem Vorbild des Sekretärs der Académie des sciences zu Paris, Du Hamel (1678), auf der Grundlage von Descartes, die Versöhnung von Scholastik und Naturwissenschaften versuchte, oder wenn er für die Ausbildung des Klerikernachwuchses in der Diözese Augsburg in den vierziger Jahren für die praktischen Fächer neue Lehrbücher für Exegese, Kirchenrecht und Moraltheologie ausarbeitete. Bekannt in weiten Kreisen wurde er vor allem durch seine polemischen Schriften. Seine Kritik der Offenbarungen der Maria von Agreda mit Hilfe außertheologischer Kriterien aus Naturwissenschaft und Geschichte (1744), schuf ihm zahlreiche Feinde wie Bewunderer, darunter Papst Benedikt XIV. und den großen Ludovico Antonio Muratori aus Modena, den größten italienischen Historiker seiner Zeit und Initiator einer zeitgemäßen Theologiereform. Die wichtigsten Gegner Amorts waren damals Franziskaner; bei seiner Polemik um die Nachfolge Christi traten ihm Benediktiner entgegen. Die Feindschaft zu den Jesuiten, auf die später dann gern alle Vorwürfe der Aufklärer konzentriert werden, entstand erst später; sehr vieles war dabei auch modisch bedingt oder war angeregt durch den literarischen Nachhall der Kämpfe in Frankreich zwischen Jesuiten und Anhängern der Jansenisten.

Nun war freilich auch vor der Jahrhundertmitte ein typischer Vertreter der Aufklärung in Bayern nicht auszumachen, es gibt nur zahlreiche Ordensangehörige, die sich in steigendem Maße den Anregungen aus innerkirchlichen Wissenschaftsbewegungen vor allem aus Frankreich und Belgien erschließen, von den Bollandisten und den Maurinern. Besonders fruchtbar waren die Folgen für die Entfaltung der Geschichtswissenschaft in Bayern. 1735 veröffentlichte der Münchner Augustinereremit Agnellus Kandler, Mitherausgeber des „Parnassus Boicus", eine Ehrenrettung des Bayernherzogs Arnulf, ein Werk außerordentlich subtiler Quellenkritik. 1720/29 erschien die Historia Frisingensis P. Karl Meichelbecks aus Benediktbeuern, die durch die umfassende Verwendung der ältesten bayerischen Urkunden klassisches Ansehen erlangt hat; der erste kritisch-moderne Ansatz der Geschichtsschreibung in Bayern.

An ein Erziehungsprogramm, das über die Klostermauern hinaus gewirkt hätte, dachte in diesen Klöstern aber niemand, nur einen einzigen Benediktiner dieser Jahre in Bayern kann man in die Nähe der Aufklärung bringen, P. Anselm

Desing von Ensdorf. Er fühlte sich in erster Linie als Pädagoge, seine zahlreichen Bücher, die seit 1730 erschienen, waren bestimmt für Schüler der höheren Schulen und für Angehörige jener gebildeten Schicht, die sich auch in Bayern längst über Klerus und Adel hinaus bereits weit ins gehobene Bürgertum erweitert hatte, nicht zuletzt durch den wachsenden Anteil der Bürger an der Beamtenschaft. Er schrieb Schulbücher für den Unterricht in Geschichte, Geographie und Arithmetik, wobei eben die Abfassung dieser Bücher erst die Aufnahme der genannten Fächer ins Unterrichtsprogramm durchsetzte. Desing gehört dabei zu den ersten deutschen Historikern, die mit Hilfe der Geschichte zur Bürgertugend erziehen wollen und zu einem rechten, d.h. vernünftigen und glücklichen Leben – damit steht er im vollen Strom der Wolffschen Ideen. So gehört Desing der großen pädagogischen Bewegung der Zeit ganz und gar an, nur ein Erziehungsoptimist war er nicht; er glaubte nicht, daß es genüge, der Vernunft klare Begriffe zu vermitteln, er kannte die Spannungen zwischen Vernunft und Willen, die Widerstände der tieferen seelischen Schichten, er glaubte vor allem an die sündige Natur des Menschen. Berühmt ist sein Ausspruch: „Ratio sola sufficit – ad errandum". Er gehörte also nicht der Aufklärung an, seine Epoche ist die Frühaufklärung, der Aufklärung also als pädagogische Bewegung im Sinn der Vermittlung wissenschaftlicher Erkenntnisse allein.

In diesem Stadium trat die Landesuniversität Ingolstadt, die in erster Linie berufen gewesen wäre, die geistige Führung des Landes zu übernehmen, kaum in Erscheinung; die bedeutendste Stimme, die sie zur Geltung zu bringen hatte, die des Staatsphilosophen und Historikers Ignaz Schwarz SJ., wurde nicht gehört. Für die öffentliche Einschätzung der Rolle der Universität wie des Jesuitenordens blieb die 1755 festzustellende Zuwendung auch der Ingolstädter Jesuiten zum modernen Weltbild ebenfalls ohne Einfluß. In diesem Jahr erschienen in Ingolstadt gleichzeitig zwei bemerkenswerte Werke, die „Philosophia Rationalis et Experimentalis" des Jesuiten Josef Mangold und die „Elementa Philosophiae" seines Mitburders Berthold Hauser, in denen jetzt auch die moderne Physik und die sich daraus ergebenden philosophischen Konsequenzen behandelt wurden. Das war die erste Auswirkung des bereits 1746 errichteten Lehrstuhls für Experimentalphysik. Beides kam aber jetzt zu spät – den Ruf der Wissenschaftsfeindlichkeit vermochte der Orden auch in Bayern bis zu seiner Aufhebung nicht mehr abzuschütteln.

Als aufgeschlossen für den neuen Geist und führend in der Vermittlung der wissenschaftlichen Ergebnisse der Epoche galt dagegen die Benediktineruniversität zu Salzburg, an der auch eine große Zahl bayerischer Benediktiner lehrte. Sie wurde seit 1740 in steigendem Maß zur Einbruchstelle der Aufklärung in Theologie und Philosophie. Zu allgemeiner Bedeutung ist in diesen Fächern Salzburg jedoch nie mehr gelangt, im Gegensatz zur Wende vom 17. zum 18. Jahrhundert, ausgenommen im Kirchenrecht, das Gregor Zallwein von Wessobrunn lehrte. Er war einer der führenden Vertreter der deutschen Rechtsschule, die nach dem Vorgang des Würzburger Kanonisten Johann Kaspar Barthel auch das deutsche Reichsrecht in das Kirchenrecht einbezog.

Aufklärung und Absolutismus

Entscheidend für den Sieg der jetzt allenthalben spürbaren wissenschaftlichen Bewegung, die sich selbst als Aufklärungsbewegung verstand, war freilich die Gewinnung der Fürsten selbst, das war im Zeitalter des Absolutismus unerläßlich. 1745 kam mit Max III. Joseph ein Herrscher an die Regierung, der bereits im Geist des neuen Saeculums erzogen war. Von seinen beiden maßgebenden Erziehern war der eine der Staatsrechtslehrer Johann Adam von Ickstatt, der in Marburg den Philosophen der deutschen Aufklärung, Christian Wolff, gehört hatte. Zuletzt war er in Würzburg Professor der Rechte gewesen, wo er sich den Ruhm gesichert hatte, der führende katholische Staatsrechtler zu sein. Als solcher wurde er 1741 nach München berufen, um den Kurprinzen in die Rechts- und Staatslehre einzuweihen. Nicht abzuschätzen ist sein Einfluß auf den geistigen Werdegang seines fürstlichen Schülers, doch darf man in dieser Hinsicht auch die zweite Erzieherpersönlichkeit nicht übersehen, die den jungen Fürsten geformt hat, den Jesuiten Daniel Stadler, seinen Beichtvater und Lehrer in Mathematik, Physik und Philosophie. Doeberl spricht von einem Doppelcharakter der inneren Politik Max Josephs, der durch den Gegensatz der beiden Erzieher erklärbar sei, übersieht jedoch dabei, daß auch Stadler ein Verehrer Christian Wolffs war, ja daß dieser ihn sehr hoch als Philosophen wie als Charakter geschätzt hat, der Briefwechsel der beiden Männer ist noch erhalten. Daß er dem Bildungsprogramm Max III. Joseph feindselig gegenübergestanden haben müsse, wie immer wieder behauptet wird, trifft nicht zu, und daß er der Gründung der Bayerischen Akademie der Wissenschaften nur Hindernisse in den Weg legte, war nicht durch seine Wissenschaftsfeindlichkeit bedingt, wie Hammermayer gezeigt hat, sondern ausschließlich durch die Jesuitenfeindschaft der Akademie. Das Ergebnis der Erziehung durch diese beiden Männer – nur soviel wird man sagen können – war ein hochgebildeter, kluger, von tiefem sittlichen Verantwortungsgefühl beseelter Fürst. Wie er zur neuen Denkrichtung stand, zeigt die große programmatische Geste von 1746, als er Christian Wolff in den Reichsfreiherrnstand erhob.

Das Verdienst an den großen Reformen auf dem Gebiet der gesamten Kulturpflege ist schon immer, von den Zeitgenossen bis weit ins 20. Jahrhundert herein, ungeachtet der Verdienste der von ihm ausgewählten Mitarbeiter, in erster Linie dem Kurfürsten selbst zugeschrieben worden. Mögen aber auch vor allem die zeitgenössischen Stimmen sehr übertrieben haben, so ist doch sicher, daß Max III. Joseph bewußt nach dem Ruf eines aufgeklärten Fürsten strebte, ebenso wie er bewußt am Absolutismus festhielt. Die Symbiose von beidem, Absolutismus und Aufklärung, ist bei ihm zweifellos gegeben. Ob man ihn deshalb auch dem sogenannten Aufgeklärten Absolutismus zurechnen kann, hängt von der Definition ab, mit der man diese Herrschaftsform bestimmen will. Wenn man, wie heute weitgehend, bereit ist, zuzugeben, daß es den Aufgeklärten Absolutismus überhaupt nur in der konkreten Verkörperung, eben in der praktischen Symbiose, aber niemals in der Idee geben kann, wenn man also nicht darauf besteht, daß der bayerische Kurfürst nichts von der Vertragslehre wissen wollte, nichts von einem Toleranzedikt – so großzügig er in der praktischen Toleranz war –, daß seine Justizreform hinter den Forderungen der Zeit weit zurückblieb, sondern wenn man sich an die positive Leistung hält, wird man nicht umhin können, ihn dem Kreis der hervorragendsten Fürsten seiner Epoche, der des Aufgeklärten Absolutismus, zuzurechnen.

Wie weit sich der Kurfürst in seiner Auffassung des fürstlichen Amtes an Wolffs Gleichsetzung vom Gemeinwohl, dem Staatszweck von altersher, mit der allgemeinen Glückseligkeit und dieser mit der Tugend hielt, wäre noch zu untersuchen. Auf jeden Fall war es nach wie vor die patrimoniale Staatsauffassung, in der Max III. Joseph immer noch lebte und fühlte.

Daß jedoch Bayern nicht völlig ohne theoretische Grundlage regiert wurde, läßt sich der bei Kreittmayr, dem Vizekanzler, dann Kanzler Max III. Joseph formulierten Staatstheorie entnehmen, die sich in starker Vergröberung, aber in präziser Wiedergabe der Kernthesen, an Pufendorf und Hobbes anlehnt und alle für die Begründung einer höchsten Staatsgewalt notwendigen Elemente enthält: die verderbte Natur des Menschen in seinem Urzustand, den Zusammenschluß zum Zweck von Friede, Sicherheit und gemeiner Wohlfahrt. Bemerkenswert ist dabei vor allem, daß der so gebildete Staat Fürst und Untertanen gleichermaßen umschließt, daß also die patrimoniale Staatsauffassung bei Kreittmayr überhaupt nicht mehr durchscheint. Allerdings ist auch bei ihm der Fürst trotz grundsätzlicher Zustimmung zur Vertragstheorie jeder Verantwortung gegenüber seinen Untertanen entzogen, es gibt für ihn keinen Richter auf Erden – das sind dieselben Grundvorstellungen wie bei den für den Josephinismus maßgebenden Theoretikern.

Der Aufgeklärte Absolutismus in Bayern hatte also seine Grenzen, vor allem war er immer noch Absolutismus. Die Stände gewannen unter Max III. Joseph keineswegs neuen Einfluß, trotz der nach wie vor angespannten Finanzlage. Auch die dem Absolutismus selbstverständliche Zensur, die in Bayern erst 1715 und 1728 wieder erneuert worden war, fand unter ihm keine grundsätzliche Milderung, sie wurde nur aus geistlicher Hand in die Aufsicht des Staates übernommen. Völlig frei von Zensur war auch das Preußen Friedrichs II. nicht, noch weniger Österreich unter Joseph II.

Dort war allerdings ein wesentliches Prinzip des Programms des Aufgeklärten Absolutismus in strenger Konsequenz zur Anwendung gelangt: das Prinzip der Rationalisierung der Verwaltung. Am schwierigsten war es aber gerade in der Verwaltung, wo es am heilsamsten gewesen wäre, eine zweckmäßige vernünftige Ordnung durchzusetzen; zu viele persönliche oder ständische Interessen standen einer solchen Ordnung im Weg. Das mußte Joseph II. erfahren, der hier ebenfalls, auf eine weit folgenschwerere Weise als die bayerischen Fürsten gescheitert ist, und an die Beseitigung der Adelsherrschaft auf dem flachen Lande hat sich auch Friedrich II. nicht gewagt. In Bayern sind die Reformvorstellungen der Kameralisten und Staatsrechtslehrer der Epoche unter Max III. Joseph offenbar noch nicht einmal zur Kenntnis genommen worden, hier blieb im wesentlichen, abgesehen von der Zollverwaltung, alles beim alten, in erster Linie wohl aus zwei Gründen: einmal um den alten Adel zu schonen, der bisher die höchsten Hof- und Staatsämter innegehabt hatte, in der Regel in Personalunion; ein anderer, wohl kaum weniger wichtiger Grund war die Weigerung des Kurfürsten, seine Macht mit irgendjemandem zu teilen. Dadurch, daß das alte System der Regierung aus dem Geheimen Rat – die Geheime Konferenz, wie das oberste Regierungsorgan jetzt hieß, war im Prinzip nicht vom Geheimen Rat verschieden – im wesentlichen wenigstens beibehalten wurde, blieb in allen wichtigen Fragen die Entscheidung allein beim Kurfürsten.

Auch ein anderes wichtiges Problem der neuzeitlichen Verfassungsentwicklung, der Ausbau des Rechtsstaates, wurde nicht annähernd nach den Forderungen der Philosophen verwirklicht. Es wäre aber ungerecht, in Deutschland allgemein von einer Willkürjustiz zu sprechen. Das allgemeine Bestreben lief tatsächlich darauf hinaus, die Gerechtigkeit zur Grundfeste des Staates zu machen. Einen wesentlichen Beitrag dazu stellte die Beseitigung der Rechtsunsicherheit dar, die mangels neuzeitlicher Kodifikation des geltenden Rechts allenthalben herrschte. Das geschah in Österreich durch den Codex Theresianus von 1747, in Preußen durch den Codex Fridericianus von 1749, in Bayern hatte Kreittmayr die gleiche Aufgabe übernommen und in wenigen Jahren zum Abschluß gebracht. Er hat bis 1751 den Codex Maximilianeus Juris Criminalis geschaffen, 1753 erschien das neu kodifizierte Prozeßrecht, und von 1754 bis 1756 brachte er auch im Codex Maximilianeus Juris Bavarici Civilis das bürgerliche Recht in ein neues System, gestützt auf das römische Recht wie auf das bayerische Gewohnheitsrecht, gründlich erläutert durch die gleichzeitig erschienenen Kommentarbände. Die Folgezeit hat Kreittmayr vorgeworfen, daß sein Kriminalrecht barbarisch gewesen sei. Er hat tatsächlich die Folter noch nicht abgeschafft und er hat nach wie vor jene Strafen bestehen lassen, die uns barbarisch anmuten. Aber wenn man so urteilt, muß man doch in Rechnung stellen, was vor ihm war; immer noch galt die Carolina, die peinliche Halsgerichtsordnung Karls V., und hier wurde in ungleich größerem Ausmaß gehängt und geköpft, gevierteilt, gebrannt und gefoltert, und die Folter war längst nicht so gemildert und eingeschränkt wie durch Kreittmayr. Doch nicht der Codex Criminalis war seine Hauptleistung, sondern der Codex Juris Civilis, und hier ist schon von jeher die Klarheit seiner Rechtssätze und die zielstrebige Systematik des Gesamtaufbaus bewundert worden.

Wenn Joseph II. als aufgeklärter Regent gilt, so hat das viele gute Gründe; das eigentliche Wesen des Josephinismus wird aber im allgemeinen nicht auf seine sonstigen Reformen in Staat, Recht und Wirtschaft zurückgeführt, sondern auf das kirchenpolitische System des Kaisers, in welchem gleichzeitig auch der Bildungsauftrag im katholischen Teil Deutschlands erstmals in voller Konsequenz für den Staat reklamiert wurde. In diesem Bereich also fällt die Entscheidung auch über den Charakter der bayerischen Entwicklung unter Max III. Joseph. Hier, auf dem Gebiet der Kirchenpolitik, auf dem Gebiet von Erziehung und Schule sind tatsächlich auch in Bayern in dieser Zeit neue Grundlagen gelegt oder doch die bereits gelegten entscheidend verändert worden. Das Ergebnis war die Grundlegung eines neuen Jahrhunderts bayerischer Geschichte, dessen Wirkungen hereinreichen bis in unsere Zeit.

In Bayern war das staatliche Werkzeug zur Kontrolle der Beziehungen mit der Kirche der 1570 gegründete Geistliche Rat. Er wurde 1768 neu organisiert; daß seit diesem Zeitpunkt die Neuorientierung der bayerischen Kirchenpolitik datiert, ist kein Zufall, sie hängt unmittelbar mit dieser Umbesetzung zusammen. Sie ist also zu diesem Zweck erfolgt, d. h., der Kurfürst selbst hat sich das Werkzeug ausgesucht, das die neue politische Richtung gewährleisten sollte. Jetzt wurde der bisherige zweite Direktor des Geistlichen Rates zum ersten ernannt, eine Stelle, die bisher stets ein Geistlicher eingenommen hatte. Der erste Direktor unterstand zwar noch einem Präsidenten. Das war jetzt Graf Baumgarten, der sich aber für die Geschäfte so wenig interessierte wie seine Vorgänger; die Leitung der Abteilung, welche die Stelle des heutigen Kultusministeriums einnimmt, lag in Wirklichkeit immer beim ersten Direktor, das war jetzt der Jurist und Direktor der Philosophischen Klasse der Akademie, Peter von Osterwald, der aller Welt als entschiedener Aufklärer galt. Als Direktor der Philosophischen Klasse der Akademie war er bereits durch seine Feindschaft gegen die Jesuiten wie durch seine Angriffe auf die Scholastik aufgefallen. Als Werkzeug für die durchgreifende Neuordnung des Verhältnisses von Staat und Kirche empfahl er sich durch sein aufsehenerregendes Buch „Veremund von Lochsteins Gründe für und wider die geistliche Immunität in zeitlichen Dingen" (1766). Der Kurfürst selbst hatte die Drucklegung befohlen. Osterwald ging es dabei zunächst um die genauen Grenzen zwischen der weltlichen und geistlichen Gewalt, Grenzen, die besonders durch die geistliche Gewalt, wie Osterwald feststellte, dank der zahllosen fürstlichen Privilegien seit urvordenklichen Zeiten weit überschritten worden seien. Im besonderen zielt der Versuch einer Wiederherstellung der staatlichen Autorität auch innerhalb der Kirche unmittelbar auf den kirchlichen Reichtum. Nachdem der Papst 1757, 1759 und 1764 bereits je eine oder eine halbe Dezimation bewilligt hatte – eine aus dem Kreuzzugszehnten abgeleitete kirchliche Abgabe –, entstand 1768 der Plan zur Dezimation ohne päpstlichen Konsens, allein aus dem übergeordneten Recht des Landesherrn. 1769 dann erging das sogenannte Amortisationsgesetz. Alle Zuwendungen an kirchliche Institutionen, die im Jahr 100 Gulden überstiegen, und testamentarische Verfügungen über 2000 Gulden wurden untersagt. 1770 wurde den Bettelorden das „Terminieren", das Betteln zu bestimmten Terminen verboten. Zur Verstärkung der Bindung der Ordensniederlassungen an das Territorium wurde 1769 die Bildung eigener Ordensprovinzen für Bayern gefordert, als kirchliche Vorstände sollten nur noch kurfürstliche Untertanen zugelassen werden. Zuletzt ging Osterwald zum grundsätzlichen Ausbau der Kirchenherrschaft des Landesfürsten über, deren Grundzüge in den katholischen Königreichen Westeuropas vorgebildet waren. Besondere Erregung verursachte dabei 1770 die Inanspruchnahme des „Placetum regium", das die Bekanntmachung geistlicher Verordnungen an die landesherrliche Genehmigung band.

Wie weit diese Reformgesetze der Jahre seit 1768 tatsächlich reinem Aufklärungsdenken zuzuordnen sind, wie weit nur aktuelle Parolen benutzt wurden, um uralte staatskirchliche Ziele zu erreichen, ist schwer zu sagen, wenn man die Haltung des Kurfürsten im Auge hat. Bei Osterwald dagegen ist nicht nur die rationalistische Argumentation ein entscheidendes Kriterium, sondern auch die grundsätzliche Einstellung gegen die Scholastik und gegen die Klöster. Trotzdem bleibt, wenn die Kirchenpolitik anderer Fürsten der Epoche zum Vergleich herangezogen wird, ein wesentlicher Unterschied deutlich. In den eigentlichen innerkirchlichen Bereich – ausgenommen Feiertage, Bruderschaften und Wallfahrten – hat die bayerische Gesetzgebung nicht eingegriffen, obgleich auch hier aus den Reformvorstellungen, etwa Muratoris, weitreichende Ansätze hätten abgeleitet werden können. Unter Max III. Joseph ging man in Bayern längst nicht so weit wie im Österreich Maria Theresias und Josephs II., nicht einmal so weit wie die Kirchenfürsten von Salzburg und Passau.

Die Zeitgenossen haben nicht diese staatskirchliche Neuordnung als den ersten großen Einschnitt in der bayerischen Geistesentwicklung betrachtet, sondern die Gründung der Bayerischen Akademie der Wissenschaften 1759. Es mag zweifelhaft erscheinen, ob ein solcher Ansatz richtig ist, ob die Akademie tatsächlich jenen Einfluß besaß, der in den Augen des Gründers und führender Mitglieder wie des Hofes mit ihr verbunden schien, doch läßt sich die allgemeine Wirkung, die von einem solchen Zentrum wissenschaftlicher Bestrebungen ausgeht, schwer abschätzen. Sicher ist, daß die Akademie im 18. Jahrhundert eine weit eindrucksvollere Rolle gespielt hat als heute; damals war die wissenschaftliche Forschung in der Regel allein Aufgabe solcher Akademien. In Deutschland existierten um die Jahrhundertmitte bereits drei, die 1700 von Leibniz ins Leben gerufene Akademie zu Berlin, die Societät der Wissenschaften zu Göttingen, die Akademie zu Erfurt. Alle diese Gründungen, vor allem die unter italienischem Einfluß entstandenen Akademien zu Innsbruck, Rovereto und Olmütz gehören in den Kreis der Vorbilder, denen der Gründer der Münchner Akademie seine Anregung verdankte, der Münz- und Bergrat Johann Georg Lori. Lori, der zwar vom Fach Jurist war, besaß aber auch umfassende historische und naturwissenschaftliche Kenntnisse, er stellte seiner Gründung bereits die Aufgaben in beiden Wissensbereichen. Die Historische Klasse sollte die Geschichtsquellen Bayerns edieren und die „vaterländische Geschichte" untersuchen, die Philosophische Klasse erhielt schon im ersten Entwurf der Satzungen den ganzen Umfang der Naturwissenschaften als jenes Feld, in dem ihr „Entdekkungen" zu machen aufgegeben war, nicht nur das bekannte Wissen zu tradieren. Auffallend ist dabei, daß Lori neben Mathematik und Astronomie, neben Physik und Chemie auch so junge Wissensgebiete wie Landesvermessung und Meteorologie aufgenommen hatte; einen besonderen Schwerpunkt bildeten in der ersten Zeit auch die wissenschaftlich betriebene Ökonomie und die Bergwerkskunde, Fächer also, von denen ein unmittelbarer Nutzen erwartet wurde. Für all diese Bereiche warb Lori noch 1758/59 Gelehrte als Mitarbeiter und Mitglieder an, in Bayern wie im gesamten deutschen Süden, besonders in der Schweiz, und zwar ohne Rücksicht auf die Konfession. Erst dann stellte er dem Kurfürsten sein Werk vor und bat um die fürstliche Bestätigung, die er im Mai 1759 erhielt, mitsamt der Zuweisung von Gebäuden und einer bescheidenen finanziellen Ausstattung.

Es war zu erwarten, daß der Optimismus der Gründungsphase bald der Ernüchterung weichen würde, zumal in den Naturwissenschaften, deren Pflege in Bayern bisher durchaus unzulänglich gewesen war. Selbst in Klöstern wie St. Emmeram und St. Jakob in Regensburg und in Polling, wo Interesse dafür bestand, vermittelte man nur Ergebnisse, ohne eigene Forschung – die astronomischen Observationen des Pollinger Chorherrn Goldhofer ausgenommen –, selbst an der Universität Ingolstadt gab es seit dem Weggang von Grammatici keinen namhaften Vertreter der Astronomie, Physik und Mathematik mehr, nur in der Chemie kann von einem Ansatz zu eigenständiger Forschung gesprochen werden. So war bis weit ins letzte Viertel des Jahrhunderts der Beitrag des Landes selbst zur Entwicklung der Naturwissenschaften bescheiden, und die Tätigkeit des großen Mathematikers J. H. Lambert, der 1760 in die Dienste der Akademie getreten war, endete bereits 1762, nicht ohne Verschulden des Klassendirektors Osterwald. Von Gewicht waren in diesen Jahren nur einige mathematische und astronomische Aufsätze von auswärtigen Mitgliedern. Die praktischen Bemühungen um Landesvermessung und Landeskultur versandeten bald, die astronomischen Observationen Prosper Goldhofers von Polling wurden bis heute nicht ausgewertet. Die erste Epoche der Akademie wäre ruhmlos verlaufen, wenn nicht die Historische Klasse dank der Initiative ihres Direktors Ch. F. Pfeffel, eines Schülers des Straßburger Historikers J. D. Schöpflin, und dank der historiographischen Tradition in den bayerischen Klöstern in Preisschriften und Abhandlungen eine Reihe bedeutender Themen der bayerischen Geschichte behandelt und wenn nicht Pfeffel selbst die ersten zehn Bände der Monumenta Boica, der Urkunden aus bayerischen Klöstern, ediert hätte. Das war die eine Leistung dieser Jahre, an die die Folgezeit anknüpfen konnte, eine zweite bestand in der Erfüllung einer pädagogischen Aufgabe im weitesten Sinn, der sich die Akademie verpflichtet fühlte. In ihrer Erfüllung hielt der Theatiner Ferdinand Sterzinger 1766 seine berühmte Rede gegen „das gemeine Vorurtheil von der wirkenden und thätigen Hexerey", in der er nach dem Vorgang Scipione Maffeis in Verona den Hexenglauben bekämpfte. Die bedeutendste Leistung der Akademie war aber wohl ihre Funktion im Rahmen der großen Schulreform, die unter Max III. Joseph in Angriff genommen wurde. Da mit der Erneuerung des höheren Schulwesens und dem grundlegenden Neuaufbau des Volksschulwesens das ganze Volk erfaßt wurde, betraf das Ergebnis nicht mehr nur eine elitäre Schicht bildungsbegeisterter Einzelpersönlichkeiten, sondern die Epoche selbst begann sich zu wandeln, die Initiative ging aus von der Akademie.

Auf dem Gebiet des höheren Schulwesens waren Reformen zweifellos notwendig, ein allgemeiner Verfall jedoch, wie das in den Schriften der Reformer selbst zu lesen ist, kann bei unbefangener Betrachtung nicht festgestellt werden. Es gab zahlreiche klösterliche und städtische Lateinschulen, die Anfangsgründe vermittelten, das gesamte Programm der höheren Schulbildung konnte man an acht Jesuitengymnasien des Landes absolvieren, daneben gab es noch das Lyzeum der Benediktiner zu Freising und die Ritterakademie zu Ettal. Der Unterricht erfolgte auf der Grundlage des humanistischen Bildungsprogramms, das im 16. Jahrhundert entwickelt worden war, doch das war für das 18. Jahrhundert nicht mehr genug, der Unterricht in Geschichte, Geographie und Physik fehlte fast völlig, Deutsch wurde überhaupt nicht gelehrt. Dieser fühlbare Mangel wurde von den Jesuiten nicht zugegeben und nicht behoben, im übrigen waren aber ihre Schulen noch von der gleichen Wirksamkeit wie früher; wer durch sie hindurchgegangen war, hatte sich ein genau umgrenztes Wissensgebiet in vollkommener Gründlichkeit angeeignet und war, sofern er überhaupt ein selbständig denkender Mensch war, in der Lage, sich von dieser Basis aus selbst die ganze Welt des Wissens anzueignen. Alle Reformer in Bayern und Österreich sind durch diese Schule der Jesuiten gegangen.

Die notwendigen Reformen mußten an den Punkten ansetzen, die im Programm der Jesuiten fehlten, das waren im allgemeinen die sogenannten Realien. Das Forum für die unerläßliche Auseinandersetzung war die Akademie der Wissenschaften, die Wortführer waren Osterwald und der von ihm 1764 als akademischer Lehrer für deutsche Sprache, Dicht- und Redekunst nach München berufene Benediktiner Heinrich Braun aus Tegernsee. Fußend auf den Werken Gottscheds verfaßte Braun in den nächsten Jahren Einführungen in den Gebrauch der deutschen Sprache und ein orthographisches Wörterbuch, 1768 entwickelte er in einer Akademierede einen Plan zur Umgestaltung des gesamten bayerischen Schulwesens. Er stützte sich dabei auf die Vorstellungen des Abtes Felbiger von Sagan, der seit 1762 die Reform des katholischen Schulwesens in Schlesien durchführte, seit 1774 in Wien. Braun wurde zum Schulkommissär für Bayern ernannt, das Generalschulmandat von 1770 hat ihn zum Verfasser. Es enthielt die organisatorischen Richtlinien für die Neugestaltung der Volksschulen und die neue Einrichtung der Realschulen als eigenständige Ausbildungsstätte für die nicht gelehrten bürgerlichen Berufe. Für die Ausbildung der Lehrer selbst wurde die Stiftsschule des Kanonikerstifts zu Unserer Lieben Frau in München als Haupt- und Musterschule bestimmt. 1771 wurde die allgemeine Schulpflicht verordnet, ihre Durchführung litt allerdings unter dem großem Mangel an Lehrern, der bedingt war durch die völlig unzulängliche Besoldung. Aus Geldmangel konnte auch die Gelegenheit, nach der Aufhebung des Jesuitenordens 1773 das höhere Schulwesen völlig neu zu ordnen, nicht genützt werden, da es an geeigneten Kräften fehlte; die Jesuiten blieben also im Dienst. Völlig unbrauchbar waren die Vorschläge, die Ickstatt 1774, der Direktor der Universität Ingolstadt, in diesem Zusammenhang machte. In seiner Akademierede „Von der stifftmäßigen Einrichtung der niederen und höheren Landschulen", die wegen ihrer Kritik an den augenblicklichen Zuständen berühmt ist, aber in Wirklichkeit nur eine Karikatur zeichnet, forderte er, wie schon Braun 1764, den Aufstieg von den Dorfschulen, den Markt- und Stadtschulen über die neu geschaffenen Realschulen und ein fünfklassiges Gymnasium zum Lyzeum als

Vorstufe der Universität. Doch im Geistlichen Rat setzte sich der Gegenplan Brauns durch, der an der Eigenständigkeit der Realschulen festhielt und der auch der Elementarschule ihren eigenen Wert zubilligte. Das Gymnasium erhielt bei Braun zur allgemeinen Überraschung fast dieselbe inhaltliche Beschreibung wie vordem bei den Jesuiten – Braun fußte dabei ausdrücklich auf Göttinger und Leipziger Vorstellungen. Es ist also das neuhumanistische Bildungsideal, das damit auch auf Bayern übergreift, nur daß es hier kontinuierlich die Jahre vor und nach 1773 miteinander verband.

Die Reformen der ersten Phase der Aufklärung in Bayern, der Zeit Max' III. Joseph, die freilich insgesamt weit konsequenter hätten sein müssen und den größten Teil der außerordentlich reformbedürftigen Staatsverwaltung und das Finanzwesen kaum berührten, beschränkten sich, im wesentlichen jedenfalls, gegenüber der Kirche auf die Geltendmachung der staatlichen Autorität im gemischten Bereich, wiesen der Kirche ihre Grenzen zu und griffen dabei besonders über aufs Schulwesen, das bisher in nahezu ausschließlicher kirchlicher Regie stand. Der Auftrag zur Jugendbildung ist in Zukunft stets staatlicher Natur, Kulturpolitik im weitesten Sinn wird staatliches Monopol, der Staat wird zum Kulturstaat. Im Gegensatz zum Josefinismus oder zu den Reformen Montgelas' vollzieht sich die Entwicklung in Ruhe und ohne Hast, die Tradition wird nicht blindlings preisgegeben. Selbst der in allem so stürmisch vorgehende Lori knüpft bei der Gründung der Akademie der Wissenschaften, dem herausragenden und für den Gesamtvorgang am meisten bezeichnenden Ereignis, bewußt an ältere Bestrebungen an. So stellt sich bei oberflächlichem Zusehen sogar ein Teil der kirchlichen Reformen als Fortbildung der alten staatskirchlichen Bestrebungen der bayerischen Herrscher dar, aber dieser Anschein wird doch nur dadurch erzeugt, daß sich die Entwicklung weithin ohne Lärm vollzieht. Dabei waren aber auch damals bereits Kräfte am Werk, die überraschend ausbrechen konnten. Sie waren nur gebändigt durch das Maß, das der Fürst selbst, Max III. Joseph, auch hier wahrte.

Aufklärung als literarische Modeströmung

Im Zeitalter des Absolutismus ist selbst eine allgemeine geistige Bewegung wie jene der Aufklärung in ihren Wirkungen von der Person des Fürsten abhängig, von seinem Temperament, seinen Ansichten, seinem Willen, natürlich auch vom Verhältnis zu seinen Ratgebern und seiner Umgebung. Im Kurfürstentum Bayern muß selbst die Einteilung in die verschiedenen Phasen ihrer Ausprägung nach der Regierungszeit der Fürsten vorgenommen werden. Als im Januar 1778 Kurfürst Karl Theodor von der Pfalz auch in München die Herrschaft antrat, ein Fürst, der sich von Voltaire hatte huldigen lassen, der 1763 die Mannheimer Akademie und eine Sternwarte gegründet hatte, in Kaiserslautern eine Hochschule für Kameralistik, konnte alle Welt erwarten, daß die Tendenzen der Reformzeit zum wenigsten kontinuierlich weiterentwickelt würden. Warum es nicht geschah, wissen wir nicht, jedenfalls läßt sich für die nächsten beiden Jahrzehnte in der bayerischen Entwicklung keine durchgehende Linie ausmachen.

Daß unter Karl Theodor keine kulturpolitischen Impulse irgendwelcher Art vom Hof ausgingen, bedeutet aber nicht, daß jetzt im geistigen Leben des Landes Stagnation eingetreten wäre. Das Gegenteil ist der Fall. Die Spätaufklärung brachte auch für Bayern eine nie dagewesene Blütezeit wissenschaftlichen Lebens und literarischer Fruchtbarkeit. Der Hof trat jetzt in seiner bisherigen Funktion als Zentrum, von dem Anstöße und Anregungen aller Art ausgegangen waren, zurück. Die Münchner Akademie, die sich die Aufgabe der Zusammenfassung aller produktiven Kräfte gestellt hatte, war um 1780 von diesem Ziel noch weit entfernt, doch das Land bedurfte um diese Zeit der zentralen Autorität nicht mehr in jenem Maße, wie noch ein Menschenleben zuvor. Jedermann, der auf sich hielt, bekannte sich zur neuen Richtung, allenthalben im Land entfalteten sich jetzt jene Keime, die in den vergangenen Jahrzehnten ausgestreut worden waren, nach eigenem Gesetz weiter und gingen in weit verstreuten einzelnen Zentren auf, die zum Teil mit größeren Organismen zusammenhingen, zum Teil aber auch isoliert waren, und vor allem, wie die Aufklärungsbewegung insgesamt, in einzelnen Kreisen, die ihren Mittelpunkt gern in Persönlichkeiten von besonderer Prägung hatten. Besonders im Zusammenhang mit Zentren geistlicher Herkunft wird der Modecharakter der Spätaufklärung in Bayern deutlich. Damit soll nicht gesagt sein, daß die Entwicklung ohne weitreichende Folgen blieb.

Ihre einstige Rolle als alleinige Stätten wissenschaftlicher Kultur konnten die bayerischen Klöster schon seit der Jahrhundertmitte nicht mehr behaupten. Seither hatte sich der Zug zur Entstehung rein profaner Bildungsstätten noch verstärkt. Dennoch gehörten die Klöster der Prälatenorden immer noch in die erste Reihe der Bildungsträger des Landes, ihr Einfluß auch auf die Erscheinungsformen, in denen sich die Aufklärungsbewegung in Bayern darbot, kann kaum überschätzt werden. Die allgemeinen Züge, die man herausstellen könnte, veränderten sich dabei im Laufe der Entwicklung sehr. Wenn um die Jahrhundertmitte die Versuche, Anschluß an die moderne Wissenschaftsentwicklung zu finden, allein als charakteristisch gelten können, wozu bestenfalls da und dort noch wachsende Feindschaft gegen die Jesuiten kommt, lassen sich zwei Jahrzehnte später bereits die ersten Spuren einer Krise der vita contemplativa feststellen. Betrachtung und Chorgebet werden zunehmend als hinderlich empfunden für ein aktives Leben in Seelsorge, Jugendpflege, Wissenschaft und Sorge für die klösterliche Landwirtschaft. Die Hinwendung zur Welt, die Reform der Kirche als einer Institution, der die Umgestaltung der Gesellschaft im weitesten Sinne anvertraut sei, nicht nur in der Erziehung zu tätiger Nächstenliebe, sondern auch zu Bürgertugend und Erlangung diesseitiger Glückseligkeit, das alles werden jetzt Themen, die immer lebhafter erörtert werden, bis ihre unumstößliche Gültigkeit weithin feststeht, auch für Mönche, die an ein Verlassen des Klosters nie dachten. Im Gegensatz zu früher häuften sich allerdings jetzt die Austritte aus den Communitäten, noch mehr Mitglieder der Konvente strebten Stellungen fern ihrer Klöster an, in der Seelsorge, im Unterricht, auch in den Zentralbehörden zu München. Nicht wenige von denen, die das Kloster verließen, griffen aktiv in den literarischen Kampf gegen das Klosterwesen ein, der besonders seit den siebziger Jahren immer schärfer in die Forderung nach der Säkularisation mündet. Die Krise war keineswegs tödlich, sie wurde aber in den letzten Jahrzehnten so intensiv, daß trotz ständig steigender wissenschaftlicher Bedeutung und damit trotz ständiger Teilhabe an der geistigen Führung auch im organisatorischen Bereich die innere Sicherheit, das Bewußtsein von einer besonderen Aufgabe und damit die selbstverständliche Bejahung aller Grenzen zur profanen Welt in Frage gestellt wurden.

Beispielhaft für die Bedeutung des monastischen Beitrags zur bayerischen Aufklärung sind vor allem die führenden Klöster unter den Augustiner-Chorherrn und den Benediktinern, Polling und St. Emmeram in Regensburg. Die hohe Wertschätzung, die Polling in der zweiten Hälfte des 18. Jahrhunderts zuteil wurde, war zur Hauptsache auf das wissenschaftliche Ansehen von Amort zurückzuführen und auf die pädagogisch-organisatorische Wirksamkeit des Propstes Franziskus Töpsl. Dieser hat nicht nur die äußeren Voraussetzungen durch umsichtige Ökonomie und die Anlage einer außerordentlich reichen Bibliothek – nach der Hofbibliothek der größten Bayerns – geschaffen, er sorgte auch dafür, daß die Pollinger Hochschule stets mit vorzüglich ausgebildeten Lehrern nicht nur in der Theologie, sondern auch in der Mathematik und den Naturwissenschaften versehen war. In Polling befaßte man sich auch mit der Reinigung der Volksfrömmigkeit von Wundersucht und Aberglauben. Das war das Programm der Theologiereform Muratoris. Von den 24 Chorherrn, die das Kloster um 1780 zählte, waren sieben am Lyzeum zu München tätig, fünf waren Professoren zu Ingolstadt, fünf gehörten der Bayerischen Akademie der Wissenschaften an. Auch in St. Emmeram in Regensburg blieb bis zuletzt die Teilnahme an der großen Bewegung der Zeit im wesentlichen auf intensivste Wissenschaftspflege beschränkt, auch wenn die allgemeinen Strömungen in vieler Hinsicht ihre Spuren hinterlassen haben. Auch in St. Emmeram wurde in diesen Jahrzehnten die Bibliothek großzügig ausgebaut, besonderen Nachdruck legte man auf Geschichte und Naturwissenschaften. Das Kloster selbst wurde unter Fürstabt Frobenius Forster geradezu zu einer Akademie; die wichtigsten Preisschriften der Bayerischen Akademie im letzten Viertel des Jahrhunderts, in der Geschichte wie in den Naturwissenschaften, stammten von Mönchen von St. Emmeram. Die Grundlegung eines neuen, dem maurinischen Wissenschaftsideal verpflichteten Bildes der bayerischen Geschichte ist dabei fast ausschließlich P. Roman Zirngibl zu verdanken.

Noch im frühen 18. Jahrhundert war Regensburg, nicht zuletzt auch wegen der wissenschaftlichen Bedeutung der in der Stadt liegenden Klöster, der Hauptstadt des Kurfürstentums an geistiger Ausstrahlung überlegen gewesen. Gegen Ende des Jahrhunderts war das keineswegs mehr der Fall. München hatte allen Nachbarstädten den Rang abgelaufen. Vor allem die Führung in der eigentlichen Aufklärungsbewegung, die nach 1770 der Kurfürst wieder abgegeben hatte, war, wie es an sich dem Wesen dieser Bewegung entsprach, an spontan sich bildende Gruppen und Kreise gefallen, die sich an den Möglichkeiten berauschten, welche die Hauptstadt für ideenreiche, kühne Geister bot. Die zweite Phase der Aufklärung in Bayern, die noch unter Max III. Joseph einsetzte, wurde in erster Linie getragen von Literaten. Die literarisch-polemischen Zeitschriften schossen geradezu aus dem Boden, gegründet und redigiert von jungen Leuten, die Schwung und Esprit genug mitbrachten, um mit ätzender Kritik alles zu attackieren, was ihnen nicht vernünftig erschien, sondern überholt und dem Fortschritt hinderlich war. An der dann unerläßlichen Phase schöpferischen Neubaus war aber, ausgenommen Lorenz Westenrieder, keiner von den stürmischen jungen Leuten, meistens Weltgeistliche ohne feste Stellung, mehr beteiligt, ähnlich wie auch die Dichter des Sturm und Drang nach der Eruption der wenigen Jahre um 1780 wieder in bürgerlicher Mittelmäßigkeit untertauchten. Das Sprachrohr der neuen Zeit waren die neuentstehenden Zeitungen und Zeitschriften, die „Baierischen Sammlungen und Auszüge zum Unterricht und zum Vergnügen" (1764/68), „Der Patriot in Baiern" (1768/69), die noch Heinrich Braun herausgegeben hatte, das „Churbaierische Intelligenzblatt" des Hofkammerkanzlisten und Mauthdirektionssekretärs Franz Xeraph Kohlbrenner, das seit 1766 erschien, ins Leben gerufen durch einen Aufruf des Fürsten selbst, sowie das Zeitschriftenpaar, das J. Milbiller und I. Schmidt einige Jahre durch alle Gefährdungen hatten halten können, „Der Zuschauer in Baiern" (1779) und die „Annalen der baierischen Literatur" (1781/83). Kohlbrenner erregte bisweilen mit einem Artikel derart Anstoß, daß er Arreststrafen erhielt. Die Zeitschriften Milbillers vollends wurden jeweils nach einigen Heften verboten, zuletzt wurde er mit seinen Freunden ausgewiesen; aber damals waren sie bereits bekannt, ja berühmt. Passau nahm sie auf, dann Wien, und niemand hatte bemerkt, daß die vorgetragenen Thesen nichts als glatte Allerweltsweisheiten waren, die man auf Schritt und Tritt angeboten erhielt, Abklatsch der Diskussion um Vernunftreligion und Vernunftstaat; Tendenzen in Richtung auf eine religiöse und politische Emanzipationsbewegung sind erkennbar. Origineller waren die Satiren des Mallersdorfer Exbenediktiners Johann Pezzl, der 1780/83 fingierte „Briefe aus dem Noviziat" publizierte und in seinem Bericht über eine „Reise durch den Baierischen Kreis" (1784) dafür sorgte, daß das Bayern des 18. Jahrhunderts bis heute seinen schlechten Ruf behielt. Ähnliche Wirkung hatten die satirischen Schriften Anton von Buchers, zuletzt Pfarrer in Engelbrechtsmünster, eines Schriftstellers voll urwüchsiger dichterischer Kraft. Überschätzt wurde zu seiner Zeit Andreas Zaupser, dessen moralisierende Gedichte, in der Art von Gleim oder Uz, gern gelesen wurden; aufrüttelnd empfunden wurde allerdings seine „Ode auf die Inquisition", vielleicht ein Schlüsselstück der bayerischen Aufklärung.

Der vielseitigste und wandlungsfähigste, aber auch wirkungsvollste dieser Literaten, deren Bedeutung in der Mehrzahl nicht über den Tag hinausreicht, war Lorenz Westenrieder. Weltgeistlicher wie seine Kollegen, war er zunächst Schulmann, seit 1779 gab auch er Zeitschriften heraus, die „Baierischen Beyträge zur schönen und nützlichen Litteratur" und das „Jahrbuch der Menschengeschichte in Bayern"; zur Hauptsache in die Zeit seines Übergangs zu einer konservativen Haltung gehören die „Beyträge zur vaterländischen Historie, Geographie, Statistik und Landwirthschaft“ (1788/1824). Erfüllt von grenzenlosem Erziehungsoptimismus, versuchte auch Westenrieder seinem Volk die „Dünste und Wolken“ wegzuräumen und so die Menschen „durch die Hilfe des Tages Lichts der meisten Früchte dieser Erde teilhaftig und ihres Lebens froh zu machen“, wie auch sein Katechismus von 1780 das Glück auf Erden als Erziehungsziel stark betont. Seinen Ruhm hatte Westenrieder als Dichter begründet. Seine Dramen mögen schon den Zeitgenossen wenig bedeutet haben, sein „Leben des guten Jünglings Engelhof“ gehört aber zu den besten deutschen Erziehungsromanen seiner Zeit, der achtziger Jahre, er ist eines der frühesten Beispiele der Wirkung der Literatur der englischen Empfindsamkeit, eines Sterne, Young und Richardson, auf die deutsche Literatur, die Vorromantik kündigte sich an. Am bekanntesten ist er dann durch seine historischen Werke geworden, die sich durch exakte Kenntnisse wie durch großes literarisches Gestaltungsvermögen auszeichnen, seine „Geschichte von Baiern für die Jugend und das Volk“ (1785), die heute noch lesenswert ist, wie durch seine historischen Kalender, die Jahr um Jahr erschienen und die ganze Weltgeschichte behandelten. Vor allem ist seine Leistung für die Geschichtswissenschaft, für deren Pflege er als Sekretär der Historischen Klasse ein Menschenalter hindurch verantwortlich war, kaum zu überschätzen.

Hatte die Bayerische Akademie der Wissenschaften in ihrer ersten Epoche, bis zum Tode Max' III. Joseph, in der Historie durch Aneignung der Grundzüge der gelehrten Methode wie durch Übernahme ihrer Themenstellung überhaupt erst den Anschluß an die Forschung gewonnen, so brachte das letzte Viertel des Jahrhunderts bereits die ersten großen historiographischen Leistungen wie die Ausbildung der eigenen Forschungsrichtung, die in breitem Ansatz, wie sonst keine andere wissenschaftliche Institution in Deutschland außer der Mannheimer Akademie, die mittelalterliche Geschichte des eigenen Landes behandelte.

Daß dabei die Geschichtswerke des 18. Jahrhunderts im eigentlichen Sinne der Aufklärung zugeordnet werden könnten, soll nicht behauptet werden, dafür eignet sich die strenge Analyse von Annalen und Urkunden schlecht. Die Autoren gehörten aber, ob Benediktiner oder nicht, ausnahmslos jenen Kreisen zu, die sich selbst für aufgeklärt hielten. Die Propagierung der Aufklärung als Lebensform war aber, soweit es die Akademie anging, die Thematik der Festreden von Mitgliedern der 1775 neuerrichteten Belletristischen Klasse und der sog. Philosophischen Klasse, die sich mit den Naturwissenschaften beschäftigte. Hier wurde Voltaire ebenso zitiert wie Newton, Linné und Buffon, der Einfluß der Physiokraten ist spürbar, Adam Smith klingt an, und die wenigen Reden, die mit der eigentlichen Philosophie zu tun haben, rühmen Descartes und Gassendi, Locke, Hume und Kant. Trotzdem, so hat es den Anschein, hatte nach 1777 die Akademie nicht mehr in jenem Maße wie vorher das Ohr der Öffentlichkeit, dabei hatte sie jetzt sachlich weit Bedeutenderes zu bieten als damals. Noch 1780 setzte nach dem Vorbild der Mannheimer Societas Meteorologica Palatina eine ganz Kurbayern umspannende Observationstätigkeit ein, die von München aus gelenkt wurde und deren Ergebnisse im Anhang an die Abhandlungen der Akademie publiziert wurden, außerdem beschäftigten sich einige Preisfragen mit Problemen der Meteorologie. Die Forderung nach exakter Beobachtung der Phänomene setzte sich auch in der Botanik, Zoologie und Geologie durch, Schrank und Flurl sind hier die herausragenden Gestalten. Aber auch die großen Themen der Zeit fanden Beachtung, Elektrizität und Magnetismus, Licht und Wärme. 1794 trug der Klassensekretär F. M. Baader die Diskussion um Luft, Gas und Wasser vor und bekannte sich zu Lavoisier. Da die bedeutendsten Forscher, die Benediktiner Steiglehner und Heinrich von St. Emmeram, gleichzeitig Mitglieder des Lehrkörpers der Universität Ingolstadt waren, war jetzt auch, im letzten Viertel des Jahrhunderts, die Naturwissenschaft als Disziplin der Forschung, nicht als bloßer Gegenstand des Wissens, an der Landesuniversität heimisch geworden.

Das Zeitalter der Aufklärung wurde, vorzüglich in Frankreich, von den Zeitgenossen oft auch als das Jahrhundert der Philosophen bezeichnet. In Bayern wäre das wohl verfehlt. Anhänger Wolffs war der Ingolstädter Dogmatiker Benedikt Stattler, ein ehemaliger Jesuit, der Lehrer Sailers; er bekämpfte Kant aufs schärfste, Kantianer dagegen waren Salat, Socher, Weiller und J. Weber, die in Ingolstadt oder Landshut, nach 1800 auch am Münchner Lyzeum lehrten. Als Philosophen wird man sie wohl nicht einstufen, sicher aber als Aufklärer. Socher hat dabei auch starken Einfluß auf die landständische Bewegung und ihre Umwandlung in eine Volksrepräsentation genommen. Ein echter Philosoph, wenngleich ohne Bedeutung über seine Zeit hinaus, war aber Sebastian Mutschelle, Exjesuit wie Stattler, zuletzt Professor am Münchner Lyzeum. Sein Ansehen wird dadurch beleuchtet, daß er 1800 einen Ruf nach Königsberg erhielt, „als einer der aufgeklärtesten Philosophen Deutschlands"; er ist aber im gleichen Jahr noch gestorben. 1788 bereits übernahm er in seinem Buch „Über das sittlich Gute" das kantische Moralprinzip als das einzig menschenwürdige in die katholische Moraltheologie. Diesen Ansatz baute er in seinen späteren Werken zu einem geschlossenen System aus, in das er auch die sittliche Autonomie der Vernunft bei Kant einzufügen versuchte. Angelehnt an Kant entwickelte er auch eine Staatslehre, die in ihrer Forderung nach einer Selbstbeschränkung der staatlichen Gewalt den Konstitutionalismus vorbereitete.

Im Gegensatz zum Theosophen Eckartshausen besaß der Romantiker Franz v. Baader ausnehmende naturwissenschaftliche Kenntnisse – er war Bergrat –, und was an neuplatonischen Gedanken in seine wissenschaftlichen Überlegungen einging, stand nicht im Widerspruch zu Experiment und Erfahrung, sondern fügte, im Gegenteil, die magnetische und elektrische Kraft ein in den großen Zusammenhang des „allgemeinen organischen Lebensprinzips". Aufklärer war er sicher nicht, seine große Wirksamkeit fällt auch erst in die Jahrzehnte der katholischen Erneuerung, die ihn zu ihren wichtigsten Trägern zählt.

Die für Bayern zentrale Gestalt in diesem Kraftfeld war aber Johann Michael Sailer. Er war befreundet mit Lavater, Jung-Stilling und Matthias Claudius, den großen Vertretern der Erweckungsbewegung und Freunden tiefsinniger Mystik.

Sailer hatte aber auch ganz dezidierte Rationalisten unter seinen Freunden, wie die Dillinger Professoren P. Zimmer und J. Weber, er ist so rasch nicht einzuordnen. 1780 hatte er, wie sein Lehrer Stattler, als Exjesuit, seine Stelle als außerordentlicher Professor für Theologie in Ingolstadt verlassen müssen. 1794 wurde er nach zehnjähriger Lehrtätigkeit an der Universität Dillingen als Aufklärer entlassen – die Spannungen in seinem Leben, aber auch in seinem Werk, sind außerordentlich. Er schrieb eine „Glückseligkeitslehre" (1788) und eine „Vernunftlehre" (1785), in der er sich gegen Aberglauben, übertriebenen Wunderglauben und das Verketzern theologischer Ansichten wandte. Wolff und Leibniz werden, wie bei Stattler, zur Begriffsbildung und rationalen Erklärung bemüht, von Kant übernahm er als Formalprinzip der Moral den unbedingten guten Willen. Er konnte also sehr wohl in Verdacht geraten, ein Aufklärer zu sein, auch wenn er im Gegensatz zu Kant die Moral nicht auf die Autonomie der Vernunft gründete, sondern auf den göttlichen Willen, und sich stets entschieden zum Offenbarungsglauben bekannte. Nach seiner Entlassung zog er sich nach Ebersberg zurück, das einst den Jesuiten gehört hatte, jetzt Sitz der Malteser war. Hier entstand seine klassische Übersetzung der Nachfolge Christi – das eigentlich ist das Programm Sailers: die rationale Mystik des Thomas von Kempen, der Zusammenklang des Humanismus mit der spätmittelalterlichen Mystik Taulers und Seuses. 1799 wurde Sailer von Montgelas auf einen theologischen Lehrstuhl in Landshut berufen, immer noch hielt man ihn für einen Aufklärer. Daß er jetzt zum Erneuerer der theologischen Bildung in Bayern wurde und weit darüber hinaus zu einer führenden Gestalt des katholischen Geisteslebens, macht seine Bedeutung aus, alles vorher war nichts als die Vorbereitung zu dieser großen Aufgabe.

Wäre Sailer ein echter Aufklärer gewesen, dann hätte er wohl auch die Fähigkeiten besessen, den großen Vorkämpfern der französischen und englischen Aufklärung, in Deutschland einem Lessing, zur Seite zu treten und das ganze Land für diese Bewegung zu begeistern. Sonst aber gab es keinen großen Namen in Bayern, der für das gesamte Programm gestanden hätte, etwa wie Voltaire in Frankreich; auch Westenrieder nicht. So erfolgreich er als Schriftsteller und als Historiker war: der Erzieher Bayerns zu den Idealen der Aufklärung zu sein, hatte er nie beansprucht; für eine solche Rolle war er doch zu wenig von sich eingenommen. Das ungeheuere Selbstgefühl, dessen es bedarf, wenn man einem ganzen Volk ohne irgendeinen Auftrag eine neue geistige oder politische Richtung geben will, besaß ein anderer: der 1748 zu Ingolstadt geborene Johann Adam Weishaupt. Mit 20 Jahren schon promovierte er, beklagte sich aber dennoch bitter, daß er bei den Jesuiten, die ihm in Ingolstadt die Gymnasialbildung vermittelt hatten, nichts gelernt hätte. Im Alter von 24 Jahren bereits wurde er Professor zu Ingolstadt, ein Jahr später, 1773, erhielt er die ordentliche Lehrkanzel für Kirchenrecht in der juristischen Fakultät, ein Ergebnis der Protektion seines Taufpaten Ickstatt und der des mächtigen Exjesuiten Stattler, der, wie Weishaupt, die Wolffsche Philosophie schätzte. Kaum in Amt und Würden, überwarf er sich mit beiden; die Differenzen mit Ickstatt, der ihn „als abscheulichen Charakter, als undankbaren, hochmütigen und unruhigen Menschen" bezeichnete, gingen dabei weniger tief als jene mit Stattler und den Jesuiten – diese Gegnerschaft ging auf Leben und Tod.

Sie steht in unmittelbarem Zusammenhang mit der Gründung seines Ordens, den er zunächst Orden der Perfectibilisten nennen wollte; damit war das Programm nicht weniger deutlich gekennzeichnet als durch die später gewählte Bezeichnung „Illuminatenorden". Erziehung der Menschheit zum Streben nach steter Vervollkommnung durch Aufklärung der Vernunft, das drücken beide Namen im wesentlichen aus. Was dazu nicht paßt, ist die Form der ins Auge gefaßten Verbindung, aber auch sie ist typisch für die Epoche, die so vernünftig zu sein vorgibt, in Wirklichkeit aber die ratio längst satt hatte. Gleichzeitig mit dem Höhepunkt der Aufklärungsbewegung in England und Frankreich waren dort die ersten Freimaurerclubs entstanden, die aus dem Geist der deistischen Vernunftreligion erwachsen waren und als Ersatz für den Verlust der religiösen Bindung nach anderen Formen jener menschlichen Verbundenheit Ausschau hielten, die durch gemeinsame Verehrung eines höheren Wesens entsteht. In Nachahmung und Fortbildung der Initialzeremonien mittelalterlicher Bauhütten, so erklärt man gewöhnlich den Namen, finden sich die Eingeweihten zu geheimnisvollen Zeremonien zusammen, diese Welt des Geheimnisses öffnet eine metaphysische Sphäre, die in der Vernunftreligion verschlossen bleibt. Von den Freimaurern übernahm Weishaupt nun den geheimnisvollen Charakter der Verbindung selbst wie den Zauber mystischer Riten und Zeremonien. Aber wenn den Freimaurern die zusammenhängende Organisation ebenso wie die konkrete Zielsetzung in Staat und Gesellschaft fehlt, wenn der Eintritt in die Loge nur Flucht vor der Wirklichkeit in das Wunderland des Geheimnisses bedeutet, wie Graßl sagt, so unterscheidet sich die Gründung Weishaupts doch wesentlich von dieser Welt ohne Aktivität und Kampfbereitschaft. Da die Konzeption der eigenen Gründung von Anfang an bereits perfekt war, ist anzunehmen, daß Weishaupt die Vorliebe der Zeit für solche geheimnisvollen Symbole nur benutzt hat. Er hat ebenfalls sinnreiche Zeremonien vorgeschrieben, er hat den Bund als Geheimbund organisiert, in dem der Aufstieg vom Novizen bis zum Meister möglich war, ein Aufstieg, der gleichzeitig die Einweihung in immer tiefere Geheimnisse bedeutete. Aber schon der Aufbau der Ordenshierarchie war nicht mehr bloße Nachahmung der Freimaurerei. Beabsichtigt war ständige Steigerung der Macht bis hin zum Oberhaupt, das allen Mitgliedern niederer Grade unerreichbar fern stehen sollte. Es ging Weishaupt, kurz gesagt, um ein ausgesprochenes Machtinstrument. Das unmittelbare Vorbild war die Organisation des Jesuitenordens, dessen Wirksamkeit Weishaupt täglich vor Augen hatte und den er gleichzeitig bewunderte und haßte. Bereits in einer Zeit, wo er erst neun Mitglieder hatte, teilte er sein künftiges Reich in Ordensprovinzen ein und wählte die Provinziale aus. Er selbst nahm die Stelle des Ordensgenerals ein, und wie der General der Jesuiten verlangte er bedingungslosen Gehorsam. Diese Strenge war selbst bei einem religiösen Orden nur schwer erträglich; bei seinen Illuminaten konnte sich Weishaupt damit natürlich nie durchsetzen. Die Verankerung solcher Vorschriften in den Statuten zeigt nur, wie groß die Wünsche und Hoffnungen des Gründers waren. Mit solchen Bestimmungen allein hätte er wohl kaum Erfolg gehabt, auch wenn es gerade im ausgehenden 18. Jahrhundert immer mehr junge Menschen gab, denen die bloße Aufklärung durch das Wort nicht mehr genügte, die Taten sehen wollten und sich dabei von einer straffen Organisation am ehesten etwas versprachen, und die dabei die traditionellen Formen der Freimaurerei und die heroischen Decknamen der Mitglieder in Kauf nahmen. Anziehend war sicher auch das gestufte Bildungsprogramm, das Weishaupt zur Grundlage des Erziehungsganges machte, dem er alle Adepten zu unterwerfen gedachte. Der letzten und höchsten Stufe war die Lektüre von Holbach und Helvétius vorbehalten, von Bayle und Diderot, von Campanella, Saint-Pierre, Bacon und Thomas Morus: die Lektüre also der französischen Materialisten, die jede Art von Religion aufs heftigste bekämpften, und der Utopisten, die ihren Idealstaat und die ideale Gesellschaft konzipiert hatten, jeder auf seine Art. Es ist sicher, daß damit auch die letzten Ziele Weishaupts angesprochen sind. Von diesen letzten Zielen erfuhren aber auch die Eingeweihten nur in Andeutungen. Wenngleich die kurze Dauer seiner Allmacht nicht dazu angetan war, bereits die letzten Schleier fallen zu lassen, sind doch Äußerungen Weishaupts bekannt, welche wenigstens die allgemeine Richtung deutlich festlegen. Was man Weishaupt an gefährlichen Absichten nachweisen konnte, und was er im Hinblick auf seine staatspolitischen Vorstellungen äußerte, las man allerdings bei Kant oder bei seinem bayerischen Nachahmer Mutschelle auch nicht viel anders.

Von der Harmlosigkeit des gänzlich unpolitischen Programms der Freimaurerei unterschied sich das von Weishaupt angestrebte System allerdings ganz entschieden, es war ausgerichtet auf aktives Handeln, es war durch und durch dynamisch. Ob Weishaupt mit seiner Hilfe zu jener Machtfülle gelangen würde, die er offenbar anstrebte, hing nun allerdings nicht nur von diesem System, sondern vor allem von den Mitgliedern ab. Waren die Jesuiten bereit gewesen, sich einem ähnlichen System bedingungslos zu beugen, so war doch die Frage, ob die Illuminaten das auch tun würden. An die 2000 Mitglieder soll Weishaupt in den wenigen Jahren nach 1778 im ganzen Reich gefunden haben, als die Mitgliederwerbung überhaupt erst anfing. Darunter waren die führenden Mitglieder der Bayerischen Akademie, besonders die adeligen Ehrenmitglieder, zahlreiche Offiziere, Geistliche und Beamte. Allein von den zwanzig Beamten des Zensurkollegiums waren es zehn. Außerhalb Bayerns, wo besonders der Freiherr von Knigge eine lebhafte Werbetätigkeit entfaltet hatte, konnten auch einige Fürsten gewonnen werden. Herder war Illuminat, wahrscheinlich auch Goethe.

Wie gering allerdings die Macht der Illuminaten trotz der weitgehenden Eroberung der hohen und höchsten Beamtenstellen im Staat doch war, zeigt der rasche Verfall nach der Ausschaltung Weishaupts. Außerhalb Bayerns dauerte der Zusammenbruch einige Jahre länger. Im Juni 1784 erging eine kurfürstliche Verordnung, in welcher alle geheimen Verbindungen verboten wurden, der Anlaß dafür ist umstritten. Im Februar 1785 wurde Weishaupt entlassen. Da er befürchtete, verhaftet zu werden, floh er nach Regensburg. Bayern verlangte seine Auslieferung, doch der Herzog von Gotha, ein Illuminat, machte ihn zum Hofrat und bewahrte ihn damit vor dem Schlimmsten. In Gotha hat Weishaupt auch noch seine letzten Werke geschrieben, vor allem heftige Schriften gegen Kant, den er auf der Grundlage von Wolff, Leibniz und Descartes überwinden zu können glaubte. In Gotha starb er auch, 1830, ohne noch einmal die Revolution versucht zu haben.

Es ist fraglich, ob er sie in Bayern und vor 1785 wirklich beabsichtigt hatte, ob das Ganze nicht bloß Literatur, Spiel, Traumwelt war und bleiben sollte; jedenfalls war sein Orden nicht so glücklich organisiert wie ein halbes Jahrhundert später die wirklichen Geheimbünde. Unter dem Druck des zweiten Verbotes vom März 1785 und des polizeilichen Zugriffs, der erfolgte, als in Regensburg eine Mitgliederliste gefunden wurde, brach der Orden rasch auseinander. An diesen Vorgang haben sich zahlreiche Legenden geheftet, die besonders von den Ordensmitgliedern außerhalb Bayerns ausgingen. Insgesamt wurden 135 Illuminaten unter Anklage gestellt; sie wurden zum Teil ausgewiesen, drei Hofräte und dreizehn Offiziere wurden entlassen, eingesperrt wurde keiner. Selbst Montgelas hat später die damals getroffenen Maßnamen für richtig gehalten. Der Hofrat Lippert, der sie in erster Linie veranlaßt hatte, war und blieb Aufklärer eben jener Richtung, für die der Staat eine Institution zum Schutz der Gesellschaft war und dessen höchste Pflicht darin bestand, diesen Staat unter allen Umständen zu bewahren. Die Verfolgungsmaßnahmen, die getroffen wurden, waren also doch, gemessen an den allgemeinen Gepflogenheiten im ancien régime, gemessen auch an den Methoden der Epoche nach 1815, harmlos, die indirekten Wirkungen waren vielleicht stärker als die direkten. Westenrieder beklagt „den häßlichen Parteigeist und eine alle persönliche Sicherheit zerstörende Verfolgungssucht", damit meinte er die Verbote verschiedener Zeitschriften und die Aufhebung der Belletristischen Klasse der Akademie, die tatsächlich fast nur aus Illuminaten bestand. Aber wie wenig wirklich verfolgt wurde, zeigt etwa das Schicksal Zaupsers, dessen Werke zwar verboten wurden, der aber unbehelligt Lehrer an der Militärakademie bleiben konnte. Freilich hielt er künftig größere Vorsicht bei seinen Publikationen für angebracht. Das war allerdings auch der Sinn der Maßnahmen, die übrigens selten bis zu förmlichen Haussuchungen gingen. Daß keineswegs alles literarische Leben erstickt war, wie man aus anderen Stellen bei Westenrieder schließen könnte, zeigt sein eigenes Beispiel. Gerade 1785 erschien sein wichtigstes Werk, die „Geschichte von Baiern für die Jugend und das Volk", und obwohl die Mehrzahl der Zeitschriften in München, übrigens meist schon vor 1785, verboten worden war, wagte er 1788 die Herausgabe einer neuen, die im wesentlichen ungestört bis 1824 existierte. Die wichtigste Verfolgungsmaßnahme bestand darin, daß seit 1789 jeder Beamte schwören mußte, kein Illuminat zu sein und sich von geheimen Gesellschaften fernhalten zu wollen.

Die Legende schließlich von der Verfolgung aufrechter Tugendwächter durch das Bündnis des bayerischen Kurfürsten mit Rosenkreuzern und Exjesuiten, so albern sie ist, hatte lange Zeit zentrale Bedeutung für das Bild dieses Kurfürsten in der Geschichte. Man vergaß darüber, daß eine der einschneidendsten Folgerungen aus dem Gedankengut der Aufklärung in Bayern, die große Säkularisation mit der Vernichtung der geistlichen Staaten und der Aufhebung der Klöster, bereits unter Karl Theodor und auf seinen Befehl, mit der Aufhebung einzelner Klöster und der großen Dezimation von 1798, eingeleitet wurde. Ihre Durchführung hätte die Klöster schon damals ruiniert. Unbeachtet blieb auch, daß das Unterrichtsmonopol des Staates erst unter ihm konsequent in Anspruch genommen worden ist, allerdings im Zusammenhang mit höchstpersönlichen Interessen, der Gründung einer bayerischen Zunge des Malteserordens, deren Großprior sein illegitimer Sohn werden sollte. Auch die Bemühungen um eine pfalzbayerische Landeskirche machten unter ihm die größten Fortschritte. Es kam 1785 zur Einrichtung einer Nuntiatur in München – die bei der Reichskirche große Erregung hervorrief – und zur Bestellung eines Hofbischofs für die Münchner Residenz.

Die Aufklärung hatte viele Gesichter, auch Montgelas und Metternich kamen von der Aufklärung her, das hinderte sie nicht an einem reaktionären Kurs, als es notwendig schien. Die Aufklärung in Bayern mündete in eine Epoche aus, die keinesfalls so eindeutig war, wie sie hätte sein müssen, wenn die Aufklärungsbewegung selbst eindeutig gewesen wäre. Daß die Entwicklung so entschiedener Aufklärer wie Westenrieder oder Kasimir Häffelin zum Konservativen möglich war, liegt nicht nur in diesen Persönlichkeiten selbst begründet. Die Ideale der Aufklärungsbewegung waren nicht zu allen Zeiten dieselben, zumindest die Schwerpunkte haben sich gewandelt. Das war in Bayern nicht anders als anderswo. Die anfänglich rein pädagogisch orientierte Bildungsbewegung, die zum Gebrauch der Vernunft und damit zur Tugend erziehen wollte, die dafür die Wissenschaften in Anspruch nahm und deshalb bestrebt war, sie zu fördern, war noch ungleich weiter angelegt als die folgenden Phasen, die den Übergang zur religiösen, zum Teil auch zu einer politischen Emanzipationsbewegung brachten. Verengt wird der Tugendbegriff auf rein innerweltliche Aspekte, bis schließlich, sogar in Bayern, bei vielen Theologen die Moral der alleinige Ausfluß der Religion wird, diese selbst also eine innerweltliche Funktion erhält. Diese Entwicklung führt bereits zu Widerständen, selbst bei ursprünglichen Vorkämpfern der Aufklärung wie Franz Töpsl von Polling oder Anselm Desing von Ensdorf, es bildet sich jedoch keine Gegenbewegung aus; dafür ist der Elan der Jugend, die in den siebziger Jahren die neuen Parolen aufnimmt, zu groß. Zur Gegenbewegung führen offenbar erst die Versuche, auch die politische Freiheit in das Programm der Aufklärung in Bayern einzufügen. Ohne Frage hat die Französische Revolution mit ihren Auswirkungen ernüchternd auch auf Enthusiasten der Meinungsfreiheit wie Westenrieder gewirkt, der sich über die sogenannte Illuminatenverfolgung noch 1785 in bitteren Worten ergangen hatte. Über die Breitenwirkung, welche die Aufklärung in Bayern trotz dieser Gegenströmung erreichte, zu der wohl auch die heillos überschätzten Rosenkreuzer, mehr noch die wortgewaltigen Prediger unter den Augsburger Exjesuiten gehören, läßt sich Differenzierendes noch nicht sagen. Die Durchführung der Klosteraufhebung in Bayern und die Anwendung des bayerischen Staatskirchenrechts in Tirol 1805 bis 1813 zeigt, daß es eine hinreichende Zahl von willfährigen Beamten gab. Soweit sie in höheren Stellungen waren, hatten sie in der Regel die Universität Ingolstadt besucht, die Schule Ickstatts und Weishaupts also. Beamte niederer Ränge waren durch die Gymnasien der Jesuiten, dann der Augustiner-Chorherrn und Benediktiner gegangen. Auch hier war das Welt- und Menschenbild, das einst so stabil schien, ins Wanken geraten. Am leichtesten, so möchte man meinen, ließe sich der Fortgang der Ideen in der schönen Literatur und in den Zeitschriften ablesen, doch wurden in dieser Hinsicht umfassende Forschungen nicht angestellt. Die erfaßten Erscheinungen gehören zumeist in die konservative Richtung. Ganz wird das nicht verwundern, wenn man die Entwicklung in der Theologie kennt, die, vor allem unter dem Einfluß von Sailer, mit einem Schwung ohnegleichen an die Überwindung der säkularisierten Aufklärungstheologie ging. Das eindeutigste Indiz für die weithin schwache und oberflächliche Wirkung der Aufklärung in Altbayern ist das völlige Fehlen einer radikalen politischen Bewegung außerhalb Münchens; die Revolution 1848 hat bekanntlich Altbayern nicht ergriffen. Was bleibt, ist die allgemeine Schulpflicht und der große Aufschwung, den die Wissenschaften in diesem Jahrhundert genommen hatten. In der Geschichtswissenschaft hat sich der 1800 erreichte Stand nicht lange halten lassen. Das Studium der Geschichte eröffnete lange Zeit keinerlei berufliche Aufstiegsmöglichkeiten, Juristen beschäftigten sich damit beiläufig, nur Archivare studierten Geschichte gründlich, Lehrer der Geschichte wurde man zufällig. So war der Anreiz nicht eben groß. Die gelehrten Mönche, von denen die letzten noch, wie P. Placidus Braun von St. Ulrich und Afra in Augsburg, P. Josef Moritz von Ensdorf, ein halbes Jahrhundert die Stützen der Historischen Klasse der Akademie waren, starben nach 1803 aus, damit auch ihre große historiographische Tradition. In Bezug auf die Naturwissenschaften war eine solche Tradition erst zu begründen, die großen Bemühungen der ersten Jahrzehnte des Jahrhunderts wirkten erfolgreich in diese Richtung. Das neue Jahrhundert, das in München mit den Namen J. W. Ritter und Soemmering, Reichenbach und Fraunhofer schon bald die ersten Höhepunkte bringen sollte, knüpfte bereits an eine Zeit kontinuierlicher Entfaltung wissenschaftlichen Denkens und Strebens an. Dieses Ergebnis führt gleichzeitig wieder zu den Anfängen der Aufklärung in Bayern zurück, die kein anderes Ziel hatte als eben dieses. Damit soll nicht gesagt werden, daß alle anderen Ausprägungen des allgemeinen Zeitgeistes in Bayern Entartungserscheinungen gewesen seien, die dem bayerischen Wesen nicht gemäß waren – so einfach sind die Formeln nicht, die an historischen Tendenzen abgelesen werden können. Aber aus tieferen Schichten waren sie zweifellos nicht gespeist; die Aufklärung hat in Bayern große Veränderungen bewirkt, Staatsform und Staatsaufbau, gesellschaftliche Strukturen und Wirtschaftsgebaren werden anders, zum Teil völlig anders; im Inneren aber wurde das Volk von ihr nicht ergriffen. Wie immer man das auch beurteilen mag, die Folgen bleiben das ganze 19. Jahrhundert über, ja bis herein in die Gegenwart spürbar.

Bayern und Europa am Ende des Alten Reiches

Max III. Joseph hatte aus den Katastrophen, die er selbst miterleben mußte, gelernt. Ob seine auswärtige Politik das Ergebnis seiner Erziehung war, seiner humanitären Grundeinstellung oder nur das Ergebnis vernünftiger Überlegung, entsprungen aus der Erkenntnis der eigenen schwachen Position, wäre natürlich für die Einschätzung seiner Stellung zu den geistigen Bewegungen der Epoche von hohem Interesse, für die Charakteristik seiner praktischen Politik genügt aber auch die Kenntnis allein der Handlungsweise des Fürsten wie die Einordnung der Ereignisse, in welche Bayern verstrickt war, in den großen Rahmen der europäischen Geschichte.

Ein Rückzug Bayerns aus der Weltgeschichte, wie er nach 1745 vielleicht nahegelegen hätte, war zu einer Zeit, in der Europa mehr als je von den heftigsten Krisen durchschüttelt war, nicht möglich. Auch das geschlagene, von einem Berg von Schulden schier erdrückte Bayern war für eine solche Rolle immer noch zu mächtig, seine exponierte Lage duldete kein Beiseitestehen; neutral zu bleiben, die Großmächte ihrem eigenen Spiel zu überlassen, hätte mehr Gefahren heraufbeschworen als vermieden, wie sich gegen Ende des Jahrhunderts zeigen sollte. Es kam also darauf an, in dem großen Spiel, in dem Bayern keinesfalls gewinnen konnte, den eigenen Einsatz so gering wie möglich zu bemessen, damit auch das eigene Risiko. Selten war es auch notwendig, den Verlauf der Ereignisse so sorgfältig zu berechnen, die Kräfteverhältnisse so kühl abzuwägen, um sich dann zu entscheiden, wenn die Stunde gekommen war, wie in den Jahrzehnten vor 1763. Max III. Joseph hatte in seiner zweiunddreißigjährigen Regierungszeit viele schwierige Situationen zu meistern, er hat sich dabei nie treiben lassen, auch wenn die Verhältnisse noch so mächtig schienen, er hat im schlimmsten Wirbel noch eine Möglichkeit gefunden, das Ruder einzusetzen, und so hat auch er erreicht, was bereits seinem Urgroßvater Ferdinand Maria gelungen war, daß Bayern dreißig Jahre hindurch nicht mehr zum Kriegsschauplatz wurde.

Durch die allgemeinen Kräfteverhältnisse wie durch die ihm aufgezwungenen Bedingungen war dabei Max III. Joseph in seinen außenpolitischen Entscheidungen zunächst ohne jeden Spielraum. Noch im Frieden von Füssen mußte er sich in unmittelbare Abhängigkeit von der österreichischen Politik begeben. Um dem Staatsbankrott zu entgehen, schloß er 1746 auf Vermittlung Maria Theresias auch einen Subsidienvertrag mit den Seemächten England und Holland, der ihn verpflichtete, ein bayerisches Hilfskorps zu stellen, das bis zum Frieden von Aachen 1748 in den Niederlanden am Krieg gegen Frankreich teilnahm. Selbst die Erneuerung der Wittelsbachischen Hausunion 1746 konnte Bayern aus dieser Abhängigkeit nicht herausführen, denn angesichts der jedes bisherige

Maß sprengenden Vermehrung der Truppenstärken in Österreich und Preußen fielen die wittelsbachischen Kräfte jetzt, anders als noch 1724, als selbständige Größe überhaupt nicht mehr ins Gewicht. So sah sich der bayerische Kurfürst auch 1750 noch einmal gezwungen, den Subsidienvertrag mit Österreich und den Seemächten zu erneuern, der ihn weitere sechs Jahre an die Politik Österreichs band, ungeachtet aller Gegensätze im einzelnen wie in der Gesamtpolitik.

1756 war dieser Vertrag abgelaufen, gleichzeitig schien sich eine Handhabe zur Lockerung der drückenden Abhängigkeit von Österreich zu bieten, als Frankreich wieder an Bayern herantrat. Es kam zum Vertrag von Compiègne, der sich eng an jenen von 1670 anlehnte und Bayern nur verpflichtete, keine Truppen gegen Frankreich zu stellen und einem etwaigen Reichskriegsbeschluß gegen Frankreich im Reichstag entgegenzuwirken. Für diesen Versuch einer Neutralisierung des Reiches durch Bayern versprach Frankreich Subsidien in Höhe von 360000 Gulden jährlich, auch sagte es diplomatische Unterstützung gegen Österreich zu. Die Rolle, die Bayern in diesem politischen System spielen sollte, wird vielleicht am schärfsten umrissen in der Denkschrift des französischen Residenten in München Christian Friedrich von Pfeffel, der bis 1768 Direktor der Historischen Klasse der Münchner Akademie war. Pfeffel erkannte, daß jetzt, durch das Ergebnis der beiden ersten Schlesischen Kriege, das Gleichgewicht im Reich allein durch die Existenz Preußens bereits gesichert war, so daß Frankreich dieses Gleichgewicht nicht mehr künstlich zu suchen, sondern nur noch aufrecht zu erhalten brauchte. Dazu sei nicht mehr nötig, als jene Mächte, vor allem Bayern, die sich nicht durch Neigung oder durch Schwäche im Schlepptau Preußens oder Österreichs befänden, zu befähigen, die Rolle einer dritten Partei im Reich zu spielen, jener Partei, in deren natürlichem Interesse es liege, daß das Gleichgewicht stets gewahrt und damit der Friede gesichert bleibe.

Frankreich selbst hat dieses Rezept noch im gleichen Jahr ausgeschlagen und, wie für kurze Zeit schon 1715, die Gefährdung seiner weltpolitischen Stellung durch England höher eingeschätzt als eine Wiederkehr der habsburgischen Präponderanz im Reich. Es verbündete sich jetzt in aller Form mit Österreich. Durch diese, wie man sie nannte, diplomatische Revolution gerade des Jahres 1756 aber, den völligen Umsturz der europäischen Allianzen, wurde nun das für Bayerns Bewegungsfreiheit so günstige Ergebnis des Vertrags von Compiègne wieder in sein Gegenteil verkehrt, die Abhängigkeit wurde nur noch enger. Dadurch, daß sich Frankreich und Österreich gegen Preußen und England verbanden, gab es für Bayern keine Möglichkeit mehr, zwischen den Mächten eine eigene Position zu suchen – denn an eine Anlehnung an Preußen konnte im Augenblick niemand denken, Preußen schien der übermächtigen Koalition gegenüber, zu der auch noch Rußland trat, verloren.

Durch den Reichskrieg gegen Preußen, der 1757 beschlossen worden war, wie durch sein Bündnis mit Frankreich war Max III. Joseph gezwungen, am Siebenjährigen Krieg aktiv teilzunehmen, so wenig Neigung in Bayern für einen solchen Krieg auch bestand, bot doch allein schon die Existenz Preußens ein gewisses Maß an Sicherung vor allzu drückender Überlegenheit Österreichs. Angesichts der riesigen Heere, die in diesen Jahren gegeneinander aufmarschierten, bedeutete das schwache bayerische Reichskontingent, auch wenn es vertragsgemäß um ein Korps von 4000 Mann verstärkt war, im Grunde sehr wenig. Bei den militärischen Entscheidungen der Zeit wirkte es sich überhaupt nicht aus, außerdem zog 1758 bereits Max III. Joseph seine Truppen wieder zurück und warb seither, unterstützt durch Karl Theodor von der Pfalz, mit Nachdruck für eine Neutralisierung des Reiches. Zum Ziel gelangten sie freilich erst, als der Friede zwischen Frankreich und England bereits geschlossen war, als die für die Epoche wichtigsten Entscheidungen bereits gefallen waren, jene in Amerika und Indien. Nach dem Abschluß einer Neutralitätskonvention mit Preußen im Oktober 1762 beschloß der Reichstag am 11. Februar 1763 auch die Neutralität des Reiches, das war der letzte Anstoß zum Abschluß des Hubertusburger Friedens, der am 24. Februar 1763 unterzeichnet wurde und der die Integrität Preußens bestätigte, damit aber auch den deutschen Dualismus, das Gleichgewicht der Mächte innerhalb des Reiches.

Eine energische Frontstellung gegen Habsburg war mit dieser Aktion, die Bayern für kurze Zeit zum Sprecher des Reiches gemacht hatte, nicht verbunden, eine solche wäre auch unmöglich gewesen, solange Österreich mit Frankreich verbündet war. Was sich allerdings Max III. Joseph von der Verheiratung seiner Schwester Josepha mit Kaiser Joseph II. versprach, ist bis heute unklar. Eine erkennbare Wirkung dieser Verbindung auf das politische Verhältnis beider Häuser schied schon deshalb aus, weil Josepha bereits 1766, ein Jahr nach der Hochzeit, starb. Die Absicht, die den Kaiser leitete, ist weniger schwer zu berechnen, er blickte wohl bereits jenem Tag entgegen, an dem das Haus Bayern aussterben würde, da Max III. Joseph noch immer keinen Erben hatte; mit der Wittelsbacher Heirat aber mußten sich seine Aussichten, am Erbe beteiligt zu werden, entscheidend verbessern, zumal er auch noch die kaiserliche Autorität in die Waagschale werfen konnte.

Dieses Thema, das Thema der Erbfolge in Bayern, beherrschte während des letzten Jahrzehnts der Regierungszeit Max' III. Joseph die auswärtige Politik Bayerns ganz und gar. Es war freilich auch nicht weniger von Bedeutung für die europäische Politik, wie sich 1778 zeigen sollte. Auch Max III. Joseph war klar, daß mit dem Erbfall wieder, wie schon 1700 und 1740, die Gefahr eines europäischen Krieges gegeben sein würde, und wieder mußte Bayern, wie er befürchtete, Kriegsschauplatz werden. Das zu verhindern war er, wie er einmal ausdrücklich zu verstehen gab, unter allen Umständen entschlossen. Die ihm zur Verfügung stehenden Mittel waren natürlich begrenzt, sie waren rein juristischer Natur und konnten sich, wie solche Mittel auch in der Vergangenheit schon, als wenig zureichend erweisen, wenn die Interessen der Großmächte ins Spiel kamen. Andererseits lag es aber gerade im Interesse der Mächte, eine Verschiebung des Gleichgewichts im Reich zu verhindern, so daß mit einer klaren Regelung der Erbfolge zur rechten Zeit das Entscheidende bereits getan sein konnte.

Die Grundlagen für eine solche Regelung waren bereits mit dem Hausvertrag von Pavia gegeben, den Ludwig der Bayer 1329 mit seinen Pfälzer Neffen geschlossen hatte und in dem das beiderseitige Erbrecht festgelegt war. Die Stellung Ludwigs als deutscher König machte diesen Vertrag auch reichsrechtlich unanfechtbar, Schwierigkeiten konnte es aber geben mit den Erwerbungen des Hauses, die seitdem dazugekommen waren, auch wenn von Zeit zu Zeit eine Neufassung die jüngsten Gegebenheiten berücksichtigt hatte. Besonders die seit 1724 in Abständen erneuerten Hausverträge der bayerischen und pfälzischen Wittelsbacher hielten die gegenseitigen Erbansprüche jeweils ausdrücklich fest; ob sie freilich vor einer strengen Auslegung des Reichsrechts Bestand haben würden, wurde um so mehr bezweifelt, je deutlicher es für die Umwelt auf den Erbfall von 1777 zuging. Besonders Karl Theodor von der Pfalz ließ sich mit Hinweisen auf die bisher nicht angefochtenen Hausverträge nicht beruhigen. Als 1761 der Kurfürst von Sachsen, der mit einer Schwester Max' III. Joseph verheiratet war, in einer Deklaration die Erbansprüche seiner Gemahlin ausdrücklich reklamierte, sorgte er dafür, daß auch die Linien Zweibrücken und Birkenfeld dem Bündnis zwischen Pfalz und Bayern beitraten, das ganze Haus Wittelsbach also zu einem politischen Zweckverband zusammengeschlossen war. 1765 dann setzten die Verhandlungen für eine das ganze Haus umfassende Erbregelung ein, die auch alle seit 1329 angefallenen Neuerwerbungen berücksichtigte. 1771 kam es zum definitiven Abschluß des Vertrags zur gegenseitigen Erbfolge. Das gesamte Staatsgebiet Bayerns und der Pfalz wurde im „Pactum mutuae successionis" als geschlossene Masse dem jeweils überlebenden Haupt der verwandten Linien als Erbe zugesprochen, die weiblichen Mitglieder des Hauses sollten mit Geld abgefunden werden. 1774 wurde auch die Linie Zweibrücken eingeschlossen, gleichzeitig unterzeichnete Max III. Joseph auch das undatierte Besitzergreifungsdekret, das dem Erben Bayerns die ungehinderte Übernahme der Regierung ermöglichen sollte. Doch wie schon die Pragmatische Sanktion nicht bewirken konnte, daß 1740 der Erbfall ohne europäische Verwicklungen abging, weil die Fürsten nicht wollten, so sollten auch 1777, als Max III. Joseph ganz plötzlich im Alter von 52 Jahren starb, diese Verträge wenig bedeuten. Ohne Kampf war dieses große Erbe nicht zu haben.

Wenn wir die Regierungszeit Max' III. Joseph noch einmal überblicken, so stellen wir also fest, daß er einer von jenen Fürsten war, wie die geistigen Führer jener Zeit sie forderten, Fürsten, die, wie Voltaire sagte, nicht mit ihren Schlachten die Menschen unglücklich machen, sondern die sie wahrhaft zu Menschen machen, die ihnen die Möglichkeit geben, sich zu bilden, sich der Allgemeinheit nützlich zu erweisen und in diesem ihrem Bestreben vom Staat geschützt ein menschenwürdiges Dasein zu leben. Das war das Ziel, das Max III. Joseph sich gesteckt hatte. Er ist trotzdem nicht berühmt geworden. Der gleiche Voltaire, der die kriegführenden Fürsten so sehr zu verachten vorgab, hat nur für den Ruhm Ludwigs XIV., Karls XII. und Friedrichs II. und der von ihm so genannten großen Katharina gesorgt, jener Fürsten also, deren Regierungszeit vom Lärm der Waffen widerhallte. Aber wenn Max III. Joseph auch nicht berühmt war, wenn selbst in Bayern sein Andenken bald vergessen wurde, so haben ihn doch seine Untertanen geliebt wie keinen seiner Vorgänger.

Obwohl sein Nachfolger, der pfälzische Kurfürst Karl Theodor aus dem Hause Pfalz-Sulzbach, so wie Max III. Joseph ein Fürst des Friedens und ein Förderer von Kunst und Wissenschaft war, konnte er doch die Liebe seiner Untertanen nie erringen. Daß er in Bayern nicht geliebt wurde, lag sicher weniger am Haß der Illuminaten, die sein Andenken verfolgten und herabsetzten, da er ihnen in den Weg getreten war. Es lag wohl eher in seiner Einstellung zu Bayern selbst, das für ihn nur eine Besitzvergrößerung darstellte; sie zweckdienlich zu benutzen, war sein einziges Interesse. Als er 1799 starb, ging ein hörbares Aufatmen durch das Land, man gab ihm völlig zu Unrecht die Schuld an den Katastrophen, die zur Franzosenzeit über Bayern hereinbrachen. An den Verwicklungen jedoch, die sich unmittelbar an den Erbfall von 1777 anschlossen und durch welche die bayerische Selbständigkeit in größte Gefahr geriet, trug er tatsächlich einen großen Teil der Verantwortung selbst, und das wußte man in Bayern sehr wohl, auch wenn nicht alle Hintergründe ans Licht kamen. Die Tatsache, daß Karl Theodor selbst schließlich als einziger von allen Beteiligten keinen persönlichen Gewinn davontrug, ist weniger geeignet, ihn zu entschuldigen, als ihn als Politiker zu disqualifizieren. Er hat in der Tat in keiner Phase der Entwicklung zwischen 1777 und 1785, in deren Zentrum das Projekt des Tausches Bayerns gegen die Niederlande stand, staatsmännisches Format bewiesen, er war stets Objekt der politischen Bestrebungen anderer, nie hat er die Entwicklung selbst gelenkt. Das aber wäre seine Aufgabe gewesen.

Man wird freilich zugeben müssen, daß die Schwierigkeiten, die mit der Übernahme des bayerischen Erbes verbunden waren, auch stärkere Charaktere entmutigen konnten. Seine Erbfolge in Bayern war nur zum Teil reichsrechtlich verankert, zum Teil nur durch Hausverträge gesichert, und so war die Auffassung des Kaisers, das Kurfürstentum sei ein erledigtes Lehen und könne daher eingezogen werden, nicht gänzlich ohne Grundlage. Wenn der Kaiser, von seinem Berater Kaunitz vor dem Widerstand ganz Europas gewarnt, schließlich verzichtete, so keinesfalls zur Gänze; einen Teil des Erbes gedachte er sich auf jeden Fall zu sichern. Er forderte das Straubinger Ländchen, das Rentamt Burghausen mit dem Innviertel, die Böhmischen Lehen in der Oberpfalz, die noch auf Karl IV. zurückgingen, und die Herrschaft Mindelheim, das war nahezu die Hälfte des ganzen Erbes. Die Rechtstitel waren jeweils verschieden, sie reichten zum Teil zurück bis 1429 – bis zum Preßburger Spruch Kaiser Sigismunds –, an den Haaren herbeigezogen waren ausnahmslos alle. Karl Theodor wußte das durchaus, aber er fürchtete, daß die augenblickliche politische Gesamtlage allein den Kaiser begünstige, denn Bayern und die Pfalz waren ohne Verbündete. Karl Theodor konnte es, wie er glaubte, nicht wagen, sich an Preußen zu wenden, da er befürchtete, sonst Jülich und Berg einzubüßen, und sein Bündnis mit Frankreich war wertlos, da immer noch dessen Bündnis mit Österreich die Grundachse der französischen Politik bildete. Er ließ sich also auf Verhandlungen mit Joseph II. ein, betonte dabei, begünstigt durch den Hausvertrag von 1771, der einen Tausch nicht ausschloß, daß er für einen Verzicht auf Bayern mit der Übertragung der Niederlande rechne. Das hätte für den pfälzischen Kurfürsten die Konzentration seiner Herrschaft am Mittel- und Niederrhein bedeutet, der Schwerpunkt hätte sich wohl nach Düsseldorf, der Hauptstadt von Jülich, verlagert, die Entwicklung nach 1815 hätte dann ebenfalls einen anderen Verlauf genommen. Kaunitz war dieser Preis jedoch zu hoch, da Bayern nur drei Millionen Gulden Einkünfte, die Niederlande aber fünf erbrachten. Daß durch die Erwerbung Bayerns die österreichischen Erblande selbst ein unvergleichlich größeres Gewicht erhalten würden als bisher, bedachte er wohl auch, glaubte aber, auch ohne die Preisgabe der Niederlande am bayerischen Erbe beteiligt zu werden. Er schlug deshalb, als Karl Theodor, um das Ganze zu retten, im Vertrag vom 3. Januar 1778 die Ansprüche des Kaisers anerkannte, den Vorschlag des Kurfürsten zu einem Tausch aus, gleichzeitig ließ Joseph II. bereits große Teile Niederbayerns und der Oberpfalz bis weit über Straubing hinaus besetzen.

Nach dem geltenden Hausrecht mußte aber auch der zukünftige Erbe, Karl August von Pfalz-Zweibrücken, dem Vertrag beitreten, dieser weigerte sich aber, zu unterschreiben, ermutigt vor allem durch die Herzogin Maria Anna, die Cousine Karl Theodors, während gleichzeitig auch die Spitzen der bayerischen Beamtenschaft, allen voran Johann Georg von Lori, der Gründer der Bayerischen Akademie der Wissenschaften, gegen den Übergang Bayerns an Habsburg mit allen Mitteln opponierten. Die Entscheidung brachte jedoch der Entschluß Friedrichs II. von Preußen, einer solchen Vergrößerung Österreichs mit Waffengewalt entgegenzutreten. Das Reichsrecht, das er in der Begründung seines Schrittes anführte, war dabei nur Vorwand, wie er seinem Bruder Heinrich gegenüber zugab, auch um Bayern ging es ihm nicht. Als Joseph II., der nicht daran geglaubt hatte, daß der preußische König auch ohne unmittelbaren eigenen Vorteil wirklich zum Krieg schreiten würde, sah, auf welches Abenteuer er sich da eingelassen hatte, verlor er völlig den Kopf, ohne die Energie seiner Mutter wäre es wohl übel ausgegangen. Maria Theresia hatte ihren Sohn noch vor der Unterzeichnung des Vertrags mit Karl Theodor eindringlich gewarnt, weil sie den Krieg vorhergesehen hatte. Sie hatte überhaupt das Unrecht des ganzen Unternehmens in aller Schärfe beim Namen genannt, jetzt schaltete sie zusammen mit Kaunitz den Kaiser aus und nahm direkt Verhandlungen mit Friedrich II. auf, die bereits die künftige Lösung im Umriß zeigten. Es kam zwar trotzdem im August 1778 zum Waffengang, aber Joseph II. war unfähig zu zielstrebiger Kriegführung, Friedrich II. sah keine Notwendigkeit, einen Krieg bis zur Entscheidung durchzukämpfen, wenn es auch anders ging. So unterblieben große Aktionen gänzlich, bis dann im Frühjahr unter Vermittlung von Frankreich und Rußland, den Verbündeten Österreichs, die beide an einer Vergrößerung Habsburgs ebenfalls nicht interessiert waren, in Teschen der Friede geschlossen wurde.

Sachsen erhielt dabei als Entschädigung für das entgangene Erbe sechs Millionen Gulden, Preußen wurde die Erbfolge in den fränkischen Fürstentümern der Hohenzollern garantiert, Bayern verlor das Innviertel an Österreich, ein Gebiet von ca. 6000 qkm mit 80000 Einwohnern und den Städten Braunau, Schärding, Ried und Mauerkirchen. Gerettet war allerdings vorerst die selbständige Weiterentwicklung Bayerns.

Die bayerischen Landstände griffen auf ihre Weise in den Konflikt ein, sie traten, erstmals in ihrer Geschichte, in den Steuerstreik, setzten die Zahlung der Steuer für 1778 so lange aus, bis ihnen versichert wurde, daß Bayern ungeteilt dem Hause Wittelsbach verbleiben würde. Karl Theodor rächte sich, indem er nach dem Frieden von Teschen den Ständen das Steuerbewilligungsrecht entzog, ein Bruch des Reichsrechts, der sich freilich nicht lange aufrechterhalten ließ. Beamte, die seinen Tauschplänen entgegengetreten waren, verbannte er in die Provinz, André, den Sekretär und geheimen Gemahl der Herzogin Maria Anna, ließ er ins Gefängnis werfen. Besonders die Verbannung Loris nach Neuburg, dessen Ruhm als Gründer der Bayerischen Akademie fast durch ganz Europa ging, verursachte Aufregung im ganzen Land. Die Beliebtheit des neuen Herrschers wuchs unter solchen Umständen nicht. Nach dieser ersten, grundsätzlichen Spannung ist Karl Theodor in Bayern nie mehr heimisch geworden.

Er selbst gab auch in Zukunft seine Tauschpläne nicht auf. 1784 schien die europäische Situation dafür besonders günstig. Damals zerbrach das Bündnis zwischen Preußen und Rußland. Preußen war isoliert und vom Zusammengehen Rußlands mit Österreich direkt bedroht. Die jetzt zwischen Bayern und dem Kaiser einsetzenden Verhandlungen muten bisweilen geradezu abenteuerlich an, so wenn Joseph II. zu Bayern auch noch das Erzstift Salzburg und das Chorherrnstift Berchtesgaden verlangte; das mußte, worauf Kaunitz ihn auch hinwies, das ganze Reich gegen ihn aufbringen.

An Frankreich ist der Tausch dann auch gescheitert, es machte seine Zustimmung vom Einverständnis Preußens abhängig, Friedrich II. aber sah in dieser Haltung Frankreichs die Möglichkeit, aus der diplomatischen Isolierung herauszukommen und gleichzeitig Joseph II. eine diplomatische Niederlage zufügen zu können. So nutzte er die Mißstimmung, die sich in ganz Deutschland gegen den Kaiser erhoben hatte, sehr geschickt aus und einte das Reich, erstmals wieder seit dem Dreißigjährigen Krieg, gegen den Kaiser. Empörung hatte Joseph II. vor allem bei der Reichskirche erregt, auch andere kleinere Fürsten waren wegen der kaiserlichen Übermacht besorgt und trugen sich mit Bündnisplänen.

Als er nun auf die zwischen Bayern und Österreich laufenden Verhandlungen aufmerksam wurde, nahm auch Friedrich II. den Plan eines Bündnisses der Reichsfürsten gegen den Kaiser auf, damit gewann er alsbald eine beträchtliche Gefolgschaft. 1785 schon kam es zum Bund zwischen den drei Kurfürsten von Brandenburg, Hannover und Sachsen, im Verlauf des Jahres schlossen sich dann nahezu alle wichtigen Reichsstände dem Fürstenbund an. Besonders bedeutsam war der Anschluß des Erzbischofs von Mainz, des Reichserzkanzlers, dessen Geheimer Rat, der berühmte Geschichtsschreiber aus Schaffhausen, Johannes von Müller, den Sinn des Fürstenbundes auch in großangelegten Denkschriften begründete. Ihm wie dem Mainzer Domherrn Karl Theodor von Dalberg ging es dabei um eine Erneuerung des Reiches, seiner großen Friedens- und Ordnungsaufgabe in Mitteleuropa, und um den Schutz von Recht und Freiheit für alle Stände. Friedrich II. ging es nur darum, den Kaiser zu demütigen und in die Defensive zu drängen, dieses Ziel hat er erreicht. Für das Reich bedeutete der Fürstenbund trotzdem mehr. Zum ersten Mal hatte sich eine interkonfessionelle Union deutscher Fürsten gebildet ohne Anlehnung an eine fremde Macht, ohne Verfolgung partikularer Interessen, die allgemeine Belebung des Reichsgedankens war nicht nur beschränkt auf Literaten und Dichter. Joseph II. aber, in seinem von rein österreichischen Interessen diktierten kurzsichtigen Machtstreben, hat das überhaupt nicht gesehen.

Karl Theodor hielt sich dem Fürstenbund fern, auch seine Tauschpläne gab er erst auf, als 1792 in den Niederlanden ein Aufstand gegen den Zentralismus Wiens ausgebrochen war. Eine Folge dieser Haltung war wohl auch der vorläufige staatsrechtliche Zustand, in dem er seine gesamten Besitzungen beließ. Er führte zwar auch in Bayern die zweckmäßiger organisierte pfälzische Verwaltungsform ein, zur Bildung eines Einheitsstaates kam es dabei aber nicht. Nach wie vor war die Pfalz ein selbständiger Staat unter einem eigenen Statthalter, wie auch die Fürstentümer Neuburg, Sulzbach und Jülich-Berg. Die Einheit des neuen kurpfalzbayerischen Staates drückte sich nur aus im gemeinsamen Oberhaupt, dem Kurfürsten, in der gemeinsamen Gesamtregierung, die in den Händen der sogenannten Geheimen Konferenz lag, das waren die zu einem Kollegium wie dem ehemaligen Geheimen Rat vereinigten Staatsminister – wovon nur noch zwei dem bayerischen Adel entstammten –, und der aus den pfälzischen und bayerischen Kontingenten gebildeten pfalzbayerischen Armee, die 1788 auf 30000 Mann gebracht wurde. Ein moderner Zug kam in die Staatsverwaltung auch durch die fortschreitende Rationalisierung und Arbeitsteilung der Ministerien, die freilich nicht systematisch und konsequent genug war und durch Montgelas nicht übernommen wurde. Uneinheitlich und widerspruchsvoll war auch die wirtschaftspolitische Gesamtkonzeption. Der ausgehende Merkantilismus, von den Kameralisten zu neuem Leben erweckt, stand unverbunden neben der jetzt nach vorn drängenden wirtschaftspolitischen Theorie der Physiokraten, der aus Frankreich kommenden Wirtschaftstheorie mit ihrer Begründung der Wirtschaft auf den natürlichen Gegebenheiten, vor allem also auf Grund und Boden. Der Eifer der Kameralisten, aber auch der Kampf der Systeme, erzeugte eine bisher nicht dagewesene Fülle von Verordnungen, Erlassen, Anregungen und Vorschlägen, die keine klare Linie mehr erkennen lassen. Maßgebend war nach wie vor das finanzpolitische Interesse des Kurfürsten, das heißt, die Grundlinie bestand in den Ansichten und Vorschriften des Kameralismus, unverfälscht kam das Merkantilsystem zum Ausdruck in der Handels- und Zollpolitik. Ein neuer Zug in der Entwicklung wird allerdings sichtbar infolge der physiokratischen Ansätze in der Behandlung der Bauern und der Landwirtschaft insgesamt. Das wichtigste Ergebnis in dieser Hinsicht waren die zahlreichen einzelnen Verbesserungen der Methoden der Bodenbestellung oder der

Forstwirtschaft, die 1779 dekretierte Umwandlung aller bäuerlichen Leiheformen auf den kurfürstlichen Domänen in die günstigste Form, das Erbrecht. Das Beispiel der Domänenverwaltung machte allerdings nicht Schule, kaum einer der bayerischen Grundherrn schloß sich an, so daß, außer auf zahlreichen kirchlichen Gütern, nach wie vor Leibrecht oder Neustift die herrschenden Leiheformen blieben, das Besitzrecht also erneuert werden mußte beim Wechsel des Besitzers, des Bauern, oder des Obereigentümers, des Grundherrn. Ohne jede Wirkung auf die staatliche Wirtschaftspolitik, im Gegensatz zu dem aus Frankreich kommenden Physiokratismus, blieb die Freihandelslehre eines Adam Smith. So stark der englische Einfluß in Politik und Wirtschaft damals etwa in Hannover war, in Bayern war davon kaum etwas zu spüren, bestenfalls in der Brechung, die englisches Gedankengut durch Justus Möser erfahren hatte, einen der Lieblingsautoren von Lorenz Westenrieder.

Während also, wie sich in der wissenschaftlichen, auch in der wirtschaftstheoretischen Entwicklung in Bayern zeigt, keine Rede sein kann von selbstgenügsamer Isolierung, blieb der Kurfürst Karl Theodor in der letzten Phase seiner Regierungszeit in der auswärtigen Politik jeder Verbindung mit europäischen Partnern gegenüber äußerst mißtrauisch. Das Ergebnis war, daß er ohne Freunde blieb, daß auch die bayerischen Interessen nirgends in Betracht gezogen wurden. Ein Anschluß an Frankreich war vor 1789 nicht sinnvoll, da es mit Österreich verbündet war, nach der Revolution war er nicht mehr möglich. Ein Zusammengehen mit Preußen hatte Karl Theodor nie in Erwägung gezogen, nicht zu Unrecht fürchtete er, dabei nur mißbraucht zu werden. Aber auch von Österreich war er enttäuscht. So blieb er 1792 neutral, im Ersten Revolutionskrieg, als sich Österreich und Preußen unter dem Zeichen der monarchischen Solidarität gegen das revolutionäre Frankreich wandten; aber gerade das war völlig verkehrt. Er verärgerte damit Preußen, das jetzt nicht mehr daran dachte, die Integrität Bayerns gegen Österreich zu verteidigen, und gab Österreich eine Handhabe zu neuen Versuchen, sich Bayerns zu bemächtigen. Den französischen Truppen gegenüber halfen die schön gemalten Tafeln, die an der pfälzischen Grenze mit der Aufschrift „Pfälzisches Neutralitätsgebiet" angebracht wurden, wider alle Erwartung nichts. Das Land wurde von den französischen Truppen überflutet, ausgebeutet und schließlich auch von der revolutionären Propaganda erobert, die in der Pfalz, die im großen und ganzen bis 1815 in französischem Besitz blieb, nicht unbeträchtliche Erfolge zu verzeichnen hatte. Trotzdem blieb Karl Theodor weiterhin neutral. Er arbeitete auch intensiv gegen eine Reichskriegserklärung, und als er diese nicht verhindern konnte, stellte er nicht mehr als sein bescheidenes Kontingent. Erst 1793, als auch Mannheim bedroht war, verband er sich mit Österreich. Von der gleichen Unsicherheit, um nicht zu sagen Unzuverlässigkeit, ist die Kriegführung der nächsten Jahre bestimmt. Als im April 1795 Preußen seinen Sonderfrieden zu Basel schloß, um freie Hand zu gewinnen für die dritte Teilung Polens, schloß auch Karl Theodor einen Neutralitätsvertrag mit Frankreich und überließ die von ihm gehaltene Festung Mannheim der französischen Armee. Damit faßten die Franzosen auch rechts des

Rheins Fuß. Noch einmal mußte, weil jetzt die Rache der Österreicher Bayern direkt bedrohte, eine Schwenkung vorgenommen werden. Zu Beginn des Jahres 1796 suchte Karl Theodor wieder Anschluß an Österreich. Der Vormarsch der französischen Armeen, die unter Jourdan vom Rhein über das Maingebiet nach der Oberpfalz und unter Moreau vom Oberrhein nach Südbayern vorstießen, traf jetzt vor allem Bayern, das der Kurfürst schleunigst verließ. Moreau war bereits bis Pfaffenhofen vorgedrungen. Hier schlossen am 7. September 1796 die Landschaftsverordneten, die lieber die Franzosen als die Österreicher im Lande sahen, mit Moreau einen Waffenstillstand, der Bayern 16 Millionen Gulden kostete. Hätte man für dieses Geld eine Armee ausgerüstet, wären die Franzosen nach wie vor am Rhein festgehalten worden. Dieser Waffenstillstand mit der Zahlung einer so enormen Kontribution wurde genau in dem Augenblick abgeschlossen, als durch den Sieg des Erzherzogs Karl über Jourdan bei Amberg die Stellung Moreaus unhaltbar geworden war. Jetzt ratifizierte Karl Theodor den Vertrag nicht, aber auch dadurch säte er wieder nur Unheil. Die Franzosen trauten ihm in Zukunft nicht mehr über den Weg, aber auch das Mißtrauen der Österreicher war nicht beseitigt. Als nun nach den Siegen Bonapartes in Italien am 17. Oktober 1797 der Friede von Campoformio geschlossen wurde, kam es, wie es kommen mußte: die beiden Gegner verständigten sich auf Kosten Bayerns. Österreich willigte in die Abtretung des linken Rheinufers und ließ sich zum Ersatz für seine linksrheinischen Verluste, vor allem die Niederlande, das Fürstbistum Salzburg und das östliche Bayern bis zum Inn einschließlich der Stadt Wasserburg versprechen. Die Entschädigung Bayerns war durch Säkularisationen geplant. Trotzdem schloß Karl Theodor, der von dieser Geheimabsprache nichts wußte, einen neuen Vertrag mit Österreich, der jetzt die bayerischen Truppen völlig dem österreichischen Oberbefehl unterordnete und Bayern militärisch den Österreichern auslieferte. Seine planlose Politik insgesamt, so muß man wohl sagen, ließ Bayern ohne Verbündeten, ohne Heer und ohne Geld, bis es dann in der Stunde der Gefahr die Beute des jeweils Mächtigsten wurde. Wenn man zu seiner Entschuldigung anführen mag, daß die Jahrzehnte nach dem Siebenjährigen Krieg nicht dazu angetan waren, im gesamten Deutschen Reich kraftvolle Staatsmänner und weitblickende Politiker zu erzeugen, weil die ganze Atmosphäre nur kleinliche Gefühle hervorbrachte, wie denn selbst die berühmte preußische Armee völlig verkommen ist in dieser Zeit, so bescheinigt man ihm damit freilich nicht mehr, als daß eben auch er einer aus der Vielzahl der deutschen Fürsten war, die diese Schar von Mittelmäßigkeiten gebildet hat.

Die Abneigung des bayerischen Volkes gegen Karl Theodor, die sich bei seinem Leichenbegängnis am 16. Februar 1799 in Jubelgeschrei und Vivat-Rufen äußerte, wie Westenrieder berichtet, war in diesem Maße freilich auch nicht verdient. Er hatte viele Vorzüge, aber seine Vorzüge waren fast, so könnte man sagen, für einen Fürsten Ursache der Schwäche, sein Geist war gerichtet auf künstlerischen Genuß, auf festliche Eleganz, er hat den Umgang mit feingebildeten, in höfischer Zurückhaltung geschulten Männern geliebt, ihn stieß die derbe, gerade Art der Bayern ab. Er fühlte sich in München nie wohl. Wohl fühlte er sich auch nicht in der rauhen Welt, die in den letzten Jahren seiner Regierungszeit in diese Idylle einbrach, die er so schätzte. Auf Krieg und Gewalt war er nicht vorbereitet, wie er denn allen Schwierigkeiten immer aus dem Weg gegangen war. So hat er nicht zu führen vermocht, als es die Stunde von ihm gefordert hätte.

Das Neue Bayern

Die Voraussetzungen

Wie schon so oft in der bayerischen Geschichte, trat auch am epochalen Einschnitt um 1800, einem der tiefsten in der gesamten Geschichte Bayerns, eine neue Generation die Herrschaft über das Land an, 1799 auch eine neue Linie. So war der Wandel aller Verhältnisse zu Beginn einer neuen Ära in ganz Europa, dem Zeitalter Napoleons, nicht nur bedingt durch den allgemeinen Umschwung; die neuen Männer, die jetzt in Bayern an die Spitze kamen, traten, bestimmt durch ihre Erziehung wie durch die Erfahrungen des letzten Jahrzehnts, aus eigener Überzeugung für eine umfassende Staatsreform ein. Nicht einmal Stellung und Charakter des Herrschers waren dabei ausgenommen, obwohl im gesamten System nur noch der Fürst selbst das einzige kontinuierliche Element darstellte.

Neuer Kurfürst von Bayern wurde, auf Grund der Hausverträge von 1771 und 1774, Max Joseph aus der Linie Pfalz-Zweibrücken, die sich erst 1569 gebildet hatte. Den glänzenden Aufstieg der Pfälzer Hauptlinie hatte die jüngere Linie nicht mitgemacht, erst jetzt trat sie, in einer der dunkelsten Stunden des Hauses Wittelsbach, ins volle Licht der Geschichte. Max Joseph war als Neffe des regierenden Herzogs von Zweibrücken, der kinderlos war, schon früh für die Nachfolge ausersehen, aber seine Erziehung war trotzdem nicht geprägt von der höfischen Etikette, sondern vom pädagogischen Ideal der zweiten Hälfte des 18. Jahrhunderts, das vor allem auf Rousseau zurückging. Die Erziehung des Prinzen zu Natürlichkeit und Ehrlichkeit trug auch ihre Früchte; als er bayerischer Herrscher geworden war, haben gerade seine Natürlichkeit und Leutseligkeit die meisten Sympathien erzeugt. Mit 20 Jahren übernahm er das Regiment d'Alsace in Straßburg, das schon sein Vater innegehabt hatte, sein Kommandeur stand traditionellerweise in einem engen Verhältnis zum König. Das allein schon bedeutet eine weit engere Bindung an Frankreich, als sie bei anderen deutschen Fürsten zu finden war, verstärkt wurde sie durch die diskrete Übernahme der Schulden des jungen Mannes, die mit seinem Lebenswandel zusammenhingen.

1795, nach dem Tode seines Bruders, wurde er Herzog von Zweibrücken, doch war damals bereits das ganze linke Rheinufer in französischer Hand, und so waren es vor allem sein Erbanspruch auf Bayern und die Pfalz und die daraus für die Zukunft sich ergebenden Verpflichtungen, die seine politischen Aktivitäten bedingten. Obgleich Karl Theodor seinem Neffen und Erben auch den geringsten Einfluß auf die Regierungsgeschäfte verwehrte, betrachtete er es doch auch als seine Aufgabe, der drohenden Katastrophe vorzubeugen; nach dem

Vordringen der Franzosen über den Rhein bildeten die Bemühungen um Neutralisierung Bayerns und der Pfalz das Hauptthema seiner Politik. Er setzte dazu auch bei Preußen an, das 1795 zu Basel einen Sonderfrieden mit Frankreich geschlossen hatte, ebenso bei Rußland. Gleichzeitig nahm er auch Fühlung mit den bayerischen Landständen auf. Der Waffenstillstand von Pfaffenhofen zwischen der bayerischen Landschaft und General Moreau, 1796, wurde von Beauftragten des Herzogs vermittelt. Daß in den Friedensverhandlungen von Campoformio auch der Kaiser, der vorgegeben hatte, die Integrität des Reiches zu verteidigen, sich gezwungen sah, Reichsgebiet preiszugeben, betrachtete Max Joseph als eine nachträgliche Rechtfertigung seiner eigenen Politik. Er sah sich von jetzt an auch in seiner Politik der Anlehnung an Frankreich und Preußen nachhaltig bestärkt. Tatsächlich war es vor allem Preußen, das in seiner Eigenschaft als Garant des Teschener Friedens, gestützt auch auf Rußland, Max Joseph in seinem Kampf um die Unversehrtheit Bayerns mit allem Nachdruck unterstützte. Bayern wurde zwar 1798 von den österreichischen Armeen geradezu wie feindliches Gebiet behandelt – ein Vorgehen, das die Erbitterung gegen Österreich auch im bayerischen Volk aufs höchste steigerte –, aber 1799 erfolgte der Übergang Bayerns an die Zweibrückener Linie ohne jeden Widerstand von seiten Habsburgs und ohne jeden Versuch, die 1796 vorgesehenen Gebiete zu annektieren. Es war allein die Furcht, Preußen völlig in die Arme Frankreichs zu treiben, die den Kaiser zu dieser Zurückhaltung bewogen hatte.

Man hat sich angewöhnt, nicht zuletzt auf Grund der Urteile der Gesandten am Münchner Hof, Max IV. Joseph als einen Fürsten zu betrachten, der in jeder Hinsicht politisch bedeutungslos war, völlig abhängig vom Rat und von den Entschlüssen seines leitenden Ministers. Die erfolgreiche Politik der Jahre 1795 bis 1799 leitete Max Joseph jedoch ein, bevor er Montgelas zu seinem Ratgeber wählte. Daß Montgelas dann die Grundlinie, die seinem Fürsten vorschwebte, in einer Politik voll meisterhafter Präzision und bewundernswert klarer Folgerichtigkeit zu seiner eigenen machte, daß seiner Diplomatie die Ergebnisse der nächsten Jahre in vorzüglichem Maße zu danken waren, steht dabei nicht in Frage. Für Montgelas war Politik nicht, wie für seinen Fürsten, eine bloße Notwendigkeit, der man, mißmutig zuweilen, aber doch pflichtbewußt nachkam, sondern die höchste aller Leidenschaften. Das Ringen um die Macht war ihm wohl reiner Selbstzweck, er kannte seine geistige Kraft und strebte für sie den denkbar größten Wirkungskreis an, den Staat, und man kann sagen, er hat ihn ausgefüllt, wie wenige Staatsmänner in Bayern vor ihm.

Seine Familie stammte aus Savoyen, doch war sein Vater schon bayerischer General gewesen, er war aber 1767 gestorben. Das Geschlecht war in Bayern noch nicht verwurzelt, besaß also nur unzureichende Verbindungen. Ein Mann aus solchem Hause war also, wenn er Karriere machen wollte, angewiesen auf Leistung. Doch selbst einem Beamten von den ungewöhnlichen Fähigkeiten eines Montgelas blieb es, nachdem er es 1786 als Mitglied des Illuminatenordens vorgezogen hatte, München zu verlassen, und auf Empfehlung des französischen Gesandten vom Herzog von Zweibrücken als Legationsrat angestellt worden war, nicht erspart, zehn Jahre hindurch bei reinen Routineaufgaben verwendet zu werden. Erst die Not der Revolutionskriege, welche die Fürsten zwang, alle Mittel zur Rettung auszunützen, führte ihn an jene Stelle, die es ihm erlaubte, Einfluß zu nehmen. Sein Werk war die Neugestaltung Bayerns.

1796 bereits entwarf er den Grundriß zu jenem Werk, das seinem Namen Dauer verleihen sollte; der Plan ist eingefügt in den Vertrag mit Pfalzgraf Wilhelm von Birkenfeld, der beim Übergang Bayerns und der Pfalz an das Haus Zweibrücken abgefunden werden mußte. Das entscheidende Grundprinzip dieses Vertrages war die Umwandlung des alten wittelsbachischen Patrimonialstaates, der gewissermaßen im Eigentum des Fürsten war, in ein Staatswesen, für welches der Fürst nur treuhänderisch zu sorgen hatte, dem der Fürst selbst unterstand als erster Diener und das deshalb nicht mehr geteilt oder veräußert werden konnte, da nicht wie bisher das Wohl des Staatsoberhauptes der oberste Gesichtspunkt aller Staatspolitik sein konnte, sondern nur das Wohl der gesamten Untertanenschaft. Der Besitz des regierenden Hauses – um den es bei diesem Vertrag ging – war ebenfalls unter diesem übergeordneten Gesichtspunkt zu betrachten, er gehörte zur Ausstattung des regierenden Hauses, das dadurch befähigt werden sollte, die ihm übertragenen Aufgaben auszuführen, er war also nicht zu beliebiger Nutznießung übertragen, sondern eingespannt in den allgemeinen Staatszweck. Die Konsequenz daraus war die Abfindung des Birkenfelders mit Geld und der Nutznießung von unveräußerlichen, beim Gesamtbesitz des Hauses verbleibenden Domänen, als die jetzt in Zukunft die wittelsbachischen Besitzungen erscheinen.

Diese Gedankengänge erscheinen zunächst nur für den aktuellen Fall zurechtgezimmert zu sein, bei dem es darum ging, ein möglichst günstiges Verhandlungsergebnis herauszuschlagen und die Abfindung möglichst knapp zu bemessen. Montgelas hat aber an diesem Gedankengang auch dann festgehalten, als es um die Ausstattung der Familie des eigenen Herrn ging und schließlich um die Eigentumsverhältnisse insgesamt, eine Frage, die mitten hineinführt in die Diskussion der aufgeklärten Staatstheorie mit all ihren Unbequemlichkeiten für die regierenden Häuser. Montgelas war mit dieser Diskussion vertraut; auch wenn er nicht zu dem führenden Kreis der Illuminaten gehörte, so hatte er sich doch bekannt gemacht mit der Staatslehre Montesquieus, Voltaires, Rousseaus und Turgots. Er kannte die Maximen des Aufgeklärten Absolutismus und die Verfassungsentwürfe der französischen Nationalversammlung und setzte sich mit allen auseinander, ohne sich mit irgendeinem der Vorbilder zu identifizieren. Weder Montesquieu noch Voltaire, weder Rousseau noch einer der deutschen Theoretiker, Schlözer oder Sonnenfels, lieferten den Grundriß für das Gebäude, das er auszuführen plante. Für Montgelas war nur das verpflichtend, was all den an der Neuformung der staatlichen Wirklichkeit beteiligten Männern gemeinsam war: die Anerkennung allein der Vernunft als verbindlicher Richtschnur, die Ableitung der Staatsform vom Staatszweck, das heißt die Gestaltung der Verwaltung und des Staatsaufbaus nach dem möglichst großen

Nutzen für die Gesamtheit. Die gleiche, allein von der Vernunft diktierte Haltung bestimmte ihn auch bei seiner auswärtigen Politik.

Unter den schwierigsten Umständen hatte Max IV. Joseph das Kurfürstentum Bayern übernommen, und so viele Erwartungen das Volk mit seiner Ankunft auch verbunden hatte, noch ehe das erste Jahr um war, war er kaum weniger verhaßt als sein Vorgänger. Auch ihm gab man die Schuld an den drückenden Auswirkungen der Ereignisse seit 1792, so wenig gerade er dafür konnte. Noch bei seinem Regierungsantritt hatte er versucht, die Entwicklung zu steuern, und hatte die Unterstellung der bayerischen Armee unter österreichisches Kommando, die Karl Theodor noch angeordnet hatte, wieder rückgängig gemacht und hatte Bayern gemäß der Absprache mit Moreau für neutral erklärt. Als aber Erzherzog Karl an der Spitze von 60000 Mann den Vormarsch an den Rhein antrat, war auch dem bayerischen Kurfürsten klar, daß es eine sinnlose Provokation bedeuten würde, jetzt auf selbständiger bayerischer Politik zu bestehen, zumal Preußen jedes Zusammenwirken ablehnte, um keine Kraftprobe mit Österreich herauszufordern. Die Lage war um so ernster, als auch von Rußland, der anderen Garantiemacht der bayerischen Selbständigkeit, kein Schutz zu erwarten war; durch die Aufhebung der bayerischen Malteserzunge noch 1799 war Zar Paul I., der ein Bewunderer der historischen Rolle dieses Ordens war, über Bayern aufs äußerste verstimmt. Es blieb also keine andere Möglichkeit, als die durch das Reichsrecht vorgezeichnete, nämlich die Unterstützung des Kaisers in dem noch immer nicht beendeten Reichskrieg gegen Frankreich. Ein Zwischenspiel bedeutete der Vertrag mit Rußland, der nach der Wiederherstellung der Malteser in Bayern möglich wurde, ebenso der Subsidienvertrag mit England im März 1800.

Aus Furcht, Österreich könnte sich auf Kosten Bayerns mit Frankreich verständigen, wagte Max IV. Joseph auch dann den Austritt aus der Koalition nicht, als nach der Rückkehr Napoleons aus Ägypten auf allen Fronten wieder der französische Vormarsch einsetzte. Auch Bayern wurde wieder, wie schon 1796, vor dem anrückenden Moreau preisgegeben, der österreichische General Cray schloß einen Waffenstillstand, ohne die bayerische Regierung auch nur zu verständigen, bei seiner Verlängerung im September 1800 lieferte er den Franzosen sogar die Landesfestung Ingolstadt aus. Die Befürchtungen, Österreich und Frankreich könnten sich über eine Teilung Pfalz-Bayerns verständigen, wurden unter diesen Eindrücken immer stärker, und als schließlich auch die bayerischen Ständevertreter mit Nachdruck Verhandlungen mit Frankreich forderten, ergriff auch Max IV. Joseph wieder die diplomatische Initiative und sandte am 1. Oktober 1800 Baron Cetto nach Paris. Wenig später zog der Kurfürst auch die bayerischen Truppen aus der kaiserlichen Armee ab.

Nach der Niederlage bei Hohenlinden am 3. Dezember war auch der Kaiser zum Frieden bereit; am 9. Februar 1801 kam es in Lunéville zum Abschluß. Daß Bayern entgegen den Abreden von Campoformio ohne Gebietsverluste aus diesem Krieg hervorging, hatte es nicht nur dem rechtzeitigen Absprung zu verdanken, sondern nicht weniger der französischen Hoffnung, in Zukunft in Bayern wieder einen brauchbaren Verbündeten gegenüber dem Kaiser zu haben. Für die linksrheinischen Verluste versprach Frankreich dem Kurfürsten eine angemessene Entschädigung.

Mit den französischen Zusicherungen in der Entschädigungsfrage beginnt auch die Geschichte eines neuen Bayern, es entsteht ein neues Land. Verändert werden auch die alten Grundlagen, auf allen Seiten kommen neue Teile hinzu, die Aufgabe, aus ihnen einen einheitlichen Staat zu machen, wird fast das ganze Jahrhundert füllen. Es ist keine Frage, daß es sich bei dem ganzen Vorgang um einen revolutionären Akt handelt. Das Frankreich der Revolution gab das Gesetz, nach dem es selbst geformt worden war, an die Nachbarn östlich des Rheins weiter. Das geschah aber nicht mehr, wie noch in den ersten Jahren der Revolution, aus revolutionärer Begeisterung, um ganz Europa mit den eigenen Errungenschaften zu beglücken. Das diplomatische Grundgesetz, nach dem Napoleon im Frieden von Lunéville verfuhr, ist jenes, das in den jahrhundertelangen gespannten Beziehungen zwischen Frankreich und dem Reich mit immer größerer Meisterschaft angewendet wurde, nämlich die Aufspaltung des Reiches und die Vereinigung möglichst zahlreicher und möglichst mächtiger Teilherrschaften gegen die führende Macht, gegen Österreich. Selbst Ludwig XIV. war es dabei aber nicht gelungen, solche Konstellationen zu einer Dauereinrichtung werden zu lassen, vor allem war es ihm nicht gelungen, dem übermächtigen Habsburg gegenüber schon im Reich selbst ein System des Gleichgewichts aufzubauen. Darauf zielte Napoleon mit aller Deutlichkeit ab. Zwar hatte sich während des vergangenen halben Jahrhunderts gezeigt, daß dank der zielstrebigen Umwandlung Preußens in einen Militärstaat das lang erstrebte Ziel eines solchen Gleichgewichtsverhältnisses im Reich Wirklichkeit geworden war, so daß es möglich wurde, sowohl Habsburg wie Preußen jeweils durch Unterstützung des einen bzw. des anderen lahmzulegen, aber es konnte nie der Fall ausgeschlossen werden, daß beide zusammen gegen Frankreich ins Feld zogen wie 1792. In diesem Fall war Frankreich und nicht das Reich lahmgelegt. In der Tat haben die vereinigten österreichisch-preußischen Armeen trotz unzureichender Führung und trotz der fehlenden politischen Koordination die Revolutionsarmeen stets in Schach gehalten. Erst der Rückzug Preußens aus dem ersten Revolutionskrieg, 1795, ermöglichte die ersten großen Vorstöße über die natürlichen Grenzen Frankreichs hinaus. Es schien also geboten, diesen beiden deutschen Großmächten ein drittes Deutschland entgegenzustellen, eine Erkenntnis, die damals nicht mehr neu war, sondern die schon die Zeit des Fürstenbundes gebracht hatte, ja die schon während des Siebenjährigen Krieges wiederholt laut geworden war. Die Realisierungsmöglichkeit bot sich jetzt. Napoleon nahm sie mit vollem Bewußtsein wahr. Ähnlich wie Frankreich seit 1791 aus einer Vielzahl von historisch gewordenen Herrschaftsgebieten zu einem einzigen Zentralstaat mit gleichförmigen Provinzen geworden war, sollte auch in Deutschland in einem einzigen großen Arrondierungsprozeß die Vielzahl der Herrschaften so weit wie möglich verringert werden. Das Hauptziel dabei war die Schaffung von leistungsfähigen mittleren Staaten, von denen jeder einzelne sich weder gegen

Preußen noch gegen Österreich behaupten konnte, aber auch jeder einzelne in steter Eifersucht gegenüber dem anderen nicht zu einem freiwilligen Anschluß an den Nachbarn zu bewegen sein würde, sondern sein Heil suchen müßte im Anschluß an Frankreich, dem es seine Größe verdankte. Das hat Napoleon dem Kurfürsten von Bayern unmißverständlich klar gemacht, und tatsächlich war dieses Grundrezept auch ein volles Jahrzehnt für die napoleonische Deutschlandpolitik von uneingeschränkter Wirksamkeit. Die erste zielbewußte und umfassende Anwendung fand dieses Prinzip nach dem Frieden von Lunéville in den Entschädigungsverhandlungen, die zwischen Frankreich, den Reichsständen und Rußland abgewickelt wurden; die erste Stufe der Neuordnung führte zur Säkularisation, dann folgte die Mediatisierung der Reichsstädte, der Reichsritter und der Reichsgrafen sowie der kleineren Reichsfürsten und schließlich das Ende des Alten Reiches.

Die Säkularisation

Der folgenschwerste Eingriff in diesem Zusammenhang bestand in der Aufhebung der reichsunmittelbaren Hochstifte und Reichsklöster, der sogenannten Säkularisation. Für Bayern hat dieser Vorgang einen doppelten Aspekt. Zur Einverleibung der geistlichen Fürstentümer im Umkreis Bayerns kam auch die Aufhebung der Klöster in diesen neu gewonnenen Gebieten wie die Aufhebung der Klöster in Kurbayern selbst. Das Grundaxiom, das der Regelung im Reichsdeputationshauptschluß von 1803 zugrunde lag, war die Notwendigkeit der Entschädigung der deutschen Fürsten für die Verluste auf dem linken Rheinufer an die Franzosen. Es war schon zur Selbstverständlichkeit geworden, daß die Reichskirche, das heißt die geistlichen Träger weltlicher Herrschaften innerhalb des Reiches, keine Daseinsberechtigung mehr hätten, sie also hatten die Entschädigungsmasse zu liefern.

Daß die Franzosen, vor allem der amtierende Außenminister Talleyrand, ehemals Bischof von Autun, völlig unbefangen daran dachten, den Friedensschluß mit den deutschen Mächten dadurch zu erleichtern, daß man ihnen die Verluste auf dem linken Rheinufer durch Einziehung von Kirchengut schmackhaft machte, ist verständlich. In Frankreich war in der berühmten Sitzung vom 4. auf den 5. August 1789, eben auf Antrag von Talleyrand, die Säkularisation des Kirchengutes beschlossen und anschließend durchgeführt worden. Sie war weitgehend widerstandslos vor sich gegangen, und man konnte auch in Deutschland damit rechnen, daß die Kirche, die sich ja nicht wehren konnte, am wenigsten Schwierigkeiten machen würde. In Deutschland war man allerdings auf das französische Vorbild allein nicht angewiesen. Auch hier gab es Kräfte genug, die bereit waren, sich über eine Tradition hinwegzusetzen, die keine lebendige Kraft mehr für die Gegenwart darzustellen schien. Selbst der Kaiser, der doch der Hüter der Reichsverfassung zu sein hatte, war in den Jahren seit 1782 rücksichtslos mit den Rechten jener Reichsbischöfe umgegangen, deren Diözesen sich in österreichisches Gebiet erstreckten, ganz abgesehen davon, daß er Hunderte von Klöstern aufgehoben hatte. Es hatte sogar vor Joseph II. schon ganz dezidierte Pläne zur Aufhebung der geistlichen Herrschaften und ihrer Einverleibung in weltliche Staaten gegeben. 1743 war ein solcher Plan in Preußen entwickelt worden, um dem damaligen Kaiser Karl Albrecht von Bayern die fehlende Machtgrundlage zu gewährleisten. Das klassische Beispiel jedoch für eine vollkommene Eingliederung hochstiftischer Herrschaften in weltliche Staaten bot die Zeit zwischen der Reformation und dem Westfälischen Frieden. Als letzte geistliche Staaten waren damals Bremen und Verden säkularisiert worden. Der Ausdruck selbst stammt aus den Friedensverhandlungen von 1648.

Die Säkularisationen der Reformationszeit waren so wenig spontane Maßnahmen gewesen wie die Säkularisation von 1802 und 1803. Die eigentliche Vorbereitung dieser revolutionären Vorgänge wurde in beiden Fällen nicht so sehr auf dem politischen Gebiet getroffen als in geistiger Diskussion, die sich im Falle der Säkularisation von 1802/03 über lange Jahrzehnte hinzog. Ganz allgemein hat die Aufklärung geistliche Herrschaft schlechthin als absurd bezeichnet, zum Teil in einer Argumentation, die unmittelbar auf die Bibel gestützt war, zum Teil mit naturrechtlichen Begründungen, die sich aus dem widersprüchlichen Wesen des geistlichen Staates unschwer ableiten lassen. Die Bedenken, die einst Herder in einer Göttinger Preisschrift von 1775 geäußert hatte, daß nämlich mit der Mißachtung des Rechts der Reichskirche alle Rechtsgrundlagen im Reich ins Wanken geraten würden, spielten jetzt keine Rolle mehr. Selbst der Kaiser, zu dessen wichtigsten Pflichten der Schutz der Reichskirche gehörte, konnte der Verlockung nicht widerstehen, die im Angebot so großer Arrondierungsmöglichkeiten lag, und hatte sich schon 1797 das Erzbistum Salzburg zusprechen lassen. Nachdem also alle Bedenken gegen einen solchen folgenschweren Eingriff in die Reichsverfassung, wie sie die Beseitigung der geistlichen Fürstentümer darstellte, geschwunden waren, setzte nach dem Frieden von Lunéville eine fieberhafte diplomatische Tätigkeit zur Abgrenzung des jeweiligen Anteils an der reichen in Aussicht stehenden Beute ein.

Der Entschädigungsplan, die sogenannte Mediationsakte, wurde am 3. Juni 1802 in Form eines Vertrages zwischen Frankreich und Rußland verabschiedet und dann einer Reichsdeputation vorgelegt, die der Kaiser an Stelle des eigentlich zuständigen Reichstags einberufen hatte. Im November nahm die Reichsdeputation den französisch-russischen Plan an, im Dezember der Kaiser, der formelle Abschluß erfolgte im sogenannten Reichsdeputationshauptschluß am 25. Februar 1803. Die päpstlichen Protestnoten an den Kaiser und an den Mainzer Erzbischof Karl Theodor von Dalberg, den Primas Germaniens, waren wirkungslos.

Recht und Verfassung waren in diesem Stadium der Entwicklung längst nicht mehr gefragt. Noch vor der Annahme der Pariser Mediationsakte durch die Reichsdeputation und den Kaiser wurden im September 1802 bereits alle geistlichen Fürstentümer im Reich, ausgenommen Mainz, durch die beteiligten Mächte schlagartig okkupiert. Ausschlaggebend waren also die in Paris gefallenen Entscheidungen, darunter vor allem die Sonderverträge mit den größeren deutschen Staaten. Der wichtigste war jener mit Preußen vom Mai 1802, die darin ausgewiesene Entschädigungsmasse waren die Hochstifte Hildesheim, Paderborn und Münster, die ehemalige Mainzer Enklave Erfurt und eine ganze Reihe von Reichsabteien und Reichsstädten, noch im Sommer rückten preußische Truppen ein und nahmen die Gebiete in Besitz. Das war das Signal. Im August ließ auch der Kaiser die Hochstifte Trient und Brixen besetzen, außerdem Salzburg sowie Hochstift und Stadt Passau, obwohl ihm nur der Teil östlich des Inn zugesprochen worden war. Daß jetzt auch Bayern nicht mehr zuwarten wollte, läßt sich verstehen. Anfang September 1802 rückten auch bayerische Truppen in die Territorien der umliegenden Fürstbischöfe ein und nahmen sie in Besitz. Bayern ist bei der großen Verteilung des Reichskirchengutes nicht ausgesprochen begünstigt worden wie etwa Preußen oder Baden, die jeweils ein Vielfaches ihrer Verluste erhalten haben – Preußen das Siebenfache, Baden das Achtfache –, doch immerhin stand einem Verlust von 255 Quadratmeilen mit 730000 Seelen ein Gewinn von 288 Quadratmeilen mit 843000 Seelen gegenüber. Besonders schwer ins Gewicht fiel im Falle Bayerns der Verlust auch der rechtsrheinischen Pfalz mit Mannheim und Heidelberg, die an Baden gegeben werden mußten, das erst jetzt zu einer nennenswerten politischen Größe heranwuchs. Für Napoleon war es dabei von Bedeutung, neben Bayern oder Württemberg in Süddeutschland eine dritte Macht zu etablieren, welche eine Vereinigung der beiden anderen Mächte auf Kosten Frankreichs und gegen Frankreich verhindern oder doch erschweren würde.

Für Bayern bedeutete das Ergebnis weit mehr als bloßen Gebietszuwachs, auch stellten die geistlichen Fürstentümer nicht nur erwünschte Arrondierungsmöglichkeiten dar, durchbrachen sie doch in Altbayern, als oft sehr ausgedehnte Enklaven, auch den territorialen Zusammenhang des Staates empfindlich. Schon für den Friedenskongreß zu Rastatt, 1798, der dann durch einen Völkerrechtsbruch von seiten österreichischer Husaren jäh unterbrochen worden war, lagen die bayerischen Forderungen in exakt ausgearbeiteten Plänen vor. Sie stammten von Georg Friedrich Zentner, dem Geheimen Referendär für auswärtige Angelegenheiten. Die bayerisch-französischen Kontakte im Zusammenhang mit den Verhandlungen im Frieden von Lunéville führten dann zum Vertrag vom August 1801, in welchem Bayern die Zusicherung voller Entschädigung und Garantie seines Bestandes erhielt – die angesichts der neuerhobenen österreichischen Forderungen nach der Isargrenze, mit Entschädigungen für Bayern in Schwaben, von unschätzbarem Wert war. Die letzte Entscheidung brachte der Vertrag zwischen Bayern und Frankreich vom 24. Mai 1802, der die Grundlage für alle weiteren Regelungen bildete. Bayern wurden darin zugestanden: die Hochstifte Würzburg, Bamberg, Eichstätt, Augsburg und Freising, Stadt und Hochstift Passau, soweit es nicht dem Großherzog der Toscana zugesprochen wurde, dann die Reichsabteien und Reichsklöster Kempten, Elchingen, Wengen bei Ulm, Irsee, Ursberg, Roggenburg, Wettenhausen, Ottobeuren, Kaisheim und St. Ulrich und Afra in Augsburg; weiterhin Waldsassen in der Oberpfalz, Ebrach in Franken, schließlich die Reichsstädte Dinkelsbühl, Rothenburg, Weißenburg, Windsheim, Schweinfurt, Kempten, Kaufbeuren, Memmingen, Nördlingen, Ulm, Wangen, Leutkirch und Ravensburg. Damit kam ganz Schwaben bis zur Iller, und an wesentlichen Punkten darüber hinaus, allerdings ohne die Reichsstadt Augsburg, und ganz Franken ohne die Fürstentümer Ansbach-Bayreuth und die Reichsstadt Nürnberg an Bayern. Auch die einzige altbayerische Reichsstadt, Regensburg, wurde vorerst nicht in das neue Bayern eingegliedert. Die Stadt wurde der neue Sitz des Kurfürsten von Mainz und Primas von Deutschland, Karl Theodor v. Dalberg; die Reichsstadt, das Hochstift Regensburg und die Regensburger reichsunmittelbaren Stifte bildeten, neben Aschaffenburg, die Ausstattung des einzigen geistlichen Fürsten, den Deutschland noch besaß. 1803 mußte dann auch Eichstätt wieder an den Großherzog der Toscana abgetreten werden. Auch das Fürstbistum Salzburg und das Reichsstift Berchtesgaden sowie der nordöstliche Teil des Fürstbistums Passau gehörten zur Entschädigung des Großherzogs; der Verlust dieser Gebiete, die bis dahin stets zum Reichskreis Bayern gehört hatten, wurde besonders schmerzlich empfunden.

Sein künftiges Gewicht unter den deutschen Staaten verdankt Bayern vor allem den ausgedehnten geistlichen Territorien am Main. Das Fürstbistum Bamberg erstreckte sich zwischen Coburg und Forchheim längs des oberen Main und der Regnitz und umfaßte etwa 2000 qkm; das Territorium war allerdings nicht geschlossen, sondern innerhalb des Umkreises der bambergischen Hoheit lag vielfältiger Streubesitz, vielfach gehörten dem Fürstbischof auch nur einzelne Rechte, nicht die volle Landeshoheit. Ähnlich war es bei Würzburg, das etwa den doppelten Umfang besaß. Durchbrochen waren beide Herrschaftsbereiche vor allem von den Besitzungen der zahlreichen fränkischen Reichsritter. Das war ein Zustand, der besonders mißlich empfunden wurde, er wurde auch alsbald geändert, das Vorbild hatte Preußen gesetzt. Die Stellung der Reichsritter war durch den Reichsdeputationshauptschluß nicht berührt, sie war aber auch nicht ausdrücklich garantiert, es war nur die Rede von eventuellen Entschädigungen auch für die Reichsritterschaft. Aber nun war ihre Rechtsstellung noch zu keiner Zeit eindeutig umrissen gewesen, ein Umstand, den sich Preußen 1796 beim Anfall der fränkischen Fürstentümer der Hohenzollern zunutze machte und die Reichsritter im gesamten Machtbereich der Markgrafschaft Ansbach-Bayreuth, und darüber hinaus, zur Huldigung zwang. Das Ergebnis war ein Zuwachs an Untertanen von mehr als 30 Prozent und die Ausdehnung der preußischen Souveränität bis zu jener Grenze, die von irgendwelchen beliebigen Rechten der Hohenzollern markiert wurde. Aus einer Summe von einzelnen Rechten war jetzt ein geschlossenes Territorium entstanden, der Weg, auf dem dieses Ergebnis erzielt worden war, war der Weg unverhüllter Gewalt, noch vor dem Frieden von Campoformio, dem Frieden von Lunéville und vor dem Reichsdeputationshauptschluß. Diesem Beispiel folgend verfügte nun auch Bayern die Eingliederung der Reichsritterschaft in den neuen bayerischen Staat. Daran vermochte auch ein kaiserlicher Einspruch und eine Weisung des Reichstags nichts zu ändern, zumal 1805 dann das bayerische Vorgehen doch legalisiert werden mußte.

Der Reichsdeputationshauptschluß räumte den Staaten, welche für ihre Verluste auf dem linken Rheinufer entschädigt werden sollten, nicht nur die Landeshoheit über bisher reichsunmittelbare Gebiete ein, sondern lieferte ihnen auch alle Kirchengüter aus, welche den mediatisierten Reichsständen anvertraut waren, also die Unterhaltsmittel der Fürstbischöfe selbst, der Domkapitel, der reichsunmittelbaren Klöster, aber auch der Klöster, welche unter der Hoheit der Fürstbischöfe standen, ferner die abhängigen Pfarreien und Kollegiatstifte. Dabei waren die Pfarreien dank ihrer Aufgabe in der Seelsorge ausdrücklich in ihrer Existenz geschützt, die Klöster dagegen durften durch die neuen Herren aufgehoben und mit ihrem ganzen Vermögen eingezogen werden. Damit war das Beispiel gesetzt für den gleichen Vorgang innerhalb der fortbestehenden fürstlichen Territorien, für welche zunächst, das heißt 1798 zu Rastatt, eine solche Regelung nicht ins Auge gefaßt worden war. Erst 1802 entschied sich Montgelas, das Verfahren in den neugewonnenen Gebieten auf Altbayern zu übertragen. Auf Antrag Montgelas' wurde ein Paragraph in den Reichsdeputationshauptschluß aufgenommen, der Paragraph 35, der auch die „Güter der fundierten Stifter, Abteien und Klöster in den alten sowohl als in den neuen Besitzungen der freien und vollen Disposition der respektiven Landesherren sowohl zum Behuf des Aufwandes für Gottesdienst, Unterricht und andere gemeinnützige Anstalten als zur Erleichterung ihrer Finanzen" überließ. Es ging dabei in erster Linie um zwei Dinge, um Einnahmen für den Staat und um die Ausschaltung unkontrollierter kirchlicher Einflüsse auf das Volk, vor allem auf die Volkserziehung. Das war bereits der wichtigste Beweggrund bei der jahrzehntelangen Kampagne gegen die Societas Jesu gewesen, die 1773 schließlich zur Aufhebung dieser Gesellschaft geführt hatte, und zwar durch den Papst selbst. Das war zweifellos einer der wichtigsten Marksteine auf dem Weg zur Nationalisierung der Kirche in Frankreich und zur Säkularisation in Deutschland. Auch in Bayern hatte sich die Jesuitenfeindschaft der Frühaufklärung seit den siebziger Jahren in eine immer heftiger werdende Kritik an den Klöstern im allgemeinen fortentwickelt, eine Kritik, die auch durch die innerkirchliche Aufklärung selbst nicht unerheblich genährt wurde. Die bayerische Öffentlichkeit war um 1800 bereits so mit dem Gedanken an die nahe Aufhebung der Klöster des Landes vertraut, unter anderem auch durch die von kirchlicher Seite selbst hingenommene Dezimation von 1798 wie die Aufhebung einiger Klöster wegen wirtschaftlicher und moralischer Zerrüttung, daß sich Zentner in seiner Aufhebungsinstruktion von 1802 um eine juristische Begründung gar nicht erst bemühte. Er verwies nur beiläufig auf die Notwendigkeit einer solchen Maßnahme, die sich daraus ergebe, daß der Staat im Augenblick zusätzliche jährliche Mittel von etwa 750000 Gulden benötige, die auf keine andere Weise zu erlangen seien als durch Aufhebung der Klöster.

Im Bereich des heutigen Bayern wurden damals an Abteien und Propsteien der Mönchsorden und Chorherren 74 Stifte beschlagnahmt, daneben 93 Niederlassungen der Bettelorden, nämlich der Franziskaner, Kapuziner, Dominikaner, Karmeliten und Augustinereremiten. Von den 74 Stiften lagen allein 65 im Kurfürstentum Bayern. 1750 waren es noch 84 gewesen, vor der Abtretung des Innviertels an Österreich sowie vor der Aufhebung der Klöster Osterhofen, Seligenthal und St. Veit. Die Zahl der betroffenen Mönche, Chorherrn und Nonnen betrug 4469, das ist mehr als die Hälfte des damaligen geistlichen Standes; zusammen mit den Weltgeistlichen umfaßte der Klerus in Bayern 7544 Personen, das ist bei 1,2 Millionen Einwohnern nicht ganz ein halbes Prozent. Hinzuweisen ist auch noch darauf, daß der Prälatenstand die Hälfte der kirchlichen Besitzungen an Grund und Boden besaß, insgesamt also etwa ein Viertel des gesamten Grundbesitzes im Land.

Die finanziellen Hoffnungen der Aufhebungskommission knüpften sich nicht nur an Grund und Boden, sondern genauso an die Klostergebäude und vor allem an die Kunstwerke im Besitz der Klöster, sowohl der Gemälde und Plastiken wie auch der kirchlichen Geräte. Da es vor allem darauf ankam, Bargeld zu erhalten und zwar rasch, wurden, nachdem durch Lokalkommissionen unter dem Vorsitz der Landrichter Inventare aufgenommen worden waren, die zum Verkauf geeigneten Vermögenswerte feilgeboten. Was es durch untergeordnete Organe bei den gesamten Aufhebungsvorgängen an Unzuträglichkeiten gab, hat freilich aufs ganze gesehen wenig zu bedeuten. Schwerer ins Gewicht fallen Dinge, die mit dem System zusammenhängen, etwa daß in Fürstenfeld Gemälde zerstört wurden, weil sie nach Ansicht des Lokalkommissärs abergläubische Darstellungen enthielten, eine Begründung, die auch für die Vernichtung Tausender von Büchern verantwortlich war, daß man an Kelchen und Monstranzen nur den Metallwert schätzte und, um Platz beim Abtransport zu sparen, die kostbaren Gefäße platt trat, und daß man schließlich auch, weil der Unterhalt zu teuer kam, zahlreiche Kirchen und Kapellen abbrechen ließ, darunter die großartige Wessobrunner Basilika, die erst wenige Jahrzehnte zuvor erbaut worden war, oder ein Meisterwerk Balthasar Neumanns, die herrliche Kirche zu Münsterschwarzach.

Weitgehend enttäuscht hat auch das finanzielle Ergebnis der Säkularisation. Statt, wie gehofft, dadurch das Defizit im Staatshaushalt decken zu können, mußte Montgelas später feststellen, daß sich für den Augenblick kaum ein Gewinn ergab. Das lag einmal daran, daß viele Klöster mit ihren aufwendigen Bauten in einer Gegend errichtet waren, die keine Möglichkeit bot zur Verbindung irgendwelcher Gewerbebetriebe mit den leerstehenden Gebäuden, daß es also keine Käufer gab. In der Regel mußte man also die Gebäude zu Schleuderpreisen abgeben, zum Teil zum Materialpreis, oder selbst behalten und sich um zweckmäßige Verwendung bemühen, etwa um eine Verwendung als Nervenheilanstalt, als Kaserne oder als Zuchthaus. Das Angebot drückte aber die Preise auch beim klösterlichen Grundbesitz, das heißt bei jenen Ländereien, die unmittelbar zur Klosterwirtschaft selbst gehörten; vor allem das Bemühen, möglichst rasch zu Geld zu kommen, führte hier zu sehr erheblichen Verlusten. Selbst bei so reichen Klöstern wie bei Niederaltaich, dem reichsten bayerischen Kloster, erbrachte der Verkauf der Realitäten, der Gebäude also und der Grundstücke, insgesamt 50000 Tagwerk, der Möbel und der Gerätschaften nicht mehr als 250000 Gulden. Insgesamt betrug der Bargewinn – hier gehen jedoch die Angaben vielfach auseinander – bei den altbayerischen landständischen Klöstern bis 1813 knapp neun Millionen Gulden, dazu kamen Grundzinsen, Pachtzins aus den Brauereien, schließlich das Barvermögen der Klöster von ca. 400000 Gulden und der Erlös aus dem Verkauf von verstreuten Waldungen, ebenfalls um 500000 Gulden, so daß an baren Eingängen etwa zehn Millionen Gulden erzielt wurden. Die greifbaren Aktiv-Kapitalien der Klöster betrugen vier Millionen Gulden, davon gingen aber 1,3 Millionen als Passiv-Kapitalien ab – die Klöster fungierten sehr häufig als eine Art Bank für ihre Klosteruntertanen –, so daß auch davon nur 2,7 Millionen Gulden anzurechnen sind, eineinhalb Millionen kamen ein aus der Versteigerung von Kunstgegenständen, Möbeln und Wein, so daß man auf etwa 14 Millionen Gulden barer Einkünfte innerhalb von zehn Jahren kommt. Damit ist etwa der Betrag jener Dezimation von 1798 erreicht, der durch jährliche Zahlungen der bayerischen Klöster an den Kurfürsten abgeführt werden sollte. Mit anderen Worten, der gleiche Effekt hätte sich auch ohne Säkularisation erzielen lassen, wie denn die genaue Untersuchung der Klosterpolitik etwa Heinrichs II. oder Ottos von Bamberg zeigt, daß man bei der Begabung von Ordensgemeinschaften mit Grund und Boden davon ausging, daß die investierte Arbeit, die investierte Organisationstätigkeit durch die zu erwartenden Abgaben für den Klosterherrn eine sehr rentable Geldanlage darstellen würden.

Von den bisher errechneten 14 Millionen Gulden Einkünften gehen nun allerdings Millionen von Ausgaben ab. Erhebliche Kosten verursachten die Pensionen der Äbte, der Mönche und der Nonnen, die durch den Reichsdeputationshauptschluß als Belastung mit dem Gewinn verbunden waren. Für die Vorsteher der landständischen Klöster in Bayern waren jährlich 52000 Gulden anzusetzen, die sich allerdings von Jahr zu Jahr verringerten; immerhin waren 1820 noch 30000 Gulden jährlich aufzubringen. Für die Mönche der landständischen Klöster waren 400 Gulden im Jahr als Pension festgesetzt, für die Bettelmönche hielt man 135 Gulden für ausreichend, etwas mehr als ein Taglöhner erhielt. Die Summe betrug 750000 Gulden, die Summe für die Nonnen 148000 Gulden. Insgesamt waren jährlich an Pensionen für die ehemaligen Insassen bayerischer Klöster nahezu eine Million Gulden auszuzahlen, wobei die Gehälter für Mönche, die als Pfarrer eingesetzt wurden, bereits abgerechnet sind. Die Zahlungen endeten im allgemeinen Ende der zwanziger Jahre.

Zwei Posten sind bisher noch nicht in Rechnung gestellt worden, Posten, die auch bei den Zeitgenossen nicht ins Gewicht fielen, die aber in Wirklichkeit den finanziellen Hauptgewinn des bayerischen Staates beim Säkularisationsvorgang darstellen, nämlich der klösterliche Reichtum an Wald und die klösterlichen Grundherrschaften. Die Hälfte der bayerischen Staatswaldungen stammt aus der Säkularisation. Nicht weniger wichtig dürfte die Übernahme der klösterlichen Hofmarken gewesen sein. Tausende von Grundholden, die nicht direkt dem Landrichter unterstanden, außer in den Fällen, die zum Tode führten, sondern dem Klosterrichter in der Hofmark, die also die Gerichtsabgaben und die Scharwerke an das Kloster abführten, fielen jetzt dem bayerischen Staat zu, neben den Gerichtsabgaben und Scharwerken aber auch die Gülten, Zinse und Laudemien, jene Abgaben also, die der Grundholde dem Grundherrn schuldete; an den bayerischen Staat fielen auch die Zehnten, die der Bauer der Kirche schuldete. Alle diese Abgaben zusammen sind in ihrer Höhe nicht erfaßt; von ihnen müßte aber jene Million Gulden an Einkünften stammen, welche die bayerischen Prälaten aus ihren Grundherrschaften zogen, damit ergibt sich also doch jener Betrag, den Zentner sich als jährlichen Zuschuß zum Staatshaushalt aus der Säkularisation erhofft hatte.

Eine solche Rechnung übersieht jedoch die entscheidende Gegebenheit, die ideelle Bedeutung der Klöster für das bayerische Land und Volk. Was auch die Aufklärer zum Teil gesehen haben, ist uns auch heute noch erkennbar, nämlich die geistige Leistung, die in einer ganzen Reihe von hochangesehenen Klöstern erbracht wurde, die zum Teil die wichtigsten Träger des wissenschaftlichen Fortschritts in Bayern auf dem Gebiet der Geschichtswissenschaft wie auf dem Gebiet der theoretischen wie der angewandten Naturwissenschaften waren. Auf beiden Gebieten waren Benediktiner und Augustinerchorherrn im Rahmen der Bayerischen Akademie der Wissenschaften bis über die Säkularisation hinaus führend. Seit der Aufhebung des Jesuitenordens waren es dann vor allem bayerische Benediktiner, Augustinerchorherrn, Prämonstratenser und Zisterzienser, die in einer ganzen Reihe von Fächern den Wissenschaftsbetrieb an der Universität Ingolstadt aufrechterhielten. Die Universität Salzburg wurde hauptsächlich von schwäbischen Benediktinern betreut. An der Spitze stand hier Ottobeuren mit seinen weitberühmten Kanonisten und Historikern und mit dem Mathematiker und Physiker Ulrich Schiegg, der noch im gleichen Jahr wie Montgolfier den ersten deutschen Ballonaufstieg durchführte. Auch St. Ulrich in Augsburg hätte, wie Ottobeuren, in den eigenen Klostermauern eine Hochschule unterhalten können. Der Historiker Placidus Braun, der die heute noch nicht überholte Geschichte der Augsburger Bischöfe schrieb, gehörte um 1800 zur Elite der bayerischen Historiker. Unter den Klöstern in Franken hatten das Zisterzienserstift Ebrach und das Benediktinerkloster Münsterschwarzach vor allem namhafte Historiker. Allgemeine Bedeutung besaß aber das Kloster Banz, dessen Theologen und Historiker die Säulen der kleinen Universität Bamberg bildeten und das durch eine wissenschaftliche Zeitschrift bedeutenden Einfluß auf die Entwicklung der Aufklärungsbewegung im katholischen Deutschland nahm. Mit dieser Feststellung ist bereits eine der wichtigsten Folgen der Säkularisation in Deutschland überhaupt angesprochen. Damals sind achtzehn deutsche Universitäten oder Hochschulen ohne Universitätsrang zugrunde gegangen, darunter so bedeutende Institutionen wie die Universitäten zu Mainz, Köln und Trier, die alte Universität zu Münster, die kleinen Universitäten zu Paderborn oder Bamberg oder das schwäbische Dillingen. Damit waren weite Gebiete des katholischen Deutschland ohne eigene Universität. Die Folgen sind kaum abzuschätzen.

Kaum abzuschätzen ist auch die geistige Verödung, die jetzt weithin auf dem Lande eintrat. Die aufgehobenen Klöster unterhielten samt und sonders Elementarschulen und Lateinschulen, in denen begabte Bauernkinder nicht nur zum Eintritt in die Klöster vorbereitet wurden, sondern auch zum Besuch der Gymnasien in den Hauptstädten; damit war der Aufstieg in die Beamtenschaft verbunden. Eine ganze Reihe von namhaften Persönlichkeiten hat auf diese Weise den Grund zu ihrer Karriere gelegt, am bekanntesten ist vielleicht Johann Georg von Lori, der Gründer der Bayerischen Akademie der Wissenschaften, der bis zum Geheimen Referendär aufgestiegen ist.

Einschneidende Folgen ergaben sich aber auch für die ländliche Sozialstruktur. Mit dem Wegfall der Klöster fielen auch die Auftraggeber für zahlreiche kleine ländliche Gewerbebetriebe fort. Auch wenn sie zu ihren bisherigen Grundstücken jetzt neue aus den klösterlichen Eigengütern hinzu erwerben konnten, bedeutete für die meisten von ihnen der Einschnitt von 1803 doch einen empfindlichen sozialen Abstieg in die Schicht der Gütler oder doch in ihre Nähe. D. Stutzer hat darüber hinaus auch gezeigt, daß das Beschäftigungssystem der in unmittelbarem Klosterdienst stehenden Personen in weitem Umfang vom Gesichtspunkt der sozialen Sicherung beherrscht wurde, auch das war jetzt zu Ende.

Grundsätzlich geändert hat sich schließlich auch die gesamte Stellung der bäuerlichen Hintersassen zum Land. Die bisherige patrimoniale Gesellschaftsform wurde ersetzt durch das bürokratische Prinzip des Aufgeklärten Absolutismus; dadurch, daß der Kurfürst jetzt Grundherr von etwa sieben Zehntel der bayerischen Bauern geworden war, fiel das bisher persönliche Verhältnis zwischen Grundholden und Grundherren fort. Der Staat selbst trat an die Stelle einer Person. Außerdem hatte die Beseitigung personaler Zwischeninstanzen zwischen Untertanen und Herrscher den entschiedensten Fortschritt auf dem Weg zu einer allgemeinen, gleichförmigen Untertanenschaft zur Folge, die wichtigste Voraussetzung für eine staatliche Neuordnung nach rationalen Prinzipien, die wichtigste Voraussetzung aber auch für die Gleichheit aller vor dem Gesetz. Der Weg zum modernen Staat ging über die Aufhebung der klösterlichen Grundherrschaft – ohne daß man sagen muß, dieser Weg hätte nicht auch dann beschritten werden können, wenn man die Klöster an sich hätte bestehen lassen. Das zeigt das österreichische Beispiel, wo nach dem Josephinismus keine Klöster mehr aufgehoben, sondern nur die grundherrlichen Abhängigkeiten beseitigt wurden.

Daß der moderne Staat seinem Wesen nach auf diesem Weg nicht mehr einhalten konnte, hätten auch die bayerischen Landstände begreifen müssen, die noch in den Anfängen der Säkularisationsbewegung, 1801, den Protest des Prälatenstandes unterstützt hatten, nach dem Vollzug der Säkularisation aber den jetzt eingereichten formellen Protest des ersten Standes, dessen Sprecher Abt Rupert Kornmann von Prüfening war, kurzsichtig und in ängstlicher Resignation ignorierten. Daß jetzt der Landschaft, das heißt den noch übriggebliebenen Vertretern des Adels und der Bürgerschaft, das ausdrückliche Versprechen gegeben wurde, daß die Landschaft in ihrer Existenz wie in ihren Rechten nicht eingeschränkt werden sollte, hätte zu denken geben müssen. Das gleiche Versprechen hatte noch 1799 und 1801 der erste Stand der Landschaft, der Prälatenstand, vom gleichen Kurfürsten erhalten, in dessen Namen nun das neue Versprechen gegeben wurde. Es sollte nicht mehr lange dauern, dann sollte sich auch in diesem Zusammenhang die Warnung Herders bestätigen, daß nach dem ersten Einbruch in die allgemeine Rechtsordnung niemand mehr seines Rechts sicher sein würde.

Bayern und Napoleon

Es war keine große Leistung mit den Erwerbungen von 1802/03 verbunden, weder auf dem Schlachtfeld noch auf dem Felde der Diplomatie; der eigentliche Preis war erst noch zu bezahlen. Bayern blieb es so wenig wie Württemberg, Baden und Sachsen erspart, in den Schlachten Napoleons seinen Blutzoll zu entrichten, und es war genötigt, die Politik Napoleons mitzumachen, die in jeder Unternehmung stets das Ganze neu aufs Spiel setzte. Nie konnte es der eigenen staatlichen Existenz sicher sein, bis die Epoche der Umwälzungen ihr Ende gefunden hatte. Es war die eine Leistung Montgelas', daß er in diesen Jahren unablässiger Gefährdung allein schon des staatlichen Bestandes immer das Rezept fand, das einen neuen Ausweg eröffnete. Die andere, nicht weniger bedeutende Leistung besteht darin, daß er mitten in diesen turbulenten Jahren die staatlichen Grundlagen formte, die nun schon länger als ein Jahrhundert ihre Tragfähigkeit bewiesen haben.

Im wesentlichen war bereits mit den Erwerbungen von 1802/03 das Rohmaterial bereitgestellt, aus dem das neue Bayern geschaffen werden sollte. Alles, was in den nächsten Jahren noch dazukam, ausgenommen wenige Reichsstädte und die Markgrafschaft Ansbach-Bayreuth, war nur Besitz für kurze Zeit. Dennoch bieten die Jahre zwischen 1803 und 1813 das erregendste Schauspiel in der bayerischen Geschichte des Jahrhunderts. Nie war die bayerische Selbständigkeit so in Gefahr wie damals, nie war sie aber auch, der staatsrechtlichen Theorie nach, besser gesichert – so paradoxe Aussagen sind über den damaligen politischen Zustand des Landes möglich.

Das Jahr 1803 stellte in keiner Hinsicht einen Abschluß dar, in der Natur der Dinge lag vielmehr, daß der erste Anstoß weiterwirken würde, bis sich das von außen so rücksichtslos zerstörte innerdeutsche machtpolitische Gleichgewicht wieder festigen würde. Welche Entwicklung dabei das Ganze wie die Teile nahmen, hing, das zeigte die Verlagerung der Entscheidung über die innerdeutschen territorialen Verschiebungen nach Paris, nicht so sehr ab von dem guten oder bösen Willen der deutschen Fürsten selbst, sondern davon, ob nach wie vor die Ausstrahlung der französischen Kraftentfaltung auf Deutschland bestimmend sein würde oder nicht. In München gab man sich über diese Grundtatsache der deutschen Politik nach der Jahrhundertwende keinerlei Illusionen hin. Nach der Schlacht von Hohenlinden stand nicht mehr das Grundsystem der Anlehnung an Frankreich in Frage, sondern nur noch die Form und das Ausmaß. Ein bayerischer Staatsmann hatte es 1804 zwar immer noch mit den gleichen Grundgegebenheiten zu tun wie 1702 oder 1740 – hier Frankreich, hier Österreich, dort Preußen –, aber es hatten sich nicht nur die quantitativen Gegebenheiten verschoben, da Frankreich sich bis an den Rhein und über die Alpen bis nach Rom ausgedehnt hatte, so daß dem Herrscher Frankreichs das größte Heer der europäischen Geschichte zur Verfügung stand. Noch mehr fiel ins Gewicht, daß Frankreich nicht nur, wie zur Zeit Ludwigs XIV., dank seiner Truppenmassen die absolute militärische Vorherrschaft besaß, sondern daß jetzt, anders als 1704, ein militärisches Genie führte. Es war aber nicht nur der kriegerische Ruhm Napoleons, der ihm das Vertrauen seiner Verbündeten sicherte, er galt auch als Bändiger der Revolution, er hatte durch seine Verwaltungsmaßnahmen die innere Stabilisierung Frankreichs bewirkt, seine Reformarbeit schuf eine Rechtssicherheit, die in Europa unerreicht war. Das Konkordat von 1802 mit dem Papst schien ihn darüber hinaus als Garanten einer neuen Ordnung auszuweisen, die auf großen abendländischen Prinzipien beruhte. Wie brüchig der Grund war, auf dem das alles stand, war jedoch auch nicht zu übersehen. Sicher kam es zur Übersteigerung des napoleonischen Machtrausches und zu den hemmungslosen Ausbrüchen seiner Gewaltnatur erst später, doch die ganze Perfidie seiner Staatskunst wäre auch schon 1804 und 1805 erkennbar gewesen. Aber es war für die süddeutschen Fürsten, für Preußen oder für Rußland, die er ständig gegeneinander wie gegen England oder Österreich auszuspielen pflegte, bequemer, den Versicherungen und Versprechungen der französischen Gesandten zu vertrauen, als der Wirklichkeit ins Auge zu sehen.

Das Bündnis des bayerischen Kurfürsten mit Napoleon, das Treitschke, freilich ohne die Bündnispolitik Preußens zur gleichen Zeit mit dem gleichen Ausdruck zu belegen, mit dem Wort „Niedertracht“ deklariert, gehört in den großen Zusammenhang des dritten Koalitionskrieges. Im Mai 1803, kaum daß der Friede mit England geschlossen war, war wegen Malta der Krieg erneut ausgebrochen, in dessen Verlauf Napoleon, da er England zur See wenig anhaben konnte, Hannover besetzt hatte. Nach der Erschießung des Herzogs von Enghien, 1804, hatte auch der Zar die Beziehungen zu Frankreich abgebrochen. Die Annahme des Kaisertitels durch Napoleon hatte dann dazu geführt, daß die Werbungen Englands und Rußlands um Österreich im November 1804 in dem Bündnis zur Abwehr weiterer französischer Übergriffe einen ersten Erfolg aufwiesen. Im April 1805 waren dann die englisch-russischen Beziehungen zu einem Militärbündnis gegen Frankreich verdichtet worden, dem im Mai 1805 – nach der Proklamation des Königreichs Italien, das in Personalunion mit Frankreich verbunden wurde, und der Annexion Genuas – auch Österreich beitrat. Die Ziele der Alliierten wurden im allgemeinen auf Erhaltung des Zustandes von 1803 beschränkt. England erhoffte darüber hinaus die Wiederherstellung des europäischen Gleichgewichts, Österreich Arrondierungen in Deutschland.

Napoleon, der von den Kriegsvorbereitungen weitgehend zuverlässige Kenntnis erhalten hatte, bereitete nun seinerseits den Krieg vor. Aber anders als der Kaiser Franz I. bestimmte er den Zeitpunkt und den Schauplatz der Auseinandersetzung selbst. Im Sommer 1805, als er bereit war, richtete Napoleon an Österreich ein Ultimatum, in dem er über die Zahl und die Stärke sowie über die Lozierung der österreichischen Truppen bestimmte und damit den Kaiser, der immer noch in den Kategorien des Ehrenkodex’ des Ancien Régime dachte, zum Krieg zwang. Noch während die Bündnisverhandlungen Rußlands mit Preußen weit von jedem Ergebnis entfernt waren, überschritten die österreichischen Truppen den Inn, der entscheidende Kriegsschauplatz mußte damit Süddeutschland werden.

Um diese Zeit war auch das Ringen Napoleons um den Zusammenschluß Süddeutschlands gegen Österreich bereits abgeschlossen. Besonders dramatisch war das Ringen um Bayern. Wie 1702 stand auch jetzt Bayern als das mutmaßliche Aufmarschgebiet beider Gegner mitten zwischen den beiden Parteien. Umworben wurde es allerdings zunächst nur von Napoleon, da Österreich auch im Sommer 1805, als Napoleon sich längst entschieden hatte, noch immer nicht ernstlich zum Krieg bereit war. 1702 regierte ein Fürst, der unter allen Umständen entschlossen war, Partei zu ergreifen, der vor keinem Risiko zurückschreckte, um sich ein Königreich zu erobern. Es war also leicht, Max Emanuel zu gewinnen. Man mußte nur genug bieten. 1805 dagegen hatte der Kurfürst von Bayern kein anderes Interesse als neutral zu bleiben, ein doch sehr wesentlicher Unterschied gegenüber allen vorausgegangenen Situationen. Auch Montgelas wußte genau, welches Wagnis eine Parteinahme 1805 bedeutete. „Sie riskieren nur eine Armee", sagte er einmal zum französischen Gesandten, „wir aber alles, was wir haben. Es ist möglich, daß der Kurfürst in sechs Monaten kein Haus mehr besitzt." Den ganzen Sommer hindurch drängte Napoleon auf den Abschluß einer Militärallianz, Drohungen wechselten ab mit großzügigen Versprechungen, bis schließlich Napoleon den Kurfürsten vor die Wahl zwischen Allianz oder Einbeziehung Bayerns in den französischen Angriff stellte. Selbst in dieser Situation suchte der Kurfürst noch einmal nach einem Ausweg, indem er in Berlin die ausdrückliche Bitte um Aufnahme in das preußische Neutralitätssystem stellte, also seine Bereitschaft kundtat, sich Preußen in aller Form unterzuordnen. Hardenberg jedoch lehnte ab, da Frankreich das nicht zulassen werde, und machte dem bayerischen Gesandten klar, daß nur die Wahl zwischen einem Anschluß an Frankreich oder an Österreich bleibe. Als auch der bayerische Gesandte in Wien keinen Zweifel darüber ließ, daß österreichische Truppen auf dem Weg zur Grenze seien, war der Kurfürst endlich bereit, auf die Argumente Montgelas' einzugehen, der ihm klarmachte, daß auch nach einem Sieg Österreich ein starkes Bayern nicht brauchen könne. Von Montgelas selbst stammte dann auch der Allianzentwurf, den der französische Gesandte Anfang August in Paris vorlegte und der die Grundlage bildete für den Vertrag vom 25. August 1805, der in Bogenhausen, in der Wohnung des eben erkrankten Montgelas, abgeschlossen wurde. Der Form nach war dieser Vertrag ein beiderseitiges Schutz- und Trutzbündnis, bei dem Bayern 20000 Mann zu stellen hatte, und genauso das Empire. Bayern garantierte dabei die Besitzungen Frankreichs in Italien, umgekehrt Napoleon die gegenwärtigen Besitzungen Bayerns. Ausdrücklich verzichtete Napoleon auf eine Ausdehnung Frankreichs über den Rhein.

Es kam selbstverständlich nicht auf Bayern allein an. Auch wenn Bayern als einzige süddeutsche Macht eine Armee besaß, die ins Gewicht fiel, so war doch der ungestörte Aufmarsch durch Baden und Württemberg für Napoleon ebenfalls wichtig, noch wichtiger aber die Stellung dieser Fürsten im zukünftigen politischen System. Nachdem Bayern mit dem Bündnis vorangegangen war, schloß zehn Tage später auch Baden unter ähnlichen Voraussetzungen ein Bündnis mit Frankreich. Der Kurfürst von Württemberg allerdings, der ebenfalls, wie Bayern, zunächst auf die Wahrung der Neutralität hingearbeitet hatte, war erst am 5. Oktober bereit zu unterschreiben, als seine Residenz zu Ludwigsburg bereits im vollen Bereich der französischen Kanonen lag. Der Kurfürst, der bereits wieder in heftige Kämpfe mit den württembergischen Landständen bezüglich der Eingliederung der Neuerwerbungen in das altständische System geraten war, brachte in seinen Vertrag eine Klausel, die sich als sehr folgenschwer erwies. Er erhielt von Napoleon die volle Souveränität garantiert, worunter er die uneingeschränkte Handlungsfreiheit gegenüber seinen Landständen sah; er hat dann auch nicht sehr lange gezögert, sie völlig aufzuheben. Gleichzeitig folgerte man aus diesem Ausdruck auch die Unabhängigkeit von Kaiser und Reich, so daß Montgelas sagen konnte, dieser Vertrag mit Württemberg vom 5. Oktober sei „der eigentliche Anlaß zum Einsturz des deutschen Reiches" gewesen.

Die Unterschrift des ersten Ministers unter den Vertrag mit Frankreich bedeutete noch nicht die letzte Bindung, es fehlte noch die Ratifikation durch den Kurfürsten. Sie erfolgte erst einen Monat später, den unmittelbaren Anlaß bildete ein kaum glaublicher Zwischenfall. Am 6. September traf der Fürst Schwarzenberg als Sondergesandter Franz' II. an der Spitze von 200 Husaren in Nymphenburg ein und forderte ultimativ die Vereinigung der bayerischen und österreichischen Truppen. Nur unter dieser Voraussetzung könne er dafür einstehen, daß der Bestand Bayerns unangetastet bleibe. Dieses Musterbeispiel österreichischer Diplomatie darf nicht übersehen, wer sich zu einem Urteil über die Epoche berechtigt glaubt. Selbst der bayerische Kurprinz Ludwig, der ein heftiger Gegner der franzosenfreundlichen Politik seines Vaters war, hat diese Nachricht mit größter Empörung aufgenommen und erklärt, daß er seinem Vater unter diesen Umständen den Anschluß an Frankreich nicht verdenken könne. Max Joseph blieb in diesem Augenblick allerdings nichts anderes übrig, als in Verhandlungen einzutreten. Eine bayerische Neutralität wollte Franz II. dabei keinesfalls zulassen, er verlangte für diesen Fall die völlige Entwaffnung der bayerischen Armee, eine Forderung, die selbst für einen friedfertigen Fürsten wie Max Joseph unzumutbar war. So entschied sich der Kurfürst endgültig für Napoleon, noch am Tag der Ratifikation vereinigte er die bayerische Armee von knapp 30000 Mann mit der französischen, die auf dem Marsch an die Donau war, so daß die bayerische Armee den gesamten Feldzug bis nach Mähren mitmachte. An der Entscheidung von Austerlitz am 2. Dezember waren die bayerischen Truppen allerdings nicht beteiligt.

Der Friede von Preßburg vom 26. Dezember 1805, der zeigte, daß Napoleon nicht die Absicht hatte, Österreich zu zerschlagen, sondern als Gegengewicht gegen Rußland zu erhalten, führte die Ausgestaltung des europäischen Gleichgewichtssystems durch die neuerliche Vergrößerung der süddeutschen Staaten zum Abschluß. Bayern erhielt – für Würzburg, das an den Großherzog der Toscana, als Entschädigung für den Verlust Salzburgs an Österreich, abgetreten werden mußte – Tirol mitsamt den ehemaligen Fürstbistümern Brixen und Trient, dazu Vorarlberg und eine Reihe von Grafschaften und kleineren Fürstentümern in Oberschwaben, westlich der Iller also. All das ging später wieder verloren. Von Dauer dagegen war die Abrundung der bayerischen Besitzungen in Schwaben durch die Reichsstadt Augsburg, die Markgrafschaft Burgau und andere Enklaven sowie die endgültige Erwerbung von Eichstätt und des Restes von Passau, des Gebiets nördlich der Donau. In einem Zusatzvertrag zu Brünn wurde Bayern außerdem die Markgrafschaft Ansbach übertragen, gegen die förmliche Abtretung von Jülich und Berg an Napoleon. Preußen wurde als Entschädigung für Ansbach das bereits annektierte Kurfürstentum Hannover angeboten. Bayern hat durch diesen Frieden von Preßburg 1,2 Millionen Einwohner gewonnen, das war ein Zuwachs von zwei Dritteln des bisherigen Umfangs. Württemberg und Baden erhielten je ein Viertel, hauptsächlich Abrundungen ihrer Säkularisationsgewinne durch den habsburgischen Besitz in Vorderösterreich und Oberschwaben.

Österreich selbst verlor nicht mehr als 3,2 Millionen Einwohner, das war ein Achtel seines gesamten Besitzes, es war also längst nicht tödlich getroffen. Damit war jenes Ziel nicht erreicht, das Napoleon an den Anfang der Verhandlungen mit den süddeutschen Staaten gestellt hatte, nämlich sie so mächtig zu machen, daß sie gegenüber Österreich eine unabhängige Politik betreiben könnten. Das war auch jetzt nicht der Fall; nicht einmal, wenn sie sich zusammenschlossen, waren sie diesem immer noch mächtigen Staat gewachsen. Aber auch das war von Napoleon bedacht. Nur wenn sie Gefahr liefen, von Österreich wieder ihrer Erwerbungen beraubt zu werden, glaubte Napoleon, diese Staaten zuverlässig an Frankreich binden zu können, und die Vergrößerung auf Kosten Österreichs schien ihm die dauernde Garantie für ihre Furcht vor einer Übermacht Österreichs zu bieten. Vertieft wurde dieser Gegensatz ferner durch die Aufnahme eines Artikels in den Vertrag, in dem diesen Staaten die „Plénitude de la Souverainété" zugesprochen wurde, also die volle Souveränität. Da außerdem Österreich im Friedensvertrag die Annahme des Königstitels durch Bayern und Württemberg akzeptierte, war im Grunde schon jetzt der Zerfall des Reiches festgelegt.

Im großen und ganzen ist durch den Frieden von 1805 jener Staat Bayern geschaffen worden, wie er heute noch existiert. Das macht diese Vorgänge so wichtig auch noch für uns. Für die Zeitgenossen aber noch ungleich eindrucksvoller war die Erhebung Bayerns zum Königreich, die ebenfalls in Preßburg besiegelt worden ist. Um unmißverständlich klarzumachen, daß diese Erhebung ganz allein seine Sache war, verlangte Napoleon noch in Preßburg die unmittelbare Annahme des Königstitels durch die Kurfürsten von Bayern und Württemberg, eine Geste, die den Stolz dieser Herrscher auf die neue Würde nicht gerade erhöht hat. Das Ergebnis von 1805 war nicht der Ausfluß einer wohltätigen Laune, sondern begründeter politischer Kalkulation. Bayern war trotz seiner

Erhöhung nichts anderes als der wichtigste französische Satellitenstaat in Deutschland. Das war dem König wie dem leitenden Minister Montgelas noch in Brünn klargemacht worden. Eine weitere, keinesfalls unwichtige Voraussetzung für die Großzügigkeit Napoleons im Friedensschluß war die bayerische Zusicherung, daß die Rechnungen für alle bayerischen Kriegslieferungen und daß alle französischen Quittungen für bayerische Darlehen zerrissen wurden. Auch in Zukunft finanzierte Bayern die im Land stehende französische Armee. Sie blieb auch nach dem Krieg in Bayern, sowohl als Deckung gegenüber Österreich und Rußland wie als Flankenbedrohung gegenüber den Preußen, die 1805 sehr unzuverlässig aufgetreten waren. Es war selbstverständlich, daß diese Armee auch von Bayern unterhalten wurde, obwohl man in Bayern genau wußte, daß nicht der letzte Zweck dieser französischen Maßnahme die Beherrschung Bayerns wie Süddeutschlands selbst war.

Napoleon hatte den Feldzug von 1805 nicht nur durch seine Schlachten gewonnen, sondern ebenso durch seine überlegene Diplomatie. Er wäre deshalb ein schlechter Staatsmann gewesen, wenn er sich nur auf den Druck seiner militärischen Überlegenheit verlassen und nicht auch versucht hätte, nach der glänzenden diplomatischen Vorbereitung von 1805 die Beherrschung Süddeutschlands auch noch institutionell zu sichern. Die Pläne dafür waren 1805 noch sehr unklar. Herauskristallisiert hat sich nur die Absicht zur engeren Zusammenschließung der Satellitenstaaten zu einem Dritten Deutschland; der Weg jedoch zu diesem Dritten Deutschland und die Form, die man ihm geben sollte, waren noch völlig offen. Beides war das Ergebnis der rastlosen diplomatischen Verhandlungen des Jahres 1806.

Der Rheinbund von 1806 ist zwar im wesentlichen eine spontane Schöpfung, das heißt, er ist unmittelbar aus den Verträgen von 1805 entstanden. Es gab aber doch im Deutschen Fürstenbund von 1785, der zunächst gegen den Kaiser Joseph II. gerichtet war, ein unmittelbares Vorbild für den Zusammenschluß deutscher Fürsten außerhalb der Reichsverfassung. Die enge Bindung an Frankreich als Charakteristikum eines solchen Bundes wies aber nur der Rheinbund von 1658 auf, der ebenfalls gegen den Kaiser gerichtet war und zur Hauptabsicht die Aufrechterhaltung der Westfälischen Friedensverträge hatte, das heißt die Sicherung des Friedens auf deutscher Seite, auf französischer Seite die Garantie des gewonnenen Ergebnisses. Gemeinsam ist den beiden Zusammenschlüssen von 1658 und 1806 auch die nominelle politische Führung durch den Kurfürst-Erzbischof von Mainz, aber die Zielsetzung war doch jeweils grundverschieden, verschieden auch die allgemeinen Voraussetzungen.

Die wichtigste Voraussetzung für das rasche Anwachsen der Bedeutung des Rheinbundes von 1806 war der freiwillige Rückzug des Kaisers aus dem Reich, ein Rückzug, der schon unter Joseph II. deutlich greifbar ist, von dem seit 1792/93 der neue Kaiser Franz II. immer wieder gesprochen hat und der noch vor dem offiziellen Ende des Alten Reiches dokumentiert wurde durch die österreichische Antwort auf den französischen Kaisertitel Napoleons. Am 10. August 1804 nämlich legte sich Kaiser Franz II. einen zweiten Kaisertitel, den über

Österreich, zu, ein im Grunde unglaublicher Vorgang, eine verfassungsrechtliche Ungeheuerlichkeit, wie Srbik ihn nennt. Politisch gesehen war diese Selbsterhebung des Herrschers von Österreich zum Kaiser freilich nicht unverständlich, sah doch jeder wache Beobachter das Ende des mittelalterlichen deutschen Reiches seit der Säkularisation mit Riesenschritten näherkommen. Den leitenden Ministern Österreichs ging es dabei um die Behauptung des Vorranges der Habsburger vor Napoleon, insofern der Kaiser des Deutschen Reiches diesen Vorrang beanspruchen konnte. Er hat ihn tatsächlich auch im Friedensvertrag von Preßburg noch einmal durchgesetzt, aber wie Napoleon von dem Kaiser von Österreich dachte, zeigt sein Angebot an Preußen, ebenfalls den Kaisertitel anzunehmen. Das bedeutete sofort die Degradierung des Habsburger Kaisers. Friedrich Wilhelm III. ließ Napoleon allerdings antworten, die Unabhängigkeit Preußens sei nicht mit einem solchen Titel verbunden und er sei es überhaupt nicht gewohnt, mit Titeln zu spielen. Österreich ließ man gleichzeitig mitteilen, daß man es der Würde des deutschen Kaisers nicht für angemessen halte, auf eine solche Weise Napoleon in seiner Anmaßung zu bestärken. Tatsächlich hat die österreichische Staatskunst die Anerkennung der Kaiserwürde Napoleons mit der französischen Anerkennung der österreichischen Kaiserwürde verbunden, ein Handel, dessen Unwürdigkeit schon damals empfunden wurde. Es gab freilich auch positive Gesichtspunkte für einen solchen Vorgang. Der wesentlichste war die Betonung der Einheit der habsburgischen Lande und des Vorranges der erzherzoglichen Würde von Österreich über die Stellung eines Königs von Böhmen und von Ungarn. Der Abschluß der Pragmatischen Sanktion von 1713, die das Ziel der Schaffung eines gesamthabsburgischen Einheitsstaates hatte, ist mit dieser Proklamation von 1804, wie Srbik feststellt, besiegelt. Das bedeutet die Verfestigung eines längst auch in der staatsrechtlichen Literatur herausgearbeiteten besonderen österreichischen Staatsgedankens. Mit der Proklamation vom 10. August 1804 ist aber nicht nur die Entstehung des neuen Österreich verbunden, sondern auch der Austritt dieses Staates aus dem deutschen Reichsverband besiegelt. Immerhin hat Napoleon noch im November 1805 grundsätzlich am Reich als formalem Rahmen der Beziehungen der deutschen Staaten untereinander festgehalten. Erst im Mai 1806 war Napoleon plötzlich entschlossen zur Bildung des Rheinbundes und zur Sprengung des Reiches, während alle Welt damit gerechnet hatte, daß er selbst nach der Krone Karls des Großen trachte.

Zwar hatte sich der Plan Talleyrands zur Schaffung einer festen Verbindung des sogenannten „Dritten Deutschland“ schon im Januar 1806 zu der Münchner Bundesakte verdichtet, die von Bayern unterzeichnet worden war, doch hatte Württemberg dagegen Schwierigkeiten gemacht. Sehr unbehaglich war es aber auch dem bayerischen König, der durch seine Politik für Bayern die Unabhängigkeit erstrebt hatte und jetzt sehen mußte, daß man auf dem Wege war, noch drückendere Abhängigkeiten einzugehen als unter der milden Herrschaft der Habsburger. Bayern hatte weder an einem Bund der süddeutschen Staaten noch an engeren Bindungen an Napoleon Interesse, aber es gab drei mächtige Gründe, die unabweisbar den Fortgang auf dem einmal beschrittenen Wege forderten. Das waren einmal die 150000 französischen Soldaten, die in Bayern standen. Max Joseph hat sie in einem Brief an seinen Sohn Ludwig als das gewichtigste Argument hingestellt. Napoleon selbst rechnete mehr darauf, daß die süddeutschen Staaten durch die Annahme der Geschenke an Land und Leuten 1805 in ein so feindseliges Verhältnis zu Österreich getreten seien, daß sie vor der Rache des Kaisers, auf jeden Fall gegenüber der Rückforderung der annektierten Länder, Schutz bei Frankreich suchen müßten. Vielleicht hat aber auch der dritte Grund den Ausschlag gegeben, die Aussicht auf neuen Landgewinn. In der Tat hat die Absicht, an der neuen Beute teilzuhaben, die sich vor allem in Oberschwaben in Gestalt zahlreicher noch nicht mediatisierter Grafen und kleiner Fürsten abzeichnete, verhängnisvoll auf den überstürzten Abschluß der Verhandlungen in Paris eingewirkt. Der bayerische Gesandte unterschrieb, ohne daß er die vom König mit Nachdruck geforderten Verbesserungen der Bundesakte erreicht hätte. Unmittelbar vorausgegangen war die Drohung Napoleons, daß Bayern bei der Verteilung der mediatisierten Gebiete leer ausgehen werde, wenn nicht innerhalb von zwei Tagen die Unterschrift erfolge. Sollten auch Baden und Württemberg, so fügte Napoleon bei, nicht zur Unterschrift bereit sein, würde er die in Frage kommenden Fürstentümer, Grafschaften und reichsritterlichen Gebiete unter französische Hoheit nehmen. Das hätte, wie Montgelas voraussah, unablässige Störungen der Verwaltung durch die unvermeidlichen Streitigkeiten um Untertanen, Gerechtsame und Gefälle nach sich gezogen, die Unterschrift war also unvermeidlich. Zwei Wochen später ratifizierte auch der König, der sich lange gesträubt hatte, die Rheinbundakte, sie trat also damit in Kraft.

Bei diesem Rheinbund handelte es sich um den Zusammenschluß der Könige von Bayern und Württemberg, der Großherzöge von Baden, Hessen-Darmstadt und Berg, einiger kleinerer Fürsten wie der Hohenzollern von Sigmaringen und anderer, die vor allem durch ihre verwandtschaftlichen Beziehungen der Mediatisierung entgangen waren, zu einem Staatenbund, um ein Gebilde also, das über ein bloßes Bündnis weit hinausging, ein Eigenwesen also mit eigenen Organen und eigenem Staatszweck. In Wirklichkeit ist es aber nie zum Zusammentritt des Bundestages gekommen, da der König von Bayern sich von Anfang an weigerte, diesen Bundestag zu beschicken, und der König von Württemberg wie der Großherzog von Baden auf die bayerische Weigerung hin ihre Gesandten wieder zurückriefen. Damit ist trotz des späteren Beitrittes des gesamten Dritten Deutschlands einschließlich Sachsens und Mecklenburgs der Rheinbund nichts anderes geworden als die Umschreibung des Protektoratsgebietes, für welches Napoleon als Protektor eine gewisse Reihe von Hoheitsrechten ausübte, nämlich das Durchzugsrecht, das Okkupationsrecht und ein Interventionsrecht in allen Fällen, in denen es die allgemeine Sicherheit des Rheinbundes, das heißt in Wirklichkeit Frankreichs, erforderte. Eine weitere Entwicklung der Rheinbundverfassung wurde nicht nur unterbunden durch den Krieg von 1806/07, auch Napoleon selbst lag an einem festen Zusammenschluß der Rheinbundfürsten weniger als an ihrer militärischen Bereitschaft. Alle Rheinbundstaaten zusammen hatten an die 120000 Mann zu stellen gegenüber 200000, die Frankreich selbst zum Rheinbundkontingent beitrug. Der französische Oberbefehl über diese Rheinbundtruppen war gewährleistet, was bei der Existenz eines eigenen Bundesorgans hätte Schwierigkeiten bereiten können.

Da der bayerische König, der mit 30000 Mann das stärkste Kontingent zu stellen hatte, auf die Führung des Rheinbundes verzichtete, wurde noch im Mai 1806 der bisherige Kurerzkanzler, Karl Theodor von Dalberg, als Fürstprimas an die Spitze des Rheinbundes gestellt. Mit dem Titel Fürstprimas waren allerdings keine Herrschaftsfunktionen verbunden. Dalberg hatte nur den geschäftsführenden Vorsitz in der Bundesversammlung – die bekanntlich nie zusammentrat –, vor allem war nicht an eine institutionelle Verbindung des geistlichen und des weltlichen Amtes gedacht. Dalberg bot sich als Vorsitzender deshalb an, weil sein Amt nicht erblich war, und wahrscheinlich auch deshalb, weil er sich Napoleon gegenüber unüberbietbar willfährig erwiesen hatte.

Der Fürstprimas Karl Theodor von Dalberg gehört bis heute zu den umstrittensten Gestalten der deutschen Geschichte. Es ist nicht möglich, ihm gerecht zu werden ohne breite Darlegung aller für oder gegen ihn sprechenden Fakten. Als Inhaber des Fürstentums Regensburg hat Dalberg von seinen Regensburger Untertanen an bis zur Gegenwart stets nur ein positives Urteil erfahren, sowohl wegen seiner fürstlichen Großzügigkeit in Kulturpflege, Wohlfahrtspflege und uneigennütziger Verwaltungstätigkeit als auch wegen seiner kirchlichen Haltung, die bis zuletzt auf die Wiederherstellung geordneter Verhältnisse im gesamten Reichsgebiet gerichtet war. In seinem Ringen um den Wiederaufbau des kirchlichen Lebens 1803 bis 1815 hat sich Dalberg große Verdienste erworben, wenngleich er bei seinen Bemühungen um ein Konkordat gescheitert ist an dem unüberwindlichen Mißtrauen Roms gegen den ehemaligen hohen Repräsentanten der Reichskirche zur Zeit der episkopalistischen Bewegung und gegen den einzigen geistlichen Nutznießer des Reichsdeputationshauptschlusses. Verdacht erregte auch seine aufgeklärte Haltung. Unter den deutschen Kirchenfürsten des Ancien Régime war Karl Theodor von Dalberg eine erstaunliche Erscheinung. Er gehörte zu den Freunden Schillers, Goethes und Theodor Körners, stand dem Weimarer Kreis nahe und war einer der rührigsten Verfechter des staatlichen Kulturauftrags im deutschen Spätabsolutismus. Er hat die Universität Mainz neu organisiert und die Akademie der Wissenschaften zu Erfurt, wo er eine Weile Statthalter war, zu neuem Leben erweckt. Auch später hat er stets wissenschaftliche Bestrebungen gefördert, wo es ihm möglich war. Umstritten ist im Grunde nur seine politische Rolle. Schon zu seiner Zeit herrschte spürbares Unbehagen über sein Schwanken zwischen Preußen und Wien, zwischen Episkopalismus und Staatskirchentum, zwischen Loyalität gegenüber dem Alten Reich und Bewunderung für Napoleon. Er hat jahrelang versucht, wie Aretin gezeigt hat, das Reich in irgendeiner Form noch zu retten, zuletzt durch das Angebot der Kaiserkrone an Napoleon, und von seiner Ernennung zum Fürstprimas des Rheinbundes war er so überrascht, daß er in seiner ersten Entrüstung ablehnen wollte. Vergessen werden sollte auch nicht, daß Dalberg der einzige war, wie Napoleon sagte, der nie etwas von ihm erbeten habe. Denn von allen deutschen Fürsten, die in diesen Jahren ohne jede Scham alles getan haben, um ihre Territorien zu vergrößern, unterscheidet sich Dalberg auch darin, daß er ein Ziel besaß, das sowohl über ihn persönlich wie über sein Fürstentum hinauswies. Er hat freilich an seinem Plan, der mit der Erhaltung des Reiches auf eine Wiederbelebung der ordnungstiftenden Funktion des mitteleuropäischen Raumes hinzielte, nie mit Nachdruck festgehalten, hat sich aus jeder Position drängen lassen und immer sofort neue Pläne geschmiedet, wenn die alten gescheitert waren. Das spricht zum wenigsten nicht für seine politische Begabung.

Dalberg gelang es auch nicht, den Rheinbund wirklich zu einem eigenen politischen Instrument zu machen. So war für die bayerische Regierung der Zuwachs an Herrschaften der wichtigste Aspekt im gesamten Zusammenhang. An Bayern fielen damals die Gebiete der Fürsten von Schwarzenberg und Hohenlohe in Franken, Oettingen, Fugger, Stadion und Thurn und Taxis in Schwaben, der Grafen von Castell, Pappenheim, Schönborn in Franken, Sinzendorf in der Oberpfalz, ferner des letzten bayerischen Dynasten aus der Zeit der Welfen und Staufer, des Grafen von Ortenburg. Auch die Reichsstadt Nürnberg ist damals in bayerischen Besitz gelangt. Allerdings war die Freude darüber nicht sehr groß, da Nürnberg 22 Millionen Gulden an Schulden mitbrachte, das ist fast ein Drittel der damaligen gesamtbayerischen Staatsschulden.

Jetzt wurden auch die letzten Konsequenzen aus den Vorgängen von 1804/05 gezogen, der Artikel 1 der Rheinbundakte sprach die endgültige Trennung der Mitglieder vom Reich aus, alle Reichsgesetze – ausgenommen natürlich der Reichsdeputationshauptschluß – wurden für null und nichtig erklärt. Wenige Tage später verlangte Napoleon ultimativ die Niederlegung der Kaiserkrone durch Franz I. von Österreich, der ohne Widerspruch gehorchte. Da auch der Reichstag sich ohne weitere Umstände auflöste, war damit das Ende des Alten Reiches besiegelt.

An seine Stelle gedachte Napoleon ein Empire zu setzen, das nicht nur Mitteleuropa umfaßte, wie dieses Reich, das er zerstört hatte, sondern ganz Europa. Nur noch wenige Schritte schienen ihn, wie er selbst glaubte, von diesem Ziel zu trennen; Werkzeuge standen ihm hinreichend zur Verfügung, Italien, der Rheinbund, Spanien. Den ersten Höhepunkt brachte das Jahr 1806, mit dem Triumph über Preußen, an den Entscheidungsschlachten war Bayern jedoch nicht beteiligt. Das Jahr 1807 dann mit dem Frieden von Tilsit räumte ihm nicht nur die Hälfte von Norddeutschland ein, sondern brachte ihm auch die Freundschaft mit dem Zaren Alexander I. Das folgende Jahr 1808 sah ihn auf dem Kongreß zu Erfurt im September und Oktober unbestritten als Inhaber der Hegemonie in ganz Europa. Könige und Kaiser waren gekommen, um ihm zu huldigen, der Zar war fasziniert von ihm, nach langem Bedenken war auch der König von Bayern nach Erfurt gefahren.

Den Kongreß von Erfurt hatte Napoleon nicht nur als große Propagandaaktion einberufen, die ganz Europa den Vorrang und die Übermacht des französischen Kaisers dokumentieren sollte, sondern die Begegnung mit Alexander I. war vor allem als Befestigung des zu Tilsit geschlossenen Einverständnisses gedacht. Rußland sollte vor allem während des Feldzugs in Spanien den Frieden in Mitteleuropa sichern, das heißt es sollte Österreich in Schach halten. Schon 1808 zeichneten sich also erneut Spannungen zu Österreich ab. 1809 fühlte sich Österreich zum Krieg bereit. Der Krieg, den Österreich im Frühjahr 1809 ohne wirkliche Bedrängnis begonnen hat, war schlechterdings ein Krieg der Illusionen, noch mehr als der preußische Krieg 1806. Der Kaiser war angesichts der immer größeren Willkür napoleonischer Entscheidungen in Sorge um die eigene Existenz, Entscheidungen, die den Kirchenstaat betrafen, Neapel und Spanien. Philipp Graf von Stadion, der leitende Staatsmann Österreichs, dessen Aufgabe nun darin bestanden hätte, die politischen Voraussetzungen für einen erfolgreichen Feldzug zu schaffen, glaubte aber, es genüge die eigene nationale Begeisterung und ihre Übertragung durch lebhafte literarische Propaganda auf das Reich. Als es jedoch zum Schlagen kam, war Österreich allein, und die anfänglichen militärischen Vorteile nützte Erzherzog Karl, der Sieger über Jourdan 1796 und 1800, nicht aus.

Auch Bayern war trotz der Rührigkeit des österreichischen Gesandten zu München, Friedrich Graf von Stadion, des Bruders des Ministers, nicht zum Aufstand zu bewegen, wenngleich ein Anwachsen antifranzösischer Stimmung unverkennbar war. Es kam jedoch in erster Linie an auf den König und auf Montgelas, für beide war ein Bündniswechsel einfach indiskutabel. Es kam auch an auf die bayerische Armee, die nicht für Österreich war, vor allem aber ihren Befehlen gehorchte, einschließlich eines ihrer Generäle, des Kronprinzen Ludwig, der mit Stadion befreundet war und Napoleon glühend haßte. Diese Armee hat schon im ersten Ansatz den Feldzug entschieden.

Der einzige Gegner, der den österreichischen Divisionen im April 1809, nach ihrem Übergang über den Inn, gegenüberstand, waren nämlich zunächst die drei bayerischen Divisionen. Bayern war völlig auf sich gestellt, als der Krieg begann. Das allgemeine Kräfteverhältnis war etwa eins zu sieben. Bayern hatte damals 3,2 Millionen Einwohner, wobei Tirol zu Bayern gerechnet ist, wogegen Österreich trotz der Verluste von 1805 immer noch 24 Millionen Untertanen besaß und sich über ein Gebiet von 11 000 Quadratmeilen erstreckte, wogegen Bayern nur 1 600 umfaßte. Die österreichische Armee zählte 390 000 Mann, die bayerische 43 000. Es war allerdings auch mit dem Aufgebot des Rheinbundes zu rechnen, das ohne Bayern 90 000 Mann umfaßte, vor allem mit dem raschen Zuzug der über ganz Deutschland und Oberitalien verteilten französischen Kontingente, die etwa 400 000 Mann betrugen. Die außerordentliche österreichische Überlegenheit hätte an sich in wenigen Tagen zur Eroberung Bayerns, zur Ausschaltung der bayerischen Armee führen müssen, aber es dauerte nahezu eine Woche, bis die Österreicher die Isar erreicht hatten. Damit war der Feldzug bereits verloren; er stellt das letzte Beispiel für einen Zusammenstoß vornapoleonischer Strategie mit der Strategie Napoleons dar. Erzherzog Karl gelang es nie, rechtzeitig am geeigneten Punkt mit Übermacht anzugreifen, obwohl zunächst fünf österreichische Korps gegen ein bayerisches und ein französisches standen und außerdem beide durch die Donau voneinander getrennt waren. Ihm war es nur gelungen, die Bayern bis Abensberg zurückzudrängen, als Napoleon am 19. April dort ankam. Allein seine Ankunft bedeutete schon den völligen Umschwung der Lage. In zwei Tagen war er bereits im Bild über die Schwächen der österreichischen Aufstellung, die von Landshut aus gleichzeitig in drei Richtungen zielte. Es war also möglich, in raschen Bewegungen jeweils eine der drei Kolonnen, die auf Regensburg, Rohr und Pfaffenhofen zumarschierten, gesondert anzugreifen und zu schlagen. Den Abschluß der Schlacht bildete der Angriff auf die linke Flanke der österreichischen Hauptarmee, die bei Eggmühl stand und den Feind von Westen her erwartete, während er längst südlich vorbeigestoßen war. Durch ihren Angriff auf die österreichische Flanke trafen die insgesamt weit unterlegenen bayerischen Divisionen an jedem einzelnen Punkt der Front auf unterlegenen Feind und konnten die ganze Aufstellung der Österreicher von Süden her aufrollen, ohne daß alle Regimenter Erzherzog Karls überhaupt ins Gefecht kamen. So blieb ihm nur mehr der Rückzug auf Regensburg und der Übergang über die Donau; die Kämpfe konzentrierten sich dabei auf Regensburg, das von den Franzosen unter großen Verwüstungen sturmreif geschossen und geplündert wurde.

Die Zaghaftigkeit und die Planlosigkeit des österreichischen Vormarsches in den ersten Apriltagen ist um so unverständlicher, als inzwischen die ganze bayerische Südstellung bereits aus den Angeln gehoben war, freilich nicht durch österreichisches Militär, sondern durch die Tiroler Bauern. Allein deshalb hat auch der Tiroler Aufstand von 1809 keine entscheidende Rolle gepielt, weil er nicht in die Gesamtstrategie eingeplant war, sondern Nebenkriegsschauplatz blieb, ungeachtet der mit seinen Erfolgen verbundenen Möglichkeiten. In noch höherem Maße als der Widerstand des spanischen Volkes fand dieser Aufstand ein Echo in ganz Europa. Während gewaltige Armeen eine um die andere geschlagen wurden, konnten sich einfache Bauern länger als ein halbes Jahr siegreich gegen die beste Infanterie Europas behaupten. Sie gaben damit jenes Beispiel, das 1813 in Deutschland gezündet hat wie sonst wohl keines. Freilich war bei diesem Kampf der Tiroler Bauern das ausgesprochen nationale Moment zweifellos der schwächste Antrieb. Die ersten Unruhen hatten schon lange vor dem Aufstand von 1809 eingesetzt, als die bayerischen Aushebungskommissionen auch Tiroler Bauernburschen zu den bayerischen Regimentern ausmustern wollten – der gleiche Vorgang also wie 1704 beim Aufstand der bayerischen Bauern gegen die Besatzungstruppen des Kaisers. Eine kaum geringere Rolle spielte dann ferner der stupide Reformeifer der bayerischen Beamten, die sich landauf landab bemühten, Tirol die Segnungen einer rationalen zentralistischen Verwaltung und vor allem der kirchlichen Aufklärung angedeihen zu lassen. Noch radikaler als in Bayern wurde alles abgeschafft, was nach der Auffassung der Aufklärung mit Aberglauben zu tun hatte, die unnützen Feiertage, die Wallfahrten, Prozessionen, selbst die Christmette. Widerspenstige Geistliche wurden in Scharen verhaftet, zwei Bischöfe, der von Brixen und der von Chur, wurden ausgewiesen, die Tiroler Klöster wurden aufgehoben. Kein Wunder, daß dort, wo gerade kein bayerischer Beamter als Zuhörer zugegen war, die Predigten immer schärfere Töne hören ließen. Daß allerdings, wie es in bayerischen Pressestimmen der Zeit, auch in offiziellen Verlautbarungen heißt, die ganze Erhebung ein Werk des Klerus gewesen sei, trifft nicht zu. Eine solche Annahme verkennt nicht nur eine ganze Reihe von sehr realen Beweggründen anderer Art, etwa die Einführung des bayerischen Steuersystems mit sehr einschneidenden Steuererhöhungen wie den gleichzeitigen Niedergang des Tiroler Transithandels auf Grund der Kontinentalsperre, sondern auch das völlig verständnislose Verhalten der bayerischen Beamtenschaft, die sich in Tirol benahm wie in erobertem Feindesland, nicht wie in einem Teil der eigenen Heimat.

Die rechtliche Grundlage für den Aufstand, das eigenmächtige Vorgehen also der Tiroler Bauernschaft, war in den Landesordnungen der frühen Neuzeit gelegt worden, in welchem die Landstandschaft der Tiroler Bauern anerkannt worden war, das heißt ihr Recht, sich selbst in der Versammlung der Landstände zu vertreten und nicht, wie in Bayern und anderswo, durch den Adel und die Geistlichkeit vertreten zu werden. Mit dieser bäuerlichen Freiheit war dann auch eine Verpflichtung verbunden, der Zuzug zum Landesaufgebot, zu dem im Falle eines feindlichen Angriffs jeder wehrfähige Einwohner rechnete. Anders als in Bayern, wo diese Verpflichtung ebenfalls galt, und zwar bereits seit dem 15. Jahrhundert, blieben in Tirol die Bauern nicht nur ständig in Übung und bewiesen auf großen Schützenfesten ihre Treffsicherheit, sondern waren auch nach Talschaften organisiert, damit in gewissem Maße militärisch gegliedert, eine wichtige Voraussetzung für jede Führung im Kampf. Das alles hatte 1705 und 1706 bei den bayerischen Bauern gefehlt, allerdings hatten die Tiroler noch einen weiteren sehr gewichtigen Vorzug bei ihrer Kriegführung, die Gunst des Geländes.

Österreichische Agenten hatten bereits seit Februar, als der Beschluß zum Krieg gefaßt worden war, den Aufstand vorbereitet. Am 9. April, am Tage des Übergangs der Österreicher über den Inn, rückte auch ein österreichisches Korps in Tirol ein. Die Talschaften traten zusammen, wählten ihre Anführer und hoben über das ganze Land hin die verstreuten bayerischen Posten aus, darunter auch größere Abteilungen, zu Sterzing ein ganzes Bataillon. Zwei Tage später bereits war das ganze Landesaufgebot um Innsbruck versammelt und hielt dort die schwache bayerische Besatzung umzingelt. Am 13. April bereits mußte General Kinkel kapitulieren, 6000 Bayern gingen in Gefangenschaft. Auf Drängen des bayerischen Königs hin, aber auch, um ein Exempel zu statuieren, entließ Napoleon die drei bayerischen Divisionen aus seinem Heeresverband, um Tirol zurückzuerobern. Das war angesichts der bayerischen Übermacht in wenigen Tagen geschehen. Darauf zog die Hauptmasse der Truppen wieder ab, und sofort wiederholte sich das Schauspiel wie vier Wochen zuvor, von allen Seiten rückten die Bauern auf Innsbruck, warfen in zwei heftigen Schlachten am Berg Isel die Bayern in die Stadt und erzwangen erneut die Räumung von ganz Tirol. Ob er es tat, um den Eifer seiner Tiroler zu steigern oder ob er, wenige

Tage nach dem Sieg seines Bruders, des Erzherzogs Karl bei Aspern, jetzt selbst vom Sieg Österreichs überzeugt war, muß wohl offenbleiben, jedenfalls hat Franz I. in diesem Augenblick der Hoffnung die Tiroler geradezu in den Tod geschickt. Durch seine Wolkersdorfer Proklamation, in der er sagte, daß er „keinen anderen Frieden unterzeichnen werde, als den, der dieses Land an meine Monarchie unauflöslich knüpft", daß „Tirol nie mehr vom Körper des österreichischen Kaiserstaates getrennt werden soll", legte er Tirol auf jenen Verzweiflungskampf fest, der schließlich, vom Kaiser überhaupt nicht unterstützt, scheitern mußte. Wenige Tage später schon unterlag Erzherzog Karl bei Wagram und sah sich am 12. Juli zum Waffenstillstand von Znaim gezwungen. Eine der Bestimmungen dieses Waffenstillstandes war die Räumung Tirols durch österreichische Truppen. Jetzt rückten von allen Seiten 40000 Mann in Tirol ein, unter dem Oberbefehl von Lefèbvre, dem Herzog von Danzig. Am 30. Juli war Innsbruck und die Brennerstraße in der Hand der Bayern und Franzosen. Der Versuch aber, die Tiroler zu entwaffnen, führte erneut zum Aufstand des ganzen Landes. Wieder wurden alle abgeordneten Regimenter gleichzeitig angegriffen und gefangengenommen oder verjagt, und wieder strömte dann das gesamte Aufgebot nach Innsbruck, und auch Lefèbvre, der die Niederlage der Bayern im Mai sehr heftig kritisiert hatte, wurde in der Schlacht am Berg Isel vom 13. August gezwungen, trotz gewaltiger Übermacht, wieder ganz Tirol zu räumen. Da es den Österreichern verwehrt war, Tirol erneut in Besitz zu nehmen, regierte als königlich-kaiserlicher Oberkommandant in Tirol der von den Bauern gewählte Anführer Andreas Hofer, der freilich vergebens versuchte, die Schlagkraft des Bauernheeres durch straffe Befehlsgliederung und geregelte Dienstzeit zu erhöhen. Dieses Versagen hat dann auch in den Kämpfen im Herbst den Zusammenbruch beschleunigt, entscheidend war aber die Niederlage von Wagram gewesen, die dem Erzherzog Karl allen Mut geraubt hatte. Er setzte durch, daß der Waffenstillstand zum Frieden führte, zum Frieden von Schönbrunn vom 14. Oktober, in dem Österreich an Polen und Rußland Galizien, an Frankreich Istrien, Salzburg, Berchtesgaden, das Inn- und das Hausruckviertel abtrat. Von Tirol war nicht die Rede, da es nach wie vor noch zu Bayern gehörte. Der Kaiser hatte also sein Wort gebrochen, wie so oft, und dieses Kernland der Monarchie preisgegeben.

Dem nun folgenden Einmarsch von allen Seiten, von Italien, von Salzburg und von Bayern aus, waren die Tiroler Aufgebote nicht mehr gewachsen. Ein großer Teil der Bauern verlief sich aber auch deshalb, weil man den überall angeschlagenen Nachrichten über den Friedensschluß glaubte. Auch Andreas Hofer erklärte sich zunächst bereit, bei der allgemeinen Entwaffnung Tirols mitzuwirken, um weiteres Blutvergießen zu verhindern. Doch als sich mehrere Talschaften mit Erfolg behaupten konnten, flammte der allgemeine Widerstandswille erneut auf. Hofer wurde gezwungen, wieder den Oberbefehl zu übernehmen, wieder zog ein Bauernheer vor Innsbruck. Doch in der letzten Iselschlacht, am 1. November, wurde es völlig zersprengt. Anfang November war im wesentlichen der Aufstand zusammengebrochen. Zur Rechenschaft gezogen wurden nur die Anführer, darunter auch Andreas Hofer, der dann im Februar 1810 zu Mantua erschossen wurde.

Der König von Bayern hatte an diesem Krieg von 1809 teilgenommen, weil es keine Möglichkeit gab, sich dem Kampf zu entziehen, selbst auf die Gefahr hin, daß Österreich siegte. Bei Neutralität mußte er damit rechnen, daß der Sieger Napoleon im Friedensschluß Bayern genauso opferte, wie das 1807 das geschlagene Rußland mit Preußen getan hatte. Wenn aber Österreich siegte, dann schützte auch die Neutralität nicht vor den Ansprüchen des Siegers. Dieser unmittelbare Zwang zur Teilnahme am Krieg hinderte aber weder den König noch Montgelas, bereits nach den ersten französischen Erfolgen mit Nachdruck neue bayerische Ansprüche geltend zu machen. Mit dem Argument, daß Bayern so groß werden müsse, daß es sich selbst erhalten könne, verlangte Montgelas von Österreich das Inn- und Hausruckviertel, das bis 1778 zu Bayern gehört hatte, ferner Bayreuth, das nach der preußischen Niederlage von 1806 Napoleon in französische Verwaltung übernommen hatte, und Regensburg, das Fürstentum Dalbergs. Napoleon hatte ursprünglich geplant, Österreich völlig zu zerschlagen und Böhmen und Ungarn zu selbständigen Königreichen zu machen. Doch im Herbst 1809 arbeitete er auf eine Allianz mit Österreich hin, die besiegelt werden sollte durch seine Heirat mit der Tochter des Kaisers. Dieser Wechsel des Bündnissystems, der Austausch Österreichs gegen Rußland, des bisherigen Hauptverbündeten, bedeutete, daß Bayern an Wert für Napoleon verlor, und tatsächlich war bald nicht mehr die Rede davon, daß Bayern, wie Napoleon zu Dillingen dem dorthin geflüchteten König im April versprochen hatte, größer erstehen sollte als je.

Die süddeutschen Verbündeten Frankreichs wurden zum Friedensschluß von Schönbrunn überhaupt nicht beigezogen, sondern Napoleon machte seinen Verbündeten klar, daß eine allgemeine Neuordnung der territorialen Verhältnisse im Reich stattfinden müßte, und zwar in Paris. Wieder kam es also zur Wallfahrt nach Paris und zu endlosen Konferenzen, bis im Pariser Vertrag vom 28. Februar 1810 die Entscheidung fiel. Bayern trug diesmal nicht nur Gewinne davon. Mit der Begründung, daß der Aufstand gezeigt habe, daß Bayern Tirol nicht regieren könne, wurde Südtirol abgetrennt und an Italien angeschlossen. Dafür erhielt Bayern Salzburg, Berchtesgaden, das Inn- und das Hausruckviertel, Bayreuth und Regensburg, wie Montgelas es verlangt hatte. Allerdings war für Bayreuth eine Ablösung von 25 Millionen Francs, etwa 11,2 Millionen Gulden zu zahlen. Für Regensburg erhielt Dalberg eine jährliche Rente von 400000 Gulden, und schließlich hatte Bayern auf jede Bezahlung der Kriegslieferungen zu verzichten, so daß sich die bayerischen Staatsschulden erneut um etwa 20 Millionen erhöhten. Abgeschrieben werden mußten auch die 22 Millionen Gulden Kriegskosten allein aus dem letzten Krieg. Baden und Württemberg, die ebenfalls ihre Kontingente gestellt hatten, konnten naturgemäß nicht unmittelbar aus den Eroberungen entschädigt werden, so daß eine Art Flurbereinigung innerhalb der Rheinbundstaaten durchgeführt wurde. Baden erhielt Teile Württembergs, Württemberg von Bayern alle Gebiete westlich der Iller von Ulm bis

Ravensburg und Wangen, nur Lindau blieb Bayern erhalten. Damit ist der Punkt der größten Ausdehnung Bayerns erreicht. Es fällt allerdings bei diesen Grenzverschiebungen von 1810 auf, daß sich ein so kluger Mann wie Montgelas nur Gedanken darüber machte, was man kriegen könne, nicht aber darüber, ob das Gewonnene auch bei einem Wandel der Verhältnisse zu behaupten sei. Mit der Abtretung von Salzburg und dem Innviertel war Österreich nicht weniger herausgefordert wie 1805 mit der Abtretung von Tirol. Es war nicht zu erwarten, daß darauf zu irgendeiner Zeit ernsthaft verzichtet würde. Diese Erwerbung war im Grunde eine Hypothek, die stärker als alles, was bisher geschehen war, die Zukunft Bayerns belasten mußte. Es hat wenig gefehlt, daß es darüber zur Katastrophe kam.

Die Abwendung von Frankreich

Schon im Verlauf des Feldzuges von 1809, dann noch mehr während der Pariser Verhandlungen, in die Max I. Joseph selbst eingegriffen hatte, hatten sich spürbare Spannungen zu Frankreich ergeben. Auf der einen Seite hatten die Niederlagen in Tirol heftige Meinungsverschiedenheiten zwischen den bayerischen und französischen Offizieren hervorgerufen, die sich bis ins Große Hauptquartier fortsetzten, dann hatten die Kriegslieferungen, die Einquartierungen und schließlich die enormen Zahlungen für das eigene Heer wie für die Abtretung von Bayreuth Bayern finanziell völlig ruiniert. Die Abtretung von Südtirol war außerdem mit Vorwürfen gegenüber der bayerischen Verwaltung verbunden gewesen, die zwar berechtigt waren, aber trotzdem empfindlich trafen. All das hatte noch keine ernste Auswirkung auf die bayerische Politik, aber es bahnte sich doch ein Stimmungsumschwung an, nicht nur in der Armee. Bis zur wütenden Ablehnung der Franzosen und ihres Kaisers steigerte sich diese Stimmung dann durch die Katastrophe des Feldzuges von 1812, in dem das bayerische Rheinbundkontingent von 30000 Mann fast völlig aufgerieben wurde. Nicht einmal 200 kamen 1812 in Polen an, weitere 800 wurden 1814 aus russischer Gefangenschaft entlassen. Auch General Deroy, der zusammen mit Wrede die bayerische Armee aufgebaut hatte, ist in Rußland geblieben. Wrede selbst, der mit seinen Truppen wochenlang die schwierigsten Aufgaben zu erfüllen hatte und dabei seine ganze Division einbüßte, mußte trotzdem von Napoleon wie von den französischen Marschällen, die samt und sonders den Kopf verloren hatten, die heftigsten Vorwürfe einstecken. Er kam als entschiedener Gegner Napoleons und des französischen Bündnisses aus Rußland zurück. Das war der bayerische Kronprinz schon seit seinen ersten Erlebnissen mit der französischen Armee 1796, gesteigert wurde diese Abneigung durch den Einfluß seiner Stiefmutter, Karoline von Baden, die nie aufhörte, die Politik ihres Mannes zu bekämpfen, sowie durch leidenschaftliche Versenkung in die deutsche Literatur der Zeit. Dazu kam die Befürchtung, daß die Fortsetzung der bisherigen Politik Bayern sowohl finanziell und wirtschaftlich ruinieren wie politisch in Deutschland isolieren würde.

Mit Österreich, das jetzt, 1812, auch zu den Verbündeten Napoleons zählte, wurde bereits während des russischen Feldzuges die erste vorsichtige Fühlungnahme eingeleitet. Ein Systemwechsel war damit selbstverständlich noch nicht verbunden, doch auch darauf zielten bereits Maßnahmen im Januar 1813. Als Napoleon noch einmal ein volles Rheinbundkontingent von 30000 Mann forderte, ließ der König Aushebungen veranstalten, die aber nicht den Linienregimentern zugeführt werden sollten, sondern der Nationalgarde, d.h. der Reservearmee, die nach den gesetzlichen Bestimmungen nur innerhalb der Landesgrenzen eingesetzt werden durfte. Damit war Napoleon wenig gedient, doch erhob er keinen Einspruch. Er ließ sogar auf dringende Vorstellungen des bayerischen Kriegsministers hin die im Winter 1812 nach Polen abgegangenen bayerischen Divisionen nach Bayern zurückkehren, wo sie den Kern der Neuaufstellungen bilden sollten. Damit war fürs erste die bayerische Armee bis auf wenige hundert Mann dem französischen Zugriff entzogen – die erste Voraussetzung für eine selbständige Politik.

An der großen europäischen Wende im Frühjahr 1813 hatte Bayern keinerlei Anteil, doch beobachtete man die Konvention von Tauroggen am 30. Dezember 1812 nicht weniger sorgfältig als den Waffenstillstand, den Österreich am 30. Januar 1813 mit Rußland schloß, das Bündnis zwischen Preußen und Rußland Ende Februar oder die preußische Kriegserklärung an Frankreich vom 15. März. Besonders aufmerksam wurde allerdings die Haltung Österreichs verfolgt, das sich noch im März offensichtlich zurückhielt, wobei man in München zunächst nicht wußte, ob aus Besorgnis vor einem Anwachsen der Macht Rußlands, ob aus Unsicherheit über das Ausmaß der Bedrängnis Napoleons oder um sich freie Hand zu lassen im Hinblick auf die alten österreichischen Wünsche gegenüber Bayern. Noch im März wurden allerdings diesbezügliche Befürchtungen zerstreut, besonders die am 30. März vom durchreisenden Fürsten Schwarzenberg im Namen des Kaisers ausgesprochene Garantie der staatlichen Integrität Bayerns in den gegenwärtigen Grenzen hat zur Beruhigung sehr viel beigetragen. Allerdings war der König selbst weniger zuversichtlich als der Kronprinz, der jetzt seinen Vater und Montgelas dazu bestimmen wollte, auf einen großen süddeutschen Neutralitätsblock hinzuarbeiten und dafür die Garantie des Zaren, des Königs von Preußen und des österreichischen Kaisers zu erwirken.

Diese Pläne, denen sich der König nicht grundsätzlich verschloß, wurden durchkreuzt durch Preußen und Rußland wie durch den Übergang Österreichs zu einer Politik der bewaffneten Mediation am 11. April. Von jetzt an beginnt das Ringen in München um den Umsturz des bisherigen Systems. Die dramatischen Akzente werden gesetzt durch den Preis, um welchen es dabei ging. Das war, nicht weniger als 1805, die staatliche Existenz Bayerns, deren Bedrohung durch die Reformpläne des Freiherrn vom Stein in München dabei noch nicht einmal bekannt waren. Daß sich aus diesem Ringen um Bayern, einem Musterbeispiel der klassischen Diplomatie, über die einzelstaatlichen Aspekte hinaus ein Ergebnis von grundlegender Bedeutung für die ganze deutsche Entwicklung des 19. Jahrhundert herausstellte, macht diese Episode besonders eindrucksvoll.

Der Übergang Bayerns von Napoleon zu den Alliierten vollzog sich in drei Phasen, die bestimmt werden von den Etappen, in welchen sich der Krieg von 1813 darstellt. Die wichtigsten Aspekte dieses Ringens betreffen die Zukunft des deutschen Staatensystems sowohl hinsichtlich der Verfassung als auch der führenden Macht. Für beide Fragen war der Vertrag von Ried am 8. Oktober 1813 entscheidend. Die darin ausgesprochene Garantie der bayerischen Souveränität bestimmte den Charakter der neuen deutschen Staatenverbindung. Die Tatsache ferner, daß Österreich den Anschluß Bayerns an die Alliierten herbeigeführt hat, entschied für die nächste Zukunft auch über die österreichische Führung in Deutschland. Zunächst versuchte Preußen, die ihm durch das Zusammengehen mit Rußland zugefallene Initiative beizubehalten und womöglich die führende Rolle nicht nur im Augenblick, sondern auch in Zukunft darauf aufzubauen. Der wichtigste Ansatzpunkt dazu war Bayern. Das Ziel Hardenbergs, des preußischen Staatskanzlers, bei den Verhandlungen mit Bayern Anfang April 1813 war die Einbeziehung Bayerns in den preußischen Einflußbereich. Das war die Fortsetzung der Politik seit 1778, einer Politik, die keinesfalls aussichtslos war, hatte doch Bayern noch bis 1805 mit Preußen sehr enge Beziehungen unterhalten und vom neutralen Preußen die Unterstützung auch der eigenen Neutralitätspolitik erwartet. Allerdings hat die Enttäuschung, die man gerade in dieser Hinsicht durch Hardenberg erfahren hat, das Vertrauen erschüttert. Zum bestimmenden Element im Verhältnis beider Staaten wurde das gegenseitige Mißtrauen durch die schließlich 1806 und 1810 erfolgreich verlaufenen bayerischen Bemühungen um Ansbach und Bayreuth, die Stammlande der Hohenzollern, mit denen Hardenberg durch seine Reformen von 1796 besonders verbunden war. Hardenberg ist es nun nicht gelungen, im Gegensatz zu Metternich, über den eigenen Schatten zu springen. Er verband die Werbungen um Bayern im April 1813 mit der Drohung der Wegnahme von Ansbach-Bayreuth, notfalls unter Zuhilfenahme der Bevölkerung – das war eine deutliche Anspielung auf die Schwierigkeiten, die Bayern mit Tirol gehabt hatte. Diese Aufnahme einer diplomatischen Tradition, in der sich bis 1805 nur Österreich ausgezeichnet hatte, führte am 11. April zum Abbruch der diplomatischen Beziehungen zwischen Bayern und Preußen und zur Ausweisung des preußischen Geschäftsträgers in München. Hardenbergs Festhalten an Ansbach-Bayreuth, das er Bayern nur bei sofortigem Anschluß überlassen wollte, war besonders kurzsichtig, da bei einem Anschluß an Österreich und einer Garantie der bayerischen Besitzungen durch den Kaiser nicht daran zu denken war, die verlorenen fränkischen Besitzungen zurückzufordern, während der Verlust der bayerischen Freundschaft endgültig war. Tatsächlich liegt hier unter anderem der Schlüssel auch für den innerdeutschen Systemwechsel Bayerns. Das Zusammengehen mit Österreich, das bis 1866, ungeachtet vieler akuter Verstimmungen, die wichtigste Achse der bayerischen Außenpolitik darstellte, hängt zusammen mit dieser Brüskierung durch Preußen im April 1813 und mit der weitaus geschmeidigeren und konziliianteren Diplomatie des österreichischen Staatskanzlers Metternich. Es bedurfte allerdings größter Geduld und langwieriger Verhandlungen, bis das bayerische Mißtrauen auch gegenüber Österreich überwunden war. Hinzu kam freilich auch noch die außerordentlich schwierige bayerische Situation. Bayern war von Truppenverbänden Napoleons geradezu eingekreist. Österreich war stärker als je, und trotz aller Beteuerungen Metternichs wagte es der König nicht mehr, nach allem, was er selbst Österreich angetan hatte, auf Großzügigkeit des Kaisers zu hoffen. Am meisten fürchtete er eine neuerliche Verständigung Österreichs mit Frankreich auf Kosten Bayerns. Die Erfolge Napoleons im Frühjahr und Sommer waren nicht dazu angetan, einen Bündniswechsel anzuraten, auch durch die Bereitschaft Österreichs, der Koalition beizutreten, wurde die bayerische Zurückhaltung nicht durchbrochen. Erst die Kriegserklärung Österreichs, die am 11. August erfolgte, machte in München wieder erheblichen Eindruck.

Es war aber nicht so sehr die Furcht vor Österreich, die den bayerischen König dazu bewog, von sich aus einen Schritt weiter zu gehen, denn schon am 5. August, eine Woche vor dem Kriegseintritt Österreichs, hat sich Bayern zum ersten Mal einem Befehl Napoleons förmlich widersetzt. Statt die neu aufgestellten bayerischen Divisionen an den Main zu führen, wo sie den Flankenschutz Napoleons hätten übernehmen sollen, führte Wrede das bayerische Korps eine Woche später an den Inn, wo es sowohl die Deckung Bayerns gegenüber dem österreichischen Aufmarsch übernehmen konnte, als auch zur Verfügung stand, wenn der König anders bestimmen sollte. Zur gleichen Zeit wurde auch durch den Teplitzer Vertrag vom 12. August bereits die juristische Grundlage für den Übertritt Bayerns zur Koalition geschaffen, durch die russisch-preußische Ermächtigung für Metternich, mit den süddeutschen Staaten auf der Grundlage der staatsrechtlichen Unabhängigkeit und der territorialen Integrität zu verhandeln. Das konnten damals weder Wrede noch sein König wissen, doch daß sie sich im Grunde bereits für diesen Schritt entschieden hatten, zeigt schon die bayerische Truppenbewegung, die angesichts der österreichischen Übermacht bei einer militärischen Begegnung nur zur Vernichtung der Truppen hätte führen können. Der französische Generalstabschef Berthier befahl trotzdem Angriff um jeden Preis, aber sowohl die Österreicher wie die Bayern hielten still, und als sich eine günstige Gelegenheit bot, legte Wrede den Österreichern einen geheimen Befehl seines Königs vor, der ihm verbot, die Feindseligkeiten zu eröffnen, und ihm außerdem verbot, Truppen an Napoleon abzugeben – das war jetzt die Einleitung zur dritten Phase, dem endgültigen Anschluß. Wrede versuchte schon um diese Zeit, um den 20. August, den König zur Entscheidung zu drängen. Doch Max Joseph erklärte immer wieder, er fühle sich durch sein Wort an Napoleon gebunden – was unglaubwürdig klingt, wenn man bedenkt, daß er sich im April zur Neutralität, im Mai zum Anschluß an Österreich entschlossen hatte, ohne diese Gründe vorzubringen. Die Niederlage des Marschalls Ney am 6. September bei Dennewitz führte dann zum endgültigen Entschluß des Königs, das Angebot des Zaren und Metternichs anzunehmen. Bis Ende September weigerte sich der König aber, etwas anderes zuzugestehen als Neutralität, obgleich ihm bereits die Denkschrift Montgelas' vom 25. April deutlich gemacht hatte, daß von allen Lösungen gerade diese die verhängnisvollste sein würde, weil sie von keiner Seite Schutz erwarten ließ und Bayern dem Sieger ohne alle Garantie ausliefern mußte. Wahrscheinlich hat der König nichts anderes mehr beabsichtigt, als durch sein Sträuben den Verhandlungsspielraum zu erweitern, aber die Gefahr war viel zu groß, daß er das Gegenteil erreichen würde, und so reiste Wrede nach München und brachte in einer sehr lebhaften Aussprache in Bogenhausen, in der Wohnung Montgelas', den König endlich dazu, den längst fixierten Vertrag auch zu unterschreiben. In diesem Vertrag sagte Bayern den Anschluß seiner Truppen an die Alliierten zu, dafür garantierte Österreich die bayerische Souveränität und den vollen Umfang der bayerischen Besitzungen, wobei Entschädigungen für Rückgabe der annektierten Gebiete an Österreich ausdrücklich im vollen Wert zugesagt wurden. Um Bayern den Anschluß an die Alliierten zu erleichtern, unterstellte ferner Metternich die österreichischen Truppen am Inn dem Oberbefehl Wredes, eine Maßnahme, zu der sich Napoleon nie verstanden hätte und die mehr als alles andere dazu beitrug, daß der Übergang zu den Alliierten nicht, wie der König zunächst gefürchtet hatte, nur als der Tausch der Oberherrschaft erschien, sondern das Gefühl weckte, jetzt wirklich ein Joch abgeschüttelt zu haben.

Die unmittelbar im Anschluß an Ried ausgehandelte Entschädigung für die Rückgabe von Tirol, Salzburg, Vorarlberg und dem Innviertel bestand in einer Abrundung im Norden durch Würzburg und Aschaffenburg; beide Gebiete wurden frei, als der Großherzog wieder seine Herrschaft in der Toskana übernahm und Dalberg, der sich nicht zum Absprung hatte entschließen können, sein Fürstentum Aschaffenburg verlor. Besonders wertvoll waren für Max I. Joseph begründete Aussichten auf die Rückgabe seiner Heimat, der Pfalz, von der nach dem Frieden von Paris Österreich Besitz ergriff, aber die Administration gemeinsam mit bayerischen Beamten durchführte.

Bei Treitschke, der kaum daran Kritik übte, daß Preußen 1805 so erbarmenswürdig versagt hatte, als es sein Versprechen der bewaffneten Vermittlung nicht zu halten wagte, der einfach ignoriert, daß 1809 in Preußen kein Hauch von nationaler Begeisterung zu spüren war und daß es 1812, ohne sich zu widersetzen, das Bündnis mit Napoleon schloß und preußische Truppen nach Rußland schickte, kann man zwar lesen, daß Bayern „den Raub der jüngsten Jahre", den Hardenberg den Rheinbundstaaten abnehmen wollte, behalten durfte, daß niemand ihm Ansbach und Bayreuth, die Stammlande der Hohenzollern, abforderte und daß niemand „den gefährlichsten und bösartigsten Staat des Rheinbundes" zur Rechenschaft zog. Daß die bayerischen Truppen während des Feldzuges von 1814 mehr als ihre Pflicht getan haben, liest man bei Treitschke nicht. Auch die Schlacht bei Hanau am 30. Oktober 1813 verschwieg Treitschke, obwohl sie die letzte Möglichkeit geboten hatte, den Sieg bei Leipzig durch die Einkesselung Napoleons abzuschließen. Wrede hat sich hier der Armee Napoleons entgegengestellt und hat sie trotz der Übermacht der Franzosen länger als einen Tag aufgehalten, so daß bei scharfer Verfolgung die nachrückenden Österreicher und Preußen die Möglichkeit gehabt hätten, Napoleon erneut zu stellen. Sie haben diese Möglichkeit nicht ausgenützt. 1814 dann hatte Wrede die rechte Flanke der Hauptarmee Schwarzenbergs zu decken. Beim Sieg von Brienne kommt dem entschlossenen Angriff Wredes, der ohne Befehl den günstigen Augenblick zu einem Flankenstoß ausnützte, das Hauptverdienst zu. Daß Wrede dann aus diesem Einsatz Bayerns bei der Niederwerfung Napoleons auch ein Recht seines Landes ableitete, bei der nun notwendigen Neuordnung Europas ein gewichtiges Wort mitzusprechen, zeigt freilich, daß er die Position überschätzte, die Bayern nach der Beruhigung der Verhältnisse einnehmen würde. Es wurde jetzt nicht mehr benötigt.

Die Neuordnung Europas: Der Wiener Kongreß

Der Wiener Kongreß hatte mit der Neuordnung Europas eine kaum lösbare Aufgabe. Metternich, der österreichische Staatskanzler, hätte sich dieser Aufgabe gern entzogen. Er hat zu Dresden, dann zu Frankfurt und dann wieder zu Châtillon Napoleon einen Frieden angeboten, der weithin alles beim alten gelassen hätte. Aber der Zusammenbruch der napoleonischen Ordnung in Europa, in Frankreich, Spanien und Italien vor allem, machte eine grundlegende Neugestaltung der Herrschaftsverhältnisse unerläßlich, und auch in Deutschland waren durch die harten napoleonischen Eingriffe von 1805 bis 1809 Grenzverschiebungen vorgenommen worden, welche die betroffenen Mächte Preußen und Österreich auch bei sehr gutem Willen nicht hinnehmen konnten. Eine bloße Restitution hätte allerdings ein unübersehbares Chaos erzeugt, waren in Deutschland doch mehr als dreihundert Territorialherren verschwunden, deren Gebiete inzwischen von allen Mächten, Preußen und Österreich eingeschlossen, aufgesogen worden waren. Besonders an die Restitution der geistlichen Fürsten in Deutschland dachte niemand. Auch der Papst hatte kein Interesse an einer Auferstehung der hochmütigen deutschen Prälatenwelt.

So war bereits das erste grundlegende Prinzip der Wiener Neuordnung in jeder Hinsicht fragwürdig, nämlich das Prinzip der Herstellung legitimer Verhältnisse, das Prinzip der Legitimität. Ausdrücklich ins Spiel gebracht hatte es Talleyrand, der mit diesem Prinzip sehr geschickt operierte, um seinen neuen Herrn, den französischen König aus dem Haus der Bourbonen, dem legitimen Herrschergeschlecht in Frankreich also, wieder in den Kreis der europäischen Großmächte einzuführen. Nicht nur in Deutschland, sondern auch in Frankreich zeigte sich aber ein unaufhebbarer Widerspruch zwischen einer alten und einer neuen Legitimität, der Legitimität des Ancien Régime und der Legitimität der durch die Revolution und durch Napoleon geschaffenen neuen Verhältnisse. Diese neuen Verhältnisse waren in einer ganzen Reihe von Verträgen anerkannt worden und zwar von allen europäischen Mächten, einschließlich Zar und Kaiser. Selbst England hat im Frieden von Amiens 1802 einen Teil der Veränderungen durch seine Unterschrift legitimiert. Unter den zahlreichen Verträgen der Jahre seit 1795 waren nicht wenige, welche den Vertragspartnern Frankreichs erhebliche Vorteile zugebracht hatten; besonders die Pariser Verträge von 1802, die dann im Reichsdeputationshauptschluß sanktioniert wurden, hatten alle deutschen Fürsten, selbst der Kaiser, ohne jeden rechtlichen Vorbehalt unterschrieben. Der Zar wieder hatte 1807 das Bündnis mit Napoleon geschlossen und sich dabei Finnland als Morgengabe gefallen lassen – die Frage also, wo der Beginn der Restauration, der Wiederherstellung legitimer Verhältnisse anzusetzen sei, war schlechterdings nicht lösbar. Talleyrand zu folgen, der als Gegensatz zur Legitimität die Revolution hingestellt hatte und damit die Wiederherstellung der Verhältnisse von 1789 forderte, der sich aber andererseits dagegen wehrte, daß man die Grenzen Frankreichs ebenfalls auf dieses Maß zurückschraubte, war also nicht möglich. Die Legitimität konnte nichts anderes sein als ein Hilfsprinzip, das vor allem weniger die Grenzen betraf als das Recht der Herrschaftsträger auf Herrschaft überhaupt. Für Metternich bedeutete ein Prinzip mit so bestimmtem Inhalt wie das Prinzip der legitimen Restauration nur ein Hemmnis. Ihm ging es vor allem um ein wohlgeordnetes Europa, das freilich in dieser Ordnung nur erhalten werden konnte durch ein entsprechendes System von hegemonialer Bevormundung, und diese Ordnung schien eben nur erreichbar mit jenen Mitteln, die schon immer für solche Zwecke eingesetzt worden waren, eben die Mittel der Macht. Es war tatsächlich das mechanistische Gleichgewichtsdenken Metternichs, das sich allein durchsetzen konnte, weil keine anderen Mächte im Spiel waren, als solche, die man klar berechnen konnte und die ihrerseits wieder nur mit Quantitäten rechneten, nicht mit Gefühlen, Stimmungen und Strömungen der Massen wie etwa der Freiherr vom Stein mit seinem Appell an die nationale Idee.

Das Gleichgewicht der Mächte herzustellen, sowohl in Europa wie in Deutschland, war also die zentrale Aufgabe dieses Wiener Kongresses, ein Problem, das um so schwerer lösbar war, als der Sieg der Koalition über Napoleon mit napoleonischen Methoden erfolgt war und zumindest bei einem der Mitglieder dieser Koalition napoleonische Wünsche erregt hatte. Hardenberg, der preußische Staatskanzler, hatte noch während der kriegerischen Ereignisse klargemacht, daß Preußen für seinen Einsatz bei der Errettung Europas wenigstens eine Vergrößerung um 60% verlange. So war das Problem des europäischen wie des innerdeutschen Gleichgewichts nicht einfach durch einen herkömmlichen Länderschacher zu lösen wie im Ancien Régime, wobei, ohne Rücksicht auf die Verbundenheit des Volkes mit irgendeinem Herrscherhaus, nur nach den Ergebnissen der Statistik Grenzen verschoben wurden. Es mußten auch Wünsche eingedämmt, Konstellationen ausgespielt werden, so daß der Wiener Kongreß, von dem die Zeitgenossen nur die glänzende Außenseite sahen, in Wirklichkeit zu den grandiosesten Schauspielen europäischer diplomatischer Kunst gehört.

Entscheidend waren freilich nur die Großmächte Österreich, Rußland, England und Preußen, zu denen allerdings schon nach wenigen Wochen, dank der hohen diplomatischen Kunst Talleyrands, auch Frankreich trat. Der Ansatzpunkt für das Spiel Talleyrands, der sich gewissermaßen zwischen die Mächte hineingleiten ließ, war der Riß zwischen Rußland und Preußen einerseits und Österreich andererseits, der über der polnischen und der sächsischen Frage entstanden war. Metternich hatte versucht, Napoleon zu schonen, nicht nur, weil er der Schwiegersohn des österreichischen Kaisers war und weil Österreich Ruhe brauchte, sondern vor allem deshalb, weil Rußland durch die Siege von 1812 bis 1814 so erstarkt war, daß man für die Freiheit Europas fürchten mußte. Als Talleyrand sich deshalb als Verbündeter anbot, mußte Metternich zugreifen – erst so war das europäische Gleichgewicht wieder hergestellt. Der Erfolg in der polnischen Frage war trotzdem gering. Rußland setzte mit preußischer Hilfe seine Ansprüche durch, Polen, das sogenannte Kongreßpolen, wurde als Staat wieder hergestellt, wobei Preußen am meisten einbüßte, das 1795 in seiner Ausdehnung bis Warschau gereicht hatte. Dieses Kongreßpolen wurde in Personalunion mit Rußland vereinigt, so daß Alexander I. jetzt an jenes Ziel gelangt war, das Katharina II. vergeblich angesteuert hatte.

Gegen den österreichischen Widerstand war das durch die rückhaltlose Treue des preußischen Königs möglich geworden. Hardenberg, der anfänglich gegen die polnischen Pläne Alexanders Einspruch erhoben hatte, war nicht nur durch den königlichen Befehl gewonnen worden, sondern vor allem durch das russische Gegengeschenk, nämlich das ganze Königreich Sachsen. Mit dieser Frage hängt auch der Ausgang des Wiener Kongresses für Bayern aufs engste zusammen. Sachsen war schon seit 1752, seit dem ersten politischen Testament Friedrichs II. von Preußen, erklärtes Ziel der preußischen Expansion. Jetzt, 1813, schien Preußen endlich am Ziel dieser alten Wünsche, denn der König von Sachsen hatte es abgelehnt, sich rechtzeitig von Napoleon zu trennen, sondern hatte erklärt, er pflege sein gegebenes Wort auch zu halten. Ähnlich wie das gesamte linke Rheinufer und das Gebiet des Großherzogs von Frankfurt, Dalbergs nämlich, und anderer kleinerer Rheinbundfürsten, die bei Napoleon geblieben waren, war deshalb auch Sachsen unter alliierte Verwaltung gekommen. Hardenberg, dessen Anspruch auf angemessene Vergrößerung Preußens im Vertrag von Kalisch akzeptiert worden war, bestand auf der völligen Annektion des gesamten Königreiches Sachsen. Wilhelm von Humboldt, der preußische Gesandte zu Wien, rechtfertigte diese Annektion damit, daß der König von Sachsen bestraft werden müsse dafür, daß er gegen die lebenswichtigen Interessen der Nation gefehlt habe. Gegen diese Argumentation führten nun Metternich wie Talleyrand das Prinzip der Legitimität ins Feld, in Wirklichkeit fürchteten sie ausschließlich für das innerdeutsche Gleichgewicht. Die Annektion Sachsens hätte Preußen, das sich über die ganze Norddeutsche Ebene erstreckte, zu einem sehr kompakten Zentrum verholfen. Auch hätten die preußischen Grenzen Böhmen jetzt von zwei Seiten umfaßt. Vor allem fehlte dann in Zukunft der jahrhundertelange norddeutsche Verbündete für Österreich. Der entschiedenste Gegner Preußens in der sächsischen Frage war jedoch der König von Bayern. Max I. Joseph war der Schwager des sächsischen Königs. Er befürchtete vor allem , daß man sich nach einer so rücksichtslosen Verletzung des Prinzips der Legitimität, wie es die völlige Annektion Sachsens dargestellt hätte, auch in Bezug auf Bayern um Recht und Verträge nicht mehr kümmern würde, und so hat der bayerische Beauftragte zu Wien, der Fürst Wrede, in der sächsischen Frage am heftigsten Widerstand geleistet und zwar bereits zu einer Zeit, als Metternich sich immer noch zurückhielt. Wrede selbst hat für den endgültigen Ausgang der sächsischen Frage einen sehr hohen Anteil für sich selbst beansprucht, aber in Wirklichkeit gab den Ausschlag erst die Entscheidung Englands, welche Metternich die notwendige Handlungsfreiheit einräumte. Bayern dagegen steckte durch den heftigen Kampf in der sächsischen Frage nur Wunden ein. Zunächst einmal war Hardenberg, der den Zaren hinter sich wußte und auch mit Metternich noch in gutem Einvernehmen stand, wieder auf die alten preußischen Ansprüche auf Ansbach-Bayreuth zurückgekommen. Auch wenn man preußischerseits längst verzichtet hatte, war die Reklamierung legitimer Ansprüche in diesem Augenblick geeignet, Bayern wenigstens zu beunruhigen. Es kam schließlich zu einer förmlichen Abmachung, wonach Preußen noch einmal auf Ansbach-Bayreuth verzichtete und dafür Jülich und Berg übernahm, das 1810 Murat, dem Schwager Napoleons, als Großherzogtum überlassen worden war. Dieser Ausgleich brachte beiden Seiten Vorteile, nachteilig für Bayern wirkte sich jedoch der schließliche Kompromiß in der sächsischen Frage aus. Als Metternich, dessen doppeltes Spiel Wrede als Charakterschwäche gedeutet hatte, im November 1814 Sicherheit darüber besaß, daß Preußen den russischen Plänen in Polen nicht entgegentreten würde, gab er seine bisherige Zurückhaltung in der sächsischen Frage auf, gewann England, das nicht weniger mißtrauisch als Österreich die russische Expansion beobachtete, und schloß am 3. Januar 1815 mit England und Frankreich ein Bündnis zur Rettung Sachsens, zu dem schließlich auch Bayern eingeladen wurde, das bisher die Hauptlast der diplomatischen Aktion getragen hatte. Trotz der Versuche Mongelas' und Wredes, Bayern als gleichberechtigte Macht in das Bündnis aufnehmen zu lassen, wurde ihm nur erlaubt, Einzelverträge mit den drei Mächten zu schließen. Doch noch ehe dieses Bündnis geschlossen war, hatte der Zar bereits eingelenkt. Der Gedanke der Teilung Sachsens, den auch Wrede schon ins Spiel gebracht hatte, setzte sich durch. Die nördliche Hälfte kam an Preußen, die südliche mit Leipzig und Dresden blieb dem bisherigen König.

Die sächsische Frage hat nicht nur Bayern und Preußen miteinander verfeindet, so sehr, daß Hardenberg Metternich gegenüber einmal äußerte, es sei ein Fehler gewesen, daß Österreich nicht ganz Bayern verschluckt habe, die Teilung Sachsens hat auch die bayerischen Aussichten auf weiteren Landgewinn erheblich beeinträchtigt. Preußen wurde dafür, daß ihm die südliche Hälfte Sachsens entging – eine klassische Argumentation –, auf dem linken Rheinufer entschädigt – der großen Ausgleichsmasse also, die zur Verfügung stand, als die Grenzen Frankreichs wieder auf die alte Linie zurückverlegt wurden. Für Bayern stand allerdings im Vordergrund der diplomatischen Bemühungen zu Wien nicht so sehr eine neue Vergrößerung als der Territorialausgleich mit Österreich. Österreich hatte 1805 an Bayern Tirol und Vorarlberg verloren, abgesehen von den Besitzungen in Schwaben und Vorderösterreich. 1810 waren dann Inn- und Hausruckviertel dazugekommen, schließlich auch Salzburg, das der Bruder des Kaisers als Entschädigung für die verlorene Toskana erhalten hatte. Salzburg war zwar niemals österreichisch gewesen, und das Inn- und Hausruckviertel erst seit 1778, aber es ist keine Frage, daß Salzach und Inn die natürliche Grenze darstellten. So betrachtete man in Wien das bayerische Ausgreifen über diese Grenze als einen Einbruch in österreichisches Interessengebiet, zumal das Salzburger Stiftsland tief in die Hochalpen hineinreichte und Steiermark und Kärnten von Tirol abschnitt. Beim Vertrag von Ried war, wie man in München nicht anders erwarten konnte, beschlossen worden, daß alle diese Grenzverschiebungen wieder rückgängig gemacht werden sollten, allerdings nur gegen eine angemessene Entschädigung – von politischer Metaphysik hielt Metternich nicht das geringste, nur ein dauerhafter Interessenausgleich schien ihm Gewähr zu bieten für ein gedeihliches Verhältnis in der Zukunft.

Sehr rasch geregelt war die Frage Tirols; da der Großherzog wieder in sein ursprüngliches Herrschaftsgebiet, die Toskana, restituiert werden konnte, wurde Würzburg frei. Zusammen mit dem ehemals Mainzer Gebiet um Aschaffenburg, das zum Fürstentum Dalbergs gehört hatte, stellte Würzburg die Ausgleichsentschädigung für Tirol und Vorarlberg dar. Schwieriger war der Ausgleich für Salzburg, das Inn- und das Hausruckviertel. Besonders an Salzburg war der Kaiser selbst aufs höchste interessiert. Die Generäle forderten unnachgiebig die Salzach- und Inngrenze. Es war aber für einen Ausgleich im Umkreis von Bayern nur wenig mehr zu finden. Im Norden bot sich der Rest des Fürstentums Dalbergs an, Frankfurt – Hanau – Fulda, an welchem aber auch Hessen interessiert war. Im übrigen lag die verfügbare Entschädigungsmasse links des Rheins. In erster Linie war aber der König, noch mehr sein Sohn, der Kronprinz, interessiert an der Rückgewinnung der alten Kurpfalz mit dem Schwergewicht um Heidelberg und Mannheim. Dieses Gebiet machte aber der Großherzog von Baden dank der Hilfe seines Schwagers, des Zaren, wie auch der Hilfe seiner Schwester, der Königin von Bayern, mit Erfolg streitig; es bedurfte monatelanger Verhandlungen, die teilweise zur völligen Entfremdung zwischen Bayern und Österreich führten, bis sich aus den vielen Kompromißvorschlägen eine Grundlinie herauskristallisierte. Die ursprünglichen Vorschläge Metternichs hatten Frankfurt und Mainz, die alte Kurpfalz und Teile von Württemberg umfaßt; die Hauptfunktion dieser Gebiete war die Herstellung des Zusammenhanges zwischen Bayern und der Pfalz links des Rheins. Von diesen Angeboten blieb schließlich nur noch das Gebiet auf dem linken Rheinufer bis zur französischen Grenze, das geschlossen niemals zur Pfalz gehört hatte, sondern aus 45 Herrschaftsgebieten bestand, neben 120 territorialen Parzellen, und erst 1815 zusammengeschlossen wurde zu jenem Gebilde, das uns als Pfalz bekannt ist. Nach Norden hatte die alte Pfalz bis an die Mosel gereicht, von Simmern bis Bacharach, und hatte auch die Grafschaft Sponheim eingeschlossen, aber hier griff die preußische Entschädigungsmasse in bayerisches Interessengebiet hinein und erwies sich als stärker. Die Ausgleichsverhandlungen zogen sich hin bis zum November 1815, dann entschieden die Großmächte unter Ausschluß Bayerns über die österreichischen Forderungen, Salzburg und das Innviertel. Bayern erhielt als Entschädigung lediglich die linksrheinische Pfalz. Auch Drohungen mit Gewalt konnten den bayerischen König, der in dieser Frage vor allem dem ständigen Druck seines Sohnes ausgesetzt war, der romantische Gedichte über die Heidelberger Ruinen verfaßte, zunächst nicht zum Nachgeben bewegen. Ein letzter Versuch des Kronprinzen selbst, in einem Gespräch in Mailand mit dem Kaiser Verständnis für seine Wünsche nach territorialem Zusammenhang zwischen Bayern und der Pfalz zu wecken, führte zur ausdrücklichen Anerkennung dieses Anspruches, aber es war einfach unmöglich, Württemberg und Baden zur Herausgabe irgendwelcher Gebietsteile zu bringen, so daß der Kaiser versprach, bis zur Herstellung dieses Gebietszusammenhangs jährlich 100000 Gulden an Bayern zu zahlen. Im übrigen blieb dem bayerischen Kronprinzen nur die Hoffnung, einst als Erbe des badischen Großherzogs wieder in den Besitz der alten Kurpfalz zu kommen. 1816, beim Abschluß des Vertrags zwischen Bayern und Österreich, war dieser Anspruch noch eine Realität, da der Großherzog Kinder nur aus einer morganatischen Ehe hatte. Doch 1817 wurde durch badisches Gesetz die Nachkommenschaft aus dieser Ehe, welche mit dem gräflichen Titel Hohenberg abgefunden worden war, für voll erbberechtigt erklärt. Damit war die bayerische Erbfolge ausgeschaltet – und zwar endgültig, als auf dem Kongreß zu Aachen 1818 das badische Erbfolgegesetz international anerkannt wurde. Die weiteren Streitigkeiten um dieses ehemals kurpfälzisch-wittelsbachische, seit 1803 badische Gebiet, zogen sich hin bis 1827, mit den letzten Notenwechseln sogar bis in die Zeit des Prinzregenten. Durch die Unnachgiebigkeit des Königs wie seines Bevollmächtigten, des Fürsten von Wrede, auf dem Wiener Kongreß war der ursprüngliche Vorteil wieder verlorengegangen, der in einem bayerisch-österreichischen Zusammengehen in der sächsischen Frage bestanden hatte. Es gelang Hardenberg, der nach der Entscheidung über die sächsische Frage Bayern nicht nur an der Mosel, sondern auch in Mainz entgegengetreten war und der sich trotz der außerordentlichen preußischen Landgewinne gegenüber dem Zaren über die „ungeheueren Forderungen der Bayern“ entrüstete, Metternich in eine gemeinsame Gegnerschaft gegen Bayern hineinzuziehen. Montgelas hatte zweifellos die Schwierigkeiten der Verhandlungen zu Wien vorausgesehen und deshalb die Teilnahme am Kongreß abgelehnt, 1816 nahm er allerdings dann Wrede die Verhandlungen in der Entschädigungsfrage aus der Hand und erreichte immerhin noch soviel, daß das salzburgische Gebiet westlich der Salzach sowie Berchtesgaden zu Bayern kamen. Was sein König, Max I. Joseph, vor allem wollte, die Aufnahme Bayerns in den Kreis der europäischen Mächte, hätte auch Montgelas nicht erreicht. Wrede hat das monatelang versucht, doch auch nachdem das besiegte Frankreich zu Spanien, Schweden und Portugal getreten war, hatte sich Metternich immer noch geweigert, außer Preußen eine weitere deutsche Macht hinzuzuziehen. Nicht einmal bei den Januarverträgen 1815 war das gelungen, so daß die Rolle Bayerns auf dem Wiener Kongreß alles in allem doch sehr bescheiden ausgefallen ist.

Erfolg hatte Bayern allerdings in der zweiten großen Frage, die in Wien zu lösen war, in der Verfassungsfrage, der sogenannten deutschen Frage. Wenn in Bezug auf die territoriale Neuordnung Europas, trotz des Rückgriffs auf die Legitimität der alten Monarchien, bestimmte Veränderungen seit der Revolution nicht mehr rückgängig gemacht werden konnten, so war auch hinsichtlich der deutschen Verfassung eine Umkehr nicht mehr möglich. Der Wiederherstellung des alten Kaiserreichs, wie der Freiherr vom Stein in seinen ersten Entwürfen gehofft hatte, standen drei unüberwindliche Realitäten entgegen: der deutsche Dualismus, der jetzt nach den großen preußischen Landgewinnen von 1815 ausgeprägter war als je, dann die Verlagerung des habsburgischen Schwergewichts auf die außerdeutschen Besitzungen mit der Angliederung von Mailand und Venetien, vor allem aber die in den Herbstverträgen von 1813 und dem ersten Pariser Frieden vom 30. Mai 1814 garantierte Souveränität der deutschen Mittel- und Kleinstaaten. In der Verteidigung ihrer Souveränitätsrechte waren sich die im übrigen sehr uneinigen deutschen Mittelstaaten weitgehend einig. Vor allem war es Montgelas' einziges Ziel, die bayerische Souveränität in vollem Umfang zu erhalten, das heißt keine Hoheitsrechte preiszugeben, die für Bayern wichtig waren, etwa Münz-, Zoll- und Steuerrecht, Gesetzgebung und Verwaltungshoheit, die Militärhoheit, das Bündnisrecht und die volle Verfügung über die Bestimmung von Krieg und Frieden. Das widersprach, besonders in den beiden letzten Punkten, selbst den maßvollen Intentionen Metternichs, der zwar den bayerischen Widerstand gegen die Pläne Hardenbergs mit seiner straffen Direktorial- und Kreisverfassung unterstützte, aber ebenfalls von der Notwendigkeit einer festeren Verbindung der deutschen Staaten überzeugt war, nicht zuletzt im Interesse ihrer leichteren Beherrschung durch Österreich. Am 14. Oktober 1814 trat das Komitee für deutsche Angelegenheiten zusammen, zu welchem neben Österreich, Preußen und Hannover auch Bayern und Württemberg gehörten. Am 10. Juni 1815 unterschrieb auch Bayern die Bundesakte, dazwischen lagen sechs Monate heftiger Kämpfe, in deren Verlauf Bayern dank der rein destruktiven Politik Wredes wiederholt in die Gefahr völliger Isolierung geriet. In den ersten Wochen konnte der Freiherr vom Stein sogar wagen, den Ausschluß Bayerns aus dem Bund vorzuschlagen. Erst die Spaltung der Mächte durch das Auftauchen der sächsischen Frage führte Bayern aus der Isolierung heraus, zumal Metternich bisher die preußischen Pläne nur zum Schein unterstützt hatte und jetzt den bayerischen Widerstand dagegen ermutigte. Am endgültigen Ergebnis war Bayern nur dadurch beteiligt, daß Metternich dem bayerischen Widerstand das in Aussicht genommene Bundesgericht opferte. Im übrigen war von der Anregung Montgelas', der nichts wollte als eine Bildung auf völkerrechtlicher Basis, wenig mehr geblieben.

Der durch die Bundesakte vom 8. Juli 1815 gebildete Deutsche Bund war durch ein zum Teil engeres Band umschlossen als das Alte Reich. Er war ein Staatenbund zum Zweck der Erhaltung der äußeren und inneren Sicherheit Deutschlands und der Unabhängigkeit und Unverletzbarkeit der einzelnen deutschen Staaten, wie der Artikel 2 der Bundesakte lautete. Seine gemeinsamen Angelegenheiten wurden besorgt durch eine Bundesversammlung, ein gemeinsames Organ also, in der Österreich den Vorsitz hatte und in der die größeren deutschen Staaten, darunter auch Bayern, mit je einer ganzen Stimme, die kleineren deutschen Fürstentümer und Freien Städte nur mit Stimmenanteilen vertreten waren. Das Plenum, das einberufen werden sollte zur Überprüfung oder Ergänzung der Bundesverfassung, bestand aus 69 Stimmen, wobei die größeren deutschen Staaten mit vier, bzw. wie Baden, Kurhessen oder Holstein mit drei Stimmen vertreten waren. Die Bundesversammlung hatte keine gesetzgebende Gewalt, sondern hatte sich vor allem mit Meinungsverschiedenheiten der Bundesglieder zu befassen. Ein weiteres Bundesorgan war die Austrägalinstanz, die Streitigkeiten, soweit sie nicht in der Bundesversammlung zu schlichten waren, schiedsrichterlich entscheiden sollte. Die wesentlichste Einschränkung der Souveränität der Einzelstaaten ergab sich durch den Artikel 11, der den Zweck des Bundes konkret definierte: „Alle Mitglieder des Bundes versprechen, sowohl ganz Deutschland als jeden einzelnen Bundesstaat gegen jeden Angriff in Schutz zu nehmen und garantieren sich gegenseitig ihre sämtlichen unter dem Bunde begriffenen Besitzungen. Bei einmal erklärtem Bundeskrieg darf kein Mitglied einseitige Unterhandlungen mit dem Feinde eingehen noch einseitig Waffenstillstand oder Frieden schließen. Die Bundesglieder behalten zwar das Recht der Bündnisse aller Art, verpflichten sich jedoch, keine Verbindungen einzugehen, welche gegen die Sicherheit des Bundes oder einzelner Bundesstaaten gerichtet wären."

Daß ein festerer Zusammenschluß als ein solcher durch bloße völkerrechtliche Verträge, wie Montgelas vorgeschlagen hatte, nach den Erfahrungen der Revolutionskriege die einzig sinnvolle Lösung war, hat von den bayerischen Staatsmännern besonders der Kronprinz Ludwig eingesehen. Ihm war es auch zu verdanken, daß trotz der anfänglich so heftigen Gegnerschaft Bayerns gegen eine festere Bindung Bayern und der Deutsche Bund in Zukunft in weitgehender Harmonie zusammenleben sollten.

Die Neuordnung Bayerns

Die Geburtsstunde Brandenburgs als deutscher Großmacht hatte während des ersten Nordischen Krieges geschlagen, als es dem Großen Kurfürsten in raschem Wechsel der Bündnisse gelungen war, sich aus der drückenden Abhängigkeit von Schweden zu befreien, zunächst als dessen Bundesgenosse, dann als Bundesgenosse seiner vorherigen Gegner, der Polen – bis zuletzt alle Mächte im Umkreis einschließlich der einstigen Gegner und Verbündeten die Unabhängigkeit Ostpreußens und damit die Selbständigkeit Brandenburgs anerkannten. Ein solches Spiel ist nicht möglich ohne Einsatz eigener Kraft, auch wenn die Gunst der Umstände das meiste beiträgt. Nicht weniger wichtig ist es, jenen Augenblick zu erkennen, in dem die jeweils bis dahin führende Macht erlahmt und der Partner ausgetauscht werden muß. In diesem Spiel hat sich vor allem der leitende Minister Bayerns, Graf Montgelas, als Meister erwiesen, der dem Großen Kurfürsten von Brandenburg in nichts als dem Unbehagen an bewaffneten Auseinandersetzungen nachstand. Er hatte allerdings auch nicht jenes Maß an selbständiger Kraft in die Waagschale zu werfen, das nach der Mitte des 17. Jahrhunderts Brandenburg trotz der schweren Katastrophe des Dreißigjährigen Krieges verblieben war. Inzwischen waren die europäischen Großmächte zu Gebilden herangewachsen, die in ihrer erdrückenden Überlegenheit nur noch durch ihresgleichen in Schach gehalten werden konnten.

Die Entwicklung der europäischen Großmächte zu diesen imponierenden Militärstaaten war zwar ein Ergebnis des außenpolitischen Druckes, der sich aus der Konfrontation seit der Französischen Revolution ergab. Die entscheidenden Voraussetzungen waren aber die Verwaltungsreformen des Ancien Régime gewesen, die allein die Mittel für den Unterhalt solcher Massenheere bereitstellen konnten. Bayern war von dem Reformeifer des Spätabsolutismus, den man auch den Aufgeklärten Absolutismus nennt, nicht ganz unberührt geblieben, doch war es außer auf dem Gebiet der Kulturpflege zu keinem ins Auge fallenden Erfolg gekommen. Der Staat blieb nach wie vor im wesentlichen so organisiert, wie ihn im 17. Jahrhundert, für seine Zeit führend unter den Verwaltungsreformern, Maximilian I. organisiert hatte. Die junge Generation der bayerischen Beamten unter Kurfürst Karl Theodor hatte sich zwar mit dem Schrifttum der französischen Reformpartei, eines Turgot etwa und Quesnel, gründlich vertraut gemacht. Ihre Opposition war aber erstickt worden in der sogenannten Illuminatenverfolgung. Ein Ergebnis der Studien, die auch Montgelas in diesem Zeitraum angestellt hatte, war dann seine Denkschrift von 1796, in der er den notwendigen Staatsaufbau für Bayern entwickelte. Der Zusammenbruch des Alten Reiches mit der durchgreifenden Flurbereinigung von 1803 bis 1810 schuf dann die Möglichkeit für einen völligen Neubau – ein unerhörter Glücksfall für einen schöpferischen Staatsmann.

1808 war Bayern nicht mehr wie 1796, als Montgelas seinen Herrn auf die Übernahme des bayerischen Erbes vorbereitete, ein von Enklaven durchsetzter kleiner Staat mit vielen Außenbesitzungen, die über ganz Süddeutschland hin verstreut waren, sondern ein geschlossener Flächenstaat vom Südausgang der Alpen bis zum Thüringer Wald. Er umfaßte 1636 Quadratmeilen mit 3,2 Mill. Einwohnern. Die Bevölkerungsstruktur war trotz des Zuwachses an Städten in Franken und Schwaben zu mehr als 90% agrarisch. Dieses Staatsgebiet vereinigte in sich 83 politische Gebilde der Vergangenheit, nicht gerechnet die etwa 150 Herrschaften der Reichsritterschaft und die zahlreichen reichsunmittelbaren Herrschaftsgebiete der Klöster, vor allem in Schwaben. Diese politischen Gebilde boten sich dar in einem, grob gesagt, dreifach gestuften Entwicklungszustand. Ansbach-Bayreuth war durch die Reformen Hardenbergs bereits ein modern gegliedertes Staatswesen mit Zentralregierung und Kreiseinteilung, mit Ausschluß aller fremden Herrschaftsträger sowie Trennung von Justiz und Verwaltung, ausgenommen auf der untersten Ebene, wo man aus Rücksicht auf den Adel wie aus Ersparnisgründen die Patrimonialgerichte belassen hatte. Das alte Herzogtum Bayern einschließlich der Oberpfalz und Pfalzneuburg sowie Sulzbach bot sich beim Regierungsantritt Max IV. Joseph noch als ein Aggregat von Territorien dar. Sie hatten jeweils ihre eigenen Landstände, ausgenommen die Oberpfalz, die ihre ständische Vertretung im Dreißigjährigen Krieg verloren hatte. Die einzelnen Territorien waren zwar bereits Landesteile geworden, gehörten also zum Herzogtum der Wittelsbacher, sie waren aber keine Provinzen, die einer Zentralregierung unterstanden, sondern hatten ihre eigenen Regierungen, auch wenn sie gegenüber dem Münchner Hof wie der Geheimen Konferenz mit Staatskanzler und Ministern keineswegs selbständig waren. Neuburg oder Sulzbach waren nicht nur durch Personalunion mit dem alten Herzogtum Bayern vereinigt, sie gehörten auch zum Herrschaftsverband des Kurfürstentums, aber immer noch führte der Kurfürst in seinem Titel auch jene einst selbständigen Herrschaften. Immerhin wurde das alte Herzogtum, das heißt Ober- und Niederbayern mit der Oberpfalz sowie die Randgebiete Pfalzneuburg und Sulzbach, bereits großräumig verwaltet. Sie bildeten ein geschlossenes Territorium, das nicht von fremden Herrschaftsrechten durchsetzt war, ausgenommen die kirchlichen Enklaven, und auch wenn die Steuereinkünfte jeweils von den zuständigen Landtagsverordneten verwaltet wurden, so flossen die Mittel schließlich doch in der einen kurfürstlichen Kasse zu München zusammen.

Das war ein Entwicklungsstand, wie ihn die fürstbischöflichen Gebiete am Main, Würzburg und Bamberg, noch nicht völlig erreicht hatten, da beide im wesentlichen nichts anderes waren als Komplexe von lose zusammenhängenden unmittelbaren wie mittelbaren Besitzungen und von verschiedentlich abgestuften Rechten – hier das Hochgericht, dort Vogtei, dann wieder Grundherrschaft, bisweilen alle diese Rechte zusammen, aber nie auf geschlossenem Territorium. Überall waren sie durchsetzt von fremden, namentlich reichsritterschaftlichen Herrschaften, während der eigene Streubesitz in vielfältig abgestufter Rechtslage hineingriff in die nachbarschaftlichen Gebiete ringsum. Zusammengehalten war aber dieses Gebiet jeweils von einer Verwaltungszentrale, die es etwa in Bamberg verstand, durch eine eigene Gerichtsordnung das ganze Territorium doch mit staatlichem Willen zu durchdringen. Ähnliches trifft auch zu für die kleineren fürstbischöflichen Gebiete an der Donau, am Inn und am Lech.

Bei den Herrschaften, die man der dritten Gruppe zurechnen muß, handelt es sich im Gegensatz zu diesen doch großräumigen und zentral organisierten Territorien nicht mehr um Gebilde, die neuzeitlich-staatlichen Charakter tragen. Es sind Herrschaften, die sich aus dem Mittelalter in die Zeit des Absolutismus hinüberretten konnten, weil das Gleichgewicht der größeren Mächte bisher ihre Aufsaugung in große staatliche Komplexe verhindert hatte. Wenngleich die Einbettung in den großen Rahmen des Reiches auffallende Willkür in Rechtsprechung und grundherrlicher Ausnutzung weitgehend verhindert hatte, so waren doch die Untertanen in vielen kleinen Dingen der Willkür der ritterschaftlichen oder kirchlichen Grundherren preisgegeben, auch wenn die Rücksicht auf den eigenen Nutzen allzu schrankenlose Selbstherrlichkeit verbot. Bisweilen war die Verwaltung dieser Gebiete, wie etwa in dem großen Herrschaftsgebiet von Ottobeuren, vorbildlich, oft war es hier nicht schlechter als in den großen Territorien. Meist aber erkannte man, wie Johann Jakob Moser, der berühmte württembergische Staatsrechtslehrer, ironisch feststellte, schon am äußeren Ansehen ein ritterschaftliches Dorf von weitem. Ähnlich wie die kirchlichen und ritterschaftlichen Herrschaften waren auch die kleinen Reichsstädte Relikte aus der Staatsentwicklung des ausgehenden Mittelalters, nur daß hier nicht Adel oder Geistlichkeit die herrschaftstragende Schicht darstellten, sondern das reiche Bürgertum, das nicht weniger hartherzig und unduldsam seine Vorrechte gegenüber den kleinen Leuten geltend machte wie die Herrschaftsträger auf dem Lande.

Selbst bei den großräumigen Territorien kann von einer klar gegliederten, überschaubaren und zweckmäßigen Verwaltungsorganisation nicht die Rede sein. Die Eingliederung aber der zahlreichen Herrschaftsträger mit eigener Verwaltungshoheit machte Reformen auf diesem Gebiet unausweichlich. Nicht weniger notwendig war eine Reform auf dem Gebiet der Rechtspflege, hatte doch jedes der größeren Territorien sein eigenes Landrecht. Die vielen ritterschaftlichen und kirchlichen Herrschaften lebten wieder nach einem anderen Recht, in der Regel nach dem Gemeinen Recht. Ebenso vielgestaltig war die Belastung der Untertanen. In all diese Verworrenheit Ordnung, Übersichtlichkeit und Einheitlichkeit zu bringen, stellte allein schon ein Lebenswerk dar.

Montgelas hat dieses Lebenswerk neben seiner nicht weniger angespannten Tätigkeit als Außenminister voll gemeistert. Worum es ihm dabei ging, hat er nirgends sehr präzise ausgesprochen, auch nicht in seiner Denkschrift von 1796. Doch seine Grundanschauung von den Verhältnissen, die er gestalten wollte, spricht aus jeder Zeile seines Rechenschaftswerkes wie aus jeder der Maßnahmen, die er durchgesetzt hat. Ohne daß es seinem Herrn, dem Kurfürsten und späteren König Max Joseph klar geworden wäre, hat er sich tatsächlich einen Revolutionär herangezogen, der das Land Bayern nicht nur völlig neu organisierte, sondern seine Verfassung auch auf völlig neue geistige Grundlagen stellte.

So wenig wie in Preußen, wo innerhalb der deutschen Staatenwelt noch am ehesten die Notwendigkeit einer durchgreifenden Neugestaltung des gesamten Staatswesens erfaßt worden war, hatte sich vor 1800 in Bayern eine staatliche Zentralinstanz als Mittelpunkt des gesamten Herrschaftskörpers durchgesetzt. Bayern war, wie Ludwig Doeberl mit Recht sagt, ein förderalistischer Territorialstaat ohne ausgeprägtes Staatsbewußtsein, ohne einheitliche Verwaltung und ohne einheitliches Recht. Das ist nicht verwunderlich, fehlte doch selbst in der höchsten Spitze das Bewußtsein, einem Staat mit eigenem Wesen vorzustehen. Der Fürst fühlte sich als Inhaber von Territorien, von großräumigen Herrschaften also, nicht als oberster Diener eines Staatswesens. Ebenso fühlten sich die fürstlichen Beamten vielfach nicht als Mandatare der Allgemeinheit, sondern so wie der Fürst als Inhaber von herrschaftlichen Ämtern, deren Einkünfte zu steigern vielfach als gutes Recht betrachtet wurde. In Frankreich war die Staatstheorie längst über diese patrimoniale Auffassung des Staates hinausgediehen. Doch trotz der weit zweckmäßigeren staatlichen Organisation nach Ministerien war auch hier an der Spitze immer noch die patrimoniale Auffassung herrschend. Nur in Preußen hat das ganze 18. Jahrhundert darauf hingearbeitet, den längst bekannten Begriff des Staates auch mit Leben zu erfüllen, den Staat als Wesenheit eigenen Rechts, der sowohl die Untertanen wie den Monarchen mit gleichem Anspruch erfaßt, der für den Herrscher nicht nur Rechte, sondern auch Pflichten, für den Untertanen nicht nur Pflichten, sondern auch Rechte als Staatsbürger, Anteil am Gemeinwohl als dem obersten Staatszweck zusichert. Im preußischen Landrecht von 1794, das Friedrich II. noch angeregt hatte, stellte dieser neue Staatsbegriff die geistige Grundlage dar, der Herrscher war nicht Herr, sondern nur Oberhaupt des Staates. Er war Organ dieses Staates, und seine wichtigste Aufgabe bestand darin, das Gemeinwohl als Staatszweck auch zu bewirken.

Jeder Staatsmann, der zugleich der Aufklärung und dem Absolutismus anhing, bedurfte dieser staatsrechtlichen Begründung des Zustandes, dem er Gestalt geben wollte. Auch Montgelas hat sich daran gehalten. „Toute autorité", sagte er einmal, und es ist wichtig, das auf französisch zu sagen, da es auch französisch gedacht ist, „reside originairement dans le corps de la nation. C'est elle seule qui a pu légitimement se donner un maître". Die staatliche Autorität, so ist gemeint, beruht ursprünglich auf der Gemeinschaft der Nation, sie allein ist es, die rechtmäßigerweise sich einen Herrn geben und eine Regierungsform etablieren kann. Nation – das ist aber die Staatsnation der französischen Aufklärung, nicht die Nation Herders oder des Freiherrn vom Stein, die Nation der Romantik. Maître aber, das ist der Maschinenmeister der Staatstheorie der Aufklärung, der wegen seiner Fähigkeiten und Kenntnisse, nicht als Angehöriger einer auserwählten Herrscherfamilie zur Regierung bestimmt ist. Diese Auffassung also äußert Montgelas selbst, in einer Skizze zu einer bayerischen Verfassungsgeschichte. Er faßt also den Staat auf im naturrechtlichen Rationalismus der Aufklärung als menschliches Gemeinschaftsverhältnis, das durch einen Gesellschaftsvertrag begründet ist, organisiert nach den Gesetzen höchster Zweckmäßigkeit und Klarheit, als Herrschaft der Vernunft. Mit diesem Staatsbegriff des Aufgeklärten Absolutismus hing untrennbar zusammen der Begriff der unveräußerlichen, unteilbaren und unverjährbaren Souveränität als Inbegriff und alleiniger Quelle aller öffentlichen Gewalt.

So spricht Montgelas nicht mehr von der unumschränkten Gewalt des Fürsten. Er spricht nur noch von Staatsgewalt; wenn von Souveränität die Rede ist, dann von der Souveränität nicht des Fürsten, sondern des Staates an sich. Der Fürst wird auch im Denken Montgelas' zum Organ des Staates, zu seinem Oberhaupt und ersten Diener, wenn man so will, auch wenn er so nicht in den Denkschriften erscheint. Damit ist der patrimoniale Fürstenstaat des 18. Jahrhunderts auch geistig überwunden. Praktischen Ausdruck findet diese neue Staatsauffassung bereits 1796 in der Vereinbarung zwischen Max Joseph und seinem Schwager Wilhelm von Birkenfeld, in welcher es darum geht, den Wittelsbacher der Birkenfelder Nebenlinie abzufinden. Es wird vereinbart, daß die Abfindung nicht mehr in selbständigen Herrschaften, sondern nur noch in Einkünften bestehen soll. Der Staat ist in diesem Familienvertrag bereits eine Größe eigener Ordnung. Noch deutlicher wird das in der Domanial-Fideicommiß-Pragmatik von 1804, in der Bestimmung über den unveräußerlichen Charakter der fürstlichen Domänen oder, wie sie früher hießen, der Kammergüter, aus denen die Fürsten bisher ohne Unterschied die Bedürfnisse ihres Hofes, ihre eigenen Bedürfnisse und jene des Landes bestritten hatten. Jetzt, 1804, werden die Kammergüter vereinigt mit dem Staatsgebiet, insofern das in dieser Pragmatik enthaltene Veräußerungsverbot beide in gleichem Maße betrifft wie auch die dort angeführten Ausnahmen, nämlich Abtretungen als Staatshandlung nach öffentlichen Zwecken und allein zur Wohlfahrt des Staates.

Wenn der Staat als Inbegriff aller souveränen Gewalt gedacht wird, ausgestattet mit dieser Gewalt zum Zwecke des allgemeinen Wohls, lassen sich eine ganze Reihe von Konsequenzen ziehen, die in Frankreich tatsächlich gezogen worden sind, sowohl zur Zeit der Revolution wie durch Napoleon. Auch Montgelas hat schon sehr früh begonnen, aus seiner Grundanschauung Konsequenzen abzuleiten, und zwar noch vor der napoleonischen Ära in Frankreich. In seiner Denkschrift von 1796 hat er im Grunde sein ganzes Reformprogramm vorweggenommen, die Gliederung des Gesamtstaates, die Organisation der zentralen Regierungsbehörden, der Mittelinstanzen wie der unteren Ämter, aber auch eine ganze Reihe von Einzelbestimmungen, die sich aus der Ansicht vom Staat als einer geschlossenen Gesellschaft, die sich einen Herrn gibt, ableiten lassen, etwa also einer geschlossenen, gleichberechtigten Schicht von Untertanen, die dem Souverän gegenüberstehen. Für sie gibt es also keine Steuerprivilegien und keinen gesonderten Gerichtsstand mehr, ein Programmpunkt also, der den Forderungen der französischen Nationalversammlung zu entsprechen schien, der aber in Wirklichkeit aus den gleichen Voraussetzungen hergeholt ist, dem Staatsdenken der Aufklärung. Montgelas war kein Demokrat. Für ihn war die

Beseitigung der Adelsprivilegien nicht die Vorbereitung der Volksherrschaft, sondern die logische Folgerung aus dem Wesen des Staates, dem alle gleichmäßig verpflichtet sind und der seine Herrschaft gleichmäßig über alle erstrecken muß. Aus dem Pflichtgedanken geboren war auch die neue Einschätzung der Stellung der Staatsdiener, die jetzt nicht mehr nach ihrer Geburt, sondern nur nach ihren Fähigkeiten und ihren Verdiensten ausgewählt werden sollten, wie Montgelas auch die Abschaffung der Ämter ohne wirkliche Funktion energisch durchsetzte, von Ämtern nämlich, die aus rein finanziellen Gründen geschaffen worden waren und die man kaufen konnte, wie man später Staatsobligationen kaufte, nämlich als reine Geldanlage. Daß solche Ämter nicht zweckmäßig und im Interesse des Allgemeinwohls versehen wurden, liegt auf der Hand. Wie wenig das Staatsdenken der Aufklärung allerdings allein auf Hobbes und seine doch sehr rigoros definierte Staatsomnipotenz beschränkt werden kann, zeigt dann eine zweite Seite in diesem Memoire von 1796, die vom humanitären Denken der Aufklärung beseelt ist. Das äußert sich in Vorschlägen zu einer Reform des Strafrechts, die wegführen soll von dem unmenschlichen Strafrecht Kreittmayrs, in der Forderung nach religiöser Toleranz, die allerdings in diesem Zusammenhang rein politisch begründet wird, als Voraussetzung für ein friedliches Zusammenleben der Staatsbürger in einem Staatswesen. Schließlich gehört hierher auch die sehr überraschende Forderung nach Pressefreiheit, allerdings im Rahmen der geltenden Gesetze, eine Forderung, die bei einem Vertreter der Staatsallmacht, wie man ihn gemeinhin in Montgelas sieht, überraschen muß. Gerade diese Forderung zeigt jedoch, daß man Montgelas mit einer solchen Bezeichnung unrecht tut. Er steht im Bann einer Tradition, die wie auch der Josephinismus nicht einfach mit einem unmißverständlichen Kennzeichen versehen werden kann, die genauso wie das System Napoleons vieler Deutungen fähig ist. Was in diesem Reformprogramm von 1796 an Punkten, die später das Reformwerk Montgelas ausmachen, fehlt, ist im Grunde nur die Beseitigung der Landstände, die Montgelas 1796 noch nicht zu fordern wagte, wahrscheinlich mit Rücksicht auf den schlechten Ruf, den er bereits als Revolutionär und Illuminat besaß. Wenn man also das Reformwerk der Rheinbundfürsten ausschließlich dem Beispiel des napoleonischen Staates nachordnet, so ist das nicht richtig. Diese letzte Steigerung des Staatsgedankens des Aufgeklärten Absolutismus, eines Staatsgedankens, der auf die größtmögliche Perfektion abzielte, wird bereits vor Napoleon auch in Deutschland im Entwurf formuliert, in Ansbach-Bayreuth durch Hardenberg, in Bayern durch Montgelas. Der gemeinsame Boden war allerdings die französische Staatslehre des ausgehenden 18. Jahrhunderts, die Montgelas als Student in Straßburg kennengelernt hatte, an der Diplomatenschule des Historikers und Staatsrechtslehrers Christoph Koch.

Koch ist bekannt vor allem durch seine Ausgabe der französischen Staatsverträge und als Schöpfer der Konstitution des Königreiches Westfalen. Treitschke hat in seiner Deutschen Geschichte die Bayerische Konstitution die „Traurige Konstitution" von 1808 genannt. Er hält sie für den Abklatsch französischer Verordnungen und deshalb bereits grundsätzlich für undeutsch und damit für schlecht. Wie weit auch auf das Reformwerk des Freiherrn vom Stein französische Vorbilder eingewirkt haben, untersucht Treitschke allerdings nicht. Vor allem überschätzt er den unmittelbaren Einfluß französischer Vorbilder auf das Werk Montgelas'. Der Zusammenhang mit dem westfälischen Verfassungsgesetz ist weniger direkt als indirekt, insofern Montgelas wie Koch, der zusammen mit Cambacérès die westfälische Konstitution geschaffen hat, in der Gedankenwelt der französischen Reformkreise wurzelt. Der direkte Zusammenhang ist mehr äußerlicher Art. Das Drängen Napoleons 1807 und 1808 auf Ausarbeitung einer gemeinsamen Verfassung der Rheinbundstaaten wie des Rheinbundes machte den raschen Abschluß eines eigenen bayerischen Gesetzeswerkes notwendig, falls man sich nicht in den wichtigsten staatspolitischen Prinzipien abhängig machen wollte von einer fremden Macht. So kam diese Konstitution zustande mitten im Fortgang des Reformwerkes und stellte im Grunde nichts anderes dar als die Zusammenfassung einer Vielzahl von organischen Gesetzen und Edikten zu einem politischen System, das weniger Einzelheiten regeln wollte als Leitsätze darlegte – ihrerseits wieder Grundlage für eine Vielzahl von neuen Edikten, die der Weiterbildung der Konstitution dienten. Zwar hat Montgelas diese Konstitution von 1808 nicht als Ideallösung betrachtet, nur als vorläufige Formulierung der wichtigsten Verfassungsprinzipien, aber durch die ständige Weiterarbeit wie durch den politischen Umschwung von 1815 ist es dann doch so gekommen, daß das Werk von 1808 nichts darstellte als die Vorarbeit zur eigentlichen Verfassung von 1818. Trotzdem kann man mit Michael Doeberl sagen, daß es die Konstitution von 1808 war, die das neue Bayern geschaffen hat, welche die Ungleichheit der Verhältnisse in den vielen neugewonnenen Landesteilen beseitigte, alle Sondergesetze und Sonderrechte außer Kraft setzte und damit das ganze Staatswesen zusammenfaßte und zu einem einheitlichen Staatskörper werden ließ.

Was diesen neuen Staat zusammenhielt, war in den Augen der Schöpfer dieser Konstitution die Staatssouveränität, die nach außen wie nach innen ohne jede Beschränkung sein sollte, ausgeübt durch den König als oberstem Organ dieses Staates und in seinem Namen durch die Staatsregierung. Der neue Charakter des Staatsoberhaupts als Organ des Staates kommt zum Ausdruck in Art. 2, wo vom königlichen Haus die Rede ist. Dieses königliche Haus ist nur noch wichtig für die Erbfolge. Wie wenig es im Besitz des Staates und seiner Einkunftsmittel gesehen wird, zeigt die Bestimmung über die Ausstattung der Mitglieder dieses Hauses nicht mehr durch liegende Güter, durch Provinzen oder gar durch Länder, sondern nur noch durch eine Apanage in Geld. Sie betrug für die Prinzen jährlich 100000 Gulden, für die Königin-Witwe 200000 Gulden, doch waren darin auch die Kosten für die Hofhaltung eingeschlossen. Die Bestimmung des Königs als Organ des Staates, nicht mehr als sein unumschränkter Herr, kommt auch zum Ausdruck in der Anordnung über die Gegenzeichnung königlicher Verordnungen durch den verantwortlichen Minister. Weitere Bestimmungen über die Stellung des Monarchen fehlen in dieser Konstitution. Der König gilt deshalb mit Selbstverständlichkeit als Quelle aller staatlichen Gewalt, sowohl der Exekutive wie der Legislative, er ist vor und über aller Verfassung und damit auch die Quelle des Verfassungsrechts selbst.

War schon bisher das Eigenrecht der Stände von fürstlicher Seite bestritten worden, so wurden sie jetzt förmlich aufgehoben. An und für sich passen bereits die Privilegien der Stände nicht mehr in das Zeitalter der bürgerlichen Gleichheit. Der Adel selbst zeigte sich einer Reform nicht abgeneigt, verlangte aber die Einberufung eines allgemeinen Landtags, damit das Recht, über sein eigenes Schicksal selbst zu bestimmen. Vor der Möglichkeit einer Revolution von unten, wie sie 1789 mit Erfolg in Frankreich erprobt worden war, schreckte man in München jedoch zurück, zumal man ohne Zweifel die Macht besaß, auch ohne und gegen die Landstände zu handeln. Bereits 1807 wurde durch die Aufhebung der Steuerprivilegien des Adels und mit der Annullierung der ständischen Rechte der Steuererhebung und Steuerverwaltung das Grundrecht der Landstände beseitigt. 1808 wurden sie förmlich aufgehoben. Statt dessen wurde eine sogenannte Nationalrepräsentation im Sinne der westfälischen bzw. der französischen Verfassung in Aussicht gestellt. Das wäre also eine Vertretung der Gesamtheit des Volkes gewesen, während bisher nur Stände vertreten waren. Dieses Versprechen der Nationalrepräsentation war, obwohl Montgelas in seinem Rechenschaftsbericht betont, daß sie auf Grund der Umstände nicht verwirklicht worden sei, wahrscheinlich überhaupt nur eingeführt worden zur leichteren Beseitigung der Landstände.

Die Aufhebung der ständischen Privilegien wie der Privilegien des Adels bedeutete einen wichtigen Schritt auf dem Weg zum allgemeinen Untertanenverband, eines der wichtigsten Ziele der Reformpolitik Montgelas'. Das kommt auch zum Ausdruck in der grundsätzlichen Umschreibung der Stellung der Staatsbürger. Der wichtigste Grundsatz war die Gleichheit aller Staatsbürger vor dem Recht, das heißt das Ende des privilegierten Gerichtsstandes; dann die Gleichheit aller Staatsbürger in Bezug auf ihre Pflichten gegenüber dem Staat, das heißt die Aufhebung der Steuerprivilegien des Adels, die schon 1807 erfolgte, so daß seither auch der Adel entsprechend der Größe seines Grundbesitzes Grundsteuer zu zahlen hatte, und schließlich die Gleichheit bezüglich der staatsbürgerlichen Rechte, das heißt die Aufhebung der adeligen Vorrechte zur Übernahme bestimmter Staatsämter. Damit ist die Rechtsstellung des Adels in wesentlichen Punkten eingeschränkt, auch wenn das, was geblieben ist, noch einen sehr deutlichen Abstand des Adels zur Schicht der sonstigen Untertanen markierte. Das gesellschaftliche Ansehen des Adels blieb gewahrt und wurde von Staats wegen noch unterstrichen durch die Einrichtung der staatlichen Adelsmatrikel. Vor allem blieben die adelige Grundherrschaft und die adelige Gerichtsherrschaft unangetastet. Beides war im Grunde mit dem Gleichheitsprinzip unvereinbar, da hier eine Schicht von Staatsbürgern von Geburts wegen, nicht durch Verdienst und Leistung, Herrschaftsrechte übertragen erhielt. Um diesen Einwand zu entkräften, schuf man eine Fiktion. Die adeligen Herrschaftsrechte wurden jetzt durch Edikt von Staats wegen an die derzeitigen Inhaber delegiert. Damit waren die Patrimonialherren in Zukunft Staatsbeamte.

Sie besaßen ihre Herrschaften nicht mehr kraft eigenen Rechts, sondern als Ausfluß der Staatsgewalt. Nur praktisch hat sich an den Zuständen nichts geändert. Nicht geregelt war in der Konstitution die Rechtsstellung des mediatisierten Hochadels, der kleineren Fürsten also und der Reichsfreiherrn. Diese Regelung erfolgte erst zehn Jahre später.

Das Prinzip der staatsbürgerlichen Gleichheit ist also nicht konsequent bis zur letzten Folgerung durchgeführt worden, aus Gründen, die nicht unmittelbar ersichtlich sind. Montgelas selbst hat Sparsamkeitsrücksichten vorgeschützt, doch kann dieser Vorwand nicht überzeugen, da auch bisher schon etwa 50% der Landbevölkerung mit der niederen Gerichtsbarkeit zum Landgericht gehörten, seit der Säkularisation etwas über 70%, ohne daß von einer Überlastung der Landgerichte die Rede wäre. Man muß also wohl annehmen, daß es sich um keinen Zufall handelt, daß alle an den Reformgesetzen beteiligten Beamten selbst dem Adel zugehörten. Trotzdem bedeutet das Reformwerk eine echte Befreiung auch der ländlichen Bevölkerung und zwar durch die Aufhebung der Leibeigenschaft wie durch die generelle Einführung des bäuerlichen Erbrechts im ganzen Bereich des neuen Bayern. Damit waren die abhängigen Bauern nicht mehr persönliches Eigentum ihrer Grundherrn, soweit sie leibeigen waren, und sie konnten nicht mehr nach Willkür von ihren Höfen vertrieben werden. Freilich muß darauf hingewiesen werden, daß sich die – in Bayern überhaupt sehr seltene – Leibeigenschaft schon lange durch nichts anderes mehr bemerkbar machte als durch besondere Abgaben und Leistungen, besonders durch erhöhte Scharwerksleistungen. Auch die schlechteren bäuerlichen Leiheformen, Freistift und Neustift oder Leibrecht, wirkten sich im Grunde nur finanziell aus, da kein Grundherr Interesse am ständigen Wechsel seiner Bauern hatte.

An der vollen Bauernbefreiung fehlte allerdings noch ein erhebliches Stück. Man hatte zwar vorgesehen, daß wenigstens die Domanialbauern, das heißt die 70% Bauern auf den königlichen Domänen, durch Zahlung einer Ablösungssumme sich aus der Grundherrschaft befreien konnten, doch war den Bauern selbst diese Summe zu hoch. Sie hatten also kein Interesse an der Freiheit, wenn sie etwas kosten sollte. Dieses Ergebnis zeigt deutlicher als alles andere, wie zufriedenstellend die Rechtslage der bäuerlichen Untertanen im Grunde war. Was vor allem zur bäuerlichen Unzufriedenheit Anlaß gab, waren die allgemeinen Verhältnisse, die aber nicht zu ändern waren, die ständigen Truppeneinquartierungen, Durchzüge, Kontributionen, die hohe Steuerlast. Als sich das nach 1813 änderte, begann die gute alte Zeit, die man vor allem mit dem Andenken Max' I. Joseph verband, die aber in Wirklichkeit zusammenhängt mit dem Zeitalter des Friedens, das jetzt gekommen war.

Vom großen Pathos der Bauernbefreiung und Staatsreform im Gesetzeswerk des Freiherrn vom Stein findet man in der bayerischen Konstitution von 1808 nichts. Das war eine der Ursachen dafür, daß man von dieser Bauernbefreiung in der deutschen Geschichtsschreibung so gut wie nichts vernimmt. Ebenso wenig vernimmt man von den Grundrechten des Staatsbürgers, die hier formuliert sind, nämlich Sicherheit von Person und Eigentum, Gewissensfreiheit, das heißt religiöse Toleranz und Pressefreiheit, allerdings im Rahmen der geltenden Gesetze, und schließlich auch Unabhängigkeit der Justiz, das heißt, Garantie der richterlichen Stellung durch Einsetzung auf Lebenszeit und Verbot jeglichen Eingriffs in ein schwebendes Verfahren durch irgendwelche staatlichen Instanzen einschließlich des Königs.

Von der Verkündigung von Menschenrechten wie in der französischen Verfassung von 1792 nahm Montgelas 1808 bewußt Abstand, ebenso davon, über Dinge zu befinden die sich dem Geltungsbereich einer staatlichen Konstitution entziehen. Der Staat kann nur über Staatsbürger befinden, über den Menschen in seiner Stellung zum Staat, nicht über den Menschen im allgemeinen, den Menschen in all seinen möglichen Beziehungen. Das wäre totalitäre Anmaßung. Wie inhuman der Mensch gerade im Namen der Menschenrechte sein kann, zeigt am besten der Lauf der Dinge in Frankreich nach Verkündigung der Menschenrechtsdeklaration.

Montgelas war im Gegensatz zu Robespierre durchaus bereit, Elemente seiner Doktrin zu opfern, wenn die praktischen Ergebnisse die Notwendigkeit dazu nachwiesen. So war auch die Zeit nach 1808 eine Zeit unablässiger Weiterarbeit. Die Reform stand nicht still. Die sogenannte Dienstpragmatik, deren Verfasser der Staatsrat und Landshuter Professor Nikolaus Thaddäus Gönner war, und die bis 1908 in Geltung blieb, schuf einen völlig neuen Typ des Staatsbeamten. Die Geldstrafen wurden in Zukunft ungeteilt an den Fürsten abgeführt, die Richter erhielten ihre Gehälter wie andere Beamte auch, beim Ausscheiden behielten sie nicht mehr einen Teil der Einkünfte des Amtes, sondern bekamen eine Pension aus der Staatskasse. Damit war der schlimmste Nährboden für Korruption und Bedrückung der Untertanen beseitigt. Die positive Ergänzung dieser Verbote stellten Vorschriften über den Studiengang und die erforderlichen Staatsprüfungen, ferner allgemeine Vorschriften über die Behandlung der Dienstobliegenheiten dar. Auch wurden regelmäßige Visitationen angeordnet, ein Mittel, mit dem schon Maximilian I. größten Erfolg gehabt hatte.

Einer besonderen Regelung bedurfte trotz der Erwähnung in der Konstitution noch die Rechtspflege. In der Konstitution war vor allem die Unabhängigkeit der Richter festgelegt. In einem Edikt von 1808 wurde darüber hinaus die Gerichtsverfassung geregelt, der Instanzenzug vom Landgericht zum Appellationsgericht bis zum Oberappellationsgericht. Diese Appellationsgerichte waren kollegialisch besetzt. Anselm von Feuerbach wurde beauftragt, auf der Grundlage des Code Napoléon, entsprechend dem oftmals geäußerten Wunsch des französischen Kaisers, ein bürgerliches Gesetzbuch auszuarbeiten, ebenfalls ein bayerisches Handelsgesetzbuch auf der Grundlage des Code de Commerce, doch wurde 1811 die Arbeit sistiert, als keine Gefahr mehr zu bestehen schien, daß der Code Napoléon selbst eingeführt werden müßte. So blieb es im alten Bayern weiterhin bei Kreittmayr, in Ansbach-Bayreuth beim preußischen Landrecht, in den übrigen Gebieten bei den jeweils vor 1800 gültigen Rechtsbüchern, in der Pfalz beim Code Napoléon, so daß die ganze buntscheckige bayerische

Rechtskarte bis zur Einführung des deutschen Bürgerlichen Gesetzbuches 1900 bestehen blieb. Verwirklicht wurde nur das dringendste Erfordernis, ein gemeinsames Strafrecht für ganz Bayern, das 1813 Anselm von Feuerbach vorlegte.

Ein weiteres dringendes Erfordernis neben der allgemeinen Verwaltungsgliederung war die Regelung des Steuerwesens, da die bayerischen Staatsfinanzen auch unter Montgelas in ihrem traditionellen Chaos verharrten. Trotz aller Bemühungen um Abhilfen wurde dieses Chaos durch die Kriegswirren mit ihren Kontributionen und Zwangsanleihen, mit den Ausgaben für die Armee, die während des Krieges die Hälfte der Staatseinnahmen verschlangen, noch gesteigert. Eine Staatsschuldentilgungskommission, die 1811 gebildet wurde, versagte genauso wie ähnliche Kommissionen seit 1720, und so betrug die Staatsschuld 1800 65 Mill. Gulden, bei jährlichen Bruttoeinnahmen von 25 Mill., 1813 76 Mill., und sie war bis zum Ende der Kriege ständig im Wachsen. Es kam also sehr darauf an, ein Steuersystem zu finden, das Erfolg versprach. Das schien im Hinblick auf die allgemeine und gleiche Steuerpflicht im Agrarland Bayern vor allem die Grundsteuer zu sein. Um zu einer zuverlässigen Grundlage zu kommen, begann man deshalb jetzt nach französischem Vorbild mit der Anlage der Grundsteuerkataster, ein Unternehmen, das sich nahezu ein Jahrzehnt hinzog, aber dann zuverlässige Werte lieferte und eine gerechte Besteuerung ermöglichte. Allgemeiner Grundsatz für die Festlegung der Steuer war, daß sie 5% der Einkünfte nicht übersteigen sollte. In der Tat brachten die 3 Millionen Einwohner Bayerns 23 Mill. Gulden an Steuereinnahmen im Jahr, so daß auf den Kopf der Bevölkerung eine Steuersumme von 7 Gulden entfiel.

Alle Maßnahmen, die im einzelnen getroffen wurden, mußten jedoch unwirksam bleiben, wenn es nicht gelang, eine zweckmäßige Einteilung im Großen zu finden, also für die Regelung der Zentralgewalt, ein Problem, das auch in der preußischen Reform von 1808 die wichtigste Rolle gespielt hatte. 1799, als Max IV. Joseph die Regierung in Bayern antrat, waren die Pläne für die Ablösung der bisherigen Zentralinstanzen durch die Ministerialverfassung bereits fertig. Montgelas schlug die Einrichtung von vier Fachministerien, oder wie man damals sagte, Departements vor und zwar für das Auswärtige, für Justiz, für die Finanzen und für das Kultuswesen. Damit wurden die alten Kollegien abgelöst, in denen jedes Mitglied gleiches Stimmrecht besaß. Im wesentlichen blieb die Einteilung von 1799 bestehen. Nur 1806 wurde als neues Ministerium das Innenministerium gebildet, das notwendig geworden war durch die jetzt auch in den oberen Instanzen durchgeführte Trennung von Justiz und Polizei. An der Spitze der Ministerien stand jeweils ein Staats-, oder wie er früher hieß, Konferenzminister. Die Koordination der Ministerien sollte nach dem Entwurf der König selbst übernehmen. Das hätte aber vorausgesetzt, daß der König dann auch die notwendige Aktenarbeit übernahm. Dazu war jedoch Max Joseph nicht zu bringen, so daß die Koordination bei Montgelas lag, der zunächst Minister des Auswärtigen, seit 1805 aber auch des Inneren und seit 1809 auch noch der Finanzen war. Als Finanzminister genoß er allerdings wenig Ansehen, doch ist bei der Kritik, die vor allem Ludwig I. an der Amtsführung des Finanzministers Montgelas übte, auch die Ungunst der Zeit zu bedenken. Eine zweite Koordinationsinstanz stellte die Geheime Staatskonferenz dar, oder wie man später sagte, der Ministerrat. Da jedoch Montgelas die wichtigsten Ministerien zuletzt in Personalunion innehatte, erübrigte sich eine solche Beratung, so daß im Grunde als ein solches Organ nur noch der Geheime Rat blieb, die Vorstufe des späteren Staatsrats, ein Gremium, das von Fall zu Fall gebildet wurde, wobei der jeweils älteste Minister den Vorsitz führte. Er hatte Gesetze und Verordnungen zu beraten, welche das Innere und das Budget betrafen. Auch war dieser Rat die oberste Entscheidungsinstanz bei Streitigkeiten über Verwaltungssachen und Zuständigkeitsfragen. Auch der Entwurf zur bayerischen Verfassung von 1818 ging auf die Beratungen in diesem Gremium zurück, das dann in dieser Verfassung eine neue Gestalt erhielt.

Die Organisation der zentralen Regierungsbehörden, der Ministerien, machte im Grunde die wenigsten Schwierigkeiten. Es bedurfte nur der Zusammenlegung bisher selbständiger Behörden, der Einsetzung zuverlässiger Behördenleiter, der Geheimen Referendäre, und der Abgrenzung der Kompetenzen. Völlig neu zu schaffen waren dagegen nahezu für die Hälfte des Landes die nachgeordneten Behörden, welche die Entscheidungen der Zentrale weitergeben und ihre Ausführung überwachen mußten. Im alten Herzogtum Bayern gab es solche Mittelbehörden und Ämter natürlich längst, auch in Ansbach-Bayreuth. In Pfalzneuburg und Sulzbach waren wenigstens die Ämter auf der unteren Ebene vorhanden, aber in den geistlichen Bezirken Frankens und Schwabens mußte zum Teil völlig neu begonnen werden. Zunächst übertrug man das altbayerische System auf ganz Bayern. Für Altbayern wurde eine Generallandesdirektion eingerichtet, welche die alten Rentämter zusammenfaßte, für die übrigen Landesteile Landesdirektionen mit dem Sitz in Würzburg, Bamberg und Ulm. Justiz und Verwaltung wurden auf dieser Ebene bereits getrennt. 1808 wurde diese Einteilung noch einmal, nach französischem Vorbild, verfeinert. Das ging so weit, daß man die neu gebildeten Kreise wie die französischen Departements nach Flüssen benannte. Es wurden fünfzehn Generalkommissariate gebildet, als Regierungsbehörden für die neu geschaffenen Kreise. 1808 waren es fünzehn solcher Kreise, bis 1817 wurde ihre Zahl verringert bis auf acht, das ist im Grunde der heutige Zustand, da die Pfalz seither weggefallen ist. Die Namen dieser Kreise, Regenkreis, Isarkreis, Innkreis, Oberdonaukreis, Illerkreis usw. wurden erst 1837 bei einer Neugliederung zugunsten der alten Stammesnamen geändert. Diese Kreisregierungen hatten über die verwaltungstechnischen Aufgaben einer Mittelbehörde hinaus auch die Funktion, den verwaisten Residenzstädten einen Rest des alten Glanzes zu erhalten. Bamberg, Passau und Eichstätt gingen allerdings leer aus. Nur Eichstätt war vorübergehend Residenz des Herzogs von Leuchtenberg, des Schwiegersohnes des Königs, Eugen Beauharnais.

Auf Gefühle solcher Art nahmen allerdings weder Montgelas noch seine Ministerialbeamten irgendwelche Rücksicht. Der oberste Grundsatz bei der Schaffung dieser Mittelbehörden war Übersicht und wirksame Vermittlung der ministeriellen Anordnungen wie Kontrolle der Außenbehörden. Bei diesen Außenbehörden nun war, jedenfalls in Altbayern wie in Ansbach-Bayreuth, die Anlehnung an Institutionen der Vergangenheit wesentlich enger als bei allen bisherigen Bildungen, auch wenn bei der Einteilung des Landes in Landgerichte ebenso auf gleichmäßige Größenverhältnisse gesehen wurde wie bei der Einrichtung der Kreise. Aber es wurden doch nicht nur die alten Landgerichtszentren beibehalten, sondern in der Regel blieb auch wenigstens das Kerngebiet dieser Bezirke im neuen Amt erhalten. Auch in Franken und Schwaben nahm man in der Regel Städte zum Verwaltungssitz, die eine gleiche Funktion schon bisher wahrgenommen hatten. Allerdings kamen auch viele Reichsstädte, die bisher keine solche Funktion hatten, als Verwaltungsmittelpunkt in Betracht, so daß es in Neubayern alles in allem doch recht unruhig wurde. Bei diesen Außenbehörden blieb die alte Vereinigung von Landgericht und Verwaltungsbehörde erhalten. Nur die finanziellen Befugnisse wurden dem Landrichter jetzt genommen und neu gebildeten Rentämtern übertragen.

Welch wichtige Rolle bei der Neugestaltung Bayerns die Finanzfrage spielte, zeigte sich dann vor allem bei der Neugestaltung der untersten Verwaltungsebene, im Gemeindebereich. Hier stellte der Steuerdistrikt überhaupt den Ausgangspunkt für die Gemeindebildung dar, und da diese Steuerdistrikte – aus fiskalischen Gründen – zunächst überstürzt und provisorisch gebildet worden waren, wurde die gesamte Organisation der Gemeinden aufs nachhaltigste davon in Mitleidenschaft gezogen. Schwierigkeiten kamen allerdings auch von einer anderen Seite. Die politische Gemeinde ist eine Neuschöpfung, die auf keine echte staatliche Tradition zurückgreifen konnte, war doch nirgends der Bauer Träger politischer Rechte im engeren Sinn. Bei der Bildung der Stadtgemeinden waren die Schwierigkeiten ungleich geringer, da sie längst Selbstverwaltungskörperschaften gewesen waren. Die fünf Hauptstädte, München, Landshut, Ingolstadt, Straubing und Burghausen, besaßen sogar die hohe Gerichtsbarkeit, die übrigen Städte selbstgewählte Bürgermeister und Magistrate, dann die niedere Gerichtsbarkeit und selbständige Finanzverwaltung wie das Recht der Steuererhebung. Bäuerliche Gemeinden als politische Körperschaften gab es allerdings noch nicht. Es gab zwar die Dorfgemain im Altbayerischen, das ist die bäuerliche Wirtschaftsgemeinde, deren Selbstverwaltung sich auf gemeinsam genutzte Grundstücke erstreckte, auf Wald und Weide, die sogenannte Allmende, und die auch das gemeinsame Stiftungsvermögen zu verwalten hatte, besonders die Kirchenstiftung. Im Fränkischen gab es vielerorts die Mitmärkergenossenschaften, außerdem waren vielfach die Gemeinden auch gerichtlich organisiert und wirkten bäuerliche Schöffen am öffentlichen Dorfgericht mit. Gerade dieses Recht wurde allerdings sehr häufig in der jüngeren Vergangenheit wieder aufgehoben. Das einzige politische Recht der dörflichen Gemeinden war also in der Regel die Versammlung der Dorfgenossen zur Beratschlagung über die verschiedenen Gegenstände der Selbstverwaltung. In Altbayern gab es dann auch noch eine unterste Verwaltungseinheit auf Dorfebene und zwar für Steuerzwekke und militärische Dienstleistungen, für Fuhr- und Spanndienste im Kriegsfall, das war die sogenannte Haupt- oder Obmannschaft, die sich in der Regel an die Pfarrbezirke anlehnte. Wirksam wurde die Staatsgewalt auf dieser untersten Ebene, soweit nicht adelige oder kirchliche Hofmarksinhaber die Polizeigewalt ausübten, durch die Schergen des Landrichters, ein Zustand, den man auch in der Ministerialbürokratie als wenig geeignet zur Erzeugung patriotischer Gefühle empfand.

Bei der Inangriffnahme einer Reform der Gemeindeverfassung ging es nun, das ist das Verhängnis dieser Reform geworden, um zwei Gesichtspunkte gleichzeitig, um eine wirksame Steuererfassung mit entsprechend wirksamer Staatsaufsicht, und um eine Organisation der Gemeinden selbst, die den Staatsbürger in das Staatsganze eingliedern sollte. Die Hauptstädte wurden schon in Edikten von 1802/03 erfaßt, da sie wie Fremdkörper aus dem erstrebten gleichmäßigen Untertanenverband herausragten. So wurden ihre Privilegien beseitigt. Justiz und Magistratsverwaltung wurden getrennt, die Polizei verstaatlicht. 1806 wurde diese Regelung auf Städte und größere Märkte ausgedehnt. Die Gerichtsbarkeit übte ein Stadt- oder Marktrichter aus, der unabhängig war von der Selbstverwaltungskörperschaft. Die Aufsicht erhielt der Landrichter – das französische Vorbild der straffen Unterordnung der Munizipien unter die Distrikts- und Departementregierung ist hier mit Händen zu greifen. Im Gemeindeedikt vom 28. Juli und 24. September 1808 wurde diese Regelung noch verfeinert. Die Städte wurden eingeteilt in zwei große Gruppen, in Städte über 5 000 Einwohner und in kleinere Städte und größere Märkte. Eine dritte Gruppe stellten die kleinen Märkte und die Dorfgemeinden dar. Alle Gemeinden verloren jetzt auch noch die Verwaltung des Gemeinde- und Stiftungsvermögens. Die Gemeindevorsteher wurden ernannt vom Innenminister. Das waren für die größeren Städte der Polizeidirektor, unter dem ein gewählter Munizipalrat amtierte, der aus den vermögenden Schichten kam. Nur in den kleineren Städten und Märkten wählte der Munizipalrat den Bürgermeister, der aber vom Generalkommissär bestätigt werden mußte. Die Markt- und Dorfgemeinden wählten innerhalb der Gemeindeversammlung ihren Vorsteher, den der Landrichter bestätigen mußte. Alle Selbstverwaltungsgremien wurden einberufen durch die Polizeibehörde, alle Beschlüsse bedurften der amtlichen Genehmigung. Das bedeutete die Zerstörung der Selbstverwaltung, damit aber auch, wie Zentner richtig feststellte, des Verantwortungsgefühls des Staatsbürgers gegenüber dem Ganzen. Die Gemeindeorgane wurden bloßes Werkzeug der Regierung. Die Staatsaufsicht war, so Doeberl, heillos überspannt, und im Grunde, wie sich sehr bald zeigte, waren die staatlichen Behörden völlig überfordert.

Die Bildung der Stadt- und Marktgemeinden stieß auf keine wesentlichen Schwierigkeiten, wohl aber die Bildung von sogenannten Ruralgemeinden, für die es keine zweckmäßig erscheinenden Anknüpfungspunkte gab. Die Absicht bei der Bildung von Ruralgemeinden war die Schaffung größerer Selbstverwaltungs- und vor allem Steuerverwaltungsbezirke, denen man außerdem die Erfüllung bestimmter Aufgaben übertrug, die niedere Polizeigewalt innerhalb des

Ortsbereiches, daneben auch noch die schon bisher geübte Sorge für die Armen und das Schulwesen. Um die Steueraufbringung zu erleichtern, hatte man schon vor Erlaß des Gemeindeedikts die provisorische Bildung von Steuerdistrikten verfügt. Diese Steuerdistrikte wurden durch den Zusammenschluß mehrer Ortschaften und Höfe gebildet, wobei möglichst vier Distrikte auf eine Quadratmeile fallen sollten, ohne Rücksicht auf vorhandene Einrichtungen, nämlich Hofmarken, Pfarr- oder Schulbezirke. Diese völlige Mißachtung des geschichtlich Gewordenen hat sich selten so gerächt wie gerade bei dieser Gliederung der Gemeinden mit Richtscheit und Meßschnur. Es blieb nichts übrig, als das ursprüngliche Edikt nach den fortlaufend eingeholten Erfahrungsberichten der Außenbehörden immer und immer wieder zu ändern, doch erst nach dem Sturz von Montgelas konnte das neue Gemeindeedikt vom 17. Mai 1818 zielstrebig in Angriff genommen werden, in Anlehnung an ältere Bildungen, Schulbezirke und Pfarrdistrikte, nicht zuletzt die grundherrlichen Gerichtsbezirke, wobei die Richter gleichzeitig als Gemeindevorsteher fungierten. Im wesentlichen war die Gemeindebildung auf dieser neuen Grundlage bis 1819 abgeschlossen, ab 1820 wurden allgemein die Kataster angelegt, die Kompetenzen wurden neu geordnet. Zentner setzte in den Städten die freie Wahl der Bürgermeister durch und die Zuweisung der Polizeigewalt an den Magistrat, in den Ruralgemeinden die Zuweisung der Dorf- und Feldpolizeigewalt an die Dorfvorsteher, vor allem aber gab er den Gemeinden wieder das Recht der Vermögens- und Stiftungsverwaltung zurück, insgesamt verfolgte er dabei als Ziel die Erziehung des Staatsbürgers zur Mitverantwortung am Staatsganzen.

Der große Neubau des bayerischen Staates ist trotz der langen Umwege auf der untersten Verwaltungsebene insgesamt ein bedeutender Erfolg gewesen. Er hat, wie Spindler mit Recht betont, Neubayern, das zum größten Teil eine weiträumige Verwaltung, unabhängige Justiz, gleichmäßige Behandlung der Untertanen, den Vorteil großer Wirtschaftskörper überhaupt nicht kannte, für den neuen Staat gewonnen. Die Verbindung blieb ohne ernste Belastungsproben und, wenige Monate des Jahres 1848 ausgenommen, ohne schwere Erschütterungen von Dauer. Ein Landesteil muß jedoch besonders angeführt werden, die Pfalz. Hier in der Pfalz hatte die Revolution den gesamten Unterbau des Reiches völlig hinweggefegt. Das ganze Gebiet links des Rheines war zu Frankreich geschlagen worden. Alle Verwaltungseinheiten wurden nach französischem Muster gebildet. Überall wurde die Trennung von Justiz und Verwaltung durchgeführt. Es gab keine Patrimonialgerichte mehr, keine Fronden, keine Zehnten, keine Gülten und Stifte, die Privilegien für Adel und Geistlichkeit fielen weg, die Gleichheit aller Bürger vor dem Recht wurde konsequent durchgeführt. Der stufenweise Aufbau der Verwaltung von der Kommune über das Arrondissement zum Departement sicherte eine Stetigkeit der Verwaltungsgrundsätze, die zusammen mit der Einführung der französischen Rechtskodifikationen, mit Schwurgericht und Öffentlichkeit der Rechtspflege, den Bewohnern des linken Rheinufers das Gefühl gab, gegenüber den Deutschen rechts des Rheines als Staatsbürger besonders bevorzugt zu sein. Es war nicht mehr möglich, auf dem linken Rheinufer die alten Verhältnisse wieder herzustellen. Daß Montgelas trotz seiner sonstigen Bemühung um größtmögliche Angleichung der Verhältnisse im gesamten bayerischen Staatsgebiet der Pfalz ihre Ausnahmestellung beließ, den Code Napoléon, die Schwurgerichte, die französische Gemeindeverfassung, war ein Akt hoher politischer Klugheit, der mehr als das immer noch lebendige dynastische Band im größten Teil der Pfalz die Bindung an Bayern gefördert hat. Es gab freilich gleichzeitig auch Schwierigkeiten; die Pfalz als politische Insel in Deutschland hat in den unruhigen dreißiger Jahren eine führende Rolle gespielt, und auch 1848 und 1849 war dort der demokratische Geist besonders lebendig. Es war auch kein Zufall, daß es vor allem pfälzische Abgeordnete waren, die im bayerischen Landtag an der Weiterbildung der Verfassung gearbeitet haben.

Ein Gesamturteil über das Reformzeitalter im neuen Bayern wird immer bedingt sein vom politischen Standort dessen, der das Urteil fällt. Man kann, wie Franz Schnabel, Montgelas und Reitzenstein, den Reformer in Baden, „Geschäftsführer partikularer Gewalten" nennen, welche über die Trümmer des Reiches hinwegschritten und so eine neue Staats- und Gesellschaftsordnung aufbauten, aber man muß dann auch sagen, daß es andere als partikulare Gewalten eben nicht gegeben hat, damit niemand, der diese notwendig gewordene Aufgabe, im „Geist einer exakten politischen Wissenschaft" den neuen Staat zu schaffen und damit die Lebensgrundlage für Millionen von Menschen, hätte übernehmen können. Daß es dabei zu einer fieberhaften Vielgeschäftigkeit kam, daß man bisweilen den Eindruck einer hybriden Überspannung der Kräfte haben mag, kann man zugeben, auch daß wenig Rücksicht genommen wurde auf historisch Gewordenes. Es war aber einfach unmöglich, anders die Vielfalt an Herrschaftsträgern des Alten Reiches zu einem echten Staat zusammenzufassen.

Einbau der Kirche in den Staat

Während es den bayerischen Beamten gelungen ist, bereits in einem Jahrzehnt zuverlässiger und nutzbringender Arbeit die neuerworbenen Provinzen in Franken und Schwaben mit ihrem Schicksal weitgehend zu versöhnen, bestand lange Zeit Gefahr, daß die wittelsbachischen Stammlande im Alten Bayern innerlich entfremdet wurden. Das hing zusammen mit den großen finanziellen Lasten der Kriegsjahre, mit Durchzügen und Bedrückungen durch die französische Armee, in allererster Linie aber mit der rücksichtslosen Kirchenpolitik der Ära Montgelas. Man wird Montgelas freilich nicht gerecht, wenn man ihn schlechthin der Kirchenfeindlichkeit beschuldigt. Wie für Metternich war die Kirche für Montgelas in erster Linie eine moralische Anstalt, die dazu dienen sollte, die Staatsbürger anzuleiten, ihre Pflicht zu erfüllen. Aber es zeigt nicht nur sein Verhalten im fortgeschrittenen Alter, daß für ihn die Kirche schließlich doch mehr war als eine bloße moralische Anstalt, und die Heilige Schrift mehr als ein bequemes Mittel zur Gängelung der breiten Massen.

So war es für Montgelas einerseits selbstverständlich, daß die Kirchenpolitik der bayerischen Kurfürsten fortgeführt und womöglich zur idealen Form der Einordnung der Kirche in den Staat gesteigert würde, auf der anderen Seite aber darf nicht verkannt werden, daß auch ihn der augenblickliche Zustand der bayerischen Kirche, die ohne Führer, ohne Richtung und ohne Ordnung war, stark beunruhigte. Die Neuordnung des bayerischen Staates verlangte auch eine Neuordnung der bayerischen Kirche, nicht nur, weil sonst die Grundlagen des Staates gefährdet gewesen wären, sondern weil auch die Kirche selbst ein Gegenstand echter Sorge war, weil das Verantwortungsbewußtsein des leitenden Ministers auch die Kirche umschloß.

Das humanitäre Denken der Aufklärung, nicht weniger aber auch praktische Erfordernisse der Alltagspolitik ließen schon zu Beginn der Neuordnung auch das Problem der konfessionellen Toleranz ins Bewußtsein treten. Daß sich für Bayern dieses Problem als erstes nach dem Regierungsantritt Max' IV. Joseph stellte, hing nicht zusammen mit der Person des leitenden Staatsmannes allein, sondern vor allem mit dem Fürsten. Der Vater des neuen Kurfürsten war, wie es scheint, aus innerer Überzeugung zum katholischen Glauben übergetreten. Zweibrücken selbst aber war beim reformierten Bekenntnis geblieben, die fürstlichen Nachbarn waren protestantisch, und für Max Joseph stellte die Konfession bei der Frage der Verehelichung kein Hindernis dar. Auch seine Gemahlin war protestantisch, für sie wurde zum ersten Mal seit der Reformation in München noch 1800 ein protestantischer Betsaal eingerichtet, der für die Mitglieder des Hofstaates wie für alle in München lebenden Angehörigen der Konfession der Kurfürstin zugänglich war. Noch im gleichen Jahr wurde auch der Ausschluß der Protestanten von den wichtigsten bürgerlichen Rechten, dem Recht der freien Niederlassung und des Erwerbs von Liegenschaften, aufgehoben und 1801 ein erstes Toleranzedikt erlassen. Eine umfassende Regelung wurde nun 1803 notwendig mit der Eingliederung der ersten geschlossen protestantischen Gebiete in das Kurfürstentum Bayern. Das Religionsedikt vom 10. Januar 1803 bedeutete das Ende der ausschließlichen Katholizität in Bayern, das Ende also der katholischen Staatsreligion. Erst damit ist im Grunde der Entwicklungsgang Bayerns zu einem modernen Staat abgeschlossen. In diesem Religionsedikt wurde das Toleranzedikt von 1801 weitergeführt, da ganz allgemein Religions- und Gewissensfreiheit als staatsbürgerliches Recht festgestellt wurde. Das bedeutete nicht nur die Freigabe der Religionsausübung auch für Andersgläubige, ausgenommen vorerst noch die Juden, die dieses Recht erst 1813 erhielten, zugleich mit der Mehrzahl der bürgerlichen Rechte, sondern auch den vollen Genuß der bürgerlichen Rechte und den Fortfall der Bindung öffentlicher Ämter an ein Bekenntnis.

Eine erste Gesamtregelung des Verhältnisses von Kirche und Staat versucht dann das bayerische Religionsedikt vom 24. März 1809. Dieses „Edikt über die äußeren Rechtsverhältnisse" der Religionsgemeinschaften stellt das Gegenstück dar zur Konstitution von 1808. Wie im Zeitalter des Aufgeklärten Absolutismus leitet die Staatsomnipotenz die Berechtigung für ihren Eingriff in die Sphäre der Kirche auch jetzt ab von ihrer Fürsorgepflicht für die Kirche. Die drei christlichen Konfessionen erhielten die Rechte von privilegierten öffentlichen Glaubensgesellschaften, das heißt, sie genießen staatlichen Schutz wie jede andere staatliche Einrichtung. Die Geistlichen sind staatlichen Beamten gleichgestellt, haben also Beamtencharakter und damit verstärkten Persönlichkeitsschutz. Im Religionsedikt wird die Kirche auch in jeder anderen Hinsicht als Staatsanstalt behandelt, das staatliche Aufsichtsrecht wurde verschärft, uralte Mißbräuche, der besondere Gerichtsstand des Klerus und seine Befreiung von den bürgerlichen Lasten wurden beseitigt. Gleichzeitig wurde aber auch jede kirchliche Gerichtsbarkeit aufgehoben, soweit sie weltliche Gegenstände auch nur berührte, etwa in Ehesachen und bezüglich des Zehnten. Das Kirchenvermögen, bisher nur unter staatlicher Aufsicht, wurde durch das Religionsedikt in staatliche Verwaltung übernommen.

Dieser erste große Komplex bedeutete den Abschluß einer jahrhundertealten Kontroverse zwischen Staat und Kirche in Deutschland, einer Kontroverse, die man bereits in den Gravamina Nationis Germanicae in der Zeit vor der Reformation verfolgen kann. Was die protestantischen Reichsstände in den Jahrzehnten nach 1520 bereits durchsetzen konnten, die bürgerliche Gleichstellung des Klerus und die Verdrängung des Kirchenrechts aus dem Staatsrecht, wird in Bayern erst möglich mit diesem Religionsedikt. Gleichzeitig bleiben aber – das erst bedeutet die volle Herrschaft des Staates über die Kirche – die zur Zeit des Absolutismus usurpierten staatlichen Herrschaftsrechte, nämlich das staatliche Eingriffsrecht in rein innerkirchliche Bereiche. Der Staat bestimmt über Ort, Zeit und Zahl der Gottesdienste, Ausstattung und Kerzen, staatspolitisch gesehen also völlig belanglose Interna der Kirche. Verboten wurden geistliche Bruderschaften, die Christmette, die Aufstellung von Krippen, Passionsspiele, Pfingst- und Osterspiele in der Kirche, die Aufstellung der Heiligen Gräber in der Karwoche, Prozessionen, Feldumgänge, Bittgänge, Wallfahrten. Feldkreuze und Feldkapellen wurden abgerissen. Alles also, was in den Augen aufgeklärter Theologen als Aberglaube deklariert war, versuchte der Staat durch staatliches Edikt zu unterdrücken. Damit hat das Religionsedikt seinen eigentlichen Zweck, die Regelung des Verhältnisses von Staat und Kirche, bei weitem überschritten. Im übrigen hat der Staat dabei auch seine Macht zu hoch eingeschätzt. Er setzte sich nicht durch, und nach kurzer Zeit war in diesen Punkten alles wieder beim alten.

Dieses Ergebnis hängt natürlich auch aufs engste zusammen mit der Neuregelung des Verhältnisses zwischen Staat und Kirche im großen, die nicht einseitig zu bewerkstelligen war, sondern nur in Zusammenarbeit mit der Kirche, die Neuregelung also durch ein Konkordat. Dieses Konkordat, auf das Montgelas seit wenigstens 1806 hinarbeiten ließ, zeigt am deutlichsten, daß es dem bayerischen Staat und seinen führenden Beamten nicht allein darauf ankam, die Kirche der staatlichen Herrschaft zu unterwerfen, denn das wäre auch möglich gewesen durch einseitige Verordnungen, oder auch, was der Ausgangspunkt für die Verhandlungen war, eine neue Diözesaneinteilung zu schaffen, sondern überhaupt eine neue Grundlage für ein Zusammenwirken. Alle Versuche aber vor 1815 zu einem Konkordat zu kommen, scheiterten entweder an den gleichzeitigen Bemühungen des deutschen Primas Dalberg um ein Reichskonkordat oder an der bayerischen Verhandlungsbasis, die zu eng war. Auf bayerischer Seite kam der Anstoß 1815 aus den Reihen des Klerus selbst. Eine sehr starke Gruppe hochgestellter, wissenschaftlich bedeutender Geistlicher, Weihbischöfe, Äbte und Professoren schloß sich zu einem Bund zusammen, genannt die Konföderierten, der die Erneuerung der Kirche zum Ziel hatte. Anregungen dieses Bundes wurden von Consalvi, dem Staatssekretär Pius' VII. aufgegriffen und in Wien zu den ersten Kontakten benutzt. Doch als keine kirchlichen Zugeständnisse in Aussicht gestellt wurden, brach Montgelas die Verhandlungen ab. Erst nach seinem Sturz wurden sie wieder aufgenommen und von Kardinal Häffelin, dem einstigen bayerischen Hofbischof unter Karl Theodor, der seit langen Jahren als bayerischer Botschafter in Rom und in Neapel weilte, überhastet am 5. Juni 1817 abgeschlossen. Man war im päpstlichen Staatssekretariat nicht gut beraten, als man Häffelin, der bereits über 80 Jahre alt war, zur Unterschrift drängte, ohne daß wirklich alle Fragen geklärt waren. So wie der bayerische Gesandte den Vertrag unterschrieb, basierte er auf der uneingeschränkten Geltung des kanonischen Rechts. Damit war sowohl die Preisgabe der bisherigen Verordnungen in Religionssachen verbunden wie auch die Rückkehr zum Zustand vor 1801, zur alleinigen Herrschaft also der katholischen Konfession in Bayern. Damit konnte im Ernst nicht einmal der Vatikan rechnen. Da auch noch die königliche Ernennung der Bischöfe sowie die königliche Präsentation der Pfarrer und Domherrn nicht eindeutig festgelegt waren, stellte die Staatsregierung in

München ernsthafte Überlegungen an, ob das Konkordat ratifiziert werden könne, und erst, als auf inoffiziellem Weg noch Zugeständnisse bezüglich des königlichen Ernennungsrechts erreicht worden waren, beschloß man in München, auf die letzte Klärung der noch schwebenden grundsätzlichen Streitfragen zu verzichten und unter stillschweigendem Vorbehalt der landesherrlichen Rechte zu ratifizieren. Die schwerste Hypothek auf die Zukunft bedeutete dann die gleichzeitige Publizierung des Konkordats mit dem Römischen Stuhl und des bayerischen Religionsedikts 1818, eine Neuauflage des Religionsedikts von 1809, das im letzten Artikel des Konkordats im beiderseitigen Einvernehmen aufgehoben worden war. So entstand, da beide, Konkordat und Religionsedikt als Anhang der bayerischen Verfassungsurkunde von 1818 beigegeben worden sind, ein Verfassungsrecht mit doppeltem Boden, das ein ganzes Jahrhundert hindurch Anlaß zu fortwährenden Streitigkeiten gab und besonders in der Zeit des Kulturkampfes zu ganz erheblichen Schwierigkeiten führte.

Die eigenmächtigen Schritte der bayerischen Regierung waren zum Teil auch durch die Beunruhigung verursacht, die das Konkordat unter den bayerischen Protestanten auslöste. Hier war man nicht nur schockiert durch den Artikel 1, der dem Wortlaut nach die Wiederherstellung der katholischen Staatsreligion bedeutete, sondern man war auch mißvergnügt wegen der eigenen Stellung zum König, der im Religionsedikt vollkommen unbefangen, obwohl Katholik, den landesherrlichen Summepiskopat in Anspruch genommen hatte und sich als das Oberhaupt der protestantischen Kirche benahm. So forderte man auf protestantischer Seite verständlicherweise eine ähnliche, von Regierungsbehörden unabhängige Organisation wie die katholische Kirche, also Konsistorien und ein Oberkonsistorium. Das wurde zugesagt. Damit war die protestantische Kirche aus der direkten Herrschaft des Staates entlassen, alle weiteren Regelungen waren Sache des Oberkonsistoriums, das freilich Mühe genug hatte, die auf Grund der historischen Entwicklung in der buntesten Vielfalt sich darstellenden Kirchen der einstigen Territorien oder der Reichsstädte zu einer einheitlichen Organisation mit einheitlichen Lehrvorstellungen und einheitlichem Kultus zusammenzufassen. Kampfobjekt war also hier nicht das Verhältnis zum Staat, sondern zu den historischen Ausprägungen der Konfession selbst.

Ungeachtet aller noch in Zukunft belastenden Streitfragen, ungeachtet auch des königlichen Ernennungsrechts für Bischöfe, Domherren und etwa zwei Drittel der Pfarrer, war das Konkordat ein beträchtlicher kirchlicher Erfolg. Die Kirche erhielt wirksamen Rechtsschutz, die Neueinteilung Bayerns in zwei Erzdiözesen und sechs Diözesen, die alle innerhalb der Landesgrenzen lagen, vereinfachte den diplomatischen Verkehr ungemein, gab es doch nur, außer den Bischöfen selbst, einen einzigen Verhandlungspartner, den bayerischen Staat, nicht eine Vielzahl von Staaten. Außerdem verpflichtete sich dieser Staat zum finanziellen Unterhalt der bayerischen Kirche und verzichtete auf die staatliche Ausbildung des Klerus, die Einschränkung der innerkirchlichen Autorität der Bischöfe und jede Einengung der rein innerkirchlichen Jurisdiktion. Von dieser Basis aus war die Beseitigung der meisten Artikel des Religionsedikts von 1809 auch dann noch möglich, wenn der Staat ausdrücklich an ihnen festhielt. Er konnte nicht Fragen wie Wallfahrten, Prozessionen und dergleichen zu Gegenständen internationaler Streitigkeiten machen.

Das wichtigste Ergebnis der gesamten Epoche für Rom war die Zerschlagung der deutschen Adelskirche, die sich gerade im letzten Viertel des 18. Jahrhunderts mit großer Energie zu einer deutschen Reichskirche zu formieren versuchte und dabei bewußt und völlig offen Front machte gegen Rom. Daß der Vatikan selbst jetzt die Bildung von Landeskirchen zuließ – von 1818 bis 1821 wurden auch in Preußen, in Baden und Württemberg, in Hessen-Nassau die Diozösangrenzen neu gebildet und den Landesgrenzen angepaßt –, war aber keinesfalls eine Kapitulation vor ähnlichen Tendenzen, im Gegenteil, die Überantwortung der Bischöfe an den Staat führte sehr bald dazu, daß in Konfliktsituationen in Rom um Zuflucht nachgesucht wurde. In Bayern kam dieser Konflikt sehr rasch. Im Konkordat war der kirchliche Treueid auf den König enthalten. Durch die Verfassung von 1818 wurde daraus ein Treueid auf den König und die Verfassung. Da aber zur Verfassung nicht nur das Konkordat, sondern auch das Religionsedikt gehörte, war der erste Konflikt gegeben. So haben noch 1819 die vom König ernannten Bischöfe den Treueid auf die Verfassung verweigert, als es nicht gelungen war, zwischen München und Rom eine Übereinstimmung herzustellen. Für die Qualität der neuernannten Bischöfe zeugt die Standhaftigkeit, mit welcher sie bei ihrer Weigerung blieben. Erst als in langen Verhandlungen zwischen dem Nuntius und der Staatsregierung eine Kompromißformel gefunden war, die sogenannte Tegernseer Erklärung, die am 15. September 1821 Max I. Joseph in Tegernsee nach dem Diktat des Nuntius verlas, war dieser erste Konflikt zu beheben. Der König erklärte dabei, daß der Eid auf die Verfassung sich nur auf die bürgerlichen Verhältnisse beziehe und nichts betreffe, was den göttlichen Gesetzen oder den katholischen Kirchensatzungen entgegen wäre. Die wichtigsten Bestimmungen des Religionsedikts blieben trotzdem in Kraft, nämlich das Placetum Regium und das einseitige Recht des Staates, auch im kirchlichen Bereich Hoheitsakte zu setzen. Daß nicht das ganze Jahrhundert erfüllt war von Kämpfen um die Beendigung der kirchlichen Abhängigkeit vom Staat, war nur dem Verständnis des kommenden bayerischen Königs und seiner Minister zu danken, nicht der gesetzlichen Regelung selbst. Diese war und blieb bis zum Ende des bayerischen Königreichs widersprüchlich in sich, und auch dann noch hielt jede Staatsregierung hartnäckig an den alten Formulierungen fest, als sie wirklich nur noch Formsache waren, als niemand mehr wagen konnte, das königliche Plazet für kirchliche Verordnungen auch einmal zu verweigern. Die Tendenzen, denen das Jahrhundert gehörte, ergriffen mit Macht auch den bayerischen Katholizismus. Die freiheitlichen Strömungen beschränkten sich nicht auf das Parlament und die Kommunen, sondern wirkten als sprengende Kraft auch in jenem vom Staat mit allem Nachdruck erzwungenen Bund von Thron und Altar. Eine Frucht dieses neugewonnenen kirchlichen Selbstbewußtseins war auch jene erstaunliche geistige Erneuerung, die in den Jahren nach 1800 einsetzt.

Geistiges Leben und kirchliche Erneuerung

An den Anfängen standen bei beiden Konfessionen einzelne bedeutende Gestalten, die sich selbst zu befreien wußten von dem geistigen Druck der aufgeklärten Modeströmung und die dann zu Erziehern ganzer Generationen wurden, von Generationen, die freilich nur, wie man das in Bayern an vielen kleinen Zeugnissen nachweisen kann, darauf gewartet haben, auch wieder geführt zu werden. Nicht nur das schlichte Volk, das über die unverständlichen und unverständigen staatlichen Eingriffe in das Kirchenwesen nur den Kopf schütteln konnte, auch zahlreiche Geistliche und zuletzt sogar enttäuschte Vorkämpfer der Aufklärungsbewegung, wie etwa Lorenz Westenrieder zu München, daneben nicht wenige Professoren der bayerischen Landesuniversität, wandten sich schließlich wieder von der Aufklärung ab, auch wenn dann ihre geistige Kraft zu gering war, einen allseits befriedigenden Ersatz zu schaffen. Das war auch nur möglich auf dem Weg einer tief angelegten neuen Besinnung, wobei in Bayern die Hilfestellung, welche Literatur und Philosophie gaben, weit weniger genutzt wurde als im protestantischen Deutschland. Das kommt von den grundsätzlich anderen Voraussetzungen und hat auch wesentlich andere Folgen. Die katholische Bewegung blieb homogener, weil die Erneuerung vorwiegend von innen heraus erfolgte, während sich das Bild auf protestantischer Seite weit reicher und vielgestaltiger darbietet, sehr viel Volkstümliches neben glänzenden Einzelgestalten zu finden ist, ein Ergebnis des Zusammenflusses vieler Strömungen, die sich dann doch nur für kurze Zeit in einem Bett zusammenfinden, um bald wieder auseinanderzutreten und vielfach wieder zu versanden.

Die grundlegende Schwäche der protestantischen Erneuerungsbewegung liegt wohl darin, daß die Überwindung der Aufklärung nicht in einer innerkirchlichen theologisch-dogmatischen Auseinandersetzung erfolgte, sondern daß die Anstöße von außen kamen, das heißt von der Philosophie und Literatur der Zeit und von Bewegungszentren am Rande der Kirche, aus Pietismus und Erwekkungsbewegung. Die nüchterne Verstandeskultur des aufgeklärten Rationalismus, die so wenig echte Ansatzpunkte bot für poetische Gestaltung, daß der dichterische Aufbruch des deutschen 18. Jahrhunderts selbst bei so klar und verständig veranlagten Gestalten wie Friedrich Schiller sehr bald nach neuen Inhalten suchte, wird in der Literatur beiseitegeschoben durch die Romantik, in der Philosophie durch den Deutschen Idealismus. Was auch immer bei Kant, bei Fichte, Schelling und Hegel als Erbe der Aufklärung auszumachen ist, so distanzieren sie sich doch von den Plattheiten der Aufklärungsphilosophie, von der seichten Verständigkeit; besonders bei Fichte und Schleiermacher ist der Einbruch des Irrationalen unverkennbar. Trotzdem führt gerade vom Idealismus kein Weg zurück in die voraufgeklärte Idylle, nur bei Schleiermacher wirkt die platonische Komponente des deutschen Idealismus so weit ein, daß Ehrfurcht vor dem Geheimnis und Offenheit für den mythischen Zusammenhang von Welt und Gott spürbar werden. So hat vor allem die Romantik wieder das Tor zur Vergangenheit aufgestoßen, vor allem Novalis. Bedeutende Träger der protestantischen Erneuerung sind von diesem geistigen Grund ausgegangen.

Eine Volksbewegung kann jedoch nicht aus literarischen oder philosophischen Anstößen entstehen, jedenfalls nicht so kurzfristig, wie das nach 1800 geschehen ist. Auch im protestantischen Deutschland waren breite Schichten bereit, sich dem kirchlichen Verfall entgegenzustemmen. Eine große Rolle spielte bei dieser Neubesinnung zweifellos die Katastrophenzeit von 1806 bis 1813. Das Jubiläumsjahr von 1817 brachte die erste große Heerschau des neu formierten kirchlichen Protestantismus. Die Ansatzpunkte lagen nun nicht, wie schon betont, innerhalb des organisierten Kirchenlebens, das dank der nahezu ausschließlichen Vorherrschaft der Aufklärungstheologie an den Universitäten recht nüchtern und moralisch geworden war, das den Menschen in der Not des Lebens und des Sterbens keine Hilfe mehr durch Vertrauen auf den lebendigen Gott bot, sondern nur noch durch erbauliche Leitsätze, keine Hoffnung aufs Jenseits, sondern nur Anleitung zur ehrbaren Rechtschaffenheit im Diesseits. So hat sich noch im 18. Jahrhundert das Gemeindeleben vielfach zurückgezogen in pietistische Konventikel, in Gemeinden, die sich ohne geistliche Führung um ein Bibelverständnis aus dem Glauben bemühten und die sich das Gefühl für die Sündhaftigkeit der menschlichen Natur, im Gegensatz zu den Neologen an den Universitäten, noch bewahrt hatten. Zum lutherischen Bibelglauben kam dabei, besonders durch die böhmischen Herrnhuter, ein lebendiger mystischer Einschlag, der auf Jakob Böhme zurückging und im 18. Jahrhundert auch durch Hamann genährt wurde. Er hing zum Teil unmittelbar zusammen mit den mittelalterlichen Mystikern, mächtige neuplatonische Einflüsse waren aber auch durch die Schriften der Humanisten lebendig geblieben. So wächst hier eine Religion heran, deren Erkenntnisquelle nicht die Vernunft ist, sondern die religiöse Erfahrung im Gefühl der Erschütterung durch die Größe des gegenüberstehenden Wesens, das erkannt wird in innerer Schau und einsamer Betrachtung. In vielfacher Hinsicht gehört zwar der Pietismus in die Reihe der Bahnbrecher der Aufklärung, besonders dank der hier gelehrten tätigen Menschenliebe, doch das Mißtrauen gegenüber der Vernunft als der einzigen Quelle religiöser Erkenntnis, als der Richterin über die göttliche Offenbarung, hat einer Verschmelzung zwischen Pietismus und Aufklärung stets unüberwindlichen Widerstand entgegengesetzt. Waren es in Preußen und Pommern vor allem Adelige und Theologen, Hofkreise und das reiche Bürgertum, das sich dem Einfluß des Pietismus öffnete, so waren es in Westdeutschland und im westlichen Süddeutschland meist Handwerker und Bauern, die in den kleinen Gemeinschaften Ersatz suchten für die Kälte der offiziellen kirchlichen Feiern. Hier las man die Bibel und deutete sie nach dem inneren Licht, das mit dem Durchbruch der Gnade gekommen war. Erweckungsbrüder schufen sich eifervolle Jünger, und nicht alles, was da gelehrt wurde, vertrug sich noch mit der reinen Lehre. Doch im allgemeinen kommt es jetzt, im Gegensatz zum 18. Jahrhundert, zum Bündnis zwischen Pietismus und Orthodoxie, die sich beide im gemeinsamen Angriff auf den Rationalismus zusammenfinden. Der neue Pietismus stellte sich jetzt streng auf den Boden der Bekenntnisschriften. Die Orthodoxie ihrerseits übernahm wesentliche Elemente der Erweckungsbewegung – vertieftes Sündenbewußtsein, aber auch die lebendige, selbstlose Liebestätigkeit –, die dann zur Bildung evangelisch-sozialer Vereine führten, der Inneren Mission, des Falkschen Instituts zu Weimar oder vieler sogenannter Rettungshäuser am Rhein.

Die großen Gestalten, welche die protestantische Erneuerung in Deutschland getragen haben, Matthias Claudius, der eine Brücke schlug von der klassischen Literatur zur volkstümlichen Religiosität, ein Johann Peter Hebel, dessen „Rheinländischer Hausfreund" oder dessen „Alemannische Gedichte" einen unvergänglichen Vorrat christlicher Weisheit boten, Schleiermacher, der in seinen Reden über die Religion oder in seiner Glaubenslehre die Elemente der neuen klassischen Bildungsbewegung, Persönlichkeit, Totalität, Spontaneität wie Gemütstiefe in die wissenschaftliche Theologie einbrachte, der die Theologie im Sinne Goethes zur Anschauung des Unendlichen machen wollte – diese Gestalten fehlen in Bayern, auch wenn die Allgäuer Erweckungsbewegung sehr lebendig war und viele Persönlichkeiten von religiöser Kraft und pädagogischer Befähigung hervorgebracht hat. Bedeutend war allerdings als geistiger Mittelpunkt, der über Bayern hinauswirkte, die Universität Erlangen. Im 18. Jahrhundert war sie ebenfalls völlig in die Hände der Neologen gefallen, der Theologen der Aufklärung. Doch durch das Wirken eines Adolf Harleß, der sowohl als Theologe wie als kirchlicher Organisator Großes geleistet hat, wandelte sich Erlangen wieder zur Pflegestätte eines entschiedenen Luthertums und geradezu zum Gegenpol gegen Tübingen mit seiner radikalen Bibelkritik durch David Friedrich Strauß oder Ferdinand Christian Baur. Hier in Erlangen beginnt 1826 die erste wissenschaftliche Gesamtausgabe der Werke Luthers, und die Zeitschrift für Protestantismus und Kirche nimmt Einfluß auf die orthodoxe Neubesinnung in ganz Deutschland. Von hier geht Friedrich Stahl, einer der bedeutendsten deutschen Staatstheoretiker des frühen 19. Jahrhunderts aus christlichem Geist, nach Berlin.

Das Zusammenwachsen von Erweckungsbewegung, Pietismus und Orthodoxie in den zwanziger Jahren des 19. Jahrhunderts hat eine andere Entwicklung wieder verdrängt, die ein Jahrzehnt zuvor eingesetzt hatte, nämlich die Entdekkung der Gemeinsamkeiten zwischen den Trägern der vertieften Frömmigkeit auf beiden Seiten. Die verwandten Regungen im katholischen und protestantischen Lager hatten dazu geführt, daß viele Fäden hin und her gesponnen wurden. So war der Salon der Fürstin Gallitzin in Münster Treffpunkt bekannter Persönlichkeiten aus beiden Konfessionen, und Johann Michael Sailer stand in Gedankenaustausch mit Hamann, mit Matthias Claudius und mit Lavater, dem Freund Herders und Goethes. Es kam auch zu vielen Konversionen. Besonders der Übertritt des Grafen von Stolberg hat viel Aufregung verursacht, entscheidend aber für das neuerliche Auseinandertreten der Konfessionen im dritten

Jahrzehnt des 19. Jahrhunderts war nicht die erneute Konzentration der Konfession als solcher, sondern doch wohl auch der grundsätzliche Unterschied in der letzten Zielsetzung. Auf protestantischer Seite ging es nach wie vor um die Verchristlichung der modernen Kultur, während die katholische Erneuerungsbewegung, vielleicht von Sailer abgesehen, nichts anderes zum Ziel hatte als eine rein innerkirchliche Regeneration.

Auch auf katholischer Seite handelte es sich bei dieser Erneuerung nicht um eine bloße Restauration. Es ging nicht um die Wiedergewinnung von äußeren Machtpositionen, sondern um eine Neubesinnung auf die Grundlagen, es ging um eine neue Theologie, die aus den Fesseln des Rationalismus zu führen war, und es ging um die Neugestaltung des kirchlichen Lebens aus dem christlichen Glauben. Im Gegensatz zu den protestantischen Gemeinschaften spielten dabei die ordentlichen kirchlichen Autoritäten die entscheidende Rolle, die Bischöfe nämlich, die nach der Katastrophe der Säkularisation nicht mehr durch den Zufall der hochadeligen Geburt bestimmt wurden, sondern in der Regel auf Grund ihrer Leistung als Seelsorger und Theologen. Die einschneidende Operation von 1802 hatte zur Folge, daß die Kirche sich wieder auf ihre eigentliche Aufgabe besinnen konnte, daß die Verflechtung in die hohe Politik wegfiel. Hinzu kam freilich eine neue Belastung. In der Regel sind die Bischöfe, die von ihm ernannt werden, dem König persönlich verpflichtet, die Kirche wird zur Staatsanstalt, weil vom Staat unterhalten. Das führt zu Abhängigkeiten neuerer Art, die sich im Konfliktsfall meist in Parteibildung unter den Bischöfen auswirkten. Ein Teil macht Front gegen staatliche Übergriffe, ein anderer Teil schließt seine kleinlichen Kompromisse. Das wesentliche Ergebnis war aber die Freiheit der Bischöfe für ihre kirchlichen Aufgaben. Das macht sich allenthalben geltend, auch bei den bayerischen Bischöfen, unter denen etwa der erste Erzbischof von München-Freising, Lothar Anselm Freiherr v. Gebsattel, hervortrat, Angehöriger eines fränkischen reichsritterlichen Geschlechtes, der herangewachsen war im Dienste des Würzburger Fürstbischofs und 1818 von Max I. Joseph selbst vorgeschlagen worden war. Gebsattel hat sich die Konflikte mit der staatlichen Gewalt nicht leicht gemacht. Er legte den ersten Widerspruch ein bei der Verquickung von Verfassung und Religionsedikt, er bekämpfte im Mischehenstreit die staatliche Position und sorgte vor allem entschieden für eine Reform des Klerus durch kanonische Visitationen wie durch die Neuordnung der Klerusbildung. Er ließ schließlich auch einen neuen Katechismus ausarbeiten und ordnete die Seelsorge neu, vor allem ließ er sich die Überwachung der Geistlichen angelegen sein. Das war in allen bayerischen Diözesen die wichtigste Aufgabe und die eigentliche Leistung der neuernannten Bischöfe.

Kaum zu überschätzen war auch der Einfluß der theologischen Fakultäten. In erster Linie ist hier Tübingen zu nennen, mit dem großen Dogmatiker Johann Adam Möhler, der von Herder und der historischen Schule beeinflußt war und der aus der Romantik die Wertschätzung des Objektiven, die Anerkennung der organisch gewordenen Gemeinschaft, die Achtung vor der Überlieferung, die Beschränktheit der rein abstrakten Vernunfterkenntnis entnommen hatte. Er versuchte den deduktiven Rationalismus in der katholischen Theologie zu überwinden durch die historisch-genetische Methode, die das lebendige Wirken der Kirche in der Zeit und den organischen Zusammenhang alles Lebendigen begreift. Damit war ein Maßstab gewonnen für die Einordnung der Dogmenentwicklung, aber auch Verständnis für die sichtbare Kirche, die Möhler mehr war als die bloße Summe ihrer Mitglieder, sondern ein lebendiger Organismus.

Mit Möhler greift noch zu Beginn der dreißiger Jahre die Erneuerung der deutschen katholischen Theologie nach München über. Dorthin wird 1826 auch der führende deutsche Publizist auf katholischer Seite, Joseph Görres, berufen, der sich als Historiker in Heidelberg habilitiert hatte und auch auf einen historischen Lehrstuhl in München berufen wurde, dessen wichtigstes Anliegen aber nicht die Geschichte war, sondern seit seiner Rückkehr zur Kirche, 1824, die Erneuerung des katholischen Lebens. Er hat seine Aufgabe sehr weit ausgedehnt. Im Sinne der politischen Romantik hat er sich bemüht um Verlebendigung des mittelalterlichen Kulturerbes, besonders um eine Erneuerung des Reichsgedankens. Berühmt geworden ist er 1838 durch seine Kampfschrift „Athanasius", die das große Signal auch für die politische Selbstbesinnung des deutschen Katholizismus darstellte. Diese Rolle unterstrich er durch die Gründung einer eigenen Zeitschrift, der „Historisch-politischen Blätter" (1838), die ihn noch einmal, wie schon sein „Rheinischer Merkur" (1814/16), zu einer bedeutenden Macht in Deutschland werden ließ.

Den größten katholischen Erneuerer Deutschlands darf man aber wohl Johann Michael Sailer nennen, ehemals Professor der Pastoraltheologie zu Dillingen, der 1794, als Aufklärer verrufen, seinen Lehrstuhl verloren hatte. 1799, unter Montgelas, wurde er erneut auf einen Lehrstuhl berufen; durch sein Wirken wurde die Universität, die 1800 nach Landshut verlegt worden war, zum Vorkämpfer gegen die Aufklärung. Zusammen mit seinen Freunden Weber und Zimmer, die ebenfalls in Dillingen mit großem Argwohn beobachtet worden waren, beherrschte Sailer die Landshuter Theologie, doch wäre seine Tätigkeit als Erzieher von mehreren Generationen künftiger Geistlicher allein wohl nicht ausreichend gewesen, ihm den umfassenden geistigen Einfluß zu sichern, den er in Landshut tatsächlich gewann. Zu seinen Schülern gehörten freilich die künftigen Erzbischöfe von Freiburg und von Breslau, der Bischof von Rottenburg und ein Weihbischof von München; auch der Volksschriftsteller Christoph von Schmid gehörte zu ihnen, und diese Männer, vor allem Diepenbrock, strahlten von ihrem neuen Wirkungsort wieder weithin aus und bildeten ihrerseits neue Generationen von gläubigen Erziehern. Der Einfluß Sailers war aber weit allgemeiner. Er stand im Zentrum der sogenannten Landshuter Romantik, einer Verbindung der irenisch-christlichen Sailerbewegung mit der platonisch-mystischen Philosophie Schellings, der ebenfalls dort lehrte. Sailer war auch in Landshut literarisch außerordentlich tätig, am erfolgreichsten war er aber als praktischer Erzieher, der Schüler aller Studienrichtungen um sich sammelte, ganz in der Studentenseelsorge aufging und als Universitätsprediger zwei Jahrzehnte hindurch auf die gesamte Studentenschaft an der Universität einwirkte. Hier hat er entscheidende Erfolge erzielt. Er hat einen großen Teil der akademischen Jugend wieder zum Christentum zurückgeführt und dauernden Einfluß auf Männer wie Johann Nepomuk von Ringseis oder Eduard von Schenk gewonnen, die dem künftigen König sehr nahestanden. Kaum geringer war sein Einfluß auf Ludwig I. selbst, der Sailer 1803 gehört hat. Eduard von Schenk war lange Zeit der Kultusminister Ludwigs I. Der König selbst hat oft den Rat Sailers eingeholt und hat ihn dann schließlich, nachdem Sailer 1818 eine Berufung nach Bonn und die Aussicht auf den Erzstuhl von Köln abgelehnt hatte, 1819 zum Bischof von Augsburg, dann zum Bischof von Regensburg vorgeschlagen. 1822 wurde Sailer Koadiutor, 1829 Bischof. Um diese Zeit ging sein Einfluß allerdings schon zurück. Es glückte ihm zwar noch, im Zusammenwirken mit dem König und mit Eduard von Schenk die Wiederherstellung des Benediktinerklosters Metten zu erreichen, aber in einzelnen Fragen der bayerischen Kirchenpolitik kam es bereits zu Spannungen auch mit dem König, besonders in der Frage der konfessionell gemischten Ehe. Sailer selbst sah sich also am Ende seines Lebens von dem irenischen Kurs der früheren Jahrzehnte wieder abgedrängt. Jene Bewegung, in deren Rahmen Sailer einst in Landshut die allgemeinen Religionsvorlesungen für Hörer aller Fakultäten gehalten hatte, der in Bayern gerade die besten Geister huldigten, wurde auch in Bayern 1832 mit Sailer zu Grabe getragen.

Johann Michael Sailer, der Freund Karl von Savignys, eng verbunden mit der Literatur der Romantik durch seine Freundschaft auch mit Clemens von Brentano und seiner Schwester Bettina von Arnim, der Freundin Goethes, war trotz seines hohen literarischen Verständnisses selbst kein Literat. Er hat nur versucht, bei seinem pädagogischen Bemühen die ganze Natur des Menschen zu erfassen. Er hatte nicht Angst vor dem Schönen, wie man das den Mainzer Neuscholastikern, die nach Sailer das Übergewicht im katholischen Deutschland erlangten, nachsagen kann. Philosoph war Sailer im Grunde nicht, so wenig, wie er spekulativer Theologe war. Das ist eine Begabung, die dem bayerischen Stamm allem Anschein nach fehlt, denn es gibt nur einen originalen bayerischen Philosophen, der allerdings gerade in der gleichen Zeit lebte und wirkte wie Sailer und kaum von geringerem Einfluß war, Franz von Baader. Auch er muß genannt werden, weniger, weil unter anderem auf seine Anregung die Verkündigung der Heiligen Allianz zurückgehen soll, als wegen seiner Bedeutung für die Überwindung der Aufklärung in Bayern. Franz von Baader war zunächst Bergrat, tätig in der bayerischen Bergwerksverwaltung. 1826 erhielt er dann den Lehrstuhl für Philosophie an der Universität München, als von seinem philosophischen Werk bereits reiche Anregungen ausgegangen waren. Schelling hat sich unter seinem Einfluß von Fichte gelöst, er hat sehr viel von Baader gehalten. Auch Hegel hat den tiefen spekulativen Geist Baaders gerühmt und fand sich in vieler Hinsicht mit ihm in Einklang. Entscheidend war der Einfluß Baaders auf die eschatologische Philosophie Solowjews. Er stand in engem Verhältnis zu den deutschen Romantikern, zu Novalis, zu Friedrich Schlegel, zu Tieck, auch zu Görres. Abhängig war er von der Theosophie eines Saint-Martin oder von der Mystik Jakob Böhmes. Sein Grundanliegen war das Verhältnis von Glauben und Wissen, der Ausbau einer christlichen Weltauffassung und Lebensgestaltung. Im Zentrum seiner Weltanschauung steht die Auffassung vom göttlichen Geist als dem Ur-apriori alles Erkennens, so daß menschliche Vernunft und menschliches Erkennen Teilhabe ist an diesem göttlichen Erkennen, eine echt platonische Wendung. Das ist die Absage an den Rationalismus, eine Absage, die dann in zahlreichen Schriften durchgeführt wird, die sich mit der Naturphilosophie befassen und mit der Stellung des Menschen in der Gesellschaft. Besonders die Aspekte, die Baader in diesem Teil seiner Studien entwickelte, sind sehr früh schon in die katholische Soziallehre eingegangen, seine Forderung nach einer Solidarität der Glieder der Gesellschaft füreinander, der gegenseitigen Verantwortung und des gegenseitigen Empfangens und Gebens. Daß diese gegenseitige Verantwortung aber auch gegenseitige Autorität bedingt, gehört ebenfalls in die Gesellschaftslehre dieses christlichen Philosophen, der die gesamte Geschichte nicht, wie Hegel, als Selbstentfaltung Gottes betrachtet, sondern auf den Menschen bezieht als Heimkehr des Menschen zu Gott.

Mit dieser knappen Skizze der christlichen Erneuerung Bayerns im Vormärz ist das Geistesleben des Landes um diese Zeit keineswegs erschöpfend behandelt, nur ein zentrales Thema ist angeschnitten. Mehr als viele andere Themen macht es wesentliche Züge im bayerischen Geistesleben verständlich. Die organisatorische Sammlung und geistige Erneuerung der katholischen Kirche in Bayern gehört zu den wichtigsten Grundtatsachen der inneren Geschichte Bayerns im 19. Jahrhundert und ist nicht weniger bedeutend als der Staatsausbau nach innen und außen.

Die Verfassung von 1818

Der Abschluß des Konkordats in seiner endgültigen Form war erst möglich geworden, als Montgelas seinen Platz geräumt hatte. Gegen den Erlaß einer Verfassung nach dem Muster der französischen Verfassung von 1814 war der Widerstand Montgelas' noch bestimmter. Wie eng beide Ereignisse, die Entlassung Montgelas' und die Vorarbeit für die Verfassung zusammenhängen, zeigt das Datum der königlichen Verordnung, die eine neue Verfassung unmittelbar in Aussicht stellte. Sie ist erlassen am 2. Februar 1817, dem Tag der Entlassung Montgelas'. Wrede war die Schlüsselfigur des großen Intrigenspiels, das am 2. Februar zum Abschluß kam, doch die entscheidende Gestalt im Hintergrund war der Kronprinz, der zu Montgelas in einem Spannungsverhältnis stand, seit er erwachsen war. Die tiefsten Ursachen für diese Spannungen werden sich wohl nicht erhellen lassen. Sie hingen zweifellos damit zusammen, daß der Kronprinz schon sehr bald entscheidenden Einfluß auf die Gestaltung der bayerischen Politik wünschte; daß er diesen Einfluß nicht erlangte, schrieb er Montgelas zu, den er vor allem wegen seines französischen Bündnisses und wegen seiner Kirchenpolitik verabscheute. Vorwürfe erhob er auch gegen die unglückliche Finanzpolitik Montgelas', dem es trotz gewagter Manipulationen nicht gelungen war, den Staatshaushalt ins Gleichgewicht zu bringen. Daß sich Wrede als Werkzeug zum Sturz des allmächtigen Ministers hergab, hing vor allem mit dem grundlegenden Unterschied zwischen beiden in der Beurteilung der Bedeutung einer starken Armee zusammen. Montgelas wollte vor allem auf diesem Gebiet Einsparungen treffen. Wrede bestand nach wie vor auf einer Heeresstärke von 60000 Mann für Bayern auch im Frieden, womit der größte Teil des Haushalts für Militärausgaben beansprucht worden wäre. Auch in der Frage der Verfassung dachte Wrede anders als Montgelas.

Metternich bezeichnete den Staatsrat Zentner als Vater der bayerischen Verfassung. Doch schon der erste Biograph Zentners, Thiersch, hat diesen Ausspruch berichtigt und festgestellt, daß diese Verfassung viele Väter hatte, auch wenn dann Zentner einen großen Teil der Bestimmungen redigiert hat. Schon die Tatsache, daß die Konstitution von 1808 im ersten Artikel Bezug nahm auf die Zugehörigkeit Bayerns zum Rheinbund, legte 1813 die Umarbeitung dieser Konstitution nahe. Als dann vollends im Juni 1814 Ludwig XVIII. Frankreich eine Verfassung gab, in der er Gesetzgebung und Steuerbewilligung zwei Kammern übertrug, also eine echte Gewaltenteilung vornahm, lebte auch in Deutschland die Verfassungsdiskussion wieder auf. Als Wrede nach Wien abreiste, legte er dem König nahe, eine Kommission mit Beratungen bezüglich einer solchen Verfassung zu betrauen, da er glaubte, daß dadurch das Band zwischen dem König und den neu zum Königreich Bayern gekommenen Untertanen enger und dauerhafter werde. Das Ergebnis der Kommissionsberatungen war, obwohl Montgelas nicht selten sehr drastisch eingegriffen hatte, dem König trotzdem zu revolutionär. Er schleuderte, wie berichtet wird, den Entwurf zu Boden, nachdem er noch nicht einmal die erste Seite ganz gelesen hatte. Umgekehrt war dem Kronprinzen der Entwurf nicht großzügig und freiheitlich genug. Auf Anregung Wredes arbeitete er deshalb eine ausführliche Kritik aus, die vor allem an der geringen Kompetenzzuteilung für die Volksvertretung Anstoß nahm wie an der Zusammensetzung der zweiten Kammer. Alle Schichten des Volkes, auch die grunduntertänigen Bauern, sollten seiner Ansicht nach im Landtag vertreten sein. Entscheidend war ihm vor allem die echte Mitbestimmung auch der Volksvertretung.

Durch diese Kritik, die Wrede gegen den Willen Montgelas' der Kommission zur Kenntnis brachte, hat Kronprinz Ludwig den entscheidenden Durchbruch in den Verfassungsberatungen erzielt, auch wenn dann Montgelas die gesamten Beratungen noch einmal zu sistieren wußte und erst lange nach seinem Sturz, wieder auf Drängen des Kronprinzen, ein neuer Anlauf gemacht wurde. Bestimmend war für den Neubeginn die Verfassungsbewegung in der Bundesversammlung zu Frankfurt, wo von allen Seiten Anträge auf Einführung von landständischen Verfassungen eingereicht wurden, so daß sich selbst Metternich einschaltete und detaillierte Vorschläge machte. Die Vorschläge Metternichs liefen allerdings darauf hinaus, nur Scheinvertretungen aufzubauen. Er schlug die Erneuerung der alten Provinziallandstände vor, Vertretungskörperschaften also auf der mittleren Verwaltungsebene, die gegeneinander ausgespielt werden konnten und niemals das ganze Land vertraten. Mochten damit auch die taktischen Absichten der Regierung vielfach erleichtert werden, die sprengenden Kräfte solcher regionaler Körperschaften in einem Staat, der seiner Festigkeit noch keineswegs sicher war, hätten unabsehbare Gefahren heraufbeschworen. Diese Gefährdung der eben gewonnenen Staatseinheit, aber auch der freien Selbstbestimmung Bayerns in seinen inneren Verhältnissen gab schließlich den Ausschlag für den königlichen Befehl zum Beginn der entscheidenden Verfassungsberatungen Anfang 1818, die wieder der gleichen Staatsratskommission anvertraut wurden wie bereits 1815. Jetzt sah Zentner freie Bahn für seine Verfassungswünsche. Dank seiner umfassenden Kenntnisse erhielt er das entscheidende Referat und damit die geistige Leitung der Kommission. Vor allem ihm ist die Durchsetzung der Wünsche des Kronprinzen zu danken, nämlich ein Zweikammersystem mit Gesetzgebungsrecht und Steuerbewilligungsrecht. Zentner hat also eine echte Teilung der Gewalten durchgesetzt. Gleichzeitig war aber er, neben Wrede, der schroffste Befürworter der uneingeschränkten Betonung des Monarchischen Prinzips.

Dieser Widerspruch, an dem die bayerische Verfassung kranken sollte bis zur Revolution von 1918, ist nun keineswegs Zentner allein anzulasten. Er gehört als wichtigstes Charakteristikum in die Verfassungswirklichkeit des Konstitutionalismus überhaupt. Zentner und einige andere führende Mitglieder der Kommission, darunter der Graf Lerchenfeld, hatten zwar auch einzelne Züge aus dem

Verfassungsleben der Ständezeit übernommen, doch wesentliches Vorbild war die Charte Ludwigs XVIII. von 1814 mit ihrem Zweikammersystem, das sowohl auf das englische als auch auf das amerikanische Vorbild zurückging, unmittelbar aber auf den Einrichtungen Napoleons basierte, dem Senat und der gesetzgebenden Körperschaft, die beide der König zunächst unverändert übernahm. So war im Grunde die Volksvertretung vor dem König, wie denn der französische Senat als Repräsentant der Nation in der Erklärung vom 6. April 1814 Ludwig XVIII. in eigener Machtvollkommenheit auf den Thron seiner Väter berufen und den Regierungsantritt abhängig gemacht hatte vom Schwur auf eine Verfassung, die dem Volk zur Annahme vorgelegt werden sollte. Diese Verfassung nun erließ der König wieder formal in unbeschränkter freier Machtvollkommenheit aus eigenem Willen. In der Präambel wurde festgestellt, daß alle frühere Autorität in Frankreich ihre Wurzel hatte in der Person des Königs, daß der König aber trotzdem einen Teil seiner Rechte auf die Untertanenschaft delegieren wolle. Damit war die Volkssouveränität als Verfassungsgrundlage wieder beiseitegefegt. Die Gewaltenteilung erschien als ein Geschenk des Königs, der seine Souveränität nach wie vor als unbeschränkt und unveräußerlich betrachtete und auch die praktische Gewaltenteilung noch leugnete, wenn bezüglich der gesetzgebenden Gewalt festgestellt wurde, sie werde gemeinsam durch den König, durch die Kammer der Pairs und die Kammer der Deputierten ausgeübt. In der bayerischen Verfassung fehlt dieser Satz, doch in der Sache liegt eine eindeutige Parallele vor, unterstrichen noch durch die hier wie dort getroffene Feststellung, daß der König allein Gesetze sanktioniert und promulgiert.

Übereinstimmungen lassen sich auch nachweisen in der Zusammensetzung der Volksvertretung, in der Behandlung der Gesetze und des Staatshaushalts, auch wenn dann doch da und dort beträchtliche Abweichungen zu verzeichnen sind, die zum Teil auf die Verfassungskämpfe in der französischen Kammer Rücksicht nehmen, die besonders 1817 sehr heftig waren, zum Teil aber auch auf die besonderen bayerischen Verhältnisse. So hat etwa die Bindung des Wahlrechts an einen außerordentlich hohen Zensus dazu geführt, daß die zweite Kammer in Wirklichkeit nicht zu einer Vertretungskörperschaft des Volkes, sondern der 80000 am höchsten besteuerten Franzosen geworden ist. In Frankreich war man dadurch von einer Repräsentation der Nation ungleich weiter entfernt als in Bayern, wo der Zensus auf dem durchschnittlichen Steuersatz aufbaute.

Die Verfassung des Königreichs Bayern vom 26. Mai 1818 geht also wie die französische Charte von 1814 aus vom sogenannten Monarchischen Prinzip. In der Präambel heißt es: „Die gegenwärtige Akte ist … das Werk unseres ebenso freien als festen Willens." Der Paragraph 1 des ersten Artikels lautet: „Das Königreich Bayern in der Gesamtvereinigung aller älteren und neueren Gebietsteile ist ein souveräner, monarchischer Staat …." Und der wichtigste, der Paragraph 1 des Artikels 2 lautet: „Der König ist das Oberhaupt des Staates, vereinigt in sich alle Rechte der Staatsgewalt und übt sie unter den von ihm gegebenen, in der gegenwärtigen Verfassungsurkunde festgesetzten Bestimmungen aus. Seine Person ist heilig und unverletzlich." Das ist die unmißverständliche Formulierung des Monarchischen Prinzips. Der König ist Grund der Verfassung, der in sich alle Staatsgewalt vereinigt auch nach Erlaß der Verfassung. Er also bleibt nach wie vor im Besitz der vollen, ungeteilten, unumschränkten und unveräußerlichen Souveränität. Das ist zwar eine bare Unmöglichkeit, denn die Verfassung bedeutet ja gerade die Einschränkung der Souveränität, aber der logischen Schwierigkeit wäre abzuhelfen gewesen, wenn man, wie das Montgelas vielleicht getan hätte, die Souveränität der Staatsgewalt an den Anfang der Verfassung gestellt hätte. Der König war nicht mehr als Eigentümer des Staates gedacht, sondern nur noch als Verwalter; die königlichen Domänen werden „Staatsgut" genannt, das Königreich selbst wird unteilbar. Wie auch immer man nun in dieser Verfassung die Position des Königs auffassen mochte, so war doch jedermann im Königreich ebenso wie allen auswärtigen Betrachtern klar, daß diesem König jetzt das Land selbst wieder gegenübergestellt wurde.

Zentner hat ausdrücklich abgelehnt, eine repräsentative Verfassung zu schaffen, Metternich jedoch hat sie als eine solche betrachtet. Beide waren hervorragende Staatsrechtler. Dieser Dualismus ist in der Tat von Zentner ausdrücklich unterbunden worden, sowohl durch die scharfe Betonung des monarchischen Prinzips wie durch die eindeutige Umschreibung des Wesens der Ständeversammlung in der Präambel, wo nur von einem „Recht des Beirates, der Zustimmung, der Willigung, der Wünsche und der Beschwerdeführung wegen verletzter verfassungsmäßiger Rechte" die Rede ist, jeder Anklang an eine Teilung der Gewalten wird geflissentlich vermieden. Dazu kommt, daß nach Artikel 7, Paragraph 22 und 23 die Stände für sich allein keinerlei Existenzmöglichkeit haben. „Der König", so heißt es hier, „wird wenigstens alle drei Jahre die Stände zusammenberufen. Der König eröffnet und schließt die Versammlung. Dem König steht jederzeit das Recht zu, die Sitzungen der Stände zu verlängern, sie zu vertagen oder die ganze Versammlung aufzulösen."

Damit ist eindeutig geklärt, daß es neben der durch den König repräsentierten Exekutive nicht eine eigenständige Legislative gibt, wie es in den Modellen der aufgeklärten Staatslehre vorgesehen ist. In der Charte von 1814 klingt dieses Modell noch an, insofern die Rede ist vom „Pouvoir Legislatif", womit aber jetzt nur noch die Gesetzgebung als Recht und Vermögen gemeint ist, während sie früher als eine selbständige Gewalt im Staate gedacht war, etwa in der Verfassung von 1791 oder in der amerikanischen Verfassung. In der bayerischen Verfassung erscheint die gesetzgebende Körperschaft in jeder Hinsicht der Souveränität der Krone unterworfen, doch in Artikel 7 wird deutlich, daß es sich bei den hier zugewiesenen Rechten um solche von allerwesentlichstem Gewicht handelt. Hier werden den Ständen jene Rechte zugewiesen, deren Besitz auch Anteil an der Staatsgewalt bedeutet. Hier liest man: „Ohne den Beirat und die Zustimmung der Stände des Königreichs kann kein allgemeines neues Gesetz, welches die Freiheit der Personen oder das Eigentum der Staatsangehörigen betrifft, erlassen noch ein schon bestehendes abgeändert, authentisch erläutert oder aufgehoben werden. Der König erholt die Zustimmung der Stände zur Erhebung aller direkten Steuern sowie zur Erhebung neuer indirekter Auflagen oder zu den Erhöhungen oder Veränderungen der bestehenden." Der Zusatz, der die Freiheit der Person oder das Eigentum betrifft, ist keine Einschränkung der Gesetzgebungsgewalt der Stände, sondern in Wirklichkeit eine Erläuterung, welche den Grund für die Zubilligung dieser Rechte angibt; kaum ein Gesetz betrifft ja nicht Freiheitsrechte oder Eigentumsrechte der Untertanen, so daß in Wirklichkeit die volle gesetzgebende Gewalt gemeint war. So ein Recht hatten die früheren Stände nicht besessen. Es ist den Ständen zugewachsen in der englischen Verfassungsentwicklung, wird festgelegt in der amerikanischen und in der französischen Verfassung von 1791, wie es auch enthalten ist in allen konstitutionellen Staatslehren. Das freie Bewilligungsrecht des Paragraphen 3 ist jedoch ein uraltes ständisches Recht, das allen europäischen Vertretungskörperschaften in Mittelalter und Neuzeit zugekommen war, doch genügte ein solches bloßes Zustimmungsrecht zu den geforderten Steuern bei den ausgedehnten finanziellen Verpflichtungen eines modernen Staates nicht mehr. Deshalb wird in den folgenden Paragraphen den Ständen auch das Recht zugemessen, eine genaue Übersicht über die Staatsbedürfnisse und die Staatseinnahmen zu erhalten, das Recht, dieses Budget zu prüfen und zu erfahren, was mit den bewilligten Steuern auch getan wurde. Ein ausdrückliches Budgetrecht der Stände war damit nicht festgestellt, da nicht bestimmt wurde, welche negativen Folgen eine Prüfung des Staatshaushalts durch die Stände haben konnte. Außerdem hatten die Stände keinerlei Einflußmöglichkeiten direkter Art auf die Festsetzung der Haushaltspositionen, doch ergibt sich im Grunde aus dem Recht der Prüfung der Einnahmen und Ausgaben und dem Recht der Steuerbewilligung auch das Recht, die Steuern gegebenenfalls zu verweigern. Allerdings wurde die Möglichkeit, dieses Steuerverweigerungsrecht als Druckmittel auszunützen, in Paragraph 9 ausdrücklich abgeschnitten, es wurde untersagt, die Steuerbewilligung mit irgendeiner Bedingung zu verbinden.

Die geistigen Väter dieser bayerischen Verfassung waren vermutlich der Auffassung, daß es kein wesentliches Freiheitsrecht mehr gebe, das nach dem Erlaß dieser Verfassung noch angestrebt werden könnte, denn sowohl in der Präambel wie in einzelnen Verfassungsparagraphen wurden jene Grundrechte noch einmal garantiert, die schon in der Konstitution von 1808 eingeschlossen waren: Gewissensfreiheit, Meinungsfreiheit, Freiheit der Presse – mit bestimmten Einschränkungen –, Sicherheit der Person und des Eigentums und der persönlichen Rechte, Gleichheit aller vor dem Gesetz, Unabhängigkeit des Richterstandes mit allen Konsequenzen und gleiches Recht aller Untertanen zu Würden im Staat. Den Abgeordneten war zusätzlich noch die volle Immunität für die Dauer der Verhandlungen zugesichert. Außerdem durfte der Abgeordnete für seine Haltung im Parlament nicht belangt werden.

Die sicherste Garantie allerdings für die hier zum Ausdruck kommende Unabhängigkeit der Stimmabgabe im Landtag hätte die Zusammensetzung der Ständeversammlung dargestellt, doch zeigt sich gerade bei einem Blick auf die Zusammensetzung der beiden Kammern, daß eine völlige Unabhängigkeit der

Ständevertretung von der Krone eben nicht beabsichtigt war. Es liegt im Wesen eines jeden Zweikammersystems, daß beide Kammern im Gegensatz zueinander stehend gedacht sind, und ein schärferer Gegensatz ist kaum denkbar, als wenn beide Kammern jeweils einer Partei angehören, die im dualistischen Verfassungsstaat die jeweils andere Gewalt vertreten soll. Die Kammer der Reichsräte in der bayerischen Verfassung von 1818 hat nun eine reine Gegenposition zur Zweiten Kammer nicht völlig eingenommen. Sie ist aber von allen Gremien der klassischen Verfassungen am weitesten in den Verfügungsbereich der Krone gerückt, insofern sie zusammengesetzt war aus den volljährigen Prinzen des königlichen Hauses, den Kronbeamten des Reiches und denjenigen Personen, welche der König zu Mitgliedern dieser Kammer entweder erblich oder lebenslänglich besonders ernennt. Die erblichen Reichsräte, die 1819 54 Personen umfaßten, 1918 bereits 84, nahm der König vorwiegend aus dem hohen bayerischen Adel, den Preysing, Törring, Baumgarten oder den Franckenstein, Gravenreuth, Guttenberg, Stauffenberg, der fränkischen Gruppe also. Zum weitaus größten Teil rechneten sich diese vom König besonders ausgezeichneten Reichsräte zu den dem König besonders verpflichteten Gruppen im Staat. In Opposition standen nur Ausnahmen. So gut wie bedingungslos auf der Seite der Regierung stand dann die Gruppe der lebenslänglichen Reichsräte, die ebenfalls vom König ernannt wurde und aus ehemaligen Staatsministern, Staatsräten, hohen Beamten und Offizieren bestand, nur zu einem geringen Teil aus Gutsbesitzern des niederen Adels. Auch die Zahl dieser lebenslänglichen Reichsräte war sehr hoch. 1918 betrug sie noch 97, so daß die erblichen Reichsräte und die lebenslänglichen Reichsräte zusammen meist etwa 150 Stimmen umfaßten. Anwesend waren freilich stets nur wenige. Die Zahl der königlichen Prinzen oder der Kronbeamten fiel überhaupt nicht ins Gewicht, aber auch nicht die Zahl jener Reichsräte, die vom König unabhängig waren, nämlich die beiden katholischen Erzbischöfe von München und Bamberg und der Präsident des protestantischen Generalkonsistoriums. Daneben wurde allerdings ein weiterer katholischer Bischof vom König unter die Reichsräte berufen, war also parteimäßig gebunden. Unabhängig war ferner die Gruppe der sogenannten Standesherren, oder wie die Verfassung sie nennt, „die Häupter der ehemals reichsständischen fürstlichen und gräflichen Familien, solange sie im Besitz ihrer vormaligen reichsständischen, im Königreiche gelegenen Herrschaften bleiben." Dabei handelte es sich um 24 Familien, von denen 1918 noch 18 übriggeblieben waren, die Oettingen-Wallerstein, die Hohenlohe, die Leiningen, Thurn und Taxis, die Fugger und wie sie alle hießen. Ein großer Teil von ihnen hat den Verlust ihrer herrschaftlichen Unabhängigkeit nie verwunden und stand deshalb in steter Opposition zu jener glücklicheren Familie Wittelsbach, der man sich grundsätzlich ebenbürtig fühlte, ein Grundsatz, der übrigens in dem begleitenden Edikt ausdrücklich anerkannt war. Die Opposition der Standesherrn gegen die Regierungspolitik fiel jedoch nicht nur wegen ihrer geringen Zahl kaum jemals ins Gewicht, sondern auch deshalb, weil diese Gruppe selbst nie geschlossen agierte. Konservative und Liberale hielten sich meist die Waage und bekämpften sich gegenseitig. Außerdem waren die Spannungen zwischen den besonders privilegierten Standesherrn und dem sonstigen hohen Adel zu stark, als daß die grundsätzliche Opposition die engen Grenzen dieser einen Gruppe durchstoßen hätte. Die Kammer der Reichsräte war also in der Regel geradezu ein Instrument der Regierung. Das läßt sich weder vom englischen Oberhaus noch von der französischen Kammer der Pairs sagen, die allerdings der bayerischen Kammer in vielem gleich war. Nur der napoleonische Senat, eben deshalb, weil Napoleon die Mitglieder selbst ernannte, stand in ähnlicher Abhängigkeit von der Regierung.

Anders war es mit der Zweiten Kammer. Sie bestand erstens, wie es in Paragraph 7a des Artikels 6 heißt, „aus den Grundbesitzern, welche eine gutsherrliche Gerichtsbarkeit ausüben und nicht Sitz und Stimme in der ersten Kammer haben", d. h. also unter den erblichen Reichsräten, zweitens aus Abgeordneten der Universitäten, drittens aus Geistlichen der katholischen und protestantischen Kirche, dann aus Abgeordneten der Städte und Märkte, schließlich aus Landeigentümern, die keine gutsherrliche Gerichtsbarkeit ausüben, aus der bäuerlichen Schicht also. Die Bindung an das Landeigentum war in zweifacher Hinsicht sehr wohl überlegt. Man erwartete von jemandem, der Eigentum besaß, ein größeres Verantwortungsgefühl für das Ganze, von welchem sein Eigentum ja einen Teil darstellte, als von Personen ohne Eigentum. Man war sich aber auch bewußt, daß von jemand, der die von ihm bewilligten Steuern auch selbst bezahlen mußte, größerer Widerstand zu erwarten sein würde als von dem, der bewilligen konnte, ohne die Folgen selbst tragen zu müssen. Diese Bindung der ständischen Repräsentation an das Eigentum war selbstverständlich auch ein Erbe der altständischen Verfassung, die ja erwachsen war aus der mittelalterlichen Eigentumsordnung, deren Schwergewicht eben der Landbesitz darstellte. Entscheidend für den Charakter dieser Zweiten Kammer war nun die Verteilung der Sitze. Die Hälfte der gesamten Versammlung wurde der Gruppe der nichtadeligen Landbesitzer eingeräumt, eine Regelung, die noch 1815 völlig undenkbar gewesen wäre, zu der es aber dank der Initiative des Kronprinzen und dank der größeren Unbefangenheit gekommen war, mit der seither die endgültige Bauernbefreiung als unumgänglich betrachtet wurde. Ein Achtel der gesamten Versammlung wurde gestellt von den Geistlichen beider Kirchen, ein weiteres Achtel vom gutsherrlichen Adel, ein Viertel von den Städten und Märkten, wie das auch den allgemeinen Verhältnissen entsprach. Bayern war durch das ganze 19. Jahrhundert hindurch zu drei Vierteln agrarisch.

Diese ständische Gliederung der Versammlung sollte, das war die Absicht der Väter dieser Verfassung, der Gliederung der gesamten Untertanenschaft entsprechen, ausgenommen, wie schon betont, jene Gruppe, die kein Eigentum besaß und keine Steuern bezahlte. Der Zensus betrug 10 Gulden bzw. das zu versteuernde Vermögen mußte 800 Gulden betragen, das war der normale Steuersatz für einen Bauern, während der Zensus in der französischen Verfassung für das aktive Wahlrecht 300 Francs betrug, also mehr als das Hundertfache. So kraß wie in Frankreich war also die Einschränkung des Vertretungscharakters des Parlaments in Bayern nicht, doch allein schon die Zuweisung der Kontingente an die einzelnen Stände wirkte dem gedachten Prinzip entgegen, war doch das Verhältnis etwa von Adel und Geistlichkeit, die zusammen ein Viertel der Sitze einnahmen, gegenüber den Städten und Märkten mit ebenfalls einem Viertel ausgesprochen unbillig, noch mehr gegenüber den Grundeigentümern; auf einen gutsherrlichen Abgeordneten entfielen 67 Familien, auf einen städtischen 4101, auf einen bäuerlichen 12238, wie G. Franz zeigt.

Eine Beurteilung dieser Verfassung hat sich freilich einmal nach dem vorausgehenden Zustand und dann nach den Verfassungszuständen gleichartiger Staaten zu richten. Im Deutschen Bund war die bayerische Verfassung nicht nur ein sehr frühes konstitutionelles Modell, sondern auch jenes mit dem größten Freiheitsraum, auch wenn die Verfassung von Württemberg von 1819 im Gegensatz zur bayerischen, die eine oktroyierte Verfassung darstellt, vom König also in eigener Machtvollkommenheit erlassen, ein Verfassungsvertrag war, abgeschlossen zwischen König und Ständen und damit ein eigenes ursprüngliches Recht der Untertanen auf Anteil an der Staatsgewalt einschließend. Älter als die bayerische Verfassung war im Rahmen des Bundes nur noch, soweit es Mittelstaaten angeht, jene von Weimar, die 1816 bereits erlassen wurde. Als nächste folgte die von Baden, die im August 1818 verkündet wurde. Sachsen folgte erst 1831, Preußen 1847. Nun waren allerdings auch in Preußen oder Österreich, jenen deutschen Staaten, die am längsten ohne Volksvertretung regiert wurden, die staatsrechtlichen Auffassungen aus dem Zeitalter des Absolutismus nicht mehr denkbar, so daß auch für Bayern ein Vergleich mit der Epoche vor 1800 keinen methodischen Ertrag bietet. Das Vergleichsobjekt muß der Staat Montgelas' sein, der Staat also des bürokratischen Absolutismus, in welchem nur reglementiert wurde, ohne daß der Untertan die Möglichkeit hatte, selbst zu Wort zu kommen. Dieses Stadium des Staatsaufbaus war jetzt abgeschlossen. Montgelas hatte den Rahmen geschaffen für einen Staat, der jetzt ausgefüllt werden mußte von einem politischen Gesamtwillen, der durch bloße Verordnungen nicht erzeugt werden konnte. Um in den zahlreichen Teilen, aus denen das neue Bayern zusammengefügt worden war, einen gemeinsamen Staatssinn zu wekken, gab es tatsächlich kein wirksameres Mittel als die Bildung einer frei gewählten Vertretungskörperschaft, die sich in gemeinsamer Beratung und in gemeinsamem Beschluß zu identifizieren vermag mit dem Ganzen, das sie repräsentiert. Wrede hat bei seinen Bemühungen um die bayerische Verfassung dieses Ergebnis als wichtigstes Argument ins Feld geführt. Tatsächlich hat nichts die staatliche Einheit des heutigen Bayern so gefördert wie das eine Jahrhundert gemeinsamen Verfassungslebens bis 1918.

Die Verfassung in ihrer ersten Bewährungsprobe

Die bayerische Verfassung, von den verschiedensten Richtungen begeistert begrüßt, hatte ihre erste Bewährungsprobe zu bestehen, noch ehe das erste Jahr verstrichen war. Bedroht wurde sie von Ereignissen und Kräften, die sich der bayerischen Einwirkung entzogen, aber auch in München selbst trat sehr rasch Ernüchterung ein, als der Alltag zeigte, daß es einen politischen Idealzustand nicht gibt. Die bayerische Verfassung war erlassen worden zu einem Zeitpunkt, da auch die Bundesverfassung noch im Fluß war. Metternich versuchte in vielen Ansätzen, den Bund aus den bisherigen Verhältnissen eines Schutz- und Sicherheitsbündnisses herauszuführen und zu einem echten Staatenbund mit gemeinsamen Organen umzubilden. Diesem Bemühen, bei dem Metternich längst nicht allein stand, kam nun eine Kette von Ereignissen und Erscheinungen zu Hilfe, die offenbar gemeinsame Maßnahmen notwendig machten und damit auch gemeinsame Organe. Nur auf diesem Hintergrund der österreichischen Hegemoniebestrebungen ist die Welle der Maßnahmen seit 1819 zu begreifen, die sogenannte Demagogenverfolgung. Zwei große Störungsfelder waren 1817/18 in Wien registriert worden, einmal die Unruhe unter den deutschen Studenten, dann die lautstark gezogenen Konsequenzen aus dem landständischen Vertretungsgedanken.

Zwar haben bezahlte Polizeispitzel die Gefährlichkeit der Bewegung an den deutschen Universitäten bei weitem übertrieben, aber auch auf Grund dieser Berichte hätten sich die 1819 beschlossenen Maßnahmen kaum rechtfertigen lassen. Sie wurden vielmehr gefaßt im Hinblick auf die konstitutionelle Bewegung. Hier aber galt Bayern als besonders gefährlich. Der erste Landtag, der im Februar 1819 einberufen worden war und bei dessen Eröffnung der König noch einmal ausdrücklich klargestellt hatte, daß die Verfassung hervorgerufen worden sei durch das „freie Wort seines festen Entschlusses“, hatte, wie eigentlich nicht anders zu erwarten war, lebhafte Diskussionen ausgelöst. Aber im Zusammenhang mit der Ermordung des Dichters Kotzebue im März dieses Jahres war der König doch sehr beunruhigt. Man hatte die Kammer der Reichsräte für überflüssig erklärt. Der Bamberger Abgeordnete von Hornthal hatte verlangt, auch die Truppen auf die Verfassung zu vereidigen. Der Würzburger Staatsrechtslehrer Behr regte an, daß für die Zensur der politischen und periodischen Zeitschriften eine präzise Vorschrift durch die Kammer ausgearbeitet werden solle, und die Staatsminister sollten von den geheimen Sitzungen der zweiten Kammer ausgeschlossen werden. Außerdem griff ein Teil der Redner auch den Militäretat an, der besonders dem König und Wrede am Herzen lag, im Grunde alles Selbstverständlichkeiten in einer Versammlung, der die Freiheit der Rede ausdrücklich garantiert war. Gentz jedoch, der Berater Metternichs, fühlte sich dabei an die Präliminarien der Französischen Revolution erinnert und warnte in seinen „Bemerkungen über die ersten Vorgänge in der bayerischen Ständeversammlung" den Münchner Hof eindringlich vor den Konsequenzen.

Unmittelbar nach dem Eintreffen der Nachricht von der Ermordung Kotzebues am 29. März entschloß sich der bayerische Minister des Auswärtigen, Graf Rechberg, zu einem großangelegten Angriff auf alle Elemente der Unruhe nicht nur in Bayern, sondern im gesamten Bund. Gentz' Warnung fiel also auf fruchtbaren Boden. Die direkte und unmittelbare Anregung zu den Karlsbader Beschlüssen ist von Bayern ausgegangen. Rechberg beauftragte den bayerischen Gesandten in Wien, allgemeine Sondierungen durchzuführen, und er ließ gleichzeitig in Berlin anfragen, ob Preußen eine Aufhebung der bayerischen Verfassung tolerieren würde. Treitschke hat aus dieser Anfrage in Berlin eine großangelegte Verschwörung der bayerischen Regierung konstruiert, doch zeigen die Protokolle des Ministerrats, wie Doeberl nachweist, daß Rechberg mit seinen weitgehenden Absichten allein stand. Nur der König hat außer Rechberg noch ein Einschreiten gegen die zweite Kammer erwogen, weil sie ihren Wirkungskreis überschritten hätte und verfassungswidrige Beschlüsse gefaßt worden seien, aber weiter als bis zu einer Rüge für den Landtag ist niemand gegangen. Ernsthafte Angriffe auf die bayerische Verfassung wurden erst in Wien eingeleitet.

Metternich erklärte unter dem ersten Eindruck der Nachrichten aus München, daß eine rasche Kur nur durch eine radikale Änderung des ganzen Systems bewirkt werde, schlug also vor, die Verfassung aufzuheben und vor allem die Zensur zu verschärfen. Am 18. Juli erschien er dann auf der Rückreise von Italien persönlich in München, wo in Besprechungen mit Rechberg und Wrede das Karlsbader Programm bereits in den wesentlichen Zügen vereinbart wurde. Bedenklich war dabei die von Rechberg festgehaltene Auffassung des Königs, daß „sobald es sich um die Erhaltung der Ruhe in Deutschland und in seinen Einzelstaaten handelt, jede Einzelbestimmung, wäre sie auch verfassungsmäßig, den Beschlüssen der Bundesversammlung und der Bundesakte untergeordnet sein und bleiben müsse." Damit hatte der König ebenfalls, wie Rechberg, Metternich in die Hände gespielt, dem es gerade darum ging, dem von ihm geleiteten Bund einen möglichst weiten Kompetenzbereich zu erringen, natürlich auf Kosten der Einzelstaaten. Das ganze bisherige System der bayerischen Außenpolitik, das notfalls durch Bildung eines engeren Bundes der mittleren und kleineren Mächte Deutschlands die Ausdehnung der Bundeskompetenzen zu verhindern bemüht war, war jetzt in größter Gefahr. Auf der Karlsbader Ministerkonferenz, die am 6. August begann und auf der Rechberg Bayern vertrat, wurde die Preisgabe dieses Systems Tatsache.

Das Thema dieser Konferenz war die Verschwörung gegen die staatliche Ordnung, die an den Universitäten sichtbar werde und sich äußere in der Zügellosigkeit der Presse und der Diskussionen in den Landtagen. Geladen waren nur Preußen, Hannover, Bayern, Württemberg, Baden, Nassau, Sachsen und Mecklenburg, von denen Metternich erwartete, daß sie auf Grund besonderer

Voraussetzungen mit ihm in der Absicht einig sein würden, durch geeignete Maßnahmen der Gefahr für die Stabilität und öffentliche Ordnung zu begegnen. Metternich schlug vor, in Karlsbad nur über Maßnahmen zu beschließen, die unverzüglich durchzuführen waren, während auf einer zweiten Konferenz in Wien über die eigentlichen Heilmittel, nämlich die Fortbildung der Bundesverfassung, die Stärkung der Bundesautorität und die Schaffung neuer Bundesorgane beschlossen werden sollte. So kam es in Karlsbad nur zu Beschlüssen, die die demagogischen Umtriebe, die Unruhe an den Universitäten und die Haltung der Presse betrafen. Es kam also zu einer Verschärfung der Zensur, wobei die Drohung mit einem absoluten Beschäftigungsverbot für Redakteure im gesamten Bundesgebiet wohl am schwersten wog, sodann zur Einsetzung von Regierungskommissären zur Überwachung der Universitäten – und zwar nicht nur der Studenten, sondern auch der Professoren – und schließlich zu einem Verbot der Burschenschaft. Zur Überwachung aller Maßnahmen wurde eine zentrale Untersuchungskommission in Mainz eingesetzt.

Während der Karlsbader Besprechungen wurde auch bereits die Bildung eines außerordentlichen Bundesgerichtshofs angeregt, der die Gerichtshoheit der Einzelstaaten empfindlich eingeschränkt hätte, außerdem die Beseitigung des Artikels 13 der Wiener Bundesakte, in welchem es hieß, daß landständische Verfassungen eingerichtet werden sollten. Das hätte den Einzelstaaten die Möglichkeit gegeben, bereits bestehende Verfassungen wieder abzuschaffen, ein Vorgehen, dem besonders Graf Rechberg zuneigte, der sich in Karlsbad in eine heillose Angst vor der Revolution hineingesteigert hatte. Auch der bayerische Innenminister, Graf Thürheim, trat für energische Maßnahmen ein, und da auch Wrede besonders wegen der militärpolitischen Initiative des Landtags verstimmt war, beschloß der Ministerrat seine Zustimmung zu den Karlsbader Beschlüssen und trat dafür ein, daß sie zu Bundesgesetzen erhoben würden.

Es ist keine Frage, daß die Durchführung der Karlsbader Beschlüsse in Bayern zu einer empfindlichen Einschränkung der verfassungsmäßigen Freiheit geführt hätte, damit also zu einem Verfassungsbruch durch König und Regierung, der, wie der Kronprinz mit Recht bemerkte, weit schlimmere Folgen haben mußte, als wenn man die Verfassung nicht gewährt hätte. Der Kronprinz war es auch, dessen Initiative zu einer Revision der bayerischen Haltung geführt hat. Am 1. Oktober schrieb er an seinen Vater: „Sie haben Bayern das wohltätige Geschenk einer Verfassung für alle Zeiten gegeben, und wir haben sie beschworen, wovon uns niemand entbinden kann. Seine Verfassung halten ist nicht herabwürdigend, wohl aber, sich von anderen Mächten Gesetze vorschreiben zu lassen." Mit dem zweiten Satz gab Ludwig das Leitmotiv für den nun einsetzenden Kampf gegen die Karlsbader Beschlüsse. Es war ein Kampf, der unmittelbar nicht für die Verfassung geführt wurde, von der der König, der sie ja nie gewünscht hatte, jetzt vollkommen enttäuscht war, sondern es war ein Kampf gegen die Beschränkung der bayerischen Souveränität durch Eingriffe von außen, sei es durch Metternich, sei es durch den Bund.

Auf der Seite des Kronprinzen stand vor allem der Finanzminister, Graf Lerchenfeld. Bald trat auch Zentner zu dieser Gruppe, und als es gelungen war, auch noch Fürst Wrede zu gewinnen, der als einziger Einfluß auf den König besaß, wurde es möglich, Max Joseph umzustimmen. Es gelang dem Kronprinzen, seinem Vater die Erlaubnis zu einer Ministerialkonferenz abzuringen, in welcher unter dem Vorsitz von Wrede noch einmal über die bayerische Haltung zu den Karlsbader Beschlüssen diskutiert wurde. Lerchenfeld ist es schließlich gelungen, die Konferenz zu überzeugen, daß die Bundesbeschlüsse gegen die Bundesakte, gegen die Souveränität der Bundesstaaten, aber auch gegen die verfassungsmäßig gesicherten Rechte der Untertanen verstießen. Er stellte deshalb den Antrag, die Beschlüsse über die Presse, die Universitäten und die Untersuchungskommission nur mit der Klausel zu verkünden: „Sofern sie der Souveränität, der Verfassung und den bestehenden Gesetzen nicht entgegenstünden", der Exekutionsordnung, die in Karlsbad beschlossen worden war, aber die Publikation überhaupt zu versagen. Die Drohungen Metternichs wie des preußischen Königs blieben unbestimmt und wirkungslos, man hat die Karlsbader Beschlüsse in Bayern nur vollzogen im Rahmen der bayerischen Verfassung. Zwar wurden Regierungskommissäre für die Universitäten bestellt, sie griffen aber nur dort ein, wo es bayerische Interessen verlangten, etwa in Würzburg, wo Behr schließlich abgesetzt wurde, während in Erlangen nicht einmal die Burschenschaften zur Auflösung gezwungen wurden. Die Zensur wurde gemäß der Verfassung gehandhabt, das heißt, nicht schlechterdings jedes Druckwerk unterlag der Zensur, sondern nur wie bisher die Zeitungen und periodischen Schriften politischen Inhalts; vor allem die Veröffentlichung der Landtagsverhandlungen wurde nicht, wie in Karlsbad energisch gefordert, eingestellt.

Der bayerische König war für diese Handhabung der Karlsbader Beschlüsse gewonnen worden durch ein Argument, dem er sich immer aufgeschlossen zeigte, nämlich, daß die bayerische Selbständigkeit bedroht sei. Die größte Gefahr drohte aber der Unabhängigkeit Bayerns erst auf der von Metternich einberufenen zweiten Konferenz, die in Wien stattfinden sollte, und deren Thema die Fortbildung der Bundesverfassung darstellte. Zu dieser Ministerkonferenz der deutschen Bundesstaaten in Wien ging als bayerischer Bevollmächtigter nicht der dafür zuständige Minister des Äußern, Graf Rechberg, sondern der Staatsrat Zentner. Das war der Anregung Wredes zu verdanken, der der Ansicht war, daß Zentner, der Vater der bayerischen Verfassung, in Wien gebraucht würde, da es dort in erster Linie um eine Verteidigung der Verfassung gehe. Ihm gelang es auch, alle bayerischen Positionen mit Erfolg zu behaupten. Das ist umso bemerkenswerter, weil Rechberg im geheimen mit Metternich zusammengearbeitet hat, um die Karlsbader Beschlüsse doch noch für Bayern durchzusetzen und der Gefahr, die seiner Ansicht nach vom Landtag ausging, ein für allemal zu begegnen. Zentner agierte sehr geschickt. Er griff das Anliegen Metternichs, das in der Verankerung des Monarchischen Prinzips als Regulativ für alle Verfassungsstreitigkeiten bestand, sofort auf, setzte sich mit Nachdruck für eine solche allgemeine Regelung ein, so daß ihm die Redaktion der einschlägigen Artikel übertragen wurde. Er bezog dabei nur eine Position, die er auch bisher stets eingenommen hatte, wenn er im Artikel 57 festlegte, daß im Zweifelsfalle bei strittigen Verfassungsfragen die umfassende Anwendung des Monarchischen Prinzips die ausschlaggebende Interpretationsmethode sei, das heißt die Rückführung jeder einzelnen Äußerung der Staatsgewalt auf den Monarchen als den einzigen Inhaber dieser Gewalt. Diese Leistung fand die uneingeschränkte Zustimmung Metternichs, sie war die Basis für seine weiteren Erfolge. Sein Hauptverdienst schließlich besteht im Widerstand gegen jede übergreifende Gesetzgebungsgewalt des Bundes. Die diesbezügliche Absicht Metternichs, die von den übrigen Vertretern der deutschen Staaten widerspruchslos akzeptiert wurde, hat Zentner in einer meisterhaften Rede umgedeutet und so abgeschwächt, daß Metternich selbst auf die weitere Verfolgung dieses Projektes verzichtete. Zu Fall gebracht hat er auch den Plan eines permanenten Bundesgerichts, das noch mehr als ein Gesetzgebungsrecht des Bundes die Souveränität der Einzelstaaten beeinträchtigt hätte, und schließlich die Absicht, eine Vertretung der mediatisierten Fürsten auf dem Bunde zuzulassen. Allerdings trug auch Metternich einen Erfolg davon. Die bayerischen Pläne zur Übernahme der Führung des Dritten Deutschland, der deutschen Mittel- und Kleinstaaten, die Wrede schon einmal erwogen hatte und die dann in Zusammenarbeit von Rechberg und Adam von Aretin, dem bayerischen Bundestagsgesandten, seit 1817 zum Programm der bayerischen Politik in Frankfurt gemacht worden waren, hat Zentner in Wien aufgegeben. Er zog es vor, wie er Rechberg schrieb, jetzt in einer Linie mit Preußen und Österreich zu stehen, um in vertrauensvoller Zusammenarbeit mit Metternich die Sicherheit Bayerns nach innen wie nach außen gewährleistet zu sehen. Metternich selbst, der vielleicht bei größerer Härte alle gewünschten Zugeständnisse von Bayern hätte erlangen können, oder der wenigstens Bayern in die Isolierung hätte drängen können, um es dann überstimmen zu lassen, hat also nicht an Prinzipien festgehalten, sondern es vorgezogen, politisches Terrain zu gewinnen.

Zu Schwankungen im Verhältnis Bayerns zum Bund, Bayerns zu Österreich ist es auch später noch gekommen, aber niemals mehr zu jener grundsätzlichen Abwehrstellung wie in diesen Jahren. Die Erneuerung der Karlsbader Beschlüsse, die nur auf fünf Jahre terminiert waren, wurde von Bayern aus mit keinen weiteren Schwierigkeiten begleitet. Der Schriftsatz, mit welchem Metternich vor die Mitglieder des Bundes trat, war sogar von Zentner ausgearbeitet worden. Allerdings änderte sich nichts an der Handhabung der Bundesgesetze in Bayern. Sie blieben nicht nur in der Theorie an die bayerische Verfassung gebunden, sondern auch in der praktischen Durchführung, wie gerade der Vorkämpfer liberaler Regierungsweise in Bayern, der Finanzminister Lerchenfeld, 1824 ausdrücklich bestätigte. Es kam in dieser Zeit allerdings auch zu keinen weiteren Schwierigkeiten, da allein schon die Drohung der Bundesgesetze genügte, um die Ruhe aufrechtzuerhalten. Die beiden Landtage 1822 und 1825 vergingen ohne ernsthafte Anstöße, und als am 26. Oktober 1825 Max I. Joseph plötzlich starb, war die Trauer im ganzen Land so allgemein, wie bei keinem seiner Vorgänger. Was auch immer man über seine Ansichten und über seine Fähigkeiten vorbringen mag, an seinem guten Willen, seiner Bereitschaft, seinem Volk sein Bestes zu geben, hat eigentlich niemand gezweifelt, und das ist mehr, als man von den meisten Größen der Weltgeschichte sagen kann.

Ludwig I.: Grundthematik seiner Herrschaft

Selbst in der Zeit des uneingeschränkten fürstlichen Absolutismus hat selten der Fürst selbst regiert. In der Regel liefen die Fäden der Macht zusammen in der Hand eines leitenden Ministers. Im konstitutionellen System ist das die Regel, „Le roi règne, mais il ne gouverne pas", wie das unübersetzbar im Französischen formuliert wird. Um so auffälliger sind die Ausnahmen in diesem System, zu ihnen gehört vor allem Ludwig I. von Bayern. Der Einschnitt in der bayerischen Geschichte des Jahres 1825 wird also nicht nur deshalb markiert, weil die Regierung von einem Fürsten auf den anderen übergegangen ist, sondern auch, weil ein ganz neuer Regierungsstil ins Auge fällt. Das hängt zum Teil zusammen mit den Gegebenheiten der Zeit. Das Ringen um die Verfassungsfragen tritt in voller Schärfe hervor, und dieses Ringen wird, wenn man die Staatsentwicklung in Bayern zum Hauptthema der Betrachtung erheben will, alle anderen Züge der Regierungszeit Ludwigs I. überlagern. Auch das Ergebnis der dreiundzwanzigjährigen Epoche Ludwigs I. ist bedeutsam vor allem durch den Übergang zu einer zweiten Stufe des Verfassungsstaates 1848. Auch wenn Ludwig I. sich vergebens bemühte, diese Entwicklung aufzuhalten, so war er doch ein bedeutender Monarch, bedeutend durch seine Leistung. Die Festigung des neuen bayerischen Staates, dessen Grundlage Montgelas gelegt hatte, ist ganz persönlich sein Werk.

Mit Recht wurde schon immer der Erziehungsgeschichte von Königen und Fürsten größte Aufmerksamkeit gewidmet; der Schlüssel zu Leben und Werk, zu Leistung und Versagen findet sich nicht selten in frühester Jugend. Auch bei Ludwig I. scheint vieles von dem, was ihn auszeichnet, auch manches von dem, was sein Andenken bis heute belastet, in seiner Kindheit bereits angelegt. Das erste Fundament stammt vom Pfarrer Joseph Anton Sambuga, den die Mutter des Königs noch kurz vor ihrem Tod als Erzieher für den zehnjährigen Ludwig gewonnen hatte. Sambuga war Pfarrer zu Herrnheim, der Besitzung Dalbergs, im Umkreis der alten Kurpfalz. Er gehörte in den Kreis der katholischen Aufklärung, war also ein betonter Moralist und Rationalist, aber doch von jener Richtung, welche nicht die Religion allein auf die Moral beschränkte, sondern Glauben und Frömmigkeit als Mutterboden der Moral ansah und nichts wissen wollte von einer Preisgabe der Offenbarung wie der kirchlichen Tradition. Er predigte auch Toleranz gegenüber den anderen christlichen Konfessionen, eine Haltung, die ihm das Vertrauen Ludwigs gewann, der mit großer Liebe an seiner früh verstorbenen Mutter hing, die sich zum Protestantismus bekannt hatte. Die folgenschwerste Schwäche seiner Pädagogik war jedoch, daß er unablässig im Kind den künftigen Regenten sah und den Prinzen stets wie einen Erwachsenen behandelte. Das Ergebnis war ein sehr frühreifer junger Mann, der sich nicht nur wie ein Erwachsener behandelt sah, sondern sich auch als solcher fühlte und sich zweifellos heillos überschätzte. An dieser Selbstüberschätzung war Sambuga nicht ohne Schuld, hat er ihm doch einmal erklärt: „Menschen verführen oft, Gott und Ihr Geist nie."

Der Sinn dieser Äußerung war nicht der, daß der Mensch Ludwig nicht dem Irrtum ausgesetzt sei, sondern Ludwig als König. Sambuga war trotz seiner aufgeklärten Neigungen ein vorbehaltloser Anhänger der Lehre vom monarchischen Gottesgnadentum, jener Lehre also, die im König den Stellvertreter Gottes auf Erden sah, ausgewählt zu besonderer Sendung unter den Menschen und ausgestattet mit einer besonderen Begnadung. Freilich hat Sambuga nicht nur das Selbstbewußtsein des Prinzen bis in diese schwindelnde Höhe gehoben, sondern auch das notwendige Korrelat geliefert. Wie Fénelon, der Erzieher des Dauphin unter Ludwig XIV., so hat auch Sambuga dem künftigen Herrscher sehr genau auch den Pflichtenkreis bezeichnet, der dieser hohen Stellung entsprach. Der König, so erklärte er, ist ausgewählt unter den Menschen, damit er in besonderer Weise den Willen Gottes erfülle. Eine seiner Maximen lautete: „Fürst sein heißt sich dem Wohle des Staates hingeben. Wer diesen Gedanken nicht fassen kann, ist des hohen Berufes unwürdig. Der Fürst muß dienen, damit die anderen arbeiten können. Er muß wachen, damit andere sicher ruhen, für sich mäßig sein, damit andere im Wohlstand leben." Die natürliche Folgerung daraus war dann auch der betonte Hinweis darauf, daß der Fürst nicht Herr des Staatseinkommens sei, sondern sein Verwalter, daß ihm fremdes Eigentum, das Eigentum seiner Untertanen sowohl wie das Eigentum fremder Völker heilig sein müsse. Die Grundsätze, die Ludwig als Knabe in sich aufgenommen hat, sind tatsächlich sein ganzes Leben hindurch für ihn maßgebend geblieben. Pflichtgefühl und fast rigoroser sittlicher Ernst, jedenfalls in seinem Verhältnis zum Staat und zum öffentlichen Wohl, charakterisieren seine Regierungsweise. Damit kontrastiert eine geradezu schwärmerische Begeisterung für Kunst und Literatur, eine Begeisterung, die jedoch nicht blind, sondern mit ausgesprochenem Gefühl für künstlerische Qualität verbunden war, besonders für Plastik und Malerei. Zu einer Zeit, als in Bayern Goethe noch so gut wie unbekannt und Schiller kaum beachtet war, hat Ludwig Goethe gelesen und Schiller in so hohem Maße verehrt, daß er 1804 auf seiner ersten Italienreise sich in Rom, auf dem Palatin, um ein Grundstück bemühte, das er Schiller schenken wollte, damit er im Klima der ewigen Stadt von seiner tödlichen Krankheit geheilt würde. Schiller hat er wohl deshalb besonders geschätzt, weil er nicht nur Dichter war, sondern auch, in seinen Dramen wie in einer Reihe von Monographien zur Geschichte, tief eingewirkt hat auf den historischen Sinn des Kronprinzen. Sambuga bekannte, daß er keinen jungen Menschen kenne, der ein solches Verständnis und eine solche Begeisterung für Geschichte gezeigt habe. Sein historischer Sinn war es aber auch, der die Staatsauffassung des Prinzen wie dann des Königs aufs tiefste beeinflußt hat. „Ich gehöre in zwei Jahrhunderte", hat er einmal gesagt. Damit meinte er weniger die inneren Spannungen, die seiner Natur so schillernde Züge verleihen, die Spannungen zwischen seinem nüchternen Ernst und dem schwärmerischen Kunstsinn, der harten Pflichttreue wie der leichten Entflammbarkeit für das schöne Geschlecht. Gemeint ist damit vor allem die Symbiose jener von Sambuga in ihn hineingelegten unerschütterlichen Überzeugung von seiner Auserwähltheit als Inhaber, und zwar alleiniger Inhaber, der staatlichen Gewalt und den liberalen Neigungen, die noch in den ersten Jahren seiner Regierungszeit von entscheidendem Einfluß waren. Ein Rätsel war diese Symbiose schon den Zeitgenossen. Entscheidend war dabei sicher die Fortbildung der Ansichten des Kronprinzen durch seine Studien zu Landshut und zu Göttingen. In Landshut trat er in den Einflußbereich von Johann Michael Sailer, dessen Predigten er hörte und der ihm ein gesamtes Semester hindurch in drei Wochenstunden ein privatissimum vortrug über „die Moral des Regenten in christlichen Maximen". Neben Sailer traten noch so bedeutende Persönlichkeiten wie Friedrich Karl von Savigny, der Begründer der historischen Rechtsschule in Deutschland, der den historischen Sinn des Prinzen und sein Empfinden für den Wert der Tradition vertiefte, dann aber auch die Juristen Gönner und Feuerbach, für welche der Staat ein rational geordnetes Kunstwerk war. In dieser Auffassung wurde Ludwig dann bestärkt während des zweisemestrigen Aufenthalts an der Universität Göttingen in den Jahren 1803/04. Sein Hofmeister Josef von Kirschbaum, der jetzt an die Stelle von Sambuga trat, hatte selbst dort studiert und hatte wahrscheinlich den Kurfürsten auf die Bedeutung der damals besonders in Geschichte und Staatswissenschaft führenden deutschen Universität aufmerksam gemacht. Unter all den Fächern, die der Prinz zu studieren hatte, Jus, Staatswirtschaft, Regierungswissenschaften, Landwirtschaft und Kameralwissenschaft, hat ihn am tiefsten beeindruckt, was der damals berühmteste Göttinger Gelehrte, der Historiker und Staatswissenschaftler August Ludwig von Schlözer vortrug. Schlözer war vor allem berühmt als Publizist. Er gab Jahrzehnte hindurch den „Staatsanzeiger" heraus, das wichtigste Organ der frühliberalen Staatsauffassung in Deutschland, das eintrat für Montesquieu und die Übernahme der englischen Verfassung und das an den deutschen Höfen wegen der rücksichtslosen Angriffe auf Korruption und absolutistische Willkür gefürchtet war. Schlözer, der den Aufenthalt des Kurprinzen in Göttingen als „unendlich gloriös für die Georgia Augusta" hielt, behandelte seinen fürstlichen Hörer mit großer Aufmerksamkeit und vertiefte auch dadurch den Eindruck, den seine Staatslehre auf den Prinzen gemacht hat. Es ist keine Frage, daß die Bereitschaft zur Übernahme freiheitlicher Elemente in seine Staatskonzeption auf diese Göttinger Eindrücke zurückgeht, ebenso wie sein entschiedener deutscher Patriotismus.

Zwei entscheidende Stationen im Erziehungsgang Ludwigs I. verdienen noch erwähnt zu werden, seine Reise nach Italien, 1804, welche die Begegnung mit der großen Kunst gebracht und Ludwig ein für allemal der Welt des Schönen zugeführt hat, und die Auseinandersetzung mit Napoleon. Napoleon hat lange um den jungen bayerischen Prinzen geworben. Er versuchte ihn für sich zu gewinnen, so wie er seine Generäle und Soldaten für sich gewinnen konnte. Doch bereits bei der ersten Begegnung, 1805 zu Linz, dann während des langen Aufenthalts am Hof zu Saint-Cloud, 1806, hat sich Ludwig entschieden gegen das Genie Napoleons zur Wehr gesetzt. Seinem Tagebuch vertraute er an: „Napoleon tritt mit Füßen, hat mit Füßen getreten und tritt noch täglich mit Füßen die heiligsten Rechte und in Zukunft wird er es bestimmt genauso machen und er wird niemals aufhören, so zu handeln, wenn er eine günstige Gelegenheit findet." Das war nicht nur eine Verurteilung Napoleons, sondern auch das Bekenntnis zu seiner eigenen Staatsauffassung, die gegründet war auf das Recht, zuallererst auf das Recht. Dieses Rechtsempfinden war tief in ihm angelegt, es hat wohl auch die Brücke zwischen Tradition und Fortschritt geschlagen, die bei einem Anhänger des Gottesgnadentums, wie Ludwig es zeitlebens blieb, so in Erstaunen setzt.

Als Ludwig I. 1825 die Regierung antrat, war er durch eine sehr gründliche Vorbildung, die alle Bereiche der Theorie wie der Praxis umfaßte, die Führung größerer Truppenkörper sowohl wie die Regierung von Provinzen wie Tirol und Salzburg und später dann Franken, auf sein hohes Amt vorbereitet. Napoleon äußerte einmal, er kenne in Deutschland nur einen König, den von Württemberg, und einen anderen, der es einst sein werde, den Kronprinzen von Bayern. Er hat mit seiner Prophezeiung recht behalten, Ludwig I. war tatsächlich ein König.

Eine Betrachtung seiner Regierungszeit darf nicht an seinem Versagen vorübergehen, noch weniger aber an seiner großen Leistung. Versagt hat Ludwig I. zweifellos gegenüber seinem eigenen Anliegen, das Tocqueville einmal als Erziehungsaufgabe seines Jahrhunderts formuliert hat, nämlich statt die Demokratie zurückzudrängen – wo doch ein ganzes Jahrtausend europäischer Geschichte das Ziel gehabt habe, sie heraufzuführen –, die Völker zu erziehen zur Ausübung der Herrschaft. Das hatte Ludwig I. in der Tat beabsichtigt, als er die Regierung antrat. Er scheiterte nicht ohne eigene Schuld. Von Dauer dagegen blieb seine Leistung als der größte Mäzen seiner Zeit, der aus seiner Hauptstadt ein einziges Kunstwerk zu machen versuchte. Er förderte aber auch die stürmische Entwicklung der neuzeitlichen Wissenschaften in Bayern und er versuchte die Schäden wieder zu heilen, die durch die rigorose Intoleranz der Aufklärer in Bayern entstanden waren.

Die Pflege der Kunst, besonders die weitausgreifende Bautätigkeit des Königs, spielte in diesem Programm eine hervorragende Rolle. Es wäre freilich falsch, nur das Werk vordergründiger Berechnung in dieser Leistung zu sehen, dazu hat der König viel zu viel Kraft und auch eigenes Vermögen in das Werk eingebracht. Es sind, wie Max Spindler gezeigt hat, mächtige urtümliche Antriebe in Rechnung zu setzen. So soll Ludwig als Kronprinz zum französischen Gesandten in München einmal gesagt haben, nach Bonaparte müsse man auf den Ruhm der Waffen verzichten. Um ein großer Fürst zu werden, sei das Land Bayern ein viel zu enger Spielraum, so daß nichts übrig bleibe als der Mäzen Europas zu werden. Und als König stellte er triumphierend fest: „Schaffende Kunst im Großen ist nicht in Rom, ist in München jetzt." Ludwig trug keine Bedenken, die Prachtstraße, die er erbaut hatte, nach seinem Namen benennen zu lassen. Er war damit einverstanden, daß ihm noch zu seinen Lebzeiten am Anfang dieser Straße ein Denkmal gesetzt wurde, und er nahm die Huldigungen der deutschen Künstler entgegen in dem Bewußtsein, daß sie ihm gebührten. Der Nachruhm, die Erhaltung der steinernen Zeugen seines Wirkens, bestimmte bei manchem Bau sogar die Auswahl des Baumaterials, es mußte das dauerhafteste sein: „Nicht für Jahrhunderte, für Jahrtausende will ich bauen", sagte er einmal. Das war auch der Eindruck, den Metternich hatte, als er 1837 nach München kam.

Der mächtigste Antrieb war jedoch zweifellos eine Leidenschaft, die besonders den Wittelsbachern eigen war, die ungezähmte Leidenschaft zu bauen und immer wieder zu bauen. Diese Leidenschaft spürten vor allem seine Baumeister und Architekten, die er bis zur Grenze ihrer Leistungsfähigkeit antrieb, denen er das Äußerste abverlangte.

Ludwig I. baute nicht nur als privater Mäzen, der einen großen Teil seines privaten Vermögens für jene Bauten opferte, die er dem Landtag gegenüber nicht als Staatsbauten hinstellen konnte, er baute auch und vor allem als Regent. Das gilt auch für die Kirchen, die ihm ihre Entstehung verdanken. Er erbaute sie, da er sich als Regent für das religiöse Wohl seiner Untertanen verantwortlich fühlte. Auch die Schloßbauten errichtete er nicht für sich, sondern für den jeweiligen Repräsentanten des Staates. Er baute für den Staat und gleichzeitig für das Volk. Er baute mit einer ganz bestimmten Zielsetzung, mit einer Absicht, die seiner Kunstauffassung entsprang. Die Kunst war für ihn eine große Erzieherin. Daher baute er Museen und öffnete sie dem Volk. Sie sollten das Volk auch zur Achtung vor seiner eigenen Vergangenheit erziehen, sein Geschichtsbewußtsein stärken und sein Nationalgefühl beleben. Deshalb baute er Nationaldenkmäler, die Walhalla, die Ruhmeshalle, die Befreiungshalle, das Siegestor, die Feldherrnhalle, zur Ehrung der großen Deutschen, der großen Bayern und zur Erinnerung an nationale Großtaten. „Nicht als Luxus darf die Kunst betrachtet werden, in allem drücke sie sich aus, sie gehe über ins Leben. Nur dann ist sie, was sie sein soll." Ob Ludwig I. diese beabsichtigte Wirkung erzielt hat, mag dahinstehen. Zweifellos war der Eindruck außerordentlich, der von dem faszinierenden Schauspiel eines genialen fürstlichen Bauherrn ausging, der alle Hindernisse niederwarf und seinen Bauwillen ausströmte bis an die selbstgesetzten Grenzen, ein Eindruck, der mehr als alles andere lange Zeit im Volk das Bewußtsein erzeugte, einen bedeutenden König zu haben. Nicht zu unterschätzen ist auch die volkswirtschaftliche Seite dieser Bauleidenschaft. In München bildete sich eine hohe Tradition künstlerischen Bauhandwerks aus, die das ganze Jahrhundert hindurch Bestand hatte. Abhängige Betriebe zogen sich über ganz Bayern hin. Auch diese soziale Seite seiner Unternehmungen hat der König in Rechnung gestellt, als er in einer Bautätigkeit von mehr als vierzig Jahren nahezu die gesamten Einkünfte der Zivilliste, seine persönlichen Einkünfte also, in Bauten und Ankäufe antiker und moderner Kunstwerke investierte. Sein Enkel wurde durch die gleiche Leidenschaft in die Katastrophe getrieben. Ludwig I. dagegen hat trotz der gewaltigen Summen, die seine Bauten kosteten, nie mehr, wie noch als

Kronprinz, seine laufenden Mittel überzogen. Er hat die Finanzierungspläne selbst genau durchgerechnet und ist in ihrem Rahmen geblieben, obwohl etwa die Walhalla 2,5 Millionen, die Befreiungshalle 2 Millionen, der Königsbau der Residenz 2 Millionen, der Festsaalbau gar 3 Millionen Gulden kosteten und die Glyptothek 1,5 Millionen. Das sind 11 Millionen, die allein von seiner Kabinettskasse zu leisten waren, bei einem Steuereinkommen von 30 Millionen jährlich eine nicht geringe Summe. Es kommen noch viele Bauten dazu, der Königsplatz, das Münchner Benediktinerkloster St. Bonifaz, dann Zuschüsse zur Fertigstellung der Dome zu Speyer, Bamberg und Regensburg, selbst zu Köln, mit dem die Wittelsbacher ebenfalls länger als zwei Jahrhunderte verbunden gewesen waren.

Die künstlerische Bedeutung dieser Bauten ist heute wohl nicht mehr umstritten. Alle die Baumeister, die Ludwig I. in seine Dienste nahm, waren, wie er selbst, der großen nachschaffenden Richtung des 19. Jahrhunderts verhaftet, dem historisierenden Klassizismus, der alle großen Epochen der europäischen Kunstgeschichte von der griechischen Klassik bis zur Renaissance in oft erstaunlicher Vermengung der Stile nachgestaltete und hoffte, die gleiche große Wirkung zu erzielen wie die bewunderten Vorbilder. Auch Leo von Klenze wird man aus dieser Reihe nicht ausnehmen können, den bedeutendsten schöpferischen Architekten des Königs. Er stammte aus Mecklenburg, hatte im Paris des Empire seine letzte künstlerische Formung erfahren und war noch dem Kronprinzen empfohlen worden, der 1804 auf seiner Italienreise zu einem großen Bewunderer der antiken Baukunst geworden war. Klenze ließ neben der Antike und einzelnen Baumeistern der Renaissance, Bramante oder Sangallo, die ebenfalls bewußt antike Formen nachgestaltet hatten, keine andere Epoche gelten. Er bewunderte an den griechischen Tempeln die höchste Klarheit und Einfachheit, aber wie seine eigenen Werke bezeugen, hat er zu dieser Einfachheit doch nirgends gefunden. Von ihm stammen die Glyptothek, die Propyläen und die Walhalla, alles also Versuche, den griechischen Tempelbau nachzubilden, doch waren ihm durch die Veränderung des Bauzwecks wie durch die Eingriffe des Königs, aber wohl auch durch das eigene Stilempfinden Grenzen gesetzt, die jedem erkennbar sind, der die Tempel zu Paestum, zu Agrigent oder die Akropolis gesehen hat. Als große schöpferische Leistungen dagegen gelten heute wieder seine Paläste, der Klenze-Bau der Residenz, das Leuchtenbergpalais am Odeonsplatz und die Alte Pinakothek, die in ihrer Schlichtheit und ihren edlen Proportionen auch das geworden sind, was Klenze beabsichtigte, eine Fortführung der Renaissancearchitektur, wie denn der Klenze-Bau der Residenz tatsächlich die Vollendung alter Bauvorhaben der Renaissancezeit bedeutet.

Von Klenze eine andere Bauweise zu verlangen als die klassische, war seiner Einstellung nach unmöglich. Ludwig I. war dagegen auch Romantiker. Er hat die Gotik und die Romanik nicht weniger hoch eingeschätzt als die griechischen Tempel oder das Pantheon. In dieser Auffassung stimmte er überein mit Friedrich von Gärtner, dessen Vater bereits Hofbauintendant zu München gewesen war und der nach Studien in Italien und in England 1821 als Nachfolger Fischers an die Münchner Akademie berufen wurde. Karl von Fischer war der Schöpfer des Palais Salabert, des heutigen Prinz Karl-Palais, eines Empirebaues von schlichter Eleganz. Mit der Ludwigskirche trat Gärtner in Konkurrenz zu Klenze, der eine Tempelfront vorgesehen hatte, während Gärtner auch hier schon mit seiner besonderen Eigenart, der Mischung der verschiedensten Stiltypen, jenen romantischen Gesamteindruck erzeugte, den der König an dieser Stelle wünschte. Es waren vor allem vorgotische, frühchristliche und byzantinische Formen, die Gärtner nachahmte. Aber er hat auch die Renaissanceform meisterhaft gehandhabt, so im Bau der Feldherrnhalle, die eigentlich die Kopie der Loggia dei Lanzi zu Florenz darstellt, und bei dem gesamten Komplex der Universität mit dem Georgianum. Aus der Antike übernahm er das, was ihm gemäß war, etwa die große pompöse Form des Konstantinbogens, welchem er das Siegestor zu München nachbildete. Eine Nachbildung der frühchristlichen Basiliken zu Ravenna und Rom ist dann St. Bonifaz, die Kirche des von Ludwig I. gegründeten Benediktinerklosters zu München, die von Georg Friedrich Ziebland entworfen ist.

Neben der Architektur treten in der Kunstpflege Ludwigs I. die Malerei und die Plastik zurück, außer als untergeordnete Elemente im architektonischen Gesamtkunstwerk. So fällt auch die künstlerische Bedeutung der Münchner Bildhauer, eines Roman Anton Boos oder eines Ludwig Schwanthaler, wie der Münchner Maler, eines Peter Cornelius, Willhelm von Kaulbach oder Julius Schnorr von Carolsfeld, um nur die offiziell geförderten Künstler zu nennen, nicht unbeträchtlich ab. Schwanthaler hat sicher Eindrucksvolles geleistet. Von ihm stammt bekanntlich die Bavaria, die dann die Erzgießer Stigelmayer und Miller gegossen haben. Auch die Plastiken an der Feldherrnhalle, im Giebelfeld der Propyläen und einiges in der Residenz stammen von ihm. Ludwig I. selbst gab aber doch Canova und Thorwaldsen den Vorzug, der das Reiterstandbild Maximilians I. auf dem Maximiliansplatz und das Denkmal Eugen Beauharnais' in der Michaelskirche geschaffen hat. Peter Cornelius hat jahrzehntelang als Direktor der Münchner Akademie wie ein Diktator geherrscht, bis er sich die Enttäuschung des Königs über den schwachen Eindruck seiner großen Fresken so zu Herzen nahm, daß er einem Ruf nach Berlin folgte. Peter Cornelius hat sicher zu hoch gegriffen, als er bei der Ausmalung der Innenräume der Glyptothek und Pinakothek in Konkurrenz zu den Stanzen Raffaels trat und bei dem Riesenfresko des Jüngsten Gerichts in St. Ludwig in Konkurrenz zu Michelangelo. Sein Nachfolger als Akademiedirektor war der Historienmaler Willhelm von Kaulbach. Er hatte die Hofgartenarkaden ausgemalt, eine Reihe von Räumen in der Residenz wie die Neue Pinakothek, alles in gefälligen Formen und leuchtenden Farbtönen. An der Akademie wirkte auch Julius Schnorr von Carolsfeld, der aus Leipzig nach München berufen worden war. Er hatte ebenfalls, wie Kaulbach, dem romantischen Geschmack des Königs entsprechend, Stoffe aus der mittelalterlichen Sage zu gestalten, vor allem aus dem Nibelungenlied. Überlegen waren an Wirkung, an bleibender Anziehungskraft gegenüber diesen Berühmtheiten ihrer Zeit die Landschaftsmaler, Dillis oder Kobell, Carl Rottmann, Eduard Schleich oder M. J. Wagenbauer, dann der Romantiker Moritz von Schwind, vor allem Carl Spitzweg, der dem Zeitgefühl dieser Jahre um 1830/40 wohl am vollendetsten Ausdruck zu geben wußte.

Ludwig I. war auch bedeutend als Kunstsammler, die Alte wie die Neue Pinakothek danken ihm zahlreiche wertvolle Gemälde, die Glyptothek mit ihren Antiken ist ganz seine Schöpfung. Er hat auch die große musikalische Tradition der Wittelsbacher weitergepflegt, Verständnis hatte er auch für die Entwicklung der Wissenschaft, weit mehr als sein Vater. Max I. Joseph stand freilich ein Montgelas zur Seite, dem man zwar keine sichtbare Wissenschaftsbegeisterung nachrühmen kann, der aber viel zu klug war, um die Bedeutung der Wissenschaften und des Schulwesens für den Staat nicht einzusehen, und der, beraten von Zentner, eigentlich den Grund gelegt hat für die bayerische Wissenschaftsentwicklung im 19. Jahrhundert. Ludwig I., der allerdings trotz seiner Gegnerschaft zu Montgelas die tüchtigen Männer, die Montgelas selbst in den Staatsdienst gezogen hatte, weitgehend in ihren Ämtern beließ, baute auf diesem Fundament auf, entweder durch eigene Anregungen oder durch Förderung der Initiativen seines Ministers Eduard von Schenk, seines Beraters Ringseis, des Mediziners und Rektors der Universität München, beraten von Bischof Sailer oder auch von Thiersch, dem Philologen, der lange Jahre der Akademie der Wissenschaften vorstand.

Das Volksschulwesen und das Mittelschulwesen hatte schon die Ära Montgelas umgestaltet. 1802 war die allgemeine Volksschulpflicht, die 1771 verordnet worden war, noch einmal erneuert worden. Sie wurde von jetzt an durchgesetzt. Die wichtigste Voraussetzung für die gedeihliche Entwicklung der Volksschulen war die systematische Ausbildung der Lehrer. 1803 bereits wurde zu München die erste staatliche Lehrerbildungsanstalt errichtet, dann folgten Amberg, Nürnberg, Augsburg, 1817 Kaiserslautern. Bildungspläne auf der Grundlage der pädagogischen Ideen von Pestalozzi traten der institutionellen Sicherung der Lehrerbildung zur Seite. Das Selbstbewußtsein der Lehrer wurde dadurch gehoben, daß sie, wie die Geistlichen, wie Offiziere und Juristen, Staatsbeamte wurden. Auch das Mittelschulwesen schien durch Verordnungen von 1804 und 1808 den Anforderungen des 19. Jahrhunderts angepaßt, doch die Vereinigung der im 18. Jahrhundert entstandenen bayerischen Realschulen, die besonders als Ausbildungsstätte für bürgerliche Berufe gedacht waren, mit den alten Lateinschulen, fiel gerade in jene Phase der deutschen Schulgeschichte, in der sich der Neuhumanismus durchsetzte und die eben erst erwachte Aufgeschlossenheit für den Bildungswert von Mathematik, Geschichte, Geographie und Physik wieder beseitigte. 1808 setzte Friedrich Immanuel Niethammer, ein gebürtiger Württemberger, wieder die Trennung der beiden Schulgattungen durch. Er war der Schöpfer des Humanistischen Gymnasiums in Bayern mit dem absoluten Vorrang der klassischen Sprachen, doch er ließ die Realschulen daneben bestehen, setzte ihnen aber ein so hoch gestecktes Bildungsziel, daß die vorhandenen Lehrer nicht in der Lage waren, ihm zu genügen. Im Grunde bestand damals aber noch kein allgemeines Bedürfnis für eine umfassende naturwissenschaftliche

Ausbildung schon auf der Mittelschule, für Handel und Manufakturwesen genügten Bürger- und Gewerbeschulen.

Das Schwergewicht der Bildungsreform dieser Jahre lag auf dem Gebiet der höheren Schule, hier setzte sich unter dem Einfluß von Thiersch, der in Göttingen Privatdozent für klassische Philologie geworden war, einem Schüler des berühmten Philologen Heyne, 1828 der Neuhumanismus absolut durch. Thiersch war eine imponierende Gestalt, nicht nur durch seine Gelehrsamkeit, sondern noch mehr durch Energie und organisatorisches Geschick. Er war 1809 nach München berufen worden, um am dortigen Lyzeum, einer Zwischenstufe zwischen Gymnasium und Universität, klassische Philologie zu dozieren. Er war in der Akademie der Wissenschaften bald zu führendem Einfluß gelangt und hatte ein philologisches Seminar gegründet, das der Akademie angeschlossen war und 1826 in der Universität aufging. Thiersch setzte in der Kommission zur Reform des höheren Schulwesens, die Eduard von Schenk 1828 eingesetzt hatte, die radikale Alleinherrschaft der klassischen Sprachen auf den bayerischen höheren Schulen durch. Der Unterricht in Geschichte, Geographie und Mathematik wurde aufs einschneidendste beschränkt, der Unterricht in Deutsch fiel völlig weg, neuere Sprachen wurden nur noch als Wahlfächer geduldet. Es war eine Konzeption von grandioser Einseitigkeit, wie sie nicht einmal im ersten Zeitalter des Humanismus in Deutschland denkbar gewesen wäre. Nach zwei Jahren stellte man fest, daß die höheren Schulen in trostloser Weise zerrüttet seien – diese Feststellung wird wohl ebenfalls übertrieben sein –, so kehrte man zurück zum humanistischen Gymnasium eines Niethammer, vermehrte also wieder die Stunden für die Realien und für Deutsch, ohne an der klassischen als der idealen Grundlage für die allseitige Ausbildung der geistigen und moralischen Fähigkeiten der Jugend zu rütteln.

So wie die Volksschulen erst zu fruchtbarer Wirksamkeit kamen durch eine systematische Erziehung der künftigen Lehrer, hing auch die Entwicklung der höheren Schulen ab vom Ausbau der Universitäten, deren sich Ludwig I. in besonderem Maße annahm. Auch er hat allerdings nicht daran gedacht, die 1803 bis 1809 aufgehobenen bayerischen Universitäten zu Bamberg, zu Dillingen und zu Altdorf wieder zu besetzen. An ihre Stelle traten jetzt Lyzeen, deren Hauptfunktion die Ausbildung künftiger Kleriker war, die aber auch Grundwissen für ein weiterführendes Studium vermittelten. Von den bayerischen Universitäten traten um diese Zeit Würzburg auf dem Gebiete der Medizin und Erlangen auf dem Gebiete der protestantischen Theologie in die erste Reihe der deutschen Universitäten. Die altbayerische Landesuniversität Ingolstadt dagegen blühte erst wieder auf, als sie 1800 aus der gefährdeten Festung Ingolstadt nach Landshut übertragen worden war. Schon in Landshut fiel die konfessionelle Bindung der Professoren weg, auch die alte universale Bindung an Papst und Kaiser, die sich noch bei der Promotion ausdrückte, machte der Bindung an den Landesherrn Platz. Von größter Bedeutung aber für die Anziehungskraft, die Landshut sehr bald bewies, waren die Proklamation der Freiheit von Forschung und Lehre auf der einen Seite und der Ausbau der Universität durch eine außerordentlich großzügige Berufungspolitik auf der anderen. Die Landshuter juristische Fakultät mit Nikolaus von Gönner, Anselm von Feuerbach und vor allem mit Savigny, der von Landshut aus dann nach Berlin berufen wurde, hat die Göttinger an Bedeutung bald übertroffen.

Die Blütezeit Landshuts dauerte kaum ein Jahrzehnt, dann wurden die besten Dozenten von Landshut wegberufen. Durch die Reorganisation aber der Bayerischen Akademie der Wissenschaften wurde der Strom von Neuberufungen nach München gelenkt. Schon zur Zeit Max I. Joseph wurden Pläne einer Verlegung der Universität nach München erwogen, doch der König wollte in seiner Residenz keine Universität. Er fürchtete, sie könne sich zu einem Element der Unruhe entwickeln, wie man das von Ingolstadt wußte. Doch das Selbstvertrauen des neuen Königs war durch solche Gesichtspunkte nicht zu beeinträchtigen. Schon 1825 beschloß er, angeregt durch Denkschriften von Ringseis und Schenk, die Verlegung der Universität nach München und ihren Ausbau zur führenden Forschungsanstalt in Bayern durch eine erhebliche Vermehrung der Lehrstühle und Dozentenstellen bis auf das Dreifache des Landshuter Bestandes sowie durch die enge Verbindung, in welche sie gebracht werden sollte zur Akademie der Wissenschaften. Alle Vorschläge zur Wiederherstellung einer rein konfessionellen Universität lehnte der König, darin von Eduard von Schenk und selbst von Sailer unterstützt, energisch ab. Hervorragend besetzt waren die Philosophie mit Schelling und mit Baader, die Jurisprudenz mit Georg Ludwig Maurer, die Naturwissenschaften mit Gotthilf Heinrich Schubert, mit dem Mineralogen J. N. Fuchs und dem großen Botaniker C. F. Martius, dem Erforscher der Fauna und Flora Brasiliens. Den Lehrstuhl für Philologie erhielt, wie nicht anders zu erwarten war, Friedrich Wilhelm Thiersch.

Bedeutende wissenschaftliche Leistungen sind damals allerdings immer noch auch außerhalb der Universität zu finden. Der Bibliothekar Johann Andreas Schmeller verfaßte das heute noch für Germanisten, Historiker und Rechtshistoriker unentbehrliche Bayerische Wörterbuch und edierte althochdeutsche Texte. Josef Fraunhofer und Georg Reichenbach bauten ein Institut auf, das in seinen Werkstätten die besten optischen und geodätischen Instrumente der Welt herstellte. Samuel Thomas Sömmering, der eigentlich Anatom war, Mitglied der Münchner Akademie, erfand 1809 den Telegraphen, der Physiker Johann Wilhelm Ritter aus Jena, ebenfalls Mitglied der Akademie, entdeckte den ultravioletten Anteil am Sonnenspektrum und führte die Entdeckungen Galvanis und Voltas weiter. Ein Bahnbrecher der Geodäsie war der Direktor der Sternwarte, Johann Soldner. Auch Ulrich Schiegg sollte genannt werden, ein ehemaliger Ottobeurer Benediktiner. Im Dienste der Akademie der Wissenschaften hat er vor allem die trigonometrischen Grundlagen für eine Vermessung ganz Bayerns entwickelt. Matthias Flurl gehörte zu den ersten Geologen Deutschlands. Ein großer Botaniker war der ehemalige Jesuit Franz von Paula Schrank, der in München den Botanischen Garten gründete.

Daß die Geschichtswissenschaft in der ersten Hälfte des 19. Jahrhunderts in Bayern an die große Tradition des 18. Jahrhunderts nicht mehr anknüpfen konnte, hängt zusammen mit dem Einschnitt von 1803. Was an großen Leistungen in den ersten Jahrzehnten des 19. Jahrhunderts noch geboten wurde, war vielfach nur der letzte Abglanz der alten benediktinischen Gelehrsamkeit, so die Arbeiten des Ensdorfer Benediktiners Josef Moritz oder des Augsburger Benediktiners Placidus Braun, die beide unter der Leitung Westenrieders die große bayerische Urkundenedition der Monumenta Boica noch bis herein in die dreißiger Jahre betreuten und zum Teil, wie Josef Moritz, beispielhafte Editionsgrundsätze entwickelten. Moritz hat als erster die Echtheit des Privilegium Minus und den Fälschungscharakter des Maius überzeugend nachgewiesen. Von Placidus Braun stammt die erste wissenschaftliche Geschichte der Bischöfe von Augsburg.

Der Bruch in der Entwicklungslinie der bayerischen Historiographie in der ersten Hälfte des 19. Jahrhunderts geht also zurück auf jenen Bruch in der bayerischen Tradition, der mit der Säkularisation von 1802/03 markiert wird. Ein König, der wie Ludwig I. gerade aus der Tradition seine wichtigsten Antriebe empfing, mußte von diesem Bruch tief berührt werden. Er hat das auch wiederholt geäußert. Es ging ihm bei seiner Erneuerung der bayerischen Klöster nicht nur um ein religiöses Anliegen, er sah darin auch die Wiederentstehung von Institutionen, auf denen die Weihe von Jahrhunderten lag. Er fühle sich gebunden nicht nur, wie er einmal sagte, durch geschichtliche Erinnerung, sondern auch durch das Gefühl der Dankbarkeit. Der Lieblingsorden des Königs war der der Benediktiner. Das erste Kloster, das er gründete, war das ehemalige karolingische Königskloster Metten, das der damalige Besitzer unentgeltlich zur Verfügung stellte und das durch hohe Zuwendungen aus der Kabinettskasse lebensfähig wurde. Metten zeigt bereits, worum es dem König ging: nicht um eine Erneuerung der alten benediktinischen Gelehrsamkeit, sondern um ein Kloster, das, wie es auch der Forderung des Konkordats entsprach, eine Erziehungsaufgabe im Programm der bayerischen höheren Schulentwicklung übernehmen würde. Auch St. Stephan in Augsburg, das auf Metten folgte, Scheyern und Schäftlarn, die ebenfalls bald gegründet wurden, hatten eine höhere Schule zu versehen. Ein großer Teil der neugegründeten Frauenklöster diente ebenfalls pädagogischen Aufgaben, entweder auf der Volksschulstufe oder, wie die Englischen Fräulein oder die Armen Schulschwestern, die von Neunburg vorm Wald ausgegangen waren, der besonders arg darnieder liegenden höheren Mädchenschulbildung. Andere Frauenklöster wieder wurden errichtet zur Krankenpflege; besonders die Barmherzigen Schwestern mit ihrem Münchner Mutterhaus, von denen noch unter Ludwig I. 23 Filialen in ganz Bayern gegründet wurden, haben sich ausgezeichnet in der Krankenpflege. Der außerordentlichen Seelsorge dann dienten die neu gegründeten Klöster der Franziskaner, Kapuziner und Karmeliter, die Ludwig zum Teil aus romantischen Erinnerungen an die Parteinahme der Franziskaner für Ludwig den Bayern, zum Teil aber auch wegen ihrer großen Verdienste um die christliche Volkserziehung besonders schätzte. Bereits 1831 waren 43 klösterliche Niederlassungen der verschiedensten Art neu gegründet oder wiederbelebt, größtenteils auf Initiative des Königs und des Ministers Schenk hin, größtenteils auch finanziert oder unterstützt vom König, so daß Doeberl mit Recht sagen kann, daß kein bayerischer Fürst seit den Agilolfingern so viele Klöster gegründet hat wie dieser sparsame Ludwig I. Auch das gehörte zu seiner Kulturpolitik, die in seinen Augen erst vollkommen war, wenn der Dreiklang Kunst, Wissenschaft und Religion in voller Harmonie zusammenstimmte.

Bayerns Rolle in der europäischen Politik und im Deutschen Bund

Die staatsmännische Bedeutung eines Regenten wird im allgemeinen nicht nach seinem Rang als Mäzen bewertet. Was auch immer gegen den Vorrang der auswärtigen Politik ins Feld geführt wird, so zeigt die Geschichte jeder Umbruchsepoche doch in unmißverständlicher Deutlichkeit, daß selbst tiefgreifende Fundamente keine Dauer verbürgen, wenn die anprallenden Gewalten einfach zu mächtig sind. Andererseits wird dann, wenn der Sturm sich beruhigt hat, zu leicht vergessen, wieviel eigene Vorsorge beitragen kann, im Kampf um die Selbstbehauptung zu bestehen. Dazu gehört nicht nur innere Stabilität, sondern – und zwar nicht nur für Kleinstaaten ohne eigenes Machtpotential – die Einfügung in ein allgemeines Sicherheitssystem, das trotz seiner Schutzfunktion nicht das Ende der eigenen Selbständigkeit bedeutet. Während die deutschen Mittel- und Kleinstaaten, die sich bereits seit langer Zeit an eine eigenständige auswärtige Politik gewöhnt hatten, vor dem Beginn der Revolutionskriege und im Verlauf der ersten Phase dieser Kriege als Angehörige des Alten Reiches den Schutz durch diese Institution völlig entbehren mußten, zeigte sich nach 1815, als der Deutsche Bund mit unbestrittenem Erfolg die Sicherheit der einzelnen Bundesglieder verbürgte, daß an echte außenpolitische Selbständigkeit nicht mehr zu denken war. Das gilt seit 1815 auch für Bayern, auch seit 1825, trotz aller Betonung der bayerischen Selbständigkeit durch Ludwig I. Wie wenig man im Ausland überhaupt mit der Möglichkeit einer selbständigen Politik der deutschen Bundesstaaten rechnete, zeigt die Tatsache, daß in Paris kein Versuch gemacht wurde, trotz der Initiative einzelner französischer Gesandter an deutschen Höfen, die echten Ansätze zur Bildung eines Dritten Deutschland von Paris her auszunützen. Selbst Preußen wurde vor 1848 in Paris nicht als Großmacht anerkannt, mit der anzuknüpfen sich lohne, noch weniger Bayern, das man bestenfalls ab und zu bei besonders deutlicher Verärgerung gegenüber Wien an die traditionelle Freundschaft Frankreichs erinnerte.

In einer einzigen Frage hat Ludwig I. eigene außenpolitische Initiative gezeigt, bezeichnenderweise in einem politischen Bereich, der dem üblichen rationalen Kalkül der Interessen weit entrückt war, in der griechischen Frage. Ein Romantiker auf dem Thron, dem die üblichen politischen Antriebe völlig fremd waren, Machtgier und Ruhmsucht, bedurfte einer romantischen Leidenschaft, wenn er sich außenpolitisch engagieren sollte. Noch als Kronprinz wurde Ludwig I. vom Philhellenismus erfaßt, er versuchte finanzielle Unterstützung für Griechenland zu organisieren, Friedrich Thiersch warb in einer Reihe von begeisterten Zeitungsartikeln für das Ringen der Griechen um ihre Freiheit, München war das Zentrum der Griechenbegeisterung in Deutschland. Als König war Ludwig dann nicht mehr, wie vor 1825, dem Druck Metternichs gegenüber in seiner Aktionsfreiheit beengt, sondern unterstützte die griechische Bewegung durch reiche Geldzuwendungen und beurlaubte Offiziere zur Teilnahme an den Kämpfen, die seit dem griechischen Aufstand von 1821 gegen die Türken in unvorstellbarer Grausamkeit tobten. Schließlich ließ Ludwig I. Thiersch freie Hand, als dieser versuchte, in Athen die Wahl seines zweiten Sohnes zum griechischen König zu erreichen. 1829, beim Frieden von Adrianopel, und 1830, auf der Londoner Konferenz, war die Entscheidung noch nicht gefallen, vor allem die Gegenaktionen Österreichs verhinderten einen bayerischen Erfolg. Erst als durch den Juliaufstand von 1830 in Paris die Beziehungen zwischen Bayern und Frankreich sich abkühlten, stellte Metternich seinen Widerstand ein. 1832 wurde Otto zum König von Griechenland gewählt. Im Londoner Vertrag vom 7. Mai 1832 erkannten England, Rußland und Frankreich das wittelsbachische Königtum in Griechenland an. Bayern mußte sich allerdings verpflichten, die alliierten Truppen in Griechenland abzulösen und seinerseits den Schutz der griechischen Unabhängigkeit zu übernehmen.

Damit beginnt das sogenannte griechische Abenteuer, wie man den gesamten Vorgang bis heute nennen zu müssen glaubt. In Griechenland selbst sieht man den Beitrag Bayerns zur griechischen Befreiung weitaus positiver, vor allem weist man hin auf die großen Erfolge der Reformarbeit der bayerischen Staatsmänner. Für die Zeit der Minderjährigkeit Ottos regierten bayerische Beamte, der Graf Armansperg, der bis dahin bayerischer Finanz- und Außenminister gewesen war, der Staatsrat von Maurer, der für das griechische Justizwesen Grundlagen legte, die bis zur Mitte unseres Jahrhunderts tragfähig waren, Carl Fraas, einer der führenden wissenschaftlichen Landwirte Deutschlands, der General von Heideck, der schon zehn Jahre zuvor als Freiwilliger nach Griechenland gegangen war, und der tüchtige, aber auch sehr eigenwillige Karl von Abel, der spätere bayerische Innenminister. Die Reformen, die sie in Justizverwaltung, Landwirtschaft, Handel und Gewerbe in Griechenland in wenigen Jahren durchführten, wurden früher von der Geschichtsschreibung weitgehend ignoriert, während Petropoulos nicht nur zeigt, daß die führenden Schichten in Griechenland selbst mit vollem Einsatz hinter diesen Reformen standen, sondern daß tatsächlich nur durch diese Reformarbeit die notwendige Distanzierung des eben befreiten Griechenland von seinem bisherigen Herrn, der Türkei, möglich geworden ist.

Gescheitert ist das wittelsbachische Königtum in Griechenland nicht so sehr an unausbleiblichen Spannungen, die bei jeder Regierungstätigkeit auftreten, auch wenn sie in Athen naturgemäß besonders stark waren, sondern an den Interessengegensätzen der Großmächte. Hinter Wittelsbach und Bayern stand, als 1862 Otto von Griechenland abtreten mußte, keine schützende Großmacht.

Österreich legte keinerlei Wert auf die Fortexistenz einer wittelsbachischen Sekundogenitur auf dem Balkan, während sich England für das dänische Königshaus einsetzte. Von Dauer hätte das wittelsbachische Königtum in Griechenland nur mit Hilfe Englands werden können, doch Bayern hatte in diesen Jahrzehnten England nichts zu bieten. Ludwig I. hat seine Griechenlandpolitik freilich nicht als Interessenpolitik betrachtet, und er hat wohl auch bei seinen außenpolitischen Partnern die gleiche Uneigennützigkeit vorausgesetzt, die er selbst bewiesen hat. Er hat selbst nahezu 2 Millionen Gulden für Griechenland ausgegeben, erst jetzt wird ihm dafür Dank zuteil.

Dieser idealistische König war gleichzeitig auch einer der Urheber der größten realpolitischen Entscheidung in der Frühzeit des Deutschen Bundes, er gehört zu den Vätern des Deutschen Zollvereins. Ausnehmendes wirtschaftspolitisches Verständnis hat Ludwig I. an sich nicht besessen, er befaßte sich natürlich pflichtgemäß auch mit Problemen aus diesem Bereich, und er war unterrichtet genug, um die besondere wirtschaftliche Situation Bayerns zu begreifen und nach auftretenden Erfordernissen auch zu handeln. Bayern war 1818 zu 67% Agrarland, 25,7% der Bevölkerung befaßten sich mit Gewerben aller Art und mit dem Handel, der Rest bestand aus Beamten und Soldaten. Die Bevölkerung lebte in 208 Städten, 410 Märkten, die Zahl der Dörfer betrug über 23000, die Zahl der Einöden fast 20000. Von 1818 bis 1849 wuchs die Bevölkerungszahl von 3,7 Millionen auf 4,5 Millionen, bis 1864 auf 4,8. Zur gleichen Zeit entwickelten sich die Bevölkerungszahlen in Preußen von 7,9 Millionen auf 16,9 bzw. 18,4 (1864), in Österreich, ohne Ungarn und Italien, von 9,4 auf 17,5 Millionen (1858), beide also wuchsen auf das Doppelte, Bayern nur um ein Drittel. Anders ausgedrückt verhielten sich 1818 die Bevölkerungszahlen Bayerns und Preußens wie eins zu zwei, 1864 wie eins zu vier, die Zahlen Bayerns und Österreichs ebenfalls wie eins zu vier. Das war, wie die Vergleichszahlen zeigen, kein beunruhigendes Wachstum, das zu einer wirtschaftlichen Expansion um jeden Preis gezwungen hätte, beunruhigend war vielleicht nur das Wachstum der großen Städte. München nahm bis 1840 um 44000 Einwohner zu. Es hatte um diese Zeit fast 100000 Einwohner, Nürnberg und Augsburg jeweils die Hälfte. Das Steueraufkommen deckte die Anforderungen des Haushalts, der 35 Millionen Gulden umfaßte. 9 Millionen davon wurden gedeckt durch direkte Steuern, das waren Kopfsteuern, Grundsteuern und Einkommenssteuern. 11,4 Millionen wurden gedeckt durch indirekte Steuern. 7 Millionen kamen ein durch die Grundbesitzungen des Königs, die Domänen, ein Teil davon auch durch das Salzmonopol und sonstige Kammergefälle, vor allem durch die Forstwirtschaft. Beunruhigend war angesichts dieser jährlichen Einkünfte von etwas über 30 Millionen Gulden die Höhe der Staatsschuld von 110000 Millionen, die einen erheblichen Zinsaufwand erforderte und damit den Staatshaushalt ohne Rücksicht auf staatspolitische Notwendigkeiten weitgehend band. Doch war es in anderen Staaten nicht besser. Preußen, das einen Staatshaushalt von 85,7 Millionen auswies, der also im Verhältnis von eins zu zweieinhalb dem bayerischen Haushalt gegenüberstand, bei einem Bevölkerungsverhältnis von zuletzt eins zu vier, hatte eine

Staatsschuld von 380 Millionen zu bewältigen, was ein Verhältnis gegenüber Bayern von eins zu dreieinhalb bedeutet.

Die bayerische, hauptsächlich agrarisch geprägte Bevölkerungsstruktur läßt von vornherein auf ein niedriges Volkseinkommen schließen. Die Hälfte der Bevölkerung lag mit ihrem Einkommen unter 500 Gulden im Jahr. Ein Lyzealprofessor erhielt 500 bis 800 Gulden, ein Förster 400 bis 500, ein Forstgehilfe 75 bis 100, ein Hilfsarbeiter ebenfalls, ein Maurer 150 bis 200, ein Stadt- und Marktschreiber 300 bis 600 Gulden, je nach der Größe des Ortes, ein Baumwollweber zu Hof verdiente kaum 60 Gulden im Jahr oder ein Angestellter der Donauschiffahrt 250 Gulden. 500 bis 1 000 Gulden Einkommen hatten 13% der Bevölkerung, 7% verdienten mehr als 1 000 Gulden, 300 Familien, das sind 0,2 Promill, hatten ein Einkommen von mehr als 15 000 Gulden. Unter 200 Gulden im Jahr verdienten 26%, das lag nahe am Existenzminimum, das angesichts des Kornpreises von 6,5 Gulden pro Scheffel – das ist das Quantum, das man für eine Person im Jahr rechnete – für eine Familie von 6 Köpfen um 100 Gulden lag.

Von jeder Art von Industrialisierung war Bayern um 1820 noch weit entfernt. Wolfgang Zorn führt 50 Betriebe mit mehr als 50 Beschäftigten an, weiter fortgeschritten war man in der Pfalz, hier gab es um 1820 69 industrielle Produktionsstätten mit 957 Beschäftigten, das sind 1,5% der Gesamtzahl aller Gewerbetätigen der Pfalz. Das Schwergewicht der Fabrikation lag in der Pfalz auf Papier und Eisen, einen für die Pfalz besonders eigentümlichen Fabrikationszweig stellte die Tabakindustrie dar, während die Textilindustrie noch schwach entwickelt war, im Gegensatz zu einigen Zentren im rechtsrheinischen Bayern, etwa Hof, Fürth oder Augsburg, wo auch bereits unter Ludwig I. neben München und Nürnberg mit dem Maschinenbau begonnen wurde. Den größten Betrieb in München stellten die optischen Fabriken von Utzschneider und Reichenbach dar. 1815/16 gründete Utzschneider mit anderen Industriellen den Polytechnischen Verein, dessen Ziel die Förderung des bayerischen Gewerbefleißes war, wie es im Gründungsaufruf hieß. Die erste Maßnahme dieses Vereins war die Gewinnung von verläßlichen statistischen Unterlagen für einen systematischen Ausbau der Industrie in Bayern, doch fehlte weitgehend eine zentrale staatliche Förderung. Nur einzelne Kreisbehörden, etwa die der Pfalz, erkannten die Notwendigkeit einer systematischen Unterstützung solcher Bemühungen. Im übrigen erschöpfte sich die staatliche Förderung der gewerblichen und industriellen Wirtschaft in der Gründung polytechnischer Schulen zu Nürnberg, Augsburg und München und in der Abhaltung von Industrieausstellungen, wie sie seit 1834 üblich wurden.

Auch der Handel wurde im Gegensatz zum Zeitalter des Merkantilismus zunächst nicht nennenswert gefördert. So dauerte es bis 1842, bis nach mehr als zwanzigjährigem Kampf endlich allgemein in Bayern Handelskammern eingeführt wurden, deren Aufgabe die wirtschaftspolitische Beratung der Kreisregierungen war. Die Initiative dazu war von der Pfalz ausgegangen. Frankreich hatte bereits 1802 die Notwendigkeit einer solchen Zusammenarbeit von Regierung und Wirtschaft erkannt. Auch Mainz, das damals zu Frankreich gehörte, hatte seine Handelskammer erhalten, so daß man in der Pfalz von den Vorteilen einer solchen Zusammenarbeit wußte und sich nach dem Anschluß an Bayern, angeregt auch durch den Deutschen Handels- und Gewerbeverein von Friedrich List, um die Gründung einer Handelskammer in Speyer bemühte. Auch andere Grundgedanken des Merkantilismus waren inzwischen wieder in Vergessenheit geraten, nicht aber die Bedeutung der Handelswege, unter denen im Zeitalter des Merkantilismus die Wasserstraßen einen besonderen Rang einnahmen. So wurde in unserem Zeitalter das uralte Anliegen eines Kanals zwischen Regnitz und Altmühl als Verbindung von Nordsee und Schwarzem Meer wieder aufgenommen. 1834 genehmigte der Landtag den Plan eines solchen Kanals. Doch ist schon 1835 auch die gefährlichste Konkurrenz im gleichen Gebiet in Erscheinung getreten, als nämlich zwischen Nürnberg und Fürth die erste Bahnlinie in Bayern eröffnet wurde; der Ludwig-Donau-Main-Kanal hat sich nie bezahlt gemacht, die Aufgabe war einfach nicht großzügig genug angefaßt worden.

Der einzige Wirtschaftszweig, der systematisch von der Regierung gefördert wurde, war die Landwirtschaft. Das lag an der Gesamtstruktur Bayerns, lag aber wohl auch daran, daß immer noch ein großer Teil des landwirtschaftlichen Besitzes seit der Säkularisation, an die 70%, der staatlichen Grundherrschaft unterstand. Ausgenommen in der Pfalz, wo im Gefolge der französischen Herrschaft jede bäuerliche Grund- und Gerichtsuntertänigkeit beseitigt worden war, war die bäuerliche Abhängigkeit nahezu allgemein. Nur 15% der Güter unterstanden keinem Grundherrn. Der Anreiz zur Ablösung der Zinsen und Frondienste auf den Domänen war zu gering, da 1825, als man im Zuge des allgemeinen Liberalisierungsprogramms Ludwigs I. eine Ablösungssumme in Höhe des fünfundzwanzigfachen Betrages der jährlichen Leistungen festsetzte, die Bauern sich ausrechneten, daß sie unter Berücksichtigung der aufzuwendenden Zinsen für das notwendige Kapital besser fahren würden, wenn sie an den Verhältnissen nichts änderten. Die grundsätzliche Lage der Bauern war ja bereits durch die allgemeine Verleihung der Bauerngüter zu Erbrecht noch unter Montgelas so entschieden verbessert worden, daß der Bauer sich im Grunde bereits als Eigentümer betrachten konnte und sein Interesse an der Bearbeitung der Felder entsprechend intensiv war. Die vielfältige Förderung durch Regelung des bäuerlichen Kreditwesens, durch intensive Aufklärung über die bestmöglichen Bearbeitungsmethoden, die mit Hilfe des Landwirtschaftlichen Vereins über ganz Bayern verbreitet wurden, die staatlich geförderte Entwässerung von Mooren und dgl. waren im Grunde nur Fortführung einer Tradition, die bereits seit Max III. Joseph eingesetzt hatte.

Die Bedeutung der Landwirtschaft erhellt auch aus der Übersicht über den Wert der bayerischen Gütererzeugung. An der Spitze steht mit 30 Millionen Gulden ein Sekundärprodukt der Landwirtschaft, nämlich das Bier. Dann folgt mit 24 Millionen Gulden die Getreideerzeugung, die allerdings bei der Ausfuhr nur mit 1,2 Millionen zu Buche schlug, da alles andere in Bayern selbst verbraucht wurde. Zu ⅘ exportiert wurde allerdings der Wein, von dem mehr als die Hälfte in der Pfalz, der Rest in Franken erzeugt wurde. In der Ausfuhrstatistik erschien der Wein mit etwa 1 Million, während der Holzexport über 2 Millionen einbrachte. Exportiert wurden ferner rohe Naturprodukte, wie es in der Statistik heißt, im Wert von 8 Millionen, und Industrieerzeugnisse, die – zusammen allerdings mit Salz, das seit Jahrhunderten in der bayerischen Ausfuhrstatistik den wichtigsten Platz einnimmt, da es staatliches Monopol war –, 13 Millionen ausmachten. Die gesamte Ausfuhr betrug nach den Zollregistern der Jahre 1819 bis 1824 175,9 Millionen Gulden, die Einfuhr 174,4 Millionen Gulden jährlich. Gemessen an der Höhe des Staatshaushalts von 35 Millionen Gulden zeigen diese Werte die außerordentliche Bedeutung, die der Handel auch in diesen Jahren vor dem Abschluß der Zolleinigung für Bayern bereits hatte.

Für eine allgemeine Wirtschaftsblüte fehlte als unumgängliche Voraussetzung aber immer noch die Erschließung weiträumiger Märkte und die Möglichkeit unbehinderter Güterbewegung, d.h. die Existenz eines großräumigen Wirtschaftskörpers. Solche Voraussetzungen hat es in Mitteleuropa vor dem 19. Jahrhundert überhaupt nie gegeben. Sie waren vor der Mitte des 18. Jahrhunderts auch dem fiskalischen Denken völlig fremd, da die Zölle im Merkantilsystem als die wichtigste Bargeldeinnahme des Fürsten die entscheidende Rolle spielten. Erst die großartige Entfaltung der französischen Nationalwirtschaft nach dem Abbau der Binnenzölle in Frankreich überzeugte auch die letzten Gegner der Freihandelslehre des Adam Smith von den Vorzügen eines Abbaus der Zollschranken. So war auch in Deutschland die Bahn frei, als Friedrich List, der Inhaber des Lehrstuhls für Staatswissenschaft in Tübingen, seine Forderung nach Schaffung eines nationalen deutschen Wirtschaftskörpers mit Abschaffung aller Zölle und Mauten nach innen, einer Zollmauer als Schutz für die eigene Industrie nach außen beim Bundestag vortrug. Der Deutsche Bund als solcher war wirtschaftspolitisch ohne alle Kompetenzen, hat also auf den Antrag von Friedrich List überhaupt nicht reagiert, die einzelnen Staaten unterschiedlich. Die ersten Gespräche der süddeutschen Regierungen, die z.T. auf Initiative Bayerns zustandegekommen waren, scheiterten, doch die akute wirtschaftliche Bedrängnis durch die französischen Zölle auf der einen und das Bestreben des bayerischen Königs Ludwig I. auf der anderen Seite, der um diese Zeit noch jeden Hoffnungsschimmer, der einen engeren Zusammenschluß der deutschen Staaten anzukündigen schien, begeistert begrüßte, trieb die Entwicklung weiter. Württemberg und Bayern traten jetzt in Sonderverhandlungen ein; als 1826 Wilhelm I. von Württemberg in einem Handschreiben an Ludwig I. ein konkretes Angebot unterbreitete, kam es noch 1827 zum Präliminarvertrag, 1828 zum Zollverein zwischen Bayern und Württemberg. Damit fiel die Zollmauer zwischen Bayern und Württemberg weg. Beide Staaten wurden von einer einzigen Zollgrenze umschlossen, die anfallenden Zölle wurden anteilmäßig verrechnet, die Beiträge in jährlichen Zollkonferenzen festgelegt. Das war der erste deutsche Zollverein auf der Grundlage der Gleichberechtigung der beteiligten Staaten, das entscheidende Vorbild für die zukünftige Entwicklung.

Knapp einen Monat nach dem Abschluß des bayerisch-württembergischen Zollvereins wurde der preußisch-hessische Zollverein gebildet, der sich unmittelbar nach dem süddeutschen Vorbild richtete, während die früheren Verträge Preußens mit norddeutschen Einzelstaaten den Grundsatz der Gleichberechtigung nicht respektiert hatten. Erst jetzt wurde damit Preußen als Partner für Handelsverträge akzeptabel, doch dauerte es einige Jahre, bis man in Bayern und Württemberg das traditionelle Mißtrauen gegen preußische Herrschaftsansprüche überwunden hatte.

Gerade jene Maßnahmen, die ein Zusammengehen des süddeutschen mit dem norddeutschen Zollverein unmöglich machen sollten, nämlich die Bildung eines mitteldeutschen Zollvereins noch im September des gleichen Jahres, hat schließlich dann das Ausgreifen über die scheinbar unüberwindliche Maingrenze erzwungen. Von den wirtschaftspolitischen Ereignissen in Deutschland waren sowohl England wie Frankreich und Österreich alarmiert worden. England schickte Hannover vor, Österreich das Königreich Sachsen; hinter Kurhessen und Nassau, die sich noch anschlossen, vor allem hinter Bremen und Frankfurt stand Frankreich. Auch die sächsischen Herzogtümer schlossen sich an, sowie Braunschweig, so daß mit der Bildung dieses Zollvereins ein kräftiger Riegel zwischen Nord und Süd gelegt war, der ein für allemal die Ausweitung des bayerisch-württembergischen Vereins oder des preußisch-hessischen verhindern sollte. Versuche Bayerns, sich an den mitteldeutschen Zollverein anzuschließen, wurden durch Frankreich trotz ausdrücklicher französischer Versprechungen verhindert. Ein letzter Versuch Bayerns, französische Zusagen bezüglich Badens zu erlangen, scheiterte ebenfalls, so daß der kühne Plan des Grafen Armansperg, des bayerischen Außen- und Finanzministers, den mitteldeutschen Zollriegel zu sprengen, vom König schließlich akzeptiert wurde. Den ersten Schritt bildete 1829 ein Handelsvertrag, dem auch Hessen-Darmstadt beitrat; der Anschluß von Sachsen-Meiningen und Sachsen-Coburg, die beide zum mitteldeutschen Verein gehörten und die dem preußisch-hessischen und dem bayerisch-württembergischen Zollverein eine zollfreie Straße durch ihr Gebiet zur Verfügung stellten, machte es möglich, zwischen den beiden Wirtschaftsgebieten, ungehindert durch die mitteldeutsche Zollmauer, zu verkehren. Damit war der mitteldeutsche Verein gesprengt, der Abschluß des eigentlichen Zollvereins war nur noch eine Frage von Modalitäten, am 1. Januar 1834 trat die Satzung des Deutschen Zollvereins in Kraft. Sie sah den Wegfall aller binnendeutschen Zollgrenzen vor und ließ auch den Beitritt aller anderen deutschen Staaten offen. Tatsächlich trat bis 1851, mit Hannover, auch der letzte deutsche Staat dem Zollverein bei.

Die wirtschaftliche Bedeutung dieses Zollvereins ist nicht abzuschätzen, auch für Bayern, selbst wenn für das agrarische Altbayern der Gewinn nicht annähernd so ins Gewicht fiel wie für Schwaben, Franken und die Pfalz, wo die Industrialisierung mit Macht einsetzte. Seit Jahrhunderten waren Handel und Verkehr im Gebiet des deutschen Reiches eingeschnürt gewesen durch Tausende von Kilometern lange Staatsgrenzen. Eben so groß wie die wirtschaftliche

Bedeutung durch Förderung des Umsatzes, vor allem durch den Schutz der sich eben in diesen Jahren entfaltenden deutschen Industrie, war die politische Bedeutung des Zollvereins, die Ludwig I. noch mehr am Herzen lag als die wirtschaftliche. Sie wird dann vor allem wirksam in der letzten Phase der deutschen Einigung. Was die Stellung Bayerns angeht, hat man in München die Gefahren dieser Entwicklung wohl nicht bemerkt. Eine Bindung Bayerns an einen Partner konnte durchaus der Beginn sein für die Sprengung des Deutschen Bundes. Man wird allerdings auch sagen müssen, daß Metternich in keiner Hinsicht so versagt hat wie in seiner Taktik gegenüber dem wirtschaftlichen Zusammenschluß der außerösterreichischen deutschen Staaten. Sicher war Österreich um diese Zeit noch stark genug für die Autarkiepläne Metternichs. Es umfaßte fast ganz Oberitalien mit einer reichen wirtschaftlichen Basis, es umfaßte die weiten Getreideländer des Balkans und Galiziens und das reiche Böhmen. Österreich war ein Wirtschaftskörper, der im vorindustriellen Zeitalter Deutschland gegenüber entschiedene Vorzüge aufwies und durchaus allein ohne Deutschland bestehen konnte. Die Wendung kam in dem Augenblick, in welchem die industrielle Revolution von Westen her auch auf Deutschland übergriff und Österreich aussparte. Von jetzt an war mit dem wirtschaftlichen auch das politische Schicksal Österreichs entschieden.

Das Regierungssystem Ludwigs I.

Von allen seinen staatsmännischen Leistungen hat Ludwig I. selbst die finanzielle Sanierung Bayerns am höchsten eingeschätzt und hat sich immer wieder gewundert, daß man ihm gerade dafür keinen Dank gewußt hat. Schon in seiner Kronprinzenzeit bereitete er sich systematisch auf diese Aufgabe durch das theoretische Studium der Volks- und Staatswirtschaft wie durch jahrelange praktische Tätigkeit vor. Mit seltener Konsequenz setzte er dann die Pläne, die er als Kronprinz entwickelt hatte, unmittelbar nach dem Regierungsantritt in die Tat um und erreichte tatsächlich, daß die Ausgaben und Einnahmen, der Staatshaushalt also, ins Gleichgewicht kamen, und daß die Schulden nach und nach getilgt wurden, die bereits die Höhe von 110 Millionen Gulden erreicht hatten, nahezu das Vierfache der bayerischen Staatseinnahmen. Da Steuererhöhungen von seiten der Volksvertretung nur schwer zu erreichen waren, kam als Mittel zur Sanierung des Haushalts vor allem die Einschränkung der Ausgaben in Betracht, eine sehr naheliegende Maßnahme und durchaus kein origineller Einfall. Aber während seit mehr als 150 Jahren in Bayern von solchen Maßnahmen zwar gesprochen wurde, die eingesetzten Schuldentilgungskommissionen aber, auf Grund mangelnder Vollmachten, niemals zu einer durchgreifenden Wirksamkeit gelangten, hat Ludwig I. seine Absichten auch wirklich durchgesetzt. Wenige Wochen nach seinem Regierungsantritt erließ er eine Verordnung, die bis 1918 in Geltung blieb und die eine dreifache Kontrolle der Ausgaben vorsah, bis zum Obersten Rechnungshof. Am wirksamsten war aber vermutlich doch die stete Furcht vor persönlichem Eingreifen des Herrschers selbst; beim geringsten Versäumnis zog er auch die höchstgestellten Staatsbeamten unnachsichtig zur Rechenschaft.

Die Kontrolle der Ausgaben brachte wenig spürbare Ergebnisse für den Augenblick, war aber eine außerordentlich hilfreiche Erziehungsmaßnahme zur allgemeinen Sparsamkeit im Staatsdienst. Sofortige wirksame Abhilfe für den Fiskus konnte nur geschaffen werden durch entschiedene Streichung von Ausgaben. Daß Ludwig I. nicht bei seinen Bauten anfing, die im Gesamtetat sehr stark zu Buche schlugen, zum Teil ein Viertel des Heeresetats ausmachten, hing selbstverständlich mit der nicht zu unterdrückenden Bauleidenschaft des Königs zusammen, doch Ludwig begründete sie auch sehr einleuchtend mit den volkswirtschaftlichen Auswirkungen dieser Bauten. Andere Möglichkeiten zu Einsparungen waren nur noch bei den Ausgaben für die Behörden und für die Armee gegeben. So hat der König hier angesetzt und rücksichtslos durchgegriffen. Kurz nach Regierungsantritt setzte er zwei Kommissionen zu Einsparungen im Zivil- und Militäretat ein, wobei er persönlich den Vorsitz führte und bei der Kommission für Einsparungen im Militäretat den ranghöchsten Soldaten, seinen langjährigen Vertrauten Wrede, mit Absicht nicht zuzog, damit er ihm nicht in den Arm fallen konnte. Beim Heer wurden ganze Abteilungen beurlaubt und reihenweise höhere Führungsstellen nicht besetzt, Beförderungsmöglichkeiten wurden radikal beschnitten, Pensionierungen so wenig wie möglich ausgesprochen, so daß es keine Seltenheit war, wenn ein siebzigjähriger Hauptmann seiner Kompanie voranritt. Auch im Zivildienst zog er alle ihm überflüssig erscheinenden Stellen ein, wobei er zum Teil mit außerordentlicher Härte vorging, besonders bei der Festsetzung der Pensionen. Von den Ministerien angefangen bis zu den niedrigsten Kanzleistellen wütete sein Rotstift. Der neue Finanzminister Graf Armansperg, den der Volksmund bald Sparmansperg nannte, leistete im wesentlichen nur Handlangerdienste.

Diese aufsehenerregende Tätigkeit des Königs, der bis in alle Ressorts hinein selbst entschied, diese Selbstregierung des Monarchen, wie sie in dieser Grundsätzlichkeit und in diesem Umfang selbst zur Blütezeit des Absolutismus ungewöhnlich war, entsprang einem sehr hoch entwickelten Pflichtgefühl, einem Verantwortungsbewußtsein, das dem König persönlich die unablässige Sorge für das Wohl seiner Untertanen auferlegte und das vor allem ihn selbst unablässig zu härtester Arbeit zwang. Die Erziehung der Staatsbeamten zu Pünktlichkeit, Pflichttreue und Verantwortungsbewußtsein gegenüber dem allgemeinen Wohl war eine große Leistung Ludwigs I., aber es hieße die Antriebe zu dieser Leistung ungebührlich idealisieren, wollte man sie nur einseitig in seinem sehr hoch geschraubten Pflichtgefühl suchen. Nicht weniger hochentwickelt war auch die Auffassung Ludwigs von seiner herrscherlichen Stellung. Dieses monarchische Selbstgefühl richtete sich, ein Ergebnis der verletzenden Erfahrungen mit dem übermächtigen Ministerialregime Montgelas', vor allem gegen die königlichen Minister. Eine ganze Reihe von Aussprüchen und Bemerkungen in den Akten zeugen von der schroffen Härte, mit welcher der König seine Minister auf Distanz hielt. Sie zeugen gleichzeitig von jener gefährlichen Überspitzung des Monarchischen Prinzips, das ihm schließlich zum Verhängnis geworden ist. Noch 1847 ließ er seinen Minister Abel wissen: „Im zweiundzwanzigsten Jahre herrsche ich und habe mir von Ministern nie vorschreiben lassen. In Bayern besteht das monarchische Prinzip. Der König befiehlt, die Minister gehorchen. Glaubt einer, es sei gegen sein Gewissen, so gebe er das Portefeuille zurück und höre auf, Minister zu sein. Der König läßt sich nicht durch Minister vorschreiben, was er tun oder lassen soll." Daß der König das Wort „Staatsregierung" oder „Staatsoberhaupt" nicht hören konnte, daß er in seiner Degradierung zum Organ des Staates ebenfalls eine Verletzung dieses Prinzips erblickte, rundet das Bild ab. Trotz aller Begeisterung für einzelne freiheitliche Ideale erblickte Ludwig I. im Lande Bayern immer noch, wie das der staatsrechtlichen Theorie eines Karl Ludwig Haller entsprach, das Eigentum des Königs. Die Minister waren nicht Staatsminister, sondern königliche Minister. Aber eine solche Auffassung setzte Verhältnisse voraus, wie sie 1825 nicht mehr gegeben waren.

Die Stellung der Minister war tatsächlich nicht mehr jene, wie Ludwig sie in seiner Jugend erlebt hatte. Durch die Konstitution von 1808 und durch die organischen Edikte von 1808 und 1809 war den Ministern ihr Geschäftsbereich und damit ein Feld eigener Verantwortung zugewiesen. Durch die Gegenzeichnung königlicher Verordnungen durch den jeweiligen Ressortminister war diese Verantwortung eines Ministers für seinen eigenen Bereich auch ausdrücklich festgestellt. In den Augen Ludwigs I. waren aber seine Minister nichts anders als seine Schreiber, wie er einmal gerade im Bezug auf den Minister Abel äußerte, der ihm am längsten und treuesten gedient hatte. Mit einer solchen Haltung erreichte der König zwar, daß tatsächlich sein Wille geschah, aber er brauchte sich 1848 nicht zu wundern, daß ihn auch seine Minister im Stich ließen, denn er hat nicht nur keinem von ihnen die Treue gehalten, sondern hat sie auch nicht behandelt wie Minister.

Der König war zu seiner umfassenden Regierungstätigkeit in der Lage, weil er in einem nie dagewesenen Ausmaß die amtlichen Akten selbst studierte. Aktenstudium allein genügte selbstverständlich nicht, damit die Probleme auch wirklich bewältigt wurden. Der König bedurfte eines Führungsinstruments, das ihm die Mittel zu eigenen Entscheidungen in die Hand gab. Das war das Kabinett. Es stellte eine vollkommene Kopie des idealen Kabinetts des Aufgeklärten Absolutismus dar, etwa eines Friedrich II. von Preußen. Unter Max I. Joseph war das Kabinett ohne Bedeutung. Montgelas duldete keine Zwischeninstanz bei der Regierung des Staates, so daß unter ihm das Kabinett weitgehend beschränkt war auf die Funktion der Vermittlung zwischen König und Ministern und der Erledigung reiner Kabinettsbefehle, welche Angelegenheiten betrafen, die keinem Ressort zufielen. Auch hatte das Kabinett königliche Handschreiben zu entwerfen. Ludwig I. baute das Kabinett aus, zwei Kabinettssekretäre mit umfassender juristischer Schulung standen ihm vor. Darunter arbeiteten zwei Kanzleisekretäre, welche die Ausfertigung der notwendigen Schreiben und ihre

Registrierung zu besorgen hatten. Die Zweiteilung ist ein altes Geheimnis absolutistischer Regierungskunst. Die beiden Sekretäre halten einander im Gleichgewicht und verhindern, daß einer von ihnen übermächtigen Einfluß erlangt. Mit ihrer Hilfe regierte der König, wie man sagt, aus dem Kabinett. Das Büro für Staatsgeschäfte, das es unter seinem Vater noch nicht gab, hatte die Information für den König zu liefern, Gutachten auszuarbeiten und vermittelte den Verkehr mit den Behörden. Da der König schwerhörig war, liebte er es nicht, wenn ihm mündlich Vortrag gehalten wurde, und so ließ er sich täglich die Aktenunterlagen der Ministerien vorlegen und erbat die Stellungnahme der Minister in der Form von sogenannten alleruntertänigsten Anträgen, in welchen die Minister die königliche Entscheidung einholten oder ihrerseits Entwürfe für Verfügungen und Erlasse niederlegten. Diese Anträge wurden in der Regel noch am gleichen Tag verbeschieden und zwar dadurch, daß der König am Ende des Antrags mit eigener Hand seine Entscheidung niederschrieb, wenn sie abschließend war, mit Datum und Unterschrift, so daß diese Signate Urkundencharakter erhielten und offizielle Entscheidungen des Staatsoberhauptes darstellten, die sofort zu vollziehen waren. Sie wurden ins Kabinettsregister eingetragen, die Ausfertigung oblag den Ministern. Sehr häufig ging aber die Initiative auch vom König aus, dann erfolgten die Eingriffe in die Verwaltung durch königliche Handschreiben oder auch durch Kabinettsbefehle, die vom Kabinettssekretär gegengezeichnet sein mußten. Im Grunde stellte die Kabinettsregierung des 19. Jahrhunderts einen Rückschritt in die Epoche des Frühabsolutismus ohne differenzierte Arbeitsteilung dar. Sie war bei den Anforderungen an die Verwaltung, die bei der Vielfalt der Staatsgeschäfte des 19. Jahrhunderts gestellt waren, von einem Mann gewöhnlichen Zuschnitts überhaupt nicht mehr zu bewältigen, von Ludwig I. nur durch unerhört intensive, aber auch unerhört rasche Arbeit und durch nahezu völligen Verzicht auf Beratung mit seinen Ministern. Max Spindler hat diese Seite der Regierungstätigkeit Ludwigs I. eingehend dargestellt.

Mit der ganzen Regierungsweise Ludwigs I., der nicht nur selbst regierte, sondern auch wollte, daß dies allgemein bekannt sei, war im Grunde das konstitutionelle System nicht vereinbar, weniger dem Wortlaut der Verfassung als ihrem Sinn nach. Die Kontrolle der Regierung durch den Landtag, die mit dem Recht des Landtags, den Staatshaushalt zu prüfen, gegeben war, hatte keinen Sinn, wenn niemand da war, der kontrolliert werden konnte. Da der König aber als Inbegriff der gesamten Staatsgewalt, also auch der gesetzgebenden Gewalt, die sich im Landtag verkörperte, jeder Kontrolle entzogen war, hatten die Minister die volle Verantwortung zu übernehmen. Das System nun der Ministerverantwortlichkeit war noch nicht völlig ausgebildet, doch war seit 1815 die Gegenzeichnung königlicher Verordnungen durch den Minister in Übung, so daß der Minister auch dem Landtag gegenüber namhaft gemacht werden konnte; wenn diese Gegenzeichnung fehlte, das heißt, wenn Kabinettsbefehle an die Stelle ministerieller Erlasse traten, begab der König sich selbst auf die Ebene ministerieller Verantwortlichkeit, unterstellte sich selbst also der Kontrolle durch den Landtag oder gab, wie Doeberl das formuliert, den verfassungsmäßigen Selbstschutz des Monarchen preis. Das war um so schlimmer, als der König selbst nicht in der Lage war, sich gegen Angriffe im Parlament zu verteidigen. Das mußten jene Minister für ihn übernehmen, die er mit seinen Entscheidungen vielfach vorher umgangen hatte. Damit war der König, der selbst auf die Sonderstellung seiner Person verzichtet hatte, nicht selten schutzlos, wenn er die Kritik an seinen Regierungsmaßnahmen herausgefordert hatte. Noch verhängnisvoller war, daß sich je länger desto mehr die Ansicht herausbildete, daß der König überhaupt für jede Regierungsmaßnahme verantwortlich sei, so daß sich schließlich alle Leidenschaften einer aus den Fugen gehenden Zeit gegen seine Person richteten und ihn zu Fall brachten. Ausgerechnet jener König, der unter allen deutschen Fürsten das imponierendste Format besaß und unstreitig das Größte geleistet hat, ist als einziger dem Jahre 1848 zum Opfer gefallen.

Das Ringen um die Fortbildung der Verfassung

Als Kronprinz hatte Ludwig die Zeichen der Zeit erkannt. Ihm vor allem war die Verfassung von 1818 zu danken. Er hatte es durchgesetzt, daß die Karlsbader Beschlüsse in Bayern nur sehr behutsam durchgeführt wurden, und noch bei seinem Regierungsantritt 1825, mit 40 Jahren, keineswegs mehr aus jugendlichem Überschwang, war er entschlossen, die Verfassung, deren Lücken und Mängel ihm wohlbekannt waren, großzügig, ja begeistert weiterzuentwickeln. Daß ihm das nicht geglückt ist, bedeutet schließlich sein persönliches Scheitern, und für Bayern bedeutet es, daß ungeachtet des langjährigen Gegensatzes zur Verfassungsfeindlichkeit Metternichs auch der bayerische König und die bayerische Regierung bis zum Ende des Königtums in den Augen eines großen Teiles der Bevölkerung als verfassungsfeindlich angesehen wurden. Die große Rolle, die sich der Kronprinz Ludwig für Bayern als einem Vorbild deutscher Verfassungsentwicklung erträumt hatte, konnte deshalb nicht verwirklicht werden; damit wurde, wie er ebenso hoffte, die bürgerliche Freiheit in Deutschland nicht von oben geschenkt, sondern von unten erkämpft.

Man hat sich daran gewöhnt, die deutsche Verfassungsbewegung des 19. Jahrhunderts als eine liberale Bewegung zu bezeichnen, doch bedarf eine solche Kennzeichnung, will man damit nicht nur Mißverständnisse erzeugen, einer sehr sorgfältigen Interpretation. Der bayerische Kronprinz hielt sich vor 1825 und auch in seinen ersten Jahren als König für liberal. War er das wirklich im populären Verständnis des Wortes, oder war er es anfangs und hat er sich dann gewandelt? Ludwig I. war zweifellos im Sinn der weltanschaulichen oder politischen Parteibildung der Zeit nicht liberal, er paßte auch nicht in den Rahmen der Theorie. Er lehnte weder den vielberufenen Bund zwischen Thron und Altar ab noch bekannte er sich zur Freihandelslehre oder gar zur Degradierung der königlichen Gewalt zu einem „pouvoir neutre", zu einer neutralen Macht im Sinne Benjamin Constants, die keiner der rivalisierenden Gewalten im Staat zugehöre und den Staat an sich repräsentiere, aber eben auch nur dies. Die wenigen Bekenntnisse zu liberalem Gedankengut, die wir von ihm kennen, sind im Grunde aufs engste verwandt mit jenen Bekenntnissen, die wir von Edmund Burke haben, dem großen englischen Vertreter einer konservativen Sicht der Weltordnung und des Menschen. Sie basieren auf der Wertschätzung der Freiheit als eines Bestandteils der Menschenwürde oder sind ein Bekenntnis zur Humanität als zum Wesen des Menschen gehörig. Beides ist Bestandteil des geistigen Systems des Liberalismus in weitestem Sinne, existiert aber längst vor dem Liberalismus als einem politischen Prinzip. So wird man seiner geistigen Haltung nach Ludwig I. doch nicht zu den Vertretern des Liberalismus rechnen können. Steht er damit schon konturlos zwischen den Parteien? Wenn wir davon ausgehen, daß konservativ im Sinne Chateaubriands, der mit seiner Zeitschrift „Conservateur" dem politischen Prinzip erst den Namen gegeben hat, oder im Sinne Burkes, der ihm Inhalt verlieh, noch ehe der Parteiname geschaffen war, nicht das Festhalten am status quo, d.h. die Erhaltung der bestehenden Machtverhältnisse meint, sondern die Bewahrung wertvoll erscheinender Ordnungen und Prinzipien – Religion, hierarchischer Aufbau von Staat und Gesellschaft als Element der Stabilität, Wachstum und Reife statt Zerstörung und Revolution –, dann gehört Ludwig I. doch in diese politische Richtung. Denn die Sperrung der Revolutionäre von oben, eines Montgelas, eines Rechberg, auch eines Max I. Joseph gegen jede Veränderung des status quo ist eben nicht konservativ, sondern reaktionär, d.h. Handeln erst auf Herausforderung und Angriff hin.

Ludwig I., der seine Aufgabe als König darin sah, das Erreichte zu sichern, den Staat zu konsolidieren, den Frieden und den Wohlstand zu erhalten, aber auch die Verfassung wie den wirtschaftlichen Zustand des Landes zielstrebig zu verbessern, hat sich, wie seine Reaktion auf die ersten heftigen Spannungen im Landtag zeigt, doch nur aus einem Mißverständnis selbst zu den Liberalen gerechnet. Er besaß nicht die geringste konkrete Vorstellung, was die Aufgaben und die Möglichkeiten einer Volksvertretung sein könnten. Er hat auch nicht durch historische Studien der englischen oder französischen Verfassungswirklichkeit seit 1789 Erkenntnisse zu gewinnen versucht, so daß man zu der Auffassung kommen muß, dieser Mangel an sachlicher Information beruhte darauf, daß es ihm nicht in erster Linie um die Sache selbst ging. Der Verdacht läßt sich nicht belegen, daß der Kronprinz für Freiheit und Verfassung war, weil Montgelas und sein Vater anders dachten, oder daß er sich an die Zeitströmung anschloß, weil er hoffte, dadurch beliebt zu werden. Der Verdacht erhält aber dadurch Nahrung, daß Ludwig als König sehr rasch bösartig reagierte, als er sah, daß seine Haltung nicht honoriert wurde, sondern daß man ihn zum Dank für die Aufhebung der Präventivzensur, einer seiner ersten Regierungsmaßnahmen, alsbald in der Presse heruntermachte, daß man seine Maßnahmen, so gut gemeint sie auch sein mochten, der Kritik der Öffentlichkeit unterwarf, und daß man schließlich sogar den Kern der Verfassung, das Monarchische Prinzip, in Frage stellte. In diesem Punkt war er besonders empfindlich, weil er ständig darum fürchtete, in seiner Selbständigkeit beeinträchtigt zu werden. Das war im Grunde ein Zeichen für einen weitgehenden Mangel an innerer Sicherheit bei ihm. Der liberale Aufbruch war bei der Natur des Königs nur so lange möglich, als er dabei selbst bestimmend war, sowohl hinsichtlich der Initiative als auch in Bezug auf das Ziel. Sobald sich die Bewegung selbständig machte, als sie ihm die Initiative zu entwinden drohte oder gar seinen guten Willen in Frage stellte, war der Bruch unvermeidlich. Es ist kein Zweifel, daß Ludwig I. seine Regierungszeit mit dem besten Willen begann, aber dieses Glück der Untertanen sollte, wie Spindler sagt, allein durch ihn bewirkt werden. Hätten sich die Stände stillschweigend diesem seinem guten Willen unterworfen, der sich im Grunde nicht vom Herrscherwillen des Absolutismus unterschied, dann hätte Ludwig I. aus Bayern sicher einen freiheitlichen Musterstaat geschaffen, wie Böck meint. Als aber die Kammer von jenen Rechten, welche die Verfassung ihr zubilligte, auch Gebrauch machte, als sie auch Vorschläge, von denen man wußte, daß sie auf den Herrscher selbst zurückgingen, einer Prüfung unterwarf, da betrachtete der König das als eine Verletzung seiner Herrscherrechte und stellte sehr bald bereits die ganze Schöpfung von 1818 wieder in Frage. 1840 äußerte er einmal, daß er 1815 für die Verfassung eingetreten sei, „die Menschen für besser und verständiger haltend als ich sie gefunden. Aber auch noch in diesem Augenblick bin ich für Verfassung, für einen Damm gegen Verschwendung und Überbürdung des Volkes und gegen fabrikmäßige Gesetze ... für Verfassung wie die bayerische bin ich nicht. Anders stellte es sich, als ich sie beschworen." Diese Bemerkung von 1840, zu einer Zeit verhältnismäßiger Ruhe, zeigt aber doch sehr deutlich, daß Ludwig I. das Grundprinzip der Verfassung, nämlich die Beschränkung des königlichen Willens durch Mitbestimmung einer wie auch immer gearteten Volksrepräsentation, überhaupt nicht begriffen hat. Das war die eigentliche Ursache für die Serie von Konflikten, welche an sich natürlicher Ausfluß einmal gegebener, von der Sache selbst her unvermeidbarer Spannungsverhältnisse waren und die durch Ausgleich der Interessen gelöst werden konnten, ohne daß immer gleich das Ganze in Frage gestellt werden mußte.

Die Verfassungsentwicklung zur Zeit Ludwigs I. vollzog sich in drei Phasen; wie die Einschnitte zeigen, die immer mit großen europäischen Wendemarken zusammenfallen, vollzog sie sich weithin unabhängig von Plan und Absicht des Königs.

Daß die Opposition gegen königliche Pläne und Entschließungen beim ersten Landtag Ludwigs I., dem von 1827/28, von der ersten Kammer, der Kammer der Reichsräte, ausging, lag an den Absichten des Königs. Die Thronrede kündigte ein Reformprogramm von 25 Gesetzesvorlagen an, darunter die Öffentlichkeit und Mündlichkeit der Rechtspflege, die Vereinfachung der Verwaltung und Justiz, dann die Vorlage eines neuen Strafgesetzbuches, ein neues Zollgesetz, das durch die Zolleinigung mit Württemberg erforderlich wurde. Schließlich plante der König die Übertragung der pfälzischen Landräte, wir sagen heute Bezirksräte, auf ganz Bayern. Das war der Versuch, auch auf der Ebene der Kreise, der heutigen Regierungsbezirke, den Vertretungsgedanken einzuführen und damit das bürgerliche Interesse am Staat zu wecken. Entschiedene Opposition gegen diese Vorlagen ging aus von den Reichsräten, die zum Teil auch durch Modifikationen ihrer eigenen Rechtsstellung verärgert waren. Auf Widerstand stieß Ludwig allerdings auch in der zweiten Kammer, wo vor allem Ignaz v. Rudhart sich zum Sprecher der gemäßigten liberalen Mehrheit gemacht hatte und scharfe Kritik an der Politik des Finanzministers Armansperg und an den Einsparungsmaßnahmen vortrug. Noch mehr verärgerte er den König durch seine Warnung vor überstürzten Neuerungen und durch seine Mahnung, die Dinge erst reifen zu lassen. Von allen Richtungen also erfuhr der König Widerstand, von der Ersten Kammer, die unbedingt am Alten festhalten wollte, von den gemäßigten Liberalen der Zweiten Kammer, die für Maß und Ruhe im fortschreitenden Ausbau der Verfassung waren und denen die Entwicklung zu überstürzt verlief, aber auch von den Radikalen, denen es viel zu langsam ging. So brachte dieser Landtag für den reformfreudigen König die erste Ernüchterung. Von all den Gesetzesvorlagen wurden im Grunde nur das Gesetz über die Bildung der Landräte und das Finanzgesetz wie das Zollgesetz verabschiedet, alle anderen kamen nicht einmal zur Beratung.

Noch hielt der König aber grundsätzlich an seiner Generallinie fest. Die wichtigsten Anstöße zur Änderung seiner Haltung gingen aus von der Pariser Julirevolution von 1830, die nach dreitägigen Straßenkämpfen den Sturz Karls X. aus dem Hause Bourbon und die Thronbesteigung des sogenannten Bürgerkönigs Louis Philippe aus dem Hause Orleans brachte. Vorausgegangen war die Aufhebung der Pressefreiheit, die Änderung des Wahlgesetzes und die Auflösung der beiden Kammern durch die sogenannten Juli-Ordonnanzen, ein Bruch also der Charte von 1814. Der Funke sprang über auf Belgien, auf Polen, selbst auf einige deutsche Länder, auf Braunschweig, Kurhessen und Sachsen, und als auch in der Presse des eigenen Landes der Umsturz in Paris verherrlicht wurde, kam zum wachsenden Verdruß über Opposition und Kritik auch noch die echte Befürchtung vor einem Umsturz auch in Bayern.

Noch im Jahr 1830 schienen die Ereignisse, die sogenannten Münchner Dezember-Unruhen, dem König recht zu geben. Auf Grund der Julirevolution hatte das Kriegsministerium Vorbereitungen gegen einen etwaigen Putsch in München getroffen und stärkere Kontingente von Truppen in der Stadt postiert, während umgekehrt die in München geduldeten studentischen Korporationen und Burschenschaften mit revolutionären Ideen sympathisierten und den Freiheitskampf der Polen in Kundgebungen feierten. Im Dezember kam es dann zu Reibereien zwischen Studenten und Soldaten, in der Weihnachtsnacht entlud sich die aufgestaute Spannung in einem großen Krawall. Erst am 29. Dezember war wieder Ruhe. Das war aber bereits der Tag, an dem der König die Universität schloß, und zwar bis zum 1. März. Alle auswärtigen Studenten wurden ausgewiesen, gegen die Teilnehmer an den Unruhen wurden Ermittlungen eingeleitet.

Auch wenn der König auf Bitten der Münchner Bürger hin die Schließung der Universität sofort wieder rückgängig machte, so hat doch vor allem diese königliche Reaktion den gesamten Vorgängen ihre epochale Bedeutung gegeben. Das skandalöse Benehmen der betrunkenen Studenten wurde in Presse und Öffentlichkeit angesichts der übersteigerten militärischen Reaktion ignoriert. In den anschließenden Prozessen konnte man allerdings außer Widerstand gegen die Staatsgewalt, wofür es dann wenige Tage Arrest gab, keine ernsthaften Belastungspunkte nachweisen. Das hinderte den König nicht, an seiner Überzeugung, daß eine Revolution drohe, festzuhalten. So zog er mit der Verordnung vom 28. Januar 1831 eine folgenschwere Konsequenz, er stellte die Tagespresse, die sich mit der inneren Politik beschäftigte, erneut unter Zensur. Gegengezeichnet war die Verordnung vom Innenminister Eduard von Schenk, der sie also auch zu verantworten hatte. An dieser Verordnung nun entzündete sich der heißeste Konflikt, den der König vor dem Jahre 1847 zu bestehen hatte.

Unter dieser Belastung stand der Landtag von 1831, der bereits über die Wende in den politischen Grundanschauungen Ludwigs I. entschied. Entsprechend den bereits in der Presse erkennbaren Richtungen formierte sich auch der Landtag selbst. Er umfaßte 1831 124 Mitglieder, davon zählten 70 zur unbedingten Opposition, die sich vor allem aus den Deputierten Neubayerns zusammensetzte, aus Mittelfranken, Ober- und Unterfranken und vor allem der Pfalz. Die wichtigste Ursache für das Fehlen einer geschlossenen konservativen Gruppe im Landtag von 1831 war zweifellos die unglückliche Ausgangslage, die belastet war vom Vorgehen der Soldaten anläßlich der Weihnachtsunruhen, das selbst Görres gebrandmarkt hatte, und mit der völlig unnötigen, noch dazu wirkungslosen Zensurverordnung vom 28. Januar, als deren Gegner sich auch die konservative Zeitschrift „Eos“ aussprach, übrigens auch der später so virtuose Meister der Zensur, Karl v. Abel. Selbst der Innenminister Schenk bekannte, daß er sie für unmöglich halte. Die Minister Armansperg und Zentner waren strikt dagegen. Von Abgeordneten vollends, selbst solchen der konservativen Seite, war ein Eintreten für die Zensur um so weniger zu erwarten, als es zum Selbstverständnis eines Landtags der konstitutionellen Zeit gehörte, sich als Kontrollorgan der Regierung zu betrachten.

Durch diese unglückselige Verordnung stand der Landtag von 1831 von vorneherein in völlig verkehrter Frontstellung. Der König war immer noch bereit, das Reformwerk weiterzuführen, wie die Thronrede zeigt. Er versprach finanzpolitische Erleichterungen und kündigte noch einmal jene Gesetzesvorlagen an, die 1827 bereits auf dem Programm gestanden hatten, aber nicht hatten erledigt werden können, nämlich das Gesetz über die Ablösung der Zehnten, der Frondienste und aller gerichts- und grundherrlichen Gefälle, eine zeitgemäße Gerichtsordnung, ein neues Strafgesetzbuch und ein Pressegesetz, das endlich eine rechtliche Grundlage für die bisher doch sehr willkürliche Behandlung von Pressevergehen schaffen sollte. Der König band jedoch seine Zustimmung zu diesen Reformen, auch zur Zurücknahme der Zensurverordnung, an die vorherige Verabschiedung des Budgets – das Mißtrauen des Königs war also bereits größer als seine Bereitschaft zu sachlicher Reformarbeit.

Es ist allerdings fraglich, ob auch noch so weitgehende Zugeständnisse Ludwigs I. etwas daran geändert hätten, daß die Konfrontation bereits zu einer grundsätzlichen geworden war. Die fundamentale Bedeutung der Zensurfrage schloß jeden Kompromiß aus. Das sah der König nicht ein, und er hat dann auch die goldene Brücke nicht betreten, die man ihm zu Beginn der Sitzung gebaut hatte, als die Zweite Kammer auf Drängen Rudharts die Vorwürfe wegen der Zensurverordnung wieder aus der Adresse der Kammer an den König strich. So war der jetzt beginnende Konflikt nur noch zu beheben, wenn der König, da er nicht in der Sache nachgeben wollte, es in Personalfragen tat. Wenn er jedoch geglaubt hatte, daß durch die Verlagerung der Streitfrage von der sachlichen auf die personale Ebene der Kampf an Grundsätzlichkeit verlieren würde, so täuschte er sich. Es wurde aus der Frage der Zensur nur die Frage der Ministerverantwortlichkeit. Es fragt sich, welcher Punkt gewichtiger war.

Da der König sich nicht geneigt zeigte, die Zensurverordnung wieder aufzuheben, ging die Kammer zum Angriff über. Dieser Angriff konnte nicht direkt gegen den König geführt werden, sondern nur gegen den Minister, der die Verordnung gegengezeichnet hatte, den Innenminister also, Eduard v. Schenk. Als Kampfmittel standen dem Landtag die Verweigerung der Steuern zu Gebote oder die Ministeranklage. Obwohl Schenk mit Erfolg die juristische Haltlosigkeit der Beschuldigungen nachwies, trat ihm in der Kammerdebatte niemand zur Seite, in der entscheidenden Abstimmung wagten es nur 29 Abgeordnete, gegen den Vorwurf einer Verfassungsverletzung zu stimmen. Dieser Vorwurf hätte nun als nächsten Schritt die Ministeranklage bedingt, doch soweit wollten die gemäßigten Liberalen nicht gehen, und so fiel die Abstimmung in diesem Punkt mit 73 zu 50 Stimmen für Schenk aus. Der Minister glaubte trotzdem, der Politik des Königs besser zu dienen, wenn er sich für diesen opfere und um seinen Rücktritt einkomme. Zwei Tage später nahm der König das Rücktrittsgesuch an in der Hoffnung, dadurch wenigstens die Zustimmung zu seinem Haushalt zu erreichen. Das war die erste Niederlage des Königs, praktisch war damit der Grundsatz der Ministerverantwortlichkeit bereits durchgesetzt.

Wie nicht anders zu erwarten war, hat dieser Sieg das Selbstvertrauen der Opposition nicht unerheblich gesteigert. Die Kammer ging jetzt daran, die Zensurverordnung zu Fall zu bringen und darüber hinaus ein Pressegesetz durchzusetzen, das wenigstens für die innere Politik völlige Zensurfreiheit vorsah. Der König ließ sich im Gefühl seiner schwachen Position zu Verhandlungen herbei, die dann schließlich damit endeten, daß er im Juni auch die bedingungslose Zurücknahme der Zensurverordnung zugestand. Der Sieg der Opposition war in diesem Augenblick vollkommen. Er wurde wieder vertan dadurch, daß die radikale Gruppe, die jetzt auf Grund ihrer zutreffenden Prognose die Führung übernahm, den Bogen heillos überspannte und durch die Ablehnung des Haushalts, unter heftigen Angriffen vor allem auf seine Baulust, die Niederlage des Königs vollenden wollte. Ludwig I. war jetzt so empört, daß er München verließ und auch das bereits von ihm grundsätzlich genehmigte Gesetz über die Ministerverantwortlichkeit dadurch zu Fall brachte. Damit waren aber auch die Minister Armansperg und Zentner, deren wichtigstes Anliegen gerade dieses Gesetz war, in ihrer Stellung erschüttert und mußten abtreten, so daß im Grunde die Opposition nichts anderes erreichte als die Preisgabe des bisherigen, doch weithin immer noch auf der liberalen Linie liegenden Kurses. Das Ende dieser Phase war also nicht nur bedingt durch eine konservative Schwenkung des Königs, sondern auch durch die doktrinäre Engstirnigkeit der Kammermehrheit.

Jetzt schlug aber auch die öffentliche Meinung radikal um. Unter dem Eindruck der Presseangriffe gegen den starren Kurs der Opposition schmolz ihre Mehrheit, die noch bei der Ablehnung der Ausgaben Anfang Juli 116 Stimmen betragen hatte, in Kürze zusammen, Ende August stimmten bereits 56 Abgeordnete gegen die Kürzungsvorschläge des Finanzausschusses. Rudhart brachte jetzt einen Kompromißvorschlag ein, der im Dezember schließlich angenommen wurde. Damit war wenigstens der Etat gesichert, das war aber auch das ganze Ergebnis dieses turbulenten Landtags.

Daß Ludwig I. trotz seiner Enttäuschungen noch nicht zu einem Kurs der radikalen Reaktion entschlossen war, zeigt die Wahl des neuen Innenministers, die er nach dem Abschluß des Landtags traf. Der neue Mann des Königs war Fürst Ludwig von Oettingen-Wallerstein, der bisherige Generalkommissär des Oberdonaukreises, des heutigen Regierungsbezirks Schwaben. Er galt als liberal, hatte sich noch 1831 gegen die Zensur und für die Ministerverantwortlichkeit ausgesprochen, aber gleichzeitig hatte er sich systematisch in Denkschriften und persönlichen Gesprächen um den König bemüht. Eines seiner ausführlichen Schreiben an Ludwig I., das von 1830 stammte, erhielt 1831 von ihm die Überschrift „Mein Programm beim Antritt des Ministeriums“. Es scheint also, daß er bereits 1830 auf dieses Ziel zusteuerte, gegen den Willen Wredes, der ihm nicht traute, während der König seine Beweglichkeit und Energie schätzte. Außerdem wollte Ludwig I. 1831 noch einen Minister, der notfalls auch auf der liberalen Seite Vertrauen gewinnen könnte. Er brauchte ihn für eines seiner dringendsten Anliegen, die Gewährung einer lebenslänglichen Zivilliste, und er wollte auch auf keinen Fall Metternich gegenüber zugeben, daß sein liberaler Kurs ein Fehlschlag war. Oettingen-Wallerstein dagegen erschien ihm als Mann der Mitte, wie das aus seiner Denkschrift von 1830 klar hervorging. Hier entwickelte er bereits jene Methode, die er für die einzig erfolgreiche hielt, Entgegenkommen gegenüber der Kammer in echter Liberalität, mit Pressefreiheit und durchdachten Reformen, unter gleichzeitiger Förderung der regierungstreuen Presse, um der Öffentlichkeit auch klar zu machen, wer für diese Reformen verantwortlich sei. Auf der anderen Seite sprach er sich in glühenden Bekenntnissen für die unbedingte Aufrechterhaltung des Monarchischen Prinzips aus. Das vor allem war jene Sprache, die der König gern vernahm.

Der König hatte also ein liberales Aushängeschild gewählt, um die Opposition zu beruhigen, und er hatte wahrscheinlich Oettingen-Wallerstein gewählt, weil er sicher war, ihn so lenken zu können, wie er es wünschte. Die Ereignisse selbst zwangen dann den neuen Minister, auf den Kurs des Königs einzuschwenken. 1831 und noch zu Beginn des Jahres 1832 mußte der König seinen Innenminister immer wieder mahnen, schärfer gegen die radikalen Pressestimmen vorzugehen. Zögernd ging der Innenminister mit. Die polizeilichen Maßnahmen steigerten die Gereiztheit der Presse, die wachsende Heftigkeit der Ausfälle führte zu immer größeren Repressalien, und schon war auch der neue Innenminister auf dem besten Wege, die Polizeistaatsmethoden Metternichs auch für Bayern zu übernehmen, trotz aller entgegengesetzten Vorsätze, als im Mai 1832 die beiden großen Volksfeste der Bewegungspartei, das Hambacher Fest und das Gaibacher Fest, diese Entwicklung unwiderruflich machten. Das Hambacher Fest war als Erinnerungsfeier an den Jahrestag der bayerischen Verfassung gedacht, der Plan war schon im Januar 1832 gefaßt worden, das Fest sollte keinen anderen Charakter haben als die vielen Festbankette und Festzüge für Abgeordnete, wie sie damals üblich waren. Dem Pfälzer Journalisten und vom König entlassenen Landkommissar Siebenpfeiffer gelang es jedoch, den Charakter des Festes als Verfassungsfeier umzuwandeln in eine Demonstration für eine bessere Zukunft. Dabei stand ihm Wirth zur Seite, der Herausgeber der oppositionellen „Deutschen Tribüne", dessen Anliegen die deutsche Einheit war, nicht aber eine Würdigung einer bayerischen, also einer „partikularistischen" Institution, der bayerischen Verfassung. Zunächst wurde die Demonstration verboten, dann erlaubt. Das bedeutete eine zusätzliche Reklame, so daß es nicht zu verwundern war, daß Tausende, nach manchen Schätzungen Zehntausende, am 27. Mai zur Stelle waren, als der Festzug auf die Kästenburg bei Hambach unweit Neustadt an der Haardt sich in Bewegung setzte. Der Anmarsch vollzog sich mit belaubten Wagen, Wirth und Siebenpfeiffer ritten auf Pferden einher, alles war bekränzt und beflaggt. Auf dem Turm der Burg wehte die Fahne der Burschenschaft, schwarz-rot-gold. Musikkapellen der Bürgergarden der Umgebung spielten auf. Eine Flut von Reden ergoß sich über die unverdrossen aushaltenden Teilnehmer. Bemerkenswert waren nur zwei Reden, jene von Siebenpfeiffer und von Wirth. Siebenpfeiffer unterstrich noch einmal das Motto des Tages, das lautete: Kampf für Abschüttelung innerer und äußerer Gewalt, für Erstrebung gesetzlicher Freiheit und deutscher Nationalwürde. Er schloß mit dem Hochruf auf „Jedes Volk, das seine Ketten bricht und mit uns den Bund der Freiheit schwört. Vaterland, Volkshoheit, Völkerbund lebe hoch!" Die Rede Wirths war zum Teil noch schärfer pointiert. Sie begann mit einem Fluch über die Fürsten, die Verräter an der Nation, und endete mit einem dreimaligen Hoch auf die vereinigten Freistaaten Deutschlands und mit einem dreimaligen Hoch auf das konföderierte republikanische Europa.

Die Anteilnahme des Volkes, nicht weniger die glühenden Reden Siebenpfeiffers und Wirths alarmierten Wien und München gleichermaßen. Ludwig I. schickte Wrede an der Spitze mehrerer Regimenter in die Pfalz, eine Welle von Verhaftungen setzte ein, die beiden Hauptredner wurden des Hochverrats angeklagt. Der Prozeß endete zwar mit einem Freispruch, ein neues Verfahren wegen Beamtenbeleidigung führte aber zu einer Verurteilung, zwei Gefängnisjahre genügten, um Wirth zu brechen. Siebenpfeiffer entzog sich der Strafe durch die Flucht, aber auch er verlor mit seinem Wirkungsfeld allen Einfluß.

Hinter den tumultuösen Vorgängen um das Hambacher Fest, die erste politische Massenversammlung in der deutschen Geschichte, trat die Tragödie des fränkischen Politikers Wilhelm Josef Behr im allgemeinen Bewußtsein zurück, obwohl sie in weit höherem Maße symptomatisch war für den jetzt herrschenden Kurs. Behr war bis zu seiner Wahl zum Würzburger Bürgermeister außerordentlicher Professor für Staatsrecht und Lehensrecht an der Universität Würzburg gewesen. Er hatte 1804 ein Werk über das „System der allgemeinen Staatslehre" publiziert, das eine Reihe von liberalen Forderungen enthielt. 1819 war er in den Landtag gewählt worden und war verantwortlich für den ersten Verfassungskonflikt, der darüber entstand, daß der Landtag auf seinen Antrag hin die Gesetzesinitiative beanspruchte, außerdem trat er ein für eine Zensurordnung und unterstützte den Antrag Hornthals auf die Vereidigung des Militärs auf die Verfassung. Obwohl man Behr nicht nachsagen kann, daß er schlechterdings, wie andere Opponenten, einfach blinder Kritiksucht die Zügel schießen ließ, sondern sich um ernsthafte Verbesserungen bemühte, war er seitdem verdächtig. Als er 1821 zum Bürgermeister von Würzburg gewählt wurde, durfte er sein Lehramt nicht beibehalten, sondern wurde in den Ruhestand versetzt. In den Landtagen der nächsten Jahre wurde ihm der Urlaub zur Übernahme seines Mandats im Landtag verweigert. Kein Wunder, daß Behr jetzt anfing, die Verfassung selbst, die Regierung wie die Verwaltung einer immer schärferen Kritik zu unterziehen. Zur Katastrophe kam es, als aus dem gleichen Anlaß wie in der Pfalz im Mai 1832 auf dem Sonnenberg bei Gaibach, einer Besitzung des Grafen von Schönborn, eine Verfassungsfeier stattfand, für die der Journalist Eisenmann in seinem Volksblatt warb und Behr als Hauptredner in Aussicht genommen wurde. Behr war in seiner Rede weit gemäßigter als Wirth oder Siebenpfeiffer. Er tadelte der Reihe nach alle Staatseinrichtungen und verlangte eine grundlegende Änderung der Verfassung, stellte aber fest, daß diese Änderung auf gesetzlichem Wege vor sich zu gehen habe und bis dahin die Verfassung zu halten sei. Es kam trotzdem zu einem Verfahren. Der Würzburger Magistrat beantragte seine Amtsenthebung. Der Prozeß fand, da man fürchtete, in Franken keinen willfährigen Richter zu finden, in München statt, und obwohl der Prozeß wegen Hochverrats und Majestätsbeleidigung in sehr vielen Punkten keine Klarheit brachte, wurden Behr und Eisenmann zu mehreren Jahren Festung verurteilt. Jahrelang standen sie unter Polizeiaufsicht. 1847 wurden sie begnadigt, 1848 rehabilitiert.

Alarmiert war durch die Vorgänge zu Hambach und Gaibach auch Metternich; den Sturm auf die Frankfurter Hauptwache 1833 nahm er dann zum Anlaß für die Einleitung einer bundesweiten Gegenbewegung. Der Bundestag schuf eine neue Zentraluntersuchungskommission mit dem Auftrag der Kontrolle der ständischen Verhandlungen, mit der Pflicht zur Anzeige von Beschlüssen, welche im Widerspruch zu den Bundesverträgen stünden. Eine Welle von Verboten wurde erlassen, welche Zeitungen, Vereine und Versammlungen betrafen. 1834 wurden auf den Wiener Ministerkonferenzen alle diese Maßnahmen noch einmal zusammengefaßt zu einem System zur Überwachung der Verfassungsorgane und der Presse und zur Kontrolle der Universitäten. Das war der Gipfel der Entwicklung seit 1819. Diesmal stimmte Bayern im Gegensatz zu damals uneingeschränkt zu. Ludwig I. bemühte sich nur, Eingriffe des Bundes dadurch abzuwehren, daß er seinen Innenminister anwies, möglichen Bundesmaßnahmen durch noch schärfere Polizeimaßnahmen zuvorzukommen.

Daß der Innenminister Oettingen-Wallerstein mäßigend gewirkt hätte, läßt sich bis jetzt nur in wenigen Einzelfällen nachweisen. Im großen und ganzen führte er aus, was der König befahl. Es war tatsächlich Ludwig I. selbst, der sich bestätigt sah, als dann der Landtag von 1834/35 mit einem vollen Sieg endete, nämlich mit der Verabschiedung der permanenten Zivilliste des Königs. Damit waren die Bedürfnisse des königlichen Haushalts ein für alle Mal der Diskussion entzogen. Das Verdienst daran gebührt vor allem Ignaz von Rudhart, der jetzt wieder, nach dem Scheitern seiner radikalen Gegner von 1831, der unbestrittene Führer der liberalen Mehrheit war. Er begründete sein Eintreten für die permanente Zivilliste mit dem Argument, daß durch die ständige Untersuchung der Bedürfnisse des Monarchen und der Verhältnisse seines Haushalts der König schlechter gestellt wäre als der letzte seiner Diener, von denen es keiner hinnehmen müsse, daß man immer wieder das Innerste seines Haushalts durchsuche.

Der Landtag von 1834/35 war in Wirklichkeit nur Episode gewesen. Die grundsätzliche Gegnerschaft zwischen Landtag und Regierung lebte bereits 1837 wieder auf, auch wenn die Kämpfe nicht mehr so hart waren wie 1831. An grundsätzlicher Bedeutung stand der Konflikt von 1837 aber jenem von 1831 nicht nach. Auch er endete mit der Entlassung des wichtigsten Ministers, der ebenso wie die Minister von 1831 den König auf dem Höhepunkt der Auseinandersetzung im Stich gelassen hatte. 1837 ging es allerdings nicht um die Stellung der Minister, sondern um den grundsätzlichen Einfluß des Parlaments auf das Budget. Angriffe auf die Klosterpolitik des Königs, die nebenher liefen, verschärften die gesamte Stimmung, sie zeigten auch, daß der Innenminister langsam vom König abzurücken begann, sie hatten aber keinen wesentlichen Einfluß auf die große Entscheidung, die allen Ernstes darum ging, wer in Zukunft die bestimmende Macht im Staat darstellen würde, der König mit seinem Ministerium oder der Landtag.

Die konkrete Situation auf dem Landtag von 1837 war die, daß die Abgeordnetenkammer die Einnahmeberechnung des Finanzministers nicht als Grundlage für die Aufstellung des Haushaltes anerkennen wollte. Aus der vorausgehenden Finanzperiode waren etwa 6 Millionen Gulden erübrigt worden, die nach Ansicht der Abgeordneten wieder in den Haushalt eingebracht werden sollten. Damit hätte der Gesamtansatz der zu bewilligenden Steuern entweder gesenkt werden, oder in den Haushalt hätten zusätzliche Ausgaben eingebracht werden müssen, etwa, wie die Kammer vorschlug, zur Verbesserung des Erziehungswesens, der Agrarstruktur und des Straßenbaus. Der Landtag stand also im Grunde nicht in Opposition zur Regierung oder zu den Staatsausgaben an sich, man war nur verschiedener Ansicht über die Dringlichkeit der vorliegenden Aufgaben auf der einen und über die Rechte von Regierung und Landtag bezüglich des Budgets auf der anderen Seite. Umstritten war diese Frage der Festsetzung der

Staatsausgaben innerhalb der gesamten konstitutionellen Theorie in Deutschland. Strittig war dabei die Bewilligungspflicht der Stände, d.h. die Frage, ob die Stände verpflichtet seien, Staatsausgaben anzuerkennen oder nicht. Umstritten war dann das Steuerverweigerungsrecht, das implizit mit dem Steuerbewilligungsrecht gegeben zu sein schien, aber von den Regierungen und dann vom Bundestag nicht anerkannt wurde. Ferner war Gegenstand von Meinungsverschiedenheiten die Bindung der Regierung an vorausgegangene Bewilligungen durch den Landtag, d.h. also an Ausgabenansätze des Etats nicht nur mit den dort festgelegten Mitteln, sondern, wie es logisch gewesen wäre, auch den bewilligten Zwecken. Die Verfassung war allerdings in diesen Punkten unbestimmt. Die Regierung war gebunden, eine genaue Übersicht über die Finanzbedürfnisse vorzulegen, damit die Steuern sich bei der Steuerbewilligung danach richten konnten. Sie hatte die Zustimmung zur Erhebung aller direkten und neuen indirekten Steuern einzuholen und hatte dem Landtag gegenüber die Verwendung der Steuergelder nachzuweisen. Der Landtag hatte also gegenüber dem Staatshaushalt nur ein Prüfungsrecht, nicht aber das Recht, über die Staatsausgaben mitzubestimmen. Auch war nicht festgelegt, daß die Regierung an das Budget gebunden sei. Sie nahm also das Recht für sich in Anspruch, Veränderungen am Haushalt vorzunehmen, besonders Kürzungen bewilligter Etatmittel, um dafür an anderer Stelle, wofür Bewilligungen nicht zu erwarten waren, Bauten etwa, aufstocken zu können. Es ist keine Frage, daß durch eine solche Interpretation der Geist der Verfassung verletzt wurde. Auf jeden Fall wäre der Landtag berechtigt gewesen, die Steuern zu senken. All das betrachtete der König aber als Beeinträchtigung seiner Rechte, doch war die Durchsetzung des Etats nur durch einen Kompromiß zu erreichen, und zwar mußte der König wenigstens zu einem Teil der Bindung der sogenannten Erübrigungen an bestimmte Staatsaufgaben, nämlich Straßenbau, Erziehungswesen und Agrarwesen, zustimmen. Niemand anderer als sein Innenminister trat in einer dreiviertelstündigen leidenschaftlichen Rede im Reichsrat für diese Forderung ein. Der eigene Bruder des Königs und der Kronprinz schlossen sich dieser Forderung an. Der König aber legte, auch wenn er schließlich nachgab, eine ausdrückliche Verwahrung gegen die Übergriffe des Landtags auf verfassungsmäßige Regierungsrechte ein, außerdem entließ er den Innenminister Oettingen-Wallerstein.

Der neue Minister Karl v. Abel war weit mehr als jeder bisherige allein der Mann des Königs und des Monarchischen Prinzips. Mit der Übernahme des Innenministeriums durch ihn trat aber trotzdem nicht der Verfassungskampf in eine neue, in eine verschärfte Phase. Er wurde zwar nicht gerade sistiert, aber er verlor doch soviel an Brisanz, daß es schien, als ob Metternich und sein System, welches Abel für Bayern übernahm, die einzige Medizin darstellen sollte für die Heilung der Schäden der Zeit. Die wichtigsten Regierungsmittel des neuen Ministers bestanden im Ausschluß oppositioneller Beamter vom Landtag und in Einschüchterung der Presse durch unablässige Beschlagnahmung und harte Strafen für Artikel, die als Majestätsbeleidigung, als Hochverrat, als Anstiftung zum Aufruhr und dergleichen interpretiert werden konnten. 1840 wurden

12 Abgeordnete durch Verweigerung des Urlaubs aus der Kammer ausgeschlossen, das waren nahezu 10%. Für weitgehende Fügsamkeit der übrigen Beamten sorgte die scharfäugige Überwachung ihrer dienstlichen Tätigkeit, so daß eine hoffnungsvolle Karriere sehr rasch enden konnte.

Trotz der Virtuosität, mit welcher Abel, der Mann mit der eisernen Stirn, wie er genannt wurde, alle Machtmittel des Staates zu handhaben wußte, ist es nicht angebracht, von einem System Abel zu sprechen. Das hat bereits Ludwig I. festgestellt, und das haben Doeberl und Spindler bestätigt. Tatsächlich hat Ludwig I. etwa den Ausschluß jedes einzelnen Beamten vom Landtag selbst verfügt, und die entscheidenden Konfliktpunkte in der zehnjährigen Regierungszeit Abels gingen ausnahmslos auf den König selbst zurück, die sogenannte Kniebeugungsaffäre wie auch der Klosterstreit oder die sonstigen Beschwerden konfessionspolitischer Art. Abel hatte die Maßnahmen im einzelnen anzuordnen und durchzusetzen, bestimmte aber niemals die Gesamtlinie der Politik. Er wurde schließlich vom König ebenso verbraucht wie auch seine Vorgänger, und daß er nicht einfach beiseite gestellt werden konnte wie diese, ist einem Umstand zu verdanken, der unabhängig von Abel auftrat und ihm die Möglichkeit schaffte, einen glänzenden Abgang zu suchen, statt einer ungnädigen Verabschiedung, wie das Armansperg oder Oettingen-Wallerstein geschehen ist.

Der Landtag von 1837 hatte eine Neuauflage der Vorwürfe gegen die königliche Klosterpolitik gebracht. Aber gerade dieses Jahr bedeutete auch eine Wende in der Geschichte des deutschen Katholizismus. Das große Signal war der Kölner Kirchenstreit, auf den in München Josef Görres mit seinem „Athanasius“ antwortete, einer Streitschrift, die in ganz Deutschland Aufsehen erregte und den Beginn einer neuen Sammlungsbewegung auf katholischer Seite darstellte, einer Sammlungsbewegung jetzt mit ausgesprochen politischen Akzenten, im Gegensatz zur kirchlichen Erneuerungsbewegung der Jahrzehnte zuvor. Ludwig I. von Bayern gefiel sich in diesen Jahren geradezu als Schutzherr der deutschen Katholiken. Auch einzelne Maßnahmen in dieser Zeit gehen auf ihn zurück, solche vor allem, welche die Stellung und künftige Erziehung der Lehrer betrafen, die durch eine verstärkte kirchliche Bindung vor dem liberalen Zeitgeist bewahrt bleiben sollten; seine grundsätzliche Einstellung zeigt vor allem die Auslösung des größten Konflikts innerhalb der zehnjährigen Regierungszeit Abels, die sogenannte Kniebeugungsaffäre. Das war im Grunde der einzige gravierende Punkt in der gesamten Kampagne gegen Abel, doch die Affäre ging auf den König allein zurück. Abel hat nur den Standpunkt des Königs in seiner bekannten rücksichtslosen Art vertreten, leidenschaftlich, herrisch und nach außen hin unnachgiebig. An sich wären die konfessionspolitischen Affären ohne Belang, hätten sie nicht ein sehr schwerwiegendes Ergebnis gehabt, nämlich die Verbindung der königstreuen protestantischen Konservativen mit der liberalen Opposition.

Diese Konstellation gab auch dem Verfassungskampf unter Abel ihr besonderes Gepräge. Die Erhitzung der Gemüter bei Fragen konfessionspolitischer Art lenkte dabei in hohem Maße von den Grundsatzdiskussionen früherer Zeiten ab, so daß gleichzeitig auch eine Art Windstille festgestellt werden kann, für welche freilich nicht nur die erlahmenden Energien der liberalen Opposition verantwortlich waren, sondern auch das taktische Geschick Abels, der den König immer wieder auch in wichtigen Fragen zu Kompromissen hinzuführen wußte, der also durchaus nicht so starrsinnig war, wie er in der Kammer erschien. Das Hauptverdienst, so scheint es jedoch, für die verfassungspolitische Beruhigung in diesem einen Jahrzehnt kommt nicht Abel zu, auch wenn es ihm gelang, die Presse und damit ein Hauptelement der Bewegung in Ruhe zu halten, sondern dem Sprecher der konservativen Opposition in den nächsten Landtagen, dem Freiherrn Hermann von Rotenhan. So wie 1834 Ignaz von Rudhart als Sprecher der gemäßigten Liberalen mit der Durchsetzung der permanenten Zivilliste einen der Hauptpunkte der bisherigen Kontroversen dem Streit entzog, so hat Rotenhan, der Sprecher des protestantischen Adels und seit 1831 auch Finanzexperte des Landtags, im Landtag von 1843 das sogenannte Verfassungsverständnis ausgehandelt und damit dem ewigen Streit um die Erübrigungen ein Ende gemacht. Bei dem Streit um die Erübrigungen ging es, wie auch 1837 und 1840, um die Frage, ob der König über jene Gelder, die in vorausgegangenen Landtagen bewilligt, aber nicht verbraucht worden waren, ohne Zustimmung der Stände verfügen könne. Wieder war zunächst keine Einigung zu erzielen, so daß der König bereits zur Auflösung der Kammer und zur Anrufung des Bundesschiedsgerichts entschlossen schien, ein unerhörter Entschluß für einen König, der so auf seine Souveränität pochte wie Ludwig I. Abel jedoch trat in Verhandlungen mit dem Ausschuß ein und führte dann schließlich auch den König Schritt um Schritt zu einer Anerkennung des Standpunkts der Zweiten Kammer. Rotenhan setzte die Annahme des Steuergesetzes durch, Abel dagegen erkannte an, daß die Ansätze des Budgets auch für die Regierung obligatorisch seien und zwar dann, wenn zwischen Landtag und Regierung eine Übereinstimmung erzielt sei, d.h. also, wenn das Budget ordnungsgemäß verabschiedet wurde. Das bedeutete eine erhebliche Konzession der Regierung an den Landtag, da der König jetzt über den Wortlaut der Verfassung hinaus die Macht der Stände erweitert hatte. Bis zum vollen Budgetrecht des Landtags war aber doch noch ein sehr weiter Weg.

Es war Rotenhan möglich, diesen Kompromiß herbeizuführen, weil er in der religiösen Frage in kompromißloser Opposition zu Abel stand und dadurch das Vertrauen der Kammermehrheit besaß. Die heftige Opposition des Jahres 1843 entzündete sich an zwei Punkten, der sogenannten Kniebeugungsaffäre und dem Verbot des Gustav Adolf-Vereins für Bayern. Dieser Verein war 1841 mit dem Sitz in Leipzig gegründet worden. Seine Aufgabe war die Unterstützung bedürftiger evangelischer Gemeinden, d.h. also vor allem die Stärkung der Stellung der evangelischen Kirche in der Diaspora, also weitgehend in Bayern. Der König empfand den Namen als Herausforderung und verbot den Verein. Widerstand wurde unterdrückt, doch die damit verbundenen staatlichen Maßnahmen lösten einen Sturm von Flugschriften aus, die Unruhe war beträchtlich. Der andere Punkt betraf die Verordnung des Königs von 1838, die für alle Soldaten, gleichgültig welcher Konfession, bei Prozessionen, bei der Kirchenparade oder auf Wache, wenn das Sanctissimum vorbeigetragen wurde, die Kniebeugung der geschlossenen Formation befahl. Gegengezeichnet war diese Verordnung durch den Kriegsminister, Abel jedoch hatte sie zu vertreten, so daß vor allem er es war, der dem Entrüstungssturm in ganz Deutschland standhalten mußte. Jahre hindurch hatte das Oberkonsistorium sich bemüht, in aller Stille diese für Protestanten unerträgliche Verordnung zu beseitigen, doch das einzige Zugeständnis, das der König einräumte, war die Erlaubnis für protestantische und jüdische Landwehrmänner, vor der Kirchenparade die Truppe zu verlassen. Bei der Linientruppe, dem stehenden Heer, war er nicht bereit, nachzugeben. Es blieb tatsächlich nur noch der Weg über den Landtag. Der Antrag Rotenhans gegen diesen Kniebeugungserlaß wurde in der zweiten Kammer, der Kammer der Abgeordneten, mit Mehrheit angenommen, in der Ersten Kammer dagegen mit 25 gegen eine Stimme verworfen und zwar mit der Begründung, daß es sich hier nicht um eine kirchliche, sondern um eine rein militärische Formalität handle, wobei darauf verwiesen werden konnte, daß auch in Preußen nach der Sonntagsparade die Truppen ohne Unterschied der Konfession in den Gottesdienst geführt würden. Dieser Sieg stärkte Abel den Rücken, den Synoden wurde verboten, über Petitionen in dieser Frage überhaupt nur zu beraten, Beschwerden an den König wurden nicht angenommen. Erst 1845, als der Kronprinz und Prinz Luitpold dem König klar machten, daß er in einer solchen staatspolitisch völlig unwichtigen Frage die Sympathien des größten Teiles seiner Untertanen verlieren müßte, gab der König nach und hob die Verordnung auf. Sie ist wohl wie keine andere geeignet, den Charakter des Königs zu beleuchten. Er hatte sich zunächst bei dieser Verordung nichts gedacht, sondern war nur von dem militärischen Schauspiel beeindruckt gewesen, das er in der französischen Armee einmal gesehen hatte. Als er Widerstand erfuhr, erwachte sein Trotz – eine Reaktion, die für ihn stets typisch war. Von Abel war es außerordentlich unklug, den König in dieser Trotzhaltung zu bestärken, denn nachträglich gab der König seinem Minister die Schuld an der Versteifung der Gegensätze, jedenfalls begann um diese Zeit die Stellung Abels zu wanken.

Daß der Minister nicht mehr das volle Vertrauen des Königs genoß, war sehr bald bekannt, und so stand der Landtag von 1845, bei dem Rotenhan zum Präsidenten gewählt und vom König ernannt worden war, im Zeichen des kompromißlosen Angriffes auf den Minister, dessen Sturz vor allem der Fürst Oettingen-Wallerstein beabsichtigte. Gerade der ehemalige Innenminister hätte aber wissen müssen, daß er damit bei Ludwig I. das Gegenteil erreichen würde, zumal die Angriffe rein sachlich auf recht schwachen Füßen standen, um so heftiger dafür in der Form vorgetragen wurden. Gerade deshalb behielt ihn der König weiterhin im Amt, nur um nicht den Schein zu erwecken, als hätte er dem Parlament nachgegeben. Allerdings nahm er ihm 1846 die kirchlichen und schulischen Angelegenheiten und bildete ein eigenes Kultusministerium. Das war der Anfang der Entmachtung Abels.

Die Abdankung Ludwigs I.

Der Sturz Abels steht bereits im Zusammenhang mit der persönlichen Katastrophe des Königs selbst. Der Stein des Anstoßes war nicht das Verhältnis des Königs zu jener exotischen Tänzerin, die im Oktober 1846 in München erschien und im Sturm das Herz des Königs gewann, sondern seine Absicht, diese Tänzerin zur Gräfin zu erheben. Der König hatte schon wiederholt einzelne Damen besonders ausgezeichnet, ohne daß sich daran irgendwelche Folgen öffentlicher Art geknüpft hätten. Lola Montez dagegen war die erste, die eine Rolle auch in der Öffentlichkeit spielen wollte und der es auch gelang, auf den König in einem Maße Einfluß zu gewinnen wie keine Frau vor ihr. Ihr Versuch, Eingang zu finden in die adelige Gesellschaft, war für den nun sechzigjährigen König gerade deshalb eine Herausforderung, weil die Durchsetzung dieses Wunsches alles andere als einfach war. Die Nobilitierung setzte das bayerische Indigenat voraus, das Heimatrecht in Bayern, doch es gab keine Stadt, die bereit war, Lola Montez das Bürgerrecht zu verleihen, so daß nur der zweite gesetzliche Weg möglich war, die Verleihung des Indigenats durch ein königliches Dekret. Das war erst möglich nach Anhörung des Staatsrats und mit Gegenzeichnung des Innenministers, also Abels. In der ersten Abstimmung stimmte der Staatsrat geschlossen gegen das Indigenat, am Tag darauf, am 11. Februar 1847, überreichte Abel dem König ein Memorandum des Gesamtministeriums, in dem die Stellungnahme des Staatsrats wie des Ministeriums begründet war. Diese Begründung stellte streckenweise geradezu eine Standpauke für den König dar, und diese Standpauke erschien anderntags auch noch in der Presse. Offenbar hat Abel damit die Absicht verfolgt, sich einen großartigen Abgang zu verschaffen, denn mit der Entlassung, die unmittelbar erfolgte, mußte er schon längere Zeit rechnen. Wie wenig also auch Abel ein treuer Diener seines Herrn war, läßt sich dieser Szene unschwer entnehmen.

Das neue Ministerium beeilte sich, Lola Montez das Indigenat zu verleihen, so daß ihrer Erhebung zur Gräfin von Landsfeld nichts mehr im Wege stand. Das war der Beginn der neuen Ära, in welcher der König alle seine Grundsätze über Bord geworfen zu haben schien. Das neue Ministerium wurde wegen seiner liberalen Gesinnung als „Ministerium der Morgenröte" begrüßt. Der wichtigste Mann war Georg Ludwig von Maurer, ein bedeutender Rechtshistoriker, von dem zu ihrer Zeit epochemachende Werke über Hofrecht und Dorfverfassung, über Stadtrechtsentwicklung und die Geschichte des Gerichtsverfahrens stammen. Er war aber auch als Staatsmann hervorgetreten und zwar 1832 bis 1834 als griechischer Justizminister. In dieser Stellung hat er sich außerordentliche Verdienste erworben, die in Griechenland bis zur Gegenwart anerkannt werden. Das Ziel Maurers als Minister war ein völliger Systemwechsel mit Gewährung von Forderungen der Verfassungsdiskussion der letzten Jahrzehnte, die der König bisher stets aufs schärfste abgelehnt hatte. Jetzt aber gab er nach, und zwar in bewußter Frontstellung gegen seine eigene Vergangenheit, in einer reinen Trotzreaktion, die sich gegen alle richtete, die in der Affäre Lola Montez öffentlich oder auch unter vier Augen Stellung bezogen hatten. Selbst engste Freunde wurden des Hofes verwiesen, und als sich schließlich selbst Maurer weigerte, mit der neu kreierten Gräfin Landsfeld in gesellschaftlichen Verkehr zu treten, wurde am 1. Dezember 1847 auch sein Ministerium entlassen. Sein Nachfolger wurde wieder der Fürst Oettingen-Wallerstein. Zu dieser Zeit setzt die persönliche Tragödie ein, die schließlich, nachdem sie in die welthistorische Wende von 1848 einmündete, zum Sturz Ludwigs I. geführt hat. Das war die Zeit, in welcher die Göttinger Sieben, jene Professoren, die sich dem Verfassungsbruch des hannoveranischen Königs nicht gebeugt hatten, in ganz Deutschland bewundert wurden, und so haben gerade jene Professoren, die Ludwig I. selbst nach München geholt hatte, Görres, Ringseis, dann die zum Görreskreis gehörenden Theologen und Philosophen Döllinger, Phillips und Lassaulx und noch einige, insgesamt acht, ebenfalls eine große Demonstration männlichen Stolzes versucht. Auf Antrag von Lassaulx beschlossen sie, dem scheidenden Minister Abel den Dank der Universität auszusprechen. Der König befahl umgehend, die Professoren abzusetzen, ausgenommen Görres und Ringseis, die schon in hohem Alter standen. Das war am 1. März 1847. Am gleichen Tag kam es zu den ersten Unruhen, als sich Hunderte von Studenten auf dem Universitätsplatz und dann in der Barerstraße vor dem Haus der Lola Montez versammelten, ihr „Pereat" darbrachten und die Fensterscheiben einwarfen. Militär zerstreute die Ansammlung, doch bereits am gleichen Tag flogen Steine auch gegen die Residenz, und als der König abends um 10 Uhr aus der Barerstraße in die Residenz zurückging, tönten ihm Beschimpfungen nach. Am anderen Tag setzten sich die Unruhen fort, die Landwehr wurde aufgeboten, aber niemand erschien. Das war das erste entscheidende Warnsignal, aber auch das hat der König mißachtet. Er hat auch alles in den Wind geschlagen, was ihm wohlmeinende Freunde über das Treiben der Gräfin berichteten, die sich ihre Freunde hielt und mit ihnen Gelage feierte, die im Gerücht zu grausigen Orgien aufgebauscht wurden. Er glaubte auch nicht, daß Lola Montez in aller Öffentlichkeit erklärt habe, sie werde die Minister davonjagen, wenn sie nicht Order parierten, und daß sie sich, was der König am wenigsten vertrug, immer wieder rühmte: „Mein Louis tut, was ich will." Er glaubte es nicht, sondern stieß seine Freunde von sich. Was ihn bis zuletzt an dieser Frau festhalten ließ, war gerade der Versuch aller Welt, ihn davon abzubringen. Wie er dem Erzbischof von Breslau, Diepenbrock, mit dem er befreundet war, bekannte, stand er mit Lola Montez keineswegs in jenem Verhältnis, das die Öffentlichkeit annahm. Im Bewußtsein also eines guten Gewissens, aber völlig unfähig, die Wirkung seiner Haltung zu bedenken, gab er jetzt mit Absicht seinen Beziehungen eine rückhaltlose Öffentlichkeit, gerade um zu dokumentieren, daß er sich nichts vorzuwerfen habe, in völliger Verkennung seiner Stellung, wie Spindler feststellt. Doch selbst diese Verhöhnung der öffentlichen Meinung, die darin bestand, daß er täglich seine Besuche in der Barerstraße machte, hätte wohl noch nicht genügt, die Februarunruhen 1848 hervorzurufen, wenn nicht der Kleinkrieg zwischen Studenten und Polizei das ganze Jahr über angedauert hätte und es der Gräfin Landsfeld schließlich nicht doch gelungen wäre, eine kleine Partei unter den Studenten für sich zu begeistern. Die ständigen Reibungen unter den Studenten führten dazu, daß die polizeilichen Untersuchungen kaum abrissen. Den Höhepunkt stellte jedoch der Befehl des Königs dar, durch ein Polizeiaufgebot während des Begräbnisses von Görres im Januar 1848 Kundgebungen zu verhindern, die der König als gegen sich gerichtet betrachtete. Von jetzt an steigerte sich die Aufregung noch mehr, Lola Montez selbst wurde mit Mühe aus der Theatinerkirche gerettet, in die sie sich eines Tages hatte flüchten müssen. Der König war schließlich so aufgebracht, daß er am 9. Februar die Münchner Garnison verstärken ließ und gleichzeitig die Schließung der Universität befahl. Das war der entscheidende Fehler. Am Tag darauf brachten einige tausend Studenten in geschlossenem Zug der Tänzerin und ihrem Freund Berks, dem Verweser des Innenministeriums, ein „Pereat" aus, der Aufmarsch von Studenten wurde durch anrückende Gendarmerie gewaltsam auseinandergesprengt, gleichzeitig versammelten sich an die tausend Bürger im Rathaus, forderten den Magistrat auf, die Schließung der Universität rückgängig zu machen und drohten mit einem Zug zur Residenz. Der Bürgermeister Kaspar von Steinsdorf versuchte dem Zug der aufgebrachten Bürger vor die Residenz zuvorzukommen und bat um eine Audienz beim König, doch kam es zu solchen zeitlichen Verzögerungen, daß die Audienz gleichzeitig mit dem Gelärme der Bürgerschaft vor dem Residenzplatz stattfand. Dadurch stand der König unter dem Eindruck, er solle gezwungen werden, und erklärte kategorisch: „Man kann mir mein Leben nehmen, aber meinen Willen nicht." Eine Zurücknahme der Verordnung lehnte er ab. Damit steigerte er nur die Aufregung, so daß er sich am gleichen Tag noch gezwungen sah, die Wiedereröffnung der Universität zu versprechen. Zur gleichen Zeit versuchte in der Barerstraße bereits der Pöbel das Haus zu stürmen, das die Gräfin Landsfeld bewohnte. Sie hatte jedoch vorgesorgt, Gendarmerie hielt das Haus besetzt, Kürassiere ritten an und zersprengten die Menge, es gab Verwundungen, Barrikaden wurden aufgetürmt. Am anderen Tag nahm die Bewegung ihren Fortgang. Schon in aller Frühe strömten die Bürger zum Rathaus, zum Teil in Landwehruniform und bewaffnet, und drohten mit dem Zug zur Barerstraße. Mit Mühe hielt Bürgermeister Steinsdorf sie zurück, während er gleichzeitig versuchte, auf die Minister einzuwirken, die zur selben Stunde versammelt waren. Jetzt endlich gelang es, vom König zu erreichen, daß die Universität sofort wieder geöffnet wurde und der König Lola Montez die Weisung gab, München zu verlassen. Noch waren die Bürger auf dem Rathaus versammelt, als Oettingen-Wallerstein mit dieser Nachricht kam. Ein Teil zog zur Residenz, um dem König zu danken. Ein anderer Teil zog allerdings zur Barerstraße, wo bereits ein randalierender Haufen dabei war, gegen das Haus vorzudringen, das die Gräfin Landsfeld bewohnte. Das dort postierte Militär wich aus. In letzter Minute erschien der König selbst und verhinderte durch sein bloßes Auftreten und durch ein herrisches Wort die Plünderung des Gebäudes. Er wurde zwar, da er mitten durch einen Steinhagel schritt, am Arm getroffen, aber als man den König erkannte, kam alles zum Stillstand. Einzelne stimmten ein Hoch auf den König an, das andere aufnahmen. Die Königshymne wurde gesungen – wohl der erstaunlichste revolutionäre Vorgang in der gesamten Weltgeschichte. Jetzt faßten auch die Soldaten wieder Mut. Der König gab ihnen Befehl, die Straße zu räumen, und ohne jede Begleitung begab sich Lundwig daraufhin wieder zur Residenz zurück.

Es gibt keinen Vorgang, der deutlicher zeigt, daß Ludwig I. nicht aus Mutlosigkeit nachgegeben hat, daß er durchaus in der Lage war, auch das letzte Risiko auf sich zu nehmen. Es muß also andere Gründe gegeben haben. War es die Furcht, bei einer Weigerung nicht nur selbst hinweggefegt zu werden, sondern auch die Zukunft seiner Dynastie zu gefährden, wie seine Schwester Auguste und die Königin betonten, oder hatte er sein Unrecht eingesehen? Für den Augenblick war jedenfalls Ruhe geschaffen. Die Studenten gelobten, von weiteren Demonstrationen abzusehen, die Bürger ließen den König hochleben – aber in Wirklichkeit stand die letzte Entscheidung noch aus.

In München trafen jetzt, noch vor den Februarereignissen in Paris, auf die noch immer nicht beruhigte Bürgerschaft die ersten Märzforderungen. Ein Teil der Bürgerschaft verlangte eine neue Gemeindewahlordnung und die Öffentlichkeit der Sitzungen. In der Allgemeinen Zeitung fanden sich bereits am 21. Februar Forderungen nach neuen Reformen, vor allem nach der Ministerverantwortlichkeit. Ende Februar wurde dann der Sturz des Bürgerkönigs Louis Philippe von Orleans in München bekannt. Schlagartig stieg die Erregung wieder an. Erneut bildeten sich Aufläufe, die Menge zog vor das Innenministerium, vor die Polizeidirektion, vor die Residenz, überall kam es zu Lärm, Freiheitsfahnen wurden mitgeführt, Barrikaden errichtet. Es kam zum Sturm auf Gendarmeriestationen, so daß kurz vor Mitternacht der Generalmarsch geschlagen wurde und die Landwehr ausrückte, um für Ruhe zu sorgen. Das ist der entscheidende Unterschied zur Februarrevolution in Paris. Hier hatte sich die Nationalgarde versagt, sie war zu den Aufrührern übergegangen. In München sammelte sich die Bürgerschaft gegen die Anarchie, die von einem Pöbel drohte, dessen Zusammensetzung nicht mehr zu klären ist. Aber wenn die Bürgerschaft auch gegen die Anarchie war, so trat sie jetzt trotzdem energisch für Reformen ein. Die erste umfassende Adresse mit den Märzforderungen wurde noch am 2. März von einer Gruppe von Bürgern ausgearbeitet, am 3. März lag sie im Rathaus zur Unterschrift auf. An die 10000 Bürger sollen sie unterschrieben haben, darunter auch die Reichsräte, an der Spitze der Präsident des Reichsrats Fürst Karl von Leiningen. Die Forderungen, die hier erscheinen, sind schon nicht mehr typisch für die spezifisch Münchner Situation, sie gehören bereits zum allgemeinen Programm der Märzbewegung: Ministerverantwortlichkeit, Pressefreiheit, öffentliches Gerichtsverfahren, Vereidigung des Militärs auf die Verfassung, freies Wahlgesetz, Volksvertretung im Bundestag. Auch eine Versammlung von Studenten erwog die gleichen Forderungen, erweitert um die Forderung nach freiem Versammlungs-und Vereinigungsrecht und allgemeiner Volksbewaffnung. Beide Adressen wurden dem König überbracht, der die Studenten nicht vorließ, den Bürgern aber versprach, über ihre Forderungen nach reiflicher Erwägung zu entscheiden. Tatsächlich fand noch am 3. März die erste Beratung statt, wobei zwei Entscheidungen gleichzeitig fielen. Die Augsburger Chevauxlegers wurden in Alarmbereitschaft gesetzt, die Freisinger Kürassiere nach München befohlen. Gleichzeitig ordnete der König die Auflösung der Kammern an und neue Wahlen, um einer Forderung der Bürgerschaft zu entsprechen, und versprach die Einberufung der Kammer bis zum 31. Mai. Inhalt der Beratungen sollte der gesamte Katalog der Märzforderungen sein. Diese Halbheit war aber nur Anlaß zur Verschärfung der Situation. Die Bürgerversammlung des nächsten Tages forderte die sofortige Einberufung der Stände. Die Reden auf dem Rathaus wurden immer leidenschaftlicher, eine Bürgerdeputation wurde zum König geschickt – jetzt stand alles auf des Messers Schneide. Während die Deputation vom König empfangen wird und sein Wort erhält, daß die Ständeversammlung sofort einberufen werde, löst der Sohn des Feldmarschalls Wrede eigenmächtig den Generalmarsch aus, der die Landwehr zu den Waffen ruft. Zur gleichen Zeit erstürmt eine größere Menschenmenge das Zeughaus am Anger und ruft die allgemeine Volksbewaffnung aus. Die Sturmglocke von St. Peter läutet. Der bewaffnete Zug ergießt sich durch die Straßen Münchens hin zur Residenz. Am Maximiliansplatz kommt der Zug ins Stocken, da Linientruppen ringsum alles abgeriegelt haben. Auf dem Promenadenplatz ist inzwischen die Landwehr eingetroffen, auch sie unter Waffen. Jeden Augenblick kann ein Zwischenfall den blutigen Zusammenstoß auslösen. In dieser aufs äußerste gespannten Lage bringt Prinz Carl, der Bruder des Königs, die Nachricht, daß der König in die sofortige Einberufung des Landtags einwillige. Die ganze Spannung löst sich jetzt auf, unter Hochrufen auf den König marschiert der gesamte Zug zurück zum Zeughaus und liefert dort ordnungsgemäß die Waffen wieder ab, jedenfalls zum größten Teil – das war die typisch königlich-bayerische Revolution, stattgehabt am Faschingssamstag des Jahres 1848.

Wenn auch die Gefahr einer bewaffneten Auseinandersetzung vorerst gebannt war, so gingen doch in den nächsten Tagen die Unruhen weiter. Die Volksversammlung tagte permanent, Gerüchte liefen hin und her, Deputationen verlangten vom Fürsten Oettingen-Wallerstein, dem neuen Innenminister, die sofortige Genehmigung der Märzforderungen, vom Prinzen Carl den Rückzug der Truppen. Trotzdem wurden die Truppen verstärkt, verdächtige Fremde wurden ausgewiesen, so daß am 6. März die Ansammlungen auf den Straßen immer dichter wurden. Fürst Leiningen, der Präsident des Reichsrats, hatte bereits den Kronprinzen veranlaßt, von seiner Würzburger Residenz nach München aufzubrechen, Leiningen, der gleichzeitig den König bestürmt hatte, alle Forderungen zu gewähren. Irgendjemand brachte dann die Meldung, daß nur noch bis 12 Uhr Zeit sei, dann breche der Sturm los. Das war der Augenblick, in dem der König kapitulierte. Um 11 Uhr erging die berühmte königliche Proklamation, deren Verfasser Oettingen-Wallerstein war und in welcher alle Märzforderungen genehmigt wurden. Gleichzeitig befahl der König die sofortige

Vereidigung des Heeres auf die Verfassung, ein Vorgang, den man noch 20 Jahre früher als Hochverrat empfunden hätte. Die Pressezensur wurde völlig aufgehoben, die Konstituierung von Freikorps erlaubt, kurz, zur gleichen Zeit, als in Wien die ersten Petitionen bürgerlicher Vereine ihre freiheitlichen Forderungen erhoben und in Berlin dem Vereinigten Landtag die Forderung nach periodischer Tagung genehmigt wurde, war in München der Märzsturm im großen und ganzen schon zu Ende.

Alles andere ist nur noch Nachspiel. Der einzig tragische Akzent dabei ist die Abdankung des Königs, die aber nicht mehr durch den Zwang der Ereignisse ausgelöst war, sondern vielmehr durch die Konsequenzen des 6. März. Bisher war das einzige Opfer der Fürst von Oettingen-Wallerstein gewesen, der am 11. März wegen seiner „unerhörten Eigenmächtigkeiten" entlassen worden war, als Verräter, wie der König sagte, der die Volksbewegung begünstigt und geleitet habe und ihn, den König, als regierungsunfähig habe beseitigen wollen. Tatsächlich hatte Oettingen-Wallerstein, der sich dann wenig später in der Augsburger Postzeitung vor dem Volk, nicht gegenüber dem König, für seine Haltung rechtfertigte, den Bürgern bei der Formulierung der Adresse vom 4. März, die dann zur Proklamation vom 6. März geführt hatte, Hilfestellung geleistet. Ein andermal, als die Bewegung unmittelbar vor der Möglichkeit des bewaffneten Zusammenstoßes stand, erklärte er: „Wäre ich nicht Minister, so würde ich in Ihren Reihen stehen" – es ist sicher, daß der König Grund hatte für seinen Argwohn. Allerdings muß man auch in Rechnung stellen, daß Oettingen-Wallerstein durch seine Haltung viel dazu beigetragen hat, das Schlimmste zu verhindern. Das wird besonders deutlich, wenn man die gleichzeitigen Ereignisse in Wien oder in Berlin ins Auge faßt. In Wien setzten die Kundgebungen am 12. März in aller Schärfe ein. Der 13. März brachte den Zusammentritt der niederösterreichischen Stände mit großen Demonstrationen und Zusammenstößen mit dem Militär. Die Menge drang ins Ständehaus ein, die freiheitlichen Forderungen gipfelten im Ruf nach dem Rücktritt Metternichs, der tatsächlich noch am gleichen Tag erfolgte. Der 15. März brachte die Aufhebung der Zensur, die Bewaffnung der Bürger durch die Einrichtung einer Bürgerwehr und das Versprechen einer Verfassung. Am Tag zuvor hatte es in Berlin die ersten schweren Zusammenstöße gegeben, wobei es bereits zu Todesopfern gekommen war. Am 18. März trat die Bewegung in Berlin auf ihren Höhepunkt. Das war der Tag der Einberufung des zweiten Vereinigten Landtags und der Einsetzung eines neuen, eines liberalen Ministeriums, das den Auftrag hatte, eine Verfassung auszuarbeiten, die Zensur wurde abgeschafft und die Reform der Bundesverfassung in Aussicht gestellt. Auf einer Massenversammlung vor dem Berliner Schloß, bei der man dem König für seine Großzügigkeit danken wollte, kam es, ausgelöst durch zwei Schüsse, zur Panik. Man glaubte sich vom König verraten, und wenig später starrte ganz Berlin von Waffen. Zweihundert Barrikaden etwa wurden aufgetürmt, die Berliner Garnison trat zum Kampf an, es gab ein Blutbad, bis der König am Abend noch, bestürmt von der Bürgerschaft, den Befehl zum Rückzug der Truppen gab und am 19., ohne jeden Rückhalt durch die bewaffnete Macht, gezwungen wurde, vor den gefallenen Aufständischen, die man ihm in den Schloßhof legte, den Hut zu ziehen, eine Demütigung des Königtums, die in ganz Deutschland Staunen hervorrief.

Das war der Tag, der in München eine weit größere Überraschung brachte: den Entschluß des Königs zum Rücktritt. Ein Gespräch mit dem Freiherrn von Rotenhan läßt die tieferen Gründe für diesen Entschluß erkennen. Der König fragte ihn, ob seiner Ansicht nach das konstitutionelle System mit der vollen Ministerverantwortlichkeit wirklich bevorstehe. Als Rotenhan diese Frage bejahte, erklärte der König: „Baron, unter solchen Umständen hat die Krone keinen Wert mehr für mich. Ich gehe mit dem Gedanken um, sie niederzulegen." Die letzten Anstöße brachte dann der Abend, an dem deutlich wurde, daß die königlichen Prinzen um den Bestand der Dynastie fürchteten. Max Spindler ist der Ansicht, daß für Ludwig I. jene Begründung, die Rotenhan dem König in den Mund legte, nämlich daß er in Zukunft nicht mehr regieren, sondern nur mehr unterschreiben könne, jene erlösende Formel war, die die Abdankung des Königs vor der Öffentlichkeit rechtfertigen konnte. Seit dem 11. Februar war, wie Spindler betont, sein Herrscherwille Stück für Stück zerbrochen worden. Was sich damals ereignete und dann wiederholte, war für ihn als Mensch und König eine so schwere Demütigung, daß er sie nicht ertragen konnte. Es war seinem Wesen gemäß, daß er die Konsequenz zog und dem Thron entsagte. Spindler fährt fort: „Der Entschluß des Königs wirkte damals und wirkt auch heute noch versöhnend. Mit ihm legte sich der Fürst, dessen höchste Lust es war zu herrschen, in eigener Person eine Sühne auf, an der er schwer trug, schwerer als er es sich anmerken ließ, eine Sühne für seine Versündigung am Königtum, für seine Mißachtung der Sitte, der öffentlichen Meinung und der Zeitlage. Eine solche Blöße wie er durfte sich ein König nicht geben, noch dazu in einer Zeit, in der es an allen Ecken und Enden Europas wetterleuchtete."

König Maximilian II.

So mächtig seit der Jahrhundertmitte, genauer seit den Märztagen 1848 sich im gesamten Gebiet des Deutschen Bundes jetzt auch die sachlichen Fragen geltend machten, herangetragen an die Throne in einer immer unaufhaltsamer anmutenden politischen Massenbewegung, so erlaubt es doch das Verfassungsverhältnis der konstitutionellen Monarchie nicht, noch weniger die Verfassungswirklichkeit in Bayern, den Anteil des Monarchen an den Entscheidungen zu vernachlässigen. Um wieviel auch immer die Stellung Maximilians II. gegenüber der Stellung seines Vaters an Selbstherrlichkeit eingebüßt haben mochte, sie war immer noch stark genug, um jeder politischen Entscheidung in dieser Epoche den Stempel des Königs aufzudrücken, so daß es eben auf die Persönlichkeit dieses Königs in hervorragendem Maße auch jetzt noch ankam. 37 Jahre war Maximilian II. alt, als im März 1848 so überraschend die Stunde der Verantwortung für ihn schlug. Anders als für seinen Vater war die Übernahme der Verantwortung für den Kronprinzen nicht ein Augenblick des Eintritts in die lang ersehnte Freiheit, auch wenn Maximilian nicht anders als sein Vater gegenüber Max I. als Kronprinz in ständiger Oppositon gestanden hatte. Der zweite Maximilian erschrak vor den Entscheidungen, die jetzt von ihm verlangt wurden. Ihre rationale Rechtfertigung fand diese Unsicherheit im Handeln in einer geradezu rührenden Wissenschaftsgläubigkeit. Das war ein Resultat der wissenschaftlichen Bildung, die der Kronprinz an den damals bedeutendsten Zentren der Geschichtswissenschaft in Deutschland empfangen hatte, in Göttingen und Berlin. In Göttingen hörte er Heeren und Dahlman, der ihm Privatvorlesungen über Politik und deutsche Geschichte gab, einer der Göttinger Sieben, führend auch unter den liberalen Theoretikern des deutschen Staatsrechts, der die Reihe der deutschen politischen, für ein politisches Ideal sich einsetzenden Historiker einleitet, orientiert nicht mehr am abstrakten Verfassungsideal der Französischen Revolution, sondern am lebendigen historischen Erbe und deshalb bereit, liberalen Geist zu binden an den preußischen Machtstaat. Dahlmans Einfluß ist auch beim König nicht ohne Folgen geblieben. In seiner politischen Grundanschauung spielte zwar Preußen keine Rolle als verpflichtender Wert, wohl aber die Macht als ein sittliches Postulat. Auch in Berlin hörte der bayerische Kronprinz vor allem die großen Historiker, Friedrich von Raumer und Leopold von Ranke. Mit Ranke hat ihn vieles verbunden, die gemeinsame Orientierung der Geschichte an der philosophischen Weltsicht des deutschen Idealismus und die Auffassung vom Staat als dem entscheidenden Träger aller menschlichen Kultur. Folgenschwer für die bayerische Kulturpolitik war allerdings die Tatsache, daß der künftige König die bestimmenden Einflüsse seines Lebens auf norddeutschen Universitäten empfing, von norddeutschen Gelehrten, denen die

Welt, in der er später zu wirken hatte, fremd war. Viele Spannungen zwischen dem König und seinen Untertanen rühren aus dieser Vorliebe für Berater, die er in der Zeit seiner Studien kennengelernt hatte. Von norddeutscher Art geprägt war auch seine gesamte Haltung, die von kühler und zurückhaltender Vornehmheit war, ohne jene Herzenswärme, die man in Bayern schätzte und die sein Vater bei aller Barschheit doch stets ausstrahlte.

Bei aller Verschiedenheit der Charaktere wies die Regierungstätigkeit Maximilians II. und Ludwigs I. doch sehr viele gemeinsame Züge auf. Vor allem in der Regierung aus dem Kabinett änderte sich überhaupt nichts, trotz der Märzerrungenschaften. Nach außen hin erschien die vom Minister vertretene Politik als die eigene, in Wirklichkeit war auch unter Maximilian II. die von den Ministern gegenüber dem Landtag und der Öffentlichkeit vertretene Politik zumeist die Politik des Königs. Sehr oft kannte aber der Minister die tiefste Begründung für die von ihm vertretene Politik überhaupt nicht, sondern hatte sich mit knappen Anweisungen des Königs zu begnügen, es sei denn, er lehnte eine solche Einschränkung seiner Verantwortlichkeit ab. An sich sah das konstitutionelle System, vor allem wie es seit 1848 in München theoretisch verankert war, Eingriffe des Königs in die Politik des Ministers nicht mehr vor, aber in Wirklichkeit war eine solche Auffassung weltfremd. Dem Minister blieb bei Divergenzen mit dem König als Alternative nur der Rücktritt, der Verzicht also auf die Macht, und es gibt wenig Charaktere, die dazu fähig sind. Die andere Möglichkeit, den König mit Hilfe des Landtags zur Einhaltung der Regeln zu zwingen, setzte ebenfalls politischen Selbstmord voraus, solange der König seine Minister ohne Befragung des Parlaments ernennen konnte und ein Minister auch unter seinen politischen Gegnern nur so lange als Ehrenmann angesehen wurde, als er bereit war, sich vor seinen König zu stellen.

Das ist immer die Haltung des wichtigsten Ministers gewesen, den Maximilian II. berufen hat, des Freiherrn Ludwig von der Pfordten. Der König hat ihn oft sehr schlecht behandelt. Trotzdem hielt er ihn 10 Jahre im Amt. Er konnte weder auf die Fähigkeiten dieses Mannes verzichten, der zu den führenden deutschen Juristen seiner Zeit gehörte, noch auf das außenpolitische Ansehen, das er besonders in Österreich und bei den deutschen Mittelstaaten in diesen Jahren genoß. Unter den Ministern, die vor und nach ihm amtierten oder die neben ihm wirkten, ragte keiner hervor, ob es sich nun um die Märzminister handelte, die noch Ludwig I. ernannt hatte und die für die Übergangszeit bis ins Frühjahr 1849 im Amt blieben, oder um Schrenck-Notzing, der von der Pfordten ablöste, ein Mann der katholisch-konservativen Richtung. Keinem gelang es so, einer Epoche den Stempel der eigenen Persönlichkeit aufzudrücken und es dahin zu bringen, daß die Regierung mit Gestalt und Programm eines einzigen Ministers identifiziert wurde. Für den König, der bei aller Unsicherheit und Zurückhaltung doch wollte, daß man ihn als den wirklichen Herrscher ansah, war ein solcher Minister auf die Dauer geradezu unerträglich.

So weitgehend sich die Ansichten des Kronprinzen auch, soweit es die Entwicklung der Staatsverfassung anging, mit denen seiner Göttinger und Berliner

Lehrer deckten, so weitgehend sie also dem liberalen Verfassungsprogramm nahestanden, als König kam Maximilian II. sehr bald zu einem Kurs der überwiegenden Reaktion. Ihm kam es nicht darauf an, irgendein formuliertes Verfassungsprogramm durchzuführen, den Staat also auf Grundlagen zu stellen, die von bestimmten Prinzipien abzuleiten waren, sondern einfach zurückzukehren zu der Zeit vor 1848 mit ihrer fast durch nichts eingeschränkten monarchischen Gewalt. Daß eine solche Rückkehr nicht mehr möglich war, mußte ihm von der Pfordten nicht nur einmal ausdrücklich klarmachen, doch letzten Endes beharrte der König auf seinen extremen Forderungen nicht, so wenig, wie er in der Lage war, den Fortgang der Verfassungsentwicklung aufzuhalten, so daß die 1848 gelegten Grundlagen nicht nur verbindlich geblieben sind bis zum Zusammenbruch des Königreiches Bayern, sondern auch Ausgangspunkt werden konnten für die Weiterbildung der bayerischen Verfassung im Sinne einer immer größeren Mitwirkung der Untertanen an der Gestaltung des eigenen Schicksals.

Die Reformen des Jahres 1848 basierten auf den schon Ludwig I. unterbreiteten März-Forderungen. Das war die Forderung nach Ministerverantwortlichkeit, nach einem freiheitlichen Vereins- und Versammlungsrecht, nach Pressefreiheit, nach Ausdehnung des Wahlrechts auf alle Staatsbürger, auf Öffentlichkeit und Mündlichkeit der Rechtsprechung unter Einrichtung von Schwurgerichten, die Forderung nach Abschaffung der Standesprivilegien und der Feudallasten. Ludwig I. hatte diese Forderungen in seiner Proklamation vom 6. März grundsätzlich gebilligt. Die noch von ihm berufenen Minister waren unter der Voraussetzung angetreten, daß die versprochenen Reformen auch durchgeführt würden. Der Kronprinz war an die Stelle seines Vaters getreten unter der Voraussetzung, daß er die Versprechungen seines Vaters auch einlösen würde. Tatsächlich stellte sich der neue König in seiner Proklamation vom 21. und mit seiner Thronrede vom 22. März bei der Eröffnung des Reformlandtages auf den Boden der März-Ereignisse. Die von ihm im Amt belassene letzte Regierung seines Vaters legte dem Landtag das in aller Eile ausgearbeitete Reformprogramm vor, und obwohl der Landtag nur zwei Monate dauerte, vom März bis Mai 1848, brachte er eine Fülle von neuen Gesetzen, vor allem jene Reformen, um die seit Jahrzehnten gerungen wurde.

Die Zusammensetzung des Landtags war der Reformarbeit günstig, einem starken konservativen Block von 61 Abgeordneten, meist aus Altbayern, standen mehr als 90 liberale Abgeordnete gegenüber, denen die Vorlagen der Regierung eher noch zu wenig einschneidend waren. Eines der ersten und wichtigsten Gesetze war ein neues Wahlgesetz. Es behielt zwar die Bindung an eine direkte Steuer bei, schrieb aber keinen bestimmten Steuersatz mehr vor, der allein zur Ausübung der Wahl berechtigte, so daß im Grunde jeder Staatsbürger, der ein wenn auch noch so geringes Einkommen hatte, in Zukunft wahlberechtigt war. Auch der Unterschied zwischen aktivem und passivem Wahlrecht wurde nicht mehr von der Höhe der Steuer abhängig gemacht, sondern nur noch vom Lebensalter. Wählbar war jeder wahlberechtigte Staatsbürger, der das dreißigste

Lebensjahr vollendet hatte. Was noch blieb, war die indirekte Wahl, die Wahl also durch Wahlmänner, ferner die Öffentlichkeit der Wahl. Außerordentlich bedeutsam war jedoch, daß jetzt die Bindung der Abgeordneten an Berufs- und Geburtsstand fortfiel. Auf etwa 50000 Einwohner sollte ein Abgeordneter treffen. Damit war das alte ständische Prinzip aufgegeben, die zweite Kammer stellte in Zukunft eine echte Repräsentation der Staatsbürger dar.

Ebenso grundlegende Änderungen wurden in Bezug auf den Wirkungskreis der Kammer vorgenommen. Die beiden wichtigsten Gesetze waren das über die ständische Initiative und das über die Ministerverantwortlichkeit. Ausgenommen von der Gesetzesinitiative der Kammer wurden alle Fragen, die das Monarchische Prinzip und die ständige Zivilliste berührten. So wurde einerseits die Fortbildung der Verfassung durch die Stände ermöglicht, andererseits wurden Sicherheiten gegen allzu große Veränderungslust getroffen, vor allem gegen eine einschneidende Schmälerung der Kronrechte. In dieser Hinsicht fühlte sich der König bereits eingeengt genug durch das Gesetz über die Ministerverantwortlichkeit. In Zukunft war auch die Rechtsgültigkeit einer Verordnung daran gebunden, daß sie vom zuständigen Minister gegengezeichnet war. Dieses Gesetz richtete sich unmittelbar gegen das System des abgetretenen Königs. Jetzt übernahm der Minister mit seiner Unterschrift die Verantwortung gegenüber dem Landtag, während er bisher nur dem König gegenüber verantwortlich gewesen war. Die mit diesem Gesetz verbundene Absicht, nämlich die Person des Königs den Verfassungsstreitigkeiten zu entziehen und den Minister an das Vertrauen des Parlaments zu binden, wurde allerdings durch dieses Gesetz noch nicht erreicht, da es dem König freigestellt blieb, wen er als Minister ernennen wollte, während umgekehrt der Minister, der das Vertrauen des Königs nicht mehr besaß, ohne Einschaltung des Landtags entlassen werden konnte. Durch dieses Gesetz wurde nicht, wie die Theoretiker des Konstitutionalismus im Vormärz geglaubt hatten, das gesamte Verfassungssystem erst ausbalanciert, sondern nur die Stellung der Minister selbst unhaltbar gemacht. Sie standen unablässig zwischen zwei feindlichen Polen, dem Monarchischen Prinzip und der Volkssouveränität. Die Regel war, sofern diese beiden Pole über annähernd gleiche Kraft verfügten, daß die Minister sich an einer unlösbaren Aufgabe zerrieben. Das war unter Maximilian II. die Regel.

Der breiten Masse des Volkes blieb die Bedeutung dieser Reformgesetze zweifellos verschlossen, da sie nicht unmittelbar in das Leben des Volkes eingriffen, bis auf zwei Gesetze: die Aufhebung der gutsherrlichen Gerichtsbarkeit und die Ablösung der Grundlasten. Bisher wurde die staatliche Gerichtsbarkeit noch immer durch zahlreiche herrschaftliche Gerichte unterbrochen, die den niederen staatlichen Gerichten gleichgeordnet waren, immer war auch ein Großteil des landwirtschaftlich genutzten Bodens im Obereigentum adeliger Grundherren, war der Bauer nur Nutznießer des von ihm bewirtschafteten Stück Landes. Im alten Bayern ließ diese Frage der Beendigung aller feudalen Abhängigkeiten die Bauern weithin gleichgültig, ohne daß die Gründe dafür bis jetzt ermittelt worden wären. In Franken und Schwaben dagegen war der Druck der öffentlichen Meinung so stark, daß selbst unter dem Adel, der vom Gesetz am meisten betroffen war, kein Widerstand mehr geleistet wurde. Sogar Rotenhan, der sich trotz seiner Bereitschaft zu weitgehenden Reformen bisher immer gegen eine solche Entmachtung des Adels gesträubt hatte, stimmte jetzt zu, ohne seine alten Einwände geltend zu machen, daß die Mißachtung der bestehenden Eigentumsverhältnisse der Revolution den Weg ebne. Auch er erkannte, daß die Revolution bereits stattgefunden hatte, und gerade in Franken war das nicht sehr schwer einzusehen, da dort, im Taubergrund, am Untermain, zwischen Odenwald und Spessart, zahlreiche Schlösser und herrschaftliche Gutshöfe geplündert, einzelne gar niedergebrannt worden waren. So wurde also die gutsherrliche Gerichtsbarkeit aufgegeben. Damit fielen im Interesse einer einheitlichen Staatsverwaltung alle adeligen Hofmarken, Gebilde also, die zum Teil bis ins 14. Jahrhundert zurückgingen. Mit dem zweiten Gesetz über die Fixierung, Aufhebung und Ablösung der Grundlasten wurde ebenfalls alten Abhängigkeitsverhältnissen ein Ende gemacht. Die Naturaldienste wie Besthaupt und Zehnten wurden teils ohne Entschädigung abgeschafft, teils wurden sie fixiert, d.h. in jährliche unveränderliche Geldabgaben, in Bodenzinse, verwandelt. Ferner wurden die fixierten Grundabgaben für ablösbar erklärt entweder durch Erlegung einer einmaligen Ablösungssumme oder durch jährliche Zahlung von 4% dieser Summe an den ehemaligen Grundherrn. Der Bauer war fortan nicht mehr bloßer Nutznießer, sondern er war Eigentümer des von ihm bebauten Bodens, doch waren mit dem Beharren auf Ablösung der Lasten, das bedingt war durch die Anerkennung der bisherigen Eigentumsverhältnisse, Übergangsschwierigkeiten verbunden, die erst 1908 ihr Ende fanden.

Mit diesen wichtigen Gesetzen waren die Reformen nicht abgeschlossen. Im Edikt vom Juni 1848 wurde auch die Grundlage für eine freie Presse geschaffen. Die Zensur fiel nun vollkommen. Druck und Veröffentlichung aller Schriften war freigegeben. Fortan konnte eine Schrift oder Zeitung nur mehr nach Erscheinen beschlagnahmt werden und auch dann nur, wenn das Strafgesetz übertreten war. Damit war die Presse völlig frei, wenngleich die verschiedene Interpretation der Artikel des Strafgesetzbuches auch in Zukunft noch Möglichkeiten schaffte, gegen mißliebige Redakteure vorzugehen. In Aussicht gestellt wurde dann schließlich auch die Vorlage eines Gesetzes zur Regelung der Vereins- und Versammlungsfreiheit, ebenso ein Gesetz über die Emanzipation der Juden, und für die Justiz wurde im sogenannten Grundlagengesetz vom Juni 1848 ein Programm aufgestellt, das einer gänzlichen Neuordnung gleichkam. Noch im August und November 1848 wurde die Einführung von Schwurgerichten beschlossen und der jahrzehntelangen Forderung nach Öffentlichkeit und Mündlichkeit der Rechtssprechung stattgegeben. Die Trennung von Justiz und Verwaltung wurde in Aussicht gestellt, aber dann doch erst 1861 durchgeführt. Besonders wichtig war die Garantie der Unabsetzbarkeit der Richter. Die Gleichheit aller vor dem Gesetz wurde ebenfalls jetzt durch die Aufhebung aller privilegierten Gerichtsstände verwirklicht.

Die Fortschritte in der Verfassungsfrage genügten aber nicht zur Sicherung des inneren Friedens in Bayern. Die nationale Frage führte zu einer echten Zerreißprobe. In der Pfalz und in Franken, zum Teil auch in Schwaben hatten sich noch im März zahlreiche demokratische und republikanische Vereine gebildet, die sogenannten Märzvereine, die nicht nur die liberalen Märzforderungen auf ihre Fahnen geschrieben hatten, sondern auch die Forderung nach nationaler Einheit. Als nun am 23. April 1849 Bayern die Annahme der Reichsverfassung vom 28. März ablehnte, obwohl 28 Länder sie bereits angenommen hatten und damit bereit waren, Friedrich Wilhelm IV. von Preußen als Reichsoberhaupt und neuen deutschen Kaiser hinzunehmen, kam es in Neubayern zur Krise. Es kam zu einem Sturm von Adressen an den König, besonders in den großen Städten, in Nürnberg, in Bamberg, in Würzburg; riesige Unterschriftenzahlen meldeten auch Augsburg mit 10000, Krumbach mit 8000, Kempten mit 6000, Illertissen mit 3000. Am 30. April machte ein Aufruf, der sich besonders an die Soldaten richtete, die Runde in ganz Franken. Seine Grundforderung lautete, daß die bayerische Regierung zur Annahme der Reichsverfassung gezwungen werden müsse. Anfang Mai beschloß eine Versammlung in Nürnberg, die von etwa 10000 Menschen besucht war, geradezu die Trennung von Bayern. Auch der Zusammenbruch des Aufstandes in Dresden um den 10. Mai dämpfte die Begeisterung nicht. Zur gleichen Zeit, als in Neustadt in der Pfalz die Republik ausgerufen wurde, schien auch der in Nürnberg geplante Frankentag auf die Trennung von Bayern zuzusteuern. Das Festkomitee bat in Frankfurt förmlich um einen Reichsverweser für Franken, doch jetzt stand auch die Frankfurter Nationalversammlung bereits mitten in der tödlichen Krise. Sie versagte sich also. Die 20000 bis 30000 Teilnehmer ließen sich von dem Hauptredner, Professor Vogt aus Gießen, davon überzeugen, daß Gewaltanwendung sinnlos sei. So ging man mit dem Schwur auf Freiheit und nationale Einheit auseinander. Auch eine Parallelversammlung in Kitzingen verlief ähnlich. Damit war um die gleiche Zeit die Gefahr einer fränkischen Erhebung gebannt, zu der in der Pfalz der rasche Einmarsch preußischer Truppen den blutigen Zusammenbruch des Aufstandes herbeiführte. Besonders nach dem Mißerfolg des Aufstandes in Baden im Juni 1849 kehrte wieder Ruhe ein. Die Märzvereine wurden aufgelöst. Gleichzeitig setzte aber von der Pfordten schon auf dem Landtag im Herbst des Jahres 1849 eine Ergänzung der Märzgesetze durch, welche die Versammlungs- und Vereinsfreiheit auf eine rechtliche Grundlage stellte, um die Gemüter wieder zu beruhigen. Auch die Jahre zwischen 1850 und 1857 standen im Zeichen eines gemäßigten Fortschrittes, wie Franz feststellt, obwohl man gerade diese Epoche gerne als eine der Reaktion bezeichnet. Tatsächlich ist eine Reihe von Gesetzen in diesen Jahren gescheitert, an Schwierigkeiten, die vom Reichsrat ausgingen oder auch vom König selbst, aber insgesamt ging der Verfassungskampf in diesen Jahren nicht mehr um große, um die grundlegenden Prinzipien, sondern um einzelne Positionen, die Verbesserung etwa der Zusammensetzung des Landtags, das Budget, oft überhaupt nur noch um Prestigefragen. Gegenüber dem Landtag fuhr von der Pfordten dabei, der in dieser Hinsicht den König auf seiner Seite wußte, weit stärkere Geschütze auf, als das sogar Ludwig I. wagen konnte. Wiederholt löste er den Landtag auf, bis sich dann 1859 zeigte, daß von der Pfordten innenpolitisch völlig isoliert war. Dem Landtag war er nicht liberal genug, der König und seine Kollegen waren gegen ihn, weil er nicht reaktionär genug war. Von der Pfordten wartete deshalb nur noch das Ende der Landtagssession ab. Am Tag darauf bot er dem König seinen Rücktritt an und schlug als Nachfolger den katholisch-konservativen Freiherrn von Schrenck-Notzing vor, den der König auch berief.

Das Scheitern von der Pfordtens in der Kammer der Abgeordneten machte auf den König aber, obwohl er sich nicht ungern von seinem Minister trennte, doch tiefen Eindruck. In diesem Zusammenhang fiel die berühmte Äußerung: „Ich will Frieden haben mit meinem Volke", und in der Tat stellte der König seinen Widerstand gegen die Weiterführung der Reformen jetzt ein, so daß ausgerechnet das Ministerium des konservativen Katholiken Schrenck dazu ausersehen war, das Reformprogramm zu Ende zu führen. 1861 legte das Ministerium Schrenck ein neues Strafgesetzbuch und Polizeistrafgesetzbuch sowie ein Gerichtsverfassungsgesetz vor, das endlich die Trennung von Justiz und Verwaltung brachte und eine neue Gerichtsorganisation mit straffem Instanzenzug vom Amtsgericht über die Schwurgerichte und Appellationsgerichte zum Oberappellationsgericht. Das gleiche Jahr brachte auch die Verwirklichung des großen Sozialprogramms des Königs, das nicht nur Armenfürsorge einschloß, mit königlichen Stiftungen caritativer Art, mit Krankenhäusern und Bereitstellung billiger Wohnungen für Arbeiter, sondern das auch den Versuch machte, durch Arbeitsbeschaffung die Konjunktur zu beleben. Das Bemühen des Königs um soziale Fürsorge wurde aber deshalb nicht zur Reform der gesamten Sozialstruktur, weil der Landtag für soziale Gesetzgebung kein Interesse zeigte. Die liberale Mehrheit sah keine Notwendigkeit dafür. Sie verbiß sich in ein prestigebestimmtes Ringen um belanglose Einzelreformen, aber die für die Zukunft entscheidende Entwicklung, für die allein der König ein waches Auge hatte, erkannte der Landtag nicht.

Ähnlich war es mit der Kulturpolitik, die ebenfalls die ausschließliche Domäne des Königs war. Wie die Kulturpolitik seines Vaters hatte sie in der Zielsetzung wie in der Durchführung einen großen Zug. Sie bewegte sich aber in anderer Richtung als die seines Vaters, gefördert wurde nicht in erster Linie die Kunst, sondern die Wissenschaft, aber auch das gesamte Schulwesen, nicht zuletzt auch die schöne Literatur. Schon 1832 heißt es im Tagebuch Maximilians: „Den Gebieten der Kunst und Wissenschaft will ich durch Forschung in allen Weltteilen die größtmögliche Ausdehnung zu geben suchen und diese mit dem höheren geistigen Leben meiner Nation in mächtigen Zusammenhang und Wechselwirkung bringen – so die Völker ihrer ewigen Bestimmung näher bringen, daß von Deutschland das Licht ausgeht, das die Völker erleuchtet." Das ist der Ausdruck des idealen Strebens des jugendlichen Thronfolgers, der hier unter unmittelbarem Einfluß von Schelling steht. Als König kümmerte sich Maximilian II. deshalb vor allem um die Berufungen an der Akademie und Universität stets persönlich. Das Hauptgewicht legte er auf das Fach der Geschichte, das in der Tat nicht glücklich vertreten war. Es fehlte ein Vertreter der historisch-kritischen Schule, es fehlte ein historisches Seminar, es fehlte eine große Lehrerpersönlichkeit. Der König entschloß sich, eine neue geschichtliche Professur ins Leben zu rufen, der eine große wissenschaftliche, aber auch eine große nationalpolitische Bedeutung zukam. Dieses Sachverhalts war man sich in allen Lagern bewußt, und so entbrannte um diesen Lehrstuhl der neueren Geschichte ein förmlicher Kampf, der sich fünf volle Jahre bis 1856 hinzog. Fast alle bedeutenden deutschen Historiker von damals werden dabei genannt. Die Rankeschüler Waitz und Giesebrecht lehnten ab, dann trat die Kandidatur von Ranke in den Vordergrund, dessen Annahme dem König natürlich besonders am Herzen lag, doch auch diese Berufung zerschlug sich. Den Sieg trug schließlich Heinrich von Sybel davon, seine Berufung wurde von Doenniges und namentlich auch von Ranke betrieben, der Sybel als den geistvollsten seiner Schüler bezeichnete. Er gründete das Historische Seminar, er rief die Historische Zeitschrift ins Leben, er trat auch sofort in ein enges Verhältnis zum König, dem er zahlreiche Gutachten lieferte und Auskunft über historische und politische Fragen gab. Sybel war die Seele der kleindeutschen Partei in München, ein entschiedener Anhänger Preußens und ebenso entschiedener Gegner des katholischen Kirchentums, gleichfalls ein entschiedener Gegner der Trias-Politik, die er in einer Denkschrift vom Mai 1861 dem König gegenüber aufs schärfste und schonungsloseste verurteilte. Damit verstimmte er am Ende allerdings auch den König, so daß bereits im Juni 1861 seine Tätigkeit in München ein rasches Ende fand. Jetzt fiel die Wahl des Königs in Übereinstimmung mit Ranke auf Giesebrecht, der damals in Königsberg wirkte, den Geschichtsschreiber der deutschen Kaiserzeit, ebenfalls ein Schüler Rankes. Giesebrecht war dann zurückhaltender als Sybel und, obwohl gebürtiger Preuße, nicht für den Ausschluß Österreichs aus dem Bund. Aus seiner Schule sind Heigel, Riezler und Simonsfeld hervorgegangen. Mit ihm und Sybel war die historisch-kritische Schule dank der Initiative des Königs in München begründet.

Zu den großen, in die Zukunft weisenden Verdiensten des Königs ist auch zu rechnen, daß er dem Kulturhistoriker Wilhelm Heinrich Riehl einen Wirkungskreis an der Universität eröffnete. Das Fach, dem Riehl seine Lebensarbeit widmete, die Volkskunde, hatte noch keine Heimat an den Universitäten. Er knüpfte wissenschaftlich an Justus Möser an, aber auch an die historische Rechtsschule, an die Germanistik, besonders an die Brüder Grimm. Mehr jedoch als die literarischen Quellen galt ihm die lebendige Anschauung. Er hat sich seine Kenntnisse von Land und Leuten erwandert. Für Bayern erwarb er sich ein besonderes Verdienst durch die Redaktion des Sammelwerkes „Bavaria", eine für ihre Zeit vorbildliche umfassende Landes- und Volkskunde von Bayern. Der Gedanke stammte vom König selbst, der schon als Kronprinz sammeln ließ und auch Titel, Gliederung und Stoffordnung selbst bestimmt hat.

Persönlichsten Anteil nahm der König auch an der Berufung von Justus Liebig, der damals auf der Höhe seines Ruhmes stand. Er war bahnbrechend in allen Zweigen der Chemie, einer der größten Chemiker seiner Zeit, groß und schöpferisch nicht bloß in der reinen Grundlagenforschung, sondern auch in der Verbindung von Chemie und Physiologie, ebenso in der angewandten Wissenschaft. Namentlich in der Landwirtschaft, in der Agrikulturchemie, führte er eine neue Epoche herauf. Neben Liebig, der wie ein Fürst die Fakultät beherrschte, bestimmten den Ruf Münchens in der Pflege der Naturwissenschaften der Hannoveraner Bischoff, der, wie Liebig, aus Gießen berufen wurde, dann Karl Voit, ein geborener Amberger, beide Physiologen, die mit Pettenkofer zusammenarbeiteten, dann der Zoologe Siebold, ein geborener Würzburger, der von Breslau geholt wurde, und der Agrarhistoriker Carl Fraas. Die Juristische Fakultät wurde durch Bluntschli ergänzt, den großen Schweizer Rechtsphilosophen. Von größter Bedeutung wurde aber die Förderung des genialen Pettenkofer, der aus der Nähe Neuburgs an der Donau stammte. Pettenkofer wurde, nicht zuletzt unter dem Eindruck der Cholera, die 1854 auch München erfaßt hatte, zum Begründer der modernen Hygiene. Bayern hat als erster Staat ein Ordinariat für Hygiene gegründet, das Münchner hygienische Institut wurde vorbildlich.

Nicht weniger wichtig als die Begründung von Instituten wie etwa dem ethnographischen Museum, das unter Maximilian II. entstand, war die Organisation der Forschung selbst, die Zusammenfassung der Wissenschaften, die Aufstellung und Durchführung von Plänen, denen der einzelne Forscher nicht gewachsen war, die nur durch gemeinsame Arbeit zu bewältigen waren. Auch in dieser Hinsicht war der König ungemein aufgeschlossen. Nicht wenige Anregungen stammten von ihm selbst. Die dauerhafteste seiner Schöpfungen war die Münchner Historische Kommission, die im Zusammenwirken mit Ranke ins Leben gerufen wurde. Sie bedeutet für die Geschichte der Neuzeit, was die Monumenta Germaniae Historica für das Mittelalter bedeuten. Neben der Historischen Kommission stand eine naturwissenschaftlich-technische Kommission, die der methodischen Forschung auf dem immer wichtiger werdenden Gebiet der Technik diente. Geplant und in langen Verhandlungen mit Sybel und Ranke gefördert, aber am Ende doch nicht verwirklicht wurde eine Akademie für deutsche Sprache und Literatur, die ähnliche Aufgaben für Deutschland erfüllen sollte wie die Academie Française für Frankreich.

Die Pläne des Königs waren umfassend, sie gingen auf Volksbildung überhaupt. Nicht bloß die gelehrte Bildung sollte gehoben werden, Max II. nahm auch eine Reform des gesamten Schulwesens in Angriff. Es entstand eine Neuordnung der lateinischen Schulen und der Gymnasien, im Schullehrernormativ von 1857 wurde die sogenannte Präparandenschule neu organisiert, die auf den zweijährigen Besuch des Lehrerseminars vorbereitete. Für beide Ausbildungstätten des künftigen Volksschullehrers wurden Lehrziel und Lehrplan genau umrissen. Auch die Gewerbeschulen, die bisher den Gemeinden oder Kreisen unterstanden, erhielten durch die Schulordnung von 1864 den Charakter von öffentlichen Bildungsanstalten. Gleichzeitig wurden die polytechnischen Schulen aufgehoben und die Technische Hochschule München geschaffen, die 1868 eröffnet wurde.

Ein Lieblingsgedanke des Königs war die Auslese und Förderung der Begabten. Seine Idee war das Maximilianeum, eine hoch dotierte Stiftung, für welche das Stiftungskapital aus dem Privatvermögen Max' II. stammte. Der Grundgedanke bestand darin, den Studenten über die Universitätsausbildung hinaus und neben ihr eine weitergehende Bildung angedeihen zu lassen, eine tiefere Bekanntschaft mit den wissenschaftlichen Problemen zu vermitteln, die der König an den höheren bayerischen Beamten seiner Zeit so sehr vermißte. Im Maximilianeum sollte eine Elite des Beamtentums herangezogen werden. Alles in allem hat das Maximilianeum diesen seinen Stiftungszweck wohl erfüllt. In Vergessenheit geraten war bis vor kurzem eine weitere Stiftung Maximilians II. von 1853, die auf Vorschlag von Doenniges erfolgte, der Maximiliansorden für Wissenschaft und Kunst. Die Mitglieder hatten die gleichen Rechte am Hof wie die Kammerherren, das bedeutete die rangmäßige Gleichstellung der Gelehrten mit dem Adel. Den Vorsitz dieses Ordens hatte Liebig, nach ihm Pettenkofer, später der Historiker Heigel. Beispielhaft wirkte das Verhalten des Königs selbst. Zu seiner Erholung und Zerstreuung, aber auch zu Anregung und Belehrung, vor allem zur Aussprache über seine kulturpolitischen Pläne, versammelte er von 1854 an wöchentlich, zum Teil sogar öfter, das geistige München um sich, besonders die nach München berufenen Gelehrten. Die Geladenen selbst nannten diese Zusammenkünfte Symposien. Da einige der Gäste Memoiren hinterlassen haben, besitzen wir ein recht anschauliches Bild von dieser eines Königs würdigen, hochkultivierten Geselligkeit, die sich sehr zu ihrem Vorteil abhebt von den Tafelrunden anderer gekrönter Häupter. Dichter, Künstler und Gelehrte wurden zugezogen, an der Spitze stehen Geibel und Paul Heyse, die Vertreter einer poetischen Richtung, deren Ruhm heute verblaßt ist, die aber zu ihrer Zeit mehr galten als ein Hebbel oder Raabe. Die Schwächen des Münchner Dichterkreises, der sich um Geibel und Heyse scharte, sind bekannt. Kühle und Weichheit, Glätte, Mangel an Kraft der Erfindung, an Orginalität, auch Volksfremdheit – aber sie haben doch eine wichtige Funktion in der Entwicklung der deutschen Literatur erfüllt, sie haben die Achtung vor der Form erhalten gegenüber der Formlosigkeit des „Jungen Deutschland". So lebendig und bewegt auch das literarische Leben Münchens um diese Zeit sich darstellte, vor allem das Theater stand in unvergleichlicher Blüte, so ging doch keine zupackende Kraft von den Schöpfungen dieser Epoche mehr aus.

Auch in der Kunst trägt die Regierungszeit Max' II. nicht das scharfe Profil wie die Regierungszeit seines Vaters. Die Malerei in ihren verschiedenen Richtungen lebt zum Teil noch vom Geist der vorhergehenden Epoche, etwa mit Carl von Piloty, um einen charakteristischen Vertreter herauszugreifen. Neben dieser doch sehr blassen akademischen Richtung blühte allerdings die Münchner Landschaftsmalerei in ungebrochener Intensität weiter, vielleicht sogar noch ansprechender als zur Zeit Ludwigs I. Sie wendet sich, mit Eduard Schleich d.Ä., August Seidel oder Ludwig Willroider, von der romantischen Übersteigerung der Motive ab, die in den dreißiger Jahren, in Nachahmung der heroischen Landschaften der vorausgehenden Epoche, so beliebt war, und nähert sich einer realistischen Gestaltung, ohne doch an Leuchtkraft und Glanz zu verlieren.

In der Baukunst war es der Zeit Maximilians II. bestimmt, vor allem die Pläne der Zeit Ludwigs I. zu vollenden. Daß es gelang, zu einem einheitlichen Stilcharakter der Bauten auch Max' II. zu finden, war der Kompositionskraft Friedrich Bürkleins zu verdanken, der als Sieger aus dem Wettbewerb um die Ausgestaltung der Maximilianstraße hervorging. Fast zwei Jahrzehnte hindurch war er der erste Baumeister des Königs. Das Maximilianeum, das erst 1874 vollendet wurde, erfuhr Umänderungen durch Gottfried Semper, den Erbauer der Wiener Oper, der die Form der Neurenaissance bevorzugte.

Kein geringerer als Wilhelm Heinrich Riehl, der ständig zum Kreis der Gäste Maximilians II. gehörte, hat uns deutlich gemacht, woran die Kulturblüte unter Max II. krankte. Sie wurde nicht aus dem Lande selbst entwickelt. Die von auswärts Berufenen konnten nicht recht einwurzeln, und daß der König sich nicht einheimischer Kräfte bediente, um sein Kulturprogramm durchzuführen, erzeugte Widerstand und forderte Widerspruch heraus. Besonders die eingesessenen altbayerischen Kreise wurden verstimmt, oder, wie die neu Berufenen sagten, die Autochthonen, die Eingeborenen. Der Hauptgrund der Zerwürfnisse war aber neben den weltanschaulichen Gegensätzen vor allem die Politik. Im Kreis der Tafelrunde des Königs war nur wenig großdeutsche Gesinnung zu finden, ganz abgesehen davon, daß nie ein Theologe geladen war. Der König glaubte jedoch, daß es genüge, wenn die Tafelgespräche sich nicht um andere Dinge drehten als um Wissenschaft und bestenfalls Kulturpolitik. Er beschränkte sich in seiner Würdigung der Geladenen auf die Leistung, sei es die künstlerische, sei es die wissenschaftliche. Der König hatte einen so festen Glauben an die Wissenschaft, eine so hohe Vorstellung von ihr und ihren berufenen Hütern, daß er die Bindung auch der Wissenschaft an die Zeit und ihre Anschauungen nicht in Rechnung stellte. Er hätte sonst nicht einem Sybel das Wort an der Universität gegeben und die Erziehung der jungen Historiker anvertraut, einem Mann, der die Geschichte bewußt in den Dienst der Politik stellte und zwar einer Politik, die der des Königs diametral entgegengesetzt war. So wurde mit der Berufung Sybels der Grundstein gelegt zur Erziehung der bayerischen studierenden Jugend im kleindeutschen Sinn, eine Erziehung, die sich auf Generationen hinaus ausgewirkt hat. Der gleiche König, der in der Politik ängstlich über das Gebäude der Eigenstaatlichkeit Bayerns wachte, hat es geistig zugleich durch Bevorzugung des nationalliberalen Elements in seiner privaten gelehrten Umgebung unterminiert und mehr als andere Fürsten des Dritten Deutschland mitgewirkt bei der geistigen Vorbereitung des Umbruchs von 1866 und 1870.

Die deutsche Politik Bayerns von 1849 bis 1866

Das Ungenügen des deutschen Volkes am Bund von 1815 war weithin nur Erzeugnis der literarisch-publizistischen Propaganda. Es gab nur ein einziges politisches Bedürfnis, das die Zerschlagung der Schöpfung von 1815 gerechtfertigt hätte, nämlich das Unvermögen des Bundes, den Wunsch des Bürgertums nach freiheitlicher Mitgestaltung des öffentlichen Lebens zu stillen, doch bekanntlich wurde gerade dieses Bedürfnis im Bismarckreich bestenfalls als eine unvermeidliche Nebenerscheinung in Kauf genommen und keineswegs befriedigend gestillt. Ein echtes politisches Bedürfnis hätte vorgelegen, wenn der Bund versagt hätte bei der Gewährleistung des wirtschaftlichen Lebens der Nation, doch reichte im allgemeinen Bewußtsein dafür der Zollverein aus. Ebenso war der Schutz des Bundesgebietes wie die Sicherung der einzelnen Bundesglieder durch die militärischen Vorkehrungen des gesamten Bundes gesichert, so lange nicht die beiden Großmächte Österreich und Preußen ihrerseits Angriffe herausforderten. Wenn es aber kein politisches Bedürfnis war, so muß der allgemein in der öffentlichen Meinung sich offenbarende Wille, den Bund umzubilden, auf andere Faktoren zurückgeführt werden, für welche freilich in der herkömmlichen diplomatischen Geschichtsschreibung, aber auch in der wirtschaftsgeschichtlichen Kausalitätsbetrachtung keine Handhabe zu finden ist. Ein pathologisches Handbuch der Völkerneurosen ist jedoch immer noch nicht geschrieben, so daß jede Vermutung sich zumindest an den Rand der Wissenschaft wagt; es soll aber wenigstens auf einen Brief von Schelling vom 20. Juli 1848 an den neuen bayerischen König hingewiesen werden, in welchem er bemerkt: „Das träge Stillsitzen verderbt die Heere, die Völker wollen beschäftigt sein. Es soll Großes durch sie und für sie geschehen." Selbst für Schelling also bestand das zu leistende Große, wie der Hinweis auf die Heere deutlich macht, in militärischer Machtentfaltung. Eine solche aber war vom Bund in der gegenwärtigen Gestalt nicht zu erreichen. Das Bedürfnis also nach nationaler Größe, das zu vermuten ist hinter diesem beständig wachsenden Verlangen nach nationaler politischer Einheit, war, wie es scheint, der alleinige Motor dieser Bewegung. Die Tatsache, daß ganz Europa von ihr ergriffen war, daß es sich um eine allgemeine, nicht auf Deutschland beschränkte Erscheinung handelte, spricht nicht gegen die Lebensfähigkeit des Bundes von 1815 und für die Notwendigkeit einer umstürzenden Neubildung. Diese Feststellung gilt freilich nur für die institutionellen Voraussetzungen, die durchaus genügt hätten, wenn nicht ein dem heutigen Mittel- und Westeuropa fremd gewordener Machthunger ohnegleichen die beiden deutschen Großmächte seit 1849 unaufhaltsam auf dem Wege nach Königgrätz vorangepeitscht hätte. Es entspräche nicht der historischen Wahrheit, wenn man behaupten wollte, das an sich machtlose Bayern habe in diesem Reigen nicht auch eine ihm angemessen erscheinende Rolle zu spielen versucht. Daß diese Rolle weder in sich geschlossen und abgerundet sich darstellt noch zum Erfolg führte, liegt nicht nur an den äußeren Gegebenheiten, sondern auch an den Grenzen der entscheidenden Persönlichkeiten.

Die Grundlagen für die deutsche Politik Bayerns unter Maximilian II. sind trotz der Verschiedenheit der Berater und trotz vieler divergierender Ansichten im einzelnen noch unter Ludwig I. gelegt worden. Zunächst schlug die nationale Begeisterung, die sich auch in den Märzforderungen zeigte, im König verwandte Saiten an. In der Proklamation vom 6. März trat er für eine Vertretung der deutschen Nation am Bund und für eine Revision der Bundesverfassung ein. Dieser Teil der Proklamation war ihm keineswegs abgetrotzt. Gleichzeitig lehnte er die von Metternich vorgeschlagene Ministerkonferenz in Dresden ab. Damit war der Plan einer einseitigen Bundesreform durch die Regierungen abgetan. Auch den Vorstoß Max von Gagerns, der ebenfalls im Zusammengehen mit den Regierungen eine Reform der Bundesverfassung anstrebte, allerdings mit der Absicht, Preußen die Führung zuzuspielen, brachte der König ebenfalls zu Fall: „Nicht ohne Österreich", war das erste Wort, das Ludwig zu Gagern sagte. Auch der Kronprinz verhielt sich völlig ablehnend. Als dann Friedrich Wilhelm IV. trotz der blutigen Ereignisse seit dem 14. März in Berlin es sich einfallen ließ, zu erklären, daß er sich an die Spitze des gesamten Vaterlandes stellen wolle, da erregte diese „angemaßte Hegemonie des Königs von Preußen" auch in Bayern eine solche Erbitterung, daß man das Bild des Königs vor dem Haus des preußischen Gesandten öffentlich verbrannte. Die Ansicht Ludwigs war, daß auch beim Bund das Volk eine Vertretung finden sollte; wie in den Verfassungsstaaten zwei Kammern bestanden, so sollten auch im Bund zwei Kammern gebildet werden, bestehend aus Delegierten der heimischen Kammern, dazu ein Kollegium von Vertretern der Regierungen. Das Bundespräsidium sollte abwechselnd von den größeren deutschen Staaten geführt, der Bundeszweck erweitert werden auf Schutz der Nationalität, Schutz der Verfassungen, gemeinsame Gesetze für bürgerliches Recht und Strafrecht, Handels- und Wechselrecht, eine allgemeine deutsche Wehrverfassung und ein allgemeines Zollsystem. Das war das deutsche Programm Ludwigs I., also Festhalten am Bund, aber Ausbau des Bundes und Ausdehnung der einzelstaatlichen Verfassungen auf die Gesamtverfassung, ein Plan, der den freiheitlichen Bestrebungen der Märztage ebenso entgegengekommen wäre wie den augenblicklichen politischen Gegebenheiten.

Die Entscheidung lag aber bereits nicht mehr bei den Fürsten, weder in Wien und Berlin noch auch in München. Die Führung glitt den Regierungen völlig aus der Hand, die Entscheidung lag in den Händen des Volkes. Bereits am 31. März trat das Vorparlament, für das am 5. März eine Versammlung süddeutscher Parlamentarier zu Heidelberg eingeladen hatte, in Frankfurt zusammen. Im April fanden die Wahlen für die deutsche Nationalversammlung statt. Am 18. Mai, nachdem am 17. der Kaiser gezwungen worden war, Wien zu verlassen, trat die Nationalversammlung zusammen. Ungeachtet des revolutionären Vorganges, der Maximilian II. am 20. März des Jahres auf den Thron gehoben hatte, stand der neue bayerische König den Vorgängen in Frankfurt mit äußerster Besorgnis gegenüber, einer Besorgnis, die sowohl dem Einfluß der Frankfurter Beratungen auf die innerbayerischen Verhältnisse galt als vor allem seiner königlichen Souveränität.

Sie war bedroht von den Parteien, die einander in den Verfassungsverhandlungen zu Frankfurt gegenüberstanden, sowohl den großdeutschen Demokraten wie den kleindeutschen Monarchisten. Dieser Bedrohung trat Bayern mit einer eigenen politischen Konzeption entgegen, der sogenannten Trias-Idee. Bereits 1848 wurde sie Gegenstand eines amtlichen Entwurfs, um aus der deutschen Politik bis zum Abgang von der Pfordtens mit ihren Nachwirkungen bis zur Niederlage von 1866 nicht mehr zu schwinden.

Der Gedanke eines Zusammenschlusses des Dritten Deutschland, der kleinen und mittleren Mächte zwischen den beiden Großmächten Preußen und Österreich, hatte seinen Ausdruck schon gefunden in den Associationsbestrebungen des 17. und 18. Jahrhunderts. Der Plan war damals aus dem Versagen des Reiches geboren, dem Schutzbedürfnis gegen innere und äußere Feinde und der Sorge vor Ausnutzung durch das Haus Habsburg. Er war im ersten und zweiten Rheinbund verwirklicht worden. Letzten Endes entsprang er dem Selbsterhaltungstrieb der Mittelstaaten, der Erwägung, daß Isolierung für den Mittelstaat und den Kleinstaat gleichbedeutend sei mit Einflußlosigkeit, unter Umständen auch mit einer Gefährdung der Selbständigkeit durch die machthungrigen und beutegierigen Nachbarn. Bei jeder Anlehnung an Preußen oder Österreich war die Gefahr einer Mediatisierung zu befürchten. Der Ausweg schien der Zusammenschluß der Mittelstaaten untereinander. Einen solchen Plan also legte der vom König nach Frankfurt gesandte Freiherr von Closen vor. Bei den preußischen Erbkaiserlichen rief der Trias-Plan aber nur Hohn oder Entrüstung hervor. Besonders diffamierend wirkte der Vergleich mit dem Rheinbund, auch wenn ein solcher Vergleich jeglicher Grundlage entbehrt. Das Protektorat einer fremden, außerdeutschen Macht schied vollkommen aus, auch war bei der Trias-Verfassung nicht geplant, dem Reich eine Zentralbehörde zu geben, wie das Napoleon vorgehabt hatte. Maximilian II. erstrebte keinen verfassungsmäßigen Zusammenschluß der Mittelstaaten unter bayerischer Führung, keinen Bund innerhalb des Bundes, keine organisatorische Dreigliederung Deutschlands, wie das Beust mit seinen Koalitionsplänen später beabsichtigte, sondern nur eine stete Verständigung über Bundesfragen durch Korrespondenzen und mündliche Besprechungen der Minister, also Verständigung von Fall zu Fall, freilich unter Vorantritt Bayerns. Dieser Trias-Gedanke wurde der politische Lieblingsgedanke des Königs. Er war in seiner Umgebung schon vor 1848 viel erörtert worden und hatte damals auch Beifall außerhalb dieser Kreise gefunden. Vor allem einer der wichtigsten Männer in der Umgebung Maximilians II., Wilhelm Doenniges, den er als Privatdozenten in Berlin kennengelernt hatte, vertrat solche Gedanken, wobei freilich die Führungsrolle Bayerns im Süden Deutschlands der gleichen Rolle Preußens im Norden korrespondieren sollte.

Österreich war also in dieser Konzeption von Doenniges zunächst aus dem engeren Deutschland völlig verbannt. Außerdem erscheint die Rolle Bayerns übersteigert bis zur Beanspruchung einer hegemonialen Stellung. Von Doenniges stammt dann zur Hauptsache der bayerische „Entwurf von Grundzügen einer nationalen Deutschen Bundesverfassung" vom Mai 1848. Das war der Versuch, die Trias-Idee in der Reichsverfassung fest zu verankern, mit einem dreiköpfigen Direktorium, mit Volkshaus und Staatenhaus, das war also die Verbindung von Trias-Idee, Monarchischem Prinzip und Mitwirkung der Volksvertretung. Es ist bezeichnend für das Regierungssystem des Königs, daß diese bedeutende Manifestation der bayerischen amtlichen Politik nicht von dem verantwortlichen Minister ausging, sondern von einem unverantwortlichen Ratgeber.

Eine führende Rolle unter den deutschen Mittelstaaten konnte Bayern mit Recht beanspruchen. Es war der größte deutsche Mittelstaat, doppelt so groß wie Hannover, fünfmal so groß wie Sachsen. Seine Bevölkerung lag nur um 800000 unter der Bevölkerungszahl der drei anderen mittelstaatlichen Königreiche zusammen. Was die Aussichten des Triasplans anlangt, so lag zweifellos eine Verständigung der Mittelstaaten unter Führung Bayerns im Bereich des Möglichen. Für einen organisatorischen Zusammenschluß fehlte allerdings die machtpolitische Grundlage, vor allem war, worauf Doenniges hingewiesen hatte, die Armee völlig vernachlässigt. In einem Jahrhundert jedoch, dem der Griff zur Waffe selbstverständliches Lebensrecht der Staaten war, konnte eine politische Konzeption, der wie diesem Triasgedanken kein stählerner Kern eingegossen wurde, nicht imponieren.

Das Frankfurter Parlament ging über den bayerischen Trias-Entwurf ebenso zur Tagesordnung über wie über alle Entwürfe der Großdeutschen. Die am 28. März 1849 verabschiedete Reichsverfassung brachte als Abschluß die Wahl Friedrich Wilhelms IV. zum Erbkaiser. Das war der Ausschluß Österreichs aus dem neuen Gebilde und die Mediatisierung der Einzelstaaten. 28 Länder nahmen diese Reichsverfassung an. Schelling beschwor seinen Schüler, den bayerischen König, stürmisch, die deutsche Einheit und Größe Wirklichkeit werden zu lassen. Doenniges entwarf bereits die königliche Proklamation mit der Anerkennung der Reichsverfassung, doch die bayerische Regierung lehnte am 23. April 1849 die Reichsverfassung und das Erbkaisertum unter Hinweis auf den Ausschluß Österreichs ab. Ein solcher wurde bezeichnet als eine Verletzung der vertragsmäßigen Rechte und Pflichten der Bundesverfassung, aber auch als eine Verletzung des großen Gedankens der Einigung des deutschen Volkes. Das war die Sprache Ludwig von der Pfordtens, der seit 19. April Außenminister war und die Leitung des gesamten Ministeriums erhielt. Hannover schloß sich dem Vorgehen Bayerns an. Mit der Haltung Österreichs und der beiden größten deutschen Mittelstaaten war das Schicksal des Parlaments besiegelt.

Mit seiner Entscheidung vom April stand von der Pfordten in scharfem Gegensatz zum bayerischen Landtag, der sich in seiner Mehrheit zur Reichsverfassung bekannte. Angesichts dieser Verhältnisse, angesichts aber vor allem des pfälzischen Aufstandes blieb dem Minister nichts mehr übrig, als am 10. Juli den

Landtag aufzulösen. Eine solche Entscheidung wurde auch dadurch nahegelegt, daß in diesem Augenblick nichts anderes mehr möglich war, als die Wahl zwischen dem Abfall Neubayerns oder Altbayerns zu treffen. Aus den altbayerischen Gebieten hatten sich weit mehr Städte und Märkte gegen die Annahme der Reichsverfassung ausgesprochen, zum Teil unter kräftigen Drohungen, als in Neubayern für die Annahme gestimmt hatten. Aber diese Entscheidung war nicht nur eine der augenblicklichen Taktik, von der Pfordten war nicht Außenminister eines selbständigen Staates geworden, um dann den eigenen Wirkungskreis wieder aufzulösen. Ihm war auch vollkommen klar, daß die bayerische Selbständigkeit nicht ohne Hilfe des Bundes und gegen die beiden deutschen Großmächte bewahrt werden könne. Der allgemeinen Auffassung vom reformbedürftigen Charakter des Bundes trug von der Pfordten jedoch ebenfalls Rechnung, indem er für eine kräftigere Zentralgewalt eintrat, nämlich ein kollegialisch geleitetes Direktorium mit dem Recht der Vertretung des Bundes nach außen und dem militärischen Oberbefehl über die Bundeskontingente. Den Zusammenschluß selbst gedachte er zu erreichen durch eine Vereinbarung der deutschen Staaten und durch die Zustimmung einer freigewählten Nationalversammlung, zu deren Kompentenzen auch die Gesetzgebung in allen gemeinsamen Angelegenheiten gehören sollte. Das war ein Bund ohne hegemoniale Spitze, die beste Garantie gegen militaristisch-expanisve Ambitionen, da eine vielgliedrige Bundesleitung sich wohl kaum jemals auf ein expansives Ziel hätte einigen können, während ein solcher Bund doch stark genug war, um vor Angriffen auf das Bundesgebiet von vorneherein abzuschrecken.

Mit diesem Programm war die bayerische Stellung festgelegt für jenen ganzen Zeitraum, der das dramatische Ringen um die Neugestaltung des Deutschen Bundes sehen sollte, bis 1866. Von einer maßgebenden Rolle Bayerns in diesen eineinhalb Jahrzehnten der deutschen Geschichte kann im wesentlichen nicht gesprochen werden, ausgenommen in der kurzen Phase des Gleichgewichts zwischen den beiden deutschen Großmächten zur Zeit des Krimkriegs. Das große Reformprojekt, das von der Pfordten 1849 entwickelte und das an politischer Fruchtbarkeit den Plänen des preußischen Ministerpräsidenten Bismarck weit überlegen war, sofern man als Ergebnis der Politik nicht die kurzfristige Verwirklichung hybrider Großmachtträume, sondern die langfristige Sicherung der Lebensrechte eines Volkes versteht, wurde zunächst nicht wieder aufgenommen. Dem Plan wohnte nicht jene Dynamik kühner neuer Schritte inne, vor allem stand keine Macht dahinter. Beides aber war mit dem großen preußischen Unionsplan des Freiherrn von Radowitz gegeben, der die Kabinette bis 1850 beschäftigte. Der preußische König hatte wohl die Kaiserkrone abgelehnt, die ihm vom Parlament angeboten worden war, aber er hatte aus dem Ruf des Frankfurter Parlaments doch ein Anrecht entnommen, an die Spitze Deutschlands zu treten. Radowitz trat deshalb an die Staaten des außerösterreichischen Deutschlands heran mit dem Vorschlag der Vereinigung zu einem Bundesstaat, dessen Führung der König von Preußen übernehmen sollte. Dieser Bundesstaat sollte mit Gesamtösterreich durch einen völkerrechtlichen Bund zu einer Union vereinigt werden. Auf Konferenzen zu Berlin im Mai 1849 traten Hannover und Sachsen dem Plan bei, im Juli versammelten sich dann zu Gotha Mitglieder des ehemaligen Frankfurter Parlaments, die schon einmal dem preußischen König die Kaiserkrone angetragen hatten, und billigten das Dreikönigsbündnis. Auch eine Reihe von norddeutschen Mittel- und Kleinstaaten trat dem Bündnis bei. Der Plan ruhte auf zwei Voraussetzungen: einmal, daß Österreich bereit war, sich vom engeren Bund ausschließen zu lassen, zum zweiten, daß Bayern beitrat und zustimmte. Bei Bayern lag also eine schwere Entscheidung. Für von der Pfordten bedeutete das Projekt den Ausschluß Österreichs, damit aber die Mediatisierung Bayerns, da seine Selbständigkeit nur durch das Gleichgewicht der Großmächte gesichert schien. Von der Pfordten versuchte also, den gegenwärtigen Zustand in Verhandlungen mit Preußen und Österreich zu erhalten, wieder mit dem Vorschlag einer Direktorialverfassung. Als er damit nicht zum Ziel kam, lehnte er den preußischen Vorschlag ab. In Bayern machte seine Begründung, die auch die Gefährdung des Friedens und die Gefahr einer Zerstückelung Deutschlands einschloß, die Zerschlagung also jener Einheit, nach welcher sich die Nation sehnte, durchaus Eindruck. Wie zum Beginn des Jahres 1850 schlossen sich seiner Argumentation auch Hannover und Sachsen an. Verhandlungen mit ihnen, denen ein Plan von der Pfordtens vom 9. Dezember 1849 zugrunde lag, hatten die Münchner Punktationen vom Februar 1850 oder das sogenannte Vierkönigsbündnis zum Ergebnis. Ihr Ziel war die Zusammenfassung der vier mittelstaatlichen Königreiche Bayern, Württemberg, Sachsen und Hannover zu einem Gebilde, das den Großmächten die Waage halten könnte. Es hätte genau 10 Millionen Einwohner umfaßt, gegenüber 17 Millionen Preußens und 18 Millionen Deutsch-Österreichs mit Böhmen. Die Verhandlungen waren sehr schwierig, denn das Mißtrauen gegen Bayern und seine Hegemoniepläne von seiten seiner Nachbarn war groß, und es war nicht unberechtigt, denn der König spielte unter dem Einfluß von Doenniges mit dem Gedanken, aus dem Dritten Deutschland einen oder zwei Bundesstaaten zu bilden, einen norddeutschen unter Führung Hannovers und einen süddeutschen unter Führung Bayerns, wobei er am liebsten eine Beseitigung aller Kleinstaaten, besonders eine Aufteilung Badens zwischen Bayern und Württemberg gesehen hätte. Dieses Verfassungsprojekt von der Pfordtens sah, bezogen auf den ganzen Bund, als Spitze eine Direktorialregierung mit Österreich, Preußen, den vier Königreichen und einer weiteren Stimme, geführt von Hessen vor, also ein siebengliedriges Direktorium. Über den Vorsitz sollten Österreich und Preußen sich einigen. Das war bereits eine sehr abgeschwächte Variante seines Planes vom April 1849, eine Variante, die sich den neuen taktischen Gegebenheiten anpassen mußte und bereits deutlich zeigt, daß eine Initiative Bayerns immer nur möglich war unter Preisgabe prinzipieller Einsichten. Aber auch an dieser Lösung war noch bedeutsam, daß sie im wesentlichen ganz Mitteleuropa umfaßte und ein einheitliches Zoll- und Handelsgebiet von der Nordsee bis zum Balkan mit dem Donauweg zum Schwarzen Meer vorsah, ein Plan, der alle Voraussetzungen einer künftigen friedlichen Entwicklung enthielt. Er konnte trotzdem niemanden begeistern, weder den Leiter der österreichischen Politik, den Fürsten Schwarzenberg, der 1849 die österreichische Gesamtstaatsverfassung durchgesetzt hatte und nach dem vollständigen Sieg über die Revolution Österreich für stark genug hielt, für sich selbst zu stehen, nicht die deutschen Mittelstaaten, die sich der Gefahr einer Majorisierung durch Bayern gegenübergestellt sahen, vor allem nicht Preußen. Für den preußischen König bedeutete ein solcher umfassender Bund den Verzicht auf die Führung im engeren Deutschland und damit den Verzicht auf eine Erweiterung der Macht Preußens. Daß auch die preußischen Pläne bereits gescheitert waren, wollte der König nicht wahrhaben, obwohl sich im März 1850 bereits zeigte, daß nur noch die kleineren norddeutschen Staaten bereit waren, Preußen zu folgen. An der nach Erfurt berufenen Versammlung nahmen Hannover und Sachsen schon nicht mehr teil. Die Annahme der Unionsverfassung durch die norddeutschen Kleinstaaten aber bedeutete keinen echten preußischen Machtzuwachs. Fürst Schwarzenberg entnahm aus diesem Ergebnis die Ermutigung zur Wiederbelebung des Bundes von 1815 und antwortete auf den Erfurter Beschluß mit einer Einladung zur Beschickung des Frankfurter Bundestages. Bayern, das seine Selbständigkeit in diesem Bund von 1815 immer noch besser gewahrt sah als in allen Reformplänen, trat Schwarzenberg zur Seite. Bereits Anfang September 1850 wurden die Sitzungen des engeren Rates im Bundestag wieder eröffnet. Damit war die erste Kraftprobe zwischen Österreich und Preußen unvermeidlich.

Diese Kraftprobe gewann Österreich, es gelang Schwarzenberg, Preußen wieder in den Bund hineinzuzwingen. Die Handhabe dazu bot sich im kurhessischen Verfassungsstreit. Der Kurfürst von Hessen und sein Minister Hassenpflug begaben sich in Folge eines Konflikts mit ihren Ständen unter den Schutz des erneuerten Bundestages, obwohl Kurhessen zur preußischen Union gehörte, und begehrten Hilfe vom Bund. Österreich, die Könige von Bayern und Württemberg schlossen ein Schutz- und Trutzbündnis zur Aufrechterhaltung des Bundes und Durchsetzung des Bundesrechts und vereinbarten bewaffnetes Einschreiten im Fall eines preußischen Widerstandes. Bayern wurde damit beauftragt, die Bundesexekution in Hessen durchzuführen. Von der Pfordten nahm in seiner politischen Naivität diesen Auftrag an und erkannte zu spät, daß es Schwarzenberg dabei nur darum gegangen war, den Gegensatz zwischen Bayern und Preußen unheilbar zu verschärfen. Dadurch daß Preußen den Rückzug antrat, erhielt die ganze Expedition einen gehässigen Charakter, der an Bayern hängenblieb und das Ansehen Bayerns wie von der Pfordtens auf lange Zeit hinaus schwer schädigte. Besiegelt wurde die preußische Kapitulation dann im November 1850 zu Olmütz. Unter österreichisch-russischem Druck gab Friedrich Wilhelm IV. seine Unionspläne auf und trat wieder zurück in die Reihe der übrigen Bundesglieder, eine diplomatische Niederlage ohnegleichen, deren Gewicht nur von der Pfordten nicht begriff. Er sah in der Abmachung von Olmütz einen Sieg Preußens und eine Niederlage Österreichs, da Österreich dem Kampf um die Hegemonie ausgewichen sei. Eine wirkliche Niederlage erlitt allerdings die mittelstaatliche Politik durch diese Verständigung zwischen Österreich und

Preußen. Bayern, das so entschieden gegen Preußen Stellung bezogen hatte, war moralisch diskreditiert, von der Pfordten war bereit zurückzutreten. Der König ließ ihn jedoch nicht gehen, obwohl gerade in dieser ersten Belastungsprobe seiner Politik von der Pfordten gezeigt hatte, daß er theoretischen Entwürfen die praktische Meisterung nicht folgen ließ. Er hatte die politischen Komponenten zweifellos falsch eingeschätzt und von Schwarzenberg eine Politik erwartet, die doch nur die Politik Bayerns sein konnte. Denn an einer Stärkung der mittleren deutschen Mächte konnte Österreich nicht gelegen sein, nur an einer Schwächung Preußens.

Schwarzenberg hatte richtig gerechnet, wenn er annahm, daß an einer Brüskierung Bayerns nichts gelegen sei, da auch in Zukunft den Mittelstaaten keine andere Wahl bleiben würde, als in einer Mittelpositon zu versuchen, das Gleichgewicht zwischen den beiden Großmächten aufrechtzuerhalten. Das würde stets bedeuten, daß sie auf die Seite der angegriffenen Macht zu treten hätten. Das war auch in Zukunft das Programm des bayerischen Ministers, der damit dem Ergebnis der Dresdener Konferenzen, die sich an Olmütz anschlossen, zustimmte, der Wiederherstellung nämlich des Deutschen Bundes ohne die erstrebte Gleichberechtigung Preußens mit Österreich. Damit war nun freilich nicht mehr der Bund in seiner Gestalt von 1815 wiederhergestellt, denn die Erinnerung an 1848 ließ sich nicht mehr tilgen, noch weniger war es möglich, die wirtschaftspolitische Einigung des kleineren Deutschland unter der Führung Preußens zu ignorieren. So steht auch die nächste zeitliche Etappe, die Zeit von 1851 bis 1859, im Zeichen des Ringens um die Bundesreform, auch wenn die Gefahr einer militärischen Auseinandersetzung zwischen Österreich und Preußen gebannt erscheint, auch wenn Preußen sich der politischen Führung Österreichs weitgehend unterordnet. Besonders seit 1853 erlebte Deutschland dabei die Macht der bisher Machtlosen, aber was den Zeitgenossen nicht erkennbar war, wissen wir. Die Stunde der Mittelmächte war in Wirklichkeit jene Stunde des Gleichgewichts, wie sie dem Umschwung vorhergeht.

Bereits 1851 und 1852 machte Preußen die Niederlage von Olmütz zum Teil wieder wett mit dem Einsatz jener Waffe, die es im Zollverein besaß. Schwarzenberg war es klar, welche Sprengkraft die Existenz des Bundes von 1815 bedrohte, wenn die Grenzen dieses Bundes nicht gleichzeitig ausgefüllt würden durch eine gemeinsame Handelspolitik. So verlagert sich in den nächsten Jahren der Kampf um die Führung in Deutschland auf das wirtschaftliche Gebiet. Auch Österreich tritt jetzt ein in den Kampf um die wirtschaftspolitische Führung in Deutschland und sucht, unterstützt von Bayern und Sachsen, Aufnahme in den Zollverein. Es zeigte sich jedoch sehr bald, daß die stärkere Position bei Preußen lag, das im September 1851 auch Hannover an den Zollverein heranzuführen verstand, dann aber den Vertrag kündigte und zur Erneuerung nur unter besonders günstigen Bedingungen bereit war. Mitglied des Zollvereins selbst wurde Österreich dabei jedoch nicht. Österreich und Preußen schlossen 1853 einen Handelsvertrag, der verstärkte Handelsbeziehungen und reduzierte Zolltarife vorsah und dem die Mitglieder des gleichzeitig neubegründeten Zollvereins beitraten. Dieser Vertrag hätte auch mit jedem beliebigen anderen Staat geschlossen werden können: Preußen ging seinen Weg, der es von Österreich wegführte, weg von den großdeutschen Plänen der Mittelstaaten, zielbewußt weiter. Daran konnte auch die Aktivität des sächsischen Außenministers Beust nichts ändern, der jetzt, 1853, noch einmal versuchte, einen Weg zum festeren Zusammenschluß des Dritten Deutschland zu finden. Obwohl er Bayern die Führungsrolle dabei zugedacht hatte, verweigerte sich aber von der Pfordten, da er den Plänen Beusts mißtraute. Nicht einmal dann, als wieder, wie zuletzt im Zeitalter Napoleons I., ganz Europa in Bewegung geriet und jede entschlossene Aktion das ins Wanken geratene Gleichgewicht nach Belieben verändern konnte, wußte er die Gunst der Stunde zu nützen.

Als im Januar 1854 eine englisch-französische Flotte zur Unterstützung der von Rußland angegriffenen Türkei ins Schwarze Meer eingelaufen war, hatte auch Österreich durch eine militärische Demonstration an der russischen Grenze eingegriffen, ohne übrigens den Bundesmitgliedern auch nur Mitteilung zu machen. Friedrich Wilhelm IV. war zunächst bereit, diese Politik mitzumachen und schloß im April 1854 mit Österreich ein Schutz- und Trutzbündnis mit dem Ziel der Wiederherstellung des Friedens. Erst nach Abschluß dieses Bündnisses wurden die Mittelstaaten zum Beitritt eingeladen. Das war der Augenblick, der es dem Dritten Deutschland möglich machte, sich zu konstituieren und eigenes politisches Gewicht auf die Waagschale zu werfen.

Nach Absprache mit dem König von Württemberg wie in Übereinstimmung mit dem König von Hannover, von dem wohl die ersten Anregungen zu einer Sonderaktion der Mittelmächte ausgingen, lud nun von der Pfordten am 5. Mai 1854 zu einer Konferenz der Mittelmächte nach Bamberg ein. Der Beratungsgegenstand war der Beitritt zum Bündnis Österreichs mit Preußen. Von der Pfordten hatte aber die Absicht, diesem Bündnis entschieden den Charakter eines Neutralitätsbündnisses mit dem Ziel der Herbeiführung des Friedens aufzuprägen und vor allem die Entscheidung über dieses Bündnis nach Frankfurt zu verlagern, also an den Deutschen Bund. Er wollte damit den beiden Großmächten klarmachen, daß auch sie keine Politik ohne diesen Bund betreiben könnten. Der sächsische Minister Beust dagegen versuchte noch einmal den Augenblick zum Abschluß eines engeren Bundes der mittleren deutschen Mächte zu nützen, zum Abschluß also einer Koalition. Schon diese Divergenz der Ziele bedeutete eine Schwächung der geplanten Aktion. Außerdem war Württemberg besorgt um seine Beziehungen zu Rußland, die zwar verwandtschaftlicher Art waren, aber auch in der Politik bisher stets für Württemberg einen spürbaren Rückhalt bedeutet hatten. Der bayerische König dagegen hatte gleichzeitig die Stellung seines Bruders Otto in Griechenland im Auge, die von den Westmächten nicht weniger bedroht war als durch Rußland. So versuchte von der Pfordten, der ja keinerlei militärische Macht in die Waagschale zu werfen hatte, gleichzeitig Österreich auf dem Weg zum Krieg zurückzuhalten und doch dem österreichischen Außenminister Graf Buol-Schauenstein so weit wie möglich entgegenzukommen. Unter Berücksichtigung all dieser Ansichten und Interessen entwarf dann Beust jene identische Note an die beiden Mächte, die ihren Beitritt unter der Voraussetzung in Aussicht stellte, daß der Bund der Aufrechterhaltung der Neutralität und der Sicherung des Friedens diene. Ohne daß sich Buol-Schauenstein verbindlich zu dieser Note äußerte, wurde sie von den beteiligten Staaten bereits ratifiziert, während gleichzeitig der österreichische Außenminister, ohne auch nur Berlin zu unterrichten, geschweige denn die Mittelstaaten, von Rußland ultimativ die Räumung der Donaufürstentümer forderte. Friedrich Wilhelm IV., dem es immer noch um Aufrechterhaltung des Friedens ging, schloß sich in der Hoffnung an, daß der Zar nachgeben würde. Tatsächlich sagte Nikolaus I. Ende Juni bereits die Räumung zu, damit war der Erfolg der österreichischen Politik gesichert.

Doch das genügte Buol-Schauenstein nicht. Er setzte auch durch, daß der Bamberger Bund zerfiel, selbst Bayern unterwarf sich schließlich der österreichischen Direktive und trat am 24. Juli dem Bündnis bei. Jetzt wagte es Buol-Schauenstein, seine eigentlichen Absichten zu enthüllen und stellte in Frankfurt den Antrag auf Teilmobilmachung des Bundeskontingents – es war offenbar, daß er dem Krieg zusteuerte. Am Widerstand Preußens, Bayerns und Württembergs scheiterte zwar dieser Versuch, trotzdem besetzten österreichische Truppen nach dem Abzug der Russen die Donaufürstentümer, gleichzeitig führte Buol-Schauenstein eine Erklärung des Bundes herbei, Österreich im Falle eines russischen Angriffs zu unterstützen, während er den Westmächten versprach, in den Krieg einzutreten, falls der Zar nicht bis zum 1. Juni 1855 mit ihnen Frieden schließe.

Von der Pfordten hatte in diesem verwirrenden Spiel keine glückliche Figur gemacht, einmal als Werkzeug Preußens, dann Österreichs, um schließlich, wieder im Gefolge Preußens, dem österreichischen Antrag vom 8. Februar 1855 auf Mobilisierung der Bundestruppen wieder entgegenzutreten. Damit war für Mitteleuropa noch einmal der Friede gerettet. Nicht die Politik der Mittelstaaten hatte aber in Wirklichkeit die Aktivität Österreichs gedämpft, sondern nur die Weigerung Preußens, mit Österreich auch die letzten Konsequenzen zu teilen. Von der Pfordten war zuletzt nur noch Werkzeug Preußens. Bis zu seinem Rücktritt 1859 spielte er, nicht zuletzt aus diesem Grund, in der deutschen Politik keinerlei Rolle mehr.

Die Bemühungen des bayerischen Außenministers um eine Verhinderung des allgemeinen Krieges durch den Deutschen Bund war dabei nur deshalb von Erfolg begleitet gewesen, weil Preußen sich unter dem Einfluß des Bundestagsgesandten zu Frankfurt, Bismarcks nämlich, aus der bedingungslosen Allianz mit Österreich gelöst hatte. Eine Erneuerung eigener Hegemoniebestrebungen von seiten Preußens war damit noch nicht unmittelbar verbunden. Sie begann erst mit dem Regierungsantritt Wilhelms I. in Preußen, im November 1858, dem Beginn der „Neuen Ära“. Diese Tatsache, und nicht das Ausscheiden von der Pfordtens aus seinem Amt zu Beginn des Jahres 1859 bedeutet die entscheidende Wende der deutschen Politik.

Die neue Ära in Preußen, von welcher nach der Absicht sowohl des Regenten und späteren Königs Wilhelm wie des leitenden Ministers Manteuffel eine Welle moralischer Eroberungen für Preußen ausgehen sollte, war berechnet auf zwei Strömungen, die in der deutschen Öffentlichkeit dominierten, die freiheitliche Bewegung und die nationale Bewegung. Ihr Gewicht erhielt die Spekulation auf die öffentliche Meinung dadurch, daß das Jahr 1859 eine ungeahnte Steigerung der nationalen Leidenschaften in Deutschland brachte, auch in Bayern. Der italienische Krieg, der zur Demütigung Rußlands im Krimkrieg nun die Demütigung Österreichs hinzufügte, der in Italien den Durchbruch des nationalstaatlichen Gedankens herbeiführte, der die von Frankreich drohenden Gefahren aufzeigte und größer erscheinen ließ, als sie waren, wirkte in einem kaum vorstellbaren Maß aufrüttelnd und erregend auf die öffentliche Meinung in Deutschland. Er bewies vor aller Augen die Ohnmacht des Deutschen Bundes, der nicht imstande gewesen war, die territoriale Integrität des bedeutendsten Bundesmitglieds zu verteidigen. Von der Pfordten hatte eine solche Verteidigung noch ins Auge gefaßt, allerdings hatte er sie ausgeschlossen für den Fall, daß Preußen sich versagen sollte. Das ist schließlich tatsächlich geschehen. Indem Wilhelm I. von Preußen, der zwar Österreich nicht preisgeben, ihm aber auch nichts schenken wollte, den Oberbefehl über die Bundeskontingente verlangte – das hätte Preußen geradezu in die Stellung eines Protektors der bisherigen Präsidialmacht des Bundes gebracht, Österreichs nämlich –, zwang er Kaiser Franz Joseph nach den beiden Niederlagen im Juni 1859 zum raschen Friedensschluß zu Villafranca am 11. Juli. Auch Napoleon war zu diesem raschen Abschluß bereit, obwohl Venetien in der Hand Österreichs bleiben sollte, weil auch er sich Preußens nicht sicher war. Das war der europäische Aspekt des Jahres 1859: das Zurückweichen Österreichs in Italien vor Frankreich, als Folge das mächtige Aufflammen der nationalen Bewegung in Italien, das bereits 1860 zum Königreich Italien führte.

In Deutschland betrachtete die öffentliche Meinung die preußische Haltung nicht als Empfehlung für die führende Stellung. Die liberale Bewegung, die 1859 in der Gründung des Deutschen Nationalvereins die denkbar engste Verbindung mit der nationalen Bewegung eingegangen war, steht deshalb trotz der moralischen Eroberungen der Neuen Ära um diese Zeit noch nicht bedingungslos im preußischen Lager. Dagegen wirkte zunächst einmal das neue Ministerium Schmerling in Österreich, das im Februarpatent von 1861 Österreich eine freiheitliche Verfassung gab, um die Staatseinheit zu retten, und dabei Preußen in der Politik der moralischen Eroberungen ablöste. Zur gleichen Zeit führte in Preußen die Militärreform von 1860/61 zum Konflikt mit der Kammermehrheit, die aus den Mitgliedern der neugegründeten Fortschrittspartei gebildet wurde. Im Zusammenhang mit diesem Konflikt trat im September 1862 Bismarck, der bisherige Bundestagsgesandte in Frankfurt, das Amt des preußischen Ministerpräsidenten an. Mit der Berufung Bismarcks beginnt dann die letzte Periode vor der Reichsgründung. Für Bayern bedeutete aber das Jahr 1862 nicht unmittelbar einen Einschnitt, hier liegt der Wendepunkt einige Jahre später, 1864.

Bismarck begann nicht mit einer furiosen Offensive in der deutschen Frage, wie man nach seinen Attacken in Frankfurt hätte erwarten können. Sein wichtigstes Anliegen war zunächst die Niederringung der Oppositon in der Kammer, die ihm durch die Einführung einer unbeschränkten Zensur schließlich auch gelang. Der nächste Schritt war die außenpolitische Absicherung durch eine Konvention mit Rußland, das er unter Ausnützung des polnischen Aufstandes von 1863 verpflichten konnte. Die Initiative lag jetzt durchaus bei Österreich, das sowohl auf wirtschafts- und handelspolitischem Gebiet wie in der deutschen Frage zum Angriff antrat. Bayern spielte dabei eine Rolle, die seinem bereits reduzierten Gewicht entsprach; alle Versuche, den Deutschen Bund zu erhalten und zu kräftigen, die beiden deutschen Großmächte miteinander zu versöhnen, führten nicht zu dem erhofften Ergebnis. Das lag an der Entschiedenheit Bismarcks, mit welcher er jeden Positionsgewinn Österreichs unterband, das lag aber auch an bestehenden Fakten, die nicht mehr rückgängig gemacht werden konnten. Im Zoll- und Handelsvertrag von 1853 hatte Preußen lediglich handelspolitische Zugeständnisse gemacht und sich damit einverstanden erklärt, daß Zolleinigungsverhandlungen mit Österreich erst 1860 aufgenommen werden sollten. Diese Vertagung gab Preußen die Möglichkeit, seine wirtschaftliche Vormachtstellung im außerösterreichischen Deutschland weiter auszubauen. Als dann im Sommer 1860 Frankreich an Preußen mit dem Angebot eines Handeslvertrages herantrat und Preußen die dargebotene Hand ergriff, war eine Zollunion mit Österreich bereits so gut wie unmöglich, da es die Bedingungen nicht unterbieten konnte, die Preußen von Napoleon erhielt. Ohne selbst alles zu tun, was in seiner Macht gestanden hätte, rechnete Österreich auf die Mittelstaaten, besonders auf Bayern. Erst im Juli 1862 stellte Graf Rechberg, der neue österreichische Außenminister, Preußen und den deutschen Mittelstaaten die Bildung eines großen mitteleuropäischen Wirtschaftsgebietes in Aussicht, das für alle Beteiligten erhebliche Vorteile geboten hätte. Den Antrag Österreichs auf Aufnahme in den Zollverein, der von Bayern unterstützt wurde, beantwortete Bismarck aber mit der Kündigung des Zollvereins und zwang dadurch Bayern ebenfalls zur Kapitulation. Österreich wurde 1865 mit einigen handelspolitischen Vorteilen abgefunden, und so war mit der Erneuerung des Zollvereins am 16. Mai 1865 die wirtschaftspolitische Hegemonie Preußens unumstößlich.

Die hegemoniale Stellung Preußens im deutschen Zollverein beruhte nicht auf besonderen juristischen Vorteilen, sie beruhte einfach auf seinem ungeheueren materiellen Übergewicht, war es doch weit stärker an Bevölkerungszahl wie an wirtschaftlicher Kraft als alle Mittel- und Kleinstaaten außerhalb Österreichs zusammen. An den gleichen faktischen Gegebenheiten scheiterte auch die österreichische Offensive in der deutschen Frage. Im Bundestag war der Reformplan Österreichs am Widerspruch Preußens gescheitert. Durch einen Wechsel der Verhandlungsebene versuchte Graf Schmerling doch noch zum Erfolg zu kommen und lud für den 16. August 1863 zu einem Kongreß der deutschen Fürsten nach Frankfurt ein. Die Fürsten selbst, das war die Absicht Schmerlings, sollten das ganze Gewicht ihrer Persönlichkeit und Stellung einsetzen zur Schaffung eines großdeutschen Reiches, das so organisiert sein sollte, wie das schon die

Pläne der Großdeutschen 1848 vorgesehen hatten, nur ohne freigewähltes Parlament. An der Spitze war ein fünfköpfiges Fürstendirektorium gedacht, dem ein Unterhaus aus Delegierten der einzelstaatlichen Kammern gegenüberstehen sollte, nicht des souveränen Volkes also, sondern der in Staaten gegliederten Nation. Daneben war an ein Oberhaus aus Fürsten und Vertretern der freien Städte gedacht, ferner sollte ein Bundesgericht die Rechtseinheit des gesamten Bundes sichern. Der Plan wurde zu einem günstigen Zeitpunkt vorgelegt, da Bismarck dafür gesorgt hatte, daß Preußen in der liberalen und nationalen Bewegung völlig verhaßt war. Die öffentliche Meinung stand also auf seiten Österreichs, die Großdeutschen, die 1848 knapp unterlegen waren, gewannen neue Hoffnungen. Es war der letzte großangelegte, von Österreich ausgehende Versuch, auf großdeutscher Basis zusammen mit Preußen die deutsche Frage zu lösen. Eine Lösung ohne Preußen sah dieser Plan jedoch nicht vor.

Die bayerische Regierung war von der Einladung ebenso überrascht wie die übrigen deutschen Regierungen. Nur dem König gegenüber hatte Franz Joseph auf einer Regensburger Zusammenkunft Andeutungen gemacht. Maximilian II. sagte zu, aber unter dem Vorbehalt, daß der Reformvorschlag von allen Bundesmitgliedern angenommen werden müsse, also auch von Preußen. Der König hielt also konsequent seine bisherige Linie bei, die keiner der beiden deutschen Großmächte die alleinige Bestimmung über das deutsche Schicksal zugestehen wollte, denn das hätte die Mediatisierung Bayerns bedeutet. Als nun Preußen ablehnte, nach jenem bekannten dramatischen Ringen zwischen dem Minister und dem König, das uns Bismarck geschildert hat, als Bismarck die Annahme der Fürstentagsakte an Bedingungen knüpfte, die wie Hohn wirkten, als er statt einer Delegiertenversammlung eine Volksvertretung aus direkten Wahlen forderte – der gleiche Bismarck, der in Preußen die legitime Volksvertretung um all ihre Rechte gebracht hatte –, als also alle Hoffnungen zerronnen waren, lehnte zwar auch Bayern die preußischen Bedingungen ab, doch ein engerer Bund unter Führung Österreichs und unter Ausschluß Preußens kam für Max II. ebenfalls nicht in Betracht.

Mit diesem Ausgang des Fürstenkongresses zu Frankfurt war in aller Deutlichkeit die Reform des Bundes in seiner gegenwärtigen Gestalt gescheitert. Der deutsche Dualismus war von Preußen erstmals in voller Schärfe herausgestellt worden, mit der Forderung Bismarcks nach einem Vetorecht auch Preußens und auch gleicher Beteiligung Preußens am Bundesvorsitz. Daß jetzt auch jener perfekte Zusammenschluß der Mittel- und Kleinstaaten Deutschlands, wie ihn Beust seit 1853 angeregt hatte, keine Lösung mehr bringen würde, daß selbst die größte Entschiedenheit in der Wahl der einzusetzenden Mittel den etwaigen Sprecher dieser Mittelstaaten, den Sprecher des Dritten Deutschland, nicht mehr in die Lage versetzen würde, sich zum Sprecher Deutschlands zu machen, hat erst das Jahr 1866 gezeigt. Doch schon jetzt lähmte die Furcht vor der zu allem entschlossenen Militärmacht Preußen die politische Aktivität der Mittelstaaten so sehr, daß sich nur noch Resignation breitmachte. In der letzten Etappe auf dem Weg nach Königgrätz war im Grunde Bayern nur noch Zuschauer, auch wenn es dank der verzweifelten Scheinaktivität von der Pfordtens den Zeitgenossen noch nicht so schien.

Bereits in der schleswig-holsteinischen Frage mit dem dänischen Krieg von 1864 wurde die bayerische Politik wieder maßgebend von Ludwig von der Pfordten bestimmt, obwohl er noch in Frankfurt weilte. Er hielt konsequent seine Linie ein, die davon ausging, daß Bayern an der schleswig-holsteinischen Frage nicht unmittelbar interessiert sei und deshalb nach allen Richtungen vermitteln könne. Für einen Fürsten wie Maximilian II., dem die legitimen Rechte anderer Fürsten heilig waren, stellte zudem die Rechtslage ein kaum lösbares Problem dar. Gerade aber aus den Spannungen der Rechtslage, den nationalen Ansprüchen und den neugeschaffenen politischen Tatsachen hat bekanntlich Bismarck seinen Anspruch geschöpft, die ganze Frage auf einen neuen Boden zu stellen und von einem einzigen Gesichtspunkt aus zu lösen, nämlich dem des preußischen Interesses. Bismarck steuerte mit aller Entschiedenheit, ebenso wie Dänemark, auf die Annektion der beiden Herzogtümer Schleswig und Holstein zu, wußte aber seine Absicht so zu verschleiern, daß sich zum wichtigsten Werkzeug der preußischen Ambitionen gerade Österreich hergab. Für Bayern war von besonderer Bedeutung, daß er dabei, zusammen mit Österreich, zunächst einmal den Erbanspruch Christians von Augustenburg ausschaltete, der nach dem Tode König Friedrichs VII. von Dänemark aus dem Hause Glücksburg der legitime Erbe Holsteins gewesen wäre, hätte ihn nicht die Übereinkunft der Großmächte von 1852 zu London dieses Rechtes beraubt. Der Deutsche Bund hatte dieses Londoner Protokoll nicht unterschrieben, auf bayerische Initiative vor allem; vergebens beschwor auch jetzt von der Pfordten Österreich, sich vom Londoner Protokoll loszusagen, vergebens machte er den österreichischen Staatsmännern klar, daß sie für Preußen kämpften und sich in Deutschland isolierten, dabei mit ganz Europa in Konflikt geraten und schließlich von Preußen verlassen würden, um die Zeche allein zu zahlen. Franz Joseph I. glaubte sich, geschwächt durch die Niederlage von 1859, in Europa isoliert, bedroht von außen durch das revolutionäre und bonapartistische Frankreich, von innen durch Demokratie und nationale Selbständigkeitsbestrebungen, und sah deshalb im preußischen Bündnis die Möglichkeit, beiden Gefährdungen gleichzeitig zu begegnen. Die deutschen Mittelstaaten glaubte er ignorieren zu dürfen, da sie ohne Macht waren. So handelten also Österreich und Preußen ohne den Bund und eröffneten am 1. Februar 1864 unter dem Vorwand, Dänemark habe durch die Einbeziehung Schleswigs in den dänischen Gesamtstaat den Londoner Vertrag verletzt, den Krieg, ohne daß man in Österreich auch jetzt klare Vorstellungen von den Kriegszielen gehabt hätte. Auch nach der dänischen Niederlage und dem Frieden von Wien vom 30. Oktober 1864, in dem Dänemark die Herzogtümer an die beiden deutschen Großmächte abzutreten hatte, hatten sich die österreichischen Vorstellungen noch nicht geklärt. Der Deutsche Bund, damit auch Bayern, war in der letzten Phase der Auseinandersetzung im wesentlichen bereits ausgeschaltet.

Maximilian II. hatte es bis zu seinem Tod am 10. März 1864 nie in der Hand gehabt, diese Entwicklung zu steuern, nie mehr auch, seit im Krimkrieg nicht die Trias-Politik, sondern Preußen den Frieden gerettet hatte. Gescheitert war die Trias-Politik nicht nur an Bayern, aber auch an Bayern und an der Haltung des Königs. Daß die Staaten des Dritten Deutschland im Zusammenschluß Sicherheit suchten, dabei aber eine Führung durch Bayern ablehnten, weil es die stärkste Mittelmacht war – während gleichzeitig immer wieder auch der Vorwurf laut wurde, Bayern sei wegen seiner militärischen Schwäche nicht in der Lage, diese Sicherheit zu garantieren –, diese paradoxe Situation zu beheben, stand nicht in der Macht des Königs. Er wäre aber in der Lage gewesen, wenigstens dem zweiten Vorwurf zu begegnen, doch war seine Militärpolitik nicht weniger widersprüchlich als seine Deutschlandpolitik, und so wenig wie bei dieser folgte er seinem eigenen Urteil, sondern vielen Einflüssen zugleich. Der Generalstabschef und der Kriegsminister wiesen auf das preußische Vorbild hin und drängten auf Konzentration der Ausbildung und Wirksamkeit der Rüstung, der Landtag war für Ausgabenkürzung, die Minister traten für Kompromisse ein, da sie die Abgeordneten nicht verärgern wollten, das Ergebnis war eine zahlenmäßig starke Armee ohne jede Schlagkraft. Für diese Armee war, wie der Oberbefehlshaber Prinz Carl einmal feststellte, jede Ausgabe reine Verschwendung. Wenn man die Ausgabenpolitik für das Heer unter Maximilian II. graphisch darstellen will, behält sie die Gestalt einer Kurve voll scharfer Zacken, sie spiegelt dabei getreulich die Höhen und Tiefen der politischen Bewegungen der Zeit selbst – ein deutliches Zeichen dafür, wie sich der König und sein Minister das Gesetz des Handelns stets von Zeit und Umwelt diktieren ließen und nie selbst in die Hand nahmen.

Die Entscheidung von 1866

Ein solches Erbe also übernahm 1864 ein achtzehnjähriger junger Mann, dem alles fehlte, was er für seine Aufgabe benötigt hätte, nur eines nicht, die einhellige Sympathie seines Volkes. Warum das so war, obgleich sich der König um diese Sympathie nie bemüht hat, obgleich er mit ihr überhaupt nichts anzufangen wußte, bleibt wohl ein Rätsel bis heute. Am ersten Tag seiner Begegnung mit dem König schrieb Richard Wagner: „Er ist leider so schön und geistvoll, seelenvoll und herrlich, daß ich fürchte, sein Leben müsse wie ein flüchtiger Göttertraum in dieser gemeinen Welt zerrinnen." Nichts, so scheint mir, kennzeichnet besser die Faszination, die der junge König allgemein ausgestrahlt haben mag. Karl Theodor von Heigel äußert sich ähnlich. Das war der allgemeine Eindruck, der edle junge König, dessen strahlendes Auge Großes zu versprechen schien. Es scheint, daß sich das Volk vor allem dieses Bild bewahrt hat.

Aus einem anderen Grund nannte ihn Paul Verlaine, der große französische Lyriker, der zehn Jahre nach Ludwig II. starb, in einem an den Toten gerichteten Sonett: „Roi, le seul vrai roi de ce siècle." Der einzig wahre König seines

Zeitalters war Ludwig II. für Verlaine nicht wegen seiner königlichen Gestalt, sondern wegen seiner königlichen Gesinnung, wegen seiner Begeisterung für die Kunst und durch sein großes Herz für die Künstler. In dieser Hinsicht war Ludwig II. in der Tat von einzigartiger Begeisterungsfähigkeit. Mochte er auch, wie alle seine Biographen übereinstimmend berichten, für seinen großen Beruf nicht vorbereitet gewesen sein, mochte seine Erziehung auch alle denkbaren Lücken aufgewiesen haben, in dieser Hinsicht hat er sich selbst gebildet durch intensivste Lektüre, die ihn an die gesamte große Weltliteratur heranführte, durch leidenschaftlichen Theaterbesuch und geradezu ekstatische Versenkung in große Musik, die in den Münchner Konzertsälen und in der Münchner Oper in Vollendung geboten wurde. Das war die Welt, in die er auch als König voll und ganz eintrat, ohne Vorbehalte und ohne sich selbst Grenzen zu setzen. Das ist sicher königliche Haltung, aber man wird Verlaine trotzdem widersprechen müssen, es gehört doch noch mehr dazu. Ludwig II. hat sich nicht selbst verströmt, um große Werke zu schaffen, er hat nur aufgenommen, er hat sich begeistern, sich hinreißen lassen, aber er vermochte es nicht, seine Impulse weiterzugeben, andere mitzureißen und Kunst, wie es das Werk eines großen Königs wäre, seinem Volk mitzuteilen. Von Anfang an, so ist es wohl klar, war Kunst für ihn nicht etwas, das unabhängige Bedeutung besessen hätte von ihm selbst, sie war für ihn da, war kein objektives Medium zur Gestaltung des Seins. Er hat sich an der Kunst, vor allem der Musik, berauscht und ist vor allem in die Welt des Scheins, die Welt des Theaters geflohen, weil er die Wirklichkeit nicht gemeistert hat. Er hat sie freilich deshalb nicht gemeistert, das hat Verlaine wohl gesehen, weil er zu hohe Ansprüche an sie gestellt hat. Die selbstgewählte Einsamkeit war ebenso Flucht vor der Wirklichkeit wie die Hinwendung zur Traumwelt des Theaters, und sie hatte ihre Ursache in einem unerhört gesteigerten Selbstgefühl; ihm war ein solches Bild vom Königtum, ein solches Gefühl der königlichen Würde zu eigen, daß ihn gerade dieses Königsgefühl selbst am tiefsten bedrohte. Um nicht fortwährend verletzt und beleidigt zu werden, hat er sehr bald, wobei ihm die königliche Macht zu Hilfe kam, versucht, jede Möglichkeit zu einer Beleidigung durch Flucht in die Einsamkeit zu beseitigen.

Seine Aufgaben als König, in der Verwaltung wie in der hohen Politik, konnte er unter solchen Umständen nur unzulänglich wahrnehmen. Im ersten Jahr seiner Regierung war er zwar noch voller Feuereifer und war auch zu konzentrierter Arbeit zu bringen. Dann empfing er noch einige Jahre hindurch seine Minister zu ihren wöchentlichen Vorträgen. 1866 waren es dann weithin nur noch inoffizielle Kanäle, aus denen die königlichen Wünsche an die Regierung gelangten, die Minister wurden kaum mehr empfangen. Selbst als es um Krieg und Frieden ging, ließ der König keinen Minister, keine Parlamentsdeputation vor, sondern zog sich auf die Roseninsel im Starnberger See zurück und belustigte sich mit einem Feuerwerk, bis ihn der Kriegsausbruch jäh aus seinen Träumen riß. Aber auch dann vergrub er sich bald wieder in der Einsamkeit. So regierte man in seinem Namen, ohne daß der König oft wußte, was überhaupt vor sich ging. So war in Wirklichkeit das in der Verfassung vorgesehene Verhältnis unter Ludwig II. geradezu verkehrt, der Minister regiert, der König aber trägt die Verantwortung, da alles in seinem Namen geschieht. Die Entmachtung des Königs war allerdings nicht so vollkommen, wie es bisweilen schien; noch immer ernannte er die Minister, und so bereitwillig er sich dabei auch fremden Einflüssen zu beugen schien, so ist es in Wirklichkeit doch nie gelungen, ihn zu einer Systemänderung zu bestimmen. Die von ihm gewählten Minister waren tatsächlich stets Träger jener Politik, die er selbst für die seine hielt, mochte sie es nun sein oder nicht. Als ersten Mann seiner Wahl finden wir wieder von der Pfordten. Das erste Angebot, das unmittelbar nach dem Thronwechsel erfolgte, lehnte von der Pfordten noch einmal ab, allerdings nicht entschieden und keinesfalls endgültig. Als Schrenck-Notzing dann mit seinem Versuch gescheitert war, die Aufnahme Österreichs in den Zollverein durchzusetzen und der König den Austritt Bayerns aus dem Zollverein, den Schrenck herbeizuführen entschlossen war, nicht zuließ, war von selbst der Zeitpunkt gekommen, an dem der Minister sein Portefeuille zurückgab. Damit war die Stunde von der Pfordtens gekommen.

Obwohl in vieler Hinsicht der König noch durchaus in der Lage war, politische Vorstellungen zu entwickeln und ihnen entsprechend auch zu handeln, war doch aufs Ganze gesehen von der Pfordten der in den nächsten beiden Jahren ausschlaggebende Staatsmann, und zwar in jeder Hinsicht, sowohl hinsichtlich der gesamten Politik wie im weiten Feld der praktischen Einzelentscheidungen. In einer Denkschrift vom 1. Dezember 1864 trug von der Pfordten seine politischen Vorstellungen vor. Er verlangte, daß die Minister unter der Leitung ihres Vorsitzenden ein wirklich einheitliches Gesamtministerium bilden sollten, das über alle wichtigen Angelegenheiten gemeinschaftlich berate und beschließe, namentlich über alle Vorlagen und ministeriellen Äußerungen in den Kammern – das war der wundeste Punkt in den Erinnerungen von der Pfordtens, der zuletzt 1858 in seinem Kampf gegen die Landtagsmehrheit völlig allein gestanden war. Ein zweiter wichtiger Fragenkomplex betraf die auswärtige Politik, die für ihn nicht nur eine bayerische war, sondern eine deutsche und zwar großdeutsche. Bayern habe dabei nicht hinzuwirken auf die Entzweiung Österreichs und Preußens, sondern auf ihre Einigung auf dem Boden des Bundesrechts. Die natürlichen Bundesgenossen Bayerns seien dabei die Mittelstaaten, die unter Bayerns Führung zu gemeinschaftlichem Handeln zusammengefaßt werden sollten als Vorbereitung für die Verwirklichung der Verbindung zu jenem Dritten Deutschland, dessen Zusammenschluß von der Pfordten immer noch als die wichtigste Aufgabe Bayerns betrachtete.

Das also waren die Grundzüge der Politik des neuen Ministers, an denen er die gesamte Krise hindurch mit hohem Selbstgefühl, doch mit außerordentlich geringem Erfolg festhielt. Das lag allerdings auch an den Umständen. Die außenpolitische Situation, die von der Pfordten im Dezember 1864 vorfand, stellte ihn sehr rasch vor die erste schwere Entscheidung. In Österreich war Graf Rechberg wegen seiner Niederlage in den Zollvereinsverhandlungen von Graf Mensdorff abgelöst worden. Das bedeutet gleichzeitig eine nicht unerhebliche Kurskorrektur auch in Bezug auf die österreichische Haltung gegenüber den Mittelstaaten. Rechberg hatte geglaubt, im Bündnis mit Preußen auf das Wohlwollen der Mittelmächte verzichten zu können, da bei Einverständnis der beiden Großmächte eine selbständige Politik der Kleinen ohnedies nicht möglich war. Der Kaiser war in diesem Punkt mit Rechberg einverstanden. Seine Geringachtung der Staaten des Dritten Deutschland und seine innere Fremdheit gegenüber Konstitution, Liberalismus und Demokratie hatten ihn zeitweilig gegenüber den Machtansprüchen des so konservativ scheinenden preußischen Ministerpräsidenten blind gemacht. Das ging so weit, daß auch Österreich bei der gänzlichen Ausschaltung des Bundes bei der Bestimmung über das Schicksal der Elbherzogtümer mitwirkte, gegen die Stimme Bayerns, Sachsens, Württembergs und des Großherzogtums Hessen-Darmstadt.

Die Aufgabe Bayerns sah nun von der Pfordten darin, beide deutschen Großmächte wieder auf den Boden des Bundesrechts zurückzuführen, das bedeutete in der Frage der Elbherzogtümer die Respektierung der Auffassung der Bundesmehrheit, daß der Augustenburger der rechtmäßige Erbe sei. Die Frage aber, mit welchen Mitteln eine solche Aufgabe lösbar sei, konnte von der Pfordten nicht beantworten. Die gleiche Ratlosigkeit beherrschte ihn hinsichtlich der konkreten Ausgestaltung seiner nach wie vor als notwendig erkannten Vereinigung der deutschen Mittelmächte zu gemeinsamem politischen Handeln. Dem König gegenüber wies er zwar nach wie vor auf die Notwendigkeit einer bayerischen Führungsrolle in diesem Zusammenhang hin, ausgesprochen politische Gedankengänge aber, die etwa um das Gleichgewicht zwischen den Großmächten kreisten und von Bayern auch einmal eine Frontstellung gegen Österreich hätten fordern können, fehlen völlig, das Wort Macht kommt überhaupt nicht vor.

Das Rüstzeug für die jetzt notwendigen politischen Maßnahmen waren also weitgehend juristische Prinzipien, die nie Alternativen erlaubten; Gespräche mit Beust, dem sächsischen Ministerpräsidenten, mit dem württembergischen Minister Varnbühler und Dalwigk, dem leitenden Minister des Großherzogtums Hessen-Darmstadt, bestärkten ihn in dieser Haltung. Gemeinsam beschloß man die Formulierung eines Bundesantrags auf Anerkennung des Augustenburgers, wenn Österreich und Preußen nicht in naher Zeit zur Einigung gelangten. Gleichzeitig wurde der Plan gefaßt zu einer Organisation des Dritten Deutschland; beide Pläne erlitten gemeinsam Schiffbruch. Zum Scheitern kamen die Gespräche deshalb, weil es nicht möglich war, die verschiedenen Auffassungen, so nahe sie sich im Grundsätzlichen standen, zu einer politischen Aktion, ja nicht einmal zu einer politischen Kundgebung zu vereinen. Beust war für politische Offensive und war sogar bereit, sich dabei der Waffen Bismarcks zu bedienen. Er glaubte, daß es möglich sei, durch Berufung eines deutschen Parlaments dem Bundesrecht in Schleswig und Holstein zum Durchbruch zu verhelfen und den Bundesparlamentsplänen Bismarcks zuvorzukommen. König Karl von Württemberg und sein Minister Varnbühler waren für vorsichtige Zurückhaltung; zusammen mit Baden rieten sie von energischen Vorstößen gegen Preußen ab.

Nur am politischen Zusammengehen des Dritten Deutschland, nicht an einem Zusammenschluß, hielten auch sie fest. Den einzigen realistischen Plan trug Dalwigk vor, der die preußischen Absichten nüchtern bis zur letzten Konsequenz einschätzte als Versuch, zunächst die Herzogtümer zu erwerben, dann die preußische Hegemonie über Norddeutschland auszubreiten, den Bund zuerst dualistisch umzuformen und dann ganz zu zerstören. Er wünschte bereits jetzt den Bundeskrieg gegen Preußen herbeizuführen, da er unausweichlich sei, und riet zu diesem Zweck, schon jetzt die eigenen Streitkräfte mit allem Nachdruck auszubauen. Illusionen nährte freilich in diesem Punkt auch er, ganz abgesehen davon, daß für den Augenblick seine Vorschläge allen anderen Gesprächspartnern einschließlich von der Pfordten zu radikal waren, um überhaupt ernsthaft ins Auge gefaßt werden zu können.

Gerade das war die entscheidende Schwäche dieser Staatsmänner, die deutlich den Gang der Entwicklung erkannten, aber nicht daran glaubten, die hofften, durch politische Winkelzüge etwas erreichen zu können, während nur noch ein großer und kühner Entschluß, so wie Bismarck ihn gefaßt hatte, vielleicht hätte eine Wendung bringen können. Fraglich ist allerdings, ob selbst der Zusammenschluß des Dritten Deutschland zu einer organisatorischen Einheit mit gemeinsamen Institutionen, mit gemeinsamen politischen Zielen, mit einer gemeinsamen militärischen Leitung in diesem Stadium Bismarck noch hätte beeinflussen oder auch Österreich zu einer entschiedenen Stellungnahme für oder gegen den Bund hätte zwingen können. Die Rolle des Schiedsrichters in der deutschen Frage hätten die Staaten des Dritten Deutschland nur dann erfolgreich übernehmen können, wenn Österreich und Preußen einander feindlich gegenübergestanden wären, aber Graf Mensdorff glaubte nicht an eine solche Bedrohung durch Preußen, mit dem Österreich ja verbündet war; den beiden Großmächten gegenüber aber war für den Augenblick selbst ein kompromißloses Bündnis des Dritten Deutschland ohnmächtig.

In der Tat war es Österreich, das den Mittelstaaten nahelegte, den Antrag auf Anerkennung des Augustenburgers durch den Bundestag zu verschieben und zuerst die preußischen Eröffnungen abzuwarten. Immer noch galten ja die Absprachen zwischen den beiden Großmächten, welche die Angelegenheiten Schleswig-Holsteins nicht dem Bund übertragen hatten, sondern in eigener Machtvollkommenheit zu regeln entschlossen waren, mit dem Recht des Siegers im Krieg gegen Dänemark. Ganz wollte allerdings Mensdorff die Mittelstaaten nicht beiseiteschieben; grundsätzlich wurde die Berechtigung der Ansprüche des Augustenburgers zugestanden und damit die Bereitschaft Österreichs dokumentiert, die Rechtsposition des Deutschen Bundes zu respektieren. Diese in jeder Hinsicht zweideutige Haltung machte Österreich nach ständig sich steigernden Schwierigkeiten in Holstein schließlich reif für den Vertrag von Gastein, die zweite große Enttäuschung für die Mittelstaaten, die neuerliche rigorose Mißachtung des Bundesrechtes auch durch Österreich.

In der Vorgeschichte dieses Vertrages von Gastein spielte auch der bayerische leitende Minister eine Rolle, sie war allerdings nicht eben eindrucksvoll. Auf dem Weg von der Kur zu Karlsbad zur Nachkur nach Bad Gastein machten Wilhelm I. und Bismarck in Regensburg halt, wohin sie die preußischen Minister zu einer Lagebesprechung beordert hatten. Der Ministerrat einigte sich dahin, den Erbprinzen von Augustenburg unter militärischer Bedeckung auf die Festung Pillau zu bringen. Gleichzeitig ordnete der König für den Augenblick, da diese Aktion ablaufen würde, die ersten Mobilmachungsmaßnahmen für Preußen an. Nach Regensburg hatte Bismarck auch von der Pfordten zitiert. Dieser lehnte aber ein Gespräch in Regensburg ab, um nicht den Eindruck zu erwekken, als sei er bereit, mit Bismarck hinter dem Rücken Österreichs und der Mittelstaaten ein Einverständnis herbeizuführen, sondern er regte eine Verschiebung um zwei Tage an und erbat sich als Ort des Gespräches das nahe Salzburg. Dieses Gespräch zu Salzburg fand zum vorgesehenen Termin statt; wie zu erwarten war, benützte Bismarck dabei von der Pfordten nur als Sprachrohr für seine eigenen Vorschläge, den bayerischen Standpunkt vorzutragen war von der Pfordten nicht möglich. Bismarck erhob Vorwürfe gegen die Mittelstaaten, gegenüber Österreich, versicherte seine Entschlossenheit, kein zweites Olmütz auf sich zu nehmen, er erhob Vorwürfe gegen den Deutschen Bund, den ein Krieg zwischen Österreich und Preußen nichts angehe und der deshalb neutral zu bleiben habe. Immer war es Bismarck, der sprach, der um Bayern warb, der drohte – diese Szene verrät nicht nur viel über den Unterschied der beiden Persönlichkeiten, sondern ebensoviel über den Machtunterschied zwischen Preußen und Bayern, der mit dem Amtsantritt Bismarcks ins Unermeßliche gewachsen war. Von der Pfordten entnahm aus diesem Gespräch nur den Eindruck, daß Bismarck nicht auf eine radikale Lösung abzielte, wie seine Maßnahmen in den letzten Monaten zu besagen schienen, sondern daß er mit einer Reihe von Zugeständnissen in Holstein zufrieden wäre. Seinen eigenen Standpunkt vermochte von der Pfordten nur soweit zu behaupten, als er darlegen konnte, daß eine Neutralität für Bayern undenkbar sei, vor allem wenn Frankreich ins Spiel trete. Bismarck mit einer Demonstration des einheitlichen Willens der Mittelstaaten, des Dritten Deutschland also, beeindrucken, das konnte er nicht.

Trotzdem hat das Gespräch in zwei Richtungen bedeutsame Wirkungen ausgelöst. In Wien, wohin von der Pfordten sofort den Inhalt mitteilte, wirkte das Gespräch bestärkend auf den Willen Franz Josephs und Mensdorffs, den letzten Versuch des Ausgleichs mit Preußen nicht zu unterlassen. Auf Beust und die übrigen Vertreter des Dritten Deutschland wirkte das Gespräch alarmierend. Beust, demgegenüber von der Pfordten erklärt hatte, auf Österreich sei keinesfalls mehr Verlaß, man müsse jetzt einen eigenen Weg gehen und Zugeständnisse an Preußen machen, regte ein Gespräch in München an, das im August stattfand und an dem auch Varnbühler und ein Vertreter des Augustenburgers teilnahmen. Das Ergebnis dieses Gespräches läßt erstmals die Möglichkeiten ahnen, die den Mittelstaaten tatsächlich immer noch offenstanden, freilich nur, wenn auch sie bereit waren, die engen Grenzen, in denen sie sich ständig bewegten, zu sprengen. Das grundsätzliche Ergebnis des Gespräches war einmal der Beschluß, den Antrag auf Einsetzung des Augustenburgers, der durch die Verschiebung in die Ausschüsse entschärft worden war, dem Bund erneut vorzulegen. Für den Fall jedoch, das war der zweite Beschluß, den von der Pfordten durchsetzte, daß Österreich den Augustenburger ebenfalls preisgebe, sollte ein Bund der Mittelstaaten gebildet werden und zwar mit einem eigenen Parlament – erstmals war also auch von der Pfordten bereit, den Deutschen Bund vor vollendete Tatsachen zu stellen.

Wenige Tage nach diesem Gespräch zu München war aber von diesem Beschluß nicht mehr die Rede. Österreich tat nämlich das Unerwartete, es beugte sich Bismarck erneut. Der Kaiser hatte aus der Mitteilung von der Pfordtens wie seines eigenen Gesandten Graf Blome den Eindruck gewonnen, daß der Bruch mit Preußen unvermeidlich sein würde, wenn Österreich nicht eindeutig vom Augustenburger abrückte, und da er für einen Waffengang immer noch nicht gerüstet war, ging er auf Bismarcks Angebot einer Teilung ein, allerdings nur im Sinne einer vorläufigen Verwaltungsteilung, die ihm eine definitive Entscheidung zwischen Preußen und den Mittelstaaten ersparen würde. Außerdem ging der Kaiser auf das Angebot Bismarcks ein, das Herzogtum Lauenburg für 2,5 Millionen Taler zu kaufen.

Das war aber auch alles, was Österreich durch den Gasteiner Vertrag vom 14. August 1865 gewonnen hatte, denn die bisherigen Unzuträglichkeiten in Holstein dauerten an. Nach wie vor war die definitive Stellung Österreichs in den Herzogtümern ungesichert und militärisch wie politisch höchst prekär. Vor allem hatte Österreich den Augustenburger dadurch, daß es nicht für ihn eingetreten war, so gut preisgegeben, wie wenn das ausdrücklich gesagt worden wäre. Nach der Unterzeichnung soll Bismarck gesagt haben, er hätte nicht erwartet, einen österreichischen Diplomaten zu finden, der seinen Namen unter diese Abmachung setzen würde. Tatsächlich war Österreich ahnungslos in die Falle gegangen, die Bismarck gestellt hatte. Es war in Deutschland diskreditiert, und gewonnen war auch in Holstein nicht das geringste. Bismarck dagegen hatte Zeit gewonnen, die für den Abschluß der Rüstungen nicht weniger erforderlich war wie für die Klärung der Haltung Frankreichs und für die Bündnisverhandlungen mit Italien, und in Holstein war keinerlei definitive Entscheidung gefallen. Österreich jedoch hatte sich tief gedemütigt und dabei doch keine Garantie gegen eine preußische Annektion gewonnen, der Augustenburger war mehr oder weniger ausdrücklich preisgegeben worden.

Damit war der Zeitpunkt gekommen, wo von der Pfordten aus dem Gespräch zu München hätte die Konsequenzen ziehen müssen. Er zog sie aber keineswegs in der damals festgelegten Richtung. Am 23. August, nicht ganz zwei Wochen nach Gastein, fand zu München eine neue Besprechung zwischen Bismarck und von der Pfordten statt, die dem bayerischen Minister klarmachte, daß Preußen auf die Annektion der Herzogtümer lossteuere. Gleichzeitig deutete Bismarck an, daß er auf Hegemoniebestrebungen in Süddeutschland verzichte und Bayern damit nicht direkt bedrohe. Von der Pfordten war jetzt durchaus geneigt, Preußen in Norddeutschland freie Hand zu lassen, er war also bereit, Sachsen preiszugeben, unter gleichzeitiger Distanzierung von Österreich. Diese Haltung unterstrich er durch die bayerische Anerkennung für das Königreich Italien, und zwar boshafterweise mit den gleichen Wendungen, die Österreich wenige Wochen zuvor gebraucht hatte, um das dänische Königtum in Griechenland anzuerkennen, das an die Stelle des wittelsbachischen getreten war. Auch trat Bayern für den Handelsvertrag zwischen dem Zollverein und Italien ein, in dem Italien die gleiche Meistbegünstigung eingeräumt wurde wie Frankreich. Er stieß also Österreich in aller Form vor den Kopf.

Die Konsequenz dieser Politik wäre die Einnahme einer neutralen Stellung durch Bayern gewesen, zumal von der Pfordten nicht daran glaubte, daß sich Österreich militärisch gegenüber Preußen würde behaupten können, jedenfalls hat er das wiederholt betont. Bayern war seit Gastein durch nichts mehr an Österreich gebunden, am wenigsten durch das von Österreich wie von Preußen gleichermaßen mißhandelte Bundesrecht. Es war also hilfloser Doktrinarismus, wenn er sich in jeder politischen Diskussion auch nach Gastein immer noch auf das Bundesrecht berief, für welches einzutreten Bayern die Pflicht habe. In Wien machte er dabei deutlich, wenn der Bundestag die Bundesexekution beschließe, werde er, dem Buchstaben des Bundesrechts getreu, auch Bayern in den Krieg führen und dem angegriffenen Teil die erforderliche Bundeshilfe gewähren. Wörtlich erklärte er dabei dem österreichischen Gesandten Graf Blome gegenüber: „Ich mache den Krieg aus Bundespflicht-Rechtsgefühl unter Konsequenz des von Bayern eingenommenen Standpunkts halber – aber alles übrige spricht gegen den Krieg. Bayern kann dabei nur verlieren."

Im Grunde kann man sich Politik kaum törichter vorstellen, denn mit dieser Äußerung hat von der Pfordten den Krieg im Grunde erst ermöglicht. In Wien wußte man jetzt, worauf es ankomme, um Bayern in diesen Krieg hineinzuziehen. Daß von der Pfordten gleichzeitig immer noch nach Mitteln strebte, Preußen zum Verzicht auf Annektionen, zum Verzicht auf den bewaffneten Austrag des Konfliktes zu bewegen, spielt gegenüber dieser Blankovollmacht, die er Österreich gegeben hatte, keinerlei Rolle. In Widerspruch dazu stand außerdem seine Note vom 8. März 1866 an die befreundeten Mittelstaaten mit der Aufforderung, im Fall eines Krieges zwischen den beiden deutschen Großmächten jede Teilnahme am Kampf zu vermeiden, eine Aufforderung, die verbunden war mit einer zweiten, nämlich die Kräfte der Mittelstaaten zu einigen für den Fall, daß es doch zum Schlagen komme. Daß er aber gleichzeitig die Bildung einer starken militärischen Macht für diesen mittelstaatlichen Block, wie der Vertreter Badens es gefordert hatte, ablehnte, läßt seine Stellungnahme besonders unvernünftig erscheinen, da nun in der Tat niemand mehr wissen konnte, woran er mit Bayern wirklich war. Beust hat sich in diesen Tagen denn auch von Bayern zurückgezogen, da Sachsen von Preußen in erster Linie bedroht war und nur mit Unterwerfung oder Kampf rechnen konnte, keinesfalls mit Neutralität.

Ende März ergingen in Österreich wie in Preußen die ersten Anweisungen zur Mobilmachung. Am 8. April schloß Bismarck mit Italien das Offensiv- und Defensivbündnis, das den Kriegseintritt Italiens brachte, damit die Bedrohung der österreichischen Südflanke und die Entlastung des Hauptkriegsschauplatzes im Norden. Am 9. April stellte Bismarck im Bundestag den Antrag auf Schaffung eines deutschen Parlaments aus direkten Wahlen mit dem Recht zur Beratung der Vorlage der Regierungen über die Bundesreform. Sollte dieser Antrag angenommen werden, hätte das die Zerstörung der einheitlichen Staatspersönlichkeit Österreichs bedeutet, da nur die deutschen Länder ihre Abgeordneten zu diesem Parlament entsenden konnten, nicht mehr Österreich als Gesamtstaat. Daß die Hoffnung Bismarcks trog, dadurch auch die liberalen Kräfte in Preußen und Deutschland für seine Politik zu gewinnen, daß die Öffentlichkeit immer noch nicht bereit war, dem preußischen Konfliktminister, der seit Jahren gegen das Parlament und unter Mißachtung der Verfassung regierte, Vertrauen zu erweisen, bedeutete für die kommende Entwicklung weniger als die halbherzige Bereitschaft von der Pfordtens, diesen Antrag tatsächlich, wie er Wochen zuvor versprochen hatte, zu tolerieren und damit bei Bismarck die Hoffnung auf bayerische Neutralität zu bestärken. Von der Pfordten wieder erwartete im Ernst, daß Österreich nachgeben und dabei im Deutschen Bund verbleiben könne, er erwartete gleichzeitig, daß die Mittelstaaten bereit sein würden, einen solchen Antrag ebenfalls zu tolerieren, obwohl den meisten Regierungen klar war, daß ein solches deutsches Parlament auch über ihre Stellung rücksichtslos hinweggehen würde. Von der Pfordten brachte es also tatsächlich fertig, sich allen Parteien gleichmäßig zu entfremden. Schieder ist der Auffassung, daß von der Pfordten dabei durchaus ein konkretes Ziel im Auge hatte, nämlich die Fortentwicklung der Bundesverfassung zu einer dualistischen Verfassung, mit dem Verzicht Österreichs auf das Präsidium und dem Übergang zu einer Direktorialverfassung, wobei er für Bayern den Führungsanspruch gegenüber dem Dritten Deutschland durchzusetzen hoffte, und zwar all das ohne Einsatz wirklicher Macht, während auf der Gegenseite bereits die Kanonen in Stellung gebracht wurden. Eines erreichte er allerdings, nämlich die Annahme seines Vorschlags auf Übergabe des preußischen Antrags an den Ausschuß, da sich keine der beiden Parteien im Augenblick zum Losschlagen entschließen konnte. Eine Konferenz der Mittelstaaten dagegen, die der württembergische Minister Varnbühler am 13. April angeregt hatte, wurde ein völliger Fehlschlag. Von der Pfordten wandte sich gegen jede energische Politik in diesem Augenblick, in dem es, wie er sagte, gelte, durch äußerstes Entgegenkommen gegenüber Preußen den Frieden zu retten. Eine neuerliche Zusammenkunft, die Varnbühler für den 4. Mai anregte, lehnte er ab, das war einen Tag vor dem preußischen Ultimatum an Sachsen, das die Entwaffnung der sächsischen Armee forderte, genau wie Beust es vorhergesehen hatte.

In den nächsten Wochen gab von der Pfordten dann die widersprüchlichsten Erklärungen von sich. Einerseits wandte er sich gegen die österreichischen Rüstungen und betonte, daß Österreich nur insoweit auf die bayerische Hilfe zählen könne, als es von Preußen angegriffen werde. Gleichzeitig forderte er Preußen auf, wenn es schon einen Krieg mit Österreich für unvermeidlich halten sollte, denselben nicht in Sachsen anzufangen. Auch in den nächsten Tagen änderte sich diese widerspruchsvolle Haltung nicht. Dem österreichischen Botschafter

Graf Blome gegenüber erklärte er, bisher habe er geglaubt, durch eine neutrale Haltung die Friedenspartei in Berlin stärken zu können, jetzt aber könne dort nur mehr das einmütige Zusammenstehen des übrigen Deutschland und das Bewußtsein der Isolierung Preußens imponieren, während er auf der nun folgenden Tagung der Mittelstaaten zu Bamberg am 11. Mai wieder versuchte, unter Schonung Preußens und unter Vermeidung aller engeren politischen wie militärischen Zusammenarbeit, nichts zu erreichen, als die Möglichkeit zu weiteren Beschwichtigungsversuchen. So war es nur natürlich, daß die Ereignisse jetzt völlig über Bayern hinwegschritten. Am 1. Juni stellte Österreich in Frankfurt den Antrag, über die Erbfolge in Holstein und Schleswig zu entscheiden. Das war ein Bruch des Gasteiner Vertrags, da Österreich ohne Preußen in dieser Frage nicht vorgehen durfte. Preußen rückte daraufhin in Holstein ein, ein Akt der Selbsthilfe also, der im Bundesrecht unter Exekutionsdrohung stand. Am 10. Juni dann stellte Preußen in Frankfurt den Antrag auf Bundesreform durch ein frei gewähltes deutsches Parlament, und am Tag darauf, am 11. Juni, forderte Österreich in Frankfurt die Mobilmachung des siebten, nichtpreußischen Korps der Bundesarmee zum Schutz der Bundesverfassung nach Artikel 19 der Bundesakte. Als am 14. Juni der Antrag zur Abstimmung stand, schloß sich Bayern den Stimmen Österreichs, Sachsens, Hannovers, Württembergs, des Kurfürstentums Hessen, des Großherzogtums Hessen, Hessen-Nassaus und Frankfurts an, so daß der Antrag Österreichs mit 9 gegen 6 Stimmen angenommen wurde. Preußen trat daraufhin aus dem Bund aus, da er gebrochen und erloschen sei, und rückte zwei Tage später in Sachsen, Hannover und Kurhessen ein.

Nicht ohne Schuld von der Pfordtens, der Österreich ermutigt hatte, der Preußen die Gewißheit vermittelt hatte, daß an eine machtvolle Demonstration des Dritten Deutschland gegenüber dem Friedbrecher nicht zu denken sei, war es jetzt zum Krieg gekommen. Entsprechend dem Wort, das er Österreich gegeben hatte, mußte von der Pfordten Bayern jetzt in den Krieg führen. Vorbereitet war nichts, weder militärisch noch politisch.

Auch während des Krieges entwickelte sich kein engerer Zusammenhalt. Zwar wurden die Truppen Süddeutschlands unter einen gemeinsamen bayerischen Oberbefehl gestellt, aber in der Münchner Konferenz vom 30. Juni 1866, an der Württemberg, Baden, das Großherzogtum Hessen und Hessen-Nassau wie Frankfurt teilnahmen, einigte man sich auf keine weitergehende Maßnahme als auf die Bildung eines provisorischen süddeutschen Zollvereins. Im Grunde gab von der Pfordten damals bereits den Krieg verloren, war doch am 27. Juni schon die Kapitulation von Langensalza geschlossen worden, welche die hannoveranische Armee entwaffnet und damit ganz Norddeutschland den preußischen Truppen preisgegeben hatte. Langensalza war nicht zuletzt eine Folge auch der bayerischen Strategie, die so ziellos war wie die bayerische Politik. Freilich hatte Hannover zunächst seine Neutralität erklärt, war aber, wie Sachsen, vor ein Ultimatum gestellt worden und hatte sich dann gegen Preußen entschieden. Damit waren kostbare Tage vertan, so daß eine geplante Vereinigung der süddeutschen und norddeutschen Bundestruppen durch den raschen preußischen Vorstoß vereitelt wurde. Aber gerade das war der Unterschied zwischen der preußischen Kriegführung und jener seiner deutschen Gegner. Schon die preußische Mobilmachung war mustergültig organisiert, während die Gegner um Wochen nachhinkten. Auf preußischer Seite wurde, wie die Politik, so auch die Kriegführung von einem einzigen entschlossenen und überlegenen Geist diktiert, auf der Gegenseite tat jeder der Bundesgenossen, was er wollte. Obwohl der bayerische Generalstabschef von der Tann mit seinem Wiener Kollegen Benedek ein militärisches Zusammenwirken in Böhmen vereinbart hatte, auf dem Hauptkriegsschauplatz also, der dann auch die Entscheidung brachte, weigerte sich von der Pfordten entschieden, diese Abmachung zu ratifizieren, sondern drohte für den Fall, daß sich von der Tann durchsetzen sollte, mit seinem Rücktritt. Dabei erklärte er, Bayern führe den Krieg „ohne alles eigene Interesse", „lediglich im Gefühl der Bundestreue, der Pflicht und der Ehre." „Aber", so fuhr er fort, „es ist ebenso entschlossen, dabei seine Selbständigkeit zu wahren und sich weder wie eine österreichische Provinz, noch seine Armee wie ein österreichisches Armeecorps behandeln zu lassen". Von der Pfordten schien von Anfang an den Krieg verloren gegeben zu haben, wie seine Berufung allein auf Ehre und Pflicht indirekt wohl zu erkennen gibt, aber die Kräfteverhältnisse legten eine solche pessimistische Beurteilung der Lage selbst nach Langensalza durchaus noch nicht nahe.

Die preußische Armee in Böhmen umfaßte etwa 260000 Mann. Sie stand dort einer österreichischen Übermacht von mehr als 300000 Mann gegenüber; ungeachtet der besseren preußischen Bewaffnung mit dem Zündnadelgewehr war also von vorneherein die Schlacht um Böhmen nicht verloren. Es kam auf die bessere Führung, auf die entschlossenere Gesamtstrategie an. Daß der preußische Kriegsplan an sich bereits der kühnere war, zeigt die Verteilung der Kräfte. Auf dem süddeutschen Kriegsschauplatz standen nur etwa 50000 Mann, obwohl in Berlin bekannt war, daß die bayerische Armee 1864 einen Sollstand bereits von 104000 Mann umfaßte, wozu auch noch die Streitkräfte Württembergs und Badens kamen. Tatsächlich waren dann etwas mehr als 80000 Mann auf dem Marsch über den Main, als das Unglück von Langensalza geschah. Immer noch waren also die süddeutschen Truppen dem preußischen Korps an Truppenzahl außerordentlich überlegen. Mehr als die doppelte Streitmacht hätte ins Feld gestellt werden können, wenn man alles nach vorn geworfen hätte. Aber gerade daran fehlte es. Auf der Seite der süddeutschen Verbündeten Österreichs wußte vermutlich niemand, was man bei einem Sieg über das preußische Korps hätte anfangen sollen. Ein selbständiges Einschwenken nach Osten in den Rükken der preußischen Aufstellung in Böhmen war ebenso wenig vorgesehen wie etwa ein selbständiger Marsch auf Berlin. Der preußische Sieg bei Königgrätz am 3. Juli enthüllte dann diese strategische Grundschwäche des Aufmarsches der süddeutschen Kontingente vollends; ohne die Deckung durch die österreichische Armee war die süddeutsche Stellung am Main unhaltbar geworden. Aber genau in diesem Augenblick wünschte von der Pfordten den Angriff. Am 5. Juli sandte er an den Prinzen Carl, den Oberbefehlshaber der vereinigten süddeutschen Kontingente, ein Telegramm, in welchem er den Prinzen beschwor, angesichts der sich verdichtenden Nachrichten über einen baldigen Waffenstillstandsabschluß unter allen Umständen anzugreifen, denn ohne einen solchen Angriff könne er, von der Pfordten, die öffentliche Meinung nicht beruhigen, die dem bayerischen Minister ein geheimes Einverständnis mit Preußen vorwerfe. Bei einem Waffenstillstand sei die bayerische Position um so günstiger, „je entschiedener unsere Armee noch agiert haben wird, selbst wenn der Erfolg unseren Waffen nicht günstig sein sollte. Am erwünschtesten wäre es freilich, wenn wir im Moment des Waffenstillstandes Länder im Besitz haben könnten wie Coburg ... Meiningen und etwa kurhessische Landesteile." Worauf es von der Pfordten also ankam, war keineswegs ein militärisch sinnvolles Ergebnis, sondern eine politische Demonstration. Dafür hat er bedenkenlos das Leben von Tausenden von Soldaten aufs Spiel gesetzt. Als es dann tatsächlich, weniger auf Initiative der süddeutschen Truppen hin, als infolge des stürmischen preußischen Vormarsches, zu Kampfhandlungen am Main gekommen war, die angesichts der Kräfteverhältnisse einen blamablen Ausgang für die süddeutschen Truppen genommen hatten, schrieb von der Pfordten dem Prinzen Carl: „Ich finde unsere Lage ganz befriedigend, nachdem die bayerische Armee nun gekämpft hat, Bayern selbst aber vor Invasionen verschont geblieben ist." Für ihn, so fährt er fort, sei der ganze Krieg nur eine Ehrenfrage gewesen. Wenn es gelinge, Ehre und Existenz nach dem katastrophalen Zusammenbruch Österreichs für Bayern zu retten, so sei nach seiner Ansicht erreicht, was zu erreichen war. Wie also bei einem Duell nach bloßem Schußwechsel bereits die Ehre als wiederhergestellt galt, so war für diesen Gegenspieler Bismarcks in der deutschen Politik mit einer bloßen Geste in dieser Entscheidungsstunde der deutschen Geschichte der Pflicht genüge getan. Es scheint, daß von der Pfordten auch in dieser Stunde den tödlichen Ernst des preußischen Zugriffs einfach nicht begreifen konnte, auch wenn er dann einige Tage später plötzlich wieder in Zustände völlig übertriebener Befürchtungen verfiel. Bei einem solchen Mangel an Klarheit über die eigenen Ziele, die eigenen Möglichkeiten wie über die Absichten der Verbündeten und des Feindes war es undenkbar, daß der bayerische leitende Minister bei den kommenden Ereignissen hätte eine Rolle spielen können. Er hat es zunächst überhaupt nicht versucht, obwohl ihn Graf Mensdorff wiederholt dringend zu Vorgesprächen nach Wien eingeladen hatte. Als er dann endlich dort ankam, waren die Friedenspräliminarien bereits besiegelt. Um trotzdem noch für Bayern zu retten, was zu retten war, reiste von der Pfordten sofort weiter nach Nikolsburg, den Ort des Waffenstillstandes, und versuchte seinerseits ein Gespräch mit Bismarck zu erzwingen. Dabei wurde er auf den Befehl Bismarcks hin beim Überschreiten der Waffenstillstandslinie verhaftet, eine Szene, die durchaus der Lächerlichkeit nicht entbehrt.

Bismarck wollte Bayern und die übrigen süddeutschen Staaten von jeder Einwirkung auf den Friedensschluß mit Österreich fernhalten, ging es ihm doch darum, die Verbindung zwischen ihnen und Österreich endgültig zu durchtrennen. Im Präliminarfrieden von Nikolsburg am 26. Juli, der unter dem Druck der französischen Vermittlung zustande gekommen war, bzw. im definitiven Frieden zu Prag am 23. August erreichte Bismarck sein wichtigstes Ziel, die Beherrschung ganz Norddeutschlands durch Preußen und die Verdrängung Österreichs aus Kleindeutschland. Das Königreich Hannover, Kurhessen, Hessen-Nassau und die Freie Stadt Frankfurt wurden dem preußischen Staat eingegliedert, ebenso Schleswig-Holstein. Ganz Norddeutschland wurde zum Norddeutschen Bund unter Führung Preußens zusammengefaßt. Auf die französische Intervention hin wurde in den Friedensschluß eine Garantie der völkerrechtlichen Unabhängigkeit der süddeutschen Staaten eingefügt, denen außerdem die Bildung eines eigenen Südbundes zugestanden wurde. Das war der Rahmen auch für die Bedingungen, die dem bayerischen Minister im besonderen diktiert wurden. Bemühungen von der Pfordtens um eine französische Vermittlung ausdrücklich für die süddeutschen Staaten scheiterten an der Weigerung Napoleons, darauf einzugehen, auch seine Bemühungen um den Abschluß eines gemeinsamen Vertrages für die süddeutschen Fürsten scheiterten sowohl an der Weigerung Badens wie an der entschiedenen Ablehnung Bismarcks.

Entsprechend den pauschalen Forderungen Bismarcks beim Abschluß des Waffenstillstandes mußte Bayern mit einer Kriegskostenentschädigung rechnen, die man auf 10 Millionen Gulden schätzte, ebenfalls mit Gebietsabtretungen in Oberfranken an Preußen wie an Hessen, das damit für Abtretungen an Preußen entschädigt werden sollte. Die Überraschung war aber doch gewaltig, als Bismarck nicht 10 Millionen Gulden, sondern 20 Millionen Taler verlangte, das waren 32 Millionen Gulden, und als er statt einiger Distrikte nahezu ein Fünftel des gesamten bayerischen Staatsgebietes forderte, mit 500 000 Einwohnern. Das waren Gebietsteile der Pfalz mit etwa 300 000 Einwohnern, dazu zwei Gebiete in Franken, nämlich in Oberfranken die Städte Kulmbach, Kronach und Hof mit dem gesamten Umland, in Unterfranken die Städte Kitzingen, Brückenau und Hammelburg, ein Landstrich also, der sich hinzog vom Main bis an die fuldaische Grenze. Gleichzeitig erklärte Bismarck, Preußen gedenke in Kulmbach eine Festung zu bauen. Alle diese Forderungen nannte er außerdem noch rücksichtsvoll. Den Vorwürfen von der Pfordtens begegnete er mit der berühmt gewordenen Wendung: „Von Gerechtigkeit oder Billigkeit kann nach einem Krieg nicht die Rede sein, da handelt es sich um Macht und Interesse." Während von der Pfordten diese Bedingungen nach München weitergab, liefen die offiziellen Verhandlungen an, in denen Bismarck nun doch eine andere Linie einschlug. Es war ihm offenbar auf den Schock angekommen, um zu zeigen, daß Bayern sich völlig in der Hand Preußens befinde. Milderungen dieser Bestimmungen also mußten durchaus jene Wirkung haben, auf die es Bismarck jetzt in erster Linie ankam, Bayern nämlich für Preußen bündnisfähig zu machen. Diese Bereitschaft steigerten Bismarcks Enthüllungen über französische Wünsche nach dem linken Rheinufer und Teilen der Pfalz beträchtlich. Am 20. August dann stellte Bismarck seine definitiven Forderungen: Bayern schließt ein geheimes Schutz- und Trutzbündnis mit Preußen, zahlt eine Kriegskostenentschädigung von 30 Millionen Gulden und tritt in der Form einer Grenzregulierung die Bezirksämter Gersfeld und Orb an Preußen ab, zwei also statt der im zweiten Stadium der Verhandlungen geforderten 25. Die bayerischen Bevollmächtigten erklärten sich sofort zur Annahme des Vorschlags bereit. Bismarck versprach, ihn bei seinem König durchzusetzen. Am Abend brachte er das Einverständnis, nicht ohne zu betonen, wie schwierig es vom König zu erlangen gewesen sei. In München erschien Bismarck deshalb bereits jetzt als der große Freund Bayerns, auf Vorschlag von der Pfordtens erhielt er umgehend den Hubertusorden, und als von der Pfordten am 27. August in der Reichsratskammer erschien, erhoben sich alle zu seinen Ehren von den Sitzen.

Mit vollem Bedacht war das Schutz- und Trutzbündnis im Friedensschluß mit Bayern unter die Geheimklauseln gesetzt worden, denn im Prager Frieden mit Österreich, der einen Tag nach dem Frieden mit Bayern abgeschlossen wurde, am 23. August, wurde im Artikel 4 bestimmt: „Österreich erklärt sich einverstanden damit, daß die südlich gelegenen Deutschen Staaten in einen Verein zusammentreten, dessen nationale Verbindung mit dem norddeutschen Bund der näheren Verständigung zwischen beiden vorbehalten bleibt und der eine internationale und unabhängige Existenz haben wird." Zweifellos war die Abtretung des militärischen Oberbefehls an Preußen mit diesem Artikel nicht vereinbar, so daß Beust später, als er von der Geheimklausel erfuhr, ironisch bemerkte, im allgemeinen werden Verträge erst im Laufe der Zeit gebrochen, dem politischen Genie Bismarcks sei es vorbehalten geblieben, den Prager Friedensvertrag bereits im vorhinein zu brechen – tatsächlich war das Ende der bayerischen Selbständigkeit bereits jetzt besiegelt, nicht erst durch die Versailler Verträge. Auch mit Württemberg war bereits am 13. August der Abschluß erreicht, mit Baden am 17., mit Hessen wurde am 3. September abgeschlossen. Damit war die militärische Klammer zwischen Nord und Süd noch im Sommer 1866 geschmiedet, die wirtschaftliche sollte durch die neuen Zollvereinsverhandlungen ebenfalls gefestigt werden.

Der 1815 gegründete Deutsche Bund also, der die deutschen Staaten und Österreich in lockerer Organisationsform zum gegenseitigen Schutz nach außen und innen zusammengehalten hatte, war jetzt ein für allemal zerstört. Österreich mit seinen deutschsprachigen Teilen und mit Böhmen, Ungarn und Galizien war aus dieser letzten organisatorischen Verbindung der deutschen Staaten hinausgedrängt. Das ganze einstige Bundesgebiet zerfiel jetzt in drei Teile, eben dieses auf sich selbst zurückgeworfene Österreich, dann Norddeutschland, für das Bismarck den Zusammenschluß in der Form eines Bundesstaates mit preußischer Oberhoheit im Krieg, preußischer Führung in der Form des erblichen Präsidiums für seinen König im Frieden gefunden hatte. Dieser Bundesstaat wahrte nur noch sehr äußerlich die alten Traditionen der Länder, sein festestes Band bestand in einem gemeinsamen Parlament, das in freier, gleicher und geheimer Wahl direkt durch die Bevölkerung dieser zusammengeschlossenen Staaten gewählt werden sollte, nicht also durch die Landtage, noch weniger durch die Regierungen. Der dritte einstige Bestandteil, die deutschen

Staaten südlich des Mains, standen noch ohne einen solchen festen Verband nebeneinander. Sie waren aber jeweils durch ein Militärbündnis an die Präsidialmacht des Norddeutschen Bundes, damit an diesen Bund gekettet, das war weit mehr als je in all den Reformvorschlägen vor 1863 als Forderung laut geworden war. Der alte Deutsche Bund wurde damit ersetzt durch ein Gebilde, das auch in seiner Vorläufigkeit bereits militärisch, für den Augenblick auch machtpolitisch überlegen war; Gefährdungen, die in der Zukunft drohten, sahen weder Sieger noch Besiegte. Der Bund war nicht einfach zerfallen, sondern er war gesprengt worden vom Machtwillen Preußens; die hier wirksam gewordene Sprengkraft war noch längst nicht erschöpft. Bismarck hatte sich dabei die Sehnsucht auch weiter Kreise in Süddeutschland nach der Einheit der Nation zunutze gemacht; der Sieg dieses Prinzips mußte auch auf die Völker der Habsburger Monarchie wie ein Weckruf wirken. Gesprengt wurde 1866 nicht ein beliebiger Bund mit beschränkten Zielen, sondern eine Kombination von Mächten, deren Gleichgewicht Frieden und Ordnung in ganz Mitteleuropa garantieren konnte. Diese Funktion des Deutschen Bundes wurde auch damals schon gesehen, Constantin Frantz und ihm folgend der bayerische Politiker und Publizist Edmund Jörg sahen damals bereits Möglichkeiten für die Behauptung der europäischen Staatenordnung zwischen den kommenden Weltmächten Amerika und Rußland nur noch in einer großen mitteleuropäischen Konföderation. Man hätte sie nicht erst zu schaffen brauchen, sie bestand seit 1815. Bismarck fand solche Gedanken dilettantisch, und zahllose Historiker hielten es mit Bismarck oder maßen auch, mit Hegel, die Bedeutung einer Idee an ihrem augenblicklichen faktischen Durchsetzungsvermögen – das aber besaß nur die Schöpfung Bismarcks.

Zerbrochen ist dieser Bund nicht an den Schwächen, die mit seiner Konzeption gegeben waren, sondern daran, daß die Nation nicht mehr hinter ihm stand, daß ihr die völkerverbindende universale Funktion, die Srbik dem Deutschen Bund zumaß, als Chimäre erschien, daß ihr seine Aufgabe, den Egoismus der Einzelstaaten zu dämpfen und Sicherheit zu gewinnen gegen den Vergrößerungstrieb der Großen, daß ihr die vom Bund ausgehende Bürgschaft der Ruhe, von der Franz Schnabel in diesem Zusammenhang spricht, als Ergebnis der Lethargie vorkam und das System des Gleichgewichts als Verlockung zu schwächlichem Verzicht auf historische Größe. Die Regierungen der Mittelstaaten fanden vor allem deshalb zu keiner entschiedenen Abwehrhaltung, weil sie sich nicht mehr getragen wußten von der Zustimmung der Bürger, in Bayern wenigstens eines großen Teiles davon. Unter solchen Umständen aber konnte auch der 1866 geschaffene Zustand nicht von Dauer sein.

Bayerns Weg in das Bismarckreich

Der verlorene Krieg konnte weder für das Königreich Bayern als souveränen Staat noch für den Minister, der das Land in diesen Krieg geführt und ihn verloren hatte, ohne tiefgreifende Folgen bleiben. Von der Pfordten scheint jedoch der volle Ernst der Lage nicht zum Bewußtsein gekommen zu sein. Er fuhr mit seiner Politik da fort, wo er vor dem Friedensschluß aufgehört hatte, ohne entschiedene Festlegung nach der einen wie nach der anderen Seite. Der Prager Friede hatte den deutschen Dualismus im Grunde noch nicht beseitigt. Er hatte nur Österreich aus Kleindeutschland hinausgedrängt, aber nach wie vor standen sich Preußen, jetzt vergrößert um Hannover und Kurhessen und an Machtpotential unendlich bereichert durch die Mitglieder des Norddeutschen Bundes, und das immer noch weit überlegene Österreich in verschärfter Frontstellung gegenüber, und immer noch war dank des Eingriffes Napoleons über den letzten Kampfpreis nicht bestimmt: die süddeutschen Staaten. Im Prager Frieden war die logische Folgerung aus dem verhärteten Gegenüber der beiden großen Kontrahenten gezogen worden. Man hatte ihnen die theoretische Ergänzung entgegengestellt, den süddeutschen Bund, die verkleinerte Spätform des Dritten Deutschland in den Trias-Ideen seit 1815. Wenn es freilich vor 1866 nicht möglich gewesen war, dieses Dritte Deutschland zu einen und vor allem zu einem Machtkörper zusammenzufügen, der zwischen den beiden Großmächten den Frieden hätte aufrecht erhalten können, so war das jetzt noch weniger zu erwarten. Das sahen im Grunde alle beteiligten Staatsmänner ein, und so haben sofort nach dem Friedensschluß Baden und Württemberg die Bildung eines Bundes abgelehnt, der sie gegen die beiden Großmächte abgehoben und Süddeutschland vielleicht doch noch einiges Gewicht eingebracht hätte. Von der Pfordten dagegen hielt nach wie vor ein solches Ziel für erstrebenswert, wieder aber konnte er sich nicht entschließen, dafür auch zu kämpfen. Noch weniger konnte er sich allerdings auch zu einem Anschluß an den Norddeutschen Bund verstehen. Auf dem ersten Landtag nach dem Krieg jedoch, dessen Zusammensetzung freilich nicht entfernt den Volkswillen widerspiegelte, wurde mit 122 zu 12 Stimmen eine folgenschwere Resolution gefaßt. Sie lautete: „Der König wolle geruhen, dahin zu wirken, daß durch einen engeren Anschluß an Preußen der Weg betreten werde, welcher zur Zeit allein dem angestrebten Ziele entgegenführen könne, Deutschland unter Mitwirkung eines frei gewählten und mit den erforderlichen Befugnissen ausgestatteten Parlaments zu einigen, die nationalen Interessen wirksam zu wahren und etwaigen Angriffen des Auslandes erfolgreich entgegenzutreten". Diese Resolution war das Ergebnis des Gesinnungswandels, der auch die bayerischen liberalen Parteien erfaßt hatte. Die Mittelpartei, die zunächst großdeutsch gewesen war, war nach der Enttäuschung über Österreich zum Teil in das Lager der Fortschrittspartei übergegangen, zum Teil hatte sie Anschluß gefunden an die konservative Gruppe, die spätere Patriotenpartei. Aber auch die 1863 gebildete Fortschrittspartei war vor dem Krieg keinesfalls für einen Anschluß an Preußen eingetreten, da sie zusammen mit den preußischen Liberalen den parlamentarischen Kurs Bismarcks scharf ablehnte in der Befürchtung, zur Einheit nur unter Verlust der Freiheit zu kommen. Jeder Sieg, so hatte ihr bayerischer Sprecher, Karl Brater erklärt, ist eine Niederlage, ob jetzt Preußen siege oder Österreich. Bayern müsse also neutral bleiben. Nach Königgrätz war jedoch klar, daß die Einigung nur durch Preußen kommen könne, und wie die norddeutschen Liberalen, die sich jetzt zum größten Teil mit Bismarck aussöhnten und die Indemnitätsvorlage zur Grundlage der gemeinsamen nationalen Politik machten – hier wurde Bismarck sein verfassungswidriges Militärregiment von 1862 bis 1866 vergeben –, fanden sich auch die süddeutschen Liberalen in der Fortschrittspartei mit dem Eintritt in den Norddeutschen Bund ab, da er allein zur nationalen Einheit führen könne. Der leitende Minister sah sich damit in scharfem Gegensatz zur Kammermehrheit, aber auch die damals noch schwächere Gruppe der Konservativen lehnte seine Politik „voll von Impotenz und Charakterlosigkeit, innerer Unwahrheit", schärfstens ab. Sein Sturz war damit unvermeidlich. Besiegelt wurde er aber durch die Absicht Richard Wagners, nach Bayern zurückzukehren; vor dem Krieg hatte von der Pfordten den König vor die Wahl zwischen ihm und Wagner gestellt, jetzt erhielt er die Quittung. Wagner schlug als neuen Ministerpräsidenten Hohenlohe vor. Noch ehe von der Pfordten sein Entlassungsgesuch eingereicht hatte, berichtete die Augsburger Allgemeine Zeitung bereits von seinem Rücktritt und von der Ernennung des Fürsten Hohenlohe. Der Minister, der seit September den König nicht mehr gesehen hatte, verlangte eine Audienz; als sie ihm abgeschlagen wurde, reichte er am 10. Dezember sein Entlassungsgesuch ein. Zu seinem Nachfolger bestellte der König den Fürsten Chlodwig von Hohenlohe-Schillingsfürst.

Der neue Vorsitzende des Ministerrates und Minister des Auswärtigen, Chlodwig von Hohenlohe, Herr von Schillingsfürst, gehörte als Angehöriger eines mediatisierten Fürstenhauses dem bayerischen Reichsrat an. Er war von Haus aus kleindeutsch. Unbestritten war seine politische Intelligenz, doch war er nicht der Mann, seine Einsichten auch durchzusetzen. Er liebte es, seine Absichten zu verschleiern, der harten Konfrontation auszuweichen und Neben- und Umwege zu gehen, um den Gegner auszumanövrieren. Er war Diplomat, kein Staatsmann. Seine Jahre als Reichskanzler sollten das später ebenfalls schlagend beweisen.

Von seiner allgemeinen politischen Einstellung her gehörte Hohenlohe eigentlich zur Mittelpartei, nach 1866 also zu einem Flügel der Fortschrittspartei. Ihr herausragender Führer war der schon erwähnte Journalist Karl Brater, der in Augsburg, dann in Frankfurt und in München wirkte, der auch an der Gründung des Deutschen Nationalvereins beteiligt gewesen war. Zusammen mit Marquard Barth, einem Rechtsanwalt zu Augsburg und dessen Kollegen Josef Völk, beide Schwaben wie Brater, war er 1849 für die Reichsverfassung eingetreten. Fränkische und pfälzische Anhänger der kleindeutschen Idee schlossen sich nach der Neuwahl von 1863 zu Nürnberg zur Fortschrittspartei zusammen, die sich selbst als eine Partei der Bewegung verstand. 1864 und 1865 waren in mehreren Stufen organisatorische Veränderungen getroffen worden, die aus dem bloßen Honoratiorenklub eine politische Partei entstehen ließen, deren Schlagkraft besonders durch ihre Presseverbindungen außerordentlich groß war. Ihr standen die vielgelesenen Münchner Neuesten Nachrichten nahe, dann die Augsburger Abendzeitung, die weit über Bayern hinaus von Einfluß war, schließlich auch der Fränkische Kurier und der Pfälzische Kurier, Blätter, die innerhalb der Region von Gewicht waren. Das allgemeine Programm dieser Fortschrittspartei zielte auf Gewerbefreiheit, freies Niederlassungsrecht und allgemeines und gleiches Wahlrecht, das ausgeübt werden sollte in direkter und geheimer Wahl. Durch die Forderung nach einer strafferen Herrschaft des Staates über die Kirche und über die Schule schuf sich diese Partei, die freilich auch ohne diese Herausforderung in Altbayern wenig Sympathien gewonnen hätte, ihre schärfsten Gegner selbst, die sich aber erst nach 1866 zu formieren begannen.

Vor allem in der Innenpolitik der Jahre 1867 bis 1869 wirkte sich die Tatsache, daß Hohenlohe der Fortschrittspartei gesinnungsmäßig nahestand, deutlich aus. Die Gesetzgebung dieser Epoche trug all den erwähnten Anliegen Rechnung, ging zum Teil sogar noch darüber hinaus. Am wichtigsten war wohl das Gesetz über die Gewerbeordnung, das endlich die Aufhebung des Zunftzwanges brachte und im großen und ganzen die Gewerbefreiheit. Im gleichen Jahr wurde auch ein Gesetz geschaffen, das das Heimatrecht regelte und die freie Wahl des Aufenthaltsortes einräumte. Von besonderer Bedeutung war der hier ausgesprochene Fortfall aller Hindernisse für die Eheschließung, die bisher eine ins Gewicht fallende Bevölkerungsvermehrung in Bayern verhindert hatten. In diesen Rahmen der Reformen mit betont freiheitlicher Grundhaltung gehörte auch die Gemeindeordnung von 1869, welche den Gemeinden als Körperschaften des öffentlichen Rechts völlige Selbstverwaltung einräumte und die Staatsaufsicht auf jene Rechtssphäre beschränkte, in welcher die Gemeinden Staatsaufgaben auszuführen hatten. Auch die Zivilprozeßordnung wurde 1869 der liberalen Forderung nach Mündlichkeit und Öffentlichkeit der Rechtspflege angepaßt, damit wurde im gesamten Gebiet des Königreichs Bayern jetzt die in der Pfalz schon seit der napoleonischen Zeit eingeführte Ordnung zur Regel. Abgelehnt wurde ein freiheitliches Wahlgesetz, und zwar gerade durch die liberale Kammermehrheit, welche durch die Reform für ihre Existenz fürchtete. Diese liberale Kammermehrheit war auch die wichtigste Stütze Hohenlohes für seine Politik in der deutschen Frage.

Die deutsche Politik Hohenlohes war voller Widersprüche, die aber leicht zu erklären sind. Seiner eigenen Überzeugung nach war auch Bayerns Anschluß an den Norddeutschen Bund nicht nur unvermeidlich, sondern auch unerläßlich; im August 1866 noch hatte er in der Kammer der Reichsräte für den Anschluß an den Norden gesprochen, im September darauf ein Verfassungsbündnis mit dem Norddeutschen Bund vorgeschlagen. Der König jedoch bestand auf der ungeschmälerten bayerischen Selbständigkeit, damit war der Minister in seiner Handlungsfähigkeit erheblich eingeschränkt. Es war in der Tat nur der König, der den sofortigen Übergang Hohenlohes zu einer Anschlußpolitik wirksam verhindern konnte. Um so mehr mag erstaunen, daß der König den Minister so lange gehalten hat, obwohl er ihn zunächst überhaupt nicht mochte, und daß er auch dann noch für ihn eingetreten ist, als er sich nicht mehr halten ließ. Zweifellos hängt es mit Voraussetzungen zusammen, die bei von der Pfordten nicht gegeben waren. Unter Hohenlohe häufen sich auffallend die königlichen Eingriffe in die auswärtige Politik, zu einer Zeit also, die von ernsthaften Krisen weit entfernt schien, im Gegensatz zur stürmischen Epoche von 1864 bis 1866. Es ist keine Frage, daß der König gegenüber Hohenlohe das Gefühl hatte, ihm sagen zu können, was er für richtig hielt, ohne befürchten zu müssen, geschulmeistert zu werden. Hohenlohe war geschmeidig, wendig, zuvorkommend in der Form, ob er es auch in der Sache war, läßt sich schwer sagen. Die außenpolitischen Schachzüge, die er eingeleitet hat, sind samt und sonders undurchsichtig. Das kann heißen, daß sie so verdeckt angelegt sind, daß man das wahre Ziel nicht zu erfassen vermag. Es kann aber auch heißen, daß sich Hohenlohe in seinen eigenen Berechnungen getäuscht hat und die Züge wieder abbrechen mußte, ehe sie zu einem Ziel führten, sei es daß Widerstände von außen, sei es daß Widerstände von innen sich als zu mächtig erwiesen. Insgesamt muß man überhaupt feststellen, daß der Spielraum, den Bayern noch hatte, außerordentlich eingeengt war. Eigenständige Politik war schlechterdings nur noch möglich in Richtung auf den Abschluß eines Südbundes, und gerade den lehnte Hohenlohe ab. Damit war Bayern aber vollkommen aus dem politischen Machtkampf ausgeschieden, abhängig in jeder Hinsicht vom Kräftespiel, das nicht mehr nur von Preußen und Österreich bestimmt wurde, sondern kaum weniger von den politischen Potenzen Europas, von Rußland und von Frankreich.

Keine außenpolitische Aktion, die Hohenlohe während seiner Amtszeit versuchte, führte zu irgendeinem Erfolg. Die abenteuerliche Mission eines Sondergesandten, des Grafen Tauffkirchen, nach Wien und Berlin mitten in der Krise um Luxemburg, durch die Hohenlohe Österreich und Preußen wieder in ein System des Gleichgewichts einbinden und für Bayern eigenen politischen Spielraum schaffen wollte, führte nur dazu, daß er und Bayern bei Preußen, Österreich, Frankreich und den deutschen Mittelstaaten jedes Vertrauen verloren. Der König erkannte aber immer noch nicht, welch einen politischen Zwitter er zur Durchführung seiner Politik bestellt hatte. Da griff erstmals seit 1848 wieder das Volk selbst in die politischen Entscheidungen ein, diesmal nicht durch Revolution, sondern durch das legale Mittel der Wahl.

Es war Bismarck selbst gewesen, der dem bayerischen Volk erstmals die Möglichkeit geboten hatte, wirklich in öffentlichen Angelegenheiten zu Wort zu kommen. Er hatte zu oft das allgemeine und gleiche Wahlrecht in die Debatte geworfen, als daß er bei der Verfassung des Norddeutschen Bundes nicht zu seinem Wort hätte stehen müssen, ebenso 1867, bei der Neugestaltung der Verfassung des Zollvereins. Seine Absicht war dabei, daß für alle wirtschaftlichen Fragen die Verfassung des Norddeutschen Bundes auch auf den Süden ausgedehnt würde. Da nur in Süddeutschland neu gewählt werden mußte, während für Norddeutschland einfach die bereits gewählten Abgeordneten des Norddeutschen Reichstags zum Zollparlament hinzutreten sollten, war mit dieser Konstruktion der Anschluß an den Norddeutschen Bund im Grunde bereits vollzogen, wenigstens auf wirtschaftlichem Gebiet. Die Kompetenzen waren sehr weit geplant, sie sollten ausgedehnt werden vom Zollwesen und von den indirekten Steuern auf das gesamte Bankwesen und das Patentwesen, sie sollten Gewerbepolitik und Handelspolitik umfassen wie den Schutz des Handels und der Schiffahrt, das Konsulatswesen, das Eisenbahnwesen und die Post, sogar an Kolonien war gedacht. Im Grunde hatte damit Bismarck bereits die wesentlichen Kompetenzen des späteren Deutschen Reiches auf diesen Gebieten umrissen. Hohenlohe äußerte schwere Bedenken gegen einen solchen Plan, als er davon erfuhr, da der Widerstand des Königs wie der bayerischen Minister unüberwindlich sei. Gleichzeitig mit Hohenlohe erhielt auch Varnbühler noch im Februar 1867 von Bismarck die Einladung zu Gesprächen, die mit der Drohung einer Kündigung des Zollvereins verbunden waren. Nach der Londoner Konferenz vom Mai 1867, welche die Unabhängigkeit Luxemburgs brachte – ein Erfolg Bismarcks, da Napoleon III. den Anschluß Luxemburgs an Frankreich angestrebt hatte –, war Bismarck in einer so starken Position, daß er mit keinem ernsthaften Widerstand mehr zu rechnen brauchte. Als dann auch Württemberg, um sich besondere wirtschaftliche Vorteile zu sichern, in nähere Verhandlungen mit Bismarck eingetreten war, blieb dem isolierten Bayern nur mehr die Zustimmung zu allgemeinen Verhandlungen über eine Erneuerung des Zollvereins auf der Grundlage der Vorschläge Bismarcks. Allerdings reduzierte er zuletzt die Kompetenzen des Parlaments allein auf Zollangelegenheiten, damit war er Hohenlohe soweit entgegengekommen, daß dieser glaubte zustimmen zu müssen. Das Ergebnis war jetzt die Umwandlung des Zollvereins in einen Zollbund, wie man sagen müßte, in welchem Preußen das Präsidium innehatte, die Geschäftsführung lag beim Bundeskanzleramt des Norddeutschen Bundes, repräsentiert wurde der Zollverein durch das Zollparlament und den Zollbundesrat. In beiden Gremien dominierten, da die Zusammensetzung analog der Bevölkerungszahl vorgenommen war, eindeutig die norddeutschen Staaten. Der Zollbundesrat umfaßte in Zukunft 58 Mitglieder, um 15 mehr also als der bisherige Norddeutsche Bundesrat mit 43. Preußen hatte wie bisher 17 Stimmen, Bayern bekam sechs, Württemberg vier, Baden drei, Hessen zwei. Süddeutschland war damit nicht in der Lage, eine Zweidrittel-Mehrheit zu verhindern, das war ihm nur zusammen mit Preußen möglich. Damit war auch ein Vetorecht eines süddeutschen Blocks ausgeschlossen, allerdings auch das bisher vorhandene Vetorecht Preußens – das versäumte Bismarck nicht zu unterstreichen. Ungeachtet seiner bisherigen Haltung empfahl jetzt Hohenlohe gegenüber dem König, den Ministern und dem Landtag den Beitritt zum neuen Zollverein aufs wärmste; der Landtag stimmte, ohne sich um die Warnungen des Abgeordneten

Jörg zu kümmern, mit einer Mehrheit von 116 zu 14 begeistert zu, nicht ohne noch einmal den Anschluß an den Norddeutschen Bund zu fordern. Damit war der Beitritt Bayerns zum neuen Zollverein ratifiziert. Der nächste Schritt mußte die Wahl der Abgeordneten für ein Zollparlament sein.

Diese Wahl von 1868 brachte erstmals wieder einen Rückschlag auf dem Weg ins Bismarckreich, dem Hohenlohe offensichtlich zustrebte. Das Volk selbst meldete sich zu Wort. Die direkte Wahl durch das Volk schloß die liberalen Wahlmänner aus. Die Allgemeinheit der Wahl ohne Zensus gab jedermann das Recht, seine Stimme zur Geltung zu bringen. Das Ergebnis war in Bayern wie in Württemberg für die Anhänger des Norddeutschen Bundes vernichtend. Die Konservativen und Großdeutschen erlangten 30 Abgeordnetensitze von 48, die Fortschrittspartei 13, die Mittelpartei fünf, fast zwei Drittel der Stimmen also, die Bayern jetzt im Zollparlament zur Verfügung standen, waren gegen jeden Anschluß an den deutschen Norden. Altbayern mit der Oberpfalz hatte, München ausgenommen, geschlossen konservativ gestimmt. Schwaben hatte ebenfalls nur einen Abgeordneten der Fortschrittspartei gestellt, Unterfranken war ebenfalls fast geschlossen konservativ, die Pfalz dagegen geschlossen liberal. In Württemberg waren nur konservative Abgeordnete gewählt worden, in Baden die Hälfte, so daß die Süddeutschen in ihrer Mehrheit im Zollparlament zu den Gegnern Bismarcks gerechnet werden mußten. Der Freiherr von Werthern, der preußische Gesandte in München, äußerte sich zu diesem Wahlergebnis, es sei ein Beweis, „daß die große Masse noch ganz unzurechnungsfähig sei und ganz in den Händen einer geheimen, machtigen, außerhalb des Landes wurzelnden Partei." Nur mit einer solchen Begründung der alten These von der Konspiration geheimer Mächte war diese schreckliche Niederlage zu ertragen.

Das war nicht nur eine Niederlage für Bismarck, sondern auch eine Niederlage für Hohenlohe, was der Minister selbst freilich vorerst noch nicht zur Kenntnis nahm. In der Tat wurde die neue Konstellation erst gefährlich, als die hier zusammengeschlossenen Einzelpersönlichkeiten in eine feste Organisation eintraten. Das geschah bereits kurz nach dem Abschluß der Wahlen. Nach dem Vorbild des westfälischen Bauernvereins hatte Franz Xaver von Hafenbrädel in Deggendorf einen bayerisch-patriotischen Bauernverein gegründet, der sich alsbald als Kern der neuen Parteibildung darstellte. Dieser neuen Partei neigten die Leser des „Volksboten" zu, den Ernst Zander und sein Sohn Karl herausgaben, die Leser der „Augsburger Postzeitung", die freilich weniger bayerisch-patriotisch waren als großdeutsch und katholisch-konservativ, die Leser des „Bayerischen Vaterlands" von Johann Baptist Sigl, der 1869 hervortrat, eine besonders markante Gestalt unter den bayerischen Journalisten, vor allem die Leser der Historisch-politischen Blätter. Ihr Redakteur, der Archivdirektor Dr. Edmund Jörg, ein Allgäuer, war in kurzer Zeit auch die maßgebende Gestalt der gesamten Partei, weniger bedeutend wohl als Organisator denn als geistvoller Redner im Parlament, und als solcher durchaus den besten Rednern der Liberalen gewachsen, einem Marquard Barth oder einem Franz von Stauffenberg. Seine schärfste Waffe war freilich sein Blatt, das unerbittlich gegen die Liberalen wie gegen den Anschluß an den Norddeutschen Bund kämpfte. Zahlreiche Männervereine lokaler Art sowie die Bildung von Kasinos unterstützten diese Parteigründung, die zur rechten Stunde erfolgt war.

Die Wahlen zum Zollvereinsparlament hatten das Eis gebrochen. Auch die Wahlen im Frühjahr 1869 zum bayerischen Landtag brachten erstmals eine Mehrheit gegen die Liberalen. Die Patriotenpartei erhielt 79 Sitze, die Fortschrittspartei zusammen mit den Resten der Mittelpartei nur 78. Damit war Hohenlohe ohne Rückhalt im Parlament. Da infolge der scharfen Gegensätze unter den Parteien die Wahl eines Landtagspräsidenten unmöglich war, löste Hohenlohe den Landtag auf, für die Neuwahlen ließ er zu Gunsten der Liberalen die Wahlkreiseinteilung verändern, doch vergebens. Das Wahlergebnis war noch eindeutiger als im Frühjahr 1869. Die Novemberwahl ergab 80 Stimmen für die Patrioten und 74 für ihre Gegner, so daß Hohenlohe, wenn er im Amt bleiben wollte, gezwungen war, sich zu arrangieren. Es kam ihm in der Tat nicht darauf an.

Das formal eingereichte Demissionsgesuch lehnte der König, wie zu erwarten war, ab. Hohenlohe opferte jetzt die verhaßten Minister, den Innenminister von Hörmann, den Kultusminister von Gresser, und glaubte so gegenüber dem neuen Landtag eine echte Chance zu haben. Doch in dieser Auffassung täuschte er sich gründlich. Die Patriotenpartei war unerbittlich. Sie fühlte sich nicht nur herausgefordert durch die deutsche Politik Hohenlohes, die immer näher an den Norddeutschen Bund herangeführt hatte, bei gleichzeitiger Betonung der Absicht, nicht in diesen Bund einzutreten. Man traute ihm nicht mehr. Nicht weniger herausgefordert war die Patriotenpartei durch die Kirchenpolitik Hohenlohes. In seiner Zirkulardepesche vom 9. April 1869 fühlte sich der Minister des kleinen Königreichs Bayern bemüßigt, den europäischen Mächten klar zu machen, welch ungeheure Gefahr der menschlichen Kultur durch die Verkündigung des Dogmas der päpstlichen Unfehlbarkeit drohe, und vorzuschlagen, daß die Mächte in einem gemeinsamen Schritt dagegen vorgehen sollten. Das war geschehen auf den Vorschlag Ignaz Döllingers, des berühmten Münchner Kirchenhistorikers, der in den Monaten vor dem Vatikanischen Konzil verzweifelt gegen die Festlegung dieser Lehre gekämpft hatte. Das Ergebnis war, daß er sich erneut lächerlich machte, denn alle Welt zuckte die Schultern, sowohl wegen der Sache selbst wie wegen der ungewöhnlichen Form. Nicht weniger verhaßt machte sich Hohenlohe ferner durch das von seinem Kultusminister vorgetragene Schulgesetz, das nur dem Staat Leitung und Aufsichtsrecht gegenüber den Schulen zusprach, obgleich in der bayerischen Verfassung eine andere Regelung festgelegt war. Auch die protestantische Kirchenleitung war gegen diesen Entwurf, so daß auch im Reichsrat die Opposition gegen Hohenlohe eine Mehrheit erhielt.

Zu Fall kam Hohenlohe durch eine Abstimmung im Reichsrat, die trotz massiver königlicher Eingriffe gegen ihn ausfiel, und durch eine Mißtrauensadresse im Landtag, die Jörg eingebracht hatte. Die Abstimmung am 12. Februar 1870 ergab ein Stimmenverhältnis von 78 zu 72 gegen Hohenlohe. Da der König die

Adresse des Landtags entgegennahm – was er bei jener des Reichsrates nicht getan hatte –, blieb dem Minister nichts mehr übrig, als um den Rücktritt einzukommen, den Ludwig II. jetzt auch annahm.

Als seinen Nachfolger hatte Hohenlohe den bayerischen Gesandten zu Wien vorgeschlagen, Otto Graf von Bray-Steinburg; er trat im März 1870 sein neues Amt als Außenminister und Vorsitzender des Ministerrates an. Zweimal hatte er dieses Amt bereits kurz bekleidet, 1846/47, noch unter Abel also, und 1848 im Märzministerium, für das er sich allerdings sehr wenig hatte erwärmen können. 1847 hatte er aus Protest gegen die Nobilitierung der Lola Montez seinen Abschied genommen, 1849 wollte er ebenfalls den Kurswechsel nicht mitmachen. Insgesamt scheint es, als habe ihm das Ministeramt nie sonderlich Freude gemacht. Er wäre viel lieber auch 1870 in Wien geblieben, wo er bereits jahrzehntelang als bayerischer Gesandter residierte. Er kam nicht von der Verwaltung her, sondern wie sein Vater, der bereits bayerischer Diplomat gewesen war, aus dem diplomatischen Dienst. Seine Stationen waren Paris, Athen, Berlin, St. Petersburg. In Wien fühlte er sich wie zu Hause. Entsprechend war der Schwerpunkt seiner auswärtigen Politik. Die Anlehnung Bayerns an Österreich war ihm selbstverständliches Grundgesetz. Wenn Hohenlohe also Bray als seinen Nachfolger empfahl, dann schien er damit dem König einen Garanten gegen den Verlust der bayerischen Selbständigkeit und den Übergang Bayerns an ein Kleindeutschland zu empfehlen.

Bray war allerdings auch beteiligt gewesen beim Abschluß des Schutz- und Trutzbündnisses mit Preußen. Zusammen mit von der Pfordten hatte er diesen Vertrag unterzeichnet. Daß er sich in seiner ersten Rede vor der bayerischen Kammer am 30. März 1870 zu diesem Vertrag auch bekannte, war schlecht zu vermeiden. Doch die Bindungen, die Bray bereits mehr oder weniger entschieden eingegangen war, führten tiefer hinein in die Problematik der Übergangszeit, als Bray selbst in dieser Rede offenlegte und als den Zeitgenossen wohl bekannt war. Schon daß er durch den preußischen Gesandten in Wien die Zustimmung Bismarcks für seine Kandidatur als bayerischer Außenminister einholen ließ, zeigt seine geradezu ängstliche Einschätzung der Situation Bayerns nach außen, vielleicht könnte man auch sagen, seine realistische Einschätzung. Denselben Standpunkt verriet seine Haltung gegenüber dem Landtag. Er galt als Kandidat der Patriotenpartei, wegen seiner großdeutschen Einstellung, wegen seiner Freundschaft mit dem österreichischen Ministerpräsidenten Beust. In Wirklichkeit legte er bei den Verhandlungen zur Bildung seines Ministeriums größten Wert darauf, sich keine Minister aufdrängen zu lassen, die gegenüber der Fortschrittspartei belastend erschienen. Er fürchtete also die Angriffe von dieser Seite mehr als von jeder anderen, und so beließ er auch die Minister im Amt, die unter Hohenlohe stark exponiert gewesen waren, damit sie, wie der preußische Gesandte in München Freiherr von Werthern vermutete, die Angriffe der Patriotenpartei auf sich zögen und er, der Ministerpräsident, aus dieser Richtung nichts zu befürchten habe. Mit dieser Haltung kam er vor allem den Wünschen seines Königs entgegen, der in seiner innenpolitischen Einstellung geradezu besessen war von der Furcht vor den Ultramontanen. Bray war allerdings eine solche Einstellung fremd. Das zeigte sich nicht zuletzt in der Tatsache seines Rücktritts 1871, als der Justizminister und Kultusminister Lutz auf Verschärfung des kirchenpolitischen Kurses drängte. In dieser Hinsicht war während des Jahres 1870 und in den ersten Monaten 1871 in Bayern völlige Windstille. Das stimmt zusammen allerdings nicht nur mit der Abneigung Brays, sich auf dieses Feld zu begeben, sondern auch mit der absoluten Präponderanz der deutschen Frage.

In dieser Hinsicht übernahm Bray, wie auch immer er persönlich zu dem Problem stehen mochte, eine außerordentlich schwere Hypothek. Definitiv gescheitert waren die Südbundpläne, die dem König so am Herzen gelegen waren, die Bindung an den Norden war durch das Schutz- und Trutzbündnis und vor allem durch die Neuordnung des Zollvereins schon so eng geworden, daß Bewegungsfreiheit außenpolitischer Art für einen bayerischen Ministerpräsidenten nicht mehr gegeben war. Diesen Gegebenheiten hatte Bray also Rechnung zu tragen. So nahm er in seiner Rede vor dem Landtag am 30. März, wenn auch in gedämpften Tönen, die Thematik der Thronrede Wilhelms I. im Februar vor dem Norddeutschen Reichstag auf, indem er schloß: „Wir wollen Deutsche, aber auch Bayern sein.“ Mit dieser Rede hatte er seinen König nicht gerade desavouiert, der in der Thronrede vom 17. Januar ausdrücklich betont hatte, es bestehe keine Ursache zu Befürchtungen für die bayerische Selbständigkeit, der aber auch auf die Allianzverträge mit dem Norden hingewiesen hatte, die Deutschland und Bayern bereits eng aufeinander zugeordnet hätten. Der Tenor war deutlich der eines ängstlichen Versuches, die Entwicklung an diesem Punkte anzuhalten.

Das Frühjahr 1870 trug deutlich den Stempel einer Übergangsphase. Der auslösende Anlaß zum Abschluß der Entwicklung mußte nur noch gefunden werden. Schon Hohenlohe hatte von einem möglichen Krieg mit Frankreich gesprochen, der diesen Übergang bringen könnte; nicht zu Unrecht, wie die spätere Entwicklung zeigte, hatte er sich für diesen Fall die ausdrückliche Garantie Bismarcks erbeten, daß Bayern bei einer Teilnahme an diesem Krieg seine Selbständigkeit nicht verlieren würde, auch nach dem Sieg. Auch gibt es zahlreiche Zeugnisse von Bismarck selbst, welche eine solche Wirkung eines deutschen Nationalkrieges auf die Lösung der deutschen Frage in Rechnung stellten. Vom Ergebnis her wie von den Tendenzen der bismarckischen Politik aus gesehen gehört also bereits der deutsch-französische Krieg, der im Juli 1870 ausbrach, in die unmittelbare Vorgeschichte der sogenannten Reichseinigung, der Gründung des Deutschen Reiches. Wie tief Bismarck auch an der Schürzung des Knotens beteiligt sein mochte, ob ihn die Verantwortung an der Herausforderung Frankreichs ganz, zum Teil oder nur wenig betraf, für die Beurteilung, ob der Casus foederis, der Bündnisfall, gegeben sei oder nicht, war nur von Belang, was die Zeitgenossen wußten, und das war sehr wenig. Bismarck hatte bei der Einleitung der Kandidatur des Fürsten Leopold von Hohenzollern-Sigmaringen für die spanische Krone im Frühjahr 1870 eindeutig seine Finger im Spiel, und er hat dabei ohne Frage seinen eigenen König getäuscht, er hat seine Umgebung getäuscht und die preußischen Diplomaten; es sieht schließlich auch so aus, als sei die Indiskretion, durch die zur rechten Zeit, d. h. als es am wirkungsvollsten war, die Kandidatur vorzeitig bekannt wurde, ebenfalls sein Werk gewesen. Daß die überzogene Reaktion in Paris allerdings jenseits aller Berechnungen lag, wird man zugeben müssen, soweit konnte Bismarck die Geschehnisse wohl kaum beeinflussen. Ihm glitten vielmehr, wie bekannt ist, nach der Kammererklärung des französischen Ministerpräsidenten, Herzog Gramont, vom 6. Juli mit der eindeutigen Kriegsdrohung und dem darauf folgenden Verzicht Leopolds von Hohenzollern auf die spanische Thronkandidatur – ein Verzicht, den ihm Wilhelm I. selbst nahegelegt hatte –, die Fäden völlig aus der Hand. Die diplomatische Niederlage Preußens war perfekt. Da überspannte Gramont den Bogen heillos. Er wies am gleichen Tag den französischen Botschafter in Berlin, Graf Benedetti, an, vom König von Preußen die Zusicherung zu verlangen, daß die Hohenzollern auf die Kandidatur nicht wieder zurückkommen würden, verlangte einen Brief, in dem sich Wilhelm I. entschuldigen sollte, daß er der Würde Frankreichs zu nahe getreten sei, und all das, noch in verschärfter Form, trug Benedetti dem König in zudringlicher Weise auf der Kurpromenade von Ems vor. Der König wies das Ansinnen zurück, damit war im Grunde bereits die Niederlage vom 12. Juli wieder bereinigt, oder anders gesehen, Frankreich mußte jetzt aus der ultimativen Forderung die Konsequenzen ziehen.

Der sogenannten Emser Depesche, die der König an Bismarck hatte abgehen lassen und die dieser, redaktionell gestrafft, an die Öffentlichkeit weitergab, bedurfte es im Grunde nicht mehr. Bismarcks Redaktion war deshalb so wirkungsvoll, weil nur der Tatbestand selbst in schroffster Form und mit dem lapidaren Hinweis auf die Zurückweisung der Zumutung hervorgehoben war, der wie eine Ohrfeige wirkte. Damit konnte Napoleon III. in der Tat nicht mehr zurück. Für Bismarck jedoch war das wichtigste Ergebnis, daß jetzt die öffentliche Meinung in Deutschland auf seine Seite trat. Alle Welt war überzeugt, daß die französische Regierung den nun folgenden Krieg mit Vorbedacht vom Zaun gebrochen habe.

Am 15. Juli beschloß die französische Kammer den Krieg, am 19. erreichte die Kriegserklärung den preußischen Gegner. Die dazwischen liegenden Tage mußten darüber entscheiden, ob dieser Krieg zwischen Frankreich und dem Norddeutschen Bund geführt werden sollte oder ob auch Süddeutschland auf die Seite Preußens treten würde. Daß es tatsächlich auf einen eindeutigen nationalen Kriegsgrund ankam, zeigen die süddeutschen Reaktionen. Der württembergische Minister Varnbühler wich der Erklärung, daß der casus foederis gegeben sei, bis zum 18. Juli aus. Zunächst riet er Frankreich, unter keinen Umständen aus der spanischen Affäre eine Sache der deutschen Nation zu machen. Als dann die französische Garantieforderung bekannt wurde, zeichnete sich in Württemberg eine deutliche Wendung ab. Varnbühler nahm jetzt Fühlung mit Bayern auf, um die letzte Entscheidung gemeinsam mit dem Nachbarn zu fällen, doch kam es, nicht zuletzt wegen der Eigenmächtigkeit des bayerischen Kriegsministers Pranckh, dazu nicht mehr. Zunächst war die Stimmung in Bayern gegenüber der Kriegsdrohung gleichgültig. Man betrachtete die Hohenzollernsche Thronkandidatur als den Ausfluß dynastischen Ehrgeizes. Der bayerische Geschäftsträger in Berlin hielt es durchaus nicht für ausgeschlossen, daß Bismarck selbst hinter der Kandidatur stecke, um dem Hause Hohenzollern eine Macht zu erringen, wie er sagte, wie sie seit Karl V. nur von den Habsburgern in Europa besessen worden sei. Die Erklärung Gramonts stand also in diesem Punkt nicht allein. Auch Bray bezeichnete gegenüber dem englischen Gesandten in München die spanische Thronkandidatur des Hohenzollernprinzen als einen politischen Schlag, der lange vorbereitet gewesen sei, Bismarck habe seine Hand dabei im Spiel gehabt. Dem französischen Gesandten gegenüber führte er aus, die Frage bezüglich der Besetzung des spanischen Thrones betreffe Bayern und andere süddeutsche Staaten nicht. Sie würden allerdings Krieg führen müssen, wenn Frankreich gegen Preußen den Krieg erkläre und deutsches Gebiet besetzen würde. Gerade das jedoch suchte Bray nach Kräften zu verhindern. Er trat an den österreichischen Gesandten wegen einer Vermittlung zwischen Preußen und Frankreich heran, nicht völlig aussichtslos war auch der Versuch, den englischen Außenminister Granville zu diesem Zweck zu bemühen, doch kamen alle diese Bemühungen zu spät. Die Entwicklung war bereits darüber hinweggeschritten, spätestens seit dem 12. Juli war auch den bayerischen Diplomaten klar, daß jetzt der Bündnisfall gegeben sei.

Noch war die Entscheidung nicht endgültig, als Bismarck am 14. Juli bereits in München anfragen ließ, auf welche Unterstützung Preußen im Falle eines französischen Angriffs innerhalb von drei Wochen nach dem Beginn der Mobilmachung rechnen könne. „Zögerung oder Zweifel am casus foederis", so informierte er seinen Gesandten Werthern in München, „wird von uns dem Bruch des Bündnisses gleichgeachtet." Doch diese Drohung brauchte Werthern nicht auszuspielen; ohne zu zögern, ohne beim Außenminister oder beim König rückzufragen, erklärte ihm der Kriegsminister Pranckh noch am gleichen Tag, daß beide bayerische Korps in Kriegsstärke zur Verfügung stünden. Damit hatte er dem König vorgegriffen, der für eine solche Erklärung allein zuständig war. Dieser war allerdings erst am 16. Juli zu der von ihm erbetenen Audienz bereit, in welcher die Entscheidung fallen sollte. Nach langem Gespräch zwischen dem König, dem Außenminister und dem Kriegsminister Pranckh unterschrieb der König den Mobilmachungsbefehl und erteilte seine Zustimmung zur Anerkennung des casus foederis. Am Abend des gleichen Tages teilte die bayerische Regierung dem preußischen Gesandten in München mit, daß sie in Erfüllung des Vertrages von 1866 auf die Seite Preußens treten werde. Bray hat diesen Entschluß wiederholt begründet. Gegenüber Graf Hugo von Lerchenfeld, dem späteren Botschafter in Berlin, sagte er: „Gehen wir mit Preußen und gewinnt dieses den Krieg, so ist Preußen gezwungen, den Bestand Bayerns zu achten. Unterliegt Preußen, so verlieren wir vielleicht die Pfalz, aber mehr kann uns nicht geschehen, denn Frankreich muß die Selbständigkeit der deutschen Einzelstaaten immer begünstigen. Das gleiche tritt ein, wenn wir neutral geblieben sind und Frankreich siegt. Siegt aber Preußen, obwohl wir es gegen den Vertrag im Stich gelassen haben, dann erwartet uns das Schicksal Hannovers, es wäre finis Bavariae."

Am 19. Juli hatten die beiden Kammern über die Kriegskredite in Höhe von 26,7 Millionen Gulden zu entscheiden, welche der Kriegsminister beantragt hatte. Die Kammer der Reichsräte stimmte diesem Antrag zu. Die Kammer der Abgeordneten dagegen hatte am 18. Juli einen Ausschuß eingesetzt, der am 19. Juli über das Ergebnis seiner Beratungen berichtete. Der Sprecher des Ausschusses war der Abgeordnete Dr. Jörg, der schon beim Sturz von Hohenlohe die entscheidende Rolle gespielt hatte. Er trug den Beschluß des Ausschusses vor, der mit sechs zu drei Stimmen gefaßt worden war und der auf Neutralität Bayerns und Verweigerung der Kriegskredite lautete. Es kam jetzt auf die Abstimmung der Abgeordneten an, die nach heftigsten Debatten vorgenommen wurde. Nachdem der Minister des Auswärtigen den Antrag der Regierung begründet hatte und der Kriegsminister versichert hatte, auch nach dem Krieg werde Bayern ein selbständiger Staat bleiben, wies Jörg als Sprecher des Ausschusses rundweg die Verpflichtung Bayerns zum Kriegseintritt zurück und betonte, die Kriegsursache lasse die deutsche Ehre und Integrität völlig unberührt. Ein anderer Abgeordneter der Patriotenpartei war es dann, der Abgeordnete Sepp, ein Historiker, der den Umschwung herbeiführte. Er erinnerte daran, daß Bayern weder an der Schlacht im Teutoburger Wald noch an der Leipziger Völkerschlacht teilgenommen hätte und deshalb jetzt, in dieser neuen Schicksalsstunde Deutschlands, das gemeinsame Vaterland nicht im Stiche lassen dürfe. In der Abstimmung über den Kriegseintritt stimmten 89 Abgeordnete gegen, 58 für die Neutralität Bayerns, bei der Abstimmung über die Kriegskredite war das Verhältnis dann 101 zu 47. Damit war die größte Befürchtung Brays hinfällig, jene nämlich, daß ihm nichts übrigbleiben würde, als die Zurückweisung seines Antrags mit seinem Rücktritt zu beantworten.

Die preußische Reaktion auf den Kriegseintritt Bayerns war in jeder Hinsicht beruhigend. Die Äußerung des preußischen Königs vom 5. August, in welcher er die Souveränität des bayerischen Königs und die Integrität des bayerischen Gebietes ausdrücklich garantierte, nahm man sehr gern als Grundlage der zukünftigen Beziehungen – so eigentümlich eine solche Zusage gegenüber einem Verbündeten auch anmutet. Auch Bismarck versicherte in diesen Tagen ausdrücklich: „Wenn wir, wie ich hoffe, siegreich aus dem Kriege hervorgehen, so würden auch die süddeutschen Staaten von unserer Seite nicht um ein Haarbreit stärkere Pressionen als bisher zur Eingehung engerer Beziehungen mit dem Norddeutschen Bunde zu befahren haben. Wir würden nach wie vor das Maß unserer gegenseitigen Annäherung ganz allein von der freien Entschließung unserer süddeutschen Bundesgenossen abhängen lassen." Diese Äußerung Bismarcks in einer Weisung an den preußischen Gesandten zu Wien, die nach München in Abschrift weitergeleitet wurde, ist tatsächlich die Leitlinie für die Entwicklung der nächsten Wochen geblieben. Eigentümlicherweise war es der Kabinettssekretär Eisenhart, der engste Mitarbeiter also des Königs, der als erster in dieser Frage aktiv wurde. Am 9. August schrieb er an Graf Bray, es sei Zeit, die deutsche Frage zu erledigen, doch sah Bray keinen Anlaß, auf dieses Schreiben zu reagieren, da die Autorität des Königs nicht selbst dahinter stand. Das Schreiben zeigte aber, welchen Einflüssen der König in Zukunft ausgesetzt sein würde. Da von Bayern keine Initiative ausging, war es dann doch Bismarck, der in ausgesprochen zurückhaltender Weise an eine bayerische Initiative erinnerte, und zwar am 24. August, neun Tage nach einer Anregung des nationalliberalen Politikers Lasker, der in Bismarck drang, endlich die deutsche Frage zu lösen. Bismarck ließ Bray mitteilen, daß Preußen und der Norddeutsche Bund bereitwilligst Vorschläge akzeptieren würden, welche seine Majestät, der König von Bayern, nach allerhöchst seiner Bequemlichkeit, im Interesse einer engeren nationalen Einigung zu machen sich etwa veranlaßt sehen würde. Das war bereits ein deutlicher Wink, der besonders nach dem überwältigenden Sieg bei Sedan am 1. September in München durchaus verstanden wurde. Dadurch jedoch, daß Bayern jetzt tatsächlich die Initiative ergriff, war es von vorneherein in der schwächeren Position. Genau das wollte Bismarck haben.

Ganz Süddeutschland kam nahezu zur gleichen Zeit in Bewegung. Am 7. September eröffnete der bayerische Diplomat Graf Tauffkirchen, ohne von irgendjemandem dazu autorisiert zu sein, mit Bismarck das Gespräch über die Einigung Deutschlands. Gleichzeitig erklärte sich Baden zum Anschluß an den Norddeutschen Bund bereit, und in Stuttgart wurde Varnbühler am gleichen Tag entlassen und der Kriegsminister zu Verhandlungen ins preußische Hauptquartier nach Versailles gesandt. Das war so wenig geheimzuhalten wie die badische Initiative und alarmierte in München aufs höchste. Am 9. September bereits tagte der Ministerrat, der dann den Beschluß zur Einleitung von Verhandlungen mit dem Norddeutschen Bund faßte. Am 12. September, noch ehe Graf Tauffkirchen von Versailles mit den Vorschlägen Bismarcks in München ankam, erbat Graf Bray vom König die Ermächtigung zur Aufnahme von Verhandlungen. Er begründete sie mit der öffentlichen Meinung, die eine Einigung Deutschlands fordere, mit der Isolierung, in welche Bayern bei einer Weigerung geraten würde, und er betonte, daß das Interesse der Krone keine weitere Verzögerung erlaube. Einen Eintritt in den Norddeutschen Bund lehnte er dabei ausdrücklich ab, er sprach vielmehr von einer Umgestaltung ganz Deutschlands mit veränderten und insgesamt loseren Grundlagen, einer gemeinsamen deutschen Volksvertretung. Damit war auch bereits die Verhandlungsgrundlage für die nächste Zeit abgesteckt.

Daß man sich innerhalb der bayerischen Regierung über das Gesamtproblem Gedanken machte, war nur natürlich, daß man aber bayerischerseits zur gleichen Zeit an den Gesprächspartner mit der Bitte herantrat, einen Vertreter des Norddeutschen Bundes nach Bayern zu schicken, mit welchem die Gesamtproblematik erörtert werden könnte, war reiner Übereifer, geboren wieder einmal aus der Furcht, von Württemberg überrundet zu werden.

Am 22. September begannen in München die Besprechungen über die Grundlinien der künftigen Gestaltung des Bundesverhältnisses mit dem Minister des

Norddeutschen Bundes Rudolf Delbrück; der neue württembergische Minister Mittnacht nahm ebenfalls daran teil. Der bayerische Standpunkt bei diesen Verhandlungen war sehr unbestimmt. Es ging Bray nur darum, soviel Unabhängigkeit wie möglich zu retten. Die zur Sprache kommenden Gegenstände waren im wesentlichen dieselben, die dann im endgültigen Vertragsentwurf und in der Reichsverfassung ihren Ort fanden. So weit es München anging, war das allgemeine Ergebnis dieser Gespräche der Entschluß, nicht in den Norddeutschen Bund einzutreten, sondern Bayern und die übrigen süddeutschen Staaten in einem weiteren Bund an den Norddeutschen Bund anzuschließen. Ob Bray sich solchen Vorstellungen in allem Ernst hingab oder ob er sie nur benutzte, um die Patriotenpartei auf seine Seite zu ziehen, die sich mit dem Anschluß in dieser Form abzufinden begann, oder ob er auch nur dem entschiedenen Willen des Königs dabei entgegenkam, der einen Eintritt in den Norddeutschen Bund nach wie vor ablehnte, muß offenbleiben. Die festen Erklärungen Brays in diesem Zeitraum spielten zweifellos nicht die geringste Rolle, außer daß sie alle Welt vom Verhandlungsprogramm der bayerischen Regierung unterrichteten. Er hat sich dann doch von Position zu Position drängen lassen, als im Oktober zu Versailles die Verhandlungen mit Bismarck selbst aufgenommen wurden. Teilnehmer auf bayerischer Seite waren die Minister Bray, Lutz und Pranckh.

Grundsätzlich war man entschlossen, nur gemeinsam mit Württemberg zu verhandeln, ließ sich aber dann durch die Erwägung, daß gemeinsam mit Württemberg keinesfalls jene Sonderrechte für Bayern möglich sein würden, die der König beabsichtigte, von diesem Entschluß wieder abbringen. Das war allerdings von vorneherein der Verzicht auf den weiteren Bund, so daß im Grunde nur der Eintritt in den Norddeutschen Bund, freilich mit Modifikationen, übrigblieb oder die Hinnahme der völligen Isolierung Bayerns. Das machte Bismarck auch in den langen Verhandlungen deutlich, bis dann schließlich Anfang November ganz hart die Alternative im Raum stand, bloße völkerrechtliche Allianz oder Eintritt in den Norddeutschen Bund. Diesen zweiten Entschluß suchte Bismarck der Delegation Bayerns dadurch schmackhaft zu machen, daß er tatsächlich Bayern ein eigenes diplomatisches Vertretungsrecht zugestand mit der zusätzlichen Zusicherung, daß die bayerischen Gesandten im Ausland gleichzeitig als Vertreter der Reichsregierung fungieren dürften. Außerdem stellte er einen außenpolitischen Ausschuß des Bundesrates in Aussicht, in welchem Bayern den Vorsitz haben sollte. Selbst in der Frage des Oberbefehls, bei dem vor allem der Kriegsminister Roon unnachgiebig erschien, war Bismarck zum Einlenken bereit, so daß Anfang November die einzelnen Vertragsbestimmungen hätten formuliert werden können. Bray mußte jetzt allerdings erklären, daß er für einen Eintritt Bayerns in den Norddeutschen Bund keine königliche Ermächtigung besitze. Seinen Wunsch allerdings, die Verhandlungen zu unterbrechen und der bayerischen Delegation Gelegenheit zu geben, diese königliche Ermächtigung einzuholen, durchkreuzte Bismarck dadurch, daß er jetzt mit Absicht die Verhandlungen mit Baden und Württemberg beschleunigte und gleichzeitig die Drohung der Kündigung des Zollvereins ins Spiel brachte. Damit erreichte er, daß am 8. November Bray sich entschloß, ohne den König zu handeln und die Ermächtigung nachträglich einzuholen. Vor allem Lutz war es, der auf diese Lösung drängte. Dem König gegenüber rechtfertigte Bray die Annahme der neuen Verhandlungsgrundlage mit der Entschuldigung, daß damit eine Änderung mehr der Form als dem Wesen nach eintrete. Statt den Minister verhaften zu lassen und ihm den Prozeß zu machen, stimmte der König zu.

Am 23. November unterzeichneten die bayerischen Minister den Versailler Hauptvertrag zwischen dem Königreich Bayern und den Staaten des Norddeutschen Bundes. Das Ergebnis war, wie es im Vertragstext hieß, der Zusammenschluß zu einem Deutschen Bund. Zwei Tage später trat auch Württemberg bei, damit war tatsächlich die Bildung eines deutschen Bundes erreicht. Dem König blieb nichts übrig als zu ratifizieren, was seine Minister bereits unterschrieben hatten. Das geschah am 7. Dezember, ohne daß Ludwig II. dabei, wie es scheint, größere Schwierigkeiten machte, wahrscheinlich unter dem Einfluß seines Kabinettssekretärs Eisenhart. Sein Widerstand richtete sich vielmehr gegen eine offenbare Zumutung an sein doch weitgehend formales Majestätsverständnis, nämlich die Zustimmung zur Übertragung des Kaisertitels an den preußischen König, der damit vor aller Augen sichtbar über die Könige Deutschlands erhoben werden sollte. In monatelangen, immer wieder erneuerten Bemühungen mußte Ludwig II. zu diesem Schritt überredet werden, wobei die schließliche Einwilligung zu allem Überfluß auch noch in ein bedenkliches Halbdunkel geraten ist. Zunächst war Ludwig II. in dieser Frage völlig unbefangen, er selbst gab Bray den Auftrag, bei den anderen Mittelstaaten diesbezüglich zu sondieren. Zu Beginn der Verhandlungen zu Versailles hatte dann Bray, ohne vom König aber dazu ermächtigt zu sein, auf Anregungen Bismarcks hin von einer Geneigtheit Bayerns zum Angebot der Kaiserkrone gesprochen, doch als es ernst werden sollte, weigerte sich der König entschieden. Der Kabinettssekretär Eisenhart, so scheint es, brachte die Entwicklung dann wieder in Gang. Er fragte bei Bray an, mit welchen Konzessionen im Falle einer Kaiserinitiative von Seiten des bayerischen Königs zu rechnen sei, anderntags nannte er selbst mäßige Territorialvergrößerungen und eine einmalige Zahlung von 2 Millionen Gulden; zu beachten ist, daß beide Wünsche nicht dem König persönlich Vorteile verschaffen sollten. Bemerkenswert ist allerdings, daß in diesem Zusammenhang ein Brief Wertherns an Bismarck vom 17. November existiert, in welchem er die Zahlung von 6 Millionen Gulden „zur Deckung seiner Schulden" an Ludwig II. vorschlägt, um ihn günstig zu stimmen für die Kaiserproklamation. Der Brief trägt den Zusatz „nicht zur Veröffentlichung geeignet". In dieser Angelegenheit komme der Graf Holnstein nach Versailles, um mit Bismarck darüber zu sprechen. Das war also noch bevor Graf Bray erneut an den König herantrat. Das geschah dann am 21. November. Jetzt, im letzten Stadium also der Verhandlungen, versuchte Bray dadurch die Kaiserinitiative für Ludwig II. schmackhaft zu machen, daß er ihm in Aussicht stellte, die bisher immer geforderte persönliche Reise des Königs nach Versailles erscheine nicht mehr erforderlich, wenn er sich bereitfände, in einem Brief das Angebot auszusprechen.

Dieses Telegramm Brays traf zu einem Zeitpunkt ein, zu dem der König bereits entschlossen schien. In Wirklichkeit fiel ihm der Entschluß immer noch außerordentlich schwer, wie sein Brief vom 25. November an seinen Bruder Otto zeigt: „Schauderhaft und entsetzlich" nennt er diesen „Akt von politischer Klugheit" – er ist also bereit, sich zu fügen. Zwei Tage später reiste Graf Holnstein, der Oberststallmeister des Königs, zu Bismarck; zurück brachte er den Entwurf zum Kaiserbrief, den Bismarck eigenhändig abgefaßt hatte und den Ludwig II. nur an einem Punkt veränderte. Er sprach nicht nur von der Wiederherstellung der deutschen Kaiserwürde, sondern auch eines Deutschen Reiches. Im übrigen folgte er der Diktion Bismarcks, der sehr nüchtern formuliert hatte: „Ich habe daher meine Regierung beauftragt, bei den verbündeten deutschen Regierungen eine Vereinbarung darüber in Vorschlag zu bringen, daß die Ausübung der Präsidialrechte des Bundes mit Führung des Titels eines Deutschen Kaisers verbunden werde." Das war, wie selbst der nüchterne Graf Bray feststellte, keine sehr gehobene Proklamation, den staatsrechtlichen Absichten genügte sie aber durchaus. Am 3. Dezember 1870 wurde der Kaiserbrief durch Graf Holnstein in Versailles an Prinz Luitpold übergeben, der ihn noch am selben Tag ohne sichtbare Teilnahme an den preußischen König weitergab.

Falls die Zahlungen, die Ludwig II. in den nächsten Jahren tatsächlich aus dem sogenannten Reptilienfonds von Bismarck erhielt, jenem Fonds, der Bismarck zur freien Verfügung stand und den er vor allem für Zuwendungen an Zeitungen zur Beeinflussung der öffentlichen Meinung verwendete, diesem Zusammenhang zuzuordnen sind, was H. Rall mit guten Gründen bezweifelt, muß auf jeden Fall festgehalten werden, daß die eigentliche Entscheidung über das Schicksal Bayerns mit den Versailler Novemberverträgen besiegelt war, diese aber entzogen sich jeder direkten Einwendung des Königs. Die Zuwendungen Bismarcks an den König stellen also keinesfalls, worauf E. Weis hinweist, den Kaufpreis für den Eintritt Bayerns in das Reich dar. Daß sich Bismarck für den Kaiserbrief, der die Kaiserproklamation von Versailles, den glanzvollen Höhepunkt also der Reichsgründung, ermöglicht hat, dankbar erweisen wollte, ist verständlich; die Zahlungen für die Bauten des Königs, die man nachweisen kann, erfolgten alle erst nach dem Entschluß des Königs, bedeuten also keine Bestechung, sondern fürstlichen Dank. Die kunstvolle Verschleierung der Transaktionen wie die Tatsache, daß Graf Holnstein mit einer zehnprozentigen Provision an den jährlichen Zahlungen beteiligt war, hinterlassen freilich einen unguten Nachgeschmack. Ludwig II., dafür sprechen alle Zeugnisse, hatte sich in seinem Entschluß nicht von diesen Aussichten bestimmen lassen, sondern von dem Zugzwang, in den er gekommen war durch die unablässigen, schrittweisen Konzessionen seit September und Oktober, Konzessionen aus Furcht, überspielt zu werden, aus Nachgiebigkeit gegenüber seiner Umgebung, vor allem gegenüber Eisenhart, der eine sehr zweideutige Rolle gespielt hat, aus Nachgiebigkeit auch gegenüber dem Grafen Tauffkirchen, dem in Preußen für seine Handlungsweise zweifellos die Festung geblüht hätte, und aus völliger Hilflosigkeit gegenüber dem Spiel seiner Minister, die ihn nur noch vor vollendete

Tatsachen stellten. Daß all das in der Öffentlichkeit nicht bekannt wurde, hat den Abschluß der gesamten Vorgänge sehr erleichtert, der darin bestehen mußte, daß der Bayerische Landtag mit der verfassungsändernden Mehrheit von zwei Dritteln seiner Mitglieder den Eintritt Bayerns in das Deutsche Reich besiegelte. Dieser Beitritt hat nicht nur den Namen verändert, sondern auch die Verfassung.

Aus vielen Gründen hat Bismarck in den Versailler Verträgen Bayern eine Ausnahmestellung eingeräumt. Was Bismarck wichtig war, was unerläßlich zum Wesen des Bundesstaates gehörte, setzte er in einem meisterhaften diplomatischen Spiel durch, das nicht nur die übrigen deutschen Fürsten umspannte, die er vorschob, wenn er keinen direkten Druck auf Bayern ausüben konnte, sondern das auch die innere Stimmung in Bayern zu benutzen verstand. Als dann die Verträge unterzeichnet waren, gab er am 23. November 1870 seine berühmte Erklärung ab: „Die deutsche Einheit ist gemacht und der Kaiser auch. Es ist ein Ereignis. Die Zeitungen werden nicht zufrieden sein, und wer einmal in der gewöhnlichen Art Geschichte schreibt, kann unser Abkommen tadeln. Er kann sagen, der dumme Kerl hätte mehr fordern sollen, er hätte es erlangt, sie hätten gemußt, er kann Recht haben – mit dem Müssen. Mir aber lag mehr daran, daß die Leute mit der Sache innerlich zufrieden waren. Was sind Verträge, wenn man muß. Und ich weiß, daß sie vergnügt fortgegangen sind. Ich wollte sie nicht pressen, die Situation nicht ausnützen. Der Vertrag hat seine Mängel, aber er ist so fester. Was fehlt, mag die Zukunft beschaffen."

Zu den Zugeständnissen, die Bismarck Bayern beim Eintritt in den Norddeutschen Bund machte, gehören zunächst einige Änderungen der Verfassung eben dieses Norddeutschen Bundes, die als Grundlage für die Reichsverfassung bestimmt war. Er gestand eine Verbesserung des Stimmenverhältnisses im Bundesrat zu, so daß auch die Möglichkeit einer Überstimmung Preußens nicht ausgeschlossen war. Er umschrieb die Kompetenzen dieses Kollegiums schärfer, denn das war der eigentliche Träger der Souveränität und sollte es nach dem Willen Bayerns auch in der Tat sein, ferner wurde ein Ausschuß des Bundesrates für die auswärtigen Angelegenheiten eingerichtet, in welchem Bayern der Vorsitz zugestanden wurde. Schließlich durfte der Kaiser keinen Krieg erklären ohne Zustimmung des Bundesrates. Das waren Änderungen der Bundesverfassung, die alle beteiligten Partner angingen. Darüber hinaus erhielt Bayern in den sogenannten „Reservatrechten" zusätzliche Vergünstigungen, die zwar die staatsrechtliche Stellung Bayerns im Bund, einen Punkt ausgenommen, kaum berührten, die finanzielle Stellung nur unwesentlich verbesserten, aber doch in Bayern selbst den Eindruck hervorriefen, in besonderem Maße respektiert zu werden. So hat Bayern in der Postverwaltung, wie übrigens auch Württemberg, eine Sonderstellung eingeräumt bekommen, die auf der seit 1810 allgemein im Königreich Bayern durchgesetzten Posthoheit beruhte. Außerdem wurde, obwohl im gesamten Reich die Bier- und Branntweinsteuer an die Reichskasse abgeführt werden mußte, für Bayern eine Ausnahme gemacht, und schließlich behielt Bayern auch sein eigenes Heimat- und Niederlassungsrecht. Ferner erhielt es das Separatrecht eigener Gesandtschaften an den europäischen Höfen. Wirklich ins Gewicht fiel jedoch nur das dem König von Preußen mit Mühe abgerungene Recht des bayerischen Königs, über seine Armee in Friedenszeiten nach wie vor das Oberkommando ausüben zu dürfen.

Es ist Bismarck mit seinen Zugeständnissen in der Tat gelungen, den bayerischen König für sich einzunehmen und die bayerischen Minister von seinem guten Willen zu überzeugen. Beim bayerischen Volk gelang ihm das so schnell nicht. In der Presse kam ohne Zweifel nicht die wahre Volksstimmung zum Ausdruck. Hier dominierte seit dem Spätjahr 1870 begeisterte Zustimmung, da sich nach Sedan auch ein Teil der patriotischen Presse für die Sache des Anschlusses gewinnen ließ. Die Augsburger Postzeitung und der Volksbote Zanders waren dabei führend; wie man jetzt weiß, wurden sie durch den preußischen Gesandten Werthern subventioniert. Nach wie vor lehnte aber Edmund Jörg in den Historisch-politischen Blättern den Beitritt Bayerns zum Norddeutschen Bund entschieden ab. Im Anschluß an Konstantin Frantz geißelte er die Enge der nationalen Idee und stellte ihr den Gedanken einer Geistes- und Interessengemeinschaft der europäischen Völker entgegen, als Ziel einer weitschauenden Politik nannte er die Erhaltung der ganz Europa umspannenden christlichen Rechts- und Gesellschaftsordnung. In seiner Kritik an Bismarck und an Preußen hat er zweifellos übertrieben; vor allem dadurch, daß er das neue deutsche Kaisertum mit dem revolutionären Kaisertum Napoleons III. identifizierte, brachte er sich nach dem Sieg über Frankreich völlig um seine Wirkung. Das zeigte sich alsbald auf dem Forum, welches die letzte Entscheidung zu fällen hatte, im Bayerischen Landtag.

Es war zunächst durchaus nicht sicher, daß die Verfassungsänderung, die mit dem Eintritt Bayerns in den Norddeutschen Bund gegeben war, die notwendige Mehrheit von zwei Dritteln der Stimmen im Landtag erhalten würde. Der Reichsrat hatte zwar fast einstimmig die Verträge angenommen, der Landtag dagegen, die Zweite Kammer, wollte von solch „kraftloser Klugheit und ohnmächtiger Resignation“ nichts wissen. So wurde der Landtag die Stätte leidenschaftlicher Auseinandersetzungen, heftiger Redeschlachten, ein Feld voller Spannungen und hochgespannter Erregung, wo nicht mehr das Argument zählte, sondern oft nur noch die leidenschaftliche Bewegung. Kampflos also wich die Patriotenpartei auch diesmal nicht, wie schon bei der Debatte über die Kriegskredite. Der Landtag hatte am 15. Dezember einen Ausschuß gebildet, zu dessen Referent Dr. Jörg gewählt worden war, der kurz zuvor in den Historisch-politischen Blättern über die Versailler Verträge geschrieben hatte: „Unsere Mittelstaatenpolitik hat ihre Kapitulation von Sedan vollzogen. Es ist zu Ende mit ihr und mit uns.“ Das Ergebnis der Ausschußberatung konnte nicht zweifelhaft sein, mit zwölf gegen drei Stimmen wurden die Versailler Verträge zurückgewiesen. Der Ausschuß schlug die Aufnahme neuer Verhandlungen im Sinne eines weiteren Bundes der unter sich vereinigten süddeutschen Staaten mit dem Norddeutschen Bund vor, die Grundlage sollte der deutsche Zollverein und das Schutz- und Trutzbündnis von 1866 bilden. Am 11. Januar setzte der Kampf um die Verträge im Landtag ein. Jörg hatte die Entscheidung des Ausschusses zu begründen, er tat das in einer grundsätzlichen Rede, in der er noch einmal seinen gesamteuropäischen Standpunkt darlegte und den gegenwärtigen Nationalismus aufs schärfste verurteilte. Dabei prophezeite er auch die Ausdehnung der preußischen Militärmonarchie auf das ganze Reich mit all den katastrophalen Folgen und rief das Plenum auf, sich der Auslieferung Bayerns an Preußen zu widersetzen. Zehn Tage dauerte die Redeschlacht, begleitet von einer heftigen Pressekampagne, die sich in drückender Überlegenheit für das bayerische Bekenntnis zur deutschen Einheit einsetzte. Das Ergebnis war erneut die Spaltung der Patriotenpartei und die erforderliche Zweidrittelmehrheit für den Eintritt Bayerns in das Bismarckreich, drei Tage nach der Kaiserproklamation zu Versailles.

Es ist in vielen Reden im Bayerischen Landtag in diesen zehn Tagen gefragt worden, ob es überhaupt noch eine Möglichkeit für Bayern gebe, sich dem Zwang der Verhältnisse zu entziehen. Die Mehrheit der Abgeordneten war der Ansicht, daß diese Möglichkeit nicht mehr bestand. Das war entschieden mit dem Beitritt Bayerns zum deutschen Zollverein, das war entschieden mit der wirtschaftlichen Trennung von Österreich – aber das war eine Folge eben auch der österreichischen Politik, oder auch der Verflechtung Österreichs mit den Balkanländern, mit Polen und Galizien, mit der Lombardei und Venetien, mit seinen außerdeutschen Besitzungen also, die in das große Zollsystem einzubringen damals einfach nicht möglich schien. Diese Länder, die alle unter der Krone Habsburgs geeinigt waren, tendierten nach allen Richtungen hin, waren abhängig von den vielfältigsten wirtschaftlichen Gegebenheiten und Voraussetzungen wirtschaftspolitischer Art, die im übrigen Deutschen Bund fehlten, und so hat die Wirtschaft schon damals das Schicksal der deutschen Länder bestimmt. Es gab keinen Weg mehr zurück. Die wirtschaftliche Isolation allein, wenn man schon sonst keine Zwangsmittel in Erwägung ziehen wollte, hätte genügt, um Bayern zum Einlenken zu zwingen. Jörg konnte sich aber auch deshalb nicht durchsetzen, weil er nicht in der Lage war, einen politischen Weg zur Verwirklichung seiner eigenen Vorstellungen von einer großen europäischen Friedensordnung aufzuzeigen.

Durch die Unterschrift des Königs unter die Versailler Verträge und durch die Billigung des Landtags vom 21. Januar 1871 war die Bildung des deutschen Kaiserreiches unter preußischer Hegemonie abgeschlossen. Die großen Pläne bayerischer Politiker in den fünfziger Jahren von einer Rolle Bayerns als Vormacht des Dritten Deutschland hatten sich nicht als realisierbar erwiesen. Doch dank der Reichsverfassung von 1871, welche die Selbständigkeit der Länder so weit wie möglich schonte, ist es trotz der Reichsbildung auch in Zukunft noch möglich, von einer bayerischen Geschichte zu sprechen, anders als in der Zeit von 1933 bis 1945. Diesen Unterschied sollte man bei aller Kritik an der Politik Bismarcks nicht vergessen.

Bayern unter König Ludwig II.

Regierung und Landtag

Das Königreich Bayern war auch nach der Mediatisierung von 1871 immer noch ein Staat. Es hatte ein monarchisches Oberhaupt, eine Verfassung, eine Volksvertretung, und der König übte nach innen wie zu einem Teil auch nach außen echte staatliche Gewalt aus, in einem Rahmen, der seit 1818 fest umrissen war. Nach dem Wortlaut der Verfassung, aber auch nach der bisherigen Verfassungswirklichkeit war trotz der Ereignisse von 1848 immer noch die Persönlichkeit des Königs der zu allererst entscheidende Faktor im politischen Spiel. Von ihm hing zu allererst ab, wie sich das Schicksal Bayerns gestalten würde. Daß dieser König Ludwig II. war, der auch mit der noch verbliebenen Machtfülle nichts anfangen konnte, hatte zur Folge, daß die Minister regierten, die er ernannt hatte. Es war aber immer noch der König, der sie ernannte, und wenn er sie auch nach Gesichtspunkten auswählte, die oft nur sehr schwer zu verstehen sind, sie waren in der Regel eben doch seine Minister, und er hielt an ihnen fest mit einer Hartnäckigkeit, die zuletzt geradezu selbstmörderisch war.

Der König bestimmte über die Persönlichkeiten, die in seinem Namen Bayern regierten, damit bestimmte er auch über die Richtung; oder umgekehrt: da er der allgemeinen Richtung sicher war, in der die Entwicklung gelenkt werden sollte, wählte er jene Männer, die ihm Garanten für diesen allgemeinen Kurs sein konnten. Der wichtigste Gesichtspunkt nun, unter dem Ludwig II. seit dem Vatikanischen Konzil die allgemeinen Verhältnisse sah, war die drohende Priesterherrschaft in Bayern, und so hat nicht die Notwendigkeit, Bayern im neuen Reich die ihm zukommende Stellung zu sichern, seine Wahl bestimmt, noch der Wunsch, mit der Mehrheit seines Volkes, die konservativ und königstreu war, übereinzustimmen, sondern allein die Einstellung zur Kirche. So mußte 1871 Graf Bray abtreten, der im beginnenden Kulturkampf den Liberalen nicht aggressiv genug, den Konservativen nicht kirchlich genug war. Sein Nachfolger wurde der frühere Vorsitzende der liberalen Mittelpartei, die 1866 zusammengebrochen war, Friedrich Graf v. Hegnenberg-Dux, der aber 1872 schon starb. Da der Kulturkampf immer stärker das beherrschende Thema auch der bayerischen Politik wurde, bestimmte den Kurs der Regierung mehr als je jener Mann, der seit 1867 den entscheidenden Einfluß im bayerischen Staate gewonnen hatte, Johann Lutz.

Lutz war der Sohn eines Volksschullehrers aus Münnerstadt. Dank seiner vorzüglichen administrativen Fähigkeiten war er sehr bald nach seinen Studien schon ins Justizministerium gekommen. 1863 hatte ihn Maximilian II. zum Kabinettssekretär ernannt, durch seine monarchische Haltung wie durch sein Können hatte er sich in dieser Stellung auch Ludwig II. empfohlen. Der König hielt sehr viel von ihm. Lutz besaß umfassende Sachkenntnis und eine ungeheuere Arbeitskraft. Seine Fähigkeit zu scharfer juristischer Argumentation sicherte ihm das Übergewicht in jeder sachlichen Diskussion, auch wenn er kein Politiker war, sondern der typische Jurist, beseelt von einem hohen Bewußtsein von der moralischen Sendung des Staates als des obersten regulativen Prinzips auf Erden, das er sich nur verkörpert denken konnte durch den einen Monarchen, der vertreten war von unbestechlichen, gewissenhaften, sachkundigen Beamten. So war Lutz trotz seiner nationalen Haltung gleichzeitig auch als Minister des bayerischen Staates brauchbares Werkzeug eines Monarchen, der auf seine Kronrechte hielt, denn diese waren identisch mit den Rechten des Staates, die der Beamte Lutz mit aller Entschiedenheit verfocht, sei es gegen die Ansprüche der Volksvertretung, sei es gegen die um ihre Unabhängigkeit vom Staate ringende Kirche. In diesem Kampf gegen zwei Richtungen hat Lutz freilich sehr häufig, wie sein Biograph Rummel zugibt, nur noch um die Selbstbehauptung gekämpft, um den Besitz der Macht, und er hat seine Prinzipien nicht selten auch aus den Augen verloren. Auf lange Strecken hin war der Kampf gegen die eine gegnerische Partei identisch mit dem Kampf gegen die andere, da die Patriotenpartei die Sache der Kirche zu der ihren machte. So hatte Lutz schon seit 1871 sein Heil im Bündnis mit dem Reich gesucht, er war es bekanntlich, der den Kulturkampf auslöste. Dieses Bündnis mit dem Reich hatte seinen Preis, in Reichsangelegenheiten verzichtete Bayern in diesen Jahren völlig darauf, eigene Ansprüche, ja eigene Rechte geltend zu machen. Je mehr sich aber dabei die bayerische Regierung zurückzog auf ihre innenpolitische Aufgabe, desto energischer drängte sich der preußische Gesandte in München, der Baron Georg v. Werthern, seinerseits in die bayerische Innenpolitik ein. Es war Bismarck selbst, der ihn im Versuch, ihm seine Grenzen zuzuweisen, am treffendsten charakterisierte: „Ew. Exzellenz müssen alles vermeiden, was auch nur den Schein hat, als wollten Sie mit Hilfe oppositioneller Elemente einen Druck gegen die dortige Regierung üben oder namens der Präsidialmacht eine Art prokonsularischer Stellung einnehmen." Er hat ihn aber auch als äußerst nützliches Werkzeug geschätzt; besonders seine Verbindungen zur Fortschrittspartei und zu den liberalen bayerischen Beamten und Staatsmännern stellten eine wertvolle Hilfestellung bei der Bearbeitung der bayerischen Öffentlichkeit dar. Werthern ließ ferner reichsfreundliche Zeitungen subventionieren und förderte die altkatholische Bewegung, die zugleich eine nationale Los-von-Rom-Bewegung war. Wie er über Bayern wirklich dachte, wird in voller Schärfe sichtbar in seinem Briefwechsel mit seinem Bruder, dem er nach der Wahl von 1874, dem überwältigenden Sieg der Patriotenpartei schrieb: „Die Pfaffen machen absichtlich wissentlich mit der sozialdemokratischen Partei gemeinschaftliche Sache und das alberne Volk läßt sich den krassesten Unsinn einreden ... Darüber ein feiger, doppelzüngiger Hanswurst von König und sechs notorische Jammerkerls als Minister und als obligate Begleitung Dummheiten, wie sie nur in Bayern möglich sind."

Nicht nur die natürliche Rollenverteilung, sondern auch der besondere Zuschnitt der maßgebenden Persönlichkeiten sorgte also dafür, daß der preußische „Prokonsul" in Bayern, Baron v. Werthern, und die Regierung in schärfstem Gegensatz standen zur Vertretung des bayerischen Volkes im Landtag. Das führte zu einer erstaunlichen Umkehrung der Fronten. Bis 1867 waren die liberalen Parteien stets in Opposition zur Regierung gestanden und waren auch vor Angriffen auf das Königtum nicht zurückgeschreckt, seit der Berufung Hohenlohes waren es die bisher konservativen Kreise im bayerischen Landtag, die jetzt in Opposition traten und in der Opposition verblieben. Damit wird jetzt die Parteigruppierung der Konservativen, die Bayerisch-patriotische Partei, wie ihr offizieller Name lautete, gezwungen für die parlamentarischen Rechte einzutreten, der Kampf für Demokratie und Volksrechte verbindet sich seither für lange Zeit in Bayern mit dieser Partei. Da der König sich stets mit dem politischen Kurs der von ihm berufenen liberalen Ministerien identifizierte, blieb auch vom konservativen Festhalten an der Unverantwortlichkeit des Königs, vom Respekt gegenüber dem Gottesgnadentum oder wenigstens gegenüber dem Monarchischen Prinzip in der Wirklichkeit des politischen Kampfes wenig übrig. Umgekehrt wurden Nationalliberale und Anhänger der Fortschrittspartei zu Parteigängern der liberalen Ministerien und hatten es deshalb nicht mehr nötig, für die Konsequenzen der Ministerverantwortlichkeit zu kämpfen, nämlich für die Parlamentarisierung der Regierungsform. Das war eine völlige Umkehrung der bisherigen Verhältnisse.

Auch persönliche Voraussetzungen waren daran beteiligt. Die Patriotenpartei stand unter der Führung des Archivars Dr. Edmund Jörg, des Herausgebers der von Joseph Görres begründeten Historisch-politischen Blätter. Jörg war Allgäuer, das bedeutete von Anfang an ein wesentlich distanzierteres Verhältnis zum bayerischen Königshaus und zum bayerischen Staat, als es bei einem Altbayern zu erwarten war. Es war also nicht so sehr die patriotische Grundhaltung, die Jörg zu seiner politischen Tätigkeit bestimmte, als seine geistig-religiöse Einstellung. Jörg war begeistert von katholisch-universalen Ideen, war politisch in seiner Einstellung zunächst großdeutsch, dann übernahm er die faszinierenden Gedanken des großen Publizisten Konstantin Frantz von einer mitteleuropäischen Konföderation als einziger Möglichkeit zur Überwindung des aggressiven Nationalismus. Für ihn war also der bayerische Staat, in welchem er seit 1868 die stärkste Partei anführte, nur Werkzeug, nur Mittel zum Zweck. Das bedeutete, daß er keinesfalls eng und mit bornierten Vorstellungen an seine Aufgabe heranging. Er ist trotzdem gescheitert, gescheitert in dem Sinn, daß er seine politischen Vorstellungen nicht verwirklichen konnte, und zwar aus zweierlei Gründen. Zunächst einmal war er nicht radikal genug, um in seiner Opposition gegen die Regierung das ganze System in Frage zu stellen. Ihm war zwar der Konstitutionalismus zu formal, zu schematisch und im letzten zu unfruchtbar, aber er schreckte davor zurück, die nun einmal bestehende Ordnung in Gefahr zu bringen. So konnte schon aus diesem Grund Lutz mit ihm fertig werden. Aber Jörg hat auch das Herz seiner Anhänger nie ganz besessen. Die Mehrzahl der Patrioten war zwar gut katholisch, aber sie war vor allem bayerisch, d.h. ihre Leidenschaft erwachte erst zur vollen Stärke, wenn es um die Verteidigung Bayerns ging. Jörg ist aber vor allem deshalb gescheitert, weil er seiner Zeit voraus war. In einem Zeitalter, das geradezu besessen war von den Vorstellungen des nationalen Machtstaates, träumte er von einem großräumigen europäischen Zusammenschluß, der durch ein Völkerrecht auf christlicher Basis garantiert sein sollte, und im Innern dieses Staatenbundes hoffte er auf einen demokratischen Ausbau der Verfassung – zu einer Zeit also, da die Konservativen im Reich Demokratie mit Anarchie verwechselten –, und schließlich war ihm die soziale Gerechtigkeit damals bereits wichtiger als die Staatsform. Dabei stand Jörg unter dem starken Einfluß des Mainzer Bischofs Ketteler, der schon vor der Gründung der SPD für ein menschenwürdiges Dasein auch der Arbeiterschaft kämpfte und der es als eine Mission der Kirche betrachtete, dem Arbeiter in diesem Kampf zur Seite zu stehen. 1867 veröffentlichte Jörg eine Geschichte der sozialpolitischen Bestrebungen in Deutschland.

Die von Jörg gegründete und bis 1881 in der Kammer geführte Patriotenpartei wies bei allen Schwächen, wie sie einer auf weltanschaulichen Grundlagen ruhenden Partei anhaften, doch auch eine sehr stabile konstante Größe auf, das war die lange Zeit unwandelbare Anhänglichkeit der Bauern. Diese Treue der Bauernschaft zur Patriotenpartei war nicht nur weltanschaulich bedingt, sondern der Gegensatz zu den liberalen Parteien als den Vertretern des Großbürgertums, des Handels und der Wirtschaft bewirkte von vorneherein eine agrarische Ausrichtung dieser Partei und umgekehrt den Anschluß der Vertreter auch der Gutsbesitzer an die Patrioten. Da Bayern bis in unsere Zeit herein vorwiegend ein Agrarstaat war, war mit diesem konstanten bäuerlichen Element ganz natürlich die Vorherrschaft der Patriotenpartei im Landtag gesichert. 1871 kam es allerdings zu einer beträchtlichen Krise. In den Reichstag von 1871 zogen nur 19 Patrioten, aber 29 Liberale ein. Doch diese Krise war nur vorübergehender Natur. Weit ernster war die Abspaltung eines Teiles der Bauernschaft 1893, als es unter dem Einfluß von Dr. Johann B. Sigl zur Bildung des Bayerischen Bauernbundes kam, der auch prompt 7 Abgeordnete in den Landtag entsenden konnte. Das bedeutete vorübergehend den Rückgang der Wählerstimmen unter 50 Prozent. Sigl gehörte von Anfang an zu den Mitgliedern der Patriotenpartei, er war Gründer und Herausgeber der außerordentlich beliebten Zeitung „Das Bayerische Vaterland", seine scharfen Angriffe auf die Regierung in München und die Herren in Berlin brachten ihn immer wieder ins Gefängnis; insgesamt mußte er 34 Monate absitzen, aber das steigerte sein Ansehen nur. Sein Kampf für Demokratie, sein Verständnis für die soziale Frage, das war für die siebziger und achtziger Jahre des 19. Jahrhunderts nicht alltäglich. Die entscheidende Rolle, die er sich ursprünglich erwartet hatte, hat er dann doch nicht gespielt, sondern nur wie das Salz in der Suppe gewirkt; er belebte die Debatten, bereicherte das sonst sehr eintönige Bild der bayerischen Presse um eine originelle Erscheinung, die man weit suchen mußte, aber das war doch im Grunde alles.

So heterogen auch die Zusammensetzung der Patriotenpartei war, so uneinheitlich auch die Ziele ihrer führenden Gestalten waren, so hat sie doch seit 1869 ausnahmslos die stärkste Fraktion im Bayerischen Landtag gestellt, und zwar besaß sie bis 1893 in der Regel sogar die absolute Mehrheit, es gab keine verfassungsmäßige Möglichkeit, Gesetze und Haushalt ohne die Patriotenpartei zu verabschieden. Damit war diese Partei der innenpolitisch entscheidende Faktor in der ganzen Vorkriegszeit.

Die beherrschende Stellung der Patriotenpartei im Landtag läßt die ganze Epoche seit 1871, soweit es die bayerische Innenpolitik angeht, fast nur als eine Folge von Variationen zu dem einen Thema erscheinen, den geradezu heroischen Versuch des Ministeriums, sich gegen eine feindliche Mehrheit in der Kammer zu behaupten. Dabei löste Lutz den Kulturkampf aus, ohne ihn selbst aber intensiv zu führen, vielmehr hat er sich im wesentlichen seit etwa 1873 darauf beschränkt zu verwalten, auch in diesem Bereich unablässig bedrängt von der Mehrheit in der Kammer. Lutz hat sich aber behauptet, doch waren seine wichtigsten Verbündeten in den Reihen seiner Gegner selbst. Der Abwehrkampf der Patriotenpartei gegen die kulturpolitische Konzeption des Ministers Lutz war verbunden mit zielbewußten Angriffen gegen die Schwächen der Bayerischen Verfassung. Dieser innenpolitische Aspekt ist an sich von hohem Interesse, da es sich bei der Auseinandersetzung auf diesem Kampfplatz um die Behauptung grundsätzlicher demokratischer Prinzipien handelte. Die wichtigsten Kampfobjekte waren das Wahlrecht und die Konsequenzen der Ministerverantwortlichkeit. Wahlrecht und Wahlkreiseinteilung boten berechtigten Grund zu Klagen. Benachteiligt waren die Abgeordneten der Patriotenpartei, abgesehen von der massiven Wahlbeeinflussung durch die Regierung, vor allem durch die kaum faßbare Willkür in der Einteilung der Wahlkreise. Hier wurde ganz kräftig manipuliert. Auch die Wahl der eigentlichen Abgeordneten durch Wahlmänner benachteiligte die ländliche Bevölkerung oft ganz erheblich, die weniger gewandten Bauern wurden nicht selten einfach übertölpelt. Das Ergebnis war zum Beispiel bei der Landtagswahl von 1875, daß die Liberalen bei 1,9 Millionen Stimmen 76 Mandate erhielten, die Patrioten bei 2,8 Millionen nur 79. Die Forderung der Patrioten lief also auf eine gerechte Wahlkreiseinteilung hinaus und vor allem auf eine Änderung des Wahlsystems nach dem Vorbild der Reichstagswahlen. Verlangt wurden die Einführung der direkten Wahl, der unmittelbaren Volkswahl, und zuletzt auch noch die Aufhebung des Zensus. Beide Ziele wurden erst im neuen Jahrhundert erreicht.

Um die Wahlkreiseinteilung kam es 1875 zum ersten entscheidenden Kampf. Schon der Wahlkampf war so heftig gewesen, daß der König in Sorge geriet und sondieren ließ, ob nicht die Bildung eines konservativen Ministeriums möglich wäre, das ihn nicht in Gegensatz zu Berlin bringen würde, aber trotzdem eine Mehrheit in der Kammer finden könnte. Unter den Persönlichkeiten, die der König befragte, war auch der hoch angesehene Abgeordnete im Reichstag Freiherr von Franckenstein, dem der König tatsächlich den Auftrag zur Regierungsbildung erteilte. Franckenstein lehnte diesen Auftrag allerdings ab, da er fürchtete, seiner Ernennung könne in Berlin Schwierigkeiten hervorrufen. Gleichzeitig bearbeitete der Kabinettssekretär v. Ziegler den König, parallel dazu liefen gehässige Intrigen des preußischen Gesandten Werthern, der sich sogar dazu verstieg, gewaltsames Eingreifen in München in Aussicht zu stellen. Bismarck allerdings lehnte es ab, sich überhaupt mit der bayerischen Regierungsbildung zu befassen, mit der Begründung, er habe volles Vertrauen zu Ludwig II. Der König sah dann tatsächlich von einer Umbildung der Regierung ab, obwohl der König von Sachsen eigens nach München gereist war, um Ludwig II. den bayerischen Gesandten in Dresden, den Freiherrn Rudolf von Gasser, als neuen Ministerpräsidenten zu empfehlen. Ludwig II. war inzwischen schon von Ziegler längst wieder für Lutz gewonnen und lehnte es sogar ab, den König von Sachsen zu empfangen, so daß alles beim alten blieb. Die Patriotenpartei fühlte sich jetzt verständlicherweise herausgefordert und schickte sich zum entscheidenden Angriff an.

Die Kammermehrheit erhob Beschwerde wegen der vorgefallenen Wahlrechtsmanipulationen, verbunden mit der Erklärung des Mißtrauens gegenüber der Regierung. Erstmals wurde diese Erklärung begleitet von der kategorischen Forderung nach einem Rücktritt der nicht vom Vertrauen der Kammermehrheit getragenen Regierung. Das war im Grunde die logische Konsequenz aus der Ministerverantwortlichkeit. In der Verfassungsänderung von 1848 war aber diese Konsequenz nicht ausdrücklich bemerkt, damit war die Regierung nicht genötigt zurückzutreten, der König nicht gezwungen die Regierung zu entlassen.

Ein Teil der Abgeordneten der Patriotenpartei verlangte nun die Anwendung des härtesten Mittels, das die Kammer besaß, die Verweigerung der Steuern; doch stand die Mehrheit der Patriotenpartei auf dem Standpunkt, daß die Steuerverweigerung verfassungswidrig sei. Alles, worauf sich die Patriotenpartei einigen konnte, war der Beschluß, dem Ministerium künftig nur das Allernötigste an Ausgaben zu bewilligen. Mit der Bewilligung des Budgets aber war die Möglichkeit geschaffen, wieder drei Jahre ohne Landtag zu regieren, so daß es die bequemste Lösung war, den Landtag zu vertagen und alles beim alten zu lassen. Lutz zog aus diesen Vorgängen die Lehre, daß von einer so schwächlich geführten und unentschlossenen Partei nichts mehr zu befürchten sei. Es kam nur darauf an, jeden Anlaß zu vermeiden, der diese Partei zum Äußersten treiben mußte. Angesichts der inneren Schwierigkeiten, die sich jetzt immer deutlicher zeigten, war es im Gegenteil sogar möglich, durch vorsichtige und zurückhaltende Politik dieser zusammengewürfelten Partei ihr einziges Lebenselement zu nehmen, den konstitutionellen Kampf, und damit die Interessengegensätze zwischen Bauern und Bürgern, zwischen Beamten und Handwerkern, die in der Patriotenpartei nur durch die gemeinsamen Anliegen verdeckt waren, hervorzulocken und so die Partei zu spalten. Das scheint das Ziel von Lutz gewesen zu sein. Er hat es tatsächlich auch erreicht, dadurch vor allem, daß er seit 1875 auf äußeren Druck, vor allem auf energische Kirchenpolitik verzichtete und statt dessen die Patrioten ihren eigenen inneren Streitigkeiten überließ.

Erst 1878 war die Stellung von Lutz wieder ernsthaft bedroht. Seit Bismarck sich mit den Plänen einer wirtschaftspolitischen Wendung trug, hatte er begonnen, Annäherung an das Zentrum zu suchen. Sein Gesprächspartner war gerade der Freiherr v. Franckenstein, der in München dem König immer wieder als einzig möglicher Kandidat für ein Ministerium konservativer Richtung genannt wurde. Die Aufwertung also, welche Franckenstein durch Bismarck erfuhr, führte dazu, daß sich Ludwig II. jetzt erneut für den Baron interessierte, aber Lutz war auch dieser bedrohlichen Situation gewachsen. Als es 1879 zum Bruch Bismarcks mit den Nationalliberalen und zur Aufsplitterung dieser Partei kam, die auch Bayern betraf, da zog Lutz aus diesen Vorgängen ebenfalls seinen Vorteil. Ihm gelang mit den Patrioten dasselbe Spiel wie Bismarck mit den Nationalliberalen. Bismarck baute den Kulturkampf ab, weil er erfolglos war, aber auch, weil er die Nationalliberalen für seine Wirtschaftspolitik nicht mehr als zuverlässige Gefolgschaft ansah und sich die Möglichkeit eröffnen mußte, auch die konservativen Kräfte im Zentrum für seine Politik zu nutzen. Für Lutz war der Abbau des Kulturkampfes aus einem anderen Grunde wichtig. Er hatte ihn ohnedies seit 1873 nicht mehr offen mitgemacht. Diese Zurückhaltung hatte dazu geführt, daß die Patriotenpartei in ihrer Opposition ebenfalls zurückhaltend gewesen war. Aber sie war durch die ständige Drohung einer Wiederaufnahme des Kulturkampfes auch in Bayern zusammengehalten worden. Der auf ihr lastende Druck also hatte sich als stärkste Klammer der Opposition in Bayern erwiesen. Als dieser Druck nachließ, brachen die Flügelkämpfe aus, und zwar in so unguter Form, daß Jörg sich außerstande sah, noch eine vernünftige Politik zu machen und 1879 den Vorsitz niederlegte. Damit war die Partei führerlos und Lutz gerettet. Aber auch der Liberalismus alter Prägung hatte in Bayern mit dem Ende des Kulturkampfes, mit dem Ende der Freihandelsära und auch mit dem Abschluß der wichtigsten Gesetzgebungsarbeit im Reichstag seine Kampfziele verloren und damit das ihn einigende Element.

So brachte das Jahr 1879 nicht den Sturz des Ministers Lutz, sondern sogar seine Ernennung zum Vorsitzenden des Ministerrats. Diese Bestätigung seiner Stellung hätte Lutz wahrscheinlich trotzdem nicht viel geholfen, wenn nicht die Landtagswahlen von 1881 in jeder Richtung im Zeichen der parteipolitischen Zersplitterung gestanden wären. Die Opposition erhielt zwar 90 Stimmen und war damit stärker als je, aber davon gehörten nur 67 zur Patriotenpartei, alle anderen gehörten extremen Gruppierungen an. Alle Bemühungen zur Zusammenfassung dieser verschiedenen konservativ-patriotisch-katholischen Richtungen zu einer Fraktion, die vor allem der Fürst Löwenstein, der Vorsitzende des Zentralkomitees der deutschen Katholiken anstellte, waren vergebens. Nur von Fall zu Fall stimmten die feindlichen Brüder miteinander. Auseinandergebrochen war auch der liberale Block. Den 59 Nationalliberalen standen jetzt neun Abgeordnete der neugebildeten deutschen Fortschrittspartei gegenüber. Beide Gruppen zusammen waren also genau so stark wie die stärkste Splittergruppe der Opposition. Für Lutz bedeutete das ungleich größere Beweglichkeit als bisher, da auch die Liberalen zu schwach waren, um erneut kulturkampfähnliche Zustände in der Kammer heraufzubeschwören.

Der sicherste Rückhalt für Lutz war aber die nach wie vor unveränderte Haltung des Königs ihm gegenüber. Lutz wußte den König aber auch aufs geschickteste zu behandeln. Er schlug dem König gegenüber genau jenen Ton an, von dem er wußte, daß er den höchsten Eindruck machen würde. So äußerte er sich z. B. einmal: „In der Tat steht nicht wenig auf dem Spiele, denn wenn der König erst einmal einer Kammermajorität sein Ministerium geopfert hat, wird allerhöchst der Selbe einer späteren siegenden Partei ähnliches mit Erfolg nicht versagen können und namentlich den Liberalen nicht, die bisher doch stets mit mehr geistiger Überlegenheit operiert haben. Damit träte also Bayern in die Reihe der parlamentarisch regierten Staaten ein." Nichts aber fürchtete der König mehr, als auch noch die letzten fundamentalen Hoheitsrechte zu verlieren.

Das allgemeine Verhältnis zwischen Kammermehrheit und Regierung war natürlich auch 1881 auf Kampf gestimmt, da aber die vereinigte Opposition vor der letzten Entscheidungsschlacht zurückschreckte, vor der Verweigerung der Zustimmung zum Budget, blieb ihr nichts übrig, als zu kleinlichen Schikanen zu greifen. Das erklärte Ziel der Opposition war, die Regierung durch Verweigerung nicht festgelegter Mittel gewissermaßen auszuhungern. Aber auch dabei stand sie sehr nahe vor dem entscheidenden Erfolg. Die fortgesetzten Schikanen hatten zunächst einmal die Kollegen des Kultusministers Lutz, der am stärksten den Angriffen ausgesetzt war, unsicher gemacht und zermürbt. Als dann Lutz erklärte, sich nicht unterwerfen zu wollen, auch wenn die Kammer in Überschreitung ihrer verfassungsmäßigen Befugnisse Geldbeträge streiche, sondern das Geld trotzdem auszugeben, als also Lutz mit dem Verfassungskonflikt drohte, befürchteten die Minister, daß bei einem solchen Verfassungskonflikt schließlich auch die Liberalen zu Gegnern der Regierung gemacht würden. Schon begannen sich die Kollegen vorsichtig von Lutz zu distanzieren, da war es wieder ein Eingriff Bismarcks, der das Kabinett Lutz rettete. Zunächst hatte im Oktober 1881 Bismarck selbst den Anschein einer radikalen Kursänderung erweckt. Im Rahmen seiner großen Pläne dieser Jahre, bei denen es um den Fortbestand der Schutzzölle und die Vermehrung der indirekten Steuern auf der einen Seite ging, damit das Reich nicht weiterhin Kostgänger der Länder bleibe, wie Bismarck sagte, andererseits aber um die Voraussetzungen für einen Aufschwung der eigenen Industrie durch eine zielstrebige prohibitive Zollpolitik, durch Subventionen für Handel und Schiffahrt und schließlich um den Beginn der Sozialpolitik, stand Bismarck starkem linksliberalen Widerstand gegenüber, er bedurfte also konservativer Verbündeter. Das Zentrum nun war damals so stark wie die konservativen Parteien zusammen und war damit die stärkste Fraktion im Reichstag. Es scheint nun, daß damals Bismarck versucht hat, durch das Angebot, den Fraktionsvorsitzenden des Zentrums, den Freiherrn von Franckenstein, als parlamentarischen Vizekanzler in die Regierung hereinzunehmen, die Unterstützung des Zentrums für seine Politik zu gewinnen. Das hätte gleichzeitig eine solche Aufwertung des Zentrumspolitikers in München bedeutet, daß man gegen seine Ernennung zum bayerischen Minister nichts mehr hätte einwenden können. Als aber Bismarck feststellen mußte, daß das Zentrum trotzdem nicht dazu geneigt war, bedingungslos seine Politik mitzumachen, ließ er seinen Vorschlag wieder fallen und telegraphierte nach München: „Jeder Wechsel jetzt schädlich." Daraufhin beschloß in München der Ministerrat einstimmig, daß kein Minister für sich um Entlassung bitten dürfe, sondern daß nur eine Gesamtdemission des ganzen Ministeriums in Frage komme. Bismarck stellte also zunächst wieder die Einheitsfront in der Regierung Lutz her. Die folgenden Angriffe gegen Franckenstein und das Zentrum, die den Inhalt seiner Instruktionen an den Gesandten in München bildeten, bereinigten die Krise in Bayern dann vollends. Vergebens hatte sich Prinz Ludwig, der als nächster am Thron Nachfolger des Königs werden mußte, bemüht, Lutz zum Rücktritt zu bewegen. Auch für ihn war schließlich das Argument, daß Nachgiebigkeit gegenüber den parlamentarischen Absetzungsversuchen dazu führen müsse, daß künftig der König in Bayern nicht mehr von Gottes Gnaden, sondern von Landtags Gnaden seine Stellung ableiten müsse, entscheidend gewesen. Vollends für Ludwig II. war das der bestimmende Gesichtspunkt. Im Februar 1882 erließ er ein Handschreiben an das Ministerium Lutz, in dem er die Erwartung aussprach, daß die von ihm berufenen Räte der Krone auch weiterhin für die Rechte seiner Regierung eintreten würden. Was jetzt kam, waren auf beiden Seiten nur noch Rückzugsgefechte. Die Fraktion stellte einen Verzicht auf die Streichungen im Etat in Aussicht, wenn der Minister einer Reihe von Forderungen der Opposition zustimme, Lutz gab in einigen unwesentlichen Punkten, vor allem in Personalfragen, nach und stellte in der Schulfrage eine entgegenkommende Regelung in Aussicht. Was als Ergebnis des zehnjährigen Ringens der Patriotenpartei um die Parlamentarisierung der bayerischen Verfassung schließlich herauskam, war dann zuletzt doch nicht mehr als die Proklamierung der Prinzipien an sich. Für ihre Durchsetzung war die Patriotenpartei nicht entschlossen genug, im Machtkampf mit dem Parlament blieb Lutz Sieger. Allerdings ist das auch wieder der Selbstbeschränkung von Lutz zu danken, der genau erkannte, daß der Patriotenpartei nicht die parlamentarischen Prinzipien so sehr wichtig waren als die kirchlichen Belange. Der Kulturkampf war es, der die bayerischen Katholiken in die politische Arena geführt hatte. Hier wären sie, wenn es um die gleichen Positionen gegangen wäre wie im preußischen Kulturkampf, sicherlich auch mit gleicher Entschlossenheit am Feind geblieben. Doch als sich zeigte, daß Lutz in den wichtigsten Fragen mit sich reden ließ, erlahmte auch der Angriffsgeist der Patrioten auf dem parlamentarischen Gebiet. Das entscheidende innenpolitische Thema der bayerischen Geschichte dieser Jahre ist also nicht die Auseinandersetzung zwischen Parlament und Ministerium, sondern der Kulturkampf. Der Verlauf dieses Kampfes in Bayern hat auch die Austragung des anderen beeinflußt; die Unentschiedenheit des einen zog auch den Waffenstillstand im anderen nach sich.

Der Kulturkampf in Bayern

Das Ministerium Hohenlohe war 1869 zu Fall gekommen durch die Abgeordneten der Patriotenpartei, die von ihren Gegnern auch die Ultramontanen genannt wurden. Dieser Vorgang war die Antwort auf den Beginn des Kulturkampfes in Bayern, der damals noch durchaus nicht die gleichen Spannungen wie in Preußen nach sich ziehen mußte. Die Verhältnisse hier wie dort waren grundlegend verschieden. Das Königreich Preußen hatte bis zur Säkularisation, außer in Schlesien, keine geschlossene katholische Bevölkerung innerhalb seiner Grenzen. Die Einverleibung der Rheinlande im Verlauf der Säkularisation und dann endgültig 1815 hatte zunächst zu einem sehr heftigen Kirchenkampf geführt mit dem Höhepunkt 1837, in dessen Verlauf sich dann ein Modus vivendi herausgebildet hatte, bis schließlich in der preußischen Verfassung ohne jede Einschränkung der Kirche das Recht zuerkannt wurde, ihre eigenen Angelegenheiten in voller Selbständigkeit zu regeln. Das war eine verfassungsmäßige Grundlage, die in Deutschland ohne Vorbild war. Sie wurde schließlich in die Reichsverfassung von 1849 übernommen, aber 1851 durch die Frankfurter Bundesversammlung wieder annulliert. In Preußen bestand also keine traditionelle staatliche Kirchenherrschaft, soweit das die katholische Kirche anging. Der Verfassungskonflikt von 1862 trug keinerlei konfessionelle Momente in sich, und sowohl auf Grund der Verfassung als auch nach den Abmachungen der vierziger Jahre zwischen Staat und Kirche schien es innerhalb Preußens keinen ernsthaften Zündstoff mehr zu geben. Hier kam er tatsächlich im wesentlichen von außen. Entscheidende Faktoren waren die Annektionen von 1866 und die damit in den preußischen Landtag hineingetragene Opposition der vergewaltigten Minderheiten, nicht zuletzt das Ergebnis des Vatikanischen Konzils.

Die Spannungen in Bayern waren grundsätzlich anderer Art, auch wenn sich dann 1869 die Ablehnung des nationalen Kurses von Hohenlohe mit kirchenpolitischen Tendenzen verbunden hat. Vorhanden war die sogenannte ultramontane Landtagsopposition in München schon seit 1848, und sie war nicht in der Verteidigung, sondern im Angriff. Ihr Angriff richtete sich gegen die uralte Herrschaft des Staates über die Kirche in Bayern, die 1848 erstmals von einer breiten Bewegung angeprangert worden war. 1803 kam es nicht zur Freigabe der Kirche, sondern sie wurde noch schärfer an die Kette gelegt als im vorrevolutionären Zeitalter. Das kirchliche Vermögen unterlag der staatlichen Kontrolle, besonderen Anstoß nahmen Kleriker und katholische Laien am landesherrlichen Plazet, dem Anspruch des Landesherrn auf sein Recht, päpstliche und bischöfliche Erlasse vor ihrer Publizierung zu genehmigen oder zu verbieten. Unter Ludwig I., der eine ganze Reihe von Klöstern neu gegründet hat und dem man eine feindliche Einstellung gegen die Kirche keineswegs nachsagen kann, änderten sich nur die Modalitäten der Kirchenherrschaft, im Prinzipiellen aber blieb alles beim alten, ungeachtet kirchlicher Einsprüche. Den eigentlichen Kampf brachte aber erst die Epoche nach dem Freiheitsjahr 1848. Bei den Beratungen in Frankfurt, die zur Aufnahme der unbeschränkten kirchlichen Freiheit unter die Grundrechte führten, hatten sich auch bayerische Abgeordnete ausgezeichnet, vor allem der Kirchenhistoriker zu München, Ignaz Döllinger, einer der angesehensten deutschen Gelehrten. Mit dieser Freiheitserklärung waren also Preußen und die Frankfurter Nationalversammlung gegenüber der katholischen Kirche weit großzügiger als die frühere Stütze des Katholizismus in Deutschland, der bayerische Staat. Jetzt aber forderte die ins Wanken geratene staatliche Autorität den Angriff geradezu heraus, und so scheuten sich auch die bayerischen Bischöfe nicht mehr, auf die völlige kirchliche Freiheit als letztes Ziel hinzuarbeiten. Ihr Sprecher war der Erzbischof von München und Freising, Karl August Graf von Reisach, eine kraftvolle, leidenschaftliche Persönlichkeit, der jetzt seine Stunde gekommen sah. Im Januar 1849 übergab er der Regierung ein Promemoria über die Postulate der Katholiken, das in der Forderung gipfelte: freie Entwicklung der Kirche auf der Basis des Konkordats, Aufhebung des Religionsedikts und aller sonstigen widersprechenden Gesetze und Verordnungen. Das war der grundlegende Angriff auf die Kirchenherrschaft des Staates. Das Ministerium versprach eine Revision des Religionsedikts, zögerte jedoch die versprochene Maßnahme hinaus und erreichte damit nur, daß jetzt Reisach eine Aktion aller bayerischen Bischöfe in Gang brachte, die 1850 in Freising stattfand und in einer Denkschrift an den König über die Forderungen Reisachs noch hinausging. Die Bischöfe forderten nicht nur die Aufhebung des Religionsedikts mit allen Folgerungen, nämlich Verzicht auf das königliche Plazet, Verzicht auf die Staatsaufsicht bezüglich des kirchlichen Vermögens, des Gottesdienstes und der Erziehung des Klerus, sondern die Bischöfe versuchten darüber hinaus auch Rechte zu erlangen, die sie nie besessen hatten. Aber jetzt war die Stunde keineswegs so günstig wie noch ein Jahr zuvor. Die Revolution war niedergeworfen, und in der Bundesversammlung zu Frankfurt beriet man bereits über die Zurückweisung der Grundrechte und damit auch der Forderung nach kirchlicher Freiheit. Immerhin hat der König 1852 und 1854 einige Zugeständnisse gemacht, worauf die Bischöfe versprachen, sich mit dem Erreichten zu begnügen, und der Papst Graf Reisach aus der unmittelbaren Schußlinie zurückzog, indem er ihn zum Kurienkardinal ernannte. Die königlichen Zugeständnisse betrafen vor allem die geistlichen Bildungsanstalten und das Versprechen, die Bischöfe bei der Besetzung aller Professuren an den staatlichen Lyzeen, das waren die Ausbildungsanstalten für den Klerus, und bei den theologischen Professoren an den Universitäten anzuhören. Ausdrücklich abgelehnt wurde eine Erklärung über das Verhältnis von Religionsedikt und Konkordat. Die Bischöfe mußten sich damit zufriedengeben, daß eine wohlwollende Interpretation des Religionsedikts zugesichert wurde. Diese Regelung stellte einen Waffenstillstand dar, der darauf hinauslief, daß die strittigen Bestimmungen des Religionsedikts, vor allem das Plazet, nicht angewandt wurden. Aber selbst so weit war der Wortlaut der königlichen Erklärung nicht gegangen. Im Grunde war dieser Waffenstillstand nur abhängig vom guten Willen des jeweiligen Ministers. Die Frage des kirchlichen Friedens war also eine reine Personalfrage.

Während in Bayern also wieder relative Ruhe eintrat, vollzog sich in Rom ein höchst beunruhigender Prozeß. Zur gleichen Zeit, als von allen Seiten die letzten Angriffe auf die weltliche Machtstellung des Papstes anbrandeten, als der Kirchenstaat und damit auch, wie man fürchtete, die Freiheit des Papstes erneut in Gefahr geriet wie schon durch die Revolution, setzte hier ein theologischer und kirchenpolitischer Konzentrationsvorgang ein, dessen Energie auf ganz Europa ausstrahlte. Das geschah in einer Reihe von Äußerungen des kirchlichen Lehramts, die dann 1864 im sogenannten Syllabus Errorum zusammengefaßt wurden. Dieser Syllabus führte die wichtigsten Irrtümer der Zeit auf und sprach ihre kirchliche Verurteilung aus. Besonders genannt wurden Pantheismus, Naturalismus, Rationalismus, Indifferentismus, Liberalismus und Kommunismus. Der Syllabus stellte also einen Protest dar gegen die fortschreitende Säkularisierung der modernen Welt. Ausdrücklich protestiert wurde auch gegen Verabsolutierung des staatlichen Willens und seine Gleichsetzung mit dem göttlichen Gesetz, wie es hieß, also gegen das Staatskirchentum, wie es auch in den katholischen Staaten der Zeit gehandhabt wurde. Protestiert wurde auch gegen die Preisgabe der weltlichen Herrschaft des Papstes. Die letzte These schließlich verwarf den Satz, daß der römische Papst sich mit Fortschritt, Liberalismus und moderner Zivilisation aussöhnen und verständigen könne und solle. Das war der Satz, der am meisten Anstoß erregte und der geradezu als Kriegserklärung gegen die moderne Kultur als solche aufgefaßt wurde. Die Kampfansage gegen das Staatskirchentum rief die Empörung auch katholischer Staatsmänner hervor. Selbst Döllinger sah im Syllabus eine Bedrohung des modernen Rechtsstaats, eine Auffassung, die zeigt, daß man die neuerstarkte Kirche jetzt geradezu fürchtete. Man fürchtete nicht ihre politische Macht, sondern ihren Einfluß auf die katholischen Untertanen, die ermutigt werden konnten, sich der Allgewalt des hegelianischen Staates zu entziehen. Man fürchtete vor allem die wachsende Entschlossenheit im Klerus, die Fesseln des Staatskirchentums zu sprengen. Zur reinen Hysterie wurde diese Furcht dann gesteigert durch das Ergebnis vor allem des ersten Vatikanischen Konzils.

1864 bereits hatte Pius IX. seine Absicht bekanntgegeben, ein Konzil einzuberufen, 1869 trat es zusammen. Das Konzil sollte die Entscheidung von 1864 noch einmal unterstreichen, sollte also den Irrtümern der Zeit eine geschlossene katholische Einheitsfront entgegensetzen. Es sollte auch die kirchliche Disziplin den Forderungen der Gegenwart anpassen, es sollte vor allem, wie durch eine Indiskretion im Februar 1869 schon bekannt wurde, die seit Jahrhunderten vertretene, aber nie definierte Lehre vom päpstlichen Primat feierlich proklamieren. Als das bekannt wurde, erfaßte ungeheuere Erregung die Vertreter des Staatskirchentums und die Gegner der Ultramontanen in ganz Europa. Was man allgemein befürchtete, geht aus der Mitteilung hervor, welche der österreichische Premierminister, Graf Beust, dem Kardinalstaatssekretär Antonelli 1870 übermitteln ließ, daß nämlich „die etwaige Definition derartiger Vorschläge zwischen den Gesetzen der Kirche und den Gesetzen, welche die moderne Gesellschaft bestimmen, einen unüberschreitbaren Abgrund aufreißen würde." In

Deutschland waren sogar die Bischöfe gegen eine Definition der Infallibilität, da sie befürchteten, unnötige Streitigkeiten mit der Staatsgewalt heraufzubeschwören. 45 deutsche und österreichische Bischöfe taten sich zusammen und wandten sich an Pius IX. in einer Adresse, worin sie die Definierung des Dogmas als unzeitgemäß bezeichneten. Bischof Ketteler von Mainz, einer der führenden Vertreter des deutschen Espikopats, warf sich, als er in Rom ankam, dem Papst zu Füßen und flehte ihn an, er möge als Vater der katholischen Welt der Kirche und dem Episkopat durch Nachgiebigkeit Frieden und die verlorene Einigkeit wiedergeben. Auf allen Seiten also hat man die Bedeutung dieses Dogmas heillos überschätzt, auch auf Seiten der kirchlichen Partei selbst. Eine Minorität, die vor allem von den deutschen Bischöfen und einigen amerikanischen getragen wurde, kämpfte zwei Monate lang verzweifelt gegen die Absicht, das Dogma zu definieren, schließlich reiste sie mit Erlaubnis des Papstes vor der entscheidenden Abstimmung ab, so daß zuletzt nur noch zwei Gegenstimmen gegen das Dogma eingelegt wurden und die Konstitution „Pastor aeternus" damit angenommen war. Der wesentliche Inhalt dieser Konstitution war die Definierung des päpstlichen Primats als einer unmittelbaren höchsten Jurisdiktionsgewalt über die Gesamtkirche in Sachen des Glaubens und der Sitte, der Disziplin und der Leitung der Kirche, wobei einer Entscheidung des Papstes „ex cathedra" in Fragen des Glaubens und der Sitte von sich aus, nicht erst infolge der Zustimmung der Kirche, der Charakter eines unabänderlichen Dogmas zukomme. Wie auch immer die kirchengeschichtliche Bedeutung dieses ersten Vatikanischen Konzils angeschlagen werden mag, als Vollendung einer jahrhundertelangen Entwicklung oder als Einleitung zu einer neuen, durch Zentralismus und kirchlichen Absolutismus bestimmten Abwendung von älteren Traditionen: Für Deutschland bedeutete diese Entscheidung vom 18. Juli 1870 dank der falschen Einschätzung durch die deutschen Regierungen und durch einzelne deutsche Theologen den Auftakt zum Kulturkampf.

Die Rolle Bayerns bei diesem säkularen Ereignis kann nicht hoch genug veranschlagt werden. Das hängt zusammen mit der persönlichen Einstellung Ludwigs II., der gerade auf den Schein der Macht einen höheren Wert legte als auf die wirkliche Machtausübung selbst und der deshalb in der Kirchenfrage gegen das geringste Zugeständnis war, das hängt zusammen mit den Ministern, die er berief, und hängt schließlich auch zusammen mit der Einstellung der Münchner Universität, vor allem mit der Gestalt Ignaz Döllingers. Selten ist der Rang der Wissenschaft in so hervorragendem Maße mit einer einzigen Person zu belegen wie in diesem Fall. Ignaz Döllinger, 1799 geboren, hatte als Professor am Lyceum zu Bamberg begonnen. 1826, mit 27 Jahren, war er dann nach München berufen worden. Durch seine dreibändige Geschichte der Reformation war er 1848 erstmals bekannt geworden, im gleichen Jahr, als er zum Abgeordneten der Paulskirche gewählt worden war und dort in hervorragendem Maße für die kirchliche Freiheit gekämpft hatte. Er war vom Görres-Kreis zu München geistig geprägt, von der katholischen Romantik beeinflußt, auch vom Nachglanz der Sailer-Zeit, er fühlte sich Johann Adam Möhler verbunden, war aber nicht in erster Linie dogmatisch oder theologisch-systematisch interessiert, sondern war fasziniert von der Fülle kirchengeschichtlicher Quellen, die er in München vorfand. In der Versenkung in die Quellen, in ihrer Sammlung und kritischen Edition lag seine Stärke. Nach 1848 erschien zunächst kein bedeutendes Werk mehr von ihm, denn die kirchenpolitische Tätigkeit nahm ihn so in Anspruch, faszinierte ihn so, daß er darin aufging, zunächst durchaus noch in weitgehend konservativem Sinn, dann aber bald in wachsender Kritik. Die Wandlung zum Kampf gegen den Ultramontanismus erfolgte dann auch in diesen Jahren. 1857 hatte er auf einer Italienreise die Zustände im Kirchenstaat näher kennengelernt, er war erschreckt über das, was er dabei sah, noch mehr über die Hartnäkkigkeit, mit welcher in Rom das Heil der Kirche mit dem Heil des Kirchenstaates verknüpft wurde. Diese Identifikation von Kirche und Kirchenstaat hatte Döllinger mit Recht erschreckt, vor allem, da er sehen mußte, wie seit 1859 das Ende des Kirchenstaates mit Riesenschritten herannahte. So hat er im Frühjahr 1861 seine berühmten Odeonsvorträge über Kirche und Kirchen, Papsttum und Kirchenstaat gehalten. Mit allem Nachdruck betonte er dabei: Es hat eine Kirche und ein Papsttum gegeben vor dem Kirchenstaat, und Kirche und Papsttum werden als göttliche Stiftung auch bestehen, wenn der Kirchenstaat einmal verloren gehen sollte. Seine Kritik verursachte um so mehr Empörung, je berechtigter sie erschien. Der päpstliche Nuntius in München, der Fürst Chigi, verließ ostentativ das Odeon. Die Civiltà Cattolica, die offiziöse römische Jesuitenzeitschrift, griff Döllinger aufs schärfste an. Seine Rechtgläubigkeit war jetzt in Frage gestellt. Zwei Jahre später, anläßlich der Gelehrtenversammlung zu München im Herbst 1863, hinter der Döllinger selbst stand, verschärfte sich die Spannung nahezu unheilbar. Döllinger versuchte, eine Einheitsfront der deutschen Theologen gegen die Neuscholastik und die mit ihrer Propagierung verbundene Polemik herbeizuführen. Döllinger schoß aber dabei in seiner großen Rede über „Die Vergangenheit und Gegenwart der katholischen Theologie" weit über das Ziel hinaus. Er behauptete allen Ernstes, daß die katholische Theologie erst durch die deutsche Schule, die deutsche Theologie also des 19. Jahrhunderts, ihre wahre Heimat gefunden habe, und zwar deshalb, weil kein anderes Volk die beiden Augen der Theologie, Geschichte und Philosophie, das historische und das spekulative Auge, wie Döllinger sagte, mit gleicher Sorgfalt, Liebe und Gründlichkeit gepflegt habe. Die Bedeutung der mittelalterlichen Scholastik, vor allem den Beitrag der großen Franzosen und Italiener des 17. und 18. Jahrhunderts zur Entwicklung der historischen Theologie ignorierte er dabei einfach, in jener grandiosen Unbekümmertheit um die Vergangenheit, wie sie dem Fortschrittsoptimismus des 19. Jahrhunderts auf allen Gebieten eigen war. Aber nicht deshalb stieß Döllinger auf so scharfen Widerspruch, sondern weil er mit der Verurteilung der Vergangenheit in der katholischen Theologie die Gegenwart treffen wollte, eben die neuscholastische Bewegung. Der Riß war von jetzt an wirklich unheilbar. Bewußt und entschieden wurde Döllinger bei der Vorbereitung und Durchführung des Vatikanischen Konzils völlig übergangen. Die Reaktion Döllingers war unerbittlicher Kampf gegen das Konzil. In der Augsburger Allgemeinen Zeitung veröffentlichte er, ohne seinen Namen zu nennen, fünf Artikel unter dem Titel „Das Concilium und die Civiltà", während der ganzen Dauer des Konzils hindurch begleiteten unter dem Namen Quirinus seine und seines Schülers Acton Kommentare und Berichte die Verhandlung des Konzils, sarkastisch, von beißender Schärfe, mit einem Aufgebot an Gelehrsamkeit, das imponierend war. Welche Tendenzen dabei aber vorwalteten, zeigt ein Brief Actons an Döllinger, in welchem der Schüler seinen Lehrer bittet, ihm eine Quellenstelle zu nennen, die er als Beweis für eine bestimmte politische Theorie vorbringen könne, eine längst vorgefaßte also. Die Geschichte hat also nur noch die Waffen zu liefern für einen aktuellen politischen Kampf. Diese Zeitungsartikel erschienen dann auch 1869/70 in Buchform. Döllinger war damit der Sprecher der Opposition gegen die Infallibilität, ein Mann, der auch bei den Konzilsvätern direkt und indirekt größten Einfluß besaß, München war das Zentrum des geistigen Widerstandes gegen das Vatikanum.

Von München ging am 9. April 1869 auch die Zirkulardepesche Hohenlohes an die bayerischen Gesandtschaften aus, welche die Anregung gemeinsamer Maßnahmen der europäischen Staaten gegen das drohende Konzil aussprach. Hohenlohe hatte sich dabei vorher mit Döllinger beraten. Döllinger wurde von Hohenlohe auch gebeten, an den Instruktionen für den bayerischen Gesandten in Rom mitzuarbeiten, die wichtigsten Passagen stammen von ihm. Er nahm auch Einfluß auf die Antwort, die der bayerische Minister an Beust übermittelte, als von Wien ein gemeinsamer Schritt der europäischen Mächte in Rom abgelehnt wurde. Nach dem Sturz Hohenlohes führte Döllinger, unterstützt durch Lord Acton, seinen diplomatisch-polemischen Feldzug allein weiter und versuchte Einfluß zu nehmen auf die englische Regierung, da Acton mit dem englischen Premierminister Gladstone befreundet war, doch in London lehnte man ab. Bemerkenswert ist in diesem Zusammenhang die Begründung, die Döllingers englischer Freund Acton lieferte. Um dem Konzil, d. h. der Kirche die Freiheit zurückzugeben, müsse man staatliche Zwangsmittel einsetzen, führte Acton aus. Döllinger und seine Freunde haben dann auch am Ausbruch des sogenannten Kulturkampfes maßgebend mitgewirkt.

Der Ursachenkomplex für den eigentlichen Kulturkampf, der im Reich und in Preußen ja einen völlig anderen Charakter hatte als in Bayern, ist vielgestaltig und nicht leicht auf einen Nenner zu bringen. Bismarck ging es um viele Ziele zugleich, um die Behebung der Schwierigkeiten, welche die preußische Verwaltung in Westpreußen mit der katholischen polnischen Bevölkerung hatte, dann um die Gefahren, die von einer konfessionellen Partei im Reichstag und im preußischen Landtag auszugehen schienen, vom Zentrum, das gleichzeitig auch unter ihrem Führer Ludwig Windthorst, einem ehemaligen Minister des annektierten Königreichs Hannover, offenbar revanchistische Gefühle nährte. Das war einer der verhängnisvollsten Irrtümer Bismarcks, denn dem Zentrum ging es um diese Frage überhaupt nicht, sondern um die Verteidigung der kirchlichen Freiheit insgesamt. Zentrum nannte sich die bisherige „Katholische Fraktion" nach den Herbstwahlen von 1870 nicht nur deshalb, weil auch protestantische

Mitglieder in die Fraktion aufgenommen worden waren, wie etwa Karl Friedrich von Savigny, der Fraktionsvorsitzende, sondern weil tatsächlich das Programm jetzt ausgeweitet worden war auf allgemein konservativ-konstitutionelle Anliegen. Zur konfessionellen Verengung kam es im Grunde nur durch den Kulturkampf.

Daß die letzten Anstöße zum Kulturkampf von Bayern ausgingen, hing zusammen mit der besonderen Situation, die nach dem Konzil, nach der Definierung des Dogmas der Infallibilität, sich in allen katholischen Gebieten, besonders aber in Bayern ergeben hatte. Die deutschen Bischöfe, die vor der Verabschiedung des Schemas „De Ecclesia Christi" abgereist waren und von denen bekannt war, daß sie gegen das Dogma gearbeitet hatten, mußten nun, wie alle anderen Bischöfe, die Konzilsbeschlüsse in ihren Diözesen publizieren und ihre Annahme durchsetzen. Nach einigem Zögern geschah das ausnahmslos. Unüberwindliche Widerstände erhoben sich aber bei den Opponenten gegen das Konzil unter den bayerischen Theologen. Da Döllinger und einige seiner Kollegen ihrerseits an die Öffentlichkeit traten, war es unvermeidlich, in aller Öffentlichkeit eine Klärung herbeizuführen. Die letzte Konsequenz war die Exkommunikation; daß Döllinger, „der erste unter den deutschen Theologen", exkommuniziert werden mußte, empfand auch sein Kollege Hefele, Bischof von Rottenburg, als schrecklich. Döllinger war jedoch nicht allein. Eine ganze Reihe von Kollegen, auch Laien, sammelten sich um ihn, und auf einem Kongreß zu München im September 1871 beschloß man, allerdings gegen den Rat Döllingers, die Bildung einer eigenen Kirche, der Altkatholischen Kirche. Es wurden altkatholische Pfarreien errichtet. Eine Synode wählte in der Person des Theologieprofessors Reinkens von Breslau einen eigenen Bischof. Damit, mit der Bildung von Pfarreien und der Wahl und Weihe eines eigenen Bischofs, ergab sich für die deutschen Regierungen ein schwerwiegendes juristisches Problem, das noch verschärft wurde, als 1872 auch alle anderen Professoren exkommuniziert wurden, die sich der neuen Kirche angeschlossen hatten. Die Verträge, welche die Regierungen mit der katholischen Kirche geschlossen hatten, sahen ausnahmslos ein Zusammenwirken von Staat und Kirche bei der Besetzung von Pfarreien, Bischofsstühlen und Professuren vor. Das Zusammenwirken bei der Besetzung schloß selbstverständlich das Zusammenwirken bei der Absetzung mit ein. Damit war der Konflikt gegeben in dem Augenblick, wo die Regierungen es ablehnten, die Kirchenverträge in diesem Sinn zu interpretieren. Tatsächlich fand Reinkens in Preußen, Baden und Hessen Anerkennung als katholischer Bischof; in Preußen und Baden erhielten die Altkatholiken auch das Mitbenützungsrecht an den katholischen Kirchen und Anteil am dortigen Kirchenvermögen. Das alles konnten die Bischöfe nicht hinnehmen, ohne mit Rom in Schwierigkeiten zu geraten. Der Kampf war also unvermeidlich.

In Bayern wurde er verschärft durch die Haltung des Königs und des Ministers, die das Vatikanum ablehnten, d.h. es amtlicherseits nicht anerkannten und aus diesem Rechtsakt rechtliche Folgerungen zogen. Am 28. Juli bereits wies Ludwig II. in einem Handschreiben den Minister Lutz auf die Verkündigung des Unfehlbarkeitsdogmas und die damit verbundenen bedenklichen Umstände hin, Lutz selbst war entschlossen, in der Frage des Vatikanums die ganze Staatsgewalt einzusetzen. Er verlangte vor der Publizierung der Beschlüsse des Vatikanischen Konzils von den bayerischen Bischöfen die Einholung des königlichen Plazet. Dabei erlitt er allerdings bereits seine erste Niederlage. Von den bayerischen Bischöfen suchte überhaupt nur der Bamberger Erzbischof um das Plazet nach, und als die übrigen Bischöfe die Publikation in ihren Diözesanblättern vorgenommen hatten, ohne dafür zur Rechenschaft gezogen zu werden, veröffentlichte auch der Bamberger Erzbischof die Vatikanischen Dekrete, obwohl er das Plazet nicht erhalten hatte. Es war ihm mit der Begründung verweigert worden, daß durch das Vatikanum die Beziehungen zwischen Staat und Kirche auf eine neue Grundlage gestellt würden, fundamentale Sätze des bayerischen Verfassungsrechts betroffen seien und die Konstitution „De Ecclesia Christi" als eine Gefahr für die politischen und sozialen Grundlagen des Staates betrachtet werden müsse. Wenn diese Begründung stimmte, dann mußte der Staat jetzt seinerseits zum Kampf antreten. Typisch für Lutz ist nun, daß er diesen Kampf nicht jetzt begann, als das Plazet so offenbar mißachtet worden war. Für die Aufnahme des Kampfes suchte er sich eine andere Gelegenheit aus, er wartete, bis er Verbündete im Anzug wußte. Das war noch nicht der Fall, als im April 1871 Döllinger suspendiert wurde und der König vergeblich versuchte, den Erzbischof von München von einer Maßregelung Döllingers abzuhalten. Döllinger selbst hat die Bitte des Königs, weiterhin seine kirchlichen Funktionen auszuüben, obwohl er exkommuniziert war, abgelehnt, wie er sich auch der Altkatholischen Kirche nicht angeschlossen hat.

Aber er blieb als Kirchenhistoriker, als Mitglied der Theologischen Fakultät im Amt, ebenso als Stiftspropst von St. Cajetan, er wurde zum Rektor der Universität München gewählt und vom König zum Präsidenten der Bayerischen Akademie der Wissenschaften ernannt – in Bezug auf die großen Fragen der Zeit waren das kleine, wenig bedeutende Maßnahmen, aber sie zeigten doch, daß eine grundsätzliche Auseinandersetzung in der Luft lag.

Das wurde besonders deutlich, als Graf Bray infolge der Spannungen, die jetzt zwischen ihm und Lutz entstanden, zum Rücktritt gezwungen wurde. Die Spannungen gingen zurück auf das Vorgehen gegenüber Döllinger, dann vor allem auf die Stellungnahme des Ministeriums in verschiedenen Fällen, bei denen es auf Verlangen der Bischöfe darum ging, Pfarrer abzusetzen, die sich weigerten, die Konzilsdekrete anzuerkennen. Bray, der überzeugt war, daß die Kirche keinerlei Gefahr mehr bilde für den Staat wie zur Zeit der mittelalterlichen Päpste – so äußerte er sich gegenüber dem König –, war mit der Haltung des Kultusministers nicht einverstanden, weder im allgemeinen noch in Bezug auf die kirchliche Anstellung von Geistlichen, die ihren Bischöfen den Gehorsam aufsagten. Der König aber stand auf der Seite von Lutz, das Ergebnis war, daß Bray um Entlassung nachsuchen mußte, während die Stellung von Lutz stärker war denn je.

Diese Stärkung seiner Stellung benutzte Lutz nun, um den Kulturkampf in voller Breite vorzutragen, als die Gelegenheit dazu gegeben schien. Das war der Fall, als das Zentrum im Reichstag mit seinem Antrag, die kirchenpolitischen Bestimmungen der preußischen Verfassung – mit ihrem umfassenden Freiheitsraum für die Kirche – auf die Reichsverfassung zu übertragen, eine schwere Niederlage erlitt. Obwohl in dem Antrag des Zentrums auch die übrigen Grundrechte der preußischen Verfassung, welche die Presse-, Rede- und Versammlungsfreiheit betrafen, angesprochen waren, stimmte die liberale Mehrheit des Reichstags trotzdem geschlossen gegen den Antrag des Zentrums. Bismarck zog daraus den Schluß, daß ein Bündnis zwischen den katholischen und den demokratisch gesinnten Liberalen nicht zu befürchten sei. Damit hatte der Reichskanzler freie Bahn, falls er das Zentrum anzugreifen beabsichtigte. Noch ein anderer Umstand ermöglichte ihm diesen Entschluß. Es ist sicher kein Zufall, daß am 4. Juni Graf Bray sein Entlassungsgesuch einreichte und daß siebzehn Tage später Bismarck dem Fürsten Hohenlohe mitteilte, es sei nun seine Absicht, gegen die Klerikalen vorzugehen. Jetzt erst nämlich war der Reichskanzler völlig abgesichert: Er hatte die Garantie, daß Bayern, die katholische Vormacht im Reich, einem Angriff des Reichskanzlers auf das Zentrum zumindest nicht in den Rücken fallen würde. Daß Graf Bray entlassen wurde, der Kultusminister Lutz aber im Amt blieb, beseitigte hinsichtlich des neuen Kurses in Bayern jeden Zweifel. Erst jetzt also war der Kulturkampf in voller Schärfe möglich. Er ist auch noch im Juli 1871 ausgebrochen.

In Preußen wurde am 8. Juli die katholische Abteilung im preußischen Kultusministerium aufgehoben. Das war der erste gezielte Schlag gegen die katholische Kirche. Bisher hatten im Kultusministerium zwei Abteilungen bestanden, eine katholische und eine evangelische. Beide waren mit Vertretern der jeweiligen Bekenntnisse besetzt, so daß eine verständnisvolle Behandlung der kirchlichen Anliegen gewährleistet war. Damit wurde jetzt gebrochen. Beide Abteilungen wurden zu einer neutralen Abteilung zusammengefaßt und einem Gegner des päpstlichen Unfehlbarkeitsanspruchs übergeben. Damit war, wenn man auch offiziell die Neutralität des Staates in religionspolitischen Dingen nicht preisgegeben hatte, doch in Wirklichkeit ein neuer Akzent gesetzt. Eine wohlwollende Behandlung kirchlicher Fragen war gegenüber den Katholiken in Zukunft nicht mehr zu erwarten. Das bedeutete zunächst nur kleinliche Schikanen, Schwierigkeiten in Fragen der Schule, der Anstellung der Geistlichen und dergleichen, noch nicht den offenen Kampf. Und so hat auch Lutz vorerst nur die althergebrachten kleinlichen Mittel anzuwenden versucht und sich noch gescheut, ausgesprochene Kampfmaßnahmen anzuordnen, bei denen er unter Umständen ohne Rückendeckung der katholischen Kammermehrheit gegenüberstehen würde. Er wurde aber schließlich von seinen liberalen Parteifreunden in einer großen Interpellation im bayerischen Landtag gezwungen, alle Brücken zur klerikalen Partei für immer hinter sich abzubrechen. Tagelang erfüllten die kirchenpolitischen Debatten das Ständehaus, so daß man glauben konnte, wie Teilnehmer es formulierten, in einem Konzil, nicht in einer politischen Versammlung zu weilen. Mit seinen scharfen Äußerungen entfesselte

Lutz landauf, landab einen Sturm gegen sich, der Sonntag für Sonntag von den Kanzeln wehte und der sich in zahllosen Flugblättern und Flugschriften kundtat, ein Sturm, der so heftig war, daß Lutz allen Ernstes um seinen Ministersessel bangte. Das war der Augenblick, in welchem er sich zum Angriff entschloß.

Vermutlich durch Äußerungen Bismarcks ermutigt, auch durch Maßnahmen, die in Preußen bereits eingeleitet waren, stellte Lutz jetzt im November 1871 im Bundesrat den Antrag auf Ergänzung des Strafgesetzbuchs durch ein Gesetz gegen den Mißbrauch der Kanzel. Der Bundesrat wie der Reichstag stimmten mit Mehrheit dafür. Damit war ein Ausnahmegesetz gegen einen einzigen Stand geschaffen, das auch noch zu willkürlichster Anwendung einlud. In Zukunft sollten nach diesem Paragraphen, dem sogenannten Kanzelparagraphen, Äußerungen in der Kirche, die den öffentlichen Frieden zu stören geeignet erschienen, mit Zuchthaus bis zu zwei Jahren bestraft werden.

Zur Ehre der bayerischen Richter muß gesagt werden, daß das Gesetz in Bayern sehr selten angewendet wurde; was Lutz damit erreichen wollte, hat er nicht erreicht. Die Angriffe im Landtag auf seine Kirchenpolitik gingen nach wie vor weiter, gemäßigt nicht so sehr durch Furcht vor etwaigen Paragraphen als durch die Uneinigkeit der Abgeordneten, wenn es galt, von den parlamentarischen Waffen Gebrauch zu machen, vor allem dann, wenn diese Waffen, wie die Verweigerung etwa der Steuern, einer Radikalisierung Tür und Tor zu öffnen schienen. Andererseits hat aber auch Lutz den Kulturkampf in Bayern nicht radikalisiert. Die Nationalliberalen, die München zum Hauptquartier der Operationen gegen die römische Kurie hatten machen wollen, hatten sich also ebenfalls getäuscht. Ebensowenig, wie er sich zu den letzten Kampfmaßnahmen gegen die katholische Kirche herbeiließ, erreichten die Liberalen von ihm auch ein stärkeres Eintreten für die Altkatholiken. Lutz hat also wohl den Kulturkampf in Gang gebracht, aber dabei ging es ihm nicht, wie den Liberalen in Preußen, um einen grundsätzlichen Kampf gegen die Kirche, sondern um die Abwehr von Angriffen gegen den rechtlichen Zustand, wie er in der bayerischen Verfassung und im Anhang dazu, dem Religionsedikt, festgelegt war, ein Zustand, der die weitgehende Herrschaft des Staates über die Kirche bedeutete und deshalb von Lutz für hinreichend angesehen wurde, die Interessen des Staates zu schützen, sofern es gelang, diesen Zustand zu erhalten. So hat die bayerische Regierung die Verschärfung der Staatsaufsicht über die Kirche nicht mitgemacht, die 1872 in Preußen erzwungen wurde, und auch 1873 schloß sich Bayern dem preußischen Vorgehen nicht an. Damals wurden in Preußen die berühmten Maigesetze erlassen, durch welche die Vorbildung und Anstellung der Geistlichen von Staats wegen geregelt wurde, die kirchliche Disziplinargewalt erhebliche Einschränkungen erfuhr und ein königlicher Gerichtshof für kirchliche Angelegenheiten gebildet wurde. Das waren Gesetze, welche die Kirche einer weit schärferen Staatsaufsicht unterstellten, als das in Bayern der Fall war, und gegen die mit allen Mitteln zu kämpfen die preußischen Bischöfe durch das kirchliche Recht gezwungen waren. Das führte dazu, daß die Erzbischöfe von Köln und Gnesen-Posen vor Gericht gezogen und verurteilt, die Bischöfe von Paderborn, Münster, Limburg und Breslau abgesetzt wurden, ein Vorgehen, das umso ungeschickter war, als sich 1838 bei ähnlichen harten Maßnahmen des Staates gegen den Erzbischof von Köln ganz Deutschland entrüstet gegen den preußischen Polizeistaat gewandt hatte. Jetzt war freilich die liberale Öffentlichkeit, die damals vor allem das Illiberale in der Haltung der preußischen Regierung gesehen hatte, selbst an der Gesetzgebung beteiligt. Der bayerische Minister dagegen hielt sich in kluger Berechnung zurück. Allerdings war Lutz auch in höherem Maße als Preußen rechtlichen Einwirkungen ausgesetzt, da zwischen Bayern und dem Vatikan ein Konkordat bestand, das einzuhalten, wenn schon keine innenpolitische, so doch eine außenpolitische Notwendigkeit war. In einzelnen Fragen hatte er also nicht nur mit dem Widerstand des Landtags zu rechnen, sondern auch mit den Angriffen der Kurie. Tatsächlich kam es 1873 über die Schulpolitik und 1876 wegen der einseitigen Handhabung des landesherrlichen Ernennungsrechtes bezüglich der Bischöfe zu ernsten Vorstellungen seitens des Papstes, doch das war im Grunde alles, was an ernsthaften Spannungen mit dem so ungeheuer gefürchteten unfehlbaren Papst wirklich aufgetreten ist. Beruhigende Schreiben des Ministeriums führten in Rom dazu, daß man gute Miene zum bösen Spiel machte. In der Sache änderte sich nichts. Sowohl in der Leitung der Lehrerseminare als auch in der Aufsicht über die Schulsprengel wurde der geistliche Einfluß durch Verordnungen, also ohne Mitwirkung des Landtages zurückgedrängt, wo sich Gemeinden selbst dafür aussprachen, wurden die bisherigen Konfessionsschulen in Gemeinschaftsschulen umgewandelt, die Einholung des Plazet wurde durch Verordnung vom November 1873 wieder nachdrücklich zur Auflage gemacht, aber weitere Handlungen im Sinne eines aktiven Kulturkampfes sind in Bayern auf gesetzgeberischem Gebiet nicht mehr erfolgt. Die Unsicherheit der Stellung des Ministers, die Schwäche der liberalen Partei, aber auch der mangelnde Rückhalt am König machten förmliche Gesetze im bayerischen Landtag gegen die Kirche überhaupt unmöglich. Auch Verwaltungsmaßnahmen waren gefährlich, da sich an ihnen jederzeit im Landtag Debatten entzünden konnten. Das eigentliche System Lutz, der schleichende Kulturkampf, wie es in der Publizistik hieß, bestand im wesentlichen in einer außerordentlich geschickten Personalpolitik.

In Preußen und auch unter den nationalliberalen Freunden von Lutz im Reich war die Enttäuschung freilich sehr groß darüber, daß Bayern sich in dem jahrelangen Kampf so schwachmütig gezeigt hatte, daß es Preußen und dem Reich die, wie man glaubte, welthistorische Aufgabe, allein überlassen hatte und sich still verhielt, während die Vorkämpfer gegen den Katholizismus mit seinen universalen und totalitären Ansprüchen sich nach und nach den allgemeinen Haß zuzogen. Während Preußen seinen Botschafter am Vatikan zurückberufen hatte, duldete man in München sogar noch die Anwesenheit des päpstlichen Nuntius, aber als sich dann die Notwendigkeit herausstellte, den erfolglosen Kulturkampf zu beenden, war man in Berlin doch sehr froh darüber. Von München aus wurden die ersten Verhandlungen eingeleitet, die dann in einem halben Jahrzehnt zur Beendigung des Kulturkampfes führen sollten.

Graf Holnstein war es, zusammen mit dem preußischen Botschafter in München, dem Baron Werthern, der die Begegnung Bismarcks mit dem Münchner Nuntius zu Bad Kissingen zustande brachte. Grundsätzlich hat Bismarck bei diesem Gespräch sogar – obwohl er das einst im Reichstag als unmöglich bezeichnet hatte – seine Bereitschaft zum Gang nach Canossa zugestanden, das wörtlich, freilich lachenden Mundes, wobei deutlich wurde, daß es ihm weder im Verlauf des Kulturkampfes noch bei seiner Beendigung in erster Linie um die hohen Prinzipien gegangen war, welche die Debatten zur Zeit der Kulturkampfgesetze erfüllt hatten. Einen vollen Sieg errang jedoch keine der beiden Parteien. Das Jesuitengesetz blieb in Kraft, die obligatorische Zivilehe wurde nicht aufgehoben und die staatliche Schulaufsicht in Preußen blieb ebenfalls bestehen. Andererseits wurde die Kirche in ihrem eigenen Bereich wieder in volle Freiheit eingesetzt. In Preußen kam es nicht zur staatlichen Einsetzung der Bischöfe, zur Kontrolle des Staates über die Besetzung auch der übrigen Pfründen wie in Bayern. Das Brotkorbgesetz, das die Besoldung der Geistlichen von ihrem politischen Wohlverhalten abhängig gemacht hatte, und der Kanzelparagraph blieben zwar bestehen, wurden aber nicht mehr angewandt.

Das entscheidende Ergebnis des Kulturkampfes und seiner Beendigung war doch wohl in erster Linie die Zerschlagung der Liberalen als Partei wie die völlige Korrumpierung des liberalen Gedankens. Die nationalliberale Partei hatte als Ziel die Unterwerfung der Kirche unter den Staat bis zum Ausbau einer Nationalkirche. Die Fortschrittspartei hatte gewünscht, die Kirche überhaupt abzuschaffen. Beide zusammen hatten den Kulturkampf als Herzensanliegen durchgefochten, wie Franz sagt, und sie hatten sich dabei, um den absoluten Sieg der weltlichen Kultur gegen die Kirche durchzukämpfen, vom Ungestüm des Kampfes viel weiter fortreißen lassen, als sie ursprünglich gewollt hatten. Sie hatten, wie Erich Eyck feststellt, wesentlich Schlimmeres zu beklagen als eine politische Niederlage, nämlich den Verlust ihres guten Gewissens und ihres unbescholtenen politischen Namens. Die Mehrzahl der Maßnahmen, zu denen sie sich hergegeben hatten, waren im tiefsten Grunde illiberal, verstießen gegen die Grundgedanken der Rechtsgleichheit und Gewissensfreiheit und vertraten jene Lehre von der staatlichen Omnipotenz, die das Gegenteil des echten Liberalismus ist. Das war, wie Erich Eyck es formuliert, Prinzipienverrat, und damit der Ruin der Partei wie des liberalen Gedankens. Mit der Reichstagswahl von 1878 begann der Abstieg der liberalen Bewegung in Deutschland. Durch den Kulturkampf nicht weniger als durch ihre mangelnde Gefolgschaftstreue gegenüber Bismarck verlor sie mehr und mehr die Sympathie der Nation, bis sie als Träger des liberalen Gedankens, des freiheitlichen Gedankens nämlich, als Träger allerdings auch des kulturkämpferischen Elans abgelöst wurde durch die neu auftretende Sozialdemokratie.

Der Kulturkampf im Reich und in Preußen endete mit dem angestrebten Modus vivendi, mit welchem keine der beiden Parteien zufrieden war, von dem aber beide Parteien wußten, daß er das beste erreichbare Ergebnis darstellte. Der Kulturkampf in Bayern, der nicht entfernt die Heftigkeit erreichte wie in Preußen, weil in Bayern die Kirche und die katholische Partei im Angriff waren und der Staat seine Herrschaftsposition verteidigte, ging im Grunde bis 1918 weiter. Das Kampfobjekt war immer dasselbe, das Religionsedikt, das der Verfassung von 1818 beigegeben worden war und das dem Konkordat widersprach, und das damit verbundene Plazet, die Vermögensaufsicht des Staates über die Kirche, die Aufsicht über die Ausbildung des Klerus, das Ernennungsrecht für Bischöfe. In all diesen Fragen kam es immer wieder zu Zusammenstößen. Sie waren auch die Ursache für die Hartnäckigkeit, mit welcher die bayerischen Herrscher stets liberale Ministerien beriefen und die katholisch-konservative Kammermehrheit nachdrücklich von der Macht fernhielten. Das bedeutete aber, daß die Krone es auch geflissentlich vermied, mit der Volksmehrheit in Übereinstimmung zu stehen; jede Krise, die den Staat selbst betraf oder auch nur den monarchischen Gedanken, konnte sich unter solchen Umständen verhängnisvoll auswirken. Die erste große Krise kam bereits 1886, mit der Absetzung und dem Tod Ludwigs II.

Bayern und das Reich

Im Verhältnis zum Reich stellten ohne Zweifel den wichtigsten Prüfstein jene beiden Sonderrechte dar, die Bayern vor den übrigen Mittelstaaten auszeichneten, einmal der königliche Oberbefehl über die bayerische Armee im Frieden, dann der bayerische Vorsitz im Bundesratsausschuß für auswärtige Angelegenheiten und das bayerische Gesandtschaftsrecht. In beiden Bereichen gab es unter Ludwig II. nicht die geringsten Spannungen, eben deshalb, weil Bayern seine Rechte nicht in Anspruch nahm. Der König selbst hatte keinerlei militärische Neigungen, der Kriegsminister war ein ergebener Trabant Preußens, Spannungen traten deshalb erst wieder auf nach dem Tod Ludwigs II. Der Bundesratsausschuß für auswärtige Angelegenheiten wieder wurde Jahrzehnte lang überhaupt nicht einberufen, Reibungen konnten so erst gar nicht entstehen. Und das bayerische Gesandtschaftswesen befand sich ebenfalls in fester Abhängigkeit von Berlin. So war z. B. seit 1871 in Paris nur noch ein bayerischer Geschäftsträger, weil Berlin darauf bestanden hatte, daß kein bayerischer Gesandter mehr in Paris residiere. Diese Abhängigkeit von Berlin wurde freiwillig noch weiter ausgedehnt. Um sicher zu gehen, daß in Berlin kein Anstoß erregt werde, holte man vor Erteilung des Agréments für die französischen Geschäftsträger und Gesandten Auskünfte bei der Reichsleitung ein. Diese Anfragen wurden von Anfang an dahin gedeutet, daß München um die Zustimmung des Reiches bitte. Ebenso fragte man in Berlin an, ob der in Aussicht genommene bayerische Kandidat dort genehm sei. Ähnlich verfuhr man bei der Besetzung der päpstlichen Nuntiatur in München bzw. bei der Besetzung der bayerischen Gesandtschaft in Rom. Die Regierung in München also scheint keinen Wert darauf gelegt zu haben, in außenpolitischer Hinsicht den 1871 gewährten Spielraum auch auszunützen. Auch in das grundsätzliche Verhältnis zur Hegemonialmacht Preußen vermied man in München ängstlich, auch nur das geringste Moment oppositioneller

Spannung zu tragen. Die bayerische Regierung wollte auf keinen Fall als partikularistisch erscheinen und verweigerte sich den sächsischen Versuchen hartnäckig, eine mittelstaatliche Opposition gegen Preußen zu formieren. Das Ergebnis war, daß Bayern die jetzt weit leichter realisierbare Möglichkeit einer Führung des Dritten Deutschland preisgab, eine Rolle also, die es Jahrzehnte zuvor noch angestrebt hatte. Die freigewordene Stelle nahm jetzt Sachsen ein. Daß Bayern sich mit der Reichsgründung abzufinden begann, hing im wesentlichen zusammen mit dem wachsenden Wohlstand der Gründerzeit und mit den außenpolitischen Erfolgen Bismarcks, an denen auch der bayerische Nationalstolz seinen Anteil hatte.

Weniger beteiligt daran war die personelle Verflechtung von Angehörigen der Länder im Reichsdienst. Nur in der Diplomatie, wo im allgemeinen die Spitzenposten mit hochadeligen Persönlichkeiten besetzt wurden, die natürlich in der notwendigen Zahl in Preußen allein nicht vorhanden waren, findet sich ein größerer Anteil von Botschaftern nichtpreußischer Herkunft, darunter vier bayerische Grafen und ein mediatisierter Fürst, der bayerischer Untertan geworden war, Fürst Hohenlohe, bis 1870 bayerischer Ministerratsvorsitzender. Von den 23 Staatssekretären bis 1890, den höchsten Reichsbeamten nach dem Reichskanzler, waren alle dem preußischen Beamtenkorps entnommen, unter den Vortragenden Räten, d.h. den höchsten Ministerialbeamten, waren ebenfalls nur 20 Prozent nichtpreußischer Herkunft, aus bayerischem Dienst übernommen waren drei, einer im Auswärtigen Amt, einer im Reichsjustizamt, einer im Reichsschatzamt. Dabei verfügte das Auswärtige Amt über 41, die beiden anderen Ämter jeweils über 11 oder 12 Vortragende Räte. Im Reichskanzleramt war von den 14 Räten keiner aus Bayern.

Im Reichstag kam dagegen das Gewicht Bayerns rein zahlenmäßig voll und ganz zur Geltung. Dank der Wahlkreiseinteilung nahm das politische Gewicht Bayerns im Reichstag sogar in größerem Maße zu als das Gewicht Preußens, da die Bevölkerungszunahme in Preußen größer war als in Bayern, während die Zahl der Abgeordneten konstant blieb. Insgesamt umfaßte der Reichstag 382 Abgeordnete, davon fielen auf das Land Preußen 236, das sind etwa 60 Prozent, auf Bayern 48 Abgeordnete, das sind 12 Prozent. Sachsen hatte 23 Abgeordnete zu stellen, Württemberg 17, Baden 14. Nun hing freilich das Gewicht der Volksvertretung nicht von den reinen Zahlenverhältnissen ab. Zunächst einmal wurde im Reichstag nicht das Land vertreten, sondern das Volk, genauer gesagt die Bevölkerung. Vor allem aber waren die Parteien, von denen im Text der Verfassung überhaupt nicht die Rede ist, schon zu Beginn des Kaiserreiches trotz des Mehrheitswahlrechts, des Persönlichkeitswahlrechts also, die entscheidenden Träger der Kandidatenaufstellung und der Wahlpropaganda, und wurden das immer mehr. Von den 48 Abgeordneten, die Bayern zustanden, waren 1871 29 aus den liberalen Parteien hervorgegangen, 19 Vertreter gehörten der Patriotenpartei an. Dieses Wahlergebnis stand unter dem Einfluß des Sieges von 1871, an dem sich die Nationalliberalen und die Fortschrittspartei als Träger des nationalen Gedankens keinen geringen Anteil zumaßen. Die Patrioten hatten verloren, ein deutliches Zeichen dafür, daß auch in Bayern der Eintritt in das Reich weithin vom Volk begrüßt wurde. Bei den Wahlen zum Zollparlament, 1868, waren von den ebenfalls 48 Mandaten noch 26 an die Vertreter der bayerischen Eigenstaatlichkeit gefallen. Da die Mitglieder der Patriotenpartei gleichzeitig zu den Vorkämpfern der katholischen Anliegen gehörten, waren mit dem Beginn des Kulturkampfes die Vertreter Bayerns im Reichstag nicht nur durch ihre Haltung in der Frage der Reichseinheit, sondern auch durch die Kirchenfrage aufs schärfste voneinander getrennt. Immerhin fiel damals das Gewicht wenigstens der liberalen Mehrheit noch geschlossen in die Waagschale, während die 19 Stimmen der Patriotenpartei zunächst wenig beachtet wurden. Anders wurde es 1874, als unter dem Eindruck des Kulturkampfes die Bereitschaft des bayerischen Volkes, im Reich aufzugehen, zu einem sehr großen Teil wieder in Frage stand. Jetzt zog die Patriotenpartei, die sich bereits dem Zentrum angeschlossen hatte, mit 32 Abgeordneten nach Berlin, während die Vertreter der liberalen Parteien nur noch 16 zählten und sich außerdem bald heillos zerstritten. Die 32 bayerischen Abgeordneten spielten seit 1874 eine umso größere Rolle, als sie ein ganzes Drittel der Zentrumsfraktion stellten, die im Verlauf der Kulturkampfdebatten immer mehr das Ohr der Nation gewann, bis 1881 das Zentrum zur stärksten Reichstagsfraktion wurde. Wieviel der Zentrumsfraktion der bayerische Anteil bedeutete, zeigt die Tatsache, daß eine der führenden Persönlichkeiten der bayerischen Politik, Georg Arbogast von Franckenstein, nach dem Tode Savignys Vorsitzender der Zentrumsfraktion im Reichstag wurde, ein fränkischer Adeliger von ruhiger und sachlicher Art, fern jeder Agitation, von ausnehmender Arbeitskraft, die ihn zusammen mit seiner besonnenen Zurückhaltung auch in den heftigen Redeschlachten der Kulturkampfzeit bei allen Parteien empfohlen hatte. Im bayerischen Reichsrat hatte er gegen die Annahme der Versailler Verträge gesprochen, weil er gegen eine Mediatisierung Bayerns war, doch gehörte er zu jenen Abgeordneten Bayerns, die sich mit den gegebenen Tatsachen abzufinden wußten, ohne deshalb an Würde und Überzeugungskraft zu verlieren. Bismarck rechnete es ihm hoch an, daß er die wirtschaftspolitische Schwenkung von 1879 zu einer Versöhnung zwischen dem Reichskanzler und dem Zentrum auszunützen wußte und damit auch die Grundlage zum Abbau der Kulturkampfgesetze legte. Unter dem Einfluß Bismarcks ist Franckenstein daraufhin Vizepräsident des Reichstags geworden. Wie einflußreich er war, zeigt die Tatsache, daß er auch zum Vorsitzenden der Tarifkommission gewählt wurde und in dieser Eigenschaft dem Reichstag die von Bismarck gewünschten neuen Zolltarife zur Annahme empfahl. Er brachte dabei allerdings auch die berühmte Franckensteinsche Klausel in das Gesetz hinein; das war ein Vorbehalt, der dazu dienen sollte, das Reich finanziell nicht völlig unabhängig sowohl vom Reichstag wie von den Bundesländern werden zu lassen. Er schlug vor, daß alle den Betrag von 105 Millionen Mark übersteigenden Zolleinnahmen an die Länder verteilt werden sollten, so daß der Reichskanzler genötigt war, bei Ausgaben, die darüber lagen, zur Deckung des Haushalts doch wieder auf die Matrikularbeiträge der Länderregierungen zurückzugreifen. In einem

Gespräch zwischen Franckenstein und Bismarck, in dem beide sich dann schließlich auf 130 Millionen einigten, kann man dann die Wende des Kulturkampfes sehen. Franckenstein legte dabei Bismarck nahe, die Maigesetze einschlafen zu lassen und sprach vor allem den Wunsch aus, der Fürst möge doch nicht dulden, daß der Kulturkampf in so kleinlicher, der Würde des Staates nicht entsprechender Weise geführt werde. Daraufhin stellte Bismarck die Abberufung des Kultusministers Falk, in dessen Ressort die Maigesetze fielen, in Aussicht. Zusammen mit einem anderen Gespräch vom Februar 1879, in welchem sich Bismarck gegenüber Franckenstein für seine gesamte Kirchenpolitik entschuldigte, stellt diese Zusage vom Juli 1879 das gewichtigste Zeugnis für die Rolle des bayerischen Zentrums in der Reichspolitik dar. Alles in allem genommen war das freilich nicht viel, zumal der eigentliche Exponent der bayerischen Patriotenpartei, Dr. Edmund Jörg, im Reichstag nicht entfernt jene Rolle spielte, die er zu München vor und nach 1871 spielen konnte. Dem Reichstag gehörte er von 1874 bis 1879 an.

Bis zum Ende des Kulturkampfes stand die bayerische Patriotenpartei als Teil der Zentrumsfraktion in Opposition zum Reich. Das hat den bayerischen Einfluß auf die Reichspolitik nicht eben gefördert. Dagegen waren die liberalen Parteien durch den gleichen Kulturkampf zu Verbündeten Bismarcks geworden. Allerdings stellten die bayerischen Vertreter dieser Parteien durch ihre geringe Zahl nicht das führende Element. Nur eines ihrer Mitglieder war bis zur Spitze vorgestoßen, der Freiherr Franz von Stauffenberg. Er wurde in Kürze der bedeutendste Repräsentant der Fortschrittspartei im Reichstag. Sein politisches Weltbild wurzelte nicht so sehr in der nationalen, sondern in der humanitären Idee, dieser seiner Überzeugung blieb Stauffenberg auch treu, als ihn seine hohe Befähigung in der Menschenbehandlung und in der parlamentarischen Diskussion in die Führungsgruppe der Nationalliberalen aufsteigen ließ, jener Partei, die aus dem Nationalverein Rudolf von Bennigsens hervorgegangen war. 1876 wurde er von Bennigsen als Kandidat für ein Ministerium vorgeschlagen, als es darum ging, die Nationalliberalen in die Regierung hineinzunehmen. Er wurde Vizepräsident des Reichstages, aber er war unbestechlich in seiner liberalen Grundhaltung und konnte deshalb auf die Dauer den wechselvollen taktischen Kurs Bennigsens nicht mitmachen. Mit Eduard Lasker und anderen Freunden ist er schließlich 1879/80, als die Nationalliberalen durch die Zollpolitik Bismarcks und durch die Septennatsfrage dazu gezwungen wurden, zwischen einer Existenz im Schatten der Macht und der Aufrechterhaltung ihrer Prinzipien zu wählen, aus der Partei ausgetreten. Er schätzte die Freiheitsrechte höher ein als die Möglichkeit, doch noch ins Reichskabinett aufzusteigen.

Gänzlich unproblematisch war die bayerische Stellung im Bundesrat. Wie Hugo Graf Lerchenfeld-Köfering, der langjährige bayerische Bundesratsgesandte in Berlin, berichtet, wurde unter Bismarck wie auch später auf die bayerischen Interessen im Bundesrat in der Regel gebührend Rücksicht genommen. Selten kam es zu Debatten, nie, wenn man Lerchenfeld glauben darf, jedenfalls vor 1890, zu ernsthaften Kämpfen. Der Grundsatz, nicht überstimmen, sondern sich verständigen, bildete die Richtschnur, nach der das Präsidium die Geschäfte behandelte. Weltpolitik wurde jedoch im Bundesrat nicht gemacht, vor allem nicht durch den bayerischen Vertreter dort. Weder im Hinblick auf den Bundesrat noch im Hinblick auf den Reichstag war also das Verhältnis Bayerns zum Reich vor 1890 spannungsreich oder gar kritisch.

Absetzung und Tod Ludwigs II.

Es ist erstaunlich, daß der bayerische Staatsminister für Kultus und Justiz, Johannes von Lutz, einer der bedeutendsten bayerischen Juristen des 19. Jahrhunderts, der in dem Kampf auf Leben und Tod mit dem Bayerischen Landtag sich länger als zwei Jahrzehnte behauptet hatte, ohne dabei in den wesentlichen Dingen das Recht offen zu beugen, daß dieser Mann die Hand gegeben hat zu einem Vorgehen, das kaum weniger, vielleicht eher noch mehr von sich reden machte als die Revolution von 1848, nämlich die Absetzung seines Königs. Ludwig II. hatte seine Treue gegenüber Lutz nichts genützt, auch die vermeintliche Freundschaft mit Bismarck, die sich in jahrelangem Briefwechsel immer wieder bekundete, bewahrte ihn nicht vor seinem Schicksal. Im Grunde hat der König schon seit 1866 nicht mehr regiert. Selbst bei den wiederholten Eingriffen in die bayerische Innenpolitik sind wir nicht sicher, daß sie seiner Initiative entsprangen und daß die Handschreiben, die er wiederholt als Marksteine an den Krisenpunkten der innerstaatlichen Entwicklung hingesetzt hat, von ihm selbst entworfen waren. Weder unter Ludwig I. noch unter Maximilian II. hätte ein Minister wie Lutz so selbstherrlich schalten und walten können. Er mußte also dankbar sein, daß ihm das Schicksal einen Monarchen wie Ludwig II. beschert hatte, der nur Wert darauf legte, als Monarch zu gelten, als Repräsentant der monarchischen Idee, ohne es wahrhaft zu sein, so daß in Wirklichkeit alle Macht des konstitutionellen Königtums der Regierung blieb. Um so erstaunlicher ist die Tatsache, daß Lutz und seine Kollegen unter den Ministern es waren, die dem Königtum Ludwigs II. ein Ende bereiteten.

Zunächst einmal muß festgestellt werden, daß Ludwig II. tatsächlich krank war, das Faktum steht fest, diskutieren läßt sich bestenfalls über den Grad und über die Art der Erkrankung wie über die Zuverlässigkeit der damals gestellten Diagnose. Bis etwa 1876 hielt sich der Zustand des Königs in den Ausmaßen einer gewöhnlichen Exzentrizität, die sich ein reicher, verwöhnter Mann leisten kann, ohne daß man ihn deshalb schon entmündigen muß. Er haßte es so sehr, angestarrt zu werden, wie er sagte, daß er nach einigen Besuchen von Probeaufführungen, bei denen kein Publikum zugegen war, auf den Gedanken kam, für sich allein ganze Opern und Schauspiele aufführen zu lassen. Diese Separataufführungen wurden dann geradezu zur Regel, ebenso nächtliche Schlittenfahrten oder Ausritte um Mitternacht, die es ihm erlaubten, seinen Bewegungsdrang auszuleben, ohne daß er mit gaffendem Publikum rechnen mußte. Der Drang nach Einsamkeit war sicher damals schon krankhaft, aber ein vermögender Privatmann wäre dabei keinesfalls sonderlich aufgefallen. Ludwig war aber König, und zwar konstitutioneller König, d.h. er hatte nicht nur zu repräsentieren und zu unterschreiben, sondern er hätte auch zu regieren gehabt. Das war ohne Fühlung zumindest mit den Ministern nicht möglich. Ludwig ließ aber seine Minister schon seit dem Eintritt Bayerns in das Reich nicht mehr vor, zuletzt, seit 1883/84, ließ er auch seine Kabinettssekretäre nicht mehr vor und regierte nur noch mit Hilfe von Lakaien und Kammerdienern, die mündliche oder schriftliche Aufträge an die Sekretäre zu übermitteln hatten. Das alles war übrigens dem leitenden Minister Johann von Lutz bekannt und nicht unsympathisch. So war er der alleinige Herr des Landes.

Lutz hat durch den Kabinettssekretär von Ziegler auch von der ständigen Verschlechterung im Gesundheitszustand des Königs erfahren, von einer Verschlechterung, die schon nicht mehr unbedenklich war, sichtbar in einzelnen Äußerungen des Größenwahns, wie er sich etwa in einer Verlautbarung über seine Mutter zeigt. So ließ er eine Hofdame der Königinmutter wissen: „Will sie klug sein, so füge sie sich mir in allen Stücken, Ich werde niemals aufhören, sie zu verehren, weil sie die Ehre hat, die Mutter des Königs zu sein. Es gibt aber Momente, wo sie die Mutter als solche zu sehr herauskehrt und der König in ihren Augen zeitweise in den Hintergrund zu treten scheint. Ich bin der Herrscher und sie ist nur die Mutter, gleichzeitig aber auch Untertanin." Seinen Onkel, den späteren Prinzregenten, fuhr er einmal an, weil er, der Untertan es gewagt hatte, in einer Gesellschaft den König ungefragt anzureden. Wie ein anderer Kabinettssekretär, Ludwig von Bürckel, berichtet, habe sich der König sehr oft an eine Äußerung seiner Cousine Elisabeth von Österreich erinnert, der unglücklichen Kaiserin, die zu ihm gesagt haben soll: „Du und ich, wir beide können uns alles erlauben." Dem entspricht auch eine Äußerung in einem undatierten Brief: „Ich bin der König, und was mir zu tun gefällt, ist wohl getan. So muß jeder gute Untertan denken und sich dem Herrscherwillen unterwerfen." Nun tobte sich der absolute Herrscherwille des Königs dank seiner selbstgewählten Einsamkeit nur gegenüber der Dienerschaft aus, die sich freilich schlecht wehren konnte, oder auch gegenüber den Kabinettssekretären, von denen besonders Friedrich von Ziegler angeblich viel zu leiden hatte.

Jedem seiner Besucher fiel freilich der tragische Niedergang im Befinden des Königs nicht sofort auf. Auf der einen Seite befahl er, wenn man solchen Berichten glauben darf, seinem Vertrauten der letzten Monate, dem Marstallfourier Hesselschwerdt, Sekretäre, Minister, Adjutanten hinrichten oder gar ermorden zu lassen, andere wollte er nach Amerika deportieren lassen. Andererseits, auch wenn Realität und Phantasie bisweilen völlig ineinanderflossen, blieb doch das logische Denkvermögen intakt bis zuletzt, der König konnte aus Fakten oder auch aus Prämissen durchaus richtige Schlüsse ziehen. Vor allem gab es bis zuletzt immer wieder Perioden ruhiger Gemütslage. In solchen Augenblicken ließ er auch andere Personen als seine Lakaien vor, hier konnte er auf Personen, die er beeinflussen wollte, immer noch faszinierend wirken. Sein letzter Adjutant, Graf von Dürckheim, scheint dem König nur in solchen Augenblicken begegnet zu sein, denn er blieb bis zuletzt bei seiner Behauptung, daß der König geistig gesund gewesen sei, nur beseelt von einem übermächtigen Drang nach Einsamkeit und Schönheit.

Die vier prominentesten Irrenärzte Bayerns, die 1886 mit einem Gutachten über den Gesundheitszustand des Königs beauftragt worden waren, haben diese Schwankungen im Gesundheitszustand des Königs völlig ignoriert. Sie faßten ihre Gutachten freilich auch nur nach dem Hörensagen ab, d.h. nach dem Aktenbefund, nach den Aussagen der Dienerschaft oder von Besuchern. Sie haben aber gleichzeitig auch, namentlich der Assistenzarzt Dr. Müller, Äußerungen einer natürlichen, wenngleich ungezügelten Leidenschaft, wie etwa die Bauleidenschaft des Königs, für Verrücktheit erklärt. Auch im Landtag war man sicher, daß der König verrückt sein müsse, weil er die Anregung zur Konstruktion einer Flugmaschine gegeben hatte; als Beweis für seinen Wahnsinn galt auch folgender Tagebucheintrag:

„Vom Himmel naht alljährlich eine Taube
um neu zu stärken seine Wunderkraft.
Er heißt der Gral – und seelig reinster Glaube
ertheilt durch ihn sich seiner Ritterschaft."

Niemand von den Gutachtern wußte, daß diese Verse aus dem Lohengrin stammen. Solch ungeheuerliche Fehler, auch die Urteile eines Arztes, der den König seit 1876 nicht mehr gesehen hatte, trotzdem aber behauptete, über seinen Gesundheitszustand völlig im Bild zu sein, und der energisch leugnete, daß der König geisteskrank sei, solche Urteile haben selbstverständlich die Meinung der Nachwelt aufs ungünstigste beeinflußt.

Die schlimmste Belastung bedeutet aber das Verhalten der Regierung selbst. Man kann Lutz den Vorwurf nicht ersparen, daß er sich zum Handeln berufen fühlte genau in dem Augenblick, wo es an seine eigene ministeriale Existenz ging. Der Anlaß dafür war die kritische Lage, in welche die königliche Kabinettskasse durch die Bauleidenschaft des Königs 1885 geraten war. Bau und Einrichtung seiner Schlösser waren für Ludwig II. allmählich zum einzigen Lebensinhalt geworden. Je mehr der König sich in seine selbstgeschaffene Traumwelt verlor, desto maßloser wurde er in seiner Bauleidenschaft. Ohne Rücksicht auf Finanzlage oder äußere Schwierigkeiten trieb er Sekretäre und Architekten zur Eile an. Neuschwanstein und Herrenchiemsee waren noch nicht vollendet, da plante der König schon weitere Bauten, eine Ritterburg auf dem Falkenstein bei Pfronten und ein chinesisches Schloß am Plansee. Dabei waren alle zur Verfügung stehenden Mittel längst erschöpft. Die Kosten für die Schloßbauten wurden nicht aus dem Staatshaushalt bestritten, sondern aus der Hof- und Kabinettskasse, d.h. mit den zur persönlichen Verwendung des Königs bestimmten Geldern. Jährlich standen dafür viereinhalb Millionen Mark zur Verfügung, für jene Zeit eine nicht unbeträchtliche Summe, doch seit etwa 1880 reichte dieses Einkommen nicht mehr aus. Im Frühjahr 1884 betrug das Defizit bereits siebeneinhalb Millionen Mark. Dem Finanzminister von Riedel gelang es, diese Summe durch eine Anleihe abzudecken, doch bereits ein Jahr später waren nahezu sechs Millionen neu hinzugekommen, so daß die Gesamtverschuldung an die vierzehn Millionen herankam. Das bedeutete eine ernste Krise. Als Lutz jetzt anzudeuten wagte, daß im Notfall sogar mit Beschlagnahme der königlichen Bauten und Zwangsvollstreckung gerechnet werden müßte, verlor der König jedes Maß. Seine schriftliche Aufforderung an den Flügeladjutanten, Graf Dürckheim, lautet: „Wenn es nicht gelingt, eine bestimmte Summe herbeizuschaffen, so wird Linderhof und Herrenchiemsee, mein Eigentum also, gerichtlich beschlagnahmt. Wenn dies nicht rechtzeitig verhindert wird, werde ich mich entweder sofort töten oder jedenfalls das verfluchte Land, in welchem so schauderhaftes geschah, sofort und für immer verlassen. Ich fordere Sie nun auf, mein lieber Graf, und lege Ihnen dringend an das Herz, ein Kontingent zustande zu bringen, welches fest und treu zu mir steht, sich durch nichts einschüchtern läßt und das, wenn es wirklich zum Äußersten kommen sollte und die nötige Summe nicht fließt, das rebellische Gerichtsgesindel hinauswirft." Daß der König außerdem Bankeinbrüche befohlen haben soll, hat das Ministerium nicht so beeindruckt wie die Drohung mit der Berufung neuer Minister. Diese Drohung war dem König sicherlich ernst, nur hat er sich dabei an die falschen Persönlichkeiten gewandt, an seinen Marstallfourier Hesselschwerdt und an seinen Friseur, die jetzt auf die Suche nach einer neuen Regierung geschickt wurden. Leitender Minister sollte sein ehemaliger Kabinettssekretär Friedrich von Ziegler werden, den er 1883 davongejagt hatte. Doch Ziegler wandte sich an Lutz, der jetzt aufs höchste alarmiert war. Im April war die Krise auf dem Höhepunkt. Am 11. April war die erste gerichtliche Klage gegen die königliche Kabinettskasse eingebracht worden. Kläger war eine Installationsfirma, die eine Forderung von über 100000 Mark angemeldet hatte. Um die gleiche Zeit etwa wandte sich der König an Bismarck um Hilfe. Bismarck hatte dem König bereits insgesamt 4 Millionen aus dem Welfenfonds zukommen lassen, seine Mittel waren natürlich nicht unerschöpflich. 1884 noch hatte er wenigstens ein Darlehen vermittelt; da jedoch sein Bankier Bleichröder vom König als Garantie in Zukunft Ordnung in den königlichen Finanzen verlangt hatte, hatte Ludwig II. das als „Anmaßung und Verletzung seiner Würde" bezeichnet und das Darlehen stolz zurückgewiesen. 1886 nun sah Bismarck keine finanzielle Möglichkeit für seine Hilfe mehr. Die Antwort Bismarcks an den König trug das Datum vom 14. April und verwies ihn an den Landtag, bei welchem das Ministerium die erforderliche Summe beantragen solle. Wie weit Bismarck dabei den Sturz des Königs im Auge hatte, wie weit er bei diesem Vorschlag, wie Richter meint, vor allem prüfen wollte, ob der König überhaupt noch regierungsfähig sei, fähig also zu selbständigem, zielbewußtem Handeln, stehe dahin, sicher ist, daß er nicht mehr daran interessiert war, ihn um jeden Preis zu halten. Er wußte jedenfalls davon, daß man sich in München damit trug, den König zu entmündigen und Prinz Luitpold, den Bruder seines Vaters, an seine Stelle zu setzen. Das hatte ihm der preußische Gesandte zu München im März bereits mitgeteilt. Daß der Gang vor das Parlament für die Regierung Lutz eine Niederlage bedeuten würde, konnte er ebenfalls voraussehen. Den Brief Bismarcks dürfte der König am 17. April erhalten haben. An diesem Tag befahl er durch ein Handschreiben dem Gesamtministerium: „Es ist mein Wille, daß zur Ordnung der Verhältnisse meiner Kabinettskasse von meiner Regierung noch dem gegenwärtig versammelten Landtage eine Vorlage gemacht und mit tunlichster Beschleunigung die hierauf bezüglichen Vorschläge mit unterbreitet werden." Gleichzeitig gab der König diesen Befehl auch dem Freiherrn von Franckenstein bekannt, dem möglichen Nachfolger von Lutz beim Sturz der Regierung. Dieser Befehl des Königs war, so kann man nachträglich sagen, sein Todesurteil. Noch im April sondierte Lutz im Ministerrat und bei den Fraktionsvorsitzenden, ob irgendeine Aussicht bestehe, den Anforderungen des Königs Genüge zu leisten, doch die Kammermehrheit, die von den verschiedenen Gruppen der ehemaligen Patriotenpartei gebildet wurde, lehnte die Übernahme der Schulden der königlichen Kabinettskasse ab und zwar nicht nur, um Lutz Schwierigkeiten zu machen, sondern auch aus Verärgerung über den König selbst. Damit ging es um die Existenz des Kabinetts Lutz. Noch einmal versuchte der Minister auf den König selbst einzuwirken, indem er am 5. Mai eine Vorstellung an den König richtete, die in der Mahnung zur Sparsamkeit gipfelte. Das ist ein sehr bemerkenswertes Zeugnis, denn es beweist, daß die Minister den König immer noch ernst genommen haben, daß sie immer noch hofften, ihn zur Vernunft bringen zu können, während sie später erklärten, der König sei schon längere Zeit nicht mehr geschäftsfähig gewesen. Aber tatsächlich war der König nicht in der Lage, noch auf irgendein Argument einzugehen, sondern er versteifte sich endgültig auf seinen Willen, traf Vorbereitung für die Bildung eines neuen Ministeriums, vertagte am 24. Mai auch noch den Landtag und führte damit in raschem Zug das Ende herbei. Wenn Ludwig II. in dieser Lage immer noch auf Bismarck hoffte, so hatte ihn dieser längst preisgegeben. Am 19. Mai schrieb er ihm ein letztes Mal und wies jetzt auch darauf hin, daß nur noch in der äußersten Einschränkung der Ausgaben Rettung für den König zu finden sei. Wenige Tage später aber teilte er dem Kaiser mit, im Auftrage der Minister Lutz und Crailsheim, daß die Minister den Prinzen Luitpold gebeten hätten, auf verfassungsmäßigem Weg eine Regentschaft einzurichten.

Lutz faßte diesen Entschluß nicht überhastet, er war schon seit dem Sommer 1885 mit dem fünfundsechzigjährigen Prinzen Luitpold in Fühlung gestanden, dem nächstberechtigten Agnaten, der zur Erbfolge berufen war, und hatte sich auch über die politischen Ansichten des Prinzen erkundigt. Vor allem wollte er wissen, ob Luitpold ihn, Lutz, im Amt belassen würde. Als er diese Zusage erhalten hatte, rüstete er sich offenbar ernsthaft zum letzten Akt. Jedenfalls berichtet das der österreichische Gesandte, Freiherr von Bruck, schon am 5. Februar 1886 nach Wien.

Obwohl ihm also für umfassende Vorbereitungen viel Zeit zur Verfügung stand, handelte Lutz wie in Panik. Von mehreren Seiten wurde ihm nahegelegt, vor allem vom bayerischen Gesandten zu Berlin, Hugo Graf Lerchenfeld, „die ganze Aktion mit einem Rücktrittsgesuch des Gesamtministeriums einzuleiten, damit auch der Schein vermieden werde, als ob die Minister sich von persönlichen Rücksichten leiten ließen.“ Daß das Rücktrittsgesuch angenommen werden könnte, so meinte Lerchenfeld, dürfe als ausgeschlossen gelten. Lerchenfeld berichtet weiter, er habe noch einen anderen, ganz besonderen Grund gehabt, den Ministern diesen Schritt zu empfehlen. Bismarck habe ihm nämlich eines Tages ohne besondere Veranlassung gesagt, er habe den Eindruck, daß die bayerischen Minister, weil sie sich nicht mehr halten könnten, den König schlachten wollten. Zusammen mit Staatsrat Ziegler bearbeitete Lerchenfeld Lutz, vermochte ihn aber nicht zu überzeugen. Lutz trat also nicht zurück. Damit hatte er sich den schlechtesten Dienst erwiesen, denn nicht nur bei seinen politischen Gegnern, sondern auch bei Beamten des eigenen Ministeriums wurde er den Verdacht nicht mehr los, auch in eigener Sache tätig gewesen zu sein.

Auch die nächsten Schritte vollzogen sich entgegen dem Rat Bismarcks, der ein Vorgehen im Landtag, offen vor aller Augen, empfohlen hatte. Lutz ging vor im Rahmen des Ministerrats, also im geheimen. Im Einvernehmen mit der königlichen Familie wurde durch bekannte Psychiater die Regierungsunfähigkeit des Königs festgestellt. Diese Gutachten wurden angefordert am 7. Juni, abgeliefert am 8., am 9. Juni bereits wurden die Regentschaft proklamiert und die beiden Kammern für den 15. Juni einberufen. Ein Armeebefehl gab gleichzeitig den Übergang der Souveränität und des Oberbefehls auf den Prinzregenten Luitpold bekannt. Auch diese Hast ist kaum mehr zu verstehen. Die vier Psychiater, die namhaftesten Vertreter ihrer Wissenschaft in Bayern, zum größten Teil nicht gebürtige Bayern, erstellten ihre Gutachten allein auf Grund der Akten, ein sehr fragwürdiges Verfahren; keiner der vier Ärzte hatte den König je gesehen. Außerdem mußte alles Hals über Kopf gehen, und schließlich war einer der Gutachter der Schwiegersohn des anderen, des Hauptgutachters Dr. von Gudden. Das einstimmige Urteil lautete, daß der König in sehr weit vorgeschrittenem Maße seelengestört sei und an jener Form von Geisteskrankheit leide, die mit dem Namen Paranoia bezeichnet werde, daß er unheilbar und für die ganze Lebenszeit an der Ausübung der Regierung verhindert sei.

Befremdend ist schließlich auch die Planlosigkeit, mit der dann vor allem der letzte Akt inszeniert wurde. Während nach Artikel 2 § 9 bis 11 der Bayerischen Verfassung von 1818 die Reichsverweserschaft als gegeben proklamiert wurde, da der König nicht in der Lage sei, sein Amt auszuüben, wurde trotzdem beschlossen, ihm von den notwendig gewordenen Schritten förmlich Mitteilung zu machen, und zwar sollte eine Staatskommission dem König ein Handschreiben des Prinzen Luitpold überreichen, das in der Ehrerbietung, die nach wie vor der geheiligten Person des Monarchen gebührte, Ludwig seine Entmündigung mitteilen sollte. Lerchenfeld vermerkte dazu: „Logisch war dieser Schritt nicht, denn entweder war Ludwig II. zurechnungsfähig, dann konnte ihm nicht die Regierung entzogen werden, oder er war ein nicht zurechnungsfähiger Geisteskranker, dann erübrigte sich von selbst ihm gegenüber jeder Schritt, vielmehr konnte es sich nur noch darum handeln, ihn unter ärztliche Aufsicht zu stellen ....“ Wie dem auch sei, eines wäre unter allen Umständen geboten gewesen, nämlich den Akt umsichtig vorzubereiten. So aber verlief der Abschluß der Tragödie nicht ohne burleske Zwischenspiele. Mit Hilfe der örtlichen Gendarmerie und der Feuerwehren der Umgebung ließ nämlich der König die gesamte Kommission einschließlich zweier Minister und seines „getreuen" Stallmeisters Graf Holnstein ebenso wie die begleitenden Ärzte gefangensetzen und verhängte das Todesurteil über sie – das allerdings von den wackeren Gendarmen nicht vollstreckt wurde. Graf Dürckheim, der Flügeladjutant, war gerade dabei, die bayerische Wehrmacht zum Schutz des Königs aufzubieten, als es dem örtlichen Bezirksamtmann gelang, den Weisungen des Regenten Geltung zu verschaffen, was immerhin zwei Tage dauerte. Erst jetzt war es möglich, den König nach Schloß Berg am Starnberger See zu überführen, wo er in ähnlicher Abgeschlossenheit gehalten werden sollte wie sein ebenfalls geisteskranker Bruder Otto in Fürstenried. Der ganze Vorgang in seiner Würdelosigkeit wurde selbstverständlich bekannt und machte, wie Herbert von Bismarck, der Sohn des Kanzlers, feststellte, einen geradezu peinlichen Eindruck. Wer dafür verantwortlich war, ist nicht genau zu klären. Graf Holnstein leitete die Aktion in Hohenschwangau, aber auch der Außenminister von Crailsheim war zugegen, doch war sicher das übertriebene Selbstvertrauen des Dr. von Gudden nicht weniger an dem Mißlingen der Aktion beteiligt. Gudden war es schließlich auch, der für die Vorgänge vom 13. Juni die Hauptverantwortung trägt. Es gehörte zu seiner Behandlungsmethode, das Vertrauen seiner Patienten zu gewinnen, indem er auf ihre Wünsche einging, mit ihnen plauderte und sich liebenswürdig und locker gab. Nach derselben Methode versuchte er auch Ludwig II. zu gewinnen, doch dieser ging nur zum Schein darauf ein, und als schließlich am Pfingstsonntag Dr. Gudden allein mit ihm am Seeufer spazierenging, suchte der König, wie es scheint, den Tod in den Wellen des Starnberger Sees. Den Arzt, der ihn zurückzuhalten suchte, nahm er mit sich in die Tiefe. Das ergibt sich jedenfalls aus den Berichten einer ganzen Reihe von Personen, die bei der Suchaktion beteiligt waren oder Gelegenheit hatten, nach der Katastrophe die Spuren zu sichten. Der König hatte schon in den vergangenen Jahren wiederholt mit dem Gedanken an Selbstmord gespielt. Seit ihm die Gefährdung seiner Bauten deutlich gemacht worden war, hatten sich diese Stimmungen wiederholt, und tatsächlich waren auch in den ersten Tagen sehr genaue Vorkehrungen gegen etwaige Selbstmordversuche des Königs getroffen worden. Es war ein unverzeihlicher Leichtsinn von Dr. Gudden, schon am dritten Tage der Behandlung von solchen Sicherheitsvorkehrungen abzusehen. Er hat diesen Leichtsinn auch gebüßt. Es kann jedenfalls kein Zweifel darüber bestehen, daß für diese Katastrophe vom 13. Juni niemand verantwortlich ist als der König selbst und der Leichtsinn des Arztes, der seine eigene Diagnose nicht recht ernst genommen zu haben scheint.

Es ist nun eigentümlich, daß trotz dieses Ausganges der Affäre Lutz wieder unbehelligt davonkam. Bei seinem ganzen Vorgehen hatte er wenig Rücksicht auf den kranken König genommen. Er hatte auch die Person des zukünftigen Regenten nicht davor bewahrt, in ein ungünstiges Licht gebracht zu werden und in der öffentlichen Meinung aufs stärkste belastet zu werden. Aber Lutz überstand die Landtagssitzung, in welcher er jetzt auch über den Tod des Königs noch Rechenschaft zu geben hatte, ohne ernsthafte Wunden. Sogar die Patriotenpartei nahm die Gelegenheit nicht wahr, den verhaßten Mann zu stürzen, vermutlich vor allem deshalb, weil sie niemanden mehr hatte, der ihn hätte ersetzen können, so daß nach heftiger Debatte der Antrag des Untersuchungsausschusses auf Entlastung der Regierung einstimmig angenommen wurde. Damit war das Schicksal des Ministeriums Lutz entschieden. Jetzt konnte er getrost die Demission einreichen, die der Prinzregent nicht annahm, so daß dieses zählebigste Ministerium der neueren bayerischen Geschichte auch noch in die Ära des Prinzregenten hinüberreicht. Nichts kennzeichnet vielleicht besser als diese Tatsache das erbarmenswürdig niedrige Niveau der ganzen Epoche.

Daß der monarchische Gedanke am Ende dieser Epoche so wenig mehr galt, hängt sicher auch mit der Regierungszeit eines Mannes zusammen, der mehr als zwanzig Jahre hindurch den Namen eines Königs trug, ohne ihn von seiner Leistung her wirklich zu verdienen. Mit dieser harten Beurteilung wird man natürlich seiner persönlichen Tragödie nicht gerecht. Wie Gerd Buchheit es formuliert, war sein ganzes Leben eine Tragödie, die Tragödie eines Menschen, der im Grunde für die Krone nicht geschaffen war, der zutiefst einsam war, weil er sich vor den Menschen fürchtete, der nur eine Sehnsucht kannte, die Sehnsucht nach Schönheit, und der gleichzeitig in seiner Auffassung von der Würde, der Erhabenheit und der Machtfülle des Königtums einen Anachronismus darstellte. Durch seinen tragischen Tod hat er schließlich erlangt, was er zu Lebzeiten bestenfalls in einigen Dörfern am Alpenrand zu erlangen vermocht hatte, ungeheuere Popularität, eine Popularität, die nicht dem Regenten galt, sondern der einsamen, geheimnisumwitterten Gestalt, die man nicht kannte und auf die man alle Sehnsüchte einer viel zu nüchtern gewordenen Zeit projizierte, einer Gestalt, die zwischen Märchen und Wirklichkeit schwebte und darum über die eigene farblose Wirklichkeit hinwegtrösten konnte. Früher hat sich die Sage solcher Gestalten angenommen. Für Ludwig II. blieb nur noch ein rührend schöner Abzug auf Postkarten und die sentimentale Welt der Bühne. An die zwanzig Theaterstücke über Ludwig II. sollen bereits existieren. Für den neuen Herrscher Bayerns jedoch bedeutete das alles eine außerordentlich schwere Hypothek.

Bayern unter Prinzregent Luitpold

Der Auftakt des neuen Zeitalters war nicht sehr glücklich. Der Regent, der ohnedies schon dem Alter nach der vergangenen Zeit angehörte, belastete sich auch noch mit den Männern einer verhaßten Epoche, und überdies zweifelte ein nicht geringer Teil des Volkes überhaupt an der Legitimität seiner Regentschaft, ein Gefühl, das der Prinzregent selbst dadurch respektierte, daß er den Königstitel nicht annahm. Von Anfang an war also alles dazu angetan, die Entwicklung in jeder Hinsicht zu belasten. Trotzdem ist die Regierungszeit des Prinzregenten, die noch ein Vierteljahrhundert umfassen sollte, eine der glücklichsten Epochen der bayerischen Geschichte geworden. Es ist zweifellos nicht das Verdienst Luitpolds gewesen. Trotzdem bleibt er mit dieser Epoche verbunden und ist, auch im Bewußtsein der älteren Generation unserer Zeit, immer noch die Symbolfigur, die mit den glücklichen Jahren der Vorkriegszeit im Gedächtnis lebt.

Was aus allen Zeugnissen über Luitpold von Bayern zusammengenommen klar und überzeugend hervorgeht, ist die bei aller Schlichtheit doch vornehme Persönlichkeit des Prinzregenten. Er hat schließlich die Belastung durch das Ministerium Lutz allmählich überwunden, als man sah, daß er tatsächlich den besten Willen mitbrachte. Er hat auch den Groll, mit dem ihn die Anhänger und Bewunderer des toten Königs lange verfolgten, stillschweigend hingenommen und dadurch schließlich getilgt, und er hat auf seine stille, unauffällige Art die Bahn freigemacht für eine Verfassungsentwicklung, die Bayern auf dem Weg zur Demokratie an die erste Stelle brachte.

Luitpold war 1821 als dritter Sohn des kunstsinnigen Ludwig I. geboren worden. Liebe zur Kunst und patriotisches Gefühl waren das stärkste Erbe seines Vaters. Aber in einer Hinsicht unterschied er sich doch sehr deutlich von ihm, Ludwig I. war auch als Offizier und Truppenführer ausgebildet worden, hatte bereits in jungen Jahren eine Division kommandiert und ist doch nie Soldat geworden. Für seine Armee hatte er nie Geld übrig. Luitpold dagegen war von Anfang an zum Soldaten bestimmt und ist auch ein tüchtiger Kommandeur geworden, der seinen Beruf mit Tatkraft und Freude ausübte, zuletzt als Generalinspekteur der bayerischen Armee. Während er sonst in jeder Hinsicht gegen den engen Anschluß an Preußen wirkte, hat er nach der Katastrophe von 1866 sofort als Vorsitzender der Reorganisationskommission die bayerische Armee nach preußischem Muster durchorganisiert, bewaffnet und gedrillt. Hier war der Erfolg auf seiten Preußens zu auffällig gewesen. Politisch war er ein Freund Habsburgs und hat aus dieser Einstellung nie ein Hehl gemacht, auch nicht nach 1870 und auch nicht nach den Verhandlungen von 1871, bei denen er zunächst offiziell ausgeschaltet war, dann aber, mit einem Geheimauftrag seines Neffen Ludwig II. versehen, noch einmal versuchte, die bereits vertraglich geregelten Abmachungen zu verbessern. Obwohl er dann den Kaiserbrief übergab, blieben aus diesen Tagen erhebliche Spannungen zur Reichsregierung zurück, die es Bismarck nicht gerade erleichterten, den Abgang Ludwigs II. hinzunehmen. Der Prinzregent hat sich dann allerdings stets dem Reich gegenüber loyal verhalten. Außerordentlich empfindlich reagierte er freilich, wo es um seine und seines Landes Hoheitsrechte ging. Als sich 1890 Wilhelm II. als Manövergast in Bayern ansagte und dabei die Anregung aussprach, daß ein bayerisches gegen ein norddeutsches Armeekorps antreten sollte, tat der Prinzregent so, als hätte er diese Bitte überhaupt nicht verstanden, sondern ließ das Manöver nur zwischen zwei bayerischen Armeekorps stattfinden. Bei dieser Gelegenheit wurde auch angeordnet, daß in München nur weiß-blau geflaggt werden dürfe. Ausgesprochen stürmisch reagierte sein Sohn Ludwig, als Wilhelm II. 1896 am Hof des Zaren die deutschen Fürsten als seine Vasallen bezeichnete. Prinz Ludwig, der ebenfalls Gast des Zaren war, erklärte daraufhin an Ort und Stelle: „Wir sind keine Vasallen, keine Untertanen des deutschen Kaisers, sondern dessen Verbündete." Um solche kleinlichen Dinge ging es zumeist, wenn das Verhältnis zwischen den Reichsfürsten und dem Kaiser in Betracht stand.

Der Prinzregent war ein leidenschaftlicher Jäger und kühner Bergsteiger, aber in seiner Politik war er alles andere als kühn und zupackend. Er ließ, so gut es ging, die Verhältnisse in der Schwebe, wollte nicht, daß etwas verändert würde, sondern zog den ruhigen Gang der Entwicklung jeder möglichen Initiative vor. Es ist allerdings schwer zu sagen, ob ein kraftvoller bayerischer Herrscher das Schicksal des Deutschen Reiches in einer anderen Richtung hätte beeinflussen können. Dazu war die Macht viel zu einseitig nach Preußen verlagert; auch war der Kaiser viel zu eigenwillig. Aber mit dem Prinzregenten ist doch auch der Versuch nicht gemacht worden, in einem Reich, dessen Leitung seit 1896, seit dem Amtsantritt Bülows, immer mehr dem Größenwahn verfiel, die eigene bescheidene und genügsame Auffassung der politischen Stellung des eigenen Volkes zur Geltung zu bringen. Aber gerade weil diese Auffassung so bescheiden war, ist das nicht geschehen.

Charakteristisch für die Bescheidenheit des Prinzregenten war der Wunsch, den er äußerte, als man daranging, ihm ein Denkmal zu setzen. Er bat darum, man möchte seine Statue solange nicht aufstellen, bis er gestorben sei, denn sonst könne er an dieser Stelle – am Hubertustempel beim Nationalmuseum – nicht mehr vorbeigehen. Schwierigkeiten gab es mit Prinzregent Luitpold eigentlich nur, wenn es um die Kunst ging. Nur in dieser einen Hinsicht war auch in ihm das Erbe der Wittelsbacher, vor allem das Erbe seines Vaters Ludwig I. mächtig. Seine persönliche Gemäldegalerie umfaßte über vierhundert Werke, zum größten Teil solche der Moderne, der er trotz seines Alters sehr aufgeschlossen gegenüberstand. Er besuchte alle namhaften Künstler, oft sehr unerwartet, in ihren Ateliers, und er verlangte auch vom Landtag die Bereitstellung von Mitteln für den Ankauf zeitgenössischer Gemälde durch die staatlichen Gemäldegalerien. Hier erwartete er auch Großzügigkeit, wurde aber nicht selten enttäuscht, da die Opposition wiederholt bewußt kleinlich agierte. Dabei war dem Prinzregenten selbst nichts vorzuwerfen. Bei aller Großzügigkeit in Fragen der Kunst war er im übrigen von einer geradezu spartanischen Sparsamkeit. Als Prinzregent stand ihm nicht die Zivilliste zu, die der König zur Verfügung gehabt hatte, nämlich 4,2 Millionen Mark, sondern nur eine Aufwandsentschädigung von 340000 Mark mit einem Zuschlag von 100000 Mark, und dazu seine persönliche Apanage von 170000 Mark. Insgesamt standen ihm also 610000 Mark zur Verfügung. Vom Rest der königlichen Zivilliste wurden die Schulden aus der Zeit Ludwigs II. getilgt, ohne daß die Staatskasse in Anspruch genommen wurde. Aber alle Bauten, die der Prinzregent ausführen ließ, etwa die Prinzregentenbrücke, hatte er aus seinem eigenen Fonds zu zahlen. Er kam damit aus, obwohl er nachweislich jährlich davon an die 300000 Mark als Unterstützung an Bedürftige anweisen ließ. Gerade das hat ihm seinen großen Ruf eingetragen. Der Prinzregent galt nicht als machtvoller Herrscher, sondern als leutseliger, gütiger Vater, der sich überall sehen ließ, wo man auf ihn rechnete, bei der Fronleichnamsprozession wie auf dem Oktoberfest, bei Brückeneinweihungen und Jubiläen, bei prominenten Schützenvereinen sogar bei der Fahnenweihe.

Das Verhältnis des Prinzregenten zum eigenen Volk wird gern mit dem Epitheton gekennzeichnet, er sei der erste konstitutionelle Herrscher Bayerns gewesen, da er, wie sein Großvater, die Politik seinen Ministern überließ und nicht regierte, sondern nur Herrscher war. Das bedeutet aber in Wirklichkeit, daß der Fürst kein Gegengewicht gegen die Regierung darstellte, und das ist gerade nicht konstitutionell im Sinne der Bayerischen Verfassung, die ja auf dem Monarchischen Prinzip aufbaut und damit voraussetzt, daß auch der König seinen Willen zur Geltung bringt. So wie Ludwig II. war auch der Prinzregent vor allem durch die Kirchenpolitik auf ein System festgelegt, das die Zusammenarbeit mit der Landtagsmehrheit ausschloß; auch der Prinzregent glaubte, an den Prärogativen der Krone festhalten zu müssen, d.h. vor allem an den letzten bedeutenden Souveränitätsrechten gegenüber der Kirche. Damit standen sich aber nach wie vor Regierung und Kammermehrheit als Feinde gegenüber. Die Verhältnisse hatten sich unter dem Prinzregenten nicht geändert, die katholisch-patriotische Partei, die sich seit 1887 ebenfalls Zentrum nannte, erhielt bis zum Ende der Monarchie ohne wesentliche Erschütterung die absolute Mehrheit im Landtag. Die liberale Partei, die sich seit 1899 Liberale Vereinigung nannte, nahm seit 1887 immer stärker ab. Damals hatten sie 69 Sitze, 1893 und 1899 waren es noch 43 bzw. 44, 1905 nur noch 23, 1907 24, sie hatte sich selbst überlebt, im wesentlichen durch den Eintritt der Massen in die Geschichte, denn an die Stelle der ausscheidenden Abgeordneten der zusammenschmelzenden liberalen Gruppen traten seit 1899 die Abgeordneten der neuen Macht, der SPD.

So viel Trennendes die weltanschaulichen Gegensätze zwischen Zentrum und SPD auch bedeuteten, so hatte doch die gemeinsame Opposition gegen die Regierung ebenfalls ihre Konsequenzen. Am einschneidendsten war dabei das neue Landtagswahlgesetz von 1906, das nicht nur eine Neueinteilung der Wahlkreise brachte und damit eine sehr alte Beschwerde des Zentrums abstellte, sondern das auch die Übernahme des Wahlrechts für den Reichstag bedeutete, die Einführung also des gleichen, geheimen und direkten Wahlrechts auch für die Landtagswahl, während in Preußen immer noch das Dreiklassenwahlrecht herrschte. Zustande gekommen war dieses neue Wahlrecht dadurch, daß sich 1905 das Zentrum mit 102 Sitzen und die Sozialdemokraten mit 12 Sitzen zusammentaten und dank ihrer Zwei-Drittel-Mehrheit eine Verfassungsänderung erzwangen. Sie nützten ihren Sieg nicht weiter aus, denn die SPD zog in Zukunft ein Zusammengehen mit den Liberalen, vor allem in Schulfragen, einer Bindung an das kirchenpolitisch kompromißlose Zentrum vor, und im Grunde waren die demokratischen Impulse im Zentrum jetzt ebenfalls schon am Verflachen. Der Systemwechsel von 1912, der noch im Namen des Prinzregenten vorgenommen wurde, aber schon ein Werk des Prinzen Ludwig darstellt, war deshalb nur als Zufall zu betrachten, nicht als vom Zentrum erzwungene programmatische Neuorientierung.

Im November 1911 war es wieder zu einem Kampf zwischen der Regierung und der Mehrheitspartei gekommen, der zunächst mit der Auflösung des Landtags endete, aber dann, nach einem neuen Sieg des Zentrums bei den Neuwahlen von 1912, zur Entlassung der Regierung Podewils führte. Die Ursache war sehr nebensächlich gewesen, wie die Anlässe der meisten Kämpfe dieser Jahre. Der Verkehrsminister Heinrich von Frauendorfer hatte den „Süddeutschen Eisenbahnerverband" nicht verbieten wollen, die von den Sozialdemokraten beeinflußte Konkurrenz des „Bayerischen Eisenbahnerverbandes". Bei Anfragen im Landtag war es zu heftigen Äußerungen und Gegenäußerungen gekommen, und so hatte man sich völlig sinnlos auf beiden Seiten aufs äußerste festgelegt, wobei die der Regierung nahestehende Gruppierung der Liberalen in ihrer Zentrumsfeindschaft sich sogar mit der SPD auf ein Wahlbündnis einließ, was den Prinzregenten sehr verdroß. Um die Atmosphäre zu entspannen, wurde 1912 mit dem Grafen Hertling der Vorsitzende des Zentrums zum leitenden Minister erhoben. Das war nicht, wie man bisweilen lesen kann, der Übergang zum Parlamentarismus, denn gerade den Parlamentarismus lehnte Hertling aufs schärfste ab. Das war nur der Übergang des Ministeriums von einer weniger geschickten und tatkräftigen Persönlichkeit an eine Persönlichkeit von ganz anderem Rang. Außerdem war das Zentrum gezwungen, die Regierung Hertling zu tolerieren, so wenig sie sich, selbst in der Kirchenpolitik, von ihren Vorgängern unterschied.

Dieser Zug der innenpolitischen Entwicklung in Bayern entbehrt aller dramatischen Akzente. Auf beiden Seiten sind keine großen Persönlichkeiten im Spiel, auch geht es um keine großen Anliegen. Selbst die bedeutenden Dinge, die zuletzt erreicht worden sind, das freiheitliche Wahlrecht und der Übergang zu einer Art parlamentarischer Regierungsform, scheinen nicht eigentlich erstrebt worden zu sein. Der typische Grundzug der Entwicklung ist auf den ersten Blick überhaupt nicht zu erkennen. Dieser stille Gang der Dinge ist das Ergebnis der behutsamen Beamtenherrschaft, die im Grunde von allen Parteien respektiert wurde, weil sie in gemäßigter konservativer Haltung stets das Wohl des Ganzen im Auge hatte, nie einseitig eine Partei bevorzugte, nie laut und lärmend auftrat, sondern, wie das seit Ludwig I. zur bayerischen Beamtentradition gehörte, in der Stille ihrer Pflicht lebte. So ist das, was nun tatsächlich erreicht wurde, und es ist viel erreicht worden, wohl in erster Linie das Werk der Beamtenschaft, die den Landtagsabgeordneten aller Parteien Richtung wies und Grundsätze vorschrieb, die man nicht mißachten konnte, ohne sich am Ganzen zu versündigen. Das Ergebnis dieser Wirksamkeit zeigte sich in der Entwicklung Bayerns vor allem auf zwei Gebieten, dem des wissenschaftlich-geistigen Lebens und in der Wirtschaft.

Es wäre reizvoll, beim literarischen und künstlerischen München dieser Jahre zu verweilen, die unglaubliche Aufbruchstimmung zu charakterisieren, die damals herrschte, eine Kühnheit und Freiheit des Geistigen, die viele erschreckte. In München schrieben und dichteten in diesen Jahren Frank Wedekind und Ludwig Thoma. Max Halbe verkündete in seiner Zeitschrift „Jugend" das neue literarische Programm. Stefan George bildete sich zum hohen Priester der Dichtkunst heran, als der er sich dann fühlte. Thomas Mann reifte in dieser an Talenten so reichen Atmosphäre, Hans Pfitzner und Richard Strauß rangen um die Palme des größten Komponisten, und Kandinsky rief zum Aufbruch, freilich ohne daß er Leibl, Kaulbach oder Defregger aus der Gunst des Publikums verdrängen konnte. Ein bißchen konservativ war man in München immer noch in der Malerei, wenngleich der Prinzregent auch Max Slevogt auszeichnete und sich von ihm wiederholt porträtieren ließ. Malerfürst war und blieb Franz Lenbach, mit ihm wetteiferte als Porträtist Leo Samberger, Franz Stuck führte den Jugendstil herauf. Das Feld der Architektur beherrschte Gabriel Seidel, der ansprechende Bauten des Jugendstils zu schaffen verstand, aber im Grunde lieber nachempfand, was frühere Epochen Großes gestaltet hatten. Er baute in jedem Stil, von der Romanik bis zur Klassik Klenzes. München ist voll von seinen Bauten, doch große Gestaltungen fehlen, wenngleich das Deutsche Museum oder das Nationalmuseum, auch die Prinzregentenstraße mit der Prinzregentenbrükke und der Komposition des hochgelegenen Isarufers um den Friedensengel monumentale Züge aufweisen. Große Kunst war doch auch damals selten in München, Strauss und Ludwig Thoma wird man wohl nennen dürfen, bei Frank Wedekind sind ernste Zweifel erlaubt. Thomas Mann war noch nicht entdeckt, auch Franz Marc sollte erst die kommende Generation verstehen. Das kennzeichnende Genre dieser Zeit ist die Satire; der „Simplizissimus" ist das lebendigste literarische Unternehmen dieser Jahre, und neben den bissigen, doch auch wieder verständnisvollen, fast möchte man sagen liebevollen Charakterzeichnungen des bäuerlichen Lebens in Bayern durch Thoma oder Queri stehen die fast gehässigen Darstellungen der düsteren, ja abgründigen Seiten im bayerischen Volkscharakter durch Josef Ruederer. Daß damals in München auch das „Hochland" gegründet wurde, jene katholische Zeitschrift, die sich zur Aufgabe setzte, auch den katholischen Volksteil wieder an die große Literatur heranzuführen, wird meistens übersehen, da die Früchte nicht unmittelbar in Erscheinung traten. Carl Muth, der geistvolle und lebendige Gründer dieser Zeitschrift, ließ sich allerdings bald in die innerkatholischen Richtungskämpfe verwickeln, so daß viel Kraft verlorenging mit der Abwehr von Angriffen aus den eigenen Reihen.

Nicht so sehr das Große, Herausragende ist im öffentlichen Bayern um diese Zeit zu rühmen, sondern die ungeheuer emsige, fast leidenschaftliche pädagogische Breitenarbeit, in welcher sich Regierung und Landtag durchaus einig waren – wobei offenbleiben mag, welcher der beteiligten Parteien dabei die Führung zukommt. Schon die quantitative Seite der Entwicklung ist eindrucksvoll. In der Prinzregentenzeit steigerten sich die Ausgaben für die Universitäten fast auf das Doppelte, für die humanistischen Gymnasien auf die Hälfte, für die Realgymnasien auf das Dreifache, für die Volksschulen und für die Lehrerbildungsanstalten auf etwa das Doppelte. Die Zahl der Volksschulen wuchs in diesen Jahren um nahezu 700, die Lehrerbildungsanstalten wurden verdoppelt, auch die Hörerzahlen an den Hochschulen und Universitäten vervielfachten sich. Insgesamt wurde der Kultusetat auf nahezu das Dreifache vermehrt.

Ein Ergebnis zielstrebiger Berufungspolitik, aber auch Ausdruck jenes säkularen wissenschaftlichen Aufbruchs, den Deutschland damals erlebte, waren die großen Namen, die jetzt auch die bayerischen Universitäten zierten, vor allem München und Würzburg. Hier war es die Kirchengeschichte, die dominierte, mit Josef Hergenröther, dem späteren Kardinal und Bibliothekar der römischen Kirche, und dem kenntnisreichen Sebastian Merkle. Ein Großer im Reich der Wissenschaften war aber nur der Würzburger Physiker Röntgen, dessen Entdeckung der Röntgen-Strahlen ein Geschenk an die ganze Menschheit war.

Große Ärzte hatte immer noch auch München. Auf Pettenkofer folgte sein Mitarbeiter Erwin Voit, der den Eiweiß- und Fetthaushalt des menschlichen Körpers erforschte. Ein Zentrum der Chirurgenausbildung wurde die Münchner Universität durch Nußbaum und seine Schüler. Arnold Sommerfeld gründete 1909 das Institut für theoretische Physik, er gehört zu den Vätern der Quantentheorie und der Atomphysik. Karl von Linde ersann in München sein Verfahren zur Verflüssigung der Luft und seine Maschine zur Tiefkühlung, der Nobelpreisträger Adolf von Baeyer führte die durch Liebig begründete Tradition fort und machte das Münchner Chemische Laboratorium zur führenden Forschungsstätte für organische Chemie in Deutschland. In Weihenstephan entwickelte sich ein über Deutschland hinaus angesehenes Zentrum der Agrarwirtschaft, die Errichtung des Lehrstuhls für Forstwissenschaft in München schuf auch diesem Fach ein akademisches Heimrecht in Deutschland. Auch die Nationalökonomie besaß in München einen führenden Vertreter in Lujo von Brentano; gerade weil er weniger ein Mann der historischen Betrachtung, sondern der scharfsinnigen Analyse der Gegenwartsentwicklung war, der den Folgen der Industrialisierung größte Aufmerksamkeit zuwandte und die Wirtschaft als Ort der Zusammenarbeit der verschiedenen Sozialpartner begriff, war er außerordentlich umstritten, aber auch ebenso anregend und bedeutend für die Zukunft seiner Wissenschaft. An der juristischen Fakultät lehrten Max von Seydel, dessen „Bayerisches Staatsrecht" in sieben Bänden in der zeitgenössischen juristischen deutschen Literatur kein Gegenstück kennt, und Karl von Amira, der die Verfassungsgeschichte auf ihre germanischen Wurzeln zurückführte und im Geiste der Brüder Grimm Sprachgeschichte und Kulturgeschichte in den Dienst der Rechtsgeschichte stellte. Einer der großen Historiker seiner Zeit war auch Sigmund von Riezler, der erste Inhaber des 1898 gegründeten Lehrstuhls für Bayerische Geschichte. Seine achtbändige „Geschichte Baierns" war zu seiner Zeit, ja bis in die jüngste Gegenwart, das unerreichte Standardwerk der deutschen Landesgeschichtsforschung.

Die große Ausgabensteigerung der Prinzregentenzeit zur Förderung von Wissenschaft und Kunst war möglich geworden, weil im gleichen Zeitraum auch das Steueraufkommen entschieden gewachsen war. Auch Bayern begann jetzt Anteil zu nehmen an der industriellen Entwicklung. 1852 war Bayern noch fast reines Agrarland, 69 Prozent der Bevölkerung waren in der Landwirtschaft tätig. 1895 waren es noch 46 Prozent. 1907 nur noch 40 Prozent, während die Industriebevölkerung damals bereits auf 27 Prozent angewachsen war. Der stärkste Anteil der Industriebevölkerung lag in der Pfalz. Das Wachstum der Großstädte spiegelt diese Entwicklung ebenfalls wider. Von 1886 bis 1912 wuchs München von 230000 auf 600000 Einwohner, Nürnberg von 100000 auf 330000. Beide haben sich also in ihrer Bevölkerungszahl fast verdreifacht.

Dieser Wirtschaftsaufschwung war allerdings nicht besonderer bayerischer Initiative zu verdanken, sondern entfaltete sich im Rahmen einer allgemeinen Bewegung, die im Verlauf des 19. Jahrhunderts die ganze Welt umgreift. Seit der Mitte des Jahrhunderts etwa kann man bereits von einer Weltwirtschaft sprechen, die getragen wird von den führenden Industriemächten, zu denen aber Deutschland um 1870 erst kurze Zeit gehört. Wie in England war die Grundlage der deutschen Wirtschaftsentwicklung im 19. Jahrhundert der Kohle- und Erzbergbau und das Hüttenwesen, die sogenannte Montanindustrie also, Kohle wurde gewonnen an Ruhr und Saar und in Oberschlesien. Von 1886 bis 1911 wurde die Produktion von 73 auf 281 Millionen Tonnen gesteigert, die Wachstumsgeschwindigkeit war also wesentlich größer als in England, das allerdings im Abbau von Kohle immer noch führte. Im Erzbergbau brachte die Angliederung von Elsaß-Lothringen einen starken Zuwachs, die Förderung stieg von 1871 bis 1913 von 4 Millionen Tonnen auf 28 Millionen, der Wert der Förderung von 30 Millionen auf 106 Millionen Mark. Wettbewerbsfähig war aber nur, wer aus den Rohstoffen Kohle und Eisenerz Stahl zu gewinnen wußte. So sind also die jetzt in großem Maßstab ausgebauten Hüttenwerke der entscheidende Maßstab für die industrielle Expansion in Deutschland. Dabei waren die Schutzzölle von 1879 weniger wichtig als die Modernisierung der Betriebe, die eben damals fieberhaft vorangetrieben wurde. Für Deutschland von besonderem Wert war das Thomasverfahren, durch das es möglich war, auch phosphorhaltiges Erz zu verhütten, besonders das lothringische Erz und das oberpfälzische Erz waren phosphorhaltig und wurden jetzt wieder wertvoll. Von 1887 bis 1913 vermehrte sich die Zahl der Eisenhütten um 50 Prozent, die Produktion um 400 Prozent. Sie stieg von 4 auf 19 Millionen Tonnen. 1903 bereits war Deutschland der größte Roheisenproduzent. In der Kombination Kohle-Eisen stand Deutschland an zweiter Stelle im Welthandel zwischen den Vereinigten Staaten und England.

An dieser Entwicklung nun nahm Bayern nur in bescheidenem Maßstab teil. Zunächst waren die kümmerlichen Reste der alten eisenschaffenden Industrie im rechtsrheinischen Bayern durch die Aufhebung der Einfuhrzölle, aber auch durch die besseren Produktionsmöglichkeiten im Ausland und am Rhein fast völlig verschwunden. So wurde als letzte Produktionsstätte in der östlichen Oberpfalz der Hochofen von Nittenau am Regen, der noch mit Holzkohle betrieben wurde, 1883 endgültig stillgelegt. Der Übergang zur Verwendung von Kohle wurde erschwert durch die ungünstigen verkehrstechnischen Voraussetzungen. Nur in der Pfalz fiel diese Einschränkung weg. So hat sich das Thomasstahlwerk in Sankt Ingbert seit den 80er Jahren außerordentlich entwickelt. Zu Beginn des neuen Jahrhunderts kam es in engem Zusammenhang mit Lothringer Werken zu großer Bedeutung. Es beschäftigte über 2000 Arbeiter. Im rechtsrheinischen Bayern versuchte man ebenfalls neue Betriebsstätten der eisenschaffenden Industrie ins Leben zu rufen. Eine Gründung bei Hof schlug fehl, aber der Ausbau älterer Werke in der Oberpfalz und eine Neugründung bei Amberg erwiesen sich als großer Erfolg. Beteiligt war dabei der Baron von Kramer-Klett, der wohl führende Industrielle in Bayern, daneben die Brüder Maffei, deren Basis in München lag. Kramer-Klett war besonders an den Eisenerz-Vorkommen in der Oberpfalz interessiert, da seine Maschinenbau-Aktiengesellschaft Nürnberg die kurzen Transportwege besonders ausnützen konnte. Seine Initiative machte die Amberger Erzvorkommen wieder rentabel, als bereits der gesamte Betrieb in Frage gestellt war und Amberger Erz nur mehr nach Bodenwöhr abgesetzt werden konnte, obwohl man auch dort kein Roheisen mehr erzeugte. Nach gründlichen Untersuchungen beschloß 1882 die Mehrheit der Kammer der Abgeordneten die Erbauung eines Hochofens bei Amberg. 1883 wurde er angeblasen. Bis 1912 wurden fünf Öfen betrieben. Koks wurde aus dem Saar- und Ruhrgebiet herangeschafft. Seit 1911, zum 90. Geburtstag des Prinzregenten, wurde die Gesamtanlage Luitpoldhütte genannt. Sie produzierte um diese Zeit etwa 60000 Tonnen Roheisen und beschäftigte etwa 1300 Arbeiter. Der Hütte war eine eigene Röhrengießerei angeschlossen. Rentabel wurde das Unternehmen allerdings nicht. Die Erzbasis war zu schmal und die Transportkosten für Koks, damit die Gestehungskosten für das Roheisen zu hoch. Rentabler war die Maxhütte bei Burglengenfeld, zu welcher weitere Hüttenwerke in Rosenberg, Nittenau, Haidhof und Fronberg gehörten sowie Betriebe in Mitteldeutschland. Als 1880 die Maxhütte die Lizenz für die Anwendung des Thomasverfahrens im rechtsrheinischen Bayern erwarb, legte sie die Grundlage für ihre Expansion zum größten Unternehmen der eisenschaffenden Industrie in Süddeutschland. Bis 1910 wurden im Sulzbacher und Auerbacher Revier etwa 35 Millionen Tonnen Erz erschlossen, die Produktion an Roheisen betrug 142000 Tonnen im Jahr. Maxhütte und Luitpoldhütte zusammen also produzierten 200000 Tonnen. Das hört sich imposant an, aber es ist nicht mehr als ein Prozent der Gesamtproduktion Deutschlands im Jahre 1913. Damit sind die Größenverhältnisse eindeutig geklärt.

Die bayerische Schwerindustrie war also trotz MAN, der Maschinenfabrik Augsburg-Nürnberg, oder der Kugellagerwerke zu Schweinfurt, trotz der Münchner Maschinenfabriken, gegenüber der rheinischen Schwerindustrie ohne jede Bedeutung. Ins Gewicht fiel die pfälzische Industrie. Neben dem Montanzentrum Sankt Ingbert wird man die chemischen Werke zu Ludwigshafen nennen, die August Ritter von Klemm aufgebaut hat, der 1897 Präsident der Abgeordnetenkammer wurde. Bekannt sind wohl auch die Nähmaschinenwerke Pfaff in Kaiserslautern. Textilindustrie gab es dann vor allem in Franken und Schwaben, in Augsburg, Nürnberg-Fürth, Aschaffenburg und Hof. Der Mangel an Rohstoffen, an Eisen, noch mehr an Kohle bedeutet eine Grenze, welche durch die Natur selbst gezogen wurde. Mehr als eine Aushilfe stellte dabei der Versuch, Energie durch Ausnutzung der Wasserkraft zu gewinnen, wohl kaum dar. Die ersten groß angelegten Versuche wurden 1894 gemacht, damals wurde das bayerische Überlandkraftwerk an der Isar ins Leben gerufen, ein systematischer Aufbau setzte erst nach 1920 ein. Immerhin konnte Bayern nahezu die Hälfte des Eigenbedarfs, der freilich angesichts der spärlichen eisenverarbeitenden Industrie nicht groß war, an den eigenen Produktionsstätten decken.

Der beherrschende Produktionszweig war und blieb die Landwirtschaft, die auch verhältnismäßig großzügig gefördert wurde, und zwar durch außerordentliche Vermehrung der Zahl der Winterschulen, die zuletzt über 40 betrugen, durch Ausbau aber auch des landwirtschaftlichen Kreditwesens, schließlich auch durch die Anlage von zentralen Versuchsanstalten und durch die erfolgreiche Kultivierung der Moore an Isar und Donau. Krisenfest wurde die bayerische Wirtschaft dadurch nicht, da die Landwirtschaft in sehr beengten Verhältnissen betrieben wurde, aber die unglaubliche Genügsamkeit der kleinen Landwirte der Vorkriegszeit ließ den gesamten Stand die Krisen der siebziger und neunziger Jahre ohne wesentliche Erschütterungen überstehen. Der Bayerische Bauernbund erhielt stärkeren Zulauf, die bayerischen Abgeordneten in Berlin mußten vielleicht stärker auftrumpfen, aber bis zum Weltkrieg stand die Stabilität der bayerischen Wirtschaft nicht in Frage. Die zwei weltgeschichtlich folgenschwersten Konsequenzen der Industriellen Revolution des 19. Jahrhunderts, das imperialistische Denken, das alle Industrienationen erfaßt hat, und der Sozialismus als politische Protestbewegung gegen die Ausbeutung durch den Kapitalismus und die politische Bevormundung des Arbeiters durch die Bourgeoisie haben in Bayern deshalb auch wenig Wirkung erzielt. Dabei waren die Einkommensverhältnisse im Grunde dürftig. Während im Reich das Jahreseinkommen pro Kopf bei 748 Mark lag, betrug es in Bayern 625 Mark. Nur Ostpreußen mit 478 Mark lag noch darunter. 75 Prozent der Bevölkerung in Bayern verdienten weniger als 1500 Mark im Jahr, 23 Prozent zwischen 1500 bis 6000 Mark – es gab also auch wenige Spitzeneinkommen. Die sozialen Verhältnisse waren damit zwar bescheiden, aber doch sehr ausgeglichen. Auch diese Tatsache wird bei der Feststellung einer weitgehenden Zufriedenheit der bayerischen Bevölkerung mit den wirtschaftlichen und sozialen Verhältnissen in Rechnung zu stellen sein.

Mit diesen Verhältnissen, der weithin ausgeglichenen Einkommensstruktur bei freilich allgemein sehr niedrigem Einkommen, erklärt sich wohl auch das erstaunlich langsame Anwachsen der seit den siebziger Jahren in Deutschland im allgemeinen bereits als Massenpartei in Erscheinung tretenden SPD. Auch nach der Abspaltung eines Teiles der Bauernschaft stellte die stärkste Fraktion im Landtag nach wie vor die ehemalige Patriotenpartei, die sich jetzt Zentrum nannte. Zu einer bedrohenden Größe wuchs, auch wenn sie den liberalen Parteien viel an Boden abgewann, die SPD in diesen glücklichen Jahren auch nicht heran. Die sozialistische Bewegung in Europa war entstanden als Folge der Industriellen Revolution, die einen Großteil der Bevölkerung aus ihren alten Bindungen an Familie und Dorfgemeinschaft herausgerissen und sie schutz- und heimatlos einer ganz neuen Lage gegenübergestellt hatte, der völligen Freiheit von Bindungen, aber auch der äußersten Unsicherheit. Diese Freiheit mit ihrer Unsicherheit, die gleichzeitig zum Eingehen neuer Abhängigkeiten führte, Abhängigkeit vom Unternehmer, die trotzdem Arbeitslosigkeit und Wohnungsnot nicht ausschloß, wird nur erträglich durch neue Bindungen. So schließen sich die heimatlosen Industriearbeiter zusammen zu Massenorganisationen. Die sozialistische Bewegung wird die neue Heimat der Arbeiterschaft. Sie vertritt ihre Interessen, stärkt das Selbstbewußtsein des Arbeiters und wird deshalb sehr bald auch zum Instrument im politischen Kampf, bei welchem es darum geht, auch dem Arbeiter Einfluß auf die Bestimmung über sein Schicksal zu erringen. In Deutschland ist diese große europäische Bewegung, in welcher sich eine ganze Reihe von Theoretikern wie auch politischen Führern hervorgetan hat, 1848 noch kaum zu spüren. Die Industrialisierung setzte in Preußen, d.h. im Rheingebiet und in Schlesien, erst in den fünfziger Jahren spürbar ein. Erst jetzt ergreift der Sozialismus auch das Heimatland von Karl Marx. Die Entstehungsgeschichte der Deutschen Sozialdemokratischen Partei, die seit 1869 unter dem maßgeblichen Einfluß von August Bebel stand, sparte lange Zeit Bayern nahezu gänzlich aus, und noch 1903, auf dem Sozialdemokratischen Parteitag in Dresden, erklärte Bebel: „München ist das Capua der deutschen Sozialdemokratie. In München wandert keiner auf die Dauer ungestraft unter Bierkrügen. In München gehen die stolzesten Parteisäulen nach einiger Zeit zu Grunde. So sind meine Eindrücke; wenn ich selbst nach München ziehen sollte, ich glaube, ich würde mich vor mir selber fürchten."

Bebel sagte dies vor allem im Hinblick auf den damaligen Führer der bayerischen Sozialdemokraten, Georg von Vollmar, seinen schärfsten Gegner in der grundsätzlichen Auseinandersetzung um das Verhältnis der SPD zum Staat, um den sogenannten Reformismus. Maßgebend für den Standpunkt Vollmars war sowohl seine Bildung, die ihm eine Ausnahmestellung innerhalb der sozialdemokratischen Führungsschicht vor der Jahrhundertwende zuwies, als auch seine Herkunft. Vollmar war der Sohn eines bayerischen Beamten und selbst dazu bestimmt, bayerischer Offizier zu werden. Er hatte jedoch 1867 bereits den Abschied genommen, weil es ihm in der bayerischen Infanterie nicht abenteuerlich genug zuging, und hatte Dienst bei der päpstlichen Armee genommen; dort schied er aber ebenfalls sehr bald aus, weil er mit der Stellung eines Fremdenlegionärs im Grunde nichts anfangen konnte. Wie patriotisch er in Wirklichkeit war, zeigte sich im Krieg von 1870, den er unbedingt als bayerischer Offizier mitmachen wollte. Als er jedoch zurückgewiesen wurde, gelang es ihm, Dienst bei der Feldeisenbahn zu tun, und auch dabei hat er nicht eher geruht, bis er schwer verwundet war. Die Folgen dieser Verwundung haben ihn sein ganzes Leben lang aufs schwerste behindert. Für die Sozialdemokratie gewann ihn August Bebel selbst; 1877 bestellte er ihn zum Schriftleiter des „Dresdner Volksboten". Die geistige Welt, die er sich nach dem Verlust seines religiösen Glaubens aufbaute, wurde nicht von Karl Marx ausgefüllt, sondern durch Feuerbach und seinen Materialismus, durch Darwin mit seiner Lehre von der determinierten Entwicklung der Arten und durch Spinoza, der die Welt als durchwaltet von göttlichem Geist und die Dinge beseelt von eben diesem Geist betrachtete, recht unvereinbare Komponenten also, welche die Entwicklung des jungen Politikers in die verschiedensten Richtungen hin ermöglicht hätten. Den Sozialismus kannte er nur aus den Reden Bebels und Liebknechts, Lassalle war ihm nicht weniger wichtig als Marx oder der französische Sozialist Louis Blanc. 1884 siedelte er dann nach München über, kandidierte dort für die Sozialistische Arbeiterpartei und zog für München in den Reichstag ein. 1890, nach dem Fall des Sozialistengesetzes, kam seine große Stunde. Er war bereit, die neugewonnene Plattform der scheinbaren Gleichberechtigung der SPD mit den übrigen Parteien zu betreten und die bisherige radikale Frontstellung aufzugeben, in welche die SPD hineingestoßen worden war, nicht nur durch das Sozialistengesetz, sondern auch durch die eigene Ideologie.

Schon vor 1890 hatte Vollmar einmal geäußert, daß der sozialistische Staat sich auch stufenweise durch Reformen bilden könne. Bestärkt hatte ihn in dieser Ansicht geradezu ein marxistischer Grundsatz, nämlich die Determiniertheit der Entwicklung, die sich als ein unaufhaltsam fortschreitender Prozeß darstelle und notwendigerweise hinführe zum Zukunftsstaat, also nicht durch Revolution, wie Karl Marx und Engels es forderten, nicht durch die einmalige Katastrophe, sondern in der Evolution, die man ebenfalls aus Marx herauslesen kann. Damals hatte er kein Echo gefunden. 1891 dagegen, als er mit seinen Reden „über die nächsten Aufgaben der Sozialdemokratie" hervortrat, den sogenannten Eldorado-Reden, nach dem Versammlungslokal in München, in welchem die Reden stattfanden, wurde das sofort als Kampfansage gegen die Partei und gegen die Parteiführung empfunden. In diesen Eldorado-Reden erklärte Vollmar seine Überzeugung, daß die Ziele der sozialistischen Bewegung erreichbar seien durch friedliche Entwicklung und daß die Aufgabe der Partei vor allem darin zu suchen sei, die Entwicklung zu beschleunigen durch Mitarbeit an der praktischen Politik. Es handle sich darum, so betonte er mit Nachdruck, nicht nur den Zukunftsstaat herbeizuführen, sondern auch bereits die gegenwärtige Lage des Arbeiters durch die Reformtätigkeit innerhalb des bestehenden

Staates zu verbessern, sich also insgesamt auf den Boden der Tatsachen zu stellen und zunächst einmal das anzustreben, was wirklich als Nächstes erreichbar sei. Besondere Entrüstung bei der Parteiführung erregte seine Aufforderung, die bisherige Scheu vor dem Staate abzulegen und stets daran zu denken, daß dieser Staat, den man bisher bekämpft habe, eines Tages in den Händen der Arbeiter sein werde.

Diese Wiederaufnahme von bereits überwunden geglaubten Ideen von Lassalle hat Vollmar die schärfste Gegnerschaft Bebels eingetragen, der ihn früher stets gefördert hatte. Aber auch Wilhelm Liebknecht gehörte zu den Gegnern Vollmars. Vor allem wandte sich der Ideologe der Partei, Karl Kautsky, der eifersüchtige Hüter des Erbes von Karl Marx, unnachsichtlich gegen die von Vollmar postulierte Taktik wie gegen die ihr zugrundeliegende ideologische Abweichung. Es begannen die erbarmungslosen Richtungskämpfe, wie sie in einer Partei nicht zu vermeiden sind, die ihr Heil auf einen quasi-religiösen Glauben setzt und deshalb in der Häresie, in der Abweichung von diesem Glauben, das eigene Heil in Gefahr sieht. Die entscheidende Häresie Vollmars bestand in der Mißachtung der Verelendungstheorie von Karl Marx, die ausdrücklich die Möglichkeit einer Verbesserung der Lage der Arbeiter innerhalb des kapitalistischen Systems ausschloß. Nicht weniger gefährlich schien Kautsky die Aufweichung des Klassenkampfes durch Reformen, da jede Mitarbeit am gegenwärtigen Staat diesen Staat selbst stärken müsse und dazu beitrage, den Abbau der Klassengegensätze zu erreichen, während nur kompromißloser Klassenkampf die Möglichkeit gewährleiste, im entscheidenden Stadium das Kapital durch die Herrschaft des Proletariats ablösen zu können. Diesem Standpunkt hat sich dann schließlich der Erfurter Parteitag von 1891 angeschlossen. Die von Bebel eingebrachte Resolution verurteilte alle opportunistischen Irrwege, aber schließlich hat Bebel doch auf den vollen Austrag der Gegensätze verzichtet, während Vollmar selbst der von Bebel eingebrachten Resolution zustimmte und damit gewissermaßen sich selbst verurteilte – so wenig haben ihn diese ideologischen Auseinandersetzungen überhaupt berührt. Er führte seine Eldorado-Reden fort und hielt nach wie vor an der Reformarbeit im Parlament fest und bejahte den Staatssozialismus, d.h. die Inanspruchnahme staatlicher Einrichtungen für die Verbesserung des Wohles der Arbeiterschaft, für die Sicherung ihres Lebensabends, den Schutz vor Krankheit, also alle Errungenschaften der Bismarck'schen Arbeitergesetzgebung, und er erklärte ausdrücklich, daß für ihn der Staat das mächtigste Werkzeug gesellschaftlicher Beherrschung sei, das eines Tages in den Händen der Arbeiter sein werde. Trotz neuer Ablehnung dieses Standpunkts durch die Mehrheit der Partei auf dem Berliner Parteitag von 1892 hielten Vollmar und seine bayerischen Parteifreunde an dieser Einstellung fest. In dieser Hinsicht bestand Einigkeit auch mit der sozialistischen Gewerkschaftsbewegung, die unter der Führung von Karl Legien ebenfalls das Wohl der Arbeiter durch Lohnkämpfe wie durch Zusammenarbeit mit den Unternehmern und dem Staat zu verbessern suchte, ohne Rücksicht auf dogmatische Zukunftsperspektiven. Beide hatten die Genugtuung zu erleben, daß ein Jahrzehnt später sich auch die Parteileitung auf den Boden des sogenannten Reformismus stellte. Das war das Ergebnis sowohl der theoretischen Überlegungen Vollmars als vor allem der praktischen Arbeit in den süddeutschen Landtagen sowie das Ergebnis der gerade um die Jahrhundertwende mächtig anschwellenden Gewerkschaftsbewegung.

Der Fall des Sozialistengesetzes hatte auch die großartige Entfaltung der Gewerkschaftsbewegung ermöglicht. Die Konkurrenz zu den christlichen Gewerkschaften, für welche der wichtigste Gesichtspunkt das gegenwärtige Wohl der Arbeiterschaft war, zwang auch die sozialistischen Gewerkschaften zur Konzentrierung auf die praktische Arbeit. Besonders der Bergarbeiterverband an der Ruhr, der 1894 gegründet wurde, eine interkonfessionelle Verbindung, die den Beginn der christlichen Gewerkschaft darstellte, war sehr erfolgreich im Kampf um die Verbesserung der Lebensbedingungen der Bergarbeiter und nahm außerdem noch Einfluß auf die Sozialpolitik des Zentrums. Die sozialistische Gewerkschaftsbewegung konnte sich also eine Beschränkung auf den prinzipiellen Kampf gegen das Kapital ohne praktische Nahziele überhaupt nicht leisten. So arbeiteten die Gewerkschaften bei der Krankenversicherung mit, bei den Sozialwahlen und in der Arbeitslosenfürsorge. Die Gewerkschaftskartelle, die lokalen Zusammenschlüsse der einzelnen Gewerkschaften, waren Gesprächspartner mit den Kommunalverwaltungen, und besonders seit 1894, seit der Überwindung der wirtschaftlichen Depression dieser Jahre, waren die Gewerkschaften in der Organisierung der Arbeiterschaft so erfolgreich, daß sie ihren Kurs auch Schritt um Schritt der Partei aufzwingen konnten. 1899 ging man allgemein zum Abschluß von Tarifverträgen zwischen Arbeiterschaft und Unternehmerschaft über, zu einer echten Zusammenarbeit also, wobei die Gewerkschaft gleichzeitig die Verpflichtung übernahm, die Arbeiterschaft von wilden Streiks abzuhalten. Das alles brachte eine solche Verklammerung zwischen Gesellschaft und Gewerkschaften mit sich, daß sich der starre dogmatische Standpunkt der Partei nicht mehr aufrechterhalten ließ, wenn man die Arbeiterschaft nicht verlieren wollte. So kam also durch den Erfolg der Gewerkschaften die marxistische Doktrin ins Wanken, und Bebel, der bisher schon immer alles getan hatte, um die Einheit der Arbeiterbewegung zu wahren, war der letzte, der dieser Lage nicht gerecht geworden wäre. Das Vorbild der Gewerkschaft hat schließlich die Ideologie der Gesamtpartei überhaupt aufgeweicht, nachhaltig wirkte dabei aber auch mit die Haltung der süddeutschen Parteiverbände, vor allem die Bayerns.

Im Grunde schien die gesamte Parteiarbeit in Bayern von Anfang an so gut wie aussichtslos, da 1893 nicht mehr als fünf Sozialdemokraten gewählt wurden, bei insgesamt 157 Landtagssitzen. Vollmar gab sich auch wenig Illusionen hin. Einer schriftlich fixierten Überlegung Vollmars aus dieser Zeit, die er dem Historiker der Partei, Franz Mehring, zuschickte, verdanken wir eine geradezu klassisch anmutende Schilderung des bayerischen Volkscharakters, mit welcher Vollmar die geringen Aussichten der SPD begründet. „Wenn man rein nach den sozialen Verhältnissen“, so führte er aus, „dem Stande der industriellen und landwirtschaftlichen Produktionsbedingungen urteilen und dazu den Bestand des Katholizismus anschlagen wollte, so könnte kein Land und könnten wenige Städte weniger für die Sozialdemokratie geeignet erscheinen." Bei der Analyse der sozialen Verhältnisse war für ihn am wichtigsten, daß Bayern ein Bauernland war, das keinerlei Großindustrie beherbergte. Aber auch den Stammeseigentümlichkeiten der Bayern maß Vollmar ihre Bedeutung zu. Hierzu bemerkte er: „Eine vergleichsweise hohe Lebenshaltung; da von Sparsinn keine Rede ist, wird jeder Einkommenszuwachs im Volk sogleich der Lebenshaltung zugeführt. Es existieren erheblich geringere Einkommensunterschiede als anderwärts, weniger Luxus, weniger Bettelarmut. Kurz, die Verhältnisse sind einfacher, und nicht so ins Extrem getrieben. In Folge dessen und in Folge des ausgeprägten demokratischen Gefühls ist geringerer Klassenhaß, weniger gegenseitige Absperrung und Überhebung, aber Verkehr auf gleichem Fuße vorhanden. Hiermit hängen Charaktereigenschaften der Bajuwaren zusammen, bei ungebrochener Volkskraft, Starrsinn, Steifnackigkeit, wenig Unternehmungsgeist und Profitgier, keine Spur von Unterwürfigkeit, Genußfreudigkeit, mäßige Arbeitslust. Hier regt sich noch ein kräftiges Bauernvolk, keine Spur von Spekulation und Klügelei. Der formale Bildungstrieb ist gering, die Religion wirkt lediglich als Gewohnheit und Kunst, die Politik wird wesentlich mit dem Gefühl erfaßt, für Theorien fehlt fast der Sinn." Diese Schilderung seiner Stammesbrüder ist nicht ganz von der klassischen Höhe eines Aventin, aber doch auch sehr bemerkenswert und trifft, wie es scheint, in vielem den Tatbestand sehr deutlich. Daß Vollmar mit seiner Agitation trotzdem Erfolg hatte, lag vor allem daran, daß er in der praktischen Arbeit wie in der Werbung auf Grund der von ihm vorgetragenen Erkenntnis alle Ideologie und Theorie zurückstellte und sich mit dem Alltag der Bauern und Arbeiter befaßte und hier auch mit praktischen Reformen ansetzte. Nur in der Agrarfrage konnte sich Vollmar innerhalb der Partei nicht durchsetzen. Das wirkte sich für die Anziehungskraft des sozialistischen Programms auf die Bauernschaft erheblich aus. Durchsetzen konnte sich aber die reformistische Haltung Vollmars insgesamt vor allem deshalb, weil es ihm als erstem gelungen ist, innerhalb der Gesamt-SPD einen Landesverband aufzubauen. 1892 fand erstmals ein Landesparteitag statt, und zwar in Regensburg. Das ist der Beginn einer eigentlichen bayerischen Sozialdemokratie. Innerhalb dieses Gremiums wurde das Arbeitsprogramm für die Landtagsarbeit erstellt und bereits 1893 als besonderes Ziel der bayerischen Sozialdemokratie die Durchsetzung der parlamentarischen Demokratie herausgestellt und zwar als Wegbereiterin des Sozialismus, nicht also schlechterdings als Selbstzweck. Trotzdem verurteilte die Parteileitung dieses Programm, vor allem dann, als sich 1894 die bayerischen Landtagsabgeordneten der SPD dazu entschlossen, dem bayerischen Staatshaushalt zuzustimmen, nachdem sie bei der Beratung maßgebend mitgewirkt hatten. Damit war aufs schärfste gegen jenen Teil der marxistischen Theorie verstoßen, welche die Mitarbeit am bestehenden Staat ablehnte, aus Gründen des Klassenkampfes und im Interesse des Klassenzusammenhalts. Aber gerade in dieser Frage hat sich Vollmar, wie die gesamte bayerische Sozialdemokratie, von Theorien nicht beeinflussen lassen. Sie arbeitete außerdem an der Änderung des Landtagswahlrechts mit, zusammen mit dem Zentrum, und löste dabei die Liberalen im Kampf für die Freiheit ab, ja selbst vor einem Wahlbündnis mit dem Zentrum machte man nicht halt, und schließlich stieg die SPD 1907 mit zwanzig Abgeordneten auch zur drittstärksten Fraktion auf. Jetzt gab auch die Parteileitung den Widerstand auf. So konnte Vollmar die Einführung der parlamentarischen Regierungsweise fordern, gerechte Verteilung der Steuerlasten, Abschluß produktiver Handelsverträge, Sicherung des Friedens durch internationale Verträge und andere Punkte mehr, die insgesamt hinausliefen auf die Reform des bestehenden Staates und die Besserstellung aller Untertanen, nicht nur der Arbeiterschaft. Damit war noch 1903 die SPD auf dem Weg, eine Volkspartei zu werden, das ausgesprochene Ziel Vollmars. Dem Standpunkt Vollmars schlossen sich auch die Führer der übrigen süddeutschen Landtagsfraktionen an; vor allem Ludwig Frank aus Mannheim, einer der hervorragendsten deutschen Arbeiterführer, stand ganz auf der Seite Vollmars, dessen Linie in Bayern von seinem Nachfolger Erhard Auer weitergeführt wurde. Obwohl seit 1903 Vollmar kaum noch in der Lage zur politischen Arbeit war, da sein Gesundheitszustand ihn nahezu bewegungsunfähig machte, hat sich sein Standpunkt in ganz Süddeutschland durchgesetzt. Dieses Beispiel hat ohne Frage die Haltung der gesamten SPD 1914 bestimmt, die nicht nur in Bayern, sondern auch in Berlin fast ohne Ausnahme bereit war zu uneingeschränkter Zusammenarbeit mit den herrschenden Gewalten.

Bayern und der Erste Weltkrieg

Die Kriegserklärung vom August 1914 war in jeder Hinsicht ganz ausschließlich Sache allein der Reichsregierung, die bayerische Regierung, auch der bayerische König Ludwig III., hatten damit nichts zu tun. Nach der Reichsverfassung gab es nur sehr begrenzte rechtliche Möglichkeiten für ein Einwirken der Länder in die auswärtigen Angelegenheiten des Reiches. Das dafür vorgesehene Organ war der Bundesratsausschuß für auswärtige Angelegenheiten, dessen Vorsitz Bayern innehatte. Der Ausschuß war bis 1908, bis zur Daily-Telegraph-Affäre, ohne ernsthafte Funktion, dann wurde er jährlich einberufen, bis zum Ende des Kaiserreiches sogar fünfzehnmal, er kam aber trotzdem nie über die Rolle eines privilegierten Zuschauers und gelegentlichen Beirates hinaus. Allerdings bedeutete er einen gewissen Zwang für die Reichsregierung, die Geschäfte ordentlich und vertrauenerweckend zu führen, denn die Mitglieder des Ausschusses konnten jedes beliebige Thema der auswärtigen Politik erörtern und versuchen, mit Vorschlägen und Mahnungen den Gang der Dinge zu lenken. Aber sie haben es gerade in der Krise von 1914 nicht getan. Eine allerletzte Möglichkeit hätte in der Verweigerung der Zustimmung zur Kriegserklärung bestanden, die verfassungsmäßig durch den Bundesrat gehen mußte. Der Bundesrat hat jedoch am 1. August 1914 ohne Diskussion, „als wenn es sich um die Zustimmung zu einem Gesetz handelte", wie Georg Michaelis, der spätere Reichskanzler, mitteilt, die Kriegserklärung und die gesamte Politik des Reichskanzlers gebilligt. Etwas anderes blieb dem Bundesrat auch nicht übrig. Er war nicht informiert, besaß keine genaue Kenntnis der Verhandlungen, keinen Einblick in die strategische Planung, alle Entscheidungen waren bereits gefallen. Jeder Widerspruch, selbst jede Diskussion hätten nur die Gefahr bedeutet, daß die eigene Presse hellhörig geworden wäre und damit die Zuversicht und das Vertrauen, mit welcher das Volk in den Krieg zog, erschüttert worden wären. Ludwig III. tat also nur, was man von ihm erwartete, als er am 1. August an den Kaiser ein Telegramm sandte, das für die Öffentlichkeit bestimmt war und in dem er unter anderem kundgab: „Nie ist das Deutsche Reich vor einer ernsteren Entscheidung gestanden als in dieser Stunde, in der seine Fürsten und Völker wie ein Mann aufstehen, um seine Ehre, seine Stellung, seine Zukunft gegen mächtige Feinde zu verteidigen. Nie aber wird die unerschütterliche Treue, in der die Deutschen zusammenstehen, sich überwältigender offenbaren, als in dem Kampfe, der uns aufgezwungen wird." Als dann am 2. August in München die gleichen begeisterten Kundgebungen stattfanden wie überall im Reich, erschien der König auf dem Balkon des Wittelsbacher Palais und äußerte die bekannten Worte: „Niemand soll je sagen dürfen, Bayerns König habe auch nur einen Augenblick gezaudert, die Treue zum Reich durch die Tat zu beweisen."

Es wäre dem bayerischen König nicht möglich gewesen, sich im Sommer 1914 den Ereignissen zu entziehen. Sein eigenes Volk wäre ihm darin nicht gefolgt. Ludwig III. dachte aber auch in der Tat nicht einen Augenblick daran. Wie sehr er auch der lauten Art Wilhelms II. gegenüber Unbehagen empfand, seine Loyalität gegenüber dem Reich stand damit doch keinesfalls in Frage, aber nicht nur, weil er von der Gerechtigkeit der Sache des Reiches überzeugt war, sondern auch weil er an entschiedene Inanspruchnahme seiner königlichen Rechte weder in Bayern noch im Rahmen des Bundesrates überhaupt gewöhnt war. 1845 wurde Ludwig III. geboren, er wurde nicht für den Thron erzogen, denn damals war Ludwig I. noch König, auf den dann Maximilian II. folgte, dessen Söhne ihr trauriges Schicksal damals noch nicht ahnen ließen. Erst mit 67 Jahren ist Ludwig III. König geworden, bis dahin war er Angehöriger des Königlichen Hauses ohne bedeutendes Einkommen, aber auch ohne allgemeine Aufgaben. Dieses Schicksal hat den Menschen Ludwig geprägt. Er stand stets im Hintergrund, aber daß er so bescheiden im Hintergrund stand, hängt wohl auch mit seiner Erziehung zusammen, mit der kargen Art seines Vaters, des Prinzregenten, aber auch mit der bewußten, fast harten Erziehung zur Bescheidenheit durch seine Mutter, die aus einer habsburgischen Nebenlinie stammte.

Von natürlicher Schlichtheit war auch sein Vater gewesen, aber Prinzregent Luitpold war dabei doch stets Grandseigneur, an seiner Hoftafel waren täglich Diplomaten, Künstler und Gelehrte geladen, und seine Feste waren geschmackvoll, sein Kunstverständnis berühmt. Ludwig III. dagegen fühlte sich hingezogen zu den Bürgern. Wenn er in München weilte, noch als König, hielt er pünktlich seinen wöchentlichen Kegelabend mit den Münchner Bürgern ein. Mit ihnen konnte er sich auch über das unterhalten, was ihn am meisten interessierte – wirtschaftliche Probleme, Verkehrsprobleme, vor allem die Landwirtschaft. Er war nicht nur seit 1868 Ehrenpräsident des Landwirtschaftlichen Vereins in Bayern, sondern seit 1875 selbst Landwirt. Damals erwarb er das Gut Leutstetten über dem Starnberger See und baute es zu einem Mustergut aus, das unter Kennern berühmt war. Wie ein sorglicher Landwirt ging er jeden Abend mit der Laterne durch den Stall, um zu schauen, ob die Knechte alles in Ordnung hinterlassen hatten. Das war freilich nicht nur Liebhaberei. Er mußte von den Erträgnissen seines Gutes auch leben. Für seine zahlreiche Familie – er hatte zwölf Kinder – gab es nur eine schmale Apanage, denn sein Vater war nicht König, sondern nur Prinzregent, er selbst also nicht Königssohn, und so war er einen Lebensstil gewöhnt, der auch dann nicht mehr königlich werden konnte, als endlich die Krone auf ihn zukam. Auch dann blieb er zurückgezogen und sparsam, die gastliche Tafel seines Vaters verödete, die großen Feste wurden selten, es ging kein Glanz mehr aus vom Münchner Hof. Das hat man Ludwig III. vielleicht noch mehr übelgenommen, als man Ludwig II. Bauleidenschaft und Verschwendung übelgenommen hat. „Millibauer" nannten ihn die Münchner Bürger gehässig, eben jene, mit denen er sich in seiner Bescheidenheit auf eine Stufe gestellt hatte.

Im Spätherbst 1913, dank des anfänglichen Widerstands der Zentrumsfraktion erst im zweiten Anlauf, nicht ganz ein Jahr nach dem Tode seines Vaters, des Prinzregenten, konnte Ludwig III. sich König nennen, erst nachdem durch eine Verfassungsänderung verfügt worden war, daß im Falle einer dauernden Verhinderung des regierenden Königs nach zehnjähriger Regentschaft der nächstberechtigte Erbe als Nachfolger, nicht nur als Regent, eingesetzt werden müßte. Nicht Ludwig III. war es, der diese Verfassungsänderung durchgesetzt hatte, sondern sein leitender Minister, Georg von Hertling. Hertling war auch jene Persönlichkeit, die den Kurs Bayerns in dieser Zeit bestimmte.

Georg Freiherr von Hertling, später Graf Hertling, war zwei Jahre älter als Ludwig III. 1843 war er in Darmstadt geboren, er stammte aus einer Familie, die schon einmal einen wittelsbachischen Minister gestellt hatte, zur Zeit Karl Theodors, der 1777 seine Mannheimer Residenz mit der Münchner vertauschen mußte. Hertling war aber nicht bestimmt für die ministerielle oder diplomatische Laufbahn, sondern hatte sich 1867 in Bonn für Philosophie habilitiert. 1882 war er in München auf den neuerrichteten Konkordatslehrstuhl für Philosophie berufen worden, das erste Zugeständnis von Lutz an die Kammermehrheit, das erste Abrücken vom Kulturkampf, ein sehr geschickter Schachzug von Lutz, denn seit 1869 bereits war dieser neuberufene Philosoph Mitglied des Reichstags, einer der engsten Vertrauten von Windthorst, dabei aber von großer Zurückhaltung und von einer Staatstreue, die fast hegelianisch anmutet. Er gehörte also nicht zu jenem Flügel des Zentrums, der wie der bayerische das Reich ablehnte oder ihm mit Ressentiments gegenüberstand. Er kämpfte zwar in der Kulturkampfzeit mit der von ihm erwarteten Gesinnungstüchtigkeit, aber er gehörte auch zu jener Gruppe, die so bald wie möglich auf die Regierungsseite einschwenkte und die vor allem keine Parlamentarisierung der Reichsverfassung wünschte. So war seine Berufung nach München für Lutz kein Opfer, sondern ein Gewinn, wenngleich sich der erhoffte Einfluß von Hertling auf die bayerische Zentrumspartei nicht einstellen wollte. Bis 1886 hatte er überhaupt keine Fühlung mit dem bayerischen Zentrum genommen, und dann mißbilligte er die Haltung der Parteiführung, weil dadurch, daß man der Machtübernahme durch den Prinzregenten Luitpold Schwierigkeiten machte, der Prinzregent notwendigerweise in das Lager von Lutz getrieben wurde – er war also der gegebene Verbündete jedes konstitutionellen Herrschers gegen die parlamentarischen Gelüste der Parteien. Man wird seiner Haltung freilich nicht gerecht, wenn man nur diese eine Seite sieht, seine Untertanengesinnung, seine Kompromißbereitschaft gegenüber der Regierung, seine Vermittlungstätigkeit in den strittigen Fragen, vor allem bezüglich des Plazet 1890. Im Einvernehmen mit Crailsheim hatte er in Rom praktisch in einem Privatgespräch, das durch niemand autorisiert war, die entscheidende Formel gefunden für die Anwendung des Plazet als Übernahme einer staatlichen Garantie, gewissermaßen der Gewährung des brachium saeculare für die kirchlichen Verordnungen. Diplomatisches Geschick zeichnete ihn aus, aber man wird ihm deshalb nicht Gesinnungslosigkeit vorwerfen dürfen. Als Philosoph wie als Staatsmann ist er stets dafür eingetreten, daß die Staatsgewalt ihre Grenzen hat, daß sie dort endet, wo das vorstaatliche Recht der Persönlichkeit beginnt, ja daß der Staat die Pflicht hat, diese Rechtssphäre des Individuums mit seinen Mitteln zu schützen, eine Auffassung, die damals gerade bei den ursprünglichen Trägern dieses Ideengutes, bei den liberalen Parteien, im nationalen Machtrausch unterzugehen drohte. Unter starkem Einfluß Bischof Kettelers setzte sich Hertling im Reichstag auch in besonderem Maße für Fortschritte in der Sozialpolitik ein. 1909 wurde er Vorsitzender des Zentrums im Reich, nachdem ihn schon Windthorst als seinen Nachfolger vorgeschlagen hatte. 1912 berief ihn der Prinzregent als Nachfolger von Podewils' zum Leiter der bayerischen Politik. Obgleich bei der Wahl 1912 das Zentrum eine überwältigende Mehrheit davongetragen hatte, nahm sich Hertling nur einen einzigen seiner Parteifreunde ins Ministerium, den Freiherrn von Soden, der bereits im Reichsrat Sitz und Stimme hatte, im übrigen bildete er ein Beamtenministerium wie seine Vorgänger auch.

Als er 1912 endlich eine führende Stellung in der deutschen Politik erlangt hatte, war er bereits weitgehend verbraucht. Er bestimmte wohl noch den großen Rahmen der politischen Äußerungen Bayerns, aber wie Kronprinz Rupprecht 1916 in seinem Tagebuch notiert, war sein Ministerium eine Referentenrepublik. Graf Hertling regierte von Ruhpolding aus, wo er sich meist aus Gesundheitsrücksichten aufhielt, selbst während der kritischen Jahre des Krieges. Aber wenn seine Arbeitskraft auch sehr nachgelassen hatte, von seiner Klugheit und seinem Geist, auch in diesen Jahren, zeugen nicht nur seine Memoiren, sondern auch sein Briefwechsel mit dem bayerischen Gesandten in Berlin, Graf Lerchenfeld. Aber weder Ludwig III. noch sein wichtigster Berater, Graf Hertling, waren von ihrem Charakter her Persönlichkeiten, die sich danach gedrängt hätten, energisch in den Gang der Dinge einzugreifen.

Es ist die Tragik dieses Königs, der auf dem Gebiet des inneren Staatsausbaus seiner Begabung und seiner Neigung nach viel hätte leisten können, daß er erst im vorgerückten Alter den Thron besteigen durfte und daß dann der Weltkrieg mit seinen immer umfassender werdenden Ansprüchen, bis hin an die Grenze des totalen Krieges, jede mögliche Initiative im Bereich friedlicher wirtschaftlicher Entwicklung völlig unterband. Ludwig III. als König konnte sich also in keiner Hinsicht entfalten; der geringe Spielraum, der ihm noch eingeräumt war, betraf im Grunde fast nur noch jene Wunschwelt, die sich mit der Verteilung der Siegesbeute beschäftigte.

Die Kriegszieldiskussion unter den deutschen Fürsten, fürstliche Spiele also, hatten im Grunde keine Folgen, und man darf sie sicher nicht so ernst nehmen, wie die Überlegungen der verantwortlichen Staatsmänner, nur fühlten diese sich durch das Interesse der Fürsten bestärkt oder herausgefordert und handelten entsprechend. Bei aller Gutmütigkeit, bei aller persönlichen Bescheidenheit war aber auch Ludwig III. voll und ganz ein Kind seiner Zeit, des Wilhelminischen Deutschland. 1866 hatte er tapfer gekämpft und war schwer verwundet worden. Er war kein Militarist, wie man Wilhelm II. vielleicht einen nennen könnte, aber den Glanz der Uniform liebte er doch, auch wenn er im Gegensatz zu seinem preußischen Vetter meist in Zivil ging. Und auch er war der Auffassung, daß

Glanz und Großartigkeit der Krone zusammenhänge mit räumlicher Vergrößerung des Landes. Unter dem Eindruck der ersten Siege, am 15. August 1914, 14 Tage nach Kriegsausbruch, meldete auch er bereits Vergrößerungswünsche an. Diese Forderungen darf man aber nicht nur unter dem Zeichen der Annektionspolitik sehen, sondern noch mehr im Zeichen der innerdeutschen Gleichgewichtspolitik. Was Ludwig III. vorschlug war, genauer gesagt, die Aufteilung Belgiens im Fall einer Annektion dieses Landes, auf keinen Fall sollte Preußen mehr als einen Teil von Belgien erhalten, und selbst von diesem Teil sollte noch der Süden an Lothringen kommen und zusammen mit Elsaß-Lothringen an die süddeutschen Bundesstaaten aufgeteilt werden. Auch Kronprinz Rupprecht hat sich dieser Gedankenwelt bis in den Spätherbst 1915 nicht verschlossen, wobei bei ihm vor allem die Absicht im Vordergrund stand, das Gewicht der Bundesstaaten allgemein zu verstärken. Bei Ludwig III. standen Gedankengänge dieser Art auch im Zusammenhang mit einem seiner Lieblingsprojekte, der Schaffung eines Großschiffahrtsweges Rhein-Main-Donau, das er leichter zu verwirklichen hoffte, wenn der Kanal weithin durch bayerisches Gebiet geführt werden konnte.

Daß Ludwig III. diese und andere Wünsche öffentlich äußerte, hat man ihm vor allem seit 1917 nicht mehr vergessen. Auf dem Hintergrund der allgemeinen deutschen Kriegsziele nehmen sich die Forderungen des bayerischen Königs aber nicht mehr so absonderlich aus. Selbst in Kreisen der Industrie und der Wirtschaft wurden bereits die großzügigsten Pläne zur Aufteilung der Eroberungen in West und Ost erörtert. Aus ihnen übernahm dann auch der Reichskanzler Bethmann-Hollweg einen Teil seines Programms vom September 1914, in dem die Abtretung von Belfort und eines Küstenstreifens von Dünkirchen bis Boulogne gefordert wurde, aus militärischen Gründen, aus wirtschaftlichen Gründen die Abtretung des Erzbeckens von Briey, das sich an das lothringische Erz anschloß, schließlich eine so hohe Kriegsentschädigung, daß Frankreich nicht im Stande sein würde, in den nächsten fünfzehn bis zwanzig Jahren an eine ernsthafte Aufrüstung zu denken. Gedacht war schließlich auch an eine Verkleinerung Belgiens, das vor allem insgesamt zu einem Vasallenstaat des Reiches werden und seine Küste militärisch zur Verfügung stellen sollte. Auch das mit Belgien überfallene Luxemburg sollte annektiert werden, und schließlich war die Bildung eines mitteleuropäischen Wirtschaftsverbandes mit einheitlichen Zollgrenzen geplant, der ausgreifen sollte bis Schweden und Norwegen und eventuell auch bis Polen und Italien. Als Gesamtziel schwebte Bethmann-Hollweg die Errichtung einer deutschen Hegemonie in Mitteleuropa vor, also gerade das, was England als den eigentlichen Kriegsgrund bezeichnet hatte. Dieses Programm kann man sogar noch maßvoll nennen, wenn man es vergleicht mit Vorstellungen aus der Wirtschaft, der Großfinanz und vor allem aus dem Kreis des Alldeutschen Verbandes.

Verständlich wird die naive Erwerbsfreude des bayerischen Königs auch, wenn man zur Illustrierung des allgemeinen Hintergrunds die Stellung des Deutschen Reichstages beizieht, der ja doch nicht zufällig das Volk repräsentierte. Noch im Dezember 1915, nachdem also im Westen der Krieg längst zum Stehen gekommen war, nachdem die ersten großen Erfolge im Osten nicht zu einem entscheidenden Sieg hatten ausgenützt werden können, waren alle bürgerlichen Parteien einig in ihrer Zurückweisung des Verzichts der SPD auf Annektionen. Grundsätzlich für Annektionen waren die preußischen Konservativen und die Freikonservativen, vor allem die Nationalliberalen. Ein gemäßigtes Programm vertrat das Zentrum unter der Führung von Peter Spahn, der einen verstärkten militärischen Schutz Deutschlands durch eine Ausweitung des Vorfeldes forderte. Selbst Friedrich Naumann, der Führer der Fortschrittlichen Volkspartei und von unbestrittener liberaler Gesinnung, trat für ein gemäßigtes Annektionsprogramm auf der Basis der Bethmann-Hollwegschen Mitteleuropaidee ein. Geschlossen war auch die SPD nicht gegen Annektionen. Intern hat eine erhebliche Zahl ihrer führenden Leute maßvolle Kriegsziele zumindest stillschweigend hingenommen, manche haben sie auch bejaht, noch 1915 waren die Mehrheit des Parteivorstandes sowie führende Gewerkschaftler durchaus für Annektionen in Flandern, wo es um den Anschluß der flämisch sprechenden Teile an das Reich ging, und für Annektionen in Polen, die auf Kosten des Zaren gegangen wären. Der bekannteste Sozialdemokrat, der eindeutig für Annektionen eintrat, war Gustav Noske, der spätere Reichswehrminister. Nicht zur Entschuldigung, sondern nur zum Verständnis seien auch die Kriegsziele der Gegner angeführt; für Frankreich stand unverrückbar die Rückgewinnung von Elsaß-Lothringen fest, ins Auge gefaßt wurde auch seit 1916 die Annektion des Saargebietes und die Sicherung, wie man sagte, einer Verteidigungszone gegen die deutsche Infiltration, nämlich das ganze linke Rheinufer. Für die Rückgabe von Elsaß-Lothringen traten auch die französischen Sozialisten ein, die im wesentlichen für einen Verhandlungsfrieden waren, und zwar lehnten sie dabei zum allergrößten Teil eine Volksabstimmung entschieden ab, obwohl sie sonst für das Selbstbestimmungsrecht der Völker aufzutreten pflegten. Die Gewerkschaftsleitung war für die Annektion des Saargebiets, weil man in Frankreich die dortigen Kohlenvorräte einfach brauche, und Barrès, ein führender Sozialist, stellte als erster die Forderung nach dem linken Rheinufer auf, um für Frankreich Sicherheit gegenüber Deutschland zu erlangen. Auch in Frankreich war also die allgemeine Stimmung ähnlich. Es war die Epoche selbst, die einfach in anderen Kategorien nicht mehr denken konnte.

Für Graf Hertling war die Kriegszielfrage, auch wenn er ihr jene Aufmerksamkeit widmete, die sein König von ihm verlangte, nicht wichtig, keinesfalls vordringlich. Entsprechend zurückhaltend war seine Verhandlungsführung in dieser Frage; Ergebnisse ließ auch die elastische Taktik des Kanzlers nicht zu, der nur die Wünsche der deutschen Fürsten gegeneinander auszuspielen brauchte, um sie empfindlicher zu beschneiden, als es ein Machtwort je gekonnt hätte. 1916 sorgte dann die bedrängte Lage an der Front für ein vorläufiges Ende der Debatte.

Die Kampagne um die Erklärung des uneingeschränkten U-Boot-Kriegs, mit dem man glaubte England in die Knie zwingen zu können, trennte dann Hertling unter dem Einfluß des Zentrumsabgeordneten Erzberger endgültig von der Partei der Annektionisten, die ihren entschiedensten Gegner gerade in Bethmann-Hollweg sahen, der sich zunächst Überlegungen expansiver Art nicht verschlossen hatte. In seinen Bemühungen, die Kriegsziele der realen Lage anzupassen, stand er jedoch weithin allein und hatte sich zahlreiche Feinde gemacht, vor dem Sturz bewahrte ihn vor allem die Parteinahme Bayerns. Im Zusammenspiel zwischen Hertling und Bethmann-Hollweg gelang es damals, den Rücktritt des Großadmirals Tirpitz zu erreichen, der ohne Rücksicht auf die Haltung Amerikas für die warnungslose Versenkung aller Schiffe im Kriegsgebiet eingetreten war. Die Hilfestellung für den Kanzler bedeutete aber die Unterstützung der Verzichtspolitik Bethmann-Hollwegs, damit konnte auch Bayern die eigenen Forderungen nach Kompensationen im Elsaß nicht mehr aufrecht erhalten, das war Hertling klar, nur Ludwig III. ließ von seinem Lieblingsprojekt immer noch nicht ab. Hertling war bei seiner Stellungnahme für Bethmann-Hollweg deshalb in einer schwierigen Lage, wurde doch der Kanzler gerade wegen seiner Zurückhaltung in der Formulierung der deutschen Kriegsziele von der Obersten Heeresleitung wie von einem Teil der Presse aufs heftigste angegriffen. So versuchte Hertling, statt Ludwig III. entschieden in die Wirklichkeit zurückzurufen, das Gespräch über Elsaß-Lothringen nicht abreißen zu lassen, während er gleichzeitig im Bundesratsausschuß für auswärtige Angelegenheiten Bethmann-Hollweg stützte, besonders in der Frage eines annektionslosen Sonderfriedens mit Rußland im April 1917. Die Erklärung vom Juni 1917 in der französischen Kammer über die Rückgewinnung von Elsaß-Lothringen erzwang dann die einzig sinnvolle Lösung auf deutscher Seite, die 1871 schon angebracht gewesen wäre, das Versprechen der Autonomie für das Reichsland. Das war auch das Ende der bayerischen Elsaßpläne.

Den Sturz des Kanzlers konnte auch die Loyalität des bayerischen Ministers der Äußeren nicht mehr aufhalten. Trotz seiner schließlichen Zustimmung zur Verkündigung des uneingeschränkten U-Boot-Kriegs – der den Kriegseintritt der Vereinigten Staaten nach sich zog – galt Bethmann-Hollweg nicht nur in der Presse der Alldeutschen, sondern auch in breiten bürgerlichen Kreisen als „schlapp", als Hindernis für einen „Siegfrieden". Neben Berlin war München ein besonderer Unruheherd. Es bildete sich ein „Volksausschuß für rasche Niederwerfung Englands", dem auch namhafte bayerische Politiker angehörten, und zwar von allen bürgerlichen Parteien, dessen erklärtes Ziel der Sturz des Kanzlers war. Im August 1916 versuchte dieser Ausschuß, den bayerischen König persönlich für seine Ziele einzuspannen, aber Graf Hertling gelang es, den König zur Zurückhaltung zu bewegen. Trotzdem blieb München nach wie vor Zentrum der „Kanzlersturzbewegung". Bedeutung bekam diese Bewegung besonders dadurch, daß es gelang, so volkstümliche bayerische Demagogen zu gewinnen, wie den Dr. Heim, den Bauerndoktor, und Dr. Schlittenbauer, einen der wichtigsten Sprecher des Zentrums. Heim war dabei ein sehr zweifelhafter Verbündeter. Seine Bauern wollten Frieden, und so hat Heim im Interesse des Friedens um eine Intensivierung des U-Boot-Krieges gekämpft. Für Annektionen, wie der Verein, dem er sich jetzt anschloß, war er nicht, während sich Schlittenbauer wohl über die Lage und die Möglichkeiten überhaupt nicht klar war.

Es konnte nicht ausbleiben, daß die lautstarke Agitation der einen Seite nicht weniger starke Gegenkräfte auf den Plan rief. Die Regierung hatte zwei Möglichkeiten, der Agitation entgegenzutreten, das waren Zensurmaßnahmen, die allerdings nicht sehr viel ändern konnten, dann aber eine selbständige Aktion zugunsten des Kanzlers, die aber erst Eindruck machte, als sich jetzt auch die SPD mit ihrem Organ, der Münchner Post, hinter die Regierung stellte und damit auch hinter den Reichskanzler. Freilich verfolgte die SPD in München dabei Ziele, die wesentlich weiter gingen als jene des Kanzlers. Bisher hatte sich in Bayern die SPD an den Burgfrieden gehalten, der 1914 vereinbart worden war, sie hatte es also unterlassen, abweichende politische Meinungen heftig zu betonen, andere Parteien anzugreifen, Maßnahmen der Regierung von staatspolitischer Bedeutung zu kritisieren, doch jetzt war sie durch die bürgerliche Annektionsbewegung herausgefordert. Noch hielt sich die bayerische SPD streng an jene Linie, die 1914 für ihren Beschluß maßgebend war, der Reichsregierung die geforderten Kriegskredite zu bewilligen und damit zu zeigen, daß sich das Reich in der Stunde der Gefahr auch auf die Arbeiter verlassen konnte, wie im Reichstag ausdrücklich betont wurde. In der SPD-Kampagne, die gleichzeitig mit der Presseaktion der Regierung zugunsten Bethmann-Hollwegs einsetzte, nämlich im September 1916, betonte die SPD, daß sie im Sinne der Thronrede vom 1. August 1914, in welcher Wilhelm II. ausdrücklich gesagt hatte: „Uns treibt nicht Eroberungslust", die Zeit für das Angebot eines annektionslosen Friedens gekommen sehe. Die Unterschriftenaktion zu diesem Zweck wurde vom Kriegsminister ausdrücklich gestattet. Daß diese Kampagne umgekehrt wieder die politischen Gegner auf den Kampfplatz rief, war ebenfalls zu erwarten, aber es war doch ein bemerkenswerter Erfolg dieser Aktion, wenn sich jetzt auch das bayerische Zentrum durch ihren Fraktionsvorsitzenden Heinrich Held von den Annektionisten distanzierte.

In der ersten Kanzlerkrise 1916 hatte Hertling zusammen mit den Ministern der übrigen Bundesländer noch Kraft genug aufgebracht, um einem wesentlichen Teil der öffentlichen Meinung entgegenzutreten und dadurch wie durch eine Vertrauenserklärung im Bundesrat Bethmann-Hollweg zu halten. 1917 holte zwar der Kaiser in der entscheidenden Phase der Kanzlerkrise die Meinung der Bundesregierungen ein, aber jetzt war das Eintreten der Fürsten für Bethmann-Hollweg längst nicht mehr so klar und entschieden wie im Jahr zuvor. Gestürzt wurde Bethmann-Hollweg freilich nicht durch die Bundesregierungen, sein Sturz war das Ergebnis eines sehr seltsamen Zusammenspiels der verschiedenartigsten politischen Strömungen und Kräfte. Unzufrieden war mit ihm so gut wie jedermann, das normale Ergebnis des Versuches, es jedermann recht zu machen. Der Exponent der Annektionisten im Reichstag war ebenso daran beteiligt, wie der Interfraktionelle Ausschuß, der sich zur Durchsetzung der Friedensvorstellungen der Reichstagsmehrheit gebildet hatte, und beide haben sich verbündet mit der Obersten Heeresleitung. Alle zusammen haben den Kaiser schließlich mehr oder weniger zur Entlassung des Kanzlers gezwungen. Entscheidend war dabei, daß die beiden Bewegungen jetzt auch maßgebend auf den Reichstag übergriffen, daß der Reichstag seinerseits bestimmenden Einfluß auf die Politik zu nehmen versuchte, und zwar nicht nur auf die Innenpolitik allein, sondern durch das Mittel des Sturzes von Bethmann-Hollweg auch auf die Außenpolitik. Das ist ihm zwar gründlich mißlungen, aber um so größer war die innenpolitische Wirkung dieses Kanzlersturzes.

Mit dem tatsächlichen Sturz Bethmann-Hollwegs am 13. Juli 1917 hatte Bayern nichts zu tun, den Ausschlag gab die ultimative Forderung Hindenburgs nach seinem Rücktritt und die Schwäche des Kaisers, der es nicht wagte, die Krise durchzustehen. Aber auch der Reichstag, vertreten durch den Interfraktionellen Ausschuß, ließ unter dem Einfluß Erzbergers den Kanzler jetzt fallen. Als Nachfolger hatte man damals bereits Hertling im Auge, doch dieser lehnte ab, er fühlte sich offenbar der Obersten Heeresleitung, die jetzt auf den Höhepunkt ihrer Macht gelangt war, nicht gewachsen.

Die vom Interfraktionellen Ausschuß eingebrachte Friedensresolution des Reichstags vom 19. Juli, in der von einem Frieden der Verständigung und ohne Annektionen gesprochen wurde, ergab eine Mehrheit von 212 zu 126 Stimmen, doch unter dem Druck der Obersten Heeresleitung nahm der neue Reichskanzler Michaelis nur in sehr zweideutiger Form dazu Stellung, und der neue Staatssekretär des Auswärtigen, der gebürtige Bayer Richard von Kühlmann, lehnte es ab, auf das Angebot der päpstlichen Friedensvermittlung mit einem klaren Verzicht auf Belgien zu antworten. Gleichzeitig bildete sich als Gegenbewegung gegen die Friedensresolution unter der Führung des ehemaligen Großadmirals von Tirpitz und des ostpreußischen Generallandschaftsdirektors Kapp die sogenannte Vaterlandspartei, unter deren Agitation in der Heimat und im Feld der 1916 schon erschütterte Burgfrieden endgültig zerbrach. Der Kanzler war ohne Mehrheit im Reichstag und mußte nach wenigen Monaten bereits zurücktreten, ein neuer Mann war erforderlich.

Die Oberste Heeresleitung, der Kaiser und der Reichstag einigten sich jetzt, am 1. November 1917, auf den bayerischen Ministerpräsidenten Graf Hertling, den Bethmann-Hollweg schon im Sommer als seinen Nachfolger empfohlen hatte. Er hatte sich in den Beratungen des auswärtigen Bundestagsausschusses stets als kluger und besonnener Politiker erwiesen. Außerdem empfahl er sich dadurch, daß er als Vorsitzender der Zentrumspartei über einen starken parlamentarischen Anhang verfügte. Aber in Wirklichkeit waren die wahrhaft aktiven Stunden im Leben des damals bereits vierundsiebzigjährigen sehr selten, und im Zentrum hatte er keine Gefolgschaft. Er war, wie das bei Parteien von einer solchen Zusammensetzung gern der Fall ist, nur ein Kandidat des Ausgleichs, auf den sich die widerstrebenden Kräfte innerhalb der Partei vor allem deshalb einigen konnten, weil man von ihm nichts zu fürchten hatte. Im Sommer noch hatte Hertling selbst das Angebot abgelehnt, weil er sich Ludendorff nicht gewachsen glaubte. Im Herbst nahm er an, weil ihn, wie er berichtet, der König dringend gebeten hatte, sich dieser Aufgabe zum Wohl des Reiches nicht wieder zu entziehen. Vom Reichstag aus gesehen bedeutete die Ernennung Hertlings den Übergang zum Parlamentarismus, aber auch nur den Übergang, nicht die Vollendung. Hertling hatte sich bei der Amtsübernahme zwar mit den Parteien verständigt und versprochen, die Außenpolitik im Sinne der Friedensresolution zu führen und die preußische Wahlreform voranzutreiben. Auch galt er, genauso wie 1912 bei der Übernahme des Amtes des bayerischen Ministerpräsidenten, als Parteimann, so daß mit seiner Berufung das offizielle Eingeständnis der Einführung des parlamentarischen Systems erklärt schien, doch in Wirklichkeit war Hertling auch als Reichskanzler so wenig ein Anhänger des parlamentarischen Systems, wie er das als bayerischer Ministerpräsident gewesen war. Er fühlte sich als oberster Reichsbeamter, verantwortlich allein dem Kaiser.

Innenpolitisch bedeutete die Regierungszeit Hertlings eine Zeit der äußerlichen Ruhe. Man machte dem Kanzler von seiten des Reichstags keine Schwierigkeiten, weil er als Exponent des Reichstages galt. Umgekehrt hat aber Hertling keines der entscheidenden Probleme angerührt und jede Reform verhindert. Gleichzeitig muß freilich auch betont werden, daß auch die Kraft eines jüngeren Mannes voll beansprucht gewesen wäre von der Aufgabe, in dem geradezu rasenden Fluß der Ereignisse noch einen Versuch zu machen, das Staatsschiff ans Ufer zu steuern.

Zunächst sah freilich bei Hertlings Amtsübernahme die Lage nicht mehr so verzweifelt aus wie noch im Sommer des Jahres 1917. Die entschiedensten Hoffnungen weckte der militärische Zusammenbruch Rußlands im Sommer 1917, dem im November die bolschewistische Machtergreifung folgte, am 15. Dezember dann das Angebot eines Waffenstillstands. Die Friedensverhandlungen von Brest-Litowsk, die noch im Dezember begannen, stellten auf deutscher Seite eine Machtprobe zwischen der Obersten Heeresleitung, dem Auswärtigen Amt und dem Reichskanzler dar, bei der Hertling völlig unterlag und Kühlmann sich mit Mühe behaupten konnte. Auf die Friedensresolution des Reichstages nahm Kühlmann zwar formal Rücksicht, indem er der russischen Forderung nach einem annektionslosen Frieden zustimmte, doch mit dem gleichzeitig zum Leitprinzip erklärten Selbstbestimmungsrecht der Nationen war ein vorzüglicher Ansatzpunkt gegeben, mit dem sich jede Grenzveränderung rechtfertigen ließ. Die Oberste Heeresleitung dagegen erkannte dieses Prinzip überhaupt nicht an, sondern bestand auf der Abtrennung eines breiten Ländergürtels, um Polen gab es Spannungen mit Österreich. Wie die Oberste Heeresleitung dabei mit dem Kanzler umsprang, zeigt die Besetzung des Baltikums im Februar 1918; als Hertling, der endlich zum definitiven Frieden kommen wollte, mit seinem Rücktritt drohte, erklärte Ludendorff, er wolle nichts als kleine Verbesserungen der strategischen Ausgangsposition für einen neuen Feldzug, außerdem handle es sich überhaupt nur um eine reine Polizeimaßnahme. In Wirklichkeit war damals die Personalunion des Königreichs Preußen mit dem Herzogtum Kurland bereits beschlossene Sache. Auch in München wurden jetzt wieder die alten Vergrößerungswünsche laut, der neue Ministerpräsident Otto von Dandl forderte noch einmal das Elsaß, Hertling trat dieser Forderung so wenig entgegen wie den preußischen Wünschen nach dem Kurland oder der Absicht Sachsens und Württembergs auf Beteiligung an der Beute. Nach den Anfangserfolgen der deutschen Frühjahrsoffensive in Frankreich 1918 sicherte der Kaiser Bayern das Elsaß sogar in aller Form zu. Von einer klaren außenpolitischen Konzeption Hertlings kann in diesen Monaten trotzdem wohl kaum die Rede sein. Besonders schwächlich erscheint Hertling dann im Juli 1918, als er Kühlmann, den überzeugten Vertreter eines Friedens der Verhandlungen, nicht des militärischen Diktats, dem Zorn Ludendorffs opferte. Noch weniger wird man verstehen, daß er im September 1918 die Weigerung der Obersten Heeresleitung, zusammen mit Österreich ein Friedensangebot ergehen zu lassen, hinnahm, obwohl der französische Durchbruch vom 8. August bereits gezeigt hatte, daß der Krieg militärisch endgültig verloren war – was Ludendorff in seinen Memoiren selbst feststellt.

Die dank der Schwäche des Kanzlers wieder aufflammende Kriegszieldiskussion vergiftete die innenpolitische Atmosphäre heillos. Einerseits kam es im Sommer 1917 noch einmal weithin zu einem Rückfall in die Siegesstimmung des Jahres 1914. Auch in Bayern wurde damals ein Landesverein der deutschen Vaterlandspartei gegründet, dessen Leitung der alte Volksausschuß für baldige Niederwerfung Englands übernahm. Stark vertreten waren dabei Großgrundbesitz und Industrie. Vom Zentrum war diesmal nur noch der zweite Bürgermeister von München, Karl Scharnagl, beteiligt, auch die Professoren waren diesmal nur spärlich vertreten. Wieder, wie beim Volksausschuß, war der Mediziner Professor Gruber führend beteiligt, neben Ludwig Thoma betätigte sich der Historiker Karl Alexander von Müller als Festredner. Im Landtag dagegen stießen die unbelehrbaren Annektionisten nicht nur auf den Widerstand der SPD, sondern auch die führenden Zentrumsmitglieder, jetzt auch Heim und Schlittenbauer, sprachen sich in scharfen Angriffen gegen sie aus.

Trotzdem hat die Annektionspropaganda auf die allgemeine Stimmung außerordentlich verhängnisvoll gewirkt, zumal auch die Oberste Heeresleitung begann, sich propagandistisch zu betätigen. Das Ergebnis war ein wachsender Vertrauensverlust, das Wachstum aber auch von sozialen Spannungen, da sich große Teile des Volkes nur mehr als Werkzeug zur Durchsetzung von Zielen betrachten mußten, die nicht die ihren waren. Auf jeden Fall steigerte sich die bis in hohe und höchste Kreise hinein spürbare Unsicherheit gerade unter dem Anprall dieser Annektionspropaganda nicht unerheblich. Ein Zeichen dieser Unsicherheit war es wohl, daß das Kriegsministerium in München der wachsenden pazifistischen Bewegung kaum entgegentrat. Einer ihrer Sprecher war der Historiker Ludwig Quidde, Mitglied des Landtags, der das „Neue Vaterland" herausgab. Der angesehenste unter ihnen war wohl der Pädagoge Friedrich Wilhelm Förster, der seit Kriegsausbruch den Lehrstuhl in München einnahm, nachdem er zuvor in Wien doziert hatte. Förster war kein Pazifist im Sinne einer Sekte, die um jeden Preis vor der Wirklichkeit die Augen verschließt und ihre Ansichten aller Welt aufzwingen will. Er war vor allem ein Feind von Nationalismus und Imperialismus und bekannte sich im Sinn von Constantin Frantz zur föderativen Tradition des alten Reiches oder auch des Deutschen Bundes. In der Tradition von Constantin Frantz hat er auch einzelne seiner großen programmatischen Schriften verfaßt, darunter „Das österreichische Problem vom ethischen und staatspädagogischen Standpunkt" von 1916, wo er versucht, die Existenzberechtigung der Donaumonarchie als einer großräumigen, den Frieden sichernden Nation gegenüber der jetzt von allen Seiten anbrandenden nationalistischen Propaganda der Tschechen, Ungarn und Slowenen zu verteidigen. Mit dieser Schrift konnte er zwar den jungen Kaiser Karl zum Bewunderer gewinnen, die Öffentlichkeit überzeugte er jedoch nicht. Für die Stimmung in München besonders ist es bezeichnend, daß Förster 1916 seine Vorlesungen an der Universität einstellen mußte, weil er auf starken Widerstand unter den Studenten stieß. Erst ein Jahr später konnte er die Vorlesungen wieder aufnehmen, als sich auch in München das Bürgertum allmählich dazu entschloß, der Wirklichkeit ins Auge zu sehen.

Bis es freilich zu Konsequenzen aus dem Umschwung der Ansichten kam, dauerte es noch sehr lange. Erst als im August 1918 die grundlegende Veränderung der Kriegslage nicht mehr zu übersehen war, entschloß sich der bayerische Ministerrat, die Initiative in der Friedensfrage nicht weiter den Pazifisten, den Sozialisten oder gar den Parlamenten zu überlassen, sondern bat den König um seine Vollmacht für Ministerpräsident Dandl zu Verhandlungen mit den deutschen Bundesfürsten bezüglich eines gemeinsamen Vorgehens bei der Reichsregierung. Ludwig III. sprach sich jetzt selbst dafür aus, möglichst schnell Frieden zu schließen, auch wenn dieser Friede Opfer koste, und erteilte die erbetene Vollmacht, und so berief Dandl den Auswärtigen Ausschuß des Bundesrates ein in der Absicht, vom Reichskanzler darüber Klarheit zu verlangen, auf welche Weise er zum Frieden zu kommen gedenke, und gleichzeitig mit den süddeutschen Fürsten über notwendige Schritte zu verhandeln. Am 2. September fand diese Sitzung statt. Dandl referierte dabei über die Denkschrift des bayerischen Kriegsministers zur Ersatz- und Ernährungslage. Er legte dar, daß schon auf Grund des ausbleibenden Mannschaftsersatzes und der versiegenden Nahrungsquellen ein längerer Krieg nicht mehr möglich sei und schloß daran die Konsequenz, daß bei Ignorierung der Zeichen der Zeit die deutschen Fürsten zusammen mit dem Hause Hohenzollern untergehen müßten. Obwohl Dandl der Ansicht war, daß Graf Hertling zurücktreten müsse, weil er nicht in der Lage sei, die notwendigen Schritte zu tun, obwohl Hertling selbst bei dieser Sitzung nur völlig unverbindliche allgemeine Versprechungen über einen baldigen Friedensschluß abgab, war die Aktivität des bayerischen Ministerpräsidenten mit dem Ablesen seines Referats bereits wieder erschöpft. Er drang weder auf Abberufung des Kanzlers noch auf Einleitung konkreter Schritte. Dabei konnte er der Unterstützung des bayerischen Kronprinzen sicher sein, der Hertling für zu alt hielt und für ein willfähriges Werkzeug der Obersten Heeresleitung, und der diesem bescheinigte, daß er „so gut wie willenlos" sei. Immerhin ist der von Dandl vorgeschlagene Nachfolger Hertlings, Prinz Max von Baden, dann auch berufen worden, aber es spricht nichts dafür, daß dabei die Initiative von Bayern ausgegangen wäre.

Die allgemeine Stimmung in Bayern nahm jetzt deutlich eine Richtung ein, die man seit 1871 überwunden glaubte. So soll der Fraktionsvorsitzende des Zentrums, Dr. Held, gegenüber einem liberalen Abgeordneten betont haben, daß sich Bayern die Möglichkeit zu eigenem Vorgehen in der Friedensfrage offenlassen müsse, eine Äußerung, die Held zwar dementiert hat, die man ihm aber auf jeden Fall schon zutraute. Ein Abgeordneter dieser Partei schrieb tatsächlich einen Artikel mit der Überschrift „Los von Preußen" und zwar im Landauer Boten. Dr. Schlittenbauer, der kulturpolitische Sprecher des Zentrums, und Dr. Heim, der Bauernvereinsführer, haben damals bereits die Trennung des bayerischen Zentrums von der Reichspartei erwogen. Es ist deutlich, daß sich unter dem Eindruck der Reichsverdrossenheit weiter Kreise, der Kriegsmüdigkeit des ganzen Volkes auch politische Konsequenzen anbahnten. Die feindliche Propaganda hat das ihrige getan, um die Entwicklung zu beschleunigen. Flugblätter, die sich gegen Preußen, die Reichsregierung und den Kaiser richteten, wurden tatsächlich ernstgenommen und führten zu einer gewaltigen Aufwallung des bayerischen Nationalgefühls. Selbst offiziöse Zeitungen reagierten sehr scharf, und als sich herausstellte, daß die Flugblätter gefälscht waren, hatten sie längst ihre Wirkung getan.

Die Bayerische Staatsregierung oder die Führung der bayerischen Zentrumspartei war um diese Zeit schon nicht mehr Herr der eigenen Entschlüsse. Die Stimmung im Volk war daran, zum maßgebenden Faktor in allen politischen Berechnungen zu werden. Das war der Zeitpunkt, in dem erstmals die bewußte Revolutionspropaganda einsetzte. Der rapide Autoritätsverlust des Staates im letzten Kriegsjahr leistete dieser Strömung in jeder Hinsicht Vorschub. Daß sich zuletzt die allgemeine Verdrossenheit auch gegen den bayerischen König richtete, daß es zum Umsturz auch in Bayern kam, war damals aber noch nicht abzusehen, das war ein Ergebnis der Entwicklung erst in den letzten Kriegswochen, ungeachtet mancher auch tiefer liegender Ursachen.

Revolution in Bayern

Das Königreich Bayern hatte eine Verfassung, die dem Volk wenig Einfluß auf die Bestimmung des eigenen Schicksals ließ. Keine der großen Parteien, Zentrum und SPD, konnte sich mit Staat und Regierung identifizieren, und auch die Ernennung Hertlings 1912 zum Ministerpräsidenten hatte noch keinesfalls bedeutet, daß jetzt eine Partei die Regierung stellte, ihre Wähler, damit die Hälfte der Bevölkerung, also jetzt ihr Schicksal gewissermaßen in eigenen Händen wußten. Hertling war der Mann des Königs und wollte auch nichts anderes sein, sein Nachfolger Dandl ebenfalls, beide scheuten sich nicht, auch das Zentrum hin und wieder zu brüskieren. Revolutionäre Bestrebungen waren von dieser Partei freilich nicht zu erwarten.

Die Revolution von 1918 war aber auch nicht das Werk der SPD. Die Sozialdemokraten sind nur, zum Teil sogar gegen den Willen der Führung, in den großen Strudel hineingerissen worden, den der Zusammenbruch der militärischen und zivilen Autoritäten im Deutschen Reich erzeugt hat. Im Sommer 1914 hatte auch die SPD fast geschlossen ihre Bereitschaft dokumentiert, sich für das Schicksal des Reiches nicht weniger einzusetzen, als das auch die Bürger zu tun bereit waren. Das war nicht ganz selbstverständlich, die SPD stand immer noch im Verdacht der nationalen Unzuverlässigkeit. Selbst in Bayern, wo sich unter dem milden Regiment der liberalen Prinzregentenzeit die SPD ungestört entfalten konnte, kam es mit der Regierungszeit Hertlings zu einer Krise im Verhältnis der SPD zum Staat. Durch eine Ausnahmebestimmung zum bayerischen Gemeindebeamtengesetz erreichte Hertling, daß kein Sozialdemokrat Gemeindebeamter werden konnte. Er verweigerte der SPD auch die Stellung eines Vizepräsidenten im Landtag, aber Vollmar hatte inzwischen die bayerische SPD schon in einem solchen Maße zu einer Staatspartei umgeprägt, daß die Fraktion geschlossen an der Beisetzung des Prinzregenten teilnahm, auch wenn sie dann die Annahme der Königswürde durch Ludwig III. ablehnte, weil diese Annahme, auf Betreiben Hertlings, erfolgt war ohne Mitwirkung des Landtags. Das Hineinwachsen der Arbeitervertretung in den Staat war jetzt, soweit es die SPD anging, auf keinen Fall mehr ausgeschlossen. Die entscheidende Wendung brachte dann der Ausbruch des Krieges. Das unmittelbare Ergebnis der Zustimmung der SPD im Reichstag zu den Kriegskrediten war die Aufhebung der sozialdemokratischen Diskriminierung. Die SPD wurde von jetzt an behandelt wie jede andere Partei. Bethmann-Hollweg benützte sie als Vermittler zur Arbeiterschaft. Ihre Mitglieder erhielten uneingeschränkte Wirkungsmöglichkeiten in der Kommunalverwaltung und in den Staatsbetrieben. Die sozialdemokratischen Zeitungen wurden freigegeben, und die allgemeinen militärischen Vorkehrungen, die für den Fall einer Mobilmachung geplant waren und die in der Dingfestmachung der gesamten sozialdemokratischen Führungsschicht gipfelten, fielen samt und sonders unter den Tisch. Der allgemeine Burgfriede unter den Parteien, der für die Dauer des Krieges proklamiert worden war, entzog die bisher als staatsfeindlich und „vaterlandslos" geltende Sozialdemokratie auch den Angriffen ihrer bürgerlichen Gegner, die zum Teil auch begannen, die sachliche Arbeit der Sozialdemokraten in den Ausschüssen mit anderen Augen anzusehen als bisher – so etwa Matthias Erzberger, der wohl als erster Zentrumsabgeordneter noch während des Krieges zur Zusammenarbeit mit der SPD überging.

Hatte man schon früher in SPD-Kreisen über die „königlich-bayerische" Sozialdemokratie gespöttelt, so war in den Kriegsjahren deutlich geworden, daß die bayerische SPD nicht mehr staatsfeindlich war, daß sie nicht mehr für den Umsturz eintrat, sondern für Gleichberechtigung der Arbeiterschaft im Staat, für Mitbestimmung, für Umgestaltung durch Reformen auf friedlichem Weg und unter grundsätzlicher Mitarbeit. Diese grundsätzliche Haltung der bayerischen SPD wurde erst gegen Ende der vier Kriegsjahre entscheidend auf die Probe gestellt. Die ersten großen Schwierigkeiten traten im Zusammenhang mit der Friedensfrage auf. Als die Alldeutschen immer unverhüllter ihre Annektionsforderungen erhoben, trat die bayerische SPD zusammen mit der bayerischen Regierung der alldeutschen Propaganda ebenfalls in öffentlichen Verlautbarungen entgegen, doch 1917 genügte das allein nicht mehr. Jetzt mußte die SPD fürchten, daß ihr die Massen verlorengingen.

Die großen Richtungskämpfe innerhalb der SPD, wie sie in den neunziger Jahren stattfanden und noch herein in das erste Jahrzehnt des zwanzigsten Jahrhunderts reichten, hatten gezeigt, daß beträchtliche Kräfte innerhalb der Partei unter allen Umständen an den doktrinären Vorstellungen der Gründungszeit festhielten. Diese Kräfte waren zwar im August 1914 überstimmt worden, doch setzte damit gleichzeitig der Prozeß ein, der schließlich die revolutionäre Linke aus der Partei hinausdrängte. Im März 1915 bereits enthielten sich dreißig Reichstagsabgeordnete der Stimme, als über die Kriegskredite beschlossen werden mußte. Innerhalb der Partei kursierte eine Denkschrift, in welcher festgestellt wurde, daß der Krieg bereits imperialistischen Charakter angenommen habe. Im Dezember 1915 stimmten dann zwanzig Abgeordnete gegen die Kriegskredite, und Anfang 1916 trennte sich unter Führung von Haase, dem zweiten Vorsitzenden der Partei, die Sozialdemokratische Arbeitsgemeinschaft von der Reichstagsfraktion der SPD. Der Gegensatz zur Gruppe um Haase verschärfte sich durch das öffentliche Ringen um die Kriegsziele und um den U-Boot-Krieg immer mehr, bis dann im Januar 1917 die Oppositionsgruppe eine Sonderkonferenz einberief und daraufhin von der Partei ausgeschlossen wurde. Das waren 17 von 110 Abgeordneten, ein verhältnismäßig kleiner Teil also nur, aber da die ausgeschlossene Gruppe, die sich zu Ostern 1917 zu einer neuen Partei zusammenschloß, zur Unabhängigen Sozialdemokratischen Partei, Forderungen aufstellte, die angesichts der immer schwieriger werdenden Kriegs- und Versorgungslage höchste Popularität genossen, wurde die Spaltung dennoch zu einer Lebensfrage für den Sozialismus in Deutschland. Die USPD war noch weithin gemäßigt, sie verlangte einen Frieden ohne Annektionen und Entschädigungen, die Ablehnung der Kriegskredite und des Haushalts und größere demokratische Rechte bereits im Krieg. Sie sprach sich also nicht für die Revolutionierung des Reiches aus, nicht für die Abschaffung der Monarchie, aber sie stand doch den Spartakisten nahe, die sich um die gleiche Zeit um Karl Liebknecht sammelten, den schon 1914 ausgeschlossenen Führer der radikalen Linken. Für die Spartakus-Gruppe war eine Bemühung um den Verständigungsfrieden sinnlos, da er systemwidrig sei. Karl Liebknecht und Rosa Luxemburg arbeiteten entschlossen auf die sozialdemokratische Republik hin. Sie hielten die Stunde für gekommen, um im Sinne von Karl Marx in Ausnutzung der Katastrophe des Kapitalismus in Deutschland zur Diktatur des Proletariats überzuleiten.

Die USPD bildete also das Sammelbecken für die burgfriedensfeindlichen und konsequent pazifistischen Sozialisten. Sie wurde bald polizeilich bekämpft, ihre Versammlungen wurden nur unter drückenden Auflagen genehmigt, die Einschränkungen reichten bis zum Betätigungsverbot für die Führer der Unabhängigen, während die Mehrheitssozialisten nach wie vor das Vertrauen der Regierung genossen und auch bereit waren, den Burgfrieden einzuhalten. In Bayern war diese Einstellung um so leichter durchzuhalten, als sich zu den Unabhängigen unter den prominenten Sozialisten nur Kurt Eisner bekannte. Eisner hatte 1914 nicht nur den Kriegskrediten zugestimmt, sondern war auch innerhalb der Partei propagandistisch dafür eingetreten. Er war also ideologisch keinesfalls festgelegt. Das verbot sein ganzer Werdegang. Er war 1867 zu Berlin als Sohn eines Fabrikanten zur Welt gekommen, hatte an der Universität Berlin Germanistik und Philosophie studiert und beschäftigte sich mit einer Dissertation über Nietzsche, als er aus finanziellen Gründen den Beruf eines Journalisten ergreifen mußte. Noch stand er keineswegs in Verbindung mit der Sozialdemokratie, als ein Artikel von ihm der Zensur auffiel und ihm zehn Monate Haft wegen Majestätsbeleidigung einbrachte. Erst jetzt wurde die Sozialdemokratie auf den jungen Redakteur aufmerksam. Wilhelm Liebknecht empfahl ihn der Redaktion des „Vorwärts“. Hier war Eisner sieben Jahre als politischer Redakteur tätig. Doch als er vergeblich versucht hatte, aus dem Kampfblatt ein literarisches Organ zu machen, wofür ihn Franz Mehring als Belletristen verspottete, sah er sich 1905 gezwungen, aus der Redaktion auszuscheiden. Um diese Zeit war sein Denken immer noch tiefer bestimmt von Kant und Fichte als von Karl Marx, wenngleich seine politischen Vorbilder bereits damals Wilhelm Liebknecht und der französische Sozialistenführer Jean Jaurès waren, dessen Anschauungen er im „Vorwärts“ immer wieder vertrat. Seine reiche literarische Produktion in diesen Jahren ist dementsprechend auch nicht so sehr marxistisch bestimmt, als dem Kampf gegen den Militärdespotismus der Hohenzollerndynastie gewidmet. Echter Marxist ist er wohl eigentlich nie geworden.

Mit der bayerischen Sozialdemokratie verband sich Eisner erstmals 1907. Nach seinem Weggang aus Berlin war er mit der doktrinären Richtung der SPD zerfallen, mit welcher auch die bayerische Sozialdemokratie seit den Eldorado-Reden Vollmars in den grundlegenden marxistischen Dogmen nicht mehr übereinstimmte. Es war deshalb nicht verwunderlich, daß man den begabten Redakteur nach Nürnberg holte, wo er 1907 die Leitung der „Fränkischen Tagespost" übernahm. Allerdings versuchte er sofort wieder, dieses Parteiblatt zu einem Organ weltpolitischer Aufklärung zu machen, ein Versuch, der ihn nach drei Jahren ebenfalls zum Ausscheiden aus der Nürnberger Redaktion zwang. Von Nürnberg ging er 1910 nach München, jetzt als unabhängiger Journalist, Mitarbeiter der „Münchner Post", des Organs der südbayerischen Sozialdemokratie, für welche er vor allem Theaterrezensionen schrieb. Lange hielt es Eisner freilich nicht in dieser literarischen Idylle, er versuchte sehr bald, die bayerischen Sozialdemokraten zu schäferer Kampfstellung gegen den wilhelminischen Imperialismus zu veranlassen, doch ein stärkerer Einfluß auf die bayerische Entwicklung ist um diese Zeit nicht nachzuweisen. In allen wesentlichen Zügen erscheint Eisner zu Kriegsbeginn als durchaus konformes Mitglied der SPD. Erst die Einhaltung des Burgfriedens durch die SPD-Führung, dann die immer stärker werdende Opposition seiner Parteifreunde gegen seinen Versuch, in der Kriegsschuldfrage die Westmächte, dann schließlich sogar das zaristische Rußland zu entlasten, trieb ihn in die Isolierung. Bewußt baute er jetzt ein Oppositionszentrum gegen die offizielle Parteilinie in München auf, seine Diskussionsabende wurden reich besucht, vor allem durch die Parteijugend. Anläßlich der Gründung der USPD zog er schließlich die Konsequenzen aus seiner oppositionellen Haltung und stellte sich als einziger prominenter Sozialdemokrat Bayerns der neuen Partei in München zur Verfügung. Der Kernpunkt seiner Propaganda war zunächst nicht Revolution und Umsturz, sondern die Friedensfrage. Die Erfolge Eisners waren zunächst völlig unbedeutend, ein einziger Abgeordneter des bayerischen Landtags trat zur USPD über. Trotzdem nahmen noch 1917 die Mehrheitssozialisten auch in Bayern ihre Konkurrenz sehr ernst. Neuerdings aufgetretene Spannungen zwischen Parlament und Regierung, Unstimmigkeiten in der Frage der Lebensmittelversorgung, vor allem aber die wachsende Unzufriedenheit der breiten Bevölkerungsschichten mit den gegenwärtigen Zuständen ließen bei der Führung der Sozialdemokraten in München die Besorgnis entstehen, daß bei längerer Einhaltung des Burgfriedens die SPD in jeder Richtung nicht mehr für voll genommen werden würde. So legte die Fraktion am 18. September 1917 dem Bayerischen Landtag ein umfassendes Reformprogramm vor. Der wichtigste Punkt enthielt die grundlegende Forderung nach einer Umwandlung der konstitutionellen Monarchie in eine parlamentarische Demokratie mit monarchischer Spitze. In der Antragsbegründung wurde festgestellt, daß für „ganz oder halb absolutistische Staaten in Zukunft kein Raum mehr sei", daß der „moderne Staat wohl die Fürsten, aber nicht die Massen entbehren" könne und daß man es nicht verstehen könne, daß in der augenblicklichen Not der Gesamtaufwand für das bayerische Königshaus nicht weniger betrage als 6,8 Millionen Mark. Dieser Aufwand stehe in einem bösen Mißverhältnis zu der großen Not und Verarmung des Volkes. Gefordert wurde ferner das

Einkammer-System, d.h. die Abschaffung der Kammer der Reichsräte, die Erweiterung der Gesetzesinitiative für den Landtag und die Beseitigung aller Vorrechte der Geburt und des Standes sowie die Aufhebung der Privilegien des Königs und seiner Familie, vor allem der Steuerfreiheit, des besonderen Gerichtsstands und der Unverantwortlichkeit des Königs. Entscheidend für die gesamte Stellung des Volkes im Staat wäre dann aber die Durchsetzung jener Forderung geworden, welche die Ernennung der Minister vom Vorschlag des Landtages abhängig machen wollte. Ohne engeren Zusammenhang mit dem gesamten hier entwickelten Programm war dann die letzte Forderung, die nach der Trennung von Kirche und Staat. Das waren althergebrachte Programmpunkte der Sozialdemokraten, deren Erörterung aber jetzt im Parlament auf keine Gegenliebe stoßen konnte. Darüber war sich die Führung der SPD völlig klar. Sie hat auch auf der Durchführung der geforderten Reformen keineswegs bestanden. Über einzelne Punkte wurde eine Weile verhandelt, aber sowohl der Sprecher der Liberalen wie der Sprecher des Zentrums lehnten das Reformwerk als Ganzes ab, vor allem, da der Zeitpunkt der Vorlage nicht angemessen sei. Zu einem echten Kampf in den Ausschüssen und im Plenum des Parlaments waren sowohl die Parteiführer als auch der Ministerpräsident, der die Reform in Erwägung zu ziehen versprach, bereits zu unsicher, wohl auch zu lethargisch. Es war, als hätte sich die endgültige Auseinandersetzung schon jetzt, wie das die lähmende Schwüle vor einem Gewitter zu tun pflegt, in der Lähmung aller verfassungsmäßigen Energien angekündigt.

Der Reformantrag der bayerischen Sozialdemokraten sollte gewissermaßen den Aggressionstrieb der Massen in die Zukunft ablenken, er war weder als Androhung des Umsturzes gedacht noch hat er eine solche Funktion ausgeübt. Er war aber doch ein Zeichen dafür, daß die Mehrheitssozialisten jetzt begannen, nervös zu werden und befürchteten, in ihrer Rolle als legitime Wahrer der Interessen des Volkes nicht mehr ernst genommen zu werden. Die Aktionen jedoch, welche den Umsturz vorbereiteten und schließlich herbeiführten, gingen eindeutig aus von der USPD. Es wäre indessen falsch, die Frage nach der Kausalität einzuengen auf lokal und zeitlich umgrenzbare Phänomene, wie denn das auslösende Signal nicht einmal in Deutschland gegeben wurde, sondern in Österreich, mit dem österreichischen Massenstreik vom 16. Januar 1918.

Auch in Deutschland hatte die Streikwelle schon im Frühjahr 1917 eingesetzt. Damals hatten sich die Gewerkschaften und die Sozialdemokraten mit Erfolg dagegen gestemmt. Sie standen auch jetzt beiseite, als im Januar 1918 die Agitation der USPD auf den Streik als das entscheidende Kampfmittel zusteuerte. Kurt Eisner wollte schon im Dezember 1917 seine Parteifreunde in Berlin zu einem organisierten Vorstoß überreden. Für ihn stand es fest, daß in den Massen ein starkes Bedürfnis nach einem solchen organisierten Protest bestehe. Aber erst als der Massenstreik in Österreich abgelaufen war, entschloß sich auch die Berliner Führung der USPD zur Übertragung des Streiks auf das Reich; ein deutliches Zeichen für den organisierten Ausbruch ist die Tatsache, daß der 27. Januar in ganz Deutschland den Beginn der Aktion markiert. In München war man davon bereits am Morgen des 27. Januar unterrichtet, eine besondere Rolle spielte wieder Eisner.

Die Mehrheitssozialisten hatten sich bisher von allen Massenaktionen ferngehalten, sie hatten es bisweilen sogar verstanden, sie wieder einzudämmen, aber jetzt schien die Gefahr groß, daß ihr die Massen aus der Hand glitten, und so hat erstmals, obwohl das Signal zu den Veranstaltungen von der USPD gegeben worden war, auch die Mehrheitspartei zusammen mit den Gewerkschaften versucht, die Entwicklung wieder selbst zu steuern. Schon bei diesem Streik vom Ende Januar 1918 zeigte sich aber, was das zwangsläufige Ergebnis eines solchen Versuchs, die Radikalen zu unterlaufen, sein muß: die Radikalisierung auch der eigenen, bisher noch disziplinierten Anhängerschaft. In München wie in Nürnberg übernahmen die Mehrheitssozialisten zusammen mit den Gewerkschaften die Führung in der Bewegung selbst. In München war die Versammlung, welche die Mehrheitssozialdemokratie zusammen mit der Gewerkschaftsleitung einberief, keineswegs von vornherein als Streikversammlung geplant. Als aber auf Wunsch der Versammlung der anwesende Kurt Eisner zu Wort kam und über das Thema sprach „Die gegenwärtige Krisis und ihre Lösung durch den Massenstreik", machte er sichtlich Eindruck auf die Versammlung. Eine Resolution wurde durch die hinhaltende Taktik der Versammlungsleiter unterbunden, so daß erst am 30. Januar vereinzelte Versammlungen der Arbeiterschaft in ihren Betrieben den Streik proklamieren konnten. Wieder war es Eisner, der in die noch zögernde Bewegung eingriff. Auf dem Höhepunkt der Bewegung gelang es Eisner, eine von Erhard Auer, dem Nachfolger Vollmars als Vorsitzender der bayerischen SPD, einberufene Versammlung mitzureißen zum Streikbeschluß. Auch eine zweite Versammlung, in der Auer gesprochen hatte, geriet völlig unter den Einfluß Eisners, der offensichtlich auf einen unbefristeten Generalstreik hinarbeitete. Seine Verhaftung beendete am 31. Januar die gefährlichste Phase des Streiks, aber die Mehrheitssozialisten hatten erkannt, daß sie ihre Stellung nur noch retten konnten dadurch, daß sie sich jetzt selbst mit den Streikenden für solidarisch erklärten, die Forderungen übernahmen und selbst zum Angriff übergingen. Es ist allerdings auch einzuräumen, daß mit der Übernahme der Streikleitung durch die Mehrheitssozialisten und die Gewerkschaften gleichzeitig die ganze Bewegung entschärft wurde. Die Erklärung der Partei im Landtag wie in der Parteipresse betonte ausdrücklich, daß sich die gegenwärtige Streikbewegung nicht gegen die Landesverteidigung richte, sondern aus einer tiefen Mißstimmung entstanden sei. Gleichzeitig empfahl die Partei, den Streik abzubrechen und sich auf die Wahrung der Interessen aller Streikenden durch die sozialdemokratische Führung zu verlassen. Die gleichen Züge weist auch der Ablauf des Streiks in Nürnberg auf. Auch hier hatte die SPD zusammen mit der Gewerkschaftsleitung den Streik in die Hand genommen und zu einem raschen Ende geführt, aber hier wie dort nicht, um jetzt die Dinge wieder beim alten zu lassen. Auer hatte sich im Landtag ausdrücklich an die Regierung gewandt und sie aufgefordert, sich von den Kriegshetzern zu distanzieren. Er hatte sich an die Spitze einer Deputation der Mehrheitssozialisten gestellt und der Regierung noch einmal in aller Schärfe die Forderungen der Arbeiter und der Arbeiterpartei vorgetragen und tatsächlich die Zusage erlangt, daß die Regierung Stellung nehmen werde gegen die Annektionisten und die Vaterlandspartei wie gegen die linken Extremisten, die Konkurrenten also der SPD im Ringen um die Gunst der Massen. Die Regierung hatte ferner erklärt, voll und ganz auf dem Boden der Friedensresolution zu stehen, und Ministerpräsident Dandl hatte zu guter Letzt der SPD ausdrücklich seinen Dank ausgesprochen, weil sie den Streik in die Hand genommen und zu Ende geführt habe. Damit war aber das angewandte Rezept legalisiert und approbiert – ein sehr gefährliches Verhalten der obersten Autorität im Staat, ein Verhalten, das deutlich zeigt, daß um diese Zeit Ratlosigkeit und Hoffnungslosigkeit begannen, in den höchsten Stellen um sich zu greifen. Maßnahmen, die man insgeheim traf, um weitere Streiks dieser Art zu verhindern, nämlich Betätigungsverbote für die Redner der USPD, Ausweisungen aus Bayern und Einberufungen zum Heeresdienst, Zwangsmaßnahmen also, wurden zum Teil nur mit halbem Herzen durchgeführt, vor allem aber trafen sie nicht den entscheidenden Punkt, sie behoben nicht das immer größer werdende Mißtrauen im Volk gegen die führenden Schichten nicht nur im Reich, sondern auch in Bayern, sie konnten vor allem die Not nicht lindern und den Krieg nicht beenden, der mit seinen ungeheuren Leiden und mit seinen jedes Maß sprengenden Anforderungen an Wirtschaft und Verwaltung alle Beteiligten einfach überforderte.

Es war längst mit restriktiven Maßnahmen allein nicht mehr getan, da es einfach nicht möglich war, die sich in den Großstädten bereits zur Zeit der Frühjahrsoffensive häufenden Ernährungsdemonstrationen mit Gewalt einzudämmen. Die Demonstrationen, die noch zur Zeit der letzten Siegeshoffnung einsetzten, traten immer häufiger in Erscheinung, als das Bewußtsein vom Scheitern der Offensive allgemein geworden war. Die Unruhe hielt das ganze Jahr über an, ohne daß es zu größeren Aktionen gekommen wäre als zu einzelnen Krawallen. Ein kritisches Stadium wurde auch in Bayern erst wieder sichtbar im Oktober. Symptomatisch für das stillschweigende Abtreten der bisherigen Autoritäten war die Artikelreihe in der Fränkischen Tagespost, dem Organ der Nürnberger Sozialdemokratie, in diesem Monat. Noch bevor in der dritten Wilson-Note vom 23. Oktober offiziell die Abdankung des Kaisers verlangt wurde, nahm die Fränkische Tagespost als erste Zeitung den offenen Kampf mit dem Kaiser auf. Am 10. Oktober bereits wurde sein Rücktritt gefordert, am 12. wurde der Kaiser als Hauptkriegsschuldiger bezeichnet, am 17. Oktober wurde auch die Abdankung des Kronprinzen empfohlen. Typisch für die allgemeine Resignation war das, was auf diese Artikel folgte. Es wurde nur das weitere Erscheinen der Artikel verboten, doch sonst geschah nichts. Der Kommandierende General im Generalkommando III in Nürnberg begründete seine Zurückhaltung mit den Worten: „Ich weiß, die Revolution kommt, sie muß aber nicht in Nürnberg zuerst ausbrechen."

Die übrigen Generalkommandos folgten dem Nürnberger Beispiel. Nicht einmal die Zeitung wurde verboten. Das wäre allerdings auch sehr eigentümlich gewesen, hätte man vor dem 24. Oktober, vor dem Bekanntwerden der dritten Wilson-Note also, Äußerungen mit harten Strafen verfolgt, die man nach diesem ominösen Tag bis in die höchsten Regierungskreise hinein hören konnte, und zwar nicht mehr als beliebige Meinungsäußerung, sondern bereits als Forderung. Zu denen, die nach dem 24. Oktober den Rücktritt des Kaisers forderten, gehörten auch der bayerische Ministerpräsident von Dandl und der bayerische Kriegsminister von Hellingrath. Am Tag darauf kam es noch besser. In der Sitzung des Bundesrats vom 25. Oktober sprachen sich Bayern und Württemberg ganz offiziell für den Rücktritt des Kaisers aus, wenige Tage später wurde der bayerische Gesandte in Berlin, Graf Lerchenfeld, ganz offiziell angewiesen, zusammen mit dem Reichskanzler den Rücktritt des Kaisers zu fordern. Allerdings hatte Dandl Lerchenfeld untersagt, das im Namen des bayerischen Königs zu tun – Ludwig III. war noch nicht so weit wie sein leitender Minister, der also von sich aus bereits eine Vorstufe der Revolution eingeleitet hatte.

Während die bayerische Regierung und die Inhaber der militärischen Macht in den bayerischen Generalkommandos also bereits auf die kommende Revolution gefaßt waren, mußte sich die Führungsspitze der bayerischen SPD erst dazu durchringen, der Entwicklung ins Auge zu sehen und die erforderlichen Maßnahmen zu bedenken. Das geschah auf dem Parteitag der bayerischen SPD zu München am 12. und 13. Oktober, der notwendig geworden war, weil Vollmar als Vorsitzender zurücktrat und eine Neuwahl anberaumt werden mußte. Nachfolger Vollmars wurde Erhard Auer, der zweite Vorsitzende Franz Schmitt, der spätere Landtagspräsident zur Zeit der Räterepublik. Auf diesem Parteitag fiel das entscheidende Wort. Es wurde vom Verfasser der Artikel gegen den Kaiser in der Fränkischen Tagespost gesprochen, dem Chefredakteur Dr. Adolf Braun. Braun führte aus: „Auf aller Lippen liegt jetzt das Wort Revolution. Es ist überall das Gefühl vorhanden, daß wir vor gewaltigen Explosionen stehen, die niemand will, die uns aber überraschen ... Wir haben gegenwärtig die Pflicht, dem Problem der Revolution ins Gesicht zu sehen und zu prüfen, ob sie gemacht werden soll, nicht im Prinzip, denn im Prinzip haben wir nichts gegen die Revolution." Der Nürnberger Landtagsabgeordnete Ernst Schneppenhorst, der spätere Militärminister, forderte den Übergang zur Republik noch grundsätzlicher als Dr. Braun. Er forderte darüber hinaus die Einrichtung eines Staatsgerichtshofs für die Schuldigen am Scheitern der Friedensresolution und erklärte die Wittelsbacher ebenso als Kriegsverlängerer wie die Hohenzollern. Schließlich wurde unmißverständlich die „Überführung Deutschlands in einen Volksstaat mit vollkommener Selbstbestimmung und Selbstverwaltung in Reich, Staat und Gemeinde" gefordert. Das war jetzt die Entschließung zur Revolution auch innerhalb der immer noch gemäßigten Mehrheitspartei. Erhard Auer hat allerdings versucht, mäßigend zu wirken, indem er noch einmal dafür eintrat, auf dem Wege der Reformen, auf legalem Wege also, die Ziele der Arbeiterschaft anzustreben, aber dafür zu kämpfen war er längst nicht mehr sicher genug.

Ein Reformversuch der Regierung, der in letzter Minute verabredet wurde und mit dem jetzt alle Parteien einverstanden waren, SPD, die Liberalen, der Bauernverein und das Zentrum, wirkte sich nicht mehr aus. Am 2. November war ein Abkommen zwischen den Parteien geschlossen worden, in dem die Einführung der Verhältniswahl zugestanden wurde, so daß Aussicht bestand, daß das Zentrum die absolute Mehrheit verlieren würde. Der Reichsrat sollte umgewandelt werden in eine berufsständische Versammlung. Vor allem wurde der völlige Übergang zum parlamentarischen System zugestanden, mit dem Angebot an die Vorsitzenden der Fraktionen, als Minister in das neuzubildende Kabinett Dandl einzutreten. Die Münchner Post begrüßte diese Abmachung als die Umwandlung Bayerns zum demokratischsten und freiesten Staat des Reiches, aber noch ehe die notwendigen Schritte zur Durchführung der Reform eingeleitet werden konnten, brach der Sturm über Bayern herein.

Daß Kurt Eisner die entscheidende Gestalt bei der Auslösung der Revolution in Bayern war, ist bekannt, doch daß die Verfassungstreue der Bayerischen Staatsregierung selbst die Handhabe zum Umsturz bot, hört man weniger oft. Die Gelegenheit dazu bot der Rücktritt Vollmars als Reichstags- und Landtagsabgeordneter Ende August 1918. Vollmar war schon seit 1913 nicht mehr in der Lage, sein Mandat wirklich auszuüben, aber man hatte immer wieder gehofft, er könne seine Krankheit noch einmal überwinden, zuletzt war er aber nicht mehr in der Lage, auch nur zu reden. Es war also notwendig geworden, Ersatzwahlen abzuhalten. Als Kandidaten standen einander der von Vollmar zum Nachfolger designierte Erhard Auer gegenüber und der in Untersuchungshaft befindliche Kurt Eisner. Als Kandidat für die Wahl zum Abgeordneten beantragte Kurt Eisner seine Freilassung. Sie erfolgte am 14. Oktober. Eisner konnte nicht nur in voller Freiheit für die Wahl kandidieren, es wurde ihm auch volle Redefreiheit zugebilligt, da für die Zeit des Wahlkampfes, wie der Kriegsminister an das Generalkommando München schrieb, „aus politischen Erwägungen" keine Beschränkung der Versammlungsfreiheit angebracht sei. Von Anfang an verfolgte Eisner bei seinen zahlreichen Versammlungen als Ziel nicht die Gewinnung des Mandats, sondern die Gewinnung der Massen. Von Anfang an ließ er keine Zweifel daran, daß er die Republik anstrebte.

Der Wahlkampf war die Fortsetzung des Zweikampfes Auer – Eisner, der im Januar nur deshalb mit dem Siege Auers geendet hatte, weil sich die Staatsgewalt eingeschaltet und Eisner hinter Schloß und Riegel gesetzt hatte. Diesmal versuchte Auer den Zweikampf dadurch zu seinen Gunsten zu entscheiden, daß er sich auf den gleichen Boden begab wie Eisner. Auer forderte jetzt ebenfalls, „das bisher herrschende System müsse von der Wurzel bis zum Gipfel vollständig beseitigt werden", die Hohenzollern wie die Vorherrschaft Preußens. Aber auch jetzt betonte er noch einmal, wie schon auf dem Parteitag im Oktober, es sei nicht angebracht, mit radikalen Mitteln vorzugehen, sondern die „Überführung des Obrigkeitsstaates in den Volksstaat" müsse „gesetzlich und auf dem Verfassungswege verankert werden". Er lehnte auch die Diktatur einer Klasse ab, da sie zum Bürgerkrieg führen müsse. Eisner indessen forderte in seinen Versammlungen immer unverblümter die Ausrufung der Republik. Wieder waren es die Vorbilder aus Österreich, die zum letzten Stadium überleiteten. Am 1. November wurden in München die revolutionären Ereignisse in Österreich bekannt, am 3. November wagte die USPD zum ersten Mal eine Kundgebung unter freiem Himmel, wie sie während des Krieges generell verboten waren. Zur Kundgebung auf der Theresienwiese, die im letzten Augenblick von der Polizeidirektion entgegen allen Vorschriften genehmigt wurde, kamen etwa tausend Neugierige. Nach der Kundgebung führte ein Demonstrationszug – was auch verboten war – von wenigen hundert Teilnehmern der Kundgebung quer durch die Stadt nach Stadelheim und forderte dort die Freilassung der sozialistischen Gefangenen. Das wurde zugesichert. Dann ging es weiter zum Wittelsbacher Palais. Dort löste sich die Demonstration mit einem Hoch auf Frieden, Freiheit und Republik auf.

Die Demonstration vom 3. November hatte keineswegs auf ein bedrohliches Anwachsen der Macht der USPD schließen lassen.Trotzdem wurde die Mehrheitssozialdemokratie erneut unruhig, und am 4. November trafen sich Vertrauensleute der beiden sozialistischen Parteien und der Gewerkschaften, um über die Einigung zu beraten. Zu diesem Zweck wurde eine Kommission gebildet. Gleichzeitig sprach man sich aus über die nächsten Schritte. Auer verlangte eine Demonstration im ganzen Reich, Eisner aber forderte bereits den Sturz der Regierung und die Ausrufung der Republik. Es war schon am 4. November deutlich geworden, daß die SPD sich mitreißen lassen würde, schon aus Furcht, die Massen verlieren zu können. Damit war die Direktion der Ereignisse eindeutig bei Kurt Eisner. Dieser hat jetzt keine Zeit mehr verloren. Am 5. November wurden in München die Kieler Ereignisse bekannt, die erfolgreiche Matrosenrevolte mit dem gescheiterten Versuch der gewaltsamen Niederschlagung. Von diesem Ereignis sprach Eisner in einer Versammlung auf der Theresienwiese und kündigte seinerseits den Aufstand an, klar, entschieden, vor aller Augen und Ohren. Nach russischem Vorbild forderte er die Bildung von Arbeiter- und Soldatenräten, doch als die Menge sich sofort in Marsch setzen wollte, um sich der Stadt zu bemächtigen, beruhigte Eisner noch einmal und versprach: „Nur noch kurze Zeit. Ich setze meinen Kopf zum Pfande, ehe 48 Stunden verstreichen, steht München auf." Trotz dieser eindeutigen Kundgebung sah das Innenministerium wie das Generalkommando keine Möglichkeit zum Einschreiten, doch während der Innenminister und die Offiziere aus Fatalismus die Hände in den Schoß legten, war Dandl immer noch optimistisch und bagatellisierte die drohende Gefahr. Dasselbe machte der Kriegsminister am Tage darauf in einer Besprechung im Landtag. Trotz der beruhigenden Worte des Kriegsministers warnte bei dieser Besprechung der prominente Abgeordnete der Freisinnigen, Müller-Meiningen, die Mehrheitssozialdemokraten davor, die für den 7. November einberufene Versammlung zusammen mit den Gewerkschaften und den Unabhängigen mitzutragen. Auer erwiderte darauf: „Reden sie doch nicht immer von Eisner, Eisner ist erledigt. Sie dürfen sich darauf verlassen, wir haben unsere Leute in der Hand. Ich gehe selbst mit dem Zuge, es geschieht gar nichts." Zur gleichen Zeit besprach Kurt Eisner mit einer kleinen Gruppe von noch nicht zehn Vertrauten in seiner Wohnung in Großhadern den genauen Plan für den kommenden Tag.

Am 7. November morgens trafen sich die verantwortlichen Personen von der SPD, der USPD und den Gewerkschaften im Münchner Gewerkschaftshaus, um das Programm für den Nachmittag endgültig festzulegen. Eine ganze Reihe von Rednern wurde bestimmt, darunter Auer und noch einige Sozialdemokraten, von den Unabhängigen Eisner, Simon und Unterleitner, die späteren Minister. Die Redezeit wurde auf fünfzehn Minuten festgesetzt, dann sollte eine Resolution angenommen werden, in der es unter anderem hieß: „Das deutsche Volk weiß sich eins mit allen Völkern Europas in dem Willen, die Zukunft der Welt durch einen allgemeinen Bund des Rechts und der Freiheit sicherzustellen und sieht der Erfüllung des vom Präsidenten der Nordamerikanischen Union verkündeten Weltfriedens mit Vertrauen entgegen. Die Versammelten fordern den sofortigen Abgang des Kaisers und den Verzicht des Thronfolgers, die Beseitigung aller Verfassungsbestimmungen, die der Freiheit des deutschen Volkes entgegenstehen, die Ausschaltung aller reaktionären Elemente, die Annahme der Waffenstillstandsbedingungen, umfassende soziale Maßnahmen." Für die Sozialdemokraten war die Resolution wie die ganze Demonstration der Versuch, Eisner den Wind aus den Segeln zu nehmen, Auer hatte deshalb sogar die amtliche Zustimmung zur Kundgebung und zum Demonstrationszug beigebracht. Aber auch Eisner stimmte zu. Er ließ sich zwar auf die Einhaltung eines bestimmten Programms nicht festlegen, betonte aber, daß von den Unabhängigen außerhalb des beschlossenen Programms nichts geplant oder verabredet sei. Trotzdem war einiges von seinen Absichten durchgesickert. Die Polizei erfuhr, daß der große Schlag geplant sei. Nachmittags war Konferenz beim Innenminister zusammen mit Auer, wobei die Frage erörtert wurde, ob man Eisner noch vor der Kundgebung verhaften solle, doch wurde diese Überlegung allgemein zurückgewiesen. Auer äußerte noch einmal sein Vertrauen darauf, daß Eisner nicht zum Zuge kommen werde. Der Kriegsminister behauptete, er hätte genügend zuverlässige Truppen zur Verfügung, aber noch im Verlauf des Nachmittags erwiesen sich alle militärischen Vorkehrungen als illusorisch. Die Truppen riefen den Arbeitern zu, sie würden auf keinen Fall schießen, und als sich zu der Kundgebung an die 50000 Menschen einfanden, hing alles nur noch ab davon, ob der zündende Funke von Eisner auf die Massen überspringen würde oder nicht. Um 15 Uhr begann der Ablauf des vereinbarten Programms, anschließend wurde die vorgesehene Resolution angenommen, und dann ordnete sich ein gewaltiger Demonstrationszug unter Führung Auers. Eine dreiviertel Stunde später marschierte der Zug unter Musik von der Theresienwiese ab. Das Ziel war der Friedensengel, wo nach einer kurzen Rede die Kundgebung ihren Abschluß finden sollte. Sie war also geplant als eine riesige Demonstration, welche die Reichsregierung beeindrucken sollte, sie war dazu gedacht, den Frieden herbeizuführen, aber gerade die Disziplin der Sozialdemokraten wurde ihnen jetzt zum Verhängnis. Während Auer mit seinen Leuten abzog, versammelte Kurt Eisner die zahlreichen Soldaten, die sich auf der Theresienwiese eingefunden hatten, und vor allem starke Trupps von Matrosen, die auf der Durchreise durch München waren, um sich. Einer seiner Vertrauten, der Unteroffizier Fechenbach, gab dann die entscheidende Parole aus: „Auf in die Kasernen!" Während Auer seine Demonstration nach Osten führte, brach Eisner mit den Soldaten auf zu den Kasernen im Westen und Norden von München. Die Truppen gingen sofort zu den Aufständischen über. Waffen wurden verteilt und Munition, das Militärgefängnis wurde aufgebrochen, die Revolution war in vollem Gang.

Das hat sich schon nach fünf Uhr auch in der Regierung herumgesprochen. Dandl, Brettreich, der Innenminister, und Hellingrath, der Kriegsminister, berieten, sie sahen keinen Ausweg, und, wie das langjährige Kabinettsgewohnheit war, sie vertagten sich. Es wurde nicht einmal der Versuch gemacht, wenigstens das Regierungsviertel zu schützen und damit für die Regierung einen Rest von Handlungsfreiheit zu wahren oder gar, die Regierung an einen sicheren Ort zu verlegen. Um sieben Uhr traf man sich erneut beim Kriegsminister, der jetzt daran dachte, eine bei Landsberg stehende preußische Division nach München zu holen; doch auch diese Division meuterte. So blieb als letzter Rat nur noch der an den König, München sofort zu verlassen.

Inzwischen war die Besetzung der Stadt in vollem Gang. Der Bahnhof, das Telegraphenamt, die militärischen Kommandostellen, das Kriegsministerium und die Polizeidirektion wurden besetzt. Der Polizeipräsident stellte sich sofort zur Verfügung, damit die Revolution ordnungsgemäß ablaufen konnte, während zur gleichen Zeit der Innenminister noch einen Versuch machte und die Gendarmerie zusammenzog. Bezeichnend ist, daß er sich dabei mit Auer verständigte, um zu erfahren, ob die SPD den Putsch unterstütze. Auer versicherte ihm, die SPD würde die Niederschlagung des Putsches tolerieren und meinte, mit 500 Mann könne man die Lage noch meistern. Er ließ allerdings den Innenminister nicht im Zweifel darüber, daß eine solche Maßnahme nur noch in der Nacht vom 7. auf den 8. November Erfolg verspreche, dann sei die Revolution nicht mehr aufzuhalten und dann müsse sich auch die SPD in den Ablauf einschalten, um zu versuchen, auf der Grundlage der neugeschaffenen Verhältnisse an der Stabilisierung der inneren Ordnung mitzuarbeiten. Auer ließ keinen Zweifel daran, daß es die Angst vor der Anarchie war, die ihn im einen wie im anderen Fall in erster Linie bestimmte, keine Loyalität zu der oder jener politischen Richtung.

Der Innenminister hatte auch nicht einmal diese 500 Mann zur Verfügung, welche Auer, wahrscheinlich doch zu unrecht, als ausreichend erachtet hatte für die erfolgreiche Niederschlagung des Putsches. Bis zehn Uhr bereits war Kurt Eisner Herr der Lage. Noch am gleichen Tag, um 22.30 Uhr, übernahm Eisner die volle Staatsgewalt, indem er im Sitzungssaal des Landtags eine vorläufige konstitutierende Versammlung der Arbeiter-, Bauern- und Soldatenräte eröffnete und sich zum Präsidenten wählen ließ. Das russische Vorbild war nur für die Bildung der Räte wirksam und erstreckte sich nicht auf die weiteren Phasen der Revolte. Noch am gleichen Abend, vor der neu gebildeten konstituierenden Versammlung, kündigte Eisner die Schaffung eines endgültigen Arbeiter-, Bauern- und Soldatenrates an, aber auch diesen nur als Vorstufe für eine Nationalversammlung, welche die endgültigen Herrschaftsverhältnisse in Bayern regeln sollte. Er erwähnte nichts von einer sozialistischen Republik, nichts von einer Diktatur des Proletariats. Eisner tat sich nicht mit dem äußersten linken Flügel der Sozialisten zusammen, den Spartakisten, die es in München freilich nur in verschwindender Zahl gab, sondern er trat noch am Vormittag des 8. November an die Mehrheitssozialisten heran und forderte sie zur Mitarbeit auf. Seinem alten Gegner Auer bot er sogar das Innenministerium an. Bis um drei Uhr war die Einigung vollzogen. Anschließend trat der „Provisorische Nationalrat des Volksstaates Bayern", bestehend aus Mitgliedern des Arbeiter- und Soldatenrates sowie den Fraktionen der Sozialdemokraten, des Bauernbundes und einem Teil der Liberalen Vereinigung zu seiner ersten Sitzung zusammen. Nach einer kurzen Rede schlug Eisner die Bildung einer provisorischen Regierung vor, welche vorläufig die Geschäfte Bayerns führen solle. Als Ministerpräsident empfahl er sich selbst. Am 9. November traten die neuen Mitglieder ihr Amt an, ordnungsgemäß eingeführt durch ihre Vorgänger, von denen keiner unter Protest seinen Platz verlassen hat, von denen Dandl sogar Ludwig III. zur Abdankung zu bewegen versuchte, damit alles seinen geordneten Gang habe. Kaum einer der hohen bayerischen Beamten ist damals in den Ruhestand getreten. Fast könnte man sagen, die Revolution in München sei völlig legal vor sich gegangen.

Der vollständige Zusammenbruch der staatlichen Autoritäten scheint nur den Schluß zuzulassen, daß tiefgreifende allgemeine Ursachen dafür verantwortlich sind, grundlegende Strukturmängel, die weit in die Vorkriegszeit hineinreichen, daß der Zusammenbruch nicht durch Zufall erfolgte, durch die Impulse weniger Persönlichkeiten, nicht der Überrumpelung durch landfremde Juden und Literaten zu danken war, wie das Doeberl einst formuliert hat, sondern mit Notwendigkeit erfolgte, als zwangsläufiges Ergebnis der Spannung zwischen Staat und Gesellschaft, da die Struktur der Gesellschaft sich grundlegend gewandelt habe, die staatliche Struktur dagegen nicht. Diese Struktur hat sich nun freilich auch durch die Revolution nicht gewandelt, die Beamtenschaft blieb bis in höchste Stellen hinein im Dienst, und nach dem revolutionären Zwischenspiel kehrte man sogar wieder zum alten System der Beamtenregierungen zurück, was dazu führte, daß wieder in der Regel subalterne, unselbständige Jasager, Karrieremacher ohne Rückgrat das Schicksal des Staates in Händen hatten und wieder kläglich versagten. Die Kritik an diesem System übersieht also, daß es im Grunde nach wie vor identisch blieb und während der Krisen der frühen zwanziger Jahre ebenso reagierte wie während des Weltkrieges, nämlich mit den hergebrachten Mitteln der Verwaltung, mit bürokratischen Maßnahmen also, nicht mit revolutionären. Beseitigt hatte man im Grunde nur das Königtum, aber gerade die Monarchie hatte mit den Verfallserscheinungen am wenigsten zu tun. Das monarchisch-konstitutionelle System war ein Kind des Liberalismus. Der Liberalismus war aber in diesem System nur eine sehr kühl gehaltene Ehe mit dem absolutistischen Königtum eingegangen, und es war diese liberale Beamtenschaft, die angesichts der eigenen Unzulänglichkeit, angesichts vor allem der unerwarteten Niederlage und des Aufbruchs der Massen in der entscheidenden Stunde unsicher geworden war und keine Autorität mehr einzusetzen wußte. Allerdings hatten auch die Monarchen ihr Selbstvertrauen eingebüßt, sie hatten Deutschland in den Krieg geführt und hatten den Krieg verloren. Kein Wunder, daß nicht einer der deutschen Fürsten den Mut aufbrachte, für seine Herrschaftsrechte auch zu kämpfen. Daß Ludwig III. aber auch in einem weiteren Sinne am Gesamtverlauf nicht unschuldig ist, wird man nicht leugnen können. Er hat die Regierungsgewalt völlig seinen Ministern überlassen, hat nach außenhin stets strengste Zurückhaltung geübt, damit aber hat er im Grunde das Monarchische Prinzip, wie es in der bayerischen Verfassung verankert war und das die Ausübung der Regierungsgewalt durch den König vorsieht, selbst freiwillig preisgegeben.

Die Könige von Sachsen und Württemberg haben das längst nicht in diesem Maße getan, und sie haben doch nur zwei Tage länger ihre Krone getragen als Ludwig III. Es kann also allein an solchen Mängeln nicht liegen, und in der Tat ist es wieder und wieder der Krieg mit seinen Konsequenzen, der in den öffentlichen Verlautbarungen als Grund für die revolutionären Aktionen genannt wird. Unter anderen Umständen hätte niemand eine Revolution für notwendig gehalten, wie das auch Eisner vor 1916 nicht getan hat; die wirtschaftliche Rückständigkeit Bayerns, die so gern als wichtiger Punkt im Ursachenfeld der Revolution angeführt wird, mußte sogar in Zeiten friedlicher Entwicklung hemmend wirken. Es soll jedoch keinesfalls geleugnet werden, daß die immer stärker in Erscheinung tretende Diskrepanz zwischen der Industriegesellschaft und der weithin bürgerlich-agrarischen Gesellschaftsstruktur im Reich eine der Hauptursachen für den raschen Erfolg des Umsturzes wie insgesamt für die Tolerierung der Revolution durch die breite Masse gewesen ist. Wäre aber die These, daß der Abgrund zwischen der Arbeiterschaft bzw. der Industriegesellschaft und dem Staat so unüberbrückbar geworden war, zutreffend, dann hätte sich gerade die mächtigste Interessenvertretung der Arbeiterschaft, die SPD und die von ihr getragene Gewerkschaft, während des Krieges und vor allem während der November-Ereignisse spontan und entschieden an die Spitze der Bewegung stellen müssen, das war aber nicht der Fall. Wie in Bayern hat auch in Berlin die SPD-Führung bis zuletzt gebremst, hat versucht, Zeit zu gewinnen und hat Demonstrationen und Streiks so rasch wie möglich abgebrochen und umgebogen. Bis zuletzt hat es in der SPD, wie sie sich seit etwa 1910 entwickelt hat, weder eine revolutionäre Ideologie gegeben noch ein revolutionäres Bedürfnis, wie Booms feststellt. Noch im letzten Aktionsprogramm vom Mai 1918 hielt die SPD-Führung im Sinn des Reformismus daran fest, daß der existierende Staat mit Hilfe von Reformen zu einem sozialen demokratisch-parlamentarischen Rechtsstaat fortgebildet werden könne. Mit der Parlamentarisierung der Reichsverfassung nach dem Rücktritt des Reichskanzlers Hertling glaubte man der wesentlichsten dieser Forderungen genügt zu haben. In der Tat bestand seitdem begründete Aussicht, im Reformwerk weiterzukommen, hatte die SPD doch in der Reichstagswahl von 1912 von 397 Mandaten 110 erobert, das waren 34,8 Prozent aller Mandate, und wenn es gelang, auch noch das Zentrum mit 16,4 Prozent der Sitze für das Reformwerk zu gewinnen, wozu unter der dynamischen Führung von Matthias Erzberger durchaus Hoffnung bestand, war auch innerhalb der bestehenden Verfassung die Kluft zwischen Staat und Gesellschaft zu schließen. Natürlich konnte man von der SPD nicht gut verlangen, daß sie für die Monarchie hätte kämpfen sollen, genug, daß sie nicht unmittelbar zu ihrem Sturz angetreten war.

Erich Matthias nennt die Revolution von 1918 eine „Friedensrebellion"; mag man diesen Ausdruck auch für überspitzt halten, insofern nicht annähernd alle im November 1918 wirksamen Bestrebungen damit erfaßt sind, so wird man doch zugeben müssen, daß die entscheidende Triebkraft die Friedenssehnsucht der Massen gewesen ist. Müdigkeit, Resignation, vielleicht auch Verzweiflung waren die Triebkräfte, der rabiate Volkszorn, der zu jeder echten Revolution gehört, fehlte völlig. Das zeigt vielleicht nichts besser als der Bericht des Schloßverwalters in der Residenz, Jakob Wimmer, über die Besetzung der Residenz am 8. November. Wimmer berichtet, daß sich nach Bekanntwerden der Flucht des Königs vor der Residenz eine größere Menschenmenge versammelt habe. Er selbst war noch in der Residenz. In einer Nische an der Tür stand ein Schutzmann, der dort noch immer Wache hielt. Auf der Straße wurde der Lärm immer lauter. So entschlossen sich der Schloßverwalter und der Polizist, die Türe zu öffnen und mit den Leuten zu reden. „Die Leute wichen anfangs zurück und schrien, jetzt ist die Türe auf, doch getraute sich niemand näher her. Der Schutzmann trat vor die Türe und fragte, was die Menge wolle, worauf alle riefen: Wir möchten hinein. Der Schutzmann rief: Niemand kommt herein als ihr Führer. Es meldete sich ein junger Soldat, der sich als Führer ausgab. Der Schutzmann fragte ihn, ob er die Leute so in der Hand hätte, daß sie ihm folgten. Der Führer bejahte dieses. Dann sagte der Schutzmann, ob er noch jemanden mit herein nehmen möchte, worauf der Führer einen Namen rief und sofort kam noch ein Unteroffizier. Beide wurden dann hereingelassen." – Das war der Sturm auf die Münchner Bastille. Welch ein Unterschied zum 14. Juli 1789!

Die Räterepublik

Der Münchner Staatsstreich vom 7. November hatte für Deutschland das große Signal gesetzt, das in wenigen Tagen überall das Ende der monarchischen Staatsform herbeiführte. Im übrigen aber war das Ergebnis im einzelnen sehr verschieden, für die Zukunft des Reiches entscheidend war die Form, die in Berlin für die Neuorganisation des Landes Preußen, vor allem für die Reichsregierung gefunden werden sollte. Noch am 9. November entschloß sich die neue Regierung, der Rat der Volksbeauftragten, wie sich die von Max von Baden am Vormittag des 9. November eingesetzte letzte kaiserliche Regierung unter dem Vorsitz Eberts am späten Nachmittag unter dem Einfluß der Unabhängigen und der sich jetzt rasch formierenden Soldaten- und Arbeiterräte nannte, die Bestimmung der neuen staatlichen Ordnung nach dem alten Vorbild von 1848 einer verfassunggebenden Nationalversammlung zu überlassen. Grundsätzlich war damit bereits entschieden, daß die neue Staatsform demokratisch-parlamentarisch sein sollte und nicht abzielte auf die Diktatur des Proletariats, damit auf eine radikale Änderung der bisherigen Struktur.

Scheidemann hat nicht, wie Karl Liebknecht, die Sozialistische Republik proklamiert, sondern die Deutsche Republik. Der von Ebert geführte Rat der Volksbeauftragten steuerte nicht eine sozialistische Staatsform an, sondern begnügte sich mit der Demokratie, und Ebert gab als Grund für seine Selbstbescheidung ausdrücklich die Besorgnis an, daß die Einführung des Sozialismus nicht das geeignete Mittel sei, in der gegenwärtigen kritischen Situation des Reiches dem Vierten Stand Arbeit und Brot zu sichern. In dieser Frage stimmte auch Eisner mit den neuen Machthabern in Berlin überein, im übrigen unterschied sich seine Herrschaft in München aber doch in einem sehr wesentlichen Punkt von den Verhältnissen in Berlin. Eisner gehörte der Unabhängigen Sozialdemokratie an, damit dem revolutionären Flügel der Sozialisten. Die Rätebewegung in München war von ihm angeführt worden. Er war der Exponent der Arbeiter- und Soldatenräte, die sich in München bildeten, und er war anerkannt von den Räten gleicher Art, wie sie in allen bayerischen Großstädten zusammentraten. In Berlin war aus dem Reichskabinett des Prinzen Max von Baden, noch in vorrevolutionärer Legalität also, auf die SPD bereits ein Teil der Macht übergegangen. Ebert und Scheidemann hatten der Regierung Max von Baden angehört. Schließlich hatte Max von Baden das Reichskanzleramt selbst auf Ebert übertragen, ein Vorgang, der zwar nicht der Reichsverfassung Bismarcks entsprach, da die Übertragung dieses Amtes nur der Kaiser vornehmen konnte, die aber immerhin noch einen gewissen legalen Anstrich besaß. So war also die SPD schon im Besitz wesentlicher Ansprüche auf die Regierungsgewalt, als Scheidemann am 9. November die Republik ausrief. Jetzt war freilich der letzte Damm geborsten, es war auch der SPD nicht mehr möglich, sich einfach auf die Stühle der abgegangenen Minister zu setzen und mit Hilfe der kaiserlichen Beamtenschaft weiterzuregieren, als wäre nichts geschehen. Die von allen Seiten zusammenströmenden Soldaten, die auf die Straße geeilten Arbeiter waren fasziniert von der Idee der Räte, durch welche sich die Mitbestimmung des Volkes bei der Regierung des Ganzen verwirklichen ließ. Mit diesem, dem eigenen entgegengesetzten Anspruch hatten Ebert und Scheidemann erst fertigzuwerden.

Noch am 9. November liefen die grundlegenden Verhandlungen an, die nach bayerischem Vorbild von Anfang an die Unabhängigen Sozialdemokraten einschlossen. Das Ergebnis war die Bildung einer neuen Regierung, die zu gleichen Teilen von den Mehrheitssozialisten und von den Unabhängigen gestellt wurde, und welche sich Rat der Volksbeauftragten nannte zum Zeichen dafür, daß die Souveränität beim Volk liegen und unmittelbar ausgeübt werden sollte durch Räte, vorerst noch mit einem nicht genau umschriebenen Konzept. Die Beauftragung des Rates der Volksbeauftragten war von Anfang an die umstrittenste Frage. Die Arbeiter- und Soldatenräte in Berlin, die sich zu einer zentralen Vereinigung zusammengeschlossen hatten, verlangten die Anerkennung ihrer Stellung als Inhaber der Souveränität. Der Rat der Volksbeauftragten erkannte diesen Anspruch theoretisch an, versuchte aber, das Zentralorgan der Arbeiter- und Soldatenräte, den Vollzugsrat, auf eine Kontrollfunktion zu beschränken, ähnlich, wie sie der alte Reichstag besessen hatte. Das war eine Quelle der kommenden Konflikte, das Spannungsverhältnis zwischen den beiden zentralen Instanzen der Revolution, das nur dadurch gemildert war, daß, wie sich dann auf dem Rätekongreß vom 18. Dezember zeigte, die Mitglieder der SPD in allen Gremien die Mehrheit besaßen. Damit war auch in dem nicht weniger spannungsreichen Verhältnis zur Unabhängigen Sozialdemokratie von Anfang an die entscheidende Frage geklärt, die nach den wirklichen Machtverhältnissen. Die Mehrheitssozialisten setzten sich entsprechend dieser Machtverteilung vor allem in der für die Zukunft wichtigsten Frage durch, jener nach der Grundform der neuen Verfassung. Die Verlautbarung Eberts vom 9. November, in welcher er ankündigte, alsbald eine verfassunggebende Nationalversammlung einzuberufen, behielt damit ihre Gültigkeit. Festgelegt war damit aber auch der demokratische Charakter des neuen Staates, der ernsthaft bedroht war vom linken Flügel der Unabhängigen, vor allem aber von den Spartakisten, deren Sprecher Karl Liebknecht und Rosa Luxemburg waren und die mit aller Energie auf die Diktatur des Proletariats hinarbeiteten. Nicht durchsetzen konnte sich Ebert bei seinem Plan, die Sozialisierung zunächst zurückzustellen. In dieser Frage wurde er vom Rätekongreß überstimmt, doch sind die grundlegenden Sozialisierungsgesetze, die auf diesem Rätekongreß geplant waren, über das Stadium der ersten Konzipierung nicht hinausgekommen.

Das Ergebnis der Wahlen zur verfassunggebenden Nationalversammlung bestätigte nur die Stellung der bisher schon führenden Partei, der SPD. Sie zog mit 165 Sitzen, das waren 38,7 Prozent, als stärkste Partei in die Nationalversammlung ein. Die zweitstärkste Partei mit 91 Sitzen, das waren 21,2 Prozent, war erwartungsgemäß das Zentrum. Weit abgeschlagen war die Unabhängige Sozialdemokratische Partei mit 5,2 Prozent oder 22 Sitzen. Der Versuch, die liberalen Parteien zusammenzufassen und ihnen damit ein größeres Gewicht zu geben, ist mißlungen. Die früheren Parteien wurden unter neuen Namen fortgesetzt. Die Fortschrittspartei kehrte wieder als Deutsche Demokratische Partei; sie errang 17,8 Prozent der Stimmen. Die Nationalliberalen als Deutsche Volkspartei erlangten 5 Prozent; ein Teil ihrer ehemaligen Wähler ging über zu den Deutschnationalen, die auch die alten Konservativen Parteien in sich aufgenommen hatten. Die Deutschnationale Volkspartei erlangte 10 Prozent der Stimmen. Mit diesem 19. Januar 1919 war die erste Phase der deutschen Revolution abgeschlossen.

In Bayern verzögerte sich der Abschluß dieser ersten Phase um einen ganzen Monat. Diese erste Phase der Revolution in Bayern ist zugleich die Regierungszeit Kurt Eisners. Eisner hatte noch am 8. November für die Grundlegung einer neuen Ordnung gesorgt, die durch nichts anderes repräsentiert wurde als durch jene revolutionären Kräfte, die Eisner selbst mobilisiert hatte, die Arbeiter- und Soldatenräte. Am 8. November, 15.38 Uhr, trat der Arbeiter- und Soldatenrat zu seiner zweiten Sitzung zusammen. In der ersten war die Republik ausgerufen worden und ein Oberkommandierender für Bayern bestimmt worden, der Leutnant Königsberger. Das war ein bezeichnender Vorgang. Zuerst konstituierte sich also die bewaffnete Macht. Die neue Demokratie ruhte demnach unzweideutig auf der Basis der Gewalt. Das war das Erbe, das der neuen Regierung mitgegeben war. Gewählt wurde sie vom Arbeiter- und Soldatenrat. Die Zusammensetzung stand im Zeichen jenes Kompromisses, der sich bereits am 7. November beim Putsch selbst ausgewirkt hatte. Ministerpräsident und Minister für auswärtige Angelegenheiten wurde Kurt Eisner, aber neben ihm waren nur zwei weitere Mitglieder der Unabhängigen, nämlich der Finanzminister Dr. Edgar Jaffé und der Minister für soziale Fürsorge, Hans Unterleitner. Die SPD hatte das wichtige Innenministerium erhalten, das Eisner widerstrebend, aber doch durch den Zwang der Umstände genötigt, seinem Gegner Erhard Auer anvertrauen mußte. Das Ministerium für Unterricht und Kultus erhielt der spätere Ministerpräsident Johannes Hoffmann. Das Justizministerium und das Ministerium für militärische Angelegenheiten erhielten ebenfalls SPD-Leute, Johannes Timm und Albert Roßhaupter.

Die Zusammensetzung der Regierung ist bereits ein Programm, der Ausdruck für jenes Spannungsverhältnis, das die revolutionären Ereignisse in München bestimmen wird bis zum schrecklichen Ende. Dieses Spannungsverhältnis kam in den programmatischen Erklärungen der Regierung in diesen Tagen nur verhüllt zum Ausdruck, da weder die Proklamation der Demokratischen Sozialen Republik Bayern vom 8. November, noch das ausführlichere Programm der Bayerischen Volksregierung vom 15. November radikale Programmpunkte enthält, sondern nur die Sorge der Regierung für die Herstellung von Ruhe und Ordnung betont, sich verbürgt für die Sicherung der Freiheit, sich ausspricht für die Erziehung zur Humanität und Menschlichkeit und schließlich eine konstituierende Nationalversammlung in Aussicht stellt sowie die Unverletztlichkeit des Eigentums und der Person garantiert. In dieser programmatischen Erklärung wird Ferdinand Lassalle apostrophiert, auch das ist ein Hinweis auf behutsame Zurückhaltung, auf Förderung der staatserhaltenden Kräfte, auf Distanz von revolutionärem Ungestüm. Andererseits war Eisner der Vorsitzende des Arbeiter- und Soldatenrats, einer rein revolutionären Institution also. In diesem Verhältnis war von Anfang an jener verhängnisvolle Zwiespalt zum Ausdruck gebracht, der für die Haltung und für die Regierungstätigkeit Kurt Eisners bezeichnend ist. Es ging Eisner um ein Gleichgewicht zwischen Ordnung und Fortschritt, wie Mitchell sagt, um Stabilisierung der Verhältnisse ohne Behinderung der elementaren Triebkräfte der Revolution. Er mußte also einen Weg finden, auf dem die traditionelle Struktur der Exekutive und der Legislative in Einklang gebracht werden konnte mit den neuen Organen der Revolution. Das Grundproblem, das die Revolution aufgeworfen hatte, war also die Versöhnung eines parlamentarischen Systems, das war die sozialdemokratische Tradition, in welcher Eisner wurzelte, mit der Einführung revolutionärer Räte. Eisner hatte ausdrücklich zugestanden, daß er das Recht einer ordnungsgemäß gewählten Nationalversammlung, über die endgültige Form des republikanischen Staates zu entscheiden, respektieren werde. Außerdem hatte er noch am 8. November einen provisorischen Nationalrat als Nachfolger des Landtages ernannt. Er hatte also den Arbeiter- und Soldatenräten ein Parlament zur Seite gesetzt, das zwar jeder demokratischen Legitimation entbehrte, da ja die Mitglieder nicht gewählt waren, dessen Funktion aber als die eines Parlaments gedacht war, mit Legislative und Kontrolle der Regierung.

Diesem Bekenntnis zur parlamentarischen Demokratie standen aber Äußerungen Eisners gegenüber, die sich schwer damit in Einklang bringen lassen. Sicher war die Stellung des Ministerpräsidenten, der gleichzeitig erster Vorsitzender des Arbeiter- und Soldatenrates war, sehr schwierig, da die Vorstellungen der auf Beharrung, auf Ordnung und inneren Frieden bedachten Sozialdemokraten mit dem dynamischen revolutionären Elan der im Vorhof der Macht angelangten Arbeiter- und Soldatenräte nicht in Übereinstimmung zu bringen waren. Eisner stand zwischen beiden miteinander unvereinbaren Welten, ohne beiden anzugehören und ohne sich für eine der beiden entscheiden zu können.

Das war für die Aufgaben, welche einer Regierung in dieser turbulenten Zeit gestellt waren, umso verhängnisvoller, als die Konzeption der Räte, so wie sie in Deutschland übernommen wurde, von vorneherein höchst widersprüchlich, jedenfalls aber unbestimmt war. Die Rätebewegung war von Anfang an Träger der Revolution, des bewaffneten Umsturzes, und damit im Grunde auch in Bayern der neue Inhaber der Souveränität. Im Reich war allerdings die Rolle der Räte von Anfang an nicht so umfassend. Der Übergang vom Kaiserreich zum Staat der Volksbeauftragten vollzog sich in einer freilich etwas fragwürdigen Legitimität, insofern die Regierung Ebert sowohl kaiserlich als revolutionär war. Immerhin hat sie keinen Augenblick die Macht aus den Händen gegeben, wenngleich sie sich dann nach der Ausrufung der Republik von der Versammlung der Berliner Arbeiter- und Soldatenräte in ihrem Amt hat bestätigen lassen. In Berlin ist damit die Rolle der Räte nie über eine kontrollierende Funktion hinausgewachsen, selbst wenn von Anfang an auch im norddeutschen Bereich die Räte als Organ der revolutionären politischen Willensbildung gedacht waren, welches der Regierung ihre Politik vorschreiben sollte. Garantiert war dieses Verhältnis durch die überwältigende Mehrheit von Mitgliedern der Mehrheitssozialisten im Berliner Rätekongreß vom 18. Dezember, der aber einen Antrag, das Rätesystem zur Grundlage der Verfassung zu erklären, mit 344 gegen 98 Stimmen abgelehnt hatte.

In Bayern war um diese Zeit das Verhältnis noch unentschieden. Das lag daran, daß Kurt Eisner von der Rätebewegung hochgetragen worden war, das lag aber auch daran, daß die Führer der Münchner SPD grundsätzlich gegen eine Beteiligung der Arbeiter- und Soldatenräte an der politischen Macht waren. Auer war der Ansicht, daß es für ein Zwittergebilde, wie es der Rätestaat darstelle, überhaupt keine Rechtsgrundlage gebe, doch war auch aus pragmatischen Gründen der Großteil der Funktionäre der SPD gegen eine solche Konstruktion, die zwei Gewalten im Staat gebracht hätte. Vor allem fürchtete man Experimente in einer Situation, in welcher die primitivsten Lebensgrundlagen nicht gesichert waren, auch schreckte das Beispiel Rußlands ab, wo die Kämpfe um die Macht immer noch nicht beendet waren, nicht zuletzt sorgten sich die Gewerkschaften wohl auch, ihre Aufgaben und ihren Einfluß an die neuen Organe zu verlieren. Eine entschiedene Stellung nahmen die Mitglieder und auch die Führer der SPD freilich nicht ein, die bayerische SPD präzisierte noch im Dezember ihren Standpunkt gegenüber den Räten dahingehend, daß sie wohl im Interesse des Volkes bestünden und ihnen demgemäß das Recht zur Vorlage von Gesetzesentwürfen zukomme, daß sie aber selbst keinerlei gesetzgebende oder vollziehende Gewalt besäßen. Damit legte sich aber die bayerische SPD offiziell auf eben jenen Standpunkt fest, den auch Eisner immer vertreten hatte.

Am 15. Dezember etwa erklärte er vor dem Münchner Arbeiterrat: „Wenn wir verhindern wollen, daß auch die neue Demokratie sich in einem leeren, unfruchtbaren Parlamentarismus verliert, müssen die Räte daneben (neben dem Parlament) lebendig bleiben. ... sie sollen Aufsichtsorgane des gesamten öffentlichen Lebens im Bezirk sein, in dem sie eingesetzt sind. Sie sollen das öffentliche Leben kontrollieren, sie sollen sich mit der Tätigkeit der Regierung und auch der Selbstverwaltung beschäftigen, nicht als Exekutivorgane, aber als Kontrollorgane, als Kritikorgane ... Die Arbeiterräte sollen ein Zentralorgan sein, von dem das ganze öffentliche Leben unseres Bezirks zur Rechenschaft und Verantwortung gezogen wird." Diese maßvolle Stellungnahme, in welcher sich Eisner zu der für sein System typischen Formel bekannte, nicht Räte oder Parlament, sondern beides – die halbe Macht also den Räten, wie man auch gesagt hat –, hatte nur eines nicht bedacht. Es blieb unausgesprochen, auf welche Seite sich Eisner schlagen würde, wenn er sich einmal zwischen beiden Tendenzen entscheiden mußte.

Wenig später äußerte er sich deutlicher: „Eher wäre die Nationalversammlung entbehrlich als die Räte. Es wäre ein Glück für die neue Nationalversammlung, wenn sie sich stützen könnte auf die Räte. Und wenn es anders kommt, was dann? Eine Nationalversammlung ist ein Wahlgebilde, das geändert werden kann und muß, wenn es sich in Widerspruch befindet mit den Massen des Volkes ... Nicht der Wahlzettel entscheidet letzten Endes, sondern der Geist, der die Massen beseelt."

Schon einmal hatte Eisner ein Bekenntnis abgelegt von seinem unbegrenzten Vertrauen in diesen Geist der Massen, der ihn tatsächlich am 7. November hochgetragen hatte, aber inzwischen hatte er längst keinen Einfluß mehr auf die Kräfte, die sich jetzt in den neugeschaffenen Gremien regten. Selbst der erste in München zusammengetretene Arbeiterrat, der vom 7. November, war wenige Wochen später keineswegs mehr in seiner Hand. Dieser Revolutionäre Arbeiterrat, wie er sich nannte, der etwa 50 Mitglieder umfaßte, darunter einige der Akteure der späteren Räterepublik, hatte keine weitere Legitimation als seinen revolutionären Ursprung. Trotzdem gelang es nicht, ihn auszuschalten, als mit den Verordnungen vom 26. November bzw. vom 5. Dezember genaue Richtlinien für die Wahlen zu den Soldaten- und Arbeiterräten getroffen wurden. Die Gremien waren ausgebaut von unten nach oben. Gemeinden und Betriebsgruppen wählten jeweils mehrere Räte, diese wieder einen Vertrauensmann, die gewählten Vertreter wurden dann zur Distriktsversammlung entsandt. Die Distrikte wählten aus den Vertrauensleuten den Vollzugsausschuß. Dieser wieder stand im Zusammenhang mit dem Zentralrat in München. Diese demokratische Legitimation war durch die Wahl gegeben, aber da in diesen Richtlinien ausdrücklich jede Vollzugsgewalt für diese Räte verneint wurde, besaßen sie in Wirklichkeit keine Aufgabe. Das bedeutet, daß sie gezwungen waren, um ihrer Existenz willen sich eine solche Aufgabe zuzulegen.

Eine singuläre Erscheinung in Deutschland war die Existenz von Bauernräten in Bayern. Diese bayerischen Bauernräte hingen nicht etwa zusammen mit den russischen. Das russische Vorbild hat hier wohl kaum gewirkt, sondern lediglich der Zufall, der einen der Führer des Bayerischen Bauernbundes, Ludwig Gandorfer, dessen Bruder Karl Gandorfer führender SPD-Mann war, in den Kreis um Eisner geführt hatte. Radikal war der Bayerische Bauernbund schon seit seiner Gründung. Die Kriegsverhältnisse steigerten dann die Erbitterung der Bauernschaft gegenüber der Regierung, so daß es Karl Gandorfer, der für den Landkreis Mallersdorf 1912 in den Landtag eingezogen war, schließlich im November 1918 gelang, den Bauernbund geschlossen auf die Seite Eisners zu führen. Für die Bildung von Bauernräten maßgebend war jetzt die Organisation des Bauernbundes, so daß in den Bauernräten nur die Mitglieder des Bauernbundes selbst vertreten waren. Das Ergebnis der starken politischen Stellung des Bauernbundes war ein Anwachsen der Wählerzahlen um mehr als das dreifache, bei der Wahl von 1919 erlangte der Bauernbund 16 Sitze. Aufschlußreicher als das Gesamtergebnis ist aber das Ergebnis in Niederbayern, wo der Bauernbund 30%, oder in Schwaben, wo er mehr als 20% aller abgegebenen Stimmen erhielt.

Eisner hat also das System der Räte sorgfältig ausgebaut, er hat sich um eine demokratische Legitimation bemüht, aber das Grundverhältnis hat er weitgehend in der Schwebe belassen. In der praktischen Regierungstätigkeit war er überhaupt völlig abhängig von der Beamtenschaft, die nach wie vor in ihren Ämtern saß und die gewohnte Arbeit tat, auch die Stellen im Land beugten sich widerspruchslos den Befehlen aus München, schon im Interesse einer geordneten Lebensmittelversorgung.

Das alles wäre aufs Spiel gesetzt worden, das sah Eisner selbst sehr genau, wenn er der Forderung seiner radikaleren Parteifreunde nach der Erfüllung des wichtigsten sozialistischen Programmpunktes nachgegeben hätte, der Forderung nämlich nach Sozialisierung, nach Vergesellschaftung der Produktionsmittel. In dieser Frage war überhaupt nichts durchdacht, nichts vorgeplant, noch weniger vorbereitet. Aber selbst wenn sich in der Diskussion vor der Revolution bereits Klarheit über die praktische Durchführbarkeit der Sozialisierung gebildet hätte, wäre es Eisner nicht möglich gewesen, ein solches Programm mit den ihm zur Verfügung stehenden Kräften auch durchzuführen. Er besaß keinen Apparat, war also angewiesen auf die Mithilfe der königlichen Beamten und der Kommunalbeamten. Von denen aber war weder nach Vorbildung noch nach Neigung die Durchführung der Sozialisierung zu verlangen. Die SPD wieder, die einen Apparat besessen hätte, dank ihrer das ganze Land umfassenden disziplinierten Parteiorganisation, versagte sich Eisner nicht nur, weil er nicht mehr zu ihr gehörte, sondern auch, weil man in der bayerischen SPD genauso wie in der Führungsspitze des Reiches den Zeitpunkt für die Sozialisierung noch nicht gekommen sah. Eisner schreckte auch vor dem Widerstand zurück, den Sozialisierungspläne hervorgerufen hätten, er wollte keine Anwendung von Gewalt. Grundsätzlich hatte Eisner auf den Sozialismus nicht verzichtet. Er blieb nach wie vor das Fernziel, und das war wohl auch der entscheidende Grund für die Beibehaltung der Räte, daß sie das eigentliche Organ der zukünftigen Sozialisierung sein sollten. So war der Sozialismus durch Eisner nicht preisgegeben, wie er am 5. Dezember ausdrücklich ausführte, sondern nur zurückgestellt, und tatsächlich trug Eisner durch seinen Verzicht auf die Sozialisierung dazu bei, daß sich wenigstens auf dem Land die Verhältnisse wieder konsolidierten.

Eisner errang sich sogar einen gewissen Schatz an Sympathien, und zwar durch seine eigenwillige Haltung gegenüber der Reichsregierung. Zunächst hatte die Regierung Eisner das Grundverhältnis der Länder zum Reich nicht in Frage gestellt. Über die Form des Zusammenschlusses der Länder zu einem neuen Gebilde scheint er sich zwar keine genauen Vorstellungen gemacht zu haben, doch scheint er an keine engere Verschmelzung der Länder gedacht zu haben, als sie Bismarck vorgenommen hatte, denn er sprach einmal ausdrücklich von den „Vereinigten Staaten von Deutschland", ein andermal von einem Staatenbund. Eisner war dabei völlig selbstverständlich von der bisherigen Einheit ausgegangen.

Auch er hätte wohl kaum zu seiner oppositionellen Haltung gefunden, wenn er nicht von vorneherein in schärfster parteipolitischer Gegnerschaft zu der Regierung Ebert-Scheidemann in Berlin gestanden hätte. Nicht zuletzt auch, weil er sich selbst für den einzigen Staatsmann hielt, der dem Reich einen direkten Frieden verschaffen könnte, sah Eisner, der das auch einmal sagte, als politischen Vorort Deutschlands München an. Von hier mußte die entscheidende Initiative in der Friedensfrage ausgehen, wie er glaubte. Verständlich ist das, was Eisner in den Wochen des November 1918 an eigener Außenpolitik trieb, nur dann, wenn man annimmt, daß er, wie so viele Deutsche, uneingeschränkt an den guten Willen wie an die Allmacht Wilsons glaubte. Deshalb hatte er den Umsturz angeführt, und so beschäftigte ihn das Ziel, mit Hilfe Wilsons zum raschen Frieden zu kommen, auch als erstes der politischen Probleme, die er in Angriff nahm. Noch in der Nacht vom 10. zum 11. November ließ er dem Bundesrat in Bern einen „Appell des neuen Volksstaates Bayern an die feindlichen Regierungen" übermitteln, mit der Bitte, ihn an Wilson weiterzugeben und gleichzeitig in der Schweizer Presse zu verbreiten. Hier wies er darauf hin, daß das bayerische Volk zuerst in Deutschland den leidenschaftlichsten Kampf gegen die frevelhafte Politik der deutschen Regierungen und Fürsten geführt habe und alles beseitigt habe, was schuldig und mitschuldig am Weltkrieg war. Diesem Volk Bedingungen aufzuerlegen, die es vernichten müßten, könnten demokratische Völker unmöglich wollen. Jetzt sei die Stunde gekommen, durch einen Akt weitblickender Großmut die Versöhnung der Völker herbeizuführen.

Eisner blieb bei dieser Proklamation nicht stehen, sondern ernannte noch am 12. November Friedrich Wilhelm Förster, den Münchner Pädagogen, zum bayerischen Gesandten in Bern, um dort Fühlung aufzunehmen mit den Alliierten. In der Tat ließ ein Vertrauensmann Wilsons Eisner wissen, daß man möglichst viele deutsche Staaten überzeugen solle, Eisners Führung zu folgen. Besonders entscheidend sei die moralische Wirkung eines vollen und offenen Bekenntnisses der Schuld der deutschen Regierung. Das war die Versuchung, welcher Eisner erlegen ist. Er unternahm zwei Schritte gleichzeitig. Bei der Reichsregierung ließ er die Anregung aussprechen, „die Urkunden über den Ursprung des Krieges umgehend zu veröffentlichen", da man nur so eine Atmosphäre des Vertrauens bei den Friedensverhandlungen schaffen könne. Gleichzeitig aber beschaffte sich Eisner Dokumente aus dem Bayerischen Staatsministerium des Äußeren, die ihm beweiskräftig für die Schuld der Reichsregierung am Kriegsausbruch erschienen, und ließ sie in gekürzter Form im Berliner Tagblatt publizieren. Die Absicht, die ihn dabei leitete, war die, Druck auszuüben auf die Reichsregierung, um sie zum Eingehen auf seine Absichten zu bewegen. Das Gegenteil aber wurde erreicht. Die Dokumente überzeugten niemand, da sie gekürzt und damit entstellt waren. In Berlin erklärte man ihm, daß er durch seine Eskapaden die Friedensverhandlungen nur belaste, und so reiste Eisner verärgert und enttäuscht aus Berlin fort und brach die Beziehungen zur Reichsregierung ab.

Dieser spektakuläre Schritt war nicht gedacht als Loslösung Bayerns vom Reich, sondern war nur gerichtet gegen die SPD-Regierung, um ihr den Boden zu entziehen. Aber bei einer Konferenz der deutschen Regierungen, auf der Eisner zugegen war, ist es ihm nicht gelungen, die anderen deutschen Länder auf seine Richtung festzulegen, und so faßte der Ministerrat bereits am 3. Dezember den Beschluß, die Beziehungen zum Auswärtigen Amt in Berlin wieder anzuknüpfen. Wenn man also Eisner in den Kreisen der bayerischen Separatisten wegen seiner scheinbar starken Haltung gegenüber Berlin für einen aus den eigenen Reihen hielt, so war das ein Irrtum, ein Irrtum freilich, der ebenfalls dazu beitrug, die Popularität Eisners aufrechtzuerhalten.

Ob Eisner jemals gesehen hat, daß er vor einer unmöglichen Aufgabe stand, wissen wir nicht. Sehr bald sah er jedenfalls ein, daß er rings von Feinden umgeben war, und zwar zählte zu den Gegnern Eisners nicht nur die Führungsschicht der Sozialdemokraten, sondern auch jene Gruppe, die ihn am 7. November auf den Schild gehoben hatte, der Revolutionäre Arbeiterrat, der unter dem Einfluß des Anarchisten Erich Mühsam bereits Anfang Dezember gegen ihn in Opposition trat. Machtmittel, auf die er sich hätte stützen können, standen Eisner dabei nicht zu Gebote. Die einzige Waffe war seine Popularität und seine Fähigkeit, auf Massen einzuwirken. Damit läßt sich ein Putsch bewerkstelligen, aber ohne Macht regieren kann auf die Dauer niemand. So war die Regierungszeit Eisners seit Anfang Dezember eine einzige Folge von Erschütterungen, die in immer stärkerer Steigerung das kommende Chaos vorbereiteten. Daß es dabei Eisner immer wieder gelungen ist, durch den Einsatz der ihm allein zur Verfügung stehenden Mittel, der Beschwichtigung und des Kompromisses, die jederzeit mögliche Katastrophe zu verhindern, ist schon erstaunlich genug.

Die erste schwere Belastungsprobe hatte er bereits am 4. Dezember zu bestehen, als 500 Pioniere vor das Ministerium des Äußeren zogen, um für die Einberufung der Bayerischen Nationalversammlung zu demonstrieren. Eisner, Auer und Roßhaupter sicherten die baldige Bekanntgabe des Einberufungstermins der Nationalversammlung zu, damit war die Versammlung zufrieden und zog wieder ab. Mit dieser Zusage, auf welche Eisner von den sozialdemokratischen Ministern sofort festgenagelt wurde, erregte er aber Anstoß bei jenen Kräften, auf die er sich bisher allein verlassen hatte, bei den Arbeiter- und Soldatenräten. Am gleichen Tag, an dem er als Tag der Wahl zum konstituierenden Landtag den 12. Januar bekanntgab, kam es bereits zu leidenschaftlichen Kundgebungen gegen diesen Verrat an der Revolution. Erich Mühsam führte eine große Aktion zur Beschlagnahme aller bürgerlichen Zeitungen in München an, im Anschluß an die geglückte Besetzung der Redaktionen zog die Menge weiter zu der Wohnung des Innenministers Auer und zwang ihn zum Rücktritt. Noch am gleichen Abend jedoch ging Eisner zur Wohnung Auers, von den Demonstranten begeistert begrüßt, und machte alles rückgängig, die Absetzung Auers wie die Beschlagnahme der bürgerlichen Zeitungen. Es ist sicher, daß Eisner gewalttätige Ausschreitungen ablehnte, so daß es ohne Zweifel sein Verdienst ist, daß es in Bayern während seiner Regierungszeit zu keinen blutigen Unruhen gekommen ist. Es ist allerdings fraglich, ob es ihm gelungen wäre, über den 21. Februar hinaus die radikale Linke zu bändigen. Bis dahin hatte er das nur dadurch fertiggebracht, daß er immer wieder nachgegeben hat, so am 17. Dezember, als die Arbeiterräte aus den Betrieben und Städten zusammenkamen, um den Landesarbeiterrat zu wählen, und der Münchner Revolutionäre Arbeiterrat darauf bestand, ohne Wahl in den Landesarbeiterrat übernommen zu werden. Eisner hat hier kapituliert. Er gab freilich auch der Gegenforderung der Gewerkschaften nach, die dann ihrerseits die gleiche Forderung stellten und ebenfalls ohne Wahl in den Landesarbeiterrat übernommen wurden. Am 11. Dezember konstituierte sich dann in München auch eine Spartakusgruppe, geführt von Dr. Max Levien. Bei der Gründungsversammlung ergriff Eisner selbst das Wort und mahnte zur Ordnung und Besonnenheit. Um welche Kräfte es sich dabei handelte, war in München um diese Zeit noch immer nicht deutlich geworden. Max Levien, der in Moskau geboren war, hatte noch vor dem Krieg die deutsche Staatsangehörigkeit erworben und hatte im deutschen Heer gedient. In Zürich hatte er Lenin kennengelernt und war zu seinem Anhänger geworden. Die Spartakuszentrale zu Berlin hatte ihn im Dezember nach Bayern geschickt, um auch hier die Entwicklung in Gang zu bringen. Andere Mitglieder stammten zum Teil aus den Münchner Künstler- und Intellektuellenkreisen, die sich aber trotz mancher Sympathien für die russische Oktoberrevolution, die etwa Erich Mühsam teilte, doch wesentlich von den Mitgliedern der kommunistischen Partei Rußlands unterschieden. Die extremsten Gedanken stießen in diesen Kreisen aneinander, vom schwärmerischen Anarchismus mit der politischen Mystik eines Gustav Landauer bis zur kalten Leidenschaft Max Leviens, der auf die Fahne der Weltrevolution geschworen hatte. Ein Teil dieser Gruppe bildete dann, als sich in Berlin der Spartakusbund auflöste und zum Jahresende den Kern der neuen Kommunistischen Partei Deutschlands stellte, zusammen mit einer Reihe von Mitgliedern der USPD auch die Anhängerschaft der Kommunistischen Partei in München.

Die Spartakusgruppe schien zwar angesichts ihrer verschwindenden zahlenmäßigen Größe keinerlei Gefahr zu bilden, aber sie stellte das ausgeprägteste Element der Bewegung dar, und mit welcher mitreißenden Gewalt die bloße Bewegung an sich schon auf die Masse wirkte, hatte man im November gesehen. So war die sozialdemokratische Führungsschicht angesichts der neuen Bildung außerordentlich besorgt und nahm die Agitation der Spartakisten gegen die Wahlen zum verfassunggebenden Landtag zum Anlaß, am 27. Dezember, nach den schrecklichen Weihnachtskämpfen zu Berlin und unter ausdrücklichem Hinweis auf die dortigen Ereignisse, zur Bildung einer Bürgerwehr aufzurufen. Doch angesichts der scharfen Opposition der Räte wurde Auer noch am 29. Dezember von seinen eigenen Parteifreunden im Kabinett im Stich gelassen und der Gedanke an eine Bürgerwehr aufgegeben. Damit war die Sozialdemokratie in der entscheidenden Stunde ohne Macht. Der Verzicht auf die Einrichtung einer starken bewaffneten Schutztruppe zur Aufrechterhaltung der öffentlichen Ordnung wirkte sich noch im Januar verhängnisvoll aus und zwar in erster Linie gegen die Regierung selbst. Zahlreiche herumlungernde Soldaten, daneben aber auch 18 000 Arbeitslose allein in München bildeten einen ständigen Unruheherd, der durch keinerlei Gegenmaßnahmen eingedämmt werden konnte, da sich die Regierung selbst die Hände gebunden hatte. So kam es auch in München zu Krisen, zu Gewalttätigkeiten, zum schleichenden Verfall der politischen Autorität.

Die entscheidende Phase der Revolution mußte kommen, wenn das Ergebnis der Wahlen zum verfassunggebenden Landtag bekannt wurde. Jetzt mußten entweder alle bisher gezogenen Wechsel eingelöst werden oder es kam zur Bankrotterklärung. Die Wahlen selbst verliefen ohne bemerkenswerte Störung der öffentlichen Ordnung. Das war umso überraschender, als die Kommunisten und die Reste der Unabhängigen Sozialdemokraten dagegen opponiert hatten. Das bemerkenswerteste Ergebnis der Wahlen war, daß die USPD von 180 Mandaten ganze drei erhielt. Der Bayerische Bauernbund brachte es auf 16. Auch nach der Revolution führte die schon bisher führende Partei, die sich jetzt seit dem 12. November 1918 Bayerische Volkspartei nannte, das alte Zentrum also. Sie erhielt 35% der Stimmen und 66 Sitze im Landtag. Dichtauf folgte die SPD mit 61 Sitzen und 33% der Stimmen. Die Nachfolgepartei der bayerischen Liberalen, die Deutsche Demokratische Partei, brachte es auf 25 Sitze und 14%. Das war mit 82% der Stimmen ein wuchtiger demokratischer Block, der sich im grundsätzlichen Bekenntnis zur parlamentarischen Regierungsform einig war und damit in der Entschlossenheit, die Souveränität wieder dem Landtag zu übertragen und jedes weitere Experiment mit der Räteverfassung zu unterbinden. Auch Kurt Eisner hat das Wahlergebnis insofern anerkannt, als er zwei Tage später eine Erklärung abgab, die deutlicher als alle bisherigen Erklärungen eine Distanzierung von der Räteherrschaft besagte.

Im wesentlichen beschränkte sich aber Eisner auch in dieser kritischen Phase vor dem Zusammentritt des Landtags weithin auf seine bisher so erfolgreich ausgeübte Kunst des Lavierens, obgleich die Schwierigkeiten sich von Tag zu Tag steigerten. München war während des Kriegs bis auf 650000 Einwohner gewachsen. Mit diesem Wachstum hatte der Ausbau der Wohnungen nicht mehr Schritt gehalten, der Ausbau der Arbeitsmöglichkeiten nur dank der Kriegsindustrie, die jetzt auf Grund der Waffenstillstandsbedingungen schleunigst abgebaut werden mußte. Aber auch die Gütererzeugung zum friedlichen Gebrauch ging aus Rohstoffmangel spürbar zurück. Statt der notwendigen 15000 Tonnen Kohle täglich wurden im Januar infolge verkehrstechnischer Schwierigkeiten nur noch täglich 5000 Tonnen angeliefert, so daß aus diesen Gründen schon die Zahl der Arbeitslosen beängstigend in die Höhe schnellte. Im Dezember 1918 waren es noch 8000, Anfang Januar bereits 18000, Anfang Februar hatte sich auch diese Zahl verdoppelt, um bis Mitte Februar auf 40000 zu steigen, ein bis 1930 nicht mehr erreichter Höhepunkt.

Der katastrophale Anstieg der Arbeitslosenziffer steigerte nicht nur das allgemeine Gefühl der Unsicherheit und Hoffnungslosigkeit, sondern trieb auch Tausende auf die Straße, wo sie die Beute der hemmungslosen Demagogie von links wurden. Zu den Tausenden von Arbeitslosen kam noch ein überhaupt nicht mehr überschaubarer Ansturm von heimkehrenden Soldaten. München war das große Entlassungszentrum für Bayern. Etwa 50000 Mann befanden sich dauernd in der Stadt, in Hunderten von Notunterkünften, dem Einfluß der Soldatenräte ausgesetzt und ohne Tätigkeit, zum Teil auch ohne Hoffnung, durch nichts in Schranken gehalten als durch den eigenen guten Willen. Das war eine ungeheuere Reservearmee, die bei jeder Verschärfung der innenpolitischen Lage sofort zur Verfügung stand.

Vorerst gelang es der kommunistischen Agitation noch nicht, sie wirksam zu mobilisieren, immerhin erreichte Levien, daß für den 16. Februar eine Massendemonstration auf der Theresienwiese stattfand, die gegen die Einberufung des Landtags protestieren sollte. Diese Demonstration brachte den Höhepunkt der Verwirrung. Sie war gerichtet gegen die Politik der Regierung Eisner, Eisner selbst aber führte sie an. Sie war organisiert vom Münchner Arbeiterrat, aus dem die SPD ausgetreten war, doch die SPD und die Gewerkschaften gaben ihren Mitgliedern die Parole, bei der Demonstration mitzumarschieren. So kam es, daß manche Demonstranten Schilder trugen mit Inschriften gegen den Bolschewismus und für den Landtag, während andere verlangten, alle Macht den Arbeiter-, Bauern- und Soldatenräten, nieder mit Noske, nieder mit Roßhaupter und Timm, hoch Lenin und Trotzki und dergleichen mehr. Ungewiß ist, wie stark die Teilnahme an dieser Demonstration war. Die Zahlen schwanken von 9000 bis 150000, wobei die SPD-Presse versuchte, die von ihr selbst beschickte Demonstration in ihrer Bedeutung herabzusetzen, während die „Rote Fahne" in ihr schon das Bekenntnis Münchens zur Räteherrschaft erblickte.

Wie auch immer man die Bedeutung dieser Demonstration beurteilen mag, daß der Tag der Landtagseröffnung zur Katastrophe führen mußte, schien jedermann so gut wie unvermeidlich. Daß sie von einem Attentat ausgelöst wurde, das von rechtsradikaler Seite kam, war dagegen nicht zu erwarten gewesen. Noch hatte sich diese Richtung bis jetzt nicht bemerkbar gemacht. Am 21. Februar, auf dem Wege zur Eröffnung des Landtags, wurde Kurt Eisner vom Leutnant der Reserve Graf von Arco erschossen. Sechzig Minuten später betrat ein Mitglied des Revolutionären Arbeiterrates den Sitzungssaal des Landtags und schoß Erhard Auer, den er für den Anstifter des Mordes hielt, aus nächster Nähe ebenfalls nieder. Auer wurde schwer verwundet, weitere Mitglieder des Landtags wurden getötet. Und als von der Tribüne weitere Schüsse fielen, räumten die Landtagsmitglieder das Gebäude. Das war zugleich die Auflösung des Landtags und die Überlassung der politischen Macht an alle, die sich ihrer bemächtigen wollten. Roßhaupter hatte die Energie nicht aufgebracht, seinen Plan einer Volkswehr auch durchzusetzen. Damit war der Landtag in der entscheidenden Stunde schutzlos und gleichzeitig machtlos.

Der Mörder Eisners hat niemals seine Motive für die unglückselige Tat bekannt. Als er nach seinen schweren Verwundungen durch die beiden Leibwächter Eisners, 1920, also nach dem Sieg der Gegenrevolution, vor Gericht gestellt wurde, wurde die Todesstrafe über ihn ausgesprochen, fünf Jahre später wurde er begnadigt. Wenn Arco, wie das immer wieder behauptet wird, verhindern wollte, daß Eisner den Landtag vertage und weiterhin die Stelle des Ministerpräsidenten einnehme, so kann man heute wohl sagen, daß der Mord nicht nur verbrecherisch und verhängnisvoll war, sondern auch das eigentliche Ziel verfehlte. Es gab für Eisner keine Alternative zum Rücktritt. In der Kabinettssitzung vom 20. Februar war der Artikel 17 des Grundgesetzes vom 4. Januar im neuen vorläufigen Grundgesetz durch einen grundlegend geänderten Artikel ersetzt worden. Am 4. Januar hatte es geheißen: „Bis zur endgültigen Erledigung des Verfassungsentwurfes ... übt die revolutionäre Regierung die gesetzgebende und vollziehende Gewalt aus." Eisner hätte also so lange im Amt bleiben können, bis der verfassunggebende Landtag mit seiner Arbeit zu Ende gewesen wäre. Bis dahin hätten sich viele neue Möglichkeiten ergeben. Der neue Artikel aber lautete: „Die oberste vollziehende Gewalt wird vom Gesamtministerium ausgeübt. Der Vorsitzende des Gesamtministeriums wird vom Landtag mit einfacher Mehrheit der Gesamtzahl seiner Mitglieder gewählt. Die übrigen Minister werden von ihm berufen, die Minister bedürfen zu ihrer Amtsführung des Vertrauens des Landtags. Sie sind für die Führung ihrer Geschäfte dem Landtag verantwortlich." Das war die eindeutige Grundlegung des Parlamentarismus, welcher Eisner zugestimmt hatte. Außerdem hatte Auer mitgeteilt, daß es gelungen sei, Eisner zum Rücktritt zu bewegen. Dadurch wird das Zeugnis des Sekretärs Eisners, Fechenbach, bekräftigt, der betonte, daß Eisner die Rücktrittserklärung in der Tasche getragen habe. Wenige politische Morde der Epoche waren also so sinnlos wie der vom 21. Februar.

Es ist trotzdem unzulässig, wenn man Persönlichkeit und Werk Eisners allein von diesem Abschluß seines Lebens her beurteilt, wie das vielfach geschieht. Seine Gegner unter den Münchner Kommunisten geben zum Teil in ihren Memoiren unumwunden zu, daß ihnen der Vorgang sehr gelegen kam und daß sie jetzt Eisner zum Helden aufbauten, um so noch nach dem Tode Eisners an dessen Popularität teilzunehmen. Erst durch diese Propaganda, die nach dem Tode Eisners einsetzte, wurde Kurt Eisner für die Ziele der Kommunisten in Beschlag genommen. Neubauer vergleicht ihn mit Kerenski, den Initiator der ersten, der bürgerlichen russischen Revolution. Kerenski wurde bekanntlich von den Bolschewisten hinweggefegt, und es ist anzunehmen, daß Eisner dasselbe Schicksal nicht erspart geblieben wäre, wenn die Entwicklung nicht so jäh abgeschnitten worden wäre. Nun läßt sich dieser Vergleich selbstverständlich nicht bis zum letzten Punkt durchführen. In Rußland gab es keine Sozialdemokratie mit ihren festgefügten Ortsverbänden, keine starke Gewerkschaft, auch keine bürgerlichen Parteien von der Stärke der Bayerischen Volkspartei oder der Deutschen Demokratischen Partei. Die revolutionären Kräfte waren heillos zerstritten, so daß sich die geschlossenen Kader der Bolschewisten trotz ihrer hoffnungslosen Minderzahl durchsetzen konnten. In einem sind sich Eisner und Kerenski allerdings sehr ähnlich, in ihrem Versuch, nach allen Seiten hin auszugleichen, die Extreme fernzuhalten, in ihrem Unverständnis für die harten Gesetze der politischen Macht und in ihrem rührenden Idealismus. Es war Eisners Tragik, wie sein Biograph Schade sagt, daß er als politisierender Philosoph glaubte, mitten in einer Zeit entfesselter Brutalität die Menschen das „Ethos des unblutigen Kampfes um den Rechtsstaat" lehren zu können. Seine persönliche Erfahrung als Journalist, der zweimal ins Gefängnis geworfen worden war, hatte ihm einen fanatischen Glauben an das Grundrecht auf freie Meinungsäußerung eingegeben. Seine Überzeugung als Kantianer, seine Opposition gegen den Krieg hatten ihn zum Gegner bewaffneter Gewalt in jeglicher Form gemacht. So unterließ er die Ergreifung ausreichender Sicherheitsvorkehrungen in München, nicht weil er den Kommunisten helfen wollte, sondern weil er glaubte, kein Recht zu ihrer Unterdrückung zu besitzen. Er glaubte bis zuletzt, all die widerstreitenden Elemente im politischen Leben Bayerns mit friedlichen Mitteln durch vernünftiges Zureden miteinander versöhnen zu können. Es war dieser Glaube, der ihn überzeugte, er müsse im Amt bleiben zu einer Zeit, wo es besser gewesen wäre für ihn zurückzutreten, wie Mitchell sagt, aber es scheint nicht, daß er, ungeachtet einzelner taktischer Winkelzüge, den Voraussetzungen untreu geworden ist, unter denen er einst antrat. Er hat seine Stellung zwischen der parlamentarischen Demokratie und der Herrschaft der Räte, an welche er als das tragende

Element des sozialistischen Zukunftsstaates glaubte, bis zuletzt beibehalten und ist wohl daran auch gescheitert.

Mochte Eisner vielleicht noch ein vages politisches Konzept gehabt haben, seine Nachfolger in München hatten ein solches bestimmt nicht mehr. Sie wußten nicht, was sie anstreben sollten, sie waren sich nur darin einig, was sie nicht wollten, nämlich die Demokratie. Was auf Eisner folgte, war chaotisch, von Anfang an ohne Grundriß und ohne Ziel; wie es scheint, Bewegung um der Bewegung willen. So war der Tod Eisners nicht der Auftakt zur Stabilisierung der Verhältnisse unter einer neuen demokratischen Regierung, sondern er brachte die langerwartete zweite Revolution, die sicherlich auch Kurt Eisner nicht hätte aufhalten können, wie Fechenbach meint, sondern die schon längst vorbereitet war und mit der Erich Mühsam auch Eisner gegenüber gedroht hatte. Nichts hinderte nach der Verwirrung des Vormittags den Vollzugsrat der Münchner Arbeiterräte, bereits am Nachmittag die Macht zu übernehmen. Mit der Begründung, daß der Landtag durch die Flucht aus dem Landtagsgebäude sein ihm von den Wählern erteiltes Mandat aufgegeben habe und daß damit die revolutionäre Aufgabe des Rätesystems neubegründet worden sei, berief der Vollzugsausschuß eine allgemeine Versammlung der Münchner Räte ein, erklärte den Belagerungszustand, rief zum dreitägigen Generalstreik auf und kündigte für den 22. Februar eine Räteversammlung an mit den Worten: „Es lebe das Vermächtnis Eisners, es lebe die zweite Revolution, es lebe die Räterepublik!" Vorsitzender des elfköpfigen „Zentralrats der Bayerischen Republik" und daher in gewissem Sinne der vorläufige Regierungschef des bayerischen Staates war der Sozialdemokrat Ernst Niekisch, der als Vorsitzender der Augsburger Räte in den Vollzugsausschuß gekommen war. In seinen Memoiren gibt er zu, im wesentlichen einfach von der Stimmung des Augenblicks mitgerissen worden zu sein, gegen bessere Einsicht. Zunächst schien jedoch noch alles in Ordnung anzulaufen, zumal auch andere SPD-Mitglieder diesem Zentralrat angehörten. Man versuchte zunächst nur, die Arbeiter-, Soldaten- und Bauernräte in der bayerischen Verfassung zu verankern, Rätemitglieder mit beratender Stimme in die Ministerien abzuordnen, außerdem war Niekisch dafür, den Landtag wieder einzuberufen, sobald die Verhältnisse es gestatteten – ein sehr maßvolles Programm also, das die Grundlage bildete für die Beratung des Kongresses der Bayerischen Räte, der vom 25. Februar bis zum 1. März im Landtagsgebäude tagte und in dem sich die SPD schließlich durchsetzte. Die Hilflosigkeit der augenblicklichen Inhaber der Staatsgewalt wird jedoch durch nichts besser gekennzeichnet als durch die Bitte des Vorsitzenden, Delegierte und Zuschauer möchten doch ihre Waffen in der Garderobe abgeben, damit die Beratungen nicht unter Druck stattfinden müßten. Zur gleichen Zeit tagten in den großen Bierkellern in Permanenz Tausende von Soldaten und Arbeitslosen, die unablässig Deputationen an den Kongreß schickten, die zu Demonstrationen aufbrachen, hin und wieder gestört von den verzweifelt agierenden schwachen republikanischen Sicherheitstruppen, die auf der Theresienwiese eine Demonstration zerstreuten, wobei es drei Tote gab, oder sogar mitten in den Kongreß einbrachen, die Teilnehmer mit erhobenen Händen stehen ließen und Max Levien verhafteten, nur um ihn auf Befehl des Zentralrates dann kurze Zeit später wieder freizulassen. Trotz dieser schon jetzt dem Chaos zustrebenden Verwirrung gelang es der SPD noch einmal, einen Antrag Leviens zu Fall zu bringen, der gefordert hatte, daß die Räte an Stelle sowohl der Exekutive wie der Legislative treten sollten, oder die Proklamation der Räterepublik zu verhindern, die Erich Mühsam verlangte. Nach einigem Schwanken, das zu einer Regierung Segitz führte, die nie ihr Amt antrat, erklärte sich der Kongreß schließlich bereit, der Einberufung des Landtags zuzustimmen und damit die parlamentarische Demokratie als die zukünftige Regierung anzuerkennen. Auch der Bayerische Bauernbund schwenkte auf diese Linie ein. Für die Kommunisten und die ihnen nahestehenden Anarchisten und Mitglieder der USPD aber bedeutete dieser Entschluß Verrat an den wahren Interessen der Arbeiterklasse. Aber noch wagten sie nicht, gegen die Mehrheit in den Räten anzutreten, so daß dem Zusammentritt des Landtags in München Mitte März nichts entgegenstand.

Dieser Landtag nahm am 18. März ein Ermächtigungsgesetz an, das einem Kabinett unter Führung des Mehrheitssozialisten Johannes Hoffmann umfassende Vollmachten erteilte. Dann vertagte er sich. Mit diesem Gesetz vom 18. März 1919 gab der Landtag dem von ihm eingesetzten Ministerium die Ermächtigung, Gesetze und Verordnungen ohne seine Mitwirkung zu erlassen. Erst beim nächsten Zusammentritt des Landtags sollten diese Maßnahmen vom Parlament überprüft werden. Die Dauer dieser Regelung war nicht angegeben. Das Ermächtigungsgesetz vom 21. März 1933 hat mehrere Vorläufer, eines davon ist dieses Gesetz aus der zweiten Phase der Münchner Revolution. Bereits dieses Gesetz hätte die Diktatur bringen können, doch stand dem nicht nur die demokratische Tradition der SPD entgegen, sondern auch ihre immer wieder zu beobachtende verhängnisvolle Unklarheit und Schwäche. Hoffmann selbst war es durchaus klar, daß die Gefahr nicht nur rechts stand, sondern auch links, aber er konnte es nicht wagen, von den ihm verliehenen Vollmachten Gebrauch zu machen, weil seine Parteifreunde in den Räten immer noch aufs engste mit den Spartakisten zusammenarbeiteten und es ihm nicht erlaubt hätten, die radikalen Agitatoren verhaften zu lassen. Aber nur so wäre ein wesentliches Element der ständig wachsenden Unruhe auszuschalten gewesen. Hoffmann hat sich im Gegenteil gegen sein besseres Wissen vom Druck des Zentralrats sogar dazu bewegen lassen, das von Eisner immer wieder verzögerte Sozialisierungsprogramm endlich in Angriff zu nehmen. Das Ergebnis war eine weitere Beunruhigung der Wirtschaftslage, so daß der erhoffte Rückgang der Arbeitslosenzahl ausblieb. Immer noch waren also die Straßen und Plätze voll von arbeitslosen Arbeitern und von Soldaten, die immer noch nicht heimgeschickt worden waren. Von ihnen kam dann auch der Anstoß zum nächsten Umsturz. Am 1. April drohte die jetzt bereits organisierte Schar der Arbeitslosen mit Selbsthilfe. Am gleichen Tag forderten etwa 3 000 Soldaten, die im Löwenbräu tagten, die Aufstellung einer Roten Armee und die Übernahme der Führung in den Räten durch die Kommunistische Partei. Die ausdrückliche Forderung nach einer Umgestaltung der bayerischen Verfassung im Sinn einer Räterepublik erfolgte dann zwei Tage später, und zwar in Augsburg. Ernst Niekisch, der Vorsitzende des Augsburger Arbeiterrates und gleichzeitig Vorsitzender des Münchner Zentralrates, ein führendes Mitglied der SPD, hatte eine Tagung nach Augsburg einberufen. Hier hielt er eine Rede über die zweite Revolution, in welcher er darlegte, daß der Tag für die volle Räteherrschaft noch nicht gekommen sei und daß man sich vorerst noch mit einer sozialistischen parlamentarischen Regierung begnügen müsse. Die folgende Aussprache führte jedoch zur Entschließung, im Zusammenwirken mit der Regierung die Bayerische Räterepublik auszurufen, ein Bündnis mit Sowjet-Rußland und Ungarn, wo am 22. März ebenfalls eine Räterepublik entstanden war, zu schließen und für den 4. April einen Generalstreik auszurufen. Eine Delegation der Versammlung sollte mit der Regierung diesbezüglich verhandeln, doch als die Delegation eintraf, war Ministerpräsident Hoffmann nach Berlin abgefahren. Die Regierung sah sich ohne Hoffmann nicht in der Lage zu verhandeln, so wurde am gleichen Tag der Regierung das Heft aus der Hand genommen. Eine Massenversammlung von Soldaten im Löwenbräu nahm die Augsburger Resolution an und damit die Räterepublik.

In diesem Stadium glitt auch die SPD ihrer Führung größtenteil aus den Händen. Die Kommunisten wären allein nicht in der Lage gewesen, die Verhältnisse so rasch zu wenden, sie bedurften dazu der Hilfe einer starken sozialdemokratischen Minderheit. Tatsächlich erklärte sich auf dem Südbayerischen Gautag der SPD zu München am 5. April eine starke Gruppe damit einverstanden, zusammen mit Kommunisten und Unabhängigen die Ausrufung einer Bayerischen Räterepublik am 7. April zu unterstützen. Anwesend war bei dieser Versammlung am 7. April Ernst Niekisch, der sozialdemokratische Vorsitzende des Zentralrates, Unterleitner, der ehemalige Minister unter Eisner, aber auch die Anarchisten Mühsam und Landauer und Eugen Leviné, einer der radikalsten Kommunistenführer. Für die SPD führte das Wort der Minister Schneppenhorst, der unter Hoffmann die militärischen Angelegenheiten übernommen hatte. Zur Überraschung fast aller seiner Parteifreunde bestand auch er darauf, daß nunmehr die Bayerische Räterepublik proklamiert werde. Ihm ging es zweifellos darum, die sozialistische Einheitsfront aufrechtzuerhalten und zu verhindern, daß die SPD ganz aus der politischen Macht verdrängt würde. Diese Gefahr war auch dadurch nicht zu bannen, daß Schneppenhorst jetzt auch die Kommunisten zur Zusammenarbeit einlud. Leviné jedoch, der Max Levien als Vorsitzenden der Kommunisten abgelöst hatte, der die Anarchisten aus der Partei ausgeschlossen und die Zusammenarbeit mit der USPD beendet hatte, lehnte auch diese Aufforderung ab, da die Berliner Zentrale der KPD die Weisung ausgegeben hatte, jeden Anlaß zu militärischen Aktionen der Regierungstruppen streng zu vermeiden. Schneppenhorst selbst war seiner Sache keineswegs völlig sicher. Als er die Proklamation der Räterepublik verlangt hatte, bestand er ausdrücklich darauf, eine förmliche Proklamation noch um zwei Tage zu verschieben, bis die notwendigen Vorbereitungen getroffen seien. Während dieser Zeit wurde eine Konferenz führender Sozialdemokraten nach Nürnberg einberufen. Aber obwohl diese Konferenz mit 47 gegen 6 Stimmen die Räterepublik ablehnte und von Schneppenhorst den Rücktritt verlangte, sah dieser keine Möglichkeit mehr, nach seiner Rückkehr aus Nürnberg die Entwicklung noch aufzuhalten. Sie war inzwischen seiner Kontrolle entglitten. Eine Rumpfsitzung des Zentralrats hatte zusammen mit der USPD und dem Revolutionären Arbeiterrat eine Proklamation entworfen, die aller Welt verkündete, daß Bayern nunmehr eine Räterepublik sei.

Diese erste Bayerische Räterepublik dauerte sechs Tage und war reine Anarchie. Verordnungen, Ankündigungen, Proklamationen, Befehle und Gegenbefehle durchkreuzten einander unablässig. Sozialisierungsmaßnahmen und Reorganisationsmaßnahmen der Wirtschaft hoben sich gegenseitig auf. Was blieb, waren nur die Bewaffnung des Proletariats und der Aufbau einer Roten Armee. Die Kommunisten haben die Sechstagerepublik eine Schein-Räterepublik genannt, weil sie nicht dem russischen Vorbild entsprach. Der Name trifft zu, auch wenn man sich an diese kommunistischen Voraussetzungen nicht hält, denn es gab in diesen sechs Tagen keine politische Führung mehr. Der Regierung durch Volksbeauftragte, die hauptsächlich von der USPD gestellt waren, stand der Provisorische Revolutionäre Zentralrat gegenüber, der von Ernst Niekisch und Ernst Toller geführt wurde, dem expressionistischen Dichter. Gustav Landauer, einer der führenden Anarchisten, den schon Eisner zur Mitarbeit herangezogen hatte, nahm seine Stellung als Vollzugsrat selbst so wenig ernst, daß er einem Freund schrieb: „Ich bin nun Beauftragter für Volksaufklärung, Unterricht, Wissenschaft, Künste und noch einiges. Läßt man mir ein paar Wochen Zeit, so hoffe ich, etwas zu leisten, aber leicht möglich, daß es nur ein paar Tage sind und dann war es ein Traum". Landauer, 1870 als Sohn eines jüdischen Kaufmanns in Karlsruhe geboren, hatte Germanistik studiert und die Fichte-Gedenkmünze in Gold erhalten, er war in der Öffentlichkeit durch eine Reihe historischer und literarischer Essays bekanntgeworden. Er war kein Marxist, sondern extremer Individualist, seine Vorbilder waren Bakunin und Tolstoj. Seine Vorstellungen über den modernen Sozialismus waren ausgesprochen antiautoritär und humanitär. Terror und Gewalt lehnte er ab. Er glaubte an ein „ideales Gemeinschaftsleben ohne Obrigkeitszwang und Kapitalistenherrschaft" als die Staatsform der Zukunft. Nicht zu den Volksbeauftragten gehörte der einzige politische Kopf unter den Anarchisten, Erich Mühsam, ein gebürtiger Berliner, ein erfolgreicher Journalist, der besonders bei der jüngeren Arbeiterschaft beliebt war. Über seinen eigenen revolutionären Standpunkt besaß er wohl keine volle Klarheit, da er sich zur Gefolgschaft von Bakunin rechnete, sich aber gleichzeitig als Anhänger Lenins bekannte. Seinem Einfluß war wesentlich die Bereitschaft der Münchner Arbeiterschaft zum Übergang zur Räterepublik zu danken, zielstrebige Führungsarbeit vermochte er jedoch nicht zu leisten. Das gilt auch von Ernst Toller, neben Gustav Landauer wohl der anziehendsten Gestalt in diesem Kreis. Er stammte aus Westpreußen, hatte in Heidelberg und München studiert, war 1914 als Kriegsfreiwilliger ins Feld gezogen und 1917 als Invalide entlassen worden und hatte sich dann, enttäuscht von den herrschenden Mächten, der USPD angeschlossen. Er war kein Anarchist, der die staatliche Ordnung schlechthin abgelehnt hätte, sondern stand in seiner politischen Auffassung Kurt Eisner nahe. Wie diesem war ihm Pazifismus und humanitäre Gesinnung wichtiger als der Sozialismus und die Vergesellschaftung der Produktionsmittel. Sein dichterisches Werk wie seine „Erinnerungen" sind Zeugnis für seinen hochgespannten idealistischen Moralismus, aber nicht für entschiedene, nüchterne politische Überzeugung. Neben ihm besaß von den übrigen Volksbeauftragten keiner mehr irgendwelche Bedeutung. Als am 8. April Ernst Niekisch seinen Rücktritt als Vorsitzender des Provisorischen Revolutionären Zentralrats erklärte, weil er der Überzeugung war, daß die Lage unhaltbar sei, wurde der fünfundzwanzigjährige Ernst Toller sein Nachfolger.

Die Räteregierung vom 7. April war nicht weniger ohne politische Macht, wie das die Regierung Hoffmann gewesen war, zumal sie von der offiziellen SPD-Führung, auch in München, nach wie vor abgelehnt wurde. Die Urabstimmung der Münchner SPD vom 11. April ergab allerdings, bei einer Teilnehmerzahl von einem Drittel der Mitgliederschaft, fast Stimmengleichheit, 3479 für die Unterstützung, 3507 gegen die Unterstützung der Räteregierung. Diese stand damit auf verlorenem Posten, zumal schon am 7. April der amtierende Ministerpräsident Johannes Hoffmann ein Manifest erlassen hatte, in welchem er erklärte: „Die Regierung des Freistaates Bayern ist nicht zurückgetreten. Sie hat ihren Sitz von München verlegt. Die Regierung ist und bleibt die einzige Inhaberin der Gewalt in Bayern und ist allein berechtigt, rechtswirksame Anordnungen zu erlassen und Befehle zu erteilen." Hoffmann residierte in Bamberg. Er konnte damit rechnen, daß außer in München und in einigen Teilen Oberbayerns die Bevölkerung von ihm die Wiederherstellung geordneter Verhältnisse erwartete, er wußte nur nicht, wie das zu machen war. Zunächst stellte er eine neue Ministerliste auf, in der bezeichnenderweise wieder Schneppenhorst enthalten war – wie konnte er dann gegen dessen Gesinnungsfreunde vorgehen? In der Tat war es wohl hauptsächlich der Druck aus Berlin, der Hoffmann dazu brachte, sich ernsthaft um die Durchsetzung der offiziellen Regierungsgewalt zu bemühen. Ebert wies ihn sehr energisch darauf hin, daß die französische Regierung die Entsendung von Truppen angeboten habe und zugleich gedroht habe, die Zufuhr von Lebensmitteln völlig abzuschneiden, wenn in Deutschland nicht die Ordnung aufrechterhalten werde. Militärisches Vorgehen erschien Ebert als die einzig mögliche Lösung. Hoffmann versuchte zunächst, München durch Abschneidung der Zufuhr zur Kapitulation zu zwingen, doch hielt er diese Maßnahme, bei der auch Tausende von Unschuldigen betroffen wurden, so wenig durch, wie er eine genügende Streitmacht auf die Beine brachte.

Zur gleichen Zeit kam in die Münchner Revolution ein ganz neuer Zug von Härte, Zielstrebigkeit und kompromißloser Entschlossenheit. Obwohl Eugen Leviné die Beteiligung der Kommunisten an der neuen Räterepublik abgelehnt hatte, glaubte er, daß jetzt auch die Kommunistische Partei nicht mehr beiseitestehen könne, um sich nicht den Vorwurf des Verrates an der Arbeiterklasse zuzuziehen. So rief er auf zur Wahl revolutionärer Obmänner in den Betrieben und zur Wahl revolutionärer Soldatenvertreter in den Kasernen. Zwei Tage nach diesem Aufruf trat der neue Revolutionsrat zusammen, der sich zum Träger der obersten Gewalt erklärte und die amtierende Räteregierung zum Rücktritt aufforderte. Gleichzeitig traf er Vorbereitungen zum bewaffneten Aufstand und stellte Kader für eine Rote Armee zusammen. Die ausführende Gewalt übertrug der neue Revolutionsrat einem Ausschuß von zwanzig Mitgliedern. Als am 13. April die republikanische Schutztruppe auf Befehl Schneppenhorsts den Zentralrat verhaften ließ, griffen Soldaten ein, vertrieben die republikanischen Schutztruppen, die Betriebs- und Kasernenräte traten zusammen und verpflichteten sich auf das kommunistische Aktionsprogramm. Die gesamte gesetzgebende und vollziehende Gewalt übernahm ein Ausschuß von fünfzehn, später von dreißig Räten, dieser Aktionsausschuß wieder wählte einen Vollzugsausschuß aus vier Mitgliedern. An der Spitze stand Leviné, neben ihm Levien. Die zweite Räterepublik war gescheitert, weil sie so wenig wie Eisner oder Hoffmann eine bewaffnete Streitmacht aufgebaut hatte. Die kommunistische Räterepublik machte diesen Fehler nicht. Unter dem Befehl des Matrosen Eglhofer, der bei der Meuterei in Kiel dabeigewesen war und dann nach München gekommen war, setzte die systematische Bewaffnung des Proletariats ein mit dem Ziel des Aufbaus einer Roten Armee. Man schätzt die Zahl der bewaffneten Arbeiter und Soldaten auf zehn- bis zwanzigtausend.

Durch diesen letzten Schritt war die Regierung Hoffmann jetzt so entschieden herausgefordert, daß sie handeln mußte, selbst auf die bisher immer wieder vermiedene Gefahr hin, damit von Berlin abhängig zu werden. Noch am 14. April erließ Hoffmann einen Aufruf zur Bildung einer Volkswehr. Gleichzeitig nahm er ein Hilfsangebot des Württemberger Freikorps an und erbat aus Berlin militärische Verstärkung. Der sozialdemokratische Reichswehrminister Noske setzte sofort eine Division in Marsch, zusammen mit dem bayerischen Freikorps und den württembergischen Truppen konnten etwa 35 000 Mann gegen München eingesetzt werden. Den Oberbefehl erhielt ein preußischer General, der am 23. April die Weisung empfing, die Gewalt der gesetzmäßigen bayerischen Regierung wieder herzustellen.

Während sich nun von allen Seiten die Regierungstruppen gegen München in Marsch setzten, bot München erneut das typische Bild der Rätewirtschaft, in welcher Machtkämpfe und Richtungsstreitigkeiten keinerlei zielstrebige wirtschaftliche, politische oder militärische Maßnahmen ermöglichten. Die Kommunisten hatten sich zwar zunächst durchgesetzt, aber sie hatten nur die Führung, nicht die Mehrheit im Aktionsausschuß. Hier waren nach wie vor die bisherigen Träger der revolutionären Bewegung vertreten, unter denen sich Ernst Toller zum Sprecher der Opposition gegen Leviné und Levien machte. Der Streit ging vor allem um die zu ergreifenden unmittelbaren Maßnahmen, aber auch um die zukünftige Staats- und Gesellschaftsordnung, für welche die Kommunisten bereits ein sehr detailliertes Programm besaßen. Am 26. April erst gelang es, die inneren Kämpfe zu beenden, als Toller, der ehemalige Vorsitzende des Provisorischen Zentralrates, der eben vor Dachau einen kleinen militärischen Erfolg davongetragen hatte, in einer Rätesitzung im Hofbräuhaus die kommunistischen Führer zum Rücktritt zwingen konnte. Der Sinn dieses Vorgehens war es, Verhandlungen mit Hoffmann zu ermöglichen, doch dieser war längst nicht mehr frei und mußte auf der bedingungslosen Kapitulation bestehen, die aber bei dem neuen Vollzugsrat nicht durchzusetzen war. Die Macht besaß inzwischen die Rote Armee, die von Kapitulation nichts wissen wollte. Eglhofer war es dann wohl auch, wahrscheinlich unter dem Einfluß von Leviné und Levien, der für die verhängnisvolle Radikalisierung verantwortlich ist. Es kam jetzt zur Diktatur der Roten Armee mit Plünderung und Gewalttaten. Am 29. April stellte Eglhofer den Antrag, die Angehörigen der Bourgeoisie auf der Theresienwiese zusammenzutreiben und beim Einmarsch der Weißen Truppen zu erschießen, ein Antrag, der mit einer Stimme Mehrheit abgelehnt wurde. Doch als am 30. April die Einkreisung Münchens Tatsache wurde, erschoß man im Hof des Luitpold-Gymnasiums ohne gerichtliches Urteil zehn Geiseln. Es war der Höhepunkt der Schreckensherrschaft, den wohl niemand packender schildert als Ernst Toller, der voller Verzweiflung alle seine Träume zusammenbrechen sah.

Es nützte nichts mehr, daß sich die amtierende Räteregierung von dieser Greueltat distanzierte. Der Geiselmord im Luitpold-Gymnasium war der letzte Anstoß, der den Bürgerkrieg in ein Gemetzel verwandeln mußte. Auf die Nachricht von diesem schrecklichen Ereignis hin brachen einzelne Trupps der Regierungsarmee vorzeitig in München ein und eröffneten den Kampf mit erschrekkender Brutalität. Wer mit der Waffe in der Hand angetroffen wurde, wurde, wie das übrigens einem Befehl Noskes entsprach, an Ort und Stelle standrechtlich erschossen. Etwa 145 Menschen – die Angaben differieren – fielen im Verlauf der Kämpfe, 226 wurden noch nach dem Sieg hingemordet, darunter auch 21 Mitglieder eines katholischen Gesellenvereins, die sich in ihrem Vereinslokal befanden und die ein Denunziant als Spartakisten bezeichnet hatte. 186 wurden standrechtlich erschossen. Von den Führern der Rätebewegung wurden der Kommandant der Roten Armee, Eglhofer erschossen, und Landauer schon bei der Gefangennahme geradezu viehisch erschlagen. Leviné wurde zum Tode verurteilt und hingerichtet. Andere erhielten, wie Ernst Niekisch, Ernst Toller oder Erich Mühsam langjährige Gefängnisstrafen. Die Flucht gelang nur Max Levien, der nach Rußland entkommen konnte, dort fiel er dann in den dreißiger Jahren den Säuberungsaktionen Stalins zum Opfer.

Die Schreckensherrschaft der letzten Apriltage war ein notwendiges Ergebnis der anarchischen Züge, die einer Räteherrschaft ihrem Wesen nach innewohnen. Das 1918 konzipierte deutsche Rätesystem, dem so viele Mitglieder der beiden sozialistischen Parteien aus Überzeugung anhingen, erwies sich in diesen Münchner Aprilereignissen als absolut unbrauchbar zur Sicherung der Freiheit, der Menschenrechte, der Würde der Persönlichkeit und zur Gestaltung eines Daseins mit einem Minimum an Beherrschung durch andere, alles Hoffnungen, die man mit diesem System verbunden hatte. Notwendig gehörte zum Rätesystem, daß die Führung vor den Repräsentanten der Beherrschten ständig Rechenschaft ablegen mußte, vor den Räten, die selbst wieder in ihrer Zusammensetzung ständig fluktuierten.

Das führte zu raschem Herrschaftswechsel, der keine Kontinuität in der Arbeit für das allgemeine Wohl aufkommen ließ, sondern zur Unordnung und damit zur Steigerung des Mißmuts und zur Erzeugung einer neuen Opposition führte. Daran vor allem scheiterte die Münchner Räterepublik; nicht einmal den Kommunisten gelang es, ein zweckmäßiges Instrument zur Beherrschung der Massen aufzubauen. Selbst unter ihrer kurzen Herrschaft nahmen die unablässigen Richtungskämpfe und inneren Streitigkeiten kein Ende, jede Konsolidierung des Systems war damit unmöglich.

Die Räte hatten in Deutschland im allgemeinen keine Möglichkeit, ihr Konzept zu verwirklichen; sie haben aber wenigstens an einer Stelle die Probe aufs Exempel gemacht, in Bayern. Hier waren sie in der Lage, zu zeigen, ob das Rätesystem Zukunft habe, ob es wirklich ein tauglicher Versuch sei, „vorzudringen zu dem Konzept einer demokratischen politischen Gesamtordnung, die den Bedingungen der technisierten Massengesellschaft wirklich gerechtzuwerden vermöchte" (Rürup). Wie sich in München zeigte, fehlten 1919 dafür alle Voraussetzungen: Vorstellungswelt, Disziplin, Können, Wissen, Autorität. Es reichte nur zum Chaos.

Mit Arthur Rosenberg kann man die gesamten Vorgänge seit dem November 1918 eine unnötige Revolution nennen, da sich das tatsächlich erreichte Ergebnis nicht von dem unterschied, was auch ohne eine politische Umwälzung hätte erreicht werden können, da die Parlamentarisierung sowohl der Reichsverfassung wie der meisten Länderregierungen schon im Herbst 1918 durchgeführt oder beschlossen wurde. Was die Revolution in Bayern angeht, so war sie besonders unnötig, da sie nur vorgefundene Herrschaftsformen zerschlug, aber ohne auswärtige Hilfe keine neuen Formen an Stelle der alten setzen konnte. Das war die besondere Tragik des Umsturzes in Bayern. Es war die von der SPD geführte Reichsregierung, die in Bayern die Wiederherstellung geordneter Verhältnisse erzwungen hatte. Die bayerische Regierung, die durch die gleiche SPD getragen war, hatte sich als unfähig erwiesen, für ihren eigenen Schutz und für ihr legitimes Recht zu sorgen. Die SPD als Partei in Bayern hatte, obwohl sie sich von den radikalen Kräften offiziell stets distanzierte, in jedem einzelnen Fall gegenüber diesen Radikalen versagt. Sie hatte fast stets die Solidarität der Arbeiterklasse über das allgemeine Wohl gestellt, besonders nach dem Ausscheiden Erhard Auers, und damit ihre Glaubwürdigkeit verloren und sich jene Sympathien verscherzt, die sie noch in den Landtagswahlen vom Januar 1919, ja noch beim Zusammentritt des Landtags am 18. März 1919 besessen hatte. Das Erlebnis der Schreckensherrschaft im April hat wesentlich dazu beigetragen, daß München zum Zentrum des Rechtsradikalismus wurde und daß in Zukunft die rechtsextremistischen Anschauungen sich weit allgemeiner durchsetzten, als das im Reich sonst der Fall war. Innerhalb von wenigen Monaten schlug das Pendel wieder nach der anderen Seite aus – die radikalen Kräfte trieben einander von Katastrophe zu Katastrophe.

Die Weimarer Verfassung und Bayern

Die bayerische Geschichte nach dem Sturz des wittelsbachischen Königshauses führte, das kann man ohne Widerspruch zu finden behaupten, nicht in das versprochene Glück, sondern durch eine unablässige Folge von Erschütterungen zu einem vorläufigen Ende seiner staatlichen Unabhängigkeit. Dieser Schlußpunkt einer Entwicklung von nur vierzehn Jahren war schon zu Beginn der Weimarer Zeit vorauszusehen, als es Bayern nicht gelungen war, aus eigener Kraft wieder zur Ordnung zurückzufinden. Von Berlin aus mußte der entscheidende Befehl gegeben werden, und während Bayern so gut wie völlig ohne staatliche Gewalt war, hat das Reich seine neue Gestalt gefunden, eine Gestalt, die von Bayern aus nur noch unwesentlich mitbestimmt werden konnte, die aber nichtsdestoweniger Form und Verlauf auch der bayerischen Geschichte aufs stärkste bestimmte.

Durch die Ereignisse des November 1918 war nicht nur eine Verfassungsform zerschlagen worden, sondern mit dem Ende der Hohenzollernschen Monarchie konnte auch das Ende des Deutschen Reiches gekommen sein, praktisch durch das Chaos, das allenthalben ausgelöst wurde, aber auch für eine unbefangene staatsrechtliche Betrachtung. Das Reich Bismarcks war ein Bündnis souveräner Fürsten, die in einem freiwilligen Vertrag einen Teil ihrer Souveränität an das größere Ganze abgegeben hatten, die aber in ihrer Vereinigung selbst dieses Ganze repräsentierten. Der Bundesrat war der Träger der Souveränität, so daß man sehr wohl der Auffassung sein konnte, daß mit dem Sturz der Hohenzollern-Dynastie und mit der Vertreibung der übrigen deutschen Fürsten auch das Reich aufgehört habe zu bestehen. Dieser Auffassung war der Würzburger Staatsrechtslehrer Grassmann, der gleichzeitig bayerischer Ministerialdirektor war. Schon im November regte er bei Eisner die Bildung einer Kommission an, die mit dem Entwurf einer bayerischen Verfassung beauftragt werden sollte und die nach der Fertigstellung der bayerischen Verfassung an die Bearbeitung einer neuen Reichsverfassung gehen sollte. Nach Ansicht Grassmanns mußte das Reich wieder, wie das Bismarck-Reich, stufenweise neu errichtet werden. Zuerst mußten die Länder neukonstituiert werden, mit einer neuen Länderverfassung, dann mußte die vertragsmäßige Einigung dieser neugebildeten Länder erfolgen, und erst dann war durch eine Nationalversammlung auf der Grundlage der Länderverfassungen eine neue Reichsverfassung zu erlassen. Damals lehnte Eisner zwar die Argumentation Grassmanns ab, setzte aber trotzdem die gewünschte Kommission ein, die ihn dann bei den kommenden Schritten beriet. Auch in den übrigen süddeutschen Staaten stellte man ähnliche Überlegungen an. Auf ihre Initiative wurde noch im November eine Reichskonferenz der Länderregierungen einberufen, in denen die ersten Überlegungen über den Neubau des Bundes angestellt wurden. Damals plädierte Eisner für die Auflösung Preußens, aber auch für die Auflösung des Bundesrates. Beide Forderungen waren nicht einer klaren verfassungsmäßigen Konzeption entflossen, sondern dem Ressentiment gegen die Mehrheitssozialisten im Rat der Volksbeauftragten. Klarheit in die Verfassungsbestrebungen kam erst durch die Stuttgarter Konferenz Ende Dezember mit der Forderung nach förderativem Reichsaufbau unter weitestgehender Berücksichtigung der Verfassungselemente aus dem Bismarck-Reich.

Diese Stuttgarter Kundgebung hatte zunächst jedoch keinen Einfluß auf die inzwischen erfolgten Schritte der Reichsregierung. Auch in Berlin hatte man von Anfang an die Absicht, möglichst bald eine tragfähige neue Reichsverfassung zu schaffen. Beauftragt wurde damit der Staatssekretär des Innern, Hugo Preuß, einer der führenden Staatsrechtler des Reiches, welcher der Deutschen Demokratischen Partei angehörte und von Ebert in das Reichskabinett geholt worden war, um dem Kabinett eine breitere Grundlage zu geben und es auch im liberalen Bürgertum zu verankern. Preuß war der Überzeugung, daß die Reichsgewalt weiter ausgebaut und ihr eine solche Machtfülle zugeführt werden müsse, daß das Reich an die Stelle der Hegemonie Preußens treten und sie ersetzen könnte. Dazu schien ihm nicht nur eine bedeutende Erweiterung der Reichskompetenzen in Gesetzgebung und Verwaltung, auf den Gebieten des Heer-, Finanz- und Verkehrswesens erforderlich, sondern auch eine territoriale Neugliederung unentbehrlich, welche die nicht immer lebensfähigen Kleinstaaten, aber auch das übermächtige Preußen beseitigen sollte. Damit wäre ein Gleichgewicht der Teile im Reich entstanden. Mögliche Machtkämpfe zwischen dem Reich und Preußen oder zwischen dem Reich und den vereinigten Mittelstaaten wären damit von vornherein ausgeschaltet gewesen. Aber daß auch wertvolle lebendige Kräfte damit preisgegeben worden wären, hat Preuß nicht gesehen. Für ihn waren die deutschen Länder nichts als Komplexe, die durch dynastische Zufälligkeiten zustande gekommen waren und die nach dem Wegfall der Dynastien beliebig zueinander in Verbindung gebracht werden konnten. Die einschneidendste Änderung des bisherigen Zustandes hätte sein Vorschlag gebracht, die Einzelstaaten in Provinzen ohne eigene Staatlichkeit umzuwandeln und zwar mit einer durchschnittlichen Bevölkerungszahl von etwa zwei Millionen – das war der perfekte Einheitsstaat nach französischem Muster mit reinen Verwaltungskörperschaften, ähnlich den französischen Departements.

Vor allem an diesem Vorschlag entzündete sich in ganz Deutschland die heftigste Kritik. Auch die sozialdemokratischen preußischen Minister verwahrten sich energisch gegen die Zerschlagung Preußens, so daß in der Ministerpräsidentenkonferenz in Berlin am 25. Januar eine geschlossene Front aller Länderregierungen zustande kam, die wesentlich neue Vorschläge durchsetzten. Entscheidend war der Antrag Bayerns, der auf die Einschaltung der Länder beim Zustandekommen der Reichsverfassung abzielte. Vor allem die Unterstützung des bayerischen Antrags durch Preußen führte dazu, daß Ebert eine Kommission der Vertreter der Einzelländer zuließ, den sogenannten Staatenausschuß, der bei den weiteren Beratungen über die Verfassung zugezogen werden sollte und der bereits am 26. Januar seine Arbeit aufnahm. Dem bayerischen Vertreter in Berlin gelang es allerdings nicht zu erreichen, daß die Zustimmung des Staatenausschusses für alle die Einzelstaaten betreffenden Fragen als Voraussetzung für die Gültigkeit der Reichsverfassung angesehen wurde. In dieser Frage blieb der bayerische Vertreter allein.

Was in den Vorverhandlungen im Staatenausschuß mit Mehrheit durchgesetzt werden konnte, war die Bildung eines Reichsrates, als Fortsetzung des alten Bundesrates, aber nicht wie Preuß vorgeschlagen hatte, als zweite Abgeordnetenkammer mit rein beratender Funktion, sondern als echte zweite Kammer, die von Regierungsvertretern gebildet werden sollte und deren Anteil an der Legislative nicht geringer sein sollte als jene des alten Bundesrates. Durchgesetzt wurde auch die Forderung nach Respektierung der alten Reservatrechte. Da aber mit dem Gesetz über die vorläufige Reichsgewalt die uneingeschränkte Souveränität der Nationalversammlung anerkannt war, kam es auf die Machtverteilung in diesem Gremium an. Hier entschieden jedoch nicht die Interessen der Länder, sondern nur die Interessen der Parteien.

Am 24. Februar begann in der Nationalversammlung zu Weimar der Entscheidungskampf um die Bestimmungen der Verfassung. Während im Staatenausschuß immerhin noch gleichartige Partner für die bayerischen Unterhändler vorhanden waren, während hier also auch die übrigen deutschen Länder mit ihren Interessen zu Wort kamen, war in der Nationalversammlung die kleine Fraktion der Bayerischen Volkspartei völlig allein. Alle anderen Parteien waren bereits in ihrem Parteiaufbau zentralistisch, auch das lange Zeit als Hort des föderativen Gedankens geltende Zentrum hatte vor allem unter dem Einfluß von Erzberger aus pragmatischen Gründen die unitarischen Vorstellungen von Preuß übernommen. So kam es zwar zu einem sehr zähen Ringen um die Reservatrechte, bei dem vor allem der Münchner Staatsrechtler Konrad Beyerle nachdrücklich und entschieden mit dem Vertragsgedanken operierte, aber niemand setzte sich mehr gegen die grundsätzliche Souveränität der Nationalversammlung durch, zumal selbst die Mitglieder der Bayerischen Volkspartei zugaben, daß die Reservatrechte an sich weniger wichtig seien als die grundsätzliche Einschränkung der Gesetzgebungskompetenz des Reiches. Aber auch auf diesem Gebiet war die bayerische Niederlage nicht aufzuhalten. Die Ursachen dafür lagen nicht nur in der Isolierung Bayerns unter den deutschen Ländern, das lag auch nicht an der Isolierung der Bayerischen Volkspartei allein, sondern vor allem an der chronischen Schwäche der bayerischen Regierungsgewalt vom Februar bis zum Mai. So erhielt die Reichsverfassung einen Gesamtcharakter, der weit entfernt war von jeder föderativen Lösung. Man ging einfach von Fall zu Fall in der Unitarisierung so weit, als es machtpolitisch möglich schien. So blieb am Ende nur eine Sammlung von Rechten übrig, die des inneren Zusammenhangs entbehrte, eine Sammlung von Rechten, die der Unitarisierungsprozeß noch nicht erfaßt hatte. Eine integrale bundesstaatliche Rechtsvorstellung kam so nicht mehr zum Ausdruck. Was an Föderalismus noch blieb, war lediglich der situationsbedingte Abklatsch rechtsverbindlich erklärter Machtverhältnisse (Zimmermann).

Dieser grundlegende Riß in der Reichsverfassung von Weimar kam dadurch zustande, daß die Verfassung nicht als Grundordnung konzipiert war, sondern als Instrument einer Art Binnenimperialismus, wie Zimmermann sagt, der grundsätzlich abgeneigt war, irgendeine Grenze zu respektieren. Die Reichsverfassung von Weimar war nicht entstanden wie 1870/71 aus dem unbedingten Grundsatz föderativen Ausgleichs, sondern war das Ergebnis eines Diktats des brutalen nationaldemokratischen Doktrinarismus, dem nicht nur der Schöpfer dieser Verfassung, Hugo Preuß, anhing, sondern die Mehrzahl der Parteien. Wie eigentümlich dabei argumentiert wurde, hat einmal Beyerle aufgedeckt, der darauf hinwies, daß Preuß von der Identität des Reiches mit dem Bismarck-Reich ausging, um damit die Länder unwiderruflich ans Reich zu fesseln, der aber gleichzeitig im Bezug auf die Stellung dieser Länder die uneingeschränkte Souveränität der Nationalversammlung betonte. Er konnte das ungestraft tun, denn niemand war interessiert an einer unanfechtbaren juristischen Grundlegung des neuen Staates, sondern an möglichst weitgesteckten Kompetenzen für den neuen Träger der Souveränität, den Reichstag selbst und die den Reichstag bildenden Parteien. Die Nationalversammlung war zwar noch nicht der Reichstag, aber sie beschloß dennoch in eigener Sache, da die Mitglieder der Nationalversammlung hoffen konnten, auch die Mitglieder des zukünftigen Reichstages zu sein. Die französische Constituante, die konstituierende Nationalversammlung von 1791, hatte zweckmäßiger gehandelt, als sie entschied, daß keines ihrer Mitglieder dem Konvent angehören dürfe, dem neu beschlossenen Parlament, um zu vermeiden, daß die Mitglieder ihre eigene Stellung festlegten. In Weimar ignorierte man dieses welthistorische Beispiel, das Ergebnis war entsprechend.

Die allgemeinen Grundzüge der Weimarer Reichsverfassung lassen sich kurz umreißen, die Volkssouveränität als Grundlage der gesamten Verfassung, der Reichstag als Repräsentant des souveränen Volkes, der für jeweils vier Jahre direkt und nach dem Verhältniswahlrecht gewählt wurde, der die Gesetze beschloß, den Reichshaushalt verabschiedete und die Kontrolle über die Regierung ausübte, welche er durch Mißtrauensvotum stürzen konnte. Diese sogenannte parlamentarische Demokratie war im Oktober 1918 bereits in die Reichsverfassung eingeführt worden. Sie entsprach dem Schema, wie es in den westlichen Demokratien üblich ist. Zusätzlich zum Gesetzgebungsrecht kam das in der Verfassung Bismarcks dem Reichstag vorenthaltene Recht, bei Verträgen um seine Zustimmung gefragt zu werden. Der Reichsregierung stand als oberster Repräsentant des Reiches der Reichspräsident gegenüber, der vom Volk auf die Dauer von sieben Jahren zu wählen war. Der Reichspräsident ernannte und entließ den Reichskanzler und die einzelnen Minister. Er besaß das Recht zur Reichstagsauflösung und zur Herbeiführung eines Volksentscheides bei Nichteinigung der Gesetzgebungsorgane. Der Reichspräsident hatte den Oberbefehl über die Wehrmacht, vertrat das Reich völkerrechtlich, besaß nach Artikel 48 der Reichsverfassung das Recht zur Reichsexekution gegen die Länder und schließlich das Recht, „die zur Wiederherstellung der öffentlichen Sicherheit und Ordnung nötigen Maßnahmen zu treffen“, unter vorübergehender Außerkraftsetzung der Grundrechte. Daraus leitete man dann ein universelles Notverordnungsrecht ab. Im wesentlichen war also der Kaiser nur durch einen gewählten Präsidenten ersetzt worden. Allerdings besaß dieser Präsident nicht in vollem Umfang jene Macht, die der Kaiser nominell bis zur Einführung des parlamentarischen Regierungssystems besessen hatte, da die Minister unmittelbar dem Reichstag verantwortlich waren. Dem Reichstag stand dann schließlich der Reichsrat als Vertretung der Länder gegenüber. Er war aber weitgehend nur beratendes Organ, entgegen dem Vorschlag des Staatenausschusses, und hatte das Einspruchsrecht gegen gewisse die Rechte der Länder betreffende Gesetze, die der Reichstag beschlossen hatte. Bei Einspruch konnte er allerdings mit Zweidrittel-Mehrheit vom Reichstag überstimmt werden, oder der Reichspräsident konnte einen Volksentscheid veranlassen. Der Reichsrat war insofern das föderative Gewissen des Reiches, als er nicht von Vertretern des souveränen Volkes beschickt wurde, wie Hugo Preuß in seinem ersten Entwurf vorgeschlagen hatte, sondern von Vertretern der Länderregierungen. Ebenfalls eine Sicherung des föderativen Aufbaus war der Staatsgerichtshof, der Streitigkeiten zwischen dem Reich und den Ländern sowie der Länder untereinander zu entscheiden hatte.

Für das Verhältnis des Reiches zu den Ländern war durch den zweiten Satz des Artikels 1 bereits die entscheidende Richtung gegeben. Dieser Satz lautete: „Die Staatsgewalt geht vom Volke aus." Damit schlossen nicht, wie im Bismarck-Reich, die Fürsten einen Bund, auch stellte der Bund nicht den Zusammenschluß einzelner Staaten dar, die freiwillig einen Teil ihrer Souveränität durch den Zusammenschluß aufgegeben hatten, sondern das deutsche Volk als einheitliche Nation war Träger der Staatsgewalt. Alle staatliche Gewalt, soweit sie im Reich und in seinen Gliedern angetroffen wurde, war also Ausfluß dieser Volkssouveränität. Damit war die grundsätzliche Stellung der Länder eindeutig bestimmt, so eindeutig, daß die Länder nicht einmal aufgezählt, sondern nur generell genannt wurden. Durch die Reichsverfassung von Weimar war der Charakter der Länder als Staaten in so wesentlichen Teilen eingeschränkt, daß man nicht ohne Berechtigung von „Selbstverwaltungskörpern mit allerdings weitgespannten Eigenrechten" gesprochen hat (Winkler). Art. 17, Abs. 1 und Art. 18 Abs. 1 haben nämlich die wesentlichsten Grundelemente der Staatlichkeit der Kompetenz der Länder weitgehend entzogen. Die Verfügung über das Staatsgebiet und über die Zusammensetzung des Staatsvolkes war durch Art. 18, Abs. 1 dem Reich anheim gegeben. Daß es trotz mehrfacher Ansätze zu keiner grundlegenden Neugliederung des Reiches gekommen ist, benimmt diesem Artikel nicht seine diskriminierende Gewalt. Durch die Reichsverfassung wurde ferner über die Grundzüge der Verfassungen der Länder verfügt.

Artikel 17, Absatz 1 lautet: „Jedes Land muß eine freistaatliche Verfassung haben. Die Volksvertretung muß in allgemeiner, gleicher, unmittelbarer und geheimer Wahl von allen reichsdeutschen Männern und Frauen nach den Grundsätzen der Verhältniswahl gewählt werden." Im übrigen Verfassungsrecht genoß zwar jedes Land weitgehende Verfassungsautonomie, aber gerade in der wichtigsten Rechtssphäre waren die Länder bereits von vorneherein festgelegt.

Umgekehrt hätte man im Bismarck-Reich verfügen können, daß alle Länder einem Fürsten unterstellt sein müßten, also auch die demokratisch regierten Hansestädte, oder daß die Verfassungsgrundsätze des Reiches, so weit sie Konstitutionalismus und Wahlrecht angingen, auf alle Länder übertragen werden müßten. Das war nicht der Fall. Damals haben die Länder nur in sehr genau umschriebenen Gegenständen ihre Souveränität an den Bund abgetreten. Sie existierten eben vor dem Bund. Jetzt ging die Reichsverfassung grundsätzlich von der Fiktion aus, daß das Reich vor den Ländern existierte habe und damit die Kompetenz besitze, den Ländern erst nachträglich Form und Gestalt zu geben. Das wird auch deutlich bei den Artikeln über die Teilung der Staatsgewalt und die Aufteilung der Zuständigkeiten. In Artikel fünf wird die Staatsgewalt in Reichsangelegenheiten den Organen des Reichs, in Landesangelegenheiten den Organen der Länder zugesprochen. Was Reichsangelegenheiten sind bzw. Angelegenheiten der Länder, wird dann in den Artikeln sechs bis dreizehn bestimmt. Die entscheidenden Artikel lauten: „Das Reich hat ferner die Gesetzgebung über die Abgaben und sonstigen Einnahmen, soweit sie ganz oder teilweise für seine Zwecke in Anspruch genommen werden. Nimmt das Reich Abgaben oder sonstige Einnahmen in Anspruch, die bisher den Ländern zustanden, so hat es auf die Erhaltung der Lebensfähigkeit der Länder Rücksicht zu nehmen." Grundsätzlich war also die Finanzhoheit, die im Bismarck-Reich bei den Ländern lag, jetzt beim Reich und wurde auch vom Reich rücksichtslos wahrgenommen – hier lag der entscheidende Ursachenkomplex für die unaufhörlichen Streitigkeiten zwischen Bund und Ländern. Auch die bisherige Kulturhoheit der Länder war im grundsätzlichen wenigstens beseitigt; auch wenn im wesentlichen von diesem Artikel vor 1933 kein Gebrauch gemacht worden ist, so basiert doch auf ihm das Verhältnis der Länder zum Reichskultusministerium seit 1933 mit seinen einschneidenden Maßnahmen.

Die Artikel zwölf und dreizehn fassen noch einmal die entscheidenden Grundzüge des neuen Verhältnisses von Reich und Ländern zusammen. Sie lauten: „Solange und soweit das Reich von seinem Gesetzgebungsrecht keinen Gebrauch macht, behalten die Länder das Recht der Gesetzgebung. Dies gilt nicht für die ausschließliche Gesetzgebung des Reichs." In Artikel zwölf wird also den Ländern generell ein Gesetzgebungsrecht zugestanden, das dort Platz hat, wo das Reich sein Recht nicht in Anspruch nimmt. Der Artikel dreizehn nun formuliert noch einmal scharf und ausschließlich dieses Grundverhältnis. Der erste Satz lautet: „Reichsrecht bricht Landrecht".

Zu Provinzen degradiert erscheinen die Länder ferner in ihrer Unterwerfung unter die Aufsicht des Reiches in allen Angelegenheiten, in denen dem Reich das Recht der Gesetzgebung zusteht und so weit die Reichsgesetze von den Landesbehörden auszuführen sind. Damit ist die Landeshoheit auch in jenen Fällen erheblich eingeschränkt, in denen die Länder die Reichsgesetze durchzuführen haben. Auch die Verwaltung, die grundsätzlich Sache der Länder sein sollte, konnte in sehr wesentlichen Bereichen auch unmittelbar dem Reich unterstehen. Das war der Fall bei den auswärtigen Angelegenheiten oder auch beim Militärwesen, das war der Fall bei den Zöllen und indirekten Steuern, beim Post-, Telegraphen- und Fernsprechwesen und vor allem bei der Finanzverwaltung. Zuletzt kam auch noch eine eigene Reichseisenbahnverwaltung und schließlich auch eine Reichsverwaltung der Wasserstraßen. 1927 wurde auch die Arbeitsvermittlung und Arbeitslosenversicherung der Verwaltung von Reichsbehörden unterstellt. Selbst die generelle Gerichtshoheit der Länder galt nur für die ordentliche Gerichtsbarkeit.

Es blieb also den Ländern weder an staatlichen Aufgaben noch an staatlicher Hoheit so viel, daß man den Übergang vom Bismarck-Reich zur Weimarer Republik in Bayern nicht hätte als erschreckende Zäsur empfinden müssen. Trotzdem war auch die Weimarer Republik noch ein Bundesstaat. Zwar wurden die Zuständigkeiten in Gesetzgebung und Verwaltung für den Gesamtstaat beträchtlich erweitert, und diese Machtposition wurde durch die Übernahme der Wehrorganisation, des gesamten Verkehrswesens und nicht zuletzt durch den Aufbau einer eigenen umfassenden Finanzorganisation ganz erheblich verstärkt, aber die Länder haben trotz aller Einbußen ihr staatliches Selbstbewußtsein und wesentliche Selbstverwaltungsbefugnisse mit Erfolg behauptet. . Wenn man das Werk von Weimar mit den Augen derer betrachtet, die das Jahr 1933 erlebt haben, wird man zugeben müssen, daß es hätte schlimmer kommen können. Die totale Mediatisierung der Länder, von der Zimmermann spricht, ist 1919 noch nicht erfolgt. Angelegt war sie freilich, und der führende bayerische Politiker Dr. Georg Heim von der Bayerischen Volkspartei sollte mit seiner Warnung von 1919 schon sehr bald recht bekommen. Er war das einzige Mitglied der Bayerischen Volkspartei, das gegen die Weimarer Verfassung gestimmt hatte, und er hat gleichzeitig öffentlich erklärt: „Sie schaffen einen Zentralstaat mit Allgewalt. Diese Zentralgewalt birgt in sich die Gefahr zu einem Schritt nach rückwärts. Aus dem zentralen Staat wird wiederum die Gefahr des Imperialismus, wenn auch in anderer Form, entstehen."

Wenn auch die übrigen Abgeordneten der Bayerischen Volkspartei für den Verfassungsentwurf von Weimar gestimmt hatten, so waren sie doch damit keineswegs zufrieden. Man wollte sich in schwerer Notzeit nicht abseits stellen, wollte vor allem nicht auf die Seite der Deutschnationalen, der Deutschen Volkspartei und der USPD gedrängt werden, die aus ganz anderen als aus föderalistischen Gründen gegen die Verfassung gestimmt hatten, und wollte auch nicht aus der Koalition ausbrechen, die fünf Wochen vorher, am 22. Juni, die Verantwortung für die Annahme des Diktats von Versailles auf sich genommen hatte. Aber die Erbitterung über die Vergewaltigung der Länder durch die Weimarer Nationalversammlung war in den Reihen der Bayerischen Volkspartei nicht gering, sie war eine schwere Belastung für die nächsten Jahre, in denen diese Partei dann die Führung in Bayern übernehmen sollte. Eine Belastung waren auch eine ganze Reihe von anderen Verfassungbestimmungen, die dazu führten, daß sich weite Kreise in dieser Republik nicht zu Hause fühlten. Vom Wahlrecht mit der daraus folgenden unerträglichen Instabilität der Regierungen bis zur grundsätzlichen Ablehnung der monarchischen Staatsform spielten eine ganze Reihe von Motiven bei der Entstehung dieser Reichsverdrossenheit mit. Sie wurde freilich auch künstlich genährt von jener Presse, die damals der nationalen Rechten hörig war, oder von der radikalen Linken. Es war schwierig, mit dieser Verfassung zu arbeiten, wenn man aus einem Lande kam, dessen ungebrochenes staatliches Selbstbewußtsein sich plötzlich in eine Verfassung so engen Zuschnitts verbannt sah. Aber wie die letzten Jahre des zweiten Jahrzehnts zeigen, war es möglich. Die tödlichen Krisen, die das Ende der Weimarer Republik schließlich herbeiführten, hingen mit diesem Konstruktionsfehler von 1919 nicht unmittelbar zusammen – wohl aber mit anderen –, doch die Ausgangslage für das Anwachsen der sogenannten Völkischen Bewegung in Bayern wäre ohne die föderalistische Verdrossenheit über die zentralistische Weimarer Verfassung, über die rücksichtslose Berliner Herrschaft in den ersten Jahren der Republik nicht möglich gewesen. Eine Verfassung ist nie ein beliebiger Rahmen für einen beliebigen Inhalt. Die Bezogenheit von Inhalt und Rahmen wird für beide zum Schicksal. Aber die Schöpfer der Weimarer Verfassung haben in ihrem zentralistischen Überschwang nie daran gedacht, daß das Ganze betroffen ist, wenn die Teile leiden, nicht nur umgekehrt. So ist die Geschichte Bayerns selten von solchem Einfluß gewesen auf die Geschichte des Reiches wie in den ersten Jahren der Weimarer Republik.

Verfassung – Parteienbildung – Regierungen bis 1920

Die Eigenstaatlichkeit der Länder war durch die Weimarer Verfassung nicht in einem solchen Maße ausgehöhlt, daß sie nur noch Provinzen gewesen wären, die, ohne eigene Staatsgewalt, nur durch Beamte mit delegierten Machtbefugnissen regiert worden wären. In einer eigentümlichen Unklarheit der Begriffe ließen die wichtigsten Kommentare der Weimarer Verfassung, die dazu durch die authentische Auslegung des Gesetzgebers selbst, der Nationalversammlung nämlich, berechtigt waren, die Staatsgewalt in den Ländern ebenfalls auf das Landesvolk zurückgehen – auch wenn dann in allen wesentlichen Verfassungsbestimmungen doch die Reichsnation als Träger der Souveränität angesehen wurde. Immerhin machte dieser in die Weimarer Verfassung nachträglich hineingetragene Grundsatz auch die Länder zu echten Staaten, die damit auch einer Verfassung bedurften. Wie schon betont, waren die wesentlichsten Rechte durch die Reichsverfassung vorweggenommen, ein Zustand, dem sich die Schöpfer der bayerischen Verfassung ohne Widerstand fügten. Die bayerische Verfassung vom 14. August 1919 konnte damit kein freies Werk schöpferischen bayerischen Staatswillens mehr sein, wie Geheimrat von Grassmann ein Jahr zuvor noch gehoffte hatte, sondern nur mehr eine Art gehobenes Ausführungsgesetz zur Reichsverfassung. Die Übereinstimmung der Daten ist also kein Zufall. Die Reichsverfassung wurde am 11. August verabschiedet, die bayerische Verfassung am 14., in zweiter Lesung am 19. August. Sie ist nur verständlich auf dem Hintergrund der Weimarer Verfassung und ordnet sich ihr gehorsam unter.

Die Verfassung des Freistaates Bayern vom 14. August 1919 löste das Staatsgrundgesetz der Republik Bayern vom 4. Januar 1919 ab, das unter Eisner erlassen und auf eine sozialistische Republik zugeschnitten war, sowie das vom ersten gewählten Bayerischen Landtag am 17. März 1919 erlassene vorläufige Staatsgrundgesetz des Freistaates Bayern, das die wichtigsten Fragen offengelassen hatte und noch ein wichtiges Zeugnis des damaligen Schwankens zwischen der mittelbaren, d.h. parlamentarischen, und der unmittelbaren Demokratie darstellt, die dem Staatsgrundgesetz nach nicht durch Räte, sondern durch unmittelbare Befragung des Volkes ausgeübt werden sollte. Der am 12. Januar 1919 gewählte und am 21. Februar erstmals einberufene Landtag war gedacht als verfassunggebende Versammlung. Er trat nach den turbulenten April-Ereignissen in München erstmals wieder zusammen Mitte Mai und zwar in Bamberg, weil man München noch immer nicht für hinreichend sicher hielt. Bereits Ende Mai legte das Ministerium den ersten Entwurf für die endgültige Verfassung vor, der sich in der Frage der Staatsform bereits an jene Bestimmungen hielt, die in der Reichsverfassung zu erwarten waren. Insgesamt gesehen war die Verfassung des Freistaates Bayern ein recht anspruchsloses Gebilde, das sich redlich abmühte, die Grundsätze der parlamentarischen Demokratie auf Bayern anzuwenden und einige Besonderheiten des bayerischen Staatsrechts, wie die eigene Staatsbürgerschaft und das gesonderte Niederlassungsrecht sowie die Bestimmungen über das Volksbegehren zweckmäßig unterzubringen. Alles andere kann man in jeder beliebigen parlamentarisch-demokratischen Verfassung der Zeit finden, die Rechte des Landtags mit Legislative, Budgetrecht, Ministerverantwortlichkeit und Immunität mit dem grundlegenden Prinzip der Volkssouveränität und dergleichen mehr. Nur auf einen Komplex sei noch besonders hingewiesen, weil in ihm erstmals die Bereinigung der wichtigsten innenpolitischen Streitfragen eines ganzen Jahrhunderts vorgenommen wurden, die Bestimmungen über Religion und Religionsgesellschaften. Sie lehnten sich aufs engste an die Reichsverfassung an und brachten dadurch auch erstmals in Bayern das Recht für die verschiedenen Religionsgesellschaften, ihre eigenen Angelegenheiten selbständig zu ordnen und zu verwalten. Auf die Streitigkeiten, die trotzdem möglich waren, sollte dann das Konkordat von 1924 im besonderen eingehen. Das Grundverhältnis jedenfalls war jetzt erstmals entspannt, der Verzicht des Staates auf die Kirchenhoheit war verfassungsmäßig festgelegt.

Der Landtag war durch diese Verfassung endgültig als der beherrschende Machtfaktor in Bayern konstituiert. Alle Konkurrenz war ausgeschaltet, sowohl die vor kurzem noch mächtigen Arbeiter-, Soldaten- und Bauernräte wie die umstrittene Kammer der Reichsräte. Der Landtag wählte den Ministerpräsidenten. Ministerpräsident und Minister waren ihm verantwortlich, konnten durch ein Mißtrauensvotum zum Rücktritt gezwungen oder gar unter Anklage gestellt werden. Damit war für die Entwicklung der bayerischen Politik weit mehr als vor 1918 der Landtag und seine Zusammensetzung maßgebend.

Für die Zusammensetzung der Bayerischen Staatsregierung hätte nun das Ergebnis der bayerischen Landtagswahl vom 12. Januar 1919 auch maßgebend sein sollen. Die stärkste Partei war die Bayerische Volkspartei mit 66 Sitzen gewesen, dann folgte mit 61 Sitzen die SPD. Selbst wenn man die drei Sitze der USPD dazurechnete, blieb die bayerische Volkspartei die stärkste Fraktion. Sie war freilich nicht mehr so stark wie bis 1918. Im Königreich hatte sie ein halbes Jahrhundert hindurch, dank des Mehrheitswahlrechts, meist die absolute Mehrheit gehabt. Dieses drückende Übergewicht der einstigen Patriotenpartei beziehungsweise des bayerischen Zentrums, jetzt der Bayerischen Volkspartei, hatte allerdings schon vor dem Krieg zu einer immer engeren Aktionsgemeinschaft zwischen Sozialdemokraten und den liberalen Parteien geführt. Das Ergebnis war, daß die Bayerische Volkspartei jetzt so gut wie isoliert war und nicht den Anspruch auf Führung im Staat erheben konnte. Die 26 Abgeordneten der Deutschen Volkspartei in Bayern und in der Pfalz, die fünf Abgeordneten der Deutschnationalen, die drei Abgeordneten der Deutschen Demokratischen Partei und die sechzehn Abgeordneten des Bayerischen Bauernbundes waren insgesamt fast ebenso stark wie die beiden großen Parteien und hatten die Möglichkeit, vereinzelt oder zusammen den Ausschlag zu geben bei der Wahl des Ministerpräsidenten.

Aber die Bayerische Volkspartei war nicht nur auf Grund der reinen Zahlenverhältnisse mühelos von der Führung zu verdrängen, sondern auch aus tieferen, in ihr selbst liegenden Ursachen. Viele Faktoren hatten zusammengewirkt, ihr das Selbstvertrauen zu nehmen, Faktoren, die sich im einzelnen nicht belegen, sondern nur vermuten lassen und die zweifellos in erster Linie zusammenhängen mit dem deprimierenden Kriegsausgang, mit der bürgerlichen Hilflosigkeit während der revolutionären Vorgänge, wahrscheinlich aber auch mit der fühlbaren bäuerlichen Abfallbewegung und schließlich mit dem Wahlausgang selbst, der erstmals die imponierende Mehrheit der christlich-konservativen Partei gebrochen hatte. Dabei hätte schon damals klar werden müssen, daß die SPD noch weniger Anspruch auf Führung anmelden konnte, da sie seit dem November 1918 nicht mehr aus dem Schatten eines parlamentarischen Zwerges, der radikaleren Schwesterpartei, der USPD, herausgetreten war. Besondere Empörung erregte das Verhalten der SPD-Minister nach dem Mai 1919. Unter dem Druck der wenigen Unabhängigen forderten sie eine Amnestie für alle, die im Zusammenhang mit der Niederwerfung der Räterepublik verhaftet worden waren, selbst für die Geiselmörder vom Luitpold-Gymnasium regten sie die Begnadigung an. Es machte sich also eine immer stärkere Abneigung gegen die bisher führende Partei geltend. Die SPD-Führer selbst wußten wohl, warum sie ihre Haltung zwischen den bürgerlichen Parteien und den radikalen Sozialisten nicht aufgaben; sie mußten immer noch fürchten, daß die Wählermasse überging zu den Unabhängigen, die ihnen ohnedies in den kritischen Revolutionstagen in München die Parteiorganisation so gut wie gänzlich zerschlagen hatten. Gut die Hälfte ihrer Mitglieder in München wie in anderen Großstädten hatte sich damals mit den Räten identifiziert. Führende Mitglieder wie Niekisch hatten sich bei der Organisation des Rätesystems hervorgetan. Das alles war für die SPD außerordentlich belastend und war wohl auch an dem spürbaren Schwund des Selbstvertrauens innerhalb der SPD beteiligt. Dazu kam, daß überragende Persönlichkeiten nicht mehr zur Verfügung standen, seit Auer durch seine schwere Verwundung von der Parteiarbeit ausgeschlossen war. Der Vertrauensschwund auch weiter Arbeitermassen, die Schwäche der Regierung Hoffmann führten dann in der Gemeindewahl vom Juni 1919 und in der Landtagswahl vom Juni 1920 zu einer vernichtenden Wahlniederlage der SPD, die statt der 61 Sitze vom Januar 1919 nur noch 25 erhielt. Wie sehr die Befürchtung aber berechtigt war, daß die Wähler zur USPD abwandern würden, zeigt der Zuwachs dieser Partei von drei Sitzen auf 20. In Prozentzahlen ausgedrückt, lautete das Ergebnis von 1920: BVP 39,4%, SPD 16,4%, USPD 12,9%, Demokratische Volkspartei 8,1%, Mittelpartei (DN) 13,6%, Bayerischer Bauernbund 7,9%. In den Städten rangierte die USPD zum Teil sogar noch weit vor der SPD. Die KPD hatte nicht kandidiert.

Diese Bewegung ließ sich allerdings im Mai 1919 noch nicht voraussehen, als die erste Regierung Hoffmann, die nur aus Sozialdemokraten und Unabhängigen bestand, in eine Koalitionsregierung umgewandelt werden mußte, nicht zuletzt, weil sonst die Liquidation der Rätezeit allein seiner Partei aufgebürdet worden wäre. Er nahm infolgedessen den Vorsitzenden der Bayerischen Volkspartei und ein weiteres Mitglied dieser Partei sowie zwei Mitglieder der Demokratischen Volkspartei in seine Regierung auf. Diese drei Parteien bildeten die sogenannte Bamberger Koalition, da die Regierungsbildung sich noch im Exil vollzog. Mit dieser Bamberger Koalition treten erstmals die neu formierten bürgerlichen Parteien in die politische Öffentlichkeit.

Das größte Gewicht unter ihnen besaß die Bayerische Volkspartei. Die Gründung der Bayerischen Volkspartei am 12. November 1918 in einer Tagung zu Regensburg setzt sie nicht nur formal von der Vorgängerpartei, dem bayerischen Zentrum ab. Sie war also nicht eine reine Reaktion auf den Umsturz, sie war auch keine spontane Gründung, um den Kräften des Zerfalls eine bürgerliche Sammlungspartei entgegenzustellen, sondern die Gründer Dr. Heim und Dr. Schlittenbauer nahmen nur den günstigen Anlaß wahr, um alte Bestrebungen zur Loslösung vom Zentrum endlich zu verwirklichen. Schon 1897 hatte Dr. Heim in der Augsburger Postzeitung einen Artikel geschrieben, in dem er erstmals – so lautete der Titel – „Zentrum oder Bayerische Volkspartei“ einander gegenüberstellte. 1898, anläßlich der Zustimmung des Zentrums – ohne die bayerischen Abgeordneten – zur Flottenvorlage im Reichstag forderte Heim öffentlich im bayerischen Landtag: „Wir müssen uns als Bayerische Volkspartei auftun, wir müssen uns trennen.“ Realisierbar wurde eine solche Trennung der Bayern vom Zentrum erst im Sommer 1918, als die steigende Unzufriedenheit mit der zentralgelenkten Kriegswirtschaft in Bayern sich mit dem Verdruß über den Kurs des Zentrums unter Erzberger verband, der seit Sommer 1917 bereits zur Zusammenarbeit mit der SPD übergegangen war und deutlich auf eine Parlamentarisierung der Reichsverfassung hinzielte, alles Bestrebungen, die man in Bayern energisch ablehnte. Noch im Oktober 1918 kam es dann zur Trennung. Die entscheidende Persönlichkeit war der Bauerndoktor Georg Heim. Er war wohl die kraftvollste Führergestalt in der bayerischen Bauernbewegung, in welcher er seit Jahrzehnten tätig war, auch dann noch helfend und fördernd, als es ihm nicht gelungen war, die politische Zersplitterung der Bauernschaft zu verhindern, und die Gründung des Bayerischen Bauernbundes die Einheit der Bauernvereine zerrissen hatte. Es gab kaum einen bayerischen Politiker, der die Eigenart Bayerns mehr betont hätte, als er. Er hat sich aber nie um ein Ministeramt bemüht, auch nie um eine instutionelle Verankerung seiner Führungsposition innerhalb der Partei. Es lag ihm wohl mehr daran, von Fall zu Fall seinen Einfluß ungehemmt, wenn es sein mußte, zur Geltung zu bringen, unter Umständen sogar die eigenen Parteifreunde zu schockieren, als sich in der praktischen Politik zu Kompromissen gezwungen zu sehen und damit den eigenen Schwung preisgeben zu müssen. Dieser Schwung hat ihn wohl bisweilen auch über das Ziel hinausgetragen, so in jenem großen außenpolitischen Projekt, das er im Zusammenhang mit dem Wunsche der Österreichischen Nationalversammlung, sich Deutschland anzuschließen, erwogen hat, nämlich den Zusammenschluß

Bayerns mit Österreich zu einem eigenen staatlichen Gebilde, das genug Gewicht besessen hätte, um nicht einfach im Deutschen Reich als Provinz aufgehen zu müssen, sondern die Durchsetzung des föderativen Prinzips in diesem Reich zu gewährleisten. Weiter ist er in seinen Plänen nicht gegangen, auch wenn eine böswillige Propaganda dem Bauerndoktor die abenteuerlichsten Projekte angedichtet hat. Um ihn als Realpolitiker unglaubwürdig zu machen, waren freilich auch schon solche an Konstantin Frantz und vor allem an Edmund Jörg angelehnten mitteleuropäischen Phantasien hinreichend. Unter dem Einfluß Heims ist dann auch das Programm der neuen Partei entstanden, das im allgemeinen nur Bekanntes wiederholt und nur dort interessant wird, wo es auf die aktuellen Bezüge verweist. Einerseits versteht sich die Bayerische Volkspartei im besonderen als Sammlung all jener Kräfte, die außerhalb der Parteien des Umsturzes stehen – eine deutliche Distanzierung von der SPD –, andererseits distanziert sich die neue Gründung zum Teil sehr scharf vom alten Zentrum und vom alten Staat. Dr. Schlittenbauer, der Generalsekretär des Christlichen Bauernvereins und Mitbegründer der BVP, hatte bereits auf dem letzten Parteitag des Bayerischen Zentrums, am 21. Oktober 1918, erklärt: „Nachdem der Obrigkeitsstaat ... versagt hat, bleibt nichts anderes übrig, als den Volksstaat aufzurichten ..." Die neue Gründung rechtfertigte er mit den Worten: „Mit dem alten Staat haben die Parteien abgehaust ... und müssen verschwinden ..." Distanziert, aber im wesentlichen doch ohne Schwanken, stellte sich also die neue Partei auf den Boden der bestehenden Tatsachen, bekannte sich zur parlamentarischen Demokratie und sicherte zu, Änderungen der gegenwärtigen verfassungsrechtlichen Zustände nur auf dem Weg von Recht und Gesetz anstreben zu wollen. Diese Einschränkung war ein Hinweis auf die starken Kräfte innerhalb der Volkspartei, die immer noch die konstitutionelle Monarchie für die ideale Staatsform hielten und deren politische Arbeit zum Teil sogar darauf angelegt war, zur Vergangenheit zurückzuführen. Ausdrücklich war im Programm ausgesagt, daß sich die Bayerische Volkspartei nicht für identisch halte mit dem alten bayerischen Zentrum. Die wichtigste Parole hieß: „Bayern den Bayern".

Die drohenden Töne der Gründungsversammlung haben den Kurs der Bayerischen Volkspartei zunächst jedoch nicht bestimmt. Es wurde schließlich nicht Dr. Heim der Vorsitzende der Partei, sondern Karl Friedrich Speck aus Speyer, der schon bisher im Reichstag das Zentrum vertreten hatte und der dann im zweiten Kabinett Hoffmann das Finanzministerium übernahm. Mit Speck war ein Mann des Ausgleichs, ein Mann des Kompromisses und damit ein Garant des Parteizusammenhalts gewählt worden. Nur lief die Partei unter einem solchen Kurs Gefahr, ihr eigenes Gesicht zu verlieren. Dieser Gefahr wirkten am tatkräftigsten die politischen Freunde der Bayerischen Volkspartei entgegen, nämlich die führenden Männer des Zentrums. Am Ende des Weltkrieges verbannte das Zentrum unter dem übermächtigen Einfluß Erzbergers den Föderalismus als antiquiert aus dem Parteiprogramm. Ohne jede Rücksicht auf die Interessen und Wünsche der Einzelstaaten wurde die gesetzgeberische Tätigkeit des Reichstages seit dem Sommer 1919 vorangetrieben, auch von Männern des

Zentrums. Die Reichstagsfraktion der Bayerischen Volkspartei, die sich mit der Zentrumsfraktion zu einer Arbeitsgemeinschaft zusammengeschlossen hatte, hatte zwar mit Ausnahme von Dr. Heim der Reichsverfassung zugestimmt, sie hatte sich aber zum größten Teil immer noch nicht innerlich damit abgefunden, war enttäuscht darüber, vom Zentrum im Stich gelassen worden zu sein, und war bedrückt von der drohenden Gefahr der Isolierung. Aber gerade auf diesen Zustand arbeitete Dr. Heim mit Zielstrebigkeit hin. Er war der Ansicht, daß sich eine Zusammenarbeit mit der Zentrumsfraktion nicht mehr rechtfertigen lasse, da alle wesentlichen Interessen der Länder von der Zentrumsführung mißachtet worden seien. Er sah also keinen Sinn mehr in einer Arbeitsgemeinschaft, in welcher die Bayern unablässig überstimmt würden. Als sich dann die bisher theoretisch gebliebene Reichsverfassung auch in der praktischen Gesetzgebung auszuwirken begann, vor allem mit den Steuergesetzen der Jahre 1919 und 1920, die Erzberger als Finanzminister einbrachte, als Erzberger dann am 4. Januar 1920 in Stuttgart seine große Rede für den Einheitsstaat hielt, die mit dem Föderalismus abrechnete und zusätzlich zu der bereits durchgeführten Vereinheitlichung der Finanzverwaltung auch noch die Überführung der Justizverwaltung in die Hände des Reiches forderte, fand der Antrag Heims auf Auflösung der Arbeitsgemeinschaft mit dem Zentrum die Billigung auch der Gesamtpartei. Den Ausschlag gab, daß auch der bisherige Fraktionsvorsitzende im Bayerischen Landtag, Dr. Held, auf die Seite Heims übertrat. Entscheidend war wohl überhaupt, daß der Zentrumsführung der notwendige enge Kontakt mit Bayern fehlte, worauf Morsey hinweist, und damit das Verständnis auch für legitime Interessen eines Landes, das in seiner Agrarstruktur vom rheinisch-westfälischen Kerngebiet des Zentrums so völlig verschieden war.

Mit der Trennung der Fraktionsgemeinschaft Zentrum-Bayerische Volkspartei war erstmals eine Sprengung der politisch-parlamentarischen Einheitsfront der deutschen Katholiken seit dem Kulturkampf Wirklichkeit geworden. Für Dr. Heim war dieses Anliegen jedoch weniger von Belang, als die dadurch gewonnene Handlungsfreiheit auf verfassungsrechtlichem Gebiet. Für Held ging es hauptsächlich darum, daß er keine andere Möglichkeit sah, die Einheit der Partei zu retten und außerdem auch für abwandernde Wähler aus dem Bayerischen Bauernbund ihre Anziehungskraft zu bewahren. Die Wirkung des Schrittes war also, das war den Hauptakteuren auch vollkommen klar, vor allem innerbayerisch und sogar im wesentlichen auf die Bayerische Volkspartei allein beschränkt – der Sache des Föderalismus im Reich war also nicht unmittelbar gedient, bestenfalls mittelbar, d. h. dadurch, daß man in Bayern selbst das eigene Gewicht stärker in die Waagschale werfen konnte und in der Lage war, die Stimme Bayerns im Reichsverband laut und entschieden zur Geltung zu bringen, ohne vom Zentrum daran gehindert zu werden. Der unmittelbare parlamentarische Einfluß der Partei im Reichstag wurde natürlich nicht gestärkt. Die Aussichten auf eine Revision der Reichsverfassung mit parlamentarischen Mitteln wurde selbstverständlich nicht verbessert. Indem man sich von der Zentrumsfraktion trennte, nahm man auch bewußt eine Schwächung der eigenen

Stellung, allerdings auch der Stellung des Zentrums in der Reichspolitik in Kauf.

Im September 1920 formulierte die BVP im Bamberger Programm ihr neues Selbstverständnis. Die alten Anliegen wurden jetzt nicht mehr betont, sondern nur noch das, was vom Zentrum trennte, ein Vorgehen, das die Entstehung des Bamberger Programms aus dem augenblicklichen Kampf sehr deutlich macht. Die hier erhobenen Forderungen nach Verfassungsautonomie und nach Finanzhoheit, vor allem nach der Gleichberechtigung von Reichstag und Reichsrat, im allgemeinen also nach einer Revision der Reichsverfassung, hatten jedoch von Anfang an keine Aussicht auf Verwirklichung, das war der Führungsgruppe der Bayerischen Volkspartei auch klar. Dazu war das Gewicht der Partei nicht mehr groß genug.

Unter dem Angebot an Parteien, die sich Ende 1918 und in den ersten Monaten des Jahres 1919 bildeten, stand am weitesten rechts die Deutschnationale Volkspartei, das ist jene Partei, welche die enttäuschten Alldeutschen in sich aufsog, welche den Konservativen und Freikonservativen und den Deutschkonservativen in Preußen, jenen Schichten also vor allem, die bisher die Führung innegehabt hatten und die weiterhin eine ähnlich privilegierte Stellung anstrebten wie in Preußen zur Zeit des Dreiklassenwahlrechts, die Rückkehr zur Monarchie versprach, die aber auch jenem Teil der Nationalliberalen politische Heimat wurde, denen das nationale Prestige wichtiger war als die liberalen Ideen, und die schließlich auch Akademikerschaft und Kleinbürgertum die Aufrechterhaltung von Recht und Ordnung und den Schutz des Eigentums gegenüber den Sozialisierungsdrohungen der SPD garantierte. Eine geschlossene Idee konnte diese Partei nicht vorweisen. Das Programm war vorwiegend negativ gehalten, lebte vom Zorn auf die Parteien des Umsturzes, nährte die Ressentiments wegen der Niederlage und schuf sich selbst jenen Mythos von hohenzollernschem Glanz und nationaler Größe, der mehr vermochte als die vielen Versprechungen nach allen Seiten für die Zeit der Machtübernahme. In Bayern hatte es die Deutschnationale Volkspartei schwerer, Fuß zu fassen, als in Preußen, wo die nationalkonservativen Ideen auch vor 1914 sehr stark gewesen waren und zu kraftvollen Bildungen geführt hatten. In Bayern hatte es vor 1914 keine ausgesprochenen Rechtsparteien gegeben. Auch die wenigen konservativen Abgeordneten, in der Regel protestantische Franken, waren nicht rechts im eigentlichen Sinn wie ihre preußischen Schwesterparteien. Die Nationalliberalen in Bayern standen vor 1915 ebenfalls den Liberalen weit näher als ihre norddeutschen Parteifreunde, doch hatte der Krieg hier eine radikale Wandlung gebracht. München wurde sogar eines der Agitationszentren der alldeutschen Hetze. Annektionisten und Vaterlandspartei konzentrierten sich hier. So wurde München eines der Zentren auch der neuen Rechtsbewegung nach dem Krieg. Die Anknüpfungspunkte für eine direkte Übertragung der Deutschnationalen Volkspartei nach Bayern waren nicht ausgeprägt genug, als daß es diese vor allem am Hohenzollerntum festhaltende Bildung hätte sein können, die sich in Bayern nach dem Krieg zusammenfand, doch formierte sich auch hier um ähnliche Programmpunkte wie in Preußen eine ausgesprochen nationalistische Vertretung des Bürgertums, die sogenannte Bayerische Mittelpartei. In ihrem Programm stand an erster Stelle die Forderung nach Überwindung des revolutionären Geistes, die Pflege des Volkstums und des nationalen Gedankens. Konservative und Nationalliberale zusammen bildeten auch hier das Einzugsgebiet der neuen Partei. Auch in Bayern stellte sie ein Sammelbecken dar für Akademiker und Angehörige des Mittelstandes, soweit sie aus konfessionellen Gründen dem Zentrum bzw. der Bayerischen Volkspartei fernstanden oder soweit sie nicht zur Sozialdemokratie neigten. Ein wesentlicher Programmpunkt war die Forderung nach Wiederherstellung des Kaiserreiches, ein Punkt, der freilich in merkwürdigem Kontrast zur schroffen Ablehnung Berlins als gegenwärtiger Reichshauptstadt stand, da Berlin als Brutstätte des Bolschewismus eine Gefahr bedeute für das ganze Reich. Diese Auffassung hat dann auch hereingespielt in die Ereignisse des Jahres 1923. Auch die Ablehnung des Versailler Vertrages gehört ebenso wie die Ablehnung der Republik und die schroffe Frontstellung gegen den Sozialismus zu den Kennzeichen der bayerischen Deutschnationalen wie die Bejahung des politischen Mordes als Mittel zur Säuberung des öffentlichen Lebens von unruhigen oder unerwünschten Elementen.

Die allgemeine Empörung über die Härte des Friedensvertrages hat dann bekanntlich eine starke Verschiebung der Wahlergebnisse mit sich gebracht. Zusammen mit den 13 Abgeordneten der Demokraten stellte die Bayerische Mittelpartei im Juni 1920 mit 20 Mandaten die drittstärkste Gruppe im Landtag. Eine Koalitionsregierung, wie immer sie auch aussehen mochte, war ohne diese Gruppe nicht möglich. Diese Partei erhielt dann auch 1920 bereits in der Regierung Kahr das Justizministerium. Das ist der Anfang jenes deutsch-nationalen Einflusses in der bayerischen Innenpolitik, der bis 1933 in ungebrochener Stärke anhielt und unmittelbar, in der Person des Justizministers Dr. Gürtner, diese Epoche verband mit jener des Dritten Reiches. Hitler hat bekanntlich Gürtner ebenfalls als Justizminister übernommen.

Ein Teil der alten Nationalliberalen war zur Bayerischen Volkspartei übergegangen, andere hatten sich unmittelbar der Mittelpartei angeschlossen. Die eigentlichen Liberalen waren zur Deutschen Demokratischen Partei gegangen, die sich anfänglich, 1919 nämlich, in Süddeutschland als Deutsche Volkspartei bezeichnet hatte, in Bayern mit dem Zusatz, Deutsche Volkspartei in Bayern bzw. in der Pfalz. Das war die einzige entschieden demokratische bürgerliche Partei. Noch am 22. Dezember 1918 schloß sie sich an die Deutsche Demokratische Partei an. Diese Partei, die sich als eine Neugründung verstand mit dem Ziel, ebenfalls eine Volkspartei zu werden, war in die Tradition der alten Fortschrittspartei eingetreten, hatte aber auch einen Teil der Nationalliberalen übernommen und damit auch die alte Spannung im liberalen Lager zwischen dem Streben nach nationaler Einheit und Macht und Wahrung des liberalen Gedankengutes, Ausbau des Rechts- und Verfassungsstaates, Erweiterung der Grundrechte und Sicherung des Individuums gegenüber der Staatsgewalt. Einer ihrer wichtigsten Repräsentanten war der langjährige Reichstagsabgeordnete der

Fortschrittlichen Volkspartei, Müller-Meiningen. Auch ihn hatte 1914 das Hochgefühl patriotischer Begeisterung erfüllt, auch er war Annektionist, auch wenn er nicht dem Volksausschuß zur Niederwerfung Englands angehört hatte oder gar der Vaterlandspartei. Bis zuletzt gehörte Patriotismus zum innersten Kern seiner Anschauungen, aber gleichzeitig war er zweifellos durch und durch Demokrat, stand vorbehaltslos auf dem Boden der neuen demokratisch-parlamentarischen Republik und war, obgleich seine Partei das mittlere Bürgertum vertrat, vorurteilslos genug, als Fraktionsvorsitzender einer Partei, die in der Wahl von 1919 25 Sitze erlangt hatte, auf eine Koalition mit der SPD hinzuarbeiten.

Zu dieser Koalition kam es dann bei der zweiten Regierung Hoffmann im Juni 1919. Müller-Meiningen wurde Justizminister. Ihm oblag die Liquidation der Räteregierung, die er mit Energie und unter heftigen Kämpfen gegenüber den sozialistischen Ministern durchzuführen hatte. Auch in dieser Frage war die SPD in sich zerfallen. Die Einsetzung von Volksgerichten zur Aburteilung der etwa 5 000 Verfahren aus dieser Epoche hatte noch Erhard Auer angeregt. Müller-Meiningen hatte sie gegen die ständigen Amnestievorschläge der SPD durchzuführen. Die Deutsche Demokratische Partei konnte natürlich ihre Unabhängigkeit in diesen Monaten umso leichter behaupten, als es ihr vom Programm wie von ihrer politischen Zusammensetzung her ebenso möglich war, eine Koalition mit ihren Anschlußparteien nach rechts, der Deutschen Volkspartei und der Mittelpartei, oder auch der Bayerischen Volkspartei zu bilden. Diese Stellung in der Mitte, die große Beweglichkeit und Koalitionsfähigkeit bedeutete und es der Partei erlaubte, nicht selten in kritischen Verhältnissen den Ausschlag zu geben, bedeutete aber in den turbulenten 14 Jahren der Weimarer Republik auch eine unaufhörliche Bedrohung. Die Deutsche Demokratische Partei ist ihr schließlich auch erlegen. Der Prozeß des steten Machtverlustes der liberalen Parteien, der seit dem Ende der achtziger Jahre nicht mehr zu übersehen war, setzte sich noch rapider nach 1918 fort, einmal deswegen, weil nahezu alle anderen Parteien reine Standes- und Interessenvertretungen waren und deshalb mehr Anziehungskraft besaßen, dann aber, weil notwendigerweise in den immer heftiger werdenden Kämpfen der radikalen Flügel eine unkämpferische, von den verblassenden Idealen von 1848 lebende Mitte nicht bestehen konnte. 1919 hatte die Deutsche Demokratische Partei im Reichstag mit nahezu 19% der Stimmen angefangen, 1920 waren ihr noch 8% geblieben, dann sank sie ab auf 6, zu Ende der zwanziger Jahre waren es noch knapp 4%, die letzten Wahlen erbrachten noch 1% der Wähler für die Deutsche Demokratische Partei.

Die Bamberger Koalition aus Demokraten, BVP und SPD hatte aus vielen Gründen keine Aussicht auf langen Bestand. Das lag zunächst an Hoffmann, der keinen überzeugenden Kurs einzuschlagen wußte. Das lag aber kaum weniger an der allgemeinen Entwicklung. Die Empörung über die Härte des Versailler Vertrags richtete sich nicht nur gegen die Alliierten, sondern auch gegen jene Parteien, welche für die deutsche Unterschrift die Verantwortung übernommen hatten. Sie blieb aber zu allererst der stärksten Partei, den Sozialdemokraten;

besonders in Bayern hat man allein sie damit belastet. Kulturpolitische Spannungen zwischen Hoffmann, der gleichzeitig Kultusminister war, und der Bayerischen Volkspartei kamen dazu, da Hoffmann in dieser staatspolitisch so schwierigen Stituation endlich die Gelegenheit gekommen sah, seine radikalen Vorstellungen von Schulpolitik zu verwirklichen. So gab es bei der schwachen Fundierung der Bamberger Koalition schon im Herbst 1919 keinen Zweifel mehr an ihrem baldigen Ende. Herbeigeführt wurde dieses Ende der Bamberger Koalition, damit das Ausscheiden der SPD aus der Regierung in Bayern, durch eine Reihe von Konflikten innerhalb der Regierung selbst, die ausgelöst waren von der verschiedenen Einstellung zur Handhabung des Ordnungsrechtes und der Justiz. Es bedurfte nur noch eines entsprechenden Anlasses, dann mußte die Koalition zwangsläufig zerbrechen.

Die Regierungszeit Hoffmanns war geprägt von einer eigentümlich zwiespältigen Haltung, von Unsicherheit im Ganzen und Entschlossenheit im Einzelnen, eine Mischung, die nie zum Erfolg führen kann. Hoffmann hatte zum Beispiel den Ausnahmezustand, der die rechtliche Grundlage für das Vorgehen gegen die Räte-Herrschaft gebildet hatte, nicht wieder aufgehoben. Das ganze Land stand also unter Ausnahmerecht. Es waren abgekürzte Verfahren möglich und auch formloses Zugreifen der Polizei und der Gerichte, rasche Einschaltung der militärischen Befehlstellen und insgesamt gesehen Willkürlichkeiten aller Art. Dabei hatte aber Hoffmann immer noch nicht den grundlegenden Fehler im Herrschaftsaufbau Bayerns eingesehen, an dem er im April 1919 beinahe gescheitert wäre. Er hatte nicht begriffen, daß ein Staat nur existieren kann, wenn er über Machtmittel verfügt. Hoffmann war von unüberwindlichem Mißtrauen gegen jede Art von Machtausübung beseelt bis zu seinem Sturz. Das bedeutet, daß sich dann neben der Regierung eigene Machtkörper ausbildeten, die in Grenzen zu halten, dem Ganzen dienstbar zu machen, Aufgabe der Regierung gewesen wäre, eine Aufgabe, die im Zusammenwirken mit der immer noch sehr energischen sozialdemokratischen Reichsregierung nicht unlösbar gewesen wäre. Die Regierung Hoffmann ließ sich aber sogar ein Machtinstrument wieder entwinden, das sie selbst geschaffen hatte, die Einwohnerwehr.

Die Anregung zur Bildung der Einwohnerwehren, wie sie im Mai 1919 entstanden, war zwar weitgehend verschieden von einigen älteren, rein sozialdemokratischen Plänen, die aber infolge der Widerstände aus den eigenen Reihen nie verwirklicht wurden. Trotzdem erließ die „Bekanntmachung betreffend Einwohnerwehren" vom 17. Mai 1919 die rein sozialdemokratische Regierung Hoffmann. Durch diese Bekanntmachung kam eine geradezu lawinenartige Bewegung in Gang. Hinter dem Erlaß standen Roßhaupter, der Minister für militärische Angelegenheiten, und Endres, der Innenminister, die im Gegensatz zu Hoffmann endlich ein Machtinstrument der Regierung aufbauen wollten, das ähnliche Ereignisse wie die Räterepublik verhindern sollte. Das war der ausückliche Zweck der Einwohnerwehren, „die öffentliche Sicherheit im eigenen nbezirk zu gewährleisten und Polizei- und Regierungstruppen in ihrer ren Aufgabe – Kampf gegen Diebstahl, Plünderungen und Aufruhr – zu unterstützen." Die Einwohnerwehren waren also gedacht als rein örtliche Schutzverbände, ohne allgemeine militärische Aufgabe. Zuständig waren dabei die örtlichen Zivilverwaltungen. Ihr Einsatz war nur im äußersten Notfall vorgesehen. Auch die Zuteilung von Waffen und Munition sollte erst im Alarmfall erfolgen. Auch die Kosten waren von den Gemeinden zu tragen, ausgenommen im Falle eines überlokalen Einsatzes. So war auch der Gesamtcharakter dieser Einwohnerwehr von Anfang an unpolitisch gedacht. Ihre Zusammensetzung war also weder ständisch noch parteipolitisch bestimmt, wie auch ihr Zweck allein die Aufrechterhaltung der öffentlichen Ordnung war, also ein staatspolitisch völlig neutraler. Auch hatte die Reichswehr zunächst keinen bestimmenden Einfluß, wenngleich für die Regierungsbezirke ein Offizier als Wehrkommissar mit beratender Funktion zugeteilt wurde. Diesem anfänglichen Charakter der Einwohnerwehren entsprechend hat die Reichswehr zunächst auch nur Schwierigkeiten gemacht, da sich mit militärischen Vorstellungen, die vor allem darauf hinaus liefen, die Einwohnerwehren zu einer Art Ersatzorganisation für die rasche Aufstellung von militärischen Reserveeinheiten zu machen, zu Mobilmachungskörpern also für den Kriegsfall, eine solche Zweckbestimmung nicht verbinden ließ. Auch der Eifer der Zivilisten bei der Beteiligung an diesen Einwohnerwehren war zunächst nicht sonderlich groß, nur in Oberbayern, wo der Regierungspräsident Gustav Ritter von Kahr mit Energie die Bildung von Wehren förderte und wo sich der Forstrat Georg Escherich und der Geometer Rudolf Kanzler als wirksame Agitatoren erwiesen, erlangten die Einwohnerwehren größeres Gewicht. Von hier aus setzte aber auch sehr rasch eine Entwicklung ein, die den ursprünglichen Charakter der Einwohnerwehren grundlegend verändern sollte.

Kanzler hatte solchen Erfolg, daß er bald den ganzen Chiemgau in der Hand hatte, in Kürze versuchte er, seine Organisation auszudehnen auf ganz Bayern. In diesem Bestreben traf er sich mit dem Forstrat Escherich, der darauf hinarbeitete, die zahlreichen lokalen Gruppen durch eine straffe Organisation zusammenzufassen und für größere militärische Aufgaben zu schulen. Ihrem militärischen Charakter entsprechend sollten dann die Einwohnerwehren schließlich genauso gegliedert sein wie die Reichswehr in Bayern, nämlich in drei Oberkommandos. Ehe noch die Diskussion mit den Münchner Stellen zu Ende war, schafften beide vollendete Tatsachen. Ausschlaggebend dafür war das persönlich gute Verhältnis zwischen Escherich und Kahr. Kahr hat schließlich die Konzeption Escherichs durchgesetzt, zumal auch Reichswehrminister Noske damit einverstanden war. Kanzler ordnete sich Escherich unter, so daß dieser schließlich zum Landeshauptmann der Einwohnerwehren gewählt werden konnte. Das Ganze wurde dann abkürzend genannt „Org. Esch.", das ist Organisation Escherich. Der Name war nicht zufällig so gewählt worden, denn Innenminister Endres hatte am 10. September die zunächst als staatliche Gründung gedachten Einwohnerwehren zur privaten Organisation erklärt, um dadurch Schwierigkeiten auszuweichen, die sich aus dem Versailler Friedensvertrag ergaben. Nach der Preisgabe der ursprünglichen Konzeption mit ihrer engen lokalen Beschränkung entwickelte sich die Mitgliederzahl geradezu sprunghaft. Bereits im November 1919 schätzte Minister Endres den Mitgliederbestand auf rund 200000 Mann, zwei Monate später waren es über 250000, bald 300000. Zwei Jahre später lag die Mitgliederzahl bei 360000, es handelte sich dabei hauptsächlich um ehemalige Soldaten. Da die bayerischen Divisionen im Verlauf des Krieges etwa 900000 Mann zählten, von denen nicht ganz 200000 gefallen sind, kann man sagen, daß nahezu jeder zweite ehemalige Soldat in die Einwohnerwehr eingetreten ist. Schon diese Zahlenverhältnisse sprechen dagegen, daß es sich um eine rein bürgerliche Organisation gehandelt hat, doch war das Übergewicht der Bauern und des bürgerlichen Mittelstandes nicht zu verkennen. Die Arbeiter hielten sich oft mißtrauisch zurück. Angehörige der Sozialdemokratie wurden auch nicht gern in führende Stellungen gewählt. Mitgliedern der USPD war durch Erlasse des Reichswehrministers Noske und des bayerischen Innenministers Endres, die beide der Sozialdemokratie angehörten, die Aufnahme verwehrt. Auch in diesem Punkt zeigt sich die sonstige Unentschiedenheit der SPD in dieser Frage, denn zu einer gänzlichen Trennung und zu einem entschiedenen Kampf gegen die USPD war die Sozialdemokratie trotz ihrer skeptischen Zurückhaltung nicht zu bewegen. Sie hat sich schließlich 1922, nach dem großen Wahlerfolg der USPD, zu einem neuen Zusammenschluß bereitgefunden, doch die Kontrolle über die Einwohnerwehren war der SPD inzwischen bereits entglitten. Das war umso bedenklicher, als diese Einwohnerwehren im Laufe des Jahres 1920 auch in Bezug auf ihre Bewaffnung immer stärker wurden. Die Zahl der Karabiner, die im Besitz der Wehren waren, läßt sich selbstverständlich nicht mehr ermitteln, da Tausende von Soldaten ihre Waffen in den Herbstmonaten des Jahres 1918 einfach mit nach Hause genommen hatten. Zugeteilt waren den Einwohnerwehren im Verlauf des Jahres 1919 und Anfang 1920 etwa 150000 Karabiner; fest steht auch, daß in ihren Händen etwa 2000 Maschinengewehre waren. Über die Zahl der Geschütze ist nichts bekannt, nur der Chiemgau besaß sieben Artillerieabteilungen mit sicherlich mehr als sieben Geschützen. Für eine reine Selbstschutzorganisation war diese Bewaffnung mit Artillerie zu aufwendig. Sie entsprach freilich dem auftrumpfenden Charakter ihrer Führung. Für einen Kampf gegen Militär reichte sie allerdings nicht im entferntesten aus.

Eine solche Bedeutung hätte die Reichswehr den Einwohnerwehren auch nicht zugestanden. Daß sie keine Konkurrenz für die Reichswehr werden konnten, lag aber auch an ihrem grundsätzlich demokratischen Charakter. Die Gliederung in Gaue mit den Grenzen der Bezirksämter diente nicht nur der organisatorischen Zusammenfassung, sondern entsprach auch der allgemeinen Tendenz der Mitglieder, über den Rahmen ihres engeren Heimatbezirkes hinaus nicht verwendet zu werden. Die lokalen Führer wurden ebenso gewählt wie die Führer der Gaue und schließlich der Landeshauptmann mit dem fünfzehnköpfigen Landesausschuß, der ihm zur Seite stand, so daß von der Organisation her der Anschein einer demokratisch-bürgerlichen Einrichtung durchaus gewahrt schien. Aber in diesen gemütlichen Rahmen paßten zwei Elemente nicht hinein.

Neben den Mitgliedern, die sich nur in ihrer engeren Landschaft gebrauchen lassen wollten, gab es etwa 18000 Mann sogenannte mobile Wehren, die zum Einsatz in ganz Bayern zur Verfügung standen. Unmittelbar unter der Landesleitung stand aber dann vor allem ein aktives Korps von 15000 Mann, die sogenannten Reichsfahnen, die unmittelbare Nachfolgeorganisation des Freikorps Oberland. Mit diesem Korps, das ebenfalls schwere Waffen besaß, hatte die Landesleitung ein Machtinstrument in Händen, das an beliebiger Stelle eingesetzt werden konnte und auch dank seiner straffen militärischen Organisation eine weit höhere Bedeutung besaß als alle anderen, nur in losem Zusammenhang stehenden Teile der Einwohnerwehren. Daß diese Spezialeinheiten der Einwohnerwehren sehr bald ein Instrument im politischen Machtkampf wurden, hängt dann vor allem zusammen mit der Person des sogenannten Stabsleiters der Münchner Landesleitung, dem ehemaligen Oberstleutnant Hermann Kriebel, der aus dem Stabe Ludendorffs gekommen war. Escherich hatte ihn selbst nach München geholt und hatte ihm dort das Büro der Landesleitung unterstellt. Die im Erlaß vom 17. Mai vorgesehene Zusammenarbeit mit den Wehrkreiskommandos führte dann den Hauptmann im Generalstab Ernst Röhm an seine Seite, den späteren Stabschef der SA. Schon diese beiden Namen zeigen, in welch gefährliches Fahrwasser sich die Führung der Einwohnerwehren drängen ließ. Escherich hatte bei aller Gschaftlhuberei doch weitgehend uneigennützige Absichten, er ist auch später in der Politik nicht mehr hervorgetreten. Letzten Endes war er aber doch nur Werkzeug in der Hand der Offiziere, welche die Einwohnerwehren im Hintergrund und in den mittleren Führungsstellen eindeutig beherrschten. In den Führungsstellen der Gaue waren von insgesamt 600 Stellen 200 mit aktiven Offizieren besetzt, der Rest zum größten Teil mit Reserveoffizieren. Das lag bei der halbmilitärischen Aufgabe der Einwohnerwehren nahe, bedeutete aber, daß nicht der zivile Selbstschutz das wichtigste Anliegen der gesamten Organisation darstellte, sondern daß die entscheidenden Kräfte von jenen gestellt wurden, die bereits wieder an einen Revanchekrieg dachten oder noch nicht einmal bereit waren, den eben liquidierten Krieg als abgeschlossen anzuerkennen. Ähnliche Organisationen gab es auch in Preußen, aber diese Verbände waren alle fest in der Hand der Reichswehr und hatten keine Möglichkeit zu selbständigen politischen Sonderaktionen. In Bayern hat die Schwäche der Regierung dafür gesorgt, daß die Einwohnerwehren schon 1920 in der Lage waren, eine politische Rolle zu übernehmen, und zwar im Rahmen des sogenannten Kapp-Putsches.

Der sog. Kapp-Putsch war das erste Anzeichen dafür, daß sich die im November 1918 verdrängten Kräfte sammelten und zum Gegenstoß ansetzten. Daß sie noch einmal geschlagen wurden, hat sie nicht entmutigt. Die Tatsache vor allem, daß sie in Bayern, auf einem Umweg allerdings, zum Ziel gekommen sind, hat dann außerordentlich dazu beigetragen, daß sich der militante Nationalismus im Reich immer mehr verfestigen konnte, bis er dann schließlich alles andere überrannt hat. Beim Kapp-Putsch handelt es sich um einen echten Putsch, d.h. um den improvisierten Griff einer verhältnismäßig unbedeutenden Gruppe nach der politischen Macht. Er steht im Zusammenhang mit den Konsequenzen aus dem Versailler Vertrag, der im Januar 1920 in Kraft getreten war und der die Reduzierung der Reichswehr auf 100000 Mann vorsah. Da sie im Frühjahr 1920 noch 400000 Mann umfaßte, bedeutete das für 300000 Mann, vor allem für eine beträchliche Anzahl von Offizieren die Entlassung, d.h. den Zwang zum Berufswechsel oder wenigstens die Bescheidung mit einer spärlichen Pension. Gedrängt von seinen Kameraden hatte General Lüttwitz, der Befehlshaber in der Mark Brandenburg, daraufhin versucht, die Regierung unter Druck zu setzen, war aber entlassen worden. Das war der Anlaß zur Erhebung der Marinebrigade Ehrhardt, einer Freiwilligentruppe, andere Truppen schlossen sich an, unterstellten sich der Führung des Generals von Lüttwitz und besetzten die Regierungsviertel in Berlin. Als neuer Kanzler wurde der Gründer der einstigen Vaterlandspartei ausgerufen, der ostpreußische Generallandschaftsdirektor Kapp. Der Putsch ist sehr rasch zusammengebrochen, weil die Bürokratie im Gegensatz zum November 1918 die Annahme von Befehlen verweigerte und weil der Generalstreik der Gewerkschaften die Truppen vom Nachschub und von allen Nachrichtenverbindungen abschnitt. Der Kapp-Putsch war trotzdem keine Episode, aus zwei wichtigen Gründen. Einerseits nahm die kommunistische Partei den Putsch und den Generalstreik zum Anlaß, um ihrerseits noch einmal in lokalen Erhebungen die Vollendung der sozialen Revolution zu versuchen. Im Ruhrgebiet erhoben sich etwa 50000 Mann und lieferten der Reichswehr blutige Schlachten, bis sie niedergeworfen werden konnten. Im Blick auf die Allgemeinheit bedenklicher war aber das zwiespältige Verhältnis zur Republik, das sich bei der Reichswehrführung bei dieser erstmaligen Bedrohung von rechts gezeigt hatte. Während der Reichswehrminister Noske und der Chef der Heeresleitung General Reinhardt bereit waren, der Reichswehr den Befehl zum Eingreifen zu geben, hat der General Seeckt, der Chef des Truppenamtes, das ist der ehemalige Generalstab, den Gehorsam verweigert. Er erklärte, daß Reichswehr nicht auf Reichswehr schieße. Aber nicht Seeckt wurde daraufhin zur Verantwortung gezogen, sondern Noske und Reinhardt wurden von ihrer eigenen Partei fallen gelassen, da einmal unter ihnen der Kapp-Putsch möglich gewesen war, die Reichswehr sich also unzuverlässig gezeigt hatte, zum anderen aber, da diese gleiche Reichswehr auf die Rote Armee im Ruhrgebiet geschossen hatte.

Während in Berlin die Regierung also dem Druck von allen Seiten gleichzeitig nachgab, dem von rechts, insoweit man Seeckt nicht zu entlassen wagte, sondern sogar noch zum Chef der Heeresleitung machte, dem von links, als man Noske und Reinhardt opferte, setzte sich in München nur der Druck von rechts durch. Vom Kapp-Putsch selbst drangen nur schwache Wellen nach Bayern, da sich der Generalleutnant v. Möhl, der bayerische Landeskommandant, noch am 13. März, dem Tage des Kapp-Putsches, zur Verfassung bekannte und zusammen mit den Parteien einen entsprechenden Aufruf erließ. Er war sicher, seine Truppen in der Hand zu haben. Die Initiative ging hier aus von den Einwohnerwehren und von untergeordneten militärischen Führern, wie dem Infanterieführer der bayerischen Division, dem General v. Epp, einem der Befreier Münchens.

Oberstleutnant Kriebel, der sogenannte Stabsleiter der Einwohnerwehren, Escherich selbst und General Epp begaben sich zusammen mit dem Polizeipräsidenten von München, Pöhner, und dem Befehlshaber der bayerischen Landespolizei, v. Seisser, zu Generalleutnant Möhl und verlangten, daß er die vollziehende Gewalt in Bayern übernehme, andernfalls könnten sie nicht dafür garantieren, daß die Einwohnerwehren sich zurückhalten ließen. Möhl hat nun die Herren nicht verhaften lassen, wie es seine Pflicht gewesen wäre, sondern hat sich zu Hoffmann begeben und hat von ihm die Betrauung mit der vollziehenden Gewalt in Bayern verlangt. Hoffmann setzte für sechs Uhr früh eine Ministerratsitzung an, bei der außer Möhl und den Führern der Einwohnerwehren sowie dem Polizeipräsidenten Pöhner auch noch der Regierungspräsident von Oberbayern, v. Kahr, zugegen war. Zufälligerweise, wie die angesprochenen Herren meinten, war auch ein Trupp des alten Freikorps Oberland zur Stelle, d. h. also die aktivste Gruppe aus dem Verfügungsbereich Kriebels. Der Ministerrat einschließlich der SPD-Minister stimmte geschlossen, von Hoffmann selbst abgesehen, für die Übertragung der vollziehenden Gewalt an das Militär. Das bedeutete die Abdankung der Regierung Hoffmann, auch wenn diese formelle Abdankung noch ausdrücklich erfolgte.

Um diesen Vorgang sind einige Geschichtslegenden entstanden. Die eine Seite berichtet nichts davon, daß bei dieser Ministerratssitzung eine Reihe von unerfreulichen Gästen zur Stelle war, während die andere behauptet, schwerbewaffnete Einwohnerwehren hätten den Rücktritt der Regierung erzwungen. Richtig ist, daß die Mitglieder der SPD betonten, sie hätten ihre Zustimmung zur Betrauung Möhls mit der vollziehenden Gewalt nur unter Druck abgegeben, aber der Justizminister Müller-Meiningen behauptet, daß von einem unmittelbaren Druck nichts zu spüren gewesen sei. Die Drohungen richteten sich freilich auf die nahe Zukunft, doch gerade diese Zukunft hat die SPD-Führung in dieser Stunde verspielt. Sie ließ es nicht darauf ankommen, wessen Machtmittel nun auf die Dauer gesehen die wirksameren waren, sie setzte niemanden ab von denen, die ihr mit Drohungen kamen, sondern sie hat selbst kapituliert. Müller-Meiningen nimmt, wahrscheinlich zu recht, an, daß es Hoffmann in dieser Stunde nur noch um einen gut begründeten Abgang zu tun war, darum, daß er ein Amt mit Anstand los wurde, dem er sich schon längst nicht mehr gewachsen fühlte. Das ist wohl der eigentliche Gehalt dieser bayerischen Entscheidung vom 14. März 1920.

Die SPD hat sich in dieser zugespitzten Situation freiwillig zurückgezogen. Sie hat wohl nicht vorausgesehen, daß sie sich jetzt für Jahrzehnte der Möglichkeit zur entscheidenden Mitgestaltung der Verhältnisse in Bayern begab. Worum es Generalleutnant Möhl und den hinter ihm stehenden Kreisen wirklich ging, zeigt die Reaktion Möhls nach dem Rücktritt Hoffmanns. Er delegierte die Macht weiter an den Exponenten der Einwohnerwehren, Herrn v. Kahr. Auch Kahr hat sofort wieder zu verfassungsmäßigen Zuständen zurückgelenkt und sich noch am 16. März, zwei Tage später, der Wahl durch den Landtag gestellt, der ihn auf Vorschlag der Bayerischen Volkspartei zum Ministerpräsidenten wählte. Seine Regierung sützte sich auf eine Koalition von Bayerischer Volkspartei, Bauernbund und Demokraten, d.h. die gleiche Koalition, die bisher regiert hatte, nur mehr ohne die SPD, die das Angebot, sich mit zwei Ministerien an der Regierung zu beteiligen, zurückgewiesen hatte. Auch die Minister blieben im wesentlichen dieselben, doch der Gesamtkurs änderte sich jetzt entschieden. Bayern wurde zum Hort der aufstrebenden nationalistischen Kräfte, zur „Ordnungszelle" im Reich. Der Rechtsradikalismus hatte in Bayern unter Kahr so günstige Entfaltungsmöglichkeiten wie sonst nirgends in Deutschland.

Der Regierungswechsel vom März 1920 war insofern ein bedenkliches Signal, als er auf putschähnliche Weise vonstatten gegangen war, und vor allem deshalb, weil sich die Partei, welche jetzt die Verantwortung hätte übernehmen müssen, dieser Verantwortung entzog. Dr. Heim, der es bisher schon stets vorgezogen hatte, nicht in der ersten Linie zu operieren, hatte sich diesmal sogar bereit gezeigt, wie man glaubt, die Regierungsspitze zu übernehmen, weil er der Ansicht war, daß eine Änderung des Kurses notwendig geworden war, aber wegen seiner Agitation für den Zusammenschluß Süddeutschlands mit Österreich und seiner Verbindungen zu Frankreich war er gerade jenen Kreisen verdächtig, deren Gewicht die Entscheidung vom 14. März erzwungen hatte, und so haben es am 16. März weder Heim noch die Bayerische Volkspartei gewagt, einen Umsturz, den sie nicht herbeigeführt hatten, mit der eigenen Flagge zu decken. Es blieb also bei Kahr, der bei den Einwohnerwehren als starker Mann galt und bisher politisch noch nicht hervorgetreten war. Dazu kam die alte Tradition der Bayerischen Volkspartei, trotz ihrer parlamentarischen Überlegenheit die königlichen Beamtenregierungen respektvoll zu tolerieren. Diese Gewohnheit aus der konstitutionellen Zeit erleichterte jetzt die Unterwerfung unter ähnliche Verhältnisse. Die Regierung Kahr war also praktisch die Fortführung der alten Beamtenregierungen, und sie schien außerdem die Gewähr zu bieten, daß die Ziele der Bayerischen Volkspartei auch durch Kahr verfolgt wurden, da er für jedermann als Monarchist und glühender bayerischer Patriot galt. Neben Kahr waren zwei weitere Beamte in der Regierung, so daß also die drei SPD-Minister durch Beamte ersetzt worden waren.

Nach den Juniwahlen, welche den Führungsanspruch der Bayerischen Volkspartei bestätigten, die SPD entscheidend schwächten, aber auch den Demokraten die Hälfte ihrer Mandate weggenommen hatten, kam dann der Ruck nach rechts auch äußerlich sichtbar zum Ausdruck. Die Bayerische Mittelpartei, d.h. die Deutschnationalen, die um zwei Sitze mehr erlangt hatten als die Demokraten, wurden ebenfalls in die Koalition übernommen, aber nicht, wie Schwend meint, weil sonst keine bürgerliche Regierung hätte gebildet werden können – die notwendigen 78 Sitze, welche die Mehrheit bedeuteten, wären bereits durch die Koalition von Bayerischer Volkspartei, Demokraten und Bauernbund überschritten worden. Es ging also in erster Linie darum, daß Kahr jene Gruppe auch in der Regierung haben wollte, die ihn zur Macht geführt hatte. Jetzt erst war Bayern jene „Ordnungszelle" im Reich, als welche sie in der zeitgenössischen Presse, die zum größten Teil in den Händen der Rechten war, immer wieder hingestellt wurde. Die Ordnung in Bayern wurde aufrechterhalten mit Hilfe des von Hoffmann proklamierten und seither nicht aufgehobenen Ausnahmezustandes, der Polizei und Militär weitreichende Machtbefugnisse überließ. Besonders rasch bei der Hand war man mit Unterdrückung „bolschewistischer Umtriebe“, wie alle sozialistischen Versuche, in der Öffentlichkeit Gehör zu finden, in München genannt wurden. Der Münchner Polizeipräsident Pöhner hat auch, und daß so etwas in Bayern möglich war, spricht am deutlichsten für die vollkommene Verwirrung aller Begriffe, einer reinen Mörderorganisation in München Unterschlupf gewährt, nämlich der Organisation „Konsul“ des Korvettenkapitäns Ehrhardt. Natürlich hatte Ehrhardt „höhere“ Ziele, etwa die politische Machtergreifung für seine Person; in den Augen der Patrioten legitimierte ihn der Auftrag, ein Regiment Süd aufzustellen und damit die Schwarze Reichswehr auch in Bayern zu repräsentieren. Er hatte wohl auch die Weisung, militärische Nachrichten aus dem Süden und Südosten zu beschaffen und wurde dafür durch die Reichswehr finanziert. Als Tarnung diente ihm ein großes Büro, das er eingerichtet hatte und das mit „Holzverwertungs-Gesellschaft“ firmiert war. Bis heute ist nichts genaueres bekannt über diese Organisation „Konsul“, die ihren Namen vermutlich davon trägt, das Ehrhardt selbst, der ja nach dem Kapp-Putsch wegen eines Haftbefehls aus Preußen hatte flüchten müssen, unter dem Namen „Konsul Eichmann“ dort gemeldet war. Pöhner hat ihn nicht nur gedeckt, er hat ihn auch mit den führenden nationalistischen Kreisen in Bayern in Verbindung gebracht und alle Anfragen politischer Instanzen nach den merkwürdigen Aktivitäten dieser Gruppe mit harmlosen Auskünften beschwichtigt. In seiner einstigen Marinebrigade hatte er eine schlagkräftige, in Bürgerkriegen erfahrene Truppe zur Hand, die man einsetzen konnte, wo es Not tat. Im Jahre 1921 wurde sie zu Fememorden eingesetzt, von denen eine ganze Reihe auf das Konto seiner Gruppe geht, unmittelbar nachweisbar ist vor allem die Ermordung Matthias Erzbergers im August 1921. Wegen Beihilfe, Mitwisserschaft und Begünstigung konnte man damals Ehrhardt und seine Organisation nicht verurteilen, weil die Mörder nach Ungarn flüchten konnten. Das war möglich, weil die badische Polizei, die in wenigen Tagen die Identität der Mörder geklärt hatte, die Münchner Polizei um die Verhaftung der beiden dort gemeldeten Mörder bat, Pöhner aber die beiden Herren schriftlich aufs Polizeipräsidium vorladen ließ. Erst 1922 kam es zu einem großen Prozeß gegen Ehrhardt und seine Organisation, die nur wegen Geheimbündelei zu einem Urteil von acht Monaten Gefängnis führte. Alle anderen Anklagen blieben dank der ausgezeichneten Beschützertätigkeit Pöhners und seiner Gehilfen ohne Ergebnis. Die Organisation, die Ehrhardt aufgebaut hat, darf man allerdings in ihrer Bedeutung auch nicht überschätzen, sie war ohne allgemeine Auswirkungen, wenn man von dem furchtbaren Schock absieht, den die Ermordung Erzbergers und Rathenaus auslöste. Nicht ein einziges seiner Ziele hat Ehrhardt erreicht, auch wenn er in enge Verbindung zu Hitler trat, dem einer seiner Offiziere die SA aufgebaut hat, oder wenn ihn dann Kahr 1923 wieder nach München zurückholte, weil ihm seine Tätigkeit so wertvoll schien.

Bayern auf dem Weg zum November 1923

Die Entwicklung eilte geradezu mit zielstrebiger Konsequenz auf das Jahr 1923 zu. Das ist wenig verständlich, wenn man den späteren Kurs der Bayerischen Volkspartei zu ihrer scheinbar völligen Verfallenheit an die nationalistischen Kreise in Parallele setzt. Tatsache ist, daß die Bayerische Volkspartei dem Rechtskurs an sich nicht verfallen war, sondern in ihrer Verärgerung über die fortwährende Verstärkung der Berliner Zentralgewalt nur ihre Verbündeten dort nahm, wo sie solche fand. Das aber waren vor allem die Deutschnationalen, die nicht so sehr Berlin als Hauptstadt ablehnten, sondern die augenblicklichen Machthaber. Das war von der Bayerischen Volkspartei außerordentlich kurzsichtig. Nur von Fall zu Fall wurden allzu radikale Wendungen abgebremst. Es machte zwar niemand den extrem nationalistischen Kurs mit, aber ihrer Verantwortung wurde die Bayerische Volkspartei in diesen Jahren unzweifelhaft nicht gerecht. Keiner ihrer Führer wagte es, die Partei in den Zeiten der allgemeinen Richtungslosigkeit der hauptsächlichen Regierungsverantwortung auszusetzen, damit mißachtete sie aber eindeutig den Auftrag, den ihr die Wähler erteilt hatten.

Die Bayerische Volkspartei hätte freilich auch keinen Politiker von so allgemeinem Ansehen präsentieren können, wie es Kahr gewesen ist. Seine markigen vaterländischen Reden hatten ihn beliebt gemacht. Bis zu seiner kläglichen Rolle im Jahre 1923 genoß er auch den Ruf des starken Mannes, der weder vor Berlin noch vor der Entente kuschte, der sich und sein Volk bereit hielt für die Stunde des Vaterlandes und dergleichen mehr. Diesem Ruf wurde auch das erste Jahr seiner Regierung weitgehend gerecht, auch wenn er dann doch nicht gewagt hat, Bayern und Deutschland in einen neuen Krieg zu führen, wie man von ihm verlangte.

Für die Planlosigkeit der Regierung Kahr, aber auch für die Einsichtslosigkeit nicht nur der nationalen Rechten, sondern weiter bayerischer Kreise bezeichnend sind die beiden großen Zusammenstöße mit der Reichsregierung zur Zeit der ersten Regierung Kahr. Sie betrafen die Einwohnerwehren und das Verordnungsrecht des Reichspräsidenten. Die Einwohnerwehren hatten Kahr an die Regierung gebracht. Sie bedeuteten geradezu die Basis seiner Stellung, bezeichneten aber auch das Ausmaß seiner Abhängigkeit. In Verfolg der Durchführung des Versailler Vertrages richtete nun die Entente im Juli 1920 ihr Augenmerk auch auf die Wehrverbände, darunter vor allem die zahlenmäßig außerordentlich starke bayerische Einwohnerwehr. Die Forderung nach Auflösung der Einwohnerwehr wurde von Bayern aus, wie sich das in dieser turbulenten Situation von selbst verstand, mit lautstarkem Hohn beantwortet. Kahr selbst legte sich ebenfalls mit starken Worten fest, und man trieb das Auftrumpfen so weit, daß trotz

Mahnungen aus Berlin und den Drohungen Frankreichs mit dem Einmarsch ins Ruhrgebiet Tausende von Wehrmännern zur Durchführung ihres Landesschießens anläßlich des Oktoberfestes in München auf der Theresienwiese aufmarschierten. Im Januar 1921 forderte die Entente ultimativ die Entwaffnung bis spätestens zum 30. Juni des Jahres. Gleichzeitig steigerte die Reparationsforderung von 132 Milliarden Goldmark, zahlbar in 30 Jahren, die Erbitterung gegen die Entente in Deutschland aufs äußerste, so daß auch die allgemeine Stimmung gegen ein Nachgeben in dieser Frage war. Die Bayerische Volkspartei etwa stimmte förmlich dagegen. Doch als dann der Reichsrat ein Verbot aussprach und am 6. Mai das französische Ultimatum keine Wahl mehr ließ, gaben Escherich wie Kahr schließlich doch nach, denn auch sie konnten die Verantwortung für den drohenden Zusammenbruch der deutschen Wirtschaft bei einem französischen Einmarsch ins Ruhrgebiet nicht tragen. Aber das wußte Kahr doch von Anfang an. Das Vertrauen in ihn war durch sein Nachgeben gegenüber den Rechtskreisen erstmals erschüttert. Bedenklicher aber waren die allgemeinen Folgen der Auflösung der Einwohnerwehren. Als ein williges Instrument im Bürgerkrieg hätten sich die vom ganzen Volk getragenen Verbände nicht so leicht brauchen lassen wie die Nachfolgeorganisationen, die eine weit schmalere Basis hatten, aber dafür nur aus fanatischen Aktivisten bestanden, die den konkurrierenden Verbänden und der Öffentlichkeit die jeweils größere Bereitschaft und Fähigkeit zu „vaterländischem" Handeln beweisen mußten. Dieser Dschungelkrieg war deshalb so trüb, weil alles jetzt im geheimen vor sich gehen mußte, die Bewaffnung wie die Unterstützung durch die Reichswehr sowie durch verschiedene Regierungsstellen, die zum Teil gegeneinander arbeiteten, etwa Berlin und München, sowie schließlich auch die Festlegung der eigentlichen Ziele. Bisher war das alles in der Öffentlichkeit vor sich gegangen, kontrollierbar und mehr laut als gefährlich, jetzt vollzogen sich die eigentlichen Entscheidungen im dunkeln, bis dann im November 1923 der ganze trübe Bodensatz plötzlich wieder nach oben trat.

Man wird sich trotzdem immer wieder fragen, warum in Bayern so etwas möglich war. Auch Kahr war bei aller Borniertheit kein fanatischer Nationalist, den man mit den Fememördern auf eine Stufe stellen darf. So kommt man wohl auch hinsichtlich seiner Gestalt zu dem Urteil, daß er von anderen Kräften vorgeschoben war, daß er nicht wußte, wofür er sich hergab.

Das wird besonders deutlich bei seinem zweiten großen Konflikt mit dem Reich, bei einem Konflikt, in dem sich das Reich nun allerdings ganz anders einsetzte als in Bezug auf die Einwohnerwehr, beim Konflikt über das erste Republikschutzgesetz vom August 1921. Am 26. August war Erzberger von zwei Angehörigen der Organisation Konsul im Schwarzwald ermordet worden. Die Regierung hatte daraufhin unter Ausnützung des Artikels 48 mit dem Notverordnungsrecht des Reichspräsidenten eine Reichsausnahmeverordnung erlassen, die in akuten Fällen Handhabe bot zur Einschränkung der verfassungsmäßigen Rechte im Bereich des Presse-, Vereins- und Versammlungsrechts. Die Verordnung war ausdrücklich gegen jene Parteien gerichtet, die aus Haß gegen die demokratisch-republikanische Staatsform zur Verachtung der Gesetze und der Verfassung aufforderten. Es war eine Kampfansage gegen die sogenannte nationale Rechte. Davon betroffen waren weder die Bayerische Volkspartei noch die Deutsche Demokratische Partei noch der Bayerische Bauernbund, die Parteien also, auf die sich Kahr in seinem Kabinett stützte. Nur die Deutschnationale Volkspartei fühlte sich, und zwar mit Recht, in ihrer Agitationsfreiheit beeinträchtigt. Im Kabinett Kahr saß aber ein Mitglied dieser Partei, der Justizminister Roth, der jetzt die ganze Thematik umdrehte und zu einem Konflikt zwischen dem Reich und dem Lande deklarierte. In gewissem Sinne war natürlich, abgesehen vom generellen Widerstand Bayerns gegen den Artikel 48, der Eingriff der Reichsregierung in die Justizhoheit der Länder verfassungsrechtlich fragwürdig. Daß die Lage ihn erforderte, darüber kann kein Zweifel sein. Kahr konnte allerdings geltend machen, daß in Bayern immer noch der Ausnahmezustand bestehe, d.h. also, daß das Land Bayern von sich aus in der Lage sei, gegen die Bedrohung von Recht und Ordnung einzuschreiten – nur hat das niemand getan. Gestützt nun auf die weitgehende Ablehnung der Verordnung in der gut präparierten bayerischen Öffentlichkeit weigerte sich Kahr sogar zu verhandeln, doch haben Abgesandte der Bayerischen Volkspartei, darunter Held, die von sich aus Verhandlungen aufnahmen, sehr beträchtliche Zugeständnisse in Berlin erreicht, da man dort an einem Konflikt mit Bayern nicht interessiert war. Diese Zugeständnisse wieder bewogen die Bayerische Volkspartei, der Berliner Forderung nach einer Beendigung des Ausnahmezustandes in Bayern zuzustimmen, Kahr dagegen hatte sich in aller Öffentlichkeit schon so festgelegt, daß ihm in einem solchen Fall nur der Rücktritt blieb – damit hatte er sich in einer völlig unhaltbaren Situation einen glänzenden Abgang verschafft. Er war jener Mann, den die nationale Rechte in Zukunft in Reserve hielt, wenn es an der Zeit schien, zur letzten Abrechnung hervorzutreten.

Für die öffentliche Erregung ist es bezeichnend, daß der Rücktritt Kahrs am 12. September 1921 allein in München noch am selben Tag acht große Demonstrationsversammlungen hervorrief. Deputationen, Demonstrationen und Presseverlautbarungen bewogen die Führung der Bayerischen Volkspartei, Kahr noch einmal um die Übernahme der Regierung zu bitten. Er lehnte jedoch ab, da man auf seine überspitzten Forderungen nicht eingehen konnte, während Kahr die von der Bayerischen Volkspartei geforderte Abgrenzung nach rechts nicht zugestehen wollte, vor allem die Trennung von Roth, von dem sich Kahr inzwischen völlig abhängig gemacht hatte. Damit war eine Neubildung der Regierung notwendig, und wieder hat sich die Führung der Bayerischen Volkspartei ihrer Pflicht entzogen. Sicherlich war ihre Lage nicht eben sehr günstig. Die Partei selbst war innerlich erschüttert durch den Sturz des beliebten Kahr. Gegen die Führung und gegen die Fraktion erhob sich heftiger Widerspruch, vor allem gegen den Fraktionsführer Held, der als einziger zur Übernahme der Regierung in Betracht kam, da Heim zu sehr isoliert war. So wagte die Partei nicht, einen Mann aus dem Führungsgremium zu präsentieren, sondern schlug den Grafen Hugo v. Lerchenfeld vor, den Neffen des ehemaligen bayerischen Gesandten in Berlin, einen Mann der Diplomatie, von großer geistiger Beweglichkeit und Aufgeschlossenheit, klug und weltgewandt, geistvoll und mit weitem Blick, aber von skeptischer Distanz zur aktuellen Politik und ohne politische Hausmacht, das heißt ein Spielball aller Einflüsse. Er war überzeugter Demokrat und auch ohne Vorurteile gegen die Sozialdemokratie, dagegen abgestoßen von dem brutalen Verhalten der Rechtsparteien. Trotzdem konnte er die SPD nicht in seine Regierung hereinnehmen, da die Bayerische Volkspartei in ihrer Verärgerung über die zentralistische Linie der SPD-Führung im Reich auch zur bayerischen SPD alle Brücken abgebrochen hatte. Wegen der Unterwerfung Bayerns unter das Republikschutzgesetz hatte die Bayerische Mittelpartei, die Deutschnationalen, die Koalition gekündigt. Sogar der Münchner Polizeipräsident Pöhner schied aus seinem Amt. Damit war nur eine Koalition möglich zwischen der Bayerischen Volkspartei, dem Bayerischen Bauernbund und der Deutschen Demokratischen Partei, die mit 89 Abgeordneten weit mehr als die Hälfte der Sitze innehatte.

Die Regierungszeit des Grafen Lerchenfeld verdient deshalb eine nähere Betrachtung, weil sich in ihr große Möglichkeiten darboten, die zur allgemeinen Befriedung hätten führen können, wenn es Lerchenfeld nur gelungen wäre, festeren Fuß in jener Partei zu fassen, die ihn vorgeschlagen hatte, und wenn es die Reichsregierung verstanden hätte, mit ihm zusammenzuarbeiten. Sein wichtigstes Regierungsziel war nämlich die Versöhnung mit Berlin. Trotzdem kam es gerade unter ihm zu einer Verschärfung des bereits bereinigten Konflikts, anläßlich der Neuauflage des Republikschutzgesetzes nach der Ermordung Rathenaus im August 1922. Wieder versuchte die Reichsregierung, deren Mitglied Rathenau gewesen war, endlich ernst zu machen mit dem Schutz der Republik und ihrer Repräsentanten. Wieder griff sie zu diesem Zweck auf das Verordnungsrecht des Reichspräsidenten zurück und wieder ohne vorausgehende Verständigung und Vereinbarung mit den Ländern. So war Graf Lerchenfeld wieder in einer außerordentlich schwierigen Situation. Er sah die Notwendigkeit eines energischen gerichtlichen Vorgehens sowie einer zentralen polizeilichen Bekämpfung der radikalen Umtriebe ein, aber seine eigene Partei verlangte den rücksichtslosen Kampf gegen die Berliner Forderungen nach einer Reichskriminalstelle und der Errichtung eines eigenen Staatsgerichtshofes zur Aburteilung von Angriffen gegen die Republik. In Bayern sah man nicht zu unrecht darin den Versuch einer Aushöhlung der Justizhoheit der Länder. Die Reichstagsfraktion der Bayerischen Volkspartei legte sich diesmal ebenfalls fest. Doch als am 18. Juli der Reichstag, dem die Regierung ihre Verordnung zur Verabschiedung vorgelegt hatte, mit großer Mehrheit zustimmte, war die Verordnung gültiges Gesetz. Lerchenfeld ließ sich jetzt von seinen Kabinettskollegen aus der Bayerischen Volkspartei zu einem Schritt verleiten, der bis dahin unerhört war. Ein Einzelstaat entzog sich nicht nur der Befolgung von Reichsgesetzen, sondern stellte einem gültigen Reichsgesetz eine eigene Verordnung zum Schutz der Verfassung der Republik gegenüber. Die bayerische Regierung nahm ebenfalls den Artikel 48 der Reichsverfassung in Anspruch und erließ ihrerseits die gleiche

Verordnung, die vorher in Berlin erlassen worden war. In dieser Verordnung wurden die materiellen Strafbestimmungen des Reichsgesetzes übernommen. Es waren aber sämtliche Zuständigkeiten des Staatsgerichtshofes zu Gunsten der bayerischen Volksgerichte beseitigt. Auch wurde das selbständige Tätigwerden nichtbayerischer Polizeiorgane in Bayern ausgeschaltet. Verfassungsrechtlich war dieser Schritt zweifellos illegal. Die Demokratische Partei schied deshalb aus der Regierung aus, so daß es notwendig war, um regierungsfähig zu bleiben, einen neuen Partner in die Regierung hereinzunehmen, nämlich wieder die Deutschnationale Volkspartei, die jetzt in Franz Gürtner, einem gebürtigen Regensburger, den neuen Justizminister stellte. Sein großer Aufstieg begann ausgerechnet unter dem Grafen Lerchenfeld, der im übrigen bei der Umbildung der Regierung überhaupt nicht gefragt worden war.

Diesmal also war es nicht die Deutschnationale Volkspartei, die zum Bruch gedrängt hatte, es war die Bayerische Volkspartei gewesen, und wieder behielten die Scharfmacher zum größten Teil recht. Berlin hat nicht, wie es jetzt berechtigt gewesen wäre, die Reichsexekution gegen Bayern angeordnet, sondern den Verhandlungsweg beschritten. Die bayerischen Einwände wurden weitgehend berücksichtigt. Das Reich verzichtete vor allem auf die Reichskriminalordnung und gestand, obwohl Bayern bei den Verhandlungen völlig isoliert war, da sich alle anderen Länder vom bayerischen Vorgehen distanziert hatten, einen eigenen süddeutschen Senat im Reichsgericht zu. Der Preis, den Bayern zu zahlen hatte, war die Aufhebung der eigenen Verordnung, die man nicht mehr gut verweigern konnte. Obgleich unbefangene Beobachter zugeben müssen, daß Bayern den Sieg davongetragen hat, wurde Lechenfeld im Anschluß an diesen Konflikt von allen Seiten unter Beschuß genommen. Auch in der Bayerischen Volkspartei, wo selbst Heim mit der Lösung einverstanden war, intrigierte man so häßlich gegen ihn, daß er im November 1922 noch zurücktrat, ein Opfer der rechtsradikalen Agitation, die jetzt auch in der Bayerischen Volkspartei einen beträchtlichen Einbruch erzielt hatte. Die Verstärkung des Rechtskurses nach dem Rücktritt Lerchenfelds ist unverkennbar. Auch Held hat keinen Versuch gemacht, Lerchenfeld zu halten, da er bereits auf der Suche nach einer Persönlichkeit war, die auch der Rechten genehm war.

Die Sorgen, die sich Held vor einem Anwachsen der rechtsradikalen Gruppierungen machte, der sogenannten vaterländischen Verbände, waren freilich sehr berechtigt, doch ob das Paktieren mit ihnen die richtige Antwort war, mag man bezweifeln. Damals bildete sich der „Bund Bayern und Reich", gegründet vom Regensburger Sanitätsrat Otto Pittinger, einem der großen Männer in der ehemaligen Einwohnerwehr. 1924 noch hatte die Organisation an die 50000 Mitglieder. In Konkurrenz zur Organisation Pittingers stand der „Bund Oberland", die Nachfolgeorganisation des Freikorps Oberland, ebenso der Bund „Reichskriegsflagge" mit dem Sitz in Nürnberg, die Münchner Ortsgruppe führte Hauptmann Röhm. Daneben existierten immer noch die Alldeutschen, dann gab es einen „Andreas Hofer-Bund", einen „Bayerischen Ordnungsblock" und noch zahlreiche andere, alles gleichzeitig Traditions- und Wehrverbände.

Seit Ende 1922 war die Mehrzahl dieser nationalen Organisationen zusammengeschlossen in den „Vereinigten vaterländischen Verbänden“, einer Art Dachverband, welcher die Propaganda übernahm und der auch den Rahmen für die Kämpfe um die Führung darstellte. Schon damals lag die eigentliche Macht bei Ernst Röhm, von dem der Anstoß zur Gründung ausgegangen war und der auch die Gelder der Reichswehr vermittelte. Auch die Nationalsozialistische Deutsche Arbeiterpartei Hitlers gehörte damals noch zu diesem Dachverband, schon damals genoß seine Organisation wegen ihrer militärischen Geschlossenheit die größten Sympathien eines Mannes, der von allen diesen Organisationen umworben wurde, von General Ludendorff. Die Schwäche dieses Dachverbandes, die Schwäche der gesamten sogenannten vaterländischen Bewegung bestand in ihrer Zersplitterung, deren Ursachen nicht nur sachliche, sondern vor allem persönliche Differenzen waren und die im Grunde gerade von Ludendorff weitgehend gesteigert wurde, da er in seiner ungeheueren Selbstsicherheit sein persönliches Urteil nie zurückhielt und vor allem die Verbände, die als Hauptanliegen die Bewahrung eines selbständigen Bayern proklamierten, aufs verächtlichste behandelte.

Waren diese vaterländischen Verbände also auch keine aktuelle politische Gefahr, da sie dank ihrer Gegensätze nicht in der Lage waren, die Staatsgewalt selbst zu übernehmen, so waren sie doch stark genug, die Ausübung dieser Staatsgewalt in dem Augenblick lahmzulegen, wo sie in Händen von Persönlichkeiten lag, die ihren Zielen oder Ansichten nicht entsprachen. Da Kahr die Erstarkung der Wehrverbände begünstigt hatte, da Lerchenfeld nichts gegen sie zu unternehmen wagte, bestimmten jetzt sie die allgemeine Richtung der bayerischen Politik. Der Einfluß dieser Verbände wurde noch drückender, als durch die Bemühungen von Ernst Röhm Anfang 1923 die wichtigsten der Wehrverbände zu einer „Arbeitsgemeinschaft der vaterländischen Verbände“ zusammengetreten waren und sich der militärischen Führung von Oberstleutnant Kriebel unterstellten, jenem Mann, der schon die Einwohnerwehren organisiert hatte. Der Einfluß dieser Verbände, die der Regierung klar zu verstehen gegeben hatten, daß sie entschlossen waren, ihr Gewicht zugunsten eines wirklich nationalen Kurses in die Wagschale zu werfen, war um so größer, als der Nachfolger Lerchenfelds von einer kaum mehr verständlichen Schwäche war. Die Schwäche aber der bayerischen Regierung lud zu einem Zugriff geradezu ein.

Nach dem Rücktritt Lerchenfelds schlug die Bayerische Volkspartei als Ministerpräsidenten wieder nicht einen der Parteiführer, sondern einen Vertreter der Ministerialbürokratie vor, den ehemaligen Kultusminister Dr. Eugen v. Knilling. Knilling war so farblos, daß er nicht einmal als Kultusminister Anstoß erregt hatte, obwohl es keinen bayerischen Kultusminister bis dahin und nach ihm gegeben hat, der nicht bei irgendeiner Gruppe heftigen Widerspruch erzeugte. Knilling gehörte seit 1920 der Bayerischen Volkspartei an, stand aber nicht im engeren Führungsring, so daß er nicht mit der Partei identifiziert werden konnte und doch, wie man hoffte, von der Partei aus dirigiert werden konnte. Dieses

System des bequem auswechselbaren Ministerpräsidenten, wie Schwend sagt, ist das deutlichste Zeichen der inneren Schwäche der Bayerischen Volkspartei, einer Schwäche, die weniger vom mangelnden Vertrauen im Lande selbst herrührte, sondern von der Unsicherheit über die Grundlinie wie über die nächsten taktischen Züge.

Bei diesem harten Urteil darf man freilich nicht vergessen, welche ungeheuerliche Aufgabe einer Regierung um diese Zeit gestellt war. Der Währungsverfall machte solche Fortschritte, daß man Gehälter nur noch täglich ausgeben konnte, da bis zum anderen Tag auch die größten Summen schon nichts mehr wert waren. Millionen verflüchtigten sich innerhalb von 24 Stunden. Am Ende stand die Gleichung: 1 neue Rentenmark = 1 Billion Papiermark. Dieser Währungsverfall erschütterte das gesamte Sozial- und Wirtschaftsgefüge in unvorstellbarem Maß. Tausende von Existenzen brachen zusammen. Zur Verzweiflung über die wirtschaftliche Hoffnungslosigkeit kam ein völliger Verfall der politischen Moral. Die Menge schwankte hin und her, von einer Utopie zur anderen, und gerade in dieser Situation, in der sich Deutschland selbst zerfleischt hätte, wenn man es hätte abwarten wollen, marschierten am 11. Januar 1923 die Franzosen im Ruhrgebiet ein, wegen rückständiger Reparationszahlungen, und brachten es damit fertig, daß sich der Großteil der Deutschen noch einmal von den innenpolitischen Schwierigkeiten abwandte und auf den auswärtigen Feind alle Haßgefühle projizierte, die aus der Unsicherheit, der Not, dem Elend und der Verzweiflung entstanden waren. Innenpolitisch wichtig war dabei die Belastung jener Kreise mit der Verantwortung für den Augenblick, die man an der Niederlage von 1918 schuldig glaubte, die sozialistischen Parteien also. Dieser Vorgang war wichtig, bedeutete er doch eine Entlastung des Volkes an sich, das damit neue Hoffnung schöpfen konnte, da man nur den Schuldigen zur Verantwortung zu ziehen brauchte, nur das Gift, wie die Propagandaparolen lauteten, aus dem Volkskörper zu entfernen brauchte, um wieder in alter Größe und Herrlichkeit dazustehen. Daß die SPD in Berlin 1918 den völligen Sturz ins Chaos verhindert hatte, daß sie den einzig möglichen Kurs eingeschlagen hatte, der angesichts des völligen Autoritätsverfalls noch möglich war, wurde zum Teil einfach vergessen, zum anderen Teil mit Nachdruck geleugnet. Was Bayern anging, konzentrierte sich der unglaublich anwachsende Haß vor allem auf die Regierung in Berlin, der man die Schuld an der Niederlage, an den Reparationen, am Ruhreinfall, kurz am ganzen gegenwärtigen Elend in die Schuhe schob und damit jenen Sündenbock schuf, den offenbar ein Volk braucht, um nicht an sich selbst irre zu werden.

Für die bayerische Regierung bedeutete diese allgemeine Stimmung, daß nicht nur eine Zusammenarbeit mit der SPD ausgeschlossen war, sondern daß man auch selbst mit den aktuellen Parolen arbeiten mußte, mit Nationalismus und Verurteilung der Erfüllungspolitik, daß man den sogenannten vaterländischen Verbänden nicht entgegentreten konnte, sondern von der Presse und von den eigenen Parteigremien gezwungen war, mit den sogenannten „staatserhaltenden Kräften" dieser Verbände zusammenzuarbeiten, auch wenn sich diese

Verbände über jede rechtliche Beschränkung hinwegsetzten. Besonders Knilling war ein Meister im Lavieren und beschwichtigte seinen Innenminister Schweyer, der die täglich wachsende Bedrohung jeder staatlichen Autorität weit deutlicher sah als der Ministerpräsident, durch optimistisches Zureden oder verbot ihm geradezu polizeiliches Eingreifen. Knilling stand dabei besonders unter dem Einfluß seines Justizministers, des Deutschnationalen Franz Gürtner. Das Ergebnis war ein fortwährender Schwund der Regierungsautorität, der durch nichts deutlicher bezeichnet wird als durch die Tatsache, daß sich am 28. Januar 1923 der Vorsitzende der Nationalsozialistischen Deutschen Arbeiterpartei kurzerhand über das Verbot hinwegsetzte, eine Kundgebung im Freien zu veranstalten, und Tausende von Menschen zu seinem ersten Reichsparteitag um sich versammelte.

Diese und andere Zeichen völligen Versagens der Regierung ermutigten Adolf Hitler dann zu seiner ersten großen Herausforderung der Staatsgewalt am 1. Mai 1923. Eine Herausforderung hatten auch die Gewerkschaften und die sozialistischen Parteien geplant, indem sie sich für diesen Tag die Erlaubnis zu einem großen Demonstrationszug durch die Stadt erbaten, eine Erlaubnis, die sie auch erhielten, die aber sofort die Verbände auf den Plan rief. Vor dem Ultimatum dieser Verbände, die gedroht hatten, den Umzug mit Gewalt zu verhindern, gab die Regierung insofern nach, als sie den großen Marsch quer durch die Stadt vom Friedensengel zur Theresienwiese nun nicht mehr erlaubte, sondern nur sieben kleinere Umzüge. Aber auch sie sollten von den vaterländischen Verbänden gesprengt werden. Zu diesem Zweck strömten von allen Seiten die aktivsten Mitglieder dieser Verbände zusammen und sammelten sich vor allem auf dem Oberwiesenfeld, wo auch Waffen ausgegeben wurden, unter anderem 20 Maschinengewehre. Die Hauptmasse der etwa 3000 Mitglieder vaterländischer Verbände auf dem Oberwiesenfeld stellten die Mitglieder der NSDAP, einige tausend Mann waren über die Stadt verteilt, es sah so aus, als wäre alles bereit für einen Putsch. Das war auch die Ansicht Wilhelm Hoegners, der aber die Pläne Hitlers für diesen Tag überschätzte. Hitler hatte nicht die alleinige Leitung. Außerdem hatte er die Parole ausgegeben, daß man nur den Sozialisten entgegentreten dürfe, ein Ergebnis seines Gespräches mit Generalleutnant von Lossow, dem Kommandeur der bayerischen Division, der ihm kühl erklärt hatte, daß die Reichswehr mit Waffengewalt jede Auflehnung gegen die legitime Staatsgewalt niederwerfen werde. Tatsächlich wurde noch im Laufe des Tages das Oberwiesenfeld von Landespolizei und Reichswehr umstellt, die versammelten Mitglieder der Verbände wurden entwaffnet, es hatte sich gezeigt, daß bei energischem Zugriff die staatliche Autorität stark genug war, auch mit größeren Banden fertig zu werden.

Dieser Sieg der staatlichen Autorität wurde aber wenige Tage später schon von Ministerpräsident Knilling und seinem Justizminister Gürtner in eine geradezu schändliche Niederlage umgewandelt. Der Regierung war klar geworden, daß man in Zukunft auf eine Zusammenarbeit mit den sogenannten vaterländischen Verbänden nicht mehr rechnen könne, sondern daß man sich vor ihnen vorzusehen habe. Konsequenzen daraus zog man jedoch nicht, obwohl die Gelegenheit günstiger war als je. Eine ganze Reihe von strafbaren Tatbeständen waren an diesem 1. Mai zusammengekommen. Sie hätten genügt, um die radikalen Führer für lange Zeit aus dem öffentlichen Leben auszuschalten, aber die Drohung Hitlers, bei einem etwaigen Prozeß Enthüllungen über die Verbindung von Reichswehr und Staatsregierung mit den militärischen Verbänden zu machen, und noch mehr wohl die Furcht der Regierung vor weiteren, noch ernsteren Störungen der öffentlichen Ordnung genügten für den Justizminister Gürtner, um jede Strafverfolgung der Aufrührer zu unterbinden. Damit war für Hitler klar, was er von dieser Staatsgewalt zu halten hatte, nämlich nichts. Von jetzt an, auch wenn er bisher noch geschwankt hatte, ging er unbeirrt auf sein Ziel los, die Erringung der Macht im Staat.

Die NSDAP steigerte in den nächsten Monaten ihre Versammlungstätigkeit in kaum vorstellbarem Maß. Schon damals, also längst ehe Goebbels zur Partei stieß, war die Regie meisterhaft. Hitler trat nur in Massenkundgebungen auf. Unangenehme Zwischenrufer wurden durch einen Saalschutz zum Schweigen gebracht, Diskussionen waren nicht möglich, aber nicht nur, weil sie gewaltsam unterbunden worden wären, sondern weil die Stimmung kunstvoll bis zu einer solchen Ekstase hochgesteigert wurde, daß selbst Widerstrebende überwältigt wurden. Grundsätzlich pflegte Hitler seine Zuhörer solange warten zu lassen, bis der ihm günstig erscheinende Zeitpunkt seines Auftretens gekommen schien. Bis dahin peitschte Marschmusik die Wartenden auf, die fiebernd dem Höhepunkt entgegensahen, der mit dem triumphalen Einzug Hitlers gekommen war. Fahnen und Standarten flatterten voran, mit dröhnendem Marschschritt zog die uniformierte Leibgarde ein, umgeben von seinem Gefolge dann Hitler, bei dessen Erscheinen bereits der erste Beifall aufbrandete. Die Polizei vermerkte dieses Phänomen in ihren Berichten, Folgerungen daraus wurden nicht gezogen. Man hielt Hitler nach wie vor für einen der vielen politischen Akteure dieser Zeit, dessen man sich bedienen zu können glaubte, wie früher der Einwohnerwehren.

Um diese Zeit hat Hitler tatsächlich noch nicht den alleinigen Führungsanspruch, den er erhob, auch durchzusetzen gewußt. Nicht nur Ludendorff machte ihm den ersten Rang streitig, auch die Führer der anderen vaterländischen Verbände betrachteten sich als gleichberechtigt, und Hitler war klug genug, ihnen noch nicht direkt gegenüberzutreten, sondern sich im Kampfverband der vaterländischen Verbände vorerst mit einer bescheidenen Rolle zufriedenzugeben. Er nützte aber jede Gelegenheit aus, seinen Rang zu steigern. Den größten Erfolg brachte dabei der sogenannte Deutsche Tag zu Nürnberg vom 2. September 1923, auf dem sich, wie das bei diesen Anlässen schon üblich war, Fürsten und Generäle einfanden, die Behörden Grüße der Staatsregierung überbrachten und verständisvolle Reden gehalten wurden. Auch Ludendorff war zugegen, und es scheint, daß es damals zu jenem Bündnis zwischen Ludendorff und Hitler gekommen ist, das sich dann am 8. und 9. November so eindrucksvoll dokumentierte. Der Deutsche Tag von Nürnberg, einer von vielen, ist dadurch von besonderer Bedeutung, daß sich damals die Arbeitsgemeinschaft der vaterländischen Verbände zum Deutschen Kampfbund umformte, der Zusammenfassung der Nationalsozialisten, der Reichskriegsflagge und des Bundes Oberland mit dem Ziel des Befreiungskampfes von den Fesseln von Versailles und des Sturzes des Weimarer Systems.

Stimmen dieser Art waren um diese Zeit nicht mehr selten. Sie waren um so ernster zu nehmen, als die allgemeine Hoffnungslosigkeit tatsächlich verzweifelte Ausmaße erreichte, die auch vor dem aberwitzigsten Plan nicht mehr halt machte. Um diese Zeit hatte die Außenpolitik des Reichskabinetts, das von Cuno geführt war, einem Mann der Mitte, völlig Schiffbruch erlitten. Die Reichsregierung war dem Einmarsch der Franzosen in das Ruhrgebiet mit dem Aufruf zum Generalstreik begegnet. Die streikenden Arbeiter an der Ruhr wurden vom Reich unterstützt, doch die riesigen Summen, die dafür aufgebracht werden mußten, ohne daß gleichzeitig Werte geschaffen wurden, hatten der Währung vollends den Todesstoß versetzt. Der Kampf war infolge der völligen finanziellen Erschöpfung nicht mehr durchzuhalten, so daß sich am 13. August Cuno zum Rücktritt gezwungen sah. Sein Nachfolger Gustav Stresemann mußte den Ruhrkampf aufgeben, er gestand die Niederlage unumwunden ein. Stresemann hatte ein Kabinett gebildet, das sich an die Weimarer Koalition anschloß, das heißt, daß er auch Mitglieder der SPD in die Regierung aufnahm. Das bedeutete, daß nicht nur die Einstellung des Ruhrkampfes, sondern auch die Regierungsbildung auf schärfste Kritik in Bayern stieß, so daß sich der Gegensatz zu Berlin erneut vertiefte. Aber nicht nur in Bayern, auch in Berlin selbst formierte sich der Widerstand gegen die Reichsregierung, ein Widerstand, der sich nicht nur gegen Stresemann und die SPD richtete, sondern gleichzeitig gegen das parlamentarische System als solches. Besonders die Deutschnationalen verlangten nach einer Diktatur als dem letzten Ausweg aus der Krise. Sie verhandelten mit dem Chef der Heeresleitung, dem General Seeckt, der sich selbst Hoffnungen machte auf Betrauung mit der vollziehenden Gewalt. Besondere Sympathie genoß dieser Plan aber in Bayern, wo man zum größten Teil aber weniger an eine Umgestaltung der Regierung des Reiches dachte, sondern an eine nationale Ausrichtung der eigenen Regierung und Übertragung der Berliner Pläne auf Bayern, unter Umständen sogar auf eine vorübergehende Trennung vom Reich. In der NSDAP wurde damals als künftiger Diktator Ludendorff genannt, in den Kreisen der ehemaligen Einwohnerwehr, besonders im Bund „Bayern und Reich" Pittingers schlug man Gustav von Kahr vor. In den Kreisen der Bayerischen Volkspartei hegte man noch einmal Pläne auf Restauration der Monarchie. Besonders der spätere Vorsitzende dieser Partei, Staatsrat Schäffer, nahm zu diesem Zweck Verbindung mit Kronprinz Rupprecht auf, doch brachte dieser selbst weder damals noch bei zwei anderen Gelegenheiten, 1921 beim Tode seines Vaters und im Frühjahr 1933, so viel Unbedenklichkeit auf, um sich die Krone durch einen Staatsstreich verschaffen zu wollen. Rupprecht von Bayern ging es bei all diesen Möglichkeiten, die sich ihm zu bieten schienen, nicht zu allererst um die Krone für sein Haus, sondern um das Wohl

Bayerns. Auch schätzte er, der schon im Krieg als Heerführer stets kühles Augenmaß bewiesen hatte, die sich bietenden Gelegenheiten stets viel nüchterner ein als alle Ratgeber, die in ihn drängten. Die Monarchie war um diese Zeit keine Alternative für die Diktatur. Hinter einem Monarchen standen bestenfalls Teile der Bayerischen Volkspartei und die wenigen Wähler des Bayerischen Königs- und Heimatbundes, und wenn beim Leichenbegängnis Ludwigs III. auch die Straßen Münchens voll waren von Menschen, die dem König die letzte Ehre erweisen wollten, so bedeutete das nicht, daß dieses Trauerspalier für den König auch gekämpft hätte. Das wäre aber notwendig gewesen in einem Reich, dessen Verfassung auch für die einzelnen Länder die Staatsform vorgeschrieben hatte. Die Reichswehr und, wie sich dann herausstellte, auch der Bund Oberland hätten der Einführung der Monarchie in Bayern nicht tatenlos zugesehen. Auch wäre der Zeitpunkt äußerst ungünstig gewesen, denn auch die Monarchie hätte Not und Elend, hätte die politische Lage nicht zu wenden vermocht. Die Monarchie war also keine Alternative, auch wenn Rupprecht große Eigenschaften für einen König mitgebracht hätte.

Kronprinz Rupprecht, wie er weiterhin genannt wurde, wäre wahrscheinlich in dieser allein von irrationalen Kräften bestimmten Stunde für alle jene eine Enttäuschung gewesen, die ihn an die Spitze des Staates wünschten. Er gehorchte keinem irrationalen Anruf, sondern nur der kühlen Vernunft. Aber gerade diese fand jetzt kein Gehör mehr. Alles erwartete das Heil von einem starken Mann, obwohl sich jeder, der die politische Lage nüchtern analysierte, sagen mußte, daß es aus der ungeheuren Bedrängnis des Augenblicks keine andere Rettung gebe als äußerste Disziplin, als Vernunft und vor allem als Zusammenarbeit aller Stände, aller Parteien, als Verzicht auf alle Träume und Utopien. Aber gerade in dieser Notlage, in der es keinerlei Sicherheit mehr gab, weder politisch noch wirtschaftlich, hoffte alles auf ein Wunder, ein Wunder, das nur ein starker Mann bewirken konnte, und als solcher war der Regierungspräsident von Oberbayern, der Ehrenpräsident der vaterländischen Verbände, Gustav von Kahr, noch in aller Erinnerung. Er hatte sich mannhaft gezeigt gegen die Befehle von Berlin, hatte lieber sein Amt geopfert als seine Überzeugung – so glaubte man wenigstens –, und so schien es auch dem armseligen Ministerpräsidenten, den Bayern damals hatte, der bequemste Ausweg, Gustav von Kahr, wie das alle Welt wünschte, die vollziehende Gewalt zu übertragen und ihn zum Generalstaatskommissar zu ernennen.

Die rechtliche Grundlage für diese Ernennung war der Artikel 64 der Bayerischen Verfassung. Die Möglichkeit dazu bot der bereits wieder verhängte Ausnahmezustand, und da der größte Teil der Bayerischen Volkspartei und vor allem alle rechts stehenden Gruppen entweder einverstanden waren oder gar begeistert zustimmten, wurde am 26. September 1923 Kahr mit der vollziehenden Gewalt betraut, d.h. Bayern ging mit der Bestellung eines Diktators voran. Nun war Kahr nicht das, was wir uns nach den Erfahrungen von zwölf schrecklichen Jahren unter einem Diktator vorstellen, aber er hat durch sein ganzes Verhalten und durch das Verhalten seiner Freunde dafür gesorgt, daß der eigentliche Diktator damals seinen ersten großen Auftritt erhielt. Dieses Jahr 1923 ist weniger bemerkenswert durch das, was in Bayern sonst geschah als dadurch, daß es das Debüt Adolf Hitlers brachte.

Der Charakter der NSDAP war grundlegend anders als jener der übrigen völkischen Wehrverbände. Sie war eine politische Partei, angelegt also auf die Erringung der politischen Macht mit politischen Mitteln. Die militärische Organisation war nicht das ursprüngliche und nicht das entscheidende Kennzeichen. Diese militärischen Verbände waren zum Teil nicht einmal auf ein bestimmtes politisches Ziel gerichtet, sondern waren das Ergebnis einer gewissen Verlegenheit, d.h. die Landsknechtsnaturen, die es nach diesem langen Krieg in großer Zahl gab, vor allem unter den ehemaligen aktiven Offizieren, fanden nicht mehr in das bürgerliche Leben zurück, entbehrten die Geborgenheit in der militärischen Kameradschaft und schufen sich in ihren Verbänden eine neue Heimat, ein Vorgang, der von der Reichsregierung wie von den Länderregierungen mit dem Blick auf eine spätere Aufrüstung geradezu gefördert wurde. Aber wenn die NSDAP auch kein solcher Wehrverband war, sind doch viele Elemente aus dieser Verbandsmentalität in jene politische Partei herübergenommen worden, die nicht Hitler gegründet hat, sondern ein sehr bedeutungsloser Eisenbahnarbeiter namens Anton Drexler. Die Ähnlichkeit in Aufbau und Auftreten mit den militärischen Verbänden kam erst durch Adolf Hitler hinein. Drexler hatte, beeinflußt durch ein ähnliches Bremer Vorbild, Anfang 1918 in München einen Arbeiterausschuß für einen guten Frieden gegründet, für den er etwa 40 Mitglieder zusammengebracht hatte. Auf diese kleine Gruppe Drexlers wurde auch die einflußreiche Thule-Gesellschaft aufmerksam, die in Bayern 1918 etwa 1 500 Mitglieder gewonnen hatte, eine Art Ordensprovinz des 1912 gegründeten Germanenordens. Dieser Bund überzog nach 1919 unter dem Namen „Deutscher Schutz- und Trutz-Bund" ganz Deutschland mit einem Netz von antisemitischen Gruppen, die Gliederung nach Gauen wurde von Hitler ebenso übernommen wie zahlreiche Mitglieder. Das Programm dieser Gesellschaft war radikal antisemitisch und antisozialistisch, und auch wenn die Mitglieder der Thule-Gesellschaft ihrer Herkunft und ihrer sozialen Stellung nach ungeeignet waren für die harten Auseinandersetzungen auf der Straße und in Versammlungssälen, so waren sie doch die Drahtzieher und vor allem die Geldgeber im Hintergrund. Allem Anschein nach war auch die Gründung des politischen Arbeiterzirkels, die im Oktober 1918 durch Anton Drexler und Karl Harrer gemeinsam vorgenommen wurde, auf den Einfluß der Thule-Gesellschaft zurückzuführen. Dieser Arbeiterzirkel war der unmittelbare Vorläufer der Deutschen Arbeiterpartei, die im November 1918 ins Vereinsregister eingetragen wurde. Diese Arbeiterpartei, die gedacht war als Gegengewicht gegen die sozialdemokratische Partei, war antisemitisch, völkisch-national und berufsständisch gedacht, und sie versuchte, den nationalen Gedanken in der Arbeiterschaft durchzusetzen. Erst im September 1919 wurde Hitler auf diese Partei aufmerksam gemacht und zwar auf Grund seiner dienstlichen Stellung. Von seiten der Reichswehr war der Hauptmann Karl Mayr mit der Überwachung und Lenkung der politischen Parteien beauftragt. Ihm war Hitler bei einer Diskussion aufgefallen und dann zu propagandistischen Zwecken geschult worden. Hitler wurde dann politischer Vertrauensmann der Reichswehr, sein erster Auftrag bestand darin, daß er die heimkehrenden Kriegsgefangenen im Lager Lechfeld propagandistisch im völkisch-nationalen Sinn bearbeitete. Später stand er zur freien Verfügung von Mayr und hatte von ihm den Befehl erhalten, sich über die Deutsche Arbeiterpartei zu informieren. Er hatte eine Versammlung dieser Partei aufgesucht, dort in die Diskussion eingegriffen und war dann zum Beitritt aufgefordert worden, eine Aufforderung, der er nach längerem Zögern nachkam, wahrscheinlich gerade deshalb, weil diese Partei so völlig bedeutungslos war. Nur in einer solchen Partei konnte er hoffen, die unbestrittene Führung zu erlangen. Dieser Kampf um die Führung dauerte etwa zwei Jahre. Zunächst betätigte sich Hitler in scheinbarer Selbstlosigkeit als Propagandist und Organisator, er war gewissermaßen der Motor dieser Partei, bestritt fast alle Versammlungen und brachte vor allem jenen Zug ins Große in die Propaganda der Deutschen Arbeiterpartei, der diese kleine Partei sehr rasch von den übrigen national-völkisch gerichteten Organisationen unterschied. Im Februar 1920 setzte er durch, daß die erste Massenveranstaltung gewagt wurde. Sie fand im Hofbräuhaus statt und war dank der intensiven Werbung durch Hitler und seine Regimentskameraden, aber auch dank der gerade damals so spannungsreichen Situation ein erstaunlicher Erfolg. 2000 Menschen hörten Hitler, das war der Durchbruch in die Öffentlichkeit. Die bis dahin unbekannte Partei war auf einmal ein politischer Faktor.

Hitler selbst erlebte an diesem Tag seine erstaunliche Anziehungskraft auf die Massen. Er mußte auch die Erfahrung machen, daß seine theoretischen Überlegungen über das Wesen der Propaganda, die er zum größten Teil von Le Bon bezog, vor der Wirklichkeit standhielten, aber ausschlaggebend war doch wohl, daß er der Mann war, der es fertigbrachte, daß jene Schlagworte und Plattheiten, die nach Le Bon allein auf die Masse Eindruck zu machen vermögen, auch geglaubt wurden. Dazu kommt, daß seine Partei keine bürgerlich-nationalistische Partei im herkömmlichen Sinn war, sondern eine Partei der Bewegung. Dieser Ausdruck, den Hitler besonders gern benutzte, entsprach tatsächlich dem Grundcharakter der NSDAP. Rosa Luxemburg hatte diesen Bewegungscharakter auch in die Sozialdemokratie hineinzubringen versucht. Immer wieder betonte sie diese entscheidende Grundkomponente einer revolutionären Partei, daß sie in ständiger Bewegung sein müsse hin auf das Ziel, auf ein Ziel, das durchaus imaginär sein könne, in einer nie erreichbaren Zukunft, denn entscheidend sei nicht das Ziel, sondern die Bewegung. Mit solchen Parolen faszinierte auch sie den aktivsten Teil der sozialistischen Jugend, und nicht anders dachte auch Hitler.

Zunächst strebte er die uneingeschränkte Führerstellung in seiner eigenen Partei an. Im Februar 1920 setzte er die Umbenennung der Deutschen Arbeiterpartei in Nationalsozialistische Deutsche Arbeiterpartei durch. Das Vorbild war die Deutsche Nationalsozialistische Arbeiterpartei, die es seit Mai 1918 in

Österreich gab und die bereits das Hakenkreuz führte. Eine ähnliche Partei gab es auch im Sudentenland. Beide waren also für seine Neugründung Vorbild. Harrer und Drexler drängten auf einen Zusammenschluß mit diesen Schwesterparteien. Es kam auch zu gelegentlicher Zusammenarbeit, aber den Zusammenschluß lehnte Hitler ab und verhinderte ihn im Juli 1921 durch seinen Austritt aus der NSDAP. Damit erreichte er, da die Partei unmöglich auf ihren größten Redner verzichten konnte, die völlige Kapitulation der Parteiführung. Als Bedingung für seinen neuerlichen Eintritt stellte er seine Betrauung mit der Parteiführung und zwar unter diktatorischen Vollmachten. Das war die einzige politische Partei Deutschlands, die einen Diktator als Führer hatte. Zur gleichen Zeit setzte jener Führerkult ein, der in jener Zeit und in jener Umwelt, die zum größten Teil Demokratie und Parlamentarismus ablehnte, so faszinierend gewirkt hat. Das ausschlaggebende Organ für diesen Führerkult war der noch 1920 für die Partei erworbene „Völkische Beobachter". Hermann Esser, damals Student der Zeitungswissenschaft, übernahm die Redaktion des Völkischen Beobachters, und er stellte auch am 29. Juli 1921 erstmals Hitler als den „Führer" in einer Massenversammlung im Zirkus Krone vor.

Nicht nur die Faszination des Redners Hitler, der jetzt nur noch in Massenveranstaltungen auftrat, ist für den raschen Aufstieg der NSDAP in diesen Jahren verantwortlich zu machen, sondern doch wohl auch die Ausgangslage mit der verzweifelten Stimmung weiter Volkskreise. Anfällig für die Propaganda Hitlers waren vor allem die entwurzelten Mittel- und Kleinbürger, aber auch die unbelehrbaren Alldeutschen aus der Mittel- und Oberschicht und die ziellosen Landsknechte, die gar nichts anderes wollten als Bewegung um der Bewegung willen. Eine Arbeiterpartei war die NSDAP von Anfang an nicht, ebensowenig wie sie sozialistisch war, trotz des von Gottfried Feder und anderen entworfenen Programms, das eine ganze Reihe von sozialistischen Parolen enthielt. Allerdings wendeten der neuen Partei auch Münchner Arbeiter ihre Sympathie zu, und zwar nicht nur solche, die von vorneherein nationalistisch beeinflußt waren, sondern die ewig Unzufriedenen, die durch den Sozialismus nicht zu dem erhofften Paradies auf Erden gekommen waren und es jetzt bei den Nationalsozialisten suchten. Geborgen fühlten sich in dieser Partei vor allem zahlreiche verabschiedete Soldaten, da nach dem Eintritt des Reichswehrhauptmanns Ernst Röhm in die Partei die NSDAP nach dem Vorbild der Wehrverbände militärisch durchorganisiert wurde. Für Röhm war allerdings diese Partei ebensosehr Mittel zum Zweck wie die Wehrverbände, denen er nahestand, er betrachtete wohl auch Hitler zunächst nur als Schachfigur in seinem eigenen Spiel, so wie er auch mit seinem eigenen Vorgesetzten, dem Obersten, dann General Epp wie mit einer Schachfigur umging. Selbst die bayerische Reichswehr behandelte er geradezu als Instrument seiner persönlichen Macht. Er war nicht der Freund Hitlers, als welcher er sich ausgab, sondern von Anfang an sein Rivale, nur hatte er andere Vorstellungen von Kameradschaft als Hitler und ist deshalb auch im internen Machtkampf schließlich unterlegen. Unterlegen war Röhm Hitler auch als Redner, damit als Beweger der Massen, aber eigentümlicherweise war er

Hitler sogar unterlegen auf einem Teil des militärischen Sektors der damaligen Parteiarbeit, nämlich in der Planung und Organisation von Saalschlachten. Auf niemand anders als auf Hitler ging der Grundgedanke dieser Brutalisierung des öffentlichen Lebens zurück. Hitler hat das nicht nur in seinem Buch „Mein Kampf" ausgesprochen, sondern es gibt auch noch eine Reihe von internen und damit glaubwürdigen Zeugnissen dafür, daß er es war, der den Plan faßte, seine Partei, um sie bekannt und vor allem um sie für die entsprechenden Typen attraktiv zu machen, wo immer es anging, in handgreifliche Auseinandersetzungen mit den gegnerischen Parteien zu verwickeln, und zwar nicht nur defensiv durch brutale Handhabung des Schutzes der eigenen Versammlungen, sondern vor allem offensiv, um die Gegner von vorneherein einzuschüchtern. Einmal, als es bei einer solchen Saalschlacht zu ernsthaften Verletzungen kam, wurde Hitler sogar verurteilt, allerdings nur mit Bewährungsfrist, um die sich hinterher kein Gericht mehr kümmerte. Die für solche Auseinandersetzungen notwendigen Kräfte waren bereits seit der ersten Massenversammlung, seit dem Februar 1920, systematisch zusammengestellt worden, bereits 1921 wurden sie in militärisch organisierte Hundertschaften gegliedert und Sturmabteilungen genannt (SA). Ihre Uniform, das Braunhemd, erhielten sie 1923. Die militärische Ausbildung dieser Sturmabteilungen übernahm noch 1922 Kapitän Ehrhardt mit seinen Leuten, doch als Hitler spürte, daß ihm seine verlässigste Truppe entfremdet zu werden drohte, übertrug er die Führung dem Fliegerhauptmann Hermann Göring, der sie straff im Sinne der Partei führte.

Hitler versuchte mit seinen Massenveranstaltungen und seinen spektakulären Saalschlachten nicht nur die Massen für sich zu gewinnen und die Gegner einzuschüchtern, er verfolgte auch von Anfang an die Absicht, in den politisch führenden Kreisen auf sich aufmerksam zu machen, und das ist ihm auch gelungen. Schon im Mai 1921 wurde er von Kahr empfangen, der bereits damals versuchte, auch die Hitler-Bewegung in seine politischen Pläne einzugliedern, und der damals wie auch später in ihr ein wertvolles nationales Element sah. Ein Jahr später wurde er zum Deutschen Tag in Coburg vom Herzog von Coburg selbst eingeladen, auch hier ließ er es zu einer Straßenschlacht kommen, doch das hat seinem Ruf nicht geschadet, sondern ihn nur gesteigert. Das war das gleiche Jahr, in dem erstmals in der NSDAP ernsthafte Pläne für eine Machtübernahme erörtert wurden, als sich zeigte, wie leicht ein solcher Vorgang sich vollziehen könne.

Das Beispiel, das Hitler und seine Gefolgsleute überzeugt hatte, war der Marsch auf Rom im Oktober 1922, durch welchen Mussolini, ohne Widerstand zu finden, die Macht in Italien an sich gebracht hatte. Was in Deutschland geschehen mußte, um zu einem ähnlichen Erfolg zu gelangen, war also der Marsch auf Berlin. Es kann nicht geleugnet werden, daß die notwendigen Voraussetzungen für einen solchen Marsch auf Berlin von keinem geringeren geschaffen wurden als vom Generalstaatskommissar in Bayern, Gustav Ritter von Kahr. Dieser Mann, der durch eine Reihe von Zufällen aus einer hohen, aber keinesfalls sehr einflußreichen Beamtenstellung an die Spitze des bayerischen

Staates getragen worden war, also keinesfalls durch eigene Kraft, durch Energie, Weitblick und hohe politische Fähigkeiten, dieser Mann hatte plötzlich seinen Ehrgeiz entdeckt und entwickelte ein Sendungsbewußtsein, das ihn zu einer ernsten Gefahr machte. Das war vor allem deshalb möglich, weil auch in dieser die Existenz der Nation bedrohenden Stunde die Bayerische Volkspartei von sich aus nicht die Entschlußkraft aufbrachte, die wirklich notwendigen Maßnahmen zu ergreifen, ganz abgesehen davon, daß sie auch den dazu fähigen Mann nicht zur Verfügung hatte.

Schon am ersten Tage seiner neuen Stellung leitete Kahr Verhandlungen mit dem sogenannten Kampfbund ein, einem erst unlängst entstandenem Zusammenschluß der vaterländischen Verbände, dessen politische Leitung am Tage der Ernennung von Kahr niemand anderem als Hitler übertragen worden war. So stand hinter den Verhandlungen, die Kahr mit Exponenten des Kampfbundes noch am 25. September führte, bereits Hitler selbst. Die vom Kampfbund geforderte Übertragung des Amtes eines Stellvertreters Kahrs in Südbayern an Pöhner hätte also bereits den Verzicht auf die Macht in Südbayern zugunsten Hitlers bedeutet. Trotz dieser Forderung verhandelte Kahr mit dem Kampfbund weiter, zu einer Einigung kam es dabei nicht. Kahr war nicht bereit, seine Macht zu teilen oder gar, sich aus dem Sattel heben zu lassen. Das vor allem scheint er durch Hitler befürchtet zu haben, der selbst aber um diese Zeit noch, obwohl er durch die Diktatur Kahrs eine Beeinträchtigung der eigenen Pläne fürchtete, nicht gegen ihn vorgehen wollte, da er ihn für einen starken Mann hielt. Sein Entschluß zur Neutralität dauerte allerdings nur kurze Zeit, da noch am 26. September Kahr die für den folgenden Tag angesetzte Massendemonstration Hitlers gegen die „Ruhrverräter" verbot und sein Verbot auch durchsetzte. Daß der Generalstaatskommissar trotzdem seine Werbung um Hitler fortsetzte, hielt dieser schon damals für ein Zeichen der Schwäche. Dabei erkannte er noch nicht einmal, wie aussichtslos die Stellung Kahrs in Wirklichkeit war. Er besaß zwar die vollziehende Gewalt, seine Verordnungen hatten also Gesetzeskraft, der Ausnahmezustand war verhängt, der es ihm ermöglichte, alle Grundrechte, die in der Verfassung garantiert waren, außer Kraft zu setzen, aber dafür war auch Kahr längst nicht stark genug, er konnte keinesfalls auf bedingungslose Gefolgschaft jener Kräfte rechnen, die im Notfall seine Anordnungen hätten ausführen müssen, nämlich der Reichswehr und der Landespolizei. Die Landespolizei war eine militärisch gegliederte Truppe und gedacht zum Eingreifen bei inneren Unruhen. Der Landeskommandant der Reichswehr, Generalleutnant von Lossow, und der Befehlshaber der Landespolizei, Oberst von Seisser, hatten ihre eigenen politischen Pläne, für deren Durchführung sie auf die Rechtsverbände angewiesen waren, so daß zunächst Kahr nicht hoffen konnte, mit ihrer Hilfe sich gegen rechts durchsetzen zu können.

In kürzester Zeit war auch der letzte Rest von Handlungsfreiheit für Kahr verloren. Das hing zusammen mit einem neuen Konflikt mit dem Reich, den Kahr noch am ersten Tage seines Amtes selbstbewußt und kurzsichtig provoziert hatte. Schon bisher hatte sich Bayern stets gegen das Republikschutzgesetz gestellt, jetzt setzte Kahr die Vollzugsordnung für dieses Gesetz förmlich außer Kraft, eine Anordnung, die nur deshalb nicht zum sofortigen Konflikt mit der Reichsregierung führte, weil Stresemann sie ignorierte, da er ohnedies genug Probleme vor sich sah. Er hatte sich aber genauso wie die bayerische Regierung genötigt gesehen, den Ausnahmezustand für das ganze Reich zu verhängen, wobei die vollziehende Gewalt dem Reichswehrminister Geßler übertragen worden war. Damit überschnitten sich der Ausnahmezustand in Bayern und im Reich, so daß sich über kurz oder lang ein Konflikt ergeben mußte. Der Anlaß dafür ließ genau einen Tag auf sich warten. Der Völkische Beobachter, das Organ der NSDAP, brachte in einem Artikel Essers vom 27. September eine ganze Reihe von Beleidigungen des Reichspräsidenten, des Reichskanzlers, des Reichswehrministers und des Chefs der Heeresleitung, General Seeckt. Am 28. September wies Geßler auf Grund seiner Vollmachten das Generalkommando VII in München an, den Völkischen Beobachter zu verbieten und notfalls mit Waffengewalt vorzugehen. Generalleutnant Lossow leitete diese Weisung Geßlers an Kahr weiter, der sie als Eingriff in die bayerischen Hoheitsrechte auslegte und sich weigerte, von Berlin aus Befehle entgegenzunehmen. Geßler erhielt davon Mitteilung, woraufhin Seeckt dem bayerischen Landeskommandanten Lossow einen förmlichen Befehl erteilte. Dieser aber lehnte die Ausführung des Befehls ab. Daraufhin verlangte Seeckt, daß Lossow seinen Abschied nehme. Doch auch dieses lehnte Lossow ab und zwar auf Weisung von Kahr. Jetzt drohte Geßler mit Sanktionen gegenüber Bayern, vor allem der Unterbindung der Versorgung mit Geld. Daraufhin erhob sich ein Pressesturm in Bayern, der wieder Kahr ermutigte, den Rücktritt Geßlers zu verlangen, wobei ihn das ganze bayerische Kabinett unterstützte. Vergebens versuchte Stresemann, der mit seiner eigenen Partei, der Deutschen Volkspartei, die größten Schwierigkeiten hatte, nach allen Seiten hin zu beschwichtigen, er setzte sich nirgends durch. Die Spannungen versteiften sich, bis schließlich der Reichswehrminister Lossow förmlich absetzte, während umgekehrt die bayerische Division dem Befehl des Reichswehrministers entzogen wurde und auf den Freistaat Bayern verpflichtet wurde, ein glatter Bruch der Reichsverfassung.

Das war am 21. Oktober, am 24. bat Lossow die Leiter der Verbände in einer Unterredung, zu der Hitler übrigens nicht erschien, förmlich um die Unterstellung dieser Wehrverbände und trug einen generalstabsmäßig ausgearbeiteten Plan für einen Marsch auf Berlin vor, Ziel war die Errichtung einer „nationalen Diktatur". Am 3. November dann war im Auftrag Kahrs Oberst Seisser bei Seeckt, der erklärte, nicht gegen Bayern vorgehen zu wollen; in einem Brief vom 5. November an Kahr distanzierte er sich von der Regierung Stresemann wie von der Republik überhaupt. Er betonte aber auch, daß er eigene Pläne auf eine Diktatur noch nicht aufgegeben habe. Lossow fühlte sich, im Gegensatz zu den Verbandsführern, durch diese unklare Haltung Seeckts zur Vorsicht gemahnt und riet vorerst von einem Putsch ab, auch Kahr begann jetzt, den Eifer zu dämpfen; beide erreichten damit aber nur, daß die Verbände die Initiative selbst übernahmen. Angesichts der grundsätzlichen Bereitschaft Kahrs und Lossows zu einem Vorgehen gegen Berlin nahmen sie an, es bedürfe nur einer Initialzündung, um beide mitzureißen. Bei Hitler kam zu diesen Überlegungen noch die Besorgnis, daß Kahr bei günstiger Gelegenheit doch noch vorgehen könnte und daß dann er selbst nur eine untergeordnete Rolle spielen könnte. All das wirkte zusammen, um ihn als den Leiter des Kampfbundes zu dem Entschluß zu bringen, noch am 8. November loszuschlagen.

Von diesem Losschlagen war schon seit Oktober unablässig die Rede. Jetzt aber glaubten Hitler und der von ihm ständig auf dem laufenden gehaltene Ludendorff, die Reichswehr so fest in der Hand zu haben, daß man ernst machen könne. So ordnete Hitler am 7. November die förmliche Mobilmachung der NSDAP an, um am 8. November, anläßlich einer nationalen Kundgebung im Bürgerbräusaal, bei der Kahr reden sollte, seine Pläne zu verwirklichen. Diese Versammlung sollte eine Vertrauenskundgebung für Kahr werden, entsprechend prominent waren die Vertreter der Politik, der Verwaltung, der Reichswehr, der Wirtschaft, der Wissenschaft und der alten königlichen Armee. Besonders wichtig war, daß neben Kahr auch Generalleutnant Lossow und Oberst Seisser zugegen waren, außerdem die gesamte Staatsregierung; man hatte also in einem einzigen Saal alle erdenklichen Inhaber politischer Macht beisammen. Trotzdem waren keine Sicherheitsmaßnahmen getroffen, angesichts der von allen Seiten herangetragenen Gerüchte, angesichts des Aufgebotes an schwer bewaffneten irregulären Verbänden unverzeihlich. Kahr hatte sich, und das zeigt wohl am deutlichsten, daß er nicht für einen Diktator geschaffen war, völlig auf die Polizei verlassen, doch der verantwortliche Beamte bei der Polizeidirektion München war der Regierungsassessor und Oberamtmann Wilhelm Frick, der spätere Reichsinnenminister unter Hitler, ein führender Nationalsozialist. Frick hatte jeden ernsthaften Polizeischutz verhindert, wie er auch nach dem scheinbaren Gelingen des Putsches gegen 21.30 Uhr den Polizeimajor Imhoff, der ihn angerufen hatte, anwies, keine Landespolizei gegen den Bürgerbräukeller einzusetzen, damit Blutvergießen vermieden werde. Frick war von den Verschwörern als künftiger Polizeipräsident von München vorgesehen. Solchen Leuten also schenkte Kahr sein Vertrauen.

Die Rede, die er im Bürgerbräukeller halten sollte, war vorbereitet von dem Publizisten Paul Nikolaus Cossmann, dem Herausgeber der Süddeutschen Monatshefte, der während des Krieges mit scharfen Durchhalteparolen hervorgetreten war; die Rede handelte von den Gefahren des Marxismus. An Gefahren aus anderer Richtung hat Kahr überhaupt nicht gedacht. So war er völlig überrascht, als gegen 20.45 Uhr an der Spitze schwerbewaffneter SA-Leute Hitler in den Saal eindrang, einen Schuß gegen die Decke abfeuerte und dann die Regierung Knilling für abgesetzt erklärte, die Reichsregierung absetzte, als Landesverweser Kahr vorstellte und als Ministerpräsidenten Bayerns, ausgestattet mit diktatorischen Vollmachten, den ehemaligen Polizeipräsidenten von München Pöhner. Als Reichswehrminister war Lossow vorgesehen, als Reichspolizeiminister Oberst Seisser, als Oberbefehlshaber der erst aufzustellenden Nationalarmee General Ludendorff, als Reichskanzler Adolf Hitler. Über die ganzen

Vorgänge liegt ein Bericht Kahrs selbst vor, der sehr detailliert ist und im rein Faktischen von vielen Seiten Bestätigung gefunden hat.

Obwohl Kahr, Lossow und Seisser zu führenden Aufgaben ausersehen waren, bat Hitler, der gleichzeitig die gesamte Staatsregierung verhaften ließ, diese drei zukünftigen Mitarbeiter mit bereitgehaltener Pistole ins Nebenzimmer und bearbeitete sie dort unter Mithilfe des rasch herbeigeholten Ludendorff so lange, bis sie sich bereiterklärten mitzumachen. Anschließend kam Hitler mit Kahr in den Saal zurück und bot so unter dem Jubel der Anwesenden das Bild nationaler Eintracht, ein Bild, das so echt war, daß der Historiker Michael Doeberl, der bei dem ganzen Vorgang zugegen war, später vor Gericht aussagte, er habe den Eindruck gehabt, daß es Kahr in diesem Augenblick mit seiner Zustimmung zu den Plänen Hitlers ernst war. Den gleichen Eindruck glaubte auch sein Kollege Karl Alexander von Müller zu haben. Offenbar hatte Hitler ebenfalls diesen Eindruck, denn er entließ nach einer kurzen Besprechung der jetzt zu ergreifenden Maßnahmen Kahr, Lossow und Seisser, um ihnen zu ermöglichen, von ihren Dienststellen aus die erforderlichen Schritte einzuleiten. Wie wir heute wissen, war dieser Glaube Hitlers an die Mitwirkung Kahrs, Lossows und Seissers natürlich naiv. Was Hitler bewogen hat, auf das Ehrenwort seiner neuen Mitarbeiter, wie er sie nannte, zu vertrauen, ist niemals bekannt geworden. Hitler selbst hatte ja mit der Aktion vom 8. November sein eigenes Ehrenwort gegenüber Kahr und Lossow gebrochen. Trotzdem rechnete er damit, wie man annehmen muß, daß Kahr jetzt so kompromittiert sein würde, daß er mitmachen müßte, zumal bekannt war, daß Kahr schon seit längerer Zeit selbst auf ein nationales Direktorium hinsteuerte, freilich, ohne ein Risiko dabei eingehen zu wollen. Wie eng eigentlich die Verbindung zwischen Kahr und Hitler war, muß ebenfalls offenbleiben. Kahr hatte zwar noch am 30. Oktober die von Hitler geplanten Versammlungen verboten, aber er gab in seinem Bericht über den Putsch gegenüber Ministerpräsident Knilling unumwunden zu, daß er Hitler mit dem Kampfbund für seine Politik hatte gewinnen wollen. Doch nach dem 9. November bediente er sich an dieser Stelle folgender Wendungen: „Dieser Versuch war schon deshalb geboten, weil auch in den anderen vaterländischen Verbänden große Teile mit den aktivistischen Absichten des Kampfbundes sympathisierten. Ausschlaggebend war jedoch der Gedanke, daß der gesunde Kern der Hitler-Bewegung, insbesondere die in der Bewegung steckende werbende Kraft für die nationale Einstellung der Arbeiterschaft ... nicht durch gewaltsame Unterdrückung zerschlagen werden sollte“. Das waren dieselben Gedankengänge, die 1918/19 die SPD-Regierung in Bayern – im Gegensatz zur Reichsregierung, zu Noske und Ebert – zur Zurückhaltung gegenüber der USPD und den Rätevertretern wie der KPD bestimmt hatten. Das Ergebnis dieser Zurückhaltung war in beiden Fällen dasselbe. So wie Hoffmann gezwungen wurde, militärisch gegen die Münchner Räterepublik vorzugehen, wurden die hinter Kahr stehenden militärischen Führer jetzt gezwungen, sich Hitler in den Weg zu stellen. Auch damit hat Hitler nicht gerechnet, hatte sich doch erst ein halbes Jahr zuvor Seeckt bei einem Besuch in München mit Hitler wie mit einem Gleichgestellten in Verhandlungen eingelassen, um seine Unterstützung bei einem etwaigen neuen Krieg mit Frankreich zu finden. Man war sich allerdings nicht einig geworden über die zu ergreifenden Maßnahmen, aber grundsätzlich war Hitler als gleichberechtigter Verhandlungspartner der Reichswehrführung anerkannt. Lossow wieder glaubte er so fest in der Hand zu haben wegen des Konflikts mit der Reichsregierung, daß er auch wegen dessen Haltung nicht besorgt war. Machte aber Lossow mit, dann war wieder mit einem Eingreifen der Reichswehr auch außerhalb Bayerns nicht zu rechnen, auch wenn man in München nicht wußte, daß Seeckt am gleichen Tag noch dem sozialdemokratischen Innenminister Severing auf die Frage hin, ob er bezüglich des Schutzes von Berlin gegen die siebte, die bayerische Division, auf die Reichswehr rechnen könne, die gleiche Antwort gab wie drei Jahre zuvor beim Kapp-Putsch, daß Reichswehr nicht auf Reichswehr schieße.

Woran ist also Hitler gescheitert? Das ist die Frage, die im wesentlichen bis heute nicht klar ist. Kahr, Lossow und Seisser behaupteten später, sie hätten gegenüber Hitler im Nebenzimmer des Bürgerbräukellers nur Komödie gespielt, doch bis sich Kahr zu Gegenmaßnahmen entschließen konnte, war es bereits 1 Uhr geworden. Jetzt erst erließ er den bekannten Funkspruch, daß die Regierungsgewalt nach wie vor bei ihm liege, und auch das war alles, was man in dieser kritischen Situation von ihm zu hören bekam. Die entscheidenden Gegenmaßnahmen waren schon gegen 21.30 Uhr durch den Baron von Freyberg ausgelöst worden, den Beamten vom Dienst beim Generalstaatskommissariat, der die Reichswehr alarmiert hatte. Als Lossow gegen 22.45 Uhr in der Stadtkommandantur eintraf, kurz vor Oberst Seisser, waren die Truppen bereits alarmiert und Verstärkungen herbeigerufen, so daß also die Reichswehr in den Kasernen bereits unter Waffen stand und nur unter heftigen Kämpfen zu überrennen gewesen wäre. Oberleutnant Schörner, der spätere Generalfeldmarschall, ließ ein Bataillon „Oberland" entwaffnen. General Danner, der Stadtkommandant von München, assistiert vom Stellvertreter Lossows, Kreß v. Kressenstein, erließ unter der Begründung, daß Lossow festgehalten werde und daß deshalb die Gefahr bestehe, daß mit seinem Namen Mißbrauch getrieben werde, den Befehl, daß schriftlichen Anordnungen, die im Namen Lossows ergingen, keine Folge geleistet werden dürfe. Es ist also sehr deutlich, daß auch ohne den Entschluß Lossows, sich jetzt gegen Hitler zu stellen, auf eine Mitwirkung der Reichswehr nicht mehr zu rechnen war. Gescheitert war der Putsch also in erster Linie durch die Haltung der Reichswehr; nur die Infanterieschule, in der Leutnant Roßbach, der bekannte Freikorpsführer, die entscheidende Rolle spielte, schloß sich der Bewegung an, wagte aber dann gegenüber der Landespolizei, die das Dienstgebäude des Generalstaatskommissars in der Maximilianstraße zu verteidigen hatte, keinen Angriff. Außer dem Kriegsministerium, das Hauptmann Röhm mit Hundertschaften der Verbände „Oberland" und „Reichskriegsflagge" besetzt hatte, war im Anschluß an die Vorgänge im Bürgerbräukeller kein einziges wichtiges Gebäude besetzt worden. Damit war im Grunde noch während der Nacht die Regierung Herrin der Lage, noch während der Nacht wurden Pöhner und Frick verhaftet und wurde die Auflösung der NSDAP, der KPD und der Wehrverbände dekretiert, so daß sie außerhalb des Gesetzes standen, wenn sie weiterhin öffentlich in Aktion traten. Noch während der Nacht befahl Lossow die Rückeroberung des von Röhm besetzten Kriegsministeriums. Wichtig war vor allem die befohlene Abschnürung von allen Verstärkungen, so daß bei entschlossenem Zugriff auch die Hauptstadt in Kürze wieder unter die Kontrolle der Regierung gebracht werden konnte.

Noch während der Nacht also wurde die Lage für Hitler sichtlich hoffnungslos, so daß Hitler sich keinen Rat mehr wußte und ihm auch die Führung der eigenen Verbände zu entgleiten drohte. Wenn man dem Bericht von Julius Streicher glauben will, gab erst die Aktivität Streichers der bereits geschlagenen Putschleitung neuen Auftrieb. Erst im Verlauf des Nachmittags entschloß sich Hitler, vom Optimismus Ludendorffs darin bestärkt, der glaubte, daß die Reichswehr niemals auf ihn schießen würde, durch einen Demonstrationszug mitten durch die Stadt die Lage noch einmal zu wenden. Ein solcher Versuch schien durchaus nicht aussichtslos, da die Stimmung in München, wie zahlreiche Berichte bezeugen, für einen Marsch der Verbände auf Berlin war. Die Hoffnung war also nicht abwegig, daß ein Erfolg des Demonstrationszuges, vor allem wenn sich Tausende von Einwohnern Münchens den marschierenden Verbänden anschließen würden, Kahr und die Reichswehr doch noch zur Änderung ihrer Absicht bewegen könnte. Das waren Gedankengänge, die typisch waren für den Hitler dieser Jahre, Gedankengänge eines Propagandisten, eines „nationalen Trommlers“, wie er sich dann während des Prozesses selbst nennen sollte oder wie Lossow ihn auch genannt hat. Gesichtspunkte militärischer Zweckmäßigkeit spielten bei diesem Marsch überhaupt keine Rolle. Das Ergebnis konnte deshalb nicht zweifelhaft sein, wenn es zum Zusammenstoß mit bewaffneten Einheiten unter entschlossener Führung kommen sollte.

Der erste Zusammenstoß fand bereits kurz nach dem Bürgerbräukeller statt, nur war hier die Führung nicht entschlossen genug. Ein Landespolizeiposten an der Ludwigsbrücke, der den Befehl hatte, unter keinen Umständen irgendjemand die Brücke passieren zu lassen, hatte sich nicht entschließen können, rechtzeitig zu laden. Er wurde überrannt. Anders war es dann beim Ausgang der Residenzstraße an der Feldherrnhalle. Dieser Weg war aus zweierlei Gründen gewählt worden. Einmal führte er auf die breite Ludwigstraße, in der sich die Macht der Verbände entfalten konnte, zum anderen war in der Nähe das Kriegsministerium, das Röhm besetzt hielt, das aber bereits von Reichswehreinheiten umstellt war, die Röhm vergebens zur Übergabe aufforderten. Am Ausgang der Residenzstraße, am Odeonsplatz und in der Feldherrnhalle selbst war Landespolizei stationiert, im gesamten Bereich der Residenz vielleicht zwei Hundertschaften. Etwa 100 Mann waren direkt am Ort des Geschehens. Sie hatten den Befehl, von wem ist nie bekanntgeworden, die Demonstration zu beenden und die Marschsäulen nicht mehr weiter vordringen zu lassen. So warfen sich die ersten Züge den in Zwölferreihen anmarschierenden Nationalsozialisten entgegen, wurden zurückgedrängt, erhielten aber plötzlich Verstärkung vom Odeonsplatz her, die vom Oberleutnant von Godin angeführt war. Godin berichtet, daß sie mit aufgepflanztem Bajonett empfangen wurden, und daß seinen Leuten, die nur mit dem Kolben und dem Gummiknüppel arbeiteten, entsicherte Pistolen auf die Brust gehalten worden seien. Das klingt in der Tat merkwürdig, woher wollte man wissen, daß diese Pistolen entsichert waren; dieser Teil des Berichtes von Godin ist auch allgemein angezweifelt worden. Ob deshalb der andere Teil schon falsch ist, daß nämlich auf den Oberleutnant selbst geschossen wurde und ein hinter ihm stehender Wachtmeister der Landespolizei tödlich getroffen umfiel, ist eine andere Frage. Jedenfalls war es nach allgemeiner Aussage ein Schuß, der den Feuerüberfall der Landespolizei auslöste. Die Salve schlug mit verheerender Wirkung in die Marschsäule ein. Kurze Zeit wurde zurückgeschossen, aber dann flohen die etwa 2000 Putschisten vor dem dünnen Kordon der Landespolizei.

Die Schüsse an der Feldherrnhalle waren die einzige Sprache, die Hitler und seine Leute verstanden. Daß sie wegen ihrer Flucht, 2000 Mann gegenüber 200, nicht der allgemeinen Verachtung anheimfielen, muß heute noch verwundern. Die kopflose Flucht war vermutlich das Ergebnis der völlig verfehlten psychologischen Vorbereitung, die nur darauf gerichtet war, den Leuten einzuhämmern, daß Reichswehr und Landespolizei nicht gegen die „nationale Erhebung" antreten würden. Die Niederlage vor der Feldherrnhalle wurde also trotz aller Begleitumstände kein Fiasko für die Hitler-Bewegung, ein erstaunliches Phänomen. Es begann schon damit, daß die 16 Toten der „Bewegung", nicht die vier Gefallenen der Landespolizei im Bericht von Kahr an den Ministerpräsidenten von Knilling mit der Wendung vom „Tod wackerer deutscher Männer" bedauert wurden. Die zahlreichen am Odeonsplatz versammelten Passanten brüllten, johlten und pfiffen die Landespolizei nieder, nicht die verstört flüchtenden Putschisten. Noch am 9. November wurde heranrückende Reichswehr und Landespolizei vor der Universität öffentlich von Studenten beschimpft. Die gleichen Studenten führten sich, wie es in einer anderen Quelle heißt, wie die Wilden auf, so daß die Universität geschlossen werden mußte. Nicht viel später bedrohten sie Kahr mit dem Tode und bereiteten die Befreiung Hitlers vor. Zum Nachdenken kam also durch die Ereignisse vom 9. November weder die Anhängerschaft Hitlers in und außerhalb der Partei und der Wehrverbände noch der Generalstaatskommissar von Kahr. Dadurch, daß weder die Öffentlichkeit, so weit sie nationalistisch war, noch der immer noch vom Edelmut, von der nationalen Zuverlässigkeit und einer weiteren Reihe von Tugenden der NSDAP überzeugte Kahr die allein zutreffenden Konsequenzen zogen, konnten Hitler und seine Anhänger, die zum Teil geflohen, zum Teil verhaftet worden waren, neue Hoffnung schöpfen. Tatsächlich gelang ihm das Unglaubliche. In dem nun folgenden Prozeß verwandelte Hitler die Niederlage, das doch völlige Fiasko, in einen Sieg.

Das ist um so erstaunlicher, als die Staatsregierung sehr genau im Bild war über die Notwendigkeit einer entschlossenen Liquidation der ganzen Vergangenheit. Vor allem sei, wie es in einer Denkschrift der Staatsregierung vom

15. November heißt, „rasche Durchsetzung voller Gerechtigkeit" erforderlich, die völlige Entwaffnung aller Verbände, schließlich auch die Ermittlung und Ausschaltung der Geldgeber. Die Schwierigkeit bei der Bereinigung der so peinlichen Affäre begannen bereits an höchster Stelle. Es sollte doch als erstes selbstverständlich sein, daß Kahr zurücktrat, was die Minister der Bayerischen Volkspartei auch forderten. Der Justizminister Gürtner dagegen lehnte das ab und verband damit sogar die Koalitionsfrage. Das Ausscheiden der Deutschnationalen aus der Regierung hätte im Grunde der Bayerischen Volkspartei endlich Bewegungsfreiheit gegeben, doch Ministerpräsident Knilling konnte sich eine Verbindung mit der SPD, die jetzt notwendig geworden wäre, überhaupt nicht vorstellen, er gab also der Pression nach. Das war der erste verhängnisvolle Schritt, er zog alle anderen nach sich.

Wenn Kahr im Amt blieb als einer, der zumindest konspirative Gespräche geführt hatte und den Schein erweckt hatte, als nähme er am Putsch teil, war es nicht gut möglich, den Prozeß außer Landes durchführen zu lassen. Die Reichsregierung wollte ihn trotzdem nach Leipzig an das Oberste Reichsgericht ziehen. Der bayerische Ministerrat, bei seiner patriotischen Ehre gepackt, sorgte jetzt dafür, daß der Prozeß vor einem Volksgericht in München verhandelt wurde. Damit waren die Voraussetzungen bereits äußerst fragwürdig. Ferner hätten in diesem Prozeß auch Kahr und Lossow auf die Anklagebank gehört. Wenigstens eines gelang, nämlich ihnen bis zum Februar 1924 den Rücktritt abzuringen. Kahr hatte bis dahin zwar nicht eingesehen, daß er versagt hatte, aber er hatte doch zu spüren bekommen, daß er keine Autorität mehr besaß. Auch die Inpflichtnahme der siebten Division für Bayern wurde wieder rückgängig gemacht. Das alles vollzog sich im Grunde reibungslos, da die Beruhigung der wirtschaftlichen Lage auch eine Beruhigung der Massen nach sich zog. Das bald folgende Ende der Inflation hat stärker gewirkt als alle politischen oder militärischen Schritte, etwa die Betrauung Seeckts mit der vollziehenden Gewalt im Reich zur Zeit des Hitlerputsches und der gleichzeitige Sturz Stresemanns, der auf Betreiben Seeckts zurückgegangen war. Seeckt hatte dann bereits im Januar 1924 die vollziehende Gewalt wieder in die Hände Eberts zurückgegeben, da er in Wirklichkeit keine politischen Pläne entwickelt hatte, die eine Möglichkeit geboten hätten, aus den außenpolitischen wie innenpolitischen Schwierigkeiten des Augenblicks herauszuführen. Im Grunde war er sich mit Stresemann darin einig, das zeigt eine Art politischer Programmschrift, die man im Nachlaß Seeckts gefunden hat, daß es keine andere Möglichkeit gab als den Ruhrkampf abzubrechen, sich auf den Boden des Versailler Vertrages zu stellen, also im Gegensatz zu den nationalen Kreisen Erfüllungspolitik zu treiben und sich auch zu distanzieren von den Rechtsradikalen, da man sonst die Arbeiterschaft in noch schärferen Gegensatz zum Staate zwingen würde.

Der Entschluß, den Prozeß gegen die Putschisten vom 9. November nicht dem Reichsgericht zu Leipzig zu überlassen, sondern vor das Volksgericht zu München zu ziehen, war folgerichtig, da ja Kahr, Lossow und Seisser, die immer noch die ausführende Macht in Bayern hatten, selbst tief in die Ereignisse verstrickt waren. Das Volksgericht genoß bestimmte Ausnahmerechte. Das Prozeßverfahren war formloser als bei den normalen Gerichten. Es gab keine Berufung dagegen, auch nicht vor das Reichsgericht in Leipzig, und die Möglichkeit zur Einflußnahme sowohl auf Staatsanwälte wie auf den Vorsitzenden des Gerichts durch den Justizminister waren dementsprechend größer. Es ist offensichtlich, daß über dem ganzen Prozeß, der im Frühjahr 1924 abrollte, nach dem Rücktritt Kahrs und nach der Entlassung Lossows, immer noch die Hand des Justizministers Gürtner schwebte. Die Prozeßleitung war dementsprechend von außerordentlicher Toleranz. Wenn man bedenkt, daß Noske 1919 befohlen hatte, jeden, der mit der Waffe in der Hand den staatlichen Sicherheitskräften gegenübertrete, standrechtlich zu erschießen, dann muten die gefällten Urteile geradezu wie Unrecht an. Hitler, Pöhner, Kriebel und Dr. Weber, der Befehlshaber des Verbandes „Oberland", erhielten die gesetzlich vorgeschriebene Mindeststrafe für Hochverrat, nämlich 5 Jahre Festung, wobei gleichzeitig betont wurde, daß diese Strafe nach 6 Monaten zur Bewährung ausgesetzt werden sollte. Frick und eine Reihe von anderen erhielten 1 Jahr und 3 Monate, wurden aber sofort zur Bewährung entlassen. Ludendorff ging frei aus, weil man ihm zubilligte, die Tragweite der ihm zugemuteten Rolle nicht überschaut zu haben; das war natürlich die Bescheinigung politischer Unzurechnungsfähigkeit, wogegen er auch in aller Form protestierte.

Das Ergebnis der Verhandlung war bedingt von vielen Faktoren, von der grundsätzlichen Einstellung des Gerichts, aber auch von der Tatsache, daß von Seiten der Regierung, der Armee und der Landespolizei zahlreiche Denkschriften ausgegangen waren, auch an Mitglieder des Gerichts, in welchem die Öffentlichkeit lange vor dem Prozeß bereits beeinflußt wurde. Das lag aber auch an der Taktik Hitlers und seiner Mitangeklagten, die sich kaltblütig zu ihrer Tat bekannten, aber sie zu einer nationalen Pflicht erklärten. Hitler etwa betonte, gegenüber dem Landesverrat von 1918 gebe es keinen Hochverrat. Für ihn war der Prozeß die Gelegenheit, nach dem völligen Zusammenbruch vom 9. November, der ihn tief getroffen hatte, bis zum Entschluß des Selbstmordes, wieder zu sich selbst zu finden. Der Prozeß bot ihm darüber hinaus die Gelegenheit, die Niederlage wettzumachen und verschaffte ihm den ganz großen Auftritt, der ihn jetzt erstmals den Augen der ganzen Nation präsentierte. Hier war er auf seinem eigenen Boden, auf dem Boden der Propaganda, und die Prozeßführung räumte ihm jede nur denkbare Möglichkeit propagandistischer Entfaltung ein. Mit einem ernsthaften Ausgang des Prozesses rechnete wohl von den Angeklagten niemand, waren sich doch alle darüber klar, und sie machten auch kein Hehl daraus, wie die vielen Angriffe gegen Kahr, Lossow und Seisser zeigen, daß die enge Verflechtung der nationalen Verbände mit der Regierung und der Reichswehr, die Absprachen zwischen den Wehrverbänden und der Reichswehr bezüglich der geheimen Aufrüstung, bezüglich einer Unterstützung des Krieges gegen Frankreich oder auch der Zusammenarbeit mit der Reichswehr zur Niederwerfung kommunistischer Aufstände oder auch bezüglich gewisser Maßnahmen gegen die sozialdemokratischen Führungskräfte in einzelnen deutschen

Ländern, ein solches Zwielicht von Legalität und Illegalität verbreiteten, daß man unmöglich befürchten konnte, es würde alles bis zum letzten aufgedeckt.

Kardinal Faulhaber, den Erzbischof von München, in den Schuldzusammenhang einzubeziehen, wie es auch geschehen ist, weil er sich ein Jahr zuvor öffentlich gegen die Republik als „Ergebnis von Hochverrat und Meineid" erklärt hatte, verbietet nicht nur der sachliche Zusammenhang, sondern auch die Kampagne in der völkischen Presse gegen Faulhaber als „Judenkardinal" und als Urheber der Niederlage des 9. November. Auch die Bayerische Volkspartei unmittelbar in das Geschehen einzubeziehen wäre verfehlt. So erklärte etwa der „Bayerische Kurier", das Presseorgan der Bayerischen Volkspartei, den Tag der Urteilsverkündigung als den schwarzen Tag der bayerischen Justiz. In der Tat war es mehr, war es ein schwarzer Tag der bayerischen und deutschen Geschichte. Niemand gab es, der in dem Augenblick, wo es sich zeigte, daß nur Unkraut hochgekommen war, den Entschluß fand, es auszureißen. Ministerpräsident Knilling dachte zwar daran, den Prozeß und sein Ergebnis dazu zu benützen, um Hitler aus Bayern auszuweisen, aber Österreich wollte den ungeratenen Sohn nicht mehr haben und lehnte, vermutlich von Gürtner rechtzeitig gewarnt, die Aufnahme ab. Damit gab sich der Ministerpräsident zufrieden, obwohl Staatenlose an jeder beliebigen Stelle über die Grenze hätten abgeschoben werden können. Man hat zwar wenigstens daran gedacht, Konsequenzen zu ziehen, durchgekämpft jedoch hat sie niemand. Das ist der entscheidende Vorwurf, den man auch der Bayerischen Volkspartei machen muß. Vergessen darf man dabei aber auch nie den allgemeinen Hintergrund: Das Volk selbst hatte seit 1920 eine radikale Schwenkung vollzogen. Wie ein Vergleich der Wahlen von 1919, 1920 und 1924 zeigt, ist ein ganz beträchtlicher Teil der Münchner Einwohnerschaft von der linksradikalen Seite 1923 auf die rechtsradikale übergegangen. 1924 erhielten in München die Rechtsextremisten 105 000 Stimmen, weit mehr als alle anderen Parteien zusammen. 1919 dagegen war die Mehrheit sozialistisch gewesen. Das heißt also, es waren keine Prinzipien, von denen sich die Masse dieser Großstadt beherrschen ließ, sondern Emotionen, sie war anfällig für Propaganda jeder Art, besonders in Zeiten der Unruhe und der Not.

Der 9. November 1923 hat die aufgestauten Spannungen nicht mit einem Schlage gelöst. Die sogenannte völkische Bewegung ist nicht wie ein Luftballon geplatzt, sondern sie lebte trotz der kläglichen Niederlage kräftig weiter, das zeigten die Landtagswahlen im Mai 1924, in welcher der sogenannte Völkische Block 23 Sitze im Landtag erlangte, eben so viele wie die SPD. In München erlangte der Völkische Block überhaupt die Mehrzahl aller Stimmen. Daneben gab es noch die Vereinigte Nationale Rechte, die ebenfalls 11 Sitze errang, dann den Deutschen Block, der sich mit 3 Stimmen dazu gesellte. Die Bayerische Volkspartei blieb allerdings trotz schwerer Verluste mit 46 Sitzen die stärkste Fraktion, sie war aber bei insgesamt 129 Abgeordneten angewiesen auf die Unterstützung durch wenigstens weitere 20 Abgeordnete, damit aber auch allein nicht in der Lage, die Vergangenheit zu liquidieren. Dabei war sie dazu entschlossen, wie das Abrücken von Kahr und Knilling zeigt. Versagt hatte ja nicht nur Kahr, der sich von den Rechtsextremisten in die Ecke hatte manövrieren lassen, sondern auch Knilling, der im Grunde noch weit hilfloser als Kahr daneben gestanden und zugeschaut hatte. Sieben Wochen suchte die Bayerische Volkspartei verzweifelt nach einer Persönlichkeit außerhalb oder am Rande der Partei, die man vorschieben konnte, damit sie in dieser sehr wenig versprechenden Lage die eigentliche Parteiführung von der Verantwortung entlasten und doch die Politik der Partei führen sollte, doch als sich niemand fand, erklärte sich schließlich der Fraktionsvorsitzende Heinrich Held selbst bereit, das Amt zu übernehmen. Seine Aufgabe war die undankbarste, die man sich denken kann, er hatte einen Bankrott zu liquidieren.

Die Ära Held (1924–1933)

Ist es in einer Demokratie, gar in der heutigen Massengesellschaft möglich, eine Epoche, und sei sie noch so kurz, mit dem Wirken eines einzigen Mannes zu identifizieren? Es ist ohne Frage auch im Falle Heinrich Helds nicht möglich, der bayerischer Ministerpräsident vom Sommer 1924 bis März 1933 war; trotzdem verbindet sich sein Name mit diesen neun Jahren bayerischer Geschichte. Das läßt sich nur rechtfertigen, weil in dieser Zeit eben nichts geschah, was die Entwicklung wesentlich bewegt hätte – Held aber ist gerade typisch für diese Art von Politik, deren Hauptcharakteristikum darin besteht, die Dinge möglichst „reifen" zu lassen, d.h. sie sich selbst zu überlassen. Daß sich gleichzeitig mit den ersten fünf Jahren dieser Epoche, bis 1929, die Erinnerung an eine Zeit verhältnismäßiger Ruhe und gedeihlicher Entwicklung verbindet, ist dabei keineswegs ausschließliches Verdienst der Politik des leitenden Ministers.

Held, bisher Fraktionsvorsitzender der Bayerischen Volkspartei, war zum rechten Zeitpunkt aus dem Hintergrund hervorgetreten; Reichskanzler Stresemann hatte noch im Herbst 1923 den Ruhrkampf eingestellt, seit dem 15. November gaben die Banken die neue Rentenmark aus, mit deren Schaffung die Inflation beendet worden war. Die Deckung der neuen Währung bestand in einer verzinslichen Grundschuld auf allen industriellen und landwirtschaftlichen Grundbesitz im Reich. Schon das Ende der bisherigen heillosen Zerrüttung der privaten und öffentlichen Finanzen wirkte beruhigend auf das wirtschaftliche und politische Leben. Die landwirtschaftliche Entwicklung hatte seit dem Krieg, der einen Rückgang der Nahrungsmittelversorgung um circa 40% gebracht hatte, seit der Inflation wieder einen mäßigen Aufschwung genommen. Die Inflation hatte zwar eine allgemeine Entschuldung gebracht. Hypotheken und sonstige Schulden konnten ohne Mühe zurückgezahlt werden, aber es fehlte auch an Kapital zur Verbesserung der Böden, die während des Krieges durch Mangel an Düngemitteln verhängnisvoll verarmt waren. Erst seit 1925 zeigte sich bei der Agrarproduktion wie bei den Agrarpreisen eine steigende Tendenz, durch Kreditaufnahme im Rahmen des Dawes-Planes gelang auch der erste Ansatz zur Mechanisierung der Landwirtschaft. Auch die Versorgung mit Handelsdünger nahm von 1924 bis 1929 um ein Drittel zu, bei Stickstoffdünger und Kali stieg die Versorgung sogar um ein Vielfaches. Das Ergebnis war eine Steigerung der Produktion um etwa 30%. Bis etwa 1928 dauerte diese scheinbare Prosperität, dann begann sich die Überproduktion in den Vereinigten Staaten, Kanada, aber auch in Europa immer mehr auszuwirken. Ähnlich war es auch auf dem gewerblichen und industriellen Sektor. Bis 1929 stieg der gesamte Lebenshaltungsindex kontinuierlich an, auch die Löhne; ein Alarmsignal bedeutete allerdings die 1927 bereits wieder spürbar ansteigende Arbeitslosigkeit.

Die wirtschaftliche Beruhigung wirkte sich auch auf einem Gebiet aus, das jahrzehntelang eine Art Vorherrschaft Münchens im Reich gesehen hatte, das aber seit Kriegsbeginn gänzlich darniederlag: bildende Kunst, Theater und Literatur. Die Diskussion um München als Kulturzentrum, die gerade 1925 ausbrach, täuscht darüber hinweg, welche Fülle von Begabungen auch jetzt wieder dort in Tätigkeit war. Auch wenn Berlin jetzt vielleicht dank eines künstlerischen Aufschwungs ohnegleichen den Vorrang erreicht hatte, so hatte das doch die Vitalität der Kunststadt München selbst nicht beeinträchtigt. Nach wie vor gehörte München, das zeigte die Ausstellung von 1979, zu den führenden Zentren der Malerei, bedeutende Namen waren Georg Schrimpf und Alexander Kanoldt, Schrimpf, der nach einer expressionistischen Durchgangsphase zu plastischer Gegenständlichkeit überging und Bilder voll einfacher Klarheit schuf. Berühmt sind seine Kinderbilder. Kanoldt, der in scharfer Opposition zur gegenstandslosen Malerei Kandinskys stand, war diesem im Grunde nicht sehr wesensfremd. Seine italienischen Städteansichten, Subiaco oder San Gimignano, bieten eine „beinahe menschenfeindliche Architektur" (M. Koch). Zu nennen wäre auch Carlo Mense, mit seinen poetisch durchwärmten Landschaften, und Adolf Erbslöh, dessen Ansicht von Positano von 1929 ein Gegenstück zu Kanoldts Olevano darstellt. Wie bei Walter Schulz-Matan oder bei Mense könnte man geradezu von magischem Realismus sprechen. Auch Max Unold sollte erwähnt werden, aber auch die Chiemsee-Maler um Hiasl Maier aus Erding, die Ammersee-Maler, vor allem die Maler, die sich zum Dachauer Künstlerkreis zusammengefunden haben. Beispielhaft war auch das Bemühen Münchner Architekten um neue Formen und neue Möglichkeiten im Städtebau. Das bekannteste Beispiel dafür ist die Borstei.

Sicher war bis jetzt nicht die Rede von ganz großer Kunst, doch wenn die Rede auf die Musik in München und das Münchner Theater kommen muß, fehlt es auch daran nicht. Die Kammerspiele unter Falckenberg konkurrierten ebenbürtig mit der Bühne Max Reinhardts in Berlin, und neben Richard Strauss oder Hans Pfitzner waren andere Namen in Deutschland ohne Gewicht, genauso wie Wilhelm Furtwängler als Dirigent ohne Konkurrenz war. Vollends in der Literatur traf das Wort Thomas Manns „München leuchtet" voll und ganz zu. Zwar ging Bert Brecht bereits 1923 zu Max Reinhardt nach Berlin. In München waren seine Stücke „Trommeln in der Nacht" und sein „Baal" entstanden. Nach Berlin ging mitten in der Diskussion um München als Kulturzentrum auch Lion Feuchtwanger, von dem die bissigsten Feststellungen in diesem Streit stammen. Seine Romane aus diesen Jahren sind allerdings weniger von Bedeutung als Denkmäler großer Sprachgewalt, ihre Bedeutung liegt im sozialkritischen Bereich. Weit höheren Rang hat das Werk von Oskar Maria Graf, der München 1933 verlassen mußte. Ansprechender als seine kritischen Auslassungen, die ihm, dem Kämpfer für Gerechtigkeit und gegen den Krieg sicherlich wichtiger waren, sind seine großartig gestalteten Bilder aus dem bayerischen Volksleben. Hier steht er in der besten Tradition der bayerischen Literatur, die 1919 mit dem Tod Georg Queris oder 1921 mit dem Tod Ludwig Thomas nur einen spürbaren

Einschnitt erfuhr, aber kein Ende. Unverkennbar bayerischen Charakter trägt vor allem auch das Lebenswerk Hans Carossas, Georg Brittings und Richard Billingers. Hans Carossa war bis 1928 Arzt in München und erhielt 1928 den neu geschaffenen Münchner Dichterpreis. Er wurde nach dem Krieg viel angefeindet wegen seiner Nachgiebigkeit gegenüber manchem verlockenden Angebot aus Berlin, doch daß diese Angebote gleichzeitig mit Drohungen verbunden waren, denen er, der Dichter gefühlstiefer Innerlichkeit, nicht gewachsen war, läßt doch alles in einem anderen Licht erscheinen. In seiner durch und durch humanitären Haltung, in der auch jene Bücher geschrieben sind, die seit 1933 entstanden, hatte er sich auch durch die Tagesparolen jener Zeit nicht beirren lassen. Georg Britting, der 1921 ebenfalls nach München kam, ein Dichter, dem Natur und Landschaft die wichtigsten Anregungen gaben, ist ebenfalls zu Unrecht für die Blut-und-Boden-Mystik jener Zeit in Anspruch genommen worden. Seine Haltung war durch und durch unpolitisch, ja antipolitisch. Selbst Richard Billinger, dessen „Rauhnacht" von 1931 ohne Zweifel den kulturfeindlichen Tendenzen des Nationalsozialismus entgegenkam, läßt sich keinesfalls den wirklichen Nationalsozialisten zuordnen. In seiner Naturverwurzelung lehnt er sich auf gegen die zerstörerischen Kräfte der städtischen Zivilisation, aber jedem Rassenkult steht er dabei weltenfern. In München gab es aber auch echte literarische Vorkämpfer für nationalsozialistisches Gedankengut, Hans Johst, Josef Magnus Wehner oder Hans Brandenburg. Vom Fronterlebnis geprägt war auch Paul Alverdes, der seit 1922 in München lebte und zusammen mit Benno von Mechow „Das innere Reich" herausgab, das trotz vieler Zugeständnisse an den Nationalsozialismus 1943 verboten wurde. Beherrscht war aber in München die literarische Szene bis 1933 ohne Frage von Thomas Mann. Sein Werk und das seines Bruders Heinrich Mann, der ebenfalls bis 1928 in München lebte, gehörten zu den Brandopfern, die im Februar 1933 bei jener infernalischen Bücherverbrennung durch nationalsozialistische Studenten den Flammen übergeben wurden.

Das Werk Thomas Manns gehört der Weltliteratur an, man wird es so wenig als typisch bayerisch empfinden wie die Bücher und Dramen der Münchner NS-Dichter, aber auch die Bücher von Ricarda Huch, die bis 1947 in München lebte, haben nichts Bayerisches an sich. Das heißt nicht, daß ihre Größe in Frage steht, es gibt wenige, die im Roman historische Themen so eindrucksvoll und so nahe der wirklichen Geschichte zu gestalten wußten wie sie. In vieler Hinsicht ist Ricarda Huch geistesverwandt mit Gertrud von Le Fort, die 1922 bis 1929 in Baierbrunn lebte. Sie wurde weniger bekannt durch ihre großen Romane als durch ihre religiöse Lyrik, die „Hymnen an die Kirche" von 1924, oder die „Hymnen an Deutschland", in denen der Reichsgedanke geradezu im Sinne eines heilsgeschichtlichen Auftrags zum Ausdruck kommt. Ausschließlich religiös war auch die Thematik der Gedichtbände von Ruth Schaumann, die 1932 den Dichterpreis der Stadt München erhielt. Sie war auch bedeutend als Bildhauerin und durch ihre ausdrucksstarke Graphik. Als einer der bedeutendsten religiösen Lyriker der Moderne gilt dann Konrad Weiß, dem es freilich in seiner sakralen

Strenge nicht gelang, ein großes Publikum zu erobern, anders als Peter Dörfler, der seit 1915 als Waisenhausdirektor in München lebte und dessen Romane in einer Auflage von 800 000 in die Welt gingen. Seine Romangestalten waren dem bäuerlichen Leben seiner Allgäuer Heimat entnommen, Idealgestalten von ernster Kraft und gefestigter Innerlichkeit. Dieser Kreis um Peter Dörfler, dem man aus der Provinz noch Arthur Maximilian Miller zurechnen kann, den schwäbischen Heimatdichter, zeigt, daß die religiös bestimmte Literatur in diesen Jahren einen deutlichen Aufschwung erlebte. Ohne Frage war mit diesem Aufschwung auch die Zeitschrift Carl Muths verbunden, das „Hochland", das sich kein geringeres Ziel gesetzt hatte, als die katholische Literatur wieder zu einer gesellschaftlich bestimmenden Macht werden zu lassen. Politisch hielt sich das „Hochland" zurück, während eine andere katholische Zeitschrift, „Der gerade Weg", unter ihrem Redakteur Fritz Gerlich zu den schärfsten Kritikern Hitlers gehörte. Gerlich ist 1934 auch ermordet worden. Eine große Bedeutung als Kulturkritiker, unter dem Einfluß von Sören Kierkegaard und Henry Newman, hatte Theodor Haecker, der dem „Hochland" nahestand. Seine Interpretation Vergils gehört zu den ganz großen Leistungen auf diesem Gebiet.

Europäische Bedeutung, ja Weltbedeutung besaß München allerdings, abgesehen von Thomas Mann, nur auf dem Gebiet der Wissenschaft, vor allem durch die großen Chemiker und Nobelpreisträger Richard Willstätter und Heinrich Wieland oder durch den Physiker Wilhelm Wien, ebenfalls einen Nobelpreisträger. Auch der Mediziner Ferdinand Sauerbruch wirkte lange Jahre in München; er gehört zu den größten Chirurgen der neueren Medizingeschichte. Zu den Gelehrten von internationaler Bedeutung ist auch Karl Vossler zu rechnen, der Romanist, dann der klassische Philologe Eduard Schwartz, der Herausgeber der ältesten Konzilstexte, der große Dogmen-Historiker Martin Grabmann, der die Geschichte der scholastischen Methode geschrieben und die Werke des Thomas von Aquin in mustergültiger Edition vorgelegt hat. Ludwig Traube gehört zu ihnen, der Begründer der lateinischen Philologie des Mittelalters, und sein Schüler und Nachfolger Paul Lehmann, der Erforscher der mittelalterlichen Bibliotheken. Von Bedeutung weit über Deutschland hinaus war auch der Kunsthistoriker Heinrich Wölfflin, der lehrte, die Kunstwerke nach objektiven Kriterien zu erklären, oder Arthur Kutscher, der Begründer der Theatergeschichte, der gleichzeitig Motor und Anreger des zeitgenössischen Theaters eben durch seine historischen Forschungen geworden ist.

Daß an dieser nie wieder erreichten geistigen Bedeutung Münchens die offizielle Kulturpolitik wesentlichen Anteil gehabt habe, wird man nicht behaupten wollen. Noch mehr als die Kulturpolitik trug aber die Gesamtpolitik dieser Epoche in Bayern einen durchaus engen Zuschnitt – selbst die großen Gedanken, die in der Reichsreformdiskussion geäußert wurden, war man zu schwach in der politischen Realität durchzusetzen. Eine echte politische Leistung bedeutete bestenfalls, daß es Heinrich Held lange Jahre hindurch gelang, weithin für den inneren Frieden in Bayern zu sorgen und auch das Verhältnis zu Berlin erträglich zu gestalten. Dauerhafte Beruhigung hätte aber nur die Ausmerzung der Ursachen der bisherigen Unruhen gebracht, doch das lag nur zum Teil in der Hand einer bayerischen Regierung. Die hohe Wählerzahl der KPD, 12,9% 1928, hing großenteils mit der immer noch unzulänglichen Lage der Fabrikarbeiter zusammen, die mehr als doppelt so hohe Zahl der Anhänger der „Völkischen" hing zusammen mit dem Ausgang des Krieges, dem Versailler Vertrag und der Stellung des Reiches in Europa. Was die Regierung Held in der Hand hatte, war aber die Bereinigung wenigstens der gröbsten Auswüchse. Am folgenschwersten war das Versagen der Regierung Held bei der Liquidation des Hitler-Putsches. Es gelang nicht, Kahr, Lossow und Seisser zur Verantwortung zu ziehen, Ludendorff war freigesprochen worden, die wichtigsten Drahtzieher hatte man mit Bewährungsfrist freigelassen, und selbst Hitler mußte von den fünf Jahren Festungshaft, zu der ihn das Volksgericht verurteilt hatte, nur elf Monate wirklich in Landsberg verbringen. Der deutschnationale Justizminister Gürtner verhinderte jede wirksame Strafverfolgung, er war es wohl auch, wie Hoegner meinte, der im Zusammenspiel mit der Wiener Regierung die Abschiebung aus Bayern vereitelt hat. Immerhin erhielt Hitler nach seinem ersten Auftreten 1925 ein zweijähriges Rede- und Versammlungsverbot, das ihn zwang, den Schwerpunkt seiner Agitation aus Bayern zu verlegen.

Wilhelm Hoegner behauptet, bei einer Koalition der Bayerischen Volkspartei mit der SPD wäre es möglich gewesen, die Entwicklung in Bayern in einem anderen Sinn zu steuern. Das ist sicherlich richtig, die Frage ist nur, ob eine solche Koalition möglich war. 1920 hat sich die SPD einem solchen Angebot versagt, 1924 war ihre Opposition gegen das neue Konkordat mit Rom so heftig, und gerade Hoegner trug dabei die schärfsten Angriffe vor, daß an ein Zusammengehen nicht zu denken war. Auch der zentralistisch-unitarische Kurs der SPD insgesamt, von dem sich jetzt auch die bayerische SPD nicht mehr ausschloß, stand einer engeren Zusammenarbeit hindernd im Wege. Vollends die Agitation gegen die Fürstenabfindung 1925 und 1926, zu der sich die SPD im Schlepptau der KPD hinreißen ließ, stieß in Bayern nicht auf das geringste Verständnis.

Die wichtigste Entscheidung in diesen Jahren war der Abschluß des bayerischen Konkordats. Eine Regelung der seit einem Jahrhundert umstrittenen kirchlichen Fragen war unerläßlich. Als notwendig hatte sich das Konkordat auch aus aktuellen Gründen erwiesen. Die bayerischen Bischöfe weigerten sich, der Revolutionsregierung Hoffmann das vom König ausgeübte Recht auf Präsentation der Pfarrer in nahezu einem Drittel der bayerischen Pfarreien zuzubilligen. Noch gravierender war das Recht des Königs, Bischöfe und Domherren zu ernennen. Beide Rechte konnte man unmöglich einem Ministerpräsidenten zugestehen, der ganz offen für die Trennung von Kirche und Staat eingetreten war. Trotzdem war es noch Ministerpräsident Hoffmann, der die Verhandlungen zur Regelung dieser und anderer Fragen aufgenommen hatte, wie sich denn nach dem vergeblichen Versuch im Herbst 1917, die Trennung von Kirche und Staat zu erreichen, auch die SPD grundsätzlich mit dem bestehenden Zustand abgefunden hatte. Der Widerstand der SPD richtete sich vor allem gegen die Einführung der Konfessionsschule als Regelschule und gegen die konfessionelle

Lehrerbildung. In diesem Punkt stimmte der Koalitionspartner der Regierung, die Deutschnationale Volkspartei, dem Konkordat zu, weil gleichzeitig neue Kirchenverträge mit der evangelischen Landeskirche geschlossen wurden, die zum ersten Mal die Kirche von jeder Staatsaufsicht befreiten. Das war auch das Hauptergebnis des Konkordats. Das staatliche Aufsichtsrecht über das kirchliche Vermögen wie über die kirchlichen Verlautbarungen, das Plazet, fiel weg. Darüber hinaus wurde dem Staat auch das Ernennungsrecht der Bischöfe und das Präsentationsrecht für die Pfarreien genommen. Außerdem wurde die Konfessionsschule zur Regelschule und die konfessionelle Lehrerbildung für die Lehrer an den Konfessionsschulen obligatorisch. Daß gerade mit dieser Bestimmung schwerste Belastungen für die Folgezeit unausbleiblich waren, konnte man allerdings schon damals voraussehen. In den jährlichen Etatberatungen wurde der Protest von 1925 immer wieder erneuert, immer wieder lehnten die Gegner von damals, die KPD, der Völkische Block bzw. seine Nachfolgeorganisationen und die SPD den Posten „Kirchliche Zwecke" ab, immer wieder auch gab es Streit wegen einzelner Vorkommnisse an Konfessionsschulen oder an den Lehrerbildungsanstalten, immer wieder umstritten war auch das Gesamtthema der Lehrerbildung.

Angesichts der parlamentarischen Schwäche der SPD in Bayern, die bis 1930 auf 20,9% absank, bis Ende 1932 auf 16,4%, waren die innenpolitischen Schwierigkeiten in Bayern jedoch, aufs Ganze gesehen, ohne Belang. Von allgemeiner historischer Bedeutung dagegen war nach wie vor das Verhältnis zum Reich, nach wie vor war es belastet durch die systematische Einengung der Länderkompetenzen durch die wechselnden Reichsregierungen, noch stärker belastet war es durch den ständigen Streit um den Finanzausgleich zwischen Reich und Ländern. Aus den einander vielfach durchkreuzenden Interessen der Regierung Held entstanden dann jene Entscheidungen, denen man nach wie vor ohne Verständnis gegenüberstehen wird, das Eintreten der Bayerischen Volkspartei für die Kandidatur Hindenburgs zum Amt des Reichspräsidenten oder der Protest Helds gegen die Versöhnungspolitik Stresemanns oder die Haltung der Reichstagsfraktion der Bayerischen Volkspartei bei der Abstimmung zum Young-Plan.

Am 28. Februar 1925 war Reichspräsident Ebert gestorben, der es fertiggebracht hatte, zuletzt auch bei der Mehrzahl der Bürgerlichen Vertrauen und Ansehen zu gewinnen, dank seiner mäßigenden, ausgleichenden Art, die aber im Grundsätzlichen, das war für Ebert in der Respektierung des Staates als Garanten von Recht und Ordnung, stets unerschütterliche Festigkeit gezeigt hatte. Seine eigene Partei hatte keinen Nachfolger mit gleichen Qualitäten zu bieten, aber es wäre wohl auch ein zweiter Ebert jetzt nicht mehr von den Bürgerlichen akzeptiert worden. Für den ersten Wahlgang wurden Kandidaten aller Gruppierungen aufgestellt, das Zentrum präsentierte ihren langjährigen Spitzenkandidaten als Reichskanzler Wilhelm Marx. Die Bayerische Volkspartei, die seit der Finanzgesetzgebung Erzbergers ihre Fraktionsgemeinschaft mit dem Zentrum aufgegeben hatte, stellte in Ministerpräsident Held einen eigenen Kandidaten auf. Das Ergebnis war, wie zu erwarten, kläglich, außerhalb Bayerns erhielt Held nur 135 000 Stimmen, in Bayern selbst aber verlor die Bayerische Volkspartei eine Viertelmillion Stimmen an den Zentrumskandidaten Marx. Der erste Wahlgang blieb unentschieden, für den zweiten hielt das Zentrum an Marx fest, die SPD opferte ihren Kandidaten, die Deutschnationale Volkspartei aber schlug jetzt den Generalfeldmarschall Hindenburg vor, von dem man hoffte, daß er noch genug Popularität besitzen würde, um einen Wahlsieg der Rechten zu garantieren. Die Koalition mit den Deutschnationalen zeigte sich jetzt erneut als die schwerste Belastung der bayerischen Politik. Die Bayerische Volkspartei lehnte auch für den zweiten Wahlgang den Zentrumsmann Marx als Kandidaten ab und schloß sich den Deutschnationalen an. Hindenburg wurde mit 14,6 Millionen Stimmen gewählt, während Marx 13,7 Millionen erhielt; die 900 000 Stimmen Vorsprung, die Hindenburg besaß, können durchaus die Stimmen der Bayerischen Volkspartei gewesen sein, auch wenn in Franken große Teile ihrer Anhänger für Marx gestimmt hatten. Kein geringerer als der Geschichtsschreiber der Bayerischen Volkspartei, Karl Schwend, ist der schärfste Kritiker dieses Vorgangs.

Unter dem Einfluß der Koalition mit den Deutschnationalen, aber auch aus Verärgerung über die wiederholte Brüskierung der Länder durch die Reichsregierung, wandte sich Ministerpräsident Held auch öffentlich gegen die Berliner Außenpolitik, die zum Vertrag von Locarno und zum Eintritt in den Völkerbund führte, und verlangte ein Mitspracherecht der Länder bei der Außenpolitik. Die Reichstagsfraktion der Bayerischen Volkspartei machte allerdings diese Politik nicht mit, sondern stimmte den Verträgen größtenteils zu. So wurde trotz der Weigerung Helds, sein Nein zum Völkerbund zurückzunehmen, trotz der Verärgerung Stresemanns über eine Rede Helds, bei der er die Rückgabe Südtirols gefordert hatte, die Reichstagsfraktion der Bayerischen Volkspartei nach wie vor in diesen Jahren zur Bildung der Regierung stets beigezogen, erhielt allerdings nie mehr als das Postministerium. Erleichtert wurde die Zusammenarbeit der Bayerischen Volkspartei mit den wechselnden Reichsregierungen der nächsten Jahre, in denen in der Regel das Zentrum dominierte, dadurch, daß im November 1927, und zwar gerade unter dem Reichskanzler Marx, die alte Fraktionsgemeinschaft zwischen Zentrum und Bayerischer Volkspartei wieder erneuert wurde.

Nur im Ringen um die Annahme des Young-Plans brach die Bayerische Volkspartei noch einmal aus der Einheitsfront der Demokraten aus. Der Zusammenhang war freilich nicht unproblematisch, keinesfalls kann man allein den nationalistischen Neigungen der Bayerischen Volkspartei die Hauptschuld zuweisen. Daß der Reichskanzler nach der Reichstagswahl vom 20. Mai 1928 von der SPD gestellt wurde, die ihren Stimmenanteil von 26,4 auf 29,8% hatte steigern können, während die Deutschnationale Volkspartei 30 Mandate verloren hatte, spielte sicherlich bei der bayerischen Einschätzung der Reichspolitik der nächsten Zeit eine Rolle, sicherlich auch das ungebrochene Selbstvertrauen der Regierung Held, die bei der bayerischen Landtagswahl am gleichen Tag ihre

Position hatte behaupten können. Die von Held geführte Koalition verfügte über 52,4% der Stimmen im Landtag, Held wurde von 72 der 122 Abgeordneten erneut zum Ministerpräsidenten gewählt. Zu diesem bayerischen Selbstbewußtsein stand die schlechte Behandlung, die man nach wie vor in Berlin erfuhr, in scharfem Gegensatz. So war die Ablehnung des Young-Plans durch die BVP nicht in erster Linie außenpolitisch motiviert, sondern innenpolitisch. Die Spannungen zur neuen Regierung entstanden, als Finanzminister Hilferding den Plan faßte, zur Abdeckung des drohenden Defizits im Reichshaushalt neue Steuerquellen zu erschließen und gleichzeitig den Finanzausgleich zwischen Bund und Ländern einer Überprüfung zu unterziehen. Unter den neu ins Auge gefaßten Steuern befand sich auch eine Biersteuer, die nicht nur zu den alten Reservatrechten Bayerns gehörte, sondern auch die bayerische Brauereiwirtschaft wie die bayerischen Verbraucher spürbar belasten mußte. Im Reichstag gelang es vorerst noch, im Zusammenwirken mit der Deutschen Volkspartei, der Partei der großen ostelbischen Landwirte und Gutsbesitzer, die Erhöhung der Biersteuer zu unterbinden. Als aber zu Anfang des Jahres 1930 die Biersteuer wieder im Programm der Großen Koalition auftauchte, erhob sich erneut bayerischer Widerstand. Unter dem Druck der Drohung der Bayerischen Volkspartei, gegen die Annahme des Young-Plans im Reichstag zu stimmen, einigten sich die Finanzsachverständigen der Parteien, des Zentrums, der SPD, der Deutschen Demokratischen Partei und der Bayerischen Volkspartei auf ein Finanzprogramm, in dem man von Reichs wegen auf eine Erhöhung der Biersteuer völlig verzichtete und den Ländern das Recht zusprach, sich durch Aufschläge zur Reichsbiersteuer eigene Einnahmen zu verschaffen. Diesen Kompromiß nahm die Bayerische Volkspartei an, bestand aber darauf, daß er schriftlich festgelegt würde. Dabei erinnerte man ausdrücklich daran, daß die von der Regierung Marx 1927 mündlich zugesicherte Postabfindung von 35 Millionen von der Regierung Müller nicht anerkannt worden war. Zu dieser schriftlichen Zusicherung waren die Parteien jedoch nicht bereit. Jetzt machte Prälat Leicht, der Vorsitzende der Reichstagsfraktion der Bayerischen Volkspartei, seinen Verhandlungspartnern klar, daß dann die Bayerische Volkspartei auch dem Young-Plan nicht zustimmen und sich der Stimme enthalten würde.

Es ist keine Frage, daß die Bayerische Volkspartei mit dieser Haltung der Agitation der Deutschnationalen, der Nationalsozialisten und des Stahlhelms in die Hände spielte, die sich zur Bekämpfung des Young-Plans verbunden hatten, obwohl die Befreiung des Rheinlands von Besatzungstruppen damit verbunden war, und die ein Volksbegehren vorlegten, das die Unterschrift unter diesen Vertrag für ein Verbrechen erklärte und die Strafverfolgung der dabei beteiligten Minister zur Folge haben sollte. Die Bayerische Volkspartei, vor allem ihr Vorsitzender Fritz Schäffer, hatten sich in scharfen Wendungen gegen dieses Volksbegehren gewandt, sie wollte also keinesfalls zu dieser Gruppe gerechnet werden. Auf der anderen Seite lehnte Held es aber auch ab, daß die finanziellen Folgelasten des Young-Plans, die regelmäßigen Reparationszahlungen bis zu 2,4 Milliarden jährlich, endend 1966, vor allem auf die Länder abgeladen würden. Er machte deshalb deutlich, daß die bayerische Regierung wie die Bayerische Volkspartei die außenpolitischen Bestimmungen wie die finanzpolitischen Rückwirkungen im Reich als eine Einheit sähen und dem Young-Plan nur zustimmen könnten, wenn der bayerische Standpunkt respektiert würde. Dabei verlangte die BVP übrigens nicht mehr, als sie später doch erhielt. Wenn die staatspolitische Notwendigkeit einer Zustimmung zum Young-Plan so unabweisbar war, wie sie betonten, mußten auch SPD und Zentrum daraus ihre Folgerungen ziehen. Sie taten es nicht. Die Bayerische Volkspartei enthielt sich also bei der Abstimmung des Reichstags über den Young-Plan bei der zweiten Lesung der Stimme; nachdem dann die Forderung nach einer schriftlichen Garantie des ausgehandelten Kompromisses von Reichskanzler Müller erneut abgelehnt wurde, stimmte die Bayerische Volkspartei in einer dritten Lesung am 12. März 1930 fast geschlossen gegen den Young-Plan. Von einem „Erpressungsversuch" (Schönhoven) kann dabei wohl kaum die Rede sein; auf keinen Fall war es der Gipfel der Staatsklugheit, einen Kompromiß, der in Zukunft doch unerläßlich war, in einem solchen Augenblick abzulehnen. Daß allerdings die Haltung der Bayerischen Volkspartei in dieser wichtigen Frage eingeordnet werden muß in die Vorstufe des Scheiterns der Großen Koalition, wie A. Schwarz feststellt, wird man nicht bestreiten können. Am Scheitern selbst war dann Bayern aber weder unmittelbar noch mittelbar beteiligt. Es waren die SPD und die Gewerkschaften, die ihren Finanzminister, die Deutsche Volkspartei, die ihren Wirtschaftsminister im Stich ließen, als wegen einer Erhöhung der Beiträge zur Arbeitslosenversicherung ein Kompromiß unerläßlich schien. Im März 1930 trat Reichskanzler Müller daraufhin zurück.

Auch Schwarz ordnet jedoch die Entscheidung vom 12. März 1930 ein in den großen Zusammenhang des bayerischen Ringens um eine Reform der Weimarer Reichsverfassung, eine Reform, die für die Länder mehr und mehr zur Lebensfrage wurde. Die Weimarer Nationalversammlung war über die Wünsche der Länder nach einer gleichberechtigten Vertretung im Rahmen der Reichsgesetzgebung achtlos hinweggegangen, sie hatte sich nur zur Einführung eines Reichsrats entschließen können, der aber nicht entfernt die Vollmachten des Bundesrates der Bismarckschen Reichsverfassung besaß, sondern nahezu in jeder Hinsicht von der Reichsregierung und dem Reichspräsidenten abhängig war. Durch die schwache Stellung des Reichsrats war das Verhältnis Reich – Länder einseitig zu Gunsten des Reiches verändert. Das Fehlen einer festen Grenzbildung zwischen beiden durch die Reichsverfassung forderte dabei zu täglichem Ringen um die Verschiebung der Kompetenzen geradezu auf. Tödlich bedroht waren die Länder überhaupt schon durch das Verfassungsrecht selbst. Der Artikel 18 der Reichsverfassung sprach dem Reichstag sogar das Recht zu, durch verfassungsänderndes Reichsgesetz das Gebiet von Ländern zu verändern oder innerhalb des Reiches neue Länder zu bilden, d. h. der Reichstag war in der Lage, den Ländern sogar ihre Existenz zu nehmen. Der Artikel 48 der Reichsverfassung räumte darüber hinaus dem Reichspräsidenten das Recht ein, zur „Aufrechterhaltung der öffentlichen Sicherheit und Ordnung" tief in die Hoheitsrechte der

Länder einzugreifen – um dieses Recht hatte es 1920 bis 1923 die heftigsten Konflikte zwischen Bayern und dem Reich gegeben, ohne daß eine grundsätzliche Beseitigung dieses Artikels möglich gewesen wäre. 1924 bis 1932 galt dann die Hauptsorge der Länder ihrer finanziellen Abhängigkeit vom Reich, die von der ausschließlichen Kompetenz des Reichstags in der Finanzgesetzgebung wie in der Übernahme der Verwaltung der Reichssteuern durch das Reich ihre entscheidenden Wurzeln hatte. Auf zwei Feldern also schien der bayerischen Regierung eine Reform geboten; seit der Verkündigung ihres Bamberger Programms 1920 gaben die Bayerische Volkspartei und die bayerische Regierung ihre Bemühungen darum nicht auf. Schon das Bamberger Programm hatte als ersten Punkt die Wiedereinführung eines dem Reichstag gleichberechtigten föderativen Organs nach dem Vorbild des früheren Bundesrates gefordert. Diese Forderung wie ihre anderen, die u.a. auf die Anerkennung der Verfassungsautonomie der Einzelstaaten zielten, stießen jedoch angesichts der immer noch grundsätzlich unitarischen Einstellung auch weiter Kreise des Zentrums, vor allem aber der übrigen Parteien, bei ihrer Vorlage im Reichstag 1922 ins Leere, so daß sich die bayerische Regierung im Januar 1924 zu einer Denkschrift „Zur Revision der Weimarer Verfassung" veranlaßt sah, die alle diese Forderungen wieder aufnahm. Die Bedeutung dieser Denkschrift kann im Hinblick auf den 30. Januar 1933 und seine staatsrechtlichen wie politischen Folgen nicht hoch genug veranschlagt werden. Die grundsätzliche Teilung der Souveränität zwischen Ländern und Reich hätte eine staatsstreichartige Eroberung der Macht von vorneherein unmöglich gemacht. Diese Denkschrift wurde aber von keinem anderen Land unterstützt.

Immerhin entzündete sich an ihr eine nicht mehr abreißende Verfassungsdiskussion; unter dem Einfluß der in Preußen umrissenen Gegenpositionen, vor allem aber unter dem Eindruck der völlig unverständlichen Gleichgültigkeit bei den übrigen süddeutschen Staaten hat sich Ministerpräsident Held dabei von seiner ersten grundsätzlichen Position wieder abbringen lassen. Der unmittelbare Anlaß für die erste Kapitulation war gegeben in der Finanznot des Landes. 1926, als Helds „Denkschrift über die fortdauernde Aushöhlung der Eigenstaatlichkeit der Länder" entstand, enthielt der bayerische Haushaltsentwurf ein Defizit von 32 Millionen, das sich im Lauf des Jahres auf 53 erhöhte. Die Schulden betrugen bereits mehr als 100 Millionen, bei Gesamteinnahmen von circa 650 Millionen. Der Landtag drängte deshalb auf die Erhöhung des Finanzausgleichs. Ihm zuliebe verzichtete Held auf seine Forderung nach einer Rückkehr zur Verfassung des Bismarck-Reiches, sondern begnügte sich mit der Forderung nach einer korrekten Behandlung der Verfassung von 1919. Trotzdem war auch diese Denkschrift wirkungslos, wieder durch die ablehnende Haltung der Parteien und die Gleichgültigkeit der übrigen Länder, mit denen freilich Held keinerlei Verbindung aufgenommen hatte.

Den Vertretern des unitarischen Standpunktes gelang es dann im Verlauf des Streitschriftenwechsels der nächsten Jahre, die Diskussion um die Reichsreform abzudrängen auf das Problem der Neugliederung des Reiches. Der entscheidende Vorstoß in diese Richtung kam von der preußischen Regierung selbst, die Tatsache aber, daß aus den Ergebnissen der Diskussion keine politischen Folgerungen gezogen wurden, läßt vermuten, daß es Preußen dabei um nichts anderes ging als um ein bloßes Ablenkungsmanöver.

Es war der preußische Ministerpräsident Braun, ein Mitglied der SPD, der Ende 1927 die Anregung zu einer umfassenden Reformdiskussion aussprach und dafür eine Konferenz der Länder zu Berlin vorschlug. Diese Konferenz zog sich in einer Reihe von Plenar- und Ausschußsitzungen bis 1931 hin. Die dominierende Gestalt auf dieser Konferenz war der preußische Ministerialdirektor Arnold Brecht, dessen Entwürfe schließlich auch in allen Gremien zum Zuge kamen. In seiner Denkschrift vom Mai 1928 ging er von dem, wie er meinte, unnötigen Verwaltungsaufwand durch die Vielzahl der Länder aus und behauptete, daß sich alle Schwierigkeiten beseitigen ließen durch Einführung des Einheitsstaates, und zwar eines „gleichmäßig dezentralisierten Einheitsstaates". Die Form dieser Neugliederung umriß er in einer Lösung, die er die „differenzierte Gesamtlösung" nannte. Sie sah drei verschiedene Arten von Ländern vor. Der zentrale Gedanke war die Beseitigung Preußens als Staat und die Vereinigung der Zentralverwaltung Preußens mit der des Reiches. Die dreizehn preußischen Provinzen sollten neue Länder werden, die direkt der Reichsregierung unterstellt sein sollten, und die Gesetzgebung sollte weitgehend an das Reich kommen. Neben diesen Provinzen als Ländern neuer Art sollten auch die übrigen norddeutschen Länder nur noch solche zweiter Ordnung werden, d. h. praktisch Provinzen, soweit sie nicht überhaupt in die preußischen Provinzen einbezogen werden sollten. Das deutlich sichtbare Ziel war also, ganz Norddeutschland in ein Reichsland zu verwandeln, das in gleichförmig gestaltete Provinzen eingeteilt sein würde. Es ging Brecht dabei, wie er in seinem geheimen Abschlußbericht an die preußische Regierung zugab, nicht um das Aufgehen Preußens im Reich, sondern um das Aufgehen des Reiches in Preußen.

Wie Ministerpräsident Held in seiner Entgegnung richtig sah, wären diesem „Überpreußen" gegenüber die süddeutschen Länder und Sachsen, die nach Brecht als Länder „alter Art" eine dritte Gruppe bilden sollten, in Zukunft völlig ohnmächtig gewesen. In der Tat sah Brecht in seinem Plan auch die Einengung des Gesetzgebungsrechtes dieser Länder „alter Art" vor, sie sollten in Zukunft nur noch das Recht haben, Ausführungsgesetze zur Reichsgesetzgebung zu erlassen, auch wurde ihnen keine Verwaltung eigenen Rechts mehr eingeräumt, sondern nur noch Auftragsverwaltung. Dieser Plan Brechts wurde von der Länderkonferenz mit 15 Stimmen gegen 3 bei 2 Enthaltungen angenommen.

Der preußische Bevollmächtigte hatte auf dieser Berliner Länderkonferenz bewußt die Taktik verfolgt, Bayern von den übrigen Ländern zu isolieren, das war ihm gelungen; umgekehrt hat Ministerpräsident Held nicht energisch genug Widerstand geleistet. Bis zur Drohung der Trennung Bayerns vom Reich, wie Brecht zunächst befürchtet hatte, wollte Held nicht gehen, nicht zuletzt deshalb, weil er selbst ein Anhänger jener Reichsmystik war, die sich in diesen Jahren im gesamten Reich breit machte und die nicht nur die Idee des „Dritten Reiches“ hervorbrachte, sondern auch, besonders unter katholischen Literaten, „eine schwärmerische Erneuerung des mittelalterlichen Reichsgedankens“. Daß es trotz dieses Abschlusses der Berliner Länderkonferenz nicht schon 1931 zur Vereinigung Preußens mit dem Reich oder zum Aufgehen des Reiches in Preußen kam, war nicht das Ergebnis der ablehnenden Haltung der preußischen Regierung, sondern das hing zusammen mit der politisch-wirtschaftlichen Gesamtsituation 1931. Unter dem ungeheuren Druck der wirtschaftlichen und finanziellen Auszehrung dieser Zeit hatte der neue Reichskanzler Brüning andere Probleme als die verwaltungstechnisch außerordentlich aufwendige Neugliederung des Reiches.

Brüning, der bisherige Vorsitzende des Finanzausschusses des Reichstags, war auf Anregung General Schleichers von Hindenburg deshalb zum Reichskanzler bestellt worden, weil man von ihm in erster Linie die Sanierung der Reichsfinanzen erwartete. Hindenburg hatte dabei ausdrücklich ein „Kabinett der Persönlichkeiten“ verlangt, ein Kabinett also, das nicht Koalitionsverhandlungen der einzelnen Parteien entstammte, sondern allein vom Vertrauen des Reichspräsidenten getragen wurde. Das war der Reichsverfassung nach möglich. Die damit verbundenen Probleme machten sich aber wohl weder der Reichspräsident noch seine Umgebung klar. Der Reichskanzler als Vorsitzender eines Präsidialkabinetts konnte zwar auch mit Hilfe von Notverordnungen regieren, die der Reichspräsident kraft Artikel 48 der Reichsverfassung ausfertigte, diese Notverordnungen bedurften aber, wenn sie Gesetzeskraft erlangen sollten, der Bestätigung durch den Reichstag. Wenn das Reich regierungsfähig bleiben sollte, bedurfte also auch der neue Reichskanzler des Vertrauens der Mehrheit des Reichstags, zumindest von Fall zu Fall. Diese Belastung konnte eines Tages zu groß werden, nicht zuletzt für die Parteien, von denen dabei ein hohes Maß an Selbstverleugnung verlangt wurde.

Das Verhältnis des neuen Reichskanzlers zu Bayern war dabei von Anfang an denkbar schlecht. Schon als Finanzexperte des Reichstags war Brüning wiederholt bayerischen Forderungen schroff entgegengetreten, aus sachlichen Gründen, aber auch auf Grund seiner allgemeinen politischen Haltung, die entschieden unitarisch war. Es kann nach Morsey kein Zweifel sein, daß Brüning, der überdies der bayerischen Mentalität ausgesprochen kühl und ablehnend gegenüberstand, „durch konsequente Ausnutzung der wirtschafts- und finanzpolitischen Krisensituation sowie des Drucks der Reparationsverpflichtungen“ auf kaltem Weg „eine Art von Reichsreform“ im zentralistischen Sinn anstrebte. Das war das Rezept Erzbergers gewesen, und die Wirkung war ähnlich, nur wußte Brüning genau, daß die Bayerische Volkspartei in dieser Krisensituation eben nicht mehr wie 1922 oder 1925 den Bruch wagen könne. Immer wieder aber schwankte die Bayerische Volkspartei zwischen Zustimmung und Ablehnung von Regierungsmaßnahmen. Dadurch fühlte sich Brüning, durch die „unentwegt negative Haltung“ der Münchner Regierung, durch die massiv vorgebrachten „bayerischen Sonderwünsche“, durch die Münchner „Erpressungspolitik“ bis aufs Blut gereizt. Wenn aber Brüning der Münchner Regierung vorwarf, daß sie keine Rücksicht auf die Gesamtlage des Reiches nehme, so verkannte er, daß es in Wirklichkeit eben nur diese Rücksichtnahme auf das Gesamtinteresse des Reiches war, die überhaupt die Bayerische Volkspartei veranlaßte, der Regierung Brüning die Treue zu halten. Grundsätzlich nämlich lehnte die bayerische Regierung wie die Bayerische Volkspartei die Regierungsweise Brünings mit Hilfe von Notverordnungen überhaupt ab. Wegen des Steuervereinheitlichungsgesetzes vom 1. Dezember 1930 erhob Bayern sogar Klage vor dem Reichsgericht, doch da es nicht zu einer Einheitsfront der Länder kam, blieb nichts anderes übrig, als sich dem von Brüning vorgeschlagenen Kompromiß zu fügen, der die Steuervereinheitlichung zwar nicht generell aufhob, d.h. die Festsetzung der Realsteuern von seiten des Reiches, aber doch den Ländern bei ihrer Einhebung wie bisher volle Freiheit ließ. Zu einem zweiten Konflikt kam es dann wegen der sogenannten Dietramszeller Notverordnung des Reichspräsidenten vom 24. August 1931. Diese Notverordnung griff tief in die Befugnisse der Länder ein, da sie auch die Steuerverwaltung der Landessteuern unter das Reichsrecht stellte. Zudem hatte die Reichsregierung die Länder von ihrer Absicht weder unterrichtet noch sie zu den Beratungen beigezogen, auch das verstieß gegen die Rechte des Reichsrats. Den Kanzler aber wegen dieser Frage zu stürzen, konnte die Bayerische Volkspartei nicht wagen, und da auf eine Klage der bayerischen Regierung beim Staatsgerichtshof gegen die Praxis der Notverordnungen, die bis zu verfassungsändernden Eingriffen ging, durch die Entscheidung vom 8. Dezember 1931 die Auffassung des Reichskanzlers bestätigt wurde, blieb der bayerischen Regierung und der Reichstagsfraktion der Bayerischen Volkspartei auch aus juristischen Gründen nur noch die Möglichkeit, die einer Diktatur bereits nahekommende Berliner Praxis hinzunehmen, so wie das auch die übrigen demokratischen Parteien und die übrigen Länder in dieser Krisensituation getan haben.

Die Spannungen zwischen Bayern und der Reichsregierung waren auch durch die Kürzungen der Zuweisungen aus dem Finanzausgleich bedingt. So erhielt Bayern im Juli 1931 nicht mehr wie bisher 450 Millionen, sondern nur noch 375. Da die Staatsschuld bereits 1929 485 Millionen betrug, das Defizit 44 Millionen, bei ständigem Steigen vor allem der Sozialausgaben und Förderungsausgaben für Wirtschaft und Landwirtschaft, die den Staatshaushalt von etwa 650 Millionen um 1925 bis auf circa 800 Millionen 1932 hochtrieben, führten diese Eingriffe bis an den Rand des finanziellen Ruins.

Das war natürlich nicht ein Willkürakt der Regierung Brüning, sondern eine Folgerung aus der Weltwirtschaftskrise dieser Jahre, die aus vielen Gründen das Deutsche Reich besonders hart treffen mußte. Der große Wendepunkt war der New Yorker Börsenkrach am 24. Oktober 1929, der sogenannte Schwarze Freitag, mit einem Kurssturz bis zu 90%. Die Erschütterung des Vertrauens in die Banken wie in die Wirtschaft führte zum Abzug der kurzfristig angelegten Kapitalien, vor allem also jener Kredite, die nach Deutschland geflossen waren. Diese Bewegung traf auf eine bereits 1927 einsetzende Abwärtsentwicklung, die mit den Reparationszahlungen wie mit der restriktiven Schutzzollpolitik der

Alliierten wie der Amerikaner zusammenhing. Die Warenbewegung ins Ausland wurde dabei künstlich unterbunden, so daß die rund 45 Milliarden Nettoinvestitionen, die man für die deutsche Industrie errechnet, zu einer Überproduktion führten, da der Absatz auf den Binnenmarkt beschränkt war. Die Absatzschwierigkeiten wieder führten zu einem Anstieg der Arbeitslosigkeit, die Arbeitslosigkeit wieder zu neuen Absatzschwierigkeiten. Das war der Stand zu Beginn der großen Depression. Bis zum Frühjahr 1931 war es noch möglich, das finanzielle Gleichgewicht in Deutschland mühsam aufrechtzuerhalten, da immer noch mehr Auslandskapital zufloß, als abgezogen wurde. Allerdings stieg der Diskontsatz ständig an, d.h. das Betriebskapital wurde immer teurer, Investitionen immer schwieriger, die Arbeitslosenzahl stieg immer weiter. Ob es damals noch mit rein wirtschaftlichen Maßnahmen möglich gewesen wäre, den Konjunkturablauf wieder umzukehren, ist umstritten. Es waren jedenfalls außerwirtschaftliche Ursachen, politische nämlich, die eine solche Wendung unmöglich machten. Vor allem hat der deutsch-österreichische Plan einer Zollunion die französische Regierung so alarmiert, daß die französischen Kredite sowohl in Österreich wie in Deutschland abgezogen wurden.

Im Mai 1931 brach daraufhin die Österreichische Kreditanstalt zusammen. Die Folgen waren weitere Zusammenbrüche in Österreich, betroffen waren aber bereits auch deutsche Banken, bis dann aus Furcht vor einer ähnlichen Entwicklung in Deutschland das Auslandskapital fast vollkommen abgezogen wurde. Die offensichtliche Liquidationsschwäche der Großbanken führte zu weiteren Abzügen, so daß am 13. Juli 1931 die Darmstädter und Nationalbank, die größte deutsche Bank, ebenfalls ihre Zahlungen einstellen mußte. Die Kreditnot ergab Produktions- und Absatzstörungen mit erneut steigender Arbeitslosigkeit, bis Ende 1932 auf 6 Millionen. Die Arbeitslosigkeit, aber auch die allgemeinen Lohn- und Gehaltssenkungen steigerten die Absatzkrise erneut. Der Produktionsrückgang, der 1931 bereits um 40% lag, bei 3 Millionen Arbeitslosen im Winter 1930, senkte das Steueraufkommen von Reich, Ländern und Gemeinden von 14 Milliarden im Jahr 1928 auf 10 Milliarden 1932, dabei waren 3 Milliarden bereits als Arbeitslosenunterstützung fällig. Besonders betroffen waren von der Krise die Metall- und Schwerindustrie, das Baugewerbe und der Bergbau, vor allem aber die Landwirtschaft. Ein Indiz für das Ausmaß der Krise war das Absinken des Außenhandelsvolumens von 14 Milliarden 1929 auf 10 Milliarden 1931 bis auf 6 Milliarden 1932. Besonders betroffen waren von den Industriezweigen die Bauwirtschaft mit 55% Rückgang, die Stahlproduktion mit 33%, die Maschinenbauindustrie mit 44%, die Industrie insgesamt im Durchschnitt mit 40%. Der Gesamtindex für Lebenshaltung und Produktion sank, wenn man 1913 als das Normaljahr mit 100% ansetzt, von 153% 1929 auf 147% 1930 bis 113% 1931. Wirklich radikal traf der Rückgang die Landwirtschaft von 126% 1929 bis 89% auf dem Höhepunkt der Krise. Außerdem war die Landwirtschaft mit etwa 15 Milliarden verschuldet. Insgesamt ging das Einkommen im Reich durchschnittlich um real 32% zurück. Im Herbst 1932 lebten bereits 36% der Bevölkerung, das waren 23,3 Millionen, von öffentlichen Mitteln. Eine gleichgroße Zahl stimmte 1932 gegen die Weimarer Demokratie, nämlich 21,3 Millionen.

Wie wirkte sich nun die Krise in Bayern aus, das damals 7,7 Millionen Einwohner hatte? Der erste große Einschnitt war der Austritt aus der Koalition, zu dem sich der Bauernbund wegen der Einführung einer Schlachtsteuer schon Ende August 1928 veranlaßt sah. Zwar tolerierte er, wie auch die SPD, im allgemeinen in Zukunft die Politik Helds, doch bei der großen Bedeutung der Landwirtschaft für Bayern war das zu wenig. Während nämlich im Reichsdurchschnitt 1930 etwa 31% der Erwerbstätigen in der Land- und Forstwirtschaft arbeiteten, waren das in Bayern um diese Zeit immer noch 40%, insgesamt 1,6 Millionen. In Handwerk und Industrie waren in Bayern 1,3 Millionen beschäftigt, das waren 32,5%, der gleiche Prozentsatz wie im Reich. In Sachsen betrug dieser Satz sogar 50%. Die lohnabhängigen Arbeiter insgesamt umfaßten 1,53 Millionen, das sind 38% der Erwerbstätigen. Der Anteil der unselbständigen Arbeiter war also fast eben so hoch wie der Anteil der in der Land- und Forstwirtschaft Tätigen, wo zum größten Teil der Familienbetrieb als Normalbetrieb anzusetzen ist. Der Rest der erwerbstätigen Bevölkerung, das waren 22%, machte im wesentlichen den sogenannten Mittelstand aus, selbständige Gewerbetreibende, kleine Unternehmer, Geschäftsinhaber, aber auch Beamte. Vor dem Krieg hatte der Anteil der Selbständigen noch ein Drittel der Lohn- und Gehaltsempfänger ausgemacht, jetzt war er abgesunken auf ein Viertel.

Das Volkseinkommen entsprach dieser Verteilung nicht. Während die Zahl der Beschäftigten in der Land- und Forstwirtschaft wie in der übrigen Wirtschaft nahezu gleich war, betrug der Anteil der Landwirtschaft am Volkseinkommen 8,2%, bei 40% der Beschäftigten; Handel und Gewerbe nahmen bei etwa 20% der Erwerbstätigen 13% ein, auf die Lohnarbeit fielen, bei 38% der Erwerbstätigen, 57%. Auf Renten und Pensionen fielen 17,6%, auf die Unternehmer 5,3%. Das Einkommen pro Kopf in der Landwirtschaft lag also, gemessen an Geld, um ein Vielfaches unter den sonstigen Einkommen. Bei dem hohen Agraranteil in Bayern mußte sich das auf das gesamte Volkseinkommen in Bayern erheblich auswirken. Tatsächlich lag es mit 87%, mit dem Index von 1913 als 100% genommen, weit unter dem Reichsdurchschnitt, während Preußen und Württemberg 99%, Sachsen sogar 120% aufwiesen. Das Volkseinkommen in Reichsmark betrug pro Kopf in Bayern 883 Mark im Jahr, das war nicht mehr als vor dem Krieg. Das Einkommen einer Stenotypistin lag im Durchschnitt um 1 000 Mark, das eines Buchhalters um 1 600 Mark, die Arbeitslöhne in München bei einem Spitzenlohn von 1,22 Mark in der Stunde und 50 bis 54 Wochenstunden lagen um 2 400 Mark. Taglöhner in der Land- und Forstwirtschaft verdienten in der Woche 15 bis 18 Mark. Sie hatten allerdings in der Regel Nebeneinkünfte in Naturalien. Diese niedrigen Einkünfte sind natürlich auf dem Hintergrund des Lebenshaltungsindexes zu sehen, der gegenüber 1913 im Reichsdurchschnitt um 92% auf dem Sektor der Lebensmittel, auf den übrigen Sektoren um 118% lag. Damit kamen die Agrarpreise 1932 um 35% unter dem Niveau von 1913 zu liegen. Die Landwirtschaft hatte also auch in Bayern die Hauptlast zu tragen, als auf dem Höhepunkt der Wirtschaftskrise die Generalabrechnung zu machen war. Das gilt nicht nur für die ständig sinkenden Real- und Nominaleinkünfte, betroffen war die Landwirtschaft auch in einer zweiten Hinsicht. Die Zwangsversteigerungen häuften sich seit 1930 in kontinuierlicher Zunahme. Von den etwa 300 000 bäuerlichen Vollbetrieben in Bayern waren nicht ganz die Hälfte Familienbetriebe, also ohne Lohnkosten. Ungeachtet der niedrigen Einkünfte hielten sie sich auch in der Krise zum allergrößten Teil über Wasser, aber es gab doch auch eine ganze Reihe von Zwangsversteigerungen, 1930 etwa 600, das sind 0,2%, 1931 bereits 1 275, 1932 erbrachte eine Steigerung auf das Dreifache, auf 1 823. Besonders betroffen waren Niederbayern mit 411 Betrieben, Oberbayern mit 313. Gravierend war dabei nicht so sehr die absolute Zahl, sondern das ständige Wachstum der Bedrohung, die immer größer werdende Betroffenheit derer, die dasselbe Schicksal auf sich zukommen sahen.

Betroffen war Bayern selbstverständlich auch von der allgemeinen Arbeitslosigkeit. Sie stieg im Lauf des Jahres 1930 von 230 000 auf 350 000, lag also mit fast 10% höher als damals im Reich mit 6% bis 8%, 1931 waren es mehr als 12%, das war auch der Reichsdurchschnitt. 1932, als Bayern 410 000 bis 540 000 Arbeitslose aufwies, das waren zuletzt 13,5%, hatte das Reich allerdings insgesamt 6 Millionen, also 15%, Sachsen sogar 21% Erwerbslose.

Die wachsende Besorgnis angesichts der wirtschaftlichen Bedrängnis, die sich bisweilen bereits bis zur Panik steigerte, erfaßte natürlich auch den Mittelstand, dessen Einnahmen von den Kunden, Patienten und Klienten unter Bauern und Arbeitern abhingen. Der Umsatz fiel dabei insgesamt von 1928 bis 1932 nahezu um 50%. Kein Stand also war von der Krise, die bereits in weiten Kreisen zu echter Not geführt hatte, ausgenommen.

Der Regierung Brüning wird im allgemeinen vorgeworfen, daß sie dieser Not mit falschen Maßnahmen begegnet sei, vor allem daß Brüning durch Sparen die Dinge nur verschlechtert habe. Brüning hat in der Tat von 1930 bis 1932 die Ausgaben von Reich, Ländern und Gemeinden um 6 Milliarden gesenkt, bei einem Jahresetat des Reiches von etwa 8 Milliarden. Unter anderem senkte Brüning die Gehälter, Pensionen und Zuwendungen für Arbeitslose und Kriegsopfer um volle 20%. Gleichzeitig wurden die Steuern um 5% erhöht, die Preise und Mieten um circa 10% gesenkt, außerdem wurde durch staatliche Verordnung eine Zinssenkung auf dem Kapitalmarkt befohlen. Pläne zu einer aktiven Konjunkturpolitik, die auch in der Regierung Brüning erwogen wurden, krankten ausnahmslos an der fehlenden Kapitaldecke. Der Teufelskreis, der sich aus den Auswirkungen der fehlenden Einnahmen der Bürger auf den Absatz an Industrieerzeugnissen und Lebensmitteln ergab, mit der Rückwirkung wieder auf die Steuereinnahmen, war aus eigener Kraft nicht mehr zu durchbrechen. Allerdings hatte Brüning auch nicht die Absicht, das zu versuchen, da seine Deflationspolitik nicht in letzter Linie bedingt war durch sein Ziel, das Ende der Reparationen zu erreichen. Vor allem auf diesem Weg strebte Brüning die Sanierung der Staatsfinanzen an, gleich wichtig war ihm aber die damit verbundene außenpolitische Gleichberechtigung Deutschlands. Wie nahe er selbst noch diesem Ziel kam, ist bekannt.

Die bayerische Regierung hat sich allerdings in ihrer Wirtschaftspolitik nicht an diesen außenpolitischen Zielen Brünings orientiert, sondern allein an den wirtschaftlichen und finanziellen Gegebenheiten. Es ist ungerecht, wie Wiesemann das tut, der Regierung Held auf diesem Sektor Untätigkeit vorzuwerfen, sie hat vielmehr ein außerordentlich zielstrebiges Konjunkturprogramm entwikkelt, das besonders im Bereich der Landwirtschaft fruchtbare Wirkungen sogar über die Krisenjahre hinaus gezeitigt hat. In der Erkenntnis, daß es vor allem darauf ankam, bei der Getreide- und Vieherzeugung der norddeutschen und der ausländischen Konkurrenz gewachsen zu sein, legte das bayerische Wirtschaftsministerium vor allem Wert auf den Ausbau der Landwirtschaftsschulen, deren Zahl verdoppelt wurde, und auf die Vermittlung von wirksameren Anbaumethoden, auf die Verwendung von Pflanzenschutzmitteln, die Einführung zweckmäßigerer Lagerungsmethoden durch Silos, aber auch die Züchtung ertragreicherer Milchtiere. Wirkungsvoll war auch die Absatzförderung durch Gründung von Molkereigenossenschaften. Besonders gefördert wurde die Vergrößerung der Anbauflächen durch Zuerwerb allzu kleiner Betriebe, vor allem aber durch Inangriffnahme der Moorkultivierung. Gleichzeitige Förderung von Maßnahmen gegen die Landflucht, z. B. durch die bayerische Landessiedlung, wirkte allerdings der Konzentrationsbewegung und damit der Produktionssteigerung durch Rationalisierung wieder entgegen. Landwirtschaftliche Ausstellungen sollten das Interesse an produktionsfördernden Anbaumethoden steigern und die Erziehungsarbeit der Landwirtschaftsschulen wie des Landwirtschaftlichen Vereins von Bayern unterstützen. Der Hauptteil der zur Verfügung stehenden Mittel kam also der Landwirtschaft zugute, doch förderte Staatsrat Schäffer, der Leiter des Finanzministeriums, durch ein großzügiges Arbeitsbeschaffungsprogramm auch die arg darniederliegende Bauwirtschaft. Der ebenfalls ins Auge gefaßte Ausbau des Ludwig-Donau-Main-Kanals, der die Transportkosten für Kohle und landwirtschaftliche Produkte senken sollte, wurde allerdings durch Maßnahmen der Reichsbahn durchkreuzt, die darin eine unliebsame Konkurrenz sah. Überhaupt richteten sich die meisten und heftigsten Klagen im bayerischen Landtag gegen die Auftragspolitik der Reichsregierung, die bayerische Betriebe kaum berücksichtigte und auch bei Maßnahmen im Rahmen der Notstandsprogramme die bayerischen Grenzgebiete gegenüber Ostpreußen erheblich benachteiligte.

Daß alle diese Maßnahmen angesichts des weltweiten Ausmaßes der Krise nur unzureichende Besserung erzielten, zeigen schon die oben angeführten Zahlen. Immerhin ergibt sich aus dem Abstand der Arbeitslosigkeit in Bayern mit 13,5% zu dem Reichsdurchschnitt von 15% für Bayern ein geringfügiger Vorsprung, der wohl zusammenhängt mit seiner höheren agrarischen Struktur, die offenbar bewirkt hat, daß Bayern auf die Krise ausgeglichener reagierte als Industrieländer. Im Verlauf der Krise war offenbar ein Ausweichen auf ländliche Arbeitsplätze möglich, da sich der Anteil der in der Land- und Forstwirtschaft Tätigen von 1930 bis 1933 bis zu 2% erhöht hat. Trotzdem wirkte sich auch in Bayern die Wirtschaftskrise in einer spürbaren Radikalisierung der Bevölkerung aus, die sich im Wahlverhalten deutlich ablesen läßt. Insgesamt gesehen bleibt dabei der Zuwachs der radikalen Parteien jedoch deutlich hinter den Zahlen im Reichsdurchschnitt zurück. Die Reichstagswahl vom 20. Mai 1928, die im Reich für die KPD 10,6%, für die NSDAP 3,5% und für die Deutschnationalen 14,3% der Wähler ergeben hatte, brachte für Bayern nur 4% für die KPD, 10% für die Deutschnationalen, allerdings 6,8% für die NSDAP. Die Landtagswahl des gleichen Jahres zeigte etwa dasselbe Ergebnis. In der Reichstagswahl vom 14. September 1930 dagegen, bei welcher die Stimmenzahl für die NSDAP im Reich erstmals auf 18,3% gestiegen war, ein Ergebnis, das vor allem das Ausland schockierte, blieb Bayern mit 17,9% bereits darunter. Die Stimmen für die KPD machten in Bayern 5,9% aus, im Reich dagegen jetzt bereits 13,1%. Auch die Landtagswahl dieses Jahres zeigte ein ähnliches Verhältnis. Sie zeigte auch, daß nach wie vor die Stimmenzahl für die Bayerische Volkspartei die konstante Größe in der bayerischen Politik darstellte. 1928 betrug ihr Anteil 31,6%, 1930 31,1%. Die kritische Phase setzte auch in Bayern erst nach dem Sturz der Regierung Brüning ein. Bei dem noch von Brüning, in Bayern mit besonderem Nachdruck von der Bayerischen Volkspartei durchgeführten Wahlkampf vom März 1932 um die Wiederwahl Hindenburgs hatten noch zwei Drittel der bayerischen Wähler Hindenburg, nur ein Drittel Hitler ihre Stimme gegeben.

Wie wenig Hindenburg Brüning, dem Zentrum, der Bayerischen Volkspartei und der SPD, die seine Wahl getragen hatten, dafür Dank wußte, ist bekannt. Der Sturz Brünings war in erster Linie das Ergebnis von Intrigen im unmittelbaren Umkreis des Reichspräsidenten. Nur in einem Punkt wirkte sich auch die bayerische Politik in dieser Richtung aus; es waren die Anträge der bayerischen und der preußischen Regierung auf ein allgemeines SA- und SS-Verbot, dem Brüning mit seiner Notverordnung vom 13. April nachkam. Zwei Tage später führte das zum Rücktritt des Reichswehrministers Groener. Zunächst war General Schleicher, der wichtigste militärische Berater des Reichswehrministers, die treibende Kraft für diese Notverordnung gewesen, doch in letzter Minute hatte er Hindenburg eine Wendung nahegelegt, weil er eine Möglichkeit zu sehen glaubte, die „wertvollen nationalen Elemente“ in den Reihen der NSDAP für seine Politik zu gewinnen. Der Rücktritt Groeners als Reichswehrminister war der erste Schritt zur völligen Entmachtung Brünings. Der Gnadenstoß erfolgte dann im Mai 1931. Die Forderung Hindenburgs nach einer Erweiterung der Regierung nach rechts und Beendigung des „Agrarbolschewismus“, d. h. der Beschränkung der Unterstützungsmaßnahmen im Rahmen der „Osthilfe“ nur auf landwirtschaftliche Großbetriebe, bei denen eine Entschuldung noch möglich war, führten am 29. Mai zum Rücktritt Brünings, mitten also in der Wirtschaftskrise, kurz vor der Erreichung des wichtigsten außenpolitischen Zieles, das sich Brüning gesetzt hatte, der Gleichberechtigung Deutschlands.

Daß das Experiment mit dem Präsidialregime gescheitert ist, lag zweifellos in erster Linie an dem äußerst fragwürdigen Verfassungsverständnis des Reichspräsidenten. Daß Brüning aber daran nicht unschuldig war, wird man nicht leugnen können. Er hat 1930 die letzte Chance zu einer parlamentarischen Regierung nicht genützt, als die Mehrheitsverhältnisse noch eine Koalitionsregierung ermöglicht hätten. Seine Bemühungen um die Einbeziehung der SPD waren, vor allem mit Rücksicht auf den Reichspräsidenten, unzureichend, der Reichskanzler aber war ohne Rückhalt an einer parlamentarischen Mehrheit auf Gedeih und Verderb an den Reichspräsidenten gebunden. Selbst die Parteigruppierung, die aus der Septemberwahl 1930 hervorgegangen war, hätte noch eine Koalition mit einer parlamentarischen Mehrheit zustandebringen können. Das zeigen die Abstimmungsergebnisse bei den vielen Mißtrauensanträgen, die von NSDAP, DNVP und KPD gegen Brüning gestellt wurden und die ausnahmslos zurückgewiesen wurden. Allerdings war es jetzt schon fraglich geworden, ob die SPD die Notverordnungspolitik Brünings aktiv mitgetragen hätte, d.h. als Koalitionspartner. Es war sicherlich den Wählern der SPD gegenüber leichter, eine Tolerierung von Notverordnungen des Kanzlers zu vertreten, als die eigene Mitwirkung bei diesen doch sehr einschneidenden Notverordnungen. Wie dann das Ergebnis der Wahlen 1932 zeigte, hatte sich aber die SPD schon durch diese reine Tolerierungspolitik um einen großen Teil ihrer Stammwählerschaft gebracht. Es hätte also schwer gehalten, die von Brüning für notwendig erachtete Politik in einer Koalition durchzusetzen. Die allgemeinen Ursachen für das Scheitern der deutschen Demokratie, das muß man jetzt schon mit der Entlassung Brünings feststellen, gehen jedoch weit über persönliche Faktoren hinaus.

Der neue Reichskanzler, Franz von Papen, aus westfälischem Adel und verheiratet mit der Tochter eines saarländischen Großindustriellen, war Hindenburg von General Schleicher als Reichskanzler empfohlen worden. Er war schon immer den Deutschnationalen näher gestanden als seiner eigenen Partei und hatte auch gegen die Tolerierung Brünings durch die SPD opponiert; schon damals war er für eine Öffnung nach rechts gewesen. Am 26. Mai bereits hatte Schleicher Papen nach Berlin gerufen, am 28. erfolgte das offizielle Angebot, noch vor dem Rücktritt Brünings also. Die neue Firmierung lautete „Regierung der nationalen Konzentration".

Das Kabinett, das Papen präsentierte, bestand zum größten Teil aus Baronen, die fast alle in einem der Potsdamer Garderegimenter gedient hatten, das war der Kreis, in dem Hindenburg sich wohl fühlte. Nach einer Möglichkeit für dieses Kabinett, noch im Rahmen der Verfassung zu regieren, hatten weder Schleicher noch Hindenburg vor der Ernennung Papens gefragt. Auch Papen begnügte sich mit der vagen Aussicht, von der ihm Schleicher Mitteilung machte, daß nach Aufhebung des SA-Verbots Hitler und die NSDAP gewissermaßen die Rolle der SPD im Kabinett Brüning übernehmen würden, daß also jetzt die nationale Rechte die Notverordnungen der neuen Regierung tolerieren würde. Eine Gewißheit hatte sich Papen aber auch darüber nicht verschafft. „Leichtfertiger war noch kein Reichskanzler ins Amt gekommen", sagt Bracher zu diesem Vorgang. Hindenburg kehrte in der Tat der letzten demokratischen Mehrheit den Rücken, ohne zu wissen, wie es nun wirklich weitergehen sollte. Für die

Qualität des neuen Kabinetts spricht die Tatsache, daß fünf von acht Mitgliedern der Regierung Papen dann auch unter Hitler Minister wurden. Aus Bayern kam der schon hier außerordentlich verhängnisvoll amtierende Justizminister Gürtner.

Papen regierte allerdings nicht ohne Programm, doch war es denkbar verschwommen und voller Anleihen vor allem aus jenen Parteiprogrammen, deren erklärtes Ziel das Ende der Weimarer Republik war. Der Kampf Papens „für die Wiedergeburt des neuen Deutschland", „unabhängig von den Parteien", zielte auf die Entmachtung des Parlaments, das so versagt habe, und die Schöpfung eines autoritären Staates, die Etablierung einer „machtvollen und überparteilichen Staatsgewalt", die gesichert werden sollte durch ein „neues Verfassungswerk". Diese Ideologie des „neuen Staates", bei der auch die mystisch-utopischen Vorstellungen von der Bestimmung des Reiches, von einer Neubelebung der Nation durch den Aufbau eines aristokratisch bestimmten Ständestaates eine Rolle spielten, diese Annäherung an die NS-Ideologie erlaubte dann den unaufhaltsamen Einbruch des nationalsozialistischen Gedankengutes auch in jene Kreise, die zunächst noch, nicht zuletzt auch wegen des unglaublich vulgären Niveaus der Propaganda Hitlers, eine solche Idee weit von sich gewiesen hätten.

Eine der ersten Regierungsmaßnahmen Papens war die Aufhebung des SA-Verbots, damit lebten sofort wieder jene Straßen- und Saalschlachten auf, die zum Werkzeug der Machtergreifung durch Hitler gehörten. Heimtückisch ist nun, wie Papen diese Situation ausnützte, um, wie ihm bereits bei der Kabinettsbildung in Aussicht gestellt worden war, die Macht auch in Preußen zu erringen, das war die Vereinigung des Amtes eines Reichskanzlers mit jenem des preußischen Ministerpräsidenten, die Stellung Bismarcks. Dabei spielte ihm die Tatsache in die Hände, daß bei der Landtagswahl vom 24. April 1932 in Preußen mehr als 51% der Wähler die NSDAP und KPD gewählt hatten, daß Preußen also unregierbar geworden war. Die NSDAP war dabei mit 36,3% der Wähler die stärkste Fraktion. Die SPD verlor fast 8%; statt 137 Sitze, wie bisher, blieben ihr nach dem Rückgang auf 21% der Stimmen nur noch 94. Auch das Zentrum hatte Verluste erlitten, statt 71 Sitze besaß es in Zukunft nur noch 67. Fast verschwunden waren die liberalen Parteien. Da die bisherige Koalition nur 48% der Sitze innehatte, war eine Regierung mit parlamentarischer Mehrheit nicht mehr möglich. So blieb die bisherige Regierung Braun im Amt und führte die Geschäfte kommissarisch weiter. Das war der machtpolitische Zustand. Für sein Eingreifen in einem Land nach Artikel 48 der Reichsverfassung brauchte der Reichspräsident auch einen entsprechenden moralisch-rechtlichen Vorwand. Diesen Vorwand stellte für Papen die unglaublich brutale Kette von Ausschreitungen im Rahmen des Wahlkampfes zur Juliwahl dar, eine Kette, die in der sogenannten Blutnacht von Altona am 17. Juli mit siebzehn Toten gipfelte. Die Notverordnung allerdings, die mit diesem Ereignis begründet wurde, hatte Papen bereits am 16. Juli eingeholt, am 20. Juli wurde sie ausgefertigt. Sie ernannte den Reichskanzler zum Reichskommissar für das Land Preußen mit dem Auftrag, den

„Notstand" in Preußen zu beseitigen und für die „Herstellung wahrer verfassungsmäßiger Zustände" in Preußen zu sorgen. Die preußische Regierung, deren wichtigste Ministerien in den Händen der SPD waren, ließ sich, ohne Widerstand zu leisten, aus ihrem Amt entfernen, sie erhob nur Klage vor dem Reichsgericht. Noch am 20. Juli legte auch die bayerische Staatsregierung am Staatsgerichtshof in Leipzig Rechtsverwahrung ein und erhob förmlich Klage. Außerdem legte die bayerische Vertretung im Reichsrat Protest ein gegen die Verletzung der Reichsverfassung durch den Reichskanzler und forderte den Reichsrat zur Wahrung seiner Rechte auf. Das bayerische Vorgehen wurde allerdings nur von Württemberg unterstützt. Den Antrag auf Einstweilige Verfügung gegen das Vorgehen in Preußen lehnte der Staatsgerichtshof in Leipzig bereits am 24. Juli ab.

Die bayerische Klage vor dem Reichsgerichtshof wurde durch keine Alternative abgestützt. Erwein von Aretin, der zur Führungsspitze der Monarchisten in Bayern gehörte und Mitarbeiter an den Münchener Neuesten Nachrichten war, kein Mitglied der Bayerischen Volkspartei, erhob später den Vorwurf, daß damals Bayern gegen seinen Rat seine Stunde versäumt habe, nämlich den Rechtsbruch auszunützen zur Trennung vom Reich und zur Ausrufung der Monarchie.

Sicherlich konnte man über eine solche Alternative noch nicht reden, solange nicht das Reichsgericht entschieden hatte, Konsequenzen hätten aber gezogen werden müssen nach der Entscheidung des Reichsgerichts. Noch im September hatte Held erreicht, daß der Reichsrat den Staatsstreich in Preußen mißbilligte, dann aber hatte am 25. Oktober der Staatsgerichtshof entschieden. Er stellte nach eingehender Prüfung der von der Reichsregierung erhobenen Vorwürfe fest, daß keine Pflichtverletzung der preußischen Regierung nachweisbar sei, daß die Amtsenthebung der preußischen Regierung also unter falschen Voraussetzungen erfolgt sei. Allerdings billigte das Gericht dem Reichspräsidenten die Befugnis zu, die zur Wiederherstellung der öffentlichen Sicherheit und Ordnung nötigen Maßnahmen zu treffen, „wenn im Deutschen Reich die öffentliche Sicherheit und Ordnung erheblich gestört oder gefährdet wird". Die wichtige Frage, ob es zur Unterdrückung solcher Zusammenstöße wie am 17. Juli nötig gewesen sei, mit einer Notverordnung gegen Preußen einzuschreiten, ja, ob die Einsetzung des Reichskommissars ein geeigneter Weg gewesen sei, umging der Staatsgerichtshof allerdings mit den Sätzen: „Der Reichspräsident konnte in dieser Lage nach pflichtmäßigem Ermessen zu der Auffassung gelangen, daß es geboten sei, zu diesem Zwecke nicht nur die politischen Machtmittel Preußens in die Hand des Reiches zu legen, sondern die gesamten staatlichen Machtmittel des Reichs und Preußens in einer Hand zusammenzufassen und die Politik des Reiches und Preußens in einheitliche Bahnen zu lenken." Das war die Legalisierung der Diktatur des Reichspräsidenten, die Legalisierung damit auch jener Notverordnungen, die von Hitler ausgehen sollten. Versagt haben also nicht nur die Parteien, sondern jetzt auch das höchste deutsche Gericht.

Die weiteren juristischen und publizistischen Schritte der bayerischen Regierung blieben auf Papen ohne Eindruck. Er übernahm die volle Regierungsgewalt in Preußen, wobei er eine ganze Reihe von Oberpräsidenten und Präsidenten durch seine Leute ersetzte, auch gelang es ihm, die Länder, darunter Bayern, von einer Verurteilung seines Vorgehens im Reichsrat abzuhalten. Wenn er aber geglaubt hatte, durch diesen Staatsstreich auch in den Augen der Wähler das Format Bismarcks zu erreichen, dann hatte er sich getäuscht. Das Wahlergebnis der Reichstagswahl vom 31. Juli 1932, die notwendig geworden war, weil Papen den renitenten Reichstag aufgelöst hatte, brachte ihm eine vernichtende Niederlage, Hitler einen sensationellen Sieg. Die Deutschnationale Volkspartei, jene Partei also, der Papen sich jetzt zugehörig fühlte, erhielt statt wie bisher 7% nur noch 5,9% der Stimmen, die NSDAP dagegen wurde mit 37,2% und 230 Mandaten die stärkste Reichstagsfraktion. Da die KPD ebenfalls Stimmen dazugewonnen hatte und 14,3% erreichte, verfügten die Gegner der Weimarer Demokratie über 57,4% der Wählerstimmen, damit war im Reich dieselbe Lage eingetreten wie in Preußen, eine Mehrheitsbildung durch demokratische Parteien war im Reichstag nicht mehr möglich.

In Bayern war damals das Verhältnis noch umgekehrt. Hier stimmten 57,6% für die demokratisch-parlamentarischen Parteien, in München wenigstens 55%, während in Berlin, das die NSDAP mit 30%, zu 35% die KPD gewählt hatte, nur noch 35% an der Demokratie festhielten. Das Wahlergebnis in Bayern, das ja kein Land mit einheitlicher Struktur war, läßt sich noch weiter differenzieren. In Bayern rechts des Rheins, also ohne die Pfalz, erhielt die NSDAP im Juli 31,2%, im ganzen damaligen Bayern 32,9%. Für die von Hitler 1933 gebildete Koalition kamen also in Bayern rechts des Rheins 34,6% zustande, in ganz Bayern 36%. Besonders standfest waren die Hochburgen der Bayerischen Volkspartei. In Oberbayern, wo die Bayerische Volkspartei 36,2% der Stimmen erhalten hatte, errang die NSDAP 25,8%, in Niederbayern nur 21,1%; hier war das Wahlergebnis der Bayerischen Volkspartei mit 43,2% sogar höher als 1930. Besonders eindrucksvoll war die Ablehnung der Nationalsozialisten in der Oberpfalz, wo sie nur 19,7% erhielten, während die Bayerische Volkspartei mit 52,7% die absolute Mehrheit erlangte. Allerdings war nur noch das Wahlergebnis in Schwaben mit 37,5% für die Bayerische Volkspartei und 29,8% für die NSDAP und in Unterfranken mit 47,9% für die Bayerische Volkspartei und 23,7% für die NSDAP ein Zeichen für die kontinuierliche Fortführung der bisherigen Tradition, während in Oberfranken, der Pfalz und vor allem in Mittelfranken die NSDAP bereits damals ein Ergebnis erzielte, das sogar über dem Reichsdurchschnitt der Reichstagswahl von 1933 lag. In der Landtagswahl vom 25. April 1932 war dank des Wahlergebnisses in Franken die NSDAP ebenfalls sehr nahe an die BVP herangerückt, sie lag nur noch um zwei Sitze dahinter. In Preußen stellte sie um diese Zeit bereits die stärkste Fraktion.

Es kann also nicht die Rede davon sein, wie Wiesemann nahelegt, daß die bayerische Entwicklung in besonderem Maße den Sieg des Nationalsozialismus gefördert habe. Auch die Haltung der bayerischen Staatsregierung nach 1925, selbst mit der Belastung durch die Koalition mit der Deutschnationalen Volkspartei, läßt einen solchen Schluß nicht zu. Die Regierung Held versuchte vielmehr, die Entfaltung der nationalsozialistischen Bewegung nach Kräften einzudämmen. Trotz der Aufhebung des SA-Verbots im Reich durch die Regierung Papen behielt Bayern das 1930 erlassene Uniformverbot bei, bis Hindenburg durch eine neue Notverordnung auch dieses Verbot aufhob.

Da Papen auch in dem neugewählten Reichstag, dessen Präsident jetzt der Nationalsozialist Hermann Göring wurde, keine Mehrheit zu erwarten hatte, noch nicht einmal für eine Tolerierung der Notverordnungen, löste er auch diesen Reichstag bereits beim ersten Zusammentreten auf. Seine Pläne zu einem neuen Staatsstreich, der in einer unbefristeten Vertagung des Reichstags bestehen sollte, durchkreuzte ihm sein eigener Reichswehrminister Schleicher; vom Zentrum und von der Bayerischen Volkspartei zu verlangen, wie Detlef Junker das tut, die Staatsstreichpläne Papens zu unterstützen, ist absurd, nicht zuletzt wegen der geringen Zahl der Mandate dieser beiden Parteien. Mit 15,7% hatten sie zwar ihr Wahlergebnis verbessert, aber nicht einmal zusammen mit der SPD, die auf 21,6% zurückgefallen war, wäre ihr parlamentarisches Gewicht dabei in die Waagschale gefallen. Möglich wäre nur die Bildung einer Koalitionsregierung zusammen mit der NSDAP gewesen, und in der Tat fanden Verhandlungen in dieser Richtung statt. Wie weit sie ernst gemeint waren, woran Morsey zweifelt, mag man dahingestellt sein lassen. Daß die Verhandlungen jedoch nach dem 13. August, nach der entschiedenen Ablehnung einer Betrauung Hitlers mit dem Amt des Reichskanzlers durch Hindenburg weitergingen, vor allem nach dem 22. August, als Hitler den Mördern von Potempa ein Telegramm geschickt hatte, in dem er ihnen „unbegrenzte Treue" zusicherte und ihre Teilnahme würdigte „im Kampf für die ewigen Rechte unseres Volkes", ist doch schwer verständlich, auch wenn man mit Werner Conze jeder parlamentarischen Vertretung die Verpflichtung zu einem Versuch der Wiederherstellung der Regierungsfähigkeit durch die Bildung einer arbeitsfähigen Mehrheit zubilligt.

Die Reichstagsauflösung vom 12. September unterbrach diese Gespräche bezüglich der Bildung einer Koalition, die von vorneherein durch das Übergewicht der NSDAP unerträglich belastet gewesen wäre. Anders war es mit dem Ergebnis der Reichstagswahl vom 6. November 1932. Jetzt erbrachte auch eine Verbindung von Nationalsozialisten und Zentrum mit Bayerischer Volkspartei nur mehr 48% der Stimmen, während es im Sommer noch fast 53% gewesen waren. Bei der Wahl vom 6. November 1932 verlor die NSDAP erstmals Stimmen, sie ging zurück auf 33,1%, die Deutschnationale Volkspartei erhielt 8,3%, beide Parteien zusammen besaßen also nur noch 41,4% der Mandate, im Sommer waren es noch 44,1% gewesen. Zusammen mit der KPD, die wieder 2,6% hinzugewonnen hatte, waren jetzt fast 59% gegen Weimar. Das Ergebnis in Bayern lag wieder deutlich unter dem Reichsdurchschnitt. In Bayern rechts des Rheins erhielt die NSDAP nur noch 28,6, in ganz Bayern 30,5%. Allerdings war durch den Anstieg der KPD von 8,3% auf 10,3% auch in Bayern jetzt die Zustimmung der Wähler zur Demokratie auf 54,7% zurückgegangen.

An dem nun folgenden Ringen um die Neubildung einer handlungsfähigen

Reichsregierung beteiligte sich die Bayerische Volkspartei nicht unmittelbar, sie ließ aber dem Zentrumsvorsitzenden Prälat Kaas bei seiner Politik der „nationalen Konzentration" freie Hand. Was Kaas bei seinen Verhandlungen nach allen Seiten hin eigentlich wollte, läßt sich bis heute nicht absolut klären; es gibt viele Anzeichen dafür, daß er durch seine finessenreichen Verhandlungen den Nachweis führen wollte, daß es mit Hitler nicht gehe und daß nur eine Rückkehr zu Brüning sinnvoll sei. Das Ergebnis war aber doch, daß im Laufe des Winters bei Hindenburg der Eindruck entstand, daß man Hitler durchaus akzeptieren könne, wenn sogar das Zentrum bereit sei, das zu tun. Die Zustimmung zur Bildung einer Präsidialregierung jedoch enthielt Hindenburg dem Vorsitzenden der stärksten Partei auch im November und Dezember noch vor, das Amt des Reichskanzlers übertrug er dem bisherigen Reichswehrminister General Schleicher, der die Hoffnung hegte, durch Spaltung der NSDAP zu einer regierungsfähigen Mehrheit zu kommen. Als sich diese Hoffnung nicht erfüllte und Schleicher jetzt selbst an die Errichtung einer Militärdiktatur dachte, die er Papen verweigert hatte, gelang es Papen und der Umgebung Hindenburgs, den Reichspräsidenten nach kaum achtwöchiger Regierungstätigkeit zur Entlassung Schleichers und zur Ernennung Hitlers zum Reichskanzler am 30. Januar 1933 zu bewegen. Die Verhandlungen zwischen Papen und Fritz Schäffer, dem Vorsitzenden der Bayerischen Volkspartei, am 28. und 29. Januar, stehen keinesfalls, wie Papen glauben machen möchte, im Zusammenhang mit der Ernennung Hitlers, sondern stellten den Versuch von Zentrum und BVP dar, über den eigenen Schatten zu springen und einer neuen Regierung Papen die Zusammenarbeit anzubieten. Um diese Zeit aber war Papen nicht mehr Herr seiner Entschlüsse.

Diese Entwicklung war sicherlich dadurch bedingt, daß die Parteien nicht stabil genug waren, wenn es zur Krisensituation kam. Soweit sie weltanschaulich festgelegt waren, wie die SPD, die KPD und das Zentrum, waren sie nur in begrenztem Maß koalitionsfähig, zumindest waren die Kompromisse, die bei der Bildung von Koalitionen geschlossen werden mußten, stets begleitet von heftigen Unmutsäußerungen bei den eigenen Anhängern. Das Ergebnis war, daß die Öffentlichkeit den ständigen Kuhhandel, wie man sagte, bei der Koalitionsbildung immer mehr verabscheute. Noch weniger stabil waren aber die rein interessenpolitisch fixierten Parteien. Die Gründe liegen aber sicher noch tiefer. Daß starke Gruppen der Gesellschaft überhaupt gegen die parlamentarische Demokratie und gegen den Parteienstaat eingestellt waren, war das Ergebnis einer Enttäuschung der breiten Massen, die in diesem Ausmaß, sicherlich gesteigert durch die echte wirtschaftliche Not in den Krisenjahren, nur möglich war, weil, wie auch immer, diese Massen jeden transzendentalen Bezugspunkt verloren hatten. Daß sich mehr als die Hälfte des deutschen Volkes von Heilsideologien innerweltlicher Art, von Utopien, Klassenkampfparolen, vom blindwütigen Antisemitismus der NSDAP und ihren revanchistischen Forderungen gewinnen ließen, zeigt, daß nicht nur die Gesetze der Vernunft, sondern auch die Vorstellungen einer humanen Moral nichts mehr galten. Das ist der entscheidende Aspekt. Wenn man die Parteien allein mit aller Verantwortung belasten wollte, ginge man auf eben jenen grandiosen Betrug ein, den Hitler vorgenommen hat. Zuletzt glaubten ihn die Parteien selbst. Hitler belastete die Politiker und nahm dem Volk selbst alle Verantwortung ab. Die Flucht des Wählers aus der Verantwortung für sein eigenes Schicksal dadurch, daß er jenem die Verantwortung übergab, der ihm alles versprach, was er wünschte, das allein hat zum 30. Januar 1933 geführt.

Bayern im NS-Reich

Am 30. Januar 1933 wurde auch über das Schicksal Bayerns entschieden. Das war nur möglich durch die stufenweise Aushöhlung der Länderrechte im Verlauf der Weimarer Zeit dank der Beseitigung der Gleichberechtigung des Reichstags und des Reichsrats durch die Weimarer Nationalversammlung, und war nur möglich durch die diktatorische Gewalt des Reichspräsidenten nach Artikel 48 der Reichsverfassung. Gerade die Verbindung der beiden Phänomene, gegen die sich vor allem der Widerstand der bayerischen Regierungen und der Bayerischen Volkspartei seit 1919 gerichtet hatte, haben das ermöglicht, was nach dem 30. Januar eingetreten ist, die schlagartige Übernahme der Macht im gesamten Reich durch den Nationalsozialismus.

Das einzige verfassungsmäßige Hindernis also, das einem solchen Vorgang noch hätte im Wege stehen können, war der Reichspräsident, der sich am 13. August 1932 noch entschieden geweigert hatte, einer einzigen Partei, noch dazu von der Unduldsamkeit der Nationalsozialisten, die Regierungsgewalt zu übertragen. Seit dem 30. Januar hatte er diese Bedenken nicht mehr, er bewilligte dem neuen Kanzler die Forderung nach der Reichstagsauflösung, über die Schleicher zu Fall gekommen war, bedingungslos.

Damit gab er dem Meister der Propaganda die Möglichkeit, ungehemmt alle Register der Volksbeeinflussung zu ziehen. Man wird sagen müssen, daß er jetzt damit auch in Bayern erstmals auf breiter Basis Erfolg hatte, daß er jetzt, nach der amtlichen Beauftragung durch den Reichspräsidenten, auch bei den bäuerlichen Wählern Glauben fand, die ihm bisher nicht getraut hatten. Auch hier, wo man wirklich nicht in der besten Lage war, erhofften die Wähler von Hitler das versprochene Wunder.

Die heimtückischen Versuche der Reichsregierung, noch vor der für den 5. März angesetzten Reichstagswahl der neuen Regierung die unumschränkte Macht zu sichern, ohne Rücksicht auf Recht und Verfassung, blieben dem Volk weithin verborgen, der Kampf spielte sich fast völlig unter Ausschluß der Öffentlichkeit ab, zumal das von der Reichsregierung rücksichtslos durchgesetzte Verbot von Presseerzeugnissen, die Angriffe gegen das Regime wagten, von den Länderregierungen nahezu widerstandslos hingenommen wurde. Sie waren gewarnt, auch die bayerische Regierung, durch das Schicksal, das Papen der preußischen Regierung bereitet hatte. Als mit der Verordnung des Reichspräsidenten vom 6. Februar auch im Preußischen Staatsrat und im Reichsrat die von der ehemaligen Regierung Braun ernannten Mitglieder durch Bevollmächtigte der Reichsregierung abgelöst wurden, entgegen dem Urteil des Reichsgerichts, kam nicht zuletzt aus solchen Befürchtungen keine Einheitsfront der Länder zustande. Auch der Reichsrat war damit bereits im Februar lahmgelegt. Immer deutlicher zeichnete sich trotzdem die Absicht der Reichsregierung ab, die Länderregierungen durch Reichskommissare zu ersetzen. Vom Reichspräsidenten wie vom Vizekanzler Papen wurde eine solche Absicht zwar, vor der Wahl, immer wieder entschieden in Abrede gestellt, doch die Gerüchte hielten sich hartnäkkig, Drohungen des Reichsinnenministers wiesen in dieselbe Richtung. Held wie Schäffer, der Vorsitzende der BVP und Leiter des bayerischen Finanzministeriums, drohten ihrerseits mit gewaltsamer Abwehr eines Putsches von seiten der NSDAP oder gar mit dem Abfall Bayerns vom Reich, sie wagten aber vor der Wahl ebenfalls nicht zu handeln, nach dem 5. März war es zu spät. Als um den 20. Februar Schäffer, im Einverständnis mit Kronprinz Rupprecht, unter Zustimmung auch der SPD, als letztes Mittel zur Rettung vor der braunen Diktatur die Einsetzung des Kronprinzen nach Art. 64 der Bayerischen Verfassung zum Generalstaatskommissar vorschlug, in der Hoffnung, dadurch den Monarchisten unter NSDAP und DNVP die Hände zu binden, kam Held zu keinem Entschluß, nicht zuletzt angesichts der ungeklärten Haltung der Reichswehr. Er war dabei sicher gut beraten, obwohl er sich damals die Unbedenklichkeit, mit der seit dem 30. Januar in Berlin gehandelt wurde, nicht im geringsten vorstellen konnte. Die Notverordnung vom 28. Februar „Zum Schutz von Volk und Staat", zu deren Unterfertigung Hindenburg durch den vom Reichstagspräsidenten Göring und seinen Leuten gelegten Reichstagsbrand veranlaßt wurde, ermächtigte die neue Regierung zu polizeilichen Eingriffen im ganzen Reich ohne Rücksicht auf die verfassungsmäßigen Grundrechte, Freiheit der Person und des Eigentums, Versammlungsfreiheit, Pressefreiheit, Freiheit der politischen Betätigung. Die Befugnisse reichten bis zum Verbot politischer Parteien, zunächst der KPD, und bis zum Recht der „vorübergehenden" Ablösung der Länderregierungen. Das war die Aufhebung des Rechtsstaats; bis 1945 befand sich seither das Reich im permanenten Ausnahmezustand.

Die Ausrufung der Monarchie, auch mit Hilfe des verfassungsmäßig nicht unbedenklichen Umweges über den Artikel 64, hätte nichts verhindert, man hätte sie viel früher wagen müssen. Wie jetzt die Verhältnisse standen, zeigt das Ergebnis der Reichstagswahl vom 5. März, der letzten freien Wahl in Deutschland. Auch in Bayern errang die NSDAP mit 43,1% fast den gleichen überwältigenden Wahlsieg wie im Reich, wo sie auf 43,9% gekommen war, nur die DNVP blieb mit 4,1% weit unter dem Reichsdurchschnitt, so daß die Koalition Hitlers mit der Partei Hugenbergs zwar im Reich mit 52% die absolute Mehrheit besaß, nicht aber in Bayern, hier kam sie nur auf 47,2%. Eine Regierung gegen die NSDAP war aber auch hier nicht möglich. Die BVP hatte zwar immer noch, mit 27,2%, ein beachtliches Ergebnis, sie hatte nur 4% an die NSDAP verloren, auch die SPD hatte nicht ganz 1% eingebüßt, aber sie war mit 15,5% kein koalitionsfähiger Partner mehr, seit 1924 hatte sie sich eigentlich in Bayern nie mehr erholt. So gut wie verschwunden war der Bayerische Bauernbund, wie denn der NSDAP ihre tiefsten Einbrüche in den vorwiegend agrarischen Gebieten gelang: in Schwaben kam sie von 29,7% 1932 auf 45%, in Niederbayern von 19% auf 44%. Unterfranken und die Oberpfalz um 34%, Oberbayern mit 38,8% blieben weit unter dem Reichsdurchschnitt, niedriger war das Ergebnis für die NSDAP nur noch im Wahlkreis Köln-Aachen. Das hohe Gesamtergebnis für die NSDAP in Bayern kam zustande durch die breite Zustimmung in Mittel- und Oberfranken wie in der Pfalz.

Nach dem 5. März war jeder Versuch, den Übergang zu einer neuen Regierung ohne die NSDAP wenigstens in formaler Legalität zu vollziehen, angesichts der Machtverhältnisse zum Scheitern verurteilt. Es gelang der Regierung Held wenigstens, das Ansinnen freiwilliger Kapitulation zurückzuweisen, wie das eine Ernennung, wie Berlin es forderte, des Generals und Reichstagsabgeordneten der NSDAP Ritter v. Epp zum Generalstaatskommissar bedeutet hätte. Es blieb Berlin nichts übrig, als doch zum Mittel der Ernennung eines Reichskommissars zu greifen; am 9. März übernahm Epp die vollziehende Gewalt in Bayern, damit war die Gleichschaltung der Länder vollendet. Am 16. März traten die von Epp zu kommissarischen Ministern ernannten Funktionäre der Partei, darunter der Gauleiter von Oberbayern Wagner und der Gauleiter der „Ostmark" Hans Schemm, ihre Ämter an, auf Grund einer Verordnung des Reichskommissars, der seinerseits vom Reichsinnenminister ernannt worden war – eine staatsrechtliche Ungeheuerlichkeit wie die gleichzeitige Berufung auf die Bayerische Verfassung. Nicht einmal die einschlägigen Paragraphen wurden bei dieser Aufhebung der bayerischen Eigenstaatlichkeit ordentlich zitiert.

Zwei Wochen also vor dem Ermächtigungsgesetz vom 23. März übernahm die neue Reichsregierung die Gewalt auch in den Ländern und damit auch über die Polizei. Eine Alternative zu diesem Gesetz gab es überhaupt nicht mehr, das Ermächtigungsgesetz verlieh der Machtergreifung nur noch den Schein der Legalität, das war alles. Die Bayerische Volkspartei hatte, wie das Zentrum, zugestimmt, weil Hitler einige Zusicherungen gemacht hatte – an die nach dem 9. März noch zu glauben recht naiv war –, doch auch die Gewerkschaften hatten sich nicht gewehrt, Arbeitslose können nicht streiken. Entscheidend war aber sicher der Umstand, daß angesichts der immer noch drängenden Not nach den Ergebnissen der letzten Wahlen niemand mehr einen Ausweg wußte. Die Degradierung Bayerns zur Provinz wurde vollendet durch das Vorläufige Gesetz zur Gleichschaltung der Länder mit dem Reich vom 31. März und durch das Zweite Gesetz zur Gleichschaltung der Länder mit dem Reich vom 7. April. Die eigenmächtig vom Reich eingesetzten Regierungen wurden ermächtigt, sich über die Länderverfassungen hinwegzusetzen, die Volksvertretungen der Länder aufzulösen und nach Gutdünken neu zu bilden, schließlich ernannte der Reichspräsident für die Länder, Preußen ausgenommen, Reichsstatthalter.

Die Rechte, die dem Reichsstatthalter in der Verordnung vom 7. April zugemessen wurden, entsprachen in den wichtigsten Punkten jenen, die einst der König besessen hatte. Er durfte die Vorsitzenden der Länderregierungen ernennen, die Landtage auflösen und Neuwahlen anberaumen – das Ermächtigungsgesetz des bayerischen Landtags vom 29. April war überhaupt nur noch Formsache – und ähnliches. Die Wirklichkeit sah anders aus, hier entschieden die realen Machtverhältnisse, die Macht lag aber, weil Hitler das so wollte, bei der NSDAP, der einzigen Partei, die es seit dem 14. Juli noch gab, und ihren verschiedenartigen Exponenten. Der Machtkampf unter den Gruppierungen, die in diesem Zusammenhang denkbar waren, beherrschte auch in Bayern das innenpolitische Geschehen der nächsten Monate, bis er entschieden war und den Sieger niemand mehr hinderte, den Staat wie eine rechtmäßige Beute zu nutzen.

Das Ergebnis dieses Ringens war die nahezu völlige Kaltstellung des Reichsstatthalters, aber auch der von ihm ernannte Ministerpräsident Siebert zog bei jedem Kräftemessen mit Innenminister Wagner den kürzeren. Vergebens bat Epp 1935 Hitler, Wagner als Minister abzulösen, er wurde 1936, nach dem Tode Schemms, sogar noch Kultusminister. In Schranken gehalten wurde er damals nur noch durch die übrigen Gauleiter, die ihrerseits in ihren Gauen, in der Regel den Regierungsbezirken, geradezu Nebenregierungen errichteten, besonders wenn sie gleichzeitig wie in Schwaben und Mittelfranken Regierungspräsidenten waren. Unter Gauleiter Bürkel wurde die Rheinpfalz schon damals praktisch aus Bayern herausgelöst, 1940 wurde sie auch offiziell zusammen mit dem Saargebiet zur „Westmark" vereinigt.

Dieser Dualismus Staat-Partei wurde von Hitler bewußt aufrechterhalten, auch die Gesetze über die Befugnisse der Reichsstatthalter 1934/35 waren in ihren wichtigsten Bestimmungen unklar gehalten oder von Hitler nachträglich entschärft worden, so daß der permanente Machtkampf andauerte, bis die eine oder andere Seite resignierte. In Bayern kamen noch besondere Umstände hinzu. Hier entstand, protegiert von Wagner und Röhm zugleich, dem Obersten SA-Führer und in Bayern offiziell Staatssekretär des Reichsstatthalters, die dritte Großmacht im Reich, die Geheimpolizei der SS. Wagner bedurfte, um vom Reichsstatthalter wie vom Reichsinnenminister Frick weitgehend unabhängig zu werden, eines Verbündeten, seit März 1933 kämpfte er nach beiden Seiten. Auch als im Gesetz zum Neuaufbau des Reiches vom 30. Januar 1934 Innenminister Frick die Abgabe einer Reihe von Ressorts an die Reichsregierung durchzusetzen versuchte, besonders die Unterstellung der Polizei, setzte er sich mit Erfolg zur Wehr. An seiner Seite stand Röhm, dem damals auch noch der Reichsführer SS offiziell unterstand. Seit dem 14. März 1933 waren SA und SS offiziell als „Hilfspolizei" eingesetzt, damit verfügte Röhm über ähnliche Macht wie der Innenminister Wagner, beide verteidigten ihre Stellung gegenüber dem Reichsinnenminister Frick. Röhm wie Wagner bedienten sich dabei Himmlers, der seit 1928 Reichsführer der SS und schon als Mitglied der „Reichskriegsflagge" Kampfgefährte Röhms war und dessen Dienste Hitler immer mehr schätzte. Zunächst von Wagner zum Polizeipräsidenten von München ernannt, erhielt Himmler am 15. März auch die Leitung der Politischen Polizei in Bayern, die unter ihm zu einer Sonderbehörde wurde und die er mit Hilfe Heydrichs zu einem perfekten Instrument des Terrors ausbaute. Unter Ausnützung der Spannungen, die im Sommer 1933 zwischen dem Reichsinnenminister und Röhm auftraten, als Frick die SA-Hilfspolizei, angeblich aus finanziellen Gründen, wieder abbauen wollte, gelang Himmler die schrittweise Emanzipation von

Röhm und der Reichsregierung zugleich. Der Konflikt zwischen dem preußischen Ministerpräsidenten Göring und Röhm wegen der Polizeigewalt in Preußen, den Frick ausnutzen wollte, um die Kontrolle über die gesamte deutsche Polizei zu erlangen, verhalf ihm im März 1934 als Verbündetem Fricks und Görings auch zur Beherrschung der preußischen Polizei. Wagner hatte dabei in seinem Bereich immer noch nicht entschieden Stellung bezogen, als Röhm nach Verlust der Polizeigewalt der SA im Sommer 1933 als Ersatz von Hitler das Recht erhielt, „Sonderkommissare", Sonderbevollmächtigte und Sonderbeauftragte des Obersten SA-Führers in alle Behörden zu entsenden, die über die Einstellung der Beamtenschaft zum neuen Staat wachen sollten. Damit war auch der Machtbereich der Gauleiter in Gefahr, die bisher in alle staatliche Angelegenheiten eingegriffen hatten.

Röhm hat dabei den Bogen überspannt, zu Fall kam er, als er auch noch versuchte, die Reichswehr unter seinen Einfluß zu bekommen. Im Hinblick auf die Bedeutung, welche der Reichswehr bei den Plänen Hitlers zukam, den Tod Hindenburgs, der abzusehen war, zur Übernahme auch des Amtes des Reichspräsidenten auszunützen, war Hitler bereit, wie es scheint, Röhm zu opfern. Die Entscheidung brachten die Nachrichten Himmlers und Görings über einen für Ende Juni drohenden Putsch der SA. Hitler, der sich offenbar von der durch Röhm immer wieder angekündigten „Zweiten Revolution" persönlich bedroht glaubte, schlug am 30. Juni zu, verhaftete mit Hilfe der von der Reichswehr bewaffneten SS die in Bad Wiessee zu einer Tagung versammelten SA-Führer und ließ sie erschießen, Röhm eingeschlossen, der sich für den mächtigsten Mann nach Hitler hielt. Dieses gesetzlose Verfahren wurde im ganzen Reich ausgedehnt auf zahllose Gegner des Nationalsozialismus, z.B. Schleicher, wie persönliche Gegner der maßgeblichen Satrapen; in Bayern wurde u.a. auch Kahr getötet, dann Dr. Fritz Gerlich, bis 1928 Chefredakteur der Münchner Neuesten Nachrichten und Herausgeber der regimefeindlichen Zeitschrift „Der gerade Weg". Nutznießer der Ausschaltung der führenden Kräfte in der SA, der eigentlich revolutionären Stoßtruppe bis März 1933, war scheinbar die Reichswehr, die jetzt als alleiniger Waffenträger der Nation anerkannt war, in Wirklichkeit büßte sie aber nach dem Tode Hindenburgs ihre politische Stellung völlig ein. Sieger war einmal die SS, die das ganze Reich mit ihrem entscheidenden Machtmittel, der Geheimen Staatspolizei, unter Überwachung hielt, dann die Gauleiter der Partei und die ihnen unterstellten Kreisleiter, die in Zukunft in den Regierungsbezirken und Landkreisen wie Gemeinden den beherrschenden Einfluß besaßen, so daß die offiziellen Behörden bisweilen geradezu als Vollzugsorgane der Partei erschienen. Der Krieg mit seinen besonderen Erfordernissen hat diese Verhältnisse nicht geändert, sondern die Stellung der Partei gegenüber dem Staat noch verstärkt. Als Reichsverteidigungskommissar erhielt etwa Paul Giesler, der Nachfolger Wagners als Gauleiter, die denkbar umfassendsten Vollmachten, viele Todesurteile der letzten Stunde, zahlreiche Zerstörungsmaßnahmen gehen auf ihn zurück.

Nach dem Gesetz, nach dem sie angetreten waren, traten die Machthaber von

1933 wieder ab. Hervorgegangen aus zahllosen Saal- und Straßenschlachten, kannten sie als wirksamstes Mittel zur Beherrschung der Massen nur Propagandalüge und nackten Terror. Bereits am 9. März setzte eine Verhaftungswelle ein, die noch in der ersten Woche an die 5400 Opfer fand, führende Mitglieder und Abgeordnete der KPD, SPD und BVP, die ohne jedes ordentliche Verfahren nach Willkür festgenommen wurden, in sogenannte Schutzhaft; 4125 waren noch am 1. Juli in Haft. Da für solche Massenverhaftungen die Gefängnisse nicht ausreichten, wurden seit dem 22. März die Häftlinge in den Baracken einer stillgelegten Pulverfabrik in Dachau untergebracht, zunächst bewacht durch eine Hundertschaft der Landespolizei, dann, als sich ihr Kommandeur, Hauptmann Schlemmer, weigerte, den ungesetzlichen Vorgang weiterhin zu unterstützen, unterstellte Himmler am 2. April das Lager der Politischen Hilfspolizei, der SS. Das Lager erhielt durch Himmler sein eigenes Gesetz, die schriftlich festgelegten Maßnahmen gegenüber den Häftlingen schlossen auch die Todesstrafe ein. Nach geltendem Recht war ihre Verhängung ohne gerichtliches Urteil Mord, doch die Staatsanwaltschaft, angehalten dazu durch den bayerischen Justizminister Frank, ermittelte vergebens. Innenminister Wagner und Röhm deckten die Lagerleitung und setzten sich durch. Dachau wurde unter dem SS-Kommandanten Eicke zur Schule für die Lagerführer im ganzen Reich, obgleich Bayern damals gegenüber Preußen mit 14906 und Sachsen mit 4500 „Schutzhäftlingen" noch nicht einmal führend war. Nach dem 30. Juli 1934 wurden zur Bewachung der jetzt im ganzen Reich entstehenden Konzentrationslager die SS-Totenkopfverbände gegründet, insgesamt sechs, alle waren sie Eicke unterstellt. Ihre Aufgabe war, wie in Dachau, die körperliche und seelische Zermürbung der Gefangenen durch härteste Arbeit, bei ungenügender Ernährung, durch unmenschliche Schikanen bis zur physischen Vernichtung aus geringfügigsten Anlässen. Bis 1937 betrug die Zahl der in Dachau eingelieferten Häftlinge 27349, 25817 wurden wieder entlassen, 1938 kamen 18681 neu hinzu, besonders Österreicher. Jetzt wurden auch systematisch Juden erfaßt, 300 starben allein in diesem Jahr. Die Kriegsjahre füllten das Lager Dachau dann in ungeahntem Maß. 1940 bis 1945 wurden allein etwa 35000 Polen eingeliefert, darunter 1780 Priester. 1945 gingen über 50000 Angehörige aller europäischen Nationen durch Dachau, das nicht den Charakter eines Vernichtungslagers besaß, aber trotzdem an die 30000 Todesopfer verschlang. Auf dem Todesmarsch im April 1945, als das Lager evakuiert werden sollte, sind noch einmal Tausende ums Leben gekommen. Von den 32000, die befreit wurden, starben im Mai 1945 noch einmal 2226.

Das zweite in Bayern gelegene Konzentrationslager, Flossenbürg in der Oberpfalz, hatte bis 1945 eine Gesamtbelegung von weit über 40000, die Baracken waren für 5000 Hälftlinge gebaut, am 1. März 1945 waren sie mit 14824 belegt. Am 16. April 1945 rückte die SS vor dem heranrückenden Feind ab, das Lager mit 16000 Gefangenen wurde teilweise evakuiert, vor allem wurden alle Juden auf den Marsch geschickt, Tausende kamen dabei um, auf Befehl aus Berlin von den Wärtern erschossen, wenn sie nicht mehr weiter konnten. Insgesamt zählte Flossenbürg an die 29000 Tote, darunter zahllose Polen und Russen, an prominenten Deutschen den Chef der Abwehr Admiral Canaris.

Die Eskalation des Verbrechens war sicher kriegsbedingt, aber keinesfalls systemwidrig. Die jahrzehntelange Hetze in den Presseerzeugnissen der Partei, seit ihrem Sieg auch im Rundfunk, trug ihre Früchte, Hunderttausende von Deutschen waren so pervertiert, daß sie Verbrechen gegen „Staatsfeinde", vor allem gegen die Juden, nicht mehr als Verbrechen werteten. Das schlimmste Hetzblatt, „Der Stürmer", das Julius Streicher herausgab, hatte 1931 noch eine Auflage von 6000, 1935 von 486000. Das Schicksal der Juden in Bayern zeigt, welches Ergebnis diese Hetze hatte. Zunächst wurden jüdische Geschäfte boykottiert, jüdische Ärzte und Rechtsanwälte aus ihren Kammern ausgeschlossen, Künstler blieben ohne Aufträge, Professoren verloren ihre Lehrstühle. In München emigrierten deshalb von den etwa 10000 Juden um 1933 noch vor 1938 an die 3600. Noch vor dem 9. November 1938 wurden die ersten Synagogen zu München und Nürnberg abgebrochen, in der sogenannten „Kristallnacht" dann, am 9. November 1938, fielen im ganzen Land die SS-Horden über die Juden her. In München organisierte Wagner selbst das barbarische Treiben, bei dem ein Jude getötet, eine Synagoge in Brand gesteckt wurde, selbstverständlich ohne Strafverfolgung. Alle jüdischen Geschäfte wurden jetzt geschlossen, meist auch zerstört, 900 Juden verhaftet und z. T. ins Konzentrationslager gebracht, z. T. gegen Lösegeld wieder entlassen. Mitte 1942 begann dann die Deportation in die Todeslager, 1945 gab es in München noch 84 Juden. 1933 hatten in Bayern 41939 Juden gelebt, 1939 waren es in Bayern rechts des Rheins noch 14292, 1941 noch 9885, davon wurden 8376 deportiert, ohne je wiederzukehren.

War es notwendig, solche ungeheueren Greuel hinzunehmen? Warum wehrt sich ein Volk nicht gegen eine Handvoll Verbrecher, die es regieren? Diese Fragen sind vom Ausland wie von jenen Deutschen, die von all dem erst aus späten Berichten wissen, immer wieder gestellt worden. Schon die Tatsache, daß diese Verbrechen möglich waren, gibt die Antwort. Es waren ja nicht nur Juden und Ausländer in den Konzentrationslagern, sondern auch Deutsche, zu Tausenden, und auch sie wurden geschlagen, gefoltert, ermordet. Das System des Terrors war perfekt, es basierte auf einer glänzend funktionierenden Überwachung durch zahllose Spitzel, es lebte davon, daß die Millionen von Mitläufern nichts hörten und nichts sahen, weil sie nicht wollten, aus Furcht, selbst in die schreckliche Mühle zu geraten, oder weil Mitmachen die Karriere förderte. Und trotzdem gab es Widerstand.

An sich möchte man sagen, es habe in den zwölf Jahren der Herrschaft Hitlers und der NSDAP eine Geschichte Bayerns nicht mehr gegeben. Geschichte setzt die Freiheit des Handelns voraus. Doch als staatliche Einheit, als staatliches Individuum hat Bayern nicht mehr entschieden, Bayern war Provinz, Objekt eines überlegenen Willens. Wenn aber trotzdem in Bayern auch nach 1933 noch etwas wie Geschichte existiert, d. h. lebendiges Ringen von Kräften auf ein Ziel hin, nicht nur dumpfe Hinnahme von Schicksalen, dann geht es zurück auf jene Männer, jene Gruppen, jene Organisationen, die sich dem Unrecht nicht beugten, die versuchten, ihm entgegenzuwirken oder gar das Regime zu beseitigen. Es geht, da all diesen Kräften der Erfolg versagt geblieben ist, schließlich zurück auf die Existenz der einzigen noch öffentlich in Erscheinung tretenden geschlossenen Kräftegruppe, welche das Regime nicht zu beseitigen wagte und nicht zu unterdrücken vermochte, die kirchliche Organisation.

Alles andere war zerschlagen, zu allererst die einst so mächtigen Gewerkschaften; einst hatten sie den Kapp-Putsch beendet, aber die Arbeitslosigkeit hatte ihre Kraft ausgehöhlt bis aufs Mark, sie gingen kampflos unter, wie auch die Parteien. Kleine Gruppen nur waren es, Kommunisten und Sozialisten zumeist, die noch ein, zwei Jahre lang den Zusammenhalt aufrechterhielten, die Unzufriedenheit ihrer Arbeitskollegen durch Flugblätter schürten, wohl auch Verbindungen mit den emigrierten Genossen anknüpften und konspirative Tätigkeit zu organisieren begannen. Ihre Zahl war nicht sehr groß, Schwerpunkt war München, auch die Penzberger Arbeiter waren anfangs stark beteiligt, aber bis 1935 waren alle Organisationen zerschlagen, die Mitglieder wegen Hochverrats oder Vergehens gegen das Heimtückegesetz verurteilt, viele im Konzentrationslager. Damals wurden auch die ersten Gruppen von Monarchisten verhaftet, die Propagandamaterial gegen die Nationalsozialisten verteilt hatten, 1939 wurde auch der Kreis um Rechtsanwalt v. Harnier gesprengt. Kronprinz Rupprecht, der eben in Italien weilte, kehrte zurück, um den Vorwurf staatsfeindlicher Betätigung zu widerlegen und stellte sich dem Verhör der Gestapo, die ihm nichts nachweisen konnte. Er verließ aber Ende des Jahres, auf Einladung des Königs von Italien, Deutschland, wenige Monate später wurde ihm die deutsche Staatsangehörigkeit aberkannt, 1944 fiel seine Familie in die Hände der Gestapo und kam ins Konzentrationslager. 1944 stießen die Reste der Monarchisten zu den verschiedenen Widerstandskreisen, K.L. v. Guttenberg, der Herausgeber der „Weißen Blätter", an denen auch Generaloberst Beck, Botschafter v. Hassell und Gördeler mitarbeiteten, wurde im April 1945 noch hingerichtet, Harnier starb bei der Befreiung.

In engerer Verbindung mit den Männern des 20. Juli stand von den bayerischen Monarchistengruppen der Kreis um Franz Sperr, den letzten bayerischen Gesandten in Berlin. Dr. Josef Müller hielt die Verbindung zum Kreisauer Kreis, dem auch der führende Monarchist Enoch v. Guttenberg angehörte. Zum Kreisauer Kreis, in dem teils Umsturzpläne erwogen, teils Überlegungen über die Gestaltung der deutschen Politik nach dem Krieg angestellt wurden, wo also das aktive Element nicht dominierte, gehörten auch die Münchner Jesuiten P. Delp und P. Rösch wie Josef Ernst Fürst Fugger zu Glött. P. Delp nahm Verbindung mit Stauffenberg auf, doch obwohl Sperr den Putsch als nicht mehr sinnvoll ablehnte, wurde er mit P. Delp in das Verhängnis hineingezogen wie auch einige bayerische adelige Offiziere, die sich am 20. Juli zur Mitwirkung bereitgehalten hatten. Erschütternd ist auch das Schicksal G.A. Haushofers, des Dichters der „Moabiter Sonette", der als Inhaber des Lehrstuhls für Politische Geographie und Geopolitik zu Berlin einen Kreis von Schülern um sich sammelte, die das Regime ablehnten, und der in Verbindung zu Beck und zum Kreisauer Kreis stand, ohne aber an den Umsturzplänen beteiligt zu sein. 1941 hatte er allerdings Heß, dem Schüler seines Vaters Karl Haushofer, des Münchner Geopolitikers, den Flug nach England nahegelegt. Auch er wurde noch Ende April hingerichtet. Am tiefsten bewegt wohl der Opfergang der Geschwister Scholl und ihrer Freunde Christoph Probst und Alexander Schmorell an der Universität München, die dann im Winter 1942 auch den Philosophen Professor Kurt Huber in ihre Diskussionen einbezogen. Sie waren ohne Kontakte zu anderen Gruppen, handelten rein spontan, in der Überzeugung, daß es Menschen geben müsse, die in diesem von Verbrechern regierten Deutschland den Mut hätten, Zeugnis für Recht und Menschlichkeit abzulegen. Sie wurden bei einer ihrer zahlreichen Flugblattaktionen, die ganz Deutschland umfaßten, im Lichthof der Münchner Universität verhaftet und im Februar 1943 hingerichtet.

Ihr Anliegen war im Grunde nicht so sehr politisch als moralisch, ihnen ging es nicht um konkrete politische Ziele, sondern darum, das Volk aufzurütteln und sich vom Unrechtsstaat innerlich abzuwenden. Sie waren im Grunde von vorneherein zum Opfertod bereit, nicht eingestellt auf konspirative Aktion, auf Sabotage, auf Fluchthilfe für Kriegsgefangene und Fremdarbeiter, wie andere Gruppen, darunter die „Antinazistische Volksfront" Karl Zimmets, die 1944 unter großen Opfern zerbrochen wurde. Zimmet dachte auch an bewaffneten Aufstand, doch waren 1944, nach dem Scheitern des 20. Juli, die Vorkehrungen dagegen zu gründlich. Erst in den letzten Kriegstagen versuchte der Chef der Dolmetscherkompanie im Wehrkreis VII, Dr. Gerngroß, um München das Schlimmste zu ersparen, die militärischen und zivilen Spitzen in München zu verhaften und über General Epp die Kapitulation Bayerns anbieten zu lassen, doch Epp versagte sich, und die militärische Durchführung war schlecht geplant, es glückte nicht mehr als die kurzfristige Besetzung des Münchner Senders. Eine Aktion, die zur Rettung Penzbergs und der dortigen Bergwerke gedacht war, scheiterte ebenfalls unter blutigen Verlusten, sechzehn Bürger der Stadt wurden standrechtlich erschossen, ähnliches geschah in Altötting. In Regensburg wurde der Domprediger Maier, der sich bereiterklärt hatte, mit den Amerikanern wegen der Übergabe der Stadt zu verhandeln, aufgehängt, während dem Stadtpfarrer von Freising, Albert Brey, die Rettung der Stadt gelang.

Der Domprediger Maier von Regensburg ist nur einer von vielen Geistlichen, die unter Einsatz ihres Lebens für das eintraten, was sie für recht hielten. In seinem Fall mag freilich das geistliche Amt und der geistliche Auftrag nur sekundär von Einfluß auf Tat und Schicksal gewesen sein, aber beides ganz zu trennen, geht ebenfalls nicht, das so sehr zerredete Problem des kirchlichen Widerstandes stellt sich hier zweifellos nicht. Mayer hat Widerstand geleistet, aktiven Widerstand. Und das hing nicht nur mit seinem persönlichen Mut und seinem Verantwortungsbewußtsein als Bürger zusammen, er wurde eben deshalb zu dieser Aufgabe gedrängt, weil man in ihn als Geistlichen besonderes Vertrauen setzte und von ihm Besonderes erwartete. Das waren Sinn und Ergebnis jener Haltung der Kirche, die man definieren mag, wie man will, die aber, wie die SD-Berichte zeigen, die Machthaber mehr als alles andere erbost hat, nicht zuletzt deshalb, weil ihr so schwer beizukommen war. Die vielen namenlosen Kommunisten, Sozialisten und Monarchisten, die in den Konzentrationslagern verschwanden, die Offiziere niederer Ränge, die nach dem 20. Juli hingerichtet wurden, wogen propagandistisch leicht, man wußte um solche Vorgänge und wurde vorsichtig, aber der entscheidende Schock blieb doch aus. Nur Märtyrer, die bekannt werden, bedeuten Gefahr, ihr Schicksal weckt nicht nur Furcht, sondern auch Mißtrauen und Ablehnung, bei den Soldaten das Schwinden von Zuversicht und Kampfgeist. Nur deshalb blieben die Bischöfe von Münster und Berlin, blieb Kardinal Faulhaber ungeschoren, hütete man sich, P. Rupert Mayer ums Leben zu bringen.

Die kirchliche Haltung im ganzen war in Bayern wie im Reich bestimmt von den Aufgaben der Seelsorge und ihren Notwendigkeiten; die Kirche leistete also keinen spezifisch politischen Widerstand. Wer ihr das verübelt, verkennt eben diese Aufgabe, die auch unter einer Diktatur, welche Farbe sie auch immer tragen mag, weiter besteht, heute noch. Für die Demokratie zu kämpfen, hieße für eine spezifische Staatsform kämpfen; das kann nicht die Aufgabe der Kirche sein, auch wenn Sontheimer das meint. Für Recht und Gerechtigkeit, für Menschenwürde und Achtung vor der Freiheit des Gewissens einzutreten, das allerdings ist ihre Aufgabe. Die katholische Kirche Deutschlands hat das auch in jenen Hirtenbriefen vom 28. März 1933 und 3. Juni 1933 getan, die manche als Kapitulation der Kirche betrachten, weil sie hier angeblich nur ihre eigenen kirchlichen Interessen im Auge gehabt habe. Legitim wäre auch das gewesen, aber in diesen Verlautbarungen steht doch ungleich mehr, als Böckenförde herausliest. Notwendig geworden war der Hirtenbrief vom 28. März, weil Hitler zu aller Überraschung in seiner Regierungserklärung vom 23. März sich zu „allgemeinen religiös-sittlichen Grundwerten" bekannt hatte, weil er behauptet hatte, er sehe „in den beiden christlichen Konfessionen wichtigste Faktoren der Erhaltung unseres Volkes", und weil er versprach, den Kirchen den ihnen zukommenden Einfluß einzuräumen, und betonte, auf freundschaftliche Beziehungen zum Hl. Stuhl Wert zu legen. Diese Erklärung war eine ungeheuere Sensation, eher hätte man das Gegenteil erwartet, daß der Sieger jetzt ein Programm der Rache entwickelt hätte. Es war nun unerläßlich, Hitler beim Wort zu nehmen; deshalb hielt Erzbischof Bertram von Breslau, der Vorsitzende der Fuldaer Bischofskonferenz, es für angebracht, die allgemeinen Warnungen vor dem Nationalsozialismus zurückzunehmen, vor allem das Verbot für Katholiken, der Partei anzugehören. In manchen Diözesen war man dabei so weit gegangen, den als Nationalsozialisten bekannten Katholiken die Sakramente, gar das kirchliche Begräbnis zu verweigern. Auch die Pastorale Anweisung Faulhabers von 1931 war kaum weniger streng, außerordentlich scharf waren die Angriffe auf den Nationalsozialismus in den Schriften und Predigten vor allem von P. Ingberg Naab, P. Erhard Schlund und P. Rupert Mayer. Auch das „Hochland" Carl Muths setzte sich entschieden vom Nationalsozialismus als Weltanschauung ab.

Der große Aufruf der katholischen Jugendverbände vom 17. Februar 1933, mitten im Wahlkampf, verfaßt wahrscheinlich von Generalpräses Ludwig Wolker, einem Angehörigen der Münchner Diözese, klagte die gegenwärtigen Machthaber an, daß sie keine Achtung hätten vor den verfassungsmäßigen Rechten des Volkes, daß an Stelle des Rechts Willkür und Parteilichkeit, an Stelle des Gemeinwohls das Interesse einer Gruppe bestimmend sei, und er forderte, daß Deutschland nicht den Extremen ausgeliefert werden dürfe, weder von links noch von rechts, sondern verlangte die „Wahrung der staatsbürgerlichen und sozialen Grundrechte der Reichsverfassung". Dreizehn katholische Verbände unterzeichneten, die zwanzig Zeitungen, die den Aufruf brachten, wurden verboten – Böckenförde, Lewy und Sontheimer ignorieren dieses Zeugnis auch staatspolitischen Engagements katholischer Organisationen völlig. Freilich waren die Bischöfe im Vorfeld der Wahl vom 5. März zurückhaltender, sie befürchteten den unmittelbar drohenden Kulturkampf, sie wollten sich aber auch nicht dem Vorwurf des „politischen Katholizismus" aussetzen; dieses Schlagwort lähmte den deutschen Episkopat und veranlaßte selbst Zentrum und BVP zu der öffentlichen Erklärung, sie würden von den Bischöfen keinerlei Anweisungen in politischen Dingen entgegennehmen. Die Sprachregelung der Hirtenbriefe war von dieser absurden Einstellung auch katholischer Kreise aufs stärkste beeinflußt; die Gesetze historischer Kritik verlangen, daß man historische Zeugnisse aus ihren eigenen Voraussetzungen beurteilt, aber auch nach den Voraussetzungen, die mit der literarischen Gattung gegeben sind. Hirtenbriefe sind nicht laut und lärmend wie Propagandaschriften, was in ihnen zum Ausdruck kommt, kann trotzdem für den, der ihre Sprache zu verstehen lernt, sehr aufschlußreich sein.

Unter solchen Aspekten sind auch die Hirtenbriefe der nächsten Zeit zu interpretieren, dann wird man sehen, daß die bayerischen Bischöfe am 5. Mai nicht nur die Absicht Hitlers begrüßten, die Kirche zu fördern, und deshalb die ergangenen Verbote milderten, und daß sie Hitler als die rechtmäßige Obrigkeit anerkannten, sondern daß sie auch festhielten, daß nach wie vor Irrtum Irrtum sei, Unrecht Unrecht, und sie erhoben die alte Forderung nach Gerechtigkeit als dem Fundament der Staaten und nach Freiheit als der Grundlage aller Kultur.

Dasselbe gilt vom Hirtenbrief vom 3. Juni, der das „nationale Erwachen" begrüßte, die Versuche, den Staat wieder auf Autorität zu begründen und die organische Eingliederung der Staatsbürger in das Staatsganze an Stelle der bisherigen Zerrissenheit, die Wiederherstellung der Volksgemeinschaft als positiven Wert charakterisierte. Auch das war nicht die Zustimmung zum System, sondern ein Bekehrungsversuch. Gleichzeitig wurde nämlich auch auf die Zerstörung dieser Gemeinschaft durch Mißachtung der Gerechtigkeit verwiesen, wurden Imperialismus, Militarismus, Verfolgung Andersdenkender, Blut- und Rassenkult abgelehnt und Freiheit der kirchlichen Betätigung und für die kirchliche Presse verlangt. Hier wird auch gewarnt vor jeder Beschneidung der bürgerlichen Freiheit und wird die Überspannung der Autorität Unrecht genannt, wird protestiert gegen die „Ausmerzung" der bisherigen Parteien und ihre Wiedereingliederung in die Gemeinschaft gefordert. Das alles wurde freilich im Stil der

Hirtenbriefe vorgetragen, sanft, bescheiden und zurückhaltend – trotzdem steht es da und sollte von einem kritischen Historiker verstanden werden. Vollends das Reichskonkordat unter die opportunistischen Schritte zur Anpassung an das System zu rechnen, ist im höchsten Maße unhistorisch. Wer auf die außenpolitische Wirkung des Abschlusses verweist, der Hitler die moralische Anerkennung bei den europäischen Nationen eingetragen habe, macht sich die eigene Begründung Hitlers zu eigen. Kardinal-Staatssekretär Pacelli hat gegen diese Begründung protestiert, auch die politische Wirklichkeit stellt sich anders dar. – Das Reichskonkordat, das der Kirche weiter entgegenkam als alle ähnlichen Abschlüsse aller Zeiten, insofern es sogar die bisher so umstrittene Konfessionsschule unter den Schutz des Staates stellte, war von Hitler beschlossen worden, um Kirche und Zentrum zu trennen, um das Zentrum zu isolieren und aus der Politik auszuschalten; er hatte sich, als im März noch die Verhandlungen eingeleitet wurden, die Auflösung der Parteien nicht so leicht vorgestellt, wie sie dann war, und nach dem 7. Juli, dem Ende des Zentrums, konnte er von Papen nur mit Mühe zur Ratifizierung bewogen werden, das entscheidende Argument war die damit verbundene moralische Anerkennung des Regimes. Rom dagegen schloß ab, weil es das Entgegenkommen in der Schulfrage nicht aufs Spiel setzen wollte, weil es für die katholischen Vereine fürchtete und eine völlig zweifelsfreie gesicherte juristische Basis erhielt, von der aus operiert werden konnte. In der Tat war es dank dieses Konkordats länger als ein Jahrzehnt möglich, zu einer Zeit, wo sonst niemand mehr dazu die Möglichkeit besaß, öffentliche Proteste gegen Handlungsweise und Einstellung des Regimes vorzutragen. Dieser juristische Sachverhalt bedingte freilich auch, daß der Kampf gegen den Nationalsozialismus auf dieser ausschließlich religiös und kirchenrechtlich abgesicherten Basis geführt werden mußte. Jede andere, etwa eine demokratische Argumentation, so richtig sie sein mochte, hätte die weitgehend verhetzte Mehrheit des deutschen Volkes mit Sicherheit abgelehnt.

Daß nur ein Teil der deutschen Bischöfe den Abschluß des Konkordats begrüßte – geradezu enthusiastisch Kardinal Faulhaber, der Hitler damit besonders festlegen wollte –, hängt zusammen mit den begründeten Befürchtungen, daß die Parteiorgane sich an die betroffenen Abmachungen nicht halten würden. In der Tat wurde der Kampf der katholischen Jugendvereine um ihre Existenz durch das Konkordat in Bayern in keiner Weise gemildert. Hatten SA und HJ bereits im Juni 1933 die Münchner Tagung der Kolping-Verbände, deren Schirmherrschaft Vizekanzler Papen übernommen hatte, mit Gewalt gesprengt, so erließ Wagner nach dem Konkordat ein Versammlungsverbot für Vereine und Jugendgruppen, für die Jugendgruppen auch ein Verbot, Sport zu treiben, um ihnen ihre Attraktivität zu nehmen, das Vereinsvermögen wurde beschlagnahmt, mehr als 100 Geistliche, die sich an die Verbote nicht hielten, kamen in Schutzhaft, Proteste Faulhabers blieben unbeantwortet, Einsprüche aus Rom nützten nichts. Es war klar, und Hitler sprach das auch deutlich aus, daß die Jugend und damit die Zukunft seiner Partei gehören sollte. In diesen Zusammenhang gehört auch der verbissene Kampf um die Schule. Die im Reichskonkordat garantierte Bekenntnisschule wurde systematisch zurückgedrängt, Unterschriftenaktionen dagegen fanden in den kleinsten Dörfern statt, Erfolg hatten die ausgeklügelten Schikanen, mit denen man den Eltern bei den jährlichen Schuleinschreibungen die Wahl der Simultanschulen nahelegte, besonders in den Großstädten. Vor die Wahl gestellt, weite Schulwege für die Kinder und berufliche Nachteile für sich in Kauf zu nehmen, resignierten die Eltern von Jahr zu Jahr mehr; in München schrieben sich noch 1934 85% für die Bekenntnisschule ein, 1935 65%, 1936 38%, 1937 4%. Damit war der Schulkampf noch nicht völlig gewonnen; im gleichen Jahr wurden auch die Ordensschwestern aus der Schule verbannt, 1700 in Bayern, 1938 wurden die klösterlichen Privatschulen entweder geschlossen oder in staatliche Leitung übergeführt, der Religionsunterricht wurde behindert, zahlreichen Geistlichen wurde Schulverbot erteilt. Um das Volk reif zu machen, all das hinzunehmen, erfand die NS-Propaganda massenhaft sogenannte Devisenvergehen von Geistlichen, Mönchen und Nonnen, eine ungeahnte Steigerung der Propagandalügen brachten die sogenannten Sittlichkeitsprozesse, die 1937 anliefen. Um belastende Aussagen zu erlangen, scheute die Gestapo auch nicht vor Erpressungen zurück, doch da die ordentlichen Gerichte mit den abschließenden Verfahren betraut waren, war das Gesamtergebnis in Wirklichkeit kläglich; von 21000 Weltgeistlichen wurden 49 in Prozesse verwickelt, 21 verurteilt, von 4000 Ordenspriestern gab es neun Prozesse, eine Verurteilung; in der Presse las man es freilich anders. In der bayerischen Presse spielten sich die erdichteten Verfehlungen im Rheinland oder in Ostpreußen ab und umgekehrt. Immerhin war der Propagandaeffekt unverkennbar, so daß die Partei damit rechnete, auch den nächsten Schritt wagen zu können. 1940/41 wurden zahlreiche bayerische Klöster aufgehoben; noch radikaler ging man freilich in Tirol, Holland, Luxemburg und in Elsaß-Lothringen vor, wo kein Kloster übrig blieb.

Es gab auch in diesen Fällen viel regionalen Widerstand, doch die Demonstrationen blieben ohne Allgemeinwirkung. Als aber 1941 Innenminister und Kultusminister Wagner auch die Kreuze aus den Schulen nehmen lassen wollte, wurde der Widerstand allgemein, wurden die Aufläufe so heftig, daß er sich gezwungen sah, den Erlaß zurückzunehmen. Vielleicht wäre das jenes Rezept gewesen, nach dem man von Anfang an hätte verfahren sollen. Aber in dieser Methode waren die Kirchen nicht geübt. Die evangelische Landeskirche hatte geringere Schwierigkeiten, aber auch schwächere Waffen, die Autorität des Landesbischofs besaß von vorneherein nicht das Gewicht wie auf katholischer Seite. Aber trotz der verlockenden Versprechungen, welche die Partei den „Deutschen Christen" machte, jener Gruppe, die sich ganz mit den Nationalsozialisten arrangiert hatte, hielten 95% der Pfarrer in Bayern zum Landesbischof Meiser. Auch sind die SD-Berichte und die Regierungspräsidentenberichte Zeugnisse der tapferen Haltung vieler Pfarrer im Land, die nicht weniger gefährdet waren als ihre katholischen Amtsbrüder. So hat etwa der Münchener Pfarrer Sammetreuther, der zur Führungsgruppe der „Bekennenden Kirche" gehörte, zum gleichen Thema zu predigen gewagt wie Kardinal Faulhaber 1933, er erhielt freilich Redeverbot, die herausragende Stellung, die einen Bischof schützen mochte, besaß er nicht. Um so größer war das Risiko.

Der katholische Widerstand gegen die Übergriffe der Partei gegen Kirche und Kirchenangehörige wurde in erster Linie von den Bischöfen geführt, die rechtliche Basis war das Reichskonkordat, die wichtigste Waffe der Bischöfe der juristische Protest oder der Hirtenbrief, Höhepunkte der Auseinandersetzung waren die berühmten Predigten Faulhabers, des Berliner Bischofs v. Preysing, und des Bischofs von Münster Graf Galen. Die Partei reagierte zwar kaum auf juristische Schritte, öffentlicher Protest jedoch wirkte in der Regel sofort. So hatte Kardinal Faulhaber nahezu pausenlos 1933 Proteste und Denkschriften wegen Konkordatsverletzungen an die bayerische Staatsregierung gerichtet, stets vergebens, doch als er zur Volksabstimmung am 12. November seinen Protest an die Öffentlichkeit trug, war Wagner über diesen Hirtenbrief außerordentlich erregt, zumal Faulhaber hier auch energisch für die getauften Juden eintrat. Vollends seine großen Adventspredigten 1933 mit der abschließenden Sylvesterpredigt, die dann unter dem Titel „Judentum, Christentum, Germanentum" als Buch erschienen und in sieben Sprachen übersetzt wurden, mit einer Auflage von 250000, eine grandiose Auseinandersetzung mit der nationalsozialistischen Rassenlehre, traf die Partei so, daß SA gegen das erzbischöfliche Palais aufmarschierte und die Fenster einwarf, nächtlicherweile Schüsse auf die Wohnung des Kardinals abgegeben wurden und Hitler persönlich seine Erbitterung bekundete. Er unternahm jedoch keine weiteren Schritte, im Gegenteil; als Faulhaber im Juni 1934 einen Hirtenbrief mit scharfer Verurteilung der Rassenlehre und Reduzierung der Sittlichkeit auf den Nutzen des Volkes erließ, versprach Hitler, durch einen Erlaß die Parteiorgane zur Respektierung der kirchlichen Rechte zu veranlassen. Freilich wurde der Erlaß nie Wirklichkeit und der Hirtenbrief wurde von der Gestapo beschlagnahmt, aber Faulhaber entnahm dem Vorgang doch die Hoffnung, mit Hitler zu einer Verständigung zu kommen. Als es ihm gelang, im November 1936 zu Hitler vorzudringen, trug er ihm, im Glauben, der Reichskanzler wisse von den Übergriffen seiner Partei nichts und sei persönlich guten Willens, die kirchlichen Beschwerden vor, nur um sich mit leeren Versprechungen abspeisen zu lassen. Im Gegensatz zu Faulhaber nahm allerdings Pius XI. die Worte Hitlers nicht ernst, sondern verlangte die deutliche, öffentliche Klarstellung der Übergriffe, Konkordatsbrüche und der grundsätzlichen Feindschaft gegen Christentum und Kirche. An dem Entwurf zu der Enzyklika „Mit brennender Sorge" beteiligte er auch Faulhaber, dessen Wortwahl trotz seiner Einschätzung Hitlers an Schärfe nichts zu wünschen übrig ließ. In dieser Enzyklika wurden nicht nur aktuelle Beschwerden vorgetragen, es ging vor allem um die grundsätzliche Verurteilung der nationalsozialistischen Weltanschauung mit ihrer Mißachtung der sittlichen und natürlichen Ordnung wie der von Gott stammenden Rechte des Individuums. Es gelang der Partei nicht, die Verlesung der Enzyklika zu verhindern, so wie es schon 1936 unter dem Druck der Volksstimmung nicht gelungen war, die Verlesung eines Hirtenbriefs Faulhabers zu unterbinden, der gegen das Vorgehen gegen die klösterlichen Lehrkräfte protestiert hatte; Wagner nahm sogar den Befehl zurück, die Pfarrer zu verhaften, die es trotz Verbot wagten, den Hirtenbrief zu verlesen, sondern ordnete nur die Notierung der Namen an, es waren an die 4000.

Die Enzyklika, ohne Zweifel der Höhepunkt der Auseinandersetzung der katholischen Kirche mit dem NS-Staat, verschärfte den Kirchenkampf erheblich, die Bischöfe befürchteten eine Kündigung des Konkordats, Hitler selbst ordnete die verstärkte Fortführung der Sittlichkeitsprozesse an. Die Übergriffe rissen nicht mehr ab, Verbote der Verbreitung von Hirtenbriefen, Einziehung von kirchlichen Amtsblättern, Enteignung kirchlicher Druckereien, Haussuchungen in Ordinariaten. Die eingelegten Beschwerden nützten nichts. Das war der Zeitpunkt, wo einzelne Bischöfe anfingen, mutlos zu werden, während bei anderen die Opposition nur um so grundsätzlicher wurde. Während die österreichischen Bischöfe, die glaubten, an diplomatischer Geschmeidigkeit den deutschen weit überlegen zu sein, 1938 den „Anschluß" begrüßten, nicht ohne von Rom scharf gemaßregelt zu werden, lehnte Faulhaber jede positive Stellungnahme dazu ab, Bischof Sproll von Rottenburg, der sich geweigert hatte, überhaupt zur Wahl zu gehen, wurde aus seiner Diözese verbannt und nahm in Bayern Aufenthalt. Es gelang aber nicht, die Bischöfe zu geschlossenen Protesten zu bewegen, Faulhaber jedoch muß man von der allgemeinen Mutlosigkeit ausnehmen; er hatte sich zwar von Hitler täuschen lassen, aber an seiner absoluten Prinzipientreue gibt es keinen Zweifel. So wie er schon 1934 gegen die Euthanasie protestiert hatte, protestierte er erneut 1940, als unter Ausnutzung des Krieges die systematische Tötung Geisteskranker einsetzte, er trat erneut, wie schon 1933, für die getauften Juden ein und forderte von Kardinal Bertram zu Fulda einen Protest der deutschen Bischöfe gegen die Deportation aller Juden. Bertram lehnte das ab, er hielt sich nach wie vor an die einzige Waffe, die er zu haben glaubte, das Konkordat; daß ein ähnlicher Protest der holländischen Bischöfe zwei Jahre später nur zur Verschärfung und Beschleunigung der Aktionen führen sollte, konnte er noch nicht wissen. Erst als sich 1941 das Ringen zwischen Kirche und Partei erneut verschärfte, durch die Aufhebung der Klöster, legte auch Bertram Protest ein, 1943 protestierte er sogar, wie auch Groeber von Freiburg, nur nicht in der kühnen Form des Bischofs von Münster 1941, gegen die Tötung Geisteskranker, aber einen geschlossenen Schritt des Episkopats lehnte er 1941 wie 1943 ab. Faulhaber dagegen verlas 1941 persönlich eine Denkschrift an die Reichsregierung, die sich gegen die Klosteraufhebung, aber auch gegen die Euthanasie und die Judenverfolgung wandte, er verlas im September 1943 auch den Hirtenbrief über den Dekalog, den Bertram erst angeregt, dann, unter dem Eindruck des Vorwurfs des Reichskirchenministers, der Feindpropaganda damit Material zu bieten, wieder abgelehnt hatte. Es war die letzte Kundgebung des Gesamtepiskopats, durchgesetzt durch den Münchner Kardinal.

Die Tatsache, daß daraufhin nichts geschah, zeigt, daß Bertram unrecht hatte, der nichts mehr fürchtete als den offenen Bruch, der immer auch der Gegenseite eine Brücke offenhielt. Er orientierte sich am Kulturkampf, der auch für die Kirche ungute Folgen nach sich gezogen hatte; an die Begeisterung, die eine offene Kampfansage auslösen kann, an das Zusammengehörigkeitsgefühl, das sich im Kampf bildet, dachte er nicht. Für jene politische Welt, der er gegenüberstand, fehlte ihm jedes Verständnis, er glaubte immer noch an eine legale und gesetzesbewußte Obrigkeit. Dieser Glaube war auch Faulhaber nur schwer, nach vielen Enttäuschungen zu nehmen, aber dann war er bereit, ohne Rückhalt zu kämpfen. Nur damit waren auch Klerus und Volk zu überzeugen.

In Eichstätt, wo Bischof Rackl selbst die Funktion eines von der Regierung verbannten Pfarrers übernahm, unter ungeheuerem Zulauf der Bevölkerung, waren von den Schülern des humanistischen Gymnasiums 1935 nur 20% bei der HJ, und nach der Zerschlagung aller Jugendgruppen wurden Bibelabende veranstaltet mit Hunderten von Teilnehmern. Riesige Zuhörermassen hatten auch die Predigten des Münchener Jesuitenpaters Rupert Mayer, der seit 1923 vor dem Nationalsozialismus gewarnt hatte und der ungeachtet aller Drohungen seine Anklagen gegen das Regime von der Kanzel erließ. Als er 1937 verhaftet wurde, trat Faulhaber in seiner Predigt „Flammenzeichen" für ihn ein, man wagte nicht, ihn länger als einige Monate festzuhalten. 1939 allerdings, im Zusammenhang mit der Verhaftung der Monarchistengruppe Harniers wurde er erneut verhaftet, doch aus Besorgnis, er könnte im Konzentrationslager sterben und so, bekannt wie er war, zum Märtyrer werden, wurde er 1940 ins Kloster Ettal verbannt, ausgeschaltet, aber auch ein Denkmal des wirklichen Widerstands wie kaum einer sonst.

Sontheimer stellt fest, die Kirche habe um der eigenen Selbstbehauptung willen Widerstand geleistet, das sei aber kein echter Widerstand, vor allem kein politischer Widerstand. Wer selbst Priester gekannt hat, Erzieher gehabt hat, die im Zusammenhang mit dem Nationalsozialismus ihren Hörern und Schülern mit allem Nachdruck eingeschärft haben, daß man Gott mehr gehorchen müsse als den Menschen, weiß, welche politische Wirkung, um von der religiös-sittlichen zu schweigen, eine solche Haltung hat. Menschen, die durch eine solche Schule gegangen sind, waren für die Ziele von SA und SS nicht zu brauchen. Hitler wollte auch die Herrschaft über die Seelen, die Gewissen, er wollte die totale Verfügbarkeit des Volkes, doch die Kirche hat an dieser zentralen Stelle den letzten Durchbruch des NS-Regimes verhindert. Nicht anders wurde ihre Haltung auch aufgefaßt, wie aus den SD-Berichten hervorgeht; selbst die gemäßigten Hirtenbriefe von 1933 wurden als Kampfansage gegen die Rassenlehre und die Judenverfolgung, vor allem gegen den totalen Staat empfunden. Die Kirche hat zwar nicht den Sturz der Staatsführung zum Ziel gehabt, was nach Auerbach das einzige Kriterium für politischen Widerstand darstellt, doch selbst in diesem Bereich, der ja keine absoluten, sondern nur relative Kriterien kennt, wie Hofer richtig feststellt, ist die Wirkung der kirchlichen Verkündigung unabschätzbar. Es läßt sich nicht leugnen, die Hirtenbriefe der deutschen Bischöfe, ihre Predigten und die vieler Geistlicher beider Konfessionen waren das einzige Wort der Kritik am Regime, das in Deutschland damals möglich war. Schon die Tatsache, daß jemand es wagte, immer wieder öffentliche Beschwerden, Mahnungen, Proteste gegen die Bewegung und gegen die Regierung vorzutragen, war Ermutigung zum Widerspruch, vor allem zu innerer Distanzierung; es wurde klar, daß es einen Bereich gab, in dem der NS-Staat im Unrecht war, das weckte Zweifel, regte zum Nachdenken an, lähmte nicht zuletzt die Bereitschaft, für diesen Staat selbst Unrecht zu tun. Ein radikaler Bruch mit diesem Staat, wie ihn Lewy von den deutschen Katholiken unter Führung ihrer Bischöfe fordert, wäre allerdings nicht möglich gewesen, nicht nur wegen der organisatorischen Schwierigkeiten, sondern auch, weil mit dem Gehorsam der Katholiken im politischen Bereich nicht zu rechnen war. Wirksam war allein die Behauptung des Rechts im eigenen, dem religiösen Gebiet. Schon sie entlarvte den SS-Staat als Unrechtsstaat.

Die Wirksamkeit des kirchlichen Widerstands belegen die schon erwähnten Geheimberichte; von der Sorge, die man sich angesichts der Haltung vieler Prediger machte, zeugten auch die Maßnahmen, die man gegen sie ergriff. Etwa 1 000 Geistliche waren allein Häftlinge in Dachau, mit den polnischen Geistlichen waren es 2762, 1034 davon sind gestorben. Hunderte von Schulverboten wurden für bayerische Geistliche ausgesprochen, Hunderte von Priestern wurden verhaftet und vor den „Volksgerichtshof" gestellt, 99 erhielten Gefängnisstrafen, 47, soweit man sicher sagen kann waren im KZ, 11 wurden hingerichtet. Wer rigoros sein will, kann natürlich verlangen, daß alle Träger eines geistlichen Amtes oder gar alle Christen so entschieden Stellung bezogen, daß sie solche Konsequenzen herausgefordert hätten. Was zählt, ist auch hier die Einhaltung der Mitte. Es gibt sehr viele, die deutlich genug ihre Meinung äußerten, ohne ihr und anderer Menschen Leben zu gefährden; selbst im Krieg war es möglich, den letzten Konsequenzen auszuweichen, ohne sich etwas zu vergeben.

Die Berichte des Sicherheitsdienstes wie der Regierungspräsidenten stellen übereinstimmend fest, daß der Nationalsozialismus in Bayern auf dem Land „keinen Schritt vorangekommen" sei, auch die Jugend wolle von der NS-Weltanschauung nichts wissen. Sicher war daran nicht nur der Einfluß der Kirche schuld, sondern auch die Kriegsmüdigkeit, die seit 1943 eine immer tiefer greifende Apathie erzeugte, auch der Terror der Parteistellen, der nur Furcht schaffte, aber keine Gefolgschaft. Das zeigte sich auch in dem raschen Zusammenbruch Bayerns, der auch durch das erschreckende Ausmaß an Zerstörung durch die alliierten Bombenangriffe beschleunigt wurde. Würzburg wurde am schwersten betroffen, mit etwa 75% zerstörten Wohnraums, dann folgte Nürnberg mit 51%, Aschaffenburg, Bayreuth und Schweinfurt mit etwa 38%, München wurde zu einem Drittel zerstört. Nirgends fast hat der Volkssturm, das letzte Aufgebot, wirklich gekämpft. Am 26. März überschritt die amerikanische Armee den Main bei Aschaffenburg, am 7. April nahm sie Würzburg, am 20. Nürnberg, am 30. war München besetzt.

Man hat diesen Vorgang auch bei uns, nicht nur in den von deutschen Truppen besetzten Gebieten, vielfach als Befreiung empfunden, wie viele Berichte bezeugen. Was Bayern betrifft, als Ganzes, als Staat, als geistige und räumliche Heimat von Millionen Menschen, begann, und das rechtfertigt dieses Gefühl, bald nach der Besetzung neues politisches Leben, es war wieder möglich, auf eine staatliche Existenz in Selbstbestimmung und Eigenverantwortung zu hoffen. Daß Bayern wieder ein Staat wurde, nachdem es 12 Jahre lang in vieler Hinsicht fast wie eine Privatkolonie machtbesessener Gauleiter behandelt worden war, war vielen Umständen zu danken. Die Pläne der Alliierten, die auf keinen gemeinsamen Nenner zu bringen waren, sahen alle möglichen staatlichen Formen und Einheiten vor. Die Tatsache vor allem, daß Bayern fast zur Gänze unter die Verwaltung der amerikanischen Armee kam, entschied über seinen Fortbestand als Verwaltungseinheit; daß die Pfalz zur französischen Besatzungszone kam, hat allerdings auch die definitive Trennung von Bayern bewirkt, nachdem in den Kriegsjahren die praktische Loslösung schon sehr weit fortgeschritten war.

Die erste Stufe im Zuge der Wiederentstehung Bayerns als eigener Staat stellte die Bestellung des letzten Vorsitzenden der Bayerischen Volkspartei Fritz Schäffer am 18. Mai 1945 als vorläufigen Ministerpräsidenten von Bayern dar. Er wurde zwar bald von der Militärregierung wieder abgesetzt, auf Grund von Meinungsverschiedenheiten in vielen Fragen, in denen sogar der Militärbefehlshaber, General Patton, zum Teil auf seiner Seite stand, doch auch Patton mußte gehen. Der neue Ministerpräsident Dr. Wilhelm Hoegner, bis 1933 führender Abgeordneter der SPD, ein besonderer Kenner des Staatsrechts, bildete, nachdem Ende September 1945 in der amerikanischen Besatzungszone die Neubildung der Länder verfügt worden war, eine Regierung unter Berücksichtigung aller politischen Richtungen. Seine Vorstellungen über den Aufbau eines neuen gesamtdeutschen Staates als Bund freier Staaten und die Bildung starker Länder mit umfassenden staatlichen Kompetenzen wurden vom Außenministerium der Vereinigten Staaten zur Kenntnis genommen, sie in der eigenen Partei durchzusetzen, war allerdings nicht einfach. Daß die neuen oder wiederentstandenen Parteien, SPD, KPD und die aus der BVP hervorgegangene, aber als Sammelbewegung aller christlichen und konservativen Kräfte gedachte CSU von der Besatzungsmacht zunächst nur auf Landesebene zugelassen wurden, bedeutete einen ersten wichtigen Schritt hin zur föderativen Grundlegung auch des neuen gesamtdeutschen Staates. Die Bildung eines eigenen bayerischen Landesverbandes der SPD stieß allerdings auf schärfste Kritik Kurt Schumachers, des Vorsitzenden der SPD in der britischen Besatzungszone, während die CSU auch darin die Tradition der BVP fortsetzte, daß sie sich gegenüber der sonst überall neuentstandenen CDU als eigene Partei empfand.

Nicht nur die Militärregierung in Bayern, auch Ministerpräsident Hoegner legte größten Wert auf die demokratische Grundlegung des neuen bayerischen Staates, sie erfolgte über die Konstituierung der Selbstverwaltung in den Gemeinden und Landkreisen noch 1946, vor allem durch den Erlaß einer neuen Bayerischen Verfassung.

Die Bayerische Verfassung, die mit eindrucksvoller Mehrheit angenommen und am 2. Dezember 1946 ausgefertigt wurde, merzte einige der Schwächen der Verfassung von 1919 aus, entfernte sich aber im übrigen nicht allzu weit von ihr. Die Abgeordneten wurden nach einem verbesserten Verhältniswahlrecht gewählt, das sowohl die Direktwahl der Stimmkreisabgeordneten kennt wie die Berücksichtigung aller für eine Partei abgegebenen Stimmen. Die Abgeordneten wählen den Ministerpräsidenten und stimmen der Ministerliste zu, in bestimmten Formen sind auch Volksbegehren vorgesehen, eine zweite Kammer, der Senat, der berufsständisch zusammengesetzt ist, soll als sachliches Korrektiv gegenüber dem von den Parteien gebildeten Landtag dienen, seine Kompetenzen sind allerdings hier eingeschränkt. Hoegner brachte es im Interesse der Gemeinsamkeit aller demokratischen Parteien und in Erkenntnis der starken kirchlichen Position in Bayern sogar fertig, über den eigenen Schatten zu springen – er war grundsätzlich für Trennung von Kirche und Staat – und in der Schulfrage die Kirchenverträge zur Grundlage zu nehmen, wobei ihm schließlich auch seine Partei folgte. Seinem Vorschlag allerdings, zur Verstärkung der bayerischen Eigenstaatlichkeit einen Staatspräsidenten an die Spitze des Staates zu stellen, folgte sie nicht, auch ein starker Flügel der CSU unter Führung des fränkischen Abgeordneten Dr. Josef Müller stimmte dagegen, er wurde mit 85 zu 84 Stimmen abgelehnt und damit die Möglichkeit vertan, eine überparteiliche Autorität, etwa die des immer noch allerorts verehrten Hauses Wittelsbach, für den inneren Zusammenhalt Bayerns zu nutzen.

Die rasche und bemerkenswert kraftvolle Konsolidierung des bayerischen Staates wirkte sich auch, anders als 1919, bei der Neugestaltung der staatlichen Verhältnisse in Gesamtdeutschland entscheidend aus. Die föderative Grundstruktur des neuen Staatswesens war zwar schon durch eine Reihe von Maßnahmen der Besatzungsmächte, nicht zuletzt auch durch ihre gegenseitige Eifersucht, weitgehend festgelegt, auch Wilhelm Hoegner hat besonders die amerikanische Militärregierung wie das State Department in dieser Richtung zu beeinflussen vermocht, doch ist auch das Verdienst seines Nachfolgers Ehard unbestreitbar. Er stand, historisch wie juristisch durchaus zurecht, auf dem Standpunkt, daß die bereits existierenden Länder es seien, die den neuen Bund bildeten, daß also „die Vollmachten des Bundes und seiner Organe durch Übertragung der Staaten und nicht umgekehrt“ zustande kämen – wie man 1919 argumentiert hatte. Entsprechend sollte auch die Verteilung der Kompetenzen sein. Allerdings war es ihm trotz seiner bedeutsamen Initiativen, die im Gesamtvorgang der Bildung der Bundesrepublik nicht mehr wegzudenken sind, nicht möglich, wieder zurückzulenken zur Bismarckschen Reichsverfassung, wie es ihm als Ideal vorschwebte. Die übrigen Länder, die – außer der CSU – nach wie vor zentralistischen Parteien, aber auch die Militärregierung machten erhebliche Abstriche. Der Aufbau vollzug sich in einer langen Stufenreihe.

Eine der wichtigsten Stufen war die Münchner Ministerpräsidentenkonferenz vom 6./7. Juni 1947, zu der Ehard eingeladen hatte. Ihr Ergebnis war einerseits der Bruch mit den Ländern der Ostzone, andererseits aber auch die bessere Zusammenarbeit in wirtschaftlicher Hinsicht und ein verstärktes Zusammenrücken der Länder der westlichen Besatzungszonen. Die Institutionalisierung dieses Ergebnisses folgte in Kürze, die Bildung eines Länderrates und des Wirtschaftsrates als Parlament der Bizone, der amerikanischen und britischen Zone, im Februar 1948, bis Juni 1948 kam es dann zum Zusammenschluß der drei westlichen Besatzungszonen, den Schnitt durch die deutsche Einheit machte dann die Währungsreform vom 20. Juni 1948 unwiderruflich, die in der Ostzone nicht mitgemacht wurde.

In diesem Stadium machte wieder der bayerische Ministerpräsident Ehard den Vorschlag zur Bildung einer deutschen Bundeskonferenz, konkretisiert wurde dieser vorbereitende Schritt zur Bildung eines westdeutschen Bundesstaates durch die Anweisung der Militärgouverneure zur Bildung einer verfassunggebenden Versammlung der westdeutschen Länder im Juni 1948. Auf Einladung Ehards tagte daraufhin vom 10. bis 21. August auf Herrenchiemsee ein Ausschuß für Verfassungsfragen, der aus Mitgliedern der Länderregierungen gebildet war und dessen Beratungen ein „Entwurf eines Grundgesetzes" von bayerischer Seite zugrunde lag. In Unterausschüssen wurden bereits hier die Grundzüge der Bundesverfassung – die man ihres provisorischen Charakters wegen, und um der künftigen Einheit Gesamtdeutschlands nicht vorzugreifen „Grundgesetz" nannte – erarbeitet, entschieden wurde über sie in einer verfassunggebenden Versammlung. Am 1. September 1948 konstituierte sich der als solche fungierende „Parlamentarische Rat" in Bonn, der aus Abgeordneten aller Parteien bestand, als Präsident wurde Konrad Adenauer, der Vorsitzende der CDU in der britischen Besatzungszone, gewählt. Wie 1919 kam es zu erbitterten Auseinandersetzungen über das Verhältnis des Bundes zu den Ländern. Die bayerischen Vorstellungen waren sehr präzise. Ehard forderte, daß die Bundesverfassung der Zustimmung der Länder bedürfe, daß ein Bundesrat zu bilden sei, der aus weisungsgebundenen Mitgliedern der Länderregierungen bestehen und der wie 1871, wie die bayerischen Reformvorschläge bis 1932 gefordert hatten, als zweite Kammer dem Bundestag völlig gleichberechtigt gegenüberstehen sollte, und schließlich forderte er, daß die Bundeskompetenzen, vor allem die Bundeseinnahmen klar und jedem Streit entzogen umrissen werden müßten. Eine Bestimmung wie die des Artikels 13 der Weimarer Verfassung, „Bundesrecht bricht Landesrecht", lehnte er entschieden ab. Gegen den Widerstand der SPD, der CDU Adenauers und der Militärregierung setzte sich Ehard nur teilweise durch; der Bundesrat wurde zwar gebildet, aber er erhielt nicht volle Gleichberechtigung mit dem Bundestag, auch wurde die Finanzhoheit zwischen Bund und Ländern geteilt. Die CSU sah sich deshalb, mit wenigen Ausnahmen, nicht in der Lage, dem Grundgesetz zuzustimmen, da sie ein Überwiegen der zentralistischen Tendenzen konstatierte. Bedenken hatte auch Hoegner. So lehnte der Bayerische Landtag nach harten Debatten im Mai 1949 mit 101 zu 64 Stimmen die Annahme des Grundgesetzes ab, erklärte sich jedoch bereit, seine Verbindlichkeit auch für Bayern anzuerkennen, wenn zwei Drittel der Länder zustimmten. Da das der Fall war, unterschrieben am 23. Mai 1949 auch der bayerische Ministerpräsident und der Landtagspräsident das Grundgesetz. Wie das bayerische Volk darüber dachte, zeigt das Wahlergebnis bei der ersten Bundestagswahl am 14. April 1949. Die CSU erhielt nur mehr 29,9% der Stimmen, dafür die neugebildete Bayernpartei, die in der Bundesverfassung die Wiedererstarkung des Zentralismus Weimarer Prägung kritisierte und auch sonst mit vielen Gegebenheiten der Nachkriegszeit unzufrieden war, erhielt 20,9%, das heißt, daß in Bayern an die 50% der Bevölkerung (die CSU war nicht bis zum letzten Mann dagegen) die Bundesverfassung ablehnten, ein ganzes Fünftel radikal. Man wird aber zugeben müssen, daß mit der Erweiterung der Kompetenzen des Bundesrats gegenüber dem Weimarer Reichsrat und der Teilung der Finanzhoheit jene Streitpunkte weithin entschärft waren, die während der vierzehn Jahre von 1919 bis 1933 so böses Blut bei den Ländern, vor allem in Bayern, gemacht hatten. Außerdem blieb die Kulturhoheit in vollem Umfang bei den Ländern, die Grundvoraussetzung für die Wahrung der eigenen Identität. Daß Bayern darauf mit Recht Anspruch erhebt, dafür legt seine fünfzehnhundertjährige Geschichte beredtes Zeugnis ab.

Diese Geschichte war kaum je ohne Spannung zwischen den Teilen, den Ländern, und dem Ganzen; nie sollte man aber auch vergessen, daß in der deutschen Geschichte eben diese Teile vor dem Ganzen waren, daß das Reich erst durch den Zusammenschluß der Stämme, 1815 und 1871 durch den freiwilligen Beitritt der Länder gebildet wurde. Nie hat auch ein Übermaß an Vereinheitlichung für das Reich wie für die Länder wirklichen Fortschritt bedeutet; die Zusammenballung an Macht, die sich dabei ergab, hat nur zu oft den Widerstand Europas erregt, die Versuchung für den Träger dieser Macht, Europa unter das deutsche Joch zu zwingen, hat nicht erst Hitler verspürt. So betont eine bayerische Geschichtsbetrachtung den Eigenwert Bayerns nicht aus einer Verengung des Blickwinkels, sondern weil es unerläßlich ist; nur wenn das Ganze und seine Teile im Gleichgewicht stehen, kann es Harmonie geben.

Literatur in Auswahl

Weiterführende Literatur findet der Leser in den unter „Allgemeines" aufgeführten Gesamtdarstellungen und Nachschlagewerken, Spezialliteratur insbesondere in der „Bayerischen Bibliographie".

Die nachfolgende Literaturübersicht enthält vor allem grundlegende Werke. Ferner wird in ihr auch Literatur, die im Text angesprochen wird, mit dem vollständigen Titel nachgewiesen.

Allgemeines

Spindler M. (Hg.), Handbuch der bayerischen Geschichte, 4 Bände, 1967–1975; I² 1981 (hier S. 673–711 ein umfassendes Verzeichnis der Hilfsmittel, Quellen u. Darstellungen).

Riezler S. v., Geschichte Baierns, 8 Bände, 1878–1914; I² 1927; Registerband von Widemann J., 1932.

Doeberl M., Entwicklungsgeschichte Bayerns, 3 Bde., 1906–1931.

Hubensteiner B., Bayerische Geschichte, ⁶1977.

Spindler M., Erbe und Verpflichtung. Aufsätze und Vorträge zur bayerischen Geschichte, 1966.

Prinz F., Gestalten und Wege bayerischer Geschichte, 1982.

Festschrift für Max Spindler zum 75. Geburtstag, hrsg. von *Albrecht* D. – *Kraus* A. – *Reindel* K., 1969.

Festschrift für Andreas Kraus zum 60. Geburtstag, hrsg. von P. *Fried* und W. *Ziegler* (Münchener Histor. Studien, Abt. Bayer. Gesch., hg. von M. *Spindler*, Bd. X) 1982.

Dopsch H., Geschichte Salzburgs. Stadt und Land, bisher 1 Teilband, 1981.

Riedmann J., Geschichte Tirols, 1983.

Bauerreiss R., Kirchengeschichte Bayerns, 7 Bände, 1949–1970; I³ 1974; VI² 1974.

Simon M., Evangelische Kirchengeschichte Bayerns, 1952.

Mitteis-Lieberich, Deutsche Rechtsgeschichte, ¹⁶1981.

Hubensteiner B. – *Pörnbacher* H., Bayerische Bibliothek. Texte aus zwölf Jahrhunderten, bisher 3 Bände, 1978–1981.

Braunfels W., Die Kunst im Heiligen Römischen Reich Deutscher Nation, bisher 4 Bände, 1979–1983.

Schindler H., Große bayerische Kunstgeschichte, 2 Bände, ²1967 (Studienausgabe 1976).

Münster R. – *Schmid* H., Musik in Bayern I: Bayerische Musikgeschichte 1977.

Schremmer E., Die Wirtschaft Bayerns. Vom Hohen Mittelalter bis zum Beginn der Industrialisierung. Bergbau, Gewerbe. Handel, 1970.

Lütge F., Deutsche Sozial- und Wirtschaftsgeschichte, ³1966.

Abel W., Geschichte der deutschen Landwirtschaft vom frühen Mittelalter bis zum 19. Jahrhundert, ³1978.

Kellenbenz H., Deutsche Wirtschaftsgeschichte, 2 Bände, 1977/81.

Spindler M. (Hg.), Bayerischer Geschichtsatlas, 1969.

Historischer Atlas von Bayern, hrsg. von der Kommission für bayerische Landesgeschichte, 1950 ff.

Dokumente zur Geschichte von Staat und Gesellschaft in Bayern, hrsg. von der Kommission für bayerische Landesgeschichte, 1974 ff.
Bayerische Bibliographie, 1927 ff. (von 1928–1958 Teil der Zsch. f. bayer. Landesgeschichte, 1959–1970 Beihefte der ZBLG; seit 1971 als selbständige Monographien hrsg. von der Generaldirektion der Staatlichen Bibliotheken Bayerns).

Römerzeit – Vor- und Frühgeschichte

Materialhefte zur bayerischen Vorgeschichte, hrsg. vom Bayerischen Landesamt für Denkmalpflege, 1952 ff.
Kellner H. J., Die Römer in Bayern, [4]1978.
Dietz K. u. a., Regensburg zur Römerzeit, 1979.
Pauli L., Die Alpen in Frühzeit und Mittelalter, [2]1981.
Werner J. – *Ewig* E. (Hg.), Von der Spätantike zum frühen Mittelalter. Aktuelle Probleme in historischer und archäologischer Sicht (Vorträge u. Forschungen 25), 1979.
Werner J., Die Herkunft der Bajuwaren und der „östlich-merowingische" Reihengräberkreis, in: Aus Bayerns Frühzeit. Friedrich Wagner zum 75. Geburtstag, hrsg. von *Werner* J., 1962, 229–250; wieder in: Zur Geschichte der Bayern, hrsg. von *Bosl* K., 1965, 12–43.
Dachs H., Römerkastelle und frühmittelalterliches Herzogs- und Königsgut an der Donau, ebd. 293–320, bzw. 44–84.
Kraus A., Die Herkunft der Bayern, in: Augsburger Beiträge zur Landesgeschichte Bayerisch Schwabens 1, hrsg. von *Fried* P., 1979, 27–46.
Reindel K., Die Herkunft der Bayern, Deutsches Archiv 37 (1981), 451–473.
Wolfram H., Geschichte der Goten. Von den Anfängen bis zur Mitte des 6. Jahrhunderts, [2]1980.
Zöllner E., Geschichte der Franken bis zur Mitte des 6. Jahrhunderts, 1970.

Zeitalter der Agilolfinger und Karolinger

Reindel K., Bayern im Mittelalter, 1970.
Dannenbauer H., Die Entstehung Europas, 2 Bände, 1959–1962.
Baiernzeit in Oberösterreich. Das Land zwischen Inn und Enns vom Ausgang der Antike bis zum Ende des 8. Jahrhunderts, [3]1977.
Goez W., Über die Anfänge der Agilulfinger, Jahrbuch für fränkische Landesforschung 34/35 (1975), 145–162.
Hlawitschka E., Studien zur Genealogie und Geschichte der Merowinger und der frühen Karolinger, Rheinische Vierteljahresblätter 43 (1979), 81–95.
Classen P., Bayern und die politischen Mächte im Zeitalter Karls des Großen und Tassilos III., in: Mitteilungen des Oberösterreichischen Landesarchivs, Erg.-Band 2, 1978, 169–187.
Kolmer L., Zur Kommendation und Absetzung Tassilos III., ZBLG 43 (1980), 291–327.
Störmer W., Adelsgruppen im früh- und hochmittelalterlichen Bayern, 1972.
Störmer W., Früher Adel. Studien zur politischen Führungsschicht im fränkisch-deutschen Reich vom 8.–11. Jahrhundert, 2 Bände, 1973.

Löwe H. (Hg.), Die Iren und Europa im frühen Mittelalter, 2 Bände, 1982.
Schieffer Th., Winfried-Bonifatius und die christliche Grundlegung Europas, 1954.
Holzfurtner L., Gründung und Gründungsüberlieferung. Quellenkritische Studien zur Gründungsgeschichte der bayerischen Klöster der Agilolfingerzeit und ihrer hochmittelalterlichen Überlieferung, Diss. Masch., München 1982. (erscheint gedruckt voraussichtlich 1984).
Cremifanum 777–1977. Festschrift zur 1200-Jahrfeier des Stiftes Kremsmünster, Mitteilungen des Oberösterreichischen Landesarchivs 12, (1977).
Die Anfänge des Klosters Kremsmünster, Mitteilungen des Oberösterreichischen Landesarchivs, Erg.-Band 2, (1978).
Salzburg im 8. Jahrhundert, Mitteilungen der Gesellschaft für Salzburger Landeskunde 115, 1975 (1976).
Krause H., Die liberi der Lex Baiuvariorum, in: Festschrift für Max Spindler zum 75. Geburtstag, 1969, 41–73.
Schmitt J., Untersuchungen zu den liberi homines der Karolingerzeit, 1977.
Dollinger Ph., Der bayerische Bauernstand vom 9. bis zum 13. Jahrhundert, 1981.
Bischoff B., Die südostdeutschen Schreibschulen und Bibliotheken in der Karolingerzeit, 2 Bände, 1940–1980; I³ 1974.
Schulze H. K., Die Grafschaftsverfassung der Karolingerzeit in den Gebieten östlich des Rheins, 1973.
Metz W., Das karolingische Reichsgut, 1960.
Mitterauer M., Karolingische Markgrafen im Südosten. Fränkische Reichsaristokratie und bayerischer Stammesadel im österreichischen Raum, 1963.
Kraus A., Civitas Regia. Das Bild Regensburgs in der deutschen Geschichtsschreibung des Mittelalters, 1972.
Schmid P., Regensburg. Stadt der Könige und Herzöge im Mittelalter, 1977.
Müller-Mertens E., Regnum Teutonicum. Aufkommen und Verbreitung der deutschen Reichs- und Königsauffassung im hohen Mittelalter, 1970.
Schlesinger W., Beiträge zur deutschen Verfassungsgeschichte des Mittelalters, 2 Bände, 1963.
Goetz H.-W., „Dux" und „Ducatus". Begriffs- und verfassungsgeschichtliche Untersuchungen zur Entstehung des sog. „jüngeren" Stammesherzogtums an der Wende vom neunten zum zehnten Jahrhundert, 1977.
Schmid A., Das Bild des Bayernherzogs Arnulf (907–937) in der deutschen Geschichtsschreibung von seinen Zeitgenossen bis zu Wilhelm von Giesebrecht, 1976.

Welfen und Staufer

Fleckenstein J., Über die Herkunft der Welfen und ihre Anfänge in Süddeutschland, in: Studien und Vorarbeiten zur Geschichte des großfränkischen und frühdeutschen Adels, hrsg. v. *Tellenbach* G., 1957, 71–136.
Engels O., Die Staufer, ²1977.
Die Zeit der Staufer. Geschichte-Kunst-Kultur (Ausstellungskatalog), 5 Bände, 1977–1979.
Mayer Th., Friedrich I. und Heinrich der Löwe, 1957.
Jordan K., Heinrich der Löwe, ²1980.
Kraus A., Heinrich der Löwe und Bayern, in: Heinrich der Löwe, hrsg. v. *Mohrmann* W.-D., 1980, 151–214.
Fichtenau H., Von der Mark zum Herzogtum. Grundlagen und Sinn des Privilegium minus für Österreich, ²1965.

Appelt H., Privilegium minus. Das staufische Kaisertum und die Babenberger in Österreich, [2]1976.
Hallinger C., Gorze-Cluny. Studien zu den monastischen Lebensformen und Gegensätzen im Hochmittelalter, 2 Bände, 1950–1951.
Weinfurter S., Salzburger Bistumsreform und Bischofspolitik im 12. Jahrhundert. Der Erzbischof Konrad I. von Salzburg (1106–1147) und die Regularkanoniker, 1975.
Lammers W., Weltgeschichte und Zeitgeschichte bei Otto von Freising, 1977.

Das Herzogtum der Wittelsbacher

Spindler M., Die Anfänge des bayerischen Landesfürstentums, 1937.
Glaser H. (Hg.), Wittelsbach und Bayern (Ausstellungskatalog) I/1: Die Zeit der frühen Herzöge, 1980.
Störmer W., Stadt und Stadtherr im wittelsbachischen Altbayern des 14. Jahrhunderts, in: Stadt und Stadtherr im 14. Jahrhundert, hrsg. v. *Rausch* W., 1972, 257–273.
Grad T. (Hg.), Die Wittelsbacher im Aichacher Land, 1980.
Volkert W., Die älteren bayerischen Herzogsurbare, Blätter für oberdeutsche Namenforschung 7 (1966), 1–32.
Wiesflecker H., Meinhard der Zweite. Tirol, Kärnten und ihre Nachbarländer am Ende des 13. Jahrhunderts, 1955.
Lütge F., Die mittelalterliche Grundherrschaft und ihre Auflösung, [2]1957.
Fried P., Herrschaftsgeschichte der altbayerischen Landgerichte Dachau und Kranzberg im Hoch- und Spätmittelalter sowie in der frühen Neuzeit, 1962.
Haverkamp A., Das Bambergische Hofrecht für den niederbayerischen Hochstiftsbesitz, ZBLG 30 (1967), 423–506.

Von Ludwig dem Bayern bis zum Ende des Mittelalters

Angermeier H., Königtum und Landfriede im deutschen Spätmittelalter, 1966.
Krieger K.-F., Die Lehnshoheit der deutschen Könige im Spätmittelalter (ca. 1200–1437), 1979.
Brunner O., Land und Herrschaft. Grundfragen der territorialen Verfassungsgeschichte Österreichs im Mittelalter, [5]1965.
Homann H.-D., Kurkolleg und Königtum im Thronstreit von 1314–1330, 1974.
Bansa H., Die Register der Kanzlei Ludwigs des Bayern (Quellen und Erörterungen zur Bayerischen Geschichte NF 24/1) 1971.
Lieberich H., Kaiser Ludwig der Baier als Gesetzgeber, Zeitschrift für Rechtsgeschichte Germ. Abt. 76 (1959), 173–245.
Schütz A., Die Appellationen Ludwigs des Bayern aus den Jahren 1323/24, Mitteilungen des Instituts für österreichische Geschichtsforschung 80 (1972), 71–112.
Schütz A., Die Prokuratorien und Instruktionen Ludwigs des Bayern für die Kurie (1331–1345). Ein Beitrag zu seinem Absolutions-Prozeß, 1973.
Schwöbel H.-O., Der diplomatische Kampf zwischen Ludwig dem Bayern und der Römischen Kurie im Rahmen des kanonischen Absolutionsprozesses 1330–1346, 1968.
Koller H., Die Residenz im Mittelalter, Jahrbuch für Geschichte der oberdeutschen Reichsstädte. Eßlinger Studien 12/13 (1966/67), 9–39.

Seibt F., Karl IV. Ein Kaiser in Europa (1346–1378), 1978.
Bansa H., Herzog Stephans II. Wirken in Schwaben und im Elsaß 1343 bis 1347, ZBLG 33 (1970), 939–968.
Hofacker H.-G., Die schwäbischen Reichslandvogteien im späten Mittelalter, 1980.
Straub Th., Herzog Ludwig der Bärtige von Bayern-Ingolstadt und seine Beziehungen zu Frankreich in der Zeit von 1391–1415, 1965.
Rankl H., Das vorreformatorische landesherrliche Kirchenregiment in Bayern (1378–1526), 1971.
Lieberich H., Landherrn und Landleute. Zur politischen Führungsschicht Baierns im Spätmittelalter, 1964.
Ziegler W., Studien zum Staatshaushalt Bayerns in der zweiten Hälfte des 15. Jahrhunderts. Die regulären Kammereinkünfte des Herzogtums Niederbayern 1450–1500, 1981.
Angermeier H., Bayern und der Reichstag von 1495, Historische Zeitschrift 224 (1977), 580–614.
Deutsche Reichstagsakten unter Maximilian I. 1488–1490, bearbeitet v. *Bock* E. (Deutsche Reichstagsakten, Mittlere Reihe III), 2 Halbbände, 1972–1973.
Deutsche Reichstagsakten unter Maximilian I. Reichstag von Worms 1495, bearbeitet von *Angermeier* H. (Deutsche Reichstagsakten. Mittlere Reihe V), 3 Teilbände, 1981.
Deutsche Reichstagsakten unter Maximilian I. Reichstage von Lindau, Worms und Freiburg 1496–1498, bearbeitet von *Gollwitzer* H. (Deutsche Reichstagsakten. Mittlere Reihe VI) 1979.
Wiesflecker H., Kaiser Maximilian I. Das Reich, Österreich und Europa an der Schwelle zur Neuzeit, 4 Bände, 1971–1981.
Rankl H., Staatshaushalt, Stände und „Gemeiner Nutzen“ in Bayern 1500–1516, 1976.

Humanismus und Reformation

Aventinus und seine Zeit (1477–1534), hrsg. von *Sitzmann* G. H., 1977.
Dünninger E., Johannes Aventinus. Leben und Werk des bayerischen Geschichtsschreibers, 1977.
Schmid A., Die historische Methode des Johannes Aventinus, Blätter für deutsche Landesgeschichte 113 (1977), 338–395.
Mohrmann W.-D., Angelus Rumpler als Humanist, Ostbairische Grenzmarken 14 (1972), 155–174.
Kraus A., Bayerische Geschichtswissenschaft in drei Jahrhunderten. Gesammelte Aufsätze, 1979.
Boehm L., Humanistische Bildungsbewegung und mittelalterliche Universitätsverfassung, in: Festschrift für Peter Acht zum 65. Geburtstag, 1976, 311–333.
Kausch W., Geschichte der Theologischen Fakultät Ingolstadt im 15. und 16. Jahrhundert (1472–1605), 1977.
Müller R. A., Universität und Adel. Eine soziostrukturelle Studie zur Geschichte der bayerischen Landesuniversität Ingolstadt (1472–1648), 1974.
Seifert A., Statuten- und Verfassungsgeschichte der Universität Ingolstadt (1472–1586), 1971.
Adelmann F. v., Dietrich von Plieningen. Humanist und Staatsmann, 1981.

Acta reformationis catholicae ecclesiam Germaniae concernentia saeculi XVI. Die Reformverhandlungen des deutschen Episkopats von 1520–1570, hrsg. v. *Pfeilschifter* G., 6 Bände, 1959–1974.
Iserloh E., Johannes Eck (1486–1543), 1981.
Seifert A., Logik zwischen Scholastik und Humanismus. Das Kommentarwerk Johann Ecks, 1978.
Rischar K., Professor Dr. Johannes Eck als akademischer Lehrer in Ingolstadt, Zeitschrift für bayerische Kirchengeschichte 37 (1968), 193–212.
Pfnür V., Einig in der Rechtfertigungslehre? Die Rechtfertigungslehre der Confessio Augustana (1530) und die Stellungnahme der katholischen Kontroverstheologie zwischen 1530 und 1535, 1970.
Rischar K., Johann Eck auf dem Reichstag zu Augsburg 1530, 1968.
Rössler H., Geschichte und Strukturen der evangelischen Bewegung im Bistum Freising (1520–1570), 1966.
Roepke C. J., Die Protestanten in Bayern, 1972.
Kaff B., Volksreligion und Landeskirche. Die evangelische Bewegung im bayerischen Teil der Diözese Passau, 1977.
Ortner F., Reformation, katholische Reform und Gegenreformation im Erzstift Salzburg, 1981.
Rischar K., Das Leben und Sterben der Wiedertäufer in Salzburg und Süddeutschland, Mitteilungen der Gesellschaft für Salzburger Landeskunde 108 (1968), 197–207.
Ziegler W., Das Benediktinerkloster St. Emmeram zu Regensburg in der Reformationszeit, 1970.
Franz G., Der deutsche Bauernkrieg, [10]1975.
Blickle P., Die Revolution von 1525, [2]1981.
Metzger E., Leonhard von Eck (1480–1550). Wegbereiter und Begründer des frühabsolutistischen Bayern, 1980.
Lauchs J., Bayern und die deutschen Protestanten. Deutsche Fürstenpolitik zwischen Konfession und Libertät 1534–1546, 1978.
Conrad R., Der Bayerische Reichskreis im 16. Jahrhundert. Die Entwicklung seiner Verfassung von 1530–1580, 1974.
Kohler A., Antihabsburgische Politik in der Epoche Karls V. Die reichsständische Opposition gegen die Wahl Ferdinands I. zum römischen König und gegen die Anerkennung seines Königtums 1524–1534, 1982.
Rabe H., Reichsbund und Interim. Die Verfassungs- und Religionspolitik Karls V. und der Reichstag von Augsburg 1547/48, 1971.
Lutz H., Christianitas Afflicta. Europa, das Reich und die päpstliche Politik im Niedergang der Hegemonie Kaiser Karls V. (1552–1556), 1964.
Lutz H. (Hg.), Das römisch-deutsche Reich im politischen System Karls V. (Schriften des Historischen Kollegs 1), 1982.
Weinfurter St., Herzog, Adel und Reformation. Bayern im Übergang vom Mittelalter zur Neuzeit, Zeitschrift für historische Forschung 10 (1983), 1–39.
Zeeden E. W. (Hg.), Gegenreformation, 1973.
Buxbaum E. M., Petrus Canisius und die katholische Erneuerung des Herzogtums Bayern 1549–1556, 1973.
Zeschik J., Das Augustinerchorherrenstift Rohr und die Reformen in baierischen Stiften vom 15. bis zum 17. Jahrhundert, 1969.
Oswald J., Der päpstliche Nuntius Ninguarda und die tridentinische Reform des Bistums Passau 1578–1583, Ostbairische Grenzmarken 17 (1975), 19–49.

Wittmütz V., Die Gravamina der bayerischen Stände im 16. und 17. Jahrhundert als Quelle für die wirtschaftliche Situation und Entwicklung Bayerns, 1970.
Busley H. J., Zur Finanz- und Kulturpolitik Albrechts V. von Bayern. Studie zum herzoglichen Ratsgutachten von 1557, in: Reformata Reformanda. Festgabe für Hubert Jedin zum 17. Juni 1965, hrsg. v. *Iserloh* E. und *Repgen* K., 1965, 209–235.
Carsten F. L., Princes and Parliaments in Germany. From the Fifteenth to the Eighteenth Century, ²1963.
Kraus A., Le développement de la puissance de l'état dans le principautés Allemandes (XVIe–XVIIe s.), Revue d'histoire diplomatique 89 (1975), 298–319.
Greindl G., Die bayerische Landschaft im 16. Jahrhundert – Organisation, Aufgaben und die Rolle der adeligen Korporation, Diss. Masch. München 1982.
Lanzinner M., Fürst, Räte und Landstände. Die Entstehung der Zentralbehörden in Bayern 1511–1598, 1980.

Das Zeitalter Maximilians I.

Glaser H. (Hg.), Wittelsbach und Bayern (Ausstellungskatalog) II/1: Um Glauben und Reich, 1980.
Die Politik Maximilians I. von Bayern und seiner Verbündeten Januar 1621 – Dezember 1622, bearbeitet v. *Duch* A. (Briefe und Akten zur Geschichte des Dreißigjährigen Krieges in den Zeiten des vorwaltenden Einflusses der Wittelsbacher NF I/2), 1970.
Die Politik Maximilians I. von Bayern und seiner Verbündeten Januar 1633 – Mai 1634, bearbeitet v. *Bierther* K. (Briefe und Akten zur Geschichte dea Dreißigjährigen Krieges in den Zeiten des vorwaltenden Einflusses der Wittelsbacher NF II/8), 1981.
Acta Pacis Westphalicae, Serie II A, Band 1: Die kaiserlichen Korrespondenzen 1643–1644, bearbeitet v. *Engels* W. und *Merla* E., 1969.
Acta Pacis Westphalicae, Serie II A, Band 2: Die kaiserlichen Korrespondenzen 1644–1645, bearbeitet v. *Engels* W., 1976.
Acta Pacis Westphalicae, Serie II B, Band 1: Die französischen Korrespondenzen 1644, bearbeitet v. *Irsigler* U., 1979.
Acta Pacis Westphalicae, Serie II C, Band 2: Die schwedischen Korrespendenzen 1645–1646, bearbeitet v. *Kohl* W., 1971.
Acta Pacis Westphalicae, Serie II C, Band 3: Die schwedischen Korrespondenzen 1646–1647, bearbeitet v. *Lorenz* G., 1975.
Acta Pacis Westphalicae, Serie III A, Band 1: Die Beratungen der kurfürstlichen Kurie 1645–1647, bearbeitet v. *Becker* W., 1975.
Dotterweich H., Der junge Maximilian. Biographie eines bayerischen Prinzen ²1980.
Kraus A., Kurfürst Maximilian I. von Bayern. Das neue Bild eines großen Fürsten, Historisches Jahrbuch 97/98 (1978), 505–526.
Altmann H., Die Reichspolitik Maximilians I. von Bayern 1613–1618, 1978.
Altmann H. Chr., Die Kipper- und Wipperinflation in Bayern 1620–1623, 1976.
Dollinger H., Studien zur Finanzreform Maximilians I. von Bayern 1598–1618. Ein Beitrag zur Geschichte des Frühabsolutismus, 1968.
Heydenreuter R., Der landesherrliche Hofrat unter Herzog und Kurfürst Maximilian I. von Bayern (1598–1651), 1981.
Der Dreißigjährige Krieg. Beiträge zu seiner Geschichte, hrsg. von der Direktion des Heeresgeschichtlichen Museums Wien, 1976.

Rudolf H.-U. (Hg.), Der Dreißigjährige Krieg. Perspektiven und Strukturen, 1977.
Neuer-Landfried F., Die Katholische Liga. Gründung, Neugründung und Verfassung eines Sonderbundes 1608–1620, 1968.
Steinberg S. H., Der dreißigjährige Krieg und der Kampf um die Vorherrschaft in Europa 1600–1660, 1966.
Polišenský J., Der Krieg und die Gesellschaft in Europa 1618–1648 (Documenta Bohemica Bellum Tricennale illustrantia I), 1971.
Albrecht D., Die auswärtige Politik Maximilians von Bayern 1618–1635, 1962.
Sturmberger H., Adam Graf Herberstorff, 1976.
Haan H., Der Regensburger Kurfürstentag von 1636/37, 1967.
Bierther K., Der Regensburger Reichstag von 1640/41, 1971.
Dickmann F., Der Westfälische Frieden, ^{4}1977.
Repgen K., Die Römische Kurie und der Westfälische Frieden, 2 Teile, 1962–1965.
Wolff F., Corpus Evangelicorum und Corpus Catholicorum auf dem Westfälischen Friedenskongreß, 1966.
Ruppert K., Die kaiserliche Politik auf dem Westfälischen Friedenskongreß (1643–1648), 1979.
Repgen K., Über den Zusammenhang von Verhandlungstechnik und Vertragsbegriffen. Die kaiserlichen Elsaß-Angebote vom 18. März und 14. April 1646 an Frankreich. Jahres- und Tagungsbericht der Görres-Gesellschaft 1972, 52–88. Wieder in: *Repgen* K., Historische Klopfsignale für die Gegenwart, 1974, 64–96.
Becker W., Der Kurfürstenrat. Grundzüge seiner Entwicklung in der Reichsverfassung und seiner Stellung auf dem Westfälischen Friedenskongreß, 1976.
Seils E. A., Die Staatslehre des Jesuiten Adam Contzen, Beichtvater Kurfürst Maximilians I. von Bayern, 1968.
Birely R., Maximilian von Bayern, Adam Contzen SJ und die Gegenreformation in Deutschland 1624–1635, 1975.
Breuer D., Oberdeutsche Literatur 1565–1650. Deutsche Literaturgeschichte und Territorialgeschichte in frühabsolutistischer Zeit, 1979.

Absolutismus und Aufklärung

Oestreich G., Geist und Gestalt des frühmodernen Staates. Ausgewählte Aufsätze, 1970.
Patze H. (Hg.), Aspekte des europäischen Absolutismus. Vorträge aus Anlaß des 80. Geburtstages von Georg Schnath, 1979.
Vierhaus R., Deutschland im Zeitalter des Absolutismus (1648–1763), 1978.
Das Haus Wittelsbach und die europäischen Dynastien, ZBLG 44,1, 1981.
Kruedener J. v., Die Rolle des Hofes im Absolutismus, 1973.
Weis E., Der aufgeklärte Absolutismus in den mittleren und kleinen deutschen Staaten, ZBLG 42 (1979), 31–46.
Hüttl L., Caspar von Schmid (1622–1693), ein kurbayerischer Staatsmann aus dem Zeitalter Ludwigs XIV., 1971.
Bary R. v., Henriette Adelaide, Kurfürstin von Bayern, 1980.
Glaser H. (Hg.), Kurfürst Max Emanuel. Bayern und Europa um 1700 (Ausstellungskatalog), 2 Bände, 1976.
Hüttl L., Max Emanuel. Der blaue Kurfürst 1679–1726. Eine politische Biographie, 1976.
Rall H. – *Hojer* G., Kurfürst Max Emanuel, der „Blaue König“, 1979.

Barker Th., Doppeladler und Halbmond. Entscheidungsjahr 1683, 1982.
Hartmann P. C., Die Finanz- und Subsidienpolitik des Kurfürsten Max Emanuel von Bayern und der kurbayerische Gesandte in Paris Comte d'Albert-Fürst Grimberghen, Diss. München 1967.
Sturm H., Das wittelsbachische Herzogtum Sulzbach (Weidener heimatkundliche Arbeiten 17) 1980.
Hartmann P. C., Geld als Instrument europäischer Machtpolitik, 1978.
Schmidt H., Philipp Wilhelm von Pfalz-Neuburg (1615–1690) als Gestalt der deutschen und europäischen Politik des 17. Jahrhunderts I: 1615–1658, 1973.
Probst Ch., Lieber bayrisch sterben. Der bayerische Volksaufstand der Jahre 1705 und 1706, 1978.
Hartmann P. C., Karl VII., 1982.
Münch Th., Der Hofrat unter Kurfürst Max Emanuel von Bayern (1679–1726), 1979.
Hopfenmüller A., Der geistliche Rat unter den Kurfürsten Ferdinand Maria und Max Emanuel von Bayern (1651–1726), 1979.
Rall H., Kurbayern in der letzten Epoche der alten Reichsverfassung 1745–1801, 1952.
Peter W.-D., Johann Georg Joseph Graf von Königsfeld (1679–1750). Ein bayerischer Adeliger des Ancien régime, 1977.
Aretin K. O. v., Bayerns Weg zum souveränen Staat. Landstände und konstitutionelle Monarchie 1714–1818, 1976.
Spindler M., Der Ruf des barocken Bayern, in: Erbe und Verpflichtung, 55–77.
Hubensteiner B., Vom Geist des Barock. Kultur und Frömmigkeit im alten Bayern, ²1978.
Hubensteiner B., Land vor den Bergen. Essays, ²1979.
Bauer R., Der kurfürstliche geistliche Rat und die bayerische Kirchenpolitik 1768–1802, 1971.
Schiera P., Dall'Arte di Governo alle Scienze dello Stato: Il Cameralismo e l'Assolutismo tedesco, 1968.
Brückner J., Staatswissenschaften, Kameralismus und Naturrecht. Ein Beitrag zur Geschichte der politischen Wissenschaft im Deutschland des späten 17. und frühen 18. Jahrhunderts, 1977.
Slawinger G., Die Manufaktur in Kurbayern. Die Anfänge der großgewerblichen Entwicklung in der Übergangsepoche vom Merkantilismus zum Liberalismus 1740–1833, 1966.
Winter E. Frühaufklärung. Der Kampf gegen den Konfessionalismus in Mittel- und Osteuropa und die deutsch-slawische Begegnung, 1966.
Hammermayer L., Gründungs- und Frühgeschichte der Bayerischen Akademie der Wissenschaften, 1959, ²1983.
Kraus A., Die naturwissenschaftliche Forschung an der Bayerischen Akademie der Wissenschaften im Zeitalter der Aufklärung, 1978.
Kreh F., Leben und Werk des Reichsfreiherrn Johann Adam von Ickstatt (1702–1776), 1974.
Schmid A., Die Rolle der bayerischen Klosterbibliotheken im wissenschaftlichen Leben des 17. und 18. Jahrhunderts, Wolfenbütteler Forschungen 2 (1977), 143–186.
Neubauer E., Das geistig-kulturelle Leben der Reichsstadt Regensburg im Zeitalter der Aufklärung (1750–1806), 1977.
Hammermayer L., Salzburg und Bayern im 18. Jahrhundert. Prolegomena zu einer Geschichte ihrer Wissenschafts- und Geistesbeziehungen im Spätbarock und in

der Aufklärung. Mitteilungen der Gesellschaft für Salzburger Landeskunde 120/121 (1980/81), 129–218.
Kaindl-Hönig M. – *Ritschel* K. H., Die Salzburger Universität 1622–1964, 1964.
Universität Salzburg. Gedanke und Gestalt, hrsg. im Auftrag der Stiftungs- und Förderungsgesellschaft der Paris-Lodron-Universität, 1967.
Universität Salzburg. 1622, 1962, 1972. Festschrift 1972.
Mühlböck A., Die Pflege der Geschichte an der alten Universität Salzburg, 1973.
Schmidt H., Die Politik des Kurfürsten Carl Theodor, in: Carl Theodor und Elisabeth Auguste. Höfische Kunst und Kultur in der Kurpfalz (Ausstellungskatalog), 1979, 9–14.
Strauven D., Die wittelsbachischen Familienverträge 1761–1779, Diss. Köln 1969.
Ludz P. Ch. (Hg.), Geheime Gesellschaften, 1979.
Hammermayer L., Illuminaten in Bayern. Zu Geschichte, Fortwirken und Legende des Geheimbundes, in: *Glaser* H. (Hg.), Wittelsbach und Bayern (Ausstellungskatalog) III/1: Krone und Verfassung. König Max I. Joseph und der neue Staat, 1980, 146–173.
Dülmen R. v., Der Geheimbund der Illuminaten, ^{2}1977.
Rupprecht B., Die bayerische Rokoko-Kirche, 1959.
Rupprecht B. – *Mülbe* W. Chr. v. d., Die Brüder Asam, 1980.
Bauer H., Rokokomalerei. 6 Studien, 1980.
Lieb N., Der Münchner Rokoko-Baumeister Johann Michael Fischer, 1970.
Lieb N. – *Mülbe* W. Chr. v. d., Johann Michael Fischer, 1982.
Lieb N. (Hg.), Münchens Kirchen. Mit einem chronologischen Verzeichnis der bestehenden Kirchenbauten, 1973.
Pflicht S., Kurfürst Carl Theodor und seine Bedeutung für die Entwicklung des deutschen Theaters, 1976.
Schattenhofer M., Von Kirchen, Kurfürsten & Kaffeesiedern etcetera. Aus Münchens Vergangenheit, 1974.

Das neue Bayern

Huber E. R., Deutsche Verfassungsgeschichte seit 1789, 6 Bände, 1957–1981.
Huber E. R. (Hg.), Dokumente zur deutschen Verfassungsgeschichte, I^{3}1978, II^{2}1964, III 1965.
Glaser H. (Hg.), Wittelsbach und Bayern (Ausstellungskatalog) III/1: König Max I. Joseph und der neue Staat, 1980.
Weis E., Montgelas 1759–1799. Zwischen Revolution und Reform, 1971.
Möckl K., Der moderne bayerische Staat. Eine Verfassungsgeschichte vom aufgeklärten Absolutismus bis zum Ende der Reformepoche, 1979.
Rauscher A. (Hg.), Säkularisierung und Säkularisation vor 1800, 1976.
Langner A. (Hg.), Säkularisation und Säkularisierung im 19. Jahrhundert, 1978.
Fried P. (Hg.), Probleme der Integration Ostschwabens in den bayerischen Staat, Bayern und Wittelsbach in Ostschwaben, 1982.
Schärl W., Die Zusammensetzung der bayerischen Beamtenschaft von 1806 bis 1918, 1955.
Hausmann F., Die Agrarpolitik der Regierung Montgelas. Untersuchungen zum gesellschaftlichen Strukturwandel Bayerns um die Wende vom 18. zum 19. Jahrhundert, 1975.

Weis E., Zur Entstehungsgeschichte der bayerischen Verfassung von 1818. Die Debatten der Verfassungskommission von 1814/15, ZBLG 39 (1976), 413–444.
Winter A., Karl Philipp Fürst von Wrede als Berater des Königs Max I. Joseph und des Kronprinzen Ludwig von Bayern 1813–1825, 1968.
Haan H. (Hg.), Hauptstaat-Nebenstaat. Briefe und Akten zum Anschluß der Pfalz an Bayern 1815/17, 1977.
Fendler R., Johann Casimir von Häffelin 1737–1827. Historiker, Kirchenpolitiker, Diplomat und Kardinal, 1980.
Hausberger K., Staat und Kirche nach der Säkularisation. Zur bayerischen Konkordatspolitik im frühen 19. Jahrhundert, 1983.
Ostadal H., Die Kammer der Reichsräte in Bayern von 1819 bis 1848 (Ein Beitrag zur Geschichte des Frühparlamentarismus) 1968.
Zorn W., Kleine Wirtschafts- und Sozialgeschichte Bayerns 1806–1933, 1962.
Zorn W., Gesellschaft und Staat im Bayern des Vormärz, in: *Conze* W. (Hg.), Staat und Gesellschaft im deutschen Vormärz 1825–1848, 1962, 113–142.
Zorn W., Die wirtschaftliche Struktur Bayerns um 1820, in: Festschrift für Max Spindler zum 75. Geburtstag, 1969, 611–631.
Schwarz St., Die Juden in Bayern im Wandel der Zeiten, 1963.
Kantzenbach F. W., Evangelischer Geist und Glaube im neuzeitlichen Bayern, 1980.
Schwaiger G., Johann Michael Sailer und seine Zeit, 1982.
Fries H. – *Kretschmar* G., Klassiker der Theologie II, 1983.

Ludwig I.

Spindler M., Joseph Anton Sambuga und die Jugendentwicklung König Ludwigs I. von Bayern, Diss. München 1927.
Dirrigl M., Ludwig I., König von Bayern 1825–1848, 1980.
Böck H. H., Karl Philipp Fürst von Wrede als politischer Berater König Ludwigs I. von Bayern 1825–1828, 1968.
Friauf K. H., Der Staatshaushaltsplan im Spannungsfeld zwischen Parlament und Regierung, 1968.
Brandt H., Landständische Repräsentation im Vormärz. Politisches Denken im Einflußfeld des monarchischen Prinzips, 1968.
Brandt H. (Hg.), Quellen zum politischen Denken der Deutschen im 19. und 20. Jahrhundert III: Restauration und Frühliberalismus 1814–1840, 1979.
Armansperg R. Gräfin, Josef Ludwig Graf Armansperg. Ein Beitrag zur Regierungsgeschichte Ludwigs I. von Bayern, 1976.
Zuber K.-H., Der „Fürst-Proletarier“ Ludwig von Oettingen-Wallerstein (1791–1870). Adeliges Leben und konservative Reformpolitik im konstitutionellen Bayern, 1978.
Baumann K. (Hg.), Das Hambacher Fest, ²1982.
Freislinger H., „Die Hambacher“. Beteiligte und Sympathisanten der Beinahe-Revolution von 1832, ZBLG 41 (1978), 701–735.
Domarus M., Bürgermeister Behr, ein Kämpfer für den Rechtsstaat, 1971.
Rall H., Otto von Griechenland, ZBLG 44 (1981), 367–380.
Seidl W., Bayern in Griechenland, ²1981.
Dickerhof H. (Hg.), Dokumente zur Studiengesetzgebung in Bayern in der ersten Hälfte des 19. Jahrhunderts, 1975.
Dickerhof H., Bildung und Ausbildung im Programm der bayerischen Universitäten im 19. Jahrhundert, Historisches Jahrbuch 95 (1975), 142–169.

Raab H., Joseph Görres. Ein Leben für Freiheit und Recht. Auswahl aus seinem Werk, Urteile von Zeitgenossen, Einführung und Bibliographie, 1978.

Dem Gedenken an Joseph Görres zum 200. Geburtstag hrsg. von *Spörl* J., Historisches Jahrbuch 96/1, 1976.

Gruner W. D., Das bayerische Heer 1825–1864. Eine kritische Analyse der bewaffneten Macht Bayerns vom Regierungsantritt Ludwigs I. bis zum Vorabend des deutschen Krieges, 1972.

Kraus A., Probleme der Abrüstung in Bayern von 1816 bis 1866, in: Vorträge zur Militärgeschichte I, hrsg. v. Militärgeschichtlichen Forschungsamt, 1980, 32–52.

Maximilian II.

Franz E., Ludwig Freiherr von der Pfordten, 1938.

Glaser H., Zwischen Großmächten und Mittelstaaten. Über einige Konstanten der deutschen Politik Bayerns in der Ära von der Pfordten, in: *Lutz* H. – *Rumpler* H. (Hg.), Österreich und die deutsche Frage im 19. und 20. Jahrhundert, 1982, 140–188.

Rumpler H., Die deutsche Politik des Freiherrn von Beust 1848–1850. Zur Problematik mittelstaatlicher Reformpolitik im Zeitalter der Paulskirche, 1972.

Böhme H. (Hg.), Probleme der Reichsgründungszeit 1848 bis 1879, 1968.

Mößle W., Bayern auf den Dresdener Konferenzen 1850/51. Politische, staatsrechtliche und ideologische Aspekte einer gescheiterten Verfassungsrevision, 1972.

Gruner W. D., Die Würzburger Konferenzen der Mittelstaaten in den Jahren 1859 bis 1861 und die Bestrebungen zur Reform des Deutschen Bundes, ZBLG 36 (1973), 181–253.

Kirzl G., Staat und Kirche im bayerischen Landtag zur Zeit Max II. (1848–1864), 1974.

Thränhardt D., Wahlen und politische Strukturen in Bayern 1848–1953. Historisch-soziologische Untersuchungen zum Entstehen und zur Neuerrichtung eines Parteiensystems, 1973.

Ludwig II.

Böhm G. v., Ludwig II., König von Bayern. Sein Leben und seine Zeit, ²1924.

Richter W., Ludwig II., König von Bayern, ⁹1979.

Hacker R. (Hg.), Ludwig II. von Bayern in Augenzeugenberichten, ²1980.

Rall H. – *Petzet* M., König Ludwig II. Wirklichkeit und Rätsel, ⁶1980.

Gruner W.-D., Bayern, Preußen und die süddeutschen Staaten 1866–1870, ZBLG 37 (1974), 799–827.

Schmidt J., Bayern und das Zollparlament. Politik und Wirtschaft in den letzten Jahrzehnten vor der Reichsgründung (1866/67–1870). Zur Strukturanalyse Bayerns im Industriezeitalter, 1973.

Rall H., König Ludwig II. und Bismarcks Ringen um Bayern 1870/71. Unter Auswertung unbekannter englischer, preußischer und bayerischer Quellen dargestellt, 1973.

Kolb E., Der Kriegsausbruch 1870. Politische Entscheidungsprozesse und Verantwortlichkeiten in der Julikrise 1870, 1970.

Becker J., Zum Problem der Bismarckschen Politik in der spanischen Thronfrage 1870, Historische Zeitschrift 212 (1971), 529–607.
Jedin H. (Hg.), Handbuch der Kirchengeschichte VI: Die Kirche in der Gegenwart, 2 Halbbände, 1971–1973.
Huber E. R. – *Huber* W., Staat und Kirche im 19. und 20. Jahrhundert, Dokumente zur Geschichte des deutschen Staatskirchenrechts, 3 Bände, 1973–1983.
Weber M., Zum Kulturkampf in Bayern, ZBLG 37 (1974), 93–102.
Becker W., Der Kulturkampf als europäisches und deutsches Phänomen, Historisches Jahrbuch 101 (1981), 422–446.
Weber M., Das 1. Vatikanische Konzil im Spiegel der bayerischen Politik, 1970.
Rummel F. Frhr. v., Das Ministerium Lutz und seine Gegner 1871–1882. Ein Kampf um Staatskirchentum, Reichstreue und Parlamentsherrschaft in Bayern, 1935.
Döllinger I. v., Briefwechsel 1820–1890, bearbeitet von *Conzemius* V., 4 Bände, 1963–1981.
Brandmüller W., Ignaz von Döllinger am Vorabend des I. Vaticanums. Herausforderung und Antwort, 1978.
Kessler E., Ignaz von Döllinger – J. G. Cotta-Verlag. Briefwechsel 1838–1889, ZBLG 42 (1979), 305–350.
Kessler E., Johann Friedrich (1836–1917). Ein Beitrag zur Geschichte des Altkatholizismus, 1975.
Herde P., Der Heilige Stuhl und Bayern zwischen Zollparlament und Reichsgründung (1866/67–1871), ZBLG 45 (1982) 589–657.
Weber Ch., Quellen und Studien zur Kurie und zur vatikanischen Politik unter Leo XIII., 1973.
Lill R., Vatikanische Akten zur Geschichte des deutschen Kulturkampfes: Leo XIII., I (1878–1880), 1970.
Becker W., Joseph Edmund Jörg (1819–1901), in: *Aretz* J. – *Morsey* R. – *Rauscher* A. (Hg.), Zeitgeschichte in Lebensbildern III: Aus dem deutschen Katholizismus des 19. und 20. Jahrhunderts, 1979, 75–90.
Raab H., Der Einsiedler auf der Trausnitz, ZBLG 45 (1982), 575–587.
Roeder E., Der konservative Journalist Ernst Zander und die politischen Kämpfe seines „Volksboten", 1972.
Bussmann W., Das Zeitalter Bismarcks (1852–1890), ^{4}1968.
Stürmer M. (Hg.), Das kaiserliche Deutschland. Politik und Gesellschaft 1870–1918, 1970.
Wehler H.-U., Das deutsche Kaiserreich 1871–1918, ^{4}1980.
Binder H.-O., Reich und Einzelstaaten während der Kanzlerschaft Bismarcks. Eine Untersuchung zum Problem der bundesstaatlichen Organisation, 1971.
Barton-Stedman J. v., Die preußische Gesandtschaft in München als Instrument der Reichspolitik in Bayern von den Anfängen der Reichsgründung bis zu Bismarcks Entlassung, 1967.
Morsey R., Die oberste Reichsverwaltung unter Bismarck 1867–1890, 1957.
Rüddenklau H., Studien zur bayerischen Militärpolitik 1871 bis 1914, 1972.

Die Endzeit der Monarchie in Bayern

Möckl K., Die Prinzregentenzeit. Gesellschaft und Politik während der Ära des Prinzregenten Luitpold in Bayern, 1972.
Rauh M., Föderalismus und Parlamentarismus im Wilhelminischen Reich. Der Bundesrat 1890–1909, 1973.
Körner H.-M., Staat und Kirche in Bayern 1886–1918, 1977.
Ritter G.A. (Hg.), Die deutschen Parteien vor 1918, 1973.
Ritter G.A., Wahlgeschichtliches Arbeitsbuch. Materialen zur Statistik des Kaiserreichs 1871–1918, 1980.
Buchheim K., Geschichte der christlichen Parteien in Deutschland, [2]1966.
Knapp A., Das Zentrum in Bayern 1893–1912. Soziale, organisatorische und politische Struktur einer katholisch-konservativen Partei, 1973.
Denk H.-D., Die christliche Arbeiterbewegung in Bayern bis zum Ersten Weltkrieg, 1980.
Morsey R., Die deutschen Katholiken und der Nationalstaat zwischen Kulturkampf und Erstem Weltkrieg, Historisches Jahrbuch 90 (1970), 31–64.
Jansen R., Georg von Vollmar. Eine politische Biographie, 1958.
Albrecht W. (Hg.), Georg von Vollmars Reden und Schriften zur Reformpolitik, 1977.
Hirschfelder H., Die bayerische Sozialdemokratie 1864–1914, 2 Bände, 1979.
Becker W., Georg von Hertling 1843–1919 I, 1981.
Deuerlein E. (Hg.), Briefwechsel Hertling-Lerchenfeld 1912–1917. Dienstliche Privatkorrespondenz zwischen dem bayerischen Ministerpräsidenten und dem bayerischen Gesandten in Berlin, 2 Bände, 1973.
Albrecht W., Landtag und Regierung in Bayern am Vorabend der Revolution von 1918. Studien zur gesellschaftlichen und staatlichen Entwicklung Deutschlands von 1912–1918, 1968.
Schnorbus A., Arbeit und Sozialordnung in Bayern vor dem 1. Weltkrieg (1890–1914), 1969.
Eckardt G., Industrie und Politik in Bayern 1900–1919. Der Bayerische Industriellen-Verband als Modell des Einflusses von Wirtschaftsverbänden, 1976.
Blaich F., Staat und Verbände in Deutschland zwischen 1871 und 1949, 1979.
Blaich F., Die Energiepolitik Bayerns 1900–1921, 1981.
Sendtner K., Rupprecht von Wittelsbach, Kronprinz von Bayern, 1954.
Rumschöttel H., Das bayerische Offizierskorps 1866–1914, 1973.
Fischer D., Die Münchner Zensurstelle während des Ersten Weltkrieges. Alfons Falkner von Sonnenburg als Pressereferent im Bayerischen Kriegsministerium in den Jahren 1914 bis 1918/19, 1973.
Janßen K.H., Macht und Verblendung. Kriegszielpolitik der deutschen Bundesstaaten 1914–1918, 1963.
Ay, K.-L., Die Entstehung einer Revolution. Die Volksstimmung in Bayern während des Ersten Weltkrieges, 1968.

Die Revolution von 1918 und die Münchner Räterepublik

Bosl K. (Hg.), Bayern im Umbruch. Die Revolution von 1918, ihre Voraussetzungen, ihr Verlauf und ihre Folgen, 1969.
Niekisch E., Gewagtes Leben. Begegnungen und Begebnisse, 1958.
Toller E., Justiz-Erlebnisse. Im Anhang erweitert um autobiographische Notizen Tollers sowie Texte von Thomas Mann und Kurt Tucholsky, ²1979.
Müller-Meiningen E., Aus Bayerns schwersten Tagen. Erinnerungen und Betrachtungen aus der Revolutionszeit, 1923.
Doeberl M., Sozialismus, soziale Revolution und sozialer Volksstaat, 1920.
Schmolze G. – *Schmolze* R. (Hg.), Die halbe Macht den Räten. Ausgewählte Aufsätze und Reden, 1969.
Mitchell A., Revolution in Bayern 1918/1919. Die Eisner-Regierung und die Räterepublik, 1967.
Schade F., Kurt Eisner und die bayerische Sozialdemokratie, 1961.
Eisner F., Kurt Eisner. Die Politik des libertären Sozialismus, 1979.
Kritzer P., Die bayerische Sozialdemokratie und die bayerische Politik in den Jahren 1918 bis 1923, 1969.
Neubauer H., München und Moskau 1918/1919. Zur Geschichte der Rätebewegung in Bayern, 1958.
Booms H., Die Novemberereignisse 1918. Ursachen und Bedeutung einer Revolution, Geschichte in Wissenschaft und Unterricht 20 (1969), 577–604.
Rürup R., Probleme der Revolution in Deutschland 1918/1919, 1968.

Bayern in der Weimarer Republik

Rosenberg A., Entstehung und Geschichte der Weimarer Republik, 1955.
Herzfeld H., Die Weimarer Republik, ⁵1978.
Tormin W. (Hg.), Die Weimarer Republik, ¹²1977.
Schulz G., Deutschland seit dem Ersten Weltkrieg 1918–1945, 1976.
Winkler H.A., Mittelstand, Demokratie und Nationalsozialismus. Die politische Entwicklung von Handwerk und Kleinhandel in der Weimarer Republik, 1972.
Henning F.W., Wirtschafts- und Sozialgeschichte Deutschlands III: Das industrialisierte Deutschland 1914–1976, ⁵1979.
Jedin H. (Hg.), Handbuch der Kirchengeschichte VII: Die Weltkirche im 20. Jahrhundert, 1979.
Zimmermann W., Bayern und das Reich 1918–1923. Der bayerische Föderalismus zwischen Revolution und Reaktion, 1953.
Benz W., Süddeutschland in der Weimarer Republik. Ein Beitrag zur deutschen Innenpolitik 1918–1923, 1970.
Moser v. Filseck C., Politik in Bayern 1919–1933. Berichte des württembergischen Gesandten C. Moser v. Filseck, hrsg. v. *Benz* W., 1971.
Schwend K., Bayern zwischen Monarchie und Diktatur. Beiträge zur bayerischen Frage in der Zeit von 1918 bis 1933, 1954.
Kessler R., Heinrich Held als Parlamentarier. Eine Teilbiographie 1868–1924, 1971.
Hoegner W., Die verratene Republik. Geschichte der deutschen Gegenrevolution, ²1979.

Hoegner W., Der schwierige Außenseiter. Erinnerungen eines Abgeordneten, Emigranten und Ministerpräsidenten, ²1958.
Kritzer P., Gewählte von ehedem: Wilhelm Hoegner, 1977.
Thoss B., Der Ludendorff-Kreis 1919–1923. München als Zentrum der mitteleuropäischen Gegenrevolution zwischen Revolution und Hitler-Putsch, 1978.
Sontheimer K., Antidemokratisches Denken in der Weimarer Republik. Die politischen Ideen des deutschen Nationalismus zwischen 1918 und 1933, ²1968.
Fenske H., Konservativismus und Rechtsradikalismus in Bayern nach 1918, 1969.
Deuerlein E., Der Hitler-Putsch. Bayerische Dokumente zum 8./9. November 1923, 1962.
Mennekes F., Die Republik als Herausforderung. Konservatives Denken in Bayern zwischen Weimarer Republik und antidemokratischer Reaktion (1918–1925), 1972.
Hürten H., Das Krisenjahr 1923. Militär und Innenpolitik 1922–1924, 1980.
Holtfrerich K.-L., Die deutsche Inflation 1914–1923. Ursachen und Folgen in internationaler Perspektive, 1980.
Schönhoven K., Die Bayerische Volkspartei 1924–1932, 1972.
Gessner D., Agrarverbände in der Weimarer Republik. Wirtschaftliche und soziale Voraussetzungen agrarkonservativer Politik vor 1933, 1976.
Menges F., Reichsreform und Finanzpolitik, 1971.
Biewer L., Reichsreformbestrebungen in der Weimarer Republik, 1980.
Bracher K. D., Die Auflösung der Weimarer Republik, ⁵1971 (Athenäum-Taschenbuch 1978).
Kindleberger Ch. P., Die Weltwirtschaftskrise, 1973.
Borchardt K., Zwangslagen und Handlungsspielräume in der großen Wirtschaftskrise der frühen dreißiger Jahre, Akademierede München 1978.
Wiesemann F., Die Vorgeschichte der nationalsozialistischen Machtergreifung in Bayern 1932/1933, 1975.
Junker D., Die deutsche Zentrumspartei und Hitler, 1969.

Bayern unter der Herrschaft des Nationalsozialismus

Bracher K. D. – *Sauer* W. – *Schulz* G., Die nationalsozialistische Machtergreifung. Studien zur Errichtung des totalitären Herrschaftssystems in Deutschland 1933/34, ²1962.
Bracher K. D., Die deutsche Diktatur. Entstehung, Struktur, Folgen des Nationalsozialismus, ⁶1979.
Broszat M. – *Fröhlich* E. – *Grossmann* A. (Hg.), Bayern in der NS-Zeit. Herrschaft und Gesellschaft im Konflikt, 4 Bände, 1977–1981.
Morsey R. – *Matthias* E. (Hg.), Das Ende der Parteien 1933. Darstellungen und Dokumente, ²1979.
Morsey R., Der Untergang des politischen Katholizismus, 1977.
Domröse O., Der NS-Staat in Bayern von der Machtergreifung bis zum Röhm-Putsch, 1974.
Klenner J., Das Verhältnis von Partei und Staat 1933–1945. Dargestellt am Beispiel Bayerns, 1974.
Zofka Z., Die Ausbreitung des Nationalsozialismus auf dem Lande. Eine regionale Fallstudie zur politischen Einstellung der Landbevölkerung in der Zeit des Aufstiegs und der Machtergreifung der NSDAP 1928–1936, 1979.

Eiber L., Arbeiter unter NS-Herrschaft. Textil- und Porzellanarbeiter im nordöstlichen Oberfranken 1933–1939, 1979.

Frei N., Nationalsozialistische Eroberung der Provinzpresse. Gleichschaltung, Selbstanpassung und Resistenz in Bayern, 1980.

Widerstand und Verfolgung in Bayern 1933–1945, hrsg. von der Generaldirektion der Staatlichen Archive Bayerns, 18 Bände, 1975–1977.

Richardi H.-G., Schule der Gewalt. Die Anfänge des Konzentrationslagers Dachau 1933–1934. Ein dokumentarischer Bericht, 1983.

Boberach H. (Hg.), Berichte des SD und der Gestapo über Kirchen und Kirchenvolk in Deutschland 1934–1944, 1971.

Baier H., Chronologie des bayerischen Kirchenkampfes 1933–1945, 1969.

Albrecht D. (Hg.), Katholische Kirche im Dritten Reich. Eine Aufsatzsammlung, 1976.

Gotto K. – *Repgen* K. (Hg.), Kirche, Katholiken und Nationalsozialismus, 1980.

Lewy G., Die Katholische Kirche und das Dritte Reich, 1965.

Böckenförde E.W., Der deutsche Katholizismus 1933, Hochland, Monatsschrift für alle Gebiete des Wissens 54 (1962), 217–245.

Albrecht D. (Hg.), Der Notenwechsel zwischen dem Heiligen Stuhl und der deutschen Reichsregierung, 3 Bände, 1965–1980.

Volk L., Der bayerische Episkopat und der Nationalsozialismus 1930–1934, 1965.

Repgen K., Vom Fortleben nationalsozialistischer Propaganda in der Gegenwart. Der Münchner Nuntius und Hitler 1933, Geschichte in Wissenschaft und Unterricht 34 (1983), 29–49.

Repgen K., Über die Entstehung der Reichskonkordats-Offerte im Frühjahr 1933 und die Bedeutung des Reichskonkordats. Kritische Bemerkungen zu einem neuen Buch, Vierteljahreshefte für Zeitgeschichte 26 (1978), 499–534.

Volk L., Das Reichskonkordat vom 20. Juli 1933, 1972.

Die kirchliche Lage in Bayern nach den Regierungspräsidentenberichten 1933–1943, hrsg. von der Kommission für Zeitgeschichte, 7 Bände, 1966–1981.

Zittel B., Die Volksstimmung im Dritten Reich im Spiegel der Geheimberichte des Regierungspräsidenten von Ober- und Mittelfranken, in: Festschrift für Georg Pfeiffer, Jahrbuch für fränkische Landesforschung 34/35 (1975) 1059–1078.

Hockerts H.G., Die Sittlichkeitsprozesse gegen katholische Ordensangehörige und Priester 1936/1937. Eine Studie zur nationalsozialistischen Herrschaftstechnik und zum Kirchenkampf, 1971.

Volk L. (Hg.), Akten Kardinal Michael von Faulhabers 1917–1945, 2 Bände, 1975–1978.

Stasiewski B. – *Volk* L. (Hg.), Akten deutscher Bischöfe über die Lage der Kirche 1933–1945, 4 Bände, 1968–1981.

Raem H.-A., Katholischer Gesellenverein und Deutsche Kolpingsfamilie in der Ära des Nationalsozialismus, 1982.

Ackermann K., Der Widerstand der Monatsschrift Hochland gegen den Nationalsozialismus, 1965.

Sandfuchs W., Pater Rupert Mayer. Verteidiger der Wahrheit – Apostel der Nächsten – Wegbereiter moderner Seelsorge, 1981.

Baier H., Die Deutschen Christen im Rahmen des bayerischen Kirchenkampfes, 1968.

Kantzenbach F.W., Widerstand und Solidarität der Christen Deutschlands 1933–1945. Eine Dokumentation zum Kirchenkampf aus den Papieren des D. Wilhelm Freiherrn von Pechmann, 1971.

Donohoe J., Hitler's Conservative Opponents in Bavaria 1930–1945. A study of catholic, monarchist and separatist anti-Nazi activities, 1961.
Bretschneider H., Der Widerstand gegen den Nationalsozialismus in München 1933–1945, 1968.
Ophir B. – *Wiesemann* F. (Hg.), Die jüdischen Gemeinden in Bayern 1918–1945. Geschichte und Zerstörung, 1979.
Hanke P., Zur Geschichte der Juden in München zwischen 1933 und 1945, 1967.

Bayern in der Bundesrepublik

Akten zur Vorgeschichte der Bundesrepublik Deutschland 1945–1949, hrsg. von Bundesarchiv und Institut für Zeitgeschichte, bisher 4 Bände, 1976–1981.
Bauer F. J., Flüchtlinge und Flüchtlingspolitik in Bayern 1945–1950, 1982.
Sonnenberger F., Die Rekonfessionalisierung der bayerischen Volksschule 1945–1950, ZBLG 45 (1982), 87–155.
Stelzle W., Föderalismus und Eigenstaatlichkeit. Aspekte der bayerischen Innen- und Außenpolitik 1945–1947, 1980.
Benz W., Föderalistische Politik in der CDU/CSU. Die Verfassungsdiskussion im Ellwanger Kreis 1947/48, Vierteljahreshefte für Zeitgeschichte 25 (1977), 776–820.
Morsey R., Zwischen Bayern und der Bundesrepublik. Die politische Rolle des bayerischen Ministerpräsidenten Hans Ehard 1946–1949, Juristenzeitung 36 (1981), 361–370.
Albrecht D., Hans Ehard (1887–1980), in: *Aretz* J. – *Morsey* R. – *Rauscher* A. (Hg.), Zeitgeschichte in Lebensbildern V: Aus dem deutschen Katholizismus des 19. und 20. Jahrhunderts, 1982, 266–280.
Zittel B., Alois Hundhammer (1900–1974), ebd. 253–265.
Baer F., Die Ministerpräsidenten Bayerns 1945–1962. Dokumentation und Analyse 1974.
Unger I., Die Bayernpartei. Geschichte und Struktur 1945–1957, 1979.

Personen- und Ortsregister

Abg. = Abgeordneter; Aug.Chorh. = Augustinerchorherren; Bf. = Bischof; Btm. = Bistum; Bürgerm. = Bürgermeister; Eb. = Erzbischof; Ebtm. = Erzbistum; Erzhg. = Erzherzog; Frhr. = Freiherr; frz. = französisch; Fstm. = Fürstentum; Gem. = Gemahlin; Gf.(n) = (Graf(en); Gfschaft = Grafschaft; Hg. = Herzog; Hgtm. = Herzogtum; Hs. = Haus; Hst. = Hochstift; K = Kaiser; Kf(in) = Kurfürst(in); Kftm. = Kurfürstentum; Kg(in) = König(in); Mgf. = Markgraf; Mgfschaft. = Markgrafschaft; Nb. = Niederbayern; Ob. = Oberbayern; OFM = Franziskaner; OP = Dominikaner; OSB = Benediktiner; SJ = Jesuiten; SOCist = Zisterzienser

Zur bayerischen Geschichte

Handbuch der bayerischen Geschichte

Herausgegeben von Max Spindler

Band I
Das Alte Bayern. Das Stammesherzogtum bis zum Ausgang des 12. Jahrhunderts

2., überarbeitete Auflage. 1981. 766 Seiten. Leinen

Band II
Das Alte Bayern. Der Territorialstaat vom Ausgang des 12. Jahrhunderts bis zum Ausgang des 18. Jahrhunderts

3., verbesserte Auflage. 1977. 1 180 Seiten. Leinen

Band III
Franken, Schwaben, Oberpfalz bis zum Ausgang des 18. Jahrhunderts

Zwei Teilbände. 2., verbesserte Auflage. 1979. 1 622 Seiten. Leinen

Band IV
Das Neue Bayern 1800–1970

Zwei Teilbände. 2. Auflage. 1979. 1 398 Seiten. Leinen

Als Sonderausgabe erschien:

Bayerische Geschichte im 19. und 20. Jahrhundert. 1800–1970

Herausgegeben von Max Spindler

1. Teilband: Staat und Politik
2. Teilband: Innere Entwicklung, Land, Gesellschaft, Wirtschaft, Kirche, geistiges Leben

1978. XLVI, 1 398 Seiten. 2 Bände broschiert in Kassette. (Ungekürzte Sonderausgabe von Band IV des ‚Handbuch der bayerischen Geschichte')

Verlag C. H. Beck München

Zur bayerischen Geschichte

Andreas Kraus

Bayerische Geschichtswissenschaft in drei Jahrhunderten

Gesammelte Aufsätze

1979. 268 Seiten. Leinen

Philippe Dollinger

Der bayerische Bauernstand vom 9. bis zum 13. Jahrhundert

Herausgegeben von Franz Irsigler. Vom Verfasser autorisierte Übersetzung aus dem Französischen von Ursula Irsigler. 1982. 495 Seiten. Leinen

Kurt Reindel

Bayern im Mittelalter

1970. 163 Seiten. Mit 22 Abbildungen auf 16 Tafeln und einer Karte. Broschiert (Edition Beck)

Eckart Schremmer

Die Wirtschaft Bayerns

Vom hohen Mittelalter bis zum Beginn der Industrialisierung. Bergbau, Gewerbe, Handel

1970. XXIV, 780 Seiten mit 8 Abbildungen und 1 Falttabelle im Text und 9 Karten. Leinen

Verlag C. H. Beck München